MAURO SCHIAVI

Juiz Titular da Vara do Trabalho de Cajamar/SP (Exerce a magistratura há 24 anos). Doutor e Mestre em Direito das Relações Sociais pela PUC/SP. Professor Universitário há 21 anos. Professor da Escola Judicial do TRT/SP. Professor Convidado dos Cursos de Pós-Graduação *Lato Sensu* do Mackenzie/SP, PUC/SP, PUC/RIO e Faculdade de Direito do Sul de Minas. Autor de outros 24 livros sobre Direito e Processo do Trabalho.

EDITORA JusPODIVM
www.editorajuspodivm.com.br

Curso de DIREITO do TRABALHO

MAURO SCHIAVI

Curso de DIREITO do TRABALHO

2ª edição
Revista, atualizada
e ampliada

2024

EDITORA JusPODIVM
www.editorajuspodivm.com.br

EDITORA
*Jus*PODIVM
www.editorajuspodivm.com.br

Rua Canuto Saraiva, 131 – Mooca – CEP: 03113-010 – São Paulo – São Paulo
Tel: (11) 3582.5757
• Contato: https://www.editorajuspodivm.com.br/central-de-relacionamento

Capa : Marcelo S. Brandão *(santibrando@gmail.com)*

Diagramação: Equipe *Jus*PODIVM

S329c Schiavi, Mauro.
Curso de Direito do Trabalho / Mauro Schiavi – 2.ed., rev., atual. e ampl. - São Paulo: Editora JusPodivm, 2024.

1152 p.

ISBN: 978-85-442-5090-7

1. Direito do Trabalho. 2. Relação de Trabalho. 3. Contrato de Trabalho. 4. Terceirização. I. Schiavi, Mauro. II. Título.

CDD 342.6

Bibliotecária responsável:
Ana Carolina Ribeiro Mois – CRB7 – RJ 007348/0

DEDICATÓRIA

Ao meu filho Bento, pela alegria, amor
e esperança que se renovam a cada instante.

AGRADECIMENTOS

Ao Vauledir Ribeiro Santos e à Editora Juspodivm,
pelo incentivo e entusiasmo na produção desta obra.

Aos servidores da Vara do Trabalho de Cajamar/SP,
pelo incentivo e carinho.

APRESENTAÇÃO

Este livro foi idealizado há muitos anos, época em que ingressei na Magistratura do Trabalho e comecei a ministrar aulas na faculdade e em cursos preparatórios para concursos na área trabalhista. Escrito nos últimos dez anos, ele reúne estudos e experiência colhidos em 29 anos de atuação na área trabalhista, dos quais os últimos 22 anos no exercício da Magistratura do Trabalho e as últimas duas décadas no exercício do magistério sobre o Direito Material e Processual do Trabalho, em cursos de graduação, pós-graduação e preparatórios para as carreiras trabalhistas.

Não é tarefa fácil compreender e entender o Direito do Trabalho e suas funções no sistema capitalista de produção. Isso exige, além de muito estudo e reflexão, vivência e experiência. Não se trata apenas de comentar a legislação e a jurisprudência dos Tribunais Trabalhistas, apresentar a doutrina e dar opiniões sobre cada instituto do Direito do Trabalho, mas de viver e sentir o Direito do Trabalho em sua prática diária, conhecer e vivenciar os conflitos trabalhistas do cotidiano e entender a importância social desse ramo especializado do Direito. Por essa razão, somente agora este livro vem a público, mais maduro e com o prestigioso selo da Editora Juspodivm, que propiciou toda a estrutura necessária para que este trabalho fosse desenvolvido da melhor forma possível.

O trabalho faz parte da condição humana, pois a maioria das pessoas necessita trabalhar para sobreviver e de uma legislação protetiva para ter acesso aos direitos sociais mínimos para que tenham uma vida digna. De outro lado, empresários e empreendedores dependem do trabalho humano para o exercício de suas atividades econômicas.

O Direito do Trabalho é um pulsar constante, impregnado de grande eletricidade social, pois sofre, diretamente, impactos do comportamento humano e do sistema capitalista de produção.

A função do ordenamento jurídico trabalhista é regulamentar o trabalho humano no sistema capitalista de produção, garantindo a dignidade da pessoa humana do trabalhador (art. 1º, III, da CF) com um rol de direitos mínimos, e também possibilitar aos empresários e empregadores exercerem sua atividade econômica, assegurando os valores da livre-iniciativa (art. 1º, IV, da CF).

A obra foi estruturada em 22 capítulos, os quais abordam os fundamentos históricos do direito, os princípios e fontes do direito do trabalho, o contrato de trabalho e seus desdobramentos, o salário e a remuneração, a jornada de trabalho, a extinção do contrato de trabalho, os direitos de personalidade do trabalhador, as normas de segurança e medicina do trabalho e o direito coletivo do trabalho.

O texto considerou as recentes leis da Reforma Trabalhista (Lei 13.467/17), Liberdade Econômica (Lei 13.874/19), Lei 14.442/22 (altera o regime do teletrabalho), Lei 14.457/22 (institui o Programa Emprega + Mulheres), bem como as recentes decisões do Supremo Tribunal Federal e Tribunal Superior do Trabalho em matéria trabalhista.

Escrito de forma didática e com linguagem acessível tanto para os estudantes de graduação e pós-graduação quanto para os profissionais e os que se preparam para os concursos na área trabalhista (Magistratura do Trabalho e Ministério Público do Trabalho), este livro apresenta uma visão moderna e atualizada do direito do trabalho, individual e coletivo, sem deixar de lado a doutrina clássica e os entendimentos já consolidados dos Tribunais Trabalhistas.

NOTA À SEGUNDA EDIÇÃO

Sou grato aos leitores e leitoras, bem como às manifestações positivas que recebi referentes à primeira edição, o que me motivaram a atualizar, revisar e ampliar a obra, enfatizando seu aspecto prático.

O trabalho faz parte da condição humana, pois a maioria das pessoas necessita trabalhar para sobreviver e de uma legislação protetiva para ter acesso aos direitos sociais mínimos para que tenham uma vida digna. De outro lado, empresários e empreendedores dependem do trabalho humano para o exercício de suas atividades econômicas.

O Direito do Trabalho é um pulsar constante, impregnado de grande eletricidade social, pois sofre, diretamente, impactos do comportamento humano e do sistema capitalista de produção.

A função do ordenamento jurídico trabalhista é regulamentar o trabalho humano no sistema capitalista de produção, garantindo a dignidade da pessoa humana do trabalhador (art. 1º, III, da CF) com um rol de direitos mínimos, e também possibilitar aos empresários e empregadores exercerem sua atividade econômica, assegurando os valores da livre-iniciativa (art. 1º, IV, da CF).

A obra foi estruturada em 22 capítulos, os quais abordam os fundamentos históricos do direito, os princípios e fontes do direito do trabalho, o contrato de trabalho e seus desdobramentos, o salário e a remuneração, a jornada de trabalho, a extinção do contrato de trabalho, os direitos de personalidade do trabalhador, as normas de segurança e medicina do trabalho e o direito coletivo do trabalho.

Escrito de forma didática e com linguagem acessível tanto para os estudantes de graduação e pós-graduação quanto para os profissionais e os que se preparam para os concursos na área trabalhista (Magistratura do Trabalho e Ministério Público do Trabalho), este livro apresenta uma visão moderna e atualizada do direito do trabalho, individual e coletivo, sem deixar de lado a doutrina clássica e os entendimentos já consolidados dos Tribunais Trabalhistas.

Nesta edição, foram incorporadas as seguintes normas:

- Jurisprudência atual do STF e do TST em matéria trabalhista.

- Leis 14.684/2023 e 14.766/2023 – Adicional de periculosidade.
- Lei 14.811/2024 – Crime de *bullying*.
- Lei 14.647/2023 – Que dispõe sobre a inexistência de vínculo empregatício entre entidades religiosas ou instituições de ensino vocacional e seus ministros, membros ou quaisquer outros que a eles se equiparem.
- Lei 14.611/2023 – Que dispõe sobre a igualdade salarial e de critérios remuneratórios entre mulheres e homens, e altera a CLT.
- Portaria 3.665 do MTE – Trabalho em feriados.

Boa leitura.

SUMÁRIO

CAPÍTULO I

TEORIA GERAL DO DIREITO DO TRABALHO

1. REFERÊNCIAS HISTÓRICAS DO TRABALHO HUMANO

Trabalho é toda atividade humana dirigida a determinado fim. Normalmente, é destinado à produção com o objetivo de promover o sustento do trabalhador.

Conforme nos ensina Pedro Romano Martinez[1], "trabalho deriva do latim da palavra 'tripalis' que significava aparelho com três paus, onde se prendiam animais, entre os quais bestas para serem ferradas. A evolução semântica da palavra, de aparelho de três paus, até ao actual significado de trabalho, talvez se tenha ficado a dever ao facto de segurar os animais no sobredito aparelho implicar um certo esforço, 'dar trabalho'".

Há diversas formas de trabalho, mas o que interessa ao Direito do Trabalho e à legislação trabalhista é o chamado trabalho por *conta alheia*, em que há um prestador de serviços que executa o trabalho, de um lado, e um tomador, que será destinatário do trabalho humano, do outro lado da relação jurídica.

Na Antiguidade, o trabalho era visto como um *castigo dos Deuses*, quando o trabalho ficava a cargo dos escravos.

---

1. Direito do Trabalho. 5ª ed. Lisboa: Almedina, 2010, p. 33-34.

Como destaca Alice Monteiro de Barros[2], "a difusão do trabalho escravo na Antiguidade, sobretudo entre os gregos e romanos, associada à concepção do trabalho como mercadoria são fatores responsáveis pela inclusão dessa relação laboral no contexto da propriedade. O escravo assemelhava-se a uma coisa que pertencia ao amo ou senhor, a partir do momento em que entrava em seu domínio, portanto não poderia prestar o consentimento contratual e, consequentemente, contrair obrigações. O escravo era destituído do direito à vida e ao tratamento digno, embora estivesse o amo sujeito a sanções penais se o matasse sem causa. Nessas circunstâncias, o escravo enquadrava-se como objeto do direito de propriedade, não como sujeito de direito, razão pela qual tornava-se inviável falar-se de um Direito do Trabalho enquanto predominava o trabalho escravo".

Na Idade Média, no período da servidão, o trabalho era realizado pelos servos, que também não eram livres, pois entregavam grande parte de sua produção ao senhor feudal em troca de proteção.

Conforme Jorge Luiz Souto Maior[3], a sociedade medieval não se direcionava à produção como forma de obtenção de lucro. Seu vínculo básico era a proteção. Não tinha objetivos maiores, tanto que a produtividade era baixa, com utilização de técnicas rudimentares, e as condições de vida eram precárias, mesmo para os senhores, sendo pior, é claro, para os servos. A situação perdura por vários séculos, até que no século XI, período conhecido como Baixa Idade Média, terminam-se as investidas de conquistas dos povos germânicos e inicia-se um período de comercialização dos excedentes dos feudos nas feiras locais, favorecido pelo crescimento da população e pelo aumento da circulação de mercadorias, o que marca o renascimento do comércio da Europa.

No sistema das corporações de ofício, começou a surgir o trabalho livre nas oficinas em que havia os artesãos, companheiros e aprendizes.

Somente após a Revolução Industrial houve o surgimento do Direito do Trabalho com o trabalho assalariado.

Conforme ponderou Jorge Luiz Souto Maior[4], o trabalho assalariado, como dado característico de uma sociedade, dá-se no modelo capitalista de produção, sendo este, precisamente, o objeto de incidência do Direito do Trabalho, tendo sido tratado, tecnicamente, quando da formação teórica

---

2. Curso de Direito do Trabalho. São Paulo: LTr, 2005, p. 51.
3. Curso de Direito do Trabalho. Volume I – Parte I. Teoria Geral do Direito do Trabalho. São Paulo: LTr, 2011, p. 59.
4. Curso de Direito do Trabalho. Volume I – Parte I. Teoria Geral do Direito do Trabalho. São Paulo: LTr, 2011, p. 66.

desse ramo do direito, como trabalho prestado sob a dependência de outrem ou, simplesmente, trabalho subordinado, inserido em uma atividade organizada (a empresa moderna), voltada para o lucro e para modulação de todos os arranjos sociais.

O direito civil e o direito comum não eram suficientes para regular a relação entre trabalhadores dependentes e tomadores de serviços (empresas), havendo necessidade de criação de leis protetivas que dessem supremacia jurídica ao trabalhador para compensar as desigualdades que este apresentava em face do tomador de serviços, principalmente as desigualdades econômicas e técnicas.

1.1. Fatores históricos do surgimento do Direito do Trabalho

Assim ressalta Vólia Bomfim[5]:

> "O Direito do Trabalho nasce como reação ao cenário que se apresentou com a Revolução Industrial, com a crescente e incontrolável exploração desumana do trabalho".

Conforme a melhor doutrina, o Direito do Trabalho é fruto do regime capitalista, tendo surgido na segunda metade do século XVIII, na Europa, e foi impulsionado por diversos fatores, quais sejam:

1.1.1. Revolução Industrial: acarretou a substituição da energia motriz pela energia a vapor e a criação das indústrias. Como nos traz Jorge Luiz Souto Maior[6], a Revolução Industrial tem como traço distintivo a criação da máquina a vapor, que possibilitou a produção em grande escala, com propósitos de enriquecimento, mas, no geral, confunde-se com a própria história do capitalismo, sendo mais próprio falar em capitalismo industrial, o que foi possível somente graças ao acúmulo das experiências históricas vividas no longo período de superação dos vínculos do feudalismo: o desenvolvimento intelectual (filosófico – humanismo – iluminismo), vindo desde o Renascimento, dando origem aos estudos econômicos (economia); a acumulação primitiva de capitais (Revolução Comercial); a formação dos trabalhadores livres, desprovidos de meios de sobrevivência, em quantidade necessária para que lutassem entre si pelos postos de trabalho oferecidos; a nova organização política (Estado Moderno).

---

5. Direito do Trabalho.19ª ed. São Paulo: Método, 2022, p. 11.
6. Op. cit. p. 107.

1.1.2. Grande concentração de operários nas cidades onde estavam localizadas as fábricas: o trabalho livre das corporações de ofício foi substituído pelo trabalho assalariado e por conta alheia, destinado a um tomador[7].

1.1.3. Doutrina social da Igreja e valorização do trabalho humano: a Igreja também teve um papel importante no surgimento do Direito do Trabalho por meio de suas encíclicas, as quais defendiam a proteção do trabalho humano como forma de garantia da dignidade e emancipação do ser humano. Em 1891, surge a encíclica *Rerum Novarum*, do Papa Leão XIII. Conforme Maurício Godinho Delgado[8], o documento traduz a manifestação oficial da Igreja Católica, de notável influência na época, a respeito da *questão social*, exigindo do Estado e das classes dirigentes postura mais compreensiva diante da necessidade de regulação das relações trabalhistas.

1.1.4. Desenvolvimento da teoria da dignidade da pessoa humana, impulsionada pelo cristianismo: o ser humano passa ser considerado um fim em si mesmo, um sujeito de direitos e um *imperativo categórico* (Kant). Desse modo, o trabalho humano não pode ser visto como mercadoria.

1.1.5. Condições de trabalho precárias de trabalho: com jornadas de trabalho extenuantes, baixos salários, trabalho de mulheres e crianças e grande número de acidentes de trabalho. As primeiras leis trabalhistas foram idealizadas para a prevenção de acidentes de trabalho.

Segundo Amauri Mascaro Nascimento[9]: "O trabalho das mulheres e menores foi bastante utilizado sem maiores precauções. Na Inglaterra, os menores eram oferecidos aos distritos industrializados, em troca de alimentação, fato muito comum nas atividades algodoeiras de Lancashire. Aliás, as próprias paróquias – unidade administrativa civil inglesa, subdivisão territorial do condado criada pela denominada Lei dos Pobres – encarregavam-se,

---

7. Como destaca Amauri Mascaro Nascimento: "Com a fábrica está correspondentemente formada a aglomeração maior das massas operárias. Ela não é só o local onde se assentar. É mais ainda: o ponto de convergência dessa mesma pluralidade de indivíduos, unidos por um mesmo processo de ideais, sujeitos a um mesmo ordenamento, subordinados a um mesmo homem, com as mesmas obrigações e os mesmos direitos" (Curso de Direito do Trabalho. 29ª ed. São Paulo: Saraiva, 2014, p. 42).
8. Curso de Direito do Trabalho. 18ª ed. São Paulo: LTr, 2019, p. 109.
9. Curso de Direito do Trabalho. 29ª ed. São Paulo: Saraiva, 2014, p. 43

oficialmente, de organizar esse tráfico, de tal modo que os menores se tornaram fonte de riqueza nacional".

1.1.6. Reconhecimento do direito de união e as primeiras greves: a união dos trabalhadores e a consequente consciência de classe foram um dos fatores sociais importantes para o surgimento do Direito do Trabalho, inclusive as primeiras greves para reivindicação de melhores condições de trabalho. Por essa razão, muitos historiadores afirmam que o chamado "Direito Coletivo", ou "Sindical", surgiu antes do Direito Individual do Trabalho.

Conforme nos traz Amauri Mascaro Nascimento[10], "o movimento trabalhista estruturou-se sob a forma de organização sindical. Sindicato é, para Webber, a contínua associação de assalariados com o fim de manter ou melhorar a condição de vida proletária (...) As origens do sindicalismo são encontradas na Inglaterra. Os mais antigos sindicatos eram constituídos de pequenos clubes locais cujo principal objetivo era assegurar a vigência de leis trabalhistas".

1.1.7. Questão social: diante do crescente número de trabalhadores nas cidades sem condições mínimas de trabalho e, de outro lado, do desenvolvimento da indústria que carecia cada vez mais de mão de obra, surge a questão social, sendo necessário melhorar as condições de vida dos trabalhadores, com forte intervenção estatal e a criação de direitos sociais.

Lembra Henrique Correia[11] que "a previsão de regras autônomas e a liberdade de negociação entre as partes permitiu a exploração da classe operária, especialmente dos trabalhadores com menor capacidade de reivindicação como mulheres e crianças. Essas pessoas estavam sujeitas a condições degradantes de trabalho com jornadas extensas e salários irrisórios. Essa exploração dos trabalhadores e a necessidade de superá-la ficaram conhecidas como *questão social*".

Conforme Héctor-Hubo Barbagelata[12], "a expressão *questão social* reflete a convicção de que, dadas as condições sociais prevalecentes, não é possível deixar de adotar medidas urgentes para corrigir abusos e promover propostas para melhorar a situação dos operários, ou em termos que foram considerados equivalentes, dos pobres".

---

10. Curso de Direito do Trabalho. 29ª ed. São Paulo: Saraiva, 2014, p. 56.
11. Curso de Direito do Trabalho. 7ª ed. São Paulo: Editora Juspodivm, 2023, p. 71.
12. A Evolução do Pensamento do Direito do Trabalho. Tradução de Sidnei Machado. São Paulo: Ltr, 2012, p. 17-18.

2. HISTÓRIA DO DIREITO DO TRABALHO NO BRASIL

Durante três séculos e meio, o trabalho no Brasil ficou a cargo dos escravos, que eram propriedade dos senhores das terras. Muitas vezes, os escravos eram comercializados no chamado "mercado de trabalho", e quem os adquiria passava a ter o domínio sobre eles.

Como sustentou Jorge Luiz Souto Maior[13], a possibilidade de exploração do trabalho escravo foi o ponto de equilíbrio entre a classe dominante nacional e o Estado colonial e imperial. Outro aspecto relevante para a compreensão dessa formação cultural é o dado de que a história do Brasil teve três séculos e meio de regime escravocrata, contra apenas um de trabalho livre, gerando a concepção de que trabalho é algo que se obriga outro a fazer e pessoas humanas são mercadorias, mas não uma mercadoria qualquer, uma mercadoria especial porque tão logo comete algum delito torna-se gente. No dizer de Jacob Gorender: O primeiro ato humano do escravo é o crime. Pelo ato criminoso, o escravo se tornava gente, de pleno direito. A escravidão era tanto uma instituição que mesmo alguns ex-escravos possuíam escravos.

Destaca Alice Monteiro de Barros[14]: "no Brasil, de 1500 até 1888, o quadro legislativo referente ao trabalho registra, em 1830, uma lei que regulou o contrato sobre prestação de serviços dirigida a brasileiros e estrangeiros. Em 1837, há uma normativa sobre contratos de prestação de serviços entre colonos dispondo sobre justas causas de ambas as partes. De 1850 é o Código Comercial, contendo preceitos alusivos ao aviso prévio".

Com o fim da escravidão, o trabalho passou a ser livre.

Mesmo após o término da escravidão, houve um longo período até que o direito do trabalho passasse a disciplinar as relações do trabalho no Brasil. Não havia mão de obra suficiente, mesmo com os homens livres. Houve recurso à imigração com a chegada de grande número de imigrantes a partir de 1840.

Os imigrantes, principalmente os europeus, trabalhavam em regime de parceria ou mediante contratos de locação de serviços nas fazendas, em condições precárias.

13. Curso de Direito do Trabalho. Volume I – Parte II: História do Direito do Trabalho no Brasil. São Paulo: LTr, 2017, p. 51.
14. Curso de Direito do Trabalho. São Paulo: LTr, 2005, p. 65.

Conforme Jorge Luiz Souto Maior[15], "mesmo com o advento da República e, posteriormente, com a Revolução de 30, da qual advieram várias regras de proteção ao trabalhador, a situação no meio rural, no Brasil, permaneceu inalterada, pois, no ajuste político de poder de Vargas, houve uma espécie de incentivo à industrialização, favorecendo a classe burguesa em ascensão, mas sem contrariar, frontalmente, os donos do poder até então, os fazendeiros. Foi assim que a legislação trabalhista, considerada essencial para o desenvolvimento da produção capitalista, restringiu-se ao setor urbano, mantendo para o campo o sistema de 'parcerias'".

As primeiras leis trabalhistas brasileiras foram editadas para a proteção do trabalho dos menores, disciplinamento da chamada locação de serviços e sindicalismo. Conforme nos traz Amauri Mascaro Nascimento[16], "em 1870 havia ligas operárias. As duas primeiras normas jurídicas sobre sindicatos são o Decreto n. 979, de 1903, e o Decreto Legislativo n. 1.637, de 1907, o primeiro sobre sindicatos rurais e o segundo sobre sindicatos urbanos, este último dispondo no art. 8º que 'os sindicatos que se constituírem com o espírito de harmonia entre patrões e operários, como os ligados por conselhos permanentes de conciliação e arbitragem, destinados a dirimir as divergências e contestações entre capital e o trabalho serão considerados como representantes legais da classe integral dos homens do trabalho, e, como tais, poderão ser consultados em todos os assuntos da profissão'. Foi um incentivo, assim, à solução pacífica dos conflitos trabalhistas sob a influência da experiência contemporânea de outros países, especialmente da Nova Zelândia, que, desde, 1894, tinha uma lei de arbitragem das questões trabalhistas. Em 1891 dispensou-se a proteção aos menores nas fábricas da capital federal. O Decreto n. 1.313, de 1891, instituiu fiscalização permanente dos estabelecimentos fabris onde trabalhasse um número *avultado* de menores. Foi proibido o trabalho noturno de menores de 15 anos e limitada a 7 horas, prorrogáveis até 9, a duração da jornada diária dos menores, além de vedado o trabalho de menores de 12. Essa lei foi considerada por Evaristo de Moraes 'de cunho verdadeiramente social' (...) quanto a salários.

O Decreto n. 1.150, de 1904, que instituiu a caderneta agrícola, conferiu privilégios para pagamento de dívida proveniente de salário dos trabalhadores rurais. O advento do Código Civil, aprovado pela Lei n. 3.071, de 1º de janeiro de 1916, com as correções ordenadas pela Lei n. 3.725, de 15 de

15. Op. cit. p. 75.
16. Curso de Direito do Trabalho. 29ª ed. São Paulo: Saraiva, 2014, p. 103.

janeiro de 1919, iniciou a fase civilista do período liberal com os dispositivos legais sobre locação de serviços, antecedente histórico do contrato de trabalho da legislação posterior e especializada".

A fase de desenvolvimento e fixação do Direito do Trabalho no Brasil ocorreu a partir de 1930, com a chamada *era Vargas*, quando houve grande desenvolvimento da indústria e do capitalismo.

Relevante no desenvolvimento da legislação trabalhista foi a criação do Ministério do Trabalho e Emprego, pelo governo Getúlio Vargas, o qual passou a desenvolver políticas para implementação de uma legislação mais efetiva para proteção dos trabalhadores.

Como nos advertem Antônio Neto da Lapa e Ivan Kertzman[17], "outro marco a ser recordado é a Revolução de 1930 que levou Getúlio Varga ao poder, afinal com esse líder a proteção dos trabalhadores ganhou destaque tanto que em 26 de novembro de 1930, por meio do Decreto n. 19.433, foi instituído o Ministério do Trabalho, que para boa parte da doutrina representa o surgimento do Direito do Trabalho no Brasil".

O Ministério do Trabalho fora extinto pela Lei 13.844/19, tendo suas competências incorporadas ao Ministério da Economia. Em 27/06/2021, o Ministério do Trabalho fora recriado, pela Lei 14.261/21, com o nome de Ministério do Trabalho e Previdência. Atualmente, a denominação dada pela Lei 14.600/23 é *Ministério do Trabalho e Emprego*, cujas atribuições estão mencionadas no art. 46 da referida Lei, *in verbis*:

> "Constituem áreas de competência do Ministério do Trabalho e Emprego: I - política e diretrizes para a geração de emprego e renda e de apoio ao trabalhador; II - política e diretrizes para a modernização do sistema de relações de trabalho e do sistema sindical; III - fiscalização do trabalho, inclusive dos trabalhos portuário e aquaviário, e aplicação das sanções por descumprimento de normas legais ou coletivas; IV - política salarial; V - intermediação de mão de obra e formação e desenvolvimento profissionais; VI - segurança e saúde no trabalho; VII - economia popular e solidária, cooperativismo e associativismo; VIII - carteira de trabalho, registro e regulação profissionais; IX - registro sindical; X - produção de estatísticas, de estudos e de pesquisas sobre o mundo do trabalho para subsidiar políticas públicas; XI - políticas de aprendizagem e de inclusão das

17. Curso Prático de Direito do Trabalho. 4ª ed. São Paulo: Juspodivm, 2021, p. 43.

pessoas com deficiência no mundo do trabalho, em articulação com os demais órgãos competentes; XII - políticas de enfrentamento às desigualdades no mundo do trabalho; XIII - políticas direcionadas à relação entre novas tecnologias, inovação e mudanças no mundo do trabalho, em articulação com os demais órgãos competentes; XIV - políticas para enfrentamento da informalidade e da precariedade no mundo do trabalho, bem como ações para mitigar a rotatividade do emprego; XV - Fundo de Garantia do Tempo de Serviço (FGTS); e XVI - Fundo de Amparo ao Trabalhador (FAT)."

Segundo Maurício Godinho Delgado[18], "construindo-se essa institucionalização/oficialização ao longo de um demorado período político centralizador e autoritário (de 1930 a 1945), o ramo justrabalhista veio a se institucionalizar, consequentemente, sob uma matriz corporativa e intensamente autoritária. A evolução política brasileira não permitiu, desse modo, que o Direito do Trabalho passasse por uma fase de *sistematização e consolidação*, em que se digladiassem (e se maturassem) propostas de gerenciamento e solução de conflitos no próprio âmbito da sociedade civil, democratizando a matriz essencial do novo ramo jurídico. Afirmando-se uma intensa e longa ação autoritária oficial (pós-1930) sobre um segmento sociojurídico ainda sem uma estrutura e experiência largamente consolidadas (como o sistema anterior a 1930), disso resultou um modelo fechado, centralizado e compacto, caracterizado ainda por incomparável capacidade de resistência e duração ao longo do tempo".

A legislação trabalhista durante os anos 1930, até 1945, inserida no projeto de industrialização, segundo Souto Maior[19], teve como objetivos: a) conter o sindicalismo revolucionário, por meio, sobretudo, da criação dos sindicatos oficiais, vinculando a aquisição de direitos aos trabalhadores ligados a esses sindicatos; b) criar uma classe operária dócil, reforçando a lógica da gratidão, já impregnada na cultura escravagista; c) difundir o espírito da conciliação, quebrando, assim, a eficácia da própria legislação apresentada; d) obter, por meio da ausência de fiscalização e da conciliação, a concordância dos industriais para edição das leis trabalhistas; e) não desagradar aos agricultores, deixando de levar a legislação trabalhista ao campo; e f) apagar da história as lutas e o poder de organização dos trabalhadores.

---

18. Curso de direito do Trabalho. 18ª ed. São Paulo: LTr, 2019, p. 132.
19. História do Direito do Trabalho no Brasil. Volume I – Parte II. São Paulo: LTr, 2017, p. 255.

Como observa Alice Monteiro de Barros[20], "de 1888 à Revolução de 1930, os diplomas legislativos de maior relevância são: em 1903, lei sobre sindicalização dos profissionais da agricultura; de 1907, lei sobre sindicalização dos trabalhadores urbanos; de 1916,.o Código Civil, com um capítulo sobre locação de serviços, regulamentando a prestação de serviços de trabalhadores; de 1919, temos uma lei sobre acidente de trabalho; de 1923 é a Lei Elói Chaves, disciplinando a estabilidade no emprego conferida aos ferroviários que contassem 10 ou mais anos de serviço junto ao mesmo empregador, instituto, mais tarde, estendido a outras categorias; em 1930 cria-se o Ministério do Trabalho. Esse é o marco do aparecimento do Direito do Trabalho no Brasil apresentado pela doutrina, embora anteriormente já existisse um ambiente propício ao seu surgimento, em face da legislação que o antecedeu".

Até 1943, a legislação trabalhista era esparsa, o que dificultava em demasia seu conhecimento, segurança jurídica e aplicação por empregados, empregadores, advogados e juízes.

Em 1943, é editada a Consolidação das Leis do Trabalho, cujo objetivo era reunir leis, decretos-leis, normas disciplinadas em acordos coletivos e disposições de convenções da OIT ratificadas pelo Brasil, mas também sistematizar e facilitar a compreensão e aplicação da legislação trabalhista no País.

Uma grande referência para a elaboração da Consolidação das Leis do Trabalho foram os debates realizados no 1º Congresso Nacional de Direito Social, em maio de 1941, liderado pelo jurista Antonio Ferreira Cesarino Júnior, professor da Faculdade de Direito da Universidade de São Paulo, considerado por muitos o propulsor do estudo do Direito do Trabalho nas faculdades brasileiras.

Também houve grande impacto das Convenções da Organização Internacional do Trabalho na elaboração da CLT, as quais foram utilizadas para descartar as legislações nacionais contrárias às referidas Convenções.

Além disso, a Consolidação das Leis do Trabalho impulsionou maior publicidade e compreensão da legislação trabalhista.

Ao contrário do que muitos sustentam, apesar de não ter passado pelo parlamento, a elaboração da CLT foi precedida de muitas discussões, com a participação dos mais diversos segmentos do setor trabalhista, quais sejam:

20. Curso de Direito do Trabalho. São Paulo: LTr, 2005, p. 65.

representantes das empresas, dos empregados, sociedade civil etc., sendo muitas das sugestões apresentadas incorporadas ao texto da Consolidação.

Destaca Augusto César Leite de Carvalho[21] que "as indústrias de base, especialmente a siderurgia e a petroquímica, surgiram com a legislação trabalhista e a Justiça do Trabalho, tudo em um pacote de intervenção estatal que auspiciava a definitiva modernização do Brasil. A um só tempo, Vargas introduzia a fonte do problema – mediante o estímulo à industrialização de bens de capital e de consumo – e os métodos de solução, tentando queimar etapas do processo de industrialização vivido pelos países que compunham a economia central".

Com a Constituição Federal de 1988, muitas garantias trabalhistas foram destacadas com direitos essenciais, valendo realçar a importância do valor social do trabalho (art. 1º, IV), os direitos sociais de segunda dimensão (art. 6º), os direitos trabalhistas mínimos e essenciais (art. 7º), bem como o regramento da atividade sindical (arts. 8º a 11).

Advertem Ingo Wolfgang Sarlet, Luiz Guilherme Marinoni e Daniel Mitidiero[22], "na perspectiva do direito constitucional brasileiro, que normas constitucionais dispondo sobre o direito ao trabalho e à proteção do trabalhador já podem ser encontradas no âmbito da evolução constitucional anterior, pelo menos desde a Constituição de 1934, muito embora em termos quantitativos e qualitativos, ou seja, no que diz com o número de posições fundamentais atribuídas ao trabalhador e no concernente à intensidade da proteção constitucional, a Constituição Federal de 1988, até mesmo por ter incluído os direitos dos trabalhadores no título dos direitos fundamentais, inovou e avançou significativamente, ainda que aos olhos de muitos o constituinte tenha aqui também pecado pelo excesso".

Os postulados fundamentais do Direito do Trabalho, hoje, estão na Constituição Federal. Por essa razão, há um chamado *direito constitucional do trabalho* formado pelo conjunto de princípios, institutos e regras disciplinados no texto constitucional, principalmente nos arts. 7º e 8º.

Atualmente, a Legislação Trabalhista sofre muitas críticas por diversos segmentos da classe empresarial, inclusive tem sido apontada como um dos entraves à criação de novos empregos e também como responsável por grande parte do desemprego. Entretanto, deve ser ressaltado que não é função do

---

21. Direito do Trabalho. Curso e Discurso. 2ª ed. São Paulo: LTr, 2018, p. 47.
22. Curso de Direito Constitucional. 7ª ed. São Paulo: Saraiva, 2018, p. 675.

Direito do Trabalho gerar emprego, bem como não é sua responsabilidade o aumento do desemprego, pois essas funções não são jurídicas, e sim econômicas. É o crescimento econômico que gera empregos, e não a redução de direitos trabalhistas.

3. A CONSOLIDAÇÃO DAS LEIS DO TRABALHO

A Consolidação das Leis do Trabalho é a legislação trabalhista básica do Direito do Trabalho. Aprovada pelo Decreto-lei 5.452 em 1º de maio de 1943, entrou em vigor em 10 de novembro de 1943. Compuseram a comissão que elaborou o anteprojeto Luiz Augusto de Rego Monteiro, Arnaldo Süssekind, Dorval Lacerda, Segadas Vianna e Oscar Saraiva, comandados pelo Ministro do Trabalho Alexandre Marcondes Filho.

Lembra Ricardo Pereira de Freitas Guimarães[23] que "a outorgada Constituição de 10 de novembro de 1937 estabelecia que, a despeito da privativa competência do Chefe do Poder Executivo Federal para expedir decretos e regulamentos para a execução de leis por ele sancionada, promulgada e publicada (art. 74, *a*), cabia também a tal figura a representação política, enquanto não se reunisse o Parlamento Nacional, a faculdade de expedir decretos-leis sobre todas as matérias de competência da União (art. 180). Há que se notar, todavia, que tal reunião do Parlamento nunca ocorreu".

Por ser um decreto-lei, a Consolidação das Leis do Trabalho não passou pelo Parlamento, tendo sido o trabalho da Comissão de Juristas aprovado pelo Presidente Getúlio Vargas e publicado, adquirindo, com isso, o *status* de Lei Ordinária. Atualmente, o decreto-lei não existe mais, sendo necessário que toda lei passe pelo Parlamento.

Destaca Eduardo Henrique Raymundo von Adamovich[24]: "o termo *Consolidação*, teoricamente, deveria distinguir-se do termo Código, porque este implicaria a elaboração de um sistema jurídico em certa medida inovador, novo não apenas no aspecto orgânico, formal, mas, sobretudo, na substância das normas e institutos que contemplasse, ao passo que o primeiro, a *Consolidação*, significaria, como sugere o próprio nome, apenas a reorganização em um corpo único de diversas leis já existentes de forma esparsa".

Conforme Arnaldo Süssekind[25], um dos autores da CLT: "A Consolidação das Leis do Trabalho, enfeixando um único texto todas as normas disciplinares das relações individuais e coletivas de trabalho, além das concernentes

23. CLT Comentada. São Paulo: RT, 2017, p. 69.
24. Comentários à Consolidação das Leis do Trabalho. Rio de Janeiro: Forense, 2009, p. 1.
25. Instituições de Direito do Trabalho. 22ª ed. São Paulo: LTr, 2005, p. 67.

a procedimentos administrativos e à Justiça do Trabalho, proporcionou o conhecimento global dos direitos e obrigações trabalhistas não só aos intérpretes e aplicadores das leis, mas, sobretudo, aos seus destinatários: os empregadores e os empregados. A CLT cumpriu, assim, importante missão educativa, a par de ter gerado o clima propício à industrialização do País, sem conflitos trabalhistas violentos".

A Comissão de Juristas que elaborou o anteprojeto exalta o caráter legislativo da CLT, e não de mera compilação. Apesar de ter sido gestada sob regime autoritário, houve grande discussão de suas normas pelos segmentos interessados da sociedade (juristas, sindicatos, empresas e empregados).

Vale assinalar a seguinte passagem da Exposição de Motivos da CLT, elaborada pela Comissão de Juristas, em seu item 15:

> "A Consolidação representa, portanto, em sua substância normativa e em seu título, neste ano de 1943, não um ponto de partida, nem uma adesão recente a uma doutrina, mas a maturidade de uma ordem social há mais de um decênio instituída, que já se consagrou pelos benefícios distribuídos, como também pelo julgamento da opinião pública consciente, e sob cujo espírito de equidade confraternizaram as classes na vida econômica, instaurando nesse ambiente, antes instável e incerto, os mesmos sentimentos de humanismo cristão que encheram de generosidade e de nobreza os anais da nossa vida pública e social".

As normas da CLT são marcadas, desde a origem, por considerável intervenção do Estado na relação de emprego, por meio de normas de ordem pública. Nesse sentido, são categóricos os art. 9º e 444, *caput*, da Consolidação, *in verbis*:

> **Art. 9º da CLT:** "Serão nulos de pleno direito os atos praticados com o objetivo de desvirtuar, impedir ou fraudar a aplicação dos preceitos contidos na presente Consolidação".
>
> **Art. 444 da CLT:** "As relações contratuais de trabalho podem ser objeto de livre estipulação das partes interessadas em tudo quanto não contravenha às disposições de proteção ao trabalho, aos contratos coletivos (atualmente convenções coletivas) que lhes sejam aplicáveis e às decisões das autoridades competentes".

Ao longo dos anos, a CLT sofreu muitas alterações por meio de leis supervenientes e da própria Constituição Federal de 1988, sendo a mais significativa em 2017, por meio da Lei 13.467/17, conhecida como "Reforma Trabalhista", que mexeu em pontos sensíveis do Direito Individual e Coletivo do Trabalho, dando primazia à autonomia da vontade entre empregado e empregador, reduzindo a feição protecionista da Legislação Trabalhista. Pontos importantes do Processo do Trabalho também foram modificados, dificultando, em muitos aspectos, o acesso do trabalhador à Justiça Trabalhista, bem como a materialização do direito na fase executiva do procedimento.

Nos dias atuais, a CLT é um verdadeiro Código do Trabalho (englobando o direito individual e coletivo) e do Processo do Trabalho do País, aglutinando, também, normas de direito administrativo do trabalho e fiscalização trabalhista.

A Consolidação das Leis do Trabalho, ao longo dos anos, foi acompanhada de legislação extravagante, a exemplo da Lei do FGTS, descanso semanal remunerado, 13º salário, entre outras. Não obstante, a Consolidação é a legislação brasileira mais conhecida e mais popular.

Apesar de muitas críticas e alterações que vem sofrendo, a CLT ainda é um dos diplomas legais mais populares e difundidos do País, tendo o mérito de sistematizar o Direito do Trabalho no Brasil e facilitar sua compreensão e aplicação. Cumpre destacar que muitos direitos trabalhistas vieram após a CLT, a exemplo do descanso semanal remunerado, 13º salário, Fundo de Garantia por Tempo de Serviço, salário mínimo, intervalos e indenizações por acidente de trabalho.

Diante da Constituição Federal de 1988, a Consolidação das Leis do Trabalho foi por ela recepcionada, mas muitos de seus artigos tornaram-se incompatíveis com o texto constitucional, principalmente na esfera do direito coletivo do trabalho.

4. DO CENÁRIO ATUAL DO DIREITO DO TRABALHO NO BRASIL

Atualmente, o Direito do Trabalho brasileiro passa por mudanças legislativas, muitas por meio de medidas provisórias, as quais geram muita insegurança jurídica.

As mais recentes e significativas são a Lei 13.467/17, conhecida como a lei da "reforma trabalhista", e a Lei 13.874/19, identificada como a "Lei da Liberdade Econômica", que trouxe impactos na legislação trabalhista.

Estamos vivenciando alterações importantes na Legislação Trabalhista por meio de medidas provisórias, algumas convertidas em lei e outras que não o foram, gerando grande insegurança jurídica e rompendo com o natural processo democrático de criação das normas trabalhistas.

A pandemia do coronavírus provocou modificações significativas no mundo do trabalho, acarretando adaptações da legislação trabalhista a fim de preservar os empregos e renda, a exemplo das medidas temporárias de redução de emprego e renda (Medidas Provisórias 1.045/21 e 1.046/21 e Lei 14.020/2020).

As legislações recentes tiveram por objeto abrandar o protecionismo da lei e priorizar a negociação de direitos com a participação do sindicato de trabalhadores. Também os recentes diplomas legislativos tiveram por finalidade a redução de garantias trabalhistas, com os objetivos de facilitar a contratação de trabalhadores e diminuir os conflitos trabalhistas. No entanto, a chamada "reforma trabalhista" ainda não conseguiu cumprir suas promessas, e muitos apontam que houve precarização de direitos.

O cenário legislativo atual do Direito do Trabalho caminha no sentido liberal, tendo por objetivo dar mais primazia à autonomia à vontade, afastando a rigidez da intervenção estatal nas relações trabalhistas.

Deve ser destacado, por outro lado, que não há como afastar a intervenção estatal nas relações de trabalho, uma vez que não há equilíbrio contratual entre as partes, sendo necessário que a parte vulnerável no contrato – o trabalhador – tenha proteção jurídica a fim de compensar as desigualdades reais que apresenta em face do empregador.

Muitos, diante do crescente número de trabalhadores informais, dos trabalhadores inseridos no mercado de consumo como pequenos prestadores de serviços, ou dos chamados "autônomos dependentes" que trabalhavam sem vínculo de emprego, com dependência econômica ao tomador de serviços[26], defendem uma fragmentação do Direito do Trabalho, a fim de disciplinar direitos e garantias mínimas para os trabalhadores que estão fora da CLT e do Direito do Trabalho.

Outros defendem o expansionismo do Direito do Trabalho, buscando formalizar os trabalhadores informais, mas com redução de direitos trabalhistas.

---

26. A exemplo dos trabalhadores de aplicativos que têm certa autonomia na prestação de serviços, mas não têm organização própria e dependência quase que total do tomador dos serviços.

Os anos 2020, 2021 e 2022 foram duros para a população brasileira em razão dos grandes impactos da pandemia do coronavírus na vida e saúde das pessoas, bem como na economia. Diversas normas provisórias foram editadas com o intuito de manutenção de emprego e renda.

Há muitas tentativas legislativas para criação de contratos especiais de trabalho, com redução de direitos, visando à inserção de jovens e pessoas com idades mais avançadas no mercado de trabalho. Esses projetos encontram grande resistência, principalmente dos operadores do direito do trabalho, pois criam espécies de trabalhadores "de segunda categoria", com direitos trabalhistas reduzidos, o que confronta com o princípio da isonomia (art. 5º da CF) e com o princípio da melhoria da condição social do trabalhador (art. 7º, *caput*, da CF).

O avanço da tecnologia também impacta, de forma contundente, as relações de trabalho, pois provoca o fechamento dos postos de trabalho e mudanças significativas no *modus operandi* da prestação do trabalho, com utilização de meios tecnológicos de controle e supervisão do trabalho, utilização intensa de mão de obra por meio de plataformas digitais sem a proteção dos direitos sociais.

A jurisprudência do Supremo Tribunal Federal tem seguido tendência liberal no sentido de permitir contratos de prestação de serviços entre profissionais liberais de forma autônoma, ou por meio de *pejotização*[27] em prol de empresas, ainda que em atividade-fim, argumentando que o contrato de emprego convive com outras formas contratuais, e que a manifestação de vontade do trabalhador, na contratação, confere validade ao contrato, independentemente da realidade da prestação de serviços. Vale dizer: a jurisprudência do Supremo Tribunal Federal tem dito que o trabalhador pode escolher trabalhar como empregado ou não, o que provoca uma ruptura com o paradigma de ordem pública das normas trabalhistas, e os postulados de proteção ao trabalho humano disciplinados nos arts. 6º e 7º da Constituição Federal.

---

27. Agravos Regimentais na Reclamação. 2. Direito Constitucional, Civil e do Trabalho. 3. Terceirização. "*Pejotização*". Liberdade de organização produtiva dos cidadãos. Licitude de outras formas de organização. Tribunal de origem violou entendimento firmado na ADPF 324, na ADI 5.625 e no RE-RG 958.252 (tema 725). 4. Reclamação julgada procedente. 5. Ausência de argumentos capazes de infirmar a decisão agravada. 6. Agravos regimentais não providos (STF Rcl 59120. 2ª T. Rel. Min GUILMAR MENDES. Doe 06/10/2023).

A doutrina também tem destacado que vivemos a chamada 4ª Revolução Industrial, com a atualização intensa da tecnologia digital para automação da produção, bem como do controle do trabalho humano.

Como bem adverte Adalberto Martins[28]:

> "Na atualidade, vivenciamos a 4ª Revolução Industrial, também conhecida como Indústria 4.0, caracterizada não apenas pela automatização, mas também pelo fato de que as máquinas estão interconectadas dentro de um sistema único. Vale dizermos que, a partir da Indústria 4.0, verifica-se que as máquinas se tornam capazes de comunicação entre si, dispensando a ação humana em várias etapas. Nesse cenário, vislumbramos a Internet dos Serviços (IoS), a Internet das Coisas (IoT), a possibilidade das fábricas inteligentes, que potencializam os desafios nas relações de trabalho e mais acentuam a necessidade de tornar efetiva a promessa insculpida no art. 7º, XXVII, da Constituição Federal, que consubstancia um direito fundamental dos trabalhadores: 'proteção em face da automação na forma da lei'".

Deve ser salientado ainda que a essência do Direito do Trabalho está na Constituição Federal, a qual tem por objetivo garantir os direitos mínimos do trabalhador e melhorar sua condição social.

Como nos adverte Felipe Bernardes[29], "é fato que nossa Constituição não assegura o direito a qualquer trabalho, mas ao trabalho decente, tal como preconizado pela OIT. Pensar diferentemente autoriza concluir que poderíamos retornar à escravidão para combater o desemprego".

Diante do sistema constitucional de proteção ao trabalho humano, principalmente, os postulados arts. 1º, III, IV, 6º, 7º, 8º, e 170, o trabalho humano está disciplinado por normas de ordem pública, visando a proteção do trabalho digno e decente. Por isso, no Direito do Trabalho, a autonomia contratual das partes está limitada pela observância das normas que garantem a proteção à dignidade da pessoa humana do trabalhador.

---

28. Manual Didático de Direito do Trabalho. 7ª ed. São Paulo: Editora Mizuno, 2022, p. 25.
29. O Direito do Trabalho no Supremo Tribunal Federal. São Paulo: Editora Juspodivm, 2021, p. 92.

5. FUNÇÕES DO DIREITO DO TRABALHO NO SISTEMA CAPITALISTA

O Direito do Trabalho surgiu, segundo a doutrina, para garantir a melhoria da condição social do trabalhador, nivelando as desigualdades entre o capital e o trabalho e, acima de tudo, para consagrar a dignidade da pessoa humana do trabalhador, bem como ressaltar os valores sociais do trabalho como fundamentos para uma sociedade justa e solidária.

Como nos ensina Maurício Godinho Delgado[30], o Direito do Trabalho é produto do capitalismo, atado à evolução histórica desse sistema, retificando-lhe distorções econômico-sociais e civilizando a importante relação de poder que sua dinâmica econômica cria no âmbito da sociedade civil, em especial no estabelecimento e na empresa.

Segundo Luciano Martinez[31], a função é a razão de ser e de existir de coisas, pessoas ou instituições. O Direito do Trabalho tem a função essencial de regular a autonomia da vontade de modo a estabelecer padrões mínimos e a promover a melhoria da condição social da classe trabalhadora.

O Direito do Trabalho desempenha importantes funções na sociedade contemporânea, principalmente no regime capitalista, quais sejam:

a) **distribuição mais justa da renda:** o direito do Trabalho desempenha importante função de distribuição de renda no sistema capitalista, pois, com a existência de garantias mínimas trabalhistas, os trabalhadores podem ter acesso aos bens de consumo, lazer, saúde, educação e à previdência social;

b) **convivência pacífica entre trabalhadores e os donos dos meios de produção:** o Direito do Trabalho também exerce a função de pacificação social, sendo um importante instrumento de convivência harmônica entre trabalhadores e dos proprietários dos meios de produção;

c) **manutenção do direito de propriedade e do regime capitalista:** o Direito do Trabalho é essencial à manutenção da propriedade privada e à manutenção do regime capitalista;

30. Curso de Direito do Trabalho. 18ª ed. São Paulo: LTr, 2019, p. 95.
31. Curso de Direito do Trabalho. 12ª ed. São Paulo: Saraiva, 2021, p. 64.

Os direitos sociais são essenciais para a manutenção do regime capitalista, pois atuam para a manutenção do equilíbrio entre aqueles que detêm a força de trabalho e os que detêm os meios de produção.

d) **proteção da dignidade da pessoa humana do trabalho, com a fixação de um rol de direitos mínimos ao trabalhador:** a existência dos direitos trabalhistas garante um piso vital essencial de direitos destinados à proteção da dignidade da pessoa humana do trabalhador.

Como destaca Amauri Mascaro Nascimento[32], "o direito do trabalho tende à realização de um valor: a *justiça social.* Não é o único meio de sua consecução, mas é uma das formas pelas quais um conjunto de medidas que envolvem técnicas econômicas de melhor distribuição de riquezas, técnicas políticas de organização da convivência dos homens e do Estado e técnicas jurídicas destinadas a garantir a liberdade do ser humano, dimensionando-a num sentido social, visa a atingir a justiça social. É convencimento geral dos analistas a necessidade de uma ordem social justa, o que pressupõe a superação dos problemas que caracterizam a questão social".

Como nos adverte Maurício Godinho Delgado[33], "o Direito do Trabalho corresponde à dimensão social mais significativa dos Direitos Humanos, ao lado do Direito Previdenciário (ou direito da Seguridade Social). É por meio desses ramos jurídicos que os Direitos Humanos ganham maior espaço de evolução, ultrapassando as fronteiras originais, vinculadas basicamente à dimensão da liberdade e intangibilidade física e psíquica da pessoa humana".

Atualmente, o Direito do Trabalho sofre impactos contundentes decorrentes da crise econômica, modificações das estruturas das empresas, desenvolvimento de novas tecnologias, mudanças no comportamento da sociedade e novas formas de prestação de serviços, sendo o seu maior desafio continuar protegendo o trabalhador, assegurando um mínimo de garantias para resguardar a dignidade da pessoa humana do trabalhador.

Mesmo diante do crescente desenvolvimento da tecnologia, da mudança dos sistemas de produção e da necessidade de assegurar trabalho para sustento das pessoas, o trabalho humano sempre necessitará de regulamentação e proteção, com a garantia de um núcleo essencial de direitos.

---

32. Curso de Direito do Trabalho. 29ª ed. São Paulo: Saraiva, 2014, p. 64-65.
33. Curso de Direito do Trabalho. 19ª ed. São Paulo: Ltr, 2020, p. 95.

6. DEFINIÇÃO DE DIREITO DO TRABALHO

O Direito é um fenômeno cultural, sendo ao mesmo tempo uma técnica de controle, dominação e poder, mas também de atribuição de garantias e deveres a todas as pessoas, ou a determinados grupos sociais.

Conforme Miguel Reale[34], "o Direito corresponde à exigência essencial e indeclinável de uma convivência ordenada, pois nenhuma sociedade poderia subsistir sem um mínimo de ordem, de direção e solidariedade".

Segundo a doutrina, o Direito do Trabalho é o ramo do Direito que disciplina as normas de proteção ao trabalho humano realizado sob a moldura da relação de emprego.

Como nos adverte Maurício Godinho Delgado[35], "o Direito do Trabalho, como sistema jurídico coordenado, tem na relação empregatícia sua categoria básica, a partir da qual se constroem os princípios, regras e institutos essenciais desse ramo jurídico especializado, demarcando sua característica própria e distintiva perante os marcos jurídicos correlatos".

Partindo de uma robusta investigação histórica, Jorge Luiz Souto Maior[36] conceitua o Direito do Trabalho como "o ramo do Direito (Social) composto de normas dinâmicas, extraídas de regras e princípios historicamente instituídos, que, integrado ao patrimônio jurídico da classe trabalhadora e direcionado pelo Estado (Social), organiza o modelo de produção capitalista, regulando as relações de emprego, consideradas pelo aspecto da exploração do capital sobre o trabalho numa perspectiva nacional e internacional, com vistas a limitar os interesses estritamente econômicos para preservar a paz mundial e construir a justiça social por meio da instrumentalização da melhoria progressiva das condições de trabalho e vida dos trabalhadores, legitimando a atuação política destes, promovendo a solidariedade, impulsionando a democracia e proporcionando a distribuição da riqueza produzida, além de favorecer o exercício da ética, o desenvolvimento da racionalidade necessária para a preservação e a elevação da condição humana (dignidade humana)".

A doutrina, em geral, não é uniforme quanto à definição do Direito do Trabalho. Alguns autores priorizam o critério subjetivo, que enfatiza os

34. Lições Preliminares de Direito. 24ª ed. São Paulo: Saraiva, 1999, p. 2.
35. Curso de Direito do Trabalho. 19ª ed. São Paulo: Ltr, 2020, p. 53.
36. Curso de Direito do Trabalho. Volume I- Parte I. São Paulo: LTr, 2011, p. 620-621.

sujeitos aos quais se aplica o Direito do Trabalho; outros priorizam o critério objetivo, que destaca as matérias às quais se dedica o Direito Laboral. Há ainda as definições mistas, majoritárias na doutrina, que mesclam os critérios subjetivo e objetivo.

Na definição mista de Octávio Bueno Magano[37], o Direito do Trabalho é conceituado "como o conjunto de princípios, normas e instituições, aplicáveis à relação de trabalho e situações equiparáveis, tendo em vista a melhoria da condição social do trabalhador, através de medidas protetoras e da modificação das estruturas sociais".

Destaca Magano que a referência à melhoria da condição social do trabalhador indica o fundamento do Direito do Trabalho, o fim para o qual convergem suas normas e instituições.

Adverte ainda Octávio Bueno Magano[38] que "as medidas protetoras são os meios postos em prática para assegurar a melhoria da condição social do trabalhador. Tomam a forma de autoproteção, quando consubstanciam em convenções coletivas de trabalho, ou de heteroproteção, quando refletidos em lei. A índole protetora do Direito do Trabalho tem sido realçada pela generalidade dos autores, acentuando muitos deles que se trata de princípio fundamental da disciplina".

Amauri Mascaro Nascimento conceitua o Direito do Trabalho "como o ramo da ciência do direito que tem por objeto as normas jurídicas que disciplinam as relações de trabalho subordinado, determinam os seus sujeitos e as organizações destinadas à proteção desse trabalho, em sua estrutura e atividade"[39].

Maurício Godinho Delgado[40] apresenta definição do Direito do Trabalho destacando os ramos individual e coletivo dessa ciência jurídica. Assevera o jurista: "O Direito Individual do Trabalho define-se como: conjunto de princípios, regras e institutos jurídicos que regulam, no tocante a pessoas e matérias envolvidas, a relação empregatícia de trabalho, além de outras relações laborais normativamente especificadas. Já o Direito Coletivo do Trabalho pode ser definido como o complexo de princípios, regras e institutos jurídicos que regulam as relações laborais de empregados e empregadores, além de outros grupos jurídicos normativamente especificados, considerada

37. Manual de Direito do Trabalho. Parte Geral. São Paulo: LTr, 1980, p. 50.
38. Manual de Direito do Trabalho. Manual de Direito do Trabalho. São Paulo: Ltr, 1980, p. 52.
39. Curso de Direito do Trabalho. 23ª Edição. São Paulo: Saraiva, 2008, p. 192.
40. Curso de Direito do Trabalho. 7ª Edição. São Paulo: LTr, 2008. p. 51.

sua ação coletiva, realizada autonomamente ou através das respectivas associações".

De nossa parte, o Direito do Trabalho é definido "como o conjunto de princípios, regras e instituições que regem a relação de emprego e as relações de trabalho a elas equiparadas, tendo por finalidade fixar os direitos do trabalhador, para garantia de sua dignidade e melhoria de sua condição social".

Os princípios são as normas gerais e abstratas das quais derivam as regras. Regras são normas positivadas. Instituições são as entidades e pessoas que podem criar as normas trabalhistas, como sindicatos e empresas.

O Direito do Trabalho tem a missão de equilibrar a relação capital *x* trabalho, protegendo a dignidade da pessoa humana do trabalhador, por meio de um rol básico e mínimo de direitos para garantia da cidadania do trabalhador.

A finalidade última do Direito do Trabalho é a melhoria da condição social do trabalhador, por meio de regras protetivas, a fim de compensar as desigualdades materiais que tem em face do empregador.

7. DA AUTONOMIA DO DIREITO DO TRABALHO

Autonomia, segundo o dicionário Houaiss[41], significa "capacidade de se autogovernar, de se autodeterminar (...) preservação da integridade do eu".

Ensina-nos, nesse sentido, Jorge Luiz Souto Maior[42]:

> "O direito é um conjunto de normas e princípios voltado à regulação da vida social. Para falar de um direito autônomo, um ramo do direito distinto do direito comum, é preciso que se tenha um razoável número de normas voltadas para um fato social específico e que se identifiquem nestas leis princípios próprios que lhe deem uma noção de conjunto, fornecendo-lhe uma lógica particular e uma finalidade distinta".

Como destaca Maurício Godinho Delgado[43], "autonomia (do grego *auto*, próprio e *nomé*, regra), no Direito, traduz a qualidade atingida por

41. HOUAISS, Antonio; VILLAR, Mauro de Salles; MELLO FRANCO, Francisco Manoel de. Dicionário Houaiss da Língua Portuguesa. Rio de Janeiro: Objetiva, 2001, p. 351.
42. SOUTO MAIOR, Jorge Luiz. A fúria. *In: Revista Trabalhista Direito e Processo*, Rio de Janeiro, Forense, jul./set. 2002. p. 71.
43. Curso de Direito do Trabalho. 19ª ed. São Paulo: Ltr, 2020, p. 80.

determinado ramo jurídico de ter enfoques, princípios, regras, teorias e condutas metodológicas própria de estruturação e dinâmica".

Para que uma ciência seja considerada autônoma são necessários os seguintes requisitos:

a) ter princípios próprios;

b) um objeto de estudo específico;

c) legislação própria; e

d) significativo número de estudos doutrinários a respeito.

O Direito do Trabalho é considerado uma ciência autônoma, pois possui princípios próprios que o diferenciam do Direito Civil; tem um objeto próprio de estudo, que são a relação de trabalho e os direitos do trabalhador; tem significativo número de estudos doutrinários a respeito (autonomia científica); e uma legislação própria (Consolidação das Leis do Trabalho e Legislação Extravagante).

No entanto, a autonomia do Direito do Direito do Trabalho não deve significar isolamento, e sim diálogo constante com os demais ramos do Direito, a fim de que possam ser cumpridas as promessas constitucionais de melhoria de condição social do trabalhador.

8. DA NATUREZA JURÍDICA DO DIREITO DO TRABALHO

Há uma grande divisão do direito, qual seja:

a) *O direito público*, em que preponderam normas de interesse coletivo e indisponibilidade deste interesse.

b) O direito privado, em que prevalecem normas de interesse individual e disponibilidade desse interesse.

De outro lado, há segmentos do direito privado nos quais têm primazia normas de ordem pública, a exemplo dos direitos de personalidade e família.

Discutível a natureza jurídica do Direito do Trabalho. Alguns argumentam que ele se insere no Direito Público, pois, preponderantemente, suas normas são de natureza cogente. Outros sustentam a natureza privada, pois esse ramo do Direito rege a relação entre empregado e empregador, que são entes privados. Além disso, os sindicatos que podem criar normas no âmbito trabalhista, por meio da negociação coletiva, são pessoas jurídicas de Direito Privado. Há ainda os que classificam o Direito do Trabalho como pertencendo ao chamado Direito Social (*Cesarino Júnior*), pois trata-se de direito destinado à justiça social e ao equilíbrio da relação capital *x* trabalho.

A doutrina, acertadamente, na sua composição majoritária, fixou entendimento no sentido de que o Direito do Trabalho, efetivamente, pertence ao ramo do Direito Privado, pois ele é destinado a regular a relação de emprego que se dá entre particulares. Embora grande parte das normas que regem a relação de emprego seja de ordem pública (arts. 8º, 9º e 444, todos da CLT), esse fato não é suficiente para alterar a natureza jurídica privada do Direito do Trabalho.

Nesse sentido é a visão de Maurício Godinho Delgado:

> "Enfocada a substância nuclear do Direito do Trabalho (relação de emprego) e seu cotejo comparativo com a substância dos demais ramos jurídicos existentes, não há como escapar-se da conclusão de que o ramo justrabalhista situa-se no quadro componente do Direito Privado. À medida que a categoria nuclear do Direito do Trabalho é essencialmente uma relação entre particulares (relação empregatícia), esse ramo jurídico, por sua essência, situa-se no grupo dos ramos do Direito Privado – em que preponderam relações próprias à sociedade civil, pactuadas entre particulares".[44]

No mesmo sentido, as conclusões de Amauri Mascaro Nascimento[45]: "O direito do trabalho é, portanto, ramo do direito privado porque regula interesses imediatos dos particulares, é pluricêntrico, e tanto a convenção coletiva de trabalho como o contrato individual não se desvinculam do âmbito do direito privado".

9. DIVISÕES DO DIREITO DO TRABALHO

As divisões do Direito do Trabalho constituem as partes ou ramos que compõem o todo. Por isso, em razão de suas peculiaridades, são objeto de estudo em capítulos separados.

O Direito do Trabalho se subdivide em dois grandes ramos, quais sejam:

a) **Direito individual do trabalho:** regula o contrato individual do trabalho, bem como os direitos e dever pertinentes à relação entre empregado e empregador, individualmente considerados.

---

44. Curso de Direito do Trabalho. 7ª Edição. São Paulo: LTr, 2008, p. 74.
45. Curso de Direito do Trabalho. 23ª Edição. São Paulo: Saraiva, 2008, p. 246.

Na feliz definição de Magano[46], "direito individual do trabalho é parte do Direito do Trabalho que tem por objeto o contrato individual do trabalho e as cláusulas que lhe são incorporadas em virtude de lei, convenção coletiva, decisão normativa ou regulamento".

b) **Direito coletivo do trabalho:** é a parte do direito do trabalho que se destina a disciplinar as relações entre grupos e categorias de trabalhadores e empresas. Regula a organização sindical, a negociação coletiva e, principalmente, os métodos de solução do conflito coletivo de trabalho.

   Na visão de Magano[47], o direito coletivo é definido "como a parte do Direito do Trabalho relativa às associações laborais, na profissão e na empresa, aos seus contratos, aos seus conflitos e à solução destes".

   O direito coletivo do trabalho ainda não ganhou autonomia, embora hoje a doutrina já tenha sistematizado diversos princípios que lhe são peculiares, a exemplo do princípio da liberdade sindical. Na CLT, o tema é tratado em título próprio.

c) **Direito tutelar do trabalho:** alguns autores destacam o direito tutelar como uma divisão do direito do trabalho, sendo o segmento do direito do trabalho que disciplina as regras que visam à proteção à segurança e saúde do trabalho, e também os institutos regidos como regras de ordem pública, em que há pouco ou quase nenhum espaço para renúncia ou transação.

Parte da doutrina ainda ressalta outras divisões do Direito do Trabalho, quais sejam:

a) **Direito constitucional do trabalho:** segundo essa divisão, o Direito Constitucional do Trabalho é composto pelas normas (princípios e regras) trabalhistas constantes da Constituição Federal.

b) **Direito ambiental do trabalho:** composto por normas que disciplinam o meio ambiente do trabalho, bem como a segurança e medicina do trabalho.

---

46. Manual de Direito do Trabalho. Parte Geral. São Paulo: LTr, 1980, p. 57.
47. Manual de Direito do Trabalho. Parte Geral. São Paulo: LTr, 1980, p. 57.

Como destaca Maurício Godinho Delgado[48], "a forte luz que a Constituição lançou sobre o universo da personalidade do trabalhador no contexto das relações de trabalho e, em especial, da relação de emprego, projetou possibilidades e efeitos novos sobre a estruturação e gestão do meio ambiente laborativo, inclusive no que concerne à gestão do contrato de trabalho e da efetiva prestação de serviços no cenário das empresas e de seus estabelecimentos".

c) **Direito administrativo do trabalho:** composto pelas normas que disciplinam a documentação das relações de trabalho, a fiscalização trabalhista e os procedimentos administrativos para questionamento de penalidades administrativas aplicadas aos empregadores.

10. RELAÇÕES DO DIREITO DO TRABALHO COM OS DEMAIS RAMOS DO DIREITO

O Direito, como ciência humana e de controle social, segundo consenso da doutrina, é uno, vale dizer: é um só. No entanto, para fins de estudo e maior efetividade, é segmentado em **ramos**, os quais disciplinam determinadas matérias que compõem o todo.

Há dois grandes ramos do Direito, o Direito Público e o Direito Privado. No primeiro, prepondera o interesse público e da sociedade; no segundo, o interesse privado.

No Direito Privado destacam-se o Direito Civil e o Direito do Trabalho.

O Direito do Trabalho praticamente relaciona-se com todos os demais ramos do Direito, tanto público como privado, pois o trabalho humano está presente em todas as áreas que envolvem o convívio humano. No entanto, suas relações mais intensas são com o Direito Constitucional, o Direito Processual do Trabalho, o Direito da Seguridade Social, o Direito Civil e também apresenta ligações com o Direito Penal.

10.1. Direito Constitucional

Conforme Alexandre de Moraes[49], "O Direito Constitucional é um ramo do Direito Público, destacado por ser fundamental à organização e

48. Curso de Direito do Trabalho. 19ª ed. São Paulo: LTr, 2020, p. 69.
49. Direito Constitucional. 38ª ed. São Paulo: Atlas, 2022, p. 1.

funcionamento do Estado, à articulação dos elementos primários do mesmo e ao estabelecimento das bases da estrutura política. Tem, pois, por objeto a constituição política do Estado, no sentido amplo de estabelecer sua estrutura, a organização de suas instituições e órgãos, o modo de aquisição e limitação do poder, através, inclusive, da previsão de diversos direitos e garantias fundamentais".

A Constituição brasileira traz os princípios e valores fundamentais dos direitos humanos e sociais, incluindo os do direito do trabalho.

Sob o enfoque trabalhista, o Direito Constitucional disciplina as competências legislativas, estabelece um rol de direitos trabalhistas fundamentais (art. 7º da CF), bem como traz as diretrizes fundamentais da atividade sindical (arts. 8º a 11 da CF).

10.2. Direito Processual do Trabalho

O Direito do Trabalho tem uma relação muito próxima com o Direito Processual do Trabalho, diante da importância da Justiça do Trabalho brasileira para a efetividade dos direitos sociais e trabalhistas.

O Direito Processual do Trabalho pode ser conceituado como o conjunto de princípios, normas e instituições que regem a atividade da Justiça do Trabalho, com o objetivo de dar efetividade à legislação trabalhista e social, assegurar o acesso do trabalhador à Justiça e dirimir, com justiça, o conflito trabalhista.

Da definição que adotamos destacamos:

a) o conjunto nos dá a ideia de um todo, composto de várias partes, formando um sistema, cujo núcleo é constituído pelos princípios;
b) como ciência autônoma, o Direito Processual do Trabalho apresenta seus princípios peculiares que lhe dão sentido e razão de ser. Os princípios são as diretrizes básicas, positivadas, ou não, que norteiam a aplicação do Direito Processual do Trabalho;
c) as normas são condutas processuais que dizem o que deve ser e o que não deve ser positivado no sistema jurídico pela Lei, pelo costume, pela jurisprudência ou pelos próprios princípios (caráter normativo dos princípios);

d) as instituições são entidades reconhecidas pelo Direito encarregadas de aplicar e materializar o cumprimento do Direito Processual do Trabalho. Constituem os órgãos que aplicam o Direito do Trabalho, como os Tribunais e os Juízes do Trabalho;

e) o Direito Processual do Trabalho, como Direito Instrumental, existe para dar efetividade ao Direito Material do Trabalho e também para facilitar o acesso do trabalhador ao Judiciário.

Além disso, o Direito Processual do Trabalho tem por objetivo solucionar, com justiça, o conflito trabalhista, tanto o individual (empregado e empregador, ou prestador de serviços e tomador) como o conflito coletivo (do grupo, da categoria e das classes profissional e econômica).

Desde o surgimento dos primeiros órgãos de solução dos conflitos trabalhistas, na Itália e na França, houve preocupação de propiciar ao trabalhador facilidade na defesa de seus direitos, sem a burocracia da Justiça Comum.

A legislação processual trabalhista visa a impulsionar o cumprimento da legislação trabalhista e também o da legislação social que não se ocupa só do trabalho subordinado, mas também do trabalhador, ainda que não tenha um vínculo de emprego, porém vive de seu próprio trabalho. Nesse sentido, foi a dilatação da competência material da Justiça do Trabalho dada pela EC n. 45/04 para abranger as controvérsias oriundas e decorrentes da relação de trabalho.

Assim como o Direito do Trabalho visa à proteção do trabalhador e à melhoria de sua condição social (art. 7º, *caput*, da CF), o Direito Processual do Trabalho tem sua razão de existência em propiciar o acesso dos trabalhadores à Justiça, tendo em vista garantir os valores sociais do trabalho, a composição justa do conflito trabalhista, bem como resguardar a dignidade da pessoa humana do trabalhador.

De outro lado, a função do processo do trabalho, na modernidade, é pacificar, com justiça, o conflito trabalhista, devendo considerar as circunstâncias do caso concreto e também os direitos fundamentais do empregador ou do tomador de serviços.

O Direito Processual do Trabalho tem os seguintes objetivos:

a) assegurar o acesso do trabalhador à Justiça do Trabalho;

b) impulsionar o cumprimento da legislação trabalhista e da social;

c) dirimir, com justiça, o conflito trabalhista.

10.3. Direito Civil

Conforme Carlos Roberto Gonçalves[50], "no vasto campo do direito privado destaca-se o direito civil como direito comum a todos os homens, no sentido de disciplinar o modo de ser e de agir das pessoas. Costuma-se dizer que o Código Civil é a *Constituição do homem comum*, por reger as relações mais simples da vida cotidiana, os direitos e deveres das pessoas, na sua qualidade de esposo ou esposa, pai, filho, credor ou devedor, alienante ou adquirente, proprietário ou possuidor, condômino ou vizinho, testador ou herdeiro etc. Toda a vida social, como se nota, está impregnada no direito civil, que regula as ocorrências do dia a dia".

Conforme mencionamos, antes das legislações trabalhista e social, era o Código Civil quem regia os contratos de locação e prestação de serviços.

Atualmente, o Direito Civil atua como fonte subsidiária do Direito do Trabalho (art. 8º da CLT). No entanto, há um protagonismo mais acentuado do Direito Civil nas matérias referentes à teoria geral dos contratos e obrigações e também no campo da responsabilidade civil.

10.4. Seguridade Social

A Seguridade Social, atualmente, tem suas diretrizes disciplinadas na Constituição Federal (arts. 194 e 195), tratando a Constituição Federal da Previdência Social nos arts. 201 e 202. Por sua vez, a assistência social tem suas diretrizes nos arts. 203 e 204 da Constituição Federal.

Dispõe o art. 194 da CF: "A seguridade social compreende um conjunto integrado de ações de iniciativa dos poderes públicos e da sociedade, destinadas a assegurar os direitos relativos à saúde, à previdência e à assistência social".

Como bem adverte Valentin Carrion[51]:

> "[...] o conceito de *Seguridade Social* é mais amplo que o de Previdência Social; esta beneficia seus segurados e dependentes; aquela almeja estender seu manto protetor a toda população (Catharino, *Temas*). O objetivo da seguridade social é dar às pessoas e às famílias a tranquilidade de saber que, dentro do possível, o nível e a qualidade de suas vidas não sofrerão redução significativa por força de alguma contingência social ou econômica."

50. Direito Civil Brasileiro. Volume I. Parte Geral. São Paulo: Saraiva, 2003, p. 14-15.
51. Comentários à CLT. 39. ed. São Paulo: Saraiva, 2014, p. 109.

O Direito da Seguridade Social é um ramo autônomo do direito com princípios e institutos próprios, bem como regulamentação em legislação específica (v. Leis 8.212/91 – Lei de Custeio, e 8.213/91 – Lei de Benefícios).

De outro lado, na esfera do Direito do Trabalho, aplicam-se muitos institutos do Direito Previdenciário e muitas vezes, os benefícios previdenciários estão atrelados ao contrato de trabalho. Na esfera trabalhista, destacamos os seguintes institutos do Direito Previdenciário: a) salário de contribuição; b) auxílio-doença; c) auxílio-acidente; d) estabilidade acidentária; e) aposentadoria, entre outros.

10.5. Direito Penal

Como nos traz Cleber Masson[52], "Direito penal é o conjunto de princípios e regras destinados a combater o crime e a contravenção penal, mediante a imposição de sanção penal (pena ou medida de segurança). Cuida-se de ramo do Direito Público, por ser composto de regras indisponíveis e obrigatoriamente impostas a todas as pessoas. Além disso, o Estado é o titular exclusivo do direito de punir e figura como sujeito passivo constante nas relações jurídico-penais".

Muitos ilícitos trabalhistas podem configurar também ilícitos penais, a exemplo dos atos de improbidade e incontinência de conduta que podem ser igualmente classificados como ilícitos criminais (furto, ou assédio sexual).

Muitas vezes, o Juiz do Trabalho se vale de vários conceitos do Direito Penal, como dolo, culpa, legítima defesa etc., para enfrentar questões de justa causa (art. 482 da CLT). No Processo do Trabalho, há a eclosão de delitos, como falso testemunho, fraude processual e também delitos contra a organização do trabalho. Embora a Justiça do Trabalho seja uma Justiça Especializada e o Juiz do Trabalho encarregado de assegurar o cumprimento e a efetividade do Direito do Trabalho, há também uma gama de tipos penais que visam a garantir o cumprimento e a efetividade da legislação trabalhista, os valores sociais do trabalho e a dignidade da pessoa humana do trabalhador.

Inegavelmente, o Juiz do Trabalho exerce atividades penais periféricas, incidentais em sua atuação jurisdicional, pois tem o dever de zelar pela dignidade do processo e pelo cumprimento da legislação, inclusive a criminal.

52. Código Penal Comentado. 10ª ed. São Paulo: Método, 2022, p. 1.

Por exemplo, deve o Juiz do Trabalho comunicar aos órgãos competentes a ocorrência de delito nos autos do processo (art. 40 do CPP), pode dar voz de prisão, inclusive à testemunha que comete delito de falso testemunho ou em caso de desacato à sua autoridade.

O Código Penal apresenta um capítulo dedicado aos crimes contra a organização do trabalho, bem como um capítulo voltado aos crimes contra a organização da Justiça do Trabalho. Em leis esparsas, como a Lei de Greve, também há previsão de condutas criminosas pelos abusos praticados durante o movimento paredista (art. 15 da Lei 7.783/89). Diante da redação dos incisos I e IX do art. 114 da CF, vozes da doutrina sustentam a competência criminal da Justiça do Trabalho para apreciar os delitos contra a organização do trabalho e contra a administração da Justiça do Trabalho, pois, antes da EC n. 45/04, o art. 114 da CF atribuía competência à Justiça do Trabalho para os dissídios entre empregados e empregadores. Agora, o eixo central da competência deixou de ser as pessoas que compõem a relação de trabalho, para ser, objetivamente, a relação jurídica de trabalho. Argumentam ainda que o inciso IV do art. 114 já atribuiu competência penal à Justiça do Trabalho, pois o *habeas corpus* é uma ação de índole penal e o julgamento dos crimes contra a organização do trabalho e contra a administração da Justiça do Trabalho fortalece a instituição e dá maior respeitabilidade a esse ramo especializado do Poder Judiciário. Além disso, sustentam que os referidos delitos estão afeitos à seara trabalhista e que o julgamento, pelo Judiciário Trabalhista, impulsionará maior cumprimento da legislação trabalhista e efetividade do Direito do Trabalho.

Em que pesem as respeitáveis posições em contrário, a EC n. 45/04 não atribuiu competência penal à Justiça do Trabalho, uma vez que não o fez expressamente. Não há como concluir que está implícita a competência da Justiça do Trabalho para julgar os crimes contra a organização do trabalho, em razão de serem controvérsias oriundas da relação de trabalho.

Além disso, não foi revogado o art. 109, VI[53], da CF, que atribui competência à Justiça Federal para os crimes contra a organização do trabalho. Como é curial, quando a Constituição fixa a competência penal de forma expressa de determinado órgão jurisdicional, como a Justiça Federal, a competência criminal dos demais órgãos é residual.

53. Art. 109 da Constituição Federal: "Aos Juízes Federais compete processar e julgar: [...] VI – os crimes contra a organização do trabalho e, nos casos determinados por lei, contra o sistema financeiro e a ordem econômico-financeira".

De outro lado, não nos parece que a Justiça do Trabalho está afeita às ações criminais, uma vez que seu foco é o acesso do trabalhador à Justiça e a garantia dos direitos fundamentais para a dignidade da pessoa do trabalhador e dos valores sociais do trabalho. Acreditamos que não é missão institucional da Justiça Trabalhista propiciar que o Estado ingresse com ações criminais para exercer o seu poder punitivo, porquanto a ação criminal tem como partes o Estado (ativa) e uma pessoa física no polo passivo (réu). Ainda que a ação penal principie por iniciativa do ofendido (queixa-crime) ou por representação da vítima, o *jus puniendi* pertence ao Estado.

A expressão "relação de trabalho" envolve a prestação de trabalho de uma pessoa física em prol de outra pessoa física ou jurídica, não abrangendo terceiros como o Estado, que é titular exclusivo do direito de punir. Ainda que o inciso IX do art. 114 da CF atribua à lei ordinária disciplinar outras controvérsias decorrentes da relação de trabalho, essa futura lei, a nosso ver, não tem o condão de outorgar competência criminal à Justiça do Trabalho, pois somente a Constituição Federal poderá conferir tal competência ao Judiciário Trabalhista, como o inciso VI do art. 109 da CF atribuiu competência material à Justiça Federal para os crimes contra a organização do trabalho. De nossa parte, o art. 69, III, do CPP não regulamenta o inciso IX do art. 114 da CF e não altera a regra constitucional da competência da Justiça Federal.

O Supremo Tribunal Federal, em controle concentrado de constitucionalidade (ADI 3.684), decidiu, de forma definitiva e vinculante, que a Justiça do Trabalho não detém competência criminal, conforme se constata da seguinte ementa:

> "Ação direta de inconstitucionalidade. 2. Art. 114, I, IV e IX, da CF, na redação dada pela Emenda Constitucional 45/2004. 3. Competência criminal da Justiça do Trabalho. Inexistência. 4. Medida cautelar deferida pelo Plenário e confirmada no julgamento de mérito. 5. Interpretação conforme ao disposto no art. 114, I, IV e IX, da Constituição da República, de modo a afastar a competência da Justiça do Trabalho para processar e julgar ações penais. 6. Ação direta de inconstitucionalidade julgada procedente" (STF, ADI 3.684, Rel. Min. Gilmar Mendes, *DJE* 16/06/2020).

11. DA CONSTITUCIONALIZAÇÃO DO DIREITO DO TRABALHO

No Estado liberal, havia prevalência da autonomia da vontade e do caráter patrimonialista do direito e existia grande dicotomia entre o Direito Público e o Privado. No Direito Público há relação de subordinação e no Direito Privado, de coordenação. Na Idade Média, existia primazia da propriedade territorial sobre os demais institutos econômicos e do direito de propriedade derivavam o poder político e o prestígio social.

No final da Idade Média, há uma nova interpretação do direito privado com sua funcionalização. No século XVIII, havia diferenciação nítida: 1) Direito Privado é compreendido como o ramo do Direito que disciplina a sociedade civil, as relações intersubjetivas e o mundo econômico (sob o signo da liberdade). As relações privadas são estruturadas a partir de uma concepção de propriedade absoluta e plena liberdade contratual, lugares estes em que o Direito Público não poderia intervir; 2) Direito Público disciplina apenas o Estado, sua estrutura e funcionamento.

Com a Revolução Francesa, o Direito Privado se torna também burguês. O individualismo é visto como valor a ser prestigiado, como reação do período estamental que caracterizou a era medieval. O estado medieval é pouco intervencionista. Nesse período, somente o legislador poderia criar normas jurídicas, uma vez que ungido pela escolha popular. A proteção à propriedade e ao contrato eram o epicentro do Direito Privado.

Havia nítida separação do Direito Público e o Direito Privado. O Direito Público se ocupava da estrutura do Estado e dos direitos políticos, enquanto o Direito Privado cuidava da tutela do patrimônio e do contrato. O Estado não poderia intervir na autonomia da vontade privada, a não ser para prestigiá-la.

Na época, houve as grandes codificações, marcadas pelo sistema romano-germânico de legislação escrita e rígida (v. Código de Napoleão e o Código Civil Brasileiro de 1916).

O juiz, praticamente, não podia interpretar a lei, mas somente aplicá-la, subsumindo os fatos ao prévio catálogo de lei. O juiz era apenas a "voz e a boca da lei", na expressão de Montesquieu. Tornou-se clássica a frase "in claris cessat interpretatio" do Código Civil francês.

Aos juízes reservar-se-ia o papel de *bouche de La loi* (boca da lei).

Na visão de Montesquieu, os juízes eram seres inanimados que não podem moderar a sua (a Lei) força nem o seu rigor. O juiz nada criaria, apenas aplicaria o direito (já previamente elaborado pelo legislador) ao caso concreto. O catálogo de todas as soluções possíveis preexistiria ao caso litigioso. Ao juiz nada mais se pediria senão confrontar o fato com tal catálogo, até localizar a regra legal que resolveria o problema. Sua atividade mental seria apenas silogística[54].

Com a mudança do Estado Liberal para o Estado Social, houve mudança do paradigma jurídico, com a valorização do ser humano e a despatrimonialização do Direito Privado.

O constitucionalismo social dos países ocidentais que sucede ao segundo pós-guerra procura endereçar o Estado no sentido da promoção da igualdade substancial, mesmo que por vezes isso implique reduções ao espectro da liberdade econômica, embora sem sacrificá-la.

Nesse período, houve limitação da vontade dos particulares e desenvolvimento dos princípios da solidariedade social, dignidade da pessoa humana, prevalência do homem sobre o patrimônio.

O Estado Social consagra o chamado "constitucionalismo social", que estabelece a previsão de diversos direitos privados inseridos no corpo da Constituição Federal.

Nessa ótica, há inegável valorização dos direitos humanos e reconhecimento, em vários ordenamentos constitucionais, de direitos fundamentais, próprio da condição humana e proteção da dignidade do ser humano.

A constitucionalização do direito privado decorre da migração, para o âmbito privado, de valores constitucionais, entre os quais a dignidade da pessoa humana e a despatrimonialização do direito civil. O ser humano é colocado no centro do direito privado.

Com o Estado Social, a própria Constituição Federal passa a dedicar capítulos ao direito privado e também a estabelecer princípios e diretrizes básicas para as relações privadas.

Ao contrário do Código de Napoleão, que dedica mais de 80% de seus artigos à propriedade, o Código Civil brasileiro de 2002, além de disciplinar a propriedade e o contrato, volta os olhos para o ser humano, destinando, inclusive, um capítulo aos direitos da personalidade.

---

54. In: FACCHINI NETO, Eugênio. Reflexões histórico-evolutivas sobre a constitucionalização do direito privado. In: Constituição, Direitos Fundamentais e Direito Privado (coordenador: Ingo Wolfgang Sarlet). Rio de Janeiro: Renovar, 2004, p. 23.

Em contrapartida, o direito civil não pode mais ser analisado a partir de si mesmo, mas em com os princípios constitucionais. Por essa razão, a moderna doutrina tem defendido a chamada eficácia horizontal dos direitos fundamentais, que é a incidência dos direitos fundamentais, previstos no ordenamento constitucional, sobre as relações privadas, a chamada eficácia *horizontal dos direitos fundamentais.*

Para alguns autores, a eficácia dos direitos fundamentais nas relações privadas não é direta, e sim indireta, pois vigora no direito privado o princípio da autonomia da vontade, aplicando-se, entretanto, os direitos fundamentais para garantia da dignidade da pessoa humana.

Outros asseveram que a aplicação dos direitos fundamentais às relações privadas é direta, uma vez que a Constituição Federal tem prevalência sobre o direito privado.

Como bem adverte Daniel Sarmento[55]:

> "(...) Nada há no texto constitucional brasileiro que sugira a ideia de vinculação direta aos direitos fundamentais apenas dos poderes públicos. Afora, é certo, alguns direitos que têm como destinatário necessário o Estado (direitos do preso, por exemplo), na maioria dos outros casos o constituinte não estabeleceu de antemão nenhuma limitação no polo passivo das liberdades pública, que afastasse os particulares. Muito pelo contrário, a linguagem adotada pelo constituinte na estatuição da maioria das liberdades fundamentais prevista no art. 5º do texto magno transmite a ideia de uma vinculação passiva universal. Ademais, existe um dado fático relevantíssimo que não pode ser menosprezado: a sociedade brasileira é muito mais injusta e assimétrica do que a da Alemanha, dos Estados Unidos, ou de qualquer outro país do Primeiro Mundo. Segundo estatísticas oficiais, que muitos consideram excessivamente otimistas, o Brasil tem 54 milhões de habitantes vivendo abaixo da linha da pobreza e 15 milhões abaixo da linha da miséria. Tragicamente, somos campeões no quesito da desigualdade social. A elite brasileira é uma das mais atrasadas do mundo, e nossas instituições sociais ainda preservam um ranço do passado escravocrata do país (...) estas tristes características da sociedade brasileira justificam um reforço da tutela dos direitos humanos no campo privado, em que reinam a opressão e violência. Tal quadro desalentador impõe ao jurista com consciência social a adoção de posições comprometidas

55. Direitos Fundamentais e Relações Privadas. Rio de Janeiro: Lúmen Juris, 2004, p. 280-281.

com a mudança do *status quo*. Por isso, não hesitamos em afirmar que a eficácia dos direitos individuais na esfera privada é imediata no ordenamento jurídico brasileiro. Esta, para nós, não é só uma questão de direito, mas também de ética e justiça".

De nossa parte, a eficácia dos direitos fundamentais às relações privadas deve ser analisada no caso concreto, com equilíbrio e ponderação, devendo o intérprete conjugar os direitos fundamentais previstos na Constituição Federal com os princípios do *pacta sunt servanda*, autonomia da vontade e livre-iniciativa, à luz da regra da proporcionalidade, que se segmenta nas premissas da necessidade, adequação e proporcionalidade *stricto sensu*, que exige sempre ponderação dos valores envolvidos no conflito.

A doutrina tem destacado importante papel do Judiciário na concretização e efetivação dos direitos fundamentais, não sendo este apenas a chamada "boca da lei", devendo realizar interpretações construtivas e evolutivas do direito, a partir dos princípios constitucionais, com a finalidade de encontrar equilíbrio entre a livre-iniciativa e a dignidade da pessoa humana.

O também chamado *Constitucionalismo Social* inaugura uma característica importante em que as normas trabalhistas passam a figurar no texto constitucional.

Duas Constituições se destacaram inicialmente, a do México de 1917 e a Constituição alemã de 1919 (Weimar).

O Direito do Trabalho, por pertencer, segundo entendimento dominante da doutrina, ao direito privado, também sofre os impactos dos direitos fundamentais, da mesma forma que os outros ramos do direito privado e, muitas vezes, com intensidade maior, a fim de garantir a efetiva dignidade da pessoa humana do trabalhador e melhoria de sua condição social.

Desse modo, no atual estágio do Direito, o ser humano é o núcleo central do direito e em razão dele e para ele devem convergir todas as normas do sistema jurídico. O caráter patrimonial do direito deve se subordinar às necessidades da pessoa humana.

12. A PROTEÇÃO AO TRABALHO HUMANO NA CONSTITUIÇÃO DE 1988

Após longo regime militar, em 5 de outubro de 1988 é promulgada a Constituição Federal de 1988, que enaltece o ser humano, assegurando um conjunto de direitos fundamentais para proteção e desenvolvimento da pessoa humana, desde o nascimento até a morte.

Os direitos sociais são enaltecidos como forma de estabelecer uma sociedade mais solidária, estruturada no valor social do trabalho e da dignidade humana.

Como destaca Carlos Henrique Bezerra Leite[56] ao se referir à atual Constituição brasileira, "sem dúvida, é uma das Constituições mais avançadas no aspecto social, pois consagra direitos trabalhistas como autênticos direitos fundamentais".

Em muitos capítulos, a Constituição Federal assegura a liberdade do exercício do trabalho e profissão, assim como o do trabalho digno[57], bem como a facilitação do acesso ao mercado de trabalho, a proteção contra a dispensa sem justa causa.

São expressivos os incisos III e IV do art. 1º da CF (dignidade da pessoa humana e valores sociais do trabalho); o art. 5º da CF (direitos individuais indisponíveis e de cidadania que se aplicam ao contrato de trabalho, destacando-se o direito ao trabalho e a liberdade de exercício de profissão); arts. 6º, 7º, 9º a 11 (direitos sociais e trabalhistas).

Os direitos sociais previstos na Constituição Federal, incluídos os trabalhistas – arts. 7º e 8º –, constituem direitos fundamentais destinados à proteção da dignidade da pessoa humana e à melhoria da condição social do trabalhador, pois compõem o Título II da Constituição que consagra os direitos e garantias fundamentais, não podendo ser alterados pelo exercício do poder constituinte reformado (art. 60, § 4º, inciso IV, da CF).

Nesse aspecto, destacamos a visão de Xisto Tiago de Medeiros Neto[58]:

> "Os Direitos Sociais, ao se inserirem no rol dos Direitos e Garantias Fundamentais inscritos no Título II da Constituição da República de 1988, expressam, induvidosamente, a opção do legislador constituinte em instituir um Estado Democrático de Direito pautado na promoção e efetivação dos valores sociais e individuais à luz do princípio da dignidade da pessoa humana... os direitos sociais, em toda a sua

56. Curso de Direito do Trabalho. 13ª ed. São Paulo: Saraiva, 2021.

57. Como nos adverte Carlos Henrique Bezerra Leite: "É preciso esclarecer, desde logo, que não é qualquer trabalho que deve ser considerado um direito humano e fundamental, mas apenas o trabalho que realmente dignifique a pessoa humana. Fala-se, assim, em direito ao trabalho digno ou ao trabalho decente como valor fundante de um ordenamento jurídico, político, econômico e social".

58. *Os Direitos Sociais e sua concepção como cláusula pétrea constitucional.* In: Revista do Ministério Público do Trabalho. v. 14, n. 27, p. 79-87, 2004, São Paulo, LTr.

> extensão, abrangendo, inclusive, os direitos dos trabalhadores (art. 7º da Constituição Federal), **constituem cláusula pétrea** constitucional, não podendo ser atingidos pelo poder reformador derivado no sentido da sua alteração prejudicial ou extinção".

No mesmo sentido, Ingo Wolfgang Sarlet, Luiz Guilherme Marinoni e Daniel Mitidiero[59], destacando-se os seguintes argumentos:

> "a) a Constituição brasileira não contempla diferença substancial entre os direitos de liberdade (defesa) e os direitos sociais, inclusive no que diz com eventual primazia dos primeiros sobre os segundos; b) os partidários de uma exegese restritiva em regra partem da premissa de que todos os direitos sociais podem ser conceituados como direitos a prestações estatais, quando, como já lembrado, boa parte dos direitos sociais são, no que diz com sua função precípua e estrutura jurídica, equiparáveis aos direitos de defesa; c) além disso, relembramos que uma interpretação que limita o alcance das 'cláusulas pétreas' aos direitos fundamentais elencados no art. 5º da CF acaba por excluir também os direitos de nacionalidade e os direitos políticos".

59. Curso de Direito Constitucional. 7ª ed. São Paulo: Saraiva, 2018, p. 150.

CAPÍTULO II

PRINCÍPIOS DO DIREITO DO TRABALHO

1. DA DISTINÇÃO ENTRE NORMAS, REGRAS E PRINCÍPIOS

Segundo a Teoria Geral do Direito, normas são mandamentos que regem a vida em sociedade, consideradas por seus membros como obrigatórias. Fazem parte do *dever ser*. Tais normas que disciplinam determinadas condutas humanas podem estar positivadas no ordenamento jurídico ou não, podem estar escritas ou não, podem derivar de uma entidade de poder, como as leis e a jurisprudência, ou ser reconhecidas espontaneamente dentro de determinado segmento social, como o costume. Podem também ser o fundamento das regras que disciplinam certos comportamentos humanos, como os princípios, que podem estar positivados ou não.

Por essa razão, a norma é um gênero do qual as regras (normas positivadas ou não), que se exteriorizam por meios dos princípios, leis, jurisprudências ou costume, são espécies.

Como destaca Alice Monteiro de Barros[1], "nossa conclusão é no sentido de que a norma (vista como o dever ser) abrange tanto os princípios como as regras. Estes se distinguem por meio de vários critérios apontados pela doutrina, entre os quais destacamos: a) as regras prescrevem atos relativamente específicos e os princípios atos inespecíficos; b) os princípios não podem gerar direito subjetivo, ao contrário das regras que geram esses direitos e

1. Curso de Direito do Trabalho. São Paulo. 10ª ed. São Paulo: LTr, 2016. p. 120.

podem ser aplicadas diretamente; c) os princípios contêm uma enunciação ampla, sendo, portanto, abstratos, enquanto as regras são concisas".

Como bem adverte Luciano Martinez[2], "um sistema jurídico não pode ser constituído apenas de regras ou de princípios. Afirma-se isso porque as regras limitam, em nome da estabilidade social e da segurança jurídica, determinados conceitos fechados que não podem ser violados. Os princípios, por sua vez, servem para oferecer uma compreensão e uma interpretação mais ampla do direito. O ideal, portanto, é a interação entre normas-regras e normas-princípios, abrindo-se oportunidade para a concreção oferecida pela decisão em cada caso singularmente considerado".

2. CONCEITO E FINALIDADES DOS PRINCÍPIOS

Celso Antônio Bandeira de Mello[3], em obra clássica, ensina-nos que princípio "é, por definição, mandamento nuclear de um sistema, verdadeiro alicerce dele, disposição fundamental que se irradia sobre diferentes normas, compondo-lhes o espírito e servindo de critério para sua exata compreensão e inteligência, exatamente por definir a lógica e a racionalidade do sistema normativo, no que lhe confere a tônica e lhe dá sentido harmônico".

Segundo a doutrina clássica, os princípios têm, basicamente, quatro funções: a) inspiradora do legislador; b) interpretativa; c) suprimento de lacunas; d) sistematização do ordenamento, dando suporte a todas as normas jurídicas, possibilitando o equilíbrio do sistema.

Quanto à função inspiradora, o legislador costuma buscar nos princípios inspiração para a criação de normas. Muitos princípios, hoje, estão positivados na lei.

Na função interpretativa, os princípios ganham especial destaque, pois eles norteiam a atividade do intérprete na busca da real finalidade da lei e também se ela está de acordo com os princípios constitucionais. Segundo a doutrina, violar um princípio é muito mais grave do que violar uma norma, pois é desconsiderar todo o sistema de normas.

Os princípios também são destinados ao preenchimento de lacunas da legislação. Há lacuna quando a lei não disciplina determinada matéria. Desse

2. Curso de Direito do Trabalho. 13ª ed. São Paulo: Saraiva, 2022, p. 129.
3. MELLO, Celso Antônio Bandeira de. *Curso de direito administrativo*. 8. ed. São Paulo: Malheiros, 1997. p. 573.

modo, os princípios, ao lado da analogia, do costume, serão um instrumento voltado a suprir as omissões do ordenamento jurídico.

De outro lado, os princípios têm a função de sistematização do ordenamento trabalhista, dando-lhe suporte, sentido, harmonia e coerência.

Os princípios dão equilíbrio ao sistema jurídico, propiciando que este continue harmônico toda vez que há alteração de suas normas, bem como em razão das mudanças da sociedade.

Em países de tradição romano-germânica como o Brasil, há tradição positivista, com prevalência de normas oriundas da lei, com Constituição Federal rígida, havendo pouco espaço para os princípios. Estes atuam, na tradição da legislação, de forma supletiva para preenchimento das lacunas da legislação. Nesse sentido, destacam-se os arts. 4º da LINDB, e 8º da CLT.

Não obstante, diante do Estado Social, que inaugura um novo sistema jurídico, com a valorização do ser humano e a necessidade de implementação de direitos fundamentais para a garantia da dignidade humana, a rigidez do positivismo jurídico, paulatinamente, vai perdendo terreno para os princípios, que passam a ter caráter normativo, assim como as regras positivadas, e também a ter primazia sobre elas, muitas vezes sendo o fundamento das regras e outras vezes propiciando que elas sejam atualizadas e aplicadas à luz das necessidades sociais.

A partir do constitucionalismo social, que se inicia após a 2ª Guerra Mundial, os direitos humanos passam a figurar de forma mais contundente e visível nas Constituições de inúmeros países, entre os quais o Brasil. Esses direitos humanos, quando constantes do texto constitucional, adquirem o *status* de direitos fundamentais, exigindo uma nova postura do sistema jurídico, com primazia dos princípios.

Como bem advertiu *José Joaquim Gomes Canotilho*[4]: "O Direito do estado de direito do século XIX e da primeira metade do século XX é o direito das regras dos códigos; o direito do estado constitucional e de direito leva a sério os princípios, é o direito dos princípios [...] o tomar a sério os princípios implica uma mudança profunda na metódica de concretização do direito e, por conseguinte, na actividade jurisdicional dos juízes".

---

4. CANOTILHO, José Joaquim Gomes. A principialização da jurisprudência através da Constituição. *In: Revista de Processo*, São Paulo, RT, Repro. v. 98, p. 84.

Nesse sentido, há, na doutrina, tanto nacional como estrangeira, uma redefinição dos princípios, bem como suas funções no sistema jurídico. Modernamente, a doutrina tem atribuído caráter normativo dos princípios (*força normativa dos princípios*), vale dizer: os princípios são normas, atuando não só como fundamento das regras ou para suprimento da ausência legislativa, mas também para ter eficácia no ordenamento jurídico como as regras positivadas.

Nesse sentido, a visão de *Norberto Bobbio*[5]:

> "Os princípios gerais, a meu ver, são apenas normas fundamentais ou normas generalíssimas do sistema. O nome 'princípios' induz a erro, de tal forma que é antiga questão entre os juristas saber se os princípios gerais são normas. Para mim não resta dúvida: os princípios gerais são normas como todas as outras. E essa é também a tese sustentada pelo estudioso que se ocupou mais amplamente do problema, Crisafulli. Para sustentar que os princípios gerais são normas, os argumentos são dois, e ambos válidos: em primeiro lugar, se são normas aquelas das quais os princípios gerais são extraídos, mediante um procedimento de generalização excessiva, não há motivo para que eles também não sejam normas: se abstraio de espécies animais, obtenho sempre animais, e não flores e estrelas. Em segundo lugar, a função pela qual são extraídos e usados é igual aquela realizada por todas as normas, ou seja, a função de regular um caso. Com que objetivo são extraídos em caso de lacuna? Para regular um comportamento não regulado, é claro: mas então servem ao mesmo objetivo a que servem as normas expressas. E por que não deveriam ser normas?".

Pensamos ser os princípios diretrizes fundamentais do sistema, com caráter normativo, podendo estar presentes nas regras ou não, de forma abstrata ou concreta no ordenamento jurídico, com a função de ser o fundamento do sistema jurídico e também mola propulsora de sua aplicação, interpretação, sistematização e atualização do sistema. De nossa parte, o caráter normativo dos princípios é inegável.

Não obstante, não pensamos ser os princípios absolutos, pois, sempre que houver conflitos entre dois princípios na hipótese concreta, deve o intérprete guiar-se pela regra de ponderação, sacrificando um princípio em prol

---

5. BOBBIO, Norberto. *Teoria geral do Direito*. 3. ed. São Paulo: Martins Fontes, 2010. p. 309.

de outro que se encaixa com maior justiça e efetividade ao caso concreto. De outro lado, os princípios têm prevalência sobre as regras.

3. PRINCÍPIOS CONSTITUCIONAIS DO DIREITO DO TRABALHO

Atualmente, as diretrizes básicas de proteção ao trabalho humano estão na Constituição Federal. Já está sedimentada em doutrina a existência do chamado *Direito Constitucional do Trabalho*,[6] fundamentado em princípios, regras e institutos disciplinados na Constituição Federal, principalmente em seus arts. 7º e 8º.

Os postulados e valores da Constituição Federal que protegem o trabalho humano e promovem a dignidade da pessoa humana do trabalho têm impacto na interpretação e aplicação de todas as normas infraconstitucionais trabalhistas.

3.1. Valor social do trabalho

Como nos explica Cláudio Mascarenhas Brandão[7], "é por meio do trabalho que o homem atinge a sua plenitude, realiza sua própria existência, socializa-se, exercita todas as suas potencialidades (materiais, morais e espirituais). A partir dessas premissas, Leonardo Raup Bocorny, após destacar a importância de que goza o trabalho nos aspectos social, econômico e político, o que justificaria as garantias jurídicas outorgadas pela Constituição, afirma ser mecanismo fundamental para conter a exclusão social, ao ter sua valorização elevada ao patamar constitucional, determina que o desenvolvimento seja orientado no sentido de buscar combater abusos cometidos no passado, para possibilitar a construção de uma sociedade mais justa e fraterna, com condições de trabalho mais humanas e satisfazer um anseio democrático, por representar o que há de mais importante em termos de harmonia e convivência social. Pode-se, sem receio, afirmar que o valor social do trabalho representa a projeção do princípio da proteção à dignidade do homem na condição de trabalhador".

6. Vide a propósito a clássica obra de Arnaldo Süssekind: Direito Constitucional do Trabalho. Rio de Janeiro: Renovar, 1999.
7. In: CANOTILHO, J.J. Gomes; MENDES, Gilmar Ferreira; STRECK, Lênio Luiz. Comentários à Constituição do Trabalho. 2ª ed. São Paulo: Saraiva, 2019.

Adverte Maurício Godinho Delgado[8]: "(...) A Constituição de 1988 firmou, enfaticamente, largo elenco de princípios voltados a explicar a sua matriz civilizatória distintiva. Entre esses, destacam-se os *princípios constitucionais do trabalho*. Tais princípios não são necessariamente trabalhistas; alguns, inclusive, atuam em diversos outros campos do Direito. Porém, na concepção e no formato construído pela Constituição da República, eles atuam também no sentido de enfatizarem a profunda e ampla relevância que a pessoa humana e o valor do trabalho ostentam na seara constitucional e, desse modo, na vida jurídica, institucional, econômica e social".

O art. 1º, IV, da Constituição Federal dispõe que a República Federativa do Brasil tem como um de seus fundamentos o valor social do trabalho.

A Constituição, logo em seu art. 1º, destaca a importância social do trabalho humano não só como modo de garantia do sustento do trabalhador e sua família, mas também como forma de desenvolvimento do ser humano em sua plenitude. Não apenas o trabalho regido pelas leis trabalhistas, mas todo tipo de trabalho humano realizado dentro dos moldes legais, a exemplo do trabalho autônomo, deve ter sua importância social reconhecida.

Trata-se de importante regra de interpretação e aplicação das regras que disciplinam o trabalho humano, cujo objetivo é promover a melhoria da condição social do trabalhador.

No Direito do Trabalho, esse dispositivo constitucional tem sido aplicado de forma intensa, com os objetivos de evitar a precarização do trabalho humano, promover a cidadania do trabalhador do local de trabalho, garantir direitos mínimos e evitar a desregulamentação de regras trabalhistas.

Deve-se destacar, também, a importância desse princípio na aplicação das regras trabalhistas e de outros ramos do direito, de modo a impedir que as intermediações empresariais que têm por objeto a prestação de serviços considerem o trabalhador como mercadoria.

3.2. Melhoria da condição social do trabalhador

Esse princípio está previsto no *caput* do art. 7º da Constituição Federal, que assim dispõe:

8. Curso de Direito do Trabalho. 18ª ed. São Paulo: LTr, 2019, p. 227.

> "São direitos dos trabalhadores urbanos e rurais, além de outros que visem à melhoria de sua condição social".

A ideia central da Constituição Federal de estabelecer um rol mínimo de direitos para proteção do trabalho aplica-se a todos os trabalhadores, com vínculo de emprego ou não, uma vez que todo trabalho humano deve ser objeto de tutela do direito. No entanto, os direitos elencados nos incisos do art. 7º somente são autoaplicáveis aos trabalhadores que mantêm a relação de emprego. De outro lado, a lei ordinária pode estender as garantias trabalhistas a outros trabalhadores que não possuem vínculo de emprego.

Nesse sentido, sustenta Alexandre de Moraes[9], "o trabalhador subordinado será, para efeitos constitucionais de proteção do art. 7º, o empregado, ou seja, aquele que mantiver algum vínculo de emprego. Por ausência de um conceito constitucional de trabalhador, para determinação dos beneficiários dos direitos sociais constitucionais, devemos nos socorrer ao conceito infraconstitucional do termo, considerando para efeitos constitucionais o trabalhador subordinado, ou seja, aquele que trabalha ou presta serviços por conta e sob direção da autoridade de outrem, pessoa física ou jurídica, entidade privada ou pública, adaptando-o, porém, ao texto constitucional".

No mesmo sentido, para Amauri Mascaro Nascimento[10], "a Constituição é aplicável ao empregado e aos demais trabalhadores nela expressamente indicados, e nos termos que o fez; ao rural, ao avulso, ao doméstico, e ao servidor público. Não mencionando outros trabalhadores, como o eventual, o autônomo e o temporário, os direitos ficam dependentes de alteração da lei ordinária, à qual se restringem".

A Constituição Federal destaca, logo no art. 7º, que inicia o Capítulo II intitulado: *Dos Direitos Sociais*, a importância dos direitos sociais trabalhistas como forma de melhoria da condição social do trabalhador e também assegura o *status* desses direitos como fundamentais por estarem inseridos no Título II que trata *Dos Direitos e Garantias Fundamentais*.

Diante dessa previsão, o rol de garantias trabalhistas previstas no art. 7º da Constituição não pode ser alterado por lei infraconstitucional, tampouco por emenda constitucional (art. 60, § 4º, IV, da CF).

Como assinala Carlos Henrique Bezerra Leite, "o Direito do Trabalho, além de direito humano, é também direito fundamental, mormente em

---

9. Direito Constitucional. 17ª ed. São Paulo: Atlas, 2005, p. 177.
10. Direito do Trabalho na Constituição de 1988. São Paulo: Saraiva, 1989, p. 34.

nosso sistema jurídico, porquanto positivado na Constituição Federal, sendo, portanto, tutelado pelo direito constitucional, ora como princípio (e valor) fundamental do Estado Democrático de Direito (CF, art. 1º, II, III e IV), ora como direito social (CF, arts. 6º e 7º); ora como valor fundamental da ordem econômica, que tem por finalidade assegurar a todos uma existência digna, conforme os ditames da justiça social, observado, dentre outros, o princípio da busca do pleno emprego (CF, art. 170, VIII)".

Para efetividade desse princípio, a Constituição Federal, no próprio art. 7º, garante direitos fundamentais, entre os quais se destacam: a proteção do emprego em face da dispensa abusiva ou sem justa causa; a irredutibilidade salarial, salvo negociação coletiva; o salário mínimo, o regime de limitação de jornada, a proteção contra a automação, o descanso semanal remunerado etc.

Como bem adverte Octávio Bueno Magano[11], "a melhoria da condição social do trabalhador que não se assegura apenas mediante a adoção de medidas protetoras, como a que limita a jornada de trabalho, a que majora a remuneração, que institui férias, senão através de alterações de estruturas sociais, que dizem respeito à empresa ou à sociedade global".

A doutrina tem sustentado que os direitos sociais consagrados na Constituição Federal, os quais propiciam a melhoria da condição social do trabalhador, não podem ser objeto de retrocesso, tampouco de supressão, sendo certo que o Estado deve adotar um conjunto de políticas públicas para expandi-los.

Nesse aspecto, sustentam Gilmar Mendes e Paulo Gustavo Gonet Branco[12] que "a aplicação da proibição de retrocesso aos direitos sociais tem conquistado destaque nas Cortes Constitucionais, em especial em momento de crise e durante a realização de políticas de austeridade. Trata-se de princípio segundo o qual não seria possível extinguir direitos sociais já implementados, evitando-se, portanto, um verdadeiro retrocesso ou limitação tamanha que atinja seu núcleo essencial".

Relevante ressaltar a seguinte decisão oriunda do Supremo Tribunal Federal, *in verbis*:

> "CRIANÇA DE ATÉ CINCO ANOS DE IDADE – ATENDIMENTO EM CRECHE E EM PRÉ-ESCOLA – SENTENÇA QUE OBRIGA

---

11. Manual de Direito do Trabalho: parte geral. São Paulo: LTr, 1980, p. 53.
12. Curso de Direito Constitucional. 10ª ed. São Paulo: Saraiva, 2015, p. 644.

O MUNICÍPIO DE SÃO PAULO A MATRICULAR CRIANÇAS EM UNIDADES DE ENSINO INFANTIL PRÓXIMAS DE SUA RESIDÊNCIA OU DO ENDEREÇO DE TRABALHO DE SEUS RESPONSÁVEIS LEGAIS, SOB PENA DE MULTA DIÁRIA POR CRIANÇA NÃO ATENDIDA – LEGITIMIDADE JURÍDICA DA UTILIZAÇÃO DAS "ASTREINTES" CONTRA O PODER PÚBLICO – DOUTRINA – JURISPRUDÊNCIA – OBRIGAÇÃO ESTATAL DE RESPEITAR OS DIREITOS DAS CRIANÇAS – EDUCAÇÃO INFANTIL – DIREITO ASSEGURADO PELO PRÓPRIO TEXTO CONSTITUCIONAL (CF, ART. 208, IV, NA REDAÇÃO DADA PELA EC Nº 53/2006) – COMPREENSÃO GLOBAL DO DIREITO CONSTITUCIONAL À EDUCAÇÃO – DEVER JURÍDICO CUJA EXECUÇÃO SE IMPÕE AO PODER PÚBLICO, NOTADAMENTE AO MUNICÍPIO (CF, ART. 211, § 2º) – LEGITIMIDADE CONSTITUCIONAL DA INTERVENÇÃO DO PODER JUDICIÁRIO EM CASO DE OMISSÃO ESTATAL NA IMPLEMENTAÇÃO DE POLÍTICAS PÚBLICAS PREVISTAS NA CONSTITUIÇÃO – INOCORRÊNCIA DE TRANSGRESSÃO AO POSTULADO DA SEPARAÇÃO DE PODERES – PROTEÇÃO JUDICIAL DE DIREITOS SOCIAIS, ESCASSEZ DE RECURSOS E A QUESTÃO DAS "ESCOLHAS TRÁGICAS" – RESERVA DO POSSÍVEL, MÍNIMO EXISTENCIAL, DIGNIDADE DA PESSOA HUMANA E VEDAÇÃO DO RETROCESSO SOCIAL – PRETENDIDA EXONERAÇÃO DO ENCARGO CONSTITUCIONAL POR EFEITO DE SUPERVENIÊNCIA DE NOVA REALIDADE FÁTICA – QUESTÃO QUE SEQUER FOI SUSCITADA NAS RAZÕES DE RECURSO EXTRAORDINÁRIO –PRINCÍPIO "JURA NOVIT CURIA" – INVOCAÇÃO EM SEDE DE APELO EXTREMO – IMPOSSIBILIDADE – RECURSO DE AGRAVO IMPROVIDO – POLÍTICAS PÚBLICAS, OMISSÃO ESTATAL INJUSTIFICÁVEL E INTERVENÇÃO CONCRETIZADORA DO PODER JUDICIÁRIO EM TEMA DE EDUCAÇÃO INFANTIL: POSSIBILIDADE CONSTITUCIONAL. A educação infantil representa prerrogativa constitucional indisponível, que, deferida às crianças, a estas assegura, para efeito de seu desenvolvimento integral, e como primeira etapa do processo de educação básica, o atendimento em creche e o acesso à pré-escola (CF, art. 208, IV). Essa prerrogativa jurídica, em consequência, impõe, ao Estado, por efeito da alta significação social de que se reveste a educação infantil, a obrigação constitucional de criar condições objetivas que possibilitem, de maneira concreta, em favor das 'crianças até 5 (cinco) anos de idade' (CF, art. 208, IV), o efetivo acesso e atendimento em creches e unidades de pré-escola, sob pena de configurar-se inaceitável omissão governamental, apta a frustrar, injustamente, por inércia, o integral adimplemento, pelo Poder Público, de prestação estatal que lhe impôs o próprio texto da Constituição Federal. A educação infantil, por qualificar-se como direito fundamental de toda criança, não se expõe, em seu processo de concretização, a avaliações meramente discricionárias da Administração Pública nem se subordina a razões de puro pragmatismo governamental. Os Municípios – que atuarão, prioritariamente, no ensino fundamental e na educação infantil (CF, art. 211, § 2º) – não poderão demitir-se do mandato constitucional, juridicamente vinculante, que lhes foi outorgado pelo art. 208, IV, da Lei Fundamental da República, e que representa fator de limitação da discricionariedade político-administrativa dos entes municipais, cujas opções, tratando-se do atendimento das crianças em creche (CF, art. 208, IV), não podem ser exercidas de modo a comprometer, com apoio em juízo de simples conveniência ou de mera oportunidade, a eficácia desse direito básico de índole social. Embora inquestionável que resida, primariamente, nos Poderes Legislativo e Executivo, a prerrogativa de formular e executar políticas públicas, revela-se possível, no entanto, ao Poder Judiciário, ainda que em bases excepcionais, determinar, especialmente nas hipóteses de políticas públicas definidas pela própria Constituição, sejam estas implementadas, sempre que os órgãos estatais competentes, por descumprirem os encargos político-jurídicos que sobre eles incidem em caráter impositivo, vierem a comprometer, com a sua omissão, a eficácia e a integridade de direitos sociais e culturais impregnados de estatura constitucional. DESCUMPRIMENTO DE POLÍTICAS PÚBLICAS DEFINIDAS EM SEDE CONSTITUCIONAL: HIPÓTESE LEGITIMADORA DE INTERVENÇÃO JURISDICIONAL. O Poder Público – quando se abstém de cumprir, total ou parcialmente, o dever de implementar políticas públicas definidas no próprio texto constitucional – transgride, com esse comportamento negativo, a própria integridade da Lei Fundamental, estimulando, no âmbito do Estado, o preocupante fenômeno da erosão da consciência constitucional. Precedentes: ADI 1.484/DF, Rel. Min. Celso de Mello, *v.g.* A inércia estatal em adimplir as imposições constitucionais traduz inaceitável gesto de desprezo pela autoridade da Constituição e configura, por isso mesmo, comportamento que deve ser evitado. É que nada se revela mais nocivo, perigoso e ilegítimo do que elaborar uma Constituição, sem a vontade de fazê-la cumprir integralmente, ou, então, de apenas executá-la com o propósito subalterno de torná-la aplicável somente nos pontos que se mostrarem ajustados à conveniência e aos desígnios dos governantes, em detrimento dos interesses maiores dos cidadãos. A intervenção do Poder Judiciário, em tema de implementação de políticas governamentais previstas e determinadas no texto constitucional, notadamente na área da educação infantil (*RTJ* 199/1219-1220), objetiva neutralizar os efeitos lesivos e perversos, que, provocados pela omissão estatal, nada mais traduzem senão inaceitável insulto a direitos básicos que a própria Constituição da República assegura à generalidade das pessoas. Precedentes. A CONTROVÉRSIA PERTINENTE À 'RESERVA DO POSSÍVEL' E A INTANGIBILIDADE DO MÍNIMO EXISTENCIAL: A QUESTÃO DAS 'ESCOLHAS TRÁGICAS'. A destinação de recursos públicos, sempre tão dramaticamente escassos, faz instaurar situações de conflito, quer com a execução de políticas públicas definidas no texto constitucional, quer, também, com a própria implementação de direitos sociais assegurados pela Constituição da República, daí resultando contextos de antagonismo que impõem, ao Estado, o encargo de superá-los mediante opções por determinados valores, em detrimento de outros igualmente relevantes, compelindo, o Poder Público, em face dessa relação dilemática, causada pela insuficiência de disponibilidade financeira e orçamentária, a proceder a verdadeiras 'escolhas trágicas', em decisão governamental cujo parâmetro, fundado na dignidade da pessoa humana, deverá ter em perspectiva a intangibilidade do mínimo existencial, em ordem a conferir real efetividade às normas programáticas positivadas na própria Lei Fundamental. Magistério da doutrina. A cláusula da reserva do possível – que não pode ser invocada, pelo Poder Público, com o propósito de fraudar, de frustrar e de inviabilizar a implementação de políticas públicas definidas na própria Constituição – encontra insuperável limitação na garantia constitucional do mínimo existencial, que representa, no contexto de nosso ordenamento positivo, emanação direta do postulado da essencial dignidade da pessoa humana. Doutrina. Precedentes. A noção de 'mínimo existencial', que resulta, por implicitude, de determinados preceitos constitucionais (CF, art. 1º, III, e art. 3º, III), compreende um complexo de prerrogativas cuja concretização revela-se capaz de garantir condições adequadas de existência digna, em ordem a assegurar, à pessoa, acesso efetivo ao direito geral de liberdade e, também, a prestações positivas originárias do Estado, viabilizadoras da plena fruição de direitos sociais básicos, tais como o direito à educação, o direito à proteção integral da criança e do adolescente, o direito à saúde, o direito à assistência social, o direito à moradia, o direito à alimentação e o direito à segurança. Declaração Universal dos Direitos da Pessoa Humana, de 1948 (Artigo XXV). A PROIBIÇÃO DO RETROCESSO SOCIAL COMO OBSTÁCULO CONSTITUCIONAL À FRUSTRAÇÃO E AO INADIMPLEMENTO, PELO PODER PÚBLICO, DE DIREITOS PRESTACIONAIS. O princípio da proibição do retrocesso impede, em tema de direitos fundamentais de caráter social, que sejam desconstituídas as conquistas já alcançadas pelo cidadão ou pela formação social em que ele vive. A cláusula que veda o retrocesso em matéria de direitos a prestações positivas do Estado (como o direito à educação, o direito à saúde ou o direito à segurança pública, *v.g.*) traduz, no processo de efetivação desses direitos fundamentais individuais ou coletivos, obstáculo a que os níveis de concretização de tais prerrogativas, uma vez atingidos, venham a ser ulteriormente reduzidos ou suprimidos pelo Estado. Doutrina. Em consequência desse princípio, o Estado, após haver reconhecido os direitos prestacionais, assume o dever não só de torná-los efetivos, mas, também, se obriga, sob pena de transgressão ao texto constitucional, a preservá-los, abstendo-se de frustrar – mediante supressão total ou parcial – os direitos sociais já concretizados. LEGITIMIDADE JURÍDICA DA IMPOSIÇÃO, AO PODER PÚBLICO, DAS "ASTREINTES". Inexiste obstáculo jurídico-processual à utilização, contra entidades de direito público, da multa cominatória prevista no § 5º do art. 461 do CPC. A 'astreinte' – que se reveste de função coercitiva – tem por finalidade específica compelir, legitimamente, o devedor, mesmo que se cuide do Poder Público, a cumprir o preceito, tal como definido no ato sentencial. Doutrina. Jurisprudência (STF, ARE 639337, 2ª Turma, Rel. Celso de Mello, julgamento 23/08/2011).

3.3. Dignidade da pessoa humana do trabalhador

Conforme o pensamento de *Santo Tomás de Aquino* em sua obra *Summa Theologica*, a dignidade da pessoa humana encontra fundamento na circunstância de que o ser humano foi criado à imagem e semelhança de Deus, mas também tem origem na capacidade de autodeterminação inerente à natureza humana, de tal forma que o ser humano é livre por sua natureza, existe em função de sua própria vontade.

No âmbito do pensamento jusnaturalista dos séculos XVII e XVIII, a concepção da dignidade da pessoa humana, assim como a ideia do direito natural em si, passou por um processo de racionalização e laicização, mantendo-se, todavia, a noção fundamental da igualdade de todos os homens em dignidade e liberdade. A dignidade da pessoa humana era considerada como a liberdade do ser humano de optar de acordo com a sua razão e agir conforme o seu entendimento e opção, bem como – de modo particularmente significativo – o de *Emmanuel Kant*, cuja concepção de dignidade parte da autonomia ética do ser humano, considerando esta (a autonomia) como fundamento da dignidade do homem, além de sustentar que o ser humano (o indivíduo) não pode ser tratado – nem por ele próprio – como objeto. É com *Kant* que, de certo modo, completa-se o processo de secularização da dignidade, que, de uma vez por todas, abandonou suas vestes sacrais. Sustenta *Kant* que o Homem e, de maneira geral, todo ser racional existem como um fim em si mesmos não simplesmente como meio para uso arbitrário desta ou daquela vontade.[13]

Após cuidadoso estudo, *Ingo Wolfgang Sarlet*[14] nos traz o seguinte conceito de dignidade da pessoa humana:

> "Temos por dignidade da pessoa humana a qualidade intrínseca e distintiva reconhecida em cada ser humano que o faz merecedor do mesmo respeito e consideração por parte do Estado e da comunidade, implicando, neste sentido, um complexo de direitos e deveres fundamentais que assegurem a pessoa tanto contra todo e qualquer ato de cunho degradante e desumano, como venham a lhe garantir as condições existenciais mínimas para uma vida saudável, além de propiciar e promover sua participação ativa e corresponsável nos destinos da própria existência e da vida em comunhão com os demais seres humanos".

A dignidade da pessoa humana está prevista no art. 1º, III, da CF como um dos fundamentos da República Federativa do Brasil e constitui um legado incontestável das filosofias de *Santo Tomás de Aquino* e de *Kant*. O ser humano é um fim em si mesmo e, jamais, um meio para atingir determinado fim.[15] O ser humano é um sujeito de direito, e não objeto do direito.

13. SARLET, Ingo Wolfgang. *Dignidade da pessoa humana e direitos fundamentais.* Porto Alegre: Livraria do Advogado, 2006. p. 32-33.
14. *Op. cit.*, p. 60.
15. Fábio Konder Comparato, referindo-se à filosofia kantiana, adverte com propriedade: "(...) ora, a dignidade da pessoa não consiste apenas no fato de ser ela, diferentemente das coisas, um ser considerado e tratado, em si mesmo, como um fim em si e nunca como meio para a consecução de determinado resultado. Ela resulta também do fato de que, pela sua vontade racional, só a pessoa vive em condições de autonomia, isto é, como ser capaz de guiar-se

Além disso, a nosso ver, o ser humano é o fundamento e o fim último do Direito e de toda ciência humana. Por isso, em toda atividade criativa ou interpretativa do Direito, deve-se sempre adaptar o Direito ao ser humano, e não o ser humano ao Direito.

A Constituição brasileira assegura, em vários artigos, a proteção do ser humano, seja fazendo referência ao princípio da dignidade da pessoa humana, seja protegendo a vida, a saúde, garantindo a igualdade, a liberdade, a segurança e as condições dignas de sobrevivência por meio da proteção à maternidade e à infância. Igualmente, estende-se a proteção ao ambiente ecologicamente equilibrado e à sadia qualidade de vida a ser assegurada às gerações presente e futuras (o art. 1º, inciso III; o art. 5º, *caput*; o art. 203, inciso I; e o art. 225 da Constituição Federal de 1988).

Para que haja efetividade do princípio da dignidade da pessoa humana, é necessário que sejam deferidos à pessoa todos os demais direitos fundamentais previstos na Constituição. É preciso que se assegure, como já é frase recorrente na doutrina, um piso mínimo de direitos.[16]

Desse modo, somente haverá dignidade se a pessoa tiver assegurados os direitos fundamentais previstos nos arts. 1º, 3º e 5º da CF, mas também os direitos sociais previstos no art. 6º, aí incluídos o direito ao trabalho, à saúde e ao lazer, e também o direito a um meio ambiente equilibrado, arts. 225 e seguintes da CF. Hoje, também têm sido muito valorizados os direitos sociais, como o direito ao lazer (art. 6º da CLT), considerado um direito fundamental para a melhoria da qualidade de vida das pessoas, principalmente as que têm grande volume de trabalho.

Entretanto, o rol de garantias e direitos para se garantir a dignidade da pessoa humana não são taxativos, tampouco delimitados. A dignidade da pessoa humana é uma cláusula geral da Constituição Federal, visando salvaguardar a pessoa em todos os seus aspectos. Por essa razão, conforme

---

pelas leis que ele próprio edita. Daí decorre, como assinalou o filósofo, que todo homem tem dignidade e não um preço, como as coisas. A humanidade como espécie, e cada ser humano em sua individualidade, é propriamente insubstituível: não equivale, não pode ser trocado por coisa alguma" (*A afirmação histórica dos direitos humanos.* 3. ed. São Paulo: Saraiva, 2004. p. 22).

16. Conforme Rizatto Nunes, "foi o jusambientalista brasileiro Professor Celso Antonio Pacheco Fiorillo que usou a expressão 'mínimo vital', com cujo conteúdo concordamos. Diz o professor que, para começar a respeitar a dignidade da pessoa humana, têm-se de assegurar concretamente os direitos sociais previstos no art. 6º, da Carta Magna, que por sua vez está atrelado ao *caput* do art. 225" (*Curso de direito do consumidor.* São Paulo: Saraiva, 2004. p. 25). Também tem sido utilizada a expressão: *piso mínimo existencial.*

a sociedade evolui, há necessidade de implementar novos direitos e novas garantias para a proteção da dignidade.

Como bem adverte Maria Celina Bodin de Moraes[17]: "(...) a personalidade humana é valor, um valor unitário e tendencialmente sem limitações. Assim, não se poderá, com efeito, negar tutela a quem requeria garantia sobre um aspecto de sua existência para o qual não haja previsão específica, pois aquele interesse tem relevância ao nível do ordenamento constitucional e, portanto, tutela também em via judicial. Eis aí a razão pela qual as hipóteses de dano moral são tão frequentes, porque a sua reparação está posta para a pessoa como um todo, sendo tutelado o valor da personalidade humana. Os direitos das pessoas estão, assim, todos eles, garantidos pelo princípio constitucional da dignidade humana, e vêm a ser concretamente protegidos pela cláusula geral de tutela da pessoa humana".

A moderna doutrina fixou entendimento no sentido de que os direitos fundamentais têm aplicabilidade imediata, em razão do princípio da força normativa da Constituição Federal, o que fora ratificado pela redação do art. 5º, § 1º, da CF, com a redação dada pela EC n. 45/04.

O art. 5º, § 1º, da CF determina que os direitos e garantias fundamentais têm aplicação imediata, independentemente de norma regulamentar. O referido dispositivo consagra as chamadas ações afirmativas para a defesa de direitos fundamentais, evitando que as normas atinentes a direitos fundamentais fiquem em sede programática.

Também o § 3º do art. 5º da CLT aduz que os tratados sobre direitos humanos ratificados pelo Brasil adquirem *status* de emenda constitucional.

A dignidade é inerente ao ser humano, sendo um valor intrínseco da própria condição humana. Todo ser humano tem dignidade pelo fato de ser pessoa. Por isso, é complexa a definição do conceito de dignidade. Embora a Constituição Federal mencione no art. 1º, III, que a dignidade da pessoa humana é um dos fundamentos da República Federativa do Brasil e frequentemente a doutrina se refira ao *princípio da dignidade da pessoa humana*, na verdade, a dignidade é mais que um fundamento e também tem dimensão mais reluzente que um princípio, pois é inata à própria condição humana, de que o homem, conforme *Santo Tomás de Aquino*, fora criado à

---

17. Danos à Pessoa Humana: Uma leitura civil-constitucional dos Danos Morais. Rio de Janeiro: Renovar, 2003, p. 127.

semelhança de Deus. Além disso, o ser humano é o fundamento e também o fim último do Direito.

Como mencionado, é difícil definir a dignidade, mas facilmente identificamos hipóteses de indignidades que nos provocam um sentimento[18] de injustiça e até mesmo de fúria[19]. Desse modo, referimo-nos à proteção à dignidade da pessoa humana na esfera jurídica, e não ao princípio da dignidade da pessoa humana.

Diante do exposto, em nosso sentir, *a proteção da dignidade da pessoa humana envolve todos os aspectos da pessoa, seja no seu aspecto exterior – papéis que representa na sociedade e, como função profissional, imagem etc. – como na sua individualidade, privacidade, intimidade (art. 5º, V e X, da CF), assim como o fato de pertencer ao gênero humano, seu aspecto físico, sua etnia, bem como a proteção do meio ambiente.*

Discute-se na doutrina se o princípio da proteção à dignidade da pessoa humana pode ser relativizado. Significativa parte da doutrina assevera a impossibilidade de sua redução, uma vez que a dignidade da pessoa humana é o núcleo de todos os direitos fundamentais. Outros admitem em certas hipóteses sua relativização em prol do interesse coletivo ou do interesse de outrem.

Como a dignidade da pessoa humana é o núcleo dos direitos fundamentais, este se sobrepõe aos demais direitos. A interpretação no aspecto deve ser levada a efeito com a máxima eficiência, conforme sustenta *J. J. Gomes Canotilho*[20]:

> "Esse princípio, também designado por princípio da eficiência ou princípio da interpretação efectiva, pode ser formulado da seguinte maneira: a uma norma constitucional deve ser atribuído o sentido que maior

---

18. Para muitos, a dignidade da pessoa humana não pode ser definida, pois trata-se de um sentimento, como a felicidade, a tristeza, a dor etc.

19. Conforme Hannah Arendt: "A fúria não é de modo nenhum uma reação automática diante da miséria e do sofrimento em si mesmos; ninguém se enfurece com uma doença incurável ou um tremor de terra, ou com condições sociais que pareçam impossíveis de modificar. A fúria irrompe somente quando há boas razões para crer que tais condições poderiam ser mudadas e não o são. Só manifestamos uma reação de fúria quando nosso senso de justiça é injuriado; tal reação em absoluto não se produz por nos sentirmos vítimas da injustiça, como prova toda a história das revoluções, nas quais o movimento começou por iniciativa de membros das classes superiores, conduzindo à revolta dos oprimidos e miseráveis" (*A condição humana*. Tradução de Roberto Raposo. Rio de Janeiro: Forense, 1995. p. 229).

20. CANOTILHO, J. J. Gomes. *Direito constitucional e teoria da Constituição.* 7. ed. Coimbra: Almedina, 2003. p. 1.224.

eficácia lhe dê. É um princípio operativo em relação a todas e quaisquer normas constitucionais, e embora a sua origem esteja ligada à tese da actualidade das normas programáticas (*Thoma*), é hoje sobretudo invocado no âmbito dos direitos fundamentais (no caso de dúvidas deve preferir-se a interpretação que reconheça maior eficácia aos direitos fundamentais)".

Autores há que asseveram a possibilidade de relativização do princípio da dignidade da pessoa humana em prol do interesse coletivo, ou do direito à vida, ou da dignidade de outro ser humano, ou até da própria interpretação desse princípio na situação concreta.

Sustenta *Alexandre de Moraes*[21] que "o princípio fundamental consagrado pela Constituição Federal da dignidade da pessoa humana apresenta-se como uma dupla concepção. Primeiramente, prevê um direito individual protetivo, seja em relação ao próprio Estado, seja em relação aos demais indivíduos. Em segundo lugar, estabelece verdadeiro dever fundamental de tratamento igualitário dos próprios semelhantes. Esse dever configura-se pela exigência de o indivíduo respeitar a dignidade de seus semelhantes tal qual a Constituição Federal exige que lhe respeitem a própria".

Conforme argumentou com propriedade o professor *Moraes*, a dignidade da pessoa está no mesmo patamar da dignidade do seu semelhante, ou seja, não se pode desrespeitar a dignidade do semelhante a despeito da defesa da própria dignidade.

Nesse mesmo diapasão, menciona *Ingo Sarlet*[22] que "não podemos deixar de relembrar – na esteira de *Alexy* – que até mesmo o princípio da dignidade da pessoa humana (por força de sua própria condição principiológica) acaba por sujeitar-se, em sendo contraposto à igual dignidade de terceiros, a uma necessária relativização, e isto não obstante se deve admitir – no âmbito de uma hierarquização axiológica – sua prevalência no confronto com outros princípios e regras constitucionais, mesmo em matéria de direitos fundamentais. Com efeito, não há como deixar de reconhecer – acompanhando *Kloepfer* – que mesmo em se tendo a dignidade como o valor supremo do ordenamento jurídico, daí não segue, por si só e necessariamente, o postulado de sua absoluta intangibilidade. Assim, também nas tensões verificadas no relacionamento entre pessoas igualmente dignas, não se poderá dispensar

21. MORAES, Alexandre de. *Direitos humanos fundamentais*. São Paulo: Atlas, 2002. p. 60-61.
22. *Op. cit.*, p. 130.

– até mesmo em face da necessidade de solucionar o caso concreto – um juízo de ponderação ou (o que parece mais correto) uma hierarquização, que, à evidência, jamais poderá resultar – e esta a dimensão efetivamente absoluta da dignidade – no sacrifício da dignidade, na condição de valor intrínseco e insubstituível de cada ser humano que, como tal, sempre deverá ser reconhecido e protegido, sendo, portanto – e especialmente neste sentido – imponderável. Mesmo assim, consoante já destacado, não haverá como evitar a formulação de um juízo de valor (e, portanto, num certo sentido, uma ponderação) a respeito da existência, ou não, de uma violação da dignidade, por mais que se venham a fixar diretrizes para tal tarefa, visto que também critérios abstrata e previamente estabelecidos sempre serão o resultado de uma avaliação subjetiva e, neste sentido, de uma opção axiológica (hierarquização)".

4. DOS PRINCÍPIOS CLÁSSICOS DO DIREITO DO TRABALHO

Praticamente, os princípios do direito do trabalho são universais, também denominados de clássicos. Na América do Sul, a obra de *Américo Plá Rodriguez*, intitulada *Princípios do direito do trabalho*[23], é um clássico sobre os princípios e exerceu grande influência em toda a América Latina. Para fins didáticos, adotamos os princípios do direito do trabalho defendidos pelo referido autor uruguaio, quais sejam: **proteção, irrenunciabilidade, continuidade, primazia da realidade, razoabilidade e boa-fé.**

4.1. Proteção

Ensina-nos Arnaldo Süssekind[24] que "o princípio protetor tem raízes históricas, pois a legislação do trabalho nasceu intervencionista, como reação aos postulados da Revolução Francesa (1789), que asseguravam a completa autonomia da vontade nas relações contratuais, permitindo a exploração do trabalhador, numa fase histórica em que a Revolução Industrial propiciava o fortalecimento da empresa. Como bem acentuou Ripert, a experiência demonstrou que 'a liberdade não basta para assegurar a igualdade, pois os mais fortes depressa tornam-se opressores'".

23. A primeira edição brasileira fora publicada pela LTr Editora em 1978, com tradução e revisão técnica de Wagner D. Giglio.
24. Os princípios social-trabalhistas na Constituição Brasileira. In: Revista do Tribunal Superior do Trabalho. Ano 69, n. 1 – jan a jun- 2003. Porto Alegre: Síntese, p. 45.

As doutrinas nacional e estrangeira destacam como fundamento e razão última do direito do trabalho o princípio protetor como forma de equilibrar a relação entre trabalhadores e os detentores dos meios de produção. Afirmam que a proteção jurídica ao trabalhador é necessária à melhoria da condição social do trabalhador.

Ensina Américo Plá Rodriguez[25] "que o fundamento do princípio protetor está ligado à própria razão de ser do Direito do Trabalho. Historicamente, o Direito do Trabalho surgiu como consequência de que a liberdade de contrato entre pessoas com poder e capacidade econômica desiguais conduzia a diferentes formas de exploração. Inclusive as mais abusivas e iníquas. O legislador não pôde mais manter a ficção de igualdade existente entre as partes do contrato de trabalho e inclinou-se para uma compensação dessa desigualdade econômica desfavorável ao trabalhador com uma proteção jurídica a ele favorável. O Direito do Trabalho responde fundamentalmente ao propósito de nivelar desigualdades. Como dizia *Couture*: 'o procedimento lógico de corrigir desigualdades é o de criar outras desigualdades'".

A característica básica do princípio protetor do Direito do Trabalho é dar supremacia jurídica ao trabalhador a fim de compensar as desigualdades que este apresenta em face do empregador, principalmente a econômica. Trata-se da grande viga de sustentação do Direito Trabalhista, que lhe dá sentido e razão de ser.

O princípio protetivo está presente na interpretação e aplicação do Direito do Trabalho, bem como para preenchimento de lacunas e conflitos de normas que regem esse ramo especializado do direito.

O direito individual do trabalho é marcado pelo princípio protetor. No direito coletivo, ele fica mitigado em face do maior equilíbrio entre os sindicatos de trabalhadores e patronais.

Segmentos da doutrina têm defendido a redução do alcance do princípio protetor a fim de facilitar a contratação de trabalhadores e diminuir o desemprego. No entanto, a experiência nos tem mostrado que a redução de garantias trabalhistas, bem como o enfraquecimento do protecionismo do Direito do Trabalho não têm gerado novos empregos e facilitado a contratação de novos trabalhadores, pois a empregabilidade está diretamente relacionada ao crescimento econômico.

25. Princípios de Direito do Trabalho. 3. Ed. São Paulo: Ltr, 2015, p. 85.

O princípio protetor, conforme a doutrina, subdivide-se em três características básicas (ou princípios que decorrem da proteção), quais sejam: **norma mais favorável**, **condição mais benéfica** e ***in dubio pro operario***.

4.1.1. Norma mais favorável: por tal característica do princípio protetor, no Direito do Trabalho, é aplicável a norma mais favorável ao trabalhador, independentemente da fonte normativa da qual ela emana.

Nesse sentido é o *caput* do art. 7º da Constituição Federal:

> "São direitos dos trabalhadores urbanos e rurais, além de outros que visem à melhoria de sua condição social".

Entre duas leis ou normas coletivas válidas e vigentes aplicáveis à mesma situação, para se aquilatar qual é a mais favorável, há dois critérios adotados pela doutrina e jurisprudência; são eles:

a) **Acumulação:** para este critério, na valoração entre duas normas jurídicas, podem ser aplicadas tanto uma como outra, mesclando-se as cláusulas ou artigos que são mais favoráveis, tanto de uma como de outra. Assim, podem-se aplicar, por exemplo, o adicional de horas extras de uma norma e o adicional de insalubridade mais favorável da outra.

b) **Conglobamento:** para este critério, não há o fracionamento das normas jurídicas, ou se aplica uma ou outra. A norma aplicável é a que for mais favorável no conjunto de suas cláusulas.

c) **Acumulação por institutos:** neste critério, as normas são analisadas fracionando-se os institutos: cláusulas salariais, cláusulas sobre jornada de trabalho etc.

Tem prevalecido na doutrina e na jurisprudência a teoria do conglobamento para se avaliar a norma mais favorável.

Exceção ao princípio da norma mais favorável é a flexibilização quando autorizada por norma constitucional (art. 7º, VI, XIII, XIV, da CF).

Devem-se também ser respeitados os critérios hierárquicos da legislação, cronológico e da especialização.

Quanto ao aspecto da especialização, dispõe o art. 620 da CLT que as condições estabelecidas em acordos coletivos prevalecem sobre as fixadas em convenções coletivas de trabalho.

No sistema normativo, também a Constituição Federal tem supremacia sobre as demais leis.

Quanto ao critério cronológico, salvo as situações já consolidadas e respeitada condição mais benéfica, a lei posterior prevalece sobre a anterior.

Por fim, como destaca Jorge Luiz Souto Maior[26], "ressalte-se, quanto a regra da norma mais favorável, que o trabalhador deve ser abstraído, isto é, considerado como integrante de um grupo, isto é, não se deve buscar atender às peculiaridades de cada trabalhador, a não ser excepcionalmente".

4.1.2. In dubio pro operario

Por este princípio, que decorre da proteção tutelar, havendo norma trabalhista que possibilite mais de uma interpretação, deve-se preferir o sentido mais favorável ao trabalhador.

Somente quando a norma possibilitar mais de um sentido e o intérprete estiver em dúvida sobre qual é o mais justo e razoável ao caso concreto, deverá preferir o sentido mais favorável ao trabalhador.

Conforme destaca Luiz de Pinho Pedreira da Silva[27], "o princípio *pro operario* é derivado do mais geral de proteção, e difere de dois outros, o de norma mais favorável e o de condição mais benéfica, porque tem como pressuposto uma única norma, suscetível de interpretações diversas, suscitando dúvida, que deve ser dirimida em benefício do empregado, enquanto aqueles exigem, como fato antecedente, uma pluralidade de normas".

Discutível é a aplicação de tal princípio na esfera processual, principalmente na valoração da prova do processo. Há quem entenda que ele se aplica na valoração da prova. Desse modo, encontrando-se o juiz do trabalho na situação da chamada *prova dividida* ou *empatada,* deve julgar contra o empregador e a favor do empregado. Outros defendem que esse princípio não se aplica na esfera processual em razão da imparcialidade do juiz do trabalho, do princípio do juiz natural e do tratamento igualitário das partes na esfera processual. Desse modo, havendo dúvida quanto à melhor prova, deve o juiz julgar contra quem detinha o ônus da prova, e não favoravelmente ao trabalhador.

26. O Direito do Trabalho como Instrumento de Justiça Social. São Paulo: LTr, 2000, p. 297.
27. Principiologia do Direito do Trabalho. São Paulo: 2ª edição. São Paulo: LTr, 1999, p. 41.

Para Couture, o primeiro princípio fundamental do processo trabalhista é relativo ao fim a que se propõe, como "procedimento lógico de corrigir as desigualdades" criando outras desigualdades. O Direito Processual do Trabalho é elaborado totalmente com o propósito de evitar que o litigante mais poderoso possa desviar e entorpecer os fins da Justiça.

Inegavelmente, há um protecionismo de natureza processual no processo trabalhista, cuja finalidade é efetivar o princípio do acesso real à justiça do trabalhador e dar efetividade ao princípio da isonomia real das partes no processo trabalhista. Diante disso, pode-se afirmar que, se houver dúvida na interpretação da lei processual, deve-se preferir o sentido mais favorável ao reclamante?

De nossa parte, se o juiz do trabalho estiver em dúvida quanto ao alcance de determinada norma trabalhista, poderá aplicar o sentido que favoreça o trabalhador, uma vez que a sistemática do direito processual do trabalho é direcionada a facilitar o acesso do trabalhador à justiça. Nesse sentido, dispunha o art. 330 do anteprojeto de Código Judiciário do Trabalho, de autoria de Mozart Russomano: "Em dúvida, o juiz decidirá a favor do empregado".[28]

No aspecto probatório, a questão da aplicação do princípio *in dubio pro operario* tem sido polêmica.

O juiz do trabalho é livre para apreciar a prova, segundo o princípio do convencimento motivado ou da persuasão racional (arts. 765 da CLT e 371 do CPC). Diante desse princípio, o juiz pode firmar o seu convencimento tomando em consideração qualquer elemento de prova que exista no processo, mas deve sempre mencionar qual prova ou provas levaram-no a tal convicção.

Situações existem em que o juiz se depara com a chamada prova dividida, ou "empatada", que não possibilita ao julgador saber qual versão está realmente verossímil.

Alguns autores asseveram que o juiz nunca se encontrará na referida situação de dúvida, pois sempre terá subsídios para firmar o convencimento e poderá distinguir qual prova foi superior, tanto no aspecto qualitativo quanto no quantitativo.

---

28. *Apud* SILVA, Luiz de Pinho Pedreira. *Principiologia do direito do trabalho*. 2. ed. São Paulo: LTr, 1999. p. 7.

No entanto, há situações em que o juiz se encontra diante da chamada prova dividida e em dúvida sobre qual prova é a melhor, necessitando adotar critérios para o "desempate", uma vez que, por dever de ofício, deve proferir a decisão.

A doutrina costuma apontar alguns critérios para a decisão do juiz quando ele se encontra em dúvida sobre a matéria probatória produzida nos autos.

Podemos elencar, segundo a melhor doutrina, os seguintes critérios que nortearão o juiz na situação de dúvida sobre a valoração da prova ou diante da chamada prova dividida: (a) aplicação do princípio *in dubio pro operario* ao processo do trabalho; (b) impossibilidade de aplicação do princípio *in dubio pro operario* ao processo do trabalho, devendo o juiz decidir contra quem detinha o ônus da prova; (c) aplicação pura e simples do princípio da persuasão racional.

Defendendo a aplicação do princípio *in dubio pro operario* na valoração da prova, temos a posição de Cesarino Júnior quando assevera: "Na dúvida, isto é, quando militam razões pró e contra, é razoável decidir a favor do economicamente fraco, num litígio que visa não a satisfazer ambições, mas a prover as necessidades imediatas da vida. Isto é humano, isto atende ao interesse social, ao bem comum. Nada tem de ousado, ou de classista. Classista seria sempre decidir a favor do empregado, com dúvidas ou sem dúvidas, com a lei, sem a lei ou contra a lei".[29]

No mesmo sentido são as conclusões de Bento Herculano Duarte: "Aplicar-se-á, persistindo dúvida quanto à matéria de fato, após adequada valoração da prova produzida, o princípio *in dubio pro misero*, manifestação inequívoca do norte protecionista, enquanto peculiar ao processo do trabalho. Ademais, assim agindo o juiz do trabalho, estará atendendo à particular função social do direito adjetivo trabalhista, sem violar o seu impostergável dever de imparcialidade. Tal operação, reitere-se, há de proceder-se de forma extremamente cautelosa, a fim de que o julgador não afronte a sua própria condição de terceiro desinteressado".[30]

Luiz de Pinho Pedreira da Silva acompanhava o mesmo raciocínio, dizendo:

29. *Apud* TEIXEIRA FILHO, Manoel Antonio. *A prova no processo do trabalho*. 8. ed. São Paulo: LTr, 2003. p. 151.
30. *Poderes do juiz do trabalho*: direção e protecionismo processual. São Paulo: LTr, 1999. p. 159.

> "A nossa experiência judicante leva-nos a dar razão a Rubinstein, principalmente quando ele levanta a hipótese de paridade de provas, que acha deva ser solucionada pelo juiz fazendo apelo ao princípio *in dubio pro operario.* Diversas vezes julgamos casos em que nos defrontamos com 'prova empatada', isto é, em que não houve negligência do empregado, pois se desincumbiu do seu ônus, levando a juízo testemunhas no mesmo número e de credibilidade igual às apresentadas pelo empregador, que ofereciam versão inteiramente contrária às das testemunhas do trabalhador, em processos nos quais não havia possibilidade de outra espécie de prova. Pelas maiores dificuldades com que arca o empregado para a produção de provas, numa situação como esta, a dúvida gerada no espírito do julgador há de ser dirimida *pro operario*, e foi sempre neste sentido o nosso pronunciamento".[31]

Defendendo a inaplicabilidade do princípio *in dubio pro misero* na valoração da prova, temos a posição Maurício Godinho Delgado:

> "O caráter democrático e igualitário do direito do trabalho conduz ao desequilíbrio inerente às suas normas jurídicas e à compatível sincronia que esse desequilíbrio tem com a teoria processual do ônus da prova e com as presunções sedimentadas características desse ramo jurídico. Não se estende, contudo, o mesmo desequilíbrio à figura do juiz e à função judicante – pena de se comprometer a essência da própria noção de justiça. O que há de positivo, portanto, na velha parêmia (*in dubio pro operario*) – sua referência a um critério de interpretação de normas jurídicas – já se manteve preservado no direito do trabalho (através do princípio da norma mais favorável), abandonando-se, contudo, a referência superada que o antigo aforismo fazia à função judicante de avaliação e valoração de fatos [...] Note-se, de todo modo, que o direito do trabalho e seu ramo processual (direito processual trabalhista) já fixam inúmeras presunções favoráveis ao obreiro; já permitem ao juiz inverter o ônus probatório quando perceber que, pelas circunstâncias do caso, este seja o caminho mais seguro para o encontro da verdade (art. 765, CLT combinado com 130, CPC, *ab initio,* e art. 359, CPC). Tais condutas processuais, a propósito, não são mais peculiares ao ramo justrabalhista, uma vez que incorporadas também por outros segmentos jurídicos próximos (como se percebe pelos dispositivos

31. Ob. cit., p. 58.

do Código Brasileiro do Consumidor, Lei 8.078/1990, por exemplo, art. 6º, VIII – inversão do ônus probatório; art. 29 – desconsideração da personalidade jurídica; art. 47 – interpretação favorável etc.)"[32].

Predomina, na jurisprudência, a presente orientação, conforme as seguintes ementas:

> "Justiça do trabalho. Princípio da proteção do trabalhador. Ônus da prova. Inaplicabilidade. Na justiça do trabalho, o princípio da proteção ao trabalhador está restrito à interpretação das normas legais, não se aplicando, quanto à distribuição do ônus da prova, o preceito *in dubio pro misero*, sob pena de afronta ao dever de imparcialidade do juiz" (TRT 15ª Reg., RO 1775/2001.016.15.00-5, 1ª T., Rel. Eduardo Benedito de O. Zanella, *DJSP* 10.09.2004, p. 19. *RDT* 10 out. 2004).
>
> "Prova testemunhal. Valoração. Nos casos em que a prova testemunhal restar dividida, deve prevalecer o posicionamento adotado pelo juiz *a quo*, que se encontra em melhores condições de valorar os depoimentos testemunhais, com base no estado de ânimo dos depoentes no momento em que a prova foi produzida" (TRT 12ª Reg., RO-V 7496/03, 3ª T., Rel. Sandra M. Wambier, *DJSC* 07.08.2003, p. 175. *RDT* 9 set. 2003).
>
> "Princípio *in dubio pro operario*. O princípio *in dubio pro operario* é inerente ao Direito do Trabalho e, ao contrário do que pretende o recorrente, não apresenta caráter processual, especialmente porque o Direito Processual do Trabalho possui disposições específicas, como a avaliação da qualidade das provas produzidas e a aplicação das regras de ônus da prova. No campo probatório não se aplica o princípio *in dubio pro operario*, pois o Direito Processual impõe ao autor a prova do fato constitutivo de seu direito e, ao réu, a prova do fato modificativo, extintivo ou impeditivo do direito postulado (artigo 818 da CLT c/c artigo 333 do CPC, correspondente ao artigo 373 do atual CPC)" (TRT/SP, RO 00019213920155020017, – Ac. 20170627106, 11ª T., Rel. Odette Silveira Moraes, *DOE* 20/10/2017).

De nossa parte, o critério para valoração da prova deve ser discricionariamente avaliado pelo juiz, não podendo a doutrina ou a jurisprudência tarifar um critério para o juiz se nortear quando estiver diante de dúvida.

32. *Princípios de direito individual e coletivo do trabalho*. São Paulo: LTr, 2001. p. 85-86.

A própria existência da dúvida já se torna um elemento de valoração da prova, que é pessoal do juiz. Por isso, mesmo em caso de dúvida, deve o juiz aplicar o critério de valoração que entenda correto, segundo as circunstâncias do caso concreto.

Não obstante, em caso de dúvida, o juiz do trabalho deve procurar a melhor prova, inclusive baseando-se pelas regras de experiência do que ordinariamente acontece, intuição, indícios e presunções. Somente se esgotados todos os meios de avaliar qual foi a melhor prova, aí sim poderá optar pelo critério de aplicabilidade ou não do princípio *in dubio pro operario* como razão de decidir.

De outro lado, o princípio em questão somente deve ser aplicado em caso de prova dividida, ou empatada. Se não houver prova nos autos ou ela for insuficiente, o juiz do trabalho deve decidir em compasso com as regras de divisão do ônus da prova. Nesse sentido, bem adverte Alfredo J. Ruprecht: "O princípio só é aplicável quando intervém dúvida sobre os alcances da prova: de maneira alguma pode ter andamento quando falta ou é insuficiente. Nestas últimas situações, o princípio é inteiramente inaplicável"[33].

Reconhecemos, no entanto, que a aplicação do princípio *in dubio pro operario* no campo probatório deve ser vista com reservas, buscando em primeiro plano a avaliação dos sistemas de presunções, inversão do ônus da prova e ônus dinâmico da carga probatória, somente recorrendo o magistrado a tal critério se falharem os demais. No entanto, isso deve ser feito com justiça, imparcialidade, considerando os princípios constitucionais do processo, bem como as circunstâncias do caso concreto.

4.1.3. Condição mais benéfica – segurança jurídica do trabalhador

Este princípio, também chamado de direito adquirido às parcelas trabalhistas concedidas pelo empregador ou previstas em lei, impede que o trabalhador abra mão de direitos já incorporados ao seu contrato de trabalho.

Objetiva-se, aqui, dar segurança jurídica ao trabalhador, mantendo-se os direitos já incorporados ao seu contrato de trabalho e ao seu patrimônio jurídico, evitando-se a supressão de direitos.

33. *Os princípios do direito do trabalho*. Trad. Edilson Alkmin Cunha. São Paulo: LTr, 1995. p. 18.

Conforme definição de José Afonso da Silva[34], "a segurança jurídica consiste no 'conjunto de condições que tornam possível às pessoas o conhecimento antecipado e reflexivo das consequências diretas de seus atos e de seus fatos à luz da liberdade reconhecida'. Uma importante condição da segurança jurídica está na relativa certeza que os indivíduos têm de que as relações realizadas sob o império de uma norma devem perdurar ainda quando tal norma seja substituída".

A segurança jurídica ao trabalhador se fundamenta nas seguintes premissas:

a) conhecimento dos direitos;

b) previsibilidade;

c) confiança;

d) manutenção da subsistência.

Como destaca Francisco Meton Marques de Lima[35], "esta regra consiste em assegurar para o trabalhador a permanência da condição mais benéfica objetivamente reconhecida. Por seu intermédio, o empregado contratado sob a vigência de determinadas condições a ele asseguradas não pode ser rebaixado a condição inferior. A condição pode resultar de lei, de contrato individual, de instrumento coletivo ou de regulamento de empresa".

Esse princípio tem grande importância para preservação de direitos fundamentais do trabalhador diante das alterações contratuais promovidas pelo empregador durante a vigência do contrato de trabalho (arts. 444 e 468 da CLT).

O Tribunal Superior do Trabalho consagrou, em duas Súmulas, o princípio da condição mais benéfica. São elas:

> **Súmula 51:** "NORMA REGULAMENTAR. VANTAGENS E OPÇÃO PELO NOVO REGULAMENTO. ART. 468 DA CLT (incorporada a Orientação Jurisprudencial nº 163 da SBDI-1) – Res. 129/2005, *DJ* 20, 22 e 25.04.2005
>
> I – As cláusulas regulamentares, que revoguem ou alterem vantagens deferidas anteriormente, só atingirão os trabalhadores admitidos após

34. Comentário Contextual à Constituição. São Paulo: Malheiros, 2006, pág. 133
35. Princípios de direito do Trabalho na Lei e na Jurisprudência. 2ª Edição. São Paulo: LTr, 1997, p. 85

> a revogação ou alteração do regulamento. (ex-Súmula nº 51 – RA 41/1973, *DJ* 14.06.1973)
>
> II – Havendo a coexistência de dois regulamentos da empresa, a opção do empregado por um deles tem efeito jurídico de renúncia às regras do sistema do outro. (ex-OJ nº 163 da SBDI-1 – inserida em 26.03.1999)"
>
> **Súmula 288:** "COMPLEMENTAÇÃO DOS PROVENTOS DA APOSENTADORIA (mantida) – Res. 121/2003, *DJ* 19, 20 e 21.11.2003
>
> A complementação dos proventos da aposentadoria é regida pelas normas em vigor na data da admissão do empregado, observando-se as alterações posteriores desde que mais favoráveis ao beneficiário do direito".

Diante das referidas súmulas, constata-se que o Tribunal Superior do Trabalho consagrou o princípio da condição mais benéfica. Quanto ao regulamento da empresa (Súmula 51, II, do TST), a opção do trabalhador pelo novo regulamento deve ser espontânea, e não lhe trazer prejuízos diretos ou indiretos (art. 468, da CLT).

Recentemente o Tribunal Superior do Trabalho, apreciando o Incidente de Recurso Repetitivo n. 11 do fixou entendimento de que o empregador se obriga a observar os requisitos disciplinados em regulamento empresarial para a dispensa de empregados, sob consequência de nulidade da dispensa, conforme se infere da seguinte ementa:

> "INCIDENTE DE RECURSO REPETITIVO Nº 11. POLÍTICA DE ORIENTAÇÃO PARA MELHORIA. WALMART. DISPENSA. LIMITES FIXADOS PELA EMPREGADORA. ABRANGÊNCIA E VINCULAÇÃO. REGULAMENTO EMPRESARIAL COM NATUREZA JURÍDICA DE CLÁUSULA CONTRATUAL. INCORPORAÇÃO AO CONTRATO DE TRABALHO COMO CONDIÇÃO MAIS BENÉFICA (ARTS. 7º, *CAPUT*, DA CF E 444 E 468 DA CLT E SÚMULA Nº 51, ITEM I, DO TST). DESCUMPRIMENTO. OFENSA AO DIREITO ADQUIRIDO (ART. 5º, INCISO XXXVI, DA CF), AO DEVER DE BOA-FÉ (ARTS. 113 E 422 DO CÓDIGO CIVIL E 3º, INCISO I, DA CF), AO PRINCÍPIO DA PROTEÇÃO DA CONFIANÇA OU DA CONFIANÇA LEGÍTIMA (ART. 5º, INCISO XXXVI, DA CF) E AOS PRINCÍPIOS DA ISONOMIA E DA NÃO DISCRIMINAÇÃO (ARTS. 3º, INCISOS I E IV, E 5º, *CAPUT*, DA CF, 3º, PARÁGRAFO ÚNICO, DA CLT E CONVENÇÃO Nº 111 DA OIT). NULIDADE DA DESPEDIDA. REINTEGRAÇÃO E

PAGAMENTO DE SALÁRIOS E DEMAIS VANTAGENS DO PERÍODO DE AFASTAMENTO. Discute-se, no caso, se o Programa denominado 'Política de Orientação para Melhoria', instituído pela WMS Supermercados do Brasil Ltda., abrange todas as hipóteses de dispensa e quais os efeitos decorrentes da não observância dos procedimentos nele previstos. Fixam-se, com força obrigatória (artigos 896-C da CLT, 927, inciso III, do CPC e 3º, inciso XXIII, da Instrução Normativa nº 39/2015 do TST), as seguintes teses jurídicas: '1) A Política de Orientação para Melhoria, com vigência de 16/08/2006 a 28/06/2012, instituída pela empresa por regulamento interno, é aplicável a toda e qualquer dispensa, com ou sem justa causa, e a todos os empregados, independente do nível hierárquico, inclusive os que laboram em período de experiência, e os procedimentos prévios para a sua dispensa variam a depender da causa justificadora da deflagração do respectivo processo, tal como previsto em suas cláusulas, sendo que a prova da ocorrência do motivo determinante ensejador da ruptura contratual e do integral cumprimento dessa norma interna, em caso de controvérsia, constituem ônus da empregadora, nos termos dos artigos 818, inciso II, da CLT e 373, inciso II, do CPC; 2) Os procedimentos previstos na norma regulamentar com vigência de 16/08/2006 a 28/06/2012 devem ser cumpridos em todas as hipóteses de dispensa com ou sem justa causa e apenas em casos excepcionais (de prática de conduta não abrangida por aquelas arroladas no item IV do programa, que implique quebra de fidúcia nele não descritas que gerem a impossibilidade total de manutenção do vínculo, ou de dispensa por motivos diversos, que não relacionados à conduta do empregado – fatores técnicos, econômicos ou financeiros) é que poderá ser superada. Nessas situações excepcionais, caberá à empresa o ônus de provar a existência da real justificativa para o desligamento do empregado sem a observância das diferentes fases do Processo de Orientação para Melhoria e a submissão da questão ao exame dos setores e órgãos competentes e indicados pela norma, inclusive sua Diretoria, para decisão final e específica a esse respeito, nos termos do item IV.10 do programa; 3) Esse programa, unilateralmente instituído pela empregadora, constitui regulamento empresarial com natureza jurídica de cláusula contratual, que adere em definitivo ao contrato de trabalho dos empregados admitidos antes ou durante o seu período de vigência, por se tratar de condição mais benéfica que se incorpora ao seu patrimônio jurídico, nos termos e para os efeitos dos artigos 7º, *caput*, da CF e 444 e 468 da CLT e da Súmula nº 51, item I, do Tribunal Superior do Trabalho e, portanto, não pode ser alterada *in pejus*, suprimida ou descumprida; 4) A inobservância dos procedimentos previstos no referido regulamento interno da empresa viola o direito fundamental do empregado ao direito adquirido (artigo 5º, inciso XXXVI, da CF), o dever de boa-fé objetiva (artigos 113 e 422 do Código Civil e 3º, inciso I, da Constituição Federal), o princípio da proteção da confiança ou da confiança legítima (artigo 5º, inciso XXXVI, da Constituição Federal) e os princípios da isonomia e da não discriminação (artigos 3º, incisos I e IV, e 5º, *caput*, da Lei Maior e 3º, parágrafo único, da CLT e Convenção nº 111 da Organização Internacional do Trabalho); 5) O descumprimento da Política de Orientação para Melhoria pela empregadora que a instituiu, ao dispensar qualquer de seus empregados sem a completa observância dos procedimentos e requisitos nela previstos, tem como efeitos a declaração de nulidade da sua dispensa e, por conseguinte, seu direito à reintegração ao serviço, na mesma função e com o pagamento dos salários e demais vantagens correspondentes (inclusive com aplicação do disposto no artigo 471 da CLT) como se na ativa estivesse, desde a data da sua dispensa até sua efetiva reintegração (artigos 7º, inciso I, da Constituição Federal e 468 da CLT e Súmula nº 77 do TST); 6) A Política Corporativa, com vigência de 29/06/2012 a 13/11/2014, instituída pela empresa por regulamento interno, não alcança os pactos laborais daqueles trabalhadores admitidos na empresa anteriormente à sua entrada em vigor, ou seja, até 28/06/2012, cujos contratos continuam regidos pela Política de Orientação para Melhoria precedente, que vigorou de 16/08/2006 a 28/06/2012 e que se incorporou ao seu patrimônio jurídico; 7) Esse novo programa, unilateralmente instituído pela empregadora em 29/06/2012, também constitui regulamento empresarial com natureza jurídica de cláusula contratual, que adere em definitivo ao contrato de trabalho dos empregados admitidos durante o seu período de vigência, de 29/06/2012 a 13/11/2014, por se tratar de condição mais benéfica que se incorpora ao seu patrimônio jurídico, nos termos e para os efeitos dos artigos 7º, *caput*, da CF e 444 e 468 da CLT e da Súmula nº 51, item I, do Tribunal Superior do Trabalho e, portanto, não pode ser alterada *in pejus*, suprimida ou descumprida; 8) A facultatividade da aplicação do Programa prevista de forma expressa na referida Política Corporativa que vigorou de 29/06/2012 a 13/11/2014 para a parte dos empregados por ela alcançados por livre deliberação da empresa, sem nenhum critério prévio, claro, objetivo, fundamentado e legítimo que justifique o discrímen, constitui ilícita e coibida condição puramente potestativa, nos termos do artigo 122 do Código Civil, e viola os princípios da isonomia e da não discriminação (artigos 3º, incisos I e IV, e 5º, *caput*, da Lei Maior e 3º, parágrafo único, da CLT e Convenção nº 111 da Organização Internacional do Trabalho); 9) O descumprimento da Política Corporativa que vigorou de 29/06/2012 a 13/11/2014 pela empregadora que a instituiu, ao dispensar qualquer de seus empregados por ela alcançados sem a completa observância dos procedimentos e requisitos nela previstos, tem como efeitos a declaração de nulidade da sua dispensa e, por conseguinte, seu direito à reintegração ao serviço, na mesma função e com o pagamento dos salários e demais vantagens correspondentes (inclusive com aplicação do disposto no artigo 471 da CLT) como se na ativa estivesse, desde a data da sua dispensa até sua efetiva reintegração (artigos 7º, inciso I, da Constituição Federal e 468 da CLT e Súmula nº 77 do TST); 10) Os acordos coletivos de trabalho firmados por alguns entes sindicais com a empregadora no âmbito de sua representação em decorrência da mediação promovida pela Vice-Presidência do Tribunal Superior do Trabalho em 05/02/2020 não resolvem nem tornam prejudicado o objeto deste incidente, sobretudo em virtude da limitação temporal, territorial e subjetiva inerente às referidas normas coletivas, cuja aplicabilidade, portanto, deve ser aferida pelo Juízo da causa para cada caso concreto submetido à sua jurisdição, inclusive para a aferição dos requisitos de validade e da amplitude dos efeitos da respectiva norma coletiva. Ainda, à vista dos termos do artigo 927, § 3º, do CPC, aplicável ao Processo do Trabalho (artigo 769 da CLT c/c artigo 3º, inciso XXIII, da Instrução Normativa nº 39/2015 do TST), como não se está revisando ou alterando a jurisprudência anteriormente já pacificada pelo Tribunal Superior do Trabalho, não cabe proceder à modulação dos efeitos desta decisão. PROCESSO AFETADO Nº TST-RR-872-26.2012.5.04.0012. RECURSO DE REVISTA. POLÍTICA DE ORIENTAÇÃO PARA MELHORIA. WALMART. REGULAMENTO INTERNO. DISPENSA. NULIDADE. LIMITES FIXADOS PELA EMPREGADORA. VINCULAÇÃO. DIREITO ADQUIRIDO. REINTEGRAÇÃO. O Tribunal Regional, ao adotar a tese de que a Política de Orientação para Melhoria não instituiu procedimentos específicos e obrigatórios a serem observados para a deflagração das dispensas de seus empregados, dispensando, portanto, as rescisões contratuais da observância de tais procedimentos, contrariou o precedente de observância obrigatória, ora firmado neste julgamento de incidente de recursos repetitivos (IRR-872-26.2012.5.04.0012). Encontra-se igualmente na contramão da tese firmada neste precedente obrigatório o entendimento sufragado pelo Colegiado de origem de que competia ao reclamante o ônus de provar a causa justificadora de sua dispensa bem como a inexistência da decisão por parte da direção da empregadora a que alude a exceção do 'item IV.10' do referido programa, pois tais ônus competem indiscutivelmente à empregadora. Além disso, contando o reclamante com mais de 16 anos no emprego, impunha-se, além da passagem pelas fases do programa, a autorização da presidência para a dispensa, conforme item XI da referida norma interna, cujo ônus da prova de sua existência também é da empregadora e do qual ela não se desincumbiu. Sublinha-se, por oportuno, que a eventual aplicabilidade e validade de acordo coletivo de trabalho firmado entre o ente sindical representativo da categoria do reclamante e sua ex-empregadora não foi objeto de prequestionamento pelo Tribunal Regional, cumprindo registrar que, tratando-se de recurso de natureza extraordinária, o conhecimento da matéria está jungido ao preenchimento dos requisitos extrínsecos e intrínsecos de admissibilidade do recurso de revista. Recurso de revista conhecido e provido" (IRR-872-26.2012.5.04.0012, Subseção I Especializada em Dissídios Individuais, Relator Ministro Jose Roberto Freire Pimenta, *DEJT* 21/10/2022).

4.2. Irrenunciabilidade de direitos

Diante da característica protetiva do direito do trabalho, da hipossuficiência do trabalhador, e do estado de subordinação próprio da relação de emprego, não há possibilidade de o empregado abrir mão de direitos previstos na legislação, ou nas demais fontes do direito trabalhista. Por exceção, quando houver autorização legal, ou o trabalhador puder manifestar livremente sua vontade ou estiver diante de um órgão imparcial, se admite a renúncia.

4.2.1. Da renúncia e transação no Direito do Trabalho

Na precisa definição de *Dorval Lacerda*[36], renúncia, no Direito do Trabalho, corresponde ao ato voluntário do empregado (ou do empregador), pelo qual desiste de um direito a ele assegurado pelas fontes criadoras de direitos dentro dos limites de atuação.

36. In: Instituições de Direito do Trabalho. 12ª ed. São Paulo: LTr, 1995, p. 314.

Maurício Godinho Delgado nos ensina que a "renúncia é ato unilateral da parte, através do qual ela se desfaz de um direito de que é titular, sem correspondente concessão pela parte beneficiada pela renúncia"[37].

De nossa parte, a renúncia é um ato unilateral pelo qual o titular de um direito dele abdica de forma definitiva.

No Direito do Trabalho, há o princípio da irrenunciabilidade de direitos, que impede que o empregado abra mão de um direito assegurado nas fontes normativas. Somente por exceção admite-se a renúncia de direitos trabalhistas por parte do empregado.

Pertencendo ao Direito Privado e contando com uma elevada gama de normas de ordem pública e ainda se considerando o estado de subordinação a que está sujeito o empregado, os direitos trabalhistas, durante a vigência do contrato de trabalho, são irrenunciáveis, como regra geral. Entretanto, uma vez cessados o vínculo de emprego e o consequente estado de subordinação, o empregado pode renunciar e transacionar direitos, máxime estando na presença de um órgão imparcial, como o sindicato ou a Justiça do Trabalho. Alguns direitos na esfera trabalhista são indisponíveis, como os direitos da personalidade do trabalhador, difusos, coletivos e também os relacionados com as normas que se referem à medicina, segurança e ao meio ambiente do trabalho.

Nos vários estágios do contrato de trabalho a renúncia é avaliada de forma diversa: a) antes do início do contrato: não se admite a renúncia antecipada de direitos, pois há presunção de que o empregado se sinta coagido a abrir mão de garantias trabalhistas a fim de não perder a contratação; b) durante o contrato: somente quando a lei admitir ou não que houve prejuízo (arts. 9º, 444 e 468, 543, § 1º, ambos da CLT); c) após a extinção do contrato de trabalho: admite-se a renúncia com maior flexibilidade, máxime quando o trabalhador estiver diante de um órgão imparcial, desde que não haja prejuízo ao empregado e este receba outro direito em troca da renúncia. Vale dizer: admite-se, na verdade, a transação.

Transação é o negócio jurídico pelo qual as partes, mediante concessões recíprocas, põem fim a uma relação jurídica duvidosa, ou previnem a ocorrência do litígio. A transação pode ser judicial ou extrajudicial. É importante destacar que a transação provém das próprias partes, ou seja,

37. Princípios de Direito Individual e Coletivo do Trabalho. São Paulo: LTr, 2001, p. 49.

elas próprias, sem a interferência do conciliador ou do magistrado, chegam a uma solução consensual do conflito.

A doutrina tem diferenciado a conciliação da transação, pela abrangência e pela participação do conciliador ou magistrado na solução do conflito.

A conciliação se assemelha à transação, mas apresenta suas peculiaridades, pois a conciliação é obtida em juízo, com a presença do juiz ou do conciliador que participa, ativamente, das tratativas, inclusive fazendo propostas para solução do conflito. A conciliação pode implicar renúncia ao direito ou reconhecimento do pedido.

Dizia *Carnelutti* que a conciliação é uma sentença dada pelas partes e a sentença é uma conciliação imposta pelo juiz.

Somente são passíveis de conciliação os direitos patrimoniais disponíveis.

Deve ser salientado que o fato de existirem normas de ordem pública no Direito do Trabalho (arts. 9º, 444 e 468, todos da CLT) não significa dizer que os direitos trabalhistas são indisponíveis.

Nesse diapasão, oportunas as palavras de *Américo Plá Rodriguez*[38]:

> "No campo do Direito do Trabalho, surge, pois, uma distinção essencial e de suma importância: nele existem normas imperativas que não excluem a vontade privada, mas a cercam de garantias para assegurar sua livre formação e manifestação, valorizando-a como a expressão da própria personalidade humana. Ressalte-se que o Direito do Trabalho não é, no fundo, um direito obrigacional. Antes de mais nada, é direito entre pessoas, distinguindo-se não obstante do direito de família pelo grau de intensidade das relações pessoais, bem como pelo caráter temporário e precariedade dos laços pessoais. Um direito que em sua essência disciplina a conduta humana em função criadora de valores, que é a expressão da responsabilidade social e da colaboração para um fim comum, não pode excluir de seu campo a manifestação da vontade privada, mas, pelo contrário, deve traçar-lhes limites que permitam o cumprimento de sua missão".

Alguns direitos na esfera trabalhista são indisponíveis, como os direitos da personalidade do trabalhador, difusos, coletivos e também os relacionados com as normas que se referem à medicina, segurança e ao meio ambiente do trabalho.

---

38. Princípios do Direito do Trabalho. 3ª Edição. São Paulo: LTr, 2015, p. 118.

Sem dúvida, a conciliação é a melhor forma de resolução do conflito trabalhista, pois é solução oriunda das próprias partes que sabem a real dimensão do conflito, suas necessidades e possibilidades para melhor solução. Muitas vezes, a sentença desagrada uma das partes e até mesmo as duas partes.

Cabe ao Juiz do Trabalho apreciar livremente a renúncia, a transação e a conciliação, e ele pode deixar de homologá-la se for prejudicial ao empregado ou tiver intuito de fraudar a lei.

Nesse sentido dispõe a Súmula 418 do Tribunal Superior do Trabalho, *in verbis*:

> "MANDADO DE SEGURANÇA VISANDO À HOMOLOGAÇÃO DE ACORDO (nova redação em decorrência do CPC de 2015)
>
> A homologação de acordo constitui faculdade do juiz, inexistindo direito líquido e certo tutelável pela via do mandado de segurança".

A jurisprudência trabalhista não tem admitido a transação de direitos trabalhistas e a consequente de obrigações trabalhistas quando o empregado adere a um Plano de Demissão Voluntária, sendo a verba paga a tal título apenas um incentivo para o trabalhador se desligar dos quadros da empresa.

Nesse sentido, a Orientação Jurisprudencial n. 270, da SDI I, do C. TST, *in verbis*:

> "PROGRAMA DE INCENTIVO À DEMISSÃO VOLUNTÁRIA TRANSAÇÃO EXTRAJUDICIAL. PARCELAS ORIUNDAS DO EXTINTO CONTRATO DE TRABALHO. EFEITOS. Inserida em 27.09.02.
>
> A transação extrajudicial que importa rescisão do contrato de trabalho ante a adesão do empregado a plano de demissão voluntária implica quitação exclusivamente das parcelas e valores constantes do recibo".

4.3. Continuidade

O Direito do Trabalho se preocupa não só com o presente, mas também com o futuro do trabalhador. Por essa razão, há grande interesse social de que a relação de emprego dure o máximo de tempo, a fim de que o trabalhador possa ter garantidas a sua fonte de renda e a melhoria de sua condição social.

O princípio da continuidade faz com que a relação de emprego sobreviva aos períodos de suspensão e interrupção do contrato de trabalho e constitui presunção favorável ao trabalhador, havendo dúvida sobre a contratação por prazo determinado ou sobre a iniciativa da rescisão contratual. Também por esse princípio, a contratação por prazo determinado somente é possível quando autorizada pela legislação.

A jurisprudência do Tribunal Superior do Trabalho consagrou o presente princípio na Súmula 212, que assim dispõe:

> "DESPEDIMENTO. ÔNUS DA PROVA (mantida) – Res. 121/2003, *DJ* 19, 20 e 21.11.2003
>
> O ônus de provar o término do contrato de trabalho, quando negados a prestação de serviço e o despedimento, é do empregador, pois o princípio da continuidade da relação de emprego constitui presunção favorável ao empregado".

4.4. Primazia da realidade

Na feliz definição do jurista mexicano *Mário de La Cueva*[39], o contrato de trabalho é *um contrato-realidade*, pois surge tendo em vista o modo de prestação de serviços.

Trata-se de princípio próprio do direito do trabalho que tem aplicação significativa no contrato de trabalho, em que prevalece a realidade da prestação de serviços em detrimento do que foi pactuado por escrito pelas partes.

O presente princípio também se encaixa como uma luva no processo do trabalho, em que o Juiz do Trabalho está autorizado por lei (artigo 765 da CLT) a buscar a verdade dos fatos. Dizia *Carnelutti* que prestigiar a realidade é prestar um tributo à verdade.

Conforme Arnaldo Süssekind[40], "a relação objetiva evidenciada pelos fatos define a verdadeira relação jurídica estipulada pelos contratantes, ainda que sob capa simulada não correspondente à realidade".

Adverte Homero Batista Mateus da Silva[41] que, "graças ao princípio da primazia da realidade, no Direito do Trabalho se preconiza que a forma

39. Derecho del Trabajo Mexicano. México: Porrua Hermanos, vol. I, p. 393.
40. Instituições de Direito do Trabalho. 22ª Edição. São Paulo: LTr, 2005, p. 145.
41. Direito do Trabalho Aplicado. Volume 1. São Paulo: RT, 2021, p. 238.

– documentos, anotações, murais, nomenclaturas – nunca poderá se sobrepor ao conteúdo – cotidiano, expectativas, costumes, condições mais favoráveis etc.".

No aspecto, relevante destacar a Súmula 12 do Tribunal Superior do Trabalho, *in verbis*:

> "As anotações apostas pelo empregador na carteira profissional do empregado não geram presunção 'juris et de jure', mas apenas 'juris tantum'".

4.5. Boa-fé

O presente princípio, embora inserido como princípio do Direito do Trabalho pela doutrina, não é exclusivo deste; ele se aplica também a todas as esferas jurídicas. No entanto, na esfera trabalhista, ele se exterioriza de forma bastante intensa considerando a relação pessoal do empregado em face de seu empregador, bem como as peculiaridades dos direitos e obrigações inerentes ao contrato de trabalho

Conforme nos adverte *Ernesto Eduardo Borba*, citado por Américo Plá Rodriguez[42], a boa-fé não é uma norma – nem se reduz a uma ou mais obrigações –, mas é um princípio jurídico fundamental, isto é, algo que devemos admitir como premissa de todo o ordenamento jurídico. Informa sua totalidade e a aflora de maneira expressa em múltiplas e diferentes normas, ainda que nem sempre se menciona de forma explícita.

Leonel Maschietto[43] nos define o conceito de boa-fé:

> "Conceituar-se boa-fé não se faz por tarefa fácil, principalmente por se tratar de questão do ramo metafísico, cuja existência varia de acordo com os juízos de valor de cada comunidade jurídica. Na definição de Aurélio Buarque de Holanda Ferreira, a boa-fé nada mais é do que a certeza de agir com amparo da lei, ou sem ofensa a ela, com ausência de intenção. É a ausência de intenção dolosa. É sinceridade, lisura".

42. Princípios de Direito do Trabalho. 3ª Edição. São Paulo: LTr, 2015, p. 420.
43. *A litigância de má-fé na Justiça do Trabalho:* princípios, evolução histórica, preceitos legais e análise da responsabilização do advogado. São Paulo: LTr, 2007. p. 19-20.

A boa-fé é um princípio geral de Direito, aplicável principalmente na esfera do Direito Material do Trabalho, mas também se destaca na esfera do direito processual do trabalho, considerando-se o caráter publicista da relação jurídica processual trabalhista e também do prestígio do processo do trabalho na sociedade capitalista moderna como um meio confiável e ético de resolução dos conflitos trabalhistas.

O Código Civil brasileiro disciplina a boa-fé como princípio fundamental dos contratos. Com efeito, dispõe o art. 422 do CC:

> "Os contratantes são obrigados a guardar, assim na conclusão do contrato, como em sua execução, os princípios de probidade e boa-fé."

Ficou expressamente normatizado o princípio da boa-fé objetiva. No aspecto, ensina *Maria Helena Diniz*[44]:

> "A boa-fé subjetiva é atinente ao fato de se desconhecer algum vício do negócio jurídico. E a boa-fé objetiva, prevista no artigo *sub examine*, é alusiva a um padrão comportamental a ser seguido baseado na lealdade e na probidade (integridade de caráter), impedindo o exercício abusivo de direito por parte de um dos contratantes, no cumprimento não só da obrigação principal, mas também das acessórias, inclusive do dever de informar, de colaborar e de atuação diligente."

Na visão de *Judith Martins-Costa*[45], "a chamada boa-fé objetiva configura, diferentemente, uma norma jurídica. A expressão boa-fé objetiva (boa-fé normativa) designa não uma crença subjetiva, nem um estado de fato, mas aponta, concomitantemente a: (i) um instituto ou modelo jurídico (estrutura normativa alcançada pela agregação de duas ou mais normas; (ii) um *standard* ou modelo comportamental pelo qual os participantes do tráfico obrigacional devem ajustar o seu mútuo comportamento (*standard* direcionador de condutas, a ser seguido pelos que pactuam atos jurídicos, em especial os contratantes); e (iii) um princípio jurídico (norma de dever ser que aponta, imediatamente, a um 'estado ideal de coisas')."

Tanto empregado quanto empregador devem se pautar pela ética, honestidade e lealdade da execução do contrato de trabalho. A partir do momento

44. DINIZ, Maria Helena. *Código Civil anotado*. 11. ed. São Paulo: Saraiva, 2005. p. 406.
45. *A boa-fé no direito privado:* critérios para sua aplicação. 2. ed. São Paulo: Saraiva, 2018. p. 281-282.

que há a quebra da confiança entre as partes, o contrato de trabalho não poderá prosseguir.

4.6. Razoabilidade

Ensina Américo Plá Rodriguez[46] que o princípio da razoabilidade "consiste na afirmação essencial de que o ser humano, em suas relações trabalhistas, deve proceder conforme à razão."

Esse princípio é aplicável também no Direito Processual do Trabalho, principalmente no aspecto probatório, em que o juiz do trabalho, ao avaliar a prova dos autos, está de acordo com o que ordinariamente acontece, segundo os padrões médios da sociedade.

Os autores ainda citam outros princípios do direito do trabalho, como a dignidade da pessoa humana do trabalhador, não discriminação, melhoria da condição social do empregado, irredutibilidade salarial, despersonalização do empregador, não assunção dos riscos da atividade econômica pelo trabalhador, irredutibilidade salarial, entre outros, mas sempre destacando o princípio da proteção tutelar ao trabalhador.

46 Princípios de Direito do Trabalho. 3ª Edição. São Paulo: LTr, 2000, p. 393

CAPÍTULO III

FONTES DO DIREITO DO TRABALHO

1. CONCEITO DE FONTE DO DIREITO

Um dos significados da palavra fonte é o de princípio ou causa donde provêm efeitos[1].

Como bem adverte Maurício Godinho Delgado,[2] "o tema relativo às fontes do ordenamento jurídico é um dos mais nobres e fundamentais de todo o Direito. É tema nuclear da Filosofia Jurídica, na medida em que examina as causas e fundamentos remotos e emergentes do fenômeno jurídico. É tema central da Ciência do Direito, na medida em que estuda os meios pelos quais esse fenômeno exterioriza-se."

Há autores que distinguem as *fontes materiais* do direito, que são os próprios acontecimentos da vida e as condutas humanas, das *fontes formais*, que são as formas pelas quais o direito se exterioriza e se torna obrigatório. No entanto, como bem adverte Maria Helena Diniz[3], "o jurista deve ater-se tanto às fontes materiais como às formais, preconizando a supressão da distinção, preferindo falar em fonte *formal material*, já que toda fonte formal contém, de modo implícito, uma valoração, que só pode ser compreendida como fonte do direito no sentido de fonte material. Além disso, a fonte

---

1. ARRUDA ALVIM. *Manual de direito processual*. v. 1, 9. ed. São Paulo: RT, 2005. p. 120.
2. Curso de Direito do Trabalho. 19ª ed. São Paulo: Ltr, 165.
3. Curso de Direito Civil. 1º Vol: Teoria Geral do Direito Civil. 20ª ed. São Paulo: Saraiva, 2003, p. 21.

material aponta a origem do direito, configurando a sua gênese, daí ser fonte de produção, aludindo a fatores éticos, sociológicos, históricos, políticos etc., que produzem o direito e condicionam seu desenvolvimento. A fonte formal lhe dá forma, demonstrando quais os meios empregados pelo jurista para conhecer o direito, ao indicar os documentos que revelam o direito vigente, possibilitando sua aplicação a casos concretos, apresentando-se, portanto, como fonte de cognição."

Quando nos referimos às fontes do Direito do Trabalho, estamos falando sobre as normas que estruturam e regem o Direito do Trabalho, bem como o meio pelo qual o direito trabalhista se exterioriza, vale dizer: mostra-se para o ordenamento jurídico.

2. DO PLURALISMO JURÍDICO DO DIREITO DO TRABALHO

É comum a doutrina se referir à expressão *pluralismo* no Direito do Trabalho, uma vez que este é constituído e disciplinado por múltiplas espécies normativas, tanto de origem estatal como particular, e também oriundas de outros países.

Como nos traz Amauri Mascaro Nascimento[4], "o pluralismo jurídico sustenta a diversificação de processos de formação do direito, entendendo-se por pluralismo jurídico a teoria da origem estatal e não estatal do direito positivo. O direito positivo, segundo o pluralismo, revela-se multiforme. Existem normas jurídicas criadas pelo Estado e também por outros grupos sociais, como a Igreja, as corporações profissionais, o grupo econômico etc. A lei estatal não encerra todo o direito positivo, de tal modo que o grupo social particular da origem a uma ordem jurídica própria, total ou parcialmente desvinculada do Estado e, em alguns casos, até mesmo contrária à ordem jurídica estatal."

Há normas positivadas pela lei, pela jurisprudência, pelo costume, e normas que podem não estar positivadas, como os costumes.

Também, na esfera trabalhista, há normas de natureza estatal (heterônomas), a exemplo da lei e da jurisprudência, e normas particulares (autônomas), a exemplo do regulamento empresarial, contrato de trabalho, e normas coletivas (acordos e convenções coletivas de trabalho).

4. Curso de Direito do Trabalho. 29ª ed. São Paulo: Saraiva, 2014, p. 393.

O artigo 8º da CLT dispõe, em rol exemplificativo, as fontes do Direito do Trabalho:

> "As autoridades administrativas e a Justiça do Trabalho, na falta de disposições legais ou contratuais, decidirão, conforme o caso, pela jurisprudência, por analogia, por equidade e outros princípios e normas gerais de direito, principalmente do direito do trabalho, e, ainda, de acordo com os usos e costumes, o direito comparado, mas sempre de maneira que nenhum interesse de classe ou particular prevaleça sobre o interesse público. **§ 1º** O direito comum será fonte subsidiária do direito do trabalho. (Redação dada pela Lei nº 13.467, de 2017.) **§ 2º** Súmulas e outros enunciados de jurisprudência editados pelo Tribunal Superior do Trabalho e pelos Tribunais Regionais do Trabalho não poderão restringir direitos legalmente previstos nem criar obrigações que não estejam previstas em lei. (Incluído pela Lei nº 13.467, de 2017.) **§ 3º** No exame de convenção coletiva ou acordo coletivo de trabalho, a Justiça do Trabalho analisará exclusivamente a conformidade dos elementos essenciais do negócio jurídico, respeitado o disposto no art. 104 da Lei nº 10.406, de 10 de janeiro de 2002 (Código Civil), e balizará sua atuação pelo princípio da intervenção mínima na autonomia da vontade coletiva. (Incluído pela Lei nº 13.467, de 2017.

3. DAS ESPÉCIES NORMATIVAS NO DIREITO DO TRABALHO

3.1. Constituição Federal

Ensina-nos José Afonso da Silva[5] que "a Constituição do Estado, considerada sua lei fundamental, seria, então, a organização dos seus elementos essenciais: um sistema de normas jurídicas, escritas ou costumeiras, que regula a forma do Estado, a forma de seu governo, o modo de aquisição e o exercício do seu poder, o estabelecimento de seus órgãos, os limites de sua ação; os direitos fundamentais do homem e as respectivas garantias. Em síntese, a constituição é o conjunto de normas que organizam os elementos constitutivos do Estado."

---

5. Curso de Direito Constitucional Positivo. 43ª ed. São Paulo: Malheiros, Juspodivm, 2020, p. 39.

É a Constituição Federal a norma fundamental do Direito do Trabalho, consagrando os direitos trabalhistas fundamentais, a organização sindical e os limites da negociação coletiva (artigos, 6º, 7º, 8º, 9º, 10, 11 e 170 da CF).

3.2. Leis trabalhistas

Lei é uma norma estatal, elaborada mediante processo legislativo previsto na Constituição Federal, de observância geral.

Em países de Constituição rígida, como o caso do Brasil, a lei é a norma estatal mais importante do país após as normas constitucionais.

Como nos adverte Maria Helena Diniz[6], a legislação, ou melhor, a atividade legiferante, é tida como a fonte principal do direito, a fonte jurídica por excelência.

A Consolidação das Leis do Trabalho e as leis trabalhistas extravagantes são as leis ordinárias que disciplinam os direitos e deveres de natureza trabalhista.

Há leis não trabalhistas que servem para suprir as lacunas da legislação trabalhista, como o Código Civil, o Código de Defesa do Consumidor (Lei 8.078/90), entre outras.

3.3. Medidas provisórias

As medidas provisórias estão previstas no art. 62 da CF, que assim dispõe:

> "Em caso de relevância e urgência, o Presidente da República poderá adotar medidas provisórias, com força de lei, devendo submetê-las de imediato ao Congresso Nacional. (Redação dada pela Emenda Constitucional nº 32, de 2001.) § 1º É vedada a edição de medidas provisórias sobre matéria: (Incluído pela Emenda Constitucional nº 32, de 2001.) I – relativa a: (Incluído pela Emenda Constitucional nº 32, de 2001.) a) nacionalidade, cidadania, direitos políticos, partidos políticos e direito eleitoral; (Incluído pela Emenda Constitucional nº 32, de 2001.) b) direito penal, processual penal e processual civil; (Incluído pela Emenda Constitucional nº 32, de 2001.) c) organização do Poder Judiciário e do Ministério Público, a carreira e a garantia de seus membros; (Incluído pela Emenda Constitucional nº 32, de 2001.) d) planos plurianuais, diretrizes orçamentárias, orçamento e créditos

6. Compêndio de Introdução à Ciência do Direito. 18ª ed. São Paulo: Saraiva, 2007, p. 288.

adicionais e suplementares, ressalvado o previsto no art. 167, § 3º; (Incluído pela Emenda Constitucional nº 32, de 2001.) II – que vise a detenção ou sequestro de bens, de poupança popular ou qualquer outro ativo financeiro; (Incluído pela Emenda Constitucional nº 32, de 2001.) III – reservada a lei complementar; (Incluído pela Emenda Constitucional nº 32, de 2001.) IV – já disciplinada em projeto de lei aprovado pelo Congresso Nacional e pendente de sanção ou veto do Presidente da República. (Incluído pela Emenda Constitucional nº 32, de 2001.) § 2º Medida provisória que implique instituição ou majoração de impostos, exceto os previstos nos arts. 153, I, II, IV, V, e 154, II, só produzirá efeitos no exercício financeiro seguinte se houver sido convertida em lei até o último dia daquele em que foi editada. (Incluído pela Emenda Constitucional nº 32, de 2001.) § 3º As medidas provisórias, ressalvado o disposto nos §§ 11 e 12 perderão eficácia, desde a edição, se não forem convertidas em lei no prazo de sessenta dias, prorrogável, nos termos do § 7º, uma vez por igual período, devendo o Congresso Nacional disciplinar, por decreto legislativo, as relações jurídicas delas decorrentes. (Incluído pela Emenda Constitucional nº 32, de 200.1) § 4º O prazo a que se refere o § 3º contar-se-á da publicação da medida provisória, suspendendo-se durante os períodos de recesso do Congresso Nacional. (Incluído pela Emenda Constitucional nº 32, de 2001.) § 5º A deliberação de cada uma das Casas do Congresso Nacional sobre o mérito das medidas provisórias dependerá de juízo prévio sobre o atendimento de seus pressupostos constitucionais. (Incluído pela Emenda Constitucional nº 32, de 2001.) § 6º Se a medida provisória não for apreciada em até quarenta e cinco dias contados de sua publicação, entrará em regime de urgência, subsequentemente, em cada uma das Casas do Congresso Nacional, ficando sobrestadas, até que se ultime a votação, todas as demais deliberações legislativas da Casa em que estiver tramitando. (Incluído pela Emenda Constitucional nº 32, de 2001.) § 7º Prorrogar-se-á uma única vez por igual período a vigência de medida provisória que, no prazo de sessenta dias, contado de sua publicação, não tiver a sua votação encerrada nas duas Casas do Congresso Nacional. (Incluído pela Emenda Constitucional nº 32, de 2001.) § 8º As medidas provisórias terão sua votação iniciada na Câmara dos Deputados. (Incluído pela Emenda Constitucional nº 32, de 2001.) § 9º Caberá à comissão mista de Deputados e Senadores examinar as medidas provisórias e sobre elas emitir parecer, antes de serem apreciadas, em sessão separada, pelo plenário de cada uma das Casas do Congresso Nacional. (Incluído pela Emenda Constitucional nº 32, de 2001.) § 10. É vedada a reedição, na mesma sessão

> legislativa, de medida provisória que tenha sido rejeitada ou que tenha perdido sua eficácia por decurso de prazo. (Incluído pela Emenda Constitucional nº 32, de 2001.) § 11. Não editado o decreto legislativo a que se refere o § 3º até sessenta dias após a rejeição ou perda de eficácia de medida provisória, as relações jurídicas constituídas e decorrentes de atos praticados durante sua vigência conservar-se-ão por ela regidas. (Incluído pela Emenda Constitucional nº 32, de 2001.) § 12. Aprovado projeto de lei de conversão alterando o texto original da medida provisória, esta manter-se-á integralmente em vigor até que seja sancionado ou vetado o projeto. (Incluído pela Emenda Constitucional nº 32, de 2001.)"

Medida Provisória é uma norma, de vigência temporária, editada pelo Presidente da República em casos de relevância e urgência.

O requisito da relevância é avaliado de forma discricionária pelo Chefe do Executivo, considerando-se as necessidades atuais do País.

Urgência é toda matéria que não pode apreciar o regular procedimento legislativo.

Conforme o Supremo Tribunal Federal, a Medida Provisória não revoga lei anterior, apenas suspende seus efeitos no ordenamento jurídico, em face do seu caráter transitório e precário. Assim, aprovada a medida provisória pela Câmara e pelo Senado, surge nova lei, a qual terá o efeito de revogar lei antecedente. Todavia, caso a medida provisória seja rejeitada (expressa ou tacitamente), a lei primeira vigente no ordenamento, e que estava suspensa, volta a ter eficácia (**ADI 5.709**, **ADI 5.716**, **ADI 5.717** e **ADI 5.727**, rel. min. Rosa Weber, j. 27-3-2019, P, *DJE* de 28-6-2019).

3.4. Costume

Trata-se de norma que surge espontaneamente na sociedade pela reiteração de determinado comportamento.

É constituído pelo uso reiterado de determinada conduta (elemento objetivo) e do elemento subjetivo que é convicção de sua obrigatoriedade.

Como leciona Maurício Godinho Delgado[7], por uso entende-se a prática habitual adotada no contexto de uma relação jurídica em especial, envolvendo as específicas partes componentes dessa relação e produzindo, em

7. Curso de Direito do Trabalho. 19ª ed. São Paulo: Ltr, 2020, p. 201.

consequência, efeitos exclusivamente no delimitado âmbito dessas mesmas partes. Por costume entende-se, em contrapartida, a prática habitual adotada no contexto mais amplo de certa empresa, categoria, região etc., firmando um modelo ou critério de conduta geral, impessoal, aplicável *ad futurum* a todos os trabalhadores integrados no mesmo tipo de contexto. Os costumes têm, assim, caráter inquestionável de atos-regras, isto é, normas jurídicas.

Segundo Carlos Maximiliano[8], "há três espécies de costumes, o *secundum legem*, previsto no texto escrito, que a ele se refere, ou manda observá-lo em certos casos, como Direito Subsidiário; *praeter legem*, que substitui a lei nos casos pela mesma deixados em silêncio; preenche as lacunas das normas positivas e serve também como elemento de interpretação; e o *contra legem*, que se forma em sentido contrário ao das disposições escritas."

Os costumes são considerados fontes da teoria geral do direito (art. 4º da LINDB) e também do direito do trabalho (art. 8º da CLT).

Tem grande importância o costume no Direito do Trabalho, considerando-se as grandes transformações da sociedade e das técnicas de produção.

Além disso, várias parcelas que são pagas ou condutas reiteradas de determinada região podem gerar direitos trabalhistas, como o salário *in natura* (artigo 458 da CLT), o intervalo do rural (Lei 5.889/73), entre outras.

No processo do trabalho, o costume também integra as normas jurídicas processuais trabalhistas, a exemplo da apresentação dos *protestos* para evitar preclusão de decisões que não podem ser recorridas de imediato, a juntada de carta de preposição para formalização da nomeação do preposto em audiência e a apresentação de contestação escrita etc.

3.5. Princípios

Como já estudado, os princípios são fonte do Direito do Trabalho, especialmente os princípios constitucionais, que norteiam a atividade do intérprete, servindo também para preenchimento de lacunas (art. 8º da CLT).

3.6. Jurisprudência

A jurisprudência compõe o conjunto de decisões dos Tribunais, englobando os Tribunais Superiores, os de 2º grau de jurisdição e também os

8. Hermenêutica e Aplicação do Direito. Rio de Janeiro: Forense, 2003, p. 156.

órgãos de 1º grau de jurisdição (Varas do Trabalho). Quando há reiteradas decisões num mesmo sentido, diz-se que há jurisprudência predominante sobre determinada matéria.

A jurisprudência uniforme dos Tribunais dá ensejo à edição de Súmulas, que constituem o resumo da interpretação pacífica de determinado Tribunal sobre uma matéria jurídica.

São muitas as Súmulas do Tribunal Superior do Trabalho disciplinando matéria trabalhista, principalmente sobre matérias que não estão regulamentadas pela legislação.

Como bem adverte Tércio Sampaio Ferraz Júnior[9]:

> "Se é verdade que o respeito à lei e a proibição da decisão *contra legem* constituem regras estruturais fortes do sistema, não podemos desconhecer, de um lado, a formação de interpretações uniformes e constantes que, se não inovam a lei, dão-lhe um sentido geral de orientação; é a chamada jurisprudência pacífica dos tribunais, que não obriga, mas de fato acaba por prevalecer".

A EC 45/04 criou a Súmula Vinculante que pode ser editada pelo Supremo Tribunal Federal, mediante procedimento disciplinado por lei (11.417/06).

Nesse sentido, dispõe o artigo 103-A da Constituição Federal:

> "O Supremo Tribunal Federal poderá, de ofício ou por provocação, mediante decisão de dois terços dos seus membros, após reiteradas decisões sobre matéria constitucional, aprovar súmula que, a partir de sua publicação na imprensa oficial, terá efeito vinculante em relação aos demais órgãos do Poder Judiciário e à Administração Pública direta e indireta, nas esferas federal, estadual e municipal, bem como proceder à sua revisão ou cancelamento, na forma estabelecida em lei. § 1º A súmula terá por objetivo a validade, a interpretação e a eficácia de normas determinadas, acerca das quais haja controvérsia atual entre órgãos judiciários ou entre esses e a Administração Pública que acarrete grave insegurança jurídica e relevante multiplicação de processos sobre questão idêntica. § 2º Sem prejuízo do que vier a ser estabelecido em lei, a aprovação, revisão ou cancelamento de súmula poderá ser provocada por aqueles que podem propor a Ação Direta

9. FERRAZ JÚNIOR, Tércio Sampaio. Introdução ao Estudo do Direito. 5ª Edição. São Paulo: Atlas, 2007, p. 245.

de Inconstitucionalidade. § 3º Do ato administrativo ou decisão judicial que contrariar a súmula aplicável ou que indevidamente a aplicar, caberá reclamação ao Supremo Tribunal Federal que, julgando-a procedente, anulará o ato administrativo ou cassará a decisão judicial reclamada, e determinará que outra seja proferida com ou sem a aplicação da súmula, conforme o caso".

Havendo Súmula Vinculante do Supremo Tribunal no âmbito de competência da Justiça do Trabalho, os órgãos da Justiça do Trabalho (Juízes do Trabalho, TRTs e TST) terão que observá-la. Portanto, as Súmulas Vinculantes, em matéria trabalhista, são fontes do Direito do Trabalho.

3.7. Precedente judicial

No sistema brasileiro, que segue a tradição da *civil law*, o direito é criado pela Lei, podendo os Tribunais, por meio de interpretação do ordenamento jurídico, diante de casos concretos, criar teses paradigmas que possam ser aplicadas em outros casos em que se discute a mesma questão. Por essa razao, pensamos que o Código de Processo Civil de 2015 buscou aperfeiçoar o sistema de criação da jurisprudência, com a racionalização da atividade jurisdicional, mas não trouxe, para o direito brasileiro, o sistema da *common law*.

Na tradição da *common law*, ao contrário do sistema brasileiro, o precedente judicial vai se sedimentando aos poucos, a partir do momento que as instâncias inferiores àquela que criou o precedente passam a segui-lo e admitir sua força vinculante. Além disso, os precedentes são feitos para decidir casos passados[10] e, incidentalmente, casos futuros. Na tradição brasileira e também no sistema do Código de Processo Civil de 2015, o precedente judicial extrai-se do julgamento proferido pelos Tribunais Superiores e terá força vinculante para as instâncias inferiores em casos futuros.

Segundo *Georges Abboud*[11], "no *common law*, o que confere essa dimensão de precedente à decisão do Tribunal Superior é sua aceitação pelas partes e pelas instâncias inferiores do Judiciário. Daí ele ser dotado de uma aura democrática, que o procedente à brasileira não possui, uma vez que os

10. *Vide* a propósito Lenio Luiz Streck. In: *Comentários à Constituição do Brasil*. São Paulo: Saraiva, 2013. p. 1.427.

11. Do genuíno precedente do *stare decisis* ao precedente brasileiro: os fatores histórico, hermenêutico e democrático que os diferenciam. In: *Precedentes*. Coord. Fredie Didier Júnior. Salvador: Juspodivm, 2015. p. 404-405.

provimentos vinculantes no NCPC já nascem dotados de efeito vinculante – independentemente da qualidade e da consistência da conclusão de suas decisões. Por consequência, no *common law* os Tribunais Superiores, quando decidem um *leading case*, não podem impor seu julgado determinando que ele se torne um precedente".

Como bem advertem *Nelson Nery Junior* e Rosa Maria de Andrade Nery[12]:

> "(...) o precedente, na *common law*, vai muito além da simplificação do julgamento que é normalmente enxergado pela doutrina nacional, de modo geral. O precedente, ali, não funciona como uma simples ferramenta de simplificação de julgamento; 'invoca-se o procedente porque se pretende que há nele uma analogia, substancialmente falando, que permite que o princípio que justifica o caso anterior cubra também o novo caso. Vai-se do particular ao geral e não do geral ao particular, como é típico do sistema anglo-americano e inverso do nosso. Mas a afirmação da analogia tem de sujeitar-se ao *distinguo*. Pode objetar-se que no novo caso há elementos relevantes que o subtraem à sorte jurídica do caso anterior' (José de Oliveira Ascenção. Fontes do direito no sistema do *common Law*. RDP 35-36-51). Portanto, há uma análise acurada do caso para que se verifique se é cabível a aplicação do mesmo princípio que norteou o julgamento do caso tomado como precedente, o que é bem diferente daquilo que se entende comumente por esse instituto no Brasil."

No mesmo sentido defende *Cássio Scarpinella Bueno*[13]:

> "Previsibilidade, isonomia e segurança jurídica – valores tão caros a quaisquer ordens jurídicas estáveis, como é o caso da brasileira, pouco importando de onde elas nasceram e se desenvolveram – devem ser metas a serem atingidas, inclusive pela atuação jurisdicional. No entanto, faço questão de frisar, há limites para o legislador *infraconstitucional* alcançar aquele desiderato. E, também insisto, fossem suficientes Súmulas dos Tribunais (a começar pelas do Tribunais Superiores) e, até mesmo, a técnica de julgamento de recursos extraordinários ou especiais repetitivas, e as experiências mais recentes, ainda sob a égide do CPC de 1973, teriam surtido efeitos bem melhores do que estatísticas sobre a redução de casos julgados perante

12. *Comentários ao Código de Processo Civil*. São Paulo: RT, 2015. p. 1.833.
13. *Manual de Direito Processual Civil*. São Paulo: Saraiva, 2015. p. 538-539.

> os Tribunais Superiores. Não consigo ver, portanto, nada no CPC de 2015 que autorize afirmativas genéricas, que vêm se mostrando comuns, no sentido de que o direito brasileiro migra em direção ao *common law* ou algo do gênero. Sinceramente, prezado leitor, não consigo concordar com esse entendimento. O que há, muito menos que isso, é uma aposta que o legislador infraconstitucional vem fazendo mais recentemente no sentido de que as decisões proferidas pelos Tribunais Superiores e aquelas proferidas pelos Tribunais de Justiça e pelos Regionais Federais forem observadas (acatadas) pelos demais órgãos jurisdicionais, haverá redução sensível do número de litígios e maior previsibilidade, maior segurança e tratamento isonômico a todos. É que os incisos do art. 927 bem demonstram. Nada mais do que isso."

Determina o Código de Processo Civil, no art. 926, que os Tribunais, ao editarem enunciados de súmulas, "devem ater-se às circunstâncias fáticas dos precedentes que motivaram sua criação".

Diante do referido dispositivo, destacam-se os seguintes pressupostos para a criação de enunciados de súmulas:

a) os Tribunais não podem criar súmulas para casos hipotéticos, ou seja, em tese. Tal somente é possível diante de julgamentos de casos concretos. Não se nega a possibilidade de criação do direito pela jurisprudência, mas esta deve refletir as teses discutidas em casos concretos;

b) as súmulas devem vir acompanhadas de seu histórico, com a referência aos julgamentos que lhes deram suporte, para que os destinatários e aplicadores possam conhecer seus motivos determinantes;

c) a publicidade da jurisprudência: nos termos do § 5º do art. 927 do CPC, os tribunais darão publicidade a seus precedentes, organizando-os por questão jurídica decidida e divulgando-os, preferencialmente, na rede mundial de computadores.

O precedente tradicional é composto por dois elementos, quais sejam:

a) ***ratio decidendi*:** é a razão de decidir, o argumento fundamental da decisão;

b) ***obter dictum*:** são os argumentos periféricos do julgamento, mas não a essência do julgamento.

No sistema tradicional de precedentes somente há vinculação da *ratio decidendi*. A *obter dictum* é utilizada apenas para dar maior persuasão ao que fora decidido.

Adaptados ao sistema brasileiro, os precedentes são fixados em súmulas ou teses firmadas em incidentes de resolução de demandas repetitivas.

Desse modo, são precedentes o que os Tribunais Superiores dizem por meio de teses fixadas em seus julgamentos de uniformização de jurisprudência.

Diante da sistemática do Código de Processo Civil de 2015, a doutrina e a jurisprudência trabalhista, por interpretação sistemática dos arts. 927[14] e 988 do CPC[15], têm distinguido os precedentes obrigatórios, também

---

14. Art. 927 do CPC: "Os juízes e os tribunais observarão: I - as decisões do Supremo Tribunal Federal em controle concentrado de constitucionalidade; II - os enunciados de súmula vinculante; III - os acórdãos em incidente de assunção de competência ou de resolução de demandas repetitivas e em julgamento de recursos extraordinário e especial repetitivos; IV - os enunciados das súmulas do Supremo Tribunal Federal em matéria constitucional e do Superior Tribunal de Justiça em matéria infraconstitucional; V - a orientação do plenário ou do órgão especial aos quais estiverem vinculados. § 1º Os juízes e os tribunais observarão o disposto no art. 10 e no art. 489, § 1º , quando decidirem com fundamento neste artigo. § 2º A alteração de tese jurídica adotada em enunciado de súmula ou em julgamento de casos repetitivos poderá ser precedida de audiências públicas e da participação de pessoas, órgãos ou entidades que possam contribuir para a rediscussão da tese. § 3º Na hipótese de alteração de jurisprudência dominante do Supremo Tribunal Federal e dos tribunais superiores ou daquela oriunda de julgamento de casos repetitivos, pode haver modulação dos efeitos da alteração no interesse social e no da segurança jurídica. § 4º A modificação de enunciado de súmula, de jurisprudência pacificada ou de tese adotada em julgamento de casos repetitivos observará a necessidade de fundamentação adequada e específica, considerando os princípios da segurança jurídica, da proteção da confiança e da isonomia. § 5º Os tribunais darão publicidade a seus precedentes, organizando-os por questão jurídica decidida e divulgando-os, preferencialmente, na rede mundial de computadores."
15. Art. 988 do CPC: "Caberá reclamação da parte interessada ou do Ministério Público para: I – preservar a competência do tribunal; II – garantir a autoridade das decisões do tribunal; III – garantir a observância de enunciado de súmula vinculante e de decisão do Supremo Tribunal Federal em controle concentrado de constitucionalidade; (Redação dada pela Lei nº 13.256, de 2016) IV – garantir a observância de acórdão proferido em julgamento de incidente de resolução de demandas repetitivas ou de incidente de assunção de competência; (Redação dada pela Lei nº 13.256, de 2016) § 1º A reclamação pode ser proposta perante qualquer tribunal, e seu julgamento compete ao órgão jurisdicional cuja competência se busca preservar ou cuja autoridade se pretenda garantir. § 2º A reclamação deverá ser instruída com prova documental e dirigida ao presidente do tribunal. § 3º Assim que recebida, a reclamação será autuada e distribuída ao relator do processo principal, sempre que possível. § 4º As hipóteses dos incisos III e IV compreendem a aplicação indevida da tese jurídica e sua não aplicação aos casos que a ela correspondam. § 5º É inadmissível a reclamação: (Redação dada pela Lei nº 13.256, de 2016) I – proposta após o trânsito em julgado da decisão reclamada; (Incluído pela Lei nº 13.256, de 2016) II – proposta para garantir a observância de acórdão de recurso extraordinário com repercussão geral reconhecida ou de acórdão proferido em julgamento de recursos extraordinário ou especial repetitivos, quando não esgotadas as instâncias ordinárias. (Incluído pela Lei nº 13.256, de 2016)

denominados vinculantes, e os precedentes persuasivos. Os obrigatórios têm grau maior de coercibilidade, pois propiciam o uso da reclamação para cassação imediata. Os precedentes que não desafiam impugnação imediata, apenas pela via recursal, são denominados precedentes persuasivos – vale dizer: não vinculantes. Desse modo, **serão obrigatórios** os seguintes precedentes:

a) enunciado de súmula vinculante do STF;

b) decisão fixada em controle concentrado de constitucionalidade do STF;

c) tese fixada em acórdão proferido em incidente de resolução de demandas repetitivas ou de incidente de assunção de competência, proferidos pelos Tribunais Regionais do Trabalho, Tribunal Superior do Trabalho e Supremo Tribunal Federal.

São **precedentes persuasivos:**

a) tese fixada em julgamento de recursos extraordinário e especial repetitivos;

b) tese fixada em acórdão proferido em recurso extraordinário com repercussão geral;

c) os enunciados das súmulas do Supremo Tribunal Federal em matéria constitucional e do Superior Tribunal de Justiça em matéria infraconstitucional;

d) a orientação do plenário ou do órgão especial aos quais os magistrados estiverem vinculados.

Relevante destacar que os precedentes devem ser criados e aplicados de forma ética, íntegra, e com boa-fé objetiva pelos Tribunais (arts. 5º e 6º do CPC). Desse modo, somente em casos idênticos, vale dizer: onde há os mesmos pressupostos fáticos, o precedente deve ser aplicado de forma obrigatória. Não há possibilidade de aplicação do precedente por analogia ou por interpretação extensiva. Além disso, deve ser observada a possibilidade de ser realizada a distinção pelo magistrado no caso concreto, onde as singularidades do conflito divergem da situação retratada no procedente, ou demonstrar a superação de entendimento firmado no precedente (art. 489, § 1º, VI, do CPC).

---

§ 6º A inadmissibilidade ou o julgamento do recurso interposto contra a decisão proferida pelo órgão reclamado não prejudica a reclamação."

3.8. Das Súmulas em matéria trabalhista

Dispõe o § 2º do art. 8º da CLT, com a redação dada pela Lei n. 13.467/17:

> "Súmulas e outros enunciados de jurisprudência editados pelo Tribunal Superior do Trabalho e pelos Tribunais Regionais do Trabalho não poderão restringir direitos legalmente previstos nem criar obrigações que não estejam previstas em lei."

O § 2º do art. 8º da CLT visou a restringir o alcance da jurisprudência trabalhista, vedando que o Judiciário, por meio de interpretação, aplicação ou integração do direito, restrinja ou crie direito não previsto em lei. Trata-se de regra que não encontra similar em outros ramos do direito ou do Judiciário.

De nossa parte, o § 2º do art. 8º da CLT é manifestamente inconstitucional por impedir a livre interpretação e aplicação do direito pelos Tribunais Trabalhistas, inibir a eficácia dos direitos fundamentais, bem como dos princípios constitucionais. Além disso, impede a evolução da jurisprudência e restringe o acesso à justiça (art. 5º, XXXV, da CF).

Como bem adverte José Lúcio Munhoz[16], "em que pese não caber ao Judiciário criar obrigações não previstas em lei nem restringir direitos já legalmente estabelecidos, o juiz não é impedido de interpretar o alcance da norma e verificar sua compatibilidade com o sistema jurídico na qual ela é inserida, sendo isso não apenas uma opção, mas, em verdade, uma obrigação de qualquer magistrado."

Dispõe o art. 702 da CLT, com a redação dada pela Lei n. 13.467/17:

> "Ao Tribunal Pleno compete: (...) I – (...) f) estabelecer ou alterar súmulas e outros enunciados de jurisprudência uniforme, pelo voto de pelo menos dois terços de seus membros, caso a mesma matéria já tenha sido decidida de forma idêntica por unanimidade em, no mínimo, dois terços das turmas em pelo menos dez sessões diferentes em cada uma delas, podendo, ainda, por maioria de dois terços de seus membros, restringir os efeitos daquela declaração ou decidir que ela só tenha eficácia a partir de sua publicação no Diário Oficial. (...) § 3º As sessões de julgamento sobre estabelecimento ou alteração de súmulas e outros enunciados de jurisprudência deverão ser públicas, divulgadas com, no mínimo, trinta dias de antecedência,

---

16. In: Reforma Trabalhista Comentada por Juízes do Trabalho: Artigo por Artigo. São Paulo: LTr, 2018, p. 46-47.

> e deverão possibilitar a sustentação oral pelo Procurador-Geral do Trabalho, pelo Conselho Federal da Ordem dos Advogados do Brasil, pelo Advogado-Geral da União e por confederações sindicais ou entidades de classe de âmbito nacional. § 4º O estabelecimento ou a alteração de súmulas e outros enunciados de jurisprudência pelos Tribunais Regionais do Trabalho deverão observar o disposto na alínea *f* do inciso I e no § 3º deste artigo, com rol equivalente de legitimados para sustentação oral, observada a abrangência de sua circunscrição judiciária."

Como visto, a jurisprudência uniforme dos Tribunais dá ensejo à edição de Súmulas que constituem o resumo da interpretação pacífica de determinado Tribunal sobre uma matéria jurídica. São muitas as Súmulas do Tribunal Superior do Trabalho disciplinando matéria processual, principalmente matérias de aplicação subsidiária do Código de Processo Civil ao Processo do Trabalho.

Como bem adverte *José Miguel Garcia Medina*[17]:

> "A lei e a súmula não se encontram num mesmo plano. Na verdade, a súmula deve se subordinar à lei. O que ocorre é que a norma jurídica, geral e abstrata, pode dar ensejo ao surgimento de duas ou mais interpretações diversas, sobre um mesmo assunto (...) A súmula, assim, desempenha função importantíssima, pois registra qual interpretação da norma seria a correta, que, uma vez revelada, irá instruir julgamentos posteriores sobre o mesmo tema. Não admira que, muitas vezes, não se menciona, na fundamentação das decisões judiciais, qualquer dispositivo de lei. As decisões judiciais devem ser fundamentadas no sistema jurídico e, porque a súmula revela interpretação jurisprudencial tida por correta, apenas nessa medida deverá ser invocada."

Sem dúvida, a jurisprudência, no Código de Processo Civil de 2015 foi prestigiada como fonte do direito e, em muitos casos, com prevalência sobre o texto da lei.

Em contraposição à força da jurisprudência dada pelo CPC/2015, a Lei n. 13.467/17 procura dificultar a criação de súmulas pelos Tribunais Trabalhistas, principalmente pelo Tribunal Superior do Trabalho.

17. *Novo Código de Processo Civil comentado*. São Paulo: RT, 2015. p. 1.244.

O referido art. 702, I, da CLT estabelece requisitos para a edição de súmulas, tanto pelo Tribunal Superior do Trabalho quanto pelos Tribunais Regionais do Trabalho, quais sejam:

a) voto de pelo menos dois terços de seus membros;

b) matéria já tenha sido decidida de forma idêntica por unanimidade em, no mínimo, dois terços das turmas em pelo menos dez sessões diferentes em cada uma delas, podendo ainda, por maioria de dois terços de seus membros, restringir os efeitos daquela declaração ou decidir que ela só tenha eficácia a partir de sua publicação no Diário Oficial;

c) sessões públicas, divulgadas com, no mínimo, trinta dias de antecedência, devendo possibilitar a sustentação oral pelo Ministério Público do Trabalho, Ordem dos Advogados do Brasil e Entidades Sindicais.

Trata-se de alteração sem correspondência em outros ramos do Judiciário, impondo requisitos para a edição de Súmulas pelos Tribunais Trabalhistas. Sem dúvida, a criação, o cancelamento ou a alteração de súmulas ficam mais difíceis, exigindo votos de pelo menos dois terços dos membros do Tribunal, bem como se deve franquear a palavra para sustentação dos representantes do Ministério Público, OAB e Entidades Sindicais.

Por um lado, há aspectos positivos com a alteração, pois fortalecerá a jurisprudência de primeiro grau. Por outro lado, há aspectos negativos, pois praticamente, inviabiliza a edição de Súmulas pelos Tribunais Trabalhistas.

A constitucionalidade dessa regra foi questionada tanto no Tribunal Superior do Trabalho como no Supremo Tribunal Federal em controle concentrado de constitucionalidade, pois invalida a autonomia dos Tribunais (ver art. 96, I, da CF).

Nesse aspecto, o Enunciado n. 111 da II Jornada de Direito Material e Processual do Trabalho, da ANAMATRA, *in verbis*:

> "SÚMULAS E ENUNCIADOS DE JURISPRUDÊNCIA. EDIÇÃO E ALTERAÇÃO. REQUISITOS. INCONSTITUCIONALIDADE. São inconstitucionais os requisitos do art. 702, I, *f*, e § 4º, da CLT, introduzidos pela Lei n. 13.467/2017, para a edição ou alteração de súmulas e outros enunciados de jurisprudência, por violação aos arts. 2º, 5º, LIV, 93, 96, I, *a*, e 113 da CF".

Em 17 de maio de 2022, o Plenário do Tribunal Superior do Trabalho declarou a inconstitucionalidade do inciso, I, *f* e § 2º do art. 702 da CLT, conforme noticiado no *site* do TST (www.tst.jus.br), *in verbis*:

> "O Pleno do Tribunal Superior do Trabalho (TST) declarou a inconstitucionalidade, nesta segunda-feira (16), de dois dispositivos da CLT que modificaram os critérios para a criação ou a alteração de súmulas e outros enunciados da jurisprudência uniforme do Tribunal. Por maioria, o colegiado concluiu que as alterações, introduzidas pela Reforma Trabalhista (Lei 13.467/2017), violam a prerrogativa de os tribunais, no exercício de sua autonomia administrativa, elaborarem seus próprios regimentos internos e, por conseguinte, os requisitos de padronização da jurisprudência. Os dispositivos declarados inconstitucionais integram o artigo 702 da CLT, em sua redação atual. A alínea *f* do inciso I dispõe que, para a criação ou alteração de súmulas e outros enunciados de jurisprudência, é necessário o voto de pelo menos 2/3 do Tribunal Pleno, caso a matéria já tenha sido decidida de forma idêntica por unanimidade em, no mínimo, 2/3 das turmas em pelo menos 10 sessões diferentes em cada uma delas. A redação anterior remetia a matéria ao Regimento Interno do TST, que previa a aprovação por maioria absoluta dos seus membros. O parágrafo 3º do artigo estabelece que as sessões de julgamento sobre estabelecimento ou alteração de jurisprudência deverão ser públicas e deve ser possibilitada sustentação oral pelo procurador-geral do trabalho, pelo Conselho Federal da Ordem dos Advogados do Brasil, pelo advogado-geral da União e por confederações sindicais ou entidades de classe de âmbito nacional."

Diante do que fora decidido pelo TST, caberá ao Regimento Interno do próprio Tribunal estabelecer os requisitos para a edição de Súmulas, tanto do TST como dos próprios Tribunais Regionais do Trabalho.

O Supremo Tribunal Federal decidiu, definitivamente, a questão, em controle concentrado de constitucionalidade, conforme a seguinte ementa:

> AÇÃO DIRETA DE INCONSTITUCIONALIDADE. MEDIDA CAUTELAR. REDAÇÃO DO ART. 702, I, f, e §§ 3º e 4º, DA CONSOLIDAÇÃO DAS LEIS DO TRABALHO (DECRETO-LEI 5.452/1943), CONFERIDA PELA LEI 13.467/2017. ESTABELECIMENTO DE PARÂMETROS PARA EDIÇÃO, REVISÃO OU CANCELAMENTO DE SÚMULAS DOS TRIBUNAIS REGIONAIS DO TRABALHO E TRIBUNAL SUPERIOR DO TRABALHO. FUNÇÃO ATÍPICA

LEGISLATIVA DO PODER JUDICIÁRIO. OFENSA AOS PRINCÍPIOS DA SEPARAÇÃO DOS PODERES E DA AUTONOMIA DOS TRIBUNAIS. PRECEDENTES. PROCEDÊNCIA DO PEDIDO. ANÁLISE DA LIMINAR PREJUDICADA. I - A cada Poder é conferida, nos limites definidos pela Constituição, parcela de competência de outro Poder, naquilo que se denomina exercício atípico de atribuições. II - Os arts. 96 e 99 da Carta Política conferem ao Judiciário dois espaços privativos de atuação legislativa: a elaboração de seus regimentos internos (reserva constitucional do regimento) e a iniciativa de leis que disponham sobre sua autonomia orgânico-político-administrativa (reserva constitucional de lei). III - É vedada ao Congresso Nacional a edição de normas que disciplinem matérias que integram a competência normativa dos tribunais. IV - O modelo brasileiro de observância obrigatória aos precedentes judiciais, ou stare decisis, foi inaugurado pelo novo Código de Processo Civil (Lei 13.105/2015), segundo o qual os tribunais editarão enunciados de súmula correspondentes à sua jurisprudência dominante, nos termos fixados nos respectivos regimentos internos. V – De acordo com jurisprudência pacífica do STF, os regimentos internos dos tribunais são fonte normativa primária, porquanto retiram da Constituição a sua fonte de validade. VI - Os tribunais que integram a Justiça do Trabalho são órgãos do Poder Judiciário, assim como todas as demais cortes do País, a teor do art. 92 da Lei Maior. VII - Os dispositivos legais impugnados impõem condicionamentos ao funcionamento dos Tribunais do Trabalho, conflitando com o princípio da separação dos poderes e a autonomia constitucional de que são dotados, de maneira a esvaziar o campo de discricionariedade e as prerrogativas que lhes são próprias, em ofensa aos arts. 2º, 96 e 99, da Carta Magna. VIII - "O ato do julgamento é o momento culminante da ação jurisdicional do Poder Judiciário e há de ser regulado em seu regimento interno, com exclusão de interferência dos demais Poderes" (*ADI* 1.105-MC/DF, Rel. Min. Paulo Brossard). IX - A concepção contemporânea de jurisdição em nada se compara à atividade de um Judiciário do passado no qual o juiz era um mero bouche de la loi, ou seja, um simples intérprete mecânico das leis, pois hoje sua principal função é a de dar concreção aos direitos fundamentais, compreendidos em suas várias gerações. X - Atentos às novas dinâmicas sociais, os magistrados não podem ser engessados por critérios elencados por um Poder exógeno, isto é, o Legislativo, que se arroga o direito "de fixar um padrão de uniformidade e estabilidade no processo de elaboração e alteração de súmulas, em homenagem ao princípio da segurança jurídica". XI – Ação julgada procedente para declarar a inconstitucionalidade do art. 702, I, f, §§ 3º e 4º da Consolidação das Leis do Trabalho (Decreto-Lei 5.452/1943), na redação que lhe conferiu a Lei 13.467/2017. Prejudicada a análise do pedido de liminar. (STF - ADI 6188 – Tribunal Pleno – Rela. Min. Edson Fachin – DJe 24.10.23).

Diante do que fora decidido pelo STF, em caráter vinculante, e também pelo TST, caberá ao Regimento Interno do próprio Tribunal estabelecer os requisitos para a edição de Súmulas, tanto do TST como dos próprios Tribunais Regionais do Trabalho.

3.9. Doutrina

Ensina Maurício Godinho Delgado[18]: "a doutrina consiste no conjunto de apreensões e leituras sistematizadas da ordem jurídica pelos juristas e estudiosos do Direito em geral, que informam a compreensão do sistema jurídico e de seus ramos, institutos e diplomas normativos, auxiliando o processo de aplicação concreta do Direito."

A doutrina exerce papel fundamental na formação do profissional do direito, bem como na interpretação e crítica do ordenamento jurídico trabalhista, apontando acertos e desacertos das normas e os caminhos para melhor aplicação do direito.

Muitos autores negam que a doutrina seja fonte do Direito do Trabalho, pois não é emanada de um órgão de poder. Outros afirmam que ela é fonte mediata do Direito, vale dizer, secundária.

Mesmo não sendo fonte formal do Direito do Trabalho, é inegável a importância dos estudos doutrinários na aplicação e interpretação das normas processuais trabalhistas. Muitas vezes, os entendimentos doutrinários influenciam a jurisprudência e servem de suporte à criação de normas jurídicas.

Nesse sentido, conclui Maurício Godinho Delgado[19] que as construções doutrinárias não são fonte normativa. Têm, entretanto, inegável importância no universo e na prática jurídicos, uma vez que atuam como instrumentos reveladores dos fundamentos teóricos e conexões lógicas do sistema jurídico, os quais, por abstração, devem ser captados pelo intérprete e aplicador do

18. Curso de Direito do Trabalho. 7ª Edição. São Paulo: LTr, 2008, p. 172
19. Curso de Direito do Trabalho. Curso de Direito do Trabalho. 19ª ed. São Paulo: LTr, 2020, p. 211.

Direito. Nesse quadro será sempre substantiva a influência da doutrina na dinâmica jurídica, embora sem que ela se transforme em fonte formal da regra de Direito.

3.10. Regulamento de empresa

Constitui norma de natureza contratual elaborada pelo empregador, em que disciplina as normas gerais de empresa, códigos de ética e conduta e direitos ao trabalhador.

O regulamento de empresa pode ser elaborado de forma bilateral, com participação de representantes de empregados.

Como bem adverte Luciano Martinez[20], "por conta da indisponibilidade dos direitos trabalhistas, o regulamento interno não pode conter qualquer disposição capaz de desvirtuar, impedir ou fraudar direitos laborais sob pena de nulidade da cláusula infringente. Há que concluir então que o regulamento interno somente pode modular aquilo que não foi definido, limitado concretamente pela lei, servindo, em regra, para conceder direitos supletivos não previstos no texto legal ou para dar garantias não contempladas em fontes heterônomas. Uma vez concedido o direito supletivo, tal vantagem se incrusta no contrato de emprego do trabalhador, não podendo ser dele retirada".

Sendo norma contratual, integra os contratos de trabalho nos termos da Súmula 51 do TST. Dispõe a referida Súmula:

> "NORMA REGULAMENTAR. VANTAGENS E OPÇÃO PELO NOVO REGULAMENTO. ART. 468 DA CLT (incorporada a Orientação Jurisprudencial nº 163 da SBDI-1) – Res. 129/2005, *DJ* 20, 22 e 25.04.2005
>
> I – As cláusulas regulamentares, que revoguem ou alterem vantagens deferidas anteriormente, só atingirão os trabalhadores admitidos após a revogação ou alteração do regulamento.
>
> II – Havendo a coexistência de dois regulamentos da empresa, a opção do empregado por um deles tem efeito jurídico de renúncia às regras do sistema do outro."

20. Curso de Direito do Trabalho. 13ª ed. São Paulo: Saraiva, 2022, p. 65.

Conforme já nos pronunciamos, a opção do trabalhador pelo novo regulamento deve ser espontânea e não lhe trazer prejuízos diretos ou indiretos (art. 468 da CLT).

3.11. Sentença normativa

Tem o nome de sentença normativa a decisão proferida no dissídio coletivo, acolhendo ou rejeitando as pretensões postuladas no dissídio coletivo de natureza econômica ou interpretando e aplicando o direito já existente no dissídio coletivo de natureza jurídica.

Diverge a doutrina sobre a natureza jurídica da sentença normativa. Quanto ao dissídio coletivo de natureza jurídica, não há controvérsia sobre a natureza declaratória da sentença normativa e, no tocante à sentença que aprecia o dissídio de natureza econômica, há divergências na doutrina. Para alguns, ela é constitutiva por criar direito novo; para outros, é dispositiva, pois a Justiça do Trabalho criará, no branco da lei, direito novo, sendo certo que sentença constitutiva apenas estabelece uma relação jurídica, e não direito ainda não existente.

É da essência da sentença normativa ser provisória e precária, pois, conforme reiteradamente vem decidindo o STF, o poder normativo da Justiça do Trabalho atua no "branco da lei". No entanto, editada a lei, norma de caráter imperativo, esta se sobrepõe a todas as demais fontes secundárias do direito, como a norma coletiva e a sentença normativa.

Nesse sentido, relevante destacar a Súmula 397 do TST, *in verbis*:

> "AÇÃO RESCISÓRIA. ART. 966, IV, DO CPC DE 2015. ART. 485, IV, DO CPC DE 1973. AÇÃO DE CUMPRIMENTO. OFENSA À COISA JULGADA EMANADA DE SENTENÇA NORMATIVA MODIFICADA EM GRAU DE RECURSO. INVIABILIDADE. CABIMENTO DE MANDADO DE SEGURANÇA. Não procede ação rescisória calcada em ofensa à coisa julgada perpetrada por decisão proferida em ação de cumprimento, em face de a sentença normativa, na qual se louvava, ter sido modificada em grau de recurso, porque em dissídio coletivo somente se consubstancia coisa julgada formal. Assim, os meios processuais aptos a atacarem a execução da cláusula reformada são a exceção de pré-executividade e o mandado de segurança, no caso de descumprimento do art. 514 do CPC de 2015 (art. 572 do CPC de 1973). (ex-OJ n. 116 da SBDI-2 – *DJ* 11.8.2003.)"

3.12. Direito comparado

Constitui o Direito comparado não só a legislação de outros países, mas também a doutrina e jurisprudência deles. A Justiça brasileira pode se valer do Direito comparado, quando houver lacuna na legislação brasileira e compatibilidade com os princípios do direito do trabalho brasileiro.

O Direito estrangeiro pode ser objeto de prova nos termos do art. 376 do CPC, que assim dispõe:

> "A parte, que alegar direito municipal, estadual, estrangeiro ou consuetudinário, provar-lhe-á o teor e a vigência, se assim o determinar o juiz."

Quanto às Convenções da OIT ratificadas pelo Brasil, como têm *status* de Lei Ordinária, o Juiz do Trabalho deve conhecê-las, não necessitando, a parte que as invocar, provar o teor e a vigência. A prova do Direito se faz por meio de certidões com as publicações oficiais no Diário Oficial e de outros Órgãos Oficiais. Não havendo impugnação, pensamos não haver necessidade de autenticação. Quanto ao direito costumeiro, pensamos ser possível a comprovação por meio de testemunhas.

3.13. Acordos e Convenções Coletivas do Trabalho

Convenção Coletiva de Trabalho[21] é uma espécie contratual de caráter normativo, pela qual os Sindicatos das categorias profissional e econômica pactuam cláusulas de natureza normativa que serão aplicadas no âmbito das categorias signatárias do instrumento. Trata-se, como diz a doutrina, de um instrumento com *corpo* de contrato e *alma* de lei.

Como destaca Amauri Mascaro Nascimento[22], "independentemente da natureza contratual ou regulamentar, a convenção coletiva é uma norma,

---

21. Art. 611 da CLT: "Convenção Coletiva de Trabalho é o acordo de caráter normativo pelo qual dois ou mais sindicatos representativos de categorias econômicas e profissionais estipulam condições de trabalho aplicáveis, no âmbito das respectivas representações, às relações individuais de trabalho. § 1º É facultado aos sindicatos representativos de categorias profissionais celebrar Acordos Coletivos com uma ou mais empresas da correspondente categoria econômica, que estipulem condições de trabalho, aplicável/is no âmbito da empresa ou das empresas acordantes às respectivas relações de trabalho. § 2º As Federações e, na falta destas, as Confederações representativas de categorias econômicas ou profissionais poderão celebrar convenções coletivas de trabalho para reger as relações das categorias a elas vinculadas, inorganizadas em sindicatos, no âmbito de suas representações."
22. Compêndio de Direito Sindical. 7ª ed. São Paulo: Ltr, 2012, p. 409.

desde que se dissocie o conceito de norma do conceito de lei estatal. Na teoria jurídica moderna, norma não é, unicamente, um ato estatal. Há normas privadas. O contrato é, também, norma. Norma individualizada, como ensina Kelsen. De outro lado, o pluralismo jurídico demonstra que há produção do direito positivo não estatal, do qual as convenções coletivas são uma forma".

Acordo coletivo é uma espécie contratual firmada entre o sindicato da categoria profissional e uma ou mais empresas aplicáveis no âmbito da empresa ou das empresas acordantes às respectivas relações de trabalho.

As Federações e, na falta, as Confederações poderão firmar a convenção coletiva para reger as relações das categorias a elas vinculadas, inorganizadas em sindicatos, no âmbito de suas representações.

3.14. Direito comum

Entende-se por direito comum aquele que não disciplina regras trabalhistas, mas que pode ser utilizado na esfera trabalhista como fonte subsidiária – art. 8º da CLT.

Direito comum não é somente o Direito Civil, embora alguns doutrinadores sustentem nesse sentido. Entendemos por direito comum todas as normas dos outros ramos do direito, até mesmo o Direito Penal, que sejam aplicáveis à esfera trabalhista quando a legislação do trabalho for omissa.

3.15. Decretos do Presidente da República e portarias do Ministério do Trabalho

O art. 84, IV, da Constituição Federal atribui privativamente ao Presidente da República a competência para sancionar, promulgar e fazer publicar as leis, bem como expedir decretos e regulamentos para sua fiel execução.

Como nos adverte Arnaldo Süssekind[23], "os regulamentos aprovados por decreto, assim como os decretos de caráter nitidamente regulamentar, visam a propiciar a adequada execução das leis que os legitimam. Daí ser-lhes vedada a criação de obrigações que não resultem, explícita ou implicitamente, das correspondentes leis. Demais disto, a regulamentação há de harmonizar-se com o sistema e os princípios emanados da lei regulamentadora. O decreto pode, no entanto, configurar um regulamento autônomo, quando tem por

23. Curso de Direito do Trabalho. Rio de Janeiro: Renovar, 2002, p. 120.

objeto a organização administrativa do Estado ou as atribuições dos órgãos do Poder Executivo."

No mesmo sentido defendem Orlando Gomes e Elson Gottschalk[24]: "(...) as portarias ministeriais têm no Direito do Trabalho, uma significação que não possuem em outros setores. É certo que as portarias ministeriais não obrigam os tribunais do trabalho. Certo o é, também, que pela sua multiplicidade, sua efetiva aplicação, contribuem de maneira evidente para modelar determinados setores do Direito do Trabalho, não só na regulamentação da prestação do trabalho, como no campo da Previdência Social".

A Consolidação das Leis do Trabalho, em muitos aspectos, permite a regulamentação de determinado dispositivo legal por meio de decretos, a fim de detalhar o procedimento e melhorar sua efetiva execução. Em algumas matérias, a própria CLT, principalmente em matéria de segurança e medicina do trabalho, atribui competência ao Ministério do Trabalho para estabelecer as chamadas Normas Regulamentares, que dispõem sobre questões de saúde e segurança no trabalho (v. arts. 154 e seguintes da CLT).

As Portarias editadas pelo Ministério do Trabalho constituem fontes normativas do Direito do Trabalho. Entretanto, estão em patamar abaixo da Lei, e, mesmo em matérias que a lei autorizou a regulamentação por meio de atos normativos do executivo, estes devem estar em harmonia com os princípios, o conjunto legislativo do Direito do Trabalho e da Constituição Federal.

4. HIERARQUIA DAS FONTES NO DIREITO DO TRABALHO

Segundo o dicionário Houaiss[25], hierarquia significa "organização fundada em uma ordem de prioridade entre os elementos de um conjunto ou sobre relações de subordinação entre os membros de um grupo".

Também a hierarquia pode significar uma graduação crescente ou decrescente segundo uma escala de importância.

Quando nos referimos à hierarquia das fontes no Direito do Trabalho, estamos investigando quais regras têm maior importância e prevalecem sobre outras numa escala de valor. O critério hierárquico é relevante para solucionar conflitos de leis, ou antinomias nos casos concretos.

24. Curso de Direito do Trabalho. 19ª ed. Rio de Janeiro: Forense, 2012, p. 50.
25. Dicionário Houaiss da Língua Portuguesa. Rio de janeiro: Objetiva, 2001, p. 1531.

A Constituição Federal, no art. 59, traz uma escala de hierarquia entre as leis. Com efeito, dispõe o referido dispositivo legal:

> "O processo legislativo compreende a elaboração de: I – emendas à Constituição; II – leis complementares; III – leis ordinárias; IV – leis delegadas; V – medidas provisórias; VI – decretos legislativos; VII – resoluções. Parágrafo único. Lei complementar disporá sobre a elaboração, redação, alteração e consolidação das leis".

Diante do referido dispositivo constitucional, há prevalência da Constituição Federal e suas emendas sobre leis complementares, estas sobre as leis ordinárias e assim por diante. Essa sistemática chamada por alguns autores de pirâmide constitucional deve-se ao fato de o nosso sistema constitucional ser rígido, fundamentado na primazia do texto constitucional.

O Direito do Trabalho segue, como regra, a sistemática da hierarquia constitucional. No entanto, no caso concreto, normas de natureza hierarquicamente inferior ao texto constitucional podem ser aplicadas ao caso concreto, desde que compatíveis com o sistema constitucional de melhoria da condição social do trabalhador.

Como nos adverte Carlos Henrique Bezerra Leite[26], "o problema da hierarquia das fontes do direito do trabalho, a nosso ver, não deve ser solucionado como no direito comum, uma vez que o art. 444 da CLT[27] estabelece um conteúdo mínimo em prol do empregado, ou seja, não há falar-se em hierarquia, pelo menos do ponto de vista da dogmática tradicional, quando se está diante de uma norma prevendo uma condição socioeconômica mais favorável ao trabalhador."

Para Maurício Godinho Delgado[28]:

> "O critério normativo hierárquico vigorante no Direito do Trabalho opera da seguinte maneira: a pirâmide normativa constrói-se de modo plástico e variável, elegendo para seu vértice dominante a norma que mais se aproxima do caráter teleológico do ramo trabalhista."

---

26. Curso de Direito do Trabalho. 13ª ed. São Paulo: Saraiva, 2021, p. 97.
27. Art. 444 da CLT: "As relações contratuais de trabalho podem ser objeto de livre estipulação das partes interessadas em tudo quanto não contravenha às disposições de proteção ao trabalho, aos contratos coletivos que lhes sejam aplicáveis e às decisões das autoridades competentes."
28. Curso de Direito do Trabalho. 19ª ed. São Paulo: LTr, 2020, p. 216.

O *caput* do artigo 7º da Constituição Federal[29] fixa um importante critério de hierarquia das normas trabalhistas, para aplicação aos casos concretos, estabelecendo um rol mínimo de garantias trabalhistas que podem ser majoradas por normas de hierarquia inferior ao texto constitucional. Desse modo, aplica-se, como regra, o critério da norma mais favorável ao trabalhador como regra de hierarquia entre fontes do Direito do Trabalho.

Como já mencionado, exceção ao critério da norma mais favorável são as hipóteses de flexibilização autorizada pela norma constitucional por norma constitucional (artigos 7º, VI, XIII, XIV, da CF).

Entre duas leis ou normas coletivas válidas e vigentes aplicáveis à mesma situação, para se aquilatar qual a mais favorável, segundo critério majoritário da doutrina, o qual entendemos correto, aplica-se a teoria do conglobamento ou globalidade, aplicando-se a norma mais favorável no conjunto de suas cláusulas.

Nesse aspecto, destaca-se a seguinte ementa oriunda da mais alta Corte trabalhista do País:

> CONVENÇÃO *X* ACORDO COLETIVO DE TRABALHO. APLICAÇÃO DA NORMA MAIS FAVORÁVEL. TEORIA DO CONGLOBAMENTO. Esta Corte adota o entendimento de que prevalece a aplicação do princípio do conglobamento para a solução do conflito acerca das condições estabelecidas em convenção e acordo coletivo, segundo o qual tais normas devem ser consideradas em seu conjunto para efeito de apuração da norma mais benéfica. Sob essa ótica, pela teoria do conglobamento, também as convenções e os acordos coletivos são considerados e interpretados em toda a sua extensão, e não de forma pontual – como preconiza a teoria oposta da acumulação, que a doutrina e a jurisprudência nacionais pacificamente não acolhem. Na hipótese, o Tribunal Regional, considerando o princípio da norma mais favorável e a teoria do conglobamento, concluiu que devem ser aplicadas ao caso as normas das convenções coletivas de trabalho em detrimento das normas dos acordos coletivos no que diz respeito ao adicional de horas extras, o que está em perfeita sintonia com a jurisprudência desta Corte. Precedentes. Agravo de instrumento desprovido" (TST, AIRR 10871-98.2015.5.03.0020, 2ª Turma, Relator Ministro Jose Roberto Freire Pimenta, *DEJT* 21/09/2018).

---

29. Art. 7º, *caput*, da CF: "São direitos dos trabalhadores urbanos e rurais, além de outros que visem à melhoria de sua condição social."

Quanto ao aspecto da especialização, dispõe o art. 620 da CLT[30] que as condições estabelecidas em acordos coletivos prevalecem sobre as firmadas em convenções coletivas de trabalho.

Como destaca Amauri Mascaro Nascimento[31], "a especificidade pode ser compreendida em outra dimensão. Designa a prevalência de contratos coletivos em nível de empresa sobre nível setorial se contiver matéria pertinente aos problemas internos específicos da empresa, ressalvado o direito mínimo legal e indisponível."

O *caput* do art. 8º da CLT[32] também adota o critério hierárquico da prevalência do interesse coletivo sobre o particular.

Podemos enumerar os seguintes critérios de hierarquia das fontes no Direito do Trabalho:

a) supremacia do texto constitucional;
b) norma mais favorável ao trabalhador, como regra geral, para solução de casos concretos;
c) teoria do conglobamento, quando há duas normas válidas e aplicáveis ao trabalhador no caso concreto;
d) prevalência da norma coletiva quando há hipótese de flexibilização autorizada pelo texto constitucional e observados os procedimentos legais para a negociação coletiva;
e) prevalência do acordo coletivo sobre a convenção coletiva, desde que ambas tenham observado os critérios constitucionais, legais e garantias mínimas de proteção ao trabalhador (art. 620 da CLT);
f) prevalência do interesse público sobre o individual (*caput* do art. 8º da CLT).

---

30. Art. 620 da CLT: "As condições estabelecidas em acordo coletivo de trabalho sempre prevalecerão sobre as estipuladas em convenção coletiva de trabalho."
31. Curso de Direito do Trabalho. 29ª ed. São Paulo: Saraiva, 2014, p. 539.
32. Art. 8º, da CLT "As autoridades administrativas e a Justiça do Trabalho, na falta de disposições legais ou contratuais, decidirão, conforme o caso, pela jurisprudência, por analogia, por eqüidade e outros princípios e normas gerais de direito, principalmente do direito do trabalho, e, ainda, de acordo com os usos e costumes, o direito comparado, mas sempre de maneira que nenhum interesse de classe ou particular prevaleça sobre o interesse público."

5. INTEGRAÇÃO DO DIREITO DO TRABALHO

A integração é um recurso utilizado pelo aplicador do direito para preenchimento das chamadas lacunas da legislação, adotando outra fonte normativa para uma situação concreta em que não há regramento.

Como nos ensina Amauri Mascaro Nascimento[33], "integrar é utilizar uma norma que não foi feita para o caso concreto, mas que, por guardar semelhança com ele, deve ser aplicada. É possível, assim, e também, entre diversos outros percalços na tarefa da concretização da norma, percorrido o quadro normativo, nele não ser encontrada uma norma que corresponda aos fatos ou a questão de direito em debate, isto é, o problema das lacunas, caso em que o juiz não poderá deixar de julgar e quando autorizado pela lei, como o é pela lei trabalhista brasileira (CLT, art. 8º), terá uma série de outras possibilidades, como a analogia, a equidade, a aplicação do direito comum, do direito estrangeiro, e dos princípios do direito do trabalho."

O magistrado não se exime de sentenciar o caso concreto, mesmo não havendo regramento a respeito do tema. Por essa razão, diz-se que não há lacunas no ordenamento jurídico, uma vez que cabe ao juiz buscar em outras fontes normativas a solução para o caso concreto. Daí a integração ser um problema da aplicação concreta do direito.

Nesse aspecto, dispõe o art. 4º da LINDB:

> "Quando a lei for omissa, o juiz decidirá o caso de acordo com a analogia, os costumes e os princípios gerais de direito."

No mesmo sentido o *caput* do art. 8º da CLT: "As autoridades administrativas e a Justiça do Trabalho, na falta de disposições legais ou contratuais, decidirão, conforme o caso, pela jurisprudência, por analogia, por equidade e outros princípios e normas gerais de direito, principalmente do direito do trabalho, e, ainda, de acordo com os usos e costumes, o direito comparado, mas sempre de maneira que nenhum interesse de classe ou particular prevaleça sobre o interesse público."

33. Curso de Direito do Trabalho. 29ª ed. São Paulo: Saraiva, 2014, p. 500.

5.1. Analogia

A analogia é um recurso de que se vale o aplicador do direito quando se depara com omissão da lei no caso concreto, utilizando-se de outra fonte normativa, que é semelhante e tem a mesma razão de ser, para solucionar a questão.

Ensina-nos Amauri Mascaro Nascimento[34] que "analogia consiste na utilização, para solucionar determinado caso concreto, de norma jurídica destinada a caso semelhante. Trata-se, portanto, de um processo de migração de normas jurídicas, admissíveis somente quando existir uma autorização nesse sentido, o que é comum no direito do trabalho. Assim, sempre que no ordenamento jurídico não for encontrada uma norma adequada ao fato, aplica-se, analogicamente, outra norma elaborada para situação semelhante (...) Há duas espécies de analogia, a *analogia legis*, a aplicação da lei, e a *analogia juris*, a aplicação do princípio de direito."

Segundo a doutrina, a analogia é o primeiro recurso de que se deve valer o aplicador para solucionar a lacuna da legislação, pois possibilita maior efetividade no caso concreto e a aplicação de uma regra da mesma fonte normativa.

Nesse sentido, destacam-se as seguintes decisões:

> "RECURSO DE REVISTA. DONO DA OBRA. RESPONSABILIDADE SUBSIDIÁRIA. INEXISTÊNCIA. A teor da Orientação Jurisprudencial 191 da SBDI-1, 'diante da inexistência de previsão legal específica, o contrato de empreitada de construção civil entre o dono da obra e o empreiteiro não enseja responsabilidade solidária ou subsidiária nas obrigações trabalhistas contraídas pelo empreiteiro, salvo sendo o dono da obra uma empresa construtora ou incorporadora'. Quanto à abrangência da orientação, a SBDI-I Plena desta Corte, no julgamento do IRR-190-53.2015.5.03.0090, esclareceu que 'a exclusão de responsabilidade solidária ou subsidiária por obrigação trabalhista, a que se refere a Orientação Jurisprudencial nº 191 da SbDI-1 do TST, não se restringe a pessoa física ou micro e pequenas empresas. Compreende igualmente empresas de médio e grande porte e entes públicos'. Ademais, constou que, 'exceto ente público da Administração direta e indireta, se houver inadimplemento das obrigações trabalhistas contraídas por empreiteiro que contratar, sem idoneidade

34. Curso de Direito do Trabalho. 29ª ed. São Paulo: Saraiva, 2014, p. 530.

econômico-financeira, o dono da obra responderá subsidiariamente por tais obrigações, em face de **aplicação analógica** do art. 455 da CLT e de culpa *in eligendo*'. Contudo, o entendimento contido na tese jurídica nº IV aplica-se exclusivamente aos contratos de empreitada celebrados após 11 de maio de 2017, data do julgamento dos embargos de declaração opostos ao referido Incidente de Recursos Repetitivos. Recurso de revista conhecido e provido" (TST, RR 11117-27.2017.5.15.0041, 3ª Turma, Relator Ministro Alberto Luiz Bresciani de Fontan Pereira, *DEJT* 04/09/2020).

"A) AGRAVO DE INSTRUMENTO EM RECURSO DE REVISTA INTERPOSTO PELA RECLAMADA. ACÓRDÃO REGIONAL PUBLICADO NA VIGÊNCIA DA LEI Nº 13.015/2014 E DA LEI Nº 13.467/2017. 1. DURAÇÃO DO TRABALHO. HORAS EXTRAS. TRANSCENDÊNCIA NÃO RECONHECIDA. CONHECIMENTO E NÃO PROVIMENTO. I. Quanto ao tema, inviável o processamento do recurso de revista, tendo em vista que a parte recorrente aponta a existência de contrariedade à Súmula nº 338 do TST, sem indicar expressamente qual item entende ter sido contrariado. Aplica-se, na hipótese, **por analogia**, o entendimento sedimentado na Súmula nº 221, I, do TST. II. Também inviável o processamento do recurso por divergência jurisprudencial, já que os arestos indicados para comprovar o alegado dissenso são inservíveis ao confronto de teses, pois são oriundos do mesmo Tribunal Regional prolator da decisão recorrida, incidindo o óbice da Orientação Jurisprudencial nº 111 da SBDI-1 do TST. III. Nesse sentido, se recurso de revista não pode ser conhecido em razão de ausência de pressuposto de admissibilidade, há de se concluir que a causa não oferece transcendência (exegese dos arts. 896-A da CLT e 247 do RITST). Logo, o apelo não merece trânsito. IV. Agravo de instrumento de que se conhece e a que se nega provimento (...)" (TST, ARR 1000508-39.2018.5.02.0026, 4ª Turma, Relator Ministro Alexandre Luiz Ramos, DEJT 04/09/2020).

5.2. Equidade

Ensina *Nelson Nery Junior*[35]:

"Na concepção aristotélica, equidade não é o legalmente justo, mas sim a correção da justiça legal. O equitativo é o justo."

35. Código Civil Anotado. São Paulo: RT, 2005, p. 314.

A equidade é fonte do Direito do Trabalho (art. 8º da CLT) e também se destina a preencher as lacunas da legislação trabalhista.

A doutrina costuma diferenciar o julgamento *por* equidade e o julgamento *com* equidade.

O julgamento por equidade constitui decisão baseada em critérios de justiça e razoabilidade, isto é, deixando de lado a lei e aplicando-se uma norma criada pelo julgador no caso concreto. Não obstante, o julgamento por equidade somente é possível quando houver autorização legal.

Na solução dos conflitos coletivos do trabalho julgamento por equidade, é possível nos dissídios coletivos de natureza econômica (art. 766 da CLT[36]) e na arbitragem, que pode ser de direito ou por equidade (Lei n. 9.307/96).

O julgamento *com* equidade não significa desconsiderar a lei, mas interpretá-la de forma justa e razoável, abrandando o seu rigor a fim de que se encaixe no caso concreto, observando-se a finalidade social da norma.

Como exemplo de julgamento com equidade, encontramos o disposto no art. 852-I, parágrafo único, da CLT:

> "O juízo adotará em cada caso a decisão que reputar mais justa e equânime, atendendo aos fins sociais da lei e as exigências do bem comum".

5.3. Aplicação do Direito comum ao Direito do Trabalho

O § 1º do art. 8º da CLT, alterado pela Lei 13.467/17 assevera que o Direito Comum é fonte subsidiária do Direito do Trabalho.

A alteração do art. 8º da CLT provoca mudança na sistemática de aplicação do direito comum, com ênfase no direito civil, no campo do direito do trabalho. Houve supressão do requisito da compatibilidade como barreira de contenção para aplicação do direito comum a relações trabalhistas, bastando o requisito da omissão.

De nossa parte, a alteração não é oportuna, pois o Direito do Trabalho é ramo autônomo da ciência jurídica e tem sua principiologia própria, como eixo central o princípio da proteção ao trabalhador. Por sua vez, o

36. Art. 766, da CLT: "Nos dissídios sobre estipulação de salários, serão estabelecidas condições que, assegurando justos salários aos trabalhadores, permitam também justa retribuição às empresas interessadas."

direito comum parte do princípio da igualdade de partes que figuram em determinada relação jurídica.

A alteração do § 1º do art. 8º da CLT deve ser compatibilizada com os princípios, regras e singularidades do Direito do Trabalho. Se a norma civilista conflitar com a trabalhista, mesmo com omissão da CLT, ela não deverá ser aplicável.

Sob outro enfoque, a tendência do Direito do Trabalho no período pós-Reforma Trabalhista é de um diálogo maior com o Direito Civil, principalmente com a principiologia contratual (função social dos contratos, equilíbrio contratual, boa-fé objetiva), direitos de personalidade, responsabilidade objetiva em atividades de risco, institutos do abuso de direito e lesão, cláusulas gerais e conceitos legais indeterminados, a fim de equilibrar a relação contratual trabalhista, pois em muitos aspectos a aplicação da regra civilista (que se pauta pela igualdade de partes) será mais justa ao trabalhador do que a própria CLT (que parte da ideia da proteção ao trabalhador).

5.4. Normas internacionais (Convenções da OIT)

O Direito do Trabalho, por estar atrelado à própria condição humana e arraigado na cultura dos povos, sofre impactos de normas internacionais que consagram direitos humanos e regras trabalhistas para proteção do trabalho humano e melhoria da condição social do trabalhador.

Por esse ângulo, destaca-se o § 2º do art. 5º da Constituição Federal, *in verbis*:

> "Os direitos e garantias expressos nesta Constituição não excluem outros decorrentes do regime e dos princípios por ela adotados, ou dos tratados internacionais em que a República Federativa do Brasil seja parte."

A doutrina costuma considerar o estudo das normas internacionais que têm incidência no Direito do Trabalho brasileiro, suas regras e compatibilização com a legislação interna, como um ramo específico denominado *Direito Internacional do Trabalho.*

Como destaca Carlos Roberto Husek[37], a finalidade do Direito Internacional do Trabalho "é a de universalizar os princípios de justiça social,

---

37. Curso Básico de Direito Internacional Público e Privado do Trabalho. 2. Ed. São Paulo: LTr, 2011, p. 58-59.

bem como, se possível, buscar a uniformização das normas jurídicas dos diversos Estados, quanto à matéria do trabalho, desenvolvendo a cooperação internacional. O objetivo básico é a condição da melhoria da vida do trabalhador, não importa a raça, sexo, idade, cultura, nível social, espécie profissional, nacionalidade, religião etc."

No aspecto trabalhista, são relevantes as discussões sobre a aplicabilidade das normas editadas pela Organização Internacional do Trabalho (OIT), criada em 1919, pelo Tratado de Versalhes, ao fim da Primeira Guerra Mundial, cujo objetivo é estabelecer uma paz mundial duradora, por meio de regras que assegurem a justiça social.

Tratados Internacionais são pactos formais de conteúdo normativo feitos entre sujeitos de Direito Internacional, basicamente entre dois ou mais Estados ou organismos internacionais.

Convenções da OIT são espécies de Tratados Internacionais sobre direitos sociais trabalhistas. Como destaca Maurício Godinho Delgado[38], "constituem-se em documentos obrigacionais, normativos e programáticos aprovados por entidade internacional, a que aderem voluntariamente seus membros. Não obstante ser esse o uso corrente da expressão, na verdade as convenções podem ser também subscritas apenas por Estados, sem participação de entes internacionais. Tendencialmente, contudo, a Organização das Nações Unidas (ONU) e a Organização Internacional do Trabalho (OIT) têm atribuído o nome de convenção aos tratados multilaterais adotados por suas assembleias e conferências."

O Supremo Tribunal Federal, tradicionalmente, entendia que as normas internacionais, antes da EC 45/04, ingressavam no ordenamento jurídico interno brasileiro com *status* de Lei Ordinária. Nesse sentido, destacam Ingo Wolfgang Sarlet, Luiz Guilherme Marinoni e Daniel Mitidiero[39]:

> "O STF manteve, por bom período de tempo, o entendimento de que os tratados internacionais, aí incluídos os de direitos humanos, têm simples valor de direito ordinário. Decidiu-se, no RE 80.004, que embora a Convenção de Genebra, ao instituir lei uniforme sobre letras de câmbio e notas promissórias, tenha aplicabilidade no direito brasileiro, ela não se sobrepõe às leis do País, daí decorrendo a constitucionalidade e a consequente validade do Dec.-lei 427/1969

38. Curso de Direito do Trabalho. 19ª ed. São Paulo: LTr, 2020, p. 185.
39. Curso de Direito Constitucional. 7ª ed. São Paulo: Saraiva, 2018, p. 1402.

> que previu o registro obrigatório da nota promissória em repartição fazendária sob pena de nulidade do título."

No entanto, no julgamento do HC 87585, em 2008, houve mudança de entendimento. Passou a considerar a Suprema Corte brasileira que as normas internacionais (tratados e convenções) sobre direitos humanos ratificadas pelo Estado brasileiro têm *status* de *supralegalidade*, estando abaixo da Constituição Federal, mas acima da lei ordinária.

Nesse sentido, o Informativo n. 531 do Supremo Tribunal Federal[40]:

> "Prisão Civil e Depositário Infiel – 3. Em conclusão de julgamento, o Tribunal concedeu *habeas corpus* em que se questionava a legitimidade da ordem de prisão, por 60 dias, decretada em desfavor do paciente que, intimado a entregar o bem do qual depositário, não adimplira a obrigação contratual – v. Informativos 471, 477 e 498. Entendeu-se que a circunstância de o Brasil haver subscrito o Pacto de São José da Costa Rica, que restringe a prisão civil por dívida ao descumprimento inescusável de prestação alimentícia (art. 7º, item 7), conduz à inexistência de balizas visando à eficácia do que previsto no art. 5º, LXVII, da CF ('não haverá prisão civil por dívida, salvo a do responsável pelo inadimplemento voluntário e inescusável de obrigação alimentícia e a do depositário infiel;'). Concluiu-se, assim, que, com a introdução do aludido Pacto no ordenamento jurídico nacional, restaram derrogadas as normas estritamente legais definidoras da custódia do depositário infiel. Prevaleceu, no julgamento, por fim, a tese do *status* de supralegalidade da referida Convenção, inicialmente defendida pelo Min. Gilmar Mendes no julgamento do RE n. 466.343/SP, abaixo relatado. Vencidos, no ponto, os Ministros Celso de Mello, Cezar Peluso, Ellen Gracie e Eros Grau, que a ela davam a qualificação constitucional, perfilhando o entendimento expendido pelo primeiro no voto que proferira nesse recurso. O Min. Marco Aurélio, relativamente a essa questão, se absteve de pronunciamento" (HC 87585/TO, rel. Min. Marco Aurélio, 3.12.2008 (HC 87585).

Como defende *Gilmar Ferreira Mendes*[41], "diante do inequívoco caráter especial dos tratados internacionais que cuidam da proteção dos direitos humanos, não é difícil entender que a sua internalização no ordenamento

40. Disponível em: <http://www.stf.jus.br> Acesso em: 6 jul. 2009.
41. *Curso de Direito Constitucional*. 10. ed. São Paulo: Saraiva. 2015, p. 628-629.

jurídico, por meio do procedimento de ratificação previsto na Constituição, tem o condão de paralisar a eficácia jurídica de toda e qualquer disciplina normativa infraconstitucional com ela conflitante. Nesse sentido, é possível concluir que, diante da supremacia da Constituição Federal sobre os atos normativos internacionais, a previsão constitucional da prisão civil do depositário infiel (art. 5º, LXVII) não foi revogada pela adesão do Brasil ao Pacto Internacional dos Direitos Civil e Políticos (art. 11) e à Convenção Americana sobre Direitos Humanos – Pacto de San José da Costa Rica (art. 7º, 7º), mas deixou de ter aplicabilidade diante do efeito paralisante desses tratados em relação à legislação infraconstitucional que disciplina a matéria, incluídos o art. 1.287 do Código Civil de 1916 e o Decreto-lei n. 911, de 1º.10.1969. Tendo em vista o caráter supralegal desses diplomas normativos internacionais, a legislação infraconstitucional posterior que com eles seja conflitante também tem sua eficácia paralisada (...) Enfim, desde a adesão do Brasil, no ano de 1992, ao Pacto Internacional dos Direitos Civis e Políticos (art. 11) e à Convenção Americana sobre Direitos Humanos – Pacto de San José da Costa Rica (art. 7º, 7º), não há base legal para aplicação da parte final do art. 5º, LXVII, da Constituição, ou seja, para a prisão civil do depositário infiel."

A partir da vigência da EC 45/04, as normas internacionais sobre direitos humanos aprovadas pelo Brasil, com quórum qualificado, adquirem *status* de emenda constitucional. Com efeito, dispõe o § 3º do art. 5º da Constituição Federal:

> "Os tratados e convenções internacionais sobre direitos humanos que forem aprovados, em cada Casa do Congresso Nacional, em dois turnos, por três quintos dos votos dos respectivos membros, serão equivalentes às emendas constitucionais."

A doutrina trabalhista tem entendido, corretamente, que as Convenções da OIT têm *status* de normas sobre direitos humanos, pois asseguram garantias para implementação de justiça social e melhoria da condição humana do trabalhador. Portanto, uma vez ratificadas pelo Brasil, as Convenções da OIT podem ter o *status* de Emenda Constitucional (se aprovadas com quórum qualificado) ou de *Supralegalidade* (sem quórum qualificado).

Como destaca Maurício Godinho Delgado[42], "é evidente que a alteração interpretativa tem de ser integrada a um quadro de avanço hermenêutico e

---

42. Curso de Direito do Trabalho. 19ª ed. São Paulo: LTr, 2020, p. 186.

cultura, e não de retrocesso. Desse modo, havendo aparente conflito entre normas internacionais ratificadas e o Direito Interno, deve prevalecer a norma mais favorável à pessoa humana a quem se destina a tutela jurídica. A alteração interpretativa da Constituição não pode ser feita para propiciar retrocessos sociais e culturais, mas para garantir avanços civilizatórios em benefício da pessoa humana. Nesta linha, inclusive, há o princípio da norma mais favorável e o princípio da vedação do retrocesso, ambos inerentes aos Direitos Humanos, em suas múltiplas dimensões. O mesmo se aplica a normas de tratados e convenções internacionais sobre direitos individuais e sociais trabalhistas – que têm óbvia natureza de Direitos Humanos. Dessa maneira, em situação de aparente conflito entre preceitos internacionais ratificados (Convenções da OIT, por exemplo) e preceitos legais internos, prevalece o princípio da norma mais favorável ao trabalhador, quer no que tange ao critério de solução do conflito normativo, quer no que diz respeito ao resultado interpretativo alcançado."

5.4.1. Do controle de convencionalidade das normas trabalhistas

Diante das alterações da legislação trabalhista, a exemplo da Reforma Trabalhista de 2017 (Lei 13.467/17), que reduziu algumas garantias trabalhistas e implementou flexibilização mais acentuada ao Direito do Trabalho brasileiro, muitos intérpretes têm se valido das Convenções Internacionais da OIT ratificadas pelo Brasil para defenderem a manutenção das garantias trabalhistas já conquistadas. Esse procedimento de confronto da Lei interna com a Convenção da OIT é denominado pela doutrina *Controle de Convencionalidade das Leis*. Nesse caso, tratando-se de lei Ordinária, prevalecerá o disposto na Convenção, caso ela seja mais favorável.

Como assevera Platon Teixeira de Azevedo Neto[43], "em sentido amplo, o controle da convencionalidade consiste na verificação da conformidade de ato administrativo, legislativo ou judicial com as disposições de tratado internacional de direitos humanos. Compreende tanto a atividade de tribunal internacional quanto a de juízes internos." Em sentido estrito, prossegue o citado autor[44], "o controle jurisdicional de convencionalidade das leis significa a análise de validade de uma lei ordinária em cotejo com tratado internacional de direitos humanos vigorante no Estado."

---

43. Controle de Convencionalidade em Matéria Trabalhista. Brasília. Editora Venturoli, 2021, p. 31.
44. Op. cit. p. 32.

Quando a lei ordinária interna for incompatível com o tratado internacional, ou Convenção da OIT, ela não será aplicada, adotando-se a norma internacional. A chamada declaração de "inconvencionalidade" da Lei tem efeitos desde a vigência da norma, ou seja, *ex tunc*.

Como bem concluem Ingo Wolfgang Sarlet, Luiz Guilherme Marinoni e Daniel Mitidiero[45], "a legislação infraconstitucional, para produzir efeitos, não deve apenas estar em consonância com a Constituição Federal, mas também com os tratados internacionais dos direitos humanos. Nessa perspectiva, existem dois parâmetros de controle e dois programas de validação do direito ordinário: além da Constituição, o direito supralegal está a condicionar e a controlar a validade da lei. Isso significa que a lei, nesta dimensão, está submetida a novos limites materiais, postos nos direitos humanos albergados nos tratados internacionais, o que se revela que o Estado contemporâneo – que se relaciona, em recíproca colaboração, com outros Estados constitucionais inseridos numa comunidade – tem capacidade de controlar a legitimidade da lei em face dos direitos humanos tutelados no País e na comunidade latino-americana."

Nesse aspecto, destacam-se os Enunciados 1 e 48 da II Jornada de Direito Material e Processual do Trabalho da Anamatra, *in verbis*:

Enunciado 1:

> "CONTROLE DE CONVENCIONALIDADE DA REFORMA TRABALHISTA. AUSÊNCIA DE CONSULTA TRIPARTITE E DE CONSULTA PRÉVIA ÀS ORGANIZAÇÕES SINDICAIS. I. Reforma Trabalhista. Lei 13.467/2017. Incompatibilidade vertical com as convenções da OIT. Ausência de consulta tripartite. Ofensa à Convenção 144 da OIT. II. Ausência de consulta prévia às organizações de trabalhadores. Ofensa à Convenção 154 da OIT, bem como aos verbetes 1.075, 1.081 e 1.082 do Comitê de Liberdade Sindical do Conselho de Administração da OIT."

Enunciado 48:

> "NEGOCIAÇÃO *IN PEJUS* E INCONVENCIONALIDADE DO ART. 611-A DA CLT. Negociação *in pejus*. Inconvencionalidade. Efeitos paralisantes. A comissão de Expertos em Aplicação de Convênios e Recomendações da OIT (CEACR), no contexto de sua observação

45. Curso de Direito Constitucional. 7ª ed. São Paulo: Saraiva, 2018, p. 1407.

de 2017 sobre a aplicação, pelo Brasil, da Convenção 98 da OIT, reiterou que o objetivo geral das Convenções 98, 151 e 154 é a promoção da negociação coletiva para encontrar acordo sobre termos e condições de trabalho que sejam mais favoráveis que os previstos na legislação. Segundo a CEACR, um dispositivo legal que institui a derrogabilidade geral da legislação laboral por meio da negociação coletiva é contrário ao objetivo da promoção da negociação coletiva livre e voluntária prevista em tais convenções. O artigo 611-A da CLT 'reformada' não é verticalmente compatível com a Convenção 98 da OIT e remanesce formalmente inconvencional, circunstância que impede a sua aplicação, em virtude da eficácia paralisante irradiada pelas convenções."

Cumpre destacar importante decisão do STF nesse sentido, *in verbis*:

> Ação direta de inconstitucionalidade. Lei nº 12.684/2007 do Estado de São Paulo. Proibição do uso de produtos, materiais ou artefatos que contenham quaisquer tipos de amianto ou asbesto. Produção e consumo, proteção do meio ambiente e proteção e defesa da saúde. Competência legislativa concorrente. Impossibilidade de a legislação estadual disciplinar matéria de forma contrária à lei geral federal. Lei federal nº 9.055/1995. Autorização de extração, industrialização, utilização e comercialização do amianto da variedade crisotila. Processo de inconstitucionalização. Alteração nas relações fáticas subjacentes à norma jurídica. Natureza cancerígena do amianto crisotila e inviabilidade de seu uso de forma efetivamente segura. Existência de matérias-primas alternativas. Ausência de revisão da legislação federal, como determina a Convenção nº 162 da OIT. Inconstitucionalidade superveniente da Lei Federal nº 9.055/1995. Competência legislativa plena dos Estados. Constitucionalidade da Lei estadual nº 12.684/2007. Improcedência da ação. 1. A Lei nº 12.684/2007, do Estado de São Paulo, proíbe a utilização, no âmbito daquele Estado, de produtos, materiais ou artefatos que contenham quaisquer tipos de amianto ou asbesto, versando sobre produção e consumo (art. 24, V, CF/88), proteção do meio ambiente (art. 24, VI) e proteção e defesa da saúde (art. 24, XII, CF/88). Dessa forma, compete, concorrentemente, à União a edição de normas gerais e aos Estados suplementar a legislação federal no que couber (art. 24, §§ 1º e 2º, CF/88). Somente na hipótese de inexistência de lei federal é que os estados exercerão a competência legislativa plena (art. 24, § 3º, CF/88). 2. A Constituição de 1988 estabeleceu uma competência concorrente não cumulativa, na qual há expressa delimitação dos modos de atuação de cada ente federativo, os quais

não se sobrepõem. Compete à União editar as normas gerais (art. 24, § 1º), não cabendo aos Estados contrariar ou substituir o que definido em norma geral, mas sim o suplementar (art. 24, § 2º). Se, por um lado, a norma geral não pode impedir o exercício da competência estadual de suplementar as matérias arroladas no art. 24, por outro, não se pode admitir que a legislação estadual possa adentrar a competência da União e disciplinar a matéria de forma contrária à norma geral federal, desvirtuando o mínimo de unidade normativa almejado pela Constituição Federal. A inobservância dos limites constitucionais impostos ao exercício da competência concorrente implica a inconstitucionalidade formal da lei. 3. O art. 1º da Lei Federal nº 9.055/1995 proibiu a extração, a produção, a industrialização, a utilização e a comercialização de todos os tipos de amianto, com exceção da crisotila. Em seu art. 2º, a lei autorizou a extração, a industrialização, a utilização e a comercialização do amianto da variedade crisotila (asbesto branco) na forma definida na lei. Assim, se a lei federal admite, de modo restrito, o uso do amianto, em tese, a lei estadual não poderia proibi-lo totalmente, pois, desse modo, atuaria de forma contrária à prescrição da norma geral federal. Nesse caso, não há norma suplementar, mas norma contrária/substitutiva à lei geral, em detrimento da competência legislativa da União. 4. No entanto, o art. 2º da Lei Federal nº 9.055/1995 passou por um processo de inconstitucionalização, em razão da alteração nas relações fáticas subjacentes à norma jurídica, e, no momento atual, não mais se compatibiliza com a Constituição de 1988. Se, antes, tinha-se notícia dos possíveis riscos à saúde e ao meio ambiente ocasionados pela utilização da crisotila, falando-se, na época da edição da lei, na possibilidade do uso controlado dessa substância, atualmente, o que se observa é um consenso em torno da natureza altamente cancerígena do mineral e da inviabilidade de seu uso de forma efetivamente segura, sendo esse o entendimento oficial dos órgãos nacionais e internacionais que detêm autoridade no tema da saúde em geral e da saúde do trabalhador. 5. A Convenção nº 162 da Organização Internacional do Trabalho, de junho de 1986, prevê, dentre seus princípios gerais, a necessidade de revisão da legislação nacional sempre que o desenvolvimento técnico e o progresso no conhecimento científico o requeiram (art. 3º, § 2º). A convenção também determina a substituição do amianto por material menos danoso, ou mesmo seu efetivo banimento, sempre que isso se revelar necessário e for tecnicamente viável (art. 10). Portanto, o Brasil assumiu o compromisso internacional de revisar sua legislação e de substituir, quando tecnicamente viável, a utilização do amianto crisotila. 6. Quando da edição da lei federal, o país não dispunha de produto qualificado para substituir o amianto crisotila. No entanto, atualmente, existem materiais alternativos. Com o advento de materiais recomendados pelo Ministério da Saúde e pela ANVISA e em atendimento aos compromissos internacionais de revisão periódica da legislação, a Lei Federal nº 9.055/1995 – que, desde sua edição, não sofreu nenhuma atualização – deveria ter sido revista para banir progressivamente a utilização do asbesto na variedade crisotila, ajustando-se ao estágio atual do consenso em torno dos riscos envolvidos na utilização desse mineral. 7. (i) O consenso dos órgãos oficiais de saúde geral e de saúde do trabalhador em torno da natureza altamente cancerígena do amianto crisotila, (ii) a existência de materiais alternativos à fibra de amianto e (iii) a ausência de revisão da legislação federal revelam a inconstitucionalidade superveniente (sob a óptica material) da Lei Federal nº 9.055/1995, por ofensa ao direito à saúde (arts. 6º e 196, CF/88), ao dever estatal de redução dos riscos inerentes ao trabalho por meio de normas de saúde, higiene e segurança (art. 7º, inciso XXII, CF/88), e à proteção do meio ambiente (art. 225, CF/88). 8. Diante da invalidade da norma geral federal, os Estados-Membros passam a ter competência legislativa plena sobre a matéria, nos termos do art. 24, § 3º, da CF/88. Tendo em vista que a Lei nº 12.684/2007 do Estado de São Paulo proíbe a utilização do amianto crisotila nas atividades que menciona, em consonância com os preceitos constitucionais (em especial, os arts. 6º, 7º, inciso XXII, 196 e 225 da CF/88) e com os compromissos internacionais subscritos pelo Estado brasileiro, não incide ela no mesmo vício de inconstitucionalidade material da legislação federal. 9. Ação direta julgada improcedente, com a declaração incidental de inconstitucionalidade do art. 2º da Lei 9.055/1995, com efeito *erga omnes* e vinculante" (STF, ADI 3937, Tribunal Pleno, Relator(a): Min. Marco Aurélio, Redator(a) do acórdão: Min. Dias Toffoli, Julgamento: 24/08/2017, Publicação: 01/02/2019).

CAPÍTULO IV

DA INTERPRETAÇÃO E APLICAÇÃO DO DIREITO DO TRABALHO

1. DA INTERPRETAÇÃO DO DIREITO DO TRABALHO

A lei, como se sabe, é um texto que ganha vida e tem a potencialidade de virar norma a reger os casos concretos, após a interpretação.

A interpretação da lei e do direito é um processo complexo, que envolve a análise do texto legal, suas palavras, a busca do seu sentido, sua finalidade, a historicidade de sua criação, o confronto com outras regras do mesmo instituto, sua harmonização com o texto constitucional e com os princípios que regem o Direito do Trabalho.

De outro lado, a aplicação da lei ao caso concreto, além da interpretação, compreende a análise das peculiaridades e singularidades do caso concreto.

Ensina *Carlos Maximiliano*[1]:

> "Interpretar é explicar, esclarecer; dar o significado de vocábulo, atitude ou gesto; reproduzir por outras palavras um pensamento exteriorizado; mostrar o sentido verdadeiro de uma expressão; extrair, de frase, sentença ou norma, tudo o que na mesma se contém."

1. Hermenêutica e aplicação do direito. 19. ed. Rio Janeiro: Forense, 2003. p. 07.

Conforme menciona *Tércio Sampaio Ferraz Júnior*[2], a norma jurídica trata-se de uma proposição que diz como deve ser o comportamento, isto é, uma proposição de dever-ser. Publicada a norma, ela passa a ter vida própria, conforme o sistema de normas no qual está inserida.

A lei, uma vez publicada e inserida no sistema de normas, adquire vida própria, desvinculando-se do seu criador e dos motivos que ensejaram sua edição. Por essa razão, deve ser livremente interpretada em compasso com as demais normas do sistema e do momento social em que ela se insere e, principalmente, confrontada com os princípios constitucionais do Direito do Trabalho.

Atualmente, doutrina e jurisprudência admitem ampla liberdade do juiz na interpretação das normas processuais como decorrência do princípio do livre convencimento motivado e da imparcialidade.

Toda lei deve ser interpretada, não se aplicando mais atualmente o princípio *in claris cessat interpretatio*. Além disso, a lei é um texto que somente adquire o *status* de norma, após a interpretação.

A interpretação da legislação trabalhista deve estar em compasso com os princípios constitucionais que orientam o trabalho humano. Desse modo, toda regra que rege o Direito do Trabalho deve ser lida com os olhos da Constituição Federal, buscando sempre a máxima eficiência das regras e princípios constitucionais.

Como nos adverte Maurício Godinho Delgado[3], o Direito do Trabalho, além de ser analisado pelos métodos tradicionais de interpretação, "deve ser sempre interpretado sob um enfoque de certo modo valorativo (a chamada jurisprudência axiológica), inspirado pela prevalência dos valores e princípios essenciais do Direito do Trabalho no processo de interpretação. Assim, os valores sociais preponderam sobre os valores particulares, os valores coletivos sobre os valores individuais. A essa valoração específica devem se agregar ainda – e harmonicamente – os princípios justrabalhistas, especialmente um dos nucleares do ramo jurídico, o princípio da norma mais favorável."

2. Introdução ao estudo do direito. 5. ed. São Paulo: Atlas, 2007. p. 100.
3. Curso de Direito do Trabalho. 19ª ed. São Paulo: Ltr, 2020, p. 278.

2. MÉTODOS CLÁSSICOS DE INTERPRETAÇÃO DO DIREITO DO TRABALHO

Os métodos de interpretação do Direito do Trabalho não diferem dos concernente à teoria geral do direito. No entanto, na esfera trabalhista, busca-se aferir a finalidade social da lei.

2.1. Literal ou gramatical

O presente método leva em consideração o significado das palavras para se chegar à interpretação da lei. Como destaca *Tércio Sampaio Ferraz Júnior*[4], quando se enfrenta uma questão léxica, a doutrina costuma falar em interpretação gramatical. Parte-se do pressuposto de que a ordem das palavras e o modo como elas estão conectadas são importantes para obter-se o correto significado da norma.

Adverte-nos Carlos Maximiliano[5]: "o primeiro esforço de quem pretende compreender pensamentos alheios orienta-se no sentido de entender a linguagem empregada. Daí se originou o processo verbal, ou filológico, de exegese. Atende à forma exterior do texto, preocupa-se com as acepções várias dos vocábulos, graças ao manejo relativamente perfeito e ao conhecimento integral das leis e usos da linguagem, procura descobrir qual deve ou pode ser o sentido de uma frase, dispositivo ou norma."

O método gramatical é o primeiro recurso a ser usado na interpretação, mas não deve ser o único, devendo sempre o Juiz do Trabalho utilizar os demais métodos de interpretação para chegar ao real significado da norma.

2.2. Histórico

O método histórico investiga os motivos sociológicos que deram origem à edição de determinada norma, buscando as principais discussões que se travaram nas assembleias legislativas para a edição de determinada lei trabalhista.

Procura-se conhecer o passado da lei para se compreender bem seu significado.

---

4. *Introdução ao estudo do direito*. 5. ed. São Paulo: Atlas, 2007. p. 289.
5. Hermenêutica e Aplicação do Direito. Rio de Janeiro: Forense, 2003, p. 87.

Como aduz Carlos Maximiliano[6], "o legislador é um filho do seu tempo; fala a linguagem do seu século, e assim deve ser encarado e compreendido."

2.3. Teleológico

Ensina-nos Carlos Maximiliano[7] que "toda prescrição legal tem provavelmente um escopo, e presume-se que a este pretenderam corresponder os autores da mesma, isto é, quiseram a tornar eficiente, converter em realidade o objetivo ideado. A regra positiva deve ser entendida de modo que satisfaça aquele propósito; quando assim não procedia, construíam a obra do hermeneuta sobre a areia movediça do processo gramatical."

Esse método busca investigar a finalidade social da norma, ou seja, o seu objetivo e fim social.

Nessa direção, é o art. 5º da LINDB que determina que o juiz, ao aplicar a lei, atente-se aos fins sociais a que ela se dirige e às exigências do bem comum.

No mesmo sentido o art. 852-I da CLT, *in verbis*:

> "A sentença mencionará os elementos de convicção do juízo, com resumo dos fatos relevantes ocorridos em audiência, dispensado o relatório. § 1º O juízo adotará em cada caso a decisão que reputar mais justa e equânime, atendendo aos fins sociais da lei e as exigências do bem comum."

2.4. Sistemático

O método sistemático constitui forma de interpretação da lei em cotejo com o sistema de normas no qual ela se insere, cotejando-a com as demais regras e princípios que disciplinam determinado instituto processual.

Parte-se da premissa de que a lei não se interpreta em tiras, e sim no seu conjunto, mas também em confronto com outras leis, principalmente as de hierarquia superior, como a Constituição Federal.

6. Hermenêutica e Aplicação do Direito. Rio de Janeiro: Forense, 2003, p. 113.
7. Hermenêutica e Aplicação do Direito. 19ª ed. Rio de Janeiro: Forense, 2003, p. 124.

Leciona *Carlos Maximiliano*[8]: "consiste o processo sistemático em comparar o dispositivo sujeito a exegese, com outros do mesmo repositório ou de leis diversas, mas referentes ao mesmo objeto. Por umas normas se conhece o espírito de outras. Procura-se conciliar as partes antecedentes com as consequentes, e do exame das regras em conjunto deduzir o sentido de cada uma."

O método sistemático parte da ideia de ser o ordenamento jurídico processual um sistema harmônico de normas. Como destaca *Tércio Sampaio Ferraz Júnior*[9]:

> "Quando se enfrentam as questões de compatibilidade num todo estrutural, falemos em interpretação sistemática (*stricto sensu*). A pressuposição hermenêutica é a da unidade do sistema jurídico do ordenamento."

2.5. Restritivo

Nesse método, restringe-se o alcance de determinada lei processual para que a regra somente incida nas hipóteses taxativas que disciplina.

Como destaca *Carlos Maximiliano*[10], a exegese restrita atinge menos do que a letra, à primeira vista, traduz.

No Direito do Trabalho, as normas que implicam restrições de direito são interpretadas restritivamente, como a renúncia e a transação, bem como as regras proibitivas.

2.6. Extensivo

Por esse método, dilata-se o alcance de determinada regra processual para disciplinar hipóteses não descritas expressamente na lei.

Como conclui *Carlos Maximiliano*[11], a exegese extensiva objetiva extrair do texto mais do que as palavras parecem indicar.

8. *Op. cit.*, p. 104.
9. *Op. cit.*, p. 293.
10. *Op. cit.*, p. 163.
11. *Op. cit.*, p. 163.

2.7. Autêntica e doutrinal

Alguns institutos do direito, quer por sua complexidade, ou pelos problemas práticos de sua aplicação, exigem uma correta delimitação do seu conteúdo, por meio de uma definição objetiva. Essa definição pode ser realizada pelo próprio legislador ou, quando este não o faz, pela doutrina e jurisprudência.

Como nos traz Carlos Maximiliano[12], "denomina-se autêntica a interpretação quando emana do próprio poder que fez o ato cujo sentido e alcance declara."

Quanto à interpretação doutrinal, destaca Carlos Maximiliano[13] "que esta se divide em judiciária ou usual, e doutrinal propriamente dita, privada ou científica, ambas obtidas pelos mesmos processos e resultantes da aplicação das mesmas regras. A primeira origina-se nos tribunais, a segunda é o produto das lucubrações dos particulares, das pesquisas dos eruditos, *communis opinio doctorum*. Uma e outra adquirem grande prestígio quando uniformes, duradouras, e confirmadas ou defendidas por jurisconsultos de valor, com assento no pretório, ou brilhantes advogados, catedráticos, escritores."

3. REGRAS DE INTERPRETAÇÃO CONSTITUCIONAL

A moderna doutrina, diante da constitucionalização do Direito e também do Direito do Trabalho, tem dado destaque às regras de interpretação do texto constitucional, que consistem em verdadeiros princípios, evidenciando-se os seguintes: (a) unidade; (b) interpretação conforme a Constituição; (c) máxima efetividade; (d) força normativa da Constituição; e (e) proporcionalidade.

3.1. Unidade

O princípio da unidade parte do pressuposto de que a Constituição constitui um sistema harmônico de normas integradas, no qual uma norma, embora conserve sua autonomia, encontra fundamento em outra norma constitucional. Desse modo, a interpretação deve procurar observar a harmonia do sistema constitucional, interpretando as normas constitucionais

12. Hermenêutica e Aplicação do Direito. 19ª ed. Rio de Janeiro. Forense, 2003, p. 71.
13. Op. Cit. P. 76.

em conjunto, de forma sistemática. Por essa razão, diz-se que a Constituição não deve ser "interpretada em tiras", e sim em seu conjunto de normas.

Como bem adverte J.J. Gomes Canotilho[14]: "o princípio da unidade da constituição ganha relevo autônomo como princípio interpretativo quando com ele se quer significar que a constituição deve ser interpretada de forma a evitar contradições (antinomias, antagonismos) entre suas normas."

3.2. Conformidade com a Constituição

Com relação ao princípio da interpretação conforme a Constituição Federal, este determina que a interpretação da legislação trabalhista deve estar em compasso com as normas constitucionais. Desse modo, toda norma que rege o **direito do trabalho** deve ser lida com os olhos da Constituição Federal, buscando sempre a máxima eficiência das normas e princípios constitucionais do trabalho.

Como bem nos explica J. J. Gomes Canotilho[15]:

> "O princípio da interpretação das leis em conformidade com a constituição é fundamentalmente um princípio de controlo (tem como função assegurar a constitucionalidade da interpretação) e ganha relevância autónoma quando a utilização dos vários elementos interpretativos não permite a obtenção de um sentido inequívoco dentre os vários significados da norma. Daí a sua formulação básica; no caso de normas polissémicas ou plurissignificativas deve dar-se preferência à interpretação que lhe dê um sentido em conformidade com a constituição. Esta formulação comporta várias dimensões: 1) princípio da prevalência da constituição impõe que, dentre as várias possibilidades de interpretação, só deve escolher-se uma interpretação não contrária ao texto e programa da norma ou normas constitucionais; 2) o princípio da conservação de normas afirma que uma norma não deve ser declarada inconstitucional quando, observados os fins da norma, ela pode ser interpretada em conformidade com a constituição; 3) o princípio da exclusão da interpretação conforme a constituição mas 'contra legem' impõe que o aplicador de uma norma não pode contrariar a letra e o sentido dessa norma através de uma interpretação conforme a constituição, mesmo que através

14. Direito Constitucional e Teoria da Constituição. 7ª ed. Coimbra Portugal: Almedina, 2003, p. 1223.
15. Op. cit. p. 1226.

desta interpretação consiga uma concordância entre a norma infraconstitucional e as normas constitucionais. Quando estiverem em causa duas ou mais interpretações – todas em conformidade com a Constituição – deverá procurar-se a interpretação considerada como a *melhor orientada* para a Constituição."

3.3. Máxima efetividade

O princípio da máxima efetividade ou eficiência determina que a interpretação procure o sentido da norma que propicie maior efetividade do texto constitucional.

J. J. Gomes Canotilho afirma: "este princípio, também designado por princípio da eficiência ou princípio da interpretação efectiva, pode ser formulado da seguinte maneira: a uma norma constitucional deve ser atribuído o sentido que maior eficácia lhe dê. É um princípio operativo em relação a todas e quaisquer normas constitucionais, e embora a sua origem esteja ligada à tese da actualidade das normas programáticas (Thoma), é hoje, sobretudo, invocado no âmbito dos direitos fundamentais (no caso de dúvidas deve preferir-se a interpretação que reconheça maior eficácia aos direitos fundamentais)."[16]

3.4. Força normativa

Com relação ao princípio da força normativa, este propicia a atualização do texto constitucional e da legislação infraconstitucional às necessidades atuais da sociedade por meio de interpretação, garantindo-se ao texto constitucional efetividade e permanência. Por essa razão, é possível dar outro sentido ao texto constitucional sem alteração formal de seu texto (alguns autores denominam essa hipótese de mutação constitucional).

Como nos ensina *Willis Santiago Guerra Filho*, "chama a atenção para a historicidade das estruturas sociais, às quais se reporta a Constituição, donde a necessidade permanente de se proceder a sua atualização normativa, garantindo, assim, sua eficácia e permanência. Esse princípio nos alerta para a circunstância de que a evolução social determina sempre, se não

16. CANOTILHO, J. J. Gomes. *Direito constitucional e teoria da Constituição*, p. 1.224.

uma modificação do texto constitucional, pelo menos alterações no modo de compreendê-lo, bem como às normas infraconstitucionais."[17]

3.5. Proporcionalidade

O princípio da proporcionalidade, também chamado de regra de ponderação, destina-se a solucionar o conflito entre princípios constitucionais, em um caso concreto, aplicando-se um princípio, em vez do outro que está em conflito, sem descartar a validade e a eficácia do princípio não aplicado.

Ao aplicar o princípio da proporcionalidade, a doutrina tem fixado algumas regras ou subprincípios da proporcionalidade, quais sejam: necessidade, adequação e proporcionalidade em sentido estrito.

Desse modo, no conflito de princípios no caso concreto, deve o juiz avaliar, primeiramente, se o sacrifício de um princípio em prol do outro é necessário, diante das circunstâncias do caso concreto. Como bem aduz *Virgílio Afonso da Silva*, "quando se fala em necessidade ou em exigibilidade, nos termos da regra da proporcionalidade, não se quer fazer uma situação de necessidade, de urgência ou de que algo precisa necessariamente ser feito. [...] Assim, um ato estatal que limita direito fundamental é somente necessário caso a realização do objetivo perseguido não possa ser promovida, com a mesma intensidade, por meio de outro ato que limite, em menor medida, o direito fundamental atingido."[18]

Posteriormente, deve ser avaliada a adequação da medida escolhida, se ela é adequada para a efetividade do direito no caso concreto. Como destaca *Virgílio Afonso da Silva*, "quando uma medida estatal implica intervenção no âmbito de proteção de um direito fundamental, necessariamente essa medida deve ter como objetivo um fim constitucionalmente legítimo, que, em geral, é a realização de outro direito fundamental."[19]

Por fim, deve-se realizar o juízo de ponderação em sentido estrito, aplicando o princípio mais vantajoso e menos traumático, escolhendo o princípio que pode ser sacrificado em prol de outro aplicado no caso concreto e devendo considerar sempre a proteção efetiva à dignidade da pessoa humana.

---

17. GUERRA FILHO, Willis Santiago. Ob. cit., p. 79.
18. SILVA, Virgílio Afonso da. *Direitos fundamentais:* conteúdo essencial, restrições e eficácia. São Paulo: Malheiros, 2009. p. 170-171.
19. *Ibidem*, p. 169-170.

Como nos advertem Gilmar Mendes e Paulo Gustavo Gonet Branco[20], "o princípio da dignidade humana assume relevo ímpar na decisão do processo de ponderação entre as posições em conflito. É certo que o Supremo Tribunal Federal está a se utilizar, constantemente, do princípio da proporcionalidade como 'lei da ponderação', rejeitando a intervenção que impõe ao atingido um ônus intolerável e desproporcional."

4. LIMITAÇÃO DA INTERPRETAÇÃO DAS NORMAS COLETIVAS PELOS TRIBUNAIS TRABALHISTAS (LEI 13.467/17)

Dispõe o artigo 8º, § 2º, da CLT:

> "Súmulas e outros enunciados de jurisprudência editados pelo Tribunal Superior do Trabalho e pelos Tribunais Regionais do Trabalho não poderão restringir direitos legalmente previstos nem criar obrigações que não estejam previstas em lei."

O § 2º, do art. 8º, da CLT, com a redação dada pela Lei 13.467/17, visou a restringir o alcance da jurisprudência trabalhista, vedando que o Judiciário, por meio de interpretação, aplicação ou integração do direito, restrinja ou crie direito não previsto em lei. Trata-se de regra que não encontra similar em outros ramos do direito ou do Judiciário.

O Código de Processo Civil de 2015 contém dispositivo muito melhor que o da CLT previsto no art. 926, que assim dispõe:

> "Os tribunais devem uniformizar sua jurisprudência e mantê-la estável, íntegra e coerente. § 1º Na forma estabelecida e segundo os pressupostos fixados no regimento interno, os tribunais editarão enunciados de súmula correspondentes a sua jurisprudência dominante. § 2º Ao editar enunciados de súmula, os tribunais devem ater-se às circunstâncias fáticas dos precedentes que motivaram sua criação."

De nossa parte, o § 2º do art. 8º da CLT é inconstitucional por impedir a livre interpretação e aplicação do direito pelos Tribunais Trabalhistas, inibir a eficácia dos direitos fundamentais, bem como dos princípios constitucionais. Além disso, impede a evolução da jurisprudência e restringe o acesso à justiça (art. 5º, XXXV, da CF).

---

20. Curso de direito Constitucional. 10ª ed. São Paulo: Saraiva, 2015, p. 247.

Em épocas marcadas por grandes codificações, seguindo o sistema romano-germânico de legislação escrita e rígida, o juiz, praticamente, não podia interpretar a lei, somente podendo aplicá-la, subsumindo os fatos ao prévio catálogo de lei. O juiz era apenas a voz e a boca da lei (*bouche de la loi*). Tornou-se clássica a frase *in claris cessat interpretatio* do Código Civil francês.

Na visão de Montesquieu, os juízes eram seres inanimados que não podiam moderar a sua força (a Lei) nem o seu rigor. O juiz nada criaria, apenas aplicaria o direito (previamente elaborado pelo legislador) ao caso concreto. O catálogo de todas as soluções possíveis preexistiria ao caso litigioso. Ao juiz nada mais se pediria senão confrontar o fato com tal catálogo, até localizar a regra legal que resolveria o problema. Sua atividade mental seria apenas silogística[21].

Atualmente, o sistema constitucional brasileiro, fruto do Estado Social, reconhece a liberdade de convicção do magistrado como não só uma garantia da cidadania, mas também um pilar de sustentação do regime democrático de tripartição de poderes.

Como bem aponta José Lúcio Munhoz[22], "em que pese não caber ao Judiciário criar obrigações não previstas em lei nem restringir direitos já legalmente estabelecidos, o juiz não é impedido de interpretar o alcance da norma e verificar sua compatibilidade com o sistema jurídico na qual ela é inserida, sendo isso não apenas uma opção, mas, em verdade, uma obrigação de qualquer magistrado."

A doutrina tem destacado importante papel do Judiciário Trabalhista na concretização e efetivação dos direitos fundamentais do trabalhador, não sendo este apenas a chamada "boca da lei", mas livre para realizar interpretações construtivas e evolutivas do direito, a partir dos princípios constitucionais, com a finalidade de encontrar equilíbrio entre a livre-iniciativa e a dignidade da pessoa humana do trabalhador.

---

21. FACCHINI NETO, Eugênio. Reflexões históricoevolutivas sobre a constitucionalização do direito privado. In: SARLET, Ingo Wolfgang (Coord.). *Constituição, Direitos Fundamentais e Direito Privado*. Rio de Janeiro: Renovar, 2004. p. 23.

22. In: Reforma Trabalhista Comentada por Juízes do Trabalho: Artigo por Artigo. São Paulo: LTr, 2018, p. 46-47.

5. APLICAÇÃO DA LEI TRABALHISTA NO TEMPO

O contrato de trabalho, como regra, é regido pelas leis vigentes à época de sua pactuação. No entanto, como é sabido, o contrato de trabalho é um pacto de trato sucessivo, que perdura no tempo e está sujeito a alterações.

As normas que estabelecem direitos superiores aos vigentes quando da pactuação do contato são aplicáveis de imediato aos contratos em curso. Por sua vez, as normas que restringem direitos somente são aplicáveis aos contratos firmados após sua vigência. Devem ser considerados, aqui, dois princípios fundamentais:

a) irredutibilidade salarial;

b) condição mais benéfica.

Debates acirrados surgiram por ocasião da vigência da Lei 13.467/17 (Reforma Trabalhista) que suprimiu alguns direitos trabalhistas e alterou *in pejus* dispositivos da CLT. A novel legislação aplica-se aos contratos vigentes?

Duas correntes formaram-se a respeito, quais sejam:

a) Aplica-se, pois o contrato de trabalho é de pacto sucessivo, sendo previsíveis eventuais alterações, e se a garantia trabalhista deixou de existir ela alcança os contratos em curso. Nesse sentido, já decidiu o Supremo Tribunal Federal *in verbis*:

> "CONSTITUCIONAL E ECONÔMICO. SISTEMA MONETÁRIO. PLANO REAL. NORMAS DE TRANSPOSIÇÃO DAS OBRIGAÇÕES MONETÁRIAS ANTERIORES. INCIDÊNCIA IMEDIATA, INCLUSIVE SOBRE CONTRATOS EM CURSO DE EXECUÇÃO. ART. 21 DA MP 542/94. INEXISTÊNCIA DE DIREITO ADQUIRIDO À MANUTENÇÃO DOS TERMOS ORIGINAIS DAS CLÁUSULAS DE CORREÇÃO MONETÁRIA. 1. A aplicação da cláusula constitucional que assegura, em face da lei nova, a preservação do direito adquirido e do ato jurídico perfeito (CF, art. 5º, XXXVI) impõe distinguir duas diferentes espécies de situações jurídicas: (a) as situações jurídicas individuais, que são formadas por ato de vontade (especialmente os contratos), cuja celebração, quando legítima, já lhes outorga a condição de ato jurídico perfeito, inibindo, desde então, a incidência de modificações legislativas supervenientes; e (b) as situações jurídicas institucionais ou estatutárias, que são formadas segundo normas gerais e abstratas, de natureza cogente, em cujo âmbito os direitos somente podem ser considerados adquiridos quando inteiramente formado o suporte fático previsto na lei como necessário à

sua incidência. Nessas situações, as normas supervenientes, embora não comportem aplicação retroativa, podem ter aplicação imediata. 2. Segundo reiterada jurisprudência do Supremo Tribunal Federal, as normas que tratam do regime monetário – inclusive, portanto, as de correção monetária – têm natureza institucional e estatutária, insuscetíveis de disposição por ato de vontade, razão pela qual sua incidência é imediata, alcançando as situações jurídicas em curso de formação ou de execução. É irrelevante, para esse efeito, que a cláusula estatutária esteja reproduzida em ato negocial (contrato), eis que essa não é circunstância juridicamente apta a modificar a sua natureza. 3. As disposições do art. 21 da Lei 9.069/95, resultante da conversão da MP 542/94, formam um dos mais importantes conjuntos de preceitos normativos do Plano Real, um dos seus pilares essenciais, justamente o que fixa os critérios para a transposição das obrigações monetárias, inclusive contratuais, do antigo para o novo sistema monetário. São, portanto, preceitos de ordem pública e seu conteúdo, por não ser suscetível de disposição por atos de vontade, tem natureza estatutária, vinculando de forma necessariamente semelhante a todos os destinatários. Dada essa natureza institucional (estatutária), não há inconstitucionalidade na sua aplicação imediata (que não se confunde com aplicação retroativa) para disciplinar as cláusulas de correção monetária de contratos em curso. 4. Recurso extraordinário a que se nega provimento" (STF, RE 211304, Tribunal Pleno, Rel. Min. Teori Zavascki, *DJE* 03/08/2015).

b) A nova lei não se aplica aos contratos em curso, pois devem-se respeitar os princípios protetor, sob a vertente da condição mais benéfica e o princípio constitucional da irredutibilidade salarial.

Nesse sentido, decidiu o Tribunal Superior do Trabalho, cujas ementas seguem:

"AGRAVO DE INSTRUMENTO. RECURSO DE REVISTA INTERPOSTO SOB A ÉGIDE DAS LEIS N°s 13.015/2014, 13.105/2015 E 13.467/2017. 1. PRELIMINAR DE NULIDADE. CERCEAMENTO DO DIREITO DE DEFESA. UTILIZAÇÃO DE PROVA EMPRESTADA. ANUÊNCIA DA PARTE CONTRÁRIA. DESNECESSIDADE. Não há óbice ao acolhimento da prova pericial como prova emprestada, sem anuência do litigante contrário, uma vez que validamente produzida no processo de origem, com a participação do interessado, além de ser submetida ao contraditório no processo para o qual migra. O juiz tem ampla liberdade na direção do processo, devendo velar pelo andamento rápido das causas, nos termos do art. 765 da

CLT, e, ainda, conforme o art. 370 do CPC, indeferir as diligências inúteis ou meramente protelatórias. 2. INTERVALO INTRAJORNADA. CONCESSÃO PARCIAL. PAGAMENTO INTEGRAL DO PERÍODO. NATUREZA JURÍDICA. DIREITO INTERTEMPORAL. 2.1. Segundo a máxima latina, 'tempus regit actum', os atos jurídicos são regidos pela lei da época em que ocorrem. Quanto ao tema, os arts. 5º, XXXVI, da Constituição Federal e 6º da LINDB consagram o princípio da retroatividade restrita das Leis, recorrendo à teoria subjetiva de Gabba, quanto ao direito adquirido, e à teoria objetiva de Roubier, quanto à incidência imediata da lei nova sobre os fatos pendentes. 2.2. Para que a Lei retroaja, no direito brasileiro, há de haver disposição expressa nesse sentido. Na hipótese, a Lei nº 13.467/2017 (Reforma Trabalhista) institui, apenas, a sua entrada 'em vigor após decorridos cento e vinte dias de sua publicação oficial' (art. 6º). 2.3. Partindo-se dessas premissas, revela-se improsperável a pretensão da recorrente quanto à aplicabilidade imediata das regras de direito material previstas na Lei nº 13.467/2017 (Reforma Trabalhista) sobre os contratos já extintos à época do início da sua vigência. 2.4. Nessa esteira, estando a decisão em conformidade com a Súmula 437, I e III, do TST, não merece processamento o apelo (Súmula 333/TST). Agravo de instrumento conhecido e desprovido" (AIRR 12127-49.2016.5.18.0012, 3ª Turma, Relator Ministro Alberto Luiz Bresciani de Fontan Pereira, *DEJT* 22/02/2019).

"PRÊMIO-PRODUÇÃO. NATUREZA JURÍDICA. DIREITO MATERIAL. CONTRATOS CELEBRADOS EM MOMENTO ANTERIOR AO ADVENTO DA LEI 13.467/2017. DIREITO INTERTEMPORAL. Cinge-se a controvérsia acerca da eficácia da lei no tempo e a aplicabilidade ou não da lei nova – na presente hipótese, a Lei 13.467/2017 – aos contratos de trabalho em curso no momento de sua entrada em vigor. No plano do Direito Material do Trabalho, desponta dúvida com relação aos contratos já vigorantes na data da vigência da nova lei, ou seja, contratos precedentes a 11 de novembro de 2017. De inequívoca complexidade, o exame do tema em exame perpassa necessariamente pelas noções de segurança jurídica, direito intertemporal e ato jurídico perfeito. No ordenamento jurídico brasileiro, a regra de irretroatividade da lei – à exceção da Constituição Federal de 1937 – possui *status* constitucional. A Constituição de 1988, no art. 5º, inciso XXXVI, dispõe que 'a lei não prejudicará o direito adquirido, o ato jurídico perfeito e a coisa julgada'. No âmbito infraconstitucional, os limites de bloqueio à retroatividade e eficácia imediata da lei são tratados no art. 6º da Lei de Introdução às Normas do Direito Brasileiro, dispondo o *caput* do citado dispositivo que: 'A Lei em vigor terá efeito imediato e geral, respeitados o ato jurídico perfeito, o direito adquirido e a coisa julgada'. A solução do conflito das leis no tempo, em especial a aplicação da lei nova às relações jurídicas nascidas sob a lei antiga, mas ainda em curso, envolve, nas palavras de Caio Mário da Silva Pereira, tormentoso problema, entre 'a lei do progresso social' e o 'princípio da segurança e da estabilidade social, exigindo o respeito do legislador pelas relações jurídicas validamente criadas'. E, segundo o festejado autor, 'aí está o conflito: permitir, sem restrições, que estas se desenvolvam em toda a plenitude, sem serem molestadas pela lei nova, é negar o sentido de perfeição que as exigências sociais, traduzidas no novo diploma, pretendem imprimir ao ordenamento jurídico; mas aceitar também que a lei atual faça tábula rasa da lei anterior e de todas as suas influências, como se a vida de todo o direito e a existência de todas as relações sociais tivessem começo no dia em que se iniciou a vigência da lei modificadora, é ofender a própria estabilidade da vida civil e instituir o regime da mais franca insegurança, enunciando a instabilidade social como norma legislativa' . Nessa ordem de ideias, Caio Mário da Silva Pereira, no campo dos contratos, citando Henri de Page, ainda leciona que: 'Os contratos nascidos sob o império da lei antiga permanecem a ela submetidos, mesmo quando os seus efeitos se desenvolvem sob o domínio da lei nova. O que a inspira é a necessidade da segurança em matéria contratual. No conflito dos dois interesses, o do progresso, que comanda a aplicação imediata da lei nova, e o da estabilidade do contrato, que conserva aplicável a lei antiga, tanto no que concerne às condições de formação, de validade e de prova, quanto no que alude aos efeitos dos contratos celebrados na vigência da lei anterior, preleva este sobre aquele'. Importante também destacar que Paul Roubier, em amplo estudo de direito intertemporal, exceptua os contratos em curso dos efeitos imediatos da lei nova. Admitindo o citado jurista a retroatividade da lei nova apenas quando expressamente prevista pelo legislador. Circunstância que não ocorre na hipótese sob exame. Seguindo a diretriz exposta destacam-se julgados do STF e STJ. Assente-se que a jurisprudência do TST, ao enfrentar, há poucos anos, situação parecida – redução da base de cálculo do adicional de periculosidade do empregado eletricitário, em decorrência do advento da então nova Lei nº 12.740, de 08.12.2012 –, sufragou a vertente interpretativa de exclusão dos contratos em curso dos efeitos imediatos da lei nova, ao aprovar alteração em sua Súmula 191 no sentido de afirmar que a 'alteração da base de cálculo do adicional de periculosidade do eletricitário promovida pela Lei n. 12.740/2012 atinge somente contrato de trabalho firmado a partir de sua vigência, de modo que, nesse caso, o cálculo será realizado exclusivamente sobre o salário básico, conforme determina o § 1º do art. 193 da CLT' (Súmula 191, inciso III; grifos acrescidos). Com efeito,

> a irretroatividade da lei nova aos contratos de trabalho já vigorantes na data de sua vigência ganha maior relevo, diante dos princípios constitucionais da vedação do retrocesso social (art. 5º, § 2º, CF), da progressividade social (art. 7º, caput, CF) e da irredutibilidade salarial (art. 7º, VI, CF). Nessa perspectiva, em relação às partes integrantes de contrato de trabalho em curso no momento da entrada em vigor da Lei 13.467/2017, ou seja, firmados sob a égide da lei anterior, a prevalência das regras legais vigentes à época da contratação e norteadoras das cláusulas contratuais que as vinculam (*tempus regit actum* e *pacta sunt servanda*) imprime a certeza dos negócios jurídicos, a estabilidade aos direitos subjetivos e aos deveres, bem como a previsibilidade do resultado das condutas das partes contratuais – características essas inerentes à segurança jurídica, conforme a conceituação apresentada por José Afonso da Silva: 'Nos termos da Constituição a segurança jurídica pode ser entendida num sentido amplo e num sentido estrito. No primeiro, ela assume o sentido geral de garantia, proteção, estabilidade de situação ou pessoa em vários campos, dependente do adjetivo que a qualifica. Em sentido estrito, a segurança jurídica consiste na garantia de estabilidade e de certeza dos negócios jurídicos, de sorte que as pessoas saibam de antemão que, uma vez envolvidas em determinada relação jurídica, esta se mantém estável, mesmo se modificar a base legal sob a qual se estabeleceu'. Acresça-se que esse parâmetro de regência do Direito Intertemporal aplica-se, no Direito brasileiro, ao Direito Civil, ao Direito do Consumidor, ao Direito Locatício, ao Direito Ambiental, aos contratos de financiamento habitacional, entre outros exemplos. Não há incompatibilidade para a sua atuação também no Direito do Trabalho, salvo quanto a regras que fixam procedimentos específicos, ao invés da tutela de direitos individuais e sociais trabalhistas. Em consequência, a aplicação das inovações trazidas pela Lei nº 13.467/17 aos contratos em curso, especificamente quanto à supressão ou redução de direitos, não alcança os contratos de trabalho dos empregados em vigor quando da alteração legislativa (11.11.2017). Julgados desta Corte Superior. Recurso de revista conhecido e provido, quanto ao tema" (TST, RRAg 370-55.2020.5.23.0052, 3ª Turma, Relator Ministro Mauricio Godinho Delgado, *DEJT* 29/06/2022).

De nossa parte, as disposições da Lei 13.467/17 (Reforma Trabalhista) que retiraram direitos trabalhistas somente se aplicam aos novos contratos, e não aos contratos em curso, utilizando-se os princípios protetor, sob a modalidade da condição mais benéfica, irredutibilidade salarial, e o vetor constitucional central do Direito do Trabalho, que é o princípio da melhoria da condição social do trabalhador.

6. APLICAÇÃO DAS NORMAS DO DIREITO DO TRABALHO NO ESPAÇO

Pelo princípio da soberania, como regra, aplica-se a lei brasileira para as relações trabalhistas que ocorreram no território brasileiro. Quando há tratado ou convenção internacional a respeito, aplica-se a norma internacional.

O Tribunal Superior do Trabalho firmou jurisprudência[23] no sentido de que: sendo a competência da Justiça do Trabalho brasileira para a demanda na qual o empregado tivesse trabalhado no exterior, a legislação aplicável seria a do local da prestação de serviços (*lex loci executionis*). Entretanto, o TST cancelou a Súmula n. 207 de sua jurisprudência, abrindo novamente o debate sobre a questão.

De nossa parte, o cancelamento da Súmula n. 207 do TST foi oportuno, pois nem sempre a lei do local da prestação de serviços é a mais benéfica ao trabalhador e o melhor diploma legislativo a reger a relação de emprego. Tendo prestado o trabalhador serviços no Brasil e transferido para o exterior, a Justiça do Trabalho brasileira deverá aplicar a lei trabalhista mais benéfica ao trabalhador, ou a da prestação de serviços ou a lei brasileira. A comparação entre as leis será realizada no conjunto de suas disposições (princípio do conglobamento).

Nesse sentido, destaca-se o art. 3º da Lei 7064/82[24], aplicável a trabalhadores contratados no Brasil, *in verbis*:

> "A empresa responsável pelo contrato de trabalho do empregado transferido assegurar-lhe-á, independentemente da observância da legislação do local da execução dos serviços: (...) II – a aplicação da legislação brasileira de proteção ao trabalho, naquilo que não for incompatível com o disposto nesta Lei, quando mais favorável do que a legislação territorial, no conjunto de normas e em relação a cada matéria."

Nesse sentido, a seguinte ementa:

> "CONFLITO DE NORMAS. DIREITO MATERIAL APLICÁVEL. Com espeque no art. 3º, II, da Lei n. 7.064/82, bem como no Princípio da Proteção (prevalência da norma mais favorável ao trabalhador),

---

23. Súmula n. 207 do TST: "Conflitos de leis trabalhistas no espaço. Princípio da *lex loci executionis* – A relação jurídica trabalhista é regida pelas leis vigentes no país da prestação de serviço, e não por aquelas do local da contratação" (cancelada).
24. Conforme o art. 1º da Lei 7064/82, "Esta Lei regula a situação de trabalhadores contratados no Brasil ou transferidos por seus empregadores para prestar serviço no exterior".

> independentemente do Princípio da Territorialidade, é garantido ao empregado que presta serviço no exterior a aplicação da legislação brasileira quando esta for mais benéfica, valendo-se da teoria do conglobamento mitigado, vez que a lei nacional é o patamar mínimo assegurado ao empregado contratado no Brasil ou transferido para prestar serviços no exterior. A ausência de prova da legislação angolana não gera, por conseguinte, a extinção do feito sem resolução de mérito" (TRT/SP, RO 00019124020105020086, Ac. 20120716997, 5ª T., rel. Donizete Vieira da Silva, *DOE* 5.7.2012).

O TST pronunciou-se sobre a questão do trabalho de brasileiros em navios de cruzeiro, fixando-se como lei aplicável a da nacionalidade da embarcação, mesmo que o trabalhador tenha sido arregimentado ou pré-contratado em território brasileiro, conforme a ementa que segue:

> "(...) TRABALHO EM NAVIO DE CRUZEIRO SOB BANDEIRA ESTRANGEIRA. PRÉ-CONTRATAÇÃO NO BRASIL. PRESTAÇÃO DE SERVIÇOS NA COSTA BRASILEIRA E EM ÁGUAS DE OUTROS PAÍSES. GENTE DO MAR. CONFLITO DE LEIS NO ESPAÇO. LEGISLAÇÃO APLICÁVEL. LEI DO PAVILHÃO (CÓDIGO DE BUSTAMANTE). I) A indústria do transporte marítimo internacional, inclusive de cruzeiros turísticos, tem caráter global, seja quanto à nacionalidade dos navios (pavilhão), seja quanto à diversidade de nacionalidades da tripulação, impondo-se que a gente do mar tenha proteção especial e uniforme numa mesma embarcação. A concepção de aplicação da legislação brasileira aos tripulantes brasileiros contratados por navios estrangeiros não se sustenta diante da realidade da atividade econômica desenvolvida pelas empresas estrangeiras de cruzeiros marítimos, pois, se assim fosse, em cada navio haveria tantas legislações de regência quanto o número de nacionalidades dos tripulantes. Num mesmo navio de cruzeiro marítimo, todos os tripulantes devem ter o mesmo tratamento contratual, seja no padrão salarial, seja no conjunto de direitos. Reconhecer ao tripulante brasileiro – contratado para receber em dólar – direitos não previstos no contrato firmado conduziria à quebra da isonomia e subversão da ordem e da autoridade marítima, uma vez que os próprios oficiais poderiam questionar suas obrigações à luz da legislação de sua nacionalidade, em desrespeito à lei do pavilhão. Daí por que ser imperativa a aplicação, para todos os tripulantes, da lei do pavilhão, como expressamente prescreve o art. 281 da Convenção de Direito Internacional Privado (Código de Bustamante, ratificado pelo Brasil e promulgado pelo Decreto 18.791/1929): 'As obrigações dos oficiais e gente do mar e a ordem interna do navio subordinam-se

à lei do pavilhão'. II) As tratativas preliminares para a contratação de trabalhador, iniciadas em território brasileiro por empresa de agenciamento e arregimentação de trabalhadores para prestar serviço a bordo de embarcação estrangeira com trânsito pela costa brasileira e em águas internacionais, não permitem concluir que a contratação se deu em solo brasileiro, pois a efetivação do contrato somente ocorre com a convergência de vontades das partes envolvidas. Agência de recrutamento atua na aproximação das partes contratantes, sem que se torne parte nas relações de trabalho daí decorrentes (Convenção 181 da Organização Internacional do Trabalho – OIT, art. 1º, 1, a. III) Inaplicável a Lei nº 7.064/82, cujo pressuposto é a contratação de trabalhadores no Brasil ou transferidos por seus empregadores para prestar serviço no exterior, hipótese não revelada pelas premissas fáticas constantes no Acórdão Regional, de forma que a legislação brasileira não pode ser invocada sob o fundamento de ser mais benéfica ao trabalhador brasileiro que atua no exterior. O art. 3º da referida Lei se aplica na situação de empregado transferido para o exterior, hipótese que não se ajusta ao caso dos autos. A própria Lei nº 7.064/82 prevê a inaplicabilidade da legislação brasileira para o empregado contratado por empresa estrangeira (artigos 12 e seguintes). IV) Assim, a legislação brasileira não é aplicável ao trabalhador brasileiro contratado para trabalhar em navio de cruzeiro, (1) por tratar-se de trabalho marítimo, com prestação de serviços em embarcação com registro em outro país; (2) porque não se cuida de empregado contratado no Brasil e transferido para trabalhar no exterior. O fato de a seleção e atos preparatórios terem ocorrido no Brasil não significa, por si só, que o local da contração ocorreu em solo brasileiro; (3) o princípio da norma mais favorável tem aplicação quando há antinomia normativa pelo concurso de mais de uma norma jurídica validamente aplicável a mesma situação fática, o que não é a hipótese do caso concreto, pois não há concorrência entre regras a serem aplicáveis, mas sim conflito de sistemas. V) Ademais, independentemente do local da contratação ou do país no qual se executam os serviços, é inafastável a regra geral de que a ativação envolvendo tripulante de embarcação é regida pela lei do pavilhão ou da bandeira, e não pela legislação brasileira (Código de Bustamante, ratificado pelo Brasil e promulgado pelo Decreto 18.791/1929). VI) Demonstrado que a prestação de trabalho ocorreu em embarcação estrangeira, independentemente de ter navegado em todo ou em parte em águas brasileiras, não há falar em aplicação da lei brasileira. Assim, não há incidência do princípio do centro de gravidade (*most significant relationship*), o que levaria a situações limítrofes da prevalência do tempo de navegação em águas nacionais, internacionais ou estrangeiras, com risco de tratamento diferenciado da

> tripulação, em flagrante violação das normas de direito internacional privado e do art. 178 da Constituição Federal. VII) O Supremo Tribunal Federal firmou tese em repercussão geral (Tema 210) no sentido de prevalência, com arrimo no art. 178 da Constituição Federal, de tratados internacionais sobre a legislação brasileira, especificamente no caso de indenização por danos materiais por extravio de bagagens em voos internacionais, caso em que devem ser aplicadas as convenções de Varsóvia e Montreal em detrimento do Código de Defesa do Consumidor. A tese firmada restou assim editada: 'Nos termos do art. 178 da Constituição da República, as normas e os tratados internacionais limitadores da responsabilidade das transportadoras aéreas de passageiros, especialmente as Convenções de Varsóvia e Montreal, têm prevalência em relação ao Código de Defesa do Consumidor'. A *ratio* desta tese de repercussão geral deve ser aplicada ao presente caso, pois diz respeito a conflito de legislação nacional com aquelas previstas em acordos internacionais, essencialmente a discussão ora travada. VIII) Recurso de revista provido para afastar a condenação com base na legislação trabalhista nacional e, consequentemente, julgar improcedentes os pedidos formulados na reclamação trabalhista" (RR 1829-57.2016.5.13.0005, 4ª Turma, Relator Ministro Alexandre Luiz Ramos, *DEJT* 01/02/2019).

Quanto às regras de competência da Justiça do Trabalho brasileira, dispõe o § 2º do art. 651 da CLT:

> "A competência das Juntas de Conciliação e Julgamento, estabelecida neste artigo, estende-se aos dissídios ocorridos em agência ou filial no estrangeiro, desde que o empregado seja brasileiro e não haja convenção internacional dispondo em contrário."

Conforme o referido dispositivo legal, tornou-se consagrada a chamada competência internacional da Justiça do Trabalho para dirimir controvérsias decorrentes da relação de trabalho desde que o empregado seja brasileiro e não haja convenção internacional em contrário. Mostra-se discutível a aplicabilidade do referido dispositivo legal se a empresa reclamada não tiver agência ou filial no Brasil, diante das vicissitudes que pode enfrentar o processo para citação da empresa, bem como de aplicabilidade da jurisdição trabalhista em outro país. Por essa razão, pensamos que a competência da Justiça do Trabalho brasileira, salvo convenção internacional em sentido contrário, somente se aplicará se a empresa reclamada tiver agência ou filial no Brasil, caso contrário, não haverá possibilidade de imposição da jurisdição trabalhista em território sujeito a outra soberania (princípio da territorialidade da jurisdição). Consideramos que a expressão "empresa que tenha agência ou filial no estrangeiro" deva ser lida no sentido de que a empresa também tenha sede no Brasil. Sob outro enfoque, como o referido dispositivo configura exceção à competência do local da prestação de serviços, a interpretação deve ser restritiva.

Nesse contexto, relevante assinalar a seguinte ementa:

> "Competência territorial. Direito internacional do trabalho. Trabalhador alemão, contratado por empresa estrangeira, integral prestação de serviços na Alemanha. Pedido de demissão. Subsequente contratação por empresa no Brasil do mesmo grupo econômico. Aplicação do art. 9º da LINDB. À luz do art. 9º da Lei de Introdução às Normas do Direito Brasileiro, o trabalhador alemão, residente naquele território, contratado por empresa com estabelecimento na Alemanha para trabalhar em solo alemão, sujeita-se às leis daquele país. Pedido de demissão para subsequente contratação por empresa brasileira do mesmo grupo econômico não se revela suficiente para gerar unicidade contratual. Situação especial não abrangida pelo art. 651 da CLT (Proc. 1000947-84.2017.5.02.0705, 17ª Turma, ROT, Rel. Carlos Roberto Husek, *DEJT* 17/05/2021).

7. FLEXIBILIZAÇÃO E DESREGULAMENTAÇÃO DAS NORMAS TRABALHISTAS

O Direito do Trabalho, fundamentado nos princípios constitucionais da melhoria da condição social do trabalhador e do valor social do trabalho, bem como no princípio fundante da proteção, não pode, como regra, ter seu conteúdo reduzido por normas que estão em confronto com as garantias da Constituição Federal e Leis Trabalhistas. Por essa razão, somente quando há autorização por meio de regra constitucional é possível reduzir, transitoriamente, as garantias legais trabalhistas, mediante motivo justificado.

A flexibilização consiste numa forma de adaptação do direito do trabalho à realidade das empresas e à situação da economia, por meio da redução temporária de alguns direitos trabalhistas, com a finalidade de preservar a continuidade do contrato de trabalho, com a manutenção dos empregos e do prosseguimento da atividade empresarial.

Trata-se de exceção ao princípio da melhoria da condição social do trabalhador (art. 7º, *caput*, da CF) e do princípio da condição mais benéfica. Por conseguinte, a flexibilização de direitos deve ser motivada pelo empregador, ter previsão legal, ser temporária (enquanto perdurar a situação desfavorável à atividade empresarial) com contrapartida ao empregado.

A Constituição Federal permite a flexibilização em três situações, quais sejam: redução salarial (artigo 7º, VI); compensação e prorrogação de jornada (artigo 7º, XIII); e majoração da jornada em turnos ininterruptos de revezamento (artigo 7º, XIV).

Como destaca Carlos Zangrando[25], "a flexibilização atrai três consequências diretas, quais sejam: ampliação do espaço para a complementação ou suplementação do ordenamento legal; propicia a melhor adaptação das regras cogentes a peculiaridades regionais, empresariais ou profissionais; admite derrogações de condições anteriormente ajustadas, para adaptá-las às novas situações conjunturais, métodos de trabalho ou implementação de novas tecnologias."

Pela redação da Constituição, a flexibilização de direitos trabalhistas somente pode ser levada a efeito mediante negociação coletiva (acordos coletivos e convenções coletivas), com a participação obrigatória dos sindicatos (artigo 8º, VI, da CF). Além disso, só é possível a redução de direitos nas hipóteses fixadas na Constituição. Desse modo, por configurar exceção ao princípio da inderrogabilidade das normas trabalhistas, a flexibilização interpreta-se restritivamente. A flexibilização de direitos trabalhistas, ademais, deve ocorrer sempre por prazo determinado, ou seja, durante a vigência da norma coletiva que a instituiu.

Outrossim, a flexibilização não se confunde com a desregulamentação. Desregulamentação significa desconsiderar todo o sistema normativo trabalhista e deixar a regulamentação do direito do trabalho a cargo dos atores sociais da relação de emprego, quais sejam: empregado e empregador. Por sua vez, a flexibilização consiste na redução de direitos trabalhistas, nas hipóteses autorizadas pela Constituição Federal, mediante tutela sindical, preservando-se as garantias mínimas do trabalhador.

De nossa parte, para que haja a flexibilização de direitos trabalhistas há a necessidade de efetiva negociação coletiva, com concessões recíprocas, e não simplesmente a supressão do direito trabalhista, sob o argumento da manutenção do emprego. Há necessidade de concessão de vantagem à classe trabalhadora que justifique a redução do direito trabalhista.

---

25. Curso de Direito do Trabalho. Volume I. São Paulo: LTr, 2008, p. 238/239.

Nesse sentido, sustenta com propriedade Pedro Paulo Teixeira Manus[26]: "a nosso ver não permite o legislador constitucional, ainda que por instrumento coletivo, simples redução ou supressão de garantia constitucional ou legal, mas negociação que altere certo benefício em troca de outra vantagem, ou retire certo direito em favor de outra garantia compensatória" .

O Supremo Tribunal Federal, em decisão plenária de 02/06/22, julgou o Tema 1046 de sua Repercussão Geral sobre a validade das normas coletivas que restringem direitos, fixando a seguinte tese de observância obrigatória:

> "São constitucionais os acordos e as convenções coletivos que, ao considerarem a adequação setorial negociada, pactuam limitações ou afastamentos de direitos trabalhistas, independentemente da explicitação especificada de vantagens compensatórias, desde que respeitados os direitos absolutamente indisponíveis."

Considerando-se o que ficou decidido pelo Supremo Tribunal Federal, a flexibilização de direitos trabalhistas pode ser implementada diante das seguintes condições:

a) negociação coletiva por meio de acordos coletivos e convenções coletivas de trabalho;

b) observação do princípio da adequação setorial negociada, que, conforme Maurício Godinho Delgado[27], exterioriza-se "quando as normas autônomas juscoletivas transacionam setorialmente parcelas justrabalhistas de indisponibilidade apenas relativa";

c) não há necessidade de especificar vantagens compensatórias;

d) devem ser respeitados os direitos de indisponibilidade absoluta, que são os elencados no rol do art. 7.º da Constituição Federal e no art. 611-B da CLT[28].

---

26. Direito do Trabalho. 8ª Edição. São Paulo: Atlas, 2003, p. 127.

27. Curso de Direito do Trabalho. 18ª ed. São Paulo: Ltr, 2019, p. 1576.

28 Art. 611-B, da CLT: "Constituem objeto ilícito de convenção coletiva ou de acordo coletivo de trabalho, exclusivamente, a supressão ou a redução dos seguintes direitos: (Incluído pela Lei nº 13.467, de 2017) I - normas de identificação profissional, inclusive as anotações na Carteira de Trabalho e Previdência Social; (Incluído pela Lei nº 13.467, de 2017) II - seguro-desemprego, em caso de desemprego involuntário; (Incluído pela Lei nº 13.467, de 2017) III - valor dos depósitos mensais e da indenização rescisória do Fundo de Garantia do Tempo de Serviço (FGTS); (Incluído pela Lei nº 13.467, de 2017) IV - salário mínimo; (Incluído pela Lei nº 13.467, de 2017) V - valor nominal do décimo terceiro salário; (Incluído pela Lei nº 13.467, de 2017) VI - remuneração do trabalho noturno superior à do diurno; (Incluído pela Lei nº 13.467, de 2017) VII - proteção do salário na forma da lei, constituindo crime sua

retenção dolosa; (Incluído pela Lei nº 13.467, de 2017) VIII - salário-família; (Incluído pela Lei nº 13.467, de 2017) IX - repouso semanal remunerado; (Incluído pela Lei nº 13.467, de 2017) X - remuneração do serviço extraordinário superior, no mínimo, em 50% (cinquenta por cento) à do normal; (Incluído pela Lei nº 13.467, de 2017) XI - número de dias de férias devidas ao empregado; (Incluído pela Lei nº 13.467, de 2017) XII - gozo de férias anuais remuneradas com, pelo menos, um terço a mais do que o salário normal; (Incluído pela Lei nº 13.467, de 2017) XIII - licença-maternidade com a duração mínima de cento e vinte dias; (Incluído pela Lei nº 13.467, de 2017) XIV - licença-paternidade nos termos fixados em lei; (Incluído pela Lei nº 13.467, de 2017) XV - proteção do mercado de trabalho da mulher, mediante incentivos específicos, nos termos da lei; (Incluído pela Lei nº 13.467, de 2017) XVI - aviso prévio proporcional ao tempo de serviço, sendo no mínimo de trinta dias, nos termos da lei; (Incluído pela Lei nº 13.467, de 2017) XVII - normas de saúde, higiene e segurança do trabalho previstas em lei ou em normas regulamentadoras do Ministério do Trabalho; (Incluído pela Lei nº 13.467, de 2017) XVIII - adicional de remuneração para as atividades penosas, insalubres ou perigosas; (Incluído pela Lei nº 13.467, de 2017) XIX - aposentadoria; (Incluído pela Lei nº 13.467, de 2017) XX - seguro contra acidentes de trabalho, a cargo do empregador; (Incluído pela Lei nº 13.467, de 2017) XXI - ação, quanto aos créditos resultantes das relações de trabalho, com prazo prescricional de cinco anos para os trabalhadores urbanos e rurais, até o limite de dois anos após a extinção do contrato de trabalho; (Incluído pela Lei nº 13.467, de 2017) XXII - proibição de qualquer discriminação no tocante a salário e critérios de admissão do trabalhador com deficiência; (Incluído pela Lei nº 13.467, de 2017) XXIII - proibição de trabalho noturno, perigoso ou insalubre a menores de dezoito anos e de qualquer trabalho a menores de dezesseis anos, salvo na condição de aprendiz, a partir de quatorze anos; (Incluído pela Lei nº 13.467, de 2017) XXIV - medidas de proteção legal de crianças e adolescentes; (Incluído pela Lei nº 13.467, de 2017) XXV - igualdade de direitos entre o trabalhador com vínculo empregatício permanente e o trabalhador avulso; (Incluído pela Lei nº 13.467, de 2017) XXVI - liberdade de associação profissional ou sindical do trabalhador, inclusive o direito de não sofrer, sem sua expressa e prévia anuência, qualquer cobrança ou desconto salarial estabelecidos em convenção coletiva ou acordo coletivo de trabalho; (Incluído pela Lei nº 13.467, de 2017) XXVII - direito de greve, competindo aos trabalhadores decidir sobre a oportunidade de exercê-lo e sobre os interesses que devam por meio dele defender; (Incluído pela Lei nº 13.467, de 2017) XXVIII - definição legal sobre os serviços ou atividades essenciais e disposições legais sobre o atendimento das necessidades inadiáveis da comunidade em caso de greve; (Incluído pela Lei nº 13.467, de 2017) XXIX - tributos e outros créditos de terceiros; (Incluído pela Lei nº 13.467, de 2017) XXX - as disposições previstas nos arts. 373-A, 390, 392, 392-A, 394, 394-A, 395, 396 e 400 desta Consolidação. (Incluído pela Lei nº 13.467, de 2017) Parágrafo único. Regras sobre duração do trabalho e intervalos não são consideradas como normas de saúde, higiene e segurança do trabalho para os fins do disposto neste artigo." (Incluído pela Lei nº 13.467, de 2017)

CAPÍTULO V

DA RELAÇÃO DE TRABALHO

1. DOS CONCEITOS DE RELAÇÃO DE TRABALHO E RELAÇÃO DE EMPREGO

Ensina-nos *Paulo Emílio Ribeiro de Vilhena*[1] que é elementar em Teoria Geral do Direito que não emerge uma relação jurídica se na sua montagem não se configuram dois polos subjetivos: o credor (polo ativo) e o devedor (polo passivo), cujas posições se entrecruzam (credor-devedor *versus* devedor-credor), porque se trocam prestações (contraprestações), o que é importante, fique-se atento a isso, em qualquer situação jurídica que se queira examinar ou enfrentar.

A doutrina designa a expressão *contratos de atividade* para os contratos que tenham por objeto a atividade do homem. Para *Jean Vicent*[2], essa expressão caracteriza todos os contratos nos quais a atividade pessoal de uma das partes constitui o objeto da convenção ou uma das obrigações que ele comporta. Destaca *Ribeiro de Vilhena*[3] que "os contratos de atividade preenchem-se com trabalho por conta alheia (representação, prestação livre de serviços, empreitada etc.)."

---

1. RIBEIRO DE VILHENA, Paulo Emílio. *Relação de emprego, estrutura legal e supostos.* 2. ed. São Paulo: LTr, 1999. p. 400-401.
2. "La dissolution du contrat de travail", *apud* GOMES, Orlando; GOTTSCHALK, Elson. *Curso de direito do trabalho*. 16. ed. Rio de Janeiro: Forense, 2000. p. 117.
3. RIBEIRO DE VILHENA, Paulo Emílio. *Op. cit.*, p. 400.

Em outra obra, o professor *Ribeiro de Vilhena*[4] salienta que, para o trabalho ser objeto de uma relação jurídica, torna-se indispensável que ele seja por conta alheia, qual seja: aquele que se presta a outrem, a quem cabe os riscos e resultados. Assevera o referido mestre mineiro:

> "Define-se o trabalho por conta alheia como aquele que se presta a outrem, a quem, em princípio, cabem os resultados e os riscos. A divisão trabalho por conta própria e trabalho por conta alheia esgotada as categorias de situações jurídicas. No trabalho por conta própria não se estabelece uma relação jurídica fundada no trabalho em si, mas uma situação de poder sobre a coisa, o objeto trabalhado, o resultado do trabalho, como relação de direito real-factual. No trabalho por conta alheia os nexos jurídicos nascem no próprio trabalho, ainda que se tenham em vista os resultados ou a atividade em si. No primeiro caso, a relação jurídica é ulterior ao trabalho e decorre de um ato de disposição ou outro qualquer de natureza modificadora dos bens ou da situação da coisa concernente à pessoa que a produziu ou de que resultou acabada (ato jurídico unilateral, como abandono; negócio jurídico unilateral, como a doação; ou bilateral, como o arrendamento, a troca ou a venda). Entendemos mais límpida e precisa a distinção elaborada por Alonso García, pois o elemento risco não é susceptível de isolamento perfeito, como característico de uma ou outra forma de trabalho, já que há prestações de trabalho por conta alheia, em que o prestador participa dos riscos e dos resultados. Mas a recíproca não é verdadeira: não há trabalho por conta própria, em que o prestador divida riscos ou resultados. Admiti-lo será caminhar para formas societárias de trabalho."

O termo *relação de trabalho* pressupõe trabalho prestado por conta alheia, em que o trabalhador (pessoa física) coloca sua força de trabalho em prol de outra pessoa (física ou jurídica), podendo o trabalhador correr ou não os riscos da atividade. Desse modo, estão excluídas as modalidades de relação de trabalho em que o trabalho for prestado por pessoa jurídica, porquanto, nessas modalidades, embora haja relação de trabalho, o trabalho humano não é o objeto dessas relações jurídicas, e sim um contrato de natureza cível ou comercial.

---

4. RIBEIRO DE VILHENA, Paulo Emílio. *Contrato de trabalho com o Estado*. São Paulo: LTr, 2002. p. 26.

Conceituamos assim *relação de trabalho*: *O trabalho prestado por conta alheia, em que o trabalhador (pessoa física) coloca, em caráter preponderantemente pessoal, de forma eventual ou não eventual, gratuita ou onerosa, de maneira autônoma ou subordinada, sua força de trabalho em prol de outra pessoa (física ou jurídica, de direito público ou de direito privado), podendo o trabalhador correr ou não os riscos da atividade que desempenhará.*

A relação de trabalho é um gênero que engloba a relação de emprego, que é uma de suas espécies, assim como o trabalho autônomo, o eventual, o avulso etc.

Somente a relação de emprego que pressupõe o trabalho executado nos moldes dos artigos 2º e 3º da CLT, ou seja, realizado por pessoa natural, com pessoalidade, subordinação, não eventualidade e onerosidade, é objeto do Direito do Trabalho. As demais relações de trabalho são regidas pelo Código Civil ou por legislação específica.

2. DA NATUREZA JURÍDICA DA RELAÇÃO DE TRABALHO

Sempre foi polêmica a questão da natureza jurídica da relação de emprego. Autores há que defendem a natureza contratual, pois há necessidade de manifestação de vontade para que uma pessoa possa ser considerada empregada de outra. Outros sustentam a natureza institucionalista, argumentando que não há necessidade de manifestação de vontade para que se configure a relação de emprego, bastando que haja integração do trabalhador no organismo empresarial e a efetiva prestação de serviço.

Não há consenso acerca da natureza jurídica, nem na doutrina, tampouco na própria Consolidação das Leis do Trabalho

Dispõe o artigo 442 da CLT:

> "Contrato individual de trabalho é o acordo tácito ou expresso, correspondente à relação de emprego".

O referido artigo adota a natureza híbrida da relação de emprego. Ao se reportar ao acordo tácito ou expresso, nitidamente a CLT fixou o caráter contratual da relação de emprego, que tem a sua mola propulsora na manifestação de vontade. Entretanto, ao mencionar que o contrato corresponde à relação de emprego, a CLT fixa também a chamada teoria anticontratualista ou institucionalista.

Lembra Vólia Bomfim que a comissão que elaborou a CLT era composta por cinco membros: os Procuradores da Justiça do Trabalho Luiz Augusto Rego Monteiro (institucionalista); Arnaldo Süssekind (contratualista), Dorval Lacerda (institucionalista) e Segadas Vianna (contratualista), e o Consultor Jurídico do Ministério do Trabalho, Oscar Saraiva (contratualista)[5].

A chamada teoria institucionalista da relação de emprego não exige a manifestação de vontade para que ela esteja configurada. Basta o fato em si do trabalho de uma pessoa física, em caráter pessoal, subordinado, não eventual e remunerado para outra pessoa, física ou jurídica, para existir a relação de emprego.

Como bem observa Maurício Godinho Delgado: "(...) Para o institucionalismo, a relação empregatícia configuraria um tipo de vínculo jurídico em que as ideias de liberdade e de vontade não cumpririam papel relevante, seja em seu surgimento, seja em sua reprodução ao longo do tempo. A partir do conceito de instituição – uma realidade estrutural e dinâmica que teria prevalência e autonomia em face de seus próprios integrantes (conceito buscado dos autores civilistas *Maurice Hauriou* e *Georges Renard*) –, os institucionalistas do Direito do Trabalho constroem sua teorização. Nessa linha, compreendem a empresa como uma instituição, um corpo social que impõe objetivamente a um certo conjunto de pessoas cuja permanência e desenvolvimento não se submetem à vontade particular de seus membros componentes".[6]

De outro lado, como bem adverte Gustavo Filipe Barbosa Garcia[7], "pode-se entender, ainda, que, do mesmo modo que o contrato é fonte de obrigações (sendo esta uma relação ou um vínculo jurídico), o contrato de trabalho é a fonte da relação de emprego, dando origem a essa relação jurídica. Mesmo assim o contrato de trabalho, como modalidade de negócio jurídico, também pode ser visto em seu papel dinâmico, ou seja, retratando a própria relação jurídica de emprego em execução, em que a vontade se manifesta (ainda que de forma tácita) não apenas em seu momento inicial, mas também em seus desdobramentos sucessivos."

A nosso ver, a relação de emprego tem natureza institucional ou anticontratual, mas o contrato de trabalho, indiscutivelmente, tem natureza

5. Direito do Trabalho. 14ª Edição. São Paulo: Método, 2017, p. 241.
6. Curso de Direito do Trabalho. 7ª Edição. São Paulo: LTr, 2008, p. 318-319.
7. Curso de Direito do Trabalho. 16ª ed. São Paulo: Saraiva, 2021, p. 154.

contratual, pois necessita da manifestação de vontade, ainda que de forma tácita.

3. RELAÇÕES DE TRABALHO QUE NÃO CONFIGURAM RELAÇÃO DE EMPREGO

Há uma diversidade de relações de trabalho em que há o trabalho humano realizado de forma pessoal em prol de um tomador, as quais não configuram relação de emprego; simplesmente uma relação de trabalho que não está sob tutela das leis trabalhistas, mas do Direito por meio de legislação especial ou, subsidiariamente, do Código Civil.

Em muitas dessas relações, o trabalhador é dependente da fonte de trabalho, mas falta um dos requisitos dos arts. 2º e 3º da CLT para configuração do vínculo de emprego.

O Código Civil, ao disciplinar nos arts. 593 a 606 o *contrato de prestação de serviços*, destaca a importância do trabalho humano, ao mencionar a prioridade de regulamentação dos contratos em que há a prestação de serviço humano como a legislação trabalhista.

Com efeito, dispõe o art. 593 do Código Civil:

> "A prestaçao de serviço, que não estiver sujeita às leis trabalhistas ou a lei especial, reger-se-á pelas disposições deste Capítulo."

Nos termos do art. 594 do Código Civil, "toda a espécie de serviço ou trabalho lícito, material ou imaterial, pode ser contratada mediante retribuição."

Como bem advertem Gustavo Tepedino, Heloisa Barboza e Maria Celina Bodin de Moraes[8]:

> "O CC exclui de sua proteção a prestação de serviço que é regulamentada pelas leis trabalhistas, só sendo objeto da tutela do CC aquelas hipóteses de prestação de serviços entre particulares em que não haja um vínculo empregatício e que não perfaça em uma relação de consumo (...) O Código Civil tem, portanto, uma função residual, destinada a uma gama mais restrita de negócios jurídicos, na medida em que o grande universo da prestação de serviços se

8. Código Civil Interpretado: Conforme a Constituição Federal. Volume II. 2ª ed. Rio de Janeiro: Renovar, 2012, p. 320.

encontra regulado pela CLT, legislação trabalhista em geral e pelo Código de Defesa do Consumidor."

4. TRABALHADOR AUTÔNOMO

Trabalhador autônomo é aquele que dirige sua própria atividade, não se subordinando ao tomador dos seus serviços. Tem discricionariedade para escolher *onde*, *para quem* e de que *forma* trabalhar. Na linguagem popular é o "patrão de si mesmo".

O trabalhador autônomo é senhor de sua atividade e, como regra geral, corre os riscos da atividade que desempenha. São indícios de ser o trabalho autônomo:

a) fixação do preço do serviço pelo próprio trabalhador;

b) inexistência de jornada predeterminada de trabalho;

c) correr o trabalhador o risco de sua atividade;

d) não estar o trabalhador inserido na dinâmica empresarial, tampouco sua atividade ser necessária e permanente ao tomador de serviços.

O trabalhador autônomo não está sob tutela do Direito do Trabalho. Seus serviços, como regra, são regidos por Lei Especial ou, subsidiariamente, pelo Código Civil.

Sobre a diferenciação entre trabalhador autônomo e subordinado, ensina com propriedade Maurício Godinho Delgado[9]:

> "A diferenciação central entre as figuras situa-se, porém, repita-se, na subordinação. Fundamentalmente, trabalho autônomo é aquele que se realiza sem subordinação do trabalhador ao tomador dos serviços. Autonomia é conceito antitético ao de subordinação. Enquanto esta traduz a circunstância juridicamente assentada de que o trabalhador acolhe a direção empresarial no tocante ao modo de concretização cotidiana de seus serviços, a autonomia traduz a noção de que o próprio prestador é que estabelece e concretiza, cotidianamente, a forma de realização dos serviços que pactuou prestar. Na subordinação, a direção central do modo cotidiano de prestação de serviços transfere-se ao tomador; na autonomia, a direção central do modo

9 Curso de Direito do Trabalho. 4ª ed., São Paulo: LTr, 2005, p. 334.

cotidiano de prestação de serviços preserva-se com o prestador de trabalho"[10].

Recentemente, o STF, na ADI 5.625, concluiu pela constitucionalidade da Lei 13.352/16 que disciplina o regime de parceria em salões de beleza, conforme o extrato de decisão a seguir:

> "**Decisão:** O Tribunal, por maioria, julgou improcedente o pedido formulado na ação direta, nos termos do voto do Ministro Nunes Marques, Redator para o acórdão, vencidos os Ministros Edson Fachin (Relator) e Rosa Weber. Foi fixada a seguinte tese de julgamento: '1) É constitucional a celebração de contrato civil de parceria entre salões de beleza e profissionais do setor, nos termos da Lei 13.352, de 27 de outubro de 2016; 2) É nulo o contrato civil de parceria referido, quando utilizado para dissimular relação de emprego de fato existente, a ser reconhecida sempre que se fizerem presentes seus elementos caracterizadores'. Presidência do Ministro Luiz Fux. Plenário, 28.10.2021 (Sessão realizada por videoconferência – Resolução 672/2020/STF)"

5. A PEJOTIZAÇÃO

Nos últimos anos, criou-se a prática de contratação de profissionais autônomos, normalmente trabalhadores especializados, ou intelectuais, por intermédio de pessoa jurídica, ou seja, o trabalhador constitui pessoa jurídica, presta, com pessoalidade, o serviço e emite notas fiscais para o tomador. Com isso, há formalização da prestação de serviço, menor carga tributária para ambas as partes, maior remuneração ao trabalhador e maior segurança jurídica na contratação. Essa prática de prestação de serviços, por meio de pessoa jurídica, é denominada **pejotização**.

O Supremo Tribunal Federal já reconheceu a constitucionalidade da terceirização em atividade-fim (ADPF 324) e também a legalidade da pejotização, conforme se constata da seguinte decisão:

> "Ementa: CONSTITUCIONAL, TRABALHISTA E PROCESSUAL CIVIL. AGRAVO INTERNO NA RECLAMAÇÃO. OFENSA AO QUE DECIDIDO POR ESTE TRIBUNAL NO JULGAMENTO DA ADPF 324 E DO TEMA 725 DA REPERCUSSÃO GERAL. RECURSO

10. Curso de Direito do Trabalho. 4ª ed., São Paulo: LTr, 2005, p. 334).

> PROVIDO. 1. A controvérsia, nestes autos, é comum tanto ao decidido no julgamento da ADPF 324 (Rel. Min. Roberto Barroso), quanto ao objeto de análise do Tema 725 (RE 958.252, Rel. Min. Luiz Fux), em que esta Corte fixou tese no sentido de que: 'É lícita a terceirização ou qualquer outra forma de divisão do trabalho entre pessoas jurídicas distintas, independentemente do objeto social das empresas envolvidas, mantida a responsabilidade subsidiária da empresa contratante'. 2. A Primeira Turma já decidiu, em caso análogo, ser lícita a terceirização por '*pejotização*', não havendo falar em irregularidade na contratação de pessoa jurídica formada por profissionais liberais para prestar serviços terceirizados na atividade-fim da contratante (Rcl 39.351 AgR, Rel. Min. Rosa Weber, Red. p/ Acórdão: Alexandre de Moraes, Primeira Turma, julgado em 11/5/2020). 3. Recurso de agravo ao qual se dá provimento" (STF, Rcl 47843 AgR, 1ª Turma, Rel. Min Alexandre de Moraes, *DJe* 07/04/2022).

No mesmo sentido:

> "AGRAVO. AGRAVO DE INSTRUMENTO. RECURSO DE REVISTA. VIGÊNCIA DA LEI N.º 13.467/2017. NULIDADE POR NEGATIVA DE PRESTAÇÃO JURISDICIONAL. VÍNCULO DE EMPREGO. PRESTAÇÃO DE SERVIÇOS ODONTOLÓGICOS POR MEIO DE PESSOA JURÍDICA. 'PEJOTIZAÇÃO'. MATÉRIA FÁTICA. TRANSCENDÊNCIA NÃO RECONHECIDA. 1. No que se refere à arguição de nulidade por negativa de prestação jurisdicional, o Tribunal Regional observou cabalmente o Tema 339 da Repercussão Geral do STF, na medida em que fixou de forma expressa e satisfatória todos os pressupostos fáticos e jurídicos necessários para o deslinde da controvérsia, não configurando nulidade quando a decisão é contrária aos interesses das partes. 2. Impende frisar que é possível reconhecer a descaracterização do contrato de prestação de serviços, quando constatado o intuito de fraudar direitos previstos na legislação trabalhista por meio da constituição de pessoa jurídica, fenômeno conhecido como 'pejotização'. Não se pode, entrementes, afirmar sempre existir a ilegalidade no exercício de atividade empresarial por pessoa jurídica formada de maneira unipessoal ou por meio de microempresa. De igual modo, não se nega a possibilidade de celebração contratos de parceria comercial, na qual o risco está presente e é distribuído entre as partes, conforme por elas definido. 3. Na hipótese, contudo, o Tribunal Regional, valorando fatos e provas, firmou convencimento no sentido da inexistência do vínculo de emprego entre as partes, em razão do não preenchimento

> dos requisitos previstos nos arts. 2º e 3º da CLT, notadamente a subordinação jurídica. 4. Nesse contexto, o exame da tese recursal em sentido contrário esbarra no óbice da Súmula n.º 126 do TST, pois demanda o revolvimento de fatos e provas, o que é vedado nesta fase recursal de natureza extraordinária. Agravo a que se nega provimento" (TST, Ag-AIRR 101241-23.2016.5.01.0060, 1ª Turma, Relator Ministro Amaury Rodrigues Pinto Junior, *DEJT* 02/12/2022).

O fato de não ser ilícita a prestação de serviços por pessoa jurídica não impede o reconhecimento do vínculo de emprego pelo Judiciário Trabalhista quando verificada a fraude na contratação e a realidade da prestação de serviços demonstrar que o trabalho foi realizado com pessoalidade, não eventualidade, subordinação e onerosidade em prol do tomador (arts. 2º e 3º da CLT).

Normalmente, o vínculo de emprego é configurado quando o prestador emite notas fiscais sequenciais apenas para o tomador, recebe valores fixos todo mês, realiza serviços em atividade permanente e necessária ao tomador, não tem estrutura de atuação própria, tem metas e prazos a cumprir e fiscalização rígida na execução do trabalho.

Como nos adverte Homero Batista[11]:

> "A norma trabalhista contempla os benefícios de uma relação de emprego exclusivamente ao trabalhador pessoa física e, como já dito, não se sensibiliza com as relações comerciais e empresariais entre duas pessoas jurídicas, por mais modestas que sejam. Assim, caso algum profissional tenha se sentido lesado pelo desvirtuamento de uma relação comercial entre pessoa jurídica e a pessoa do tomador dos serviços, poderá reivindicar na Justiça do Trabalho a ineficácia daquela forma de contratação e, ato contínuo, a declaração da relação de emprego nos moldes tradicionais. Por óbvio, a personalidade jurídica não pode servir de obstáculo para a aplicação da norma ou redoma para a fraude. O uso corriqueiro da constituição de empresas de fachada, para esconder a relação de emprego entre trabalhador e empregador, gerou até mesmo algumas palavras novas na língua portuguesa, como pejotização, empregado pejotizado ou pejotizar a mão de obra, tudo girando em torno da conhecida sigla PJ, de pessoa jurídica."

11. Direito do Trabalho Aplicado. Volume 1. São Paulo: RT, 2021, p. 33-34.

O Supremo Tribunal Federal vem entendendo que o contrato de emprego convive com outras formas de contratação, e que o trabalhador pode escolher a modalidade de prestação de serviços. Caso tenha optado por trabalhar por meio de pessoa jurídica, o trabalhador realizou uma escolha qualificada, principalmente, se tiver maior grau de instrução ou conhecimento jurídico, exceto se houver fraude para descaracterizar o vínculo de emprego.

A jurisprudência atual do STF tem dado primazia ao contrato e à boa-fé objetiva manifestada pelo trabalhador ao optar em prestar serviços por intermédio de pessoa jurídica, vale dizer: o que fora contratado (autonomia da vontade) prevalece sobre a realidade da prestação de serviços. Nesse sentido:

Ementa:

> CONSTITUCIONAL, TRABALHISTA E PROCESSUAL CIVIL. AGRAVO INTERNO NA RECLAMAÇÃO. OFENSA AO QUE DECIDIDO POR ESTE TRIBUNAL NO JULGAMENTO DA ADPF 324 E DO TEMA 725 DA REPERCUSSÃO GERAL. *PEJOTIZAÇÃO*. PERMISSÃO CONSTITUCIONAL DE FORMAS ALTERNATIVAS DA RELAÇÃO DE EMPREGO. AGRAVO PROVIDO. 1. A decisão reclamada afastou a eficácia de contrato de prestação de serviços, assentando a existência de relação de emprego, afirmando que a relação foi utilizada como meio para se fraudar a legislação trabalhista. 2. Esta CORTE tem assentado a constitucionalidade das relações de trabalho diversas das de emprego regida pela CLT, conforme decidido na ADPF 324, na ADC 48, na ADI 3.961, na ADI 5.625, bem como o Tema 725 da Repercussão Geral. 3. Recurso de Agravo a que se dá provimento para julgar procedente a Reclamação. (STF, Rcl 61583, 1ª T, Min. Alexandre de Moraes – Julgamento: 18/09/2023, Publicação: 21/09/2023).
>
> Agravos Regimentais na Reclamação. 2. Direito Constitucional, Civil e do Trabalho. 3. Terceirização. "*Pejotização*". Liberdade de organização produtiva dos cidadãos. Licitude de outras formas de organização. Tribunal de origem violou entendimento firmado na ADPF 324, na ADI 5.625 e no RE-RG 958.252 (tema 725). 4. Reclamação julgada procedente. 5. Ausência de argumentos capazes de infirmar a decisão agravada. 6. Agravos regimentais não providos (STF Rcl 59120. 2ª T. Rel. Min Gilmar Mendes. Doe 06/10/2023).

Em que pese a atual jurisprudência do STF, cumpre destacar, na esfera trabalhista, que o princípio da desconsideração da personalidade jurídica aplica-se com maior flexibilidade do que nas outras esferas do direito. Além disso, a exteriorização da vontade do trabalhador deve ser vista com reservas, pois o Direito do Trabalho é impregnado por normas de ordem pública que protegem a parte mais vulnerável na relação de trabalho. Além disso, o sistema constitucional de valorização do trabalho humano (arts. 1º, III, 6º e 7º, da CF) prestigia o trabalho sob a forma da relação de emprego. De se destacar ainda, o princípio da primazia da realidade que é basilar ao Direito do Trabalho, como forma de proteção ao trabalho digno e melhoria da condição social do trabalhador. De outro lado, o próprio Direito Civil, que parte da ideia do equilíbrio das partes na pactuação do contrato permite a alteração do pactuado, caso o contrato não cumpra sua função social, e o necessário equilíbrio contratual, e boa-fé objetiva na execução do contrato (arts. 421, 422 e 2035 do Código Civil).

De outro lado, o magistrado trabalhista, entendendo pela existência do vínculo de emprego, poderá ajustar a remuneração do trabalhador à realidade da prestação de serviços pelo regime da CLT, pois, não raro, as remunerações destinadas aos trabalhadores por intermédio de pessoas jurídicas são muito mais altas que a média aos trabalhadores com vínculo de emprego. Há que se aplicar as regras do justo salário e justa retribuição previstas nos arts. 8º, 460 e 766 ambos da CLT.

6. DO REPRESENTANTE COMERCIAL

A Lei 4.886/65 trata do representante comercial, dispondo-se em seu art. 1º:

> "Exerce a representação comercial autônoma a pessoa jurídica ou a pessoa física, sem relação de emprêgo, que desempenha, em caráter não eventual por conta de uma ou mais pessoas, a mediação para a realização de negócios mercantis, agenciando propostas ou pedidos, para transmití-los aos representados, praticando ou não atos relacionados com a execução dos negócios. Parágrafo único. Quando a representação comercial incluir podêres atinentes ao mandato mercantil, serão aplicáveis, quanto ao exercício dêste, os preceitos próprios da legislação comercial."

O representante comercial é a pessoa física ou jurídica que exerce, de forma habitual e autônoma, a atividade de representação de uma empresa, marca ou produto, com a finalidade de intermediação de negócios, prospecção de clientes ou vendas de produtos, mediante remuneração.

O representante comercial deve ter registro no órgão de classe, segundo o art. 2º da Lei 4.886/65.

O trabalho do representante comercial pessoa física, em alguns aspectos, assemelha-se ao empregado, pois o representante comercial trabalha de forma habitual e pessoal para uma pessoa jurídica e, como regra, depende economicamente do tomador dos serviços. No entanto, não há subordinação jurídica entre o representante e seu tomador.

Como bem nos adverte Amauri Mascaro Nascimento[12]:

> "Nos casos concretos, para se concluir se há ou não o poder de direção, portanto a subordinação, avaliam-se dados do caso como: 1) comparecer diariamente à empresa; 2) cumprimento de roteiro de visitas elaborado pelo próprio vendedor ou por uma empresa para a qual as vendas são feitas; 3) presença obrigatória de reuniões; 4) receber ordens diretas; 5) sofrer admoestações pela execução inadequada do serviço; 6) fiscalização sobre a sua atividade; 7) zona fechada e cadastro de clientes fornecido pela empresa ou pertencente ao vendedor; 8) exclusividade; 9) despesas da atividade e veículo próprio. Ex.: o ambulante que vende no Viaduto do Chá por contra própria não é empregado, mas se alguém o financia e dirige a sua atividade, ficando com os lucros e pagando uma porcentagem, será empregado."

A nosso ver, o contrato do representante comercial pode ser verbal, e o fato de ele não ter inscrição no órgão de classe não invalida o contrato de representação verbal, desde que ausente a subordinação jurídica. No entanto, a falta de formalização do contrato do representante e a ausência do registro no órgão de classe constituem presunção favorável ao trabalhador quanto à existência do vínculo de emprego.

A jurisprudência do TST tem se manifestado a respeito, conforme as ementas que seguem:

> "AGRAVO. AGRAVO DE INSTRUMENTO. RECURSO DE REVISTA INTERPOSTO NA VIGÊNCIA DA LEI N.º 13.467/17. RECONHECIMENTO DE VÍNCULO DE EMPREGO. REPRESENTANTE COMERCIAL. MATÉRIA FÁTICA. SÚMULA N.º 126 DO TST. TRANSCENDÊNCIA NÃO RECONHECIDA. Confirma-se a decisão

12. Curso de Direito do Trabalho. 29ª ed. São Paulo: Saraiva, 2014, p. 1087.

agravada, porquanto não constatada a transcendência da causa do ponto de vista econômico, político, social ou jurídico que ultrapassem os interesses subjetivos do processo. O Tribunal Regional, valorando fatos e provas, reconheceu o vínculo de emprego do autor, sob os fundamentos de que não houve a formalização do contrato de representação comercial, tampouco a comprovação quanto à negativa do demandante em assiná-lo, bem como em razão da inexistência de registro do trabalhador no Conselho Regional dos Representantes Comerciais. Ademais, considerou estarem presentes os requisitos configuradores do vínculo de emprego, sobretudo a subordinação jurídica. A jurisprudência desta Corte Superior é firme no sentido de que a ausência de contrato escrito de representação comercial, bem como do registro do representante comercial no respectivo Conselho Regional, por si só, não tem o condão de tornar inválido o contrato de representação comercial autônomo, sobretudo quando ausentes os requisitos fático-jurídicos configuradores da relação de emprego. No caso dos autos, porém, embora não prevaleçam esses fundamentos da Corte de origem, esta foi categórica em relação à presença dos requisitos configuradores do vínculo de emprego, nos termos do art. 3º da CLT. Nesse contexto, revela-se inviável a admissibilidade do recurso, ante a incidência da Súmula n.º 126 do TST. Agravo a que se nega provimento" (TST, Ag-AIRR -10996-77.2019.5.03.0068, 1ª Turma, Relator Ministro Amaury Rodrigues Pinto Junior, *DEJT* 17/12/2021).

"AGRAVO. AGRAVO DE INSTRUMENTO EM RECURSO DE REVISTA. ACÓRDÃO PUBLICADO NA VIGÊNCIA DA LEI Nº 13.467/2017. PRELIMINAR DE NULIDADE POR NEGATIVA DE PRESTAÇÃO JURISDICIONAL. AUSÊNCIA DE TRANSCENDÊNCIA. A decisão regional não contraria o precedente firmado em sede de repercussão geral pelo STF (AI 791.292 QO-RG, Rel. Min. Gilmar Mendes, *DJe* de 12/08/2010), no qual a Excelsa Corte decidiu 'que o art. 93, IX, da Constituição Federal exige que o acórdão ou decisão sejam fundamentados. Com efeito, o e. TRT expôs fundamentação suficiente, consignando de forma explícita as razões pelas quais concluiu que não houve fraude nos contratos de representação comercial firmados entre as partes e que nos demais períodos em que estes não vigeram persistiu a prestação de serviços da mesma forma. Assinalou expressamente não haver nos autos elementos capazes de fragilizar os depoimentos das testemunhas patronais acerca da representação comercial presente no caso, bem como ter a prova oral corroborado a tese da defesa no sentido de que o reclamante 'atuava de forma autônoma, pois não havia efetiva subordinação jurídica, havendo

> liberdade de horário e do roteiro de visitas, além de que resta claro que o autor atuava sozinho, arcando com todos os custos das suas atividades, inclusive'. Registrou, ainda, ser 'inafastável a conclusão de que o *de cujus* deixou de atuar como representante comercial por motivos de saúde e que, diante dos termos da previsão contratual, não lhe é devida a indenização do art. 27, alínea 'j' e o aviso prévio do art. 34, ambos da Lei 4.886/65', o que evidencia, por consectário lógico, a ausência de transcendência da matéria. Agravo não provido. VÍNCULO EMPREGATÍCIO. CONTRATO DE REPRESENTAÇÃO COMERCIAL. PEDIDOS SUCESSIVOS. INDENIZAÇÃO E AVISO PRÉVIO. DESCUMPRIMENTO DA EXIGÊNCIA CONTIDA NO ART. 896, § 1º-A, DA CLT. AUSÊNCIA DE TRANSCENDÊNCIA. O art. 896, § 1º-A, I, da CLT, incluído pela Lei nº 13.015/2014, dispõe ser ônus da parte, sob pena de não conhecimento, 'indicar o trecho da decisão recorrida que consubstancia o prequestionamento da controvérsia objeto do recurso de revista'. Na presente hipótese, a parte recorrente não observou o requisito contido no dispositivo, o que inviabiliza o prosseguimento do recurso de revista. A existência de obstáculo processual apto a inviabilizar o exame da matéria de fundo veiculada, como no caso, acaba por evidenciar, em última análise, a própria ausência de transcendência do recurso de revista, em qualquer das suas modalidades. Precedentes. Agravo não provido, com determinação de baixa imediata dos autos à origem" (Ag-AIRR 245-22.2017.5.09.0654, 5ª Turma, Relator Ministro Breno Medeiros, *DEJT* 08/10/2021).

Deve ser destacado, também, que o fato de o representante comercial trabalhar por intermédio de pessoa jurídica não impede o reconhecimento do vínculo de emprego, se comprovado que ele trabalha de forma pessoal e subordinada.

Nesse aspecto, destacamos a seguinte ementa:

> "AGRAVO. AGRAVO DE INSTRUMENTO EM RECURSO DE REVISTA. PROCESSO SOB A ÉGIDE DAS LEIS 13.015/2014 E 13.467/2017. REPRESENTANTE COMERCIAL. PEJOTIZAÇÃO. PRESENÇA DOS ELEMENTOS CONFIGURADORES DA RELAÇÃO EMPREGATÍCIA. MATÉRIA FÁTICA. SÚMULA 126 DO TST. COMPENSAÇÃO. MULTA POR ED'S CONSIDERADOS PROTELATÓRIOS. No sistema processual trabalhista, o exame da matéria fática dos autos é atribuição da Instância Ordinária, quer pelo Juiz de Primeiro Grau, quer pelo TRT. Sendo o recurso de revista um apelo

> de caráter extraordinário, em que se examinam potenciais nulidades, a interpretação da ordem jurídica e as dissensões decisórias em face da jurisprudência do TST, somente deve a Corte Superior Trabalhista se imiscuir no assunto fático se houver manifestos desajustes ou contradições entre os dados fáticos expostos e a decisão tomada, o que não é o caso dos autos. Assim sendo, a decisão agravada foi proferida em estrita observância às normas processuais (art. 557, *caput*, do CPC/1973; arts. 14 e 932, IV, 'a', do CPC/2015), razão pela qual é insuscetível de reforma ou reconsideração. Agravo desprovido" (Ag-AIRR 516-27.2019.5.17.0011, 3ª Turma, Relator Ministro Maurício Godinho Delgado, *DEJT* 03/12/2021).

O Supremo Tribunal Federal firmou entendimento de que a relação entre representante comercial e tomador de serviços, mesmo sendo o representante pessoa física, não se trata de relação de trabalho a justificar a competência da Justiça do Trabalho, conforme o Tema 550 de sua Repercussão Geral, cuja ementa segue:

> "DIREITO CONSTITUCIONAL E DO TRABALHO. REPERCUSSÃO GERAL. CONTRATO DE REPRESENTAÇÃO COMERCIAL AUTÔNOMA, REGIDO PELA LEI Nº 4.886/65. NÃO CONFIGURAÇÃO DE RELAÇÃO DE TRABALHO PREVISTA NO ART. 114, CF. 1. Recurso extraordinário interposto contra decisão proferida pelo Tribunal Superior do Trabalho, em que se alega afronta ao art. 114, incisos I e IX, da Constituição Federal, com redação dada pela EC 45/2004. Na origem, cuida-se de ação de cobrança de comissões sobre vendas decorrentes de contrato de representação comercial autônoma, ajuizada pelo representante, pessoa física, em face do representado. 2. As atividades de representação comercial autônoma configuram contrato típico de natureza comercial, disciplinado pela Lei nº 4.886/65, a qual prevê (i) o exercício da representação por pessoa jurídica ou pessoa física, sem relação de emprego, que desempenha, em caráter não eventual por conta de uma ou mais pessoas, a mediação para a realização de negócios mercantis e (ii) a competência da Justiça comum para o julgamento das controvérsias que surgirem entre representante e representado. 3. Na atividade de representação comercial autônoma, inexiste entre as partes vínculo de emprego ou relação de trabalho, mas relação comercial regida por legislação especial (Lei nº 4.886/65). Por conseguinte, a situação não foi afetada pelas alterações introduzidas pela EC nº 45/2004, que versa sobre hipótese distinta ao tratar da relação de trabalho no art. 114

da Constituição. 4. A proteção constitucional ao trabalho não impõe que toda e qualquer relação entre o contratante de um serviço e o seu prestador seja protegida por meio da relação de trabalho (CF/1988, art. 7º). Precedentes. 5. Ademais, os autos tratam de pedido de pagamento de comissões atrasadas. O pedido e a causa de pedir não têm natureza trabalhista, a reforçar a competência do Juízo Comum para o julgamento da demanda. 6. Recurso extraordinário a que se dá provimento, para assentar a competência da Justiça comum, com a fixação da seguinte tese: 'Preenchidos os requisitos dispostos na Lei 4.886/65, compete à Justiça Comum o julgamento de processos envolvendo relação jurídica entre representante e representada comerciais, uma vez que não há relação de trabalho entre as partes'" (STF, RE 606003, Rel. p/ acórdão Min. Roberto Barroso, *DJE* 14/10/2020).

O Tribunal Superior do Trabalho também se pronunciou sobre o tema, conforme a ementa que segue:

"RECURSO DE REVISTA SOB A ÉGIDE DA LEI 13.015/2014. INCOMPETÊNCIA DA JUSTIÇA DO TRABALHO. CONTRATO DE REPRESENTAÇÃO COMERCIAL. TEMA 550 DA TABELA EM REPERCUSSÃO GERAL DO STF. REQUISITOS DO ARTIGO 896, § 1º-A, DA CLT ATENDIDOS. Cumpre esclarecer que a jurisprudência desta Corte era no sentido de que a Justiça do Trabalho detinha competência material, com fulcro no artigo 114, I e IX, da CF, alterado pela Emenda Constitucional n.º 45/2004, para processar e julgar demandas oriundas da relação de trabalho, inclusive proveniente de lide envolvendo relação de trabalho do representante comercial. Todavia, o Supremo Tribunal Federal – STF, ao apreciar o Tema 550 da Tabela de Repercussão Geral, nos autos do Recurso Extraordinário nº 606.003, em 28/9/2020, fixou tese no sentido de declarar a competência da Justiça Comum para processar e julgar as lides envolvendo relação jurídica entre representante e representada comerciais, por entender que não há relação de trabalho entre as partes. Logo, em atenção ao precedente firmado pelo STF, de caráter vinculante, impõe-se reconhecer a incompetência da Justiça do Trabalho para o julgamento do presente feito, determinando-se, por conseguinte, a remessa dos autos à Justiça Comum. Prejudicado o exame dos demais temas do apelo recurso de revista conhecido e provido" (TST, RR 59400-23.2008.5.04.0811, 6ª Turma, Relator Ministro Augusto Cesar Leite de Carvalho, *DEJT* 03/09/2021).

Deve-se advertir, de outro lado, que, sendo o pedido de reconhecimento de vínculo de emprego fundamentado nos arts. 2º e 3º da CLT, mesmo que exista contrato formal de representação comercial, a competência será da Justiça do Trabalho nos termos do art. 114, I, da Constituição Federal.

7. DO AUTÔNOMO EXCLUSIVO

Dispõe o art. 442-B da CLT:

> "A contratação do autônomo, cumpridas por este todas as formalidades legais, com ou sem exclusividade, de forma contínua ou não, afasta a qualidade de empregado prevista no art. 3º desta Consolidação."

Diante do referido dispositivo legal, o trabalhador autônomo pode ser contratado de forma contínua e exclusiva.

A finalidade da lei foi facilitar a contratação de trabalho autônomo e dificultar a configuração do vínculo de emprego. No entanto, apesar de o texto pretender afastar a configuração do vínculo de emprego quando o trabalho for exclusivo e contínuo, ele não tem o condão de excluir a aplicabilidade dos arts. 2º e 3º da CLT. Portanto, deve ser interpretado à luz da Constituição Federal que protege o trabalho humano e os valores sociais do trabalho (arts. 1º, III, 6º e 7º, da CF). De outro lado, o texto parece estar na contramão do próprio Código Civil, quando trata do contrato de prestação de serviços, o qual priorizou o trabalho humano sob a proteção das normas trabalhistas, no art. 593, *in verbis*:

> "A prestação de serviço, que não estiver sujeita às leis trabalhistas ou a lei especial, reger-se-á pelas disposições deste Capítulo."

Na realidade da prestação de serviços, dificilmente um trabalho realizado de forma contínua e com exclusividade para o mesmo tomador não configura uma relação de emprego, uma vez que, nessa situação, há a dependência econômica e a subordinação integrativa, ou estrutural.

De nossa parte, a continuidade e a exclusividade são indícios da relação de emprego. No entanto, há que se avaliar que o trabalho é ou não subordinado. Em eventual discussão judicial sobre a existência da relação de emprego entre o autônomo exclusivo e o tomador de serviços, cumpre a este último o ônus da prova de demonstrar que não havia subordinação na prestação de serviços, por ser fato modificativo ao direito do trabalhador nos termos do art. 818, II, da CLT.

Nesse sentido, relevante destacar a seguinte ementa:

> "DENTISTA. VÍNCULO EMPREGATÍCIO. O conjunto probatório indica a relação de parceria profissional entre o autor e os proprietários da clínica mediante a prestação de serviços autônomos, com independência na organização de agenda, remuneração com valores variáveis conforme trabalho realizado, ausência de comprovação de cumprimento de horários ou necessidade de justificação de faltas e atrasos, sem indícios de subordinação na execução do seu trabalho. Sentença de improcedência mantida" (TRT da 2ª Região, Processo 1000721-68.2019.5.02.0007, Data: 13-06-2021, Órgão Julgador: 10ª Turma – Cadeira 1, Relator(a) Armando Augusto Pinheiro Pires).

8. PRESTADOR DE SERVIÇOS VINCULADOS ÀS PLATAFORMAS DIGITAIS (UBER)

Muito se discute, atualmente, sobre a natureza da vinculação entre prestadores de serviços, a exemplo de motoristas que transportam passageiros ou entregadores, vinculados a plataformas digitais.

Há decisões da Justiça do Trabalho que reconhecem o vínculo de emprego entre motorista e a plataforma UBER, considerando que os prestadores de serviços são hipossuficientes, não fixam o valor de cada serviço, recebem valores baixos, têm avaliação e fiscalização da atividade e estão sujeitos a punição. Além disso, argumentam sobre a existência, de forma muito expressiva, da dependência econômica do prestador com relação ao tomador dos serviços.

De outro lado, o motorista de aplicativo está vinculado a um algoritmo que mede sua *performance*, bem como a quantidade e a qualidade de seu trabalho, sendo aplicável o parágrafo único do art. 6º da CLT[13].

Além disso, é possível argumentar que o motorista de aplicativo é uma engrenagem essencial no exercício da atividade econômica do aplicativo, estando inserido no organismo empresarial, acolhendo a estrutura do tomador de serviços (subordinação estrutural no dizer de Maurício Godinho Delgado).

---

13. Art. 6º, parágrafo único da CLT: "Os meios telemáticos e informatizados de comando, controle e supervisão se equiparam, para fins de subordinação jurídica, aos meios pessoais e diretos de comando, controle e supervisão do trabalho alheio."

Como bem adverte Homero Batista Mateus da Silva[14], "os propalados gestos de independência do motorista, como permanecer desligado, fora de área ou em recusa a chamados, são contrapostos a gestos de coerção da inteligência artificial, como redução dos chamados e eventualmente sua exclusão do cadastro. Ainda há muitas variáveis pouco conhecidas do grande público, como a utilização do sistema de avaliação que os motoristas recebem dos passageiros, a armazenagem dos dados dos percursos feitos pelos usuários – talvez para desenvolvimento de veículos autônomos, segundo noticiado pela grande imprensa – e o sistema de atribuição de corridas sem que o motorista saiba o destino, talvez para evitar que ele escolha as melhores e dispense as menos rentáveis, mitigando-lhe a autonomia. O fato é que esses indícios de subordinação jurídica latente, em que a prestação de serviços segue as diretrizes da plataforma digital, foram suficientes para a extensão de direitos trabalhistas aos motoristas em alguns ordenamentos jurídicos, servindo como exemplo o britânico."

O Supremo Tribunal Federal também tem entendido, de forma majoritária, que não há vínculo de emprego entre motorista de aplicativo e a plataforma que oferece o serviço ao público, conforme a ementa que segue:

Ementa:

> Agravo interno na reclamação. Trabalhista. Terceirização de serviços de atividades-fim. Motorista de aplicativo. Reconhecimento de *vínculo empregatício*. Alegação de afronta à autoridade da decisão proferida por esta Suprema Corte na arguição de descumprimento de preceito fundamental 324. Ocorrência. Paradigma em que se declara a constitucionalidade de modelos diversos de prestação de serviços no mercado de trabalho. Princípios da livre iniciativa e da livre concorrência. Agravo a que se nega provimento. (STF - Rcl 61267, AgR- Órgão julgador: Primeira Turma Relator(a): Min. Luiz Fux, Julgamento: 12/12/2023, Publicação: 18/12/2023).

De nossa parte, o fato de o Supremo Tribunal Federal estar entendendo que é possível a terceirização de atividade-fim, inclusive para uma só pessoa, e que o trabalhador de aplicativo tem possibilidade de escolha em trabalhar ou não, isso não impede o reconhecimento do vínculo de emprego, caso presentes os requisitos dos arts. 2º e 3º da CLT, uma vez que, no sistema

14. Direito do Trabalho Aplicado. Volume 1. São Paulo: RT, 2021, p. 67.

constitucional brasileiro, o trabalho humano deve se dar, preponderantemente, sob a proteção das legislações trabalhista e social (arts. 1º, IV, 6º e 7º, da CF).

Atualmente, a maior parte das decisões da Justiça do Trabalho não reconhece o vínculo de emprego em razão da presença dos seguintes elementos: não há área fixa de atuação do motorista; não há obrigatoriedade de ficar com o aplicativo ligado, há a possibilidade de recusa de corridas; não há obrigatoriedade de ficar à disposição em tempo mínimo; o veículo, normalmente, é de propriedade do prestador que arca com a despesas dele; não há recebimento de valores fixos, nem garantia de remuneração mínima; há a possibilidade de o motorista compartilhar o veículo com outro motorista; não há obrigatoriedade de exclusividade, estando livre o motorista para trabalhar para outros aplicativos. Além disso, o motorista fica com 75% do valor de cada serviço.

No aspecto, vale destacar as seguintes decisões, oriundas da mais alta Corte Trabalhista brasileira, *in verbis*:

> "AGRAVO DE INSTRUMENTO EM RECURSO DE REVISTA. ACÓRDÃO PUBLICADO NA VIGÊNCIA DA LEI Nº 13.015/2014. VÍNCULO DE EMPREGO. MOTORISTA. UBER. AUSÊNCIA DE SUBORDINAÇÃO. Em razão de provável caracterização de ofensa ao art. 3º, da CLT, dá-se provimento ao agravo de instrumento para determinar o prosseguimento do recurso de revista. Agravo de instrumento provido. RECURSO DE REVISTA. ACÓRDÃO PUBLICADO NA VIGÊNCIA DA LEI Nº 13.015/2014. VÍNCULO DE EMPREGO. MOTORISTA. UBER. AUSÊNCIA DE SUBORDINAÇÃO. TRANSCENDÊNCIA JURÍDICA RECONHECIDA. Destaque-se, de início, que o reexame do caso não demanda o revolvimento de fatos e provas dos autos, isso porque a transcrição do depoimento pessoal do autor no acórdão recorrido contempla elemento fático hábil ao reconhecimento da confissão quanto à autonomia na prestação de serviços. Com efeito, o reclamante admite expressamente a possibilidade de ficar *off-line*, sem delimitação de tempo, circunstância que indica a ausência completa e voluntária da prestação dos serviços em exame, que só ocorre em ambiente virtual. Tal fato traduz, na prática, a ampla flexibilidade do autor em determinar sua rotina, seus horários de trabalho, locais que deseja atuar e quantidade de clientes que pretende atender por dia. Tal autodeterminação é incompatível com o reconhecimento da relação de emprego, que tem como pressuposto básico a subordinação, elemento no qual se funda a distinção com o trabalho autônomo. Não bastasse a confissão do reclamante quanto à

autonomia para o desempenho de suas atividades, é fato incontroverso nos autos que o reclamante aderiu aos serviços de intermediação digital prestados pela reclamada, utilizando-se de aplicativo que oferece interface entre motoristas previamente cadastrados e usuários dos serviços. Dentre os termos e condições relacionados aos referidos serviços está a reserva ao motorista do equivalente a 75% a 80% do valor pago pelo usuário, conforme consignado pelo e. TRT. O referido percentual revela-se superior ao que esta Corte vem admitindo como bastante à caracterização da relação de parceria entre os envolvidos, uma vez que o rateio do valor do serviço em alto percentual a uma das partes evidencia vantagem remuneratória não condizente com o liame de emprego. Precedentes. Recurso de revista conhecido e provido" (TST, RR 1000123-89.2017.5.02.0038, 5ª Turma, Relator Ministro Breno Medeiros, *DEJT* 07/02/2020).

"AGRAVO DE INSTRUMENTO EM RECURSO DE REVISTA INTERPOSTO PELA RECLAMANTE. ACÓRDÃO REGIONAL PUBLICADO NA VIGÊNCIA DAS LEIS Nºs 13.015/2014 E 13.467/2017. PROCEDIMENTO SUMARÍSSIMO. RELAÇÃO DE EMPREGO. RECONHECIMENTO DE VÍNCULO. TRABALHADOR AUTÔNOMO. MOTORISTA. APLICATIVO. UBER. IMPOSSIBILIDADE. TRANSCENDÊNCIA JURÍDICA RECONHECIDA. NÃO PROVIMENTO. I. Discute-se a possibilidade de reconhecimento de vínculo de emprego entre motorista profissional que desenvolve suas atividades com utilização do aplicativo de tecnologia 'Uber' e a sua criadora, Uber do Brasil Tecnologia Ltda. II. Pelo prisma da transcendência, trata-se de questão jurídica nova, uma vez que se refere à interpretação da legislação trabalhista (arts. 2º, 3º e 6º da CLT), sob enfoque em relação ao qual ainda não há jurisprudência consolidada no âmbito do Tribunal Superior do Trabalho ou em decisão de efeito vinculante no Supremo Tribunal Federal. Logo, reconhece-se a transcendência jurídica da causa (art. 896-A, § 1º, IV, da CLT). III. Na hipótese, o Tribunal Regional manteve, pelos próprios fundamentos, a sentença em que se reconheceu a condição de trabalhador autônomo do Reclamante. No particular, houve reconhecimento na instância ordinária de que o Reclamante ostentava ampla autonomia na prestação de serviços, sendo dele o ônus da atividade econômica. Registrou-se, ainda, a ausência de subordinação do trabalhador para com a Reclamada, visto que 'o autor não estava sujeito ao poder diretivo, fiscalizador e punitivo da ré'. Tais premissas são insusceptíveis de revisão ou alteração nessa instância extraordinária, conforme entendimento consagrado na Súmula nº 126 do TST. IV. A relação de emprego definida pela CLT (1943) tem como padrão a relação clássica de trabalho industrial, comercial e de serviços. As novas formas de trabalho devem ser reguladas por lei própria e, enquanto o legislador não a edita, não pode o julgador aplicar indiscriminadamente o padrão da relação de emprego. O contrato regido pela CLT exige a convergência de quatro elementos configuradores: pessoalidade, onerosidade, não eventualidade e subordinação jurídica. Esta decorre do poder hierárquico da empresa e se desdobra nos poderes diretivo, fiscalizador, regulamentar e disciplinar (punitivo). O enquadramento da relação estabelecida entre o motorista de aplicativo e a respectiva plataforma deve se dar com aquela prevista no ordenamento jurídico com maior afinidade, como é o caso da definida pela Lei nº 11.442/2007, do transportador autônomo, assim configurado aquele que é proprietário do veículo e tem relação de natureza comercial. O STF já declarou constitucional tal enquadramento jurídico de trabalho autônomo (ADC 48, Rel. Min. Roberto Barroso, *DJE* nº 123, de 18/05/2020), a evidenciar a possibilidade de que nem todo trabalho pessoal e oneroso deve ser regido pela CLT. V. O trabalho pela plataforma tecnológica – e não para ela – não atende aos critérios definidos nos artigos 2º e 3º da CLT, pois o usuário-motorista pode dispor livremente quando e se disponibilizará seu serviço de transporte para os usuários-clientes, sem qualquer exigência de trabalho mínimo, de número mínimo de viagens por período, de faturamento mínimo, sem qualquer fiscalização ou punição por esta decisão do motorista, como constou das premissas fáticas incorporadas pelo acórdão Regional, ao manter a sentença de primeiro grau por seus próprios fundamentos, em procedimento sumaríssimo. VI. Sob esse enfoque, fixa-se o seguinte entendimento: o trabalho prestado com a utilização de plataforma tecnológica de gestão de oferta de motoristas-usuários e demanda de clientes-usuários não se dá para a plataforma e não atende aos elementos configuradores da relação de emprego previstos nos artigos 2º e 3º da CLT, inexistindo, por isso, relação de emprego entre o motorista profissional e a desenvolvedora do aplicativo, o que não acarreta violação do disposto no art. 1º, III e IV, da Constituição Federal. VII. Agravo de instrumento de que se conhece e a que se nega provimento" (TST, AIRR 10575-88.2019.5.03.0003, 4ª Turma, Relator Ministro Alexandre Luiz Ramos, *DEJT* 11/09/2020).

As decisões asseveram que entre motorista e UBER existe uma relação de trabalho que se assemelha à parceria ou ao trabalho autônomo dependente (expressão de Amauri Mascaro Nascimento), mas não ao liame empregatício.

Reconhecem também que o motorista depende economicamente do trabalho que realiza para o aplicativo, normalmente trabalha muitas horas por dia, recebe remuneração reduzida, não tem organização própria para gerir sua atividade e também está inserido na estrutura da atividade econômica da plataforma digital. Por essa razão, esse tipo de relação de trabalho, embora não configure relação de emprego, necessita ser aprimorado e regulamentado por Lei[15], estabelecendo garantias mínimas ao prestador de serviços, além de regras de medicina e segurança do trabalho. Há necessidade de interpretar as relações de trabalhadores com aplicativo sob o aspecto do valor social do trabalho e do capitalismo sob o aspecto humanista.

A recente Lei 14.297/22 dispõe sobre medidas de proteção asseguradas ao entregador que presta serviço por intermédio de empresa de aplicativo de entrega durante a vigência da emergência em saúde pública decorrente do coronavírus responsável pela Covid-19. Embora a lei seja aplicável apenas ao período de pandemia e não reconheça vínculo de emprego entre prestador e tomador dos serviços, estabelece a obrigatoriedade de a empresa de aplicativo de entrega contratar seguro contra acidentes, sem franquia, em benefício do entregador nela cadastrado, exclusivamente para acidentes

15. Decidiu o Supremo Tribunal Federal que nem toda relação de trabalho que se assemelhe ao contrato de emprego configura vínculo de emprego: "Direito do Trabalho. Ação Declaratória da Constitucionalidade e Ação Direta de Inconstitucionalidade. Transporte rodoviário de cargas. Lei 11.442/2007, que previu a terceirização da atividade-fim. Vínculo meramente comercial. Não configuração de relação de emprego. 1. A Lei nº 11.442/2007 (i) regulamentou a contratação de transportadores autônomos de carga por proprietários de carga e por empresas transportadoras de carga; (ii) autorizou a terceirização da atividade-fim pelas empresas transportadoras; e (iii) afastou a configuração de vínculo de emprego nessa hipótese. 2. É legítima a terceirização das atividades-fim de uma empresa. Como já foi decidido pelo Supremo Tribunal Federal, a Constituição não impõe uma única forma de estruturar a produção. Ao contrário, o princípio constitucional da livre-iniciativa garante aos agentes econômicos liberdade para eleger suas estratégias empresariais dentro do marco vigente (CF/1988, art. 170). A proteção constitucional ao trabalho não impõe que toda e qualquer prestação remunerada de serviços configure relação de emprego (CF/1988, art. 7º). Precedente: ADPF 524, Rel. Min. Luís Roberto Barroso. 3. Não há inconstitucionalidade no prazo prescricional de 1 (um) ano, a contar da ciência do dano, para a propositura de ação de reparação de danos, prevista no art. 18 da Lei 11.442/2007, à luz do art. 7º, XXIX, CF, uma vez que não se trata de relação de trabalho, mas de relação comercial. 4. Procedência da ação declaratória da constitucionalidade e improcedência da ação direta de inconstitucionalidade. Tese: '1 – A Lei 11.442/2007 é constitucional, uma vez que a Constituição não veda a terceirização, de atividade-meio ou fim. 2 – O prazo prescricional estabelecido no art. 18 da Lei 11.442/2007 é válido porque não se trata de créditos resultantes de relação de trabalho, mas de relação comercial, não incidindo na hipótese o art. 7º, XXIX, CF. 3 – Uma vez preenchidos os requisitos dispostos na Lei nº 11.442/2007, estará configurada a relação comercial de natureza civil e afastada a configuração de vínculo trabalhista'" (ADC 48, Relator(a): Roberto Barroso, Tribunal Pleno, julgado em 15/04/2020, processo eletrônico *DJe*-123 divulg. 18-05-2020, public. 19-05-2020).

ocorridos durante o período de retirada e entrega de produtos e serviços; assegurar ao entregador afastado em razão de infecção pelo coronavírus responsável pela Covid-19 assistência financeira pelo período de 15 dias, o qual pode ser prorrogado por mais dois períodos de 15 dias, mediante apresentação do comprovante ou do laudo médico; fornecer ao entregador informações sobre os riscos do coronavírus responsável pela covid-19 e os cuidados necessários para se prevenir do contágio e evitar a disseminação da doença; disponibilizar máscaras e álcool em gel ou outro material higienizante aos entregadores, para proteção pessoal durante as entregas; permitir que o entregador utilize as instalações sanitárias de seu estabelecimento, e garantir o acesso do entregador a água potável.

Em abril de 2022, o Tribunal Superior do Trabalho proferiu a primeira decisão, embora não unânime, reconhecendo o vínculo de emprego. A decisão priorizou fundamentos constitucionais e humanistas de proteção do trabalho humano e dignidade da pessoa do trabalhador, bem como trouxe novos horizontes para interpretação do art. 6º da CLT à luz dos princípios constitucionais de proteção ao trabalho humano. A ementa está a seguir transcrita:

> "RECURSO DE REVISTA. PROCESSO SOB A ÉGIDE DA LEI 13.015/2014 E ANTERIOR À LEI 13.467/2017. UBER DO BRASIL TECNOLOGIA LTDA. NATUREZA JURÍDICA DA RELAÇÃO MANTIDA ENTRE OS TRABALHADORES PRESTADORES DE SERVIÇOS E EMPRESAS QUE ORGANIZAM, OFERTAM E EFETIVAM A GESTÃO DE PLATAFORMAS DIGITAIS DE DISPONIBILIZAÇÃO DE SERVIÇOS DE TRANSPORTE AO PÚBLICO, NO CASO, O TRANSPORTE DE PESSOAS E MERCADORIAS. NOVAS FORMAS DE ORGANIZAÇÃO E GESTÃO DA FORÇA DE TRABALHO HUMANA NO SISTEMA CAPITALISTA E NA LÓGICA DO MERCADO ECONÔMICO. ESSENCIALIDADE DO LABOR DA PESSOA HUMANA PARA A CONCRETIZAÇÃO DOS OBJETIVOS DA EMPRESA. PROJEÇÃO DAS REGRAS CIVILIZATÓRIAS DO DIREITO DO TRABALHO SOBRE O LABOR DAS PESSOAS NATURAIS. INCIDÊNCIA DAS NORMAS QUE REGULAM O TRABALHO SUBORDINADO DESDE QUE NÃO DEMONSTRADA A REAL AUTONOMIA NA OFERTA E UTILIZAÇÃO DA MÃO DE OBRA DO TRABALHADOR (ART. 818, II, DA CLT). CONFLUÊNCIA DOS PRINCÍPIOS CONSTITUCIONAIS HUMANISTAS E SOCIAIS QUE ORIENTAM A MATÉRIA (PREÂMBULO DA CF/88; ART. 1º, III E IV; ART. 3º, I, II, III E IV; ART. 5º, *CAPUT*;

ART. 6º; ART. 7º, *CAPUT* E SEUS INCISOS E PARÁGRAFO ÚNICO; ARTS. 8º ATÉ 11; ART. 170, *CAPUT* E INCISOS III, VII E VIII; ART. 193, TODOS DA CONSTITUIÇÃO DE 1988). VÍNCULO DE EMPREGO. DADOS FÁTICOS CONSTANTES DO ACÓRDÃO REGIONAL REFERINDO-SE À RELAÇÃO SOCIOECONÔMICA ABRANGENTE DE PERÍODO DE QUASE DOIS MESES. PRESENÇA DOS ELEMENTOS INTEGRANTES DA RELAÇÃO EMPREGATÍCIA. INCIDÊNCIA, ENTRE OUTROS PRECEITOS, TAMBÉM DA REGRA DISPOSTA NO PARÁGRAFO ÚNICO DO ART. 6º DA CLT (INSERIDA PELA LEI n. 12.551/2011), A QUAL ESTABELECE QUE 'OS MEIOS TELEMÁTICOS E INFORMATIZADOS DE COMANDO, CONTROLE E SUPERVISÃO SE EQUIPARAM, PARA FINS DE SUBORDINAÇÃO JURÍDICA, AOS MEIOS PESSOAIS E DIRETOS DE COMANDO, CONTROLE E SUPERVISÃO DO TRABALHO ALHEIO'. PRESENÇA, POIS, DOS CINCO ELEMENTOS DA RELAÇÃO DE EMPREGO, OU SEJA: PESSOA HUMANA PRESTANDO TRABALHO; COM PESSOALIDADE; COM ONEROSIDADE; COM NÃO EVENTUALIDADE; COM SUBORDINAÇÃO. ÔNUS DA PROVA DO TRABALHO AUTÔNOMO NÃO CUMPRIDO, PROCESSUALMENTE (ART. 818, CLT), PELA EMPRESA DE PLATAFORMA DIGITAL QUE ARREGIMENTA, ORGANIZA, DIRIGE E FISCALIZA A PRESTAÇÃO DOS SERVIÇOS ESPECIALIZADOS DE SERVIÇOS DE TRANSPORTE. Cinge-se a controvérsia do presente processo em definir se a relação jurídica havida entre o Reclamante e a Reclamada – Uber do Brasil Tecnologia Ltda. – configurou-se como vínculo de emprego (ou não). A soluçao da demanda exige o exame e a reflexão sobre as novas e complexas fórmulas de contratação da prestação laborativa, algo distintas do tradicional sistema de pactuação e controle empregatícios, e que ora se desenvolvem por meio da utilização de plataformas e aplicativos digitais, *softwares* e mecanismos informatizados semelhantes, todos cuidadosamente instituídos, preservados e geridos por sofisticadas (e, às vezes, gigantescas) empresas multinacionais e, até mesmo, nacionais. É importante perceber que tais sistemas e ferramentas computadorizados surgem no contexto do aprofundamento da revolução tecnológica despontada na segunda metade do século XX (ou, um pouco à frente, no início do século XXI), a partir da informática e da internet, propiciando a geração de um sistema empresarial de plataformas digitais, de amplo acesso ao público, as quais permitem um novo meio de arregimentação de mão de obra, diretamente por intermédio desses aplicativos digitais, que têm o condão de organizar, direcionar, fiscalizar e zelar pela hígida prestação de serviços realizada ao cliente final. A modificação tecnológica e organizacional ocorrida nas duas últimas décadas tem sido tão intensa que há, inclusive, autores e correntes de pensamento que falam na existência de uma quarta revolução tecnológica no sistema capitalista. Evidentemente que essa nova estrutura de organização empresarial e de prestação de serviços facilita a aproximação e a comunicação na sociedade e no âmbito da prestação de serviços ao público-alvo, seja este formado por pessoas físicas ou por instituições. Porém, a lógica de sua estruturação e funcionamento também tem sido apreendida por grandes corporações empresariais como oportunidade ímpar para reduzirem suas estruturas produtivas e, especialmente, o custo do trabalho utilizado e imprescindível para o bom funcionamento econômico da entidade empresarial. De nenhuma valia econômica teria este sistema organizacional e tecnológico, conforme se percebe, se não houvesse, é claro, a prestação laborativa por ele propiciada ao público-alvo objetivado – neste caso, se não existissem motoristas e carros organizadamente postos à disposição das pessoas físicas e jurídicas. Realmente, os impactos dessa nova modalidade empresarial e de organização do trabalho têm sido diversos: de um lado, potenciam, fortemente, a um custo mais baixo do que o precedente, a oferta do trabalho de transporte de pessoas e coisas no âmbito da sociedade; de outro lado, propiciam a possibilidade de realização de trabalho por pessoas desempregadas, no contexto de um desemprego agudo criado pelas políticas públicas e por outros fatores inerentes à dinâmica da economia; mas, em terceiro lugar, pela desregulamentação amplamente praticada por este sistema, gerando uma inegável deterioração do trabalho humano, uma lancinante desigualdade no poder de negociação entre as partes, uma ausência de regras de higiene e saúde do trabalho, uma clara falta de proteção contra acidentes ou doenças profissionais, uma impressionante inexistência de quaisquer direitos individuais e sociais trabalhistas, a significativa ausência de proteções sindicais e, se não bastasse, a grave e recorrente exclusão previdenciária. O argumento empresarial, em tal quadro, segue no sentido de ser o novo sistema organizacional e tecnológico tão disruptivo perante a sistemática de contratação anterior que não se fazem presentes, em sua estrutura e dinâmica, os elementos da relação empregatícia. E, efetivamente, é o que cabe examinar, afinal, no presente processo. Passa-se, dessa maneira, ao exame da relação socioeconômica e jurídica entre as partes do presente processo, respeitados os aspectos fáticos lançados pelo próprio acórdão regional, como determina a Súmula 126 do TST. Nesse exame, sem negligenciar a complexidade das questões que envolvem a discussão dos autos, o eventual enquadramento como vínculo empregatício da relação jurídica entre o prestador de serviços e as plataformas digitais, pelo Poder Judiciário Trabalhista no Brasil, vai depender das situações fáticas efetivamente demonstradas, as quais, por sua própria complexidade, podem abarcar inúmeras e múltiplas hipóteses. A propósito, no Direito brasileiro existe sedimentada presunção de ser empregatício o vínculo jurídico formado – regido pela Constituição da República (art. 7º) e pela CLT, portanto –desde que seja incontroversa a prestação de serviços por uma pessoa natural a alguém (Súmula 212, TST). Essa presunção jurídica relativa (não absoluta, esclareça-se) é clássica ao Direito do Trabalho, em geral, resultando de dois fatores historicamente incontestáveis: a circunstância de ser a relação de emprego a regra geral de conexão dos trabalhadores ao sistema socioeconômico capitalista; a circunstância de a relação de emprego, desde o surgimento do Direito do Trabalho, ter se tornado a fórmula mais favorável e protegida de inserção da pessoa humana trabalhadora na competitiva e excludente economia contemporânea. No Brasil, desponta a singularidade de esta antiga presunção jurídica ter sido incorporada, de certo modo, até mesmo pela Constituição da República de 1988, ao reconhecer, no vínculo empregatício, um dos principais e mais eficazes instrumentos de realização de notável bloco de seus princípios cardeais, tais como o da dignidade do ser humano, o da centralidade da pessoa humana na ordem jurídica e na vida socioeconômica, o da valorização do trabalho e do emprego, o da inviolabilidade física e psíquica da pessoa humana, o da igualdade em sentido substancial, o da justiça social, o do bem-estar individual e social, o da segurança e o da subordinação da propriedade à sua função socioambiental. Com sabedoria, a Constituição percebeu que não se criou, na História do Capitalismo, nessa direção inclusiva, fórmula tão eficaz, larga, abrangente e democrática quanto a estruturada na relação de emprego. Convergindo inúmeros preceitos constitucionais para o estímulo, proteção e elogio à relação de emprego (ilustrativamente: Preâmbulo da CF/88; art. 1º, III e IV; art. 3º, I, II, III e IV; art. 5º, *caput*; art. 6º; art. 7º, *caput* e seus incisos e parágrafo único; arts. 8º até 11; art. 170, *caput* e incisos III, VII e VIII; art. 193, todos do Texto Máximo de 1988), emerge clara a presunção também constitucional em favor do vínculo empregatício no contexto de existência de incontroversa prestação de trabalho na vida social e econômica. De par com isso, a ordem jurídica não permite a contratação do trabalho por pessoa natural, com os intensos elementos da relação de emprego, sem a incidência do manto mínimo assecuratório da dignidade básica do ser humano nessa seara da vida individual e socioeconômica. Em consequência, possuem caráter manifestamente excetivo fórmulas alternativas de prestação de serviços a alguém, por pessoas naturais, como, ilustrativamente, contratos de estágio, vínculos autônomos ou eventuais, relações cooperativadas e as fórmulas intituladas de 'pejotização' e, mais recentemente, o trabalho de transporte de pessoas e coisas via arregimentação e organização realizadas por empresas de plataformas digitais. Em qualquer desses casos, estando presentes os elementos da relação de emprego, esta prepondera e deve ser reconhecida, uma vez que a verificação desses pressupostos, muitas vezes, demonstra que a adoção de tais práticas se dá, essencialmente, como meio de precarizar as relações empregatícias (art. 9º da CLT). Nesse aspecto, cumpre enfatizar que o fenômeno sociojurídico da relação empregatícia emerge quando reunidos os seus cinco elementos fático-jurídicos constitutivos: prestação de trabalho por pessoa física a outrem, com pessoalidade, não eventualidade, onerosidade e sob subordinação. Observe-se que, no âmbito processual, uma vez admitida a prestação de serviços pelo suposto empregador/tomador de serviços, a ele compete demonstrar que o labor se desenvolveu sob modalidade diversa da relação de emprego, considerando a presunção (relativa) do vínculo empregatício sedimentada há várias décadas no Direito do Trabalho, conforme exaustivamente exposto. A análise casual das hipóteses discutidas em Juízo, portanto, deve sempre se pautar no critério do ônus da prova – definido no art. 818 da CLT –, competindo ao obreiro demonstrar a prestação de serviços (inciso I do art. 818 da CLT); e à Reclamada, provar eventual autonomia na relação jurídica (inciso II do art. 818 da CLT). No caso dos autos, a prova coligida no processo e referenciada pelo acórdão recorrido demonstrou que a Reclamada administra um empreendimento relacionado ao transporte de pessoas – e não mera interligação entre usuários do serviço e os motoristas cadastrados no aplicativo – e que o Reclamante lhe prestou serviços como motorista do aplicativo digital. Assim, ficaram firmemente demonstrados os elementos integrantes da relação de emprego, conforme descrito imediatamente a seguir. Em primeiro lugar, é inegável (e fato incontroverso) de que o trabalho de dirigir o veículo e prestar o serviço de transporte, em conformidade com as regras estabelecidas pela empresa de plataforma digital, foi realizado, sim, por uma pessoa humana – no caso, o Reclamante. Em segundo lugar, a pessoalidade também está comprovada, pois o Obreiro precisou efetivar um cadastro individual na Reclamada, fornecendo dados pessoais e bancários, bem como, no decorrer da execução do trabalho, foi submetido a um sistema de avaliação individualizada, a partir de notas atribuídas pelos clientes e pelo qual a Reclamada controlava a qualidade dos serviços prestados. É também incontroverso de que todas as inúmeras e incessantes avaliações feitas pela clientela final referem-se à pessoa física do motorista uberizado, emergindo, assim, a presença óbvia do elemento fático e jurídico da pessoalidade. O caráter oneroso do trabalho executado é também incontroverso, pois a clientela faz o pagamento ao sistema virtual da empresa, em geral por meio de cartão de crédito (podendo haver também, mais raramente, pagamento em dinheiro) e, posteriormente, a empresa gestora do sistema informatizado credita parte do valor apurado na conta-corrente do motorista. Ora, o trabalhador somente adere a esse sistema empresarial e de prestação laborativa porque ele lhe assegura retribuição financeira em decorrência de sua prestação de trabalho e em conformidade com um determinado percentual dos valores apurados no exercício desse trabalho. Sobre a não eventualidade, o labor do Reclamante estava inserido na dinâmica intrínseca da atividade econômica da Reclamada e inexistia qualquer traço de transitoriedade na prestação do serviço. Não era eventual, também, sob a perspectiva da teoria do evento, na medida em que não se tratava de labor desempenhado para certa obra ou serviço, decorrente de algum acontecimento fortuito ou casual. De todo modo, é também incontroverso de que se trata de labor inerente à rotina fundamental da empresa digital de transporte de pessoas humanas, sem o qual tal empresa sequer existiria. Por fim, a subordinação jurídica foi efetivamente demonstrada, destacando-se as seguintes premissas que se extraem do acórdão regional, incompatíveis com a suposta autonomia do trabalhador na execução do trabalho: 1) a Reclamada organizava unilateralmente as chamadas dos seus clientes/passageiros e indicava o motorista para prestar o serviço; 2) a empresa exigia a permanência do Reclamante conectado à plataforma digital para prestar os serviços, sob risco de descredenciamento da plataforma digital (perda do trabalho); 3) a empresa avaliava continuamente a *performance* dos motoristas, por meio de um controle telemático e pulverizado da qualidade dos serviços, a partir da tecnologia da plataforma digital e das notas atribuídas pelos clientes/passageiros ao trabalhador. Tal sistemática servia, inclusive, de parâmetro para o descredenciamento do motorista em face da plataforma digital

– perda do trabalho –, caso o obreiro não alcançasse uma média mínima; 4) a prestação de serviços se desenvolvia diariamente, durante o período da relação de trabalho – ou, pelo menos, com significativa intensidade durante os dias das semanas –, com minucioso e telemático controle da Reclamada sobre o trabalho e relativamente à estrita observância de suas diretrizes organizacionais pelo trabalhador, tudo efetivado, aliás, com muita eficiência, por intermédio da plataforma digital (meio telemático) e mediante a ativa e intensa, embora difusa, participação dos seus clientes/passageiros. Saliente-se ser fato notório (art. 337, I, do CPC/15) que a Reclamada é quem estabelece unilateralmente os parâmetros mais essenciais da forma de prestação dos serviços e da dinâmica de funcionamento da atividade econômica, como, por exemplo, a definição do preço da corrida e do quilômetro rodado no âmbito de sua plataforma digital. Desse quadro, se percebe a configuração da subordinação jurídica nas diversas dimensões: a) clássica, em face da existência de incessantes ordens diretas da Reclamada promovidas por meios remotos e digitais (art. 6º, parágrafo primeiro, da CLT), demonstrando a existência da assimetria poder de direção/subordinação e, ainda, os aspectos diretivo, regulamentar, fiscalizatório e disciplinar do poder empregatício; b) objetiva, tendo em vista o trabalho executado estritamente alinhado aos objetivos empresariais; c) estrutural, mediante a inteira inserção do profissional contratado na organização da atividade econômica desempenhada pela Reclamada, em sua dinâmica de funcionamento e na cultura jurídica e organizacional nela preponderante; d) por fim, a subordinação algorítmica, que consiste naquela efetivada por intermédio de aferições, acompanhamentos, comandos, diretrizes e avaliações concretizadas pelo computador empresarial, no denominado algoritmo digital típico de tais empresas da Tecnologia 4.0. Saliente-se, por oportuno, que a suposta liberdade do profissional para definir seus horários de trabalho e de folgas, para manter-se ligado, ou não, à plataforma digital, bem como o fato de o Reclamante ser detentor e mantenedor de uma ferramenta de trabalho – no caso, o automóvel utilizado para o transporte de pessoas – são circunstâncias que não têm o condão de definir o trabalho como autônomo e afastar a configuração do vínculo de emprego. Reitere-se: a prestação de serviços ocorria diariamente, com sujeição do Autor às ordens emanadas da Reclamada por meio remoto e telemático (art. 6º, parágrafo único, da CLT); havia risco de sanção disciplinar (exclusão da plataforma) em face da falta de assiduidade na conexão à plataforma e das notas atribuídas pelos clientes/

passageiros da Reclamada; inexistia liberdade ou autonomia do Reclamante para definir os preços das corridas e dos seus serviços prestados, bem como escolher os seus passageiros (ou até mesmo criar uma carteira própria de clientes); não se verificou o mínimo de domínio do trabalhador sobre a organização da atividade empresarial, que era centralizada, metodicamente, no algoritmo da empresa digital; ficou incontroversa a incidência das manifestações fiscalizatórias, regulamentares e disciplinares do poder empregatício na relação de trabalho analisada. Enfim, o trabalho foi prestado pelo Reclamante à Reclamada, mediante remuneração, com subordinação, e de forma não eventual. Cabe reiterar que, embora, neste caso concreto, tenham sido comprovados os elementos da relação empregatícia, deve ser considerado que o ônus da prova da autonomia recai sobre a defesa, ou seja, o ente empresarial, já que inequívoca a prestação de trabalho (art. 818, II, da CLT), sendo forçoso reconhecer, também, que a Reclamada não se desvencilhou satisfatoriamente de seu encargo probatório. Dessa forma, deve ser reformado o acórdão regional para se declarar a existência do vínculo de emprego entre as Partes, nos termos da fundamentação. Recurso de revista conhecido e provido" (TST, RR 100353-02.2017.5.01.0066, 3ª Turma, Relator Ministro Maurício Godinho Delgado, *DEJT* 11/04/2022).

No mesmo sentido, as decisões regionais que seguem:

"U. B. T. L. VÍNCULO EMPREGATÍCIO. A Uber Brasil explora atividade econômica qualificada como *crowdsourcing* de plataforma específica, se dedicando ao transporte de passageiros. A atividade econômica da Ré sustenta-se no serviço de transporte, sendo a execução material da atividade de deslocamento espacial do ponto 'origem' ao ponto de 'destino', necessariamente, realizado por um ser humano – identificado como motorista. Há dependência mútua entre o motorista, que não pode prestar o seu serviço de forma autônoma, independente da empresa de aplicativo (Lei n. 12.587/2012), nem a empresa de aplicativo consegue executar o serviço contratado pelo passageiro sem o trabalho realizado pelo motorista. Conquanto defenda a tese de ser mera intermediária entre passageiro e motorista, própria organização do negócio infirma a sua tese, uma vez ser a própria empresa (através do seu sistema) quem escolhe o profissional que executará o serviço. Não é concedido ao passageiro tampouco ao motorista escolherem mutuamente, tampouco negociarem o preço do serviço. A propalada liberdade de recusar chamadas é relativa, pois não concedida ao motorista a opção de determinar se aquela tarefa lhe dirigida satisfaz ou não o interesse pessoal, haja vista que as informações de origem e destino apenas são fornecidas após o 'aceite', momento a partir do qual o cancelamento implicará o pagamento de 'multa' (ou taxa) pelo motorista. Em adendo, caso o motorista exerça plenamente sua autonomia (recusa), sofrerá sanções como rebaixamento de sua nota (implicando em menor número de chamadas lhe direcionadas), até o seu desligamento. Característica fulcral do profissional autônomo é precificar o próprio trabalho. Entretanto, no modelo de trabalho por demanda através de aplicativo, o preço é imposto pela operadora (Uber), não tendo o motorista autonomia para precificar o próprio trabalho. A ausência de fixação de jornada de trabalho não é fator obstativo da relação empregatícia, uma vez que desde os primórdios do Direito do Trabalho não se distinguia do trabalho realizado no estabelecimento do empregador ou fora. Os artigos 6º e 62, CLT, positivavam a figura do empregado que trabalhava fora do estabelecimento do empregador, sem cumprir jornada específica. O motorista que se ativa junto ao aplicativo é espécie de empregado tarefeiro, isto é, que a remuneração é paga por tarefa executada, não pela disponibilidade de tempo. A empresa exerce poder diretivo e disciplinar impondo diretrizes de profissionalismo, desempenho, apresentação e conduta. Também faz uso do poder disciplinar ao aplicar sanções aos motoristas, que, de acordo com seus critérios exclusivos, estão em desacordo com suas diretrizes ou que recebam baixa avaliação. A empresa, conforme seu poder unilateral, realizava bloqueio temporário da conta (equivalente à suspensão do contrato) e o cancelamento da conta (dispensa do trabalhador). Os elementos coligados aos autos evidenciam trabalho prestado por pessoa natural; com pessoalidade (*login* próprio e intransferível); não eventual; subordinado e oneroso. Vínculo de emprego reconhecido" (TRT da 2ª Região, Processo: 1001543-75.2021.5.02.0043, Data: 26-09-2022, Órgão Julgador: 14ª Turma – Cadeira 1, Relator(a): Francisco Ferreira Jorge Neto).

"EMENTA: UBER DO BRASIL. MOTORISTA. RELAÇÃO DE EMPREGO RECONHECIDA. AVANÇOS TECNOLÓGICOS NÃO LEGITIMAM O TRABALHO PRECARIZADO. DIREITOS FUNDAMENTAIS NÃO SE VERGAM DIANTE DO PODER ECONÔMICO. NÃO HÁ PRIVILÉGIO NA SERVIDÃO. Do ponto de vista abstrato, o primeiro grande obstáculo que se tem verificado para a compreensão do trabalho prestado por intermédio de aplicativos situa-se na incompreensão do que seja, juridicamente, uma relação de emprego. Muitos julgados, que negam a existência de uma relação de emprego na situação em questão, apegam-se no argumento de que o trabalhador não está subordinado, apoiando-se, para tanto, em dois fatos: que o trabalhador tem liberdade para escolher seu horário de trabalho e que não é punido caso não trabalhe. O trabalhador, portanto, não estaria sob o comando do empregador e sua atividade seria autogestada, podendo-se, assim, também concluir que o que se tem, em concreto, é um trabalho prestado 'pelo' aplicativo, e não 'para' o aplicativo, argumento este, inclusive, que aparece como ponto central do recurso apresentado pela reclamada nos presentes autos. A este respeito não se pode deixar de apontar para o aspecto meramente retórico da argumentação, pois o aplicativo não é sujeito de direito e, portanto, não poderia sequer ser considerado para efeito da análise jurídica. O aplicativo não tem vida própria, não expressa vontades, desejos e, portanto, não fixa metas ou comandos. Não é nada mais do que uma coisa, um objeto ou, mais especificamente, uma ferramenta. Argumentar, para negar o vínculo de emprego, que o trabalho é prestado 'pelo' aplicativo, e não 'para' o aplicativo não tem qualquer significado concreto, do ponto de vista jurídico, pois equivale a afirmar, com relação a um pedreiro, por exemplo, que este exerce seu trabalho 'pelo' uso de uma 'colher de pedreiro', e não 'para' a ferramenta em questão. Ora, é evidente que o motorista não trabalha 'para' o aplicativo, assim como o pedreiro não trabalha 'para' a sua colher e esta obviedade, extraída da lógica, não tem nenhuma repercussão jurídica. Os sujeitos envolvidos nesta relação são a entidade que atua como empreendedora, o motorista e o passageiro. A empresa UBER, inequivocamente, está integrada a esta relação na qualidade de entidade empreendedora, pois sua atividade, como ela própria apresenta em seu sítio eletrônico, é a de fornecer a ferramenta que possa interligar o motorista ao cliente: 'Nosso principal serviço é desenvolver tecnologias que conectem motoristas parceiros e usuários a qualquer hora'. Mas é evidente que faz muito mais do que isto, pois não apenas produz a 'colher de pedreiro', como a mantém sob sua propriedade, define os modos da sua utilização, estabelece os parâmetros da relação entre o motorista e o usuário, gerencia a execução da atividade e mantém para si parcela do proveito econômico proveniente do serviço prestado. É nítido, portanto, que a empresa UBER é sujeito ativo desta relação e não, meramente, proprietária da ferramenta. O motorista é outro evidente sujeito desta relação e sua participação se dá com o exercício do trabalho necessário para que o serviço seja prestado. O motorista é um trabalhador, portanto. O outro sujeito é o usuário, que se vale dos serviços prestados, tanto pelo motorista quanto pela UBER. Para chegar ao motorista, o usuário se vale do aplicativo e, depois, se beneficia do transporte propriamente dito, por meio da condução do motorista, sendo que, para tanto, paga o preço previamente fixado; um preço que engloba, sem delimitação concreta, os dois serviços. O usuário, portanto, integra a relação, fechando o ciclo. Não se trata, pois, de uma relação linear horizontal, como sugere a reclamada em seu sítio, na qual a UBER fornece a ferramenta e aquele que adquire a ferramenta a utiliza para a venda de serviço a uma terceira pessoa. O usuário, concretamente, estabelece um vínculo jurídico inicial com a UBER, na qualidade de consumidor do serviço por ela concretamente oferecido, e não meramente 'possibilitado'. Embora, nos processos judiciais, tente construir outra versão para a realidade, no mundo extra-autos, a UBER explicita o serviço de transporte que vende ao consumidor e conclama, 'Vá de UBER'. O usuário, que atende o chamado e vai de UBER, firma, portanto, uma relação de consumo com a UBER, e não com o motorista, que aparece na relação como mero executor do trabalho necessário à realização do serviço. Tanto é assim que, se o usuário for acometido de algum dano durante o transporte, a reparação certamente será buscada perante a UBER, e esta formulação tem sido reiteradamente acolhida pelos Tribunais estaduais. Fechado o ciclo das relações jurídicas formalizadas, o que se tem como resultado é: quem trabalha é o motorista e a sua participação é, unicamente, a entrega do trabalho. Um trabalho que se executa para a UBER, que dele depende para a implementação do seu empreendimento econômico, pouco importando avaliar se o empreendimento é lucrativo ou não, já que assume os riscos da atividade. O trabalho prestado não é um trabalho autônomo, pois o motorista não define, por si, as condições em que será prestado junto ao consumidor, não tendo autonomia nem mesmo com relação ao preço cobrado pelo trabalho. O fato de o trabalhador arcar com os custos da execução do transporte, sendo, inclusive, proprietário do veículo (isto quando não o aluga), serve apenas para aumentar o seu nível de dependência econômica frente àquele que o remunera pelo trabalho exercido e que, concretamente, se beneficia economicamente da situação, que é a própria UBER. A transferência para o trabalhador de parte dos custos do empreendimento apenas aumenta o nível de exploração do trabalho. Não há como negar, portanto, que se está diante de uma nítida relação jurídica na qual o motorista vende sua força de trabalho para o implemento do empreendimento da UBER e que se traduz, juridicamente, como uma autêntica relação de emprego, valendo lembrar que relação de emprego é o instituto jurídico criado exatamente para identificar este tipo de relação social, com o objetivo precípuo de delimitar o campo de aplicação dos direitos trabalhistas e de, ao mesmo tempo, garantir a efetivação destes direitos, tidos como parâmetros mínimos da relação capital-trabalho. A relação de emprego é o instituto fundamental dos compromissos em torno da essencialidade dos direitos humanos e da integração sociopolítico-econômica da classe trabalhadora que foram assumidos na pactuação de reconstrução da sociedade capitalista e que dão origem à formação do Estado Social. A relação de emprego é concebida, pois, como um imperativo de ordem pública, na medida em que a integração ao projeto socioeconômico-produtivo do Estado Social é automática, involuntária e vinculativa. A identificação de uma relação de emprego, por conseguinte, não é um favor que se faz ao trabalhador, nem uma pena que se impõe ao empreendedor. Bem ao contrário, representa revalidar e buscar conferir efetividade ao pacto em questão. Toda vez que se busca argumentos para negar a relação de emprego em efetivas relações de exploração do trabalho pelo capital, o que se tem como efeito é um passo dado em direção a todo desajuste social e humano que nos conduziu a duas guerras mundiais e que tem feito aumentar as desigualdades sociais, a fome, a miséria e as diversas formas de opressão, o que, por sua vez, constitui alimento à quebra da solidariedade e da própria razão, fortalecendo as bases de regimes autoritários e ditatoriais. Impressiona que depois de tantos anos de tentativa de superação da ordem liberal e consolidação do Estado Social ainda se conviva com práticas que retomam a época pré-capitalista, quando o argumento de 'parceria' entre os proprietários de terras e os trabalhadores fornecia fundamento para a espoliação da condição humana destes. Não é à toa, portanto, que a relação entre os trabalhadores e as empresas detentoras de aplicativo são apresentados como 'servidão moderna', 'escravidão digital', ou, na expressão mais reduzida, 'uberização'. E a argumentação artificialmente criada e midiaticamente difundida ainda busca fazer acreditar que quem explora faz um 'favor' para o explorado. Como se divulga com insistência, quem tem algum sonho poderá realizá-lo trabalhando 'com' (e não 'para') a UBER e o fará sem se submeter a um padrão, ou seja, sendo o seu 'próprio chefe'. Aqueles que conseguem alcançar esta condição são tidos, então, como seres privilegiados. Ostentariam, assim, como denuncia sarcasticamente Ricardo Antunes, o 'privilégio da servidão'!" (TRT 15ª Região, **3ª Turma - 6ª Câmara, Processo TRT/15ª Região nº**

0010112-89.2020.5.15.0032, recurso ordinário, Rel. Des. **Jorge Luiz Souto Maior,** Data publicação: 08/09/2022).

Conforme já sedimentado em doutrina, e também na jurisprudência tanto do TST, como STJ, sendo a causa de pedir e o pedido pertinentes ao reconhecimento do vínculo de emprego, a competência para dirimir o conflito é da Justiça do Trabalho, nos termos do art. 114, I, da Constituição Federal.

9. TRABALHADOR EVENTUAL

O trabalhador eventual presta serviços de forma pessoal, subordinada e onerosa, mas não se fixa a determinado tomador, e o serviço tem curta duração.

Há várias teorias sobre o trabalhador eventual, conforme elenca Amauri Mascaro Nascimento[16], quais sejam:

a) *descontinuidade na prestação de serviços*: o trabalhador eventual presta serviços de forma ocasional;

b) *teoria dos fins da empresa*: o trabalhador eventual socorre uma atividade relacionada com os fins normais da empresa;

c) *fixação:* o trabalhador eventual não se fixa a um tomador;

d) *teoria do evento*: o trabalhador eventual socorre uma atividade específica de curta duração.

Pensamos que o trabalhador eventual que não se fixa a determinado tomador de serviços e presta serviços de curta duração.

Exemplo típico de trabalhador eventual citado pela doutrina é o chamado *chapa*, que é a pessoa que fica em estradas ou em locais próximos a locais onde caminhões realizam carga e descarga de mercadorias. O chapa realiza carregamento ou descarregamento de caminhões, por curto período, sem se vincular a um tomador, e recebe, normalmente, por diária e não se fixa a um tomador[17].

No mesmo sentido conclui Maurício Godinho Delgado[18], que caracteriza o trabalho eventual pelos seguintes elementos:

---

16. Iniciação do Direito do Trabalho. 33ª Edição. São Paulo: LTr, 2007, p. 168.
17. No entanto, se o chapa se fixar um tomador, realizando o trabalho sob a ótica dos arts. 2º e 3º, da CLT haverá formação do vínculo de emprego.
18. Curso de Direito do Trabalho. 18ª ed. São Paulo: Ltr, 2019, p. 404/405.

"a) descontinuidade da prestação do trabalho, entendida como a não permanência em uma organização com ânimo definitivo; b) não fixação jurídica a uma única fonte de trabalho, com pluralidade variável de tomadores de serviços; c) curta duração do trabalho prestado; d) natureza do trabalho vinculada a evento certo, determinado e episódico quanto à regular dinâmica do empreendimento do tomador dos serviços; e) ademais, a natureza do trabalho também não seria afinada aos fins normais do empreendimento".

O trabalhador eventual não se confunde com o trabalhador intermitente previsto nos arts. 443, § 3º, e 452-A, ambos da CLT, uma vez que no trabalho intermitente há descontinuidade na prestação de serviços, mas um vínculo jurídico com o tomador de serviços; no eventual, por sua vez, não existe um vínculo jurídico, tampouco expectativa de o tomador de serviços contar com o trabalhador.

10. TRABALHADOR VOLUNTÁRIO

A Lei 9.608/98 disciplinou o trabalho voluntário, definindo-o em seu artigo 1º nos seguintes termos:

> "Considera-se serviço voluntário, para os fins desta Lei, a atividade não remunerada prestada por pessoa física a entidade pública de qualquer natureza ou a instituição privada de fins não lucrativos que tenha objetivos cívicos, culturais, educacionais, científicos, recreativos ou de assistência à pessoa. Parágrafo único. O serviço voluntário não gera vínculo empregatício, nem obrigação de natureza trabalhista previdenciária ou afim."

Nos termos do artigo 2º da referida Lei, o serviço voluntário será exercido mediante a celebração de termo de adesão entre a entidade, pública ou privada, e o prestador do serviço voluntário, dele devendo constar o objeto e as condições de seu exercício.

A assinatura de termo de adesão (documento formal e escrito), nos moldes da Lei 9.608/98, gera uma presunção de gratuidade do trabalho, mas não exclui a possibilidade da existência do vínculo de emprego se, facticamente, estiverem presentes os requisitos dos artigos 2º e 3º da CLT, quais sejam: pessoalidade, não eventualidade, subordinação e onerosidade, o vínculo de emprego deve ser reconhecido.

Deve ser destacado que o *animus contrahendi*, ou seja, a intenção de trabalhar como empregado, é fator decisivo para reconhecimento do vínculo. Esse *animus* é aferido objetivamente pela função desenvolvida, pela natureza dos serviços e pelo comportamento das partes (prestador e tomador) durante a prestação pessoal de serviços.

Como bem destaca José Affonso Dallegrave Neto[19]:

> "O fundamental para discernir se a relação é de emprego ou de trabalho voluntário traduz-se na aferição da atividade prestada pelo trabalhador. Assim, se o obreiro presta o seu serviço de forma gratuita, com fito assistencial, cívico, cultural ou científico, por certo estará caracterizado o trabalho voluntário ao qual se reporta a Lei 9.608/98. Ao contrário, se o trabalhador, por exemplo, presta serviço de telefonista mediante ordens, com uso de uniforme e rigoroso horário de expediente a cumprir. Aqui será inegável a existência de liame empregatício. Até porque não se pode admitir a presença rigorosa de subordinação para com os voluntários. É possível, até mesmo, que a entidade considerada filantrópica para os efeitos legais tenha parte de sua organização composta de voluntários e outra de empregados assalariados."

A Lei 9.608/98, no artigo 3º[20], prevê a possibilidade de ressarcimento de despesas ao trabalhador voluntário, sem que tal requisito configure onerosidade.

10.1. Trabalhador religioso

Tem entendido a jurisprudência trabalhista, com razão, que os ministros religiosos não são empregados, pois se confundem com a própria instituição na qual realizam os cultos, pois o trabalho é executado por voto de fé, e não com intuito oneroso – art. 3º da CLT. Nesse sentido:

> MINISTRO DE CONFISSÃO RELIGIOSA. IGREJA UNIVERSAL DO REINO DE DEUS. VÍNCULO DE EMPREGO. NATUREZA

19. Inovações na Legislação Trabalhista: Reforma Trabalhista Ponto a Ponto. 2ª Edição. São Paulo: LTr, 2002, p. 193.
20. Art. 3º da Lei 9.608/98: "O prestador do serviço voluntário poderá ser ressarcido pelas despesas que comprovadamente realizar no desempenho das atividades voluntárias. Parágrafo único. As despesas a serem ressarcidas deverão estar expressamente autorizadas pela entidade a que for prestado o serviço voluntário".

CONFESSIONAL, PERTINENTE A UMA CRENÇA MÍSTICA E A UMA PRÁTICA RELIGIOSA, E À DISSEMINAÇÃO SOCIAL DESTAS, DAS ATIVIDADES DESENVOLVIDAS. SUBORDINAÇÃO DE ÍNDOLE ECLESIAL. PRESSUPOSTOS FÁTICOS E JURÍDICOS DA RELAÇÃO DE EMPREGO NÃO CONFIGURADOS. Hipótese em que, a partir do conjunto probatório, se evidencia que o vínculo que unia o reclamante, ministro de confissão religiosa (pastor), à sua igreja era de natureza confessional, trabalhando ele por fé própria e autodeclarada vocação pessoal, pertinentes a uma crença mística e a uma prática religiosa, na disseminação social destas, sendo, no contexto de tal crença e de tal prática, todas as suas atividades convergentes a tal fim, não se verificando, a partir do acervo probatório, a presença, na relação concreta estabelecida por vários anos entre o ministro de confissão religiosa e a igreja em que se engajou, como disseminador de tal fé, alicerçada na crença em uma divindade em particular e nos fundamentos dogmáticos dessa crença, dos pressupostos fáticos e jurídicos da relação de emprego. A rejeição do pedido de declaração do vínculo de emprego entre o reclamante, ministro de confissão religiosa (pastor), e a igreja em que se engajou, no caso, não decorre, de per si, da simples premissa de que o trabalho em atividades religiosas não possa consubstanciar uma relação de emprego, mas da constatação de que, no caso, o vínculo e a subordinação entre o reclamante, ministro de confissão religiosa (pastor), e a igreja em que se engajou, são de índole eclesial, e não empregatícia, com a adesão voluntária do pastor ao ofício de disseminação social da sua crença mística e da sua prática religiosa, bem como aos dogmas da religião assim professada, e sob a supervisão eclesial da correspondente igreja, necessária à boa ordenação de tal ofício e, assim, à preservação e à disseminação dos fundamentos da referida crença sobrenatural (religiosa)" (TRT da 2ª Região; Processo: 1001048-19.2020.5.02.0608; Data: 12-05-2022; Órgão Julgador: 2ª Turma – Cadeira 3; Relator(a): Rodrigo Garcia Schwarz).

A Lei 14.647/23 acrescentou o § 2º ao art. 442 da CLT para asseverar que não existe vínculo empregatício entre entidades religiosas de qualquer denominação ou natureza ou instituições de ensino vocacional e ministros de confissão religiosa, membros de instituto de vida consagrada, de congregação ou de ordem religiosa, ou quaisquer outros que a eles se equiparem, ainda que se dediquem parcial ou integralmente a atividades ligadas à administração da entidade ou instituição a que estejam vinculados ou estejam em formação ou treinamento.

O presente entendimento já era majoritário, na doutrina e jurisprudência, pois o religioso ou o vocacionado que exercer trabalho em prol de outras pessoas, por voto de fé ou vocação, o faz sem ânimo de emprego.

No entanto, como bem assevera o § 3º do art. 442, acrescentado pela Lei 14.647/23, haverá o vínculo de emprego caso haja o desvirtuamento da finalidade religiosa e voluntária.

11. TRABALHADOR AVULSO

Avulso "é tudo o que é solto, tudo o que é desligado do corpo ou da coleção de que poderia fazer parte. Sendo assim, o não fichado, desconectado de um grupo de empregados regularmente inseridos no âmbito da empresa, é também popularmente intitulado avulso."[21]

Conforme Maurício Godinho Delgado[22]: "o obreiro avulso corresponde a modalidade de trabalhador eventual, que oferta sua força de trabalho, por curtos períodos de tempo, a distintos tomadores, sem se fixar especificamente a qualquer deles."

O trabalhador avulso, na verdade, presta serviços, por intermédio do sindicato, ou órgão gestor da mão de obra, a vários tomadores, por curto lapso de tempo. Por seu turno, o trabalhador eventual presta serviços por curto lapso de tempo a distintos tomadores, sem intermediação.

Historicamente, o trabalho avulso surgiu nos portos, sendo os trabalhadores arregimentados pelo sindicato para prestar serviços para os diversos operadores portuários.

A Constituição Federal igualou os direitos do trabalhador avulso aos do trabalhador regido pela legislação trabalhista. Nesse sentido, é o artigo 7º, XXXIV, da CF, quando assevera "igualdade de direitos entre o trabalhador com vínculo empregatício permanente e o trabalhador avulso". Não obstante, apesar de fazer jus a todos os direitos trabalhistas, não tem o registro em carteira de trabalho.

Atualmente, o trabalhador avulso portuário é regido pela Lei 12.815/13 (arts. 32 a 45).

Dispõe o art. 32 da Lei 12.815/13: "Os operadores portuários devem constituir em cada porto organizado um órgão de gestão de mão de obra do trabalho portuário, destinado a: I – administrar o fornecimento da mão

21. MARTINEZ, Luciano. Curso de Direito do Trabalho. 10ª ed. São Paulo: Saraiva, 2019, p. 161.
22. Direito do Trabalho. 7ª Edição. São Paulo: LTr, 2008, p. 341.

de obra do trabalhador portuário e do trabalhador portuário avulso; II – manter, com exclusividade, o cadastro do trabalhador portuário e o registro do trabalhador portuário avulso; III – treinar e habilitar profissionalmente o trabalhador portuário, inscrevendo-o no cadastro; IV – selecionar e registrar o trabalhador portuário avulso; V – estabelecer o número de vagas, a forma e a periodicidade para acesso ao registro do trabalhador portuário avulso; VI – expedir os documentos de identificação do trabalhador portuário; e VII – arrecadar e repassar aos beneficiários os valores devidos pelos operadores portuários relativos à remuneração do trabalhador portuário avulso e aos correspondentes encargos fiscais, sociais e previdenciários. Parágrafo único. Caso celebrado contrato, acordo ou convenção coletiva de trabalho entre trabalhadores e tomadores de serviços, o disposto no instrumento precederá o órgão gestor e dispensará sua intervenção nas relações entre capital e trabalho no porto".

Nos termos do art. 40 da Lei 12.815/2013: "O trabalho portuário de capatazia, estiva, conferência de carga, conserto de carga, bloco e vigilância de embarcações, nos portos organizados, será realizado por trabalhadores portuários com vínculo empregatício por prazo indeterminado e por trabalhadores portuários avulsos. § 1º Para os fins desta Lei, consideram-se: I – capatazia: atividade de movimentação de mercadorias nas instalações dentro do porto, compreendendo o recebimento, conferência, transporte interno, abertura de volumes para a conferência aduaneira, manipulação, arrumação e entrega, bem como o carregamento e descarga de embarcações, quando efetuados por aparelhamento portuário; II – estiva: atividade de movimentação de mercadorias nos conveses ou nos porões das embarcações principais ou auxiliares, incluindo o transbordo, arrumação, peação e desapeação, bem como o carregamento e a descarga, quando realizados com equipamentos de bordo; III – conferência de carga: contagem de volumes, anotação de suas características, procedência ou destino, verificação do estado das mercadorias, assistência à pesagem, conferência do manifesto e demais serviços correlatos, nas operações de carregamento e descarga de embarcações; IV – conserto de carga: reparo e restauração das embalagens de mercadorias, nas operações de carregamento e descarga de embarcações, reembalagem, marcação, remarcação, carimbagem, etiquetagem, abertura de volumes para vistoria e posterior recomposição; V – vigilância de embarcações: atividade de fiscalização da entrada e saída de pessoas a bordo das embarcações atracadas ou fundeadas ao largo, bem como da movimentação de mercadorias nos portalós, rampas, porões, conveses, plataformas e em outros locais da embarcação; e VI – bloco: atividade de limpeza e conservação de embarcações mercantes e de seus tanques, incluindo batimento de ferrugem, pintura, reparos de pequena monta e serviços correlatos. § 2º A contratação de trabalhadores portuários de capatazia, bloco, estiva, conferência de carga, conserto de carga e vigilância de embarcações com vínculo empregatício por prazo indeterminado será feita exclusivamente dentre trabalhadores portuários avulsos registrados. § 3º O operador portuário, nas atividades a que alude o *caput*, não poderá locar ou tomar mão de obra sob o regime de trabalho temporário de que trata a Lei nº 6.019, de 3 de janeiro de 1974. § 4º As categorias previstas no *caput* constituem categorias profissionais diferenciadas. § 5º Desde que possuam a qualificação necessária, os trabalhadores portuários avulsos registrados e cadastrados poderão desempenhar quaisquer das atividades de que trata o § 1º deste artigo, vedada a exigência de novo registro ou cadastro específico, independentemente de acordo ou convenção coletiva. (Incluído pela Lei nº 14.047, de 2020)".

Diante dos referidos dispositivos legais, o trabalhador portuário pode ser contratado, na modalidade de trabalhador avulso, com intermediação do órgão gestor de mão de obra (OGMO), ou diretamente pelo próprio operador portuário como empregado. No entanto, a contratação de trabalhadores portuários de capatazia, bloco, estiva, conferência de carga, conserto de carga e vigilância de embarcações com vínculo empregatício por prazo indeterminado será feita exclusivamente entre trabalhadores portuários avulsos registrados.

O órgão gestor da mão de obra e o operador portuário são, solidariamente, responsáveis pelas verbas trabalhistas dos trabalhadores portuários avulsos nos termos do § 2º do art. 33 da Lei 12.815/2013.

11.1. Avulso não portuário

O trabalhador avulso não portuário é regido pela Lei 12.023/09, cujo art. 1º assim dispõe:

> "As atividades de movimentação de mercadorias em geral exercidas por trabalhadores avulsos, para os fins desta Lei, são aquelas desenvolvidas em áreas urbanas ou rurais sem vínculo empregatício, mediante intermediação obrigatória do sindicato da categoria, por meio de Acordo ou Convenção Coletiva de Trabalho para execução das atividades. Parágrafo único. A remuneração, a definição das funções, a composição de equipes e as demais condições de trabalho serão objeto de negociação entre as entidades representativas dos trabalhadores avulsos e dos tomadores de serviços."

Diante do referido dispositivo legal, o trabalhador avulso não portuário realiza atividades de movimentação de mercadorias para vários tomadores de serviços (urbanos ou rurais), sem vínculo empregatício, sob intermediação do sindicato.

Nos termos do art. 2º da Lei 12.023/09, são atividades da movimentação de mercadorias em geral: I – cargas e descargas de mercadorias a granel e ensacados, costura, pesagem, embalagem, enlonamento, ensaque, arrasto, posicionamento, acomodação, reordenamento, reparação da carga, amostragem, arrumação, remoção, classificação, empilhamento, transporte com empilhadeiras, paletização, ova e desova de vagões, carga e descarga em feiras livres e abastecimento de lenha em secadores e caldeiras; II – operações de equipamentos de carga e descarga; III – pré-limpeza e limpeza em locais necessários à viabilidade das operações ou à sua continuidade.

Conforme o art. 4º da Lei 12.023/09, o sindicato elaborará a escala de trabalho e as folhas de pagamento dos trabalhadores avulsos, com a indicação do tomador do serviço e dos trabalhadores que participaram da operação, devendo prestar, com relação a estes, as seguintes informações: I – os respectivos números de registros ou cadastro no sindicato; II – o serviço prestado e os turnos trabalhados; III – as remunerações pagas, devidas ou creditadas a cada um dos trabalhadores, registrando-se as parcelas referentes a: a) repouso remunerado; b) Fundo de Garantia por Tempo de Serviço; c) 13º salário; d) férias remuneradas mais 1/3 (um terço) constitucional; e) adicional de trabalho noturno; f) adicional de trabalho extraordinário.

O sindicato e o tomador de serviços são solidariamente responsáveis pelas verbas trabalhistas do trabalhador avulso não portuário.

Nos termos do art. 643, § 3º, da CLT: "A Justiça do Trabalho é competente, ainda, para processar e julgar as ações entre trabalhadores portuários e os operadores portuários ou o Órgão Gestor de Mão de Obra – OGMO decorrentes da relação de trabalho".

12. DO TRABALHADOR COOPERADO

Para Jorge Luiz Souto Maior[23], "a cooperativa é, a um tempo, empresa econômica e associação de pessoas. Empresa econômica porque a cooperativa, tendo em vista a melhoria econômica de seus associados, assenta-se

23. SOUTO MAIOR, Jorge Luiz. Curso de Direito do Trabalho. Volume II. São Paulo: LTr, 2008, p. 98/99.

sobre um complexo organizacional dos fatores da produção; associação de pessoas, pois reúne um certo número de membros em torno do ideal de cooperação, para exploração da empresa (...)". Conclui Souto Maior[24]: "portanto, as cooperativas são sistemas de mútua ajuda em que pessoas que possuem necessidades comuns se associam, voluntariamente, para, mediante o exercício de um esforço conjunto e eliminando o intermediário, satisfazerem essas necessidades. As cooperativas têm um fim econômico porque visam à melhoria da situação econômica de seus membros, mediante a satisfação de suas necessidades, mas não possuem um escopo puramente mercantil, o que as distingue das demais atividades empresariais".

Nos termos do art. 2º da Lei 12.690/2012: "Considera-se Cooperativa de Trabalho a sociedade constituída por trabalhadores para o exercício de suas atividades laborativas ou profissionais com proveito comum, autonomia e autogestão para obterem melhor qualificação, renda, situação socioeconômica e condições gerais de trabalho. § 1º A autonomia de que trata o *caput* deste artigo deve ser exercida de forma coletiva e coordenada, mediante a fixação, em Assembleia Geral, das regras de funcionamento da cooperativa e da forma de execução dos trabalhos, nos termos desta Lei. § 2º Considera-se autogestão o processo democrático no qual a Assembleia Geral define as diretrizes para o funcionamento e as operações da cooperativa, e os sócios decidem sobre a forma de execução dos trabalhos, nos termos da lei."

Conforme o art. 3º da Lei 12.690/2012, "a Cooperativa de Trabalho rege-se pelos seguintes princípios e valores: I – adesão voluntária e livre; II – gestão democrática; III – participação econômica dos membros; IV – autonomia e independência; V – educação, formação e informação; VI – intercooperação; VII – interesse pela comunidade; VIII – preservação dos direitos sociais, do valor social do trabalho e da livre iniciativa; IX – não precarização do trabalho; X – respeito às decisões de assembleia, observado o disposto nesta Lei; XI – participação na gestão em todos os níveis de decisão de acordo com o previsto em lei e no Estatuto Social."

Como bem assevera Maurício Godinho Delgado[25], no cooperativismo devem estar presentes dois princípios básicos, quais sejam: a) *dupla qualidade* e b) *retribuição pessoal diferenciada*.

24. Op. cit. p. 99.
25. Curso de Direito do Trabalho. 8ª Edição. São Paulo: LTr, 2009, p. 315.

Quanto ao princípio da *dupla qualidade*, ensina Maurício Godinho Delgado[26] que ele "informa que a pessoa filiada tem de ser, ao mesmo tempo, em sua cooperativa, cooperado e cliente, auferindo as mesmas vantagens dessa duplicidade de situações. Isso significa que, para tal princípio, é necessário haver efetiva prestação de serviços pela Cooperativa diretamente ao associado – e não somente a terceiros."

Com relação ao princípio da *retribuição pessoal diferenciada*, explica Maurício Godinho Delgado[27] que, "efetivamente, a cooperativa permite que o cooperado obtenha uma retribuição pessoal, em virtude de sua atividade autônoma, superior àquilo que obteria caso não estivesse associado. A retribuição pessoal de cada cooperado é, necessariamente (ainda que em potencial), superior àquela alcançada caso atuando isoladamente."

Dispõe o artigo 442 da CLT: "Contrato individual de trabalho é o acordo tácito ou expresso, correspondente à relação de emprego. Parágrafo primeiro. Qualquer que seja o ramo de atividade da sociedade cooperativa, não existe vínculo empregatício entre ela e seus associados, nem entre estes e os tomadores de serviços daquela".

Diante do referido dispositivo legal, há uma presunção relativa de que não existe vínculo de emprego entre trabalhador cooperado e cooperativa e também entre trabalhador cooperado e tomador dos serviços da cooperativa. No entanto, presentes os requisitos dos artigos 2º e 3º da CLT, quais sejam prestador pessoa física, pessoalidade, não eventualidade, subordinação e onerosidade, o vínculo de emprego se formará com o tomador de serviços. Qualquer dispositivo que exclua o vínculo de emprego, quando na hipótese concreta ele existir, mostra-se inconstitucional por contrastar com o artigo 7º, *caput*, da CF e atentar contra os princípios fundamentais do valor social do trabalho e proteção à dignidade da pessoa humana do trabalhador (artigo 1º, III e IV, da CF).

Conforme a jurisprudência já sedimentada dos Tribunais, somente é aplicável o parágrafo primeiro do artigo 442 da CLT para excluir o vínculo de emprego entre tomador e cooperado, quando efetivamente o trabalhador cooperado não prestar serviços para o tomador sob a moldura dos artigos 2º e 3º da CLT. Havendo pessoalidade e subordinação entre trabalhador cooperado e tomador de serviços, o vínculo de emprego será reconhecido em face do tomador dos serviços, devendo a cooperativa, que intermediou

26. Curso de Direito do Trabalho. 8ª Edição. São Paulo: LTr, 2009, p. 315.
27. Curso de Direito do Trabalho. 18ª ed. São Paulo: LTr, 2019, p. 390.

a mão de obra, responder solidariamente, nos termos dos arts. 9º da CLT e 932, III, e 942, parágrafo único, do Código Civil.

13. O EMPREITEIRO E O CONTRATO DE EMPREITADA

O Código Civil de 2002 disciplina o contrato de empreitada nos arts. 610 a 626. Diz o art. 610 do CC: "O empreiteiro de uma obra pode contribuir para ela só com o seu trabalho ou com ele e os materiais."

Conforme Maria Helena Diniz[28], "a empreitada ou locação de obra é o contrato pelo qual um dos contratantes (empreiteiro) se obriga, sem subordinação, a realizar, pessoalmente, ou por meio de terceiro, certa obra (p. ex., construção de uma casa, represa ou ponte; composição de uma música) para o outro (dono da obra), com material próprio ou por este fornecido, mediante remuneração determinada ou proporcional ao trabalho executado."

Para fins civis, o empreiteiro pode ser pessoa física ou jurídica e se obriga, mediante contrato, sem subordinação, e mediante o pagamento de remuneração, a construir uma obra. A empreitada pode ser de trabalho (lavor) ou mista, em que o empreiteiro se compromete a fornecer o serviço e o material.

A questão dos contratos de empreitada e da competência da Justiça do Trabalho sempre foi polêmica, pois a CLT e o Direito do Trabalho geralmente se ocuparam do trabalho subordinado, por conta alheia, regido pelos arts. 2º e 3º da CLT, e não do trabalho autônomo em que o empreiteiro corre os riscos de sua atividade.

A doutrina trabalhista apontou como nota de diferenciação do contrato de empreitada ao contrato de trabalho *stricto sensu* ou contrato de emprego, na expressão de *José Martins Catharino*, a subordinação jurídica, pois o empreiteiro é um profissional autônomo que corre os riscos da sua atividade econômica, enquanto o empregado, mesmo recebendo por obra, não corre os riscos de sua atividade e transfere ao empregador a direção do seu trabalho. Como bem destaca *Maurício Godinho Delgado*[29], "sendo pacto autônomo, civil, a empreitada preserva com o próprio profissional prestador de serviços a direção do cotidiano da prestação laborativa, no cumprimento

28. DINIZ, Maria Helena. *Código Civil anotado*. 11. ed. São Paulo: Saraiva, 2005. p. 523.
29. DELGADO, Maurício Godinho. *Curso de direito do trabalho*. 4. ed. São Paulo: LTr, 2005. p. 336-337.

de obra pactuada. Não se transfere a direção para o tomador de serviços. Não há, pois, subordinação nessa prestação de trabalho."

A CLT disciplina a competência da Justiça do Trabalho para os contratos de empreitada. Com efeito, diz o art. 652: "Compete às Varas do Trabalho: a) conciliar e julgar: [...] III – os dissídios resultantes de contratos de empreitadas em que o empreiteiro seja operário ou artífice."

A doutrina e a jurisprudência denominam o contrato de empreitada referido no inciso III do art. 652 da CLT de *pequena empreitada*. Muitos autores fixaram entendimento no sentido de que o conceito de pequena empreitada para fins do art. 652, *a*, III, da CLT significa o serviço prestado por um empreiteiro de forma autônoma com alguns ajudantes ou empregados, sendo a obra de pequeno vulto econômico. Outros asseveram que o empreiteiro tem de trabalhar com pessoalidade, sem a ajuda de outros trabalhadores, independentemente do valor final da obra.

De nossa parte, o conceito de pequena empreitada previsto no art. 652 da CLT concerne ao trabalhador pessoa física. Essa modalidade contratual não se reporta ao vulto econômico da empreitada, pois o referido inciso III não vincula a empreitada ao valor do serviço, tampouco à sua duração, mas sim ao fato de o empreiteiro ser operário ou artífice. Ora, operário ou artífice é aquele trabalhador autônomo, podendo ser especializado ou não em um determinado serviço, que vive do seu próprio trabalho e que tem suas próprias ferramentas ou instrumentos de trabalho, prestando serviços com pessoalidade. Mostra-se perigosa a interpretação no sentido de que o empreiteiro pode estar acompanhado de outros trabalhadores e até constituir pessoa jurídica, sob consequência de se aplicar por analogia o conceito de pequena empreitada para outras espécies de prestação de serviços por pessoa jurídica ou até para microempresas. Além disso, a pequena empreitada é espécie do gênero relação de trabalho e, portanto, somente será admissível a pequena empreitada se o empreiteiro prestar serviços de forma pessoal. Não importa, a nosso ver, se o contrato de empreitada tem elevado vulto financeiro[30], ou se perdurará meses ou anos[31], o essencial é que o empreitei-

30. Nesse sentido, exemplifica Ísis de Almeida: "Uma obra artesanal, por exemplo, encomendada expressamente mediante um contrato de empreitada (verbal ou escrito), e que tem de ser realizada por um artífice, pode ter preço bem elevado, e isto não modificará o entendimento que torna aplicável o inciso III, da letra *a* do art. 652, da CLT" (*Manual de direito processual do trabalho*. 1. v., 9. ed. São Paulo: LTr, 1998. p. 219).

31. Em nosso sentir, vincular o contrato de pequena empreitada à capacidade econômica do trabalhador, ou da obra, viola o princípio constitucional da isonomia e não discriminação (arts. 5º, *caput*, e 7º, XXX, ambos da CF).

ro trabalhe com pessoalidade[32], de forma autônoma, sem a ajuda de outros trabalhadores[33] e se comprometa a realizar uma obra acabada. Desse modo, em nosso sentir, o art. 652, III, da CLT, à luz do art. 114, I, da CF, deve ser interpretado restritivamente, em conformidade com a Constituição Federal.

A competência da Justiça do Trabalho justifica-se para o pequeno empreiteiro a fim de lhe facilitar o acesso à Justiça do Trabalho e de lhe garantir a dignidade e os valores sociais do trabalho. O empreiteiro, salvo se o contrato de empreitada mascarar uma verdadeira relação de emprego, não cobrará na Justiça créditos trabalhistas previstos na CLT e legislação extravagante, mas sim as parcelas e obrigações ajustadas no contrato de empreitada. Outrossim, também pode o pequeno empreiteiro postular na Justiça do Trabalho a nulidade do contrato de empreitada e o decorrente reconhecimento do vínculo de emprego, com o pagamento dos consectários trabalhistas e, sucessivamente, caso não reconhecido o liame de emprego, as parcelas oriundas do contrato de empreitada.

Quanto ao prazo prescricional para as postulações decorrentes dos contratos de pequena empreitada, aplica-se o Código Civil. Nesse sentido:

> "I – AGRAVO DE INSTRUMENTO EM RECURSO DE REVISTA. PRESCRIÇÃO. CONTRATO DE EMPREITADA. RELAÇÃO JURÍDICA DE NATUREZA CIVIL. Demonstrada possível violação do art. 205 do Código Civil, impõe-se o provimento do agravo de instrumento para determinar o processamento do recurso de revista. Agravo de instrumento provido. II – RECURSO DE REVISTA. PRESCRIÇÃO. CONTRATO DE EMPREITADA. RELAÇÃO JURÍDICA DE NATUREZA CIVIL. A definição da modalidade de prescrição a ser aplicada se dá de acordo com a natureza da relação jurídica controvertida envolvida, de maneira que, sendo o contrato de empreitada uma relação jurídica de natureza civil, o prazo prescrição

32. No mesmo contexto, destaca-se a seguinte ementa: "A prestação jurisdicional trabalhista só se legitima, em face do art. 652, *a*, III, da CLT, quando se trata de operário ou artífice que trabalhe pessoalmente, embora sob forma de empreitada. Mas se o reclamante possui firma organizada, com quadro de empregados inscritos na Previdência Social, explorando atividades de construção civil, com a colaboração dos mesmos, a quem contrata e remunera, há que ser julgado carecedor de ação trabalhista" (Ac. de 26.9.72 – RR. 1.108/72 – relator Ministro C. A. Barata Silva – *Revista do TST* – 1972. p. 211).

33. Nesse mesmo diapasão, destacamos a posição de Eduardo Gabriel Saad: "Empreiteiro, nesse dispositivo consolidado, é o artesão, o profissional que trabalha sozinho. Se o empreiteiro chefia uma equipe de empregados, está impedido de utilizar a referida norma para dirimir controvérsia com o tomador dos seus serviços" (*Direito processual do trabalho*. 3. ed. São Paulo: LTr, 2002. p. 282).

aplicável é o disciplinado no Código Civil. Precedentes. Recurso de revista conhecido e provido" (RR 401-72.2012.5.09.0011, Data de Julgamento: 17.5.2017, rel. Ministra Delaíde Miranda Arantes, 2ª Turma, Data de Publicação: *DEJT* 26.5.2017).

14. DO ESTAGIÁRIO

Dispõe o art. 1º da Lei 11.788/2008 que estágio "é ato educativo escolar supervisionado, desenvolvido no ambiente de trabalho, que visa à preparação para o trabalho produtivo de educandos que estejam frequentando o ensino regular em instituições de educação superior, de educação profissional, de ensino médio, da educação especial e dos anos finais do ensino fundamental, na modalidade profissional da educação de jovens e adultos. § 1º O estágio faz parte do projeto pedagógico do curso, além de integrar o itinerário formativo do educando. § 2º O estágio visa ao aprendizado de competências próprias da atividade profissional e à contextualização curricular, objetivando o desenvolvimento do educando para a vida cidadã e para o trabalho."

O estágio tem por finalidade propiciar vivência prática aos estudantes e prepará-los para o exercício profissional, que estejam frequentando o ensino regular em instituições de educação superior, de educação profissional, de ensino médio, da educação especial e dos anos finais do ensino fundamental, na modalidade profissional da educação de jovens e adultos.

O estágio se assemelha ao vínculo empregatício, uma vez que o estagiário presta serviços de forma pessoal, em atividade ligada aos fins econômicos do tomador de serviços, cumpre jornada de trabalho (art. 10 da Lei 11.788/2008[34]), há subordinação de forma mais branda que no contrato

34 Art. 10 da Lei 11.788/08: "A jornada de atividade em estágio será definida de comum acordo entre a instituição de ensino, a parte concedente e o aluno estagiário ou seu representante legal, devendo constar do termo de compromisso ser compatível com as atividades escolares e não ultrapassar: I – 4 (quatro) horas diárias e 20 (vinte) horas semanais, no caso de estudantes de educação especial e dos anos finais do ensino fundamental, na modalidade profissional de educação de jovens e adultos; II – 6 (seis) horas diárias e 30 (trinta) horas semanais, no caso de estudantes do ensino superior, da educação profissional de nível médio e do ensino médio regular. § 1º O estágio relativo a cursos que alternam teoria e prática, nos períodos em que não estão programadas aulas presenciais, poderá ter jornada de até 40 (quarenta) horas semanais, desde que isso esteja previsto no projeto pedagógico do curso e da instituição de ensino. § 2º Se a instituição de ensino adotar verificações de aprendizagem periódicas ou finais, nos períodos de avaliação, a carga horária do estágio será reduzida pelo menos à metade, segundo estipulado no termo de compromisso, para garantir o bom desempenho do estudante."

de emprego, há recesso[35] e, como regra, há contraprestação (art. 12 da Lei 11.788/2008[36]). Nesse sentido, a Lei 11.788/2008 estabelece uma série de requisitos formais que devem estar presentes para que o contrato de estágio seja válido e não seja desvirtuado. De outro lado, a finalidade do estágio é pedagógica. Por isso, o estagiário não é considerado empregado da instituição que concede o estágio (art. 3º da Lei 11.788/2008).

Nos termos do art. 7º da Lei 11.788/2008, são obrigações da instituição de ensino: "I – celebrar termo de compromisso com o educando ou com seu representante ou assistente legal, quando ele for absoluta ou relativamente incapaz, e com a parte concedente, indicando as condições de adequação do estágio à proposta pedagógica do curso, à etapa e modalidade da formação escolar do estudante e ao horário e calendário escolar; II – avaliar as instalações da parte concedente do estágio e sua adequação à formação cultural e profissional do educando; III – indicar professor orientador, da área a ser desenvolvida no estágio, como responsável pelo acompanhamento e avaliação das atividades do estagiário; IV – exigir do educando a apresentação periódica, em prazo não superior a 6 (seis) meses, de relatório das atividades; V – zelar pelo cumprimento do termo de compromisso, reorientando o estagiário para outro local em caso de descumprimento de suas normas; VI – elaborar normas complementares e instrumentos de avaliação dos estágios de seus educandos; VII – comunicar à parte concedente do estágio, no início do período letivo, as datas de realização de avaliações escolares ou acadêmicas."

São obrigações da parte concedente do estágio, segundo o art. 9º da Lei 11.788/2008:

> "As pessoas jurídicas de direito privado e os órgãos da administração pública direta, autárquica e fundacional de qualquer dos Poderes da União, dos Estados, do Distrito Federal e dos Municípios, bem

---

35. Art. 13, da Lei 11.788/2008: "É assegurado ao estagiário, sempre que o estágio tenha duração igual ou superior a 1 (um) ano, período de recesso de 30 (trinta) dias, a ser gozado preferencialmente durante suas férias escolares. § 1º O recesso de que trata este artigo deverá ser remunerado quando o estagiário receber bolsa ou outra forma de contraprestação. § 2º Os dias de recesso previstos neste artigo serão concedidos de maneira proporcional, nos casos de o estágio ter duração inferior a 1 (um) ano."

36. Art. 12, da Lei 11.788/08: "O estagiário poderá receber bolsa ou outra forma de contraprestação que venha a ser acordada, sendo compulsória a sua concessão, bem como a do auxílio-transporte, na hipótese de estágio não obrigatório. § 1º A eventual concessão de benefícios relacionados a transporte, alimentação e saúde, entre outros, não caracteriza vínculo empregatício. § 2º Poderá o educando inscrever-se e contribuir como segurado facultativo do Regime Geral de Previdência Social."

> como profissionais liberais de nível superior devidamente registrados em seus respectivos conselhos de fiscalização profissional, podem oferecer estágio, observadas as seguintes obrigações: I – celebrar termo de compromisso com a instituição de ensino e o educando, zelando por seu cumprimento; II – ofertar instalações que tenham condições de proporcionar ao educando atividades de aprendizagem social, profissional e cultural; III – indicar funcionário de seu quadro de pessoal, com formação ou experiência profissional na área de conhecimento desenvolvida no curso do estagiário, para orientar e supervisionar até 10 (dez) estagiários simultaneamente; IV – contratar em favor do estagiário seguro contra acidentes pessoais, cuja apólice seja compatível com valores de mercado, conforme fique estabelecido no termo de compromisso; V – por ocasião do desligamento do estagiário, entregar termo de realização do estágio com indicação resumida das atividades desenvolvidas, dos períodos e da avaliação de desempenho; VI – manter à disposição da fiscalização documentos que comprovem a relação de estágio; VII – enviar à instituição de ensino, com periodicidade mínima de 6 (seis) meses, relatório de atividades, com vista obrigatória ao estagiário. Parágrafo único. No caso de estágio obrigatório, a responsabilidade pela contratação do seguro de que trata o inciso IV do *caput* deste artigo poderá, alternativamente, ser assumida pela instituição de ensino."

O contrato de estágio é formal e escrito e por prazo determinado, não podendo exceder dois anos, exceto se o estagiário for portador de deficiência (art. 11 da Lei 11.788/2008), e deve observar os seguintes requisitos obrigatórios, conforme o art. 3º da Lei 11.788/2008:

a) matrícula e frequência regular do educando em curso de educação superior, de educação profissional, de ensino médio, da educação especial e nos anos finais do ensino fundamental, na modalidade profissional da educação de jovens e adultos e atestados pela instituição de ensino;

b) celebração de termo de compromisso entre o educando, a parte concedente do estágio e a instituição de ensino;

c) compatibilidade entre as atividades desenvolvidas no estágio e aquelas previstas no termo de compromisso;

d) acompanhamento efetivo pelo professor orientador da instituição de ensino e por supervisor da parte concedente, comprovado por vistos nos relatórios de atividades apresentados com periodicidade não superior a seis meses, e aprovação final.

O descumprimento dos requisitos *supra* caracteriza vínculo de emprego entre estagiário e entidade concedente do estágio.

No cotidiano da execução dos contratos de estágios, temos verificado que muitas vezes ele se confunde com o contrato de emprego, e é difícil dizer se se trata de estagiário ou de empregado. No entanto, observados os requisitos de validade da Lei 11.788/2008 e sendo preponderante a finalidade pedagógica da prestação de serviços, deve-se dar primazia ao contrato de estágio.

Como bem adverte Maurício Godinho Delgado[37], "o mais importante não é saber se o tomador de serviços está auferindo (ou não) ganhos econômicos com o estágio – já que tais ganhos sempre existirão em qualquer situação de prestação laborativa de alguém a outrem (mesmo prestação laborativa não onerosa, insista-se). Tais ganhos são inevitáveis a qualquer prestação de trabalho, sendo que esse fato não descaracteriza a regularidade do estágio. O fundamental, portanto, é aferir-se se o estágio está, efetivamente, cumprindo seus objetivos legais de permitir ganhos educacionais e profissionais para o estudante-obreiro. Ou seja, aferir-se o papel agregador real do estágio para a escolaridade e a formação educacional e profissional do estagiário."

Em eventual demanda judicial em que o estagiário postula vínculo de emprego, apresentando o tomador de serviços a documentação exigida pela Lei para a validade do contrato de estágio, caberá ao estagiário demonstrar o desvirtuamento do contrato por qualquer meio admitido em direito (artigo 818, I, da CLT).

Nesse aspecto, destaca-se a seguinte ementa:

> "RECURSO DE REVISTA DA RECLAMADA. 1. CONTRATO DE ESTÁGIO. DESVIRTUAMENTO. VÍNCULO DE EMPREGO. REEXAME DE FATOS E PROVAS. SÚMULA Nº 126. NÃO CONHECIMENTO. O egrégio Tribunal Regional registrou, com base na prova testemunhal, que houve o desvirtuamento da finalidade do contrato de estágio. Consignou ainda que a reclamada não demonstrou que a instituição de ensino fazia o acompanhamento ou a avaliação do estágio, requisitos necessários à validação do contrato. Nesse contexto, para se chegar à conclusão diversa no sentido de que o termo de estágio é válido não devendo ser reconhecida a relação de emprego entre as partes, seria necessário o reexame das provas produzidas

37. Curso de Direito do Trabalho. 18ª ed. São Paulo: Ltr, 2019, p. 386.

no processo, procedimento vedado nesta fase processual, nos termos da Súmula nº 126. Recurso de revista de que não se conhece. 2. DIFERENÇAS SALARIAIS. VERBAS RESCISÓRIAS. RECONHECIMENTO DO VÍNCULO DE EMPREGO EM JUÍZO. NULIDADE DE ESTÁGIO. PREJUDICADO. O Tribunal Regional registrou que, mantida a nulidade do contrato, consectário é o pagamento de diferenças salariais entre o piso da categoria e o valor da bolsa de estágio, bem como diferenças de verbas rescisórias. Prejudicado em decorrência da manutenção do vínculo de emprego entre as partes. Recurso de revista prejudicado. 3. HORAS EXTRAORDINÁRIAS. LABOR APÓS A 8ª HORA DIÁRIA. MATÉRIA FÁTICA. SÚMULA Nº 126. NÃO CONHECIMENTO. A Corte Regional manteve a condenação ao pagamento das horas extraordinárias, com base no exame das provas testemunhal e documental, consignando que nos cartões de ponto não há registro de compensação nem de pagamento das referidas horas extraordinárias. Nesse contexto, para se chegar à conclusão diversa no sentido de que o autor não excedia seu horário de trabalho ou que as horas extraordinárias prestadas foram devidamente compensadas, seria necessário o reexame das provas produzidas no processo, procedimento vedado nesta fase processual, nos termos da Súmula nº 126. Recurso de revista de que não se conhece. 4. CONTRIBUIÇÕES PREVIDENCIÁRIAS E DEDUÇÃO DO IMPOSTO DE RENDA. PREJUDICADO. Alega a recorrente que, não sendo devida nenhuma parcela, resulta imprescindível a exclusão das contribuições ao INSS e do IRPF. Mantida, no entanto, a condenação, fica prejudicado o exame do tema. 5. MULTA DIÁRIA. DESCUMPRIMENTO. OBRIGAÇÃO DE FAZER. ANOTAÇÃO DA CTPS. APLICABILIDADE. NÃO CONHECIMENTO. O entendimento desta colenda Corte Superior é no sentido de ser aplicável a multa diária prevista no artigo 461 do CPC, com o objetivo de compelir o empregador a anotar a CTPS do trabalhador, ainda que o artigo 39, § 1º, da CLT estabeleça que, na eventual recusa, tal procedimento possa ser realizado pela Secretaria da Vara do Trabalho. Precedentes da SBDI-1 e de Turmas. Na hipótese, o Tribunal Regional registrou que devem ser efetuadas pela reclamada as anotações na carteira de trabalho do autor, e caso referida determinação não seja cumprida haverá aplicação de multa diária. Decisão em consonância com a jurisprudência desta Corte Superior. Incidência do óbice do artigo 896, § 7º, da CLT e da Súmula nº 333. Recurso de revista de que não se conhece" (TST, RR 410000-55.2009.5.12.0022, 4ª Turma, Relator Ministro Guilherme Augusto Caputo Bastos, *DEJT* 14/05/2021).

Nos termos da OJ 366 da SDI-I do TST, ainda que desvirtuada a finalidade do contrato de estágio celebrado na vigência da Constituição Federal de 1988, é inviável o reconhecimento do vínculo empregatício com ente da Administração Pública direta ou indireta, por força do art. 37, II, da CF/1988, bem como o deferimento de indenização pecuniária, exceto com relação às parcelas previstas na Súmula nº 363 do TST, se requeridas.

CAPÍTULO VI

DO EMPREGADO

1. CONCEITO E REQUISITOS

A CLT, em seu art. 3º, optou por definir o conceito de empregado para facilitar a aplicação da legislação trabalhista e evitar divergências mais acirradas na doutrina. Não obstante, cabe à doutrina e à jurisprudência traçar o alcance dos elementos que compõem o conceito de empregado.

Para Amauri Mascaro Nascimento, "empregado é a pessoa física que com ânimo de emprego trabalha subordinadamente e de modo não eventual para outrem, de quem recebe salário".[1]

Segundo Alice Monteiro de Barros, "empregado pode ser conceituado como a pessoa física que presta serviço de natureza não eventual a empregador mediante salário e subordinação jurídica"[2].

Na visão de Luciano Martinez[3], "no contexto do contrato de emprego, o empregado aparece como sujeito prestador do trabalho, vale dizer, aquele que pessoalmente, sem auxílio de terceiros, despende, em caráter não eventual e sob direção alheia, sua energia laboral em troca de salário; aquele que, por não exercer atividade por conta própria, não assume riscos da atividade na qual está incurso. Assim, diante desse conjunto de caracteres – pessoalidade, não eventualidade, não assunção dos riscos, subordinação e onerosidade –, 'considera-se empregado toda pessoa física que prestar serviços de natureza

1. Curso de Direito do Trabalho. 23ª Edição. São Paulo: Saraiva, 2008, p. 646.
2. Curso de Direito do Trabalho. 4ª Edição. São Paulo: LTr, 2008, p. 259
3. Curso de Direito do Trabalho. 12ª Edição. São Paulo: Saraiva, 2021, p. 219.

não eventual a empregador, sob dependência deste e mediante salário' (art. 3º da CLT)".

Em nossa visão, empregado é a pessoa física que presta serviços em prol de um tomador de forma pessoal, não eventual, subordinada e onerosa.

A Consolidação das Leis do Trabalho nos dá a definição de empregado, conforme seu artigo 3º:

> "Considera-se empregado toda pessoa física que prestar serviços de natureza não eventual a empregador, sob a dependência deste e mediante salário".

De acordo com o dispositivo *supra*, o legislador, por meio de interpretação autêntica, deu-nos o conceito de empregado a fim de facilitar a aplicação e a interpretação desse dispositivo.

São requisitos para a configuração da relação de emprego: o trabalhador ser pessoa natural, não eventualidade na prestação dos serviços, subordinação e onerosidade. Há, ainda, o requisito da pessoalidade que está estampado no artigo 2º da CLT.

A relação de emprego está em constante mutação. Por isso, diz-se que o Direito do Trabalho é impregnado, segundo a Doutrina, de grande *eletricidade social*, uma vez que sofre os impactos diretos, principalmente, da economia da mudança de hábitos da sociedade e do incremento da tecnologia. Desse modo, a Consolidação das Leis do Trabalho, propositalmente, embora traga o conceito de empregado, não define cada elemento da sua constituição, deixando essa tarefa à doutrina e à jurisprudência, a fim de que sua interpretação possa, constantemente, ser atualizada segundo as mudanças do mundo do trabalho.

Dos requisitos do conceito de empregado:

1.1. Pessoa natural: somente a pessoa física pode ser considerada empregada. A pessoa jurídica não pode ser objeto de um contrato de emprego. Entretanto, se o contrato de emprego se firmar com pessoa jurídica apenas para mascarar a relação de emprego, pelo princípio da primazia da realidade, o vínculo de emprego será declarado.

1.2. Serviços de natureza não eventual: a doutrina diverge quanto ao requisito da não eventualidade para a caracterização da relação de emprego. Para alguns, não eventual significa contínuo. Para outros, o trabalho não eventual é o relacionado com os fins da atividade econômica do empregador. Outros ainda sustentam que o trabalhador eventual não socorre uma necessidade permanente do empregador.

De nossa parte, o requisito da não eventualidade faz-se presente quando o trabalhador se fixa a determinado tomador de serviços de forma habitual, ou seja, por um lapso de tempo razoável.

Nesse sentido, concordamos com a visão de Otávio Pinto e Silva[4] quando assevera: "a terceira das enunciadas características do contrato de trabalho é a sua continuidade: ao contrário do que sucede nos contratos instantâneos, em que a execução coincide com a própria celebração (como a compra e venda), o decurso do tempo constitui condição para que o contato de trabalho produza os efeitos desejados pelas partes, satisfazendo as necessidades que as induziram a contratar. Por isso, classifica-se entre os contratos de duração (ou de trato sucessivo)."

1.3. Subordinação: a CLT, no art. 3º, menciona a expressão *dependência*, porém há consenso na doutrina de que este termo deve ser lido como *subordinação*. Há várias classificações de subordinação segundo a doutrina, quais sejam:

1.3.1. Técnica: em que o empregado depende do conhecimento técnico do empregador;

1.3.2. Econômica: na qual o empregado depende economicamente do empregador.

Diante do avanço da tecnologia e da chamada Revolução 4.0 com a crescente utilização da tecnologia digital, a cada dia aumenta o número de trabalhadores que prestam serviços em dependência, quase total, dos meios tecnológicos, principalmente dos detentores dessa tecnologia. Diante disso, inevitavelmente, há uma gradual valorização do critério da dependência econômica, como traço configurador da subordinação e elemento expansionista do Direito do Trabalho.

---

4. Subordinação, Autonomia e Parassubordinação nas Relações de Trabalho. São Paulo: LTr, 2004, p. 21

Como bem adverte Murilo Carvalho Sampaio Oliveira[5], "a dependência econômica é fundamento histórico social da criação de um sistema jurídico tuitivo, sem franca ruptura com o então prevalecente princípio da igualdade num contexto social iluminista e individualista. É a compreensão interdisciplinar que sustenta o particularismo e a singularidade do Direito do Trabalho diante das disciplinas civilistas até então marcadas pela igualdade considerada apenas formalmente, rejeitando o regramento da relação de trabalho tão somente como uma mercadoria (...) Sendo a dependência econômica a causa sociológica, econômica e histórica do assalariamento, não pode ser ela a causa jurídica, pois esta última ciência teria hipoteticamente uma epistemologia própria sobre os fenômenos reais e, assim, rejeita a contribuição de qualquer outro saber, numa pretensa neutralidade. Mais uma vez, o positivismo jurídico ataca o conceito de dependência econômica com argumentos epistemologicamente inconsistentes, ocultando uma ideologia conservadora, que naturaliza as relações econômicas de exploração quando oculta seu fundamento e causa."

1.3.3. Jurídica: é a que advém da lei (arts. 2º e 3º da CLT) e do contrato de trabalho.

Prevalece na doutrina e jurisprudência que a subordinação jurídica é o fator decisivo para se avaliar se existe, ou não, a relação de emprego. No entanto, os critérios técnicos e econômicos também devem ser considerados.

Subordinação não é um conceito perfeito e acabado no Direito do Trabalho. Sua definição e interpretação sofrem os efeitos das mudanças sociais e dos sistemas de produção.

Ensina Maurício Godinho Delgado[6]: "subordinação deriva de *sub* (baixo) e *ordinare* (ordenar), traduzindo a noção etimológica de estado de dependência ou obediência em relação a uma hierarquia de posição ou de valores."

Amauri Mascaro Nascimento[7] conceitua subordinação "como uma situação em que se encontra o trabalhador decorrente da limitação contratual da autonomia da sua vontade, para o fim de transferir ao empregador o poder de direção sobre a atividade que desempenhará."

5. Relação de Emprego, dependência econômica & subordinação jurídica. 2ª ed. Curitiba: Juruá, 2019, p. 185.
6. Curso de Direito do Trabalho. 7ª Edição. São Paulo: LTr, 2008, p. 302
7. Iniciação ao Direito do Trabalho. 33ª Edição. São Paulo: LTr, 2007, p. 164

A subordinação não incide sobre a pessoa do trabalhador, e sim sobre o modo de realização da prestação de serviços. Por isso, a doutrina tem fixado entendimento de que a subordinação é encarada sob o aspecto objetivo, e não subjetivo.

Em nossa visão, a subordinação consiste no estado jurídico do empregado de acolher a estrutura do empregador e o poder diretivo deste sobre a sua atividade, nos limites do contrato de trabalho e da legislação trabalhista.

Nos casos de controvérsia sobre a existência da relação de emprego, a subordinação é aferida no plano fático de acordo com o modo pelo qual o trabalho é realizado. A intensidade de sujeição do trabalhador aos comandos do empregador e sua integração à estrutura empresarial vão revelar a existência da subordinação jurídica.

1.3.4. Estrutural: modernamente, diante da especialização da mão de obra, da terceirização e de novos sistemas e produção, autores há que defendem a ampliação do conceito de subordinação, dizendo que ela, na verdade, configura-se com a inserção do trabalhador na estrutura da empresa, a denominada *subordinação estrutural.*

Nesse sentido, define Maurício Godinho Delgado[8]:

> "Estrutural é, pois, a subordinação que se manifesta pela inserção do trabalhador na dinâmica do tomador de seus serviços, independentemente de receber (ou não) suas ordens diretas, mas acolhendo, estruturalmente, sua dinâmica de organização e funcionamento."

Pode-se questionar o critério da subordinação estrutural, argumentando que o controle realizado pelo empregador incide sobre a atividade do empregado, não havendo um critério preciso acerca de o trabalhador acolher ou estar inserido em determinada estrutura empresarial.

A nosso ver, a interpretação da expressão "dependência", contida no art. 3º da CLT e denominada pela doutrina de "subordinação", diante dos novos tempos de fragmentação e horizontalização de empresas, deve ocorrer sob enfoque objetivo, visando ao expansionismo do direito do trabalho, bem como garantir os direitos sociais fundamentais ao trabalhador, além de estabelecer limites ao regime capitalista de exploração do trabalho humano. Por essa razão, sem descartar os conceitos de subordinação tradicional,

---

8. Direitos Fundamentais na Relação de Trabalho. In: Revista LTr 70/06-667).

deve-se, nos casos em que há dúvidas sobre a existência da subordinação jurídica, a exemplo de trabalhadores que prestam serviços por intermédio de pessoa jurídica, motoristas agregados, cooperados, entre outros, adotar o critério da subordinação estrutural ou integrativa como fator relevante para reconhecimento do liame empregatício, como forma de garantir a proteção à dignidade da pessoa humana do trabalhador, os valores sociais do trabalho, bem como implementar a melhoria da condição social do trabalhador (arts. 1º, 6º e 7º da Constituição Federal).

Nesse sentido, advertem-nos *Marcus Menezes Barberino Mendes* e *José Eduardo de Resende Chaves Júnior*[9] em brilhante estudo sobre a temática:

> "Ora, se há semelhança entre o trabalhador dito 'autônomo-dependente' e o empregado clássico, manda a boa regra de hermenêutica não reduzir o potencial expansivo e protetivo do Direito do Trabalho. A isonomia dos trabalhadores decorre da própria dicção constitucional, tanto dirigida aos trabalhadores habituais (*caput* do art. 7º) como aos avulsos (inciso XXXIV), não submetidos ao trato sucessivo. Trata-se, pois, de ressignificar ou plurissignificar o conceito de subordinação jurídica, para compreendê-lo de modo dinâmico. Parafraseando o senso comum, a subordinação jurídica emerge não apenas do uso da voz do empregador, do supervisor, ou do capataz. Ela pode se formar na retina dos múltiplos agentes econômicos coordenados pela unidade central, de modo silencioso e aparentemente incolor e até indolor. A subordinação jurídica pode ser então 'reticular', também nesse sentido e através de instrumentos jurídicos de associação empresária, onde nenhuma atividade econômica especializada é desenvolvida pelo suposto empregador, que se envolve na produção de um determinado resultado pactuado com a unidade central. Suposto, não porque em verdade não o seja, mas por não ser o único empregador. A rede econômica montada pelas empresas, quer no modelo hierarquizado, como ocorre em empresas de segurança, *call centers*, quer assuma as múltiplas formas jurídicas de cooperação empresarial, é uma realidade. Partindo dessa premissa, faz-se necessário enredar o conceito de subordinação jurídica, emprestando-lhe um caráter estrutural e reticular. Nesse sentido, sempre que reconhecida a atividade econômica em rede, é necessário imputar a condição de empregador a todos os integrantes da rede econômica, atraindo assim

9. Subordinação estrutural-reticular: uma perspectiva sobre a segurança jurídica. In: *Revista do Trib. Reg. Trab. 3ª Reg.*, Belo Horizonte, v. 46, n. 76, p. 197-218, jul./dez. 2007.

a incidência do princípio da proteção e seus aspectos consequentes: a aplicação da regra ou da condição mais benéfica [...] Contudo, discordamos dos que entendem não haver subordinação nas hipóteses de trabalhadores 'autônomos-dependentes'. A 'subordinação' nesse contexto subsiste, ainda que difusa, latente e diferida, justificando, dessa forma, a extensão a eles dos direitos celetistas. O trabalhador supostamente autônomo, mas habitualmente inserido na atividade produtiva alheia, a despeito de ter controle relativo sobre o próprio trabalho, não detém nenhum controle sobre a atividade econômica. Exemplo disso, podemos citar a hipótese do motorista agregado, que é proprietário do caminhão em que trabalha (meio de produção) e ainda que tenha liberdade relativa sobre a execução do trabalho, nada delibera sobre os dois fatores determinantes da legítima autonomia, como, por exemplo, para quem e quando será prestado o serviço."

1.3.5. Meios telemáticos e informatizados, controle e supervisão: O parágrafo único do art. 6º da CLT equipara aos meios pessoais e diretos de controle e supervisão do trabalho alheio, os meios telemáticos e informatizados de comando, controle e supervisão. Dispõe o referido dispositivo legal:

> "Os meios telemáticos e informatizados de comando, controle e supervisão se equiparam, para fins de subordinação jurídica, aos meios pessoais e diretos de comando, controle e supervisão do trabalho alheio."

Conforme destacam Juliana Carreiro Corbal Oitaven, Rodrigo de Lacerda Carelli e Cássio Luíz Casagrande[10]:

> "Enquanto o taylorismo/fordismo centrava-se na subordinação do trabalhador a uma racionalidade que lhe restava exterior, agora o foco está na sua programação, pela apresentação de metas, regras e medida dos resultados do trabalho, por meio de indicadores estatísticos. É importante, no entanto, que o sujeito se aproprie desta avaliação para reagir positivamente à lacuna que ela revela entre sua *performance* e seus objetivos".

10. Empresas de Transporte, plataformas digitais e a relação de emprego: Um estudo do trabalho subordinado sob aplicativos. Brasília: Gráfica Movimento, 2018, p. 29.

Atualmente, há uma série de trabalhadores que prestam serviços e têm o controle de suas atividades por meios informatizados ou telemáticos, exteriorizados por algoritmos.

Como destaca Yuval Harari[11]: "um algoritmo é um conjunto metódico de passos que pode ser usado na realização de cálculos, na resolução de problemas e na tomada de decisões."

Os algoritmos têm sido utilizados para atribuição de tarefas e verificação de cumprimento de metas a trabalhadores.

Desse modo, o parágrafo único, inserido ao art. 6º pela Lei 12.551/2011, permite que a subordinação seja aferida por meio dos algoritmos que atribuem tarefas e fazem a avaliação do cumprimento destas tanto nos aspectos quantitativos quanto nos qualitativos. Trata-se de grande avanço que possibilita que os requisitos que integram a relação de emprego e o conceito de empregado (arts. 2º e 3º da CLT) estejam adequados à realidade e ao avanço da tecnologia, propiciando que os direitos sociais sejam preservados.

1.4. Pessoalidade: Manuel Alonso Olea, citado por Amauri Mascaro Nascimento[12], destaca que a prestação do trabalho é estritamente personalíssima, sendo em duplo sentido. Primeiramente, porque, pelo seu trabalho, compromete o trabalhador sua própria pessoa, enquanto destina parte das energias físicas e mentais que dele emanam e que são constitutivas de sua personalidade à execução do contrato, isto é, ao cumprimento da obrigação que assumiu contratualmente. Em segundo lugar, sendo cada pessoa um indivíduo distinto dos demais, cada trabalhador difere de outro qualquer, distinguindo-se também as prestações de cada um deles, como expressão de cada personalidade em singular. Em vista disso, o contrato de trabalho não conserva sua identidade se ocorrer qualquer alteração na pessoa do trabalhador. A substituição deste implica um novo e diferente contrato com o substituto.

O requisito da pessoalidade também deve estar presente para que ocorra a relação de trabalho, embora possa haver uma substituição ocasional com a concordância do tomador, sob pena de configurar, como acontece na relação de emprego, uma nova relação de trabalho entre o substituto do trabalhador

11. "Apud" Juliana Carreiro Corbal Oitaven, Rodrigo de Lacerda Carelli e Cássio Luíz Casagrande. Empresas de Transporte, plataformas digitais e a relação de emprego: Um estudo do trabalho subordinado sob aplicativos. Brasília: Gráfica Movimento, 2018, p. 30.
12. *Curso de Direito do Trabalho*, 19ª ed., São Paulo: Saraiva, 2004, p. 579.

e o tomador dos serviços. De outro lado, também o trabalho prestado por vários trabalhadores ao mesmo tempo pode configurar a prestação de serviços por intermédio de uma sociedade de fato ou de uma empresa, o que descaracteriza a relação de trabalho.

Nesse aspecto, a seguinte ementa:

> "Ocasionalmente, a prestação pessoal de serviços pode ser deferida a outrem, que não o empregado. Desde que haja pactuação expressa, o empregado, com o consentimento do empregador, pode se fazer substituir na prestação pessoal do serviço contratado. No entanto, quando a substituição se torna regra, passando o pretenso empregado a ser substituído de forma permanente, não há que se falar mais em nexo empregatício. Falta a pessoalidade do exercício. Desnatura-se o liame. O contrato perde a sua característica típica, que é a subordinação" (TRT/SP, Ac. 1698/62, rel. Juiz Hélio de Miranda Guimarães).[13]

1.5. Onerosidade: conforme Amauri Mascaro Nascimento[14], onerosidade "é um encargo bilateral próprio da relação de emprego. Significa para o empregado o dever de exercer uma atividade por conta alheia cedendo antecipadamente ao beneficiário os direitos que eventualmente teria sobre os resultados da produção em troca de uma remuneração."

Há autores que entendem que o requisito da onerosidade só estará presente quando houver um salário estipulado ou pago.

No entanto, não é necessário que o empregado receba, efetivamente, os salários para que haja configurado o requisito da onerosidade, basta que ele faça jus ao salário, ou preste serviços com intenção contraprestativa. Fará jus ao salário o trabalhador que prestar serviços de forma não eventual, subordinada e pessoal. O trabalho oneroso é a regra e o gratuito, exceção. Desse modo, quando houver prova robusta de que o trabalho foi prestado com ânimo de gratuidade, não haverá o requisito da onerosidade.

Nesse sentido, concordamos com Jorge Luiz Souto Maior[15] quando afirma: "o mero fato de não ter sido entregue ao trabalhador a contraprestação

---

13. In: NASCIMENTO, Amauri Mascaro. *Curso de Direito do Trabalho.* 19ª ed., São Paulo: Saraiva, 2004, p. 578-579.
14. Curso de Direito do Trabalho. Op. cit. p. 579
15. Curso de Direito do Trabalho. Volume II. São Paulo: LTr, 2008, p. 56.

pelos seus serviços não descaracteriza a onerosidade da relação, apenas torna o empregador devedor dessa obrigação. Mas o fato de o trabalho ser prestado a título de benevolência, com intuito altruístico, ou caráter religioso, ou mesmo em decorrência de vínculo familiar, pode, em princípio, negar a existência da onerosidade, impedindo, por isso, a configuração da relação de emprego, ainda que presentes a não eventualidade e a subordinação."

2. MODALIDADES ESPECIAIS DE EMPREGADOS

2.1. Dos altos empregados

A doutrina tem fixado entendimento de que o alto empregado é um tipo especial de empregado em razão das limitações de direitos trabalhistas que sofre, pois detém alguns poderes de direção na empresa próprios do empregador, além de receber remuneração diferenciada.

Na clássica visão de Amauri Mascaro Nascimento, o empregado exercente de cargo de confiança só pode ser considerado um tipo especial de empregado num ponto: a restrição de direitos trabalhistas que sofre. No mais, nada difere do empregado comum, a não ser também pelas vantagens econômicas maiores do cargo.

A doutrina costuma classificar os altos empregados como empregados de confiança nos seus diversos graus, quais sejam:

a) **confiança genérica:** inerente a qualquer relação de emprego;

b) **confiança específica:** própria do trabalhador bancário (art. 224, § 2º, da CLT[16]);

c) **confiança estrita:** prevista no artigo 499 da CLT[17];

d) **confiança excepcional:** na qual se enquadra o gerente que detém encargos de gestão (artigo 62, II[18], da CLT).

16. Art. 224, § 2,º da CLT: "As disposições dêste artigo não se aplicam aos que exercem funções de direção, gerência, fiscalização, chefia e equivalentes ou que desempenhem outros cargos de confiança desde que o valor da gratificação não seja inferior a um têrço do salário do cargo efetivo."

17. Art. 499 da CLT: "Não haverá estabilidade no exercício dos cargos de diretoria, gerência ou outros de confiança imediata do empregador, ressalvado o cômputo do tempo de serviço para todos os efeitos legais."

18. Art. 62, II, da CLT: "os gerentes, assim considerados os exercentes de cargos de gestão, aos quais se equiparam, para efeito do disposto neste artigo, os diretores e chefes de departamento ou filial."

Deve-se assinalar que o simples rótulo de gerente ou de cargo de chefia não torna o empregado detentor de encargos de gestão; há necessidade de que, efetivamente, exerça encargos de gestão.

Segundo a doutrina clássica de Mário de La Cueva, são altos empregados ou de confiança extraordinária os chamados *alter egos* do empregador, ou seja, os empregados que personificam o próprio empregador na empresa, podendo, com seus atos, colocar em risco toda a atividade econômica do empregador, sua segurança e interesses fundamentais.

Atualmente, o conceito de altos empregados é menos rígido, pois, diante da descentralização da atividade empresarial, da existência de vários cargos de chefia e da especialização da mão de obra, houve a redução dos poderes deles. Portanto, serão considerados altos empregados (confiança extraordinária) os gerentes e chefes de filiais ou departamentos que detêm mandato legal ou tácito para representar o empregador, os quais possam contratar e demitir funcionários, tenham subordinados e a eles possam aplicar punições.

Ao empregado de confiança excepcional, conforme a doutrina majoritária, não se aplica o regime de limitação de jornada (artigo 62, II, da CLT), não há estabilidade na função (art. 499 da CLT), pode retornar ao cargo de origem e perder a gratificação de função (artigo 468, parágrafo único, da CLT), pode ser transferido, mesmo sem sua anuência, se houver necessidade do serviço (artigo 469, § 1º, da CLT), e algumas parcelas *in natura* não integrarão sua remuneração (artigo 458, § 2º, da CLT).

2.2. Diretor de S.A.

Conforme Carlos Zangrando[19]:

> "Diretor (francês *directeur*) significa aquele que dirige, que orienta, que guia. Sua situação junto ao Direito do Trabalho nunca foi tratada com a necessária acuidade pela jurisprudência: ora ele é considerado órgão da empresa, ora como empregado de confiança, ora como empregado comum."

O diretor pode ser contratado com o *status* de empregado. Nessa hipótese, ele será apenas considerado um alto empregado ou empregado de confiança, mas terá preservado todos os direitos trabalhistas.

19. Curso de Direito do Trabalho. Volume II. São Paulo: LTr, 2008, p. 460.

Quanto ao empregado eleito diretor, a doutrina e a jurisprudência têm, de modo geral, defendido a tese da incompatibilidade da condição de empregado com a de diretor eleito de S.A., pois o diretor, nesse caso, confundir-se-ia com o próprio empregador.

A jurisprudência fixou entendimento majoritário de que a eleição do diretor estatutário suspende o contrato de trabalho enquanto perdurar o seu mandato como diretor, salvo se estiver presente a subordinação jurídica. No entanto, nas Sociedades Anônimas em que há Conselho de Administração e o diretor estiver sujeito a ele, permanecerá a subordinação e, portanto, não haverá suspensão do contrato de trabalho.

Em nossa visão, mesmo o diretor estatutário que não estiver sujeito ao Conselho deve ter apenas a interrupção do contrato de trabalho, computando-se o tempo de serviço como diretor e mantendo-se todos os direitos trabalhistas, mas cessando a subordinação jurídica e as obrigações próprias do empregado, pois presente a dependência econômica entre diretor e empresa tomadora. Nesse sentido é a posição de Evaristo de Moraes Filho:

> "O empregado que, no curso de contrato, é eleito diretor de sociedade anônima para a qual trabalha, tem simplesmente interrompido o contrato o seu contrato anterior, que subsiste, computando-se-lhe, para todos os efeitos legais, o tempo que esteve ocupando cargo de diretoria"[20].

A jurisprudência do TST adotou a tese da suspensão do contrato de trabalho no período em que o empregado ocupou a função de diretor eleito, salvo se permanecer a condição de subordinação jurídica, por entender que são incompatíveis as atribuições de empregado e diretor estatutário. Com efeito, a Súmula 269 do TST, *in verbis*:

> "DIRETOR ELEITO. CÔMPUTO DO PERÍODO COMO TEMPO DE SERVIÇO (mantida) - Res. 121/2003, *DJ* 19, 20 e 21.11.2003
>
> O empregado eleito para ocupar cargo de diretor tem o respectivo contrato de trabalho suspenso, não se computando o tempo de serviço desse período, salvo se permanecer a subordinação jurídica inerente à relação de emprego".

20. Empregado Eleito Diretor de Sociedade Anônima, *In* Pareceres de Direito do Trabalho. São Paulo: LTr, 1976, p. 189

2.3. Cláusula de não concorrência do alto empregado e efeitos no contrato de trabalho

A cláusula de não concorrência é um pacto inserido no contrato de trabalho para viger após a rescisão deste, por meio do qual o empregado se obriga, mediante pagamento mensal, a não trabalhar para empresa concorrente, durante determinado período.

A legislação trabalhista brasileira é omissa quanto à possibilidade de pactuação da cláusula de não concorrência no contrato de trabalho.

Diante da falta de previsão legal e ainda considerando que a cláusula de não concorrência atenta contra o princípio da liberdade de exercício da profissão (artigo 5º, XIII, da CF), parte da doutrina e jurisprudência não a admite. Nesse sentido, a seguinte ementa:

> "Liberdade de trabalho. Cláusula pela qual o empregado, que fez cursos técnicos às expensas do empregador, obrigou-se a não servir a qualquer empresa concorrente nos cinco anos seguintes, ao fim do contrato. Não viola o artigo 153, § 23, da Constituição o acórdão que declarou inválida tal avença" (STF, RE 67.653, Rel. Min. Aliomar Baleeiro, *DJ* 3.11.70, p. 5.294, RTJ 55, 1971, p. 42).

Parte da jurisprudência admite-a, considerando se os princípios da liberdade contratual, boa-fé objetiva, razoabilidade e proporcionalidade que devem ser sopesados, destacando que, em muitas atividades, o empregado toma contato com "segredos" da empresa e pode revelá-los à empresa concorrente quando deixa o emprego, o que causará sérios prejuízo ao ex-empregador.

De outro lado, argumentam os defensores da cláusula de não concorrência que devem ser estabelecidos alguns requisitos para sua pactuação, quais sejam:

a) ser justificada pela função exercida do empregado, na qual toma contato com segredos da empresa (normalmente o alto empregado);

b) onerosidade da cláusula, ou seja, o empregado deve ser devidamente remunerado no período em que ficar em inatividade;

c) prazo de tempo determinado. Tem-se fixado, conforme o Direito Comparado, o prazo máximo de dois anos;

d) comprovação de prejuízos potenciais do empregador caso a cláusula de não concorrência não seja firmada.

Nesse contexto, apresentam-se as seguintes ementas:

> "Cláusula de não concorrência. Validade. A cláusula de não concorrência foi estabelecida por tempo razoável e houve pagamento de indenização. Logo, está dentro dos princípios da razoabilidade e da proporcionalidade. É, portanto, considerada válida. Não há dano moral a ser reparado" (TRT 2ª Região, Proc. n.º 02243.2000.381.02.00-9, Relator Sérgio Pinto Martins).
>
> "DANOS MATERIAIS. INDENIZAÇÃO. INEXISTÊNCIA. Não afronta o art. 5.º, inciso XIII, da Constituição Federal de 1988 cláusula contratual firmada por empregado, após ruptura do contrato de trabalho, comprometendo-se a não prestar serviços à empresa concorrente, quer como empregado, quer como autônomo. Inexistência de erro ou coação a anular o pactuado. Não há ilegalidade a macular o pactuado nem danos materiais decorrentes da limitação expressamente aceita. Impende aqui invocar-se também o princípio da boa-fé, presente em todos os atos da vida civil e pressupostos deles, mormente quando em ajuste estão pessoas capazes, de mediano conhecimento jurídico e alto nível profissional, como é o caso das partes envolvidas no Termo de Confidencialidade e Compromissos Recíprocos" (TRT 2ª Região, Ac n.º 20020534536, Proc. n.º 20898200290202008, 5ª T., Rel. Rita Maria Silvestre).

De nossa parte, embora seja razoável a pactuação da cláusula de não concorrência, pensamos haver óbice constitucional ao impedir o trabalho, pois o artigo 5º, XIII, da CF assegura o direito ao trabalho e, inegavelmente, a cláusula de não concorrência configura restrição a esse direito fundamental de trabalhar. Desse modo, não há como obstar o trabalhador que arrumou nova colocação no mercado de trabalho de exercer sua profissão. Entretanto, deverá indenizar o antigo empregador pelo valor fixado na cláusula de não concorrência a que estava obrigado a cumprir. Sob outro enfoque, atenta contra os valores sociais do trabalho, livre-iniciativa e dignidade da pessoa humana do trabalho impedir o trabalhador de desempenhar suas atividades por meio de pacto de natureza contratual.

Relevante destacar a seguinte ementa da mais alta Corte Trabalhista brasileira, *in verbis*:

"(...) CLÁUSULA CONTRATUAL DE NÃO CONCORRÊNCIA. VALIDADE. No caso, a controvérsia cinge em saber se a cláusula contratual de não concorrência é abusiva. Segundo o Regional, constou do contrato de trabalho cláusula dispondo sobre a não concorrência do reclamante em relação à atividade exercida na empresa reclamada por alguns meses após a rescisão contratual, mediante o pagamento de indenização compensatória. Nos termos do acórdão regional a referida cláusula estabeleceu prazo de duração razoável, e o reclamante não ficou impedido de exercer a sua profissão de engenheiro químico, tendo, inclusive, iniciado o próprio negócio no mesmo nicho empresarial. Ressalta-se que para afastar estas premissas fáticas reconhecidas pela Corte Regional seria necessário rever a valoração do conjunto probatório, providência não permitida nesta instância recursal de natureza extraordinária, ante o óbice previsto na Súmula nº 126 do TST. Assim, tendo em vista que o reclamante foi financeiramente compensado pela cláusula contratual de não concorrência, cujo prazo de duração era razoável, e teve o direito de exercício da sua profissão preservado, conforme asseverou o Regional, não se constata o caráter abusivo desta previsão contratual, o que afasta a alegação de ofensa ao artigo 444 da CLT. Agravo desprovido (...)" (TST Ag-ARR-1002437-53.2015.5.02.0466, 2ª Turma, Relator Ministro Jose Roberto Freire Pimenta, *DEJT* 11/06/2021).

2.4. Da possibilidade de o alto empregado negociar cláusulas contratuais

Dispõe o parágrafo único do art. 444 da CLT, com a redação dada pela Lei 13.467/17, que "a livre estipulação a que se refere o *caput* deste artigo aplica-se às hipóteses previstas no art. 611-A desta Consolidação, com a mesma eficácia legal e preponderância sobre os instrumentos coletivos, no caso de empregado portador de diploma de nível superior e que perceba salário mensal igual ou superior a duas vezes o limite máximo dos benefícios do Regime Geral de Previdência Social".

De nossa parte, a novel previsão legislativa não é boa nem se mostra compatível com a Constituição Federal pelos seguintes argumentos:

a) o recebimento de salário em patamar consideravelmente superior à média do trabalhador brasileiro não elide a dependência, tampouco o estado de subordinação do trabalhador para negociar cláusulas contratuais previstas em legislação tutelar;

b) possuir diploma superior não significa, necessariamente, conhecimento de direitos de natureza trabalhista, tampouco permite a renúncia de direitos;

c) a Constituição Federal proíbe a discriminação entre trabalhadores (artigos 3º e 7º, XXX).

3. EMPREGADOS DOMÉSTICOS

3.1. Conceito

Doméstico vem de *domus*, que significa lar. Logo, o empregado doméstico é um trabalhador que presta serviços de forma pessoal, contínua, subordinada e remunerada para pessoa ou família, no âmbito residencial, sem finalidade lucrativa.

O trabalhador doméstico sempre esteve fora da regulamentação da CLT (art. 7º[21]). A Lei 5.859/72 trouxe regulamentação mais detalhada sobre os direitos do trabalhador doméstico. Na Constituição de 1988, foram destacados os direitos trabalhistas aplicáveis ao doméstico no parágrafo único do art. 7º, majorados pela EC 72/2013[22] e regulamentados pela LC 150/15.

O art. 1º da LC 150/15 define, por meio de interpretação autêntica, o conceito de empregado doméstico. Dispõe o referido dispositivo legal:

> "Ao empregado doméstico, assim considerado aquele que presta serviços de forma contínua, subordinada, onerosa e pessoal e de finalidade não lucrativa à pessoa ou à família, no âmbito residencial destas, por mais de 2 (dois) dias por semana, aplica-se o disposto nesta Lei."

---

21. Art. 7º da CLT: "Os preceitos constantes da presente Consolidação salvo quando fôr em cada caso, expressamente determinado em contrário, não se aplicam: a) aos empregados domésticos, assim considerados, de um modo geral, os que prestam serviços de natureza não-econômica à pessoa ou à família, no âmbito residencial destas (...)."

22. Art. 7º, parágrafo único, da CF: "São assegurados à categoria dos trabalhadores domésticos os direitos previstos nos incisos IV, VI, VII, VIII, X, XIII, XV, XVI, XVII, XVIII, XIX, XXI, XXII, XXIV, XXVI, XXX, XXXI e XXXIII e, atendidas as condições estabelecidas em lei e observada a simplificação do cumprimento das obrigações tributárias, principais e acessórias, decorrentes da relação de trabalho e suas peculiaridades, os previstos nos incisos I, II, III, IX, XII, XXV e XXVIII, bem como a sua integração à previdência social."

Nos termos do referido dispositivo, são requisitos para que haja o vínculo doméstico, além dos requisitos da **pessoalidade, subordinação e onerosidade**, os seguintes:

a) **Serviços de natureza contínua:** continuidade é ausência de interrupção. Há quem sustente, na doutrina, que continuidade tem a mesma interpretação da não eventualidade prevista no artigo 3º da CLT. Conforme já nos pronunciamos, não eventualidade significa habitualidade. O requisito da continuidade é mais contundente do que o da não eventualidade. Para que haja a habitualidade basta que a prestação de serviços se repita com frequência e de forma sistemática. O requisito da continuidade, tradicionalmente, tem sido valorado pela jurisprudência de acordo com o número de dias trabalhados na semana. À luz da regulamentação anterior (Lei 5.859/72), tanto a doutrina como a jurisprudência divergiam sobre a valoração da continuidade. Alguns exigiam que o trabalhador prestasse serviços em todos os dias da semana; outros sustentavam que um único dia na semana, desde que se repetisse sem variação, já era suficiente para configuração do requisito da continuidade. Outros argumentavam que havia necessidade de o empregado trabalhar ao menos três dias na semana.

Diante da LC 150/15, a questão fora solucionada, dando maior segurança jurídica às partes (empregados e empregadores domésticos) para fixar o conceito de continuidade para o trabalhador doméstico como o trabalho em pelo menos três dias na semana.

b) **Serviços de finalidade não lucrativa:** a não lucratividade é aferida segundo a destinação da atividade do empregador. Desse modo, a atividade realizada pelo doméstico não pode se destinar ao lucro do tomador de serviços. Como exemplifica Amauri Mascaro Nascimento[23], "se a dona da casa vende roupas em seu lar, empregada que a ajuda nessa função não será doméstica, mas empregada regida pela CLT."

Se o empregador realizar atividade híbrida, qual seja, lucrativa e não lucrativa, prevalece o vínculo pela CLT, pois mais favorável ao trabalhador.

23. Iniciação ao Direito do Trabalho. 34ª Edição. São Paulo: LTr, 2009, p. 177.

c) **Âmbito residencial:** significa que os serviços têm que estar relacionados ao âmbito familiar (pessoa ou família).

Alguns autores defendem que somente serão domésticos os trabalhadores que prestarem serviços de natureza doméstica em sentido estrito, por exemplo, a cozinheira, o jardineiro etc.

O entendimento predominante na doutrina e jurisprudência, de nossa parte mais acertado, é no sentido de que os serviços não necessitam ser prestados exclusivamente dentro da residência, e sim relacionados ao âmbito residencial. Desse modo, os serviços prestados podem ser manuais e intelectuais. São domésticos a professora particular que ministra aulas particulares em residência, a enfermeira, o motorista etc., desde que a atividade seja destinada a atender uma necessidade pessoal do tomador, e não direcionada a finalidade lucrativa deste.

Não há necessidade de que na residência onde trabalhe o doméstico resida uma família, podendo morar uma única pessoa ou grupo de pessoas sem relação de parentesco.

O empregador doméstico deve ser, necessariamente, pessoa ou família. Desse modo, o empregador doméstico não pode ser pessoa jurídica, ainda que não tenha finalidade lucrativa. No entanto, como bem adverte Maurício Godinho Delgado[24], certo grupo unitário de pessoas físicas, atuando estritamente em função de interesses individuais de consumo pessoal, pode também tomar trabalho doméstico. É o que se passa, por exemplo com uma informal república estudantil e sua faxineira/cozinheira (caso que não se confunde, por óbvio, com o pensionato, em que alguém explora a oferta ao mercado de serviços de moradia e alimentação).

A doutrina e a jurisprudência, acertadamente, têm entendido que não se aplica ao empregador doméstico a sucessão de empresas ou de empregadores, prevista nos arts. 10 e 448 da CLT, pois o empregador doméstico é pessoa ou família, e não pessoa empresa. Além disso, a CLT, nesse aspecto, não se mostra compatível com a LC 150/15, art. 19[25].

---

24. Curso de Direito do Trabalho. 18ª ed. São Paulo: LTr, 2019, p. 449.
25. Art. 19 da LC 150/15: "Observadas as peculiaridades do trabalho doméstico, a ele também se aplicam as Leis nº 605, de 5 de janeiro de 1949, nº 4.090, de 13 de julho de 1962, nº 4.749, de 12 de agosto de 1965, e nº 7.418, de 16 de dezembro de 1985, e, subsidiariamente, a Consolidação das Leis do Trabalho (CLT), aprovada pelo Decreto-lei nº 5.452, de 1º de maio de 1943."

No mesmo sentido, também a jurisprudência do TST, conforme a ementa que segue:

> AGRAVO EM AGRAVO DE INSTRUMENTO EM RECURSO DE REVISTA INTERPOSTO PELO RECLAMADO. ACÓRDÃO REGIONAL PUBLICADO NA VIGÊNCIA DA LEI Nº 13.467/2017. TRABALHADOR DOMÉSTICO. SUCESSÃO TRABALHISTA. INAPLICABILIDADE DOS ARTIGOS 10 E 448 DA CLT. CONHECIMENTO E PROVIMENTO. I. Na decisão agravada se denegou seguimento ao agravo de instrumento em recurso de revista do Reclamado, que versava sobre sucessão trabalhista na hipótese de trabalhador doméstico (caseiro), considerando ausente a transcendência da causa, no particular. II. Demonstrado o desacerto da decisão agravada, bem como a transcendência jurídica da causa, o provimento do agravo interno é medida que se impõe. III. Agravo de que se conhece e a que se dá provimento para, reformando a decisão agravada, reexaminar o agravo de instrumento em recurso de revista. B) AGRAVO DE INSTRUMENTO EM RECURSO DE REVISTA DO RECLAMADO. ACÓRDÃO REGIONAL PUBLICADO NA VIGÊNCIA DA LEI Nº 13.467/2017. TRABALHADOR DOMÉSTICO. SUCESSÃO DE EMPREGADORES. INAPLICABILIDADE DOS ARTIGOS 10 E 448 DA CLT. CONHECIMENTO E PROVIMENTO. I. Em suas razões recursais, a parte defende que demonstrou a impossibilidade jurídica do pedido de sucessão de empregadores no âmbito das relações domésticas, insistindo na inaplicabilidade dos arts. 10 e 448 da CLT na hipótese em exame. II. Demonstrado o desacerto do despacho de admissibilidade "a quo", bem como a possível ofensa aos arts. 10 e 448 da CLT, decorrente da sua má aplicação, deve ser provido o agravo de instrumento, a fim de destrancar o recurso de revista. III. Agravo de instrumento de que se conhece e a que se dá provimento, para determinar o processamento do recurso de revista, observando-se o disposto no ATO SEGJUD.GP Nº 202/2019 do TST. C) RECURSO DE REVISTA DO RECLAMADO. ACÓRDÃO REGIONAL PUBLICADO NA VIGÊNCIA DA LEI Nº 13.467/2017. TRABALHADOR DOMÉSTICO. SUCESSÃO DE EMPREGADORES. INAPLICABILIDADE DOS ARTIGOS 10 E 448 DA CLT. TRANSCENDÊNCIA JURÍDICA RECONHECIDA. CONHECIMENTO E PROVIMENTO. I. Os arts. 10 e 448 da CLT estabelecem, respectivamente, que "qualquer alteração na estrutura jurídica da empresa não afetará os direitos adquiridos por seus empregados" e que "a mudança na propriedade ou na estrutura jurídica da empresa não afetará os

contratos de trabalho dos respectivos empregados". II. Trata-se a hipótese dos autos de contrato de parceria rural estabelecido em 2016 primeiramente entre o Autor e o Sr. Agostinho, o qual não integra a presente lide, sendo que, posteriormente, o sítio no qual o Autor prestava serviços foi objeto de contrato de aluguel em fevereiro de 2020, com promessa de compra e venda, firmado entre o Sr. Agostinho e o Reclamado, pessoa física. O Reclamado, por sua vez, após alugar o referido imóvel, firmou contrato de parceria rural com o Autor em 2020, renovando-o em 2021. O TRT, no acórdão regional recorrido, manteve a sentença na qual se reconheceu a nulidade do contrato de parceria ajustado entre as Partes e, por conseguinte, reconheceu o vínculo de emprego doméstico entre o Autor (caseiro) e o Reclamado, ao fundamento de que, além de a repartição de valores provenientes da exploração da propriedade rural não ter sido comprovado na instrução processual, até porque os recibos indicaram o pagamento de valor fixo ao Autor, o próprio Reclamado admitiu que nada era plantado no sítio, inexistindo exploração da referida propriedade. A Corte Regional asseverou que qualquer mudança na propriedade da empresa não atinge os direitos adquiridos por seus empregados e que não existem razões para não se aplicar os arts 10 e 448 da CLT, mantendo a condenação do Reclamado de arcar com todas as obrigações, inclusive as contraídas no período em que o Reclamado não alugava o sítio. III. Em sede de recurso de revista, se questiona apenas a impossibilidade jurídica de ocorrer sucessão de empregadores na hipótese de vínculo de emprego doméstico, nos termos dos arts. 10 e 448 da CLT, sendo o pedido afeto à limitação da responsabilidade do Demandado ao período em que assumiu o sítio e firmou contrato de parceria rural com o Autor. IV. Ora, consoante própria redação dos arts. 10 e 448 da CLT, é pressuposto da sucessão de empregadores a transferência do acervo produtivo de uma sociedade para outra diversa da empregadora de origem, podendo ocorrer com ou sem solução de continuidade do vínculo de emprego estabelecido antes da sucessão. V. Ademais, à luz do art. 2º da CLT, é inerente ao conceito de empresa o exercício de atividade econômica. VI. No presente caso, consoante se extrai do acórdão regional, foi desconsiderado o contrato de parceria entabulado entre as Partes, por se tratar, na realidade, de vínculo de trabalho doméstico. VII. Todavia, os empregados domésticos, consoante própria redação do art. 2º da Lei Complementar 150/15, prestam serviços de finalidade não lucrativa, ou seja, não desempenham atividade econômica. VIII. Logo, sobressai a transcendência jurídica da causa,

> notadamente em face da novidade da questão, que ainda não foi abordada pela jurisprudência desta Casa, não havendo de se falar em sucessão de empregadores no vínculo de emprego doméstico, à míngua de transferência de um acervo produtivo de uma sociedade para outra, pressuposto inerente à sucessão reconhecida no acórdão regional, o que é corroborado pela doutrina trabalhista. IX. Assim, a condenação do Reclamado deve se limitar ao período em que locou o sítio. X. Recurso de revista de que se conhece e a que se dá provimento" (TST - RR-402-66.2021.5.08.0109, 4ª Turma, Relator Ministro Alexandre Luiz Ramos, DEJT 22/09/2023).

3.2. Direitos dos domésticos

Os direitos básicos do trabalhador doméstico estão previstos no art. 7º, parágrafo único, da Constituição Federal, que assim dispõe:

> "São assegurados à categoria dos trabalhadores domésticos os direitos previstos nos incisos IV, VI, VII, VIII, X, XIII, XV, XVI, XVII, XVIII, XIX, XXI, XXII, XXIV, XXVI, XXX, XXXI e XXXIII e, atendidas as condições estabelecidas em lei e observada a simplificação do cumprimento das obrigações tributárias, principais e acessórias, decorrentes da relação de trabalho e suas peculiaridades, os previstos nos incisos I, II, III, IX, XII, XXV e XXVIII, bem como a sua integração à previdência social."

Desse modo, por força da Constituição Federal, são estendidos aos domésticos: salário mínimo, fixado em lei, nacionalmente unificado; irredutibilidade do salário, salvo o disposto em convenção ou acordo coletivo; garantia de salário nunca inferior ao mínimo; décimo terceiro salário com base na remuneração integral ou no valor da aposentadoria; proteção do salário na forma da lei, constituindo crime a sua retenção dolosa; duração do trabalho não superior a oito horas diárias e quarenta e quatro semanais, facultada a redução e compensação de jornada mediante acordo ou convenção coletiva de trabalho; repouso semanal remunerado, preferencialmente aos domingos; remuneração do serviço extraordinário superior, no mínimo em cinquenta por cento à do normal; gozo de férias anuais remuneradas com, pelo menos, um terço a mais do que o salário normal; licença à gestante, sem prejuízo do emprego e do salário, com a duração de cento e vinte dias; licença-paternidade, nos termos fixados em lei; aviso prévio proporcional ao tempo de serviço, sendo no mínimo de trinta dias, nos termos da lei; redução dos riscos inerentes ao trabalho, por meio de normas de saúde, higiene e segurança; aposentadoria; reconhecimento das convenções e acordos coletivos de trabalho; proibição de diferenças de salários, de exercício de funções de critérios de admissão por motivo de sexo, idade, cor ou estado civil; proibição de qualquer discriminação no tocante a salário e critérios de admissão do trabalhador portador de deficiência; proibição de trabalho noturno, perigoso ou insalubre a menores de 18 anos e de qualquer trabalho a menores de 16 anos, salvo na condição de aprendiz a partir do 14 anos.

Outrossim, nos termos do que foi regulamentado pela LC 150/15, o doméstico teve estendidas as seguintes garantias: relação de emprego protegida contra despedida arbitrária ou sem justa causa; seguro-desemprego; fundo de garantia do tempo de serviço; remuneração do trabalho noturno superior à do diurno; salário-família; creche e pré-escola aos filhos; seguro contra acidentes de trabalho a cargo do empregador, sem excluir indenização por dolo ou culpa do empregador, e integração à previdência social.

O rol de direitos do parágrafo único do artigo 7º da Constituição Federal não é taxativo, uma vez que a legislação infraconstitucional pode atribuir outros direitos ao doméstico com a finalidade de melhoria de sua condição social (artigo 7º, *caput*, da Constituição Federal).

Atualmente, o trabalhador doméstico tem praticamente os mesmos direitos do trabalhador regido pela Consolidação das Leis do Trabalho, destacando-se algumas singularidades em razão da natureza dos serviços prestados e do próprio empregador que é pessoa física ou entidade familiar.

Não é possível a contratação de trabalhador doméstico com menos de 18 anos, conforme o parágrafo único da LC 150/15.

A Carteira de Trabalho e Previdência Social será obrigatoriamente apresentada, contrarrecibo, pelo empregado ao empregador que o admitir, o qual terá o prazo de 48 horas para nela anotar, especificamente, a data de admissão, a remuneração e, quando for o caso, os contratos por prazo determinado (art. 9º da LC 150/15).

Nos termos do art. 18 da LC 150/15: "É vedado ao empregador doméstico efetuar descontos no salário do empregado por fornecimento de alimentação, vestuário, higiene ou moradia, bem como por despesas com transporte, hospedagem e alimentação em caso de acompanhamento em viagem. § 1º É facultado ao empregador efetuar descontos no salário do empregado em caso de adiantamento salarial e, mediante acordo escrito entre as partes, para a inclusão do empregado em planos de assistência médico-hospitalar e odontológica, de seguro e de previdência privada, não podendo a dedução ultrapassar 20% (vinte por cento) do salário. § 2º Poderão ser descontadas as despesas com moradia de que trata o *caput* deste artigo quando essa se referir a local diverso da residência em que ocorrer a prestação de serviço, desde que essa possibilidade tenha sido expressamente acordada entre as partes. § 3º As despesas referidas no *caput* deste artigo não têm natureza salarial nem se incorporam à remuneração para quaisquer efeitos. § 4º O fornecimento de moradia ao empregado doméstico na própria residência ou em morada anexa, de qualquer natureza, não gera ao empregado qualquer direito de posse ou de propriedade sobre a referida moradia".

A duração do trabalho do doméstico não será superior a 8 horas diárias e 44 horas semanais (art. 2º da LC 150/15), podendo ser firmado acordo individual escrito entre empregado e empregador para a compensação de horas. Diante das peculiaridades do trabalho doméstico, pensamos que é possível admitir o acordo tácito de compensação de horas, desde que não seja prejudicial ao trabalhador e seja observado o limite de 44 horas semanais.

Nos termos dos §§ 5º a 8º do art. 2º da LC 150/15, no regime de compensação de horas: "I – será devido o pagamento, como horas extraordinárias, na forma do § 1º, das primeiras 40 (quarenta) horas mensais excedentes ao horário normal de trabalho; II – das 40 (quarenta) horas referidas no inciso I, poderão ser deduzidas, sem o correspondente pagamento, as horas não trabalhadas, em função de redução do horário normal de trabalho ou de dia útil não trabalhado, durante o mês; III – o saldo de horas que excederem as 40 (quarenta) primeiras horas mensais de que trata o inciso I, com a dedução prevista no inciso II, quando for o caso, será compensado no período máximo de 1 (um) ano. § 6º Na hipótese de rescisão do contrato de trabalho sem que tenha havido a compensação integral da jornada extraordinária, o empregado fará jus ao pagamento das horas extras não compensadas, calculadas sobre o valor da remuneração na data de rescisão. § 7º Os intervalos previstos nesta Lei, o tempo de repouso, as horas não trabalhadas, os feriados e os domingos livres em que o empregado que mora no local de trabalho nele permaneça não serão computados como horário de trabalho. § 8º O trabalho não compensado prestado em domingos e feriados deve ser pago em dobro, sem prejuízo da remuneração relativa ao repouso semanal".

Conforme o art. 10 da LC 150/15: "É facultado às partes, mediante acordo escrito, estabelecer horário de trabalho de 12 (doze) horas seguidas por 36 (trinta e seis) horas ininterruptas de descanso, observados ou indenizados os intervalos para repouso e alimentação. § 1º A remuneração mensal pactuada pelo horário previsto no *caput* deste artigo abrange os pagamentos devidos pelo descanso semanal remunerado e pelo descanso em feriados, e serão considerados compensados os feriados e as prorrogações de trabalho noturno, quando houver, de que tratam o art. 70 e o § 5º do art. 73 da Consolidação das Leis do Trabalho (CLT), aprovada pelo Decreto-lei nº 5.452, de 1º de maio de 1943, e o art. 9º da Lei nº 605, de 5 de janeiro de 1949".

A LC 150/15 determina que o empregador mantenha registro escrito da jornada de trabalho do doméstico (art. 12). No entanto, o art. 74, § 2º, da CLT somente faz a exigência do controle escrito de jornada para os estabelecimentos com mais de 20 empregados.

A exigência do art. 12 da LC 150/15 deve ser interpretada com razoabilidade e justiça. Por essa razão, pensamos que, ao contrário do empregador pessoa jurídica que tenha mais de 20 empregados, caso o empregador doméstico não faça a juntada dos controles de ponto em eventual demanda judicial discutindo horas extras, esse fato por si só não acarreta a verossimilhança da jornada alegada na petição inicial pelo trabalhador doméstico.

Nesse aspecto, destaca-se a seguinte ementa:

> "CATEGORIA PROFISSIONAL ESPECIAL. Doméstico. Empregada doméstica. Horas extras. Indevidas. Inaplicabilidade da Súmula 338 do TST. A despeito de o art. 12 da Lei Complementar nº 150/2015 estabelecer a obrigatoriedade de registro do horário de trabalho do empregado doméstico, o fato é que a ausência do referido controle constitui mera irregularidade administrativa e, portanto, não implica, automaticamente, em reversão do ônus da prova, muito menos no acolhimento da jornada inicial declinada. Isso porque a relação doméstica é permeada por uma singularidade ímpar, não se aplicando a Súmula 338 do TST, instituída com base no contexto estrutural, impessoal e organizacional de empresa possuidora de mais de 10 (dez) empregados, fundada na profissionalização, gestão e melhor aptidão probatória, situação que, à luz das máximas da experiência e dos princípios comezinhos do Direito, o empregador doméstico não detém. Apelo não provido" (TRT/SP, Proc. 1000283-94.2021.5.02.0064, 18ª Turma, RORsum, Rel. Lilian Gonçalves, *DEJT* 20/08/2021).

Entre duas jornadas de trabalho deve haver um intervalo de descanso mínimo de 11 horas, nos termos do art. 15 da LC 150/15.

O intervalo intrajornada do doméstico será de uma hora, no máximo de duas, facultando sua redução para 30 minutos mediante acordo escrito entre empregador e empregado (art. 13 da LC 150/15).

O contrato de trabalho do doméstico pode ser por prazo determinado ou indeterminado. Nos termos do art. 4º da LC 150/15: "É facultada a contratação, por prazo determinado, do empregado doméstico: I – mediante contrato de experiência; II – para atender necessidades familiares de natureza transitória e para substituição temporária de empregado doméstico com contrato de trabalho interrompido ou suspenso. Parágrafo único. No caso do inciso II deste artigo, a duração do contrato de trabalho é limitada ao término do evento que motivou a contratação, obedecido o limite máximo de 2 (dois) anos".

O vale-transporte do trabalhador doméstico poderá, mediante recibo, ser concedido em pecúnia pelo empregador (art. 19, parágrafo único, da LC 150/15).

O empregado doméstico tem direito a férias anuais remuneradas de 30 dias, com acréscimo de pelo menos um terço do salário normal, podendo ser fracionadas, a critério do empregador, em dois períodos, sendo um deles de no mínimo 14 dias corridos (art. 17 da LC 150/15).

O empregado doméstico tem direito ao FGTS e ao seguro-desemprego.

Nos termos do art. 22 da LC 150/15: "O empregador doméstico depositará a importância de 3,2% (três inteiros e dois décimos por cento) sobre a remuneração devida, no mês anterior, a cada empregado, destinada ao pagamento da indenização compensatória da perda do emprego, sem justa causa ou por culpa do empregador, não se aplicando ao empregado doméstico o disposto nos §§ 1º a 3º do art. 18 da Lei nº 8.036, de 11 de maio de 1990. § 1º Nas hipóteses de dispensa por justa causa ou a pedido, de término do contrato de trabalho por prazo determinado, de aposentadoria e de falecimento do empregado doméstico, os valores previstos no *caput* serão movimentados pelo empregador. § 2º Na hipótese de culpa recíproca, metade dos valores previstos no *caput* será movimentada pelo empregado, enquanto a outra metade será movimentada pelo empregador. § 3º Os valores previstos no *caput* serão depositados na conta vinculada do empregado, em variação distinta daquela em que se encontrarem os valores oriundos dos depósitos de que trata o inciso IV do art. 34 desta Lei, e somente poderão ser movimentados por ocasião da rescisão contratual. § 4º À importância monetária de que trata o *caput*, aplicam-se as disposições da Lei nº 8.036, de 11 de maio de 1990, e da Lei nº 8.844, de 20 de janeiro de 1994, inclusive quanto a sujeição passiva e equiparações, prazo de recolhimento, administração, fiscalização, lançamento, consulta, cobrança, garantias, processo administrativo de determinação e exigência de créditos tributários federais".

O benefício do seguro-desemprego para o empregado doméstico dispensado sem justa causa é o valor de um salário mínimo, sendo no mínimo uma parcela e, no máximo, três parcelas, conforme o art. 26 da LC 150/15.

Para se habilitar ao benefício do seguro-desemprego, nos termos do art. 28 da LC 150/15, o trabalhador doméstico deverá apresentar ao órgão competente do Ministério do Trabalho e Emprego: "I – Carteira de Trabalho e Previdência Social, na qual deverão constar a anotação do contrato de trabalho doméstico e a data de dispensa, de modo a comprovar o vínculo empregatício, como empregado doméstico, durante pelo menos 15 (quinze) meses nos últimos 24 (vinte e quatro) meses; II – termo de rescisão do contrato de trabalho; III – declaração de que não está em gozo de benefício de prestação continuada da Previdência Social, exceto auxílio-acidente e pensão por morte; e IV – declaração de que não possui renda própria de qualquer natureza suficiente à sua manutenção e de sua família".

O aviso prévio devido ao doméstico é de 30 dias, caso o empregado tenha até um ano de tempo de serviço. Caso o contrato ultrapasse um ano, serão devidos três dias a mais de aviso prévio por cada ano completo de trabalho, até no máximo 60 dias, totalizando 90 dias (art. 23 da LC 150/15).

Nos termos do art. 25 da LC 150/15: "A empregada doméstica gestante tem direito a licença-maternidade de 120 (cento e vinte) dias, sem prejuízo do emprego e do salário, nos termos da Seção V do Capítulo III do Título III da Consolidação das Leis do Trabalho (CLT), aprovada pelo Decreto-lei nº 5.452, de 1º de maio de 1943. Parágrafo único. A confirmação do estado de gravidez durante o curso do contrato de trabalho, ainda que durante o prazo do aviso prévio trabalhado ou indenizado, garante à empregada gestante a estabilidade provisória prevista na alínea 'b' do inciso II do art. 10 do Ato das Disposições Constitucionais Transitórias".

Conforme o art. 43 da LC 150/15: "O direito de ação quanto a créditos resultantes das relações de trabalho prescreve em 5 (cinco) anos até o limite de 2 (dois) anos após a extinção do contrato de trabalho".

4. EMPREGADO RURAL

4.1. Conceito

Quando se fala em trabalho como essência da existência humana, deve-se lembrar, primordialmente, do trabalho agrícola, que acompanha o homem desde a época em que este se fixou na terra, deixando de lado o nomadismo, a atividade de caça e pesca, que o caracterizava até então.[26]

O empregado rural não faz parte da CLT (art. 7º[27]). Aos poucos, foi adquirindo direitos, destacando-se o Estatuto do Trabalhador Rural (Lei n. 4.214/63), posteriormente a Lei 5.889/73, que estatuiu normas reguladoras do trabalho rural, aplicando-se, subsidiariamente a CLT[28], culminando com a Constituição de 1988, que assegurou as mesmas garantias trabalhistas aos trabalhadores urbanos e rurais (art. 7º, *caput*).

Apesar de os direitos dos trabalhadores rurais estarem previstos na Constituição Federal em igualdade com os trabalhadores urbanos, as peculiaridades do trabalho rural estão disciplinadas, preponderantemente, na Lei 5.889/72.

Para saber o conceito da relação de trabalho rural, necessário conjugar os artigos 2º e 3º da Lei 5.889/73. Dispõem os referidos dispositivos legais:

> "Art. 2º Empregado rural é toda pessoa física que, em propriedade rural ou prédio rústico, presta serviços de natureza não eventual a empregador rural, sob a dependência deste e mediante salário.
>
> Art. 3º Considera-se empregador, rural, para os efeitos desta Lei, a pessoa física ou jurídica, proprietário ou não, que explore atividade agroeconômica, em caráter permanente ou temporário, diretamente ou através de prepostos e com auxílio de empregados. § 1º Inclui-se na atividade econômica referida no *caput* deste artigo, além da exploração industrial em estabelecimento agrário não compreendido na Consolidação das Leis do Trabalho – CLT, aprovada pelo Decreto-lei nº 5.452, de 1º de maio de 1943, a exploração do turismo rural ancilar à exploração agroeconômica. § 2º Sempre que uma ou mais empresas, embora tendo cada uma delas personalidade jurídica própria, estiverem sob direção, controle ou administração de outra,

26. MAIOR, Jorge Luiz Souto. Curso de Direito do Trabalho. Volume II: A relação de emprego. São Paulo: LTr, 2008, p. 269.
27. Art. 7º da CLT: "Os preceitos constantes da presente Consolidação salvo quando fôr em cada caso, expressamente determinado em contrário, não se aplicam: (...) b) aos trabalhadores rurais, assim considerados aqueles que, exercendo funções diretamente ligadas à agricultura e à pecuária, não sejam empregados em atividades que, pelos métodos de execução dos respectivos trabalhos ou pela finalidade de suas operações, se classifiquem como industriais ou comerciais (...)."
28. Art. 1º, *caput*, da Lei 5.889/72: "As relações de trabalho rural serão reguladas por esta Lei e, no que com ela não colidirem, pelas normas da Consolidação das Leis do Trabalho, aprovada pelo Decreto-lei nº 5.452, de 01/05/1943."

ou ainda quando, mesmo guardando cada uma sua autonomia, integrem grupo econômico ou financeiro rural, serão responsáveis solidariamente nas obrigações decorrentes da relação de emprego."

Conforme os referidos dispositivos, a relação de trabalho rural se dará segundo a destinação da atividade econômica do empregador, e não quanto à localização do imóvel. A atividade do empregador deve ser destinada ou à agricultura ou à pecuária.

Como nos adverte Gustavo Filipe Barbosa Garcia[29]: "a função, em si, desempenhada pelo empregado, não é o fator relevante na referida caracterização do empregado como rural, mas sim a natureza da atividade desempenhada pelo empregador (...) Pelo critério da lei em vigor, é empregado rural todo aquele que presta serviços ao empregador que explora atividade de natureza (finalidade) agroeconômica, mesmo que a função do empregado não seja, por exemplo, diretamente exercida no plantio, na safra, na criação de gado etc., mas sim no escritório da fazenda".

Conforme destaca Jorge Luiz Souto Maior[30]: "o fato de o empregador se organizar como uma indústria não desconfiguraria o vínculo de natureza rural, se a indústria não se destinasse à produção de um bem específico, mas apenas a uma transformação primária dos bens colhidos na terra. Nessa atividade industrial primária, vários são os serviços que se executam e que se interligam para a consecução do objetivo final. Todos eles, apesar de muitos não se ligarem diretamente ao cultivo da terra ou colheita de produtos, dariam ensejo ao vínculo de emprego rural, vez que não possuem uma significação isolada, sendo, no fundo, partes do empreendimento, o qual, sendo rural, atrai para dentro de si todos os serviços que lhe digam respeito. Nesse sentido, em uma indústria rural de transformação primária de produtos, seriam trabalhadores rurais os motoristas, os 'movimentadores de mercadorias', os vigias etc.".

Diante do exposto, podemos conceituar o empregado rural como *o trabalhador que presta serviços de forma pessoal, não eventual, subordinada e onerosa a pessoa física ou jurídica, proprietário ou não, que explore atividade agroeconômica, em caráter permanente ou temporário, diretamente ou por meio de prepostos e com auxílio de empregados.*

29. Curso de Direito do Trabalho. 2ª ed. São Paulo: Método, 2008, p. 215.
30. Curso de Direito do Trabalho. Volume II. São Paulo: LTr, 2008, p. 279.

4.2. Singularidades do trabalhador rural

Nos termos do art. 5º da Lei 5.889/72, em qualquer trabalho contínuo de duração superior a seis horas, será obrigatória a concessão de um intervalo para repouso ou alimentação, observados os usos e costumes da região, não se computando esse intervalo na duração do trabalho. Entre duas jornadas de trabalho haverá um período mínimo de onze horas consecutivas para descanso.

O intervalo intrajornada do trabalhador rural é fixado segundo os usos e costumes da região. Entretanto, por aplicação supletiva da CLT (art. 71), ele deverá ser de no mínimo uma hora.

Como observa, corretamente, Vólia Bomfim Cassar[31], "apesar de a lei do rural não prever qual o limite máximo para o intervalo intrajornada do rural que trabalha mais de 06 horas, entendemos pela aplicação do art. 71 da CLT, isto é, o limite máximo é de duas horas, salvo para os trabalhadores intermitentes, quando a lei tem regra própria. A Lei n. 5.889/72 também não prevê o direito ao intervalo de 15 minutos para jornadas de até seis horas, como o faz o art. 71, p. 1º, da CLT. Entendemos ser aplicável o art. 71, p. 1º, da CLT ao rural, em face de sua plena compatibilidade como determina o art. 1º da Lei 5.889/72."

Nos termos do art. 7º da Lei 5.889/72, "considera-se trabalho noturno o executado entre as vinte e uma horas de um dia e as cinco horas do dia seguinte, na lavoura, e entre as vinte horas de um dia e as quatro horas do dia seguinte, na atividade pecuária. Parágrafo único. Todo trabalho noturno será acrescido de 25% (vinte e cinco por cento) sobre a remuneração normal".

Conforme o referido dispositivo legal, o rural tem o adicional noturno fixado em 25% sobre a remuneração normal, mas não tem direito à hora noturna reduzida.

Nos termos do art. 9º da Lei 5.889/72: "Salvo as hipóteses de autorização legal ou decisão judiciária, só poderão ser descontadas do empregado rural as seguintes parcelas, calculadas sobre o salário mínimo: a) até o limite de 20% (vinte por cento) pela ocupação da morada; b) até o limite de 25% (vinte e cinco por cento) pelo fornecimento de alimentação sadia e farta, atendidos os preços vigentes na região; c) adiantamentos em dinheiro. § 1º As deduções acima especificadas deverão ser previamente autorizadas, sem o que serão nulas de pleno direito. § 2º Sempre que mais de um empregado

31. Direito do Trabalho. 14ª ed. São Paulo: Método, 2017, p. 400.

residir na mesma morada, o desconto, previsto na letra 'a' deste artigo, será dividido proporcionalmente ao número de empregados, vedada, em qualquer hipótese, a moradia coletiva de famílias. § 3º Rescindido ou findo o contrato de trabalho, o empregado será obrigado a desocupar a casa dentro de trinta dias. § 4º O Regulamento desta Lei especificará os tipos de morada para fins de dedução. § 5º A cessão pelo empregador, de moradia e de sua infraestrutura básica, assim, como, bens destinados à produção para sua subsistência e de sua família, não integram o salário do trabalhador rural, desde que caracterizados como tais, em contrato escrito celebrado entre as partes, com testemunhas e notificação obrigatória ao respectivo sindicato de trabalhadores rurais".

Durante o prazo do aviso prévio, se a rescisão tiver sido promovida pelo empregador, o empregado rural terá direito a um dia por semana, sem prejuízo do salário integral, para procurar outro trabalho (art. 15 da Lei .5889/72).

Quanto ao prazo prescricional, aplica-se o art. 7º, inciso XXIX, da CF, que assim dispõe: "ação, quanto aos créditos resultantes das relações de trabalho, com prazo prescricional de cinco anos para os trabalhadores urbanos e rurais, até o limite de dois anos após a extinção do contrato de trabalho".

5. DO TRABALHO FORA DO ESTABELECIMENTO DO EMPREGADOR

Atualmente, diante do avanço tecnológico, das mudanças no sistema de produção, da inserção dos portadores de necessidades especiais no mercado de trabalho, da redução dos custos e da necessidade de majoração da produção, tem sido comum a prestação de serviços fora do estabelecimento da empresa.

Entre os trabalhadores que desempenham o trabalho fora do estabelecimento do empregador a doutrina destaca:

a) Trabalho em domicílio: executado na residência do trabalhador, também chamado de *home office*. Não se exige nenhuma condição especial para o exercício desse trabalho. Sua previsão legal está no art. 6º da CLT.

b) Teletrabalho: realizado fora das dependências do empregador. Pode ser executado ou não na própria residência do trabalhador, mas exige utilização de tecnologia de informação ou de comunicação (arts. 75-A a 75-E da CLT);

c) Trabalho externo: previsto no art. 62, I, da CLT. Trata-se de situação clássica de realização do trabalho fora do estabelecimento do empregador em atividades incompatíveis com a fiscalização da jornada.

6. DO TRABALHO EM DOMICÍLIO (*HOME OFFICE*)

Dispõe o art. 6º da CLT:

> "Não se distingue entre o trabalho realizado no estabelecimento do empregador, o executado no domicílio do empregado e o realizado a distância, desde que estejam caracterizados os pressupostos da relação de emprego. Parágrafo único. Os meios telemáticos e informatizados de comando, controle e supervisão se equiparam, para fins de subordinação jurídica, aos meios pessoais e diretos de comando, controle e supervisão do trabalho alheio."

Nos termos do art. 83 da CLT, "é devido o salário mínimo ao trabalhador em domicílio, considerado este como o executado na habitação do empregado ou em oficina de família, por conta de empregador que o remunere."

Os referidos arts. 6º e 83 da CLT disciplinam o trabalho realizado no domicílio do empregado, também denominado *home office*. O termo domicílio não pode ter interpretação restrita, devendo ser lido como residência, ou até mesmo como um local em que o empregado possui para trabalhar, como um escritório particular.

Todos os requisitos previstos nos artigos 2º e 3º da CLT, quais sejam pessoalidade, subordinação, não eventualidade e onerosidade, devem estar presentes, simultaneamente para que se configure a relação de emprego.

Não obstante, o requisito da pessoalidade fica de certa forma mitigado, pois o empregado está fora das vistas do empregador. Entretanto, ele deve ser preponderante.

Quanto à subordinação, no trabalho em domicílio, ela deve ser aferida, tomando-se em consideração os seguintes critérios:

a) aspecto qualitativo do trabalho realizado, ou seja, aferição da qualidade final do produto ou do trabalho desenvolvido pelo empregado;

b) aspecto quantitativo: quantidade de produção de produto ou serviço num determinado lapso de tempo;

c) econômico: dependência econômica do trabalhador ao tomador de serviços.

Por outro lado, o empregador pode utilizar meios telemáticos e informatizados de comando para controlar o trabalho a distância, tais como telefone celular, aplicativos, entre outros. Nessa situação, a subordinação jurídica se equipara à do trabalhador que presta serviços no próprio estabelecimento do empregador.

Tem o trabalhador em domicílio todos os direitos do trabalhador que presta serviços no estabelecimento do empregador. O local de trabalho é considerado a residência do trabalhador. Também tem direito a horas extras se comprovar que ultrapassa o limite de 8 horas diárias e 44 semanais, e sua jornada pode ser mensurável, ainda que indiretamente, como inserção de senha em computador no início e no fim da jornada, ou pela realização de determinada quantidade de trabalho que demanda jornada superior ao limite legal ou contratual.

Nesse sentido, relevante destacar a seguinte ementa oriunda da mais alta Corte Trabalhista brasileira, *in verbis*:

> "AGRAVO DE INSTRUMENTO. RECURSO DE REVISTA. *HOME OFFICE*: ENQUADRAMENTO E EFEITOS JURÍDICOS. OUTROS TEMAS: SUBSTITUIÇÃO. ACÚMULO DE FUNÇÕES. HORAS EXTRAS. ADICIONAL NOTURNO. HORAS DE SOBREAVISO. FÉRIAS INTERROMPIDAS. DECISÃO DENEGATÓRIA. MANUTENÇÃO. O teletrabalho e o trabalho em domicílio (*home office*) tornaram-se frequentes nas últimas décadas em face da invenção, aperfeiçoamento e generalização de novos meios comunicacionais, ao lado do advento de novas fórmulas organizacionais e gerenciais de empresas e instituições. Isso não elimina, porém, necessariamente, a presença de subordinação na correspondente relação socioeconômica e jurídica entre o trabalhador e seu tomador de serviços, desde que ultrapassado o conceito tradicional desse elemento integrante da relação empregatícia em favor de sua dimensão objetiva ou, até mesmo, em favor do conceito de subordinação estrutural. Dentro deste novo, moderno e atualizado enfoque da subordinação, os trabalhadores em domicílio, mesmo enquadrando-se no parâmetro do *home office*, podem, sim, ser tidos como subordinados e, desse modo, efetivos empregados. Não obstante, não se pode negar que, de maneira geral, em princípio, tais trabalhadores enquadram-se no tipo jurídico excetivo do art. 62 da CLT, realizando o parâmetro das jornadas não controladas de que fala a ordem jurídica trabalhista (art. 62, I, CLT). Por outro lado, a possibilidade de indenização empresarial pelos gastos pessoais e residenciais efetivados pelo

empregado no exercício de suas funções empregatícias no interior de seu *home office* supõe a precisa comprovação da existência de despesas adicionais realizadas em estrito benefício do cumprimento do contrato, não sendo bastante, em princípio, regra geral, a evidência de certa mistura, concorrência, concomitância e paralelismo entre atos, circunstâncias e despesas, uma vez que tais peculiaridades são inerentes e inevitáveis ao labor em domicílio e ao teletrabalho. Finalmente, havendo pagamento pelo empregador ao obreiro de valores realmente dirigidos a subsidiar despesas com telefonemas, gastos com informática e similares, no contexto efetivo do *home office*, não têm tais pagamentos natureza salarial, mas meramente instrumental e indenizatória. Na mesma linha, o fornecimento pelo empregador, plenamente ou de modo parcial, de equipamentos para a consecução do *home office* obreiro (telefones, microcomputadores e seus implementos etc.) não caracteriza, regra geral, em princípio, salário *in natura*, em face de seus preponderantes objetivos e sentido instrumentais. Agravo de instrumento desprovido" (TST, AIRR 62141-19.2003.5.10.0011, 6ª Turma, Relator Ministro Maurício Godinho Delgado, *DEJT* 16/04/2010).

7. DO TELETRABALHO

O teletrabalho é realizado fora do estabelecimento do empregador, preponderantemente na residência do próprio trabalhador, executado com tecnologias de informação e de comunicação.

Ensina-nos Célio Pereira Oliveira Neto[32]:

> "O teletrabalho pode ser conceituado como trabalho prestado, ao menos em parte a distância, fora da sede da organização empresarial, mediante o uso de telemática, com flexibilidade de jornada, e ausência de fiscalização direta, empoderando o trabalhador diante da auto-organização e autonomia de gestão do tempo, e em certa medida de suas atividades."

Como destaca Alice Monteiro de Barros,[33] "a inovação tecnológica subverte a relação de trabalho clássico, sendo responsável por novos tipos de atividade descentralizada, que reúnem informação e comunicação. Situa-se

32. Trabalho em Ambiente Virtual: causas, efeitos e conformação. São Paulo: LTr, 2018, p. 89.
33. Curso de Direito do Trabalho. São Paulo: LTr, 5ª ed. 2009, p. 326/327

entre esse novo tipo o teletrabalho, realizado no domicílio do trabalhador (artigo 6º da CLT), em centros de satélites fora do estabelecimento patronal, mas em contrato com ele ou em outro local, de uso público."

O art. 75-B, com a redação dada pela Lei 14.442/2022, por meio de interpretação autêntica, apresenta-nos o conceito de teletrabalho da seguinte forma:

> "Considera-se teletrabalho ou trabalho remoto a prestação de serviços fora das dependências do empregador, de maneira preponderante ou não, com a utilização de tecnologias de informação e de comunicação, que, por sua natureza, não se configure como trabalho externo. § 1º O comparecimento, ainda que de modo habitual, às dependências do empregador para a realização de atividades específicas, que exijam a presença do empregado no estabelecimento, não descaracteriza o regime de teletrabalho ou trabalho remoto. § 2º O empregado submetido ao regime de teletrabalho ou trabalho remoto poderá prestar serviços por jornada ou por produção ou tarefa. § 3º Na hipótese da prestação de serviços em regime de teletrabalho ou trabalho remoto por produção ou tarefa, não se aplicará o disposto no Capítulo II do Título II desta Consolidação. § 4º O regime de teletrabalho ou trabalho remoto não se confunde e nem se equipara à ocupação de operador de *telemarketing* ou de teleatendimento. § 5º O tempo de uso de equipamentos tecnológicos e de infraestrutura necessária, e de *softwares*, de ferramentas digitais ou de aplicações de internet utilizados para o teletrabalho, fora da jornada de trabalho normal do empregado não constitui tempo à disposição, regime de prontidão ou de sobreaviso, exceto se houver previsão em acordo individual ou em acordo ou convenção coletiva de trabalho. § 6º Fica permitida a adoção do regime de teletrabalho ou trabalho remoto para estagiários e aprendizes. § 7º Aos empregados em regime de teletrabalho aplicam-se as disposições previstas na legislação local e nas convenções e acordos coletivos de trabalho relativas à base territorial do estabelecimento de lotação do empregado. 8º Ao contrato de trabalho do empregado admitido no Brasil que optar pela realização de teletrabalho fora do território nacional, aplica-se a legislação brasileira, excetuadas as disposições constantes na Lei nº 7.064, de 6 de dezembro 1982, salvo disposição em contrário estipulada entre as partes. § 9º Acordo individual poderá dispor sobre os horários e os meios de comunicação entre empregado e empregador, desde que assegurados os repousos legais."

Diante do referido dispositivo legal, o teletrabalho pressupõe:

a) prestação de serviços, preponderantemente, ou não, fora das dependências do empregador;

b) o trabalho pode ser realizado na residência do empregado ou em outro local fora das dependências do empregador;

c) o trabalho pode ser realizado nas dependências do próprio empregador, ainda que de forma habitual, para atividades específicas;

d) o trabalho pressupõe a utilização de tecnologias de informação e de comunicação, como aplicativos, meios telemáticos, informática, *internet*, entre outros;

e) o teletrabalho não está enquadrado no conceito de trabalhador externo previsto no art. 62, I, da CLT[34];

f) o regime de teletrabalho não se confunde com a atividade de *telemarketing*, a qual tem regramento específico;

g) o teletrabalho pode ser pactuado pelo regime de horas trabalhadas, tarefa ou produção;

h) se o teletrabalho for pactuado por tarefa ou produção, há presunção de que o trabalhador não está sujeito a controle de jornada;

i) aplicam-se as normas coletivas do local da sede da empresa em que o teletrabalhador estiver vinculado, e não as do local da prestação de serviços;

j) a legislação aplicável para o trabalhador contratado no Brasil que prestar serviços no exterior será a brasileira, salvo se houver legislação especial a respeito, ou ajuste contratual entre as partes;

k) acordo individual poderá dispor sobre os horários e os meios de comunicação entre empregado e empregador, desde que assegurados os repousos legais, e os limites constitucionais e legais de limitação de jornada.

A subordinação, no teletrabalho, geralmente é aferida da mesma forma que no trabalho em domicílio. No entanto, por estar o teletrabalhador

34. Art. 62, I, da CLT: "Os empregados que exercem atividade externa incompatível com a fixação de horário de trabalho, devendo tal condição ser anotada na Carteira de Trabalho e Previdência Social e no registro de empregados."

conectado a determinado aplicativo, a fiscalização do trabalho é mais contundente que no trabalho em domicílio.

O teletrabalho gera benefícios ao trabalhador, pois ele não precisa gastar tempo locomovendo-se para o trabalho, pode organizar melhor sua agenda de trabalho, ter convívio familiar mais intenso. Não obstante, o teletrabalho pode gerar o isolamento, depressão, falta de convivência com outros funcionários, falta de desconexão do trabalho, riscos de problemas ergonômicos e confusão entre as vidas privada e profissional.

De outro lado, o teletrabalho propicia economia ao empregador em instalações empresariais, redução de despesas, bem como redução do espaço físico de empresa. Não obstante, há dificuldades maiores na fiscalização do trabalho do empregado.

Conforme o art. 75-C da CLT, "a prestação de serviços na modalidade de teletrabalho deverá constar expressamente do contrato individual de trabalho, que especificará as atividades que serão realizadas pelo empregado. § 1º Poderá ser realizada a alteração entre regime presencial e de teletrabalho desde que haja mútuo acordo entre as partes, registrado em aditivo contratual. § 2º Poderá ser realizada a alteração do regime de teletrabalho para o presencial por determinação do empregador, garantido prazo de transição mínimo de quinze dias, com correspondente registro em aditivo contratual."

Diante do referido dispositivo legal, contrato de trabalho na modalidade de trabalho deve ser escrito, com cláusula expressa sobre as atividades a serem realizadas por meio de teletrabalho. A alteração do regime de trabalho para o presencial deve ser efetuada de comum acordo pelas partes de forma expressa e escrita.

O empregador poderá alterar o regime de teletrabalho para o presencial de forma unilateral, mas deve garantir o prazo de transição mínimo de quinze dias, com correspondente registro em aditivo contratual.

Como bem adverte Gustavo Filipe Barbosa Garcia[35], "a norma legal, como se pode notar, não autoriza que a modificação para o regime presencial ocorra em razão apenas da vontade do empregado, mas apenas por determinação do empregador, no exercício do seu poder de direção e de organização."

35. CLT Comentada. 7ª edição. São Paulo: Editora Juspodivm, 2020, p. 175.

Dispõe o art. 75-D da CLT:

> "As disposições relativas à responsabilidade pela aquisição, manutenção ou fornecimento dos equipamentos tecnológicos e da infraestrutura necessária e adequada à prestação do trabalho remoto, bem como ao reembolso de despesas arcadas pelo empregado, serão previstas em contrato escrito. Parágrafo único. As utilidades mencionadas no *caput* deste artigo não integram a remuneração do empregado."

Em face do referido dispositivo legal, a responsabilidade e os custos pela aquisição de equipamentos para o exercício do teletrabalho bem como as despesas para sua realização deverão constar do contrato escrito.

Caso o empregador forneça os equipamentos para a realização do trabalho, a exemplo de mesas, cadeiras e computador, essas utilidades, por indispensáveis à execução do trabalho, não são consideradas salário *in natura* nos termos do art. 458 da CLT.

De nossa parte, em compasso com as críticas apontadas pela doutrina, o art. 75-D da CLT deve ser lido e interpretado em compasso com os princípios do Direito do Trabalho e da própria sistemática da CLT no sentido de que o empregado não corre os riscos do negócio. Desse modo, pensamos que é de responsabilidade do empregador (art. 2º da CLT) arcar com as despesas dos equipamentos e custos para a realização do teletrabalho.

Segundo o art. 75-E da CLT, "o empregador deverá instruir os empregados, de maneira expressa e ostensiva, quanto às precauções a tomar a fim de evitar doenças e acidentes de trabalho. Parágrafo único. O empregado deverá assinar termo de responsabilidade comprometendo-se a seguir as instruções fornecidas pelo empregador."

Tendo em vista o referido dispositivo legal, o empregador tem a responsabilidade de instruir o trabalho e adotar medidas efetivas para evitar doenças e acidentes de trabalho, sem exclusão da responsabilidade civil do empregador quando incorrer em culpa (art. 7º, XXVIII, da CF).

Diante da Lei 14.442/22, que alterou o art. 62, III, da CLT, há presunção de que o teletrabalhador está sujeito a controle de jornada, exceto se trabalhar por produção ou tarefa. No entanto, mesmo no trabalho por produção ou tarefa, se a jornada puder ser mensurada e fiscalizada ainda que indiretamente, fará jus o trabalhador a horas extras se exceder o limite legal ou contratual de jornada.

Nos termos do § 5º do art. 75-B da CLT: o tempo de uso de equipamentos tecnológicos e de infraestrutura necessária, e de *softwares*, de ferramentas digitais ou de aplicações de internet utilizados para o teletrabalho, fora da jornada de trabalho normal do empregado não constitui tempo à disposição, regime de prontidão ou de sobreaviso, exceto se houver previsão em acordo individual ou em acordo ou convenção coletiva de trabalho.

O referido dispositivo deve ser interpretado à luz do regime constitucional de limitação de jornada (art. 7º, XIII, da CF) e do art. 4º da CLT (tempo à disposição). Desse modo, se o empregado estiver utilizando os equipamentos tecnológicos para realização de atividades em prol do empregador fora do horário de trabalho, indiscutivelmente fará jus à jornada extraordinária.

Conforme o art. 75-F da CLT, "os empregadores deverão dar prioridade aos empregados com deficiência e aos empregados com filhos ou criança sob guarda judicial até 4 (quatro) anos de idade na alocação em vagas para atividades que possam ser efetuadas por meio do teletrabalho ou trabalho remoto".

O presente dispositivo estabelece, corretamente, prioridade para o teletrabalho ou teletrabalho aos portadores de necessidades especiais, e aos empregados com filhos ou criança sob guarda judicial de até 4 anos de idade.

Trata-se de dispositivo de relevante alcance social, visando a impulsionar a entrada do portador de necessidades especiais no mercado de trabalho, bem como à proteção da criança de até 4 anos de idade.

8. EMPREGADOS DE CARTÓRIOS EXTRAJUDICIAIS

Dispõe o art. 236 da CF:

> "Os serviços notariais e de registro são exercidos em caráter privado, por delegação do Poder Público. § 1º Lei regulará as atividades, disciplinará a responsabilidade civil e criminal dos notários, dos oficiais de registro e de seus prepostos, e definirá a fiscalização de seus atos pelo Poder Judiciário. § 2º Lei federal estabelecerá normas gerais para fixação de emolumentos relativos aos atos praticados pelos serviços notariais e de registro. § 3º O ingresso na atividade notarial e de registro depende de concurso público de provas e títulos, não se permitindo que qualquer serventia fique vaga, sem abertura de concurso de provimento ou de remoção, por mais de seis meses."

Há entendimentos de que o cartório extrajudicial não é o empregador, mas sim o titular da serventia, que administra o cartório por meio de concurso público. Esse entendimento encontra eco no art. 21 da Lei n. 8.935/94:

> "O gerenciamento administrativo e financeiro dos serviços notariais e de registro é da responsabilidade exclusiva do respectivo titular, inclusive no que diz respeito às despesas de custeio, investimento e pessoal, cabendo-lhe estabelecer normas, condições e obrigações relativas à atribuição de funções e de remuneração de seus prepostos de modo a obter a melhor qualidade na prestação dos serviços."

Não obstante o cartório seja um ente despersonalizado, tem fundo de comércio, pois é uma entidade privada com estrutura fiscalizada pelo Poder Judiciário. Desse modo, pensamos que a hipótese se enquadra na do § 1º do art. 2º da CLT.

O regime de contratação dos empregados após a Lei n. 8.935/94 é o da CLT. Nesse sentido, dispõe o art. 20 da citada Lei:

> "Os notários e os oficiais de registro poderão, para o desempenho de suas funções, contratar escreventes, dentre eles escolhendo os substitutos, e auxiliares como empregados, com remuneração livremente ajustada e sob o regime da legislação do trabalho."

Havendo alteração do titular da serventia, ocorrerá sucessão para fins trabalhistas, ou seja, o atual titular da serventia responderá pelos contratos de trabalho do antigo titular.

Nesse sentido, concordamos com a posição de *Alice Monteiro de Barros*[36], quando assevera:

> "Outros sustentam que empregador é empresa, vista sob o prisma da atividade organizada, a qual não se confunde com o seu titular. Como a atividade cartorária é por excelência privada, apesar da ingerência pública, e considerando que a empresa é atividade, o fato de o cartório ter pertencido a vários gestores ou responsáveis não impede a sucessão. Essa é a nossa posição."

36. *Curso de direito do trabalho*. 4. ed. São Paulo: LTr, 2008. p. 376.

Nesse aspecto, cumpre realçar as seguintes ementas:

> "CARTÓRIO COMO EMPREGADOR TRABALHISTA. LEGITIMIDADE DE PARTE DO NOTÁRIO. A atividade cartorária é por excelência privada, apesar da ingerência pública pela relevância do serviço prestado (art. 236, *caput*, CF). O autor laborou de 1993 a 2001 em prol dessa atividade notarial, sendo que a atividade teve vários gestores ou responsáveis. Dentro da sistemática legal brasileira, empregador poderá ser pessoa física ou jurídica, bem como outras entidades que, mesmo não tendo personalidade, utilizam o trabalho subordinado. O fato de o cartório não ter personalidade jurídica não implica, necessariamente, no argumento de que não possa ser rotulado como empregador. A lei brasileira não exige a formalização da atividade organizada, como pessoa jurídica, para fins da imputação da norma jurídico-trabalhista. O empregador é a empresa, vista pelo prisma da atividade organizada, logo, não se confunde com o seu titular. Como já houve a definição de que a atividade, como empresa, é o efetivo empregador, como instituição que tenha empregador, entendo que é possível a caracterização da sucessão nas atividades notariais ou de registro. Portanto, rejeito a tese de ilegitimidade de parte como o chamamento ao processo dos outros ex-responsáveis pelo cartório" (TRT/SP, Ac. 20040482965, 7ª T., rel. Juiz Francisco Ferreira Jorge Neto, *DOESP* 1º.10.04)

> "AGRAVO INTERNO EM RECURSO DE REVISTA. PRELIMINAR DE NULIDADE DO ACÓRDÃO REGIONAL POR NEGATIVA DE PRESTAÇÃO JURISDICIONAL. NÃO CONFIGURAÇÃO. O mero inconformismo da parte com a decisão que lhe foi desfavorável não rende ensejo à configuração da negativa de prestação jurisdicional. Ilesos os arts. 832 da CLT, 458 do CPC/1973 e 93, IX, da Constituição Federal. ILEGITIMIDADE PASSIVA *AD CAUSAM*. SÚMULA N.º 422, I, DO TST. Não tendo o Recorrente infirmado as razões de decidir do acórdão recorrido, a admissão do apelo encontra-se obstada pela Súmula n.º 422, I, do TST. DENUNCIAÇÃO DA LIDE. ESTADO DO ESPÍRITO SANTO. INCOMPETÊNCIA DA JUSTIÇA DO TRABALHO. EX-TITULAR DO CARTÓRIO. Em conformidade com a jurisprudência desta Corte, somente será admissível a denunciação da lide quando a Justiça do Trabalho for competente para apreciar litígio entre a parte denunciante e a parte denunciada, quando a denunciação aproveitar o trabalhador e forem observados os princípios da celeridade, efetividade e simplicidade. *In casu*, em relação à denunciação da lide em face do Estado do Espírito Santo,

> não há falar-se em competência da Justiça do Trabalho, visto que seria necessária a discussão sobre a legislação cível-administrativa para apreciar eventual direito de regresso da parte denunciante (titular do cartório) em relação à parte denunciada (Estado do Espírito Santo). Ademais, no tocante à denunciação da lide em face do antigo titular do cartório extrajudicial, igualmente não há como se admitir a intervenção de terceiros, pois, além de a denunciação não trazer qualquer proveito ao trabalhador, eventual discussão sobre a responsabilização do sucedido apenas ampliaria o objeto da relação jurídica processual, acarretando, assim, uma maior demora na entrega da prestação jurisdicional. CARTÓRIO EXTRAJUDICIAL. MUDANÇA NA TITULARIDADE. POSSIBILIDADE DE RECONHECIMENTO DA SUCESSÃO DE EMPREGADORES (ARTS. 10 E 448 DA CLT). Havendo a mudança na titularidade de cartório extrajudicial que passa a pertencer a novo titular, este pode ser responsabilizado pelas obrigações trabalhistas do sucedido, desde que reconhecida a sucessão trabalhista, sendo essa caracterizada, em linhas gerais, quando demonstradas a transferência da unidade econômica jurídica pelo titular e a continuidade da prestação de serviços. Precedentes da Corte. Agravo conhecido e não provido" (TST, Ag-RR 60400-23.2010.5.17.0101, 1ª Turma, Relator Ministro Luiz Jose Dezena da Silva, *DEJT* 09/04/2021).

Portanto, como o empregado do cartório extrajudicial tem seu vínculo regido pela CLT, é incontestável a competência material da Justiça do Trabalho para dirimir as controvérsias entre trabalhador e cartório extrajudicial.

9. DO EMPREGADO PÚBLICO

9.1. Conceito e regime jurídico

Leciona Maria Sylvia Zanella Di Pietro[37]:

> "São servidores públicos, em sentido amplo, as pessoas físicas que prestam serviços ao Estado e às entidades da Administração Indireta, com vínculo empregatício e mediante remuneração paga pelos cofres públicos."

---

37. Direito Administrativo. 17ª ed. São Paulo: Atlas, 2004, p. 433-434.

Podemos dizer que o servidor público é um gênero que abrange as seguintes espécies de trabalhadores:

a) **Servidor público:** é o trabalhador que presta serviços à Administração Pública Direta ou Indireta, após aprovação em concurso público, regido por norma estatutária, ocupando um cargo público.

b) **Empregados públicos:** são contratados pela Administração Pública (direta ou indireta), após aprovação em concurso público, pelo regime do direito privado, qual seja, o da Consolidação das Leis do Trabalho. São detentores de empregos públicos.

c) **Servidores temporários:** contratados de forma temporária, sem concurso público, por tempo determinado para atender a necessidade temporária de excepcional interesse público (art. 37, IX, da CF).

d) **Servidores comissionados:** ocupam cargos em comissão, sem concurso público, de livre nomeação e exoneração. Normalmente, o regime é previsto em lei (estatuto), ou o da própria Consolidação das Leis do Trabalho.

Dispõe o art. 37, II, da Constituição Federal:

> "A administração pública direta e indireta de qualquer dos Poderes da União, dos Estados, do Distrito Federal e dos Municípios obedecerá aos princípios de legalidade, impessoalidade, moralidade, publicidade e eficiência e, também, ao seguinte: (...) II – a investidura em cargo ou emprego público depende de aprovação prévia em concurso público de provas ou de provas e títulos, de acordo com a natureza e a complexidade do cargo ou emprego, na forma prevista em lei, ressalvadas as nomeações para cargo em comissão declarado em lei de livre nomeação e exoneração".

Em face do que dispõe o referido dispositivo constitucional, o ingresso nos quadros da Administração Pública Direta e Indireta deve observar a formalidade essencial do concurso público, considerando-se os princípios da legalidade, moralidade e impessoalidade, exceto os cargos em comissão declarado em lei de livre nomeação e exoneração.

A jurisprudência do Tribunal Superior do Trabalho consolidou-se pela tese da nulidade do contrato do contrato do empregado público contratado aos quadros efetivos da Administração sem concurso público, conforme a Súmula 363 do TST, *in verbis*:

> "A contratação de servidor público, após a CF/1988, sem prévia aprovação em concurso público, encontra óbice no respectivo art. 37, II e § 2º, somente lhe conferindo direito ao pagamento da contraprestação pactuada, em relação ao número de horas trabalhadas, respeitado o valor da hora do salário mínimo, e dos valores referentes aos depósitos do FGTS."

Dispõe o art. 7º da Consolidação das Leis do Trabalho: "Os preceitos constantes da presente Consolidação salvo quando for em cada caso, expressamente determinado em contrário, não se aplicam: (...) c) aos funcionários públicos da União".

O presente dispositivo exclui da proteção da Consolidação das Leis do Trabalho os servidores públicos, desde que regidos por estatuto próprio (estatutários). Os empregados, contratados pelo regime da CLT pelo Poder Público, seguirão as regras dessa Consolidação, pois, conforme sedimentado em doutrina, a Administração Pública, ao contratar pelo regime da CLT, despe-se de seu poder de império, equiparando-se ao empregador privado.

Como bem adverte Márcio Mendes Granconato[38]:

> "A União, os Estados, o Distrito Federal e os Municípios devem instituir, no âmbito de sua competência, regime jurídico único para os servidores da administração direta, das autarquias e das fundações públicas, como manda o art. 39 da CF (ADI n. 2.135-4, *DJ* 07.03.2008). Havendo instituição desse regime, como ocorreu com a União por meio da Lei 8.112/90, ele é que regerá as relações entre administração e seus servidores, sendo a Justiça Comum a competência para analisar eventual a lide daí decorrente (ADI n. 3.395-6, *DJ* 10.11.2006). Todavia, não é incomum que os órgãos públicos admitam seus servidores concursados por meio de contratos regidos pela CLT. Nesses casos, a Consolidação será a norma que regerá essa relação de emprego com o Poder Público que se sujeitará a todas as regras próprias do regime privado, inclusive pagamento do FGTS, sendo a competência da Justiça do Trabalho a apreciação das lides daí advindas."

38. CLT Interpretada. 12. ed. São Paulo: Manole, 2021, p. 21-22.

9.2. Estabilidade e formalidades para dispensa

Nos termos do art. 41 da Constituição Federal: "São estáveis após três anos de efetivo exercício os servidores nomeados para cargo de provimento efetivo em virtude de concurso público. § 1º O servidor público estável só perderá o cargo: I – em virtude de sentença judicial transitada em julgado; II – mediante processo administrativo em que lhe seja assegurada ampla defesa; III – mediante procedimento de avaliação periódica de desempenho, na forma de lei complementar, assegurada ampla defesa. § 2º Invalidada por sentença judicial a demissão do servidor estável, será ele reintegrado, e o eventual ocupante da vaga, se estável, reconduzido ao cargo de origem, sem direito a indenização, aproveitado em outro cargo ou posto em disponibilidade com remuneração proporcional ao tempo de serviço. § 3º Extinto o cargo ou declarada a sua desnecessidade, o servidor estável ficará em disponibilidade, com remuneração proporcional ao tempo de serviço, até seu adequado aproveitamento em outro cargo. § 4º Como condição para a aquisição da estabilidade, é obrigatória a avaliação especial de desempenho por comissão instituída para essa finalidade."

Diante do que dispõe o referido art. 41 da CF, o servidor admitido aos quadros da Administração Pública será estável após três anos de efetivo provimento, não podendo ser dispensado por ato unilateral da Administração, exceto mediante processo administrativo em que lhe seja assegurada ampla defesa, ou em razão de procedimento de avaliação periódica de desempenho, na forma de lei complementar, assegurada ampla defesa. A estabilidade abrange tanto o servidor público como o empregado público, pois o texto constitucional não faz essa distinção. No entanto, a jurisprudência do Tribunal Superior do Trabalho firmou-se no sentido de que somente são detentores de estabilidade os empregados que trabalhem para a Administração direta, autárquica ou fundacional. Por seu turno, o empregado público das empresas públicas e sociedades de economia mista não detém a estabilidade constitucional, uma vez que essas empresas se dedicam à atividade econômica, sujeitando-se ao regime trabalhista das empresas privadas à luz do art. 173, II, § 1º, II, da Constituição Federal[39].

---

39. Art. 173 da CF: "Ressalvados os casos previstos nesta Constituição, a exploração direta de atividade econômica pelo Estado só será permitida quando necessária aos imperativos da segurança nacional ou a relevante interesse coletivo, conforme definidos em lei. § 1º A lei estabelecerá o estatuto jurídico da empresa pública, da sociedade de economia mista e de suas subsidiárias que explorem atividade econômica de produção ou comercialização de bens ou de prestação de serviços, dispondo sobre: (...) II – a sujeição ao regime jurídico próprio das

Nesse sentido, vale transcrever a Súmula 41 do TST, *in verbis*:

> "ESTABILIDADE. ART. 41 DA CF/1988. CELETISTA. ADMINISTRAÇÃO DIRETA, AUTÁRQUICA OU FUNDACIONAL. APLICABILIDADE. EMPREGADO DE EMPRESA PÚBLICA E SOCIEDADE DE ECONOMIA MISTA. INAPLICÁVEL.
>
> I – O servidor público celetista da administração direta, autárquica ou fundacional é beneficiário da estabilidade prevista no art. 41 da CF/1988. (ex-OJs nºs 265 da SBDI-1 – inserida em 27.09.2002 – e 22 da SBDI-2 – inserida em 20.09.2000)
> II - Ao empregado de empresa pública ou de sociedade de economia mista, ainda que admitido mediante aprovação em concurso público, não é garantida a estabilidade prevista no art. 41 da CF/1988. (ex-OJ nº 229 da SBDI-1 – inserida em 20.06.2001)"

O STF tem decidido que apenas o servidor estatutário detém a estabilidade do art. 41 da CF. Nesse aspecto, destacam-se as seguintes ementas:

> "EMENTA: CONSTITUCIONAL. EMPREGADOS DE SOCIEDADE DE ECONOMIA MISTA. ESTABILIDADE. CF, art. 41. I – A norma do art. 41, CF, conferidora de estabilidade, tem como destinatário o servidor público estatutário exercente de cargo público. Inaplicabilidade aos empregados de sociedade de economia mista. II – Inocorrência de ofensa ao art. 37, II, CF. III – Agravo não provido" (STF, RE 242069, 2ª T., Min. Carlos Velloso, *DJe* 22/11/2002).
>
> "RECURSO EXTRAORDINÁRIO. CONSTITUCIONAL. TRABALHISTA. EMPREGADA DE SOCIEDADE DE ECONOMIA MISTA. REGIME CELETISTA. READMISSÃO COM FUNDAMENTO NO ART. 37 DA CF/88. IMPOSSIBILIDADE. O vínculo entre o recorrente e a recorrida se deu no âmbito da Consolidação das Leis Trabalhistas, com normas próprias de proteção ao trabalhador em caso de dispensa imotivada. As disposições constitucionais que regem os atos administrativos não podem ser invocadas para estender aos funcionários de sociedade de economia mista uma estabilidade aplicável somente aos servidores públicos. Precedentes. Recurso extraordinário conhecido e provido" (STF, RE 363328, 2ª Turma, *DJe* 19.09.2003).

O Tribunal Superior do Trabalho firmou entendimento de que não há necessidade de motivação para a dispensa do empregado público vinculado à

---

empresas privadas, inclusive quanto aos direitos e obrigações civis, comerciais, trabalhistas e tributários".

empresa pública ou sociedade de economia mista, exceto para o empregado da Empresa Brasileira de Correios, por gozar esta do mesmo tratamento destinado à Fazenda Pública. Nesse sentido, a OJ 247, da SDI-I do TST, *in verbis*:

> "SERVIDOR PÚBLICO. CELETISTA CONCURSADO. DESPEDIDA IMOTIVADA. EMPRESA PÚBLICA OU SOCIEDADE DE ECONOMIA MISTA. POSSIBILIDADE. I – A despedida de empregados de empresa pública e de sociedade de economia mista, mesmo admitidos por concurso público, independe de ato motivado para sua validade; II – A validade do ato de despedida do empregado da Empresa Brasileira de Correios e Telégrafos (ECT) está condicionada à motivação, por gozar a empresa do mesmo tratamento destinado à Fazenda Pública em relação à imunidade tributária e à execução por precatório, além das prerrogativas de foro, prazos e custas processuais."

Não obstante a jurisprudência do TST, pensamos que a dispensa do empregado público que ingressou por meio de concurso público nos quadros das empresas públicas e sociedade mista deve ser motivada também em observância aos princípios da moralidade e impessoalidade da administração (art. 37, *caput*, da CF).

9.3. Competência da Justiça do Trabalho

Sob a égide da redação antiga do art. 114 da CF/88, o STF Pleno fixou entendimento no sentido de que a competência da Justiça do Trabalho não abrangia os servidores estatutários.

Com a nova redação do art. 114, I, da CF[40], dada pela EC n. 45/04, foi inconteste a competência da Justiça do Trabalho para apreciar as lides entre trabalhadores com vínculo estatutário e o Estado.

Entretanto, a aplicação do inciso I do art. 114 da CF, no que concerne aos servidores estatutários, foi suspensa por força da ADIn n. 3.395, cuja liminar foi concedida pelo Ministro Nelson Jobim, suspendendo *ad referendum*[41] toda e qualquer interpretação dada ao inciso I do art. 114 da CF, na redação da EC n. 45/04 que inclua na competência da Justiça do Trabalho

---

40. Art. 114 da CF: "Compete à Justiça do Trabalho processar e julgar: I – as ações oriundas da relação de trabalho, abrangidos os entes de direito público externo e da administração pública direta e indireta da União, dos Estados, do Distrito Federal e dos Municípios."

41. Posteriormente, a liminar foi ratificada pelo Pleno do STF.

as ações entre os servidores públicos regidos pelo regime estatutário e o Estado[42], restringindo a competência da Justiça do Trabalho.

O Supremo Tribunal Federal julgou o mérito da ADIn 3.395, e, por maioria, fixou a interpretação de que o inciso I do art. 114 da CF não incluiu na competência da Justiça do Trabalho as demandas que envolvem servidor estatutário, conforme se constata da ementa do julgado:

> "CONSTITUCIONAL E TRABALHO. COMPETÊNCIA DA JUSTIÇA DO TRABALHO. ART. 114, I, DA CONSTITUIÇÃO FEDERAL. EMENDA CONSTITUCIONAL 45/2004. AUSÊNCIA DE INCONSTITUCIONALIDADE FORMAL. EXPRESSÃO "RELAÇÃO DE TRABALHO". INTERPRETAÇÃO CONFORME À CONSTITUIÇÃO. EXCLUSÃO DAS AÇÕES ENTRE O PODER PÚBLICO E SEUS SERVIDORES. PRECEDENTES. MEDIDA CAUTELAR CONFIRMADA. AÇÃO DIRETA JULGADA PARCIALMENTE PROCEDENTE. 1. O processo legislativo para edição da Emenda Constitucional 45/2004, que deu nova redação ao inciso I do art. 114 da Constituição Federal, é, do ponto de vista formal, constitucionalmente hígido. 2. A interpretação adequadamente constitucional da expressão 'relação do trabalho' deve excluir os vínculos de natureza jurídico estatutária, em razão do que a competência da Justiça do Trabalho não alcança as ações judiciais entre o Poder Público e seus servidores" (STF, ADIN 3.395, Rel. Min. Alexandre de Moraes, *DOE* 01/07/20).

A nosso ver, a Justiça do Trabalho deveria ter competência para as controvérsias envolvendo servidores estatutários. Ora, os servidores estatutários trabalham de forma pessoal, não eventual, subordinada e com onerosidade, ou seja, ainda que o vínculo entre servidor e Estado seja regido pelo regime administrativo, trata-se de uma autêntica relação de emprego, presentes todos os requisitos dos arts. 2º e 3º, ambos da CLT. Além disso, praticamente os direitos dos servidores estatutários são os mesmos direitos trabalhistas previstos na Constituição (*vide* art. 39, § 3º, da CF). Basicamente, o servidor público só não tem direito ao FGTS, mas, em troca, tem a estabilidade prevista no art. 41 da CF. De outro lado, a Justiça do Trabalho sempre esteve mais bem municiada para apreciar as lides que envolvem trabalho subordinado, o que, muitas vezes, não é a rotina das Justiças Estaduais e Federal[43].

42. *Vide* Brasil. Supremo Tribunal Federal. ADIn n. 3395-1/DF, DJ 4.2.2005. Disponível em: <http://www.stf.gov.br> Acesso em: 30 jan. 2005.
43. Para Antônio Álvares da Silva: "O erro é enorme e o STF manteve jurisprudência anterior, firmada com base na redação anterior do art. 114, não atentando para a nova redação dada

Sob outro enfoque, mesmo antes da EC n. 45/04, não havia vedação para a Justiça do Trabalho apreciar relações de índole estatutária, e sim apenas uma filigrana interpretativa no sentido de que a relação estatutária é de ordem administrativa, e não relação de emprego. Não faz sentido a Justiça do Trabalho apreciar as lides em que o Estado contrata pelo regime da CLT, mediante concurso, e não ter competência quando o Estado contrata, mediante concurso, por regime estatutário.

Não obstante, diante do entendimento fixado pelo STF em controle concentrado de constitucionalidade, que é vinculante, restou pacificada a questão de que a Justiça do Trabalho não detém competência para as lides que envolvam servidores com vínculo estatutário.

O Supremo Tribunal Federal fixou a competência da Justiça Comum (federal ou estadual) para julgar a legalidade da dispensa ou da reintegração de empregados públicos em decorrência de sua aposentadoria, conforme tese fixada no tema 606 de sua repercussão geral, *in verbis*:

> "A natureza do ato de demissão de empregado público é constitucional-administrativa e não trabalhista, o que atrai a competência da Justiça comum para julgar a questão. A concessão de aposentadoria aos empregados públicos inviabiliza a permanência no emprego, nos termos do art. 37, § 14, da CRFB, salvo para as aposentadorias concedidas pelo Regime Geral de Previdência Social até a data de entrada em vigor da Emenda Constitucional nº 103/19, nos termos do que dispõe seu art. 6º, nos termos do voto do Ministro Dias Toffoli, Redator para o acórdão, vencidos o Ministro Marco Aurélio (Relator) e, em parte, a Ministra Rosa Weber. Afirmou suspeição o Ministro Luiz Fux (Presidente). Presidiu o julgamento a Ministra Rosa Weber (Vice-Presidente). Plenário, 16.06.2021 (Sessão realizada por videoconferência – Resolução 672/2020/STF)".

---

pela EC n. 45 e a profunda alteração que trouxe ao citado artigo." Prossegue o mestre mineiro: "Mais uma vez, se há de repetir. O que a Constituição fez não foi equiparar a relação de serviço público com a trabalhista, nem se pode confundir os campos diversos em que se situam: a primeira, no Direito Público, e a segunda, no Direito Privado. O que se pretendeu, a exemplo das demais hipóteses de ampliação, foi trazer para o processo do trabalho questões que, pelo seu significado social, precisam de julgamentos rápidos, imediatos e objetivos. Ao decidir causas de servidor público, a Justiça do Trabalho não vai revogar a Lei n. 8.112/90 para aplicar-lhes a CLT. O servidor público vai continuar sendo regido pela lei própria, mas terá as vantagens do processo. Não há de confundir o processo, que tem natureza instrumental, com as leis materiais, que regulam os bens da vida e as relações humanas" (*Pequeno tratado da nova competência da Justiça do Trabalho*. São Paulo: LTr, 2005. p. 131-132).

Dispõe o art. 37, IX, da Constituição Federal:

> "A lei estabelecerá os casos de contratação por tempo determinado para atender a necessidade temporária de excepcional interesse público."

Não há consenso na doutrina sobre a natureza do vínculo de emprego que disciplina a contratação temporária do trabalhador para atender o excepcional interesse público.

Há quem sustente que a natureza do vínculo entre trabalhador temporário e Administração Pública é regido pelo direito administrativo, e não pela CLT, o que afastaria a competência da Justiça do Trabalho.

Não obstante, em nossa visão, o trabalhador temporário não presta concurso público e, em razão disso, não detém estabilidade no emprego. Além disso, o servidor temporário não se integra ao organismo da Administração. Desse modo, o regime que liga o referido trabalhador à administração pública não é o regime administrativo, mas sim o do setor privado, que é o da CLT. Portanto, no nosso entendimento, a competência para dirimir conflitos entre trabalhador temporário e Administração Pública é da Justiça do Trabalho (art. 114, I, da CF).

O Supremo Tribunal Federal, no entanto, firmou entendimento de ser a competência da Justiça Comum, conforme a ementa que segue:

> "Administrativo e Processual Civil. Dissídio entre servidor temporário e o poder público. ADI nº 3.395/DF-MC. Competência da Justiça comum. Reclamação julgada procedente. 1. Compete à Justiça comum pronunciar-se sobre a existência, a validade e a eficácia das relações entre servidores e o poder público fundadas em vínculo jurídico-administrativo temporário. 2. Não descaracteriza a competência da Justiça comum o fato de se requererem verbas rescisórias, FGTS e outros encargos de natureza símile, dada a prevalência da questão de fundo, a qual diz respeito à própria natureza da relação jurídico-administrativa, ainda que desvirtuada ou submetida a vícios de origem. 3. Agravo regimental provido e reclamação julgada procedente para se anularem os atos decisórios proferidos pela Justiça do Trabalho e se determinar o envio dos autos de referência à Justiça comum" (STF, RCL, Rel. Min. Dias Toffoli, *DJE*: 13.04.2016).

CAPÍTULO VII

DO EMPREGADOR

1. CONCEITO

Segundo a Consolidação das Leis do Trabalho, empregador típico é a empresa que, assumindo os riscos da atividade econômica, contrata, assalaria e dirige a prestação pessoal de serviços.

Dispõe o artigo 2º da CLT:

> "Considera-se empregador a empresa, individual ou coletiva, que, assumindo os riscos da atividade econômica, admite, assalaria e dirige a prestação pessoal de serviços. § 1º Equiparam-se ao empregador, para os efeitos exclusivos da relação de emprego, os profissionais liberais, as instituições de beneficência, as associações recreativas ou outras instituições sem fins lucrativos que admitirem trabalhadores como empregados. § 2º Sempre que uma ou mais empresas, tendo, embora, cada uma delas, personalidade jurídica própria, estiverem sob a direção, controle ou administração de outra, ou ainda quando, mesmo guardando cada uma sua autonomia, integrem grupo econômico, serão responsáveis solidariamente pelas obrigações decorrentes da relação de emprego. § 3º Não caracteriza grupo econômico a mera identidade de sócios, sendo necessárias, para a configuração do grupo, a demonstração do interesse integrado, a efetiva comunhão de interesses e a atuação conjunta das empresas dele integrantes."

Conforme Evaristo de Moraes Filho: "empresa, em direito do trabalho, é a organização do trabalho alheio, sob o regime de subordinação hierárquica, tendo em vista a produção de determinado bem econômico. Daí o espírito de lucro e a assunção do risco. A maior ou menor complexidade da organização não a desnatura, sejam quais forem o volume e a importância do conjunto de coisas e pessoas, de bens materiais ou imateriais, necessários à sua consecução, ao pleno êxito dos seus propósitos. O que importa sempre é esta diferenciação social mínima, entre direção e execução, com o objetivo de produzir para o mercado".[1]

De acordo com nosso entendimento, empregador é a entidade, individual, ou coletiva, que, assumindo os riscos da atividade econômica, contrata, remunera e dirige a prestação pessoal de serviços. O empregador pode ser empresa devidamente constituída, ou não, que tenha ou não personalidade jurídica, que se dedique ao lucro, ou não, ou a pessoas físicas.

Empresa é unidade econômica de produção destinada ao lucro. Trata-se de entidade abstrata, cuja existência é reconhecida pelo Direito.

Nesse sentido dispõe o artigo 966 do Código Civil:

> "Considera-se empresário quem exerce profissionalmente atividade econômica organizada para a produção ou a circulação de bens ou de serviços. Parágrafo único. Não se considera empresário quem exerce profissão intelectual, de natureza científica, literária ou artística, ainda com o concurso de auxiliares ou colaboradores, salvo se o exercício da profissão constituir elemento de empresa."

O Código Civil, no artigo 1.142, define, por meio de interpretação autêntica, o conceito de estabelecimento, assim dispondo: "Considera-se estabelecimento todo complexo de bens organizado, para exercício da empresa, por empresário, ou por sociedade empresária."

Estabelecimento é o conjunto de bens materiais e imateriais destinados a atividade econômica empresarial. É também chamado *fundo de comércio.*

Conforme destaca Rubens Requião[2], "o fundo de comércio ou estabelecimento comercial é o instrumento da atividade do empresário. Com ele o empresário comercial aparelha-se para exercer sua atividade. Forma do fundo de comércio *a base jurídica da empresa* constituindo um instrumento da atividade empresarial. O Código italiano o define como o complexo dos bens organizados pelo empresário, para o exercício da empresa."

1. Do contrato de trabalho como elemento da empresa. São Paulo: LTr, 1993, p. 181-182.
2. Curso de Direito Comercial. Volume 1. 21ª ed. São Paulo: Saraiva, 203-204.

2. CARACTERÍSTICAS DO EMPREGADOR

São características do empregador:

2.1. Despersonalização: como estabelece a CLT, o empregador é a empresa, não os seus dirigentes ou sócios.

Como destaca Maurício Godinho Delgado[3], "a característica da despersonalização do empregador consiste na circunstância de autorizar a ordem justrabalhista a plena modificação do sujeito passivo da relação de emprego (o empregador), sem prejuízo da preservação completa do contrato empregatício com o novo titular. Note-se que enquanto a pessoalidade é elemento fático-jurídico atávico à figura do empregado) elemento sem o qual não existirá o emprego, juridicamente), ela tende a ser irrelevante na tipificação da figura do empregador. Aqui predomina a impessoalidade, acentuando a lei a despersonalização como marca distintiva do sujeito passivo da relação de emprego."

2.2. Assunção dos riscos da atividade econômica: o empregador corre os riscos de sua atividade econômica, não podendo transferi-los para o empregado[4].

3. Curso de Direito do Trabalho. 19. ed. São Paulo: LTr, 2020, p. 503.
4. No aspecto, relevante destacar a presente decisão oriunda da mais alta corte trabalhista brasileira, "in verbis": (...) INDENIZAÇÃO POR GASTOS COM MAQUIAGEM, MANICURE, DEPILAÇÃO, RELÓGIOS E BRINCOS. IMPOSIÇÃO PATRONAL. TESE DO TRIBUNAL REGIONAL NO SENTIDO DE QUE É DO "SENSO COMUM" POR SER ADOTADA PELAS MULHERES "EM QUALQUER OUTRO EMPREGO QUE ENVOLVA EXPOSIÇÃO PÚBLICA". MAQUIADA. JULGAMENTO COM PERSPECTIVA DE GÊNERO . EXIGÊNCIAS QUE INTERFEREM NA CONDIÇÃO PESSOAL DA MULHER. NECESSIDADE DE RESPEITO À SUA AUTORREFERÊNCIA. PRÁTICA CARACTERIZADORA DO "DEVER SER" DE CADA SEXO. O entendimento pacífico desta Corte Superior é o de que devem ser restituídas as despesas com apresentação de pessoal - maquiagens, esmaltes, calçados e outros itens específicos de uso compulsório -, exigidos pelo empregador, em decorrência da natureza da atividade, considerando que o risco do empreendimento é do empregador, na forma do artigo 2º da CLT. Ademais, não subsiste o entendimento de que a utilização de maquiagem era apenas recomendação da empresa e não constituía obrigatoriedade. Precedentes. Vale ressaltar que o Protocolo para Julgamento com Perspectiva de Gênero 2021, formulado pelo Conselho Nacional de Justiça , recomenda o uso de lentes de gênero, quando se observa relações assimétricas de poder, de modo a evitar avaliações baseadas em estereótipos e preconceitos existentes na sociedade, como ocorreu no caso concreto. Conforme orientação formulada pelo Conselho Nacional de Justiça, no referido protocolo, o Poder Judiciário deve ficar atento à presença de estereótipos e adotar postura ativa em sua desconstrução. De acordo com a citada recomendação, tal mudança impõe tomar consciência da existência de estereótipos , identificá-los em casos concretos, refletir sobre os prejuízos potencialmente causados e incorporar essas considerações em sua atuação jurisdicional. Em vista de tais fundamentos, verifica-se que a decisão recorrida parte de estereótipo atribuído à mulher, adota visão machista, ao presumir que o uso de maquiagem integra o senso comum, ou seja,

Como nos adverte Maurício Godinho Delgado[5], "a regra da assunção dos riscos pelo empregador leva a que não se autorize distribuição de prejuízo ou perdas aos empregados, ainda que verificados reais prejuízos e perdas no âmbito do empreendimento dirigido pelo respectivo empregador. A mesma regra conduz à vedação de descontos nos salários do empregado, excetuadas estritas hipóteses legais e normativas (art. 462, CLT) o que confere assim certa intangibilidade à contraprestação recebida pelo trabalhador (art. 7º, VI, CF/88, *caput*, CLT). Esta última hipótese normativa abrange, inclusive, empregadores que não tenham atividade envolvida com o contrato empregatício pactuado."

Em algumas situações, o empregado pode correr alguns riscos da atividade econômica, a exemplo do vendedor comissionista puro, ou do alto empregado, mas os riscos preponderantes da atividade pertencem ao empregador.

2.3. Poder diretivo: o artigo 2º da CLT confere ao empregador o chamado poder *diretivo* ou *poder empregatício*[6], que abrange:

2.3.1. Poder regulamentar: o empregador tem a prerrogativa de regulamentar as tarefas do empregado dentro da empresa por meio do regulamento de empresa ou quadro de carreira, determinar as funções do empregado compatíveis com o "*status* profissional" deste. Como bem adverte Délio Maranhão[7]:

---

todas as mulheres devem sempre se apresentar maquiadas e muito provavelmente de acordo com padrões estabelecidos por consenso fixado a partir da ótica do julgador, o que constitui equívoco e caracteriza o que a doutrina qualifica como "dever ser de cada sexo" , ao considerar que certas características ou condutas humanas são mais apropriadas para um sexo do que para outro (estereótipos e papeis de gênero). A mulher tem o direito de se maquiar ou não e a ela cabe definir a forma como se apresenta na vida, para si, para a sociedade e para o mundo, sem estar vinculada a estereótipos, da mesma forma como ocorre com o homem. Cada um decide segundo a sua ótica pessoal. Se o empregador exige uniforme, a jurisprudência antiga e remansosa desta Corte lhe atribui o custeio. Se há exigências impostas por regras outras (saúde pública, higiene alimentar ou segurança do trabalho, por exemplo), de igual forma o custeio a ele pertence. A mesma compreensão deve estar presente nos demais itens que fazem parte de exigências semelhantes. Recurso de revista conhecido e provido (...) (TST - RR-1001898-12.2016.5.02.0706, 7ª Turma, Relator Ministro Claudio Mascarenhas Brandao, DEJT 30/06/2023).

5. Curso de Direito do Trabalho. 19. ed. São Paulo: LTr, 2020, p. 505-506.
6. Expressão é de Maurício Godinho Delgado.
7. Direito do Trabalho. Rio de Janeiro: FGV, 1986, p. 530.

"O regulamento é ato, originariamente, unilateral. Daí caber, igualmente, ao empregador o direito de modificá-lo no exercício do seu poder de comando. Acontece, porém, que a esse regulamento aderem, tácita ou expressamente, os empregados. E essa adesão torna bilaterais as cláusulas regulamentares sobre condições de trabalho, que passam, por isso, a integrar os contratos individuais, criando para os empregados um direito contratualmente adquirido".

2.3.2. Poder disciplinar: o empregador tem a prerrogativa de fiscalizar a execução pessoal dos serviços, dar ordens ao trabalhador e aplicar penalidades para as faltas funcionais cometidas pelo trabalhador.

Para parte da doutrina, o poder disciplinar pertence, exclusivamente, ao empregador, vale dizer: somente este pode valorar a infração funcional e aplicar a penalidade cabível. No entanto, se houver norma regulamentar ou coletiva disciplinando a gradação das penas, deverá o empregador observá-las. Diante disso, nem mesmo a Justiça do Trabalho pode valorar a infração disciplinar e realizar a dosimetria da penalidade, podendo apenas anular, ou não, a punição.

De nossa parte, considerando-se o direito fundamental de acesso à justiça (art. 5º, XXXV, da CF) e da justa composição da lide, poderá a Justiça do Trabalho em casos específicos revisar o exercício do poder disciplinar do empregador e dizer qual a penalidade cabível nos limites do pedido e causa de pedir.

2.3.3. Direito de variar* (jus variandi)*: o empregador detém o chamado *jus variandi*, que é o direito de alterar determinadas cláusulas contratuais que não modifiquem o conteúdo do contrato de trabalho. De outro lado, o poder diretivo deve sempre respeitar os limites do contrato de trabalho, a função do trabalhador, bem como os direitos da personalidade do empregado.

Por sua vez, as alterações que modifiquem o conteúdo do contrato de trabalho, a exemplo da função e do local de trabalho, devem contar com a anuência do trabalhador e não lhe acarretar prejuízos quer diretos, quer indiretos (art. 468 da CLT).

3. DO EMPREGADOR POR EQUIPARAÇÃO

O § 1º do artigo 2º da CLT consagra a figura denominada pela doutrina "empregador por equiparação"[8].

São os chamados empregadores que não constituem empresa, como os profissionais liberais, as instituições de beneficência, as associações recreativas ou outras instituições sem fins lucrativos que admitirem trabalhadores como empregados. Na verdade, seria desnecessário constar da lei o empregador por equiparação, uma vez que toda pessoa física ou jurídica, tenha finalidade lucrativa ou não, que possua uma pessoa que lhe preste serviços com pessoalidade, não eventualidade, subordinação e onerosidade, será considerada empregadora. Não obstante, a redação se justifica, pois na época da confecção da CLT dificilmente havia empregador no Brasil que não fosse empresa.

4. GRUPO DE EMPRESAS OU EMPREGADORES

Ensina-nos *Maurício Godinho Delgado*[9]:

> "O grupo econômico aventado pelo Direito do Trabalho define-se como a figura resultante da vinculação justrabalhista que se forma entre dois ou mais entes favorecidos direta ou indiretamente pelo mesmo contrato de trabalho, em decorrência de existir entre esses entes laços de direção ou coordenação em face de atividades industriais, comerciais, ou financeiras, agroindustriais ou de qualquer outra natureza econômica."

O § 2º do artigo 2º da CLT consagra o chamado princípio da despersonalização do empregador, visando a proteger o crédito trabalhista em face das interligações empresariais que possam comprometer o capital empresarial e a quitação dos direitos trabalhistas.

Antes da alteração dos §§ 2º e 3º do artigo 2º da CLT, dada pela Lei 13.467/17, parte da doutrina exigia uma relação de hierarquia (*Holding*) entre as empresas componentes do grupo para a configuração do grupo econômico para fins trabalhistas. No entanto, a moderna doutrina, à qual nos filiamos,

8. Art. 2º, § 1º, da CLT: "Equiparam-se ao empregador, para os efeitos exclusivos da relação de emprego, os profissionais liberais, as instituições de beneficência, as associações recreativas ou outras instituições sem fins lucrativos, que admitirem trabalhadores como empregados."
9. Curso de Direito do Trabalho. São Paulo: LTr, 2017, p. 399.

numa interpretação mais benéfica do § 2º do artigo 2º da CLT, à luz dos princípios da função do contrato de trabalho e da proteção efetiva do crédito trabalhista, já vinha admitindo a formação do grupo econômico por coordenação, em que não há a supremacia de uma empresa sobre as outras, o chamado grupo por *coordenação*. O novo § 3º do artigo 2º da CLT, ao se referir *ao interesse integrado, a efetiva comunhão de interesses e a atuação conjunta das empresas dele integrantes*, consagra a teoria do reconhecimento do grupo econômico horizontal.

Nesse contexto, sustenta com propriedade Edilton Meirelles em recente e exaustiva monografia sobre o assunto:

> "É evidente que o referido dispositivo buscou a maior proteção dos trabalhadores e deve ser interpretado e aplicado de acordo com os fins sociais a que se dirige. Logo, não se pode afastar a possibilidade de configuração do grupo econômico trabalhista quando as empresas se agrupam de forma horizontal, sem relação de controle ou domínio entre elas. 'Seria uma injustiça negar-se a existência do grupo, para fins de fixação de responsabilidade pecuniária de todas as empresas em face dos direitos dos empregados de uma ou algumas delas".[10]

No mesmo sentido, Mozart Victor Russomano: "Não nos parece que, sempre se deve pressupor uma organização piramidal de empresas, no vértice delas atuando, na plenitude do seu controle, a empresa líder. É preciso pensar-se em outras possibilidades, que a prática pode criar e que, resultando das variadas formas de aglutinação de empresas, nem por isso desfiguram a existência do grupo e, portanto, a corresponsabilidade econômica de todas as empresas que o integrarem, em face dos direitos do trabalhador. É o caso de um grupo de empresas constituído horizontalmente, isto é, sem a existência de uma empresa líder ou controladora, mas todas elas sujeitas a um controle de fato exercido através da detenção, por determinadas pessoas, do capital investido".[11]

Importante destacar a seguinte ementa que vem refletindo a tendência do Tribunal Superior do Trabalho, *in verbis*:

> "AGRAVO EM RECURSO DE REVISTA DA RÉ. LEI Nº 13.467/2017. RESPONSABILIDADE SOLIDÁRIA. GRUPO ECONÔMICO POR COORDENAÇÃO. RESPONSABILIDADE EXECUTIVA

10. Grupo Econômico Trabalhista. São Paulo: LTr, 2002, p. 152.
11. Comentários à CLT, 13ª Edição. Rio de Janeiro: Forense, 1990, p. 8.

SECUNDÁRIA. APLICAÇÃO DA REGRA PREVISTA NO ARTIGO 790 DO CPC. JURISPRUDÊNCIA DO STJ. DIVERGÊNCIA ATUAL ENTRE TURMAS DESTA CORTE. APLICAÇÃO DO ARTIGO 2º, §§ 2º e 3º, DA CLT, COM A REDAÇÃO DADA PELA LEI Nº 13.467/17 AOS PROCESSOS EM CURSO, AINDA QUE A RELAÇÃO JURÍDICA MATERIAL TENHA OCORRIDO ANTES DA VIGÊNCIA DA REFERIDA LEI. TRANSCENDÊNCIA POLÍTICA CONSTATADA. A jurisprudência desta 7ª Turma se firmou no sentido de ser possível a configuração de grupo econômico 'por coordenação', mesmo diante da ausência de hierarquia, desde que as empresas integrantes do grupo comunguem dos mesmos interesses. Segundo o referido entendimento, o artigo 2º, § 2º, da CLT, em sua redação anterior, disciplinava apenas uma das modalidades de formação do grupo econômico e não impede que a sua configuração possa ser definida por outros critérios. Por sua vez, a SbDI-I desta Corte, no julgamento do E-ED-RR 214940-39.2006.5.02.0472, Relator Ministro Horácio Raymundo de Senna Pires, firmou a tese no sentido de que 'o simples fato de as empresas possuírem sócios em comum não autoriza o reconhecimento de grupo econômico'. Assim, no caso, mostra-se plenamente possível a aplicação analógica de outras fontes do direito que admitem a formação do grupo econômico com base na comunhão de interesses, a exemplo do artigo 3º, § 2º, da Lei nº 5.889/73, que, já antes da vigência da Lei nº 13.467/17, estabelecia a responsabilidade solidária do grupo por coordenação no âmbito rural. De todo modo, ainda que se entenda que o tema se encontra suficientemente debatido e uniformizado em sentido contrário pela SBDI-1, julga-se existir novo fundamento a justificar a manutenção da jurisprudência desta e. Turma. Com a entrada em vigor da Lei nº 13.467/17, a redação do § 2º do artigo 2º da CLT foi alterada e incluído o § 3º, para contemplar a modalidade de grupo econômico formado a partir da comunhão de interesses e atuação conjunta das empresas. Mencionado artigo também deve ser aplicado às relações iniciadas ou já consolidadas antes da vigência da mencionada Lei nº 13.467/17. Consoante se verifica da referida norma, a regra nela estabelecida é voltada para a responsabilidade patrimonial executiva secundária das empresas integrantes do grupo, prevista no artigo 790 do CPC, que leva em consideração 'tão somente a participação de determinado sujeito no processo, sem que, necessariamente, essa participação decorra da ligação do legitimado com o direito material'. É o que extrai da expressão 'serão responsáveis solidariamente pelas obrigações decorrentes da relação de emprego'. Tal responsabilidade, quando não admitida formalmente a constituição do grupo, somente é determinada em juízo quando constatados o descumprimento da obrigação e a ausência de patrimônio do empregador capaz de suportá-la. Isso porque, se as empresas integrantes do grupo forem demandadas, nesta condição, desde a fase de conhecimento, nenhuma dúvida haverá quanto ao fato de figurarem na relação jurídico-processual na condição de devedoras solidárias e, por conseguinte, legitimadas passivas primárias na execução, situação que permite ao credor exercer a opção que lhe assegura o artigo 275 do Código Civil. E não há novidade nesse aspecto, em face da diferença existente entre 'débito' e 'responsabilidade' e, mesmo nesta, a existência de responsabilidades primária e secundária, aquela atribuída ao devedor da obrigação, ou seja, quem efetivamente a contraiu (Shuld), e, esta, a terceiro que não era originariamente vinculado (Haftung). A peculiaridade do Direito Processual do Trabalho é existir um sujeito passivo específico, na condição de responsável executivo secundário – o grupo econômico empresarial –, que, na execução, ocupa o mesmo papel reservado aos demais legitimados passivos previstos no artigo 790 do CPC, alguns deles igualmente aplicáveis à seara processual trabalhista, como o sócio e demais responsáveis, nos casos da desconsideração da pessoa jurídica (incisos II e VII). Por isso, a jurisprudência desta Corte não exige que a empresa participante do grupo conste do título executivo judicial como pressuposto para integrar a lide somente na fase de execução, fato que ensejou o cancelamento da Súmula nº 205, o que se mostrou coerente na medida em que reconhece o grupo como empregador único (Súmula nº 129), tanto que não admite a configuração de múltiplas relações de emprego nas situações em que o trabalhador presta serviços para as diversas empresas que o compõem, nos mesmos local e horário de trabalho, e por elas é remunerado. Como a matéria da responsabilidade do grupo econômico é própria da execução, somente surge quando o devedor primário não dispõe de patrimônio suficiente para a garantia da execução e integra grupo econômico. Não depende, portanto, de existência pretérita. Essencial é, pois, que, ao tempo do inadimplemento da obrigação e da constatação da inexistência de patrimônio do obrigado primário capaz de garantir a execução, o novo legitimado passivo integre o grupo econômico. Terá, a partir de então, no momento processual adequado e segundo as regras pertinentes, que oferecer as defesas que entender cabíveis. Não se trata, por conseguinte, de aplicação retroativa do novo regramento; ao contrário, é aplicação contemporânea à prática do ato no curso da execução, exatamente no momento processual em que se lhe atribui a responsabilidade executiva secundária. Assim, por se tratar de norma com natureza também processual, nesse ponto, nada impede sua aplicação imediata aos processos em curso, ainda que a relação jurídica material tenha se consolidado antes da vigência da Lei nº 13.467/17. Destarte, considerando que, no caso em análise, ficou constatada a conjugação de interesses e a atuação das reclamadas em ramos conexos, patente a caracterização do grupo econômico e a condição de responsável executivo secundário das empresas que o compõem e, pois, de legitimadas passivas. Agravo conhecido e não provido" (TST, Ag-RR 188700-92.2008.5.02.0035, 7ª Turma, Relator Ministro Claudio Mascarenhas Brandao, *DEJT* 16/12/2022).

Há discussões na doutrina e jurisprudência sobre ser a solidariedade que decorre do grupo econômico, além de passiva, conforme previsto textualmente no citado dispositivo legal, ativa.

Pensamos, com suporte em sólida doutrina (Magano, Süssekind, Martins Chatarino, entre outros), que o grupo econômico constitui empregador único, sendo a solidariedade que dele decorre ativa e passiva, uma vez que o trabalho do empregado de qualquer uma das empresas beneficia todo o grupo.

Nesse sentido ensina *Octávio Bueno Magano*[12]:

> "A apontada ideia de empregador único corresponde à concepção do empregador real, contraposto ao empregador aparente, consoante a qual a existência daquele fica geralmente encoberta pelo véu da personalidade jurídica atribuída a cada uma das empresas do grupo, ressurgindo, porém, toda vez que se levante o mesmo véu, *lifting the corporate veil*, para satisfazer tal ou qual interesse, como o da representação de trabalhadores no âmbito do grupo (...)".

Nesse sentido é a Súmula n. 129 do C. TST, *in verbis*:

> "CONTRATO DE TRABALHO. GRUPO ECONÔMICO. A prestação de serviços a mais de uma empresa do mesmo grupo econômico, durante a mesma jornada de trabalho, não caracteriza a coexistência de mais de um contrato de trabalho, salvo ajuste em contrário".

Esse entendimento foi firmado na redação anterior do § 2º do artigo 2º da CLT, o qual fixava a solidariedade das empresas "para efeitos da relação

12. Os grupos de empresas no Direito Brasileiro. São Paulo, RT, 1979, p. 253.

de emprego", sendo certo que esta relação envolve obrigações e prestações recíprocas tanto do empregado como do empregador, o que também justifica o entendimento no sentido da solidariedade ativa.

Cumpre destacar que vários autores defendem a teoria da solidariedade apenas no aspecto passivo, argumentando que a CLT somente fixa a responsabilidade solidária das empresas do grupo. Além disso, há o argumento de que cada empresa componente do grupo que contrata um empregado tem personalidade jurídica própria e autonomia em face do grupo. Portanto, seria a única empregadora, e não o grupo como um todo.

A alteração da redação do § 2º do artigo 2º da CLT pela Lei 13.467/17, ao fixar a expressão: **"pelas obrigações decorrentes da relação de emprego"**, trouxe novamente a discussão sobre a natureza da solidariedade. Para muitos, ela deixou de ser ativa, sendo apenas passiva, inclusive fora revogada a teoria do grupo como empregador único.

Entendendo-se a solidariedade como ativa, o empregado tem direito à equiparação salarial com empregados de outras empresas do grupo, direito ao mesmo salário de outros empregados de empresas que compoem o grupo, direito à aplicação das mesmas normas coletivas de outras empresas do grupo etc.

Nos termos do § 3º do artigo 2º da CLT, "não caracteriza grupo econômico a mera identidade de sócios, sendo necessárias, para a configuração do grupo, a demonstração do interesse integrado, a efetiva comunhão de interesses e a atuação conjunta das empresas dele integrantes."

Diante do referido dispositivo legal, para a caracterização do grupo econômico:

a) duas ou mais empresas, tendo, cada uma delas, personalidade jurídica própria, estiverem sob a direção, controle ou administração de outra;

b) a demonstração do interesse integrado, a efetiva comunhão de interesses e a atuação conjunta das empresas dele integrantes.

Como nos ensina Márcio Mendes Granconato[13]: "por 'interesse integrado' deve-se compreender que as empresas mantêm uma relação de reciprocidade na forma como atuam. Ou seja, elas operam de maneira complementar ou

13. Reforma Trabalhista: de acordo com a Lei 13.467/17. São Paulo: Foco, 2017, p. 5

subsidiária em seus negócios. Como exemplo, pode-se citar o caso de duas empresas, uma atuando na terceirização de serviços de limpeza e a outra de serviços de vigilância. As negociações de seus contratos com clientes certamente são favorecidas com a oferta de um maior número de serviços, advindo daí o interesse integrado. O requisito da 'comunhão de interesses' pode ser entendido como a necessidade de que exista entre as empresas reciprocidade de vantagens, perdas e ganhos, benefícios e prejuízos. Elas compartilham o sucesso e a ruína de seus empreendimentos, de sorte que o negócio de uma influencia no da outra, surgindo daí o interesse comum. Mantendo o exemplo acima, fica claro que as duas empresas sofreriam, caso o trabalho de uma delas fosse mal prestado e ocasionasse a perda do cliente. O último requisito legal reside na 'atuação conjunta das empresas'. Isso quer dizer que elas devem necessariamente ter uma vida em comum. Não podem atuar de forma totalmente independente uma da outra, porque se completam e interagem no exercício de suas atividades empresariais. No exemplo das empresas de limpeza e vigilância isso se evidencia com a existência de vendas 'casadas' de serviços, clientes comuns em número expressivo e até pela migração de trabalhadores de uma pessoa jurídica para outras. Mesmo a identidade de sócios entre as empresas pode levar à presunção de atuação conjunta, configurando o grupo econômico horizontal."

O grupo econômico pode ser demonstrado por qualquer meio de prova admitido em direito. Não obstante, já estava sedimentado na doutrina e jurisprudência que a existência do grupo, por parte do empregado, pode ser demonstrada por indícios e presunções. Tradicionalmente, são indícios da existência do grupo econômico: a) identidade de sócios; b) interesse comum; c) utilização de empregados comuns; d) mesmo estabelecimento; e) interesse integrado; f) preponderância acionária de uma empresa sobre outros etc.

A Lei 13.467/17 fixou orientação no sentido de que a mera identidade de sócios não é suficiente para configuração do grupo econômico, exigindo, além disso: a demonstração do interesse integrado, a efetiva comunhão de interesses e a atuação conjunta das empresas dele integrantes.

De nossa parte, ainda que se considere a mera identidade de sócios não ser suficiente para a configuração do grupo econômico, tal elemento é um indício bastante relevante de sua existência, assim como apenas a demonstração do interesse integrado, ou a efetiva comunhão de interesses, ou a atuação conjunta das empresas dele integrantes (**prova *prima facie***), podendo o Juiz do Trabalho, no caso concreto, aplicar a teoria dinâmica do ônus da prova e atribuir o encargo probatório à empresa que nega a existência do grupo econômico (nova redação do artigo 818 da CLT[14]).

4.1. Do reconhecimento do grupo de empresas na execução trabalhista

Num primeiro momento, a jurisprudência consagrou o entendimento no sentido de que a empresa do grupo econômico que não participou da fase de conhecimento não poderia ser responsabilizada na fase de execução, conforme a Súmula n. 205 do C. TST, hoje cancelada, que assim dispunha:

> "GRUPO ECONÔMICO. EXECUÇÃO. SOLIDARIEDADE - CANCELADA - Res. n. 121/2003, *DJ* 21.11.2003 - O responsável solidário, integrante do grupo econômico, que não participou da relação processual como reclamado e que, portanto, não consta no título executivo judicial como devedor, não pode ser sujeito passivo na execução."

Mesmo na vigência da referida Súmula, entendíamos em sentido contrário, pois o grupo econômico constitui empregador único e a solidariedade é instituto de natureza econômica, e não processual. Além disso, não havia prejuízo à empresa do grupo que não tivesse participado da fase de conhecimento, pois o direito de defesa havia sido exercido por outra empresa do grupo que participou. Felizmente, a Súmula foi cancelada, atendendo à moderna doutrina e à jurisprudência mais recente.

Ainda que se possa alegar violação ao contraditório, pensamos que tal não ocorre, pois este fora exercido pela empresa do grupo que participou da fase de conhecimento. Além disso, trata-se de responsabilidade solidária. De outro lado, aplica-se a teoria do grupo econômico como empregador único (Súmula 129 do TST). De toda sorte, a empresa do grupo incluída na fase de execução poderá se valer dos meios processuais legais para exercer o contraditório, como os embargos à execução ou os embargos de terceiro, e, eventualmente, a exceção de pré-executividade.

14. Art. 818 da CLT: "O ônus da prova incumbe: (...) § 1º Nos casos previstos em lei ou diante de peculiaridades da causa relacionadas à impossibilidade ou à excessiva dificuldade de cumprir o encargo nos termos deste artigo ou à maior facilidade de obtenção da prova do fato contrário, poderá o juízo atribuir o ônus da prova de modo diverso, desde que o faça por decisão fundamentada, caso em que deverá dar à parte a oportunidade de se desincumbir do ônus que lhe foi atribuído."

No mesmo sentido:

> "Execução. Grupo econômico. A responsabilidade com fundamento no art. 2º, parágrafo segundo, da CLT é solidária e, por isso, possibilita ao credor cobrar de qualquer um dos devedores solidários o seu crédito, inclusive no curso da execução da demanda em que se reconheceu a dívida (art. 275 do Código Civil). Agravo de petição a que se nega provimento. (TRT/SP, 00022155620155020061, AP, Ac. 20170612486, 17ª T., Rel. Flávio Villani Macedo, *DOE* 06/10/2017).

O Supremo Tribunal Federal, no entanto, no ARE 1.160.361, determinou, por meio de decisão monocrática do Ministro Gilmar Mendes, em 10/09/2021, que o Tribunal Superior do Trabalho revise a questão da responsabilidade da empresa do grupo econômico que não participou da fase de conhecimento, cujos principais fundamentos seguem destacados:

> "No entanto, a partir do advento do Código de Processo Civil de 2015, merece revisitação a orientação jurisprudencial do Juízo *a quo* no sentido da viabilidade de promover-se execução em face de executado que não integrou a relação processual na fase de conhecimento, apenas pelo fato de integrar o mesmo grupo econômico para fins laborais. Isso porque o § 5º do art. 513 do CPC assim preconiza: 'Art. 513. O cumprimento da sentença será feito segundo as regras deste Título, observando-se, no que couber e conforme a natureza da obrigação, o disposto no Livro II da Parte Especial deste Código. § 5º O cumprimento da sentença não poderá ser promovido em face do fiador, do coobrigado ou do corresponsável que não tiver participado da fase de conhecimento'. Nesse sentido, ao desconsiderar o comando normativo inferido do § 5º do art. 513 do CPC, lido em conjunto com o art. 15 do mesmo diploma legal, que, por sua vez, dispõe sobre a aplicabilidade da legislação processual na ausência de normas que regulem processos eleitorais, trabalhistas ou administrativos, o Tribunal de origem afrontou a Súmula Vinculante 10 do STF e, por consequência, a cláusula de reserva de plenário, do art. 97 da Constituição Federal. Eis o teor do enunciado sumular: 'Viola a cláusula de reserva de plenário (CF, artigo 97) a decisão de órgão fracionário de tribunal que, embora não declare expressamente a inconstitucionalidade de lei ou ato normativo do Poder Público, afasta sua incidência, no todo ou em parte'. Por essa razão, o Tribunal *a quo* incorreu em erro de

> procedimento. Sendo assim, reconhecida essa questão prejudicial, faz-se imprescindível nova análise, sob a forma de incidente ou arguição de inconstitucionalidade, pelo Juízo competente, antes da apreciação, por esta Corte, em sede de recurso extraordinário, da suposta violação ao art. 5º, II, XXXV, LIV e LV, do texto constitucional. Nessa linha, cito o RE 482.090, Rel. Min. Joaquim Barbosa, Tribunal Pleno, *DJe* 13.3.2009, assim ementado: 'CONSTITUCIONAL. PROCESSO CIVIL. RECURSO EXTRAORDINÁRIO. ACÓRDÃO QUE AFASTA A INCIDÊNCIA DE NORMA FEDERAL. CAUSA DECIDIDA SOB CRITÉRIOS DIVERSOS ALEGADAMENTE EXTRAÍDOS DA CONSTITUIÇÃO. RESERVA DE PLENÁRIO. ART. 97 DA CONSTITUIÇÃO. TRIBUTÁRIO. PRESCRIÇÃO. LEI COMPLEMENTAR 118/2005, ARTS. 3º E 4º. CÓDIGO TRIBUTÁRIO NACIONAL (LEI 5.172/1966), ART. 106, I. RETROAÇÃO DE NORMA AUTOINTITULADA INTERPRETATIVA. 'Reputa-se declaratório de inconstitucionalidade o acórdão que – embora sem o explicitar – afasta a incidência da norma ordinária pertinente à lide para decidi-la sob critérios diversos alegadamente extraídos da Constituição' (RE 240.096, Rel. Min. Sepúlveda Pertence, Primeira Turma, *DJ* de 21.05.1999). **Viola a reserva de Plenário (art. 97 da Constituição) acórdão prolatado por órgão fracionário em que há declaração parcial de inconstitucionalidade, sem amparo em anterior decisão proferida por Órgão Especial ou Plenário. Recurso extraordinário conhecido e provido, para devolver a matéria ao exame do Órgão Fracionário do Superior Tribunal de Justiça** (grifos nossos)'. Ante o exposto, dou provimento ao recurso extraordinário, nos termos do art. 21, § 2º, do RISTF, com a finalidade de cassar a decisão recorrida e determinar que outra seja proferida com observância da Súmula Vinculante 10 do STF e do art. 97 da Constituição Federal, prejudicado o pedido de tutela provisória incidental."

Em 13.09.2022, o Supremo Tribunal Federal reconheceu repercussão geral sobre a questão (tema 1.232).

A nosso ver, ainda que o Supremo Tribunal Federal reconheça a necessidade de a empresa integrante do grupo econômico participar da fase de conhecimento para ser responsabilizada, pensamos que é possível realizar a distinção nos casos em que a empresa integrante do grupo só se tornou conhecida na fase executiva após pesquisa patrimonial, ou a existência do grupo econômico for superveniente à fase de conhecimento. Nessas duas hipóteses, é possível responsabilizar a empresa integrante do grupo que não participou da fase executiva, propiciando o contraditório prévio de forma incidental, a exemplo do Incidente de Desconsideração da Personalidade Jurídica.

Em 13/11/2023, fora proferida a seguinte decisão no RE 1387795 (Tema 1232 de Repercussão Geral do STF), "*in verbis*":

> "Decisão: Após o voto do Ministro Dias Toffoli (Relator), que conhecia do recurso extraordinário e a ele dava provimento, propondo, ainda, a fixação da seguinte tese (tema 1.232 da repercussão geral): 'É permitida a inclusão, no polo passivo da execução trabalhista, de pessoa jurídica pertencente ao mesmo grupo econômico (art. 2º, §§ 2º e 3º, da CLT) e que não participou da fase de conhecimento, desde que o redirecionamento seja precedido da instauração de incidente de desconsideração da pessoa jurídica, nos termos do art. 133 a 137 do CPC, com as modificações do art. 855-A da CLT. Aplica-se tal procedimento mesmo aos redirecionamentos operados antes da Reforma Trabalhista de 2017', pediu vista dos autos o Ministro Alexandre de Moraes. Falaram: pelo recorrente, o Dr. Daniel Antonio Dias; pelo recorrido e pelo amicus curiae Confederação Nacional dos Trabalhadores nas Indústrias de Alimentação e Afins, a Dra. Rita de Cássia Barbosa Lopes Vivas; pelo amicus curiae Confederação Nacional dos Trabalhadores em Seguridade Social da CUT, o Dr. Diego Britto; pelo amicus curiae Confederação Nacional do Comercio de Bens, Serviços e Turismo – CNC, a Dra. Daniela Fernanda da Silveira; e, pelo *amicus curiae* Cruz Vermelha Brasileira, o Dr. Pedro William Vicente Ramos de Moura. Plenário, Sessão Virtual de 3.11.2023 a 10.11.2023."

O julgamento do STF ainda não terminou. No entanto, a solução dada pelo Relator, em nossa opinião, foi a mais razoável, pois propicia o contraditório prévio, antes da inclusão da empresa do grupo polo passivo da execução, e não inviabiliza a execução trabalhista.

5. CONSÓRCIO DE EMPREGADORES

Otavio Calvet[15] define consórcio como "espécie de negócio jurídico que guarda estrita semelhança com o contrato, mas dele diverge principalmente

15. Consórcio de Empregadores Urbanos: Uma realidade possível. São Paulo: LTr, 2002, p. 31

porque o interesse das partes no consórcio é comum e não contraposto, como geralmente acontece na figura contratual clássica".

Podemos dizer que o consórcio de empregadores é um agrupamento de pessoas físicas ou jurídicas que pretendem compartilhar mão de obra comum por meio de um pacto de índole contratual, que não configura sociedade. Esse agrupamento pode ser justificável no ditado popular: "a união faz a força".

Provavelmente, sem essa união, os empregadores, individualmente, não se interessariam por contratar um empregado isoladamente.

Essa espécie de contratação coletiva não consta da nossa vetusta Consolidação das Leis do Trabalho, tampouco podemos dizer que o consórcio se enquadra nas disposições do artigo 2º da CLT (empregador típico) e empregador por equiparação (artigo 2º, § 1º, da CLT).

Pode-se dizer que o consórcio se assemelha ao grupo econômico, mas com ele não se confunde, pois o grupo econômico pressupõe uma interligação entre as empresas, de modo que uma delas exerça uma influência dominante sobre as outras, ou entre elas exista uma relação de coordenação (grupos horizontalizados).

Mesmo o grupo econômico por coordenação (horizontalizado) não se confunde com o consórcio, pois o grupo pressupõe uma unidade de objetivos, interligações entre as empresas e índole societária, conforme destaca a doutrina, enquanto o consórcio tem natureza contratual e não há interligações entre as empresas, apenas um pacto para utilização de empregados comuns.

Octávio Bueno Magano[16] distingue os grupos dos consórcios da seguinte forma:

> "Em qualquer de suas modalidades, os consórcios se distinguem dos grupos por não se integrarem as empresas que deles participam com a mesma intensidade da integração entre participantes do mesmo grupo. Quando são os primeiros concebidos como instrumento de limitação da concorrência recíproca, mais se distinguem ainda dos últimos, cujos objetivos se mostram, via de regra, de maior amplitude. No que tange ao modelo brasileiro, a distinção se acentua desde logo pelo fato de serem os dois institutos tratados em capítulos diferentes,

16. Manual de Direito do Trabalho, Volume II, 2ª ed. São Paulo: LTr, 1988, p. 85

> na Lei de Sociedade por Ações. Por outro lado, a doutrina, enquanto realça a índole societária dos grupos, atribui aos consórcios a natureza contratual. Ademais, os consórcios são temporários e de escopo limitado, consistente na execução de um determinado empreendimento, como, por exemplo, o que se forma para a aquisição de automóveis, ou que se organiza para a aquisição de unidades residenciais, ou que se constitui para lançamento de valores mobiliários, ou que se estabelece para a licitação em concorrências públicas etc. Força é concluir, com José Martins Catharino, que os consórcios não se compreendem na esfera do grupo trabalhista."

Podemos dizer que o consórcio de empregadores tem por objetivos: a) facilitar a contratação formal, considerando-se o alto índice de informalidade que assola nosso país; b) combater o desemprego; c) redução dos custos da contração e dos encargos sociais que oneram a folha de pagamento; d) garantir direitos aos trabalhadores e dar efetividade aos direitos sociais (artigos 6º e 7º da CF); e) prestigiar a dignidade da pessoa humana e os valores sociais do trabalho (artigo 1º, incisos III e IV, da CF); f) proteger a livre-iniciativa (artigos 1º, IV, e 170, ambos da CF); g) garantir a continuidade do contrato de trabalho; h) dar garantia à solvabilidade do crédito trabalhista em razão de fixação de responsabilidade solidária de todos os tomadores, cumprindo assim a função social do contrato de trabalho e também da propriedade; i) adaptar o direito do trabalho à nova realidade econômica, sem desproteger o trabalhador e sem precarização dos direitos do trabalhador.

5.1. Consórcio de empregadores rural

No meio rural, efetivamente, o consórcio de empregadores rural é uma alternativa efetiva para a fixação do trabalhador em uma fonte de trabalho, garantindo a continuidade do contrato de trabalho.

Atualmente, na esfera rural, a matéria encontra-se regulamentada pelo art. 25-A da Lei 8.212/91, *in verbis*:

> "Equipara-se ao empregador rural pessoa física o consórcio simplificado de produtores rurais, formado pela união de produtores rurais pessoas físicas, que outorgar a um deles poderes para contratar, gerir e demitir trabalhadores para prestação de serviços, exclusivamente, aos seus integrantes, mediante documento registrado em cartório de títulos e documentos. § 1º O documento de que trata o *caput*

deverá conter a identificação de cada produtor, seu endereço pessoal e o de sua propriedade rural, bem como o respectivo registro no Instituto Nacional de Colonização e Reforma Agrária - INCRA ou informações relativas a parceria, arrendamento ou equivalente e a matrícula no Instituto Nacional do Seguro Social - INSS de cada um dos produtores rurais. § 2º O consórcio deverá ser matriculado no INSS em nome do empregador a quem hajam sido outorgados os poderes, na forma do regulamento. § 3º Os produtores rurais integrantes do consórcio de que trata o *caput* serão responsáveis solidários em relação às obrigações previdenciárias. § 4º (VETADO)".

Conforme a referida lei que regula a matéria, são requisitos para a configuração do consórcio de empregadores rurais: a) união de pessoas físicas como empregadora. Desse modo, no meio rural, segundo o referido dispositivo não é possível a instituição do consórcio por pessoas jurídicas; b) um dos componentes do consórcio deve registrar a CTPS do empregado em nome do consórcio. Embora nos pareça que o empregador é o próprio consórcio, sendo a pessoa física empregadora que registra a CTPS apenas o empregador aparente. Entendemos aplicável à espécie o Enunciado 129 do C. TST; c) registro em Cartório do Consórcio com o fito de dar publicidade da sua existência e facilitar a sua identificação, tanto para fins trabalhistas como para fins previdenciários; d) solidariedade entre os componentes do consórcio de empregadores. Pensamos ser a solidariedade do consórcio ativa e passiva, pois cada um dos componentes do consórcio pode exigir a prestação pessoal de serviços do empregado e, de outro lado, todos respondem integralmente pelos direitos trabalhistas desse empregado. A fixação de responsabilidade solidária de cada ente do consórcio dá maior credibilidade ao consórcio, facilita o cumprimento da legislação trabalhista, dá maiores garantias ao empregado e cumpre a função social do contrato de trabalho e também a função social da propriedade.

Outrossim, entendemos que o consórcio de empregadores não pode contratar empregados por prazo determinado, uma vez que a função do consórcio é prestigiar a continuidade do contrato de trabalho e fixar o trabalhador a uma fonte estável de trabalho.

De outro lado, mesmo no meio rural, ainda que o consórcio não esteja formalizado e registrado em cartório, ele pode ser reconhecido, visto que o próprio contrato de trabalho pode ser firmado de forma tácita (artigo 442 da CLT), e não há razão para não reconhecer o consórcio de fato, o que inclusive prestigia e dá garantia aos direitos do trabalhador.

5.2. Consórcio de empregadores urbanos

A moderna doutrina e a jurisprudência, acertadamente, vêm defendendo a aplicação do consórcio de empregadores no meio urbano.

Sustenta Maurício Godinho Delgado[17]:

> "Não há qualquer razão para se considerar circunscrita a ideia do consórcio de empregadores exclusivamente à área rural. Onde quer que haja necessidade diversificada de força de trabalho, na cidade e no campo, com descontinuidade diferenciada na prestação laborativa, segundo as exigências de cada tomador de serviços, pode o consórcio de empregadores surgir como solução jurídica e eficaz, ágil e socialmente equânime. De fato, ela é apta a não somente atender, de modo racional, às exigências dinâmicas dos consorciados, como também assegurar, ao mesmo tempo, um razoável patamar de cidadania jurídico-econômica dos trabalhadores envolvidos, que fiam, desse modo, conectados à figura do empregador único por meio do estuário civilizatório básico do Direito do Trabalho."

Embora não exista regulamentação da matéria, há uma multiplicidade de situações na área urbana que podem ensejar a formação do consórcio de empregadores urbanos. Podemos dar os seguintes exemplos: a) vigia de uma portaria que contém vários condomínios, todos independentes entre si; b) vigia de rua contratado por vários moradores; c) vigia de carros de determinada rua comercial em que há diversas lojas; d) doméstica que a cada dia da semana atende a um morador diferente de um condomínio residencial; e) faxineiro que limpa o ambiente de uma loja de *fast-food* que se situa no interior de uma lanchonete que se encontra em um posto de gasolina; f) consórcio na área urbana pode ter por escopo prestação de serviços em atividades-meio ou atividades-fim das empresas.

De um lado, não vemos qualquer impossibilidade da formação de um consórcio de empregadores urbanos composto por pessoas jurídicas, pois não existe vedação legal (artigo 5º, II, da CF) e também sua formação atende aos princípios da livre-iniciativa (artigos 1º, IV, e 170, ambos da CF). De outro lado, o consórcio de empregadores urbanos não fere as disposições cogentes dos artigos 9º e 444, ambos da CLT. Além disso, o consórcio de empregadores urbanos constituído por pessoas jurídicas sinaliza proteção

17. Curso de Direito do Trabalho, 4ª Edição, LTR, São Paulo, 2005, p. 427.

maior aos créditos trabalhistas nos casos em que a contratação de empregado comum por diversas empresas que não configuram grupo econômico. Nesta última hipótese, aplicando-se os fundamentos do consórcio de empregadores rurais, é possível atribuir responsabilidade solidária a todas as empresas integrantes do consórcio de empregadores urbanos. Tivemos exemplos de Consórcio de Empresas na construção de grandes obras como Itaipu e o Rodoanel de São Paulo.

Na esfera urbana, o consórcio não precisa ser formal com registro em cartório, podendo ser reconhecido o consórcio informal (artigo 442 da CLT).

Sendo formado por pessoas físicas ou jurídicas, um dos componentes do consórcio deve efetuar o registro do contrato de trabalho do empregado, apenas para formalizar o vínculo e facilitar a identificação do empregador. De outro lado, a pessoa que registra pode consignar na CTPS, que faz o registro representando os demais empregadores.

Assim como ocorre com o grupo de empresas, o consórcio de empregadores urbanos deverá ser considerado empregador único (Enunciado 129 do TST), sendo a solidariedade ativa e passiva, e a pessoa que faz o registro formal é apenas o empregador aparente, uma vez que todo o consórcio é beneficiado com a prestação de serviço do empregado.

Quanto à solidariedade passiva, esta encontra suporte na interpretação analógica do artigo 942 do Código Civil, assim redigido:

> "Os bens do responsável pela ofensa ou violação do direito de outrem ficam sujeitos à reparação do dano causado; e, se a ofensa tiver mais de um autor, todos responderão solidariamente pela reparação".

Tecidas essas considerações, podemos dizer que o consórcio de empregadores urbanos poderia ser aplicado pelos seguintes argumentos: a) protege o emprego, a dignidade da pessoa humana do trabalhador e a livre-iniciativa (artigos 1º, IV, e 170, da CF); b) não viola as normas de proteção ao trabalho nem as normas cogentes dos artigos 9º e 444 da CLT; c) prestigia a continuidade do contrato de trabalho; d) evita a informalidade e a intermediação ilícita da mão de obra; e) garante a solvabilidade do crédito trabalhista com a fixação de responsabilidade solidária aos integrantes do consórcio; f) não há vedação legal (artigo 5º, II, da CF); g) aplicação analógica da Lei 10.256/2001.

6. DA SUCESSÃO DE EMPREGADORES

Leciona *Maurício Godinho Delgado*[18]:

> "Sucessão de empregadores é figura regulada pelos arts. 10 e 448 da CLT. Consiste no instituto justrabalhista em virtude do qual se opera no contexto da transferência de titularidade de empresa ou estabelecimento, uma completa transmissão de crédito e assunção de dívidas trabalhistas entre alienante e adquirente envolvidos".

Alguns doutrinadores preferem utilizar a expressão sucessão de empregadores[19], pois a alteração se dá em face do empregador, e não da empresa que continua. Outros sustentam a possibilidade de haver sucessão de empresas[20].

Segundo a melhor doutrina, a sucessão trabalhista, disciplinada nos arts. 10 e 448 da CLT, tem fundamento nos princípios da continuidade do contrato de trabalho, despersonalização do empregador e na inalterabilidade do contrato de trabalho. Por isso, quem responde pelo crédito trabalhista é a empresa, e não quem está no seu comando.

Dispõe o art. 10 da CLT: "Qualquer alteração na estrutura jurídica da empresa não afetará os direitos adquiridos por seus empregados."

18. DELGADO, Maurício Godinho. *Curso de Direito do Trabalho*. 6. ed. São Paulo: LTr, 2007. p. 408.
19. Nesse sentido defende Délio Maranhão: "sucessão é substituição de sujeitos, 'empresa' é atividade e 'estabelecimento' é objeto de direito. De la Cueva, a quem não se pode imputar a 'pecha' de civilista, salienta que as consequências jurídico-trabalhistas da substituição de empregadores 'não autorizam a concluir que a relação de trabalho se estabeleça entre os empregados e a empresa, pois não é possível ignorar o direito de propriedade do empregador e menos ainda afirmar-se um direito de propriedade dos empregados sobre os bens que integram a empresa (*Instituições de Direito do Trabalho*. 22. ed. São Paulo: LTr, 2005. p. 306). No mesmo sentido Evaristo de Moraes Filho e Antonio Carlos Flores de Moraes: "A indevidamente chamada sucessão de empresa nada mais é do que a sucessão de empregadores – isto sim – dentro da mesma empresa" (*Introdução ao Direito do Trabalho*. 8. ed. São Paulo: LTr, 2000. p. 261).
20. Nesse sentido é a visão de Paulo Emílio Ribeiro de Vilhena: "A sucessão pode se dar na empresa, o que torna abrangente a vinculação trabalhista, ou de estabelecimento ou no estabelecimento ou na atividade hipótese em que a vinculação trabalhista seria parcial e se referiria somente aos empregados do estabelecimento ou da atividade objeto da sucessão" (*Relação de Emprego:* Estrutura Legal e Supostos. 3. ed. São Paulo: LTr, 2005. p. 330). Na visão de Amauri Mascaro Nascimento: "sucessão de empresas significa mudança na propriedade da empresa e efeitos sobre o contrato de trabalho que é protegido" (*Curso de Direito do Trabalho*. 19. ed. São Paulo: LTr, 2004. p. 680).

No mesmo sentido é o art. 448 da CLT: "A mudança na propriedade ou na estrutura jurídica da empresa não afetará os contratos de trabalho dos respectivos empregados."

São hipóteses típicas de sucessão para fins trabalhistas: transferência de titularidade da empresa, fusão, incorporação e cisão de empresas, contratos de concessão e arrendamento e privatizações.

Para a doutrina clássica, são requisitos da sucessão para fins trabalhistas: a) transferência de uma unidade empresarial econômica de produção de um titular para outro; b) inexistência de solução de continuidade do contrato de trabalho, vale dizer: o empregado da empresa sucedida deve trabalhar para a empresa sucessora[21]. Para a moderna doutrina, à qual me filio, com apoio da atual jurisprudência dos Tribunais, não há necessidade de que o empregado ou o reclamante em processo trabalhista tenha prestado serviços para a empresa sucessora, basta apenas que tenha havido a transferência total ou parcial de uma unidade de produção de uma empresa para outra para que ocorra a sucessão para fins trabalhistas.

Pensamos estar correta a moderna doutrina ao exigir apenas o requisito da transferência da unidade econômica de produção de um titular para outro para que se configure a sucessão, pois os arts. 10 e 448 da CLT não exigem que o empregado tenha trabalhado para a empresa sucedida. Além disso, tal interpretação está em consonância com o princípio protetor e propicia maior garantia de solvabilidade do crédito trabalhista.

Nesse mesmo diapasão adverte *Jorge Luiz Souto Maior*[22]:

> "A circunstância de não ter o empregado prestado serviços para a nova pessoa jurídica constituída é totalmente irrelevante, apesar de se ter firmado na doutrina trabalhista o entendimento de que a sucessão trabalhista somente tem lugar quando se dá o fenômeno da continuidade da prestação de serviço por parte do trabalhador para a nova pessoa jurídica. Uma leitura atenta dos arts. 10 e 448, da CLT, entretanto, desautoriza tal entendimento."

21. Nesse sentido é a doutrina clássica de Délio Maranhão (*Instituições de Direito do Trabalho*. vol. I. 22. ed. São Paulo: LTr, 2005. p. 309). No mesmo sentido destaca-se a seguinte ementa: *Sucessão de empregadores. Configura-se a sucessão de empregadores quando ocorre a transferência do estabelecimento de um titular para outro sem que seja interrompida a prestação de serviços*. (TRT – 12ª R – 2ª T. – Ac. n. 3.286/2001 – Rel. Moreira Cacciari – DJSC 16.4.2001 – p. 84) (RDT 5/2001, p. 67).

22. SOUTO MAIOR, Jorge Luiz. *Curso de Direito do Trabalho*: a relação de emprego. vol. II. São Paulo: LTr, 2008. p. 141.

Acompanhando o mesmo entendimento, sustenta *Maurício Godinho Delgado*[23]:

> "(...) a sucessão pode se verificar sem que haja, necessariamente, a continuidade na prestação de serviços. Tal singularidade é que foi percebida nos últimos anos pela jurisprudência, ao examinar inúmeras situações novas criadas pelo mercado empresarial; nessas situações ocorriam mudanças significativas no âmbito da empresa, afetando significativamente (ainda que de modo indireto) os contratos de trabalho, sem que tivesse se mantido a prestação laborativa e a própria existência de tais contratos."

A doutrina tem defendido, corretamente, a existência da sucessão mesmo na transferência parcial de uma unidade econômica de produção empresarial de um titular para outro, desde que afete de forma significativa os contratos de trabalho. Por exemplo, a transferência de propriedade da produção de determinado produto de uma empresa para outra. Nesse sentido, *Maurício Godinho Delgado*[24]:

> "(...) Também configura a situação própria à sucessão de empregadores a alienação ou transferência de parte significativa do(s) estabelecimento(s) ou da empresa de modo a afetar significativamente os contratos de trabalho. Ou seja, a mudança na empresa que afete a garantia original dos contratos empregatícios provoca a incidência do tipo legal dos arts. 10 e 448 da CLT. Isso significa que a separação de bens, obrigações e relações jurídicas de um complexo empresarial, com o fito de se transferir parte relevante dos ativos saudáveis para outro titular (direitos, obrigações e relações jurídicas), preservando-se o restante de bens, obrigações e relações jurídicas no antigo complexo – agora significativamente empobrecido –, afeta, sim, de modo significativo, os contratos de trabalho, produzindo a sucessão trabalhista com respeito ao novo titular (arts. 10 e 448 da CLT)."

Nesse sentido, destaca-se a seguinte ementa:

> "*Sucessão parcial. Responsabilidade do sucessor pelas obrigações trabalhistas a ela relativas.* A alteração na estrutura jurídica da

---

23. DELGADO, Mauricio Godinho. *Curso de Direito do Trabalho*. 7. ed. São Paulo: LTr, 2008. p. 411.
24. *Ibidem*, p. 412.

empresa, ainda que parcial, não afeta o direito dos empregados e dos trabalhadores já desligados da parte do empreendimento por ela abrangida. A sucessão pode ser parcial, como ocorre na cisão, caso em que o sucessor responde pelas obrigações trabalhistas que a ela dizem respeito, nos termos do art. 10 da CLT" (TRT 12ª R., 2ª T., AG-PET n. 238.2003.009.12.00-8, Rel. Martha M. V. Fabre, *DJSC* 23.4.2004, p. 189) (*RDT*, n. 5, maio 2004).

A sucessão não exige prova formal, pode ser demonstrada por indícios e presunções, tais como: transferência do fundo de comércio, transferência do principal bem imaterial da atividade, entre outros elementos. De outro lado, a simples transferência de maquinários ou compra do imóvel empresarial não configura a sucessão.

Pode a sucessão de empresas ser reconhecida pelo Juiz do Trabalho em qualquer fase do processo, inclusive na execução (se o reclamante estiver com advogado, exige-se requerimento da parte – art. 878 da CLT), ainda que o sucessor não tenha participado da fase e conhecimento do processo, uma vez que o sucessor tem a chamada responsabilidade patrimonial, independentemente de ter figurado na fase de conhecimento, seus bens podem ser atingidos. De outro lado, não há necessidade de o sucessor ter o contraditório prévio, para que o magistrado possa reconhecer a sucessão na execução, uma vez que os arts. 2º, 10 e 448 da CLT consagram o princípio da despersonalização do empregador e são de observância obrigatória. O contraditório ficará postergado para os embargos de terceiro ou de execução. Nesse sentido:

> "*Sucessão de empregadores. Responsabilidade patrimonial.* A legitimidade do sucessor para figurar no polo passivo da execução em nada é afetada pelo fato de não ter participado da fase de conhecimento. O direito constitucional de resposta foi devidamente resguardado, sendo concedida ao sucedido a oportunidade de defender-se amplamente, passando o novo titular a responder imediatamente pelos contratos de trabalho que lhe forem transferidos, de acordo com o que dispõem os arts. 10 e 448 da CLT" (TRT 1ª R., 3ª T., Ap. n. 3.542/2001, Rel. M. das Graças C. V. Paranhos, *DJRJ* 7.2.2002, p. 144).

A empresa sucessora poderá cobrar a empresa sucedida dos débitos trabalhistas que teve que quitar do período laborado para a empresa sucedida. Desse modo, a empresa sucedida pode integrar a lide como terceira juridicamente interessada.

6.1. Da responsabilidade da empresa sucedida

Como regra geral, o sucessor responderá pela integralidade da dívida, salvo em caso de fraude, em que a empresa sucedida responderá solidariamente, nos termos dos arts. 9º da CLT e 942 do Código Civil.

Autores há que defendem a responsabilidade da empresa sucedida mesmo não havendo fraude. Nesse sentido, a opinião de *Ísis de Almeida*[25]:

> "Mesmo sem fraude, o sucedido responde, solidária ou subsidiariamente, com o sucessor, pelas reparações de direitos sonegados ao empregado, não só com referência ao período anterior como ao posterior à sucessão. Isto ocorre quando o sucessor não tem possibilidade de cumprir as obrigações contratuais ou legais."

Eventual cláusula no contrato de sucessão de irresponsabilidade da empresa sucessora pelos débitos trabalhistas da empresa sucedida não tem validade perante a legislação trabalhista, pois as normas dos arts. 10 e 448 da CLT são de ordem pública.

A jurisprudência dominante fixou entendimento no sentido de que a responsabilidade do crédito trabalhista é apenas da empresa sucessora, pois é esta que possui o fundo de comércio e o patrimônio.

De nossa parte, subsiste a responsabilidade solidária da sucessora em caso de fraude (arts. 9º e 942 do CC) e também subsidiária, mesmo não havendo fraude, nas hipóteses em que a empresa sucessora não apresenta patrimônio suficiente para solver o crédito trabalhista, ou para maior efetividade do recebimento deste. A responsabilidade subsidiária da empresa sucedida justifica-se como medida inibidora de fraudes e encontra suporte nos princípios constitucionais da livre-iniciativa, valores sociais do trabalho, dignidade da pessoa humana do trabalhador (arts. 1º e 170 da CF) e também da função social da empresa e da propriedade (art. 5º da CF).

Dispõe o art. 448-A da CLT:

> "Caracterizada a sucessão empresarial ou de empregadores prevista nos arts. 10 e 448 desta Consolidação, as obrigações trabalhistas, inclusive as contraídas à época em que os empregados trabalhavam para a empresa sucedida, são de responsabilidade do

25. *Curso de Legislação do Trabalho*. 4. ed. São Paulo: Sugestões Literárias, 1981. p. 83.

> sucessor. Parágrafo único. A empresa sucedida responderá solidariamente com a sucessora quando ficar comprovada fraude na transferência."

O art. 448-A da CLT consagra o entendimento preponderante de que o sucessor responderá pela integralidade da dívida, salvo em caso de fraude, em que a empresa sucedida responderá solidariamente, nos termos do parágrafo único do art. 448-A da CLT.

7. FALÊNCIA E RECUPERAÇÃO JUDICIAL – EFEITOS NOS CRÉDITOS TRABALHISTAS

A recuperação judicial "é ação judicial pela qual o devedor – empresário ou sociedade empresária – busca sua reabilitação, mediante a apresentação de um plano aos seus credores, à execução dos tributários, cuja aprovação, na forma da lei, redunda em favor legal concedido judicialmente e importa na assunção de diversos compromissos pelos interessados"[26].

Trata-se, em verdade, de um favor legal para que a empresa que esteja em situação de dificuldade temporária possa ter um prazo mais dilatador para pagar os credores e voltar a ter saúde financeira.

Nesse sentido, dispõe o art. 47 da Lei n. 11.101/05:

> "A recuperação judicial tem por objetivo viabilizar a superação da situação de crise econômico-financeira do devedor, a fim de permitir a manutenção da fonte produtora, do emprego dos trabalhadores e dos interesses dos credores, promovendo, assim, a preservação da empresa, sua função social e o estímulo à atividade econômica."

Segundo nos adverte *Marcelo Papaléo de Souza*, a lei, na verdade, visou a preservar a atividade econômica, e não a empresa. Diz o jurista[27]: "Como já referido, a conservação da atividade não é mais considerada como simples preservação dos interesses dos credores (diríamos interesses particulares), mas sim como uma solução da crise e preservação da empresa em dificuldade, gerando benefício a todos os envolvidos, inclusive à sociedade. Não se parte do objetivo de liquidar para repartir, mas de conservar para salvar e ter melhores resultados para todos."

---

26. MAUAD, Marcelo. *Os direitos dos trabalhadores na Lei de Recuperação e de Falência de Empresas*. São Paulo: LTr, 2007. p. 158.
27. *A recuperação judicial e os direitos fundamentais trabalhistas*. São Paulo: Atlas, 2015. p. 26.

Conforme o art. 47 da Lei n. 11.101/05, estão sujeitos à recuperação judicial todos os créditos existentes na data do pedido, ainda que não vencidos. Desse modo, a recuperação judicial não gera efeitos para os créditos constituídos após o pedido de recuperação judicial.

Nos termos do art. 54 da Lei n. 11.101/05, "o plano de recuperação judicial não poderá prever prazo superior a 1 (um) ano para pagamento dos créditos derivados da legislação do trabalho ou decorrentes de acidentes de trabalho vencidos até a data do pedido de recuperação judicial". Nos termos do § 1º do presente dispositivo, "o plano não poderá, ainda, prever prazo superior a 30 (trinta) dias para o pagamento, até o limite de 5 (cinco) salários mínimos por trabalhador, dos créditos de natureza estritamente salarial vencidos nos 3 (três) meses anteriores ao pedido de recuperação judicial".

Conforme o § 2º do art. 54, com a redação dada pela Lei 14.112/20, "o prazo estabelecido no *caput* deste artigo poderá ser estendido em até 2 (dois) anos, se o plano de recuperação judicial atender aos seguintes requisitos, cumulativamente: I – apresentação de garantias julgadas suficientes pelo juiz; II – aprovação pelos credores titulares de créditos derivados da legislação trabalhista ou decorrentes de acidentes de trabalho, na forma do § 2º do art. 45 desta Lei; e III – garantia da integralidade do pagamento dos créditos trabalhistas".

Diante da novel previsão legislativa, o prazo de um ano para pagamento dos créditos derivados da legislação do trabalho ou decorrentes de acidentes de trabalho vencidos até a data do pedido de recuperação judicial poderá ser prorrogado por mais dois anos, totalizando o prazo máximo de três anos, desde que presentes, cumulativamente, os seguintes requisitos:

a) apresentação de garantias para pagamento de todos os créditos;
b) aprovação pelos titulares em assembleia, por maioria simples dos credores presentes, independentemente do valor de seu crédito (art. 45, § 2º, da Lei 11.101/05);
c) garantia da integralidade do pagamento dos créditos trabalhistas.

Deve ser destacado que o plano não poderá prever prazo superior a 30 dias para o pagamento, até o limite de cinco salários mínimos por trabalhador, dos créditos de natureza estritamente salarial vencidos nos três meses anteriores ao pedido de recuperação judicial, uma vez que se trata de previsão prevista no § 1º do art. 54 da Lei 11.101/05, créditos estes não abrangidos pelo § 2º, acrescentado pela Lei 14.112/20.

Embora o prazo para pagamentos dos créditos trabalhista tenha sido estendido, a realidade dos processos de recuperação judicial demonstra que, dificilmente, o prazo de um ano era cumprido. No entanto, para que o prazo possa ser prorrogado, há necessidade de garantias que assegurem o pagamento dos créditos no prazo prorrogado.

Nos termos do art. 6º da Lei 11.101/05 e § 4º : "A decretação da falência ou o deferimento do processamento da recuperação judicial implica: I – suspensão do curso da prescrição das obrigações do devedor sujeitas ao regime desta Lei; II – suspensão das execuções ajuizadas contra o devedor, inclusive daquelas dos credores particulares do sócio solidário, relativas a créditos ou obrigações sujeitos à recuperação judicial ou à falência; III – proibição de qualquer forma de retenção, arresto, penhora, sequestro, busca e apreensão e constrição judicial ou extrajudicial sobre os bens do devedor, oriunda de demandas judiciais ou extrajudiciais cujos créditos ou obrigações sujeitem-se à recuperação judicial ou à falência. § 1º Terá prosseguimento no juízo no qual estiver se processando a ação que demandar quantia ilíquida. § 2º É permitido pleitear, perante o administrador judicial, habilitação, exclusão ou modificação de créditos derivados da relação de trabalho, mas as ações de natureza trabalhista, inclusive as impugnações a que se refere o art. 8º desta Lei, serão processadas perante a justiça especializada até a apuração do respectivo crédito, que será inscrito no quadro-geral de credores pelo valor determinado em sentença. § 3º O juiz competente para as ações referidas nos §§ 1º e 2º deste artigo poderá determinar a reserva da importância que estimar devida na recuperação judicial ou na falência, e, uma vez reconhecido líquido o direito, será o crédito incluído na classe própria. § 4º Na recuperação judicial, as suspensões e a proibição de que tratam os incisos I, II e III do *caput* deste artigo perdurarão pelo prazo de 180 (cento e oitenta) dias, contado do deferimento do processamento da recuperação, prorrogável por igual período, uma única vez, em caráter excepcional, desde que o devedor não haja concorrido com a superação do lapso temporal. § 4º-A. O decurso do prazo previsto no § 4º deste artigo sem a deliberação a respeito do plano de recuperação judicial proposto pelo devedor faculta aos credores a propositura de plano alternativo, na forma dos §§ 4º, 5º, 6º e 7º do art. 56 desta Lei, observado o seguinte: I – as suspensões e a proibição de que tratam os incisos I, II e III do *caput* deste artigo não serão aplicáveis caso os credores não apresentem plano alternativo no prazo de 30 (trinta) dias, contado do final do prazo referido no § 4º deste artigo ou no § 4º do art. 56 desta Lei; II – as suspensões e a proibição de que tratam os incisos I, II e III do *caput* deste artigo perdurarão por 180 (cento e oitenta) dias contados do final do prazo referido no § 4º deste artigo, ou da realização da assembleia-geral de credores referida no § 4º do art. 56 desta Lei, caso os credores apresentem plano alternativo no prazo referido no inciso I deste parágrafo ou no prazo referido no § 4º do art. 56 desta Lei".

Diante do § 4º do art. 6º da Lei n. 11.101/05, na recuperação judicial, a suspensão dos créditos trabalhistas perdurará pelo prazo de 180 dias, prorrogáveis por mais 180 dias, contado do deferimento do processamento da recuperação, prorrogável por igual período, uma única vez, em caráter excepcional, desde que o devedor não haja concorrido com a superação do lapso temporal.

Confrontando-se o art. 54 e o § 4º do art. 6º, ambos da Lei n. 11.101/05, há contradição quanto aos prazos, uma vez que o art. 6º fala em suspensão das dívidas, aí incluídas as trabalhistas, por 180 dias, prorrogáveis por mais 180, enquanto o art. 54 disciplina o prazo de um ano para pagamento das dívidas trabalhistas, podendo ser prorrogado por mais dois anos.

A nosso ver, a melhor interpretação dos referidos dispositivos legais é no seguinte sentido: a empresa em recuperação judicial tem o prazo de um ano, podendo ser prorrogável por mais dois anos, desde que presentes as garantias do § 2º do art. 54 da Lei 11.101/05 para pagamento das dívidas trabalhistas inscritas no plano de recuperação judicial dentro do prazo de 180 dias, podendo ser prorrogável por mais 180 dias, contados do deferimento do processamento da recuperação. Se as dívidas trabalhistas vencidas à época do deferimento da recuperação não estiverem inscritas no plano de pagamento até o prazo máximo de 360 dias, a execução prosseguirá diretamente na Justiça do Trabalho.

No entanto, na realidade dos processos de recuperação judicial, os prazos previstos na lei para pagamento dos créditos trabalhistas não têm sido observados. Tem entendido o Superior Tribunal de Justiça que a execução direta das empresas em Recuperação Judicial não deve prosseguir na Justiça do Trabalho em prejuízo dos demais credores, para não inviabilizar o prosseguimento da atividade empresarial, e também não prejudicar o cumprimento plano de recuperação. Portanto, os créditos reconhecidos na Justiça do Trabalho devem ser inscritos no plano de recuperação.

Nesse sentido, as seguintes ementas:

> "RECURSO ORDINÁRIO EM AGRAVO REGIMENTAL. MANDADO DE SEGURANÇA. EXECUÇÃO DE CRÉDITOS TRABALHISTAS.

LEI N. 11.101/2005. RECUPERAÇÃO JUDICIAL. PROCESSAMENTO DEFERIDO. SUSPENSÃO DA EXECUÇÃO TRABALHISTA. PRAZO. PRORROGAÇÃO. COMPETÊNCIA PARA PROSSEGUIMENTO DA EXECUÇÃO. 1. Deferido o processamento ou aprovado o plano de recuperação judicial, não cabe o prosseguimento automático das execuções individuais, mesmo após decorrido o prazo de 180 dias previsto no art. 6º, § 4º, da Lei n. 11.101/2005, de modo que, ao juízo trabalhista, fica vedada a alienação ou disponibilização de ativos da empresa executada. 2. As ações de natureza trabalhista, portanto, serão julgadas na Justiça do Trabalho até a apuração do respectivo crédito, cujo valor será determinado em sentença e, posteriormente, inscrito no quadro-geral de credores, a fim de que se concentrem no Juízo da Recuperação Judicial todas as decisões que afetem o patrimônio da recuperanda, para viabilizar a operacionalização do plano de recuperação. 3. Isso, porque o restabelecimento das execuções individuais, com penhoras sobre faturamento e sobre bens móveis e imóveis da empresa em recuperação, implicaria o não cumprimento do plano, comprometendo o objetivo de manter a empresa em funcionamento, com inevitável decretação da falência que, uma vez operada, resultaria, novamente, na atração de todos os créditos e na suspensão das execuções individuais, sem benefício algum para qualquer parte envolvida. 4. A finalidade da lei, ao estabelecer a suspensão das execuções em curso, pelo prazo de 180 dias, foi, portanto, definir juízo universal para onde concorressem todos os credores, visando a proporcionar tratamento isonômico aos titulares de créditos de uma mesma classe e evitar a existência concomitante de diversas execuções em juízos distintos, sem uma ordem preferencial, o que inviabilizaria a recuperação empresarial. 5. A relativização, por parte do STJ, da regra inserta no art. 6º, § 4º, da Lei n. 11.101/2005, que diz respeito ao prazo de suspensão das execuções, coaduna-se com interpretação sistêmica, à luz do princípio da preservação da empresa (art. 47), objetivando assegurar a igualdade dos credores, respeitados, evidentemente, os privilégios e preferências dos créditos, sem, contudo, permitir que o credor fique, indefinidamente, refém do plano de recuperação, ante a permissão de se extrapolar o prazo de 180 dias. 6. Nesse sentido, os precedentes jurisprudenciais do Colendo STJ e as orientações preconizadas no Provimento n. 1/CGJT. 7. Com a evidência de que a suspensão das ações e execuções movidas contra a executada havia sido prorrogada pelo Juízo Cível e de que a recuperanda vem atendendo aos comandos judiciais e imposições legais, deve ser suspensa a execução do processo matriz.

Recurso ordinário conhecido e provido" (TST, Processo: RO 80169-95.2016.5.07.0000, Data de Julgamento: 11.10.2016, Rel. Ministro Alberto Luiz Bresciani de Fontan Pereira, Subseção II Especializada em Dissídios Individuais, Data de Publicação: *DEJT* 21.10.2016).

"LEI 11.101/2005. PLANO DE RECUPERAÇÃO JUDICIAL. SUSPENSÃO DA EXECUÇÃO. O Tribunal Superior do Trabalho, prestigiando os princípios da preservação e da função social da empresa, posicionou-se no sentido de que o prazo de suspensão de execuções previsto no art. 6º, § 4º, da Lei de Falências poderá ser dilatado, nos casos em que, deferido o plano de recuperação judicial, este vem sendo regularmente cumprido pela empresa em recuperação. Com a edição do Provimento n.º 01/2012 CGJT, posteriormente incorporado à Consolidação dos Provimentos da CGJT (artigos 112 a 115), tem-se um parâmetro nos casos em que a reclamada foi beneficiada pela recuperação judicial, embora tais normas não possuam força de lei" (TRT da 2ª Região, Processo: 1000772-05.2022.5.02.0612, Data: 28-11-2022, Órgão Julgador: 16ª Turma – Cadeira 3, Relator(a): Regina Aparecida Duarte).

A Lei 14.112/20 acrescentou os §§ 7º-B e 11 ao art. 6º da Lei 11.101/05, determinando que as execuções para pagamentos de multas administrativas relativas à fiscalização do trabalho (art. 114, VII, da CF) e execução da parcela previdenciária das condenações (art. 114, VIII, da CF) prossigam na Justiça do Trabalho, sem habilitação no Juízo da Recuperação. Com efeito, dispõem os referidos dispositivos legais:

> "§ 7º-B. O disposto nos incisos I, II e III do *caput* deste artigo não se aplica às execuções fiscais, admitida, todavia, a competência do juízo da recuperação judicial para determinar a substituição dos atos de constrição que recaiam sobre bens de capital essenciais à manutenção da atividade empresarial até o encerramento da recuperação judicial, a qual será implementada mediante a cooperação jurisdicional, na forma do art. 69 da Lei nº 13.105, de 16 de março de 2015 (Código de Processo Civil), observado o disposto no art. 805 do referido Código."
>
> "§ 11. O disposto no § 7º-B deste artigo aplica-se, no que couber, às execuções fiscais e às execuções de ofício que se enquadrem respectivamente nos incisos VII e VIII do *caput* do art. 114 da Constituição Federal, vedados a expedição de certidão de crédito e o arquivamento das execuções para efeito de habilitação na recuperação judicial ou na falência."

Houve aqui, de nossa parte, uma injustificável preferência do crédito fiscal ao trabalhista. No entanto, dificilmente, na prática, haverá sucesso de tais execuções diretas na Justiça do Trabalho, diante da necessidade de cumprimento do plano de recuperação a fim de evitar a falência da empresa.

A falência é um processo judicial complexo, em que são arrecadados os bens do devedor e nele são concentradas diversas execuções (tributárias, trabalhistas e civis). Posteriormente, os bens do devedor serão alienados e, com o produto desta, serão pagos os credores segundo uma ordem legal de preferência.

Na falência, o objetivo é arrecadar, liquidar e repartir o patrimônio do devedor, enquanto na recuperação judicial busca-se preservar a atividade econômica, a empresa e os empregos.

Sempre foi polêmica a questão da competência para a execução em face da massa falida na Justiça do Trabalho.

Há os defensores da competência para a execução até os seus ulteriores atos, argumentando sobre o privilégio do crédito trabalhista e a competência jurisdicional da Justiça do Trabalho em face do que dispõe o art. 114 da CF.

Não obstante as boas intenções dos que defendem que a execução em face da massa falida seja processada na Justiça do Trabalho, pensamos que esta não é a melhor interpretação, pois todo o esforço do processo falimentar converge para o pagamento de todos os credores ou ao menos o pagamento de uma boa parte do crédito para cada um. Prosseguindo-se a execução na esfera do Judiciário Trabalhista, tem-se a possibilidade de pagamento integral de boa parte dos processos que tramitam na Justiça do Trabalho, mas há o risco de ficar descoberto o crédito de inúmeros outros credores do falido, cujos processos tramitam no Juízo Falimentar.

Desse modo, consideramos que a norma deve ser interpretada com bom senso, razoabilidade e proporcionalidade. Portanto, julgamos ser mais razoável que o processo em face da massa falida tramite na Justiça do Trabalho até a fixação do crédito do reclamante em definitivo (julgamento final da liquidação). Após, deverá ser expedida certidão para habilitação no juízo universal.

Nesse sentido, dispõe o art. 6º, § 2º, da Lei n. 11.101/2005, *in verbis*:

> "A decretação da falência ou deferimento do processamento da recuperação judicial suspende o curso da prescrição e de todas as ações e execuções em face do devedor inclusive aquelas dos credores

> particulares do sócio solidário. [...] § 2º É permitido pleitear, perante o administrador judicial, habilitação, exclusão ou modificação de créditos derivados da relação de trabalho, mas as ações de natureza trabalhista, inclusive as impugnações a que se refere o art. 8º desta Lei, serão processadas perante a justiça especializada até a apuração do respectivo crédito, que será inscrito no quadro geral de credores pelo valor determinado em sentença."

No mesmo sentido, o inciso III acrescentado ao artigo 6º da Lei n. 11.101/05 pela Lei 14.112/20, quando assevera que a falência importa em "proibição de qualquer forma de retenção, arresto, penhora, sequestro, busca e apreensão e constrição judicial ou extrajudicial sobre os bens do devedor, oriunda de demandas judiciais ou extrajudiciais cujos créditos ou obrigações sujeitem-se à recuperação judicial ou à falência."

Consideramos, diante da clareza do disposto no art. 6º, inciso III e § 2º, da Lei n. 11.101/2005, não ser mais possível o prosseguimento da execução na Justiça do Trabalho, uma vez que a finalidade social da lei converge na direção de que todos os credores das empresas em recuperação judicial ou em estado falimentar, efetivamente, recebam seus créditos e que a empresa recupere suas forças e volte a operar. Isso somente será possível mediante um esforço de todos os credores e de todos os juízes que detêm processos trabalhistas em face de empresas em recuperação judicial ou em estado falimentar.

Nesse mesmo contexto, é o disposto no art. 47 da Lei n. 11.101/2005:

> "A recuperação judicial tem por objetivo viabilizar a superação da situação de crise econômico-financeira do devedor, a fim de permitir a manutenção da fonte produtora, do emprego dos trabalhadores e dos interesses dos credores, promovendo, assim, a preservação da empresa, sua função social e o estímulo à atividade econômica."

No mesmo diapasão, argumenta com propriedade *Marcelo Papaléo de Souza*[28]:

> "O juízo falimentar apresenta melhor solução para o litígio, pois não só privilegia um, mas todos os credores em mesma situação, em que pese, em muitas oportunidades, não garantir a satisfação total de seus haveres. Portanto, existindo a insolvência do devedor, não se justifica

28. SOUZA, Marcelo Papaléo. *A nova lei de recuperação e falência e as suas consequências no direito e no processo do trabalho*. São Paulo: LTr, 2006. p. 278-279.

> a continuidade da execução singular, sob pena de ser desrespeitado o princípio da igualdade assegurado na Constituição Federal. Não há como manter o direito de prelação de um credor sobre bem da massa, em execução singular, paralelamente à execução coletiva, mormente quando existam outros credores com idêntico direito de preferência (arts. 83 da LRF e 449 da CLT). Outro aspecto a ser sopesado é o previsto no art. 113 da Constituição Federal, o qual declara que 'a lei disporá sobre a constituição, investidura, jurisdição e competência, garantia e condições de exercício dos órgãos da Justiça do Trabalho'. Assim, tem-se que a limitação da competência prevista no art. 6º, § 2º da LRF, é constitucional, pois não há qualquer entrave à alteração da competência trabalhista em face da lei."

O Supremo Tribunal Federal se pronunciou a respeito, fixando a competência da Justiça Estadual, conforme a ementa que segue:

> "EMBARGOS DE DECLARAÇÃO RECEBIDOS COMO RECURSO DE AGRAVO - EXECUÇÃO DE CRÉDITOS TRABALHISTAS - EMPRESA EXECUTADA EM PROCESSO DE RECUPERAÇÃO JUDICIAL - CONSTRIÇÃO DE BENS PERTENCENTES A ACIONISTA DA EMPRESA DEVEDORA, ESTRANHO À EXECUÇÃO TRABALHISTA - APLICAÇÃO, PARA ESSE EFEITO, DA TEORIA DA DESCONSIDERAÇÃO DA PERSONALIDADE JURÍDICA (CÓDIGO CIVIL, ART. 50) - COMPETÊNCIA DA JUSTIÇA ESTADUAL PARA DIRIMIR ESSA CONTROVÉRSIA, AFASTADA, DESSE MODO, A COMPETÊNCIA DA JUSTIÇA DO TRABALHO - ORIENTAÇÃO QUE PREVALECE NO SUPREMO TRIBUNAL FEDERAL EM RAZÃO DE JULGAMENTO FINAL, COM REPERCUSSÃO GERAL, DO RE N. 583.955/RJ - RECURSO DE AGRAVO IMPROVIDO" (STF, Segunda Turma, Emb. Decl. no Agravo de Instrumento 796.844-Rio de Janeiro, Relator: Min. Celso de Mello, j. 19.2.2013).

7.1. Privilégio do crédito trabalhista na falência

Na falência, os créditos trabalhistas terão privilégio até o valor de 150 salários mínimos, conforme dispõe o art. 83 da Lei n. 11.101/05, *in verbis*:

> "A classificação dos créditos na falência obedece à seguinte ordem:
>
> [...] I - os créditos derivados da legislação trabalhista, limitados a 150 (cento e cinquenta) salários-mínimos por credor, e aqueles decorrentes de acidentes de trabalho;"

Os créditos individuais trabalhistas que ultrapassarem o montante de 150 salários mínimos serão habilitados na falência como créditos quirografários (sem preferência).

A nosso ver, não é inconstitucional a limitação do privilégio do crédito do trabalho a 150 salários mínimos, pois é um valor razoável. Além disso, cumpre a função social do processo falimentar que tem por objeto que todos os credores do falido recebam o crédito ainda que parcialmente. De outro lado, a experiência tem demonstrado que dificilmente os credores trabalhistas conseguiam receber seus créditos na falência, sendo a limitação uma possibilidade de divisão mais justa dos bens do falido, atendendo à finalidade social da lei.

7.2. Aplicação de multas pelo não pagamento de verbas rescisórias

A jurisprudência tem entendido, corretamente, que, como o patrimônio da massa falida não está disponível ao empresário, não há como incidirem as cominações legais para o pagamento dos títulos rescisórios trabalhistas.

Nesse sentido, a Súmula 388 do TST, *in verbis*:

> "Massa falida. Arts. 467 e 477 da CLT. Inaplicabilidade. (Conversão das Orientações Jurisprudenciais nºs 201 e 314 da SDI-1 – Res. 129/2005, *DJ* 20.04.2005). A Massa Falida não se sujeita à penalidade do art. 467 e nem à multa do § 8º do art. 477, ambos da CLT. (ex-OJs no 201 – *DJ* 11.08.2003 e nº 314 – *DJ* 08.11.2000.)"

7.3. Alienação de bens na falência e recuperação judicial e sucessão trabalhista

Havendo alienação de bens na falência, nos termos do art. 141, II, da Lei n. 11.101/2005, não há sucessão para fins trabalhistas, *in verbis*:

> "Na alienação conjunta ou separada de ativos, inclusive da empresa ou de suas filiais, promovida sob qualquer das modalidades de que trata este artigo:
>
> [...] II – o objeto da alienação estará livre de qualquer ônus e não haverá sucessão do arrematante nas obrigações do devedor, inclusive as de natureza tributária, as derivadas da legislação do trabalho e as decorrentes de acidente de trabalho."

Confrontando-se o referido dispositivo da Lei Falimentar com os arts. 10 e 448 da CLT, constata-se, de plano, um conflito de normas, pois a legislação trabalhista não excluiu a hipótese de sucessão de empresas ou de empregadores quando a empresa estiver em estado falimentar ou em recuperação judicial.

Diante de tal conflito, autores há que pugnam pela existência da sucessão de empresa na falência ou na recuperação judicial diante do caráter cogente dos arts. 10 e 448 da CLT e também dos princípios da proteção do credor trabalhista e dos valores sociais do trabalho e dignidade da pessoa humana do trabalhador.

Nesse sentido, é a abalizada opinião de *Jorge Luiz Souto Maior*[29]:

> "Pretendeu a Lei em questão, como é fácil verificar, privilegiar a atividade econômica, imaginando que 'limpar' os bens de uma eventual dívida trabalhista é o quanto basta para recuperar a empresa. O propósito do legislador é imediatista e apenas favorece, individualmente, o descumpridor da legislação trabalhista. Não tem, por óbvio, nenhuma repercussão real no mercado econômico, pois este não vive apenas de bens livres e desembaraçados [...]."

Não obstante a Lei de Falências estar em confronto com os arts. 10 e 448 da CLT, pensamos que a situação do comprador de bens da massa falida está em situação especial, o que justifica a ausência de sucessão. Além disso, o objeto da lei é propiciar que a empresa falida volte a funcionar, mantendo os empregos existentes e gerando outros. Dificilmente, alguém vai arrematar ou adquirir bens da massa falida se houver a sucessão para fins trabalhistas. A Lei n. 11.101/05, por ser norma especial e específica, prevalece sobre a regra geral dos arts. 10 e 448 da CLT. Além disso, há inegável interesse social na não configuração da sucessão trabalhista na falência, como forma de impulsionar a efetividade do processo falimentar e garantia do recebimento dos créditos dos credores do falido.

Nesse lastro, sustenta *Amauri Mascaro Nascimento*[30]:

> "Não configurará, também, na falência, sucessão a alienação dos bens arrematados, nem o arrematante será considerado sucessor (art.

29. *Curso de direito do trabalho*. São Paulo: LTr, 2008. v. II, p. 142-143.
30. NASCIMENTO, Amauri Mascaro. *Curso de direito processual do trabalho*. 22. ed. São Paulo: Saraiva, 2007. p. 685.

> 141, II), de modo que os trabalhadores não poderão executá-los para cobrar suas dívidas, afetado, assim também na falência, o disposto no art. 448 da CLT. Os empregados poderão usar os créditos trabalhistas para comprar ou arrendar a empresa (art. 145, § 2º)."

No mesmo sentido, argumenta *José Augusto Rodrigues Pinto*[31]:

> "É translúcida a intenção de fazer prevalecer a sobrevivência da empresa sobre a continuidade individual do contrato de emprego, que fica sacrificada em favor do suposto interesse coletivo de continuidade da fonte geradora de empregos, a própria falida – abstraída de que seja seu titular. A melhor forma de atender a tal desiderato foi, sem dúvida, tornar atraente sua aquisição por mãos capazes de reerguê-la economicamente, sem o peso da herança negativa de suas dívidas trabalhistas (...) Sobrepõe-se, mais uma vez, a lógica do mercado à da proteção do hipossuficiente econômico para flexibilizar o conteúdo tuitivo do Direito do Trabalho."

Tratando-se de recuperação judicial, também há disposição legal excluindo a sucessão trabalhista na alienação de bens. Com efeito, dispõe o art. 60, § 1º, da Lei n. 11.101/2005, com a redação dada pela Lei 14.112/20, *in verbis*:

> "O objeto da alienação estará livre de qualquer ônus e não haverá sucessão do arrematante nas obrigações do devedor de qualquer natureza, incluídas, mas não exclusivamente, as de natureza ambiental, regulatória, administrativa, penal, anticorrupção, tributária e trabalhista, observado o disposto no § 1º do art. 141 desta Lei."

O Supremo Tribunal Federal, em decisão plenária sobre controle direto da constitucionalidade (Ação Direta de Inconstitucionalidade n. 3934-2, relator Ministro Ricardo Lewandowski, julgamento em 27.5.2009), decidiu pela constitucionalidade dos arts. 60, parágrafo único, 83, I e IV, e também do 141, II, todos da Lei n. 11.101/2005, conforme a ementa que segue:

> "AÇÃO DIRETA DE INCONSTITUCIONALIDADE. ARTS. 60, PARÁGRAFO ÚNICO, 83, I E IV, C, E 141, II, DA LEI N. 11.101/2005. FALÊNCIA E RECUPERAÇÃO JUDICIAL. INEXISTÊNCIA DE OFENSA AOS ARTS. 1º, III E IV, 6º, 7º, I, E 170, DA CONSTITUIÇÃO

---

31. RODRIGUES PINTO, José Augusto. *Tratado de direito material do trabalho*. São Paulo: LTr, 2006. p. 184.

FEDERAL de 1988. ADI JULGADA IMPROCEDENTE. I – Inexiste reserva constitucional de lei complementar para a execução dos créditos trabalhistas decorrente de falência ou recuperação judicial. II – Não há, também, inconstitucionalidade quanto à ausência de sucessão de créditos trabalhistas. III – Igualmente não existe ofensa à Constituição no tocante ao limite de conversão de créditos trabalhistas em quirografários. IV – Diploma legal que objetiva prestigiar a função social da empresa e assegurar, tanto quanto possível, a preservação dos postos de trabalho. V – Ação direta julgada improcedente."

7.4. Responsabilidade de terceiros (solidários e subsidiários, e desconsideração da personalidade jurídica) na falência e recuperação judicial

Dispõe o art. 6º-C da Lei 11.101/05, com a redação dada pela Lei 14.112/20, *in verbis*:

> "É vedada atribuição de responsabilidade a terceiros em decorrência do mero inadimplemento de obrigações do devedor falido ou em recuperação judicial, ressalvadas as garantias reais e fidejussórias, bem como as demais hipóteses reguladas por esta Lei."

Numa interpretação literal e apressada do referido dispositivo legal, pode-se chegar à conclusão de que a Justiça do Trabalho não pode atingir patrimônio de terceiros não afetados pelo processo da recuperação judicial ou da falência, em caso de inadimplemento de verbas trabalhistas da empresa em recuperação judicial ou falida.

No entanto, o referido art. 6º-C não veda que a Justiça do Trabalho possa declarar a responsabilidade de terceiros do devedor em recuperação ou falido, com suporte no ordenamento jurídico trabalhista, uma vez que o Direito do Trabalho é pautado pela proteção do trabalho humano e também por instrumentos para possibilidade a materialização do crédito trabalhista em execução.

Conforme as lições do direito civil, a obrigação é um vínculo jurídico que envolve credor, devedor e uma prestação. A obrigação, segundo a doutrina alemã, compreende, necessariamente, o débito – *Schuld* e a responsabilidade – *Haftung*.

Na esfera trabalhista, tanto a responsabilidade primária (direta) quanto a secundária (ou indireta), como regra, estão previstas em lei. A direta, a exemplo do atual empregador e sucessor (arts. 2º, 10 e 448 da CLT) e a secundária, como o sócio e o ex-sócio (arts. 2º e 10-A da CLT e, supletivamente, art. 28 da Lei 8.078/90), grupo econômico (art. 2º, § 2º, da CLT) e terceirização (Lei 13.467/17 e Súmula 331 do C. TST).

Portanto, não se trata de responsabilidade por mero inadimplemento. Além disso, a responsabilidade de terceiros na esfera trabalhista deve considerar a vulnerabilidade do credor trabalhista e as regras protetivas do trabalho humano, e todo aquele que se beneficia do trabalho humano deve responder pelo pagamento do crédito trabalhista.

Por outra perspectiva, não há limitação de competência da Justiça do Trabalho para decretar a responsabilidade de terceiros, cujos bens não foram abrangidos pela recuperação judicial, para responder pelo crédito trabalhista.

Nesse aspecto, destaca-se a Súmula 480 do STJ:

> "O juízo da recuperação judicial não é competente para decidir sobre a constrição de bens não abrangidos pelo plano de recuperação da empresa."

No mesmo sentido a Súmula 581 do STJ, *in verbis*:

> "A recuperação judicial do devedor principal não impede o prosseguimento das ações e execuções ajuizadas contra terceiros devedores solidários ou coobrigados em geral, por garantia cambial, real ou fidejussória."

Por fim, destaca-se recente ementa que reflete o posicionamento majoritário do TST:

> "PROSSEGUIMENTO DA EXECUÇÃO EM FACE DA RESPONSÁVEL SUBSIDIÁRIA. POSSIBILIDADE. Consoante a jurisprudência desta Corte, na hipótese de ser decretada a falência ou de ser deferido o pedido de recuperação judicial da devedora principal, a execução contra o responsável subsidiário deve prosseguir na Justiça do Trabalho. Ademais, para que o cumprimento da condenação recaia sobre o devedor subsidiário, mister, apenas, que tenha ele participado da relação processual e que seu nome conste no título executivo judicial, somado ao fato de não se mostrarem frutíferas as tentativas de

cobrança do devedor principal. Não há, portanto, que se falar em benefício de ordem ou instituto a ele assemelhado. Registre-se, ainda, que, dada a natureza alimentar do crédito trabalhista e a consequente exigência de celeridade na sua satisfação, uma vez frustrada a execução da pessoa jurídica empregadora, deve-se iniciar, em seguida, a execução do devedor subsidiário. Julgados. Recurso de revista conhecido e provido" (TST, RR 1863-41.2015.5.02.0080, 3ª Turma, Relator Ministro Maurício Godinho Delgado, *DEJT* 11/03/2022).

Quanto à desconsideração da personalidade jurídica do falido, dispõe o art. 82-A da Lei 11.101/05, com a redação dada pela Lei 14.112/20, *in verbis*:

> "É vedada a extensão da falência ou de seus efeitos, no todo ou em parte, aos sócios de responsabilidade limitada, aos controladores e aos administradores da sociedade falida, admitida, contudo, a desconsideração da personalidade jurídica. Parágrafo único. A desconsideração da personalidade jurídica da sociedade falida, para fins de responsabilização de terceiros, grupo, sócio ou administrador por obrigação desta, somente pode ser decretada pelo juízo falimentar com a observância do art. 50 da Lei nº 10.406, de 10 de janeiro de 2002 (Código Civil) e dos arts. 133, 134, 135, 136 e 137 da Lei nº 13.105, de 16 de março de 2015 (Código de Processo Civil), não aplicada a suspensao de que trata o § 3º do art. 134 da Lei nº 13.105, de 16 de março de 2015 (Código de Processo Civil)."

Diante do referido dispositivo legal, parte da doutrina e jurisprudência entendem não ser mais possível a desconsideração da personalidade jurídica do falido na Justiça do Trabalho, pois houve menção a que a desconsideração deve ser levada a efeito no juízo falimentar.

No entanto, há outra tese no sentido de que não houve exclusão da competência da Justiça do Trabalho para decretar a desconsideração da personalidade jurídica do falido, uma vez que, na esfera trabalhista, aplicam-se outros princípios para a responsabilização do sócio e ex-sócio, conforme os arts. 10-A e 28, § 5º, da Lei 8.078/90.

De nossa parte, o referido dispositivo não excluiu a competência da Justiça do Trabalho para decretar a desconsideração da personalidade jurídica da empresa falida, mas o Juiz do Trabalho deve avaliar o custo-benefício em tal ato, uma vez que os bens do sócio e ex-sócios, não abrangidos pela recuperação, podem ter uma divisão mais justa no processo de falência.

Pela importância do tema, citam-se as ementas a seguir que retratam a divergência jurisprudencial, *in verbis*:

> "Massa falida. Prosseguimento da execução trabalhista em face dos sócios. Impossibilidade. Uma vez decretada a falência no Juízo falimentar, processa-se o concurso creditório, razão pela qual não há que falar em prosseguimento da execução nesta Justiça Especializada em face de sócios e/ou ex-sócios da empresa. É imperioso assegurar a justa distribuição dos bens da massa entre os credores da mesma classe (ou hierarquia), no caso, os credores trabalhistas, de forma que a desconsideração da personalidade jurídica com a execução em face de sócios da massa falida violaria referida disposição. Frise-se, ainda, que o próprio juízo falimentar poderá avançar sobre bens pessoais dos sócios, em especial daqueles que comandavam o empreendimento, e mais ainda quando evidenciado o intuito de fraudar credores" (TRT/SP, AP 00025246620115020013, Ac. 4ª T. 20160546260, Rel. Soraya Galassi Lambert, *DOE* 11.8.2016).
>
> "EXECUÇÃO. Bens do sócio. Massa falida. Desconsideração da personalidade jurídica. A desconsideração da personalidade jurídica representa um avanço doutrinário e jurisprudencial de grande valia, notadamente como forma de se aceitar a responsabilidade patrimonial e particular dos sócios, em função dos débitos sociais das empresas em que são membros. Não se pode aceitar, por ser uma questão de justiça, o fato dos sócios recorrerem à ficção da pessoa jurídica para enganar credores, para fugir à incidência da lei ou para proteger um ato desonesto. Pode e deve o Judiciário como um todo desconsiderar o véu da personalidade jurídica, para que se possa imputar o patrimônio pessoal dos sócios, como forma de se auferir elementos para a satisfação dos créditos, notadamente, dos empregados da sociedade. No caso de decretação de falência, hipótese dos autos, independentemente do encerramento da falência no Juízo Falimentar, a Justiça do Trabalho é competente para processar e julgar o pedido de desconsideração da personalidade jurídica, com o redirecionamento da execução para os bens dos sócios da empresa, na medida em que tais bens não se confundem com os bens da massa falida. Não se pode esquecer que o crédito trabalhista é de natureza alimentar e não pode aguardar, sem qualquer critério de tempo, o término da falência para saber a respeito do recebimento dos seus direitos. É cabível, pois, o prosseguimento da execução em face dos sócios da executada (PJe TRT/SP, AP 0002459-60.2015.5.02.0036, 14ª Turma, Francisco Ferreira Jorge Neto, *DEJT* 13/03/2020).

> "COMPETÊNCIA DA JUSTIÇA DO TRABALHO. DESCONSIDERAÇÃO DA PERSONALIDADE JURÍDICA. REDIRECIONAMENTO DA EXECUÇÃO CONTRA O PATRIMÔNIO DO SÓCIO. O TST firmou o entendimento de que é possível o redirecionamento da execução ao patrimônio dos sócios ou integrantes do mesmo grupo econômico da empresa falida ou em recuperação judicial, hipótese em que subsistirá a competência da Justiça do Trabalho para processar os atos executórios, à medida que eventual constrição não recairá sobre bens da massa falida, a atrair a competência universal do juízo falimentar. Recurso de revista conhecido e provido" (TST, RR 415-97.2013.5.15.0029, Relator Ministro: Márcio Eurico Vitral Amaro, Data de Julgamento: 12/08/2020, 8ª Turma, Data de Publicação: *DEJT* 14/08/2020).

8. A RESPONSABILIDADE PATRIMONIAL DO SÓCIO E A DESCONSIDERAÇÃO DA PERSONALIDADE JURÍDICA NO DIREITO DO TRABALHO

A pessoa jurídica não se confunde com a do sócio (art. 20 do Código Civil de 1916, e art. 49-A do CC[32] de 2002, com a redação dada pela Lei 13.874/19), tampouco a sociedade comercial se confunde com a de seus administradores ou acionistas. Não obstante, a lei atribui ao sócio a chamada responsabilidade patrimonial (arts. 789 e 790, II, do CPC). Desse modo, os bens do sócio podem vir a ser chamados a responder pela execução, nos termos da lei, caso a sociedade não apresente bens que satisfaçam a execução.

Independentemente de terem figurado no polo passivo da reclamação trabalhista, os bens do sócio podem responder pela execução, pois a responsabilidade do sócio é patrimonial (econômica e de caráter processual). Nesse sentido, destaca-se a seguinte ementa que retrata com precisão essa situação:

> "EXECUÇÃO. NULIDADE PROCESSUAL. AUSÊNCIA DE INTIMAÇÃO NA FASE DE CONHECIMENTO. TEORIA DA DESCONSIDERAÇÃO DA PERSONALIDADE JURÍDICA DO EMPREGADOR. RESPONSABILIDADE DE EX-SÓCIO. 1. Consoante leciona

32. Art. 49-A do CC: "A pessoa jurídica não se confunde com os seus sócios, associados, instituidores ou administradores. Parágrafo único. A autonomia patrimonial das pessoas jurídicas é um instrumento lícito de alocação e segregação de riscos, estabelecido pela lei com a finalidade de estimular empreendimentos, para a geração de empregos, tributo, renda e inovação em benefício de todos."

> o ilustre jurista Mauro Schiavi, não obstante a pessoa jurídica não se confundir com a do sócio, a lei atribui a este a chamada responsabilidade patrimonial, de modo que seus bens podem vir a ser chamados a responder pela execução, nos casos em que a sociedade não apresente bens que satisfaçam a execução. Nesse passo, a sujeição do sócio – responsável econômico – não depende de sua participação no processo na fase de conhecimento. 2. Correta a constrição dos bens do ora agravante, considerando sua condição de ex-sócio da executada durante a relação de emprego do autor, bem como a inexistência de patrimônio da empresa executada capaz de garantir a execução, conforme salientado na decisão proferida pelo Tribunal Regional. 3. Agravo de instrumento não provido" (TST, AIRR 102640-11.2005.5.02.0201, Data de Julgamento: 20.3.2013, Relator Ministro: Lelio Bentes Corrêa, 1ª Turma, Data de Publicação: *DEJT* 26.3.2013).

O primeiro diploma legal a disciplinar a possibilidade de desconsideração da personalidade jurídica a ser utilizado pela Justiça do Trabalho foi o art. 10 da Lei n. 3.708/19, que assim dispõe:

> "Os sócios-gerentes ou que derem o nome à firma não respondem pessoalmente pelas obrigações contraídas em nome da sociedade, mas respondem para com esta e para com terceiros solidária e ilimitadamente pelo excesso de mandato e pelos atos praticados com violação do contrato ou da lei."

Posteriormente, veio a lume o Código Tributário Nacional, que disciplinou a questão no art. 135 do CTN, *in verbis*:

> "São pessoalmente responsáveis pelos créditos correspondentes a obrigações tributárias resultantes de atos praticados com excesso de poderes ou infração de lei, contrato social ou estatutos: I – as pessoas referidas no artigo anterior; II – os mandatários, prepostos e empregados; III – os diretores, gerentes ou representantes de pessoas jurídicas de direito privado."

Atualmente, a matéria está regulamentada pelo art. 28 da Lei n. 8.078/90 (Código de Defesa do Consumidor) e pelo art. 50 do Código Civil, que encamparam a teoria da *desconsideração da personalidade jurídica*, também conhecida como *disregard doctrine, disregard of legal entity, lifting the corporate veil,* oriunda do direito anglo-saxão e introduzida no direito brasileiro por *Rubens Requião*.

Dispõe o art. 28 da Lei n. 8.078/90:

> "O juiz poderá desconsiderar a personalidade jurídica da sociedade quando, em detrimento do consumidor, houve abuso de direito, excesso de poder, infração da lei, fato ou ato ilícito ou violação dos estatutos ou contrato social. A desconsideração também será efetivada quando houver falência, estado de insolvência, encerramento ou inatividade da pessoa jurídica provocados por má administração. § 1º (Vetado). § 2º As sociedades integrantes dos grupos societários e as sociedades controladas, são subsidiariamente responsáveis pelas obrigações decorrentes deste código. § 3º As sociedades consorciadas são solidariamente responsáveis pelas obrigações decorrentes deste código. § 4º As sociedades coligadas só responderão por culpa. § 5º Também poderá ser desconsiderada a pessoa jurídica sempre que sua personalidade for, de alguma forma, obstáculo ao ressarcimento de prejuízos causados aos consumidores."

O Código Civil de 2002 encampou a teoria da desconsideração da personalidade jurídica no art. 50, com a redação dada pela Lei 13.874/19, que assim estabelece:

> "Em caso de abuso da personalidade jurídica, caracterizado pelo desvio de finalidade ou pela confusão patrimonial, pode o juiz, a requerimento da parte, ou do Ministério Público quando lhe couber intervir no processo, desconsiderá-la para que os efeitos de certas e determinadas relações de obrigações sejam estendidos aos bens particulares de administradores ou de sócios da pessoa jurídica beneficiados direta ou indiretamente pelo abuso. § 1º Para fins do disposto neste artigo, desvio de finalidade é a utilização dolosa da pessoa jurídica com o propósito de lesar credores e para a prática de atos ilícitos de qualquer natureza. § 2º Entende-se por confusão patrimonial a ausência de separação de fato entre os patrimônios, caracterizada por: I – cumprimento repetitivo pela sociedade de obrigações do sócio ou do administrador ou vice-versa; II – transferência de ativos ou de passivos sem efetivas contraprestações, exceto o de valor proporcionalmente insignificante; e III – outros atos de descumprimento da autonomia patrimonial. § 3º O disposto no *caput* e nos § 1º e § 2º também se aplica à extensão das obrigações de sócios ou de administradores à pessoa jurídica. § 4º A mera existência de grupo econômico sem a presença dos requisitos de que trata o *caput* não autoriza a desconsideração da personalidade da pessoa jurídica. § 5º Não constitui desvio de finalidade a mera expansão ou

> a alteração da finalidade original da atividade econômica específica da pessoa jurídica."

Fábio Ulhoa Coelho[33] distingue a teoria da desconsideração da personalidade jurídica entre as teorias maior e menor. Assevera o jurista:

> "Há no direito brasileiro, na verdade, duas teorias da desconsideração. De um lado, a teoria mais elaborada, de maior consistência e abstração, que condiciona o afastamento episódico da autonomia patrimonial das pessoas jurídicas à caracterização da manipulação fraudulenta ou abusiva do instituto. Nesse caso, distingue-se com clareza a desconsideração da personalidade jurídica e outros institutos jurídicos que também importam a afetação de patrimônio de sócio por obrigação da sociedade (p. ex. a responsabilização por ato de má gestão, a extensão da responsabilidade tributária ao gerente etc.). Ela será chamada, aqui, de teoria maior. De outro lado, a teoria menos elaborada, que se refere à desconsideração em toda e qualquer hipótese de execução do patrimônio de sócio por obrigação social, cuja tendência é condicionar o afastamento do princípio da autonomia à simples insatisfação de crédito perante a sociedade. Trata-se da teoria menor, que se contenta com a demonstração pelo credor da inexistência de bens sociais e da solvência de qualquer sócio, para atribuir a este a obrigação da pessoa jurídica."

Preferimos classificar a teoria da desconsideração em *subjetiva* e *objetiva*.

Pela teoria subjetiva da desconsideração da personalidade jurídica, os bens do sócio podem ser atingidos quando:

a) a pessoa jurídica não apresentar bens para pagamento das dívidas;

b) os atos forem praticados pelo sócio com abuso de poder, desvio de finalidade, confusão patrimonial, ou má-fé.

Atualmente, a moderna doutrina e a jurisprudência trabalhista encamparam a chamada teoria objetiva da desconsideração da personalidade jurídica que disciplina a possibilidade de execução dos bens do sócio, independentemente de os atos destes terem violado ou não o contrato, ou de haver abuso de poder. Basta a pessoa jurídica não possuir bens para ter início a execução aos bens do sócio.

No direito do trabalho, o presente entendimento se justifica em razão da hipossuficiência do trabalhador, da dificuldade que apresenta o reclamante

33. *Curso de direito comercial*. Vol. 2. São Paulo: Saraiva, 1999. p. 35.

em demonstrar a má-fé do administrador, ou o chamado ato *ultra vires* (praticado com excesso de mandato ou abuso de poder) e do caráter alimentar do crédito trabalhista. Aplica-se, aqui, o disposto no § 5º do art. 28 da Lei 8.078/90[34] que possibilita ao Juiz do Trabalho desconsiderar a personalidade jurídica, quando a existência desta constituir obstáculo à satisfação do crédito trabalhista.

Além disso, no Direito do Trabalho, a desconsideração de personalidade jurídica se mostra mais permeável em razão dos princípios do próprio Direito do Trabalho, quais sejam:

a) proteção do crédito trabalhista;

b) despersonalização do empregador (arts. 2º, 10 e 448 da CLT).

Acompanhando a mesma diretriz, ensina-nos Maurício Godinho Delgado[35]:

> "(...) Na seara justrabalhista, a noção de despersonalização da figura do empregador é, sem dúvida, mais ampla, de maneira a assegurar a efetividade dos direitos sociais fundamentais trabalhistas também pelo patrimônio dos sócios das entidades societárias, em caso de frustração da execução com respeito ao patrimônio da respectiva sociedade empregadora – independentemente de comprovação de fraude ou vícios congêneres na gestão empresarial ou no uso da fórmula da pessoa jurídica."

Quanto às sociedades anônimas, é possível a responsabilização dos diretores administradores, pois detêm a administração da sociedade, não sendo possível a responsabilização dos acionistas. Nesse diapasão, destaca-se a seguinte ementa:

> "Sociedade anônima – Penhora de bens dos diretores, administradores e conselheiros – Possibilidade. Empresa que fecha suas portas e não salda as dívidas existentes com seus credores é, para dizer o

34. Art. 28 da Lei 8078/90: "O juiz poderá desconsiderar a personalidade jurídica da sociedade quando, em detrimento do consumidor, houver abuso de direito, excesso de poder, infração da lei, fato ou ato ilícito ou violação dos estatutos ou contrato social. A desconsideração também será efetivada quando houver falência, estado de insolvência, encerramento ou inatividade da pessoa jurídica provocados por má administração. (...) § 5º Também poderá ser desconsiderada a pessoa jurídica sempre que sua personalidade for, de alguma forma, obstáculo ao ressarcimento de prejuízos causados aos consumidores."

35. DELGADO, Maurício Godinho. Curso de Direito do Trabalho. 18ª edição. São Paulo: Ltr, 2019, p. 595-596.

menos, um mau gestor de seus negócios. Mais, uma empresa que celebra um acordo judicial com treze empregados, para pagamento em 4 parcelas, e susta, sem nenhuma explicação, um dos cheques emitidos para a satisfação da avença, age muito mal, e no mínimo com culpa, não só contra os credores, mas contra o próprio Estado, que com sua chancela judicial, homologou referido acordo na expectativa de ter intermediado a pacificação de um conflito. Assim sendo, e nos estreitos limites da Lei das Sociedades Anônimas, é possível a execução de bens dos diretores e administradores das sociedades anônimas em casos como o ora analisado" (TRT 15ª R., 2ª T., AP n. 138/1999.126.15.00-1, rel. Mariane Khayat, *DJ* 2.2.07, p. 84) (*RDT*, n. 04, abril 2007).

No mesmo diapasão, dispõe o art. 158 da Lei n. 6.404/76, *in verbis*:

> "O administrador não é pessoalmente responsável pelas obrigações que contrair em nome da sociedade e em virtude de ato regular de gestão; responde, porém, civilmente, pelos prejuízos que causar, quando proceder: I – dentro de suas atribuições ou poderes com culpa ou dolo; II – com violação da lei ou do estatuto; [...] § 2º Os administradores são solidariamente responsáveis pelos prejuízos causados em virtude do não cumprimento dos deveres impostos pela lei para assegurar o funcionamento normal da companhia, ainda que, pelos estatutos, tais deveres não caibam a todos eles; [...] § 5º Responderá solidariamente com o administrador que, como fim de obter vantagem para si ou para outrem, concorrer para a prática de ato com violação da lei ou do estatuto."

Como destaca José Augusto Rodrigues Pinto[36]:

> "O tratamento das duas leis é o mesmo, ou seja, a responsabilidade extensiva será determinada pela gestão patológica e ensejará a aplicação da teoria da *disregard of Corporate entity.* A distinção a considerar é do direcionamento da solidariedade: na sociedade anônima é para o administrador, uma vez que o sócio pode chegar a ser uma simples sombra, desprovida até de identidade no universo dos acionistas, que chega a ser imenso nas grandes corporações, despertando a advertência de Romita: 'impraticável será invocar-se a responsabilidade dos acionistas – é evidente.'"

36. *Execução trabalhista:* estática – dinâmica – prática. São Paulo: LTr, 2006. p. 122.

Com relação às sociedades sem finalidade lucrativa e entidades filantrópicas, em que pesem as opiniões em contrário no sentido de que seus sócios e administradores não respondem com o patrimônio pessoal, uma vez que tais entidades não perseguem lucro, de nossa parte também é possível a desconsideração em face do princípio da despersonalização do empregador (art. 2º da CLT) e também por estarem inseridos na categoria dos empregadores por equiparação (art. 2º, § 1º, da CLT). Além disso, não há exclusão legal nos arts. 50 do CC e 28 da Lei n. 8.078/90 quanto às referidas entidades. Não obstante, deve o magistrado trabalhista atuar com maior sensibilidade, analisando as circunstâncias do caso concreto, bem como os poderes de cada sócio ou administrador dentro de tais entidades[37].

Nesse aspecto, destacamos a seguinte ementa:

> "REDIRECIONAMENTO DA EXECUÇÃO PARA O DIRETOR DE ENTIDADES FILANTRÓPICAS. Os dirigentes de entidades filantrópicas encontram-se na mesma situação que os demais dirigentes das entidades com fins lucrativos, respondendo com seus bens pessoais, consoante art. 2º, § 2º, da CLT. Isto porque, a uma, a Consolidação das Leis do Trabalho (art. 2º, § 2º) não apresenta nenhuma discriminação ou privilégio de tais dirigentes e, segundo o brocardo jurídico, onde a lei não distingue não cabe ao intérprete fazê-lo; a duas, em matéria de privilégios/imunizações ou isenções, quando o legislador quer atribuí-los, o faz expressamente; e a três, no cotejo entre as dignidades dos bens/destinatários envolvidos, ou seja, verba de natureza alimentar e hipossuficiente, de um lado; os litigantes/bens/patrimônios/direito de propriedade e dirigente de outro, as normas constitucionais e seus princípios nucleares, especialmente os da dignidade da pessoa humana, da proporcionalidade, da razoabilidade e da ponderação de interesses (pesos/medidas de

---

37. Nesse sentido: **AGRAVO DE PETIÇÃO. TEORIA DA DESCONSIDERAÇÃO DA PERSONALIDADE JURÍDICA. COBRANÇA DE CONTRIBUIÇÕES ASSISTENCIAIS. CREDOR NEGOCIAL. APLICAÇÃO DO ART. 50 DO CÓDIGO CIVIL. COMPROVAÇÃO DO ABUSO DA PERSONALIDADE JURÍDICA**. 1. É inaplicável o art. 28, §5º, do CDC, nos casos em que a execução se processa por entidade sindical que negociou, por meio de norma coletiva, as verbas que são objeto da execução. Hipótese em que o credor negocial precisa demonstrar o abuso da personalidade jurídica dos sócios contra os quais pretende prosseguir com a execução, conforme art. 50 do CC. 2. Por outro lado, o mero encerramento da empresa, sem o pagamento a todos os seus credores, não faz presumir o enquadramento do caso nos requisitos do art. 50 do CPC, devendo ser demonstradas concretamente as hipóteses dos §§1º e 2º, do referido dispositivo. Agravo de petição da sócia executada provido para julgar improcedente o incidente de desconsideração da personalidade jurídica. (TRT da 2ª Região; Processo: 0001069-16.2013.5.02.0201; Data: 01-06-2023; Órgão Julgador: 9ª Turma - Cadeira 5 - 9ª Turma; Relator(a): BIANCA BASTOS)

> Alexy e Dworkin) nos aconselham a dar guarida, no caso vertente, ao trabalhador. Agravo de petição a que se nega provimento" (TRT 1ª Região, Agravo de Petição, Processo n. 01648001320055010068, 5ª Turma, rel. Des. Enoque Ribeiro dos Santos, *DOERJ* 3.7.2013).

9. DA RESPONSABILIDADE DO SÓCIO RETIRANTE

Dispõe o art. 10-A da CLT, com a redação dada pela Lei n. 13.467/17:

> "O sócio retirante responde subsidiariamente pelas obrigações trabalhistas da sociedade relativas ao período em que figurou como sócio, somente em ações ajuizadas até dois anos depois de averbada a modificação do contrato, observada a seguinte ordem de preferência: I – a empresa devedora; II – os sócios atuais; e III – os sócios retirantes. Parágrafo único. O sócio retirante responderá solidariamente com os demais quando ficar comprovada fraude na alteração societária decorrente da modificação do contrato."

O art. 10-A, da CLT, é melhor que os arts. 1.003[38] e 1.032[39] do CC, pois fixa a responsabilidade subsidiária do sócio retirante pelo período em que figurou na sociedade, mas limitado às ações trabalhistas ajuizadas até dois anos da data da retirada, estabelecendo, também, a responsabilidade solidária em caso de fraude.

O prazo de dois anos é contado entre a data da averbação da retirada do sócio e a da propositura da demanda trabalhista em face da pessoa jurídica, uma vez que a responsabilidade patrimonial subsidiária do sócio se inicia a partir do momento em que a pessoa jurídica está no polo passivo do processo. De nossa parte, o prazo de dois anos não é contado entre a data da averbação da sócio e a data que o ex-sócio, efetivamente, figurar no polo passivo, após a desconsideração da personalidade, já que não foi esta a intenção da lei, e nem a melhor interpretação que se faz do art. 10-A da CLT.

---

38. Art. 1.003 do Código Civil: "A cessão total ou parcial de quota, sem a correspondente modificação do contrato social com o consentimento dos demais sócios, não terá eficácia quanto a estes e à sociedade. Parágrafo único. Até dois anos depois de averbada a modificação do contrato, responde o cedente solidariamente com o cessionário, perante a sociedade e terceiros, pelas obrigações que tinha como sócio."
39. Art. 1.032 do Código Civil: "A retirada, exclusão ou morte do sócio, não o exime, ou a seus herdeiros, da responsabilidade pelas obrigações sociais anteriores, até dois anos após averbada a resolução da sociedade; nem nos dois primeiros casos, pelas posteriores e em igual prazo, enquanto não se requerer a averbação."

Pela redação do novo art. 10-A da CLT, ficaram disciplinadas as seguintes regras:

a) primeiramente responde a pessoa jurídica devedora;
b) posteriormente respondem os sócios atuais pela integralidade da dívida, inclusive o sócio que ingressou na empresa após a existência de processo trabalhista;
c) posteriormente respondem os sócios retirantes;
d) o sócio retirante responderá subsidiariamente pelas obrigações trabalhistas da sociedade relativas ao período em que figurou como sócio;
e) a responsabilidade do sócio retirante restringe-se às ações ajuizadas até dois anos depois de averbada a modificação do contrato;
f) o sócio retirante responderá solidariamente com os demais quando ficar comprovada fraude na alteração societária decorrente da modificação do contrato.

A experiência nos tem demonstrado que muitos sócios deixam a sociedade quando ela tem dívidas trabalhistas ou está prestes a sofrer execuções trabalhistas que possam levá-la à insolvência. De outro lado, a responsabilidade do ex-sócio deve ser interpretada em compasso com os arts. 10 e 448 da CLT que consagram o princípio da intangibilidade objetiva dos contratos de trabalho e a manutenção de garantias trabalhistas nas alterações estruturais da empresa. Por essa razão, pensamos que o sócio retirante, pelo princípio da boa-fé objetiva que deve nortear os negócios jurídicos, ao sair da sociedade, deve retirar certidões que comprovem a inexistência de dívidas trabalhistas à época da saída, ou que, mesmo elas existentes, a sociedade tem patrimônio suficiente para quitá-las. Caso contrário, a responsabilidade do sócio retirante persistirá mesmo após o prazo fixado no art. 10-A da CLT.

Nesse aspecto, destaca-se a seguinte ementa:

> "Execução. Ex-sócio. A evidência de atos típicos de fraude, tais como a alteração do quadro societário, insolvência, acordo judicial não cumprido, citação executória frustrada, não localização do sócio administrador, bem como o reconhecimento do grupo empresarial, justifica a responsabilização do ex-sócio pelo pagamento do crédito trabalhista ante a ausência de bens da empresa e dos atuais sócios" (TRT da 2ª Região, Processo: 1002289-98.2015.5.02.0609, Data: 11-10-2021, Órgão Julgador: 13ª Turma – Cadeira 2, Relator(a): Rafael Edson Pugliese Ribeiro).

10. TEORIA INVERSA DA DESCONSIDERAÇÃO DA PERSONALIDADE JURÍDICA

A moderna doutrina, diante dos princípios da boa-fé objetiva e da função social da atividade empresarial, tem defendido a aplicação da teoria inversa da desconsideração da personalidade jurídica. Vale dizer: responsabilizar o patrimônio da pessoa jurídica, por atos praticados por seus dirigentes de forma abusiva ou ilícita, por interpretação evolutiva e teleológica dos já citados arts. 50 do Código Civil e 28 do Código de Defesa do Consumidor.

Se o patrimônio do sócio pode responder por dívidas da sociedade, é justo e razoável que o patrimônio da sociedade comercial também possa responder por dívidas assumidas pelo sócio, possibilitando a implementação dos princípios de boa-fé objetiva e transparência que devem nortear os negócios jurídicos.

Conforme *Fábio Konder Comparato*[40]:

> "Aliás, a desconsideração da personalidade jurídica não atua apenas no sentido da responsabilidade do controlador por dívidas da sociedade controlada, mas também em sentido inverso, ou seja, no da responsabilidade desta última por atos do seu controlador. A jurisprudência americana, por exemplo, já firmou o princípio de que os contratos celebrados pelo sócio único, ou pelo acionista largamente majoritário, em benefício da companhia, mesmo quando não foi a sociedade formalmente parte do negócio, obrigam o patrimônio social, uma vez demonstrada a confusão patrimonial de facto."

A presente teoria se aplica ao direito material e processual do trabalho (arts. 8º, 769 e 889 da CLT), pois tem por objetivo fixar maior garantia de solvabilidade do crédito trabalhista.

Nesse sentido, há importante decisão do Superior Tribunal de Justiça, cuja ementa vale ser transcrita:

> "PROCESSUAL CIVIL E CIVIL. RECURSO ESPECIAL. EXECUÇÃO DE TÍTULO JUDICIAL. ART. 50 DO CC/02. DESCONSIDERAÇÃO DA PERSONALIDADE JURÍDICA INVERSA. POSSIBILIDADE. I – A ausência de decisão acerca dos dispositivos legais indicados

40. *O poder de controle na sociedade anônima*. Rio de Janeiro: Forense, 2008. p. 464.

como violados impede o conhecimento do recurso especial. Súmula n. 211/STJ. II – Os embargos declaratórios têm como objetivo sanear eventual obscuridade, contradição ou omissão existentes na decisão recorrida. Inexiste ofensa ao art. 535 do CPC, quando o Tribunal *a quo* pronuncia-se de forma clara e precisa sobre a questão posta nos autos, assentando-se em fundamentos suficientes para embasar a decisão, como ocorrido na espécie. III – A desconsideração inversa da personalidade jurídica caracteriza-se pelo afastamento da autonomia patrimonial da sociedade, para, contrariamente do que ocorre na desconsideração da personalidade propriamente dita, atingir o ente coletivo e seu patrimônio social, de modo a responsabilizar a pessoa jurídica por obrigações do sócio controlador. IV – Considerando-se que a finalidade da *disregard doctrine* é combater a utilização indevida do ente societário por seus sócios, o que pode ocorrer também nos casos em que o sócio controlador esvazia o seu patrimônio pessoal e o integraliza na pessoa jurídica, conclui-se, de uma interpretação teleológica do art. 50 do CC/02, ser possível a desconsideração inversa da personalidade jurídica, de modo a atingir bens da sociedade em razão de dívidas contraídas pelo sócio controlador, conquanto preenchidos os requisitos previstos na norma. V – A desconsideração da personalidade jurídica configura-se como medida excepcional. Sua adoção somente é recomendada quando forem atendidos os pressupostos específicos relacionados com a fraude ou abuso de direito estabelecidos no art. 50 do CC/02. Somente se forem verificados os requisitos de sua incidência, poderá o juiz, no próprio processo de execução, 'levantar o véu' da personalidade jurídica para que o ato de expropriação atinja os bens da empresa. VI – À luz das provas produzidas, a decisão proferida no primeiro grau de jurisdição, entendeu, mediante minuciosa fundamentação, pela ocorrência de confusão patrimonial e abuso de direito por parte do recorrente, ao se utilizar indevidamente de sua empresa para adquirir bens de uso particular. VII – Em conclusão, a r. decisão atacada, ao manter a decisão proferida no primeiro grau de jurisdição, afigurou-se escorreita, merecendo assim ser mantida por seus próprios fundamentos. Recurso especial não provido" (STJ, REsp n. 948117/MS, Recurso Especial 2007/0045262-5, Terceira Turma, Ministra Nancy Andrighi, j. 22.6.2010, *DJe* 3.8.2010).

O art. 50 do Código Civil dispõe sobre a desconsideração inversa da personalidade jurídica em seu § 3º. Com efeito, estabelece o referido dispositivo legal:

> "Em caso de abuso da personalidade jurídica, caracterizado pelo desvio de finalidade ou pela confusão patrimonial, pode o juiz, a requerimento da parte, ou do Ministério Público quando lhe couber intervir no processo, desconsiderá-la para que os efeitos de certas e determinadas relações de obrigações sejam estendidos aos bens particulares de administradores ou de sócios da pessoa jurídica beneficiados direta ou indiretamente pelo abuso. § 1º Para fins do disposto neste artigo, desvio de finalidade é a utilização dolosa da pessoa jurídica com o propósito de lesar credores e para a prática de atos ilícitos de qualquer natureza. § 2º Entende-se por confusão patrimonial a ausência de separação de fato entre os patrimônios, caracterizada por: I – cumprimento repetitivo pela sociedade de obrigações do sócio ou do administrador ou vice-versa; II – transferência de ativos ou de passivos sem efetivas contraprestações, exceto o de valor proporcionalmente insignificante; e III – outros atos de descumprimento da autonomia patrimonial. § 3º O disposto no *caput* e nos § 1º e § 2º também se aplica à extensão das obrigações de sócios ou de administradores à pessoa jurídica. § 4º A mera existência de grupo econômico sem a presença dos requisitos de que trata o *caput* não autoriza a desconsideração da personalidade da pessoa jurídica. § 5º Não constitui desvio de finalidade a mera expansão ou a alteração da finalidade original da atividade econômica específica da pessoa jurídica."

Diante do § 3º do referido dispositivo legal, a pessoa jurídica responderá por ato praticado pelo sócio quando houver desvio de finalidade com o propósito de lesar credores e para a prática de atos ilícitos de qualquer natureza; confusão patrimonial assim entendida pela ausência de separação de fato entre os patrimônios, caracterizada por: a) cumprimento repetitivo pela sociedade de obrigações do sócio ou do administrador ou vice-versa; b) transferência de ativos ou de passivos sem efetivas contraprestações, exceto o de valor proporcionalmente insignificante; e c) outros atos de descumprimento da autonomia patrimonial.

A jurisprudência trabalhista tem aplicado a teoria inversa da desconsideração da personalidade jurídica na execução, nas seguintes hipóteses:

a) o sócio responsável pela empresa executada no processo trabalhista que também é sócio de outra empresa que está solvente;
b) o sócio da empresa executada, também é sócio de outras empresas, na hipótese de configuração de grupo econômico;

c) confusão patrimonial entre os bens do sócio e da pessoa jurídica (art. 50 do CC).

De nossa parte, a teoria da desconsideração inversa da personalidade jurídica prevista no Código Civil é compatível com a esfera trabalhista e se harmoniza com os princípios do direito material do trabalho, máxime o da despersonalização do empregador (art. 2º da CLT).

11. DO INCIDENTE DE DESCONSIDERAÇÃO DA PERSONALIDADE JURÍDICA

O Código de Processo Civil de 2015 disciplina um sofisticado procedimento prévio para a desconsideração da personalidade jurídica da empresa, a fim de atingir o patrimônio dos sócios, nos arts. 133 a 137 do CPC, denominado *incidente de desconsideração da personalidade jurídica*, aplicável em todas as fases do processo civil, inclusive na execução. Com efeito, dispõem os referidos dispositivos legais:

> Art. 133: "O incidente de desconsideração da personalidade jurídica será instaurado a pedido da parte ou do Ministério Público, quando lhe couber intervir no processo. § 1º O pedido de desconsideração da personalidade jurídica observará os pressupostos previstos em lei. § 2º Aplica-se o disposto neste Capítulo à hipótese de desconsideração inversa da personalidade jurídica."
>
> Art. 134. "O incidente de desconsideração é cabível em todas as fases do processo de conhecimento, no cumprimento de sentença e na execução fundada em título executivo extrajudicial. § 1º A instauração do incidente será imediatamente comunicada ao distribuidor para as anotações devidas. § 2º Dispensa-se a instauração do incidente se a desconsideração da personalidade jurídica for requerida na petição inicial, hipótese em que será citado o sócio ou a pessoa jurídica. § 3º A instauração do incidente suspenderá o processo, salvo na hipótese do § 2º. § 4º O requerimento deve demonstrar o preenchimento dos pressupostos legais específicos para desconsideração da personalidade jurídica."
>
> Art. 135: "Instaurado o incidente, o sócio ou a pessoa jurídica será citado para manifestar-se e requerer as provas cabíveis no prazo de 15 (quinze) dias."

> Art. 136: "Concluída a instrução, se necessária, o incidente será resolvido por decisão interlocutória. Parágrafo único. Se a decisão for proferida pelo relator, cabe agravo interno."
>
> Art. 137: "Acolhido o pedido de desconsideração, a alienação ou a oneração de bens, havida em fraude de execução, será ineficaz em relação ao requerente."

Em favor da aplicação desse incidente ao processo do trabalho, destacam-se: a) a omissão da legislação processual trabalhista quanto à questão; b) a Justiça do Trabalho utiliza as regras de direito material previstas no Código de Defesa do Consumidor e no Código Civil para fundamentar a desconsideração da personalidade jurídica, tanto direta quanto inversa; c) a observância do devido processo legal, oportunizando o contraditório prévio antes de invadir a esfera patrimonial do sócio, ou da pessoa jurídica (teoria inversa); d) a justiça e o equilíbrio do procedimento.

A nosso ver, tal incidente não é adequado ao Processo do Trabalho, na fase de execução, pois o Juiz do Trabalho promove a execução de ofício (art. 878 da CLT) e o referido incidente de desconsideração é incompatível com a simplicidade e a celeridade da execução trabalhista. Entretanto, a hipossuficiência do credor trabalhista e a natureza alimentar do crédito autorizam o Juiz do Trabalho a postergar o contraditório na desconsideração após a garantia do juízo pela penhora.

Além disso, o presente incidente provoca complicadores desnecessários à simplicidade do procedimento da execução trabalhista, atrasa o procedimento (uma vez que o art. 134, § 3º, do CPC, determina a suspensão do processo quando instaurado o incidente) e, potencialmente, em muitos casos, pode inviabilizar a efetividade da execução. Pela teoria consolidada tanto pelo Código de Processo Civil de 1973 (arts. 592, II, e 596) quanto pelo Código de Processo Civil de 2015 (arts. 790, II, e 795), o sócio não é parte, nem terceiro no processo, apenas responsável patrimonial. Desse modo, seus bens podem vir a ser chamados a responder, mesmo que ele não figure no processo como parte ou terceiro no processo. Também faz parte da sistemática processual trabalhista postergar o contraditório quanto às decisões interlocutórias (art. 893 da CLT).

O processo do trabalho instrumentaliza o Direito Material do Trabalho, e isso é sua razão de existência. Não se podem isolar as normas processuais do direito que instrumentaliza. Os princípios da natureza alimentar do crédito, da hipossuficiência do empregado, da despersonalização do empregador (arts. 2º, 10 e 448, da CLT) e da real impossibilidade de o trabalhador demonstrar ato culposo do sócio a justificar a desconsideração autorizam o Juiz do Trabalho a realizar a desconsideração da pessoa jurídica, tanto de forma direta como inversa, por meio de decisão interlocutória fundamentada (art. 93, IX, da CF), propiciando o contraditório *a posteriori*, por meio dos embargos à execução ou embargos de terceiro.

Em nosso sentir, não é correto afirmar que o sócio não tem oportunizado o direito ao contraditório, pois ele apenas fica postergado para a fase posterior à garantia do juízo. São oportunizados ao sócio os embargos à execução e os embargos de terceiro. Também são admitidos o mandado de segurança e a exceção de pré-executividade para se questionar uma desconsideração abusiva da personalidade jurídica.

Pode-se ventilar a aplicação dos referidos dispositivos na fase de conhecimento no processo trabalhista (art. 769 da CLT), o que, ordinariamente, não acontece, pois os bens do sócio já respondem pela satisfação da dívida, independentemente de figurarem ou não na fase de conhecimento. Entretanto, caberá ao Juiz do Trabalho avaliar, segundo os princípios de justiça, razoabilidade, proporcionalidade, contraditório efetivo, efetividade e duração razoável do processo, a pertinência de aplicar esse incidente na fase cognitiva do processo.

O Tribunal Superior do Trabalho, recentemente, por meio da Instrução Normativa n. 39/16, admitiu a aplicabilidade do incidente de desconsideração da personalidade jurídica no processo do trabalho, com algumas adaptações. Com efeito, dispõe o art. 6º da referida instrução:

> "Aplica-se ao Processo do Trabalho o incidente de desconsideração da personalidade jurídica regulado no Código de Processo Civil (arts. 133 a 137), assegurada a iniciativa também do juiz do trabalho na fase de execução (CLT, art. 878). § 1º Da decisão interlocutória que acolher ou rejeitar o incidente: I – na fase de cognição, não cabe recurso de imediato, na forma do art. 893, § 1º da CLT; II – na fase de execução, cabe agravo de petição, independentemente de garantia do juízo; III – cabe agravo interno se proferida pelo Relator, em incidente instaurado originariamente no tribunal (CPC, art. 932, inciso VI). § 2º A instauração do incidente suspenderá o processo, sem prejuízo de concessão da tutela de urgência de natureza cautelar de que trata o art. 301 do CPC."

A referida instrução teve os méritos de assegurar ao magistrado trabalhista a iniciativa de instaurar de ofício o incidente, bem como a possibilidade de o juiz manejar as tutelas de urgência para garantir a efetividade da execução. No entanto, a doutrina, com razão, tem criticado o referido posicionamento do TST, uma vez que fora admitido o efeito suspensivo ao incidente, bem como seu processamento sem a garantia do juízo, o que conflita com o sistema da execução trabalhista que exige a garantia ao juízo para utilização dos meios de impugnação, principalmente quanto ao agravo de petição.

Dispõe o art. 855-A da CLT, com a redação dada pela Lei n. 13.467/17:

> "Aplica-se ao processo do trabalho o incidente de desconsideração da personalidade jurídica previsto nos arts. 133 a 137 da Lei n. 13.105, de 16 de março de 2015 – Código de Processo Civil.§ 1º Da decisão interlocutória que acolher ou rejeitar o incidente: I – na fase de cognição, não cabe recurso de imediato, na forma do § 1º do art. 893 desta Consolidação; II – na fase de execução, cabe agravo de petição, independentemente de garantia do juízo; III – cabe agravo interno se proferida pelo relator em incidente instaurado originariamente no tribunal. § 2º A instauração do incidente suspenderá o processo, sem prejuízo de concessão da tutela de urgência de natureza cautelar de que trata o art. 301 da Lei n. 13.105, de 16 de março de 2015 (Código de Processo Civil)."

O referido dispositivo legal determina a aplicação do incidente de desconsideração ao processo do trabalho, previsto no CPC, com as seguintes adaptações: a) da decisão interlocutória que acolher ou rejeitar o incidente: na fase de cognição, não cabe recurso de imediato, na forma do § 1º do art. 893 desta Consolidação; na fase de execução, cabe agravo de petição, independentemente de garantia do juízo; cabe agravo interno se proferida pelo relator em incidente instaurado originariamente no tribunal; b) a instauração do incidente suspenderá o processo, sem prejuízo de concessão da tutela de urgência de natureza cautelar de que trata o art. 301 da Lei n. 13.105, de 16 de março de 2015 (Código de Processo Civil).

Nos termos do art. 17 da IN n. 41/2018 do TST, o incidente de desconsideração da personalidade jurídica, regulado pelo CPC (arts. 133 a 137), aplica-se ao processo do trabalho, com as inovações trazidas pela Lei n. 13.467/2017.

O art. 855-A da CLT, praticamente, repete a IN n. 39/16, mas não consagra a possibilidade de o Juiz do Trabalho tomar a iniciativa de instaurar o incidente. Não obstante, poderá o Juiz do Trabalho, em razão do princípio da cooperação previsto no art. 6º do CPC, consultar o reclamante se pretende a instauração do referido incidente, a fim de evitar o início do prazo para a prescrição intercorrente.

Pela sistemática do processo trabalhista, e da própria redação dada ao art. 855-A, § 2º, da CLT, uma vez instaurado o incidente pela parte, o Juiz do Trabalho poderá, de ofício, sem a necessidade de contraditório prévio (arts. 9º, parágrafo único, I, e 139, IV, ambos do CPC), determinar a tutela cautelar necessária a garantir o resultado útil do processo (art. 300 do CPC).

A concessão de tutela cautelar, com o bloqueio suficiente de bens do sócio, em muitos casos, é necessária, pois, quando a execução se dirige contra o sócio, já houve tentativas frustradas de encontrar bens da pessoa jurídica, havendo um risco considerável ao resultado útil do processo e à satisfação do crédito trabalhista. Além disso, a tramitação do incidente de desconsideração pode demorar prazo considerável até o efetivo trânsito em julgado.

No processo do trabalho, o incidente pode ser instaurado nos próprios autos em que tramita a execução, devendo o exequente fundamentar o requerimento de desconsideração da personalidade jurídica, podendo juntar prova documental. O sócio ou a empresa (caso se trate da teoria inversa da desconsideração) será citado para apresentar contestação em 15 dias, podendo juntar prova documental. Após, haverá a instrução do incidente. Caso haja necessidade de prova oral, o Juiz designará audiência. Concluída a instrução, o Juiz proferirá decisão.

CAPÍTULO VIII

DO CONTRATO DE TRABALHO

1. DO CONTRATO. DEFINIÇÃO

Ensina-nos Sílvio Rodrigues[1]:

> "Dentro da teoria dos negócios jurídicos, é tradicional a distinção entre os atos unilaterais e os bilaterais. Aqueles se aperfeiçoam pela manifestação da vontade de uma das partes, enquanto estes dependem da coincidência de dois ou mais consentimentos. Os negócios bilaterais, isto é, os que decorrem de acordo de mais de uma vontade, são os *contratos*. Portanto, o contrato representa uma espécie do gênero *negócio jurídico*. E a diferença específica entre ambos consiste na circunstância de o aperfeiçoamento do contrato depender da conjunção da vontade de duas ou mais partes."

Na visão de Rodolfo Pamplona Filho e Pablo Stolze Gagliano[2], "contrato é um negócio jurídico por meio do qual as partes declarantes, limitadas pelos princípios da função social e da boa-fé objetiva, autodisciplinam os efeitos patrimoniais que pretendem atingir, segundo a autonomia das suas próprias vontades."

O contrato é instrumento pelo qual, por acordo de vontades, são criados direitos e obrigações, dentro dos limites legais, entre as duas ou mais partes.

---

1. Direito Civil. Volume 3. 28ª ed. São Paulo: Saraiva, 2002, p. 09.
2. Manual de Direito Civil. Volume Único. São Paulo: Saraiva, 2017, p. 331.

O contrato exige:

a) ao menos duas partes;

b) um vínculo jurídico entre elas;

c) objeto.

2. PRINCÍPIOS FUNDAMENTAIS DOS CONTRATOS

Valendo-nos da principiologia da Teoria Geral do Direito, do Código Civil e da doutrina civilista, podemos destacar os seguintes princípios que norteiam os contratos:

2.1. Autonomia da vontade: todo contrato tem por fundamento a vontade humana que deve ser manifestada, de forma expressa ou tácita. A liberdade contratual tem fundamento na autonomia da vontade. De acordo com a lei e os princípios dos contratos, as partes são livres para estipular as cláusulas contratuais.

Como bem adverte Orlando Gomes[3], manifesta-se a liberdade de contratar sob três facetas, quais sejam: a) liberdade de contratar propriamente dita; b) liberdade de estipular o contrato; c) liberdade de determinar o conteúdo do contrato.

Além disso, as partes têm liberdade para exigir ou não o cumprimento das cláusulas contratuais.

2.2. Supremacia da ordem pública: a liberdade de contratar encontra limites no princípio da supremacia da ordem pública. Desse modo, as partes do contrato não podem contrariar normas de natureza cogente que visam proteger o interesse social.

Como bem adverte Orlando Gomes[4], a liberdade de contratar, propriamente dita, jamais fora ilimitada. Duas limitações de caráter geral confinaram-na: a ordem pública e os bons costumes.

2.3. Força vinculante: o princípio da força vinculante significa dizer que o contrato faz lei entre as partes, ou seja, tem força obrigatória. Firmado o contrato, com observância do ordenamento jurídico, ele vincula as partes ao cumprimento do que foi contratado.

---

3. Contratos. 17ª Edição. Rio de Janeiro: Forense, 1997, p. 22.
4. Op. cit. p. 24.

2.4. Princípio da função social do contrato: nesse aspecto, destacam-se os arts. 421 e 2.035 do Código Civil, *in verbis*:

> Art. 421: "A liberdade contratual será exercida nos limites da função social do contrato. Parágrafo único. Nas relações contratuais privadas, prevalecerão o princípio da intervenção mínima e a excepcionalidade da revisão contratual."
>
> Art. 2.035: "A validade dos negócios e demais atos jurídicos, constituídos antes da entrada em vigor deste Código, obedece ao disposto nas leis anteriores, referidas no art. 2.045, mas os seus efeitos, produzidos após a vigência deste Código, aos preceitos dele se subordinam, salvo se houver sido prevista pelas partes determinada forma de execução. Parágrafo único. Nenhuma convenção prevalecerá se contrariar preceitos de ordem pública, tais como os estabelecidos por este Código para assegurar a função social da propriedade e dos contratos."

A função social é norma de ordem pública. Portanto, pode ser aplicada de ofício pelo Juiz. Além disso, trata-se de importante regra limitadora da autonomia da vontade para que seja observado o princípio da socialidade, visando à justiça contratual.

Não diz a lei o que é função social do contrato. Logo, trata-se de um conceito aberto, ou uma cláusula geral, que deverá ser interpretada pelo Juiz no caso concreto, à luz de critérios de justiça, razoabilidade e equidade, sopesando as circunstâncias do conflito.

Dizia Miguel Reale que a função social do contrato é atingida quando o contrato observa sobretudo a proteção à dignidade da pessoa humana.

Na visão de Maria Helena Diniz[5], "consagrado está o princípio da socialidade. Repelido está o individualismo, e os contratantes deverão sujeitar sua vontade às normas de ordem pública que fixam os interesses da coletividade e as bases jurídicas fundamentais em que repousam a ordem econômica e moral da sociedade e os bons costumes, relativos à moralidade social".

Nos termos do parágrafo único do artigo 2.035 do Código Civil, "nenhuma convenção prevalecerá se contrariar preceitos de orem pública, tais como os estabelecidos por este Código para assegurar a função social da propriedade e dos contratos".

---

5. Código Civil Anotado. 11ª Edição. São Paulo: Saraiva, 2005, p. 404.

Conforme o presente dispositivo, o Juiz poderá declarar a nulidade da cláusula contratual que não cumpra a função social do contrato e, de ofício, substituí-la por outra, de modo que o contrato cumpra a função social sem a necessidade de decretar a nulidade de todo o contrato.

Embora o parágrafo único do art. 421 do CC disponha que nas relações contratuais privadas prevalecerão o princípio da intervenção mínima e a excepcionalidade da revisão contratual, é possível modificar cláusulas contratuais que não cumprem a função social do contrato.

Como bem adverte Anderson Schreiber[6], "não há um 'princípio da intervenção mínima', a intervenção do Estado nas relações contratuais de natureza privada é imprescindível, quer para assegurar a força vinculante dos contratos, quer para garantir a incidência das normas jurídicas, inclusive das normas constitucionais, de hierarquia superior à Lei da Liberdade Econômica."

2.5. Boa-fé objetiva: dispõe o artigo 422 do Código Civil brasileiro:

> "Os contratantes são obrigados a guardar, assim na conclusão do contrato, como em sua execução, os princípios de probidade e boa-fé."

Nos ensina Judith Martins-Costa[7], a boa-fé, "nascida com o mundo romano, a ideia de **fides** (...) Expressão polissémica, a ides será entendida, amplamente como confiança, mas igualmente, como colaboração e auxílio mútuo (na relação entre iguais), e como amparo ou proteção (na relação entre desiguais), como lealdade e respeito à palavra dada (...)"

A boa-fé objetiva é um padrão de comportamento leal, honesto, transparente e justo, que as partes devem observar tanto durante a contratação como na execução do contrato.

Conforme Anderson Schreiber[8], a boa-fé objetiva consiste em cláusula geral que impõe a adoção de comportamento compatível com a mútua lealdade e confiança nas relações jurídicas. Do ponto de vista dogmático, tem-se, por toda parte, atribuído à boa-fé objetiva uma tríplice função no sistema jurídico, a saber: (a) função de cânone interpretativo dos negócios

---

6. Manual de Direito Civil. 3. ed. São Paulo: Saraiva, 2020, p. 438.
7. *A boa-fé no direito privado:* critérios para sua aplicação. 2. ed. São Paulo: Saraiva, 2018. p. 98.
8. Manual de Direito Civil. 3. ed. São Paulo: Saraiva, 2020, p. 427.

jurídicos; (b) função restritiva do exercício de direitos; e (c) função criadora de deveres anexos à prestação principal.

2.6. Equilíbrio contratual: o contrato deve prever obrigações equivalentes entre os contratantes. Esse princípio não está expressamente previsto na Lei, mas é amplamente reconhecido pela doutrina e jurisprudência como forma de evitar que um contratante tenha vantagens excessivas no contrato em detrimento da parte contrária.

3. DO CONTRATO DE TRABALHO

A CLT utiliza a expressão contrato individual de trabalho que, na verdade, é o *contrato de emprego*, ou seja, o vínculo jurídico que une empregado e empregador, tendo por objetivo a prestação pessoal, subordinada, não eventual e onerosa de serviços. Não obstante, a doutrina e a jurisprudência consagraram a expressão *contrato de trabalho*.

Na definição de Orlando Gomes e Élson Gottschalk[9]:

> "Contrato de trabalho é a convenção pela qual um ou vários empregados, mediante certa remuneração e em caráter não eventual, prestam trabalho pessoal em proveito e sob direção do empregador."

Nos clássicos ensinamentos de *Délio Maranhão*, o contrato de trabalho *stricto sensu* é o negócio jurídico pelo qual uma pessoa física (empregado) se obriga, mediante o pagamento de uma contraprestação (salário), a prestar trabalho não eventual em proveito de outra pessoa, física ou jurídica (empregador), a quem fica juridicamente subordinada.

Maurício Godinho Delgado[10] define o contrato de trabalho "como o acordo de vontades, tácito ou expresso, pelo qual uma pessoa física coloca seus serviços à disposição de outrem, a serem prestados com pessoalidade, não eventualidade, onerosidade e subordinação ao tomador."

Dispõe o art. 442, *caput*, da CLT:

> "Contrato individual de trabalho é o acordo tácito ou expresso, correspondente à relação de emprego".

---

9. Curso de Direito do Trabalho. 17ª Edição. Rio de Janeiro: Forense, 2005, p. 121
10. Curso de Direito do Trabalho. 19ª ed. São Paulo: LTr, 2020, p. 626.

Na definição do artigo 442 da CLT, há um misto de contratualidade e institucionalismo. Esse misto se explica porque, quando da confecção da CLT, alguns membros integrantes da comissão que elaboraram seu projeto entendiam que a natureza jurídica do contrato de trabalho era institucional e para outros era contratual. No entanto, o dispositivo menciona *contrato de trabalho* e após *relação de emprego*, o que denota esse misto de contrato e instituição.

Nos termos da definição *supra*, são requisitos para configuração de um contrato de trabalho:

a) **partes**: prestador pessoa física; tomador: pessoa física ou jurídica;

b) **continuidade** na prestação de serviço: os serviços prestados pelo trabalhador devem ser realizados com repetição sistemática em prol do tomador;

c) **subordinação:** o trabalhador deve estar sujeito aos comandos do tomador;

d) **onerosidade:** o contrato de trabalho envolve benefícios e sacrifícios para ambas as partes. O empregado recebe o salário em troca da mão de obra, e o tomador paga os salários em troca de receber o trabalho;

e) **pessoalidade:** o prestador de serviços, salvo situações excepcionais, não pode ser substituído por outro prestador;

f) **alteridade:** o empregado não corre os riscos da atividade, e sim o tomador dos serviços.

Prevalece na doutrina e jurisprudência que a natureza jurídica do contrato de trabalho é contratual, uma vez que ninguém será empregado de outrem senão por sua própria vontade. Em contrapartida, ninguém terá outrem como seu empregado senão também quando for da sua vontade. Assim, mesmo se uma pessoa começar a trabalhar para outra sem que expressamente nada tenha sido combinado entre ambas, isso só será possível pela vontade ou pelo interesse das duas.

3.1. Características do contrato de trabalho

Não obstante ser um negócio de natureza privada, a doutrina trabalhista costuma se referir ao *dirigismo contratual* para restringir a autonomia da vontade das partes no contrato de trabalho a fim de submetê-lo às normas de ordem pública como forma de intervenção do Estado para tutelar o trabalhador, que é a parte mais vulnerável nesse tipo de contrato.

Nesse sentido, são expressivos os arts. 9º e 444 da CLT:

> Art. 9º: "Serão nulos de pleno direito os atos praticados com o objetivo de desvirtuar, impedir ou fraudar a aplicação dos preceitos contidos na presente Consolidação."
>
> Art. 444: "As relações contratuais de trabalho podem ser objeto de livre estipulação das partes interessadas em tudo quanto não contravenha às disposições de proteção ao trabalho, aos contratos coletivos que lhes sejam aplicáveis e às decisões das autoridades competentes."

Além disso, o contrato de trabalho é um negócio jurídico de direito privado que segue os princípios do Direito Contratual previstos no Código Civil e também as singularidades do Direito do Trabalho.

Por ser um contrato bilateral, oneroso e comutativo, o contrato de trabalho gera direitos e obrigações recíprocos entre as partes.

Como classifica com maestria Maurício Godinho Delgado[11], o contrato de trabalho é um contrato: a) de natureza privada, pois regulamentado pela CLT; além disso, os sujeitos do contrato são de natureza privada (mesmo o Estado quando contrata pela CLT comporta-se como empregador privado pois despe-se do seu poder de império); b) sinalagmático, pois disciplina obrigações contrapostas, mas equilibradas e onerosas; c) consensual, pois para o seu aperfeiçoamento, como regras, basta a manifestação da vontade, sem mais formalidade, salvo os contratos que exigem a forma escrita, a exemplo do aprendiz; d) *intuito personae*: o contrato de trabalho é personalíssimo em face do empregado; e) trato sucessivo: o contrato de trabalho se prolonga no tempo, não se exaure numa única prestação, como regra é prazo indeterminado; f) contrato de atividade: pois envolve uma prestação humana de fazer; g) oneroso, pois cada parte tem obrigações e benefícios; h) alteridade: o contrato de trabalho é por conta alheia. O risco da atividade é do empregador; i) complexo: o contrato de trabalho pode vir acompanhado de outros contratos.

11. Curso de Direito do Trabalho. 18ª ed. São Paulo: LTr, 2019, p. 615-618

4. DAS TRATATIVAS PRELIMINARES DO CONTRATO DE TRABALHO. MANIFESTAÇÃO DA VONTADE E PRÉ-CONTRATO

As fases preliminares de discussão da contratação, ou fase de puntuação, como regra, não obrigam as partes. No entanto, se há uma proposta formal de condições de trabalho, caso ela seja aceita pela parte contrária, obrigará o proponente se o contrato de trabalho for efetivado. Assim, por exemplo, tendo um executivo recebido a proposta de determinado valor de salário e aceitado tal condição, quando da efetiva contratação, o salário não poderá ser alterado em razão do princípio da boa-fé objetiva que deve nortear as tratativas preliminares de contratação.

Nesse aspecto, dispõe o art. 427 do CC que "a proposta de contrato obriga o proponente, se o contrário não resultar dos termos dela, da natureza do negócio, ou das circunstâncias do caso."

Nos termos do art. 428 do CC, "deixa de ser obrigatória a proposta: I – se, feita sem prazo a pessoa presente, não foi imediatamente aceita. Considera-se também presente a pessoa que contrata por telefone ou por meio de comunicação semelhante; II – se, feita sem prazo a pessoa ausente, tiver decorrido tempo suficiente para chegar a resposta ao conhecimento do proponente; III – se, feita a pessoa ausente, não tiver sido expedida a resposta dentro do prazo dado; IV – se, antes dela, ou simultaneamente, chegar ao conhecimento da outra parte a retratação do proponente".

Conforme o art. 433 do CC, considera-se inexistente a aceitação, se antes dela ou com ela chegar ao proponente a retratação do aceitante.

Havendo justa expectativa de que o contrato de trabalho será concretizado após negociações, entrevistas e processos seletivos, caso ele não se realize por vontade de uma das partes, o prejudicado poderá pedir reparação de danos, nos termos dos arts. 186 e 927 do CC, aplicáveis à esfera trabalhista por força do art. 8º da CLT.

Como destaca Vólia Bomfim[12], "a partir das negociações preliminares as partes podem passar à minuta, reduzindo por escrito algumas cláusulas ou condições do contrato sobre as quais já consentiram, para que sirva de modelo para futuro contrato. Mesmo assim, ainda não há vínculo jurídico entre as partes (...) Apenas na hipótese de um dos participantes criar no outro a expectativa de que o contrato será realizado, a ponto de induzi-lo a

12. Direito do Trabalho. 14ª ed. São Paulo: Método, 2017, p. 500.

praticar despesas, a não contratar ou aceitar outros negócios, a alterar seus planos futuros, a praticar ou deixar de praticar algo e, sem causa justa, desistir do negócio, causando danos e prejuízos ao adversário, deverá ressarci-lo, ante a responsabilidade pré-contratual (...)."

5. EXIGÊNCIA DE TEMPO DE EXPERIÊNCIA DO EMPREGADO PARA CONTRATAÇÃO

Nos termos do art. 442-A da CLT, "para fins de contratação, o empregador não exigirá do candidato a emprego comprovação de experiência prévia por tempo superior a 6 (seis) meses no mesmo tipo de atividade."

O presente dispositivo tem por objetivo impulsionar a inserção do trabalhador no mercado de trabalho, principalmente o trabalhador jovem, evitando que a exigência de tempo de experiência superior a seis meses possa evitar a contratação.

A experiência significa vivência prática da função para a qual se candidata o trabalhador.

O tempo de experiência que pode ser exigido é para o mesmo tipo de atividade, à qual se candidata o trabalhador. Entretanto, não há inviabilidade de ser requerida a qualificação profissional para o exercício da profissional quando a lei o exigir (artigo 5º, XIII, da CF[13]) ou grau de escolaridade, conforme a complexidade da função.

Como destaca Sérgio Pinto Martins[14]: "o objetivo da norma foi facilitar o acesso dos jovens ao mercado de trabalho. As empresas, na prática, vão continuar a exigir experiência sem colocá-la em anúncios ou torná-la explícita. Poderão simplesmente não admitir o trabalhador e não dizer a razão. O empregado vai acabar não sendo contratado por não ter experiência".

Embora a lei tenha relevante caráter social, pensamos que, em algumas funções que exigem maior responsabilidade e especialização da mão de obra, a experiência superior a seis meses justifica-se.

---

13. Art. 5º, XIII, da CF: "é livre o exercício de qualquer trabalho, ofício ou profissão, atendidas as qualificações profissionais que a lei estabelecer."
14. Comentários à CLT. 13ª ed. São Paulo: Atlas, 2009, p. 374.

O critério adotado pela Lei é objetivo e não há inconstitucionalidade, pois não inviabiliza a atividade econômica do empregador e prestigia o acesso ao mercado de trabalho.

O descumprimento do presente dispositivo pelo empregador implica, segundo vem se posicionando a doutrina dominante, penalidade administrativa ao empregador (artigo 510 da CLT). Não obstante, diante das circunstâncias do caso concreto, a exigência de experiência poderá violar direitos da personalidade do trabalhador.

Requisitos de razoabilidade e proporcionalidade podem exigir tempo de experiência superior a seis meses.

6. CONTRATO DE TRABALHO TÁTICO

Dispõe o art. 443 da CLT: "O contrato individual de trabalho poderá ser acordado tácita ou expressamente, verbalmente ou por escrito, por prazo determinado ou indeterminado, ou para prestação de trabalho intermitente."

Tácito é o contrato que não é expresso. É conhecida a frase popular: "quem cala consente". O vínculo jurídico se forma pelo comportamento das partes diante da prestação pessoal de serviços do trabalhador. O tomador dos serviços, perante uma prestação pessoal nos moldes do artigo 3º da CLT, não toma atitude compatível com a vontade de não aceitar o trabalho, e o contrato estará configurado.

7. REQUISITOS DE VALIDADE DO CONTRATO DE TRABALHO

O contrato de trabalho, por ser um negócio jurídico, deve observar os requisitos de validade previstos na Lei Civil.

Nos termos do art. 104 do Código Civil:

> "A validade do negócio jurídico requer: I – agente capaz; II – objeto lícito, possível, determinado ou determinável; III – forma prescrita ou não defesa em lei."

A capacidade, segundo a doutrina civil, é a aptidão para adquirir direitos e obrigações. Adquirida a personalidade com o nascimento com vida, toda pessoa passa a ser capaz de direitos e obrigações.

Conforme a classificação da doutrina, a capacidade se subdivide em:

7.1. Capacidade de direito: toda pessoa, desde que tenha adquirido a personalidade, tem capacidade para ser sujeito de direito e obrigações.

Nesse sentido, dispõem os arts. 1º a 4º do CCb, *in verbis*:

> Art. 1º: "Toda pessoa é capaz de direitos e deveres na ordem civil."
>
> Art. 2º do CC. "A personalidade civil da pessoa começa do nascimento com vida; mas a lei põe a salvo, desde a concepção, os direitos do nascituro."
>
> Art. 3º do CC: "São absolutamente incapazes de exercer pessoalmente os atos da vida civil os menores de 16 (dezesseis) anos."
>
> Art. 4º do CC: "São incapazes, relativamente a certos atos ou à maneira de os exercer: I – os maiores de dezesseis e menores de dezoito anos; II – os ébrios habituais e os viciados em tóxico; III – aqueles que, por causa transitória ou permanente, não puderem exprimir sua vontade; IV – os pródigos. Parágrafo único. A capacidade dos indígenas será regulada por legislação especial."

Os absolutamente incapazes (art. 3º do CC) devem ser representados por seus pais, tutores ou curadores para a prática de atos jurídicos. Já os relativamente incapazes (art. 4º do CC) devem ser assistidos por seus pais, tutores ou curadores para a prática de atos jurídicos.

7.2. Capacidade de fato ou de exercício: é a capacidade de exercer pessoalmente os direitos e praticar todos os atos da vida civil, sem necessidade de representação ou assistência. Essa capacidade é adquirida aos 18 anos de idade (art. 5º do CC).

Os menores emancipados também têm a capacidade de fato ou de exercício, nos termos do art. 5º do CC que resta aplicável ao Direito Material e Processual do Trabalho (arts. 8º e 769 da CLT).

Dispõe o art. 5º do CC: "A menoridade cessa aos dezoito anos completos, quando a pessoa fica habilitada à prática de todos os atos da vida civil. Parágrafo único. Cessará, para os menores, a incapacidade: I – pela concessão dos pais, ou de um deles na falta do outro, mediante instrumento público, independentemente de homologação judicial, ou por sentença do juiz, ouvido o tutor, se o menor tiver dezesseis anos completos; II – pelo casamento; III – pelo exercício de emprego público efetivo; IV – pela colação de grau em curso de ensino superior; V – pelo estabelecimento civil ou comercial, ou pela existência de relação de emprego, desde que, em função deles, o menor com dezesseis anos completos tenha economia própria."

Quanto ao inciso V do art. 5º do CC que prevê a emancipação do menor em virtude da relação de emprego e desde que, em razão dela, o menor tenha economia própria, pensamos que a menoridade cessará pela existência do vínculo de emprego, caso o menor receba um salário mínimo por mês. Embora se possa dizer que o menor que recebe apenas um salário mínimo não tem economia própria, acreditamos que a finalidade da lei ao conceder a emancipação legal foi no sentido de deferir a emancipação ao menor que apresenta maior maturidade em consequência das responsabilidades inerentes ao contrato de emprego.

Portanto, desde que receba um salário mínimo e exista a relação de emprego, o menor de 18 anos e maior de 16 anos estará emancipado de pleno direito, inclusive para firmar contrato de trabalho e postular em juízo sem necessidade de representação ou assistência, independentemente de declaração judicial de emancipação.

De nossa parte, apesar de o salário mínimo ser muito baixo no Brasil, segundo disposição constitucional, ele atende às necessidades do trabalhador (art. 7º, IV, da CF). No entanto, o menor empregado estará emancipado a partir de 16 anos completos, pois o trabalho é proibido antes dessa idade (art. 7º, XXIII, da CF).

Por força do disposto no art. 7º, XXXIII, da Constituição Federal, é proibido o trabalho do menor de 16 anos, salvo na condição de aprendiz, a partir dos 14 anos.

7.3. Forma prevista ou não vedada em lei: quanto à forma, conforme a regra geral do art. 442 da CLT, o contrato de trabalho não exige formalidade escrita, pode ser pactuado de forma expressa ou tácita. No entanto, alguns contratos exigem formalidade especial, devendo ser escritos e observar os requisitos previstos em lei especial a exemplo do contrato de aprendizagem (art. 428 da CLT), contrato de trabalho temporário (Lei 6.019/74) e contrato do atleta profissional de futebol (Lei 9.615/98).

Quanto à licitude do objeto do contrato de trabalho, temos que a prestação pessoal de serviços não deve ser dirigida às atividades ilícitas ou imorais.

Como bem adverte Gustavo Filipe Barbosa Garcia[15], "o trabalho imoral, em afronta aos bons costumes, quando a imoralidade representa violação de normas, regras e princípios que regem a sociedade, também será considerado nulo, tendo em vista as mesmas consequências do trabalho ilegal."

8. NULIDADES DO CONTRATO DE TRABALHO

Nulidade, segundo a melhor doutrina, é a privação dos efeitos de um ato jurídico. Na esfera do direito do trabalho, a nulidade acarreta a perda do efeito de ato jurídico na esfera trabalhista.

Pensamos ser invalidade gênero, do qual as nulidades absolutas e relativas são espécies.

É consenso na doutrina que as nulidades podem ser absolutas, relativas, ou até mesmo o ato processual pode ser inexistente.

São nulos os atos jurídicos quando violam normas de ordem pública e interesse social. O ato nulo não está sujeito à preclusão e pode ser declarado de ofício pelo Juiz (art. 168 do CC). São relativas as nulidades quando não violam normas de ordem pública[16]. Dependem da iniciativa da parte, não podendo ser conhecidas de ofício (art. 177 do CC). As nulidades relativas podem ser saneadas.

Dispõe o art. 166 do CC:

> "É nulo o negócio jurídico quando: I – celebrado por pessoa absolutamente incapaz; II – for ilícito, impossível ou indeterminável o seu objeto; III – o motivo determinante, comum a ambas as partes, for ilícito; IV – não revestir a forma prescrita em lei; V – for preterida alguma solenidade que a lei considere essencial para a sua validade; VI – tiver por objetivo fraudar lei imperativa; VII – a lei taxativamente o declarar nulo, ou proibir-lhe a prática, sem cominar sanção."

No Direito Civil, declarada a nulidade do ato jurídico, serão restituídas às partes o estado anterior. Nesse aspecto, destaca-se o art. 182 do CC:

---

15. Manual de Direito do Trabalho. 13ª ed. São Paulo: Editora Juspodivm, 2020, p. 154.
16. Art. 171, do CC: "Além dos casos expressamente declarados na lei, é anulável o negócio jurídico: I - por incapacidade relativa do agente; II - por vício resultante de erro, dolo, coação, estado de perigo, lesão ou fraude contra credores".

> "Anulado o negócio jurídico, restituir-se-ão as partes ao estado em que antes dele se achavam, e, não sendo possível restituí-las, serão indenizadas com o equivalente."

Na esfera trabalhista, em razão do caráter pessoal da prestação de serviços, quando se declara a nulidade, não há como restituir as partes ao estado anterior. Por essa razão, as nulidades são declaradas com efeitos *ex nunc*, ou seja, a partir de então, sem efeitos retroativos. Assim, mesmo tendo sido nulo o contrato de trabalho, o empregado não terá que devolver os salários recebidos, pois o empregador não terá como restituir a força de trabalho. Além disso, na seara trabalhista, sempre que possível, procura-se conservar o contrato, declarando-se a nulidade apenas da cláusula que viola norma de ordem pública.

Nesse sentido, a redação da Súmula 363 do TST, *in verbis*:

> "*Contrato nulo. Efeitos* (Res. 97/2000, *DJ* 18.09.2000 – Rep. *DJ* 13.10.2000 e *DJ* 10.11.2000. Redação alterada pela Res. 111/2002, *DJ* 11.04.2002. Nova redação – Res. nº 121/2003 – *DJ* 19.11.2003) A contratação de servidor público, após a CF/1988, sem prévia aprovação em concurso público, encontra óbice no respectivo art. 37, II e § 2º, somente lhe conferindo direito ao pagamento da contraprestação pactuada, em relação ao número de horas trabalhadas, respeitado o valor da hora do salário mínimo, e dos valores referentes aos depósitos do FGTS."

A nosso ver, embora a referida Súmula do TST tenha aplicado a teoria da irretroatividade das nulidades, na ausência de concurso público, todas as verbas trabalhistas do período trabalhado devem ser pagas como forma de indenização.

Mesmo diante do princípio da proteção ao trabalho humano, se a atividade realizada pelo trabalhador for ilícita ou contrária à moral, não se formará o vínculo de emprego.

No aspecto, dispõe a OJ 199 da SDI-I do TST, in verbis:

> "*Jogo do bicho. Contrato de trabalho. Nulidade. Objeto ilícito.* (Inserida em 08.11.2000 – Inserção de ementa a sua redação – *DEJT* de 16/11/2010) É nulo o contrato de trabalho celebrado para o desempenho de atividade inerente à prática do jogo do bicho, ante a ilicitude de seu objeto, o que subtrai o requisito de validade para a formação do ato jurídico."

No entanto, tem a jurisprudência admitido que, se a atividade do trabalhador não for considerada ilícita, mesmo dentro de um estabelecimento que realiza atividade ilícita, é possível o reconhecimento do vínculo de emprego, a exemplo de uma faxineira de um estabelecimento destinado ao comércio de produtos ilícitos.

Com relação ao trabalho proibido, mas não ilícito, a jurisprudência trabalhista vem reconhecendo a possibilidade de configuração do vínculo de emprego, pela aplicação do princípio protetivo.

Tratando-se de trabalho proibido, a exemplo do menor de 16 anos, ou do próprio policial militar, a jurisprudência não tem declarado a nulidade do contrato. Nesse aspecto, destaca-se a Súmula 386 do TST, *in verbis*:

> "*Reconhecimento de vínculo empregatício com empresa privada.* (Conversão da Orientação Jurisprudencial nº 167 da SDI-1 – Res. 129/2005, *DJ* 20.04.2005) Preenchidos os requisitos do art. 3º da CLT, é legítimo o reconhecimento de relação de emprego entre policial militar e empresa privada, independentemente do eventual cabimento de penalidade disciplinar prevista no Estatuto do Policial Militar."

No mesmo sentido, a seguinte ementa:

> "RECURSO DE REVISTA INTERPOSTO PELO RECLAMANTE. ACÓRDÃO REGIONAL PUBLICADO NA VIGÊNCIA DAS LEIS Nº 13.015/2014 E 13.467/2017. RECONHECIMENTO DE RELAÇÃO DE EMPREGO. POLICIAL MILITAR. SEGURANÇA PRIVADA. REQUISITOS DO ART. 3º DA CLT. SÚMULA Nº 386 DO TST. TRANSCENDÊNCIA POLÍTICA RECONHECIDA. CONHECIMENTO. I. Segundo o entendimento jurisprudencial desta Corte Superior, desde que preenchidos os requisitos do art. 3º da CLT, é possível o reconhecimento de relação de emprego entre policial militar e empresa privada. Ou seja, há que ficar caracterizada a pessoalidade, a não eventualidade, a onerosidade e a subordinação na relação mantida entre as partes, nos termos do disposto na Súmula nº 386 do TST. II. Na espécie, o egrégio Colegiado Regional entendeu ser impossível reconhecer o vínculo de emprego entre o policial militar e a Reclamada, sob o argumento de não configuração do requisito da 'pessoalidade'. Apresentada divergência jurisprudencial, de acordo com as Súmulas 296 e 337, ambas do TST. O fato de o trabalhador se fazer substituir por outra pessoa, eventualmente, nos dias em que ficava impedido de comparecer ao trabalho em virtude de sua

> função de policial militar, não permite concluir, por si só, que estaria ausente a pessoalidade. III. Assim, demonstrada a presença dos requisitos do art. 3º da CLT, não há como deixar de reconhecer o vínculo empregatício. Por conseguinte, correta a r. sentença em que se declarou a existência da relação de emprego entre as Partes. IV. O Tribunal Regional, ao reformar a sentença, decidiu de forma contrária ao entendimento desta Corte Superior. Transcendência política reconhecida. V. Recurso de revista de que se conhece e a que se dá provimento (TST, RR 1001363-26.2017.5.02.0261, 4ª Turma, Relator Ministro Alexandre Luiz Ramos, *DEJT* 11/06/2021).

Na doutrina, há quem defenda a tese da imprescritibilidade do ato nulo, pois a nulidade acarreta a perda de efeito do ato jurídico. Entretanto, essa tese não está em compasso com o sistema da legislação trabalhista, principalmente a prescrição fixada no artigo 7º, XXIX, da CF, o qual não distingue entre ato nulo e anulável para efeitos de incidência da prescrição.

9. DIREITOS E OBRIGAÇÕES DO EMPREGADOR

9.1. Direitos inerentes ao poder diretivo

Conforme o art. 2º da CLT, o empregador dirige a prestação pessoal de serviços. Por essa razão, o empregador tem o chamado *poder diretivo* ou *poder empregatício* na expressão de Maurício Godinho Delgado[17].

Esse poder diretivo dá a prerrogativa ao empregador de organizar sua atividade, realizando ajustes e alterações necessários ao exercício de sua atividade empresarial (*jus variandi*), elaborar o regulamento de empresa, controlar e fiscalizar as atividades dos seus empregados, e de aplicar punições às infrações funcionais a seus trabalhadores (poder disciplinar).

Como bem adverte Sérgio Pinto Martins[18], "decorre o poder de direção da lei e do contrato. Os limites do poder de direção do empregador são: a Constituição, a Lei, a norma coletiva, a boa-fé, o exercício regular de um direito. O poder de direção não é um direito absoluto. Só por ser um direito, tem limites. Limites externos: Constituição, leis, norma coletiva, contrato. Limites internos: boa-fé objetiva e exercício regular do direito. Se for irregular, o negócio jurídico é ilícito (art. 188, I, do Código Civil)."

---

17. Curso de Direito do Trabalho. 18ª ed. São Paulo: LTr, 2019, p. 790.
18. Direito do Trabalho. 25ª ed. São Paulo: Atlas 2009, p. 197.

9.2. Padrão de vestimenta dos empregados

Nos termos o art. 456-A da CLT, "cabe ao empregador definir o padrão de vestimenta no meio ambiente laboral, sendo lícita a inclusão no uniforme de logomarcas da própria empresa ou de empresas parceiras e de outros itens de identificação relacionados à atividade desempenhada. Parágrafo único. A higienização do uniforme é de responsabilidade do trabalhador, salvo nas hipóteses em que forem necessários procedimentos ou produtos diferentes dos utilizados para a higienização das vestimentas de uso comum."

Diante do referido dispositivo legal, é prerrogativa do empregador definir o padrão de vestimenta dos empregados no ambiente de trabalho, sendo permitida a obrigação de o empregado utilizar o uniforme da empresa com a inclusão de logomarca da empresa ou de empresas parceiras.

Entretanto, segundo vem entendendo a doutrina, o padrão de vestimenta deve ser adequado e propiciar conforto para o exercício de determinada atividade, e ainda respeitar a imagem do trabalhador.

Como bem adverte Gustavo Filipe Barbosa Garcia[19], "a vestimenta e o uniforme estabelecidos pelo empregador devem observar os direitos da personalidade do empregado, não podendo haver violação da intimidade, exposição indevida e constrangimentos ao trabalhador."

A higienização do uniforme é de responsabilidade do trabalhador, salvo nas hipóteses em que forem necessários procedimentos ou produtos diferentes dos utilizados para a higienização das vestimentas de uso comum, a exemplo dos uniformes que exigem higienização especial, como os trabalhadores de hospitais.

9.3. Monitoramento do *e-mail*

Muito se discutiu sobre a possibilidade de monitoramento do *e-mail* corporativo em razão do poder diretivo do empregador (art. 2º da CLT) e também, em última análise, por ser o *e-mail* corporativo equiparado a ferramenta de trabalho, máxime em razão da proteção da propriedade da empresa, bem como de sua imagem.

Inegável que a utilização do *e-mail* corporativo com desvio de finalidade pode acarretar danos à imagem da empresa e, muitas vezes, um prejuízo de

19. CLT Comentada: artigo por artigo. 7ª ed. São Paulo: Juspodivm, 2020, p. 479.

grande monta. Em contrapartida, é verdade que a monitoração do *e-mail* corporativo concedido ao empregado viola sua privacidade e intimidade. Pode-se afirmar que há um conflito de princípios (intimidade do empregado em confronto com o direito de proteção da propriedade e imagem da empresa). A nosso ver, não existe conflito entre princípios no plano abstrato, pois cada princípio tem a sua finalidade, entretanto, em determinada hipótese concreta, pode haver um choque entre princípios, que tem sido resolvido pela doutrina e jurisprudência à luz da regra da ponderação, ou princípio da proporcionalidade, prestigiando-se, no caso concreto, o direito que merece maior proteção. No conflito entre dois direitos fundamentais, ou seja, quando há possibilidade de sacrifício de um direito fundamental em prol de outro, o juiz deve preferir o mal menor e, no caso concreto, escolher o princípio que se mostra mais justo e razoável. Desse modo, quando há monitoração, pelo empregador, do *e-mail* corporativo utilizado pelo empregado, devem ser tomadas algumas cautelas, pois o empregador não tem o direito irrestrito de monitoramento, ou melhor dizendo: o empregador não tem esse direito, porquanto a utilização é privativa do empregado. Contudo, em algumas hipóteses, a nosso ver, é possível esse monitoramento desde que presentes alguns requisitos, que passamos a elencar:

a) fundada suspeita de utilização indevida do *e-mail* pelo empregado;

b) indícios suficientes de que o empregado está desvirtuando a utilização do *e-mail*;

c) que seja extremamente necessário, não havendo possibilidade de provar o fato por outros meios;

d) razoabilidade e boa-fé por parte do empregador.

O Tribunal Superior do Trabalho enfrentou o tema, fixando entendimento no sentido da possibilidade de monitoramento do *e-mail* corporativo quando o empregado faz uso indevido. Relevante destacar as seguintes ementas:

> "PROVA ILÍCITA. 'E-MAIL' CORPORATIVO. JUSTA CAUSA. DIVULGAÇÃO DE MATERIAL PORNOGRÁFICO. 1. Os sacrossantos direitos do cidadão à privacidade e ao sigilo de correspondência, constitucionalmente assegurados, concernem à comunicação estritamente pessoal, ainda que virtual ('e-mail' particular). Assim, apenas o 'e-mail' pessoal ou particular do empregado, socorrendo-se de provedor próprio, desfruta da proteção constitucional e legal de inviolabilidade. 2. Solução diversa impõe-se em se tratando do chamado 'e-mail' corporativo, instrumento de comunicação virtual

mediante o qual o empregado louva-se de terminal de computador e de provedor da empresa, bem assim do próprio endereço eletrônico que lhe é disponibilizado igualmente pela empresa. Destina-se este a que nele trafeguem mensagens de cunho estritamente profissional. Em princípio, é de uso corporativo, salvo consentimento do empregador. Ostenta, pois, natureza jurídica equivalente à de uma ferramenta de trabalho proporcionada pelo empregador ao empregado para a consecução do serviço. 3. A estreita e cada vez mais intensa vinculação que passou a existir, de uns tempos a esta parte, entre Internet e/ou correspondência eletrônica e justa causa e/ou crime exige muita parcimônia dos órgãos jurisdicionais na qualificação da ilicitude da prova referente ao desvio de finalidade na utilização dessa tecnologia, tomando-se em conta, inclusive, o princípio da proporcionalidade e, pois, os diversos valores jurídicos tutelados pela lei e pela Constituição Federal. A experiência subministrada ao magistrado pela observação do que ordinariamente acontece revela que, notadamente o 'e-mail' corporativo, não raro sofre acentuado desvio de finalidade, mediante a utilização abusiva ou ilegal, de que é exemplo o envio de fotos pornográficas. Constitui, assim, em última análise, expediente pelo qual o empregado pode provocar expressivo prejuízo ao empregador. 4. Se se cuida de 'e-mail' corporativo, declaradamente destinado somente para assuntos e matérias afetas ao serviço, o que está em jogo, antes de tudo, é o exercício do direito de propriedade do empregador sobre o computador capaz de acessar a Internet e sobre o próprio provedor. Insta ter presente também a responsabilidade do empregador, perante terceiros, pelos atos de seus empregados em serviço (Código Civil, art. 932, inc. III), bem como que está em xeque o direito à imagem do empregador, igualmente merecedor de tutela constitucional. Sobretudo, imperativo considerar que o empregado, ao receber uma caixa de 'e-mail' de seu empregador para uso corporativo, mediante ciência prévia de que nele somente podem transitar mensagens profissionais, não tem razoável expectativa de privacidade quanto a esta, como se vem entendendo no Direito Comparado (EUA e Reino Unido). 5. Pode o empregador monitorar e rastrear a atividade do empregado no ambiente de trabalho, em *e-mail* corporativo, isto é, checar suas mensagens, tanto do ponto de vista formal quanto sob o ângulo material ou de conteúdo. Não é ilícita a prova assim obtida, visando a demonstrar justa causa para a despedida decorrente do envio de material pornográfico a colega de trabalho. Inexistência de afronta ao art. 5º, incisos X, XII e LVI, da Constituição Federal. 6.

Agravo de Instrumento do Reclamante a que se nega provimento. Vistos, relatados e discutidos estes autos de Recurso de Revista n. TST-RR-613/2000-013-10-00.7" (TST, Proc: RR 613/2000-013-10-00, publicação: *DJ* 10.6.2005, Acórdão 1ª Turma JOD/rla/jc, Rel. Ministro João Oreste Dalazen).

PRELIMINAR DE NULIDADE DO JULGADO POR CERCEAMENTO DE DEFESA – PROVA ILÍCITA – ACESSO PELO EMPREGADOR À CAIXA DE *E-MAIL* CORPORATIVO FORNECIDA AO EMPREGADO – ÓBICE DA SÚMULA N. 126 DO TST. 1. Consoante a diretriz da Súmula n. 126 do TST, é incabível o recurso de revista para reexame de fatos e provas. 2. *In casu*, pretende o Reclamante modificar a decisão vergastada, ao argumento de que a prova acostada aos autos é ilícita, porquanto consubstanciada no acesso à sua conta de *e-mail* pessoal, quando o Regional, ao enfrentar a questão, entendeu que a prova era lícita, porque se tratava de acesso, pela Reclamada, ao conteúdo do *e-mail* corporativo fornecido ao Reclamante para o exercício de suas atividades funcionais, do qual se utilizava de forma imprópria, recebendo fotos com conteúdo que estimulava e reforçava comportamentos preconceituosos. Além disso, os *e-mails* continham conversas fúteis que se traduziam em desperdício de tempo. 3. Com efeito, as alegações obreiras esbarram no óbice do referido verbete sumulado, porquanto pretendem o revolvimento do conjunto fático-probatório dos autos. 4. Por outro lado, ainda que o presente recurso não ultrapasse a barreira do conhecimento, a controvérsia em torno da licitude ou não da prova acostada pela Reclamada, consubstanciada no acesso à caixa de *e-mail* corporativo utilizado pelo Reclamante, é matéria que merece algumas considerações. 5. O art. 5º, X e XII, da CF garante ao cidadão a inviolabilidade da intimidade, da vida privada, da honra, da imagem das pessoas, bem como o sigilo de suas correspondências, dados e comunicações telegráficas e telefônicas. 6. A concessão, por parte do empregador, de caixa de *e-mail* a seus empregados em suas dependências tem por finalidade potencializar a agilização e eficiência de suas funções para o alcance do objeto social da empresa, o qual justifica a sua própria existência e deve estar no centro do interesse de todos aqueles que dela fazem parte, inclusive por meio do contrato de trabalho. 7. Dessa forma, como instrumento de alcance desses objetivos, a caixa do *e-mail* corporativo não se equipara às hipóteses previstas nos incisos X e XII do art. 5º da CF, tratando-se, pois, de ferramenta de trabalho que deve ser utilizada com a mesma diligência emprestada a qualquer outra de natureza diversa. Deve o empregado zelar pela sua manutenção, utilizando-a de forma segura e adequada e respeitando os fins para que se destinam. Mesmo porque, como assinante do provedor de acesso à *Internet*, a empresa é responsável pela sua utilização com observância da lei. 8. Assim, se o empregado eventualmente se utiliza da caixa de *e-mail* corporativo para assuntos particulares, deve fazê-lo consciente de que o seu acesso pelo empregador não representa violação de suas correspondências pessoais, tampouco violação de sua privacidade ou intimidade, porque se trata de equipamento e tecnologia fornecidos pelo empregador para utilização no trabalho e para alcance das finalidades da empresa. 9. Nessa esteira, entendo que não se configura o cerceamento de defesa a utilização de prova consubstanciada no acesso à caixa de *e-mail* fornecido pelo empregador aos seus empregados. Agravo de instrumento desprovido" (TST, Processo AIRR 1542/2005-055-02-40.4, Data de Julgamento: 4.6.2008, Relator Ministro: Ives Gandra Martins Filho, 7ª Turma, Data de Publicação: *DJ* 6.6.2008).

9.4. Das revistas

Em situações peculiares, o empregador pode realizar revistas em seus empregados, no entanto as revistas pessoais têm que observar a privacidade e a intimidade do empregado, a razoabilidade, bem como devem ocorrer somente em atividades em que há risco de furtos de produtos da empresa. No entanto, em compasso com o princípio da função social da empresa, deve o empregador investir em tecnologias para fiscalização de seu patrimônio sem precisar recorrer a revistas pessoais que causam grande constrangimento ao empregado.

Caso seja necessária a revista, o empregador deve tomar as seguintes cautelas: a) não fazer revistas íntimas; b) não obrigar que o empregado tire peças de roupa; c) realizar a revista em locais reservados; d) não tocar no corpo do empregado; e) respeitar a intimidade e privacidade do trabalhador; f) investir em tecnologia.

A CLT, no art. 373-A, veda a revista íntima para as mulheres. Dispõe o referido dispositivo legal: "Ressalvadas as disposições legais destinadas a corrigir as distorções que afetam o acesso da mulher ao mercado de trabalho e certas especificidades estabelecidas nos acordos trabalhistas, é vedado: (...) VI – proceder o empregador ou preposto a revistas íntimas nas empregadas ou funcionárias."

Embora o referido dispositivo faça alusão ao trabalho da mulher, pensamos, em razão do princípio da isonomia, que ele também se estende ao homem. Desse modo, são vedadas as revistas íntimas para os dois sexos.

Nesse sentido, cumpre destacar o Enunciado n. 15 da 1ª Jornada de Direito Material e Processual da ANAMATRA, *in verbis:*

> "REVISTA DE EMPREGADO. I – REVISTA – ILICITUDE. Toda e qualquer revista, íntima ou não, promovida pelo empregador ou seus prepostos em seus empregados e/ou em seus pertences, é ilegal, por ofensa aos direitos fundamentais da dignidade e intimidade do trabalhador. II – REVISTA ÍNTIMA – VEDAÇÃO A AMBOS OS SEXOS. A norma do art. 373-A, inc. VI, da CLT, que veda revistas íntimas nas empregadas, também se aplica aos homens em face da igualdade entre os sexos inscrita no art. 5º, inc. I, da Constituição da República".

Relevante destacar ainda a seguinte ementa da mais alta Corte Trabalhista brasileira, *in verbis*:

> "Recurso de revista – Dano moral – Revista íntima – Quantificação – Princípio da proporcionalidade. Fixado montante indenizatório que não se mostra razoável, está obrigado o julgador, à luz do princípio da proporcionalidade (art. 5º, V, da Constituição da República), e observadas as particularidades do caso concreto, a adequar a indenização – aumentando ou reduzindo o seu valor –, a fim de torná-la consentânea com o dano moral provocado, consoante precedentes do Superior Tribunal de Justiça. Na hipótese, submetido o autor a revistas íntimas diárias, obrigado a despir-se na presença de outros trabalhadores, sem que houvesse qualquer 'presunção de prática de conduta penal típica', porquanto objetivava o empregador 'o controle dos vales-refeições (como impeditivo de furto)', não se mostra proporcional a redução do valor da indenização pelo Tribunal de origem. Recurso de revista conhecido e provido" (TST, RR nº 1055/2004.041.02.00-3, 3ª T., Rel. Min. Rosa Maria Weber, *DJe* nº 260 25.06.09, p. 808) (*RDT*, n. 7, julho 2009).

Recentemente, a mais alta Corte Trabalhista brasileira pronunciou-se sobre o tema, conforme se constata do seguinte julgado:

> "RECURSO DE REVISTA INTERPOSTO NA VIGÊNCIA DA LEI Nº 13.015/2014. REVISTA PESSOAL E CORPORAL. ABUSIVIDADE.

DANO MORAL. INDENIZAÇÃO. 1. A jurisprudência desta Corte Superior é firme no sentido de que o procedimento de revistas realizado nos pertences pessoais de todos os empregados, indiscriminadamente, sem contato físico, insere-se no âmbito do poder diretivo e fiscalizatório do empregador, não gerando constrangimento apto a ensejar dano moral indenizável. 2. Na hipótese em apreciação, todavia, o Tribunal Regional registrou que os encarregados apalpavam o corpo na busca de desvio de mercadorias. 3. Assim, a revista realizada mediante contato físico extrapolou os limites de seu poder diretivo, configurando situação vexatória que afronta a intimidade e a dignidade do trabalhador, ensejando, por consequência, o pagamento de indenização por dano moral. Precedentes. Recurso de revista conhecido e provido (...)" (TST, RR 860-17.2014.5.09.0654, 1ª Turma, Relator Desembargador Convocado Marcelo Lamego Pertence, *DEJT* 23/08/2021).

10. OBRIGAÇÕES DO EMPREGADOR

As obrigações do empregador, além do pagamento dos salários, segundo a melhor doutrina e jurisprudência, são:

a) proceder à documentação do contrato de trabalho, principalmente realizar o registro em CTPS[20];

b) fornecimento de meios para a execução do trabalho;

---

20. Art. 29 da CLT: "O empregador terá o prazo de 5 (cinco) dias úteis para anotar na CTPS, em relação aos trabalhadores que admitir, a data de admissão, a remuneração e as condições especiais, se houver, facultada a adoção de sistema manual, mecânico ou eletrônico, conforme instruções a serem expedidas pelo Ministério da Economia. § 1º As anotações concernentes à remuneração devem especificar o salário, qualquer que seja sua forma de pagamento, seja êle em dinheiro ou em utilidades, bem como a estimativa da gorjeta. § 2º As anotações na Carteira de Trabalho e Previdência Social serão feitas: a) na data-base; b) a qualquer tempo, por solicitação do trabalhador; c) no caso de rescisão contratual; ou d) necessidade de comprovação perante a Previdência Social. § 3º A falta de cumprimento pelo empregador do disposto neste artigo acarretará a lavratura do auto de infração, pelo Fiscal do Trabalho, que deverá, de ofício, comunicar a falta de anotação ao órgão competente, para o fim de instaurar o processo de anotação. § 4º É vedado ao empregador efetuar anotações desabonadoras à conduta do empregado em sua Carteira de Trabalho e Previdência Social. § 5º O descumprimento do disposto no § 4º deste artigo submeterá o empregador ao pagamento de multa prevista no art. 52 deste Capítulo. § 6º A comunicação pelo trabalhador do número de inscrição no CPF ao empregador equivale à apresentação da CTPS em meio digital, dispensado o empregador da emissão de recibo. § 7º Os registros eletrônicos gerados pelo empregador nos sistemas informatizados da CTPS em meio digital equivalem às anotações a que se refere esta Lei. § 8º O trabalhador deverá ter acesso às informações da sua CTPS no prazo de até 48 (quarenta e oito) horas a partir de sua anotação."

c) urbanidade no tratamento do empregado;

d) preservação do meio ambiente do trabalho, bem como tomar medidas para reduzir os riscos de acidente e doenças do trabalho[21];

e) cumprimento do contrato e da legislação trabalhista;

f) exercício equilibrado do poder disciplinar;

g) facilitar os meios de ascensão profissional e social para os empregados dentro da própria empresa;

h) respeitar a intimidade, privacidade e imagem do trabalhador.

11. PROTEÇÃO DE DADOS PESSOAIS DOS EMPREGADOS (LEI GERAL DE PROTEÇÃO DE DADOS)

Conforme destacam Ingo Wolfgang Sarlet, Luiz Guilherme Marinoni e Daniel Mitidiero[22]:

> "A proteção dos dados pessoais alcançou uma dimensão sem precedentes no âmbito da sociedade tecnológica, notadamente a partir da introdução do uso da tecnologia da informática. Embora a proteção dos dados não se restrinja aos dados armazenados, processados e transmitidos na esfera da informática, pois em princípio ela alcança a proteção de todo e qualquer dado pessoal independentemente do local (banco de dados) e do modo pelo qual é armazenado, cada vez mais os dados disponíveis são inseridos em bancos de dados informatizados. A facilidade de acesso aos dados pessoais, somada à velocidade do acesso, da transmissão e do cruzamento de tais dados, potencializa as possibilidades de afetação de direitos fundamentais das pessoas, mediante o conhecimento e o controle de informações sobre a vida pessoal, privada e social."

21. Art. 157, da CLT: "Cabe às empresas: I - cumprir e fazer cumprir as normas de segurança e medicina do trabalho; II - instruir os empregados, através de ordens de serviço, quanto às precauções a tomar no sentido de evitar acidentes do trabalho ou doenças ocupacionais; III - adotar as medidas que lhes sejam determinadas pelo órgão regional competente; IV - facilitar o exercício da fiscalização pela autoridade competente."
22. Curso de Direito Constitucional. 7ª ed. São Paulo: Saraiva, 2018.

A Constituição Federal assegura o direito o direito ao sigilo no art. 5º, XII, *in verbis*: "é inviolável o sigilo da correspondência e das comunicações telegráficas, de dados e das comunicações telefônicas, salvo, no último caso, por ordem judicial, nas hipóteses e na forma que a lei estabelecer para fins de investigação criminal ou instrução processual penal".

Entretanto, a Constituição Federal, no artigo 5º, XIV, assegura a toda pessoa o acesso à informação e o resguardo do sigilo da fonte, quando necessário ao exercício profissional, e disciplina no art. 5º, LXXII, a ação para acesso à informação constante de cadastros públicos, nos seguintes termos:

> "Conceder-se-á *habeas data:* a) para assegurar o conhecimento de informações relativas à pessoa do impetrante, constantes de registros ou bancos de dados de entidades governamentais ou de caráter público; b) para a retificação de dados, quando não se prefira fazê-lo por processo sigiloso, judicial ou administrativo."

A Emenda Constitucional 115/2022 acrescentou o inciso LXXIX ao art. 5º da CF, assegurando, nos termos da lei, o direito à proteção dos dados pessoais, inclusive nos meios digitais.

No âmbito trabalhista, as empresas e empregadores, necessariamente, coletam e armazenam dados e informações pessoais de seus empregados, desde a fase de pré-contratação, como as informações constantes de currículos e cadastros, durante a contratação, para registro do contrato de trabalho nos órgãos competentes, durante a vigência do contrato de trabalho, e também após o encerramento do vínculo contratual, durante o prazo prescrição para fins de eventual defesa em processo trabalhista.

A Lei 13.709/18, conhecida como *Lei Geral de Proteção de Dados,* assegura a proteção dos dados das pessoas físicas e é aplicável às relações de trabalho (art. 8º da CLT). Desse modo, as empresas e os empregadores devem dar o tratamento adequado aos dados pessoais dos trabalhadores, tanto na coleta quanto no armazenamento e descarte dos dados quando não mais necessários, conforme as disposições da presente lei. Foi enfatizado que os dados, definidos como pessoais, dos empregados, a eles pertencem, devendo o empregador utilizá-los nos limites constitucionais e legais, sendo importante o consentimento do empregado para a coleta e armazenamento desses dados. Contudo, o tratamento inadequado dos dados pessoais sujeitará o empregador a multas, além de responsabilização por danos de ordem material e moral.

Lembra Carlos Henrique Bezerra Leite[23] que "em Portugal o art. 17 do Código do Trabalho dispõe expressamente sobre a proteção dos dados pessoais dos empregados, proibindo a coleta de informações relativas à sua vida privada, à sua saúde ou estado de gravidez, salvo quando for estritamente necessário diante da natureza da própria atividade profissional e devidamente justificado por escrito. Frisa-se que as condições de saúde do empregado ou estado gravídico da empregada só serão prestadas ao médico, o qual só poderá comunicar ao empregador se o(a) trabalhador(a) está apto(a) ou não para desempenhar suas funções."

Conforme o art. 2º da Lei 13.709/18, a disciplina da proteção de dados pessoais tem como fundamentos: I – o respeito à privacidade; II – a autodeterminação informativa; III – a liberdade de expressão, de informação, de comunicação e de opinião; IV – a inviolabilidade da intimidade, da honra e da imagem; V – o desenvolvimento econômico e tecnológico e a inovação; VI – a livre-iniciativa, a livre concorrência e a defesa do consumidor; e VII – os direitos humanos, o livre desenvolvimento da personalidade, a dignidade e o exercício da cidadania pelas pessoas naturais.

O art. 5º da Lei define, por meio de interpretação autêntica, o conceito de dados pessoais, assim dispondo:

> "Para os fins desta Lei, considera-se: I – dado pessoal: informação relacionada a pessoa natural identificada ou identificável; II – dado pessoal sensível: dado pessoal sobre origem racial ou étnica, convicção religiosa, opinião política, filiação a sindicato ou a organização de caráter religioso, filosófico ou político, dado referente à saúde ou à vida sexual, dado genético ou biométrico, quando vinculado a uma pessoa natural; III – dado anonimizado: dado relativo a titular que não possa ser identificado, considerando a utilização de meios técnicos razoáveis e disponíveis na ocasião de seu tratamento; IV – banco de dados: conjunto estruturado de dados pessoais, estabelecido em um ou em vários locais, em suporte eletrônico ou físico; V – titular: pessoa natural a quem se referem os dados pessoais que são objeto de tratamento; VI – controlador: pessoa natural ou jurídica, de direito público ou privado, a quem competem as decisões referentes ao tratamento de dados pessoais; VII – operador: pessoa natural ou jurídica, de direito público ou privado, que realiza o tratamento de dados pessoais em nome do controlador; VIII – encarregado: pessoa indicada

23. Curso de Direito do Trabalho. 13. ed. São Paulo: Saraiva, 2021, p. 83.

pelo controlador e operador para atuar como canal de comunicação entre o controlador, os titulares dos dados e a Autoridade Nacional de Proteção de Dados (ANPD); IX – agentes de tratamento: o controlador e o operador; X – tratamento: toda operação realizada com dados pessoais, como as que se referem a coleta, produção, recepção, classificação, utilização, acesso, reprodução, transmissão, distribuição, processamento, arquivamento, armazenamento, eliminação, avaliação ou controle da informação, modificação, comunicação, transferência, difusão ou extração; XI – anonimização: utilização de meios técnicos razoáveis e disponíveis no momento do tratamento, por meio dos quais um dado perde a possibilidade de associação, direta ou indireta, a um indivíduo; XII – consentimento: manifestação livre, informada e inequívoca pela qual o titular concorda com o tratamento de seus dados pessoais para uma finalidade determinada; XIII – bloqueio: suspensão temporária de qualquer operação de tratamento, mediante guarda do dado pessoal ou do banco de dados; XIV – eliminação: exclusão de dado ou de conjunto de dados armazenados em banco de dados, independentemente do procedimento empregado; XV – transferência internacional de dados: transferência de dados pessoais para país estrangeiro ou organismo internacional do qual o país seja membro; XVI – uso compartilhado de dados: comunicação, difusão, transferência internacional, interconexão de dados pessoais ou tratamento compartilhado de bancos de dados pessoais por órgãos e entidades públicos no cumprimento de suas competências legais, ou entre esses e entes privados, reciprocamente, com autorização específica, para uma ou mais modalidades de tratamento permitidas por esses entes públicos, ou entre entes privados; XVII – relatório de impacto à proteção de dados pessoais: documentação do controlador que contém a descrição dos processos de tratamento de dados pessoais que podem gerar riscos às liberdades civis e aos direitos fundamentais, bem como medidas, salvaguardas e mecanismos de mitigação de risco; XVIII – órgão de pesquisa: órgão ou entidade da administração pública direta ou indireta ou pessoa jurídica de direito privado sem fins lucrativos legalmente constituída sob as leis brasileiras, com sede e foro no País, que inclua em sua missão institucional ou em seu objetivo social ou estatutário a pesquisa básica ou aplicada de caráter histórico, científico, tecnológico ou estatístico; e XIX – autoridade nacional: órgão da administração pública responsável por zelar, implementar e fiscalizar o cumprimento desta Lei em todo o território nacional."

Como destaca Selma Carloto[24], "o dado pessoal é aquela informação relacionada a pessoa natural identificada ou identificável, logo a Lei Geral de Proteção de Dados não se aplica a dados de pessoas jurídicas e nem dados anonimizados. A Lei Geral de Proteção de Dados cria um marco legal para a proteção de informações pessoais coletada e tratada, entre as quais nome, RG, CPF, número de passaporte, título e eleitor, endereço, profissão, hábitos de consumo, número de telefone, estado civil, *e-mail* e patrimônio."

Segundo Selma Carloto[25], "entre os *dados pessoais sensíveis* temos os de origem racial ou étnica, convicção religiosa, opinião política, filiação a sindicato ou organização de caráter religioso, filosófico ou político, dados referentes à saúde, ou à vida sexual, que podem trazer atos ou atitudes discriminatórias no tratamento e os dados genéticos ou biométricos, que identificam o indivíduo de forma inequívoca e que trazem um risco muito alto ao titular dos dados, caso haja algum incidente durante o tratamento".

O dado anonimizado é o relativo a titular que não possa ser identificado, considerando a utilização de meios técnicos razoáveis e disponíveis na ocasião de seu tratamento. Como bem adverte Selma Caroloto[26], "a Lei Geral de Proteção de Dados não exige a anonimização, sendo esta apenas uma opção trazida pela própria lei e, ao mesmo tempo, um grande atrativo, já que afasta a incidência da legislação de proteção de dados, mas não é um procedimento obrigatório para quem deseja tratar os dados pessoais. Se a empresa não precisar identificar os titulares dos dados pessoais, o que é mais comum fora das relações de trabalho, a mesma se resguarda, já que não corre o risco de um incidente de vazamento por falta de adequação à Lei Geral de Proteção de Dados."

Nos termos do art. 6º da Lei 13.709/18, os dados pessoais devem ser manipulados, utilizados e armazenados pelas pessoas jurídicas, incluindo aí o empregador, devendo este último tratar os dados pessoais de seus empregados e prestadores de serviços, observando-se os princípios da boa-fé objetiva, finalidade, adequação, necessidade, livre acesso aos titulares dos dados, transparência, segurança (confiança), prevenção, não discriminação e responsabilidade com a prestação de contas.

---

24. Lei Geral de Proteção de Dados: Enfoque nas Relações de Trabalho. 2ª ed. São Paulo: Ltr, 2021, p. 61.
25. Op. cit. p. 62.
26. Op. cit. p. 63.

A recente Lei 14.289/22, aplicável ao direito do trabalho (art. 8º da CLT) torna obrigatória a preservação do sigilo sobre a condição de pessoa que vive com infecção pelos vírus da imunodeficiência humana (HIV) e das hepatites crônicas (HBV e HCV) e de pessoa com hanseníase e com tuberculose. Dispõe o art. 2º da referida Lei que é aplicável ao empregador:

> "É vedada a divulgação, pelos agentes públicos ou privados, de informações que permitam a identificação da condição de pessoa que vive com infecção pelos vírus da imunodeficiência humana (HIV) e das hepatites crônicas (HBV e HCV) e de pessoa com hanseníase e com tuberculose, nos seguintes âmbitos: I – serviços de saúde; II – estabelecimentos de ensino; III – locais de trabalho; IV – administração pública; V – segurança pública; VI – processos judiciais; VII – mídia escrita e audiovisual. Parágrafo único. O sigilo profissional sobre a condição de pessoa que vive com infecção pelos vírus da imunodeficiência humana (HIV) e das hepatites crônicas (HBV e HCV) e de pessoa com hanseníase e com tuberculose somente poderá ser quebrado nos casos determinados por lei, por justa causa ou por autorização expressa da pessoa acometida ou, quando se tratar de criança, de seu responsável legal, mediante assinatura de termo de consentimento informado, observado o disposto no art. 11 da Lei nº 13.709, de 14 de agosto de 2018 (Lei Geral de Proteção de Dados Pessoais – LGPD)."

Nos termos do art. 42 da Lei 13.709/18, "o controlador ou o operador que, em razão do exercício de atividade de tratamento de dados pessoais, causar a outrem dano patrimonial, moral, individual ou coletivo, em violação à legislação de proteção de dados pessoais, é obrigado a repará-lo. § 1º A fim de assegurar a efetiva indenização ao titular dos dados: I - o operador responde solidariamente pelos danos causados pelo tratamento quando descumprir as obrigações da legislação de proteção de dados ou quando não tiver seguido as instruções lícitas do controlador, hipótese em que o operador equipara-se ao controlador, salvo nos casos de exclusão previstos no art. 43 desta Lei; II - os controladores que estiverem diretamente envolvidos no tratamento do qual decorreram danos ao titular dos dados respondem solidariamente, salvo nos casos de exclusão previstos no art. 43 desta Lei. § 2º O juiz, no processo civil, poderá inverter o ônus da prova a favor do titular dos dados quando, a seu juízo, for verossímil a alegação, houver hipossuficiência para fins de produção de prova ou quando a produção de prova pelo titular resultar-lhe excessivamente onerosa. § 3º As ações de reparação por danos coletivos que tenham por objeto a responsabilização nos termos do caput deste artigo podem ser exercidas coletivamente em juízo, observado o disposto na legislação pertinente. § 4º Aquele que reparar o dano ao titular tem direito de regresso contra os demais responsáveis, na medida de sua participação no evento danoso."

Diante do referido dispositivo legal, aplicável ao Direito do Trabalho, os responsáveis pelo tratamento dos dados que violarem os dispositivos da Lei Geral de Proteção de dados, principalmente os dados sensíveis e os protegidos por sigilo, ficam sujeitos à responsabilização pela reparação de danos.

O Tribunal Superior do Trabalho, recentemente, reconheceu justa causa a empregado que violou os deveres inerentes à Lei Geral de Proteção de Dados, conforme se constata da seguinte ementa:

> ACÓRDÃO REGIONAL PROFERIDO ANTES DA VIGÊNCIA DA LEI Nº 13.467/2017. I – AGRAVO. AGRAVO DE INSTRUMENTO EM RECURSO DE REVISTA. NULIDADE POR NEGATIVA DE PRESTAÇÃO JURISDICIONAL. Por divisar possibilidade de julgamento favorável ao recorrente no mérito, deixa-se de analisar a preliminar em epígrafe, nos termos do art. 282, § 2º, do CPC/2015. DESPEDIDA POR JUSTA CAUSA. MAU PROCEDIMENTO E INSUBORDINAÇÃO GRAVE. ACESSO A DADOS CADASTRAIS SEM A DEVIDA MOTIVAÇÃO DO SERVIÇO. Com efeito, do cotejo da tese exposta no acórdão regional acerca da competência da Justiça do Trabalho com as razões de agravo, mostra-se prudente o provimento do agravo para melhor análise do agravo de instrumento, com fins de prevenir possível violação do artigo 482, b e h, da CLT. Agravo de conhecido e provido. II - AGRAVO DE INSTRUMENTO EM RECURSO DE REVISTA. DESPEDIDA POR JUSTA CAUSA. MAU PROCEDIMENTO E INSUBORDINAÇÃO GRAVE. ACESSO A DADOS CADASTRAIS SEM A DEVIDA MOTIVAÇÃO DO SERVIÇO. O agravo de instrumento merece provimento ante a possível violação do artigo 482, b e h, da CLT. Agravo de instrumento conhecido e provido. III - RECURSO DE REVISTA. DESPEDIDA POR JUSTA CAUSA. MAU PROCEDIMENTO E INSUBORDINAÇÃO GRAVE. ACESSO A DADOS CADASTRAIS SEM A DEVIDA MOTIVAÇÃO DO SERVIÇO. VIOLAÇÃO DE DADOS PESSOAIS DE CORRENTISTA. 1. O TRT, a despeito da falta cometida pelo autor – acesso sem a devida motivação do serviço dos dados cadastrais de sua ex-esposa – considerou exagerada a pena de despedida por justa causa, revertendo-a para dispensa sem justa causa, decorrente de mau

procedimento e insubordinação grave. A doutrina e a jurisprudência são uníssonas que há de se observar em caso de falta grave cometida pelo empregado a necessária gradação da pena, o que tem amparo nos princípios da proporcionalidade e da razoabilidade. Também é destacado que em certos casos, em decorrência da gravidade do ato, pode não haver "qualquer viabilidade de gradação na punição a ser deferida, propiciando, assim, de imediato, a aplicação da pena máxima existente no Direito do Trabalho". Para o TRT a ação do autor foi "insuficiente para ensejar a justa causa na modalidade mau procedimento e indisciplina, nos termos do artigo 482, alínea b e h, da Consolidação das Leis do Trabalho, diante da ausência de proporcionalidade entre a conduta praticada e a penalidade aplicada". 2. No entanto, a conduta do autor foi sim de extrema gravidade. Ele fez uso de seus privilégios decorrentes do cargo que ocupava para acessar dados sigilosos de sua ex-esposa, violando a sua intimidade e vida privada, direitos constitucionalmente protegidos pelo art. 5°, X e XII, da CF. A relação entre o cliente e o banco é regulada por lei, sendo considerada pelo Estado e por todos os envolvidos de extrema sensibilidade. O sigilo bancário é direito garantido pelo art. 1° da Lei Complementar n° 105/2001, sendo que a sua quebra, conforme o §4° do mesmo artigo, somente pode ser feita por ordem judicial para apuração de qualquer ilícito, o que não é o caso dos autos. Além disso, o acesso às informações bancárias e financeiras dos usuários também é acobertada pelo sigilo fiscal e mesmo os órgãos e entidades incumbidas da fiscalização fiscal e financeira têm o dever de manter o sigilo dos dados, conforme arts. 5º e 6º da referida Lei Complementar. 3. Ainda que o caso dos autos não trate especificamente de compartilhamento de dados, o julgado vinculante proferido pela Suprema Corte na ADI 6.649 e APDF 695 direciona a interpretação em casos como o dos autos, em que o empregado se vale das prerrogativas funcionais para acessar dados sigilosos, com intuito meramente particular e desvinculado da atividade exercida. A proteção dos dados da cliente dentro do ambiente bancário, portanto, é um dos múnus de maior relevância dentro da sociedade. 4. O autor acessou o cadastro de uma cliente do banco sem a devida necessidade do serviço. Mas não foi de qualquer cliente, foi o cadastro de sua ex-esposa, com quem estava envolvido em separação litigiosa, buscando, assim, informações que lhe favorecessem, uma ação extremamente reprovável e indigna da sua posição de empregado da instituição bancária. O autor, aproveitando-se de seu cargo, feriu gravemente a maior responsabilidade do banco e sua própria como bancário, qual seja, a proteção dos dados do cliente. A entidade bancária não pode compactuar com desvios de seus empregados que comprometam o principal pilar da relação com seus clientes, a confiança. 5. É verdade que o autor prestou serviço no banco por mais de 30 anos, sem nenhuma intercorrência, mas há casos em que não há alternativa, senão o desligamento do empregado. Os princípios da proporcionalidade e da razoabilidade não servem apenas ao empregado, mas também às vítimas, nesse caso a organização bancária e a ex-esposa do autor. Inclusive, eventual utilização dos dados da ex-esposa pelo empregado para fins diversos, poderia ensejar a responsabilização da instituição bancária. 6. O autor acessou, tal como consta na petição inicial (art. 374, III do CPC), o cadastro de sua ex-esposa em quatro momentos distintos, nos anos de 2004, 2005 e 2010, o que foi descoberto em auditoria interna para apuração de denúncia realizada pela cliente. Extrai-se dos autos que o reclamante realizou 10 consultas aos dados de sua ex-esposa durante aquele período. 7. Ressalte-se que a Lei Geral de Proteção de Dados Pessoais (Lei 13.709/2018), ainda que posterior aos fatos narrados, expressamente declina no art. 2º como fundamentos da proteção dos dados pessoais: (I) o respeito à privacidade; (II) à autodeterminação informativa; (III) à inviolabilidade da intimidade, da honra e da imagem e (IV) a defesa do consumidor. A referida lei orienta que o tratamento de dados pessoais deve observar a boa-fé e os princípios da finalidade, adequação, necessidade, segurança e prevenção (art. 6º, I, II, III, VII e VIII), de modo que a conduta do reclamante ensejou a violação dos dados pessoais da sua ex-esposa, pois desviada de qualquer finalidade da instituição bancária, tendo o intuito de satisfação de interesse pessoal, notadamente em face da ação de divórcio litigioso e de revisão da pensão alimentícia de sua filha. 8. A proteção dos dados pessoais constitui direito fundamental previsto no art. 5º, LXXIX, da CF (incluído pela EC nº 115/2022). A evolução da sociedade, da tecnologia e das relações sociais não pode resultar em desproteção jurídica do ser humano, razão pela qual, antes mesmo da regulamentação legislativa da proteção de dados pessoais, princípios basilares como a intimidade e a privacidade (art. 5º, X e XII da CF), enquanto desdobramentos da dignidade da pessoa humana (art. 1º, III, da CF), já regiam as relações jurídicas, inclusive na esfera privada, a partir da concepção da eficácia horizontal dos direitos fundamentais. 9. O mau procedimento e a insubordinação grave já ensejariam, per si, a despedida por justa causa, uma vez que capituladas essa condutas no art. 482 da CLT. Ocorre que a conduta do trabalhador foi além, caracterizando ato de improbidade pela prática de infração penal e obtenção de vantagem junto à ex-esposa, em processo judicial. Logo, o ato praticado detém gravidade suficiente para justificar a dispensa do autor por justa causa, ensejando a ruptura da confiança atinente à relação de emprego, não sendo o caso de se aplicar a gradação pedagógica de punições. Recurso de revista conhecido por violação do art. 482, b e h, da CLT e provido (TST - RR-297-51.2015.5.21.0008, 7ª Turma, Relator Ministro Alexandre de Souza Agra Belmonte, DEJT 15/09/2023).

12. DIREITOS E OBRIGAÇÕES DO EMPREGADO

O empregado não corre os riscos da atividade econômica, pois trabalha sob dependência do empregador (artigos 2º e 3º da CLT). Por isso, tem o direito de receber a remuneração pactuada (salários), de ter os direitos trabalhistas previstos na lei, normas, coletivas e contrato observados, de ser tratado com respeito e dignidade.

São obrigações do empregado:

a) diligência na prestação pessoal de serviços;

b) observar as normas de segurança e medicina do trabalho[27];

c) obediência, exceto a ordens manifestamente ilegais e que exorbitem o *jus variandi* do empregador;

d) assiduidade e pontualidade;

e) fidelidade;

f) urbanidade e boa conduta;

g) respeitar a imagem e honra do empregador.

Como mencionado *supra*, além das obrigações próprias do contrato de trabalho, tanto o empregado como o empregador devem, reciprocamente, respeitar a imagem e honra de cada um. Como já pacificado na jurisprudência,

27. Art. 158 da CLT: "Cabe aos empregados: I - observar as normas de segurança e medicina do trabalho, inclusive as instruções de que trata o item II do artigo anterior; II - colaborar com a empresa na aplicação dos dispositivos deste Capítulo. Parágrafo único. Constitui ato faltoso do empregado a recusa injustificada: a) à observância das instruções expedidas pelo empregador na forma do item II do artigo anterior; b) ao uso dos equipamentos de proteção individual fornecidos pela empresa."

embora a pessoa jurídica não tenha intimidade (honra dignidade e decoro – aspecto interior, porquanto agem segundo a vontade das pessoas que a comandam), tem o que a doutrina chama de honra objetiva, ou seja, uma imagem e reputação a zelar perante terceiros (aspecto exterior). Por isso, a empresa pode ter valores personalíssimos violados pelo empregado, por exemplo, um gerente de uma empresa que vincula na internet imagem depreciativa sobre a qualidade dos produtos da empresa em que trabalha. Por outro lado, o empregado tem que ter respeitadas sua intimidade, privacidade e imagem. Como pessoa física, o empregado pode sofrer danos em sua honra subjetiva (honra dignidade e decoro – aspecto interior) e também em sua honra subjetiva (imagem e reputação – aspecto exterior).

13. DAS INVENÇÕES DO EMPREGADO

Ensina-nos Maurício Godinho Delgado[28]: "as parcelas com natureza de direito intelectual podem ser devidas pelo empregador ao obreiro no contexto do contrato empregatício. Contudo, preservam, regra geral, natureza jurídica própria, distinta da salarial. É que elas derivam de direito específico adquirido pelo trabalhador ao longo do contrato, com estrutura, dinâmica e fundamentos jurídicos próprios. Pode ocorrer, até mesmo, que o próprio título jurídico ensejador do direito intelectual não seja o contrato de trabalho, mas um contrato paralelo ao pacto empregatício original. Em qualquer dessas hipóteses, porém, tais parcelas não se comunicam com o salário obreiro, preservando natureza jurídica específica e distinta."

Dispõe o art. 454 da CLT:

> "Na vigência do contrato de trabalho, as invenções do empregado, quando decorrentes de sua contribuição pessoal e da instalação ou equipamento fornecidos pelo empregador, serão de propriedade comum, em partes iguais, salvo se o contrato de trabalho tiver por objeto, implícita ou explicitamente, pesquisa científica. Parágrafo único. Ao empregador caberá a exploração do invento, ficando obrigado a promovê-la no prazo de um ano da data da concessão da patente, sob pena de reverter em favor do empregado da plena propriedade desse invento."

28. Curso de Direito do Trabalho. 19ª ed. São Paulo: Ltr, 2020, p. 750.

O presente dispositivo trata dos *direitos intelectuais* do empregado, decorrentes de sua atividade criativa durante a vigência do contrato de trabalho.

Como destaca Marcelo Moura[29], "os direitos intelectuais, também chamados de direitos derivados da propriedade intelectual, são aqueles que se relacionam à autoria e utilização de obra decorrente da produção mental da pessoa. São vantagens jurídicas concernentes aos interesses morais e materiais resultantes de qualquer produção científica, literária ou artística".

Nos termos do art. 5º, XXIX, da CF, a lei assegurará aos autores de inventos industriais privilégio temporário para sua utilização, bem como proteção às criações industriais, à propriedade das marcas, aos nomes de empresas e a outros signos distintivos, tendo em vista o interesse social e o desenvolvimento tecnológico e econômico do País.

Atualmente, o art. 454 da CLT encontra-se revogado, tacitamente, pela Lei 9.279/96 (Regula direitos e obrigações relativos à propriedade industrial), a qual regulamentou integralmente a matéria (art. 2º da LINDB).

Nos termos do art. 88 da Lei 9.279/96: "A invenção e o modelo de utilidade pertencem exclusivamente ao empregador quando decorrerem de contrato de trabalho cuja execução ocorra no Brasil e que tenha por objeto a pesquisa ou a atividade inventiva, ou resulte esta da natureza dos serviços para os quais foi o empregado contratado. § 1º Salvo expressa disposição contratual em contrário, a retribuição pelo trabalho a que se refere este artigo limita-se ao salário ajustado. § 2º Salvo prova em contrário, consideram-se desenvolvidos na vigência do contrato a invenção ou o modelo de utilidade, cuja patente seja requerida pelo empregado até 1 (um) ano após a extinção do vínculo empregatício".

Conforme o art. 89 da Lei 9.279/96: "O empregador, titular da patente, poderá conceder ao empregado, autor de invento ou aperfeiçoamento, participação nos ganhos econômicos resultantes da exploração da patente, mediante negociação com o interessado ou conforme disposto em norma da empresa. Parágrafo único. A participação referida neste artigo não se incorpora, a qualquer título, ao salário do empregado".

> "Pertencerá exclusivamente ao empregado a invenção ou o modelo de utilidade por ele desenvolvido, desde que desvinculado do contrato de trabalho e não decorrente da utilização de recursos, meios,

29. Consolidação das Leis do Trabalho. 7. ed. Salvador: Juspodivm, 2017, p. 490.

> dados, materiais, instalações ou equipamentos do empregador" (art. 90 da Lei 9.279/96).
>
> "A propriedade de invenção ou de modelo de utilidade será comum, em partes iguais, quando resultar da contribuição pessoal do empregado e de recursos, dados, meios, materiais, instalações ou equipamentos do empregador, ressalvada expressa disposição contratual em contrário. § 1º Sendo mais de um empregado, a parte que lhes couber será dividida igualmente entre todos, salvo ajuste em contrário. § 2º É garantido ao empregador o direito exclusivo de licença de exploração e assegurada ao empregado a justa remuneração. § 3º A exploração do objeto da patente, na falta de acordo, deverá ser iniciada pelo empregador dentro do prazo de 1 (um) ano, contado da data de sua concessão, sob pena de passar à exclusiva propriedade do empregado a titularidade da patente, ressalvadas as hipóteses de falta de exploração por razões legítimas. § 4º No caso de cessão, qualquer dos cotitulares, em igualdade de condições, poderá exercer o direito de preferência" (art. 91 da Lei 9.2796/96).

14. DOS CONTRATOS POR PRAZO DETERMINADO

O princípio da continuidade do contrato de trabalho norteia o Direito do Trabalho como forma de fixar o trabalhador a uma fonte de ganho e inseri-lo no organismo empresarial. Não obstante, a lei permite, em situações excepcionais, a contratação por prazo determinado.

O contrato individual de trabalho não exige formalidades (art. 443 da CLT). Pode ser pactuado de forma expressa (por escrito ou verbalmente) e pode ser por prazo indeterminado ou determinado.

Conforme o § 1º do art. 443 da CLT, considera-se como de prazo determinado o contrato de trabalho cuja vigência dependa de termo prefixado ou da execução de serviços especificados ou ainda da realização de certo acontecimento suscetível de previsão aproximada.

A lei não exige a formalidade escrita dos contratos por prazo determinado (salvo se houve previsão específica na lei que rege a contratação). Entretanto, toda vez que o empregador alegar que a contratação se deu a prazo, o ônus da prova recairá sobre sua pessoa em razão da presunção favorável aos contratos por prazo indeterminado.

Os contratos por prazo determinado devem ter um motivo justificável: como serviços especificados, de curta duração, como um curso por prazo determinado; acontecimento de previsão aproximada, como a como a montagem de uma máquina, ou a construção de uma residência.

Outrossim, conforme o § 2º do artigo 443 da CLT, o contrato por prazo determinado somente será válido quando se tratar de:

a) **serviço justifique a predeterminação de prazo:** os serviços que justificam a predeterminação de prazo são as atividades sazonais, ou cujo término é previsível, como a realização de uma obra por prazo determinado, ou para a construção de uma obra de residência civil;

b) **atividades empresariais de caráter transitório:** são atividades empresariais que somente existem em algumas épocas do ano. Como as empresas que se dedicam à fabricação de ovos de chocolate para a Páscoa;

c) **contrato de experiência:** para o contrato de experiência, a lei admite a pactuação por prazo determinado.

O contrato por prazo determinado não pode ultrapassar o prazo de dois anos. Admite-se uma prorrogação desde que o prazo total não ultrapasse o tempo total de dois anos (arts. 445 e 451, ambos da CLT).

Se o contrato de trabalho ultrapassar o prazo de dois anos, convolar-se-á em prazo indeterminado (art. 445 da CLT).

Nos termos do art. 452 da CLT, "considera-se por prazo indeterminado todo contrato que suceder, dentro de 6 (seis) meses, a outro contrato por prazo determinado, salvo se a expiração deste dependeu da execução de serviços especializados ou da realização de certos acontecimentos".

Na extinção natural do contrato de trabalho por prazo determinado, são devidos saldo de salário, 13º salário proporcional, férias proporcionais+1/3, liberação do FGTS, sem multa de 40%.

Se a extinção do contrato por prazo determinado ocorrer antes do prazo estipulado, aplica-se o artigo 479 da CLT, *in verbis*:

> "Nos contratos que tenham termo estipulado, o empregador que, sem justa causa, despedir o empregado, será obrigado a pagar-lhe, a título de indenização, e por metade, a remuneração a que teria direito até o termo do contrato. Parágrafo único. Para a execução do que dispõe o presente artigo, o cálculo da parte variável ou incerta dos salários

> será feito de acordo com o prescrito para o cálculo da indenização referente à rescisão dos contratos por prazo indeterminado."

Se o empregador dispensar o empregado antes do término do contrato, sem justa causa, deverá pagar indenização ao trabalhador, a qual equivale à metade da remuneração faltante para o término do contrato.

Embora o dispositivo não tenha sido para o regime do FGTS, conforme já pacificado na jurisprudência, ele também é aplicável para os empregados regidos pelo regime fundiário, nos termos da Súmula 125 do TST[30].

Segundo a doutrina, a indenização prevista no presente dispositivo tem natureza jurídica de indenização antecipada de perdas e danos em razão de o empregador não cumprir os termos do contrato.

Alguns autores asseveram que, diante do regime do FGTS, não mais subsiste a indenização do artigo 479 da CLT, aplicando-se à hipótese a indenização prevista no artigo 7º, I, da CF c/c o artigo 18 da Lei 8.036/90, ou seja, a multa de 40% sobre o FGTS.

Em nosso sentir, não se aplica à hipótese a multa de 40% sobre o FGTS, e sim a indenização prevista no artigo 479 da CLT para a rescisão antecipada do contrato de trabalho pelo empregador, por ser norma específica (princípio da especialidade), que prevalece sobre a regra geral do artigo 7º, I, da CF.

Conforme o art. 480 da CLT, "havendo termo estipulado, o empregado não se poderá desligar do contrato, sem justa causa, sob pena de ser obrigado a indenizar o empregador dos prejuízos que desse fato lhe resultarem. § 1º A indenização, porém, não poderá exceder àquela a que teria direito o empregado em idênticas condições".

Caso o empregado rescindir (pedir demissão) o contrato por prazo determinado antes do seu vencimento, deverá indenizar o empregador pelos prejuízos. Essa indenização não é fixada pela Lei, podendo constar do contrato de trabalho. Não obstante, não poderá ultrapassar o valor fixado no artigo 479 da CLT, qual seja, metade da remuneração faltante para o término do contrato.

---

30. Súmula 125 do TST: "O art. 479 da CLT, aplica-se ao trabalhador optante pelo Fundo de Garantia do Tempo de Serviço – FGTS, admitido mediante contrato por prazo determinado, nos termos do art. 30, § 3º, do Decreto 59.820, de 20/12/1966."

Conforme o art. 481 da CLT, "aos contratos por prazo determinado, que contiverem cláusula assecuratória do direito recíproco de rescisão antes de expirado o termo ajustado, aplicam-se, caso seja exercido tal direito por qualquer das partes, os princípios que regem a rescisão dos contratos por prazo indeterminado."

As partes podem pactuar, no contrato por prazo determinado, cláusula assegurando a possibilidade de rescisão antecipada do contrato, tanto pelo empregado como empregador. Se houve a pactuação da referida cláusula, serão aplicados os mesmos princípios que regem o contrato de trabalho por prazo indeterminado. Desse modo, havendo rescisão antecipada por uma das partes, ela deverá pré-avisar a parte contrária, sendo cabível o instituto do aviso prévio. Além disso, se o autor tomar a iniciativa da rescisão, terá direito às verbas rescisórias que seriam devidas no contrato de trabalho por prazo indeterminado. Caso o empregador tome a iniciativa da rescisão, serão devidas as verbas rescisórias constantes no contrato de trabalho por prazo indeterminado, que é extinto por iniciativa do empregador (dispensa sem justa causa).

Nos termos do 472, § 2º, da CLT, nos contratos por prazo determinado, o tempo de afastamento, se assim acordarem as partes interessadas, não será computado na contagem do prazo para a respectiva terminação.

Os contratos por prazo determinado terminam com o advento do termo, mesmo que o contrato de trabalho esteja suspenso. Desse modo, o período de suspensão contratual se computa para efeitos da data final do contrato de trabalho por prazo determinado. Entretanto, se as partes pactuarem, expressamente, que o tempo de afastamento não se computará no contrato por prazo determinado, a data final do contrato somente se dará após a cessação da suspensão contratual.

Como bem adverte Gustavo Filipe Barbosa Garcia[31], "na hipótese de ainda não ter chegado a termo o contrato, até que o obreiro recebe alta médica (a qual corresponde, em tese, à cessão da incapacidade laborativa, e ao fim do benefício previdenciário), tem-se como vedada a sua dispensa sem justa causa ou arbitrária, justamente em razão da suspensão contratual. Eventual dispensa imotivada, durante essa suspensão, será nula, em razão de estar o contrato suspenso."

31. Manual de Direito do Trabalho. 13ª ed. São Paulo, Editora Juspodivm, 2020, p. 194.

14.1. Contratos por prazo determinado e as garantias de emprego

Durante muito tempo, a jurisprudência do Tribunal Superior do Trabalho era no sentido de que não se aplicavam aos contratos por prazo determinado as garantias de emprego, ou estabilidades provisórias, pois nestas espécies contratuais as partes já sabem de antemão quando o contrato vai terminar.

Nesse aspecto, destaca-se a seguinte ementa: "Estabilidade gestante. Contrato de experiência. O término do prazo contratual não constitui dispensa arbitrária ou sem justa causa, na medida em que as partes, ao firmarem o contrato de experiência, já estão cientes, desde o início da contratualidade, acerca do seu termo final, ou seja, já sabem a data de sua extinção. Tese prevalecente nº 05 do E. TRT da 2ª Região. Recurso provido (TRT/SP - Processo n. 1000151-03.2021.5.02.0043, 12ª Turma, Relator Paulo Kim Barbosa, Data de Publicação: 20-9-21).

No entanto, atualmente, a jurisprudência do TST, em razão do alto alcance social e humanitário que envolve o trabalho da gestante e do trabalhador acidentado, firmou-se no sentido de que as estabilidades provisórias da gestante e do trabalhador acidentado são compatíveis com os contratos por prazo determinado. Dispõem as Súmulas 244, III, e 378, III, ambas do Tribunal Superior do Trabalho:

> Súmula 244, III, do TST: "A empregada gestante tem direito à estabilidade provisória prevista no art. 10, inciso II, alínea 'b', do Ato das Disposições Constitucionais Transitórias, mesmo na hipótese de admissão mediante contrato por tempo determinado."

> Súmula 378, III, do TST: "O empregado submetido a contrato de trabalho por tempo determinado goza da garantia provisória de emprego, decorrente de acidente de trabalho, prevista no art. 118 da Lei nº 8.213/91."

As referidas estabilidades provisórias ou garantias de emprego não convolam os contratos por prazo determinado em prazo indeterminado, apenas suspendem os referidos contratos enquanto perdurarem as referidas estabilidades.

Quanto ao contrato temporário, regido pela Lei 6.019/74 em face de suas peculiaridades e curta duração, o Tribunal Superior do Trabalho fixou entendimento de ser incompatível com as garantias de emprego, conforme a tese firmada no Incidente de Assunção de Competência n. 5639-31.2013.5.12.0051, *in verbis*:

> "É inaplicável ao regime de trabalho temporário, disciplinado pela Lei n.º 6.019/74, a garantia de estabilidade provisória à empregada gestante, prevista no art. 10, II, *b*, do Ato das Disposições Constitucionais Transitórias".

Quanto ao contrato de experiência, embora a CLT o inclua entre os contratos por prazo determinado, ele, na verdade, é um contrato de prova para aquilatar aptidões pessoais do empregado pelo empregador, e das peculiaridades do serviço, pelo empregado e firmado por reduzido lapso de tempo. Por essa razão, pensamos que as garantias de emprego também são incompatíveis com essa espécie de contrato, ressalvando-se o direito à indenização em casos de conduta discriminatória por parte do empregador.

Em sentido contrário, decidiu o Tribunal Superior do Trabalho recentemente:

> AGRAVO. RECURSO DE REVISTA. ACÓRDÃO PUBLICADO NA VIGÊNCIA DA LEI Nº 13.467/2017. ESTABILIDADE PROVISÓRIA DA GESTANTE. CONTRATO DE EXPERIÊNCIA. DECISÃO EM DESCONFORMIDADE COM A SÚMULA Nº 244, III, DO TST. TRANSCENDÊNCIA POLÍTICA RECONHECIDA NA DECISÃO AGRAVADA. O e. TRT, ao manter a sentença que indeferiu a garantia de estabilidade à gestante em contrato de experiência, decidiu de forma contrária ao entendimento pacificado nesta Corte por meio do item III da Súmula nº 244. Assim, mesmo que o contrato não tenha sido rescindido, mas findado pelo implemento do prazo, aplica-se o disposto no supratranscrito item sumular. Precedentes. Correta a decisão agravada, portanto, ao reconhecer a desconformidade entre o acórdão regional e a jurisprudência pacífica desta Corte e, por consequência, a transcendência política da matéria. Agravo não provido, com aplicação de multa (TST - Ag-RR-1000890-51.2022.5.02.0039, 5ª Turma, Relator Ministro Breno Medeiros, DEJT 06/10/2023).

15. CONTRATO DE EXPERIÊNCIA OU DE PROVA

O contrato de experiência, também chamado de *contrato de prova*, na legislação brasileira, tem natureza jurídica de contrato por prazo determinado, embora sua finalidade seja outra, qual seja, a avaliação das características pessoais e funcionais do empregado e das características do empregador para uma futura contração por prazo indeterminado.

Ao final do prazo do contrato de experiência, tanto o empregado como o empregador poderão não querer continuar o contrato, sem necessidade de motivação, ou seja, o contrato de experiência extingue-se com o advento do termo. Alguns autores sustentam que há necessidade de motivação para a não contratação em definitivo em razão de o contrato de experiência ser prejudicial ao empregado e atender principalmente aos interesses do empregador. Além disso, argumentam que se deve prestigiar o princípio da boa-fé objetiva.

O contrato de experiência não pode ultrapassar o prazo de 90 dias. Contudo, a jurisprudência admite a prorrogação do contrato de experiência, desde que o prazo máximo não ultrapasse 90 dias. Parte da doutrina e jurisprudência admitem a prorrogação tácita do contrato de experiência desde que respeitado o prazo máximo de 90 dias. Pensamos não ser possível a prorrogação tácita do contrato de experiência, pois é prejudicial ao trabalhador, gerando-lhe insegurança quanto ao futuro. Desse modo, a prorrogação do contrato de experiência deve contar com a anuência expressa do trabalhador e não ultrapassar o prazo máximo de 90 dias (art. 445, parágrafo único, da CLT).

No entanto, a nosso ver, o contrato de experiência, por configurar exceção ao princípio da continuidade do contrato de trabalho, deve ser escrito e registrado na CTPS do empregado (artigo 29 da CLT), constando a expressa anuência do trabalhador, não se admitindo a forma verbal, máxime tratando-se de trabalhador doméstico. A jurisprudência, entretanto, não é incisiva nesse sentido.

A jurisprudência do TST admite a prorrogação do contrato de experiência, conforme se constata de sua Súmula 188, in verbis:

> "Súmula 188 do TST: CONTRATO DE TRABALHO. EXPERIÊNCIA. PRORROGAÇÃO (mantida) – Res. 121/2003, *DJ* 19, 20 e 21.11.2003. O contrato de experiência pode ser prorrogado, respeitado o limite máximo de 90 (noventa) dias".

16. DO CONTRATO DE TRABALHO INTERMITENTE

16.1. Conceito de trabalho intermitente e constitucionalidade

O § 3º do art. 443 da CLT, incluído pela Lei 13.4567/17, traz-nos o conceito de contrato de trabalho intermitente. Com efeito, dispõe o referido dispositivo legal:

> "Considera-se como intermitente o contrato de trabalho no qual a prestação de serviços, com subordinação, não é contínua, ocorrendo com alternância de períodos de prestação de serviços e de inatividade, determinados em horas, dias ou meses, independentemente do tipo de atividade do empregado e do empregador, exceto para os aeronautas, regidos por legislação própria."

Trata-se de inovação da recente Lei 13.467/17, já existente em outros países, permitindo que um trabalhador preste serviços em períodos descontínuos. Não se cuida de contrato de trabalho por prazo determinado, e sim de uma contratação que prevê alternâncias de períodos de prestação de serviços e de inatividade. A regulamentação do contrato de trabalho intermitente está disciplinada no art. 452-A da CLT, que assim dispõe:

> "O contrato de trabalho intermitente deve ser celebrado por escrito e deve conter especificamente o valor da hora de trabalho, que não pode ser inferior ao valor horário do salário mínimo ou àquele devido aos demais empregados do estabelecimento que exerçam a mesma função em contrato intermitente ou não. § 1º O empregador convocará, por qualquer meio de comunicação eficaz, para a prestação de serviços, informando qual será a jornada, com, pelo menos, três dias corridos de antecedência. § 2º Recebida a convocação, o empregado terá o prazo de um dia útil para responder ao chamado, presumindo-se, no silêncio, a recusa. § 3º A recusa da oferta não descaracteriza a subordinação para fins do contrato de trabalho intermitente. § 4º Aceita a oferta para o comparecimento ao trabalho, a parte que descumprir, sem justo motivo, pagará à outra parte, no prazo de trinta dias, multa de 50% (cinquenta por cento) da remuneração que seria devida, permitida a compensação em igual prazo. § 5º O período de inatividade não será considerado tempo à disposição do empregador, podendo o trabalhador prestar serviços a outros contratantes. § 6º Ao final de cada período de prestação de serviço, o empregado receberá o pagamento imediato das seguintes parcelas: I – remuneração; II – férias proporcionais com acréscimo de um terço; III – décimo terceiro salário proporcional; IV – repouso semanal remunerado; e V – adicionais legais. § 7º O recibo de pagamento deverá conter a discriminação dos valores pagos relativos a cada uma das parcelas referidas no § 6º deste artigo. § 8º O empregador efetuará o recolhimento da contribuição previdenciária e o depósito do Fundo de Garantia do Tempo de Serviço, na forma da lei, com base nos valores pagos no período

> mensal e fornecerá ao empregado comprovante do cumprimento dessas obrigações. § 9º A cada doze meses, o empregado adquire direito a usufruir, nos doze meses subsequentes, um mês de férias, período no qual não poderá ser convocado para prestar serviços pelo mesmo empregador."

Como se denota do referido dispositivo legal, que faz parte da chamada "Reforma Trabalhista", fora disciplinada a contratação formal de trabalhadores que prestam serviços descontínuos para determinado tomador de serviços. Como destaca Homero Batista Mateus da Silva[32], esse tipo de contrato também é conhecido por "contrato-zero ou popularmente chamado de *bico oficial*".

Para alguns, a alteração foi positiva, pois busca trazer para formalidade milhares de trabalhadores que já prestam serviços de forma intermitente, ou eventual, para um tomador de serviços, sem proteção da legislação trabalhista.

Tradicionalmente, quando o trabalho não é habitual, falta o requisito da "não eventualidade" para o reconhecimento do vínculo empregatício. Desse modo, o trabalho intermitente não configuraria, "em tese" a relação de emprego. Como bem adverte Homero Batista Mateus da Silva[33], "embora a palavra habitualidade não conste expressamente do art. 3º, da CLT, há consenso de que esse requisito é a chave para a compreensão da essência da relação de emprego. Ao afirmar que o trabalho subordinado, pessoal e oneroso para a ser um contrato de trabalho se a atividade for 'não eventual', o art. 3º sedimentou as bases para o conteúdo da habitualidade – aquilo que se repete, de maneira razoavelmente esperada. Com efeito, repetição esperada não significa repetição cotidiana. Neste sentido, merece elogio a reforma de 2017, que, por vias indiretas, pretende albergar no direito do trabalho as atividades repetitivas não cotidianas."

De outro lado, muitos apontam precarização das relações de trabalho com o contrato intermitente, por não observar o princípio constitucional da melhoria da condição social do trabalhador (art. 7º, *caput*, da CF), flexibilizando garantias trabalhistas, principalmente com relação aos institutos da jornada e tempo à disposição (art. 4º da CLT), e o piso salarial mínimo (art. 7º, incisos IV e VII, da CF). Além disso, esse tipo de contratação não atende aos interesses do trabalhador, não há garantia de renda fixa, tampouco

32. Comentários à Reforma Trabalhista. São Paulo: RT, 2017, p. 69.
33. CLT Comentada. 2. ed. São Paulo: RT, 2018, p. 302.

possibilidade de planejamento de sua rotina. Nesse sentido, advertem-nos Maurício Godinho Delgado e Gabriela Neves Delgado[34]:

> "O contrato de trabalho intermitente, nos moldes em que foi proposto pela Lei da Reforma Trabalhista – caso lidas, em sua literalidade, as regras impostas por esse diploma legal –, busca romper com dois direitos e garantias justrabalhistas importantes, que são da estrutura central do Direito do Trabalho: a noção de duração do trabalho (e de jornada) e a noção de salário."

O Supremo Tribunal Federal ainda decidirá sobre a constitucionalidade do contrato intermitente, nas ADIs 5.826, 5.829 e 6.154, as quais questionam a constitucionalidade dos arts. 443, § 3º, e 452-A da CLT por violação aos princípios constitucionais de proteção ao trabalho humano e direitos constitucionais mínimos do trabalhador.

Como bem adverte Henrique Correia[35], "o tema é polêmico e ainda não houve decisão pelo STF em controle concentrado de constitucionalidade. Como tese que defende a inconstitucionalidade, é possível sustentar que o trabalho intermitente é modalidade de precarização do trabalho, pois não assegura nenhuma segurança ou estabilidade ao trabalhador quanto à sua remuneração no fim do mês, há supressão do requisito da habitualidade na prestação dos serviços. Por sua vez, para aqueles que defendem a constitucionalidade da nova modalidade de contratação sustentam que esse contrato é válido, pois assegura o pagamento proporcional ao trabalho prestado, tomando-se como base o salário mínimo ou salário proporcional em respeito ao texto constitucional."

16.2. Requisitos do contrato de trabalho intermitente

Pela regulamentação do art. 452-A da CLT, o contrato intermitente tem as seguintes características:

a) deve ser pactuado por escrito: não se admite a contratação verbal ou tácita;

b) o contrato deve conter especificamente o valor da hora de trabalho, que não pode ser inferior ao valor hora do salário mínimo ou àquele

34. A Reforma Trabalhista no Brasil: com os comentários à Lei n. 13.4676/17. 2. Ed. São Paulo: Ltr, 2018, p. 162.
35. Curso de Direito do Trabalho. 7ª ed. São Paulo: Editora Juspodivm, 2023, p. 679.

devido aos demais empregados do estabelecimento que exerçam a mesma função em contrato intermitente ou não: o trabalhador intermitente tem direito ao salário mínimo hora ou àquele pago aos demais trabalhadores que exerçam na empresa a mesma função (intermitentes ou não);

c) o empregador convocará, por qualquer meio de comunicação eficaz, para a prestação de serviços, informando qual será a jornada, com pelo menos três dias corridos de antecedência: a convocação para o trabalho deve partir do empregador, por meio de comunicação eficaz (pode ser por meio de telefone, *e-mail*, rede social ou *WhatsApp*);

d) o empregado deve responder à convocação em até um dia útil, presumindo-se, no silêncio, a recusa. A recusa da oferta não descaracteriza a subordinação para fins do contrato de trabalho intermitente: aqui, há uma mudança significativa de rota, pois o empregado, que não é intermitente, não pode recusar a convocação para os serviços, sem justificativa legal, sob consequência de estar sujeito ao poder disciplinar do empregador;

e) aceita a oferta para o comparecimento ao trabalho, a parte que descumprir, sem justo motivo, pagará à outra parte, no prazo de trinta dias, multa de 50% da remuneração que seria devida, permitida a compensação em igual prazo;

f) o período de inatividade não será considerado tempo à disposição do empregador, podendo o trabalhador prestar serviços a outros contratantes: aqui, não se aplica a regra do art. 4º da CLT. O período de inatividade será interpretado como de suspensão contratual, sem salário e sem cômputo do tempo de serviço;

g) ao final de cada período de prestação de serviço, o empregado receberá os direitos trabalhistas devidos, quais sejam: remuneração, férias proporcionais + 1/3, 13º salário proporcional, Dsr's e adicionais de remuneração (adicional de horas extras, adicional noturno de insalubridade/periculosidade etc.). O recibo de pagamento deverá conter a discriminação dos valores relativos a cada uma das parcelas trabalhistas pagas;

h) o empregador efetuará o recolhimento da contribuição previdenciária e o depósito do Fundo de Garantia do Tempo de Serviço, na forma da lei, com base nos valores pagos no período mensal e fornecerá ao empregado comprovante do cumprimento dessas obrigações;

i) a cada doze meses, o empregado adquire direito a usufruir, nos doze meses subsequentes, um mês de férias, período no qual não poderá ser convocado para prestar serviços pelo mesmo empregador: a interpretação aqui há de ser benéfica ao empregado. Desse modo, a cada doze meses de vigência do contrato intermitente, não necessariamente, de prestação efetiva de serviços, ele terá direito a férias.

Há que se mencionar ainda que no contrato de trabalho intermitente, não há exclusividade na prestação de serviços para um tomador, podendo o trabalhador prestar serviços para outros tomadores. Outrossim, deve ser destacado que o trabalhador intermitente tem direitos ao piso mínimo de direitos estabelecido na Constituição Federal e aos direitos previstos na CLT e nas legislações extravagantes que não são incompatíveis com essa espécie de trabalho.

O contrato de trabalho intermitente será um desafio a ser enfrentado por trabalhadores, empregadores e operadores do direito do trabalho. Há que se avaliar, no caso concreto, se a finalidade social da lei e a finalidade social do direito do trabalho foram observadas. Caso existam obrigações desproporcionais, no caso concreto ou atendimento aos interesses exclusivo do tomador de serviços, este contrato pode ser anulado na Justiça do Trabalho, reconhecendo-se a contratação por prazo indeterminado.

Recentemente, o Tribunal Superior do Trabalho manifestou-se pela constitucionalidade do contrato de trabalho intermitente, conforme a ementa a seguir:

> I) AGRAVO DE INSTRUMENTO – RITO SUMARÍSSIMO – TRABALHO INTERMITENTE – TRANSCENDÊNCIA JURÍDICA – VIOLAÇÃO DO ART. 5º, II, DA CF. Tratando-se de matéria nova a relativa ao trabalho intermitente, reconhece-se a transcendência jurídica do recurso de revista, e constatando-se a recusa do Regional na aplicação da nova Lei 13.467/17 à modalidade intermitente de contratação, a hipótese é de reconhecimento de violação do art. 5º, II, da CF, em processo submetido ao rito sumaríssimo. Agravo de instrumento provido. II) RECURSO DE REVISTA – RITO SUMARÍSSIMO – TRABALHO INTERMITENTE – MATÉRIA NOVA v TRANSCENDÊNCIA JURÍDICA v VIOLAÇÃO DO ART. 5º, II, DA CF – DESRESPEITO PATENTE À LEI 13.467/17, QUE INTRODUZIU OS ARTS. 443, § 3º, E 452-A NA CLT. 1. Constitui matéria nova no âmbito deste Tribunal, a ensejar o conhecimento de recurso de revista com base em sua transcendência jurídica (CLT, art. 896-A, §

1º, IV), aquela concernente ao regramento do trabalho intermitente, introduzido em nosso ordenamento jurídico pela Lei 13.467/17. 2. Discutida a matéria em recurso oriundo de processo submetido ao rito sumaríssimo, apenas por violação direta de dispositivo constitucional se pode conhecer do apelo, nos termos do § 9º do art. 896 da CLT. 3. É pacífica a jurisprudência do TST no sentido de que, excepcionalmente, pode-se conhecer de recurso de revista em rito sumaríssimo por violação ao princípio da legalidade insculpido no art. 5º, II, da CF, como forma de controle jurisdicional das decisões dos TRTs que deixarem flagrantemente de aplicar dispositivo legal que rege a matéria em debate (Precedentes de todas as Turmas, em variadas questões). 4. *In casu*, o 3º Regional reformou a sentença, que havia julgado improcedente a reclamatória, por entender que o trabalho intermitente 'deve ser feito somente em caráter excepcional, ante a precarização dos direitos do trabalhador, e para atender demanda intermitente em pequenas empresas' e que 'não é cabível ainda a utilização de contrato intermitente para atender posto de trabalho efetivo dentro da empresa'. 5. Pelo prisma da doutrina pátria, excessos exegéticos assomam tanto nas fileiras dos que pretendem restringir o âmbito de aplicação da nova modalidade contratual como nas dos que defendem sua generalização e maior flexibilidade, indo mais além do que a própria lei prevê. 6. Numa hermenêutica estrita, levando em conta a literalidade dos arts. 443, § 3º, e 452-A da CLT, que introduziram a normatização do trabalho intermitente no Brasil, tem-se como 'intermitente o contrato de trabalho no qual a prestação de serviços, com subordinação, não é contínua, ocorrendo com alternância de períodos de prestação de serviços e de inatividade, determinados em horas, dias ou meses, independentemente do tipo de atividade do empregado e do empregador, exceto para os aeronautas, regidos por legislação própria' (§ 3º). Ou seja, não se limita a determinadas atividades ou empresas, nem a casos excepcionais. Ademais, fala-se em valor horário do salário mínimo ou daquele pago a empregados contratados sob modalidade distinta de contratação (CLT, art. 452-A). 7. Contrastando a decisão regional com os comandos legais supracitados, não poderia ser mais patente o desrespeito ao princípio da legalidade. O 3º Regional, refratário, como se percebe, à reforma trabalhista, cria mais parâmetros e limitações do que aqueles impostos pelo legislador ao trabalho intermitente, malferindo o princípio da legalidade, erigido pelo art. 5º, II, da CF como baluarte da segurança jurídica. 8. Ora, a introdução de regramento para o trabalho intermitente em nosso ordenamento jurídico deveu-se à necessidade de se conferir direitos básicos a uma infinidade de trabalhadores que se encontravam na informalidade (quase 50% da força de trabalho do País), vivendo de 'bicos', sem carteira assinada e sem garantia de direitos trabalhistas fundamentais. Trata-se de uma das novas modalidades contratuais existentes no mundo, flexibilizando a forma de contratação e remuneração, de modo a combater o desemprego. Não gera precarização, mas segurança jurídica a trabalhadores e empregadores, com regras claras, que estimulam a criação de novos postos de trabalho. 9. Nesses termos, é de se acolher o apelo patronal, para restabelecer a sentença de improcedência da reclamatória trabalhista. Recurso de revista conhecido e provido" (RR 10454-06.2018.5.03.0097, 4ª Turma, Relator Ministro Ives Gandra Martins Filho, *DEJT* 09/08/2019).

CAPÍTULO IX

DA TERCEIRIZAÇÃO DE MÃO DE OBRA

1. DO CONCEITO E REQUISITOS DE VALIDADE DA TERCEIRIZAÇÃO

Na visão de Amauri Mascaro Nascimento[1]:

> "Sob o prisma empresarial, a necessidade de especialização, o desenvolvimento de novas técnicas de administração para melhor gestão dos negócios e aumento de produtividade e a redução de custos fomentam a construção de serviços prestados por outras empresas, no lugar daqueles que poderiam ser prestados pelos seus próprios empregados, expediente que pode trazer problemas trabalhistas e que se denomina terceirização."

Segundo Maurício Godinho Delgado, a terceirização "é o fenômeno pelo qual se dissocia a relação econômica de trabalho da relação justrabalhista que lhe seria correspondente. Por tal fenômeno insere-se o trabalhador no processo produtivo do tomador de serviços sem que se estendam a este os laços justrabalhistas, que se preservam fixados com uma entidade interveniente".[2]

Há uma relação triangular entre a empresa prestadora, o empregado e a empresa tomadora, à semelhança do que ocorre com o trabalhador temporário (Lei 6.019/74), porém não tem um prazo fixo, nem o empregado terceirizado vem acorrer necessidade transitória de substituição pessoal ou

---

1. Iniciação ao Direito do Trabalho. 24ª Edição. São Paulo: LTr, 2000, p. 161
2. Introdução do Direito do Trabalho. 2ª Edição. São Paulo, 1999, p. 374.

acréscimo extraordinário de serviços. Não há a formação de vínculo de emprego entre o tomador e o empregado da empresa terceirizada.

A Consolidação das Leis do Trabalho e a legislação extraordinária não previam, expressamente, a hipótese de terceirização do contrato de trabalho, daí muitos defensores dos princípios protetores do direito considerarem ilícita essa modalidade de contratação. A jurisprudência firmou-se, num primeiro momento, no sentido da vedação desse instituto no Direito Laboral, conforme se extrai da dicção do Súmula n. 256 do Colendo TST, editado em 10.10.1986, com a seguinte redação: "salvo os casos de trabalho temporário e de serviços de vigilância, previstos nas Leis ns. 6.019 de 3.1.74, e 7.102, de 20.6.83, é ilegal a contratação de trabalhadores por empresa interposta, formando-se o vínculo empregatício diretamente com o tomador dos serviços".

A jurisprudência considerava fraude aos direitos trabalhistas a contratação de serviços por empresa interposta, salvo os casos de trabalho temporário e serviços de vigilância.

Posteriormente, veio a lume a Súmula 331 do C. TST, *in verbis*:

> "CONTRATO DE PRESTAÇÃO DE SERVIÇOS. LEGALIDADE (nova redação do item IV e inseridos os itens V e VI à redação) – Res. 174/2011, *DEJT* divulgado em 27, 30 e 31.05.2011
>
> I – A contratação de trabalhadores por empresa interposta é ilegal, formando-se o vínculo diretamente com o tomador dos serviços, salvo no caso de trabalho temporário (Lei nº 6.019, de 03.01.1974).
>
> II – A contratação irregular de trabalhador, mediante empresa interposta, não gera vínculo de emprego com os órgãos da Administração Pública direta, indireta ou fundacional (art. 37, II, da CF/1988).
>
> III – Não forma vínculo de emprego com o tomador a contratação de serviços de vigilância (Lei nº 7.102, de 20.06.1983) e de conservação e limpeza, bem como a de serviços especializados ligados à atividade-meio do tomador, desde que inexistente a pessoalidade e a subordinação direta.
>
> IV – O inadimplemento das obrigações trabalhistas, por parte do empregador, implica a responsabilidade subsidiária do tomador dos serviços quanto àquelas obrigações, desde que haja participado da relação processual e conste também do título executivo judicial.
>
> V – Os entes integrantes da Administração Pública direta e indireta respondem subsidiariamente, nas mesmas condições do item IV, caso evidenciada a sua conduta culposa no cumprimento das obrigações da Lei n.º 8.666, de 21.06.1993, especialmente na fiscalização do

> cumprimento das obrigações contratuais e legais da prestadora de serviço como empregadora. A aludida responsabilidade não decorre de mero inadimplemento das obrigações trabalhistas assumidas pela empresa regularmente contratada.
>
> VI – A responsabilidade subsidiária do tomador de serviços abrange todas as verbas decorrentes da condenação referentes ao período da prestação laboral."

A súmula em questão veio disciplinar a terceirização de serviços de forma ampla, desde que esses serviços sejam especializados e relacionados à atividade-meio do tomador de serviços.

Diante da referida súmula do Tribunal Superior do Trabalho, a terceirização fora admitida desde que observados os seguintes critérios:

a) a prestação de serviços especializados de uma empresa para outra tomadora;

b) a atividade terceirizada deve ser atividade-meio da empresa tomadora. A distinção entre atividade-meio e atividade-fim sempre foi nebulosa. A atividade-fim está relacionada ao objetivo social do tomador, sendo indispensável para o exercício de sua atividade econômica. Já a atividade-meio é secundária, instrumental, normalmente uma atividade de apoio ou complementar. Nessa categoria, temos as atividades de alimentação de funcionários, conservação e limpeza, vigilância, operadores de elevador, auditoria, execução de serviços de contabilidade, assistência médica, assistência jurídica, entre outras;

c) inexistência de subordinação e pessoalidade entre empregados que prestam serviços e a tomadora. Isso revela que a súmula teve por escopo o fato de que o que realmente interessa ao tomador é pura e simplesmente o resultado do trabalho, e não quem os executa;

d) responsabilidade subsidiária do tomador de serviços.

As Leis 13.429/17 e Lei 13.467/17 alteraram a Lei 6.019/74 disciplinando a terceirização de mão de obra, buscando dar mais segurança jurídica ao instituto, e permitir a utilização da utilização do instituto de forma ampla, desde que observadas as exigências legais.

A definição legal da terceirização está prevista no art. 4º-A da Lei 6.019/74:

> "Considera-se prestação de serviços a terceiros a transferência feita pela contratante da execução de quaisquer de suas atividades, inclusive sua atividade principal, à pessoa jurídica de direito privado prestadora de serviços que possua capacidade econômica compatível com a sua execução. § 1º A empresa prestadora de serviços contrata, remunera e dirige o trabalho realizado por seus trabalhadores, ou subcontrata outras empresas para realização desses serviços. § 2º Não se configura vínculo empregatício entre os trabalhadores, ou sócios das empresas prestadoras de serviços, qualquer que seja o seu ramo, e a empresa contratante."

Nos termos do art. 4º-B da Lei 6.019/74, com a redação dada pela Lei 13.429/17, "são requisitos para o funcionamento da empresa de prestação de serviços a terceiros: I – prova de inscrição no Cadastro Nacional da Pessoa Jurídica (CNPJ); II – registro na Junta Comercial; III – capital social compatível com o número de empregados, observando-se os seguintes parâmetros: a) empresas com até dez empregados – capital mínimo de R$ 10.000,00 (dez mil reais); b) empresas com mais de dez e até vinte empregados – capital mínimo de R$ 25.000,00 (vinte e cinco mil reais); c) empresas com mais de vinte e até cinquenta empregados – capital mínimo de R$ 45.000,00 (quarenta e cinco mil reais); d) empresas com mais de cinquenta e até cem empregados – capital mínimo de R$ 100.000,00 (cem mil reais); e e) empresas com mais de cem empregados – capital mínimo de R$ 250.000,00 (duzentos e cinquenta mil reais)".

Conforme o art. 5º-A da Lei 6.019/74, "contratante é a pessoa física ou jurídica que celebra contrato com empresa de prestação de serviços relacionados a quaisquer de suas atividades, inclusive sua atividade principal. § 1º É vedada à contratante a utilização dos trabalhadores em atividades distintas daquelas que foram objeto do contrato com a empresa prestadora de serviços. § 2º Os serviços contratados poderão ser executados nas instalações físicas da empresa contratante ou em outro local, de comum acordo entre as partes. § 3º É responsabilidade da contratante garantir as condições de segurança, higiene e salubridade dos trabalhadores, quando o trabalho for realizado em suas dependências ou local previamente convencionado em contrato. § 4º A contratante poderá estender ao trabalhador da empresa de prestação de serviços o mesmo atendimento médico, ambulatorial e de refeição destinado aos seus empregados, existente nas dependências da contratante, ou local por ela designado. § 5º A empresa contratante é subsidiariamente responsável pelas obrigações trabalhistas referentes ao período em que ocorrer a prestação de serviços, e o recolhimento das contribuições previdenciárias observará o disposto no art. 31 da Lei nº 8.212, de 24 de julho de 1991".

Diante dos referidos dispositivos legais, a terceirização de mão de obra ficou disciplinada da seguinte forma:

a) permite-se a terceirização de qualquer tipo de atividade da empresa tomadora, inclusive sua atividade principal, desde que a empresa prestadora dos serviços seja pessoa jurídica e tenha capacidade econômica compatível com a execução dos serviços;

b) a empresa prestadora dos serviços é quem contrata e dirige a prestação dos serviços do trabalhador terceirizado, podendo subcontratar outras empresas para a realização do serviço terceirizado. Permite-se a chamada subcontratação de mão de obra pela empresa prestadora para outra empresa, também denominada "quarteirização" de serviços;

c) não se exige que a empresa prestadora seja especializada na prestação do serviço terceirizado, tampouco que tenha organização própria. Apenas que tenha capacidade econômica para a prestação do serviço, capital compatível com o número de empregados, inscrição no CNPJ e registro na Junta Comercial;

d) o serviço terceirizado deve constar do objeto do contrato e não pode ser alterado durante a vigência do contrato de prestação de serviços;

e) a prestação de serviços terceirizados poderá ocorrer na sede da empresa tomadora, nas dependências da própria empresa prestadora de serviços, ou em local diverso conforme previsão do contrato;

f) se o trabalho for executado nas dependências da empresa tomadora, os empregados terceirizado terão direito a: a) alimentação garantida aos empregados da contratante, quando oferecida em refeitórios; b) utilizar os serviços de transporte; c) atendimento médico ou ambulatorial existente nas dependências da contratante ou local por ela designado; d) treinamento adequado, fornecido pela contratada, quando a atividade o exigir. Trata-se de direitos mínimos para assegurar a saúde e segurança dos trabalhadores terceirizados;

g) a empresa contratante é subsidiariamente responsável pelas obrigações trabalhistas referentes ao período em que ocorrer a prestação de serviços e pelo recolhimento das contribuições previdenciárias.

Apesar de a lei expressamente disciplinar que não há vínculo de emprego entre trabalhador terceirizado e tomador de serviço, esse fato não impede que, uma vez presentes os requisitos dos arts. 2º e 3º, o vínculo de emprego seja declarado em face do tomador de serviços, vale dizer: caso presentes a pessoalidade e a subordinação, o vínculo deve ser reconhecido. Nesse aspecto, está em plena vigência a parte final do inciso III da Súmula 331 do TST.

Também, caso não observados os requisitos dos arts. 4º-A, 4º-B e 5º-A, todos da Lei 6.019/74, o vínculo de emprego se formará com a empresa tomadora, sendo a responsabilidade da empresa prestadora solidária por aplicação dos arts. 9º da CLT e 932, III, e 942, parágrafo único, do Código Civil.

Nos termos do art. 5º-B da Lei 6.019/74, "o contrato de prestação de serviços conterá: I – qualificação das partes; II – especificação do serviço a ser prestado; III – prazo para realização do serviço, quando for o caso; IV – valor".

Conforme o art. 5º-C da Lei 6.019/74, "não pode figurar como contratada, nos termos do art. 4º-A desta Lei, a pessoa jurídica cujos titulares ou sócios tenham, nos últimos dezoito meses, prestado serviços à contratante na qualidade de empregado ou trabalhador sem vínculo empregatício, exceto se os referidos titulares ou sócios forem aposentados".

Segundo o art. 5º-D da Lei 6.019/74, o empregado que for demitido não poderá prestar serviços para essa mesma empresa na qualidade de empregado de empresa prestadora de serviços antes do decurso de prazo de dezoito meses, contados a partir da demissão do empregado.

2. A TERCEIRIZAÇÃO NA ATIVIDADE-FIM: EFEITOS

Como visto, a Lei 13.467/17 permitiu a terceirização da atividade-fim da empresa tomadora.

Segmentos da doutrina tem tecido duras críticas à regulamentação da terceirização, principalmente a autorização para a terceirização de qualquer atividade, inclusive a principal da empresa contratante, argumentando que isso provocará um desmonte das empresas em prejuízo aos direitos trabalhistas, causando uma completa desorganização sindical.

Nesse sentido, adverte Maurício Godinho Delgado[3]:

> "(...) Tamanha amplitude para a terceirização, atingindo a própria atividade principal da empresa tomadora dos serviços entraria em choque, inquestionavelmente – a nosso ver –, com a matriz da Constituição da República (...) O segundo aspecto introduzido pela Lei 13.467/17 que chama bastante atenção – também de inequívoco direcionamento precarizante – se traduz no afastamento da imperatividade da isonomia entre os trabalhadores terceirizados e os empregados da empresa tomadora de serviços, isto é, a remuneração equivalente à percebida pelos empregados da mesma categoria da empresa tomadora de serviços, nos casos de terceirização lícita. A Lei n. 13.467/17, mesmo após ter ampliado largamente a terceirização, não considera imperativa a regra isonômica entre trabalhadores terceirizados e empregados da empresa tomadora dos serviços (empresa contratante) (...)."

A questão chegou ao Supremo Tribunal Federal, o qual declarou a constitucionalidade da terceirização da atividade-fim, conforme as ementas que seguem:

> "É lícita a terceirização ou qualquer outra forma de divisão do trabalho entre pessoas jurídicas distintas, independentemente do objeto social das empresas envolvidas, mantida a responsabilidade subsidiária da empresa contratante" (STF, RE 958.252, Pleno, Rel. Ministro Luiz Fux, j. 30.08.2018).
>
> "DIREITO DO TRABALHO. ARGUIÇÃO DE DESCUMPRIMENTO DE PRECEITO FUNDAMENTAL. TERCEIRIZAÇÃO DE ATIVIDADE-FIM E DE ATIVIDADE-MEIO. CONSTITUCIONALIDADE. 1. A Constituição não impõe a adoção de um modelo de produção específico, não impede o desenvolvimento de estratégias empresariais flexíveis, tampouco veda a terceirização. Todavia, a jurisprudência trabalhista sobre o tema tem sido oscilante e não estabelece critérios e condições claras e objetivas, que permitam sua adoção com segurança. O direito do trabalho e o sistema sindical precisam se adequar às transformações no mercado de trabalho e na sociedade. 2. A terceirização das atividades-meio ou das atividades-fim de uma empresa tem amparo nos princípios constitucionais da livre-iniciativa e da livre concorrência, que asseguram aos agentes econômicos

3. Curso de Direito do Trabalho. 18ª ed. São Paulo: LTr, 2019, p. 557.

> a liberdade de formular estratégias negociais indutoras de maior eficiência econômica e competitividade. 3. A terceirização não enseja, por si só, precarização do trabalho, violação da dignidade do trabalhador ou desrespeito a direitos previdenciários. É o abusivo da sua contratação que pode produzir tais violações. 4. Para evitar tal exercício abusivo, os princípios que amparam a constitucionalidade da terceirização devem ser compatibilizados com as normas constitucionais de tutela do trabalhador, cabendo à contratante: i) verificar a idoneidade e a capacidade econômica da terceirizada; e ii) responder subsidiariamente pelo descumprimento das normas trabalhistas, bem como por obrigações previdenciárias (art. 31 da Lei 8.212/1993). 5. A responsabilização subsidiária da tomadora dos serviços pressupõe a sua participação no processo judicial, bem como a sua inclusão no título executivo judicial. 6. Mesmo com a superveniência da Lei 13.467/2017, persiste o objeto da ação, entre outras, razões porque, a despeito dela, não foi revogada ou alterada a Súmula 331 do TST, que consolidava o conjunto de decisões da Justiça do Trabalho sobre a matéria, a indicar que o tema continua a demandar a manifestação do Supremo Tribunal Federal a respeito dos aspectos constitucionais da terceirização. Além disso, a aprovação da lei ocorreu após o pedido de inclusão do feito em pauta. 7. Firmo a seguinte tese: '1. É lícita a terceirização de toda e qualquer atividade, meio ou fim, não se configurando relação de emprego entre a contratante e o empregado da contratada. 2. Na terceirização, compete à contratante: i) verificar a idoneidade e a capacidade econômica da terceirizada; e ii) responder subsidiariamente pelo descumprimento das normas trabalhistas, bem como por obrigações previdenciárias, na forma do art. 31 da Lei 8.212/1993'. 8. ADPF julgada procedente para assentar a licitude da terceirização de atividade-fim ou meio. Restou explicitado pela maioria que a decisão não afeta automaticamente decisões transitadas em julgado" (STF, Pleno, ADPF 324/DF, Rel. Min. Roberto Barroso, *DJe* 06.09.2019).

Em 16/06/2020, o Supremo Tribunal Federal, em controle concentrado de constitucionalidade, declarou a constitucionalidade da Lei 13.429/17, que autoriza a terceirização em atividade-fim conforme se constata da seguinte ementa:

> "Ação direta de inconstitucionalidade. 2. Lei Federal 13.429/2017. Trabalho temporário. Prestação de serviço a terceiros. 3. Terceirização da atividade-meio e da atividade-fim. Terceirização na administração pública. 4. Ausência de inconstitucionalidade formal e material.

Precedentes: ADPF 324, Rel. Min. Roberto Barroso, e RE-RG 958.252, Rel. Min. Luiz Fux. 5. Ação direta de inconstitucionalidade julgada improcedente" (STF, ADI 5.685, Rel. Min Gilmar Mendes).

De nossa parte, o instituto da terceirização deveria ser aperfeiçoado para que o trabalho terceirizado fosse realizado por prazo determinado, sendo a empresa prestadora especializada na prestação dos serviços, com organização própria. Além disso, deveria ter sido fixada a responsabilidade solidária do tomador, assegurando-se os mesmos direitos dos empregados da empresa tomadora aos trabalhadores terceirizados.

Diante da possibilidade de terceirização em atividade-fim, há probabilidade mais acentuada de reconhecimento do vínculo de emprego entre trabalhador terceirizado e tomador dos serviços, pois o trabalho será habitual, e também o trabalhador estará inserido na dinâmica empresarial. Além disso, há expectativa de o tomador dos serviços contar com o trabalhador terceirizado para o exercício de sua atividade principal. Em razão disso, a jurisprudência do TST vedava a terceirização em atividade-fim.

O fato de o Supremo Tribunal Federal ter declarado a constitucionalidade da Lei 13.3467/17 (Reforma Trabalhista) não impede que o vínculo de emprego seja reconhecido, diretamente, com o tomador, desde que presentes os requisitos dos arts. 2º e 3º da CLT.

Entretanto, partindo-se da premissa de que não há vínculo de emprego entre trabalhador terceirizado e tomador de serviços, é possível, com suporte nos princípios da isonomia (art. 5º da CF), melhoria da condição social do trabalhador (art. 7º, *caput*, da CF) e função social do contrato de trabalho, deferir ao trabalhador terceirizado na atividade-fim os mesmos direitos trabalhistas dos trabalhadores contratados, diretamente, pelo tomador, bem como a responsabilização solidária da empresa tomadora.

A jurisprudência do Tribunal Superior do Trabalho havia construído entendimento no sentido de se deferir ao trabalhador terceirizado o mesmo salário do trabalhador contratado diretamente pela empresa tomadora, principalmente na atividade-fim da tomadora, em face dos princípios do justo salário, equidade e proporcionalidade – arts. 460 e 766 da CLT.

O Supremo Tribunal Federal, no RE 635.546, firmou entendimento no sentido de que o trabalhador terceirizado não faz jus ao mesmo salário do trabalhador contratado, diretamente, pela empresa tomadora, em razão dos princípios da livre iniciativa, e liberdade de organização produtiva. Nesse sentido, a seguinte ementa:

Ementa: Direito constitucional e do Trabalho. Terceirização de atividade-fim. Equiparação remuneratória. Descabimento. 1. Recurso extraordinário em que se debate se o empregado de empresa contratada teria direito à equiparação remuneratória com o empregado da empresa tomadora do serviço, quando ambos atuarem na mesma atividade-fim. 2. Conforme decisão proferida pelo Supremo Tribunal Federal nos autos da ADPF 324, Rel. Min. Luís Roberto Barroso, a terceirização das atividades-meio ou das atividades-fim de uma empresa tem amparo nos princípios constitucionais da livre iniciativa e da livre concorrência, que asseguram aos agentes econômicos a liberdade de decidir como estruturarão seu negócio (art. 170, *caput* e inc. IV, CF). 3. Do mesmo modo, a decisão sobre quanto pagar ao empregado é tomada por cada empresa, de acordo com suas capacidades econômicas, e protegida pelos mesmos princípios constitucionais. Portanto, não se pode sujeitar a contratada à decisão da tomadora e vice-versa. 4. Além disso, a exigência de equiparação, por via transversa, inviabiliza a terceirização para fins de redução de custos, esvaziando o instituto. 5. Recurso provido. tese: "A equiparação de remuneração entre empregados da empresa tomadora de serviços e empregados da empresa contratada (terceirizada) fere o princípio da livre iniciativa, por se tratar de agentes econômicos distintos, que não podem estar sujeitos a decisões empresariais que não são suas" (STF – RE 635546 **Órgão julgador:** Tribunal Pleno **Relator(a):** Min. MARCO AURÉLIO **Redator(a) do acórdão:** Min. ROBERTO BARROSO **Julgamento:** 29/03/2021 **Publicação:** 19/05/2021).

O STF em 22.02.23, fixou a seguinte tese, ratificada em 09/11/23:

"**Decisão:** (ED-segundos) Após os votos dos Ministros Roberto Barroso (Relator), Alexandre de Moraes, Dias Toffoli, André Mendonça e Cármen Lúcia, que rejeitavam os embargos de declaração; e do voto do Ministro Edson Fachin, que acolhia parcialmente os embargos declaratórios, para explicitar, na tese do Tema 383 da sistemática da repercussão geral, o seguinte: "A equiparação de remuneração entre empregados da empresa tomadora de serviços integrante da administração pública e empregados da empresa contratada (terceirizada) fere o princípio da livre iniciativa, por se tratar de agentes econômicos distintos, que não podem estar sujeitos a decisões empresariais que não são suas", o processo foi destacado pela Ministra Rosa Weber (Presidente). Plenário, Sessão Virtual de 10.2.2023 a 17.2.2023.

3. TERCEIRIZAÇÃO NA ADMINISTRAÇÃO PÚBLICA

A Constituição Federal (art. 37, XXI)[4] permite a terceirização na Administração Pública, desde que haja regular procedimento de licitação.

A jurisprudência trabalhista (Súmula 331, II, do TST) firmou-se no sentido de que a contratação irregular de trabalhador, mediante empresa interposta, não gera vínculo de emprego com os órgãos da Administração Pública direta, indireta ou fundacional, em face da exigência constitucional do concurso público para o ingresso nos quadros da Administração (art. 37, II, da CF/1988[5]).

O inciso IV da Súmula 331 do TST, em sua redação original, havia atribuído responsabilidade subsidiária à Administração Pública nos contratos de terceirização de mão de obra, mesmo diante da existência de licitação. De nossa parte, a jurisprudência sedimentada do TST estava correta, pois o procedimento licitatório garante a melhor proposta e a idoneidade financeira da empresa contratada apenas no momento da contratação, mas não durante a execução do contrato, o que justifica a responsabilização em caso de culpa *in vigilando*. Além disso, a jurisprudência do Tribunal Superior do Trabalho está em compasso com os princípios da moralidade e impessoalidade da Administração Pública (artigo 37, *caput*, da CF) e com os valores sociais do trabalho e dignidade da pessoa humana do trabalhador (artigos 1º, incisos III e IV, e 7º, da Constituição Federal).

O Supremo Tribunal Federal (ADC 16, em 24.11.2010), em controle concentrado de constitucionalidade, declarou a constitucionalidade do artigo 71 da Lei 8.666/93 que exonera a Administração Pública de responsabilidade por créditos trabalhistas da empresa contratada. Consta do Informativo 610/10, do Supremo Tribunal Federal, os principais argumentos meritórios da EDC 16, *in verbis*:

4. Art. 37, XXI, da CF: "Ressalvados os casos especificados na legislação, as obras, serviços, compras e alienações serão contratados mediante processo de licitação pública que assegure igualdade de condições a todos os concorrentes, com cláusulas que estabeleçam obrigações de pagamento, mantidas as condições efetivas da proposta, nos termos da lei, o qual somente permitirá as exigências de qualificação técnica e econômica indispensáveis à garantia do cumprimento das obrigações."
5. Art. 37, II, da CF: "A investidura em cargo ou emprego público depende de aprovação prévia em concurso público de provas ou de provas e títulos, de acordo com a natureza e a complexidade do cargo ou emprego, na forma prevista em lei, ressalvadas as nomeações para cargo em comissão declarado em lei de livre nomeação e exoneração."

> "Quanto ao mérito, entendeu-se que a mera inadimplência do contratado não poderia transferir à Administração Pública a responsabilidade pelo pagamento dos encargos, mas reconheceu-se que isso não significaria que eventual omissão da Administração Pública, na obrigação de fiscalizar as obrigações do contratado, não viesse a gerar essa responsabilidade. Registrou-se que, entretanto, a tendência da Justiça do Trabalho não seria de analisar a omissão, mas aplicar, irrestritamente, o Enunciado 331 do TST. O Min. Marco Aurélio, ao mencionar os precedentes do TST, observou que eles estariam fundamentados tanto no § 6º do art. 37 da CF quanto no § 2º do art. 2º da CLT (§ 2º Sempre que uma ou mais empresas, tendo, embora, cada uma delas, personalidade jurídica própria, estiverem sob a direção, controle ou administração de outra, constituindo grupo industrial, comercial ou de qualquer outra atividade econômica, serão, para os efeitos da relação de emprego, solidariamente responsáveis a empresa principal e cada uma das subordinadas.). Afirmou que o primeiro não encerraria a obrigação solidária do Poder Público quando recruta mão de obra, mediante prestadores de serviços, considerado o inadimplemento da prestadora de serviços. Enfatizou que se teria partido, considerado o verbete 331, para a responsabilidade objetiva do Poder Público, presente esse preceito que não versaria essa responsabilidade, porque não haveria ato do agente público causando prejuízo a terceiros que seriam os prestadores do serviço. No que tange ao segundo dispositivo, observou que a premissa da solidariedade nele prevista seria a direção, o controle, ou a administração da empresa, o que não se daria no caso, haja vista que o Poder Público não teria a direção, a administração, ou o controle da empresa prestadora de serviços. Concluiu que restaria, então, o parágrafo único do art. 71 da Lei 8.666/93, que, ao excluir a responsabilidade do Poder Público pela inadimplência do contratado, não estaria em confronto com a Constituição Federal" (ADC 16/DF, rel. Min. Cezar Peluso, 24.11.2010).

O Supremo Tribunal Federal, no RE 760.931, firmou a seguinte tese no tema 246 de sua repercussão geral:

> "Tema 246. O inadimplemento dos encargos trabalhistas dos empregados do contratado não transfere automaticamente ao Poder Público contratante a responsabilidade pelo seu pagamento, seja em caráter solidário ou subsidiário, nos termos do art. 71, § 1º, da Lei nº 8.666/93."

Diante da decisão do Supremo Tribunal Federal, que é de caráter vinculante, não há mais a possibilidade de se fundamentar a responsabilidade subsidiária da Administração Pública na responsabilidade objetiva da Administração prevista no § 6º do artigo 37 da CF e na inconstitucionalidade do artigo 71 da Lei 8.666/93.

Entretanto, no caso concreto, é possível responsabilizar a Administração Pública de forma subsidiária nos contratos de terceirização, pelos seguintes fundamentos:

a) garantia de solvabilidade do crédito trabalhista em compasso com os princípios da melhoria da condição social do trabalhador, e dos princípios da moralidade e impessoalidade da Administração Pública;

b) aplicação da teoria da responsabilidade civil pela culpa *in vigilando*, uma vez que a licitação apenas revela a melhor proposta e a idoneidade financeira da empresa contratada no momento da contratação, devendo a Administração Pública fiscalizar a execução do contrato (artigo 67 da Lei 8.666/93). Além disso, a Administração Pública, com o exercício de sua atividade, causou danos ao trabalhador (artigos 186, 927, 932, III, 933 e 942, parágrafo único, todos do CC);

c) a Administração Pública, uma vez sendo responsabilizada pelos créditos trabalhistas de trabalhadores terceirizados, poderá exercer seu direito de regresso em face da empresa contratada;

d) aplicação da teoria do ônus dinâmico da prova (artigo 818, §§ 1º a 3º, da CLT), cumprindo à Administração comprovar, no caso concreto, de maneira robusta, que fiscalizou o contrato de forma periódica e não contribuiu para o inadimplemento do crédito trabalhista[6].

6. Nesse sentido, a seguinte ementa: "AGRAVO DE INSTRUMENTO. RITO SUMARÍSSIMO. RESPONSABILIDADE SUBSIDIÁRIA. TOMADOR DE SERVIÇOS. ADMINISTRAÇÃO PÚBLICA. Demonstrada possível contrariedade à Súmula 331, V, do c. TST, deve ser provido o agravo de instrumento. Agravo de instrumento de que se conhece e a que se dá provimento, para determinar o processamento do recurso de revista. RECURSO DE REVISTA. RITO SUMARÍSSIMO. RESPONSABILIDADE SUBSIDIÁRIA. TOMADOR DE SERVIÇOS. ADMINISTRAÇÃO PÚBLICA. DISTRIBUIÇÃO DO ÔNUS DA PROVA. No julgamento da ADC 16/DF, o STF decidiu que o art. 71, § 1º, da Lei 8.666/93 é constitucional e que isso não impede a responsabilização subsidiária de ente público, desde que caracterizada a culpa *in vigilando* . No caso, a responsabilidade subsidiária da 2ª reclamada foi reconhecida de forma genérica, sem que tivesse sido atribuída e demonstrada a sua negligência no tocante à fiscalização da prestadora de serviços quanto ao cumprimento das obrigações trabalhistas. Recurso de revista de que se conhece e a que se dá provimento" (TST, RR 62-40.2017.5.20.0009, 6ª Turma, Relatora Desembargadora Convocada Cilene Ferreira Amaro Santos, *DEJT* 06/04/2018).

A jurisprudência do Tribunal Superior do Trabalho, após a tese estabelecida na ADC 16, firmou-se no seguinte sentido:

> "Os entes integrantes da Administração Pública direta e indireta respondem subsidiariamente, nas mesmas condições do item IV, caso evidenciada a sua conduta culposa no cumprimento das obrigações da Lei n.º 8.666, de 21.06.1993, especialmente na fiscalização do cumprimento das obrigações contratuais e legais da prestadora de serviço como empregadora. A aludida responsabilidade não decorre de mero inadimplemento das obrigações trabalhistas assumidas pela empresa regularmente contratada (Súmula 331, V, do TST)".

Nesse sentido, cumpre acrescentar ainda a seguinte decisão, que retrata nosso pensamento:

> "AGRAVO DE INSTRUMENTO. RECURSO DE REVISTA. JULGAMENTO ANTERIOR POR ESTA 3ª TURMA. DEVOLUÇÃO DOS AUTOS PARA EVENTUAL EMISSÃO DE JUÍZO DE RETRATAÇÃO. ARTIGO 1.030, INCISO II, DO CPC. TERCEIRIZAÇÃO TRABALHISTA. ENTIDADES ESTATAIS. ENTENDIMENTO FIXADO PELO STF NA ADC Nº 16-DF. SÚMULA 331, V, DO TST. ART. 71, § 1º, DA LEI 8.666/93. RESPONSABILIDADE SUBSIDIÁRIA. JURISPRUDÊNCIA VINCULANTE DO STF. NECESSIDADE DE COMPROVAÇÃO DE CONDUTA CULPOSA NO CUMPRIMENTO DAS OBRIGAÇÕES DA LEI 8.666/93. DISTRIBUIÇÃO DO ÔNUS DA PROVA NO TOCANTE À AUSÊNCIA DE FISCALIZAÇÃO. ENCARGO DA ADMINISTRAÇÃO PÚBLICA, SEGUNDO INTERPRETAÇÃO DA SBDI-1/TST À JURISPRUDÊNCIA DO STF, A PARTIR DA DECISÃO DOS EMBARGOS DE DECLARAÇÃO PROFERIDA NOS AUTOS DO RE 760.931/DF. Em observância ao entendimento fixado pelo STF na ADC nº 16-DF, passou a prevalecer a tese de que a responsabilidade subsidiária dos entes integrantes da Administração Pública direta e indireta não decorre de mero inadimplemento das obrigações trabalhistas assumidas pela empresa regularmente contratada, mas apenas quando explicitada no acórdão regional a sua conduta culposa no cumprimento das obrigações da Lei 8.666, de 21.6.1993, especialmente na fiscalização do cumprimento das obrigações contratuais e legais da prestadora de serviço como empregadora. E o STF, ao julgar, com repercussão geral reconhecida, o RE 760.931/DF, confirmou a tese já explicitada na anterior ADC nº 16-DF, no sentido de que a responsabilidade da Administração Pública não pode ser automática, cabendo a sua condenação apenas

se houver prova inequívoca de sua conduta omissiva ou comissiva na fiscalização dos contratos. Provocado o STF, em sede de embargos de declaração, sobre o alcance da decisão proferida nos autos do RE 760.931/DF, sobretudo quanto ao ônus de prova da fiscalização do adimplemento das obrigações contratuais trabalhistas no curso do pacto celebrado entre o ente privado e a Administração Pública, o recurso foi desprovido. Em face dessa decisão, em que o Supremo Tribunal Federal não delimitou – como foi questionado nos embargos de declaração – a matéria atinente ao ônus da prova da fiscalização do contrato, compreendeu a SBDI-1 do TST, em julgamento realizado em 12.12.2019, nos autos dos Embargos E-RR-925-07.2016.5.05.0281, de relatoria do Ministro Cláudio Mascarenhas Brandão, que a deliberação acerca da matéria, dado o seu caráter eminentemente infraconstitucional, compete à Justiça do Trabalho. E, manifestando-se expressamente sobre o encargo probatório, fixou a tese de que é do Poder Público, tomador dos serviços, o ônus de demonstrar que fiscalizou de forma adequada o contrato de prestação de serviços, suplantando, assim, o entendimento de que seria do empregado tal encargo processual. Ressalte-se que, ainda que não haja transferência automática da responsabilidade (não incide, nesses casos, a culpa presumida, segundo o STF), tem o tomador de serviços estatal o ônus processual de comprovar seus plenos zelo e exação quanto ao adimplemento de seu dever fiscalizatório (art. 818, II e § 1º, CLT; art. 373, II, CPC/2015). Por essas razões, se a entidade pública nao demonstra a realização do efetivo controle sobre o contrato, deve ser responsabilizada subsidiariamente pela satisfação das obrigações trabalhistas inadimplidas pela empregadora. É preciso – reitere-se – deixar claro que, se a entidade estatal fizer prova razoável e consistente, nos autos, de que exerceu, adequadamente, o seu dever fiscalizatório, não pode ocorrer a sua responsabilização, pois isso configuraria desrespeito à jurisprudência vinculante do Supremo Tribunal Federal. Consequentemente, no caso concreto, em face de a decisão do TRT estar em consonância com o atual posicionamento desta Corte sobre a matéria e mantida a decisão que negou provimento ao agravo de instrumento, sem proceder ao juízo de retratação, nos termos do art. 543-B, § 3º, do CPC, devolvam-se os autos à Vice-Presidência desta Corte Superior" (TST, ARR-1571-69.2012.5.04.0027, 3ª Turma, Relator Ministro Maurício Godinho Delgado, *DEJT* 12/03/2021).

A recente Lei 14.133/2021 (nova Lei de licitações) elenca em seu art. 48 as atividades que podem ser objeto de execução por terceiro. Dispõe o referido dispositivo legal:

> "Poderão ser objeto de execução por terceiros as atividades materiais acessórias, instrumentais ou complementares aos assuntos que constituam área de competência legal do órgão ou da entidade, vedado à Administração ou a seus agentes, na contratação do serviço terceirizado: I – indicar pessoas expressamente nominadas para executar direta ou indiretamente o objeto contratado; II – fixar salário inferior ao definido em lei ou em ato normativo a ser pago pelo contratado; III – estabelecer vínculo de subordinação com funcionário de empresa prestadora de serviço terceirizado; IV – definir forma de pagamento mediante exclusivo reembolso dos salários pagos; V – demandar a funcionário de empresa prestadora de serviço terceirizado a execução de tarefas fora do escopo do objeto da contratação; VI – prever em edital exigências que constituam intervenção indevida da Administração na gestão interna do contratado. Parágrafo único. Durante a vigência do contrato, é vedado ao contratado contratar cônjuge, companheiro ou parente em linha reta, colateral ou por afinidade, até o terceiro grau, de dirigente do órgão ou entidade contratante ou de agente público que desempenhe função na licitação ou atue na fiscalização ou na gestão do contrato, devendo essa proibição constar expressamente do edital de licitação."

O referido dispositivo legal ressalta que a terceirização de mão de obra deve ser em serviços instrumentais e complementares, ou seja, em atividades de apoio, periféricas, desvinculadas do objeto principal da área do órgão público.

Conforme o art. 50 da Lei 14.133/2021, "nas contratações de serviços com regime de dedicação exclusiva de mão de obra, o contratado deverá apresentar, quando solicitado pela Administração, sob pena de multa, comprovação do cumprimento das obrigações trabalhistas e com o Fundo de Garantia do Tempo de Serviço (FGTS) em relação aos empregados diretamente envolvidos na execução do contrato, em especial quanto ao: I – registro de ponto; II – recibo de pagamento de salários, adicionais, horas extras, repouso semanal remunerado e décimo terceiro salário; III – comprovante de depósito do FGTS; IV – recibo de concessão e pagamento de férias e do respectivo adicional; V – recibo de quitação de obrigações trabalhistas e previdenciárias dos empregados dispensados até a data da extinção do contrato; VI – recibo de pagamento de vale-transporte e vale-alimentação, na forma prevista em norma coletiva".

Nas contratações de dedicação exclusiva de mão de obra, como é o caso da terceirização de serviços para exercício de atividades instrumentais, o contratado deve apresentar comprovantes de quitação das verbas trabalhistas essenciais.

Quanto à responsabilidade pelas verbas trabalhistas, dispõe o art. 121 da Lei 14.133/2021:

> "Somente o contratado será responsável pelos encargos trabalhistas, previdenciários, fiscais e comerciais resultantes da execução do contrato. § 1º A inadimplência do contratado em relação aos encargos trabalhistas, fiscais e comerciais não transferirá à Administração a responsabilidade pelo seu pagamento e não poderá onerar o objeto do contrato nem restringir a regularização e o uso das obras e das edificações, inclusive perante o registro de imóveis, ressalvada a hipótese prevista no § 2º deste artigo. § 2º Exclusivamente nas contratações de serviços contínuos com regime de dedicação exclusiva de mão de obra, a Administração responderá solidariamente pelos encargos previdenciários e subsidiariamente pelos encargos trabalhistas se comprovada falha na fiscalização do cumprimento das obrigações do contratado. § 3º Nas contratações de serviços contínuos com regime de dedicação exclusiva de mão de obra, para assegurar o cumprimento de obrigações trabalhistas pelo contratado, a Administração, mediante disposição em edital ou em contrato, poderá, entre outras medidas: I – exigir caução, fiança bancária ou contratação de seguro-garantia com cobertura para verbas rescisórias inadimplidas; II – condicionar o pagamento à comprovação de quitação das obrigações trabalhistas vencidas relativas ao contrato; III – efetuar o depósito de valores em conta vinculada; IV – em caso de inadimplemento, efetuar diretamente o pagamento das verbas trabalhistas, que serão deduzidas do pagamento devido ao contratado; V – estabelecer que os valores destinados a férias, a décimo terceiro salário, a ausências legais e a verbas rescisórias dos empregados do contratado que participarem da execução dos serviços contratados serão pagos pelo contratante ao contratado somente na ocorrência do fato gerador. § 4º Os valores depositados na conta vinculada a que se refere o inciso III do § 3º deste artigo são absolutamente impenhoráveis. § 5º O recolhimento das contribuições previdenciárias observará o disposto no art. 31 da Lei nº 8.212, de 24 de julho de 1991."

O presente dispositivo legal mantém a regra geral de que somente o contratado responde pelas verbas trabalhistas dos empregados terceirizados. No entanto, exclusivamente, nas contratações de serviços contínuos com regime de dedicação exclusiva de mão de obra, a Administração responderá solidariamente pelos encargos previdenciários e subsidiariamente pelos encargos trabalhistas se comprovada falha na fiscalização do cumprimento das obrigações do contratado.

Desse modo, nas contratações de serviços contínuos em regime de dedicação exclusiva, como é a hipótese da terceirização de serviços de conservação, limpeza, vigilância, entre outros instrumentais, a administração responderá subsidiariamente pelas verbas trabalhistas, se comprovado, no caso concreto, que houve falha de fiscalização do cumprimento das obrigações do contrato.

No nosso entendimento, cumpre à Administração comprovar, em eventual demanda judicial trabalhista, que fiscalizou, efetivamente, a execução do contrato.

4. ASPECTOS PROCESSUAIS DA TERCEIRIZAÇÃO

A terceirização tem provocado muitas discussões na Justiça do Trabalho, o que tem dificultado o recebimento dos créditos trabalhistas por parte do trabalhador terceirizado, principalmente em razão da falta de idoneidade econômica da empresa fornecedora de mão de obra e da grande resistência em satisfazer os direitos trabalhistas por parte da empresa tomadora.

Como nos adverte Jorge Luiz Souto Maior[7]:

> "Sob o prisma a realidade judiciária, a terceirização tem contribuído para dificultar, na prática, a identificação do real empregador daquele que procura a Justiça para resgatar um pouco da dignidade perdida ao perceber que prestou serviços e não sabe sequer de quem cobrar seus direitos. A Justiça do Trabalho que tradicionalmente já se podia identificar como a Justiça do ex-empregado, dada a razoável incidência desta situação, passou a Justiça do 'ex-empregado de alguém, são não se sabe quem'. Aliás, este alguém (a empresa prestadora), em geral, depois de algum tempo de atuação em uma dada realidade social, e quando seus contratos de prestação de serviços não mais se renovam, começa a não mais comparecer às audiências e vai para LINS (lugar incerto e não sabido), provocando, em geral, adiamento das audiências, para que se tente a sua localização e não raras vezes a tentativa acaba revertendo-se em citação por edital."

7. Curso de Direito do Trabalho. Volume II. São Paulo: LTr, 2008, p. 145.

Havendo terceirização, o trabalhador poderá optar por demandar em juízo somente em face da empresa prestadora, pois ela, efetivamente, é a empregadora.

Optando pelo reconhecimento de vínculo diretamente em face da tomadora, o trabalhador poderá demandar somente em face da empresa tomadora e demonstrar que a prestação de serviços se deu nos moldes dos artigos 2º e 3º da CLT. Ao contrário do que pensa parte da jurisprudência, consideramos que não há necessidade, quando há postulação de vínculo diretamente com a tomadora, de a empresa prestadora figurar no polo passivo, não havendo hipótese de litisconsórcio necessário, pois a pretensão não se dá em face da empresa prestadora. Além disso, a decisão não será uniforme para as demandadas.

No entanto, o Tribunal Superior do Trabalho, apreciando o Incidente de Resolução de Demandas Repetitivas (tema 18 – PROCESSO MATRIZ Nº TST-RR 1000-71.2012.5.06.0018, Rel. Min. Douglas Alencar Rodrigues, *DJ* 12/05/2022), firmou entendimento de ser essencial a presença das empresas tomadoras como litisconsortes necessárias, conforme os termos da seguinte ementa:

> "INCIDENTE DE JULGAMENTO DE RECURSOS DE REVISTA REPETITIVOS. TEMA REPETITIVO Nº 0018. DEFINIÇÃO DA ESPÉCIE E DOS EFEITOS JURÍDICOS DO LITISCONSÓRCIO PASSIVO NOS CASOS DE LIDE ACERCA DA LICITUDE DA TERCEIRIZAÇÃO DE SERVIÇOS EM ATIVIDADE-FIM. FIXAÇÃO DAS TESES JURÍDICAS, DE OBSERVÂNCIA OBRIGATÓRIA. ARTIGOS 896-C da CLT e 926, § 2º, e 927 do CPC. O debate suscitado neste incidente envolve duas questões fundamentais: a) a natureza do litisconsórcio passivo – necessário ou facultativo, simples ou unitário – nas ações em que se discute a fraude na relação de terceirização e se pretende o reconhecimento do vínculo de emprego diretamente com a empresa contratante ou tomadora dos serviços terceirizados; e b) a possibilidade de manifestação de renúncias unilaterais por parte de reclamantes, como forma de constituir cenários processuais que preservem, em alguma extensão, os efeitos das condenações impostas a um dos litisconsortes passivos, afastando-se a aplicação das teses com efeitos vinculantes consagradas nos temas 725 e 739 da Tabela de Repercussão Geral do STF. Nos casos em que a pretensão deduzida envolve o reconhecimento do vínculo de emprego diretamente com a empresa contratante, com fundamento em fraude na terceirização,

emerge evidente e insuperável a necessidade de que a empresa prestadora figure também no polo passivo da lide, sob pena de nulidade. Afinal, o debate em torno da licitude do contrato de prestação de serviços firmado entre as empresas, sob a perspectiva da fraude, não pode ser travado sem que ambas compareçam ao polo passivo. Afirmar a ilicitude daquele negócio jurídico implica, em última análise, assentar a própria ilicitude do objeto social da empresa prestadora de serviços terceirizados, vulnerando o postulado constitucional da livre-iniciativa (CF, arts. 1º, IV, e 170), do que decorre a necessidade de que seja citada para a lide (CPC, art. 238). Além disso, o próprio contrato laboral celebrado entre o trabalhador e a empresa de terceirização estará com sua validade e eficácia submetida ao crivo judicial, o que ratifica a necessária presença dessa última na disputa, em razão de sua própria condição de celebrante – e, portanto, juridicamente interessada – do referido negócio jurídico. Não se pode, a um só tempo, desconstituir a validade e eficácia dos contratos de trabalho e de terceirização celebrados entre os atores da relação triangular de terceirização, sem que todos os seus protagonistas sejam convocados à lide (CPC, art. 113, I e III). Nesses casos, o interesse jurídico da empresa prestadora está cabalmente configurado, o que torna exigível a sua presença na disputa, na condição de autêntica litisconsorte passiva necessária, sem o que não será válido o provimento judicial (CPC, art. 115, I). O decreto judicial de ilicitude da relação de terceirização, com a declaração do vínculo de emprego diretamente com o tomador, não pode ser editado sem que um dos titulares originários dessas duas relações jurídicas – a laboral e a de terceirização – seja instado a se defender. De fato, o próprio exame da validade e eficácia da relação jurídica de natureza civil, ligada ao contrato de prestação de serviços terceirizados, reclama a presença de todos os seus autores, sem o que o processo padece de vício irremediável, como remarca o multicitado art. 115, I, do CPC. Por isso, é imperativo reconhecer o caráter necessário do litisconsórcio passivo nesses casos, sendo também impossível qualquer solução que não seja a mesma para todos os interessados, o que remarca o seu caráter unitário. Nesse contexto, fixam-se, com força obrigatória, as seguintes teses jurídicas: 1) Nos casos de lides decorrentes da alegação de fraude, sob o fundamento de ilicitude da terceirização de atividade-fim, o litisconsórcio passivo é necessário e unitário. Necessário, porque é manifesto o interesse jurídico da empresa de terceirização em compor essas lides e defender seus interesses e posições, entre os quais a validade dos contratos de prestação de serviços terceirizados e, por conseguinte, dos próprios contratos de trabalho celebrados; unitário, porquanto o juiz terá que resolver a lide de maneira uniforme para ambas as empresas, pois incindíveis, para efeito de análise de sua validade jurídica, os vínculos materiais constituídos entre os atores da relação triangular de terceirização. 2) A renúncia à pretensão formulada na ação não depende de anuência da parte contrária e pode ser requerida a qualquer tempo e grau de jurisdição; cumpre apenas ao magistrado averiguar se o advogado signatário da renúncia possui poderes para tanto e se o objeto envolve direitos disponíveis. Assim, é plenamente possível o pedido de homologação, ressalvando-se, porém, ao magistrado o exame da situação concreta, quando necessário preservar, por isonomia e segurança jurídica, os efeitos das decisões vinculantes (CF, art. 102, § 2º; art. 10, § 3º, da Lei 9.882/1999) e obrigatórias (CPC, art. 927, I a V) proferidas pelos órgãos do Poder Judiciário, afastando-se manobras processuais lesivas ao postulado da boa-fé processual (CPC, art. 80, I, V e VI). 2.1) Depois da homologação, parte autora não poderá deduzir pretensão contra quaisquer das empresas – e prestadora-contratada e tomadora-contratante – com suporte na ilicitude da terceirização da atividade-fim (causa de pedir). 2.2) O ato homologatório, uma vez praticado, acarreta a extinção do processo e, por ficção legal, resolve o mérito da causa (artigo 487, III, 'c', do CPC), produz coisa julgada material, atinge a relação jurídica que deu origem ao processo, somente é passível de desconstituição por ação rescisória (CPC, arts. 525, § 15, 535, § 8º, e 966) ou ainda pela via da impugnação à execução (CPC, art. 525, § 12) ou dos embargos à execução (CPC, art. 535, § 5º) e acarretará a perda do interesse jurídico no exame do recurso pendente de julgamento. 3) Em sede de mudança de entendimento desta Corte, por força da unitariedade imposta pela decisão do STF ('superação abrupta'), a ausência de prejuízo decorrente da falta de sucumbência cede espaço para a impossibilidade de reconhecimento da ilicitude da terceirização. Sendo assim, como litisconsorte necessário, a empresa prestadora que, apesar de figurar no polo passivo, não sofreu condenação, possui interesse em recorrer da decisão que reconheceu o vínculo de emprego entre a parte autora e a empresa tomadora dos serviços. 4) Diante da existência de litisconsórcio necessário e unitário, a decisão obrigatoriamente produzirá idênticos efeitos para as empresas prestadora e tomadora dos serviços no plano do direito material. Logo, a decisão em sede

> de juízo de retratação, mesmo quando apenas uma das Reclamadas interpôs o recurso extraordinário, alcançará os litisconsortes de maneira idêntica. MODULAÇÃO DE EFEITO. NÃO CABIMENTO. NECESSIDADE DE OBSERVÂNCIA INTEGRAL DA DECISÃO PROFERIDA PELO STF. 'Considerando que o efeito vinculante das decisões proferidas pelo STF nos temas já mencionados deve ser observado em sua inteireza, inclusive quanto aos aspectos temporais ou prospectivos, a modulação eventualmente feita por este Tribunal representaria indevida limitação. Assim, decidido o presente incidente, seus efeitos serão imediatos e se aplicarão a todos os processos em curso, observados os procedimentos definidos no Tema 733 da Repercussão Geral do STF.'"

Caso o trabalhador faça opção tradicional por demandar em juízo, qual seja, demandar em face da empresa tomadora e responsabilizar a tomadora subsidiariamente, deverá incluir no polo passivo as duas empresas. À luz do artigo 114, I e IX, a Justiça do Trabalho detém competência material para analisar os pedidos decorrentes do vínculo de emprego, bem como sobre a responsabilidade entre empresa tomadora e prestadora, já que se trata de controvérsia oriunda da relação de trabalho.

Na qualidade de litisconsorte, a defesa da empresa tomadora aproveitará a prestadora em caso de matéria comum, ou vice-versa o mesmo ocorrendo com o recurso de uma das empresas litisconsortes (art. 1.005 do CPC). Em caso de revelia da empresa prestadora, a defesa da tomadora poderá elidir o efeito de presunção de veracidade dos fatos declinados na inicial, caso haja contestação específica dos pedidos pela tomadora, nos termos do artigo 345, I, do CPC.

Para que a empresa tomadora dos serviços possa ser responsabilizada, ela deve compor o polo passivo, na modalidade de litisconsórcio passivo necessário, segundo o entendimento dominante da jurisprudência (Súmula 331, IV, do C. TST), e artigo 513, § 5º do CPC.

Não obstante a jurisprudência em sentido contrário, pensamos que, em algumas hipóteses, a empresa tomadora poderá ser chamada na execução como responsável patrimonial secundária, mesmo que não tenha figurado no polo passivo na fase de conhecimento, uma vez que persiste sua responsabilidade patrimonial em caso de inexistência de bens que solucionem a execução pela empresa tomadora. Não haverá aqui violação do direito de defesa da empresa tomadora, pois ela poderá se insurgir contra a execução, por meio dos embargos à execução caso pretenda discutir aspectos que envolvam o título executivo, ou por meio dos embargos de terceiro, caso deseje discutir sua legitimidade para a execução. Além disso, o chamamento da empresa tomadora na execução prestigia a efetividade processual, a dignidade da pessoa humana do trabalho e contribui para a humanização da terceirização, aperfeiçoando o instituto.

5. DA RESPONSABILIDADE NOS CONTRATOS DE SUBEMPREITADA

Dispõe o art. 455 da CLT:

> "Nos contratos de subempreitada responderá o subempreiteiro pelas obrigações derivadas do contrato de trabalho que celebrar, cabendo, todavia, aos empregados, o direito de reclamação contra o empreiteiro principal pelo inadimplemento daquelas obrigações por parte do primeiro. Parágrafo único. Ao empreiteiro principal fica ressalvada, nos termos da lei civil, ação regressiva contra o subempreiteiro e a retenção de importâncias a este devidas, para a garantia das obrigações previstas neste artigo.

Ensina *Maria Helena Diniz*[8] que "a empreitada ou locação de obra é o contrato pelo qual um dos contratantes (empreiteiro) se obriga, sem subordinação, a realizar, pessoalmente, ou por meio de terceiro, certa obra (p. ex., construção de uma casa, represa ou ponte; composição de uma música) para o outro (dono da obra), com material próprio ou por este fornecido, mediante remuneração determinada ou proporcional ao trabalho executado."

Para fins civis, o empreiteiro pode ser pessoa física ou jurídica e se obriga, mediante contrato, sem subordinação, e mediante o pagamento de remuneração, a construir uma obra. A empreitada pode ser de trabalho (lavor) ou mista, em que o empreiteiro se compromete a fornecer o serviço e o material.

No contrato de subempreitada, o empreiteiro principal transfere a execução do contrato para outro empreiteiro, denominado subempreiteiro.

Diz a Consolidação das Leis do Trabalho que o subempreiteiro responderá pelas obrigações derivadas do contrato de trabalho que celebrar, cabendo, todavia, aos empregados o direito de reclamação contra o empreiteiro principal pelo inadimplemento daquelas obrigações por parte do primeiro.

8. DINIZ, Maria Helena. *Código Civil anotado*. 11. ed. São Paulo: Saraiva, 2005. p. 523.

O dispositivo não é claro quanto à modalidade de responsabilidade do empreiteiro principal, se subsidiária ou solidária. Para alguns a responsabilidade é subsidiária, pois a responsabilidade solidária deve estar expressa. Para outros, a responsabilidade é solidária, visto que propicia que os empregados do subempreiteiro possam demandar, diretamente, em face do empreiteiro principal.

A nosso ver, a responsabilidade do empreiteiro principal é solidária, pois é a modalidade de responsabilidade que melhor se encaixa no sistema normativo de proteção ao trabalho humano e à garantia de solvabilidade do crédito trabalhista.

5.1. Da responsabilidade do dono da obra nos contratos de empreitada

O referido art. 455 da CLT não trata da responsabilidade do dono da obra nos contratos de empreitada e subempreitada. Desse modo, há entendimentos de que este não responde pelos créditos trabalhistas dos empregados do empreiteiro principal e do subempreiteiro.

Outros argumentam que o dono da obra deve responder subsidiariamente, pois teve proveito econômico e se beneficiou do trabalho dos empregados do empreiteiro principal e subempreiteiro.

Dispõe a OJ 191 da SDI-I do TST:

> "CONTRATO DE EMPREITADA. DONO DA OBRA DE CONSTRUÇÃO CIVIL. RESPONSABILIDADE. *(Inserida em 08.11.2000. Nova redação Res. 175/2011, DJ 27.05.2011)*

Diante da inexistência de previsão legal específica, o contrato de empreitada de construção civil entre o dono da obra e o empreiteiro não enseja responsabilidade solidária ou subsidiária nas obrigações trabalhistas contraídas pelo empreiteiro, salvo sendo o dono da obra uma empresa construtora ou incorporadora."

Diante do referido entendimento jurisprudencial do Tribunal Superior do Trabalho, ficou excluída a responsabilidade do dono da obra, salvo se este for uma empresa construtora ou incorporadora.

No entanto, no IRDR n. 190-53.2015.5.03.0090, o Tribunal Superior do Trabalho revisou sua jurisprudência, fixando tese diversa, conforme segue:

"EMBARGOS DE DECLARAÇÃO. OMISSÃO. EFEITO MODIFICATIVO. INCIDENTE DE RECURSO DE REVISTA REPETITIVO. TEMA Nº 0006. CONTRATO DE EMPREITADA. DONO DA OBRA. RESPONSABILIDADE. DECISÃO DE CARÁTER VINCULANTE. MODULAÇÃO DOS EFEITOS. 1. A SDI-1 do TST, no julgamento de recurso de revista repetitivo, firmou a tese de que, excepcionados os entes públicos da Administração direta e indireta, o dono da obra é subsidiariamente responsável por obrigações trabalhistas não adimplidas do empreiteiro que contratar sem idoneidade econômico-financeira, por aplicação analógica do artigo 455 da CLT e com fundamento em *culpa in eligendo*. 2. Mudança de paradigma a impactar diretamente a atual diretriz sufragada na Orientação Jurisprudencial nº 191 do TST, no que, sem qualquer distinção, afasta a responsabilidade do dono da obra por obrigações decorrentes dos contratos de trabalho firmados com o empreiteiro. 3. Necessidade de modulação dos efeitos da decisão proferida sob a sistemática de recursos repetitivos, ante a profunda repercussão jurídica, econômica e social de seu conteúdo, sob pena de vulneração à segurança jurídica das relações firmadas à luz de entendimento jurisprudencial até então pacificado no Tribunal Superior do Trabalho. Aplicação dos artigos 896-C, § 17, da CLT e 17 da Instrução Normativa nº 38/2015 do TST. 4. Embargos de declaração providos para, ao sanar omissão, mediante a atribuição de efeito modificativo, acrescer ao acórdão originário a tese jurídica nº 5, de seguinte teor: '5ª) O entendimento contido na tese jurídica nº 4 aplica-se exclusivamente aos contratos de empreitada celebrados após 11 de maio de 2017, data do presente julgamento'" (IRR-RR-190-53.2015.5.03.0090, Subseção I Especializada em Dissídios Individuais, Relator Ministro Joao Oreste Dalazen, *DEJT* 19/10/2018).

A atual jurisprudência do TST atribuiu responsabilidade subsidiária ao dono da obra, ainda que não seja empresa incorporadora ou exerça atividade econômica, desde que tenha contratado empreiteiro sem idoneidade econômico-financeira, por aplicação analógica do artigo 455 da CLT e com fundamento em culpa *in eligendo*.

6. CONTRATO DE TRABALHO TEMPORÁRIO

A Lei 6.019/74, em seu art. 2º, por meio de interpretação autêntica, define o conceito de trabalho temporário nos seguintes termos:

> "Trabalho temporário é aquele prestado por pessoa física contratada por uma empresa de trabalho temporário que a coloca à disposição de uma empresa tomadora de serviços, para atender à necessidade de substituição transitória de pessoal permanente ou à demanda complementar de serviços."

Diante do referido dispositivo, o trabalhador temporário é aquele que presta serviços por intermédio de uma empresa de trabalho temporário em prol de uma empresa tomadora de serviços que necessita de substituição transitória de pessoal permanente, ou demanda complementar de serviços.

A empresa de trabalho temporário é a pessoa jurídica, devidamente registrada no Ministério do Trabalho, responsável pela colocação de trabalhadores à disposição de outras empresas temporariamente (art. 4º da Lei 6.019/74).

Trata-se, na verdade, de uma terceirização de atividade-fim de forma temporária, vinculada a uma necessidade transitória da empresa tomadora.

Substituição transitória de pessoal permanente é um evento de previsão aproximada em razão de afastamentos temporários dos empregados efetivos, como férias, licenças médicas etc., ou em virtude de reestruturação da atividade empresarial.

Considera-se complementar a demanda de serviços que seja oriunda de fatores imprevisíveis ou, quando decorrente de fatores previsíveis, tenha natureza intermitente, periódica ou sazonal (art. 2º, § 2º, da Lei 6.019/74).

O prazo máximo de vigência do contrato de trabalho temporário quanto a um mesmo empregador não poderá exceder cento e oitenta dias, consecutivos ou não, podendo ser prorrogado por mais noventa dias, consecutivos ou não, desde que comprovada a manutenção das condições que o ensejaram (art. 10 da Lei 6.019/74). Portanto, o prazo máximo do contrato de trabalho temporário com relação ao mesmo tomador não poderá exceder duzentos e setenta dias, consecutivos ou não.

O trabalhador temporário somente pode ser colocado à disposição da mesma empresa tomadora após noventa dias após o término do contrato de trabalho anterior.

O § 1º do art. 2º da Lei 6.019/74 proíbe a contratação de trabalho temporário para a substituição de trabalhadores em greve, salvo nos casos previstos em lei.

Conforme o art. 6º da Lei 6.019/74, a empresa de trabalho temporário deve ter:

a) registro no Ministério do Trabalho;

b) prova de inscrição no Cadastro Nacional da Pessoa Jurídica (CNPJ), do Ministério da Fazenda;

c) prova do competente registro na Junta Comercial da localidade em que tenha sede;

d) prova de possuir capital social de, no mínimo, R$ 100.000,00.

O contrato de trabalho temporário exige formalidade escrita, devendo conter, segundo o art. 9º da Lei 6.019/74: I – qualificação das partes; II – motivo justificador da demanda de trabalho temporário; III – prazo da prestação de serviços; IV – valor da prestação de serviços; V – disposições sobre a segurança e a saúde do trabalhador, independentemente do local de realização do trabalho.

O art. 12 da Lei 6.019/74 assegura os seguintes direitos ao trabalhador temporário:

a) remuneração equivalente à percebida pelos empregados de mesma categoria da empresa tomadora ou cliente calculados à base horária, garantida, em qualquer hipótese, a percepção do salário mínimo regional;

b) jornada de oito horas, remuneradas as horas extraordinárias não excedentes de duas, com acréscimo de 20%;

c) férias proporcionais;

d) adicional por trabalho noturno;

e) indenização por dispensa sem justa causa ou término normal do contrato, correspondente a 1/12 do pagamento recebido;

f) seguro contra acidente do trabalho;

g) proteção previdenciária nos termos do disposto na Lei Orgânica da Previdência Social;

h) registro da condição de temporário em CTPS;

i) obrigatoriedade da empresa tomadora comunicar à empresa de trabalho temporário a ocorrência de acidente de trabalho.

Diante do referido dispositivo legal, o trabalhador temporário tem os mesmos direitos do trabalhador contratado diretamente pela empresa tomadora. No entanto, não fará jus ao aviso prévio, indenização pela perda do emprego (multa de 40% sobre o FGTS). Terá direito tão somente à indenização de 1/12 avos sobre os salários recebidos no período. Por não se tratar de dispensa sem justa causa, não fará jus ao seguro-desemprego. Por falta de previsão legal, segundo entendimento jurisprudencial dominante, não se aplica à rescisão antecipada do contrato temporário a indenização do art. 479 da CLT[9].

Nesse sentido o art. 64 do Decreto 10.854/21, *in verbis*:

> "Não se aplica ao trabalhador temporário: I – o contrato de experiência previsto no parágrafo único do art. 445 da Consolidação das Leis do Trabalho, aprovada pelo Decreto-lei nº 5.452, de 1943; e II – a indenização prevista no art. 479 da Consolidação das Leis do Trabalho, aprovada pelo Decreto-lei nº 5.452, de 1943."

Entendendo de forma diversa, temos o posicionamento de Vólia Bomfim[10]:

> "Havendo extinção antecipada, sem justa causa, devem ser aplicados os arts. 479 e 480 da CLT, além da indenização adicional de 40% sobre o FGTS, quando cabível. Por isso, entendemos ilegal o comando contido no inciso II do art. 64 do Decreto n. 10.854/2021, pois exclui a indenização prevista no art. 479 da CLT sem que a lei tenha feito."

Quanto à indenização de 1/12 sobre os salários recebidos do período, embora grande parte da doutrina e jurisprudência entendam que esse dispositivo fora revogado, tacitamente, pela Lei do FGTS – 8.036/90, a nosso ver, ela ainda permanece em vigor, pois não há incompatibilidade entre o regime do FGTS e da indenização, sendo certo que a indenização da Lei 6.019/74 é uma compensação ao trabalhador que perderá o emprego em razão do término natural ou antecipado do contrato.

---

9. Art. 479 da CLT: "Nos contratos que tenham termo estipulado, o empregador que, sem justa causa, despedir o empregado será obrigado a pagar-lhe, a título de indenização, e por metade, a remuneração a que teria direito até o termo do contrato. Parágrafo único. Para a execução do que dispõe o presente artigo, o cálculo da parte variável ou incerta dos salários será feito de acordo com o prescrito para o cálculo da indenização referente à rescisão dos contratos por prazo indeterminado."
10. Direito do Trabalho. 19ª ed. São Paulo: Atlas, 2022, p. 497.

No mesmo sentido:

> "RECURSO DE REVISTA. INTERPOSIÇÃO POSTERIOR À VIGÊNCIA DAS LEIS 13.015/2014 e 13.105/2015. EXTINÇÃO ANTECIPADA DE CONTRATO TEMPORÁRIO. INDENIZAÇÃO PREVISTA NO ART. 12, 'F' DA LEI 6.019/74. Os direitos do trabalhador temporário estão relacionados no artigo 12, 'f' da Lei nº 6.019/74, onde consta, expressamente, sanção própria em razão do término antecipado do contrato de trabalho, havendo ou não justa causa, com indenização correspondente a um doze avos do pagamento recebido. No caso dos autos, o entendimento deve ser o de que é devida a indenização por dispensa sem justa causa ou término normal do contrato, correspondente a 1/12 (um doze avos) do pagamento recebido, nos termos da legislação especial de regência, não havendo revogação tácita do dispositivo pela lei do FGTS. Precedentes da SBDI-1/TST. Recurso de revista não conhecido" (TST, RR 101026-33.2017.5.01.0021, 3ª Turma, Relator Ministro Alexandre de Souza Agra Belmonte, *DEJT* 05/03/2021).

> "CONTRATO DE TRABALHO TEMPORÁRIO – LEI Nº 6.019/74 – RESCISÃO ANTECIPADA – AUSÊNCIA DE JUSTA CAUSA – INDENIZAÇÃO DO ARTIGO 479 DA CLT – INAPLICABILIDADE. O trabalho temporário, a teor dos artigos 2º e 10 da Lei nº 6.019/74, é aquele prestado por pessoa física a uma empresa para atender à necessidade transitória de substituição de seu pessoal regular e permanente ou a acréscimo extraordinário de serviços, pelo prazo máximo de três meses, salvo prorrogação autorizada. O trabalho temporário é uma forma atípica de trabalho, prevista em lei especial, e por esse motivo não é regido pela CLT, como é o caso do contrato por prazo determinado, diferindo desse último quanto à natureza, prazo, condições e hipóteses ensejadoras para a sua configuração. Na CLT, a indeterminação do prazo de duração constitui regra geral dos contratos de trabalho. Os contratos a termo (contratos por prazo determinado) constituem exceção prevista no artigo 443 consolidado, abrangendo três hipóteses legalmente especificadas, dentre elas, serviço cuja natureza ou transitoriedade justifique a predeterminação do prazo. Já o contrato temporário, regido por previsão legal própria, visa o atendimento de necessidade transitória, sem a expectativa de continuidade do contrato. A regra de duração desse contrato é o limite legalmente imposto, 90 dias, valendo ressaltar que tal pacto não subsiste sem que persista o motivo justificador da demanda de trabalho temporário, sendo expressamente vedada pela lei sua

continuidade sem causa. Assim, o contrato de trabalho temporário e o contrato por prazo determinado são modalidades diferentes de contratos. O primeiro é um contrato atípico de trabalho, de curta duração (sua extinção ocorre com o advento do termo legal), sem expectativa de continuidade, com direitos limitados à legislação especial. O segundo, diferentemente, converte-se automaticamente em contrato indeterminado se ultrapassado o limite temporal estabelecido pela CLT, salvo manifestação em contrário das partes. Portanto, a disciplina própria criada pela Lei nº 6.019/74 não permite incluir o contrato ali previsto entre os contratos por prazo determinado, referidos nos artigos 479 a 481 da CLT. É que os dispositivos citados encontram-se inseridos no Título IV da CLT, que trata do contrato individual de trabalho clássico, como sendo o 'acordo tácito ou expresso, correspondente à relação de emprego', nos termos do artigo 442 do mesmo diploma legal. Ao contrário do contrato de trabalho por prazo determinado previsto na CLT, o contrato do trabalhador temporário não tem como objetivo suprir necessidade permanente da empresa tomadora dos serviços, mas sim necessidade transitória do serviço para substituição de pessoal regular ou atendimento de demanda extraordinária, sem que o contratado tenha reconhecida a sua condição de empregado e nem lhe seja garantida a sua permanência na empresa durante o prazo previsto. Em se tratando dessa modalidade de contrato, o vínculo temporário não é estabelecido em razão da pessoa do trabalhador, sendo facultado à empresa tomadora a requisição de outro trabalhador junto à empresa prestadora de serviço em substituição daquele que não atendeu às suas expectativas. Se à época da edição da 'Lei do Trabalho Temporário' já existia previsão legislativa abarcando a contratação por prazo determinado para os casos de serviços de natureza transitória, resta evidente que a criação de um novo instituto visou estabelecer regras específicas, o que leva à conclusão de que aquelas anteriormente previstas são inaplicáveis aos contratos celebrados sob a égide da Lei nº 6.019/74, salvo se expressamente admitidas, como no caso do artigo 13 da referida lei, que excepciona aos contratados temporários a aplicação dos artigos 482 e 483 da CLT para a caracterização da justa causa. Os direitos do trabalhador temporário estão relacionados no artigo 12 da Lei nº 6.019/74, constando, em sua alínea 'f', expressamente, sanção própria em razão do término antecipado do contrato de trabalho, tenha havido ou não justa causa, com indenização correspondente a um doze avos do pagamento recebido. Dessa forma, não há que se falar em aplicação da sanção prevista no artigo 479 consolidado, que diz respeito somente aos contratos a termo previstos na CLT. Trata-se de aplicação do princípio da especificidade, segundo o qual, onde há disposição legal específica disciplinando determinado assunto, esta não poderá deixar de ser aplicada em favor da disposição geral, eis que o intérprete não pode ir além do que dispõe a Lei. Por outro lado, a respeito da discussão sobre se a indenização prevista no artigo 12, alínea 'f', da Lei nº 6.019/74 foi tacitamente derrogada em face do advento do regime do FGTS, trata-se de institutos com finalidades diversas. A Lei nº 6.019/74 estabeleceu uma indenização especial, sem qualquer vinculação a outro evento, consubstanciada em pagamento de um *plus* pelo término do contrato temporário, diferentemente do regime do FGTS, cujo direito encontra-se intrinsecamente condicionado ao tempo de serviço prestado pelo trabalhador. Precedentes de Turmas do TST. Recurso de embargos conhecido e desprovido" (TST, E-RR 1342-91.2010.5.02.0203, Redator Ministro Renato de Lacerda Paiva, Subseção I Especializada em Dissídios Individuais, Data de Publicação: *DEJT* 14/08/2015).

"EMBARGOS REGIDOS PELA LEI Nº 11.496/2007. CONTRATO DE TRABALHO TEMPORÁRIO. LEI Nº 6.019/74. RESCISÃO ANTECIPADA. INDENIZAÇÃO PREVISTA NO ARTIGO 479 DA CLT. INDEVIDA. A controvérsia cinge-se em definir se aos contratos de trabalho temporário, regido pela Lei nº 6.019/74, como na hipótese dos autos, aplica-se a indenização prevista no artigo 479 da CLT no caso de rescisão antecipada do contrato, visto que assim dispõe: 'Nos contratos que tenham termo estipulado, o empregador que, sem justa causa, despedir o empregado será obrigado a pagar-lhe, a título de indenização, e por metade, a remuneração a que teria direito até o termo do contrato. Parágrafo único. Para a execução do que dispõe o presente artigo, o cálculo da parte variável ou incerta dos salários será feito de acordo com o prescrito para o cálculo da indenização referente à rescisão dos contratos por prazo indeterminado'. A Lei nº 6.019/74 dispõe de forma expressa e distinta acerca da consequência jurídica decorrente da rescisão nos contratos de trabalho temporário, assegurando ao empregado, em caso de dispensa sem justa causa, o pagamento de indenização correspondente a 1/12 (um doze avos) do pagamento recebido. Com efeito, havendo norma jurídica específica que trate sobre o contrato de trabalho temporário, não há falar em aplicação do artigo 479 da CLT. Esse foi o entendimento adotado nesta Subseção no julgamento do Processo nº E-RR-1342-91.2010.5.02.0203, em 30/4/2015, acórdão publicado no *DEJT* de 14/8/2015, Relator Ministro Renato de Lacerda Paiva, ocasião em

> que se decidiu, por 7 a 4, que não se aplica a sanção prevista no artigo 479 da CLT ao trabalhador temporário. Precedentes desta Subseção I e de todas as Turmas desta Corte. Embargos conhecidos e providos" (TST, E-RR 623-16.2010.5.01.0049, Subseção I Especializada em Dissídios Individuais, Relator Ministro Jose Roberto Freire Pimenta, *DEJT* 02/08/2019).

Conforme o § 1º do art. 9º da Lei 6.019/74, é responsabilidade da empresa contratante garantir as condições de segurança, higiene e salubridade dos trabalhadores, quando o trabalho for realizado em suas dependências ou em local por ela designado.

A contratante estenderá ao trabalhador da empresa de trabalho temporário o mesmo atendimento médico, ambulatorial e de refeição destinado aos seus empregados, existente nas dependências da contratante, ou local por ela designado (art. 9º, § 2º, da Lei 6.019/74).

A responsabilidade da empresa tomadora é subsidiária em relação às verbas decorrentes do contrato temporário nos termos do art. 10, § 7º, da Lei 6.019/74. No caso de falência da empresa de trabalho temporário, a empresa tomadora ou cliente é solidariamente responsável pelo recolhimento das contribuições previdenciárias, no tocante ao tempo em que o trabalhador esteve sob suas ordens, assim como em referência ao mesmo período, pela remuneração e indenização previstas nesta Lei (art. 16 da Lei 6.019/74).

Não sendo identificados os requisitos legais de pactuação do contrato temporário – falta de formalidade escrita, ausência dos motivos determinantes –, não observado o prazo de vigência do contrato, o vínculo de emprego se formará com a empresa tomadora dos serviços por prazo indeterminado, sendo a responsabilidade solidária da empresa de trabalho temporário (arts. 9º da CLT e 942 do CC).

CAPÍTULO X

DA ALTERAÇÃO DO CONTRATO DE TRABALHO

1. CONCEITO DE ALTERAÇÃO CONTRATUAL E REQUISITOS

O contrato de trabalho é por trato sucessivo, ou seja, prolonga-se no tempo. Por essa razão, está sujeito às alterações diante da dinâmica empresarial.

Não obstante, diante do princípio da intangibilidade objetiva do contrato de trabalho, as alterações contratuais não podem prejudicar os direitos dos trabalhadores.

Conforme Maurício Godinho Delgado[1], "os contratos, de maneira geral, podem alterar-se subjetiva ou objetivamente. Alterações contratuais subjetivas são aquelas que atingem os sujeitos contratuais, substituindo-os ao longo do desenrolar do contrato. Alterações contratuais objetivas são aquelas que atingem as cláusulas do contrato de trabalho (o conteúdo contratual), alterando tais cláusulas ao longo do desenvolvimento do pacto."

A alteração contratual subjetiva configura-se quando há substituição do empregador, na hipótese de sucessão trabalhista (arts. 10 e 448 da CLT). O empregado, como vimos, trabalha de forma pessoal, não podendo ser substituído. As alterações contratuais objetivas são tratadas pela CLT nos arts. 468 e 470.

1. Curso de Direito do Trabalho. 18ª ed. São Paulo: LTr, 2019, p. 1205.

Segundo a doutrina, as alterações também podem ser qualitativas ou quantitativas. As primeiras dizem respeito à função do empregado e sua qualificação profissional. As segundas reportam-se à quantidade de trabalho, como a jornada ou a produção.

O empregador, conforme referido, detém o poder diretivo e pode alterar determinadas regras contratuais e ajustá-las (*jus variandi* – art. 2º da CLT), denominadas cláusulas secundárias do contrato de trabalho, mas não cláusulas principais do contrato de trabalho. Desse modo, o empregador pode, por exemplo, unilateralmente, alterar o horário do trabalhador dentro do período diurno, o local da prestação de serviços, desde que dentro do mesmo município e não provoque alteração da residência do empregado, e pode, nos limites da qualificação profissional do autor, modificar determinadas atividades do empregado etc.

Outrossim, unilateralmente, o empregador não poderá modificar cláusulas contratuais que alterem o conteúdo do contrato de trabalho, como as referentes à função, e as cláusulas contratuais que asseguram direitos mínimos ao empregado.

Dispõe o art. 468, *caput*, da CLT:

> "Nos contratos individuais de trabalho só é lícita a alteração das respectivas condições por mútuo consentimento, e, ainda assim, desde que não resultem, direta ou indiretamente, prejuízos ao empregado, sob pena de nulidade da cláusula infringente desta garantia."

Conforme o artigo 468 da CLT, são dois os requisitos para a admissibilidade das alterações contratuais que modifiquem o conteúdo do contrato de trabalho:

a) **Mútuo consenso:** o empregado tem que concordar com a alteração contratual. Esse consentimento poder ser expresso ou tácito, escrito ou verbal (artigo 442 da CLT). Não obstante, quanto ao consenso tácito, ele deve ser aferido com mais rigor, segundo as circunstâncias do caso concreto. De outro lado, o empregado não poderá alterar o contrato de trabalho, uma vez que essa faculdade é inerente ao empregador. Entretanto, se a iniciativa da alteração contratual partir do empregado e o empregador concordar, ela poderá ser levada a efeito, presumindo-se que ela não é prejudicial ao trabalhador.

b) **Ausência de prejuízo ao trabalhador:** este requisito, que é o mais importante na questão das alterações contratuais, exige que ela não traga prejuízos ao trabalhador. O prejuízo deve ser avaliado não só quando do momento da alteração, mas também em momento posterior, pois muitas vezes, no presente, a alteração não é prejudicial, porém no mês seguinte os prejuízos são evidentes. O prejuízo não é somente o econômico, como também moral, técnico ou até mesmo social.

Como adverte Márcio Túlio Viana[2], "o prejuízo pode ser direto ou indireto, material ou imaterial, atual ou futuro, mas sempre certo, decorrente de circunstâncias contemporâneas, ainda que seus efeitos não tenham sido previstos, desde que previsíveis."

Sobre a questão, relevante destacar a seguinte ementa da mais alta Corte Trabalhista do Brasil, *in verbis*:

> "(...) 4. REMUNERAÇÃO GLOBAL. GRATIFICAÇÃO DE FUNÇÃO. REDUÇÃO. IMPOSSIBILIDADE. O princípio geral da inalterabilidade dos contratos sofreu forte e complexa adequação ao ingressar no Direito do Trabalho – tanto que passou a se melhor enunciar, aqui, através de uma diretriz específica, a da inalterabilidade contratual lesiva. Em primeiro lugar, a noção genérica de inalterabilidade perde-se no ramo justrabalhista. É que o Direito do Trabalho não contingencia – ao contrário, incentiva – as alterações contratuais favoráveis ao empregado; estas tendem a ser naturalmente permitidas (art. 468, CLT). Em segundo lugar, a noção de inalterabilidade torna-se sumamente rigorosa caso contraposta a alterações desfavoráveis ao trabalhador – que tendem a ser vedadas pela normatividade justrabalhista (arts. 444 e 468, CLT). Em terceiro lugar, a atenuação civilista da fórmula *rebus sic stantibus* (atenuação muito importante no Direito Civil) tende a ser genericamente rejeitada pelo Direito do Trabalho. É que este ramo jurídico especializado coloca sob ônus do empregador os riscos do empreendimento (art. 2º, *caput*, CLT), independentemente do insucesso que possa se abater sobre este. As obrigações trabalhistas empresariais preservam-se intocadas ainda que a atividade econômica tenha sofrido revezes efetivos em virtude de fatos externos à atuação do empregador. Fatores relevantes como a crise econômica geral ou a crise específica de certo segmento,

2. Direito de Resistência. São Paulo: LTr, 1996, p. 245.

> mudanças drásticas na política industrial do Estado ou em sua política cambial – fatores que, obviamente, afetam a atividade da empresa – não são acolhidos como excludentes ou atenuantes da responsabilidade trabalhista do empregador. A esse propósito, aliás, a jurisprudência tem reiteradamente esclarecido que, no conceito de riscos assumidos pelo empregador, inscreve-se, sim, a profusão legislativa que sempre caracterizou a tradição jurídica e administrativa brasileira, com as modificações econômicas e monetárias daí advindas (Plano Bresser, Plano Verão, Plano Collor, Plano Real etc.). Portanto, prejuízos derivados de tais planos econômicos oficiais não eliminam ou restringem a responsabilidade do empregador por suas obrigações laborativas. No caso concreto, o TRT, a partir da interpretação e valoração das provas colacionadas – e mantendo a sentença –, verificou que a Reclamada alterou o critério de cálculo da gratificação de função, acarretando prejuízos ao Autor. Nesse sentido, registrou que: 'O plano é discriminatório porque iguala a remuneração de empregados que se encontram em situações distintas – com diferentes tempos de serviço e, portanto, com diferentes valores percebidos a título de adicional por tempo de serviço'. A alteração do critério de cálculo promovida pela Reclamada causou a redução sistemática da gratificação percebida pelo Reclamante, apesar de exercer a mesma função do modelo, o que ensejou a condenação da Reclamada ao pagamento das diferenças salariais. Nesse contexto, observa-se que o TRT realizou o correto enquadramento jurídico dos fatos incontroversos extraídos dos autos, não havendo, portanto, como decidir de maneira contrária. Para tal propósito, seria necessária nova incursão no conjunto fático-probatório, o que é vedado nesta instância recursal especial, a teor do entendimento da Súmula 126/TST. Recurso de revista não conhecido quanto aos temas (...)" (TST, RR 11134-06.2013.5.01.0005, 3ª Turma, Relator Ministro Maurício Godinho Delgado, *DEJT* 13/03/2020).

A jurisprudência tem admitido a alteração contratual unilateral pelo empregador quando o empregado deixar de trabalhar em condições adversas ou nocivas para a sua saúde, como a supressão de horas extras, a alteração do horário noturno para diurno e a transferência de local de trabalho insalubre para salubre e de perigoso para não perigoso. Nessas situações, o empregado deixará de receber horas extras, adicional noturno e adicionais de insalubridade ou periculosidade.

Nesse aspecto, são expressivas as Súmulas 248, 256 e 291 do TST:

Súmula 248 do TST: "*Adicional de insalubridade. Direito adquirido* (Res. 17/1985, *DJ* 13.01.1986) A reclassificação ou a descaracterização da insalubridade, por ato da autoridade competente, repercute na satisfação do respectivo adicional, sem ofensa a direito adquirido ou ao princípio da irredutibilidade salarial."

Súmula 256 do TST: "*Adicional noturno. Alteração de turno de trabalho. Possibilidade de supressão (mantida)* - Res. 121/2003, *DJ* 19, 20 e 21.11.2003. A transferência para o período diurno de trabalho implica a perda do direito ao adicional noturno."

Súmula 291 do TST: "*Horas extras. Habitualidade. Supressão. Indenização.* (Revisão da Súmula nº 76 - Res. 1/1989, *DJ* 14.04.1989. Nova redação - Res. 174/2011 - *DEJT* 27/05/2011.) A supressão total ou parcial, pelo empregador, de serviço suplementar prestado com habitualidade, durante pelo menos 1 (um) ano, assegura ao empregado o direito à indenização correspondente ao valor de 1 (um) mês das horas suprimidas, total ou parcialmente, para cada ano ou fração igual ou superior a seis meses de prestação de serviço acima da jornada normal. O cálculo observará a média das horas suplementares nos últimos 12 (doze) meses anteriores à mudança, multiplicada pelo valor da hora extra do dia da supressão."

2. DIREITO DE RESISTÊNCIA DO EMPREGADO

O empregado, diante das alterações contratuais ilícitas e também das que violem norma de ordem pública, a moral e os bons costumes, poderá se valer do chamado direito de resistência (*jus resitentiae*) e declarar extinto o contrato de trabalho por culpa do empregador (artigo 483, "d", da CLT), ou postular, judicialmente, na nulidade da alteração contratual lesiva.

Como bem adverte Jorge Luiz Souto Maior[3], "não há previsão legal específica, mas é óbvio que o empregado poderá valer-se da via judicial para acautelar o seu direito quanto a outras alterações impostas pelo empregador quando as considere abusivas. Poderá, ainda, simplesmente, insurgir-se, negando-se a cumpri-las ou mesmo submeter-se a elas e depois, valendo-se do princípio da irrenunciabilidade, pleitear em juízo as repercussões jurídicas da invalidação do ato."

3. Curso de Direito do Trabalho. Volume II. São Paulo: LTr, 2008, p. 419

Dificilmente, o empregado consegue fazer valer seu direito de resistência sem recorrer à Justiça do Trabalho, em face do estado de subordinação próprio da relação de emprego e da ausência de garantia de emprego (art. 7º, I, da CF).

Como destaca Maurício Godinho Delgado, "em ordens jurídicas, como a brasileira, em que o empregado não tem assegurada garantia geral de emprego (há apenas garantias especiais como a do dirigente sindical, da gestante etc.), o *jus resistentiae* torna-se, na prática, mitigado, uma vez que o risco do rompimento do contrato pelo empregador inibe eventual posição defensiva do empregado em face de determinações abusivas recebidas."

No mesmo sentido destaca João de Lima Teixeira Filho[4]: "A alteração contratual ilícita, nos termos da lei, é nula: 'sob pena de nulidade' é a expressão do art. 468. Costuma-se dizer que o ato nulo não produz efeitos: *quod nullum est nullum effectum producit*. A nulidade opera-se de pleno direito. Como notam, porém, Colin-Capitant, vai um equívoco nesta afirmação: 'Na realidade' – escrevem os eminentes juristas – 'o exercício de uma ação judicial é sempre necessário para que uma pessoa, interessada em fazê-la valer, possa invocar a nulidade mesmo radical e absoluta de um ato jurídico'. Nenhuma nulidade é imediata – ensina, por seu turno, De Page – 'no sentido de que a intervenção do juiz é sempre indispensável para pronunciá-la'. Daí por que, como escreve Russomano, 'sempre que ocorrer uma alteração do contrato e essa alteração não contar com a concordância do empregado ou não for previamente autorizada pela lei – o empregado tem dois caminhos: ou proclama a despedida indireta, na forma do art. 483; ou vai a juízo pleitear o restabelecimento do vínculo em seus termos primitivos".

3. ALTERAÇÃO DA FUNÇÃO

Como regra, nos limites da função e da qualificação profissional do trabalhador, o empregador pode exercer seu poder diretivo, realizando as adaptações necessárias na atividade do trabalhador.

Conforme destaca Messias Pereira Donato[5], "a qualificação profissional corresponde, no plano convencional, à atividade que o empregado vai

4. Instituições de Direito do Trabalho, volume 1 / Arnaldo Sussekind, Délio Maranhão, Segadas Vianna e Lima Teixeira – 21ª ed. Atualizada por Arnaldo Sussekind e Lima Teixeira – São Paulo – LTr, 2003, p. 552.
5. Curso de Direito Individual do Trabalho. 6ª ed. São Paulo: LTr, 2008, p. 606.

desenvolver na empresa. Essa atividade é exercitada, em regra, junto a cargo ou função, decorrente da ocupação de um posto."

Função, na ótica de Maurício Godinho Delgado[6], "é o conjunto sistemático de atividades, atribuições e poderes laborativos, integrados entre si, formando um todo unitário no contexto da divisão do trabalho estruturada no estabelecimento ou empresa."

Dentro das atividades que compõem a função do empregado, o empregador pode alterá-las, de forma lícita, para adaptá-las às necessidades operacionais.

No entanto, o empregador não pode alterar a função do empregado em atividades estranhas à sua função e à sua qualificação profissional.

Ocorrendo a extinção do cargo ou função, a doutrina tem considerado lícito o aproveitamento do empregado em outra função desde que não lhe acarrete prejuízos.

Como bem adverte Márcio Túlio Viana[7], "quanto à extinção do cargo, o deslocamento do empregado não é ascendente nem descendente, mas horizontal. Observa Magano que, na hipótese, o aproveitamento do empregado em outra função é, socialmente, a opção mais desejável, pois representa a continuidade no emprego. Por isso, tanto a doutrina como a jurisprudência têm admitido nesses casos o exercício do *ius variandi*, desde que as novas funções sejam afins. Não discrepantes."

4. RETORNO OU REVERSÃO

Dispõe o parágrafo único do artigo 468 da CLT: "Não se considera alteração unilateral a determinação do empregador para que o respectivo empregado reverta ao cargo efetivo, anteriormente ocupado, deixando o exercício de função de confiança".

O referido dispositivo trata do que a doutrina denomina de retorno ou reversão à função anteriormente ocupada pelo empregado antes de desempenhar função de confiança pelo empregador. Nessa hipótese, o empregador poderá determinar que o empregado volte à antiga função, quando está exercendo função de confiança na empresa.

---

6. Curso de Direito do Trabalho. 18ª ed. São Paulo: LTr, 2019, p. 1219.
7. Direito de Resistência. São Paulo: LTr, 1996, p. 260.

Na hipótese em que o empregado já fora contratado para desempenhar função de confiança, o empregador não pode alterar sua função.

Embora o empregador possa, unilateralmente, determinar o retorno, a jurisprudência havia fixado entendimento de que, se o empregador ficou dez ou mais anos na função de confiança, não poderá ter diminuição salarial em razão da manutenção de sua estabilidade econômica. Nesse sentido, a Súmula 372 do TST, *in verbis*:

> "*Gratificação de função. Supressão ou redução. Limites.* (Conversão das Orientações Jurisprudenciais nºs 45 e 303 da SDI-1 – Res. 129/2005, *DJ* 20.04.2005) I – Percebida a gratificação de função por dez ou mais anos pelo empregado, se o empregador, sem justo motivo, revertê-lo a seu cargo efetivo, não poderá retirar-lhe a gratificação tendo em vista o princípio da estabilidade financeira. (ex-OJ nº 45 – Inserida em 25.11.1996) II – Mantido o empregado no exercício da função comissionada, não pode o empregador reduzir o valor da gratificação. (ex-OJ nº 303 – *DJ* 11.08.2003)

No entanto, a Lei 13.467/17 inseriu o § 2º do artigo 468 da CLT em sentido contrário à referida Súmula do TST. Dispõe o citado dispositivo legal:

> "Nos contratos individuais de trabalho só é lícita a alteração das respectivas condições por mútuo consentimento, e ainda assim desde que não resultem, direta ou indiretamente, prejuízos ao empregado, sob pena de nulidade da cláusula infringente desta garantia. § 1º Não se considera alteração unilateral a determinação do empregador para que o respectivo empregado reverta ao cargo efetivo, anteriormente ocupado, deixando o exercício de função de confiança. § 2º A alteração de que trata o § 1º deste artigo, com ou sem justo motivo, não assegura ao empregado o direito à manutenção do pagamento da gratificação correspondente, que não será incorporada, independentemente do tempo de exercício da respectiva função."

Diante do que dispõe o § 2º do referido dispositivo legal, ficou superado o entendimento da Súmula 372, I, do TST.

A nosso ver, a alteração legislativa não considerou os princípios da função social do contrato de trabalho, da boa-fé objetiva e da estabilidade econômica do trabalhador. No entanto, diante da clareza do que dispõe o § 2º do art. 468 da CLT, não haverá mais incorporação da gratificação em função de confiança.

5. PROMOÇÃO

Promoção, rememorando as lições de Orlando Gomes, é o ato pelo qual o empregado passa a ocupar função de maior responsabilidade, acompanhada de ascensão hierárquica e majoração salarial.

A promoção, por ser alteração qualitativa do contrato de trabalho (função), deve estar balizada pelos parâmetros do artigo 468 da CLT.

Desse modo, toda promoção deve contar com a anuência do empregado e não lhe acarretar prejuízos, diretos ou indiretos, atuais ou futuros. Portanto, o empregado pode recusar a promoção quando não lhe for favorável (ex. majoração salarial pequena) ou quando não estiver preparado para o exercício da função que lhe foi oferecida, entre outras hipóteses.

Nesse sentido, defendem Orlando Gomes e Élson Gottschalk[8]:

> "Mesmo na promoção aparentemente vantajosa, o consentimento do empregado exerce influência, pois pode não lhe interessar e ser *ad futurum* prejudicial, como no caso em que se veja obrigado a desempenhar tarefas para as quais não está habilitado, porque não correspondem à sua qualificação originária. O rendimento inferior que viesse a produzir no novo cargo poderia ser causa para a despedida. O exercício de novas funções poderia exigir nova formação profissional à qual o empregado, por motivos óbvios, não esteja disposto".

Alguns autores argumentam que a recusa à promoção deve ser motivada pelo empregado, pois, em tese, o empregador lhe oferece melhoria em seu *status* funcional.

Em nosso sentir, o empregado não é obrigado a motivar a recusa à promoção, pois não há obrigação legal impondo tal condição. Além disso, por ser alteração contratual, há a possibilidade de recusa sem justificativa (artigo 468 da CLT). Pensamos só haver necessidade de motivação quando o empregado se obrigou contratualmente ou por meio de regulamento empresarial a aceitar as promoções que lhe forem oferecidas pelo empregador.

Como bem adverte Jorge Luiz Souto Maior[9]: "uma vez aceita a promoção, por envolver, naturalmente, maiores responsabilidades, esta deve estar acompanhada de acréscimo salarial. Uma promoção sem acréscimo salarial

---

8. Curso de Direito do Trabalho. 17ª Edição. Rio de Janeiro: Forense, 2005, p. 333.
9. Curso de Direito do Trabalho: A Relação de Emprego. Volume II. São Paulo: LTr, 2008, p. 408.

ou a concessão de vantagem relevante não tem valor jurídico, possibilitando a utilização das regras contidas nos arts. 460 e 766, da CLT, para manter o equilíbrio na relação jurídica".

6. REBAIXAMENTO

Nas palavras de *Arion Sayão Romita*[10], o rebaixamento é uma modalidade de alteração das condições de trabalho, que diz respeito às funções exercidas pelo empregador. Ato ou efeito de rebaixar, isto é, determinação do empregador para que o empregado assuma funções inferiores àquelas para as quais foi contratado ou que ultimamente vinha exercendo.

O rebaixamento traz consigo o caráter punitivo. Desse modo é ilícito, pois não é previsto pelo Direito do Trabalho e caracteriza-se como uma alteração contratual ilícita, sendo flagrantemente coibido pela legislação (art. 468 da CLT).

O empregado que ocupa função relevante na empresa e, repentinamente, passa para um cargo inferior, por determinação do empregador e em caráter punitivo, evidentemente sofre prejuízo moral, ainda que o salário seja mantido. Exemplo: Um gerente operacional que é transferido para a função de telefonista na empresa, sem perder o salário que recebia na função de gerente.

7. O ACÚMULO DE FUNÇÃO

Em algumas leis específicas, como a que regulamenta a profissão de radialista, há previsão específica para o adicional por acúmulo de função dentro da mesma jornada de trabalho. Algumas normas coletivas, como de empregados em condomínios de apartamentos, fixam adicional por acúmulo de função, normalmente entre 30% ou 40% sobre o salário-base.

A CLT não disciplina o acúmulo de função. Desse modo, parte significativa da jurisprudência tem defendido a tese de que, por falta de previsão legal e considerando-se o disposto no parágrafo único do artigo 456 da CLT[11], não é devido adicional por acúmulo de função, pois na falta de disposição

10. Temas de Direito do Trabalho. São Paulo: LTr, 1998, p. 256.
11. Art. 456 da CLT: "A prova do contrato individual do trabalho será feita pelas anotações constantes da carteira profissional ou por instrumento escrito e suprida por todos os meios permitidos em direito. Parágrafo único. A falta de prova ou inexistindo cláusula expressa e tal respeito, entender-se-á que o empregado se obrigou a todo e qualquer serviço compatível com a sua condição pessoal."

legal ou contratual o empregado obriga-se a todo serviço compatível com a sua condição pessoal.

Nesse aspecto, destacamos a seguinte ementa:

> "RECURSO DE REVISTA INTERPOSTO NA VIGÊNCIA DA LEI Nº 13.467/2017. TRANSCENDÊNCIA RECONHECIDA. Considerando a existência de controvérsia acerca da interpretação do artigo 456, parágrafo único, da CLT, para fins de reconhecer a existência, ou não, de acúmulo de funções, verifica-se a transcendência jurídica, nos termos do artigo 896-A, § 1º, IV, da CLT. ACÚMULO DE FUNÇÃO. TÉCNICO DE ENFERMAGEM. MOTORISTA DE AMBULÂNCIA. ACÚMULO DE FUNÇÃO NÃO CONFIGURADO. ARTIGO 456, PARÁGRAFO ÚNICO, DA CLT. PROVIMENTO. O artigo 456, parágrafo único, da CLT dispõe que, à falta de prova ou de cláusula expressa a tal respeito, entende-se que o empregado se obriga a todo e qualquer serviço compatível com a sua condição pessoal. A realização de tarefas de função diversa daquela para a qual o empregado foi contratado, na hipótese de ausência de especificação das atividades inerentes a uma função, seja no contrato de trabalho ou em norma coletiva, não implica o reconhecimento automático de alteração no contrato de trabalho. Conforme já mencionado, o parágrafo único do artigo 456 da CLT, em casos tais, dispõe que o empregado está obrigado a todo e qualquer serviço compatível com a sua condição pessoal. O acúmulo de funções fica evidenciado quando há o exercício de função diversa, totalizando um conjunto de atividades que não têm compatibilidade ou conexão com aquelas para as quais o empregado foi contratado, ensejando o pagamento de diferenças salariais, que pode ser postulado com base na isonomia e na ideia de contraprestação ao serviço prestado. No caso, o Tribunal Regional firmou entendimento de que não cabe a aplicação do artigo 456 da CLT, por considerar que a função de motorista de ambulância tem natureza diversa da função de técnico de enfermagem. Infere-se, do acórdão recorrido, que a questão não foi dirimida sob o enfoque de alteração contratual lesiva, em que a autora teria sido contratada para a função de técnico de enfermagem e somente depois lhe foi exigido que conduzisse a ambulância. O Tribunal Regional deixou expresso que a autora foi admitida como técnica de enfermagem, exercendo, concomitantemente, a função de motorista de ambulância. Ficou consignada, ainda, a confissão da autora no sentido de que dirigir ambulância fazia parte de suas funções, podendo-se extrair que as atividades eram realizadas, concorrentemente, desde o princípio da

> relação empregatícia. Tem-se, portanto, que não se evidencia que as atividades de motorista de ambulância estejam totalmente desvirtuadas daquelas desempenhadas pelos técnicos de enfermagem da reclamada, tampouco fora da condição pessoal da autora, haja vista ter sempre, no período do contrato, exercido tal mister. Nesse contexto, tem-se que a situação dos autos, ao contrário do que entendeu o Tribunal Regional, insere-se ao disposto no artigo 456, parágrafo único, da CLT. Recurso de revista de que se conhece e a que se dá provimento" (TST, RR 11311-60.2016.5.15.0009, 4ª Turma, Relator Ministro Guilherme Augusto Caputo Bastos, *DEJT* 17/09/2021).

Em nosso entendimento, se o empregado acumula função diversa da qual foi contratado, incompatível com sua qualificação profissional, e de forma habitual, faz jus a um adicional na remuneração. Com efeito, o contrato de trabalho é bilateral e sinalagmático, envolvendo obrigações recíprocas e equivalentes para as partes. A partir do momento que o empregado acumula função, obtendo o empregador vantagem com tal situação, deve-se atribuir ao trabalhador uma compensação financeira a fim de manter o equilíbrio contratual. Esse entendimento encontra suporte na função social do contrato de trabalho, na equidade, na boa-fé objetiva e na vedação do enriquecimento sem causa do empregador, previsto no artigo 884 do Código Civil que assim dispõe:

> "Aquele que, sem justa causa, se enriquecer à custa de outrem, será obrigado a restituir o indevidamente auferido, feita a atualização dos valores monetários. Parágrafo único. Se o enriquecimento tiver por objeto coisa determinada, quem a recebeu é obrigado a restituí-la, e, se a coisa não mais subsistir, a restituição se fará pelo valor do bem na época em que foi exigido."

Nesse sentido defende José Affonso Dallegrave Neto[12]:

> "Diante de tantos argumentos jurídicos que dão guarida ao pleito de indenização por desvio ou acúmulo de função, o julgador não pode deixar de restaurar a equidade no caso concreto sob o frágil argumento de que 'não há amparo legal para o pedido'. Ora conforme visto, o fundamento jurídico decorre de uma adequada interpretação sistemática dos arts. 422, 884 e 927 do Código Civil, bem como dos art. 8º, 456, 460 e 468, ambos da CLT. Findou o tempo em que

12. Responsabilidade Civil no Direito do Trabalho. 3ª Edição. São Paulo: LTr, 2008, p. 188-189

o magistrado acolhia somente os pedidos fundamentados na rigorosa interpretação literal da lei. Isso ocorreu na era do Positivismo Científico dos séculos XVIII e XIX, em que em nome da 'segurança jurídica' sequer admitia-se a existência de lacunas dentro do direito positivo. Vive-se hoje uma nova ordem jurídica em que os princípios e valores estampados na Constituição Federal e nas legislações esparsas vinculam o operador jurídico. Um tempo em que a exegese sistêmica prefere à gramatical."

8. DA TRANSFERÊNCIA DO EMPREGADO

Transferência é o ato do empregador de alterar o local de trabalho do empregado para localidade diversa do domicílio deste.

Nos termos o art. 70 do CC, "o domicílio da pessoa natural é o lugar onde ela estabelece a sua residência com ânimo definitivo."

Como sustentam Cristiano Chaves de Farias, Felipe Braga Netto e Nelson Rosenvald[13], a doutrina, tradicionalmente, aponta a existência de dois elementos ou requisitos no conceito de domicílio: a) o elemento objetivo (a residência); b) o elemento subjetivo (ânimo definitivo). O elemento objetivo, a residência, é de mais fácil verificação, pois consiste num dado externo, objetivo, aferível, consistente em saber se determinada pessoa reside, de modo permanente, em determinado local. Ânimo definitivo deve ser lido como intenção de permanência em determinado lugar (situação oposta a quem está de passagem, de férias, fazendo um curso etc.).

Dispõe o *caput* do art. 469 da CLT:

> "Ao empregador é vedado transferir o empregado, sem a sua anuência, para localidade diversa da que resultar do contrato, não se considerando transferência a que não acarretar necessariamente a mudança do seu domicílio."

A lei não define o que é localidade. A doutrina, acertadamente, tem entendido que mudança de localidade significa mudança de município.

Nesse sentido, a posição de Vólia Bomfim Cassar[14]: "entende-se por transferência a mudança do empregado para local diverso daquele inicialmente

13. Manual de Direito Civil. 4. Ed. Rio de Janeiro: Editora Juspodivm, 2019, p. 459.
14. Direito do Trabalho. 2ª Edição. Rio de Janeiro: Impetus, 2008, p. 990.

contratado, desde que importe necessariamente em mudança de município e de domicílio."[15]

Embora o art. 469 da CLT utilize a palavra *domicílio*, a doutrina, corretamente, tem-no interpretado como *residência*, ou seja, o lugar em que o empregado tem sua moradia. Desse modo, para que haja transferência para fins do art. 469 da CLT, o empregado tem que alterar o local de sua moradia para município diverso.

Caso não haja mudança da residência do empregado não haverá transferência, fazendo jus apenas este ao acréscimo de despesas de transporte, conforme a Súmula 29 do TST, *in verbis*:

> "*Transferência* (RA 57/1970, DO-GB 27.11.1970) Empregado transferido, por ato unilateral do empregador, para local mais distante de sua residência, tem direito a suplemento salarial correspondente ao acréscimo da despesa de transporte."

A transferência pode ser *unilateral:* levada a efeito pelo empregador, ou *bilateral:* realizada com a concordância do empregado. A transferência poderá ser unilateral quando efetuada dentro do Município onde que reside o empregado. Será bilateral, quando provoque a alteração da residência do trabalhador para Município diverso do local do contrato de trabalho.

Por ser a transferência alteração significativa do contrato de trabalho, ela deve contar com a anuência do trabalhador e não trazer prejuízos diretos ou indiretos a ele. A anuência não necessita ser expressa, admitindo-se a modalidade tácita (art. 442 da CLT). Como exemplifica Homero Batista Mateus da Silva[16], "empregado que se candidata a procedimento interno de seleção para gerência de filial a ser inaugurada no Recife não poderá alegar que não manifestou concordância expressa à sua transferência de Brasília. Ou então: participação em entrevistas e testes internos para a promoção de vaga de administração ou em São Paulo ou no Rio de Janeiro, pressupõe que o empregado saiba que terá de deixar a filiar de Belém ou de Manaus em que laborou por longos anos."

A transferência será considerada lícita se for solicitada pelo próprio empregado e aceita pelo empregador.

---

15. No mesmo sentido defende Homero Batista Mateus da Silva. In: Curso de Direito do Trabalho Aplicado – Volume 6. 3. ed. São Paulo: RT, 2015, p. 183-184.
16. Op. cit. p. 182.

Nos termos do art. 470 da CLT, as despesas resultantes da transferência correrão por conta do empregador.

O empregador, por correr os riscos da atividade econômica (art. 2º da CLT), deve custear as despesas de transferência do empregado, como transporte, mudanças etc.

9. EMPREGADOS EXCLUÍDOS DA PROTEÇÃO DA INTRANSFERIBILIDADE

Dispõe o § 1º do art. 469 da CLT:

> "Não estão compreendidos na proibição deste artigo: os empregados que exerçam cargo de confiança e aqueles cujos contratos tenham como condição, implícita ou explícita, a transferência, quando esta decorra de real necessidade de serviço."

Podem ser transferidos unilateralmente os empregados que exercem função de confiança extraordinária, ou seja, os altos empregados que detêm poderes de gestão (art. 62, II, da CLT).

Também estão excluídos da regra da intransferibilidade os empregados que tenham *condição explícita*: quando a contratação já é realizada com cláusula de transferibilidade. Nesse caso, as circunstâncias da função exercida devem justificar a possibilidade de transferência ou *condição implícita*: nessa hipótese, a condição é tácita, pois decorre da natureza da função e da forma como ela é exercida, por exemplo, os empregados viajantes, de espetáculos teatrais, músicos, vendedores sem região fixa etc.

Tanto na hipótese do empregado de confiança quanto na daquele que tenha cláusula implícita de transferibilidade, somente autorizará a transferência a real necessidade do serviço, que deve ser comprovada pelo empregador. Nesse aspecto, a Súmula 43 do TST, *in verbis*: "presume-se abusiva a transferência de que trata o § 1º do art. 469 da CLT, sem comprovação da necessidade do serviço."

Dispõe o art. 469, § 2º, da CLT, *in verbis*:

> "É lícita a transferência quando ocorrer extinção do estabelecimento em que trabalhar o empregado."

Nesse sentido, a lei considera lícita a transferência do empregado para localidade diversa da do município de contratação do trabalhador. Embora a transferência, em princípio, seja lícita, o empregado poderá, em nossa visão, recusá-la se implicar onerosidade excessiva, tanto funcional quanto pessoal e decretar a rescisão indireta do contrato de trabalho (art. 483 da CLT), como na hipótese de mudança para estado distante da federação.

10. ADICIONAL DE TRANSFERÊNCIA

Dispõe § 3º do art. 469 da CLT:

> "Em caso de necessidade de serviço o empregador poderá transferir o empregado para localidade diversa da que resultar do contrato, não obstante as restrições do artigo anterior, mas, nesse caso, ficará obrigado a um pagamento suplementar, nunca inferior a 25% (vinte e cinco por cento) dos salários que o empregado percebia naquela localidade, enquanto durar essa situação."

A lei não diz o que é transferência provisória ou definitiva. Desse modo, essa árdua tarefa compete à doutrina e à jurisprudência. A provisoriedade da transferência deve ser avaliada no caso concreto, segundo as circunstâncias de tempo e lugar e da natureza do serviço. Se o empregado tiver uma missão a realizar, como a instalação de uma máquina, haverá indícios contundentes de transferência provisória. Se o empregado não tiver uma missão específica e ficar lapso de tempo razoável fora em localidade diversa de sua residência, será definitiva a transferência. Pensamos que, se o empregado permanecer mais de um ano fora de sua residência, será definitiva a transferência.

A transferência provisória pode ser realizada por ato unilateral do empregador, mas deve ser fundamentada pela real necessidade dos serviços, por prazo determinado, e mediante pagamento de adicional de transferência.

À luz do § 3º do artigo 469 da CLT, a doutrina fixou entendimento no sentido de ser devido o adicional de transferência apenas nas transferências provisórias, pois a lei refere à expressão "enquanto perdurar a situação". Não obstante, há entendimentos na doutrina de que o adicional também é devido nas transferências definitivas em razão das vicissitudes e despesas que tem de enfrentar o empregado com a mudança de sua residência.

Dispõe a OJ 113, da SDI-I do TST, *in verbis*:

> "*Adicional de transferência. Cargo de confiança ou previsão contratual de transferência. Devido. Desde que a transferência seja provisória.* (Inserida em 20.11.1997) O fato de o empregado exercer cargo de

confiança ou a existência de previsão de transferência no contrato de trabalho não exclui o direito ao adicional. O pressuposto legal apto a legitimar a percepção do mencionado adicional é a transferência provisória."

No mesmo sentido a seguinte ementa:

> **"(...) ADICIONAL DE TRANSFERÊNCIA. REESTRUTURAÇÃO EMPRESARIAL. CARÁTER PROVISÓRIO. OJ 113 DA SBDI-1 DO TST. O Regional considerou provisória a transferência da autora de Florianópolis para Curitiba, que perdurou por cerca de três anos e meio. Consignou a peculiaridade de que essa mudança deu-se pela reestruturação no banco reclamado que centralizou os NUCACs em Curitiba, o que obrigou a autora a ir trabalhar em Curitiba, deixando sua família em Florianópolis. Consonância com a OJ 113 da SBDI-1. Recurso de revista não conhecido" (TST, RR 551-59.2012.5.09.0009, 6ª Turma, Relator Ministro Augusto Cesar Leite de Carvalho, *DEJT* 30/04/2021).**

Não obstante a jurisprudência do Tribunal Superior do Trabalho em sentido contrário, pensamos que o adicional de transferência é devido tanto nas transferências provisórias quanto nas definitivas, em razão de o empregador correr os riscos da atividade econômica (artigo 2º da CLT) e também de todas as vicissitudes que enfrenta o trabalhador com a transferência, bem como o acréscimo de despesas dela decorrentes.

Nesse sentido é a posição de Jorge Luiz Souto Maior[17]: "(...) ao contrário do que se firmou na doutrina e jurisprudência, não há uma distinção legal entre transferência definitiva e provisória, ainda mais porque a necessidade de serviço é requisito para qualquer tipo de transferência. O que diz a lei é, simplesmente, que o empregado tem direito de receber um adicional de 25%, enquanto perdurar a situação, não diz que esta situação será provisória, até porque, como já dizia o poeta, tudo é infinito enquanto dura (...) Lembre-se que, na perspectiva do empregador, uma transferência é apenas a mudança do local de trabalho por necessidade da produção. Na perspectiva do trabalhador, pode ser a mudança de sua vida, repercutindo na vida de todos os membros de sua família."

17. Curso de Direito do Trabalho. Volume II. São Paulo: LTr, 2008, p. 418.

O adicional de transferência, por ter caráter contraprestativo, tem nítido cunho salarial (artigo 457 da CLT[18]).

11. TRANSFERÊNCIA ABUSIVA E DIREITO DE RESISTÊNCIA DO EMPREGADO

A transferência é considerada abusiva quando for realizada, unilateralmente, pelo empregador, sem contar com anuência do empregado, ou quando a lei autorizar a transferência de forma unilateral pelo empregador e ela não decorrer de real necessidade do serviço. A abusividade da transferência gera sua nulidade, tendo direito o trabalhador ao retorno à localidade de trabalho anterior (artigo 187 do Código Civil).

Em caso de transferência abusiva, o empregado poderá ser opor, valendo-se do seu *ius resitentiae*, inclusive ingressar na Justiça do Trabalho postulado liminar, nos termos do art. 659, IV, da CLT:

> "Competem privativamente aos Presidentes das Juntas, além das que lhes forem conferidas neste Título e das decorrentes de seu cargo, as seguintes atribuições: (...) IX – conceder medida liminar, até decisão final do processo, em reclamações trabalhistas que visem a tornar sem efeito transferência disciplinada pelos parágrafos do artigo 469 desta Consolidação".

A liminar prevista no citado dispositivo legal pode ter natureza inibitória (prevenir o ilícito quando este está na iminência de ocorrer), quando a transferência ainda não foi realizada, ou de tutela antecipada (repressiva), para que o empregado retorne ao local de trabalho de sua origem quando já transferido.

---

18. Autores há que defendem a natureza de ajuda de custo do referido adicional face à sua transitoritoriedade, e compensação de despesas extraordinárias do empregado, nos termos do 457 § 2º da CLT, "in verbis": "As importâncias, ainda que habituais, pagas a título de ajuda de custo, auxílio-alimentação, vedado seu pagamento em dinheiro, diárias para viagem, prêmios e abonos não integram a remuneração do empregado, não se incorporam ao contrato de trabalho e não constituem base de incidência de qualquer encargo trabalhista e previdenciário."

CAPÍTULO XI

DA SUSPENSÃO E INTERRUPÇÃO DO CONTRATO DE TRABALHO

1. DOS CONCEITOS DE INTERRUPÇÃO E SUSPENSÃO DO CONTRATO DE TRABALHO E EFEITOS

O contrato de trabalho nasce por acordo tácito ou expresso das partes (artigo 442 da CLT) e viger para o futuro. Diante do princípio da continuidade do contrato de trabalho o contrato deve sobreviver a certos acontecimentos que decorrem, ou não, da vontade das partes, que provocam a paralisação temporária do contrato de trabalho. Desse modo, o contrato de trabalho mantém-se vigente mesmo nas chamadas hipóteses de suspensão e interrupção do contrato de trabalho.

Se forem cessadas, temporariamente, todas as obrigações do contrato de trabalho, tanto por parte do empregado quanto do empregador, teremos o que denomina a doutrina de **suspensão** do contrato de trabalho. Caso cessarem, temporariamente, as obrigações do empregado, mas se se mantiverem as obrigações do empregador, teremos a chamada **interrupção** do contrato de trabalho.

Há ainda situações controvertidas, de cessão temporária dos efeitos do contrato de trabalho, a exemplo da licença-maternidade e do auxílio-doença acidentário.

Segmentos da doutrina criticam as expressões suspensão e interrupção contratual, pois, na verdade, o contrato sempre se mantém vigente, o que se suspende é a prestação pessoal dos serviços do trabalhador.

Como destaca Maurício Godinho Delgado[1]: "a suspensão contratual é a sustação temporária dos principais efeitos do contrato de trabalho no tocante às partes, em virtude de um fato juridicamente relevante, sem ruptura, contudo, do vínculo contratual formado. É a sustação ampliada e recíproca de efeitos contratuais, preservado, porém, o vínculo entre as partes. Já a interrupção contratual é a sustação temporária da principal obrigação do empregado no contrato de trabalho (prestação de trabalho e disponibilidade perante o empregador), em virtude de um fato juridicamente relevante, mantidas em vigor todas as demais cláusulas contratuais. Como se vê, é a interrupção a sustação restrita e unilateral de efeitos contratuais."

Na interrupção contratual, o empregado terá todos os direitos trabalhistas, inclusive a contagem do tempo de serviço, como se trabalhando estivesse durante o período de interrupção. Por sua vez, na hipótese de suspensão, todas as cláusulas contratuais ficarão paralisadas. Não haverá contagem do tempo de serviço e o trabalhador não receberá direitos trabalhistas.

Durante os períodos de suspensão e interrupção do contrato de trabalho, permanecem as chamadas obrigações secundárias do contrato de trabalho como o mútuo respeito, fidelidade, lealdade etc. Desse modo, havendo quebra da confiança entre as partes, mesmo durante os períodos de suspensão e interrupção do contrato de trabalho, o contrato poderá ser extinto por justa causa, ou rescisão indireta do contrato de trabalho.

No entanto, a dispensa do empregado sem justa causa durante os períodos de suspensão e interrupção contratual não será possível. Vólia Bomfim[2], com razão, excepciona, também, a possibilidade de dispensa do empregado nas situações de extinção da empresa ou força maior.

O pedido de demissão do empregado poderá ser levado a efeito durante os períodos de suspensão ou interrupção contratual, desde que manifestado espontaneamente.

A Consolidação das Leis do Trabalho trata da suspensão e interrupção do contrato de trabalho nos arts. 471 a 476-A da CLT, não havendo distinção específica, porém há outras hipóteses previstas em legislação especial.

1. Curso de Direito do Trabalho. 8ª ed. São Paulo: LTr, 2009, p. 971-972.
2. Direito do Trabalho. 14. Ed. São Paulo: Método, 2017, p. 938.

Dispõe o art. 471 da CLT:

> "Ao empregado afastado do emprego, são asseguradas, por ocasião de sua volta, todas as vantagens que, em sua ausência, tenham sido atribuídas à categoria a que pertencia na empresa."

Quando do retorno à empresa, o empregado terá direito a todas as vantagens concedidas à categoria no período de afastamento (suspensão do contrato de trabalho). Na hipótese de interrupção, todos os direitos trabalhistas são preservados e mantidos durante o período de afastamento, inclusive as condições individuais do empregado são observadas.

2. PRESCRIÇÃO DURANTE OS PERÍODOS DE SUSPENSÃO E INTERRUPÇÃO

A lei não prevê a hipótese de suspensão da prescrição durante os períodos de interrupção ou suspensão contratual. Desse modo, parte significativa da doutrina e jurisprudência sustentam que o prazo prescricional flui normalmente nos períodos de suspensão e interrupção.

Nesse sentido, sustenta Vólia Bomfim[3] que "os prazos prescricionais estão taxativamente previstos em lei. Assim como as hipóteses de interrupção e de suspensao de sua contagem. Por isso, não podem as partes livremente ajustar prazos ou hipóteses não previstas em lei ou presumi-los, tendo em vista que prescrição é matéria de ordem pública. Dessa forma, a suspensão ou a interrupção contratual não impedem, não interrompem ou suspendem o prazo prescricional."

Somos partidários de tese diversa, pois o artigo 199, I, do Código Civil[4] possibilita a suspensão do prazo prescricional havendo causa suspensiva. De outro lado, diante da sistemática de proteção do trabalhador, máxime quando as obrigações contratuais estão suspensas, justificam a suspensão do prazo prescricional, tanto nas hipóteses de suspensão como nas de interrupção contratual.

3. Direito do Trabalho. 14ª ed. São Paulo: Método, 2017, p. 940.
4. Art. 199 do CC. "Não corre igualmente a prescrição: I – pendendo condição suspensiva."

3. HIPÓTESES DE SUSPENSÃO CONTRATUAL

3.1. Afastamento em decorrência do serviço militar

Dispõe o art. 472 da CLT:

> "O afastamento do empregado em virtude das exigências do serviço militar ou de outro encargo público não constituirá motivo para a alteração ou rescisão do contrato de trabalho por parte do empregador".

Embora haja controvérsia, o afastamento do trabalhador para as exigências do serviço militar, ou para exercício de encargo público segundo entendimento majoritário, trata-se de suspensão do contrato de trabalho.

O tempo em que o empregado estiver à disposição do Serviço Militar obrigatório será computado como tempo de serviços[5], bem como são devidos os depósitos do FGTS, nos termos do art. 15, § 5º, da Lei 8.036/90. Entretanto, o empregado não fará jus às verbas trabalhistas do período de afastamento. Trata-se de hipótese de suspensão do contrato de trabalho. Alguns autores, no entanto, sustentam a defesa de se tratar de hipótese híbrida, pois na suspensão típica não é devida a contagem do tempo de serviço, tampouco o pagamento de verbas trabalhistas.

Nos termos do § 1º do art. 472 da CLT, "para que o empregado tenha direito a voltar a exercer o cargo do qual se afastou em virtude de exigências do serviço militar ou de encargo público, é indispensável que notifique o empregador dessa intenção, por telegrama ou carta registrada, dentro do prazo máximo de 30 (trinta) dias, contados da data em que se verificar a respectiva baixa ou a terminação do encargo a que estava obrigado".

3.2. Acidente de Trabalho

O conceito de acidente de trabalho está previsto no artigo 19 da Lei 8.213/91, *in verbis*:

> "Acidente do trabalho é o que ocorre pelo exercício do trabalho a serviço de empresa ou de empregador doméstico ou pelo exercício do trabalho dos segurados referidos no inciso VII do art. 11 desta

5. Art. 4º, § 1º, da CLT: "Computar-se-ão, na contagem de tempo de serviço, para efeito de indenização e estabilidade, os períodos em que o empregado estiver afastado do trabalho prestando serviço militar e por motivo de acidente do trabalho."

> Lei, provocando lesão corporal ou perturbação funcional que cause a morte ou a perda ou redução, permanente ou temporária, da capacidade para o trabalho."

Nos termos do art. 4º, § 1º, da CLT, computar-se-ão, na contagem de tempo de serviço, para efeito de indenização e estabilidade, os períodos em que o empregado estiver afastado do trabalho prestando serviço militar e por motivo de acidente do trabalho.

Também na hipótese do art. 15, § 5º, da Lei 8.036/90 é obrigatório o recolhimento do FGTS durante o período de afastamento do empregado por acidente de trabalho.

Como bem adverte Gustavo Filipe Barbosa Garcia[6], não é considerada falta ao serviço, para efeito do direito de aquisição das férias, a ausência do empregado por motivo de acidente do trabalho (art. 131, inciso III, da CLT e Súmula 46 do TST).

No entanto, se o afastamento do empregado por acidente ultrapassar quinze dias, será devido o auxílio-doença, nos termos dos arts. 59[7] e 60 da Lei 8.213/91, cessando a obrigação do empregador de pagar os salários.

Desse modo, conforme tem sustentado, corretamente, a doutrina, até o 15º dia de afastamento haverá interrupção do contrato de trabalho; a partir do 16º dia, haverá suspensão do contrato de trabalho, destacando-se que será computado o tempo de serviço no período de recebimento do auxílio-doença, realizados os depósitos do FGTS e computado o período para efeito de férias. Nesse aspecto, dispõe o art. 476 da CLT, *in verbis*:

> "Em caso de seguro-doença ou auxílio-enfermidade, o empregado é considerado em licença não remunerada, durante o prazo desse benefício."

3.3. Suspensão disciplinar

Dispõe o art. 474 da CLT:

> "A suspensão do empregado por mais de 30 dias consecutivos importa na rescisão injusta do contrato de trabalho."

---

6. Manual de Direito do Trabalho. 13. Ed. São Paulo: Editora Juspodivm, 2020, p. 593.
7. Art. 59, "*caput*" da Lei 8.213/91: "O auxílio-doença será devido ao segurado que, havendo cumprido, quando for o caso, o período de carência exigido nesta Lei, ficar incapacitado para o seu trabalho ou para a sua atividade habitual por mais de 15 (quinze) dias consecutivos."

O presente dispositivo trata da suspensão disciplinar pelo empregador. Desse modo, o empregador, exercendo seu poder disciplinar, que é inerente ao poder diretivo (artigo 2º da CLT), poderá, segundo as faltas funcionais, aplicar a penalidade de suspensão. Essa suspensão, entretanto, não poderá exceder 30 dias; caso ultrapasse 30 dias, o contrato de trabalho será extinto sem justa causa.

Como destaca a doutrina, esse dispositivo consagra o que a jurisprudência reconhece como gradação das penalidades. Primeiramente, aplica-se a advertência, depois, a suspensão e, por último, a justa causa.

É possível também ao empregador aplicar a suspensão como medida preventiva, sem descontos salariais, na hipótese em que a apuração da falta praticada demandar maior tempo e for aconselhável o empregado não estar trabalhando quando dessa apuração.

3.4. Suspensão para fins de inquérito judicial para apuração de falta grave

O inquérito judicial para apuração de falta grave consiste numa ação de rito especial trabalhista, de jurisdição contenciosa destinada a pôr fim ao contrato de trabalho do empregado estável. Em razão disso, a natureza do inquérito é de ação constitutiva negativa ou desconstitutiva do contrato de trabalho.

Falta grave é todo ato doloso ou culposamente grave, previsto na lei, praticado pelo empregado, violando obrigações legais trabalhistas ou inerentes ao contrato de trabalho, tornando insuportável a manutenção do vínculo de emprego por abalar, de forma indelével, a confiança do empregador. As hipóteses de falta grave estão tipificadas no art. 482 da CLT.

A Constituição de 1988 pôs fim à estabilidade decenal e, em razão disso, o inquérito judicial para apuração de falta grave praticamente não é mais utilizado.

Atualmente, apenas os empregados que já possuíam a estabilidade decenal quando da vigência da Constituição de 1988 têm estabilidade definitiva, porém a Constituição de 1988 e a Lei Ordinária preveem algumas hipóteses de estabilidades provisórias, também denominadas garantias de emprego.

Entretanto, os empregados públicos concursados, cujo regime é o da CLT, por força do art. 41 da Constituição Federal, gozam da estabilidade definitiva.

Rememorando as lições da doutrina, as estabilidades são em caráter geral e definitivo; por sua vez, as estabilidades provisórias, também denominadas garantias de emprego, são em caráter provisório e atendem a determinada situação especial do empregado. Como exemplos de garantias de emprego temos a do dirigente sindical (art. 8º da CF c/c o art. 543 da CLT); gestante (art. 10, II, *b*, do ACDT), membro de CIPA (art. 10, II, *a*, do ADCT c/c o art. 165 da CLT), empregado acidentado (Lei n. 8.213/91); empregado integrante de Comissões de Conciliação Prévia (Lei n. 9.958/2000) e membro do conselho curador do FGTS (Lei n. 8.036/2000).

Há discussões na doutrina se o inquérito judicial para apuração de falta grave é aplicável somente para o empregado estável ou também para o empregado que detém alguma garantia de emprego (estabilidade provisória).

Outros defendem a necessidade do inquérito somente nas hipóteses de estabilidades definitivas, ou quando a lei o exigir, como na hipótese do dirigente sindical, porquanto o § 3º do art. 543 da CLT exige que a falta grave do dirigente sindical seja apurada *nos termos da Consolidação*, e a referida expressão reporta-se ao inquérito, que é o meio de que dispõe a CLT para apurar a falta grave.

Para nós, a razão está com os que pensam ser cabível o inquérito somente nas hipóteses que a lei expressamente o exigir, quais sejam: a) estabilidade decenal (arts. 478 e seguintes da CLT); b) dirigente sindical (art. 543, § 3º, da CLT c/c a Súmula n. 197 do STF); c) empregado público celetista concursado (art. 41 da CF), salvo quando houver previsão legal de apuração da falta grave mediante procedimento administrativo ou sindicância administrativa (ver art. 853 da CLT).

Parte da doutrina entende que a prévia suspensão do empregado é requisito para a propositura da ação de inquérito, vale dizer: trata-se de um pressuposto processual de validade do processo.

Em nosso sentir, conforme pensa, acertadamente, a doutrina dominante, a prévia suspensão do empregado não é requisito do inquérito, pois, se preferir, o empregador poderá ingressar com o inquérito sem a prévia suspensão do empregado, conforme lhe faculta o art. 494 da CLT, que assim dispõe:

> "O empregado estável, acusado de falta grave poderá ser suspenso de suas funções, mas a sua despedida só se tornará efetiva após o inquérito em que se verifique a procedência da acusação."

Não obstante, se o empregador preferir não suspender previamente o empregado, apesar de a ação poder ser ajuizada no prazo de cinco anos (art. 7º, XXIX, da CF), deverá fazê-lo logo, sob consequência de perda do requisito da imediatidade da punição, podendo o empregador correr o risco de que sua demora seja interpretada como *perdão tácito*.

Se houver a prévia suspensão do empregado, o empregador terá que propor o inquérito no prazo de 30 dias, contados da data da suspensão. Esse prazo, conforme já sedimentado na doutrina e jurisprudência, tem natureza decadencial.

3.5. Aposentadoria por invalidez

A aposentadoria por invalidez é deferida pela Previdência Social quando o trabalhador perde a capacidade de trabalho antes de completar o tempo de contribuição necessário para a aposentadoria definitiva.

Nos termos do art. 42, *caput*, da Lei 8.213/91, a aposentadoria por invalidez, uma vez cumprida, quando for o caso, a carência exigida, será devida ao segurado que, estando ou não em gozo de auxílio-doença, for considerado incapaz e insusceptível de reabilitação para o exercício de atividade que lhe garanta a subsistência, e ser-lhe-á paga enquanto permanecer nessa condição.

Essa modalidade de aposentadoria suspende o contrato de trabalho, até o empregado recuperar a capacidade do trabalho ou obter a aposentadoria definitiva.

Dispõe o art. 475 da CLT:

> "O empregado que for aposentado por invalidez terá suspenso o seu contrato de trabalho durante o prazo fixado pelas leis de previdência social para a efetivação do benefício. § 1º Recuperando o empregado a capacidade de trabalho e sendo a aposentadoria cancelada, ser-lhe-á assegurado o direito à função que ocupava ao tempo da aposentadoria, facultado, porém, ao empregador o direito de indenizá-lo por rescisão do contrato de trabalho, nos termos dos arts. 477 e 478, salvo na hipótese de ser ele portador de estabilidade, quando a indenização deverá ser paga na forma do art. 497, § 2º. Se o empregador houver admitido substituto para o aposentado, poderá rescindir, com este, o respectivo contrato de trabalho sem indenização, desde que tenha havido ciência inequívoca da interinidade ao ser celebrado o contrato."

Recuperada a capacidade, o empregado tem direito a retornar ao emprego, sendo-lhe assegurada a função que ocupava. Caso a função seja extinta, tem direito o empregado a ocupar função semelhante, compatível com seu "*status* funcional". Entretanto, o empregador poderá dispensar, pagando as verbas rescisórias e a indenização legal (atualmente a multa de 40% sobre os depósitos do FGTS).

Caso o empregador tenha contratado substituto para a função do empregado afastado por aposentadoria por invalidez, poderá dispensá-lo quando da volta do substituído, desde que o substituto tenha sido contratado com a ciência de tal condição. Entretanto, na dispensa do substituto, o empregador deverá pagar-lhe todas as verbas rescisórias, bem como indenização legal, uma vez que a contratação não é por prazo determinado, mas sob condição resolutiva, subordinada a evento futuro e incerto.

Nos termos da Súmula 160 do TST, cancelada a aposentadoria por invalidez, mesmo após cinco anos, o trabalhador terá direito de retornar ao emprego, facultado, porém, ao empregador indenizá-lo na forma da lei.

A Súmula 440 do TST assegura o direito ao plano de saúde ao aposentado por invalidez ou ao empregado que está recebendo auxílio-doença, não obstante suspenso o contrato de trabalho.

Trata-se de medida de grande repercussão social e humanitária, objetivando proteger a saúde do trabalho quando este mais precisa.

3.6. Suspensão do contrato de trabalho em razão de violência doméstica (Lei Maria da Penha)

A Lei 11.340/06, chamada popularmente "Lei Maria da Penha", teve por objetivos coibir e prevenir a violência doméstica.

Trata-se de legislação de grande valor social e moral cujo escopo é garantir a incolumidade física e moral da mulher que está sendo objeto de violência doméstica, mas acima de tudo proteger a dignidade da pessoa humana.

Entre as medidas para efetivar a proteção da mulher, a Lei 11.340/06, em seu artigo 9º, § 2º, II, assegura a possibilidade de manutenção do vínculo trabalhista, quando necessário o afastamento da empregada do local de trabalho, por até seis meses.

Diante do referido dispositivo legal, há divergências na doutrina e jurisprudência sobre os efeitos desse período de afastamento no contrato de trabalho, se há suspensão ou interrupção do contrato de trabalho.

Tendo em vista o relevante valor social da norma em questão, muitos autores sustentam que há interrupção do contrato de trabalho.

Nesse sentido é a visão de André Cremonesi[8], após minucioso trabalho a respeito:

> "(...) O legislador teve como intenção dar maior proteção possível à trabalhadora em situação de violência doméstica e familiar não apenas a afastando de seu trabalho pelo período de seis meses com a manutenção do vínculo empregatício, mas também a obrigatoriedade ao empregador do pagamento dos salários do respectivo período e bem assim os respectivos consectários decorrentes".

De nossa parte, em que pesem os argumentos anteriormente expendidos, e os princípios constitucionais da função social da empresa, responsabilidade social do empregador e da proteção à dignidade da pessoa humana, pensamos que a hipótese de afastamento configura suspensão do contrato de trabalho, pois não se pode atribuir ao empregador o encargo de pagamento de salários e demais parcelas trabalhistas por um motivo que ele não deu causa. A violência doméstica não foi causada pelo empregador. Desse modo, quem deve pagar os salários e demais consectários do período de afastamento é o Estado, e não o empregador.

Pensamos que a empregada deve sim receber salários e demais direitos trabalhistas durante o período de afastamento, pois é relevante o papel do Estado como garantidor da incolumidade física e psíquica da mulher que está em situação de violência doméstica, mas o encargo de tais pagamentos deve ficar a cargo da Previdência Social, e não do empregador.

Nesse aspecto, acompanhamos as conclusões de Gustavo Filipe Barbosa Garcia[9], quando assevera:

8. CREMONESI, André. Lei n. 11.340/2006. Obrigações do empregador e efeitos sobre o contrato de trabalho. In: Revista da Escola Paulista de Direito. Ano IV n. 4. Campinas, Millennium, 2008, p. 05.
9. GARCIA, Gustavo Filipe Barbosa. Curso de Direito do Trabalho. 2ª Edição. São Paulo: Método, 2008, p. 506.

> "Tendo em vista o caráter bilateral do contrato de emprego, seria necessária determinação legal impondo ao empregador o dever de permanecer pagando salário à mulher, mesmo sem ela estar trabalhando, como ocorre nas hipóteses de interrupção contratual. Além disso, cabe ao Estado assegurar e conceder os benefícios assistenciais e de saúde para a situação enfocada (de violência doméstica e familiar), até mesmo para que não ocorra discriminação contra a mulher no mercado de trabalho".

No entanto, doutrina e jurisprudência majoritárias têm atribuído o encargo dos salários do período de afastamento ao empregador, entendendo a hipótese como interrupção do contrato de trabalho. Nesse sentido, relevante destacar o entendimento da jurisprudência firmado pelo Superior Tribunal de Justiça a respeito, *in verbis*:

> "RECURSO ESPECIAL. VIOLÊNCIA DOMÉSTICA E FAMILIAR. MEDIDA PROTETIVA. AFASTAMENTO DO EMPREGO. MANUTENÇÃO DO VÍNCULO TRABALHISTA. COMPETÊNCIA. VARA ESPECIALIZADA. VARA CRIMINAL. NATUREZA JURÍDICA DO AFASTAMENTO. INTERRUPÇÃO DO CONTRATO DE TRABALHO. PAGAMENTO. INTERPRETAÇÃO TELEOLÓGICA. INTERPRETAÇÃO EXTENSIVA. PREVISÃO LEGAL. INEXISTÊNCIA. FALTA JUSTIFICADA. PAGAMENTO DE INDENIZAÇÃO. AUXÍLIO-DOENÇA. INSTITUTO NACIONAL DO SEGURO SOCIAL. RECURSO ESPECIAL PROVIDO PARCIALMENTE. 1. Tem competência o juiz da vara especializada em violência doméstica e familiar ou, caso não haja na localidade o juízo criminal, para apreciar pedido de imposição de medida protetiva de manutenção de vínculo trabalhista, por até seis meses, em razão de afastamento do trabalho de ofendida decorrente de violência doméstica e familiar, uma vez que o motivo do afastamento não advém de relação de trabalho, mas de situação emergencial que visa garantir a integridade física, psicológica e patrimonial da mulher. 2. Tem direito ao recebimento de salário a vítima de violência doméstica e familiar que teve como medida protetiva imposta ao empregador a manutenção de vínculo trabalhista em decorrência de afastamento do emprego por situação de violência doméstica e familiar, ante o fato de a natureza jurídica do afastamento ser a interrupção do contrato de trabalho, por meio de interpretação teleológica da Lei n. 11.340/2006. 3. Incide o auxílio-doença, diante da falta de previsão legal, referente ao período de afastamento do trabalho, quando reconhecida ser decorrente de

violência doméstica e familiar, pois tal situação advém da ofensa à integridade física e psicológica da mulher e deve ser equiparada aos casos de doença da segurada, por meio de interpretação extensiva da Lei Maria da Penha. 4. Cabe ao empregador o pagamento dos quinze primeiros dias de afastamento da empregada vítima de violência doméstica e familiar e fica a cargo do INSS o pagamento do restante do período de afastamento estabelecido pelo juiz, com necessidade de apresentação de atestado que confirme estar a ofendida incapacitada para o trabalho e desde que haja aprovação do afastamento pela perícia do INSS, por incidência do auxílio-doença, aplicado ao caso por meio de interpretação analógica. 5. Recurso especial parcialmente provido, para a fim de declarar competente o Juízo da 2ª Vara Criminal de Marília-SP, que fixou as medidas protetivas a favor da ora recorrente, para apreciação do pedido retroativo de reconhecimento do afastamento de trabalho decorrente de violência doméstica, nos termos do voto" (STJ, Recurso Especial nº 1.757.775 – SP (2018/0193975-8), Rel. Min. Rogério Schietti Cruz, *DJe* 02.09.2019).

3.7. Suspensão do contrato de trabalho para qualificação profissional

Dispõe o art. 476-A da CLT:

"O contrato de trabalho poderá ser suspenso, por um período de dois a cinco meses, para participação do empregado em curso ou programa de qualificação profissional oferecido pelo empregador, com duração equivalente à suspensão contratual, mediante previsão em convenção ou acordo coletivo de trabalho e aquiescência formal do empregado, observado o disposto no art. 471 desta Consolidação. § 1º Após a autorização concedida por intermédio de convenção ou acordo coletivo, o empregador deverá notificar o respectivo sindicato, com antecedência mínima de quinze dias da suspensão contratual. § 2º O contrato de trabalho não poderá ser suspenso em conformidade com o disposto no *caput* deste artigo mais de uma vez no período de dezesseis meses. § 3º O empregador poderá conceder ao empregado ajuda compensatória mensal, sem natureza salarial, durante o período de suspensão contratual nos termos do *caput* deste artigo, com valor a ser definido em convenção ou acordo coletivo. § 4º Durante o período de suspensão contratual para participação em curso ou programa de qualificação profissional, o empregado fará

> jus aos benefícios voluntariamente concedidos pelo empregador. § 5º Se ocorrer a dispensa do empregado no transcurso do período de suspensão contratual ou nos três meses subsequentes ao seu retorno ao trabalho, o empregador pagará ao empregado, além das parcelas indenizatórias previstas na legislação em vigor, multa a ser estabelecida em convenção ou acordo coletivo, sendo de, no mínimo, cem por cento sobre o valor da última remuneração mensal anterior à suspensão do contrato. § 6º Se durante a suspensão do contrato não for ministrado o curso ou programa de qualificação profissional, ou o empregado permanecer trabalhando para o empregador, ficará descaracterizada a suspensão, sujeitando o empregador ao pagamento imediato dos salários e dos encargos sociais referentes ao período, às penalidades cabíveis previstas na legislação em vigor, bem como às sanções previstas em convenção ou acordo coletivo. § 7º O prazo limite fixado no *caput* poderá ser prorrogado mediante convenção ou acordo coletivo de trabalho e aquiescência formal do empregado, desde que o empregador arque com o ônus correspondente ao valor da bolsa de qualificação profissional, no respectivo período."

O presente artigo trata da chamada suspensão contratual para aperfeiçoamento profissional. Cuida-se de hipótese de flexibilização do direito do trabalho a fim de propiciar ao empregado aperfeiçoamento profissional e preservação do emprego, principalmente em épocas de crise da economia.

Nessa modalidade, o contrato poderá ser suspenso por período de dois a cinco meses, para qualificação profissional, desde que haja anuência expressa do trabalhador e previsão em norma coletiva. A anuência do empregado deve ser formal, isto é, por escrito.

O prazo de dois a cinco meses poderá ser prorrogado mediante convenção ou acordo coletivo de trabalho e aquiescência formal do empregado, desde que o empregador arque com o ônus correspondente ao valor da bolsa de qualificação profissional, no respectivo período.

Pensamos que o prazo somente poderá ser prorrogado uma vez, em razão do princípio da continuidade da relação de emprego e da proteção tutelar.

Não poderá o contrato de trabalho ser suspenso mais de uma vez dentro do período de 16 meses contados do término da suspensão, sob consequência de nulidade da suspensão.

Durante a suspensão, o empregado poderá receber ajuda compensatória sem natureza salarial. O valor será definido em norma coletiva. Também durante a suspensão, o empregado fará jus aos benefícios voluntariamente concedidos pelo empregador.

No período de suspensão do contrato, deve o empregado, efetivamente, realizar o curso de qualificação profissional, que poderá ser presencial ou a distância.

Também será nula a suspensão do contrato de trabalho se não forem preenchidos os requisitos previstos em lei, quais sejam: previsão em norma coletiva, anuência formal do empregado, observância do prazo legal e realização do curso.

Caso o empregado continue trabalhando, também haverá nulidade.

Se ocorrer a dispensa do empregado no transcurso do período de suspensão contratual ou nos três meses subsequentes ao seu retorno ao trabalho, o empregador pagará ao empregado, além das parcelas indenizatórias previstas na legislação em vigor, multa a ser estabelecida em convenção ou acordo coletivo, sendo de, no mínimo, cem por cento sobre o valor da última remuneração mensal anterior à suspensão do contrato.

4. HIPÓTESES DE INTERRUPÇÃO CONTRATUAL (ARTIGO 473 DA CLT)

O art. 473 da CLT, com a redação dada pela Lei 14.457/22, disciplina as hipóteses de interrupção do contrato do trabalho como situações de faltas justificadas, em que são devidos o pagamento dos salários e demais direitos trabalhistas.

Foram disciplinadas as seguintes hipóteses de interrupção contratual:

a) até 2 (dois) dias consecutivos, em caso de falecimento do cônjuge, ascendente, descendente, irmão ou pessoa que, declarada em sua carteira de trabalho e previdência social, viva sob sua dependência econômica: trata-se aqui do chamado *luto*, ou *licença nojo*. Nesse caso, além de a falta ser justificada, há contagem do tempo de serviço e pagamento dos salários;

b) até 3 (três) dias consecutivos, em virtude de casamento: em caso de casamento, o empregado poderá faltar ao trabalho, com contagem do tempo de serviço e pagamento dos salários por até três dias consecutivos. Trata-se da chamada *licença gala*;

c) por 5 (cinco) dias consecutivos, em caso de nascimento de filho, de adoção ou de guarda compartilhada: este dispositivo é dirigido ao homem, pois a mulher tem direito à licença-maternidade de 120 dias (art. 392 da CLT). A licença-paternidade é de cinco dias, nos termos do art. 10,

§ 1º, do ADCT, até que a lei venha regulamentar o art. 7º, XIX, da Constituição Federal.

O STF, na ADO 20, em 14/12/2023, reconheceu a omissão legislativa e estabeleceu prazo de 18 meses para o Congresso regulamentar a licença paternidade, conforme a decisão que segue:

> "O Tribunal, por maioria, julgou procedente o pedido, com o reconhecimento da existência de omissão inconstitucional na regulamentação da licença-paternidade prevista no art. 7º, XIX, da CF/1988, com fixação do prazo de dezoito meses para o Congresso Nacional legislar a respeito da matéria, e entendeu, ao final, que, não sobrevindo a lei regulamentadora no prazo acima estabelecido, caberá a este Tribunal fixar o período da licença-paternidade, vencido o Ministro Marco Aurélio (Relator), que votou pela improcedência do pedido em assentada anterior àquela em que houve pedido de destaque. Na sequência, por unanimidade, foi fixada a seguinte tese de julgamento: "1. Existe omissão inconstitucional relativamente à edição da lei regulamentadora da licença-paternidade, prevista no art. 7º, XIX, da Constituição. 2. Fica estabelecido o prazo de 18 meses para o Congresso Nacional sanar a omissão apontada, contados da publicação da ata de julgamento. 3. Não sobrevindo a lei regulamentador"

O prazo de cinco dias é contado a partir do nascimento do filho (parágrafo único do art. 473 da CLT).

Cumpre destacar que o empregado que adotar ou obtiver guarda judicial para fins de adoção, e não tiver cônjuge ou companheira/o, terá direito à licença de 120 dias conforme o artigo 392-C da CLT combinado com os arts. 392-A e 392-B, ambos da CLT.

d) por um dia, em cada 12 (doze) meses de trabalho, em caso de doação voluntária de sangue devidamente comprovada: trata-se de dispositivo de grande alcance social e humanitário, cujo objetivo é incentivar a doação de sangue.

e) até 2 (dois) dias consecutivos ou não, para o fim de se alistar eleitor, nos termos da lei respectiva: o objetivo da lei aqui é propiciar que o empregado tenha tempo suficiente para ir até a Justiça Eleitoral e cadastrar como eleitor. Atualmente, diante da informatização dos procedimentos, na maioria das cidades o alistamento eleitoral se realiza em pouco tempo. O afastamento do empregado será pelo tempo suficiente para o alistamento eleitoral, que deve ser devidamente comprovado;

f) no período de tempo em que tiver de cumprir as exigências do Serviço Militar referidas na letra "c" do art. 65 da Lei nº 4.375, de 17 de agosto de 1964 (Lei do Serviço Militar): trata-se, aqui, do período em que o empregado é convocado para o serviço militar na condição de reservista. Dispõe o art. 65, letra "c", da Lei nº 4.375/64:

> "Constituem deveres do Reservista: (...) (c) apresentar-se, anualmente, no local e data que forem fixados, para fins de exercício de apresentação das reservas ou cerimônia cívica do Dia do Reservista."

g) nos dias em que estiver comprovadamente realizando provas de exame vestibular para ingresso em estabelecimento de ensino superior: a lei possibilita que o empregado possa faltar nos dias em que estiver, comprovadamente, realizando exames para o ingresso no ensino superior. Trata-se de norma com relevante valor social;

h) pelo tempo que se fizer necessário, quando tiver que comparecer a juízo: as horas em que o empregado se ausentar do serviço para comparecimento necessário, como parte, normalmente, na qualidade de autor (reclamante) em processo trabalhista, mas a norma se estende para qualquer tipo de processo, seja na qualidade de autor ou de ré. Como bem adverte Gustavo Filipe Barbosa Garcia[10], esse dispositivo está em sintonia com o direito de acesso à justiça (art. 5º, XXXV, da CF).

Nesse aspecto, destaca-se a Súmula 155 do TST, *in verbis*:

> "As horas em que o empregado falta ao serviço para comparecimento necessário, como parte, à Justiça do Trabalho não serão descontadas de seus salários (ex-Prejulgado nº 30)."

Na qualidade de testemunha, o empregado tem direito de se ausentar do trabalho no dia ou nos dias em que prestará depoimento (arts. 822 da CLT e 463, parágrafo único, do CPC).

i) pelo tempo que se fizer necessário, quando, na qualidade de representante de entidade sindical, estiver participando de reunião oficial de organismo internacional do qual o Brasil seja membro: aqui, a finalidade da norma, é facilitar o exercício da representação sindical, quando

10. Manual de Direito do Trabalho. 13. ed. São Paulo: Editora Juspodivm, 2020.

o representante participará de reunião oficial no exterior de organismo internacional do qual o Brasil é membro.

Como bem adverte Gustavo Filipe Barbosa Garcia,[11] "pode-se entender que o representante de entidade sindical engloba todos os membros da administração do ente sindical, conforme o art. 522 da CLT. Cabe ressaltar que esse dispositivo da CLT, de acordo com a jurisprudência do TST (Súmula 369, inciso II), está em vigência, pois não se refere a qualquer intervenção estatal no ente sindical, mas sim disposição da Lei (e não do Poder Executivo), regulando o tema."

j) pelo tempo necessário para acompanhar sua esposa ou companheira em até 6 (seis) consultas médicas, ou em exames complementares, durante o período de gravidez: trata-se, aqui, de dispositivo de grande alcance social, acrescentado pela Lei 13.257/16 (ampliado pela Lei 14.457/22), que dispõe sobre políticas públicas para a primeira infância. Também o objetivo da lei é facilitar e incentivar a participação do empregado na gravidez de sua esposa ou companheira;

k) por 1 (um) dia por ano para acompanhar filho de até 6 (seis) anos em consulta médica: trata-se de norma destinada tanto ao empregado como à empregada, possibilitando a ausência ao serviço por um dia ao ano, sem prejuízo dos salários e dos demais direitos trabalhistas, para acompanhar o filho de até 6 anos em consulta médica;

l) até 3 (três) dias, em cada 12 (doze) meses de trabalho, em caso de realização de exames preventivos de câncer devidamente comprovada: trata-se de norma de relevante alcance social destinada à proteção à saúde do trabalhador. Os dias de ausência (até) três não necessitam ser consecutivos.

As faltas decorrentes de motivo de saúde do trabalhador, atestadas por médico, também são justificáveis e provocam a interrupção do contrato de trabalho.

No aspecto a seguinte ementa:

> "RECURSO ORDINÁRIO - AÇÃO ANULATÓRIA - ACORDO COLETIVO DE TRABALHO 2017/2018 - INSTRUMENTO CELEBRADO NA VIGÊNCIA DA LEI Nº 13.467/2017 - CLÁUSULA 11ª - ITEM 4.1 - SUBITEM 1.2.1 - ATESTADOS MÉDICOS 1. A cláusula impugnada prevê ordem para justificar faltas por doença:

11. Op. cit. p. 607.

> preferencialmente, serão admitidos atestados médicos emitidos pelo SUS, por médicos credenciados do plano de saúde fornecido pela empresa ou de clínicas conveniadas com o sindicato profissional. Por sua vez, os outros atestados devem ser submetidos ao médico da empresa. 2. De acordo com a jurisprudência da C. SDC, são válidas as cláusulas coletivas que, (i) garantindo a observância da ordem legal, admitem o fornecimento de atestados médicos por profissionais do sindicato dos trabalhadores; (ii) para empresas com serviço médico próprio, exigem atestado do referido serviço para justificação da falta; e (iii) impõem a necessidade de homologação, por médico da empresa , de atestado apresentado pelo empregado. Precedentes. 3. O conteúdo da cláusula se coaduna com o regime legal e a jurisprudência desta Corte Superior, o que impõe seu restabelecimento. Recurso Ordinário conhecido e provido" (TST - RO-1070-78.2018.5.08.0000, Seção Especializada em Dissídios Coletivos, Relatora Ministra Maria Cristina Irigoyen Peduzzi, DEJT 21/06/2023).

4.1. A questão do limbo previdenciário-trabalhista

Como leciona Marcos Mendanha[12], "o limbo jurídico previdenciário trabalhista trata-se de uma situação frequente que possui como maior característica o não recebimento simultâneo, por parte do empregado, tanto do salário (pago pelo empregador) quanto do respectivo benefício previdenciário (pago pela Previdência Social)".

A situação típica do limbo previdenciário-trabalhista ocorre quando o médico do INSS conclui que o empregado está apto para o trabalho, negando-lhe o benefício previdenciário, e ao mesmo tempo o médico da empresa considera o empregado inapto.

O empregado é impedido de voltar ao trabalho e fica sem receber salários no referido período.

Há divergências na doutrina e jurisprudência sobre a responsabilidade pelo pagamento dos salários no período do afastamento do empregado decorrente do limbo previdenciário-trabalhista. Alguns entendem que a responsabilidade não é do empregador, e sim da Previdência Social. No entanto, a jurisprudência trabalhista em sua vertente majoritária firmou, acertadamente, o entendimento de que a responsabilidade pelo pagamento dos salários no referido período é do empregador, configurando hipótese

12. Limbo Previdenciário Trabalhista. São Paulo: JHMIZUNO, 2019, p. 15.

de interrupção do contrato de trabalho, pois o empregador corre o risco da atividade econômica (art. 2º da CLT). Além disso, cumpre ao empregador, na hipótese de o médico da empresa considerar o trabalhador inapto, postular ao INSS ou na Justiça Federal a revisão da decisão para que o empregado obtenha o benefício previdenciário.

Como bem adverte Luciano Martinez[13], "o laudo pericial do INSS, como qualquer ato administrativo, goza de presunção de legitimidade. Assim, quem o desafia deve assumir o ônus de produzir prova em sentido contrário. Se o trabalhador, concordando com a conclusão do laudo, apresenta-se para o retorno às atividades, mas o patrão identifica situação de incapacidade, este deverá pagar os salários decorrentes do período de expectativa do recurso administrativo que visa à reativação do benefício previdenciário por incapacidade. Durante esse período o empregado estará, tecnicamente, à disposição do empregador (vide o art. 4º da CLT)."

Nesse aspecto, destacam-se as seguintes ementas:

> "AGRAVO DE INSTRUMENTO. LEI 13.467/2017. LIMBO PREVIDENCIÁRIO. EMPREGADO CONSIDERADO APTO PELO INSS E INAPTO PELO EMPREGADOR. PERÍODO COMPREENDIDO ENTRE A ALTA PREVIDENCIÁRIA E O RETORNO AO TRABALHO. TRANSCENDÊNCIA. Reconhecida a transcendência da causa e demonstrada provável violação ao art. 476 da CLT, deve ser processado o recurso de revista para melhor exame da matéria. Agravo de instrumento provido. RECURSO DE REVISTA. LEI 13.467/17. LIMBO PREVIDENCIÁRIO. EMPREGADO CONSIDERADO APTO PELO INSS E INAPTO PELO EMPREGADOR. PERÍODO COMPREENDIDO ENTRE A ALTA PREVIDENCIÁRIA E O RETORNO AO TRABALHO. TRANSCENDÊNCIA. O entendimento desta c. Corte Superior é de que é responsabilidade do reclamado o pagamento de salários ao empregado impedido de retornar ao trabalho pelo empregador, que o considerou inapto, não obstante a cessação do benefício e alta previdenciária. Recurso de revista conhecido e provido" (TST, RR 1675-64.2017.5.12.0059, 6ª Turma, Relator Ministro Aloysio Corrêa da Veiga, *DEJT* 13/03/2020).
>
> "AGRAVO DE INSTRUMENTO. RECURSO DE REVISTA – DESCABIMENTO. 1. RECUSA DA EMPRESA EM READMITIR O EMPREGADO CONSIDERADO APTO PARA O RETORNO AO

13. *Curso de Direito do Trabalho*. 10ª ed. São Paulo: Saraiva, 2019, p. 648.

> TRABALHO PELO INSS. PAGAMENTO DE SALÁRIOS. Tendo o órgão previdenciário considerado a reclamante apta para o retorno ao trabalho, cabia ao reclamado, julgando que a empregada não reunia condições para retornar às atividades antes exercidas, zelar pela sua readaptação em função compatível com seu atual estado de saúde. No entanto, ao não permitir o retorno da autora, deixando de pagar os salários a partir da alta médica dada pelo INSS, o réu agiu de forma ilícita, o que motiva a condenação. 2. FORMA DE DISSOLUÇÃO CONTRATUAL. VÍCIO DE CONSENTIMENTO. A valoração dos meios de prova ofertados pela parte constitui prerrogativa do julgador, pelo princípio da persuasão racional (art. 371 do CPC). Assim, não há que se falar em equívoco quanto às regras de distribuição do ônus da prova, quando o julgador, confrontando o acervo instrutório dos autos, reputa comprovados os fatos constitutivos do direito postulado. 3. "LIMBO JURÍDICO PREVIDENCIÁRIO". SUPRESSÃO SALARIAL. ATO ILÍCITO. DANO MORAL. CONFIGURAÇÃO. A configuração do dano moral, segundo dispõe o art. 186 do CCB, pressupõe a existência de conduta ilícita do pretenso ofensor, a qual, conforme quadro descrito no acórdão regional, restou demonstrada. Agravo de instrumento conhecido e desprovido (TST, AIRR 1001614-45.2016.5.02.0466, 3ª Turma, Relator Ministro Alberto Luiz Bresciani de Fontan Pereira, *DEJT* 06/03/2020).

4.2. Afastamento do empregado de isolamento para enfrentamento de emergência de saúde pública (Lei 13.979/20)

A Lei 13.979, de 06/02/2020, tratou de medidas de emergência para enfrentamento da urgência de saúde pública decorrente do surto do coronavírus. Entre essas medidas há possibilidade de isolamento e quarentena para pessoas, o que tem impactos nos contratos de trabalho.

Nos termos do art. 2º da Lei 13.979/20:

> "Para fins do disposto nesta Lei, considera-se: I – isolamento: separação de pessoas doentes ou contaminadas, ou de bagagens, meios de transporte, mercadorias ou encomendas postais afetadas, de outros, de maneira a evitar a contaminação ou a propagação do coronavírus; e II – quarentena: restrição de atividades ou separação de pessoas suspeitas de contaminação das pessoas que não estejam doentes, ou de bagagens, contêineres, animais, meios de transporte ou mercadorias suspeitos de contaminação, de maneira a evitar a possível contaminação ou a propagação do coronavírus".

Conforme o art. 3º da Lei 13.979/20, "para enfrentamento da emergência de saúde pública de importância internacional decorrente do coronavírus, poderão ser adotadas, entre outras, as seguintes medidas: I – isolamento; II – quarentena; III – determinação de realização compulsória de: a) exames médicos; b) testes laboratoriais; c) coleta de amostras clínicas; d) vacinação e outras medidas profiláticas; ou e) tratamentos médicos específicos; III-A – uso obrigatório de máscaras de proteção individual; (Incluído pela Lei nº 14.019, de 2020) IV – estudo ou investigação epidemiológica; V – exumação, necropsia, cremação e manejo de cadáver; VI – restrição excepcional e temporária, por rodovias, portos ou aeroportos, de: (Redação dada pela Lei nº 14.035, de 2020) a) entrada e saída do País; e (Incluído pela Lei nº 14.035, de 2020) b) locomoção interestadual e intermunicipal; (Incluído pela Lei nº 14.035, de 2020) VII – requisição de bens e serviços de pessoas naturais e jurídicas, hipótese em que será garantido o pagamento posterior de indenização justa; VIII – autorização excepcional e temporária para a importação e distribuição de quaisquer materiais, medicamentos, equipamentos e insumos da área de saúde sujeitos à vigilância sanitária sem registro na Anvisa considerados essenciais para auxiliar no combate à pandemia do coronavírus, desde que: a) registrados por pelo menos 1 (uma) das seguintes autoridades sanitárias estrangeiras e autorizados à distribuição comercial em seus respectivos países: (Redação dada pela Lei nº 14.006, de 2020) 1. Food and Drug Administration (FDA); (Incluído pela Lei nº 14.006, de 2020) 2. European Medicines Agency (EMA); (Incluído pela Lei nº 14.006, de 2020) 3. Pharmaceuticals and Medical Devices Agency (PMDA); (Incluído pela Lei nº 14.006, de 2020) 4. National Medical Products Administration (NMPA); (Incluído pela Lei nº 14.006, de 2020) b) (revogada). (Redação dada pela Lei nº 14.006, de 2020) § 1º As medidas previstas neste artigo somente poderão ser determinadas com base em evidências científicas e em análises sobre as informações estratégicas em saúde e deverão ser limitadas no tempo e no espaço ao mínimo indispensável à promoção e à preservação da saúde pública. § 2º Ficam assegurados às pessoas afetadas pelas medidas previstas neste artigo: I – o direito de serem informadas permanentemente sobre o seu estado de saúde e a assistência à família conforme regulamento; II – o direito de receberem tratamento gratuito; III – o pleno respeito à dignidade, aos direitos humanos e às liberdades fundamentais das pessoas, conforme preconiza o Artigo 3 do Regulamento Sanitário Internacional, constante do Anexo ao Decreto nº 10.212, de 30 de janeiro de 2020. § 3º Será considerado falta justificada ao serviço público ou à atividade laboral privada o período de ausência decorrente das medidas previstas neste artigo. § 4º As pessoas deverão sujeitar-se ao cumprimento das medidas previstas neste artigo, e o descumprimento delas acarretará responsabilização, nos termos previstos em lei. § 5º Ato do Ministro de Estado da Saúde: I – disporá sobre as condições e os prazos aplicáveis às medidas previstas nos incisos I e II do *caput* deste artigo; e II – (revogado). (Redação dada pela Lei nº 14.006, de 2020) § 6º Ato conjunto dos Ministros de Estado da Saúde, da Justiça e Segurança Pública e da Infraestrutura disporá sobre as medidas previstas no inciso VI do *caput* deste artigo, observado o disposto no inciso I do § 6º-B deste artigo. (Redação dada pela Lei nº 14.035, de 2020) § 6º-B. As medidas previstas no inciso VI do *caput* deste artigo deverão ser precedidas de recomendação técnica e fundamentada: (Incluído pela Lei nº 14.035, de 2020) I – da Agência Nacional de Vigilância Sanitária (Anvisa), em relação à entrada e saída do País e à locomoção interestadual; ou (Incluído pela Lei nº 14.035, de 2020) II – do respectivo órgão estadual de vigilância sanitária, em relação à locomoção intermunicipal. (Incluído pela Lei nº 14.035, de 2020) § 6º-C. (VETADO). (Incluído pela Lei nº 14.035, de 2020) § 6º-D. (VETADO). (Incluído pela Lei nº 14.035, de 2020) § 7º As medidas previstas neste artigo poderão ser adotadas: § 7º-A. A autorização de que trata o inciso VIII do *caput* deste artigo deverá ser concedida pela Anvisa em até 72 (setenta e duas) horas após a submissão do pedido à Agência, dispensada a autorização de qualquer outro órgão da administração pública direta ou indireta para os produtos que especifica, sendo concedida automaticamente caso esgotado o prazo sem manifestação. Promulgação partes vetadas I – pelo Ministério da Saúde, exceto a constante do inciso VIII do *caput* deste artigo; (Redação dada pela Lei nº 14.006, de 2020) II – pelos gestores locais de saúde, desde que autorizados pelo Ministério da Saúde, nas hipóteses dos incisos I, II, III-A, V e VI do *caput* deste artigo; (Redação dada pela Lei nº 14.035, de 2020) III – pelos gestores locais de saúde, nas hipóteses dos incisos III, IV e VII do *caput* deste artigo; IV – pela Anvisa, na hipótese do inciso VIII do *caput* deste artigo. (Incluído pela Lei nº 14.006, de 2020) § 7º-A. A autorização de que trata o inciso VIII do *caput* deste artigo deverá ser concedida pela Anvisa em até 72 (setenta e duas) horas após a submissão do pedido à Agência, dispensada a autorização de qualquer outro órgão da administração pública direta ou indireta para os produtos que especifica, sendo concedida automaticamente caso esgotado o prazo sem manifestação. Promulgação partes vetadas (Incluído pela Lei nº 14.006, de 2020) § 7º-B. O médico que prescrever ou ministrar medicamento cuja importação ou distribuição tenha sido autorizada na forma do inciso VIII do *caput* deste artigo deverá informar ao paciente ou ao seu representante legal que o produto ainda não tem registro na Anvisa e foi liberado por ter sido registrado por autoridade sanitária estrangeira. (Incluído pela Lei nº 14.006, de 2020) § 7º-C Os serviços públicos e atividades essenciais, cujo funcionamento deverá ser resguardado quando adotadas as medidas previstas neste artigo, incluem os relacionados ao atendimento a mulheres em situação de violência doméstica e familiar, nos termos da Lei nº 11.340, de 7 de agosto de 2006, a crianças, a adolescentes, a pessoas idosas e a pessoas com deficiência vítimas de crimes tipificados na Lei nº 8.069, de 13 de julho de 1990 (Estatuto da Criança e do Adolescente), na Lei nº 10.741, de 1º de outubro de 2003 (Estatuto do Idoso), na Lei nº 13.146, de 6 de julho de 2015 (Estatuto da Pessoa com Deficiência), e no Decreto-lei nº 2.848, de 7 de dezembro de 1940 (Código Penal). (Incluído pela Lei nº 14.022, de 2020) § 8º Na ausência da adoção de medidas de que trata o inciso II do § 7º deste artigo, ou até sua superveniência, prevalecerão as determinações: (Incluído pela Lei nº 14.035, de 2020) I – do Ministério da Saúde em relação aos incisos I, II, III, IV, V e VII do *caput* deste artigo; e (Incluído pela Lei nº 14.035, de 2020) II – do ato conjunto de que trata o § 6º em relação às medidas previstas no inciso VI do *caput* deste artigo. (Incluído pela Lei nº 14.035, de 2020) § 9º A adoção das medidas previstas neste artigo deverá resguardar o abastecimento de produtos e o exercício e o funcionamento de serviços públicos e de atividades essenciais, assim definidos em decreto da respectiva autoridade federativa. (Incluído pela Lei nº 14.035, de 2020) § 10. As medidas a que se referem os incisos I, II e VI do *caput*, observado o disposto nos incisos I e II do § 6º-B deste artigo, quando afetarem a execução de serviços públicos e de atividades essenciais, inclusive os regulados, concedidos ou autorizados, somente poderão ser adotadas em ato específico e desde que haja articulação prévia com o órgão regulador ou o poder concedente ou autorizador. (Incluído pela Lei nº 14.035, de 2020) § 11. É vedada a restrição à ação de trabalhadores que possa afetar o funcionamento de serviços públicos e de atividades essenciais, definidos conforme previsto no § 9º deste artigo, e as cargas de qualquer espécie que possam acarretar desabastecimento de gêneros necessários à população. (Incluído pela Lei nº 14.035, de 2020)"

Conforme o § 3º do referido dispositivo legal, será considerado falta justificada ao serviço público ou à atividade laboral privada o período de ausência decorrente das medidas para enfrentamento do surto do coronavírus. Desse modo, se o empregado tiver que permanecer em quarentena, em isolamento, ou realizar exames, as faltas ao trabalho decorrentes desses períodos serão consideradas justificadas.

No entanto, discute-se sobre a responsabilidade do pagamento dos salários do período. Pode-se argumentar que, como se trata de epidemia, a situação é de força maior (artigos 501 e seguintes da CLT), não cabendo ao empregador a responsabilidade por tal encargo, e sim ao Governo.

Não obstante, por ter a lei considerado falta justificada ao trabalho, as situações previstas no art. 3º da Lei 13.979/20, caberá ao empregador a responsabilidade pelo pagamento dos salários, configurando a hipótese interrupção do contrato de trabalho.

4.3. Licença-maternidade

A Constituição prevê, no art. 7º, XVIII, o direito de licença à gestante, sem prejuízo do emprego e do salário, com duração de cento e vinte dias.

No mesmo sentido dispõe o art. 392 da CLT, *in verbis*:

> "A empregada gestante tem direito à licença-maternidade de 120 (cento e vinte) dias, sem prejuízo do emprego e do salário. § 1º A empregada deve, mediante atestado médico, notificar o seu empregador da data do início do afastamento do emprego, que poderá ocorrer entre o 28º (vigésimo oitavo) dia antes do parto e ocorrência deste. § 2º Os períodos de repouso, antes e depois do parto, poderão ser aumentados de 2 (duas) semanas cada um, mediante atestado médico. § 3º Em caso de parto antecipado, a mulher terá direito aos 120 (cento e vinte) dias previstos neste artigo. § 4º É garantido à empregada, durante a gravidez, sem prejuízo do salário e demais direitos: I – transferência de função, quando as condições de saúde o exigirem, assegurada a retomada da função anteriormente exercida, logo após o retorno ao trabalho; II – dispensa do horário de trabalho pelo tempo necessário para a realização de, no mínimo, seis consultas médicas e demais exames complementares. § 5º (VETADO)."

Nos termos do art. 392-A da CLT, "à empregada que adotar ou obtiver guarda judicial para fins de adoção de criança ou adolescente será concedida licença-maternidade nos termos do art. 392 desta Lei. §§ 1º a 3º (Revogados pela Lei 12.010/2009) § 4º A licença-maternidade só será concedida mediante apresentação do termo judicial de guarda à adotante ou guardiã. § 5º A adoção ou guarda judicial conjunta ensejará a concessão de licença-maternidade a apenas um dos adotantes ou guardiães empregado ou empregada".

Conforme o art. 392-B da CLT, "em caso de morte da genitora, é assegurado ao cônjuge ou companheiro empregado o gozo de licença por todo o período da licença-maternidade ou pelo tempo restante a que teria direito a mãe, exceto no caso de falecimento do filho ou de seu abandono."

A licença-maternidade é um direito social fundamental, tanto para proteção da gestante como da criança e da própria família (arts. 6º e 227, ambos da CF).

O salário-maternidade é pago diretamente pelo empregador, salvo a empregada doméstica que recebe o benefício diretamente da Previdência Social. Não obstante, a empregada tem todos os direitos trabalhistas assegurados durante o período da licença[14].

Considerando-se que o salário-maternidade é um benefício previdenciário, suportado pela Previdência Social, parte significativa da doutrina considera o período de afastamento como de suspensão do contrato de trabalho.

De nossa parte, a razão está com os que consideram o período de licença-maternidade como interrupção do contrato trabalho, pois todos os direitos trabalhistas devem ser observados durante o afastamento. Além disso, cumpre ao empregador tomar as medidas necessárias para efetivar a licença.

O Supremo Tribunal Federal fixou por meio da ADI 6.327 entendimento sobre termo inicial da licença-maternidade, cuja ementa apresenta-se a seguir:

> "CONSTITUCIONAL. DIREITOS SOCIAIS. AÇÃO DIRETA DE INCONSTITUCIONALIDADE CONVERTIDA EM ARGUIÇÃO DE DESCUMPRIMENTO DE PRECEITO FUNDAMENTAL. POSSIBILIDADE. CONTAGEM DE TERMO INICIAL DE LICENÇA-MATERNIDADE E DE SALÁRIO-MATERNIDADE A PARTIR DA ALTA HOSPITALAR DO RECÉM-NASCIDO OU DA MÃE, O QUE OCORRER POR ÚLTIMO. INTERPRETAÇÃO CONFORME À CONSTITUIÇÃO DO § 1º DO ART. 392 DA CLT E DO ART. 71 DA LEI 8.213/1991. NECESSÁRIA PROTEÇÃO CONSTITUCIONAL À MATERNIDADE E À INFÂNCIA. AÇÃO JULGADA PROCEDENTE. 1. Cumpridos os requisitos da Lei nº 9.882/99, a jurisprudência do Supremo Tribunal Federal (STF) entende possível a fungibilidade entre *ADI* e ADPF. 2. A fim de que seja protegida a maternidade e a infância e ampliada a convivência entre mães e bebês,

---

14. Súmula 657 do STJ: "Atendidos os requisitos de segurada especial no RGPS e do período de carência, a indígena menor de 16 anos faz jus ao salário-maternidade".

> em caso de internação hospitalar que supere o prazo de duas semanas, previsto no art. 392, § 2º, da CLT, e no art. 93, § 3º, do Decreto nº 3.048/99, o termo inicial aplicável à fruição da licença-maternidade e do respectivo salário-maternidade deve ser o da alta hospitalar da mãe ou do recém-nascido, o que ocorrer por último, prorrogando-se ambos os benefícios por igual período ao da internação. 3. O direito da criança à convivência familiar deve ser colocado a salvo de toda forma de negligência e omissão estatal, consoante preconizam os arts. 6º, *caput*, 201, II, 203, I, e 227, *caput*, da Constituição da República, impondo-se a interpretação conforme à Constituição do § 1º do art. 392 da Consolidação das Leis do Trabalho (CLT) e do art. 71 da Lei nº 8.213/1991. 4. Não se verifica critério racional e constitucional para que o período de licença à gestante e salário-maternidade sejam encurtados durante a fase em que a mãe ou o bebê estão alijados do convívio da família, em ambiente hospitalar, nas hipóteses de nascimentos com prematuridade e complicações de saúde após o parto. 5. A jurisprudência do STF tem se posicionado no sentido de que a ausência de previsão de fonte de custeio não é óbice para extensão do prazo de licença-maternidade, conforme precedente do RE nº 778.889, Relator(a): Min. Roberto Barroso, Tribunal Pleno, julgado em 10/03/2016. A prorrogação de benefício existente, em decorrência de interpretação constitucional do seu alcance, não vulnera a norma do art. 195, § 5º, da Constituição Federal. 6. Arguição julgada procedente para conferir interpretação conforme à Constituição ao artigo 392, § 1º, da CLT, assim como ao artigo 71 da Lei n.º 8.213/91 e, por arrastamento, ao artigo 93 do seu Regulamento (Decreto n.º 3.048/99), de modo a se considerar como termo inicial da licença-maternidade e do respectivo salário-maternidade a alta hospitalar do recém-nascido e/ou de sua mãe, o que ocorrer por último, prorrogando-se em todo o período os benefícios, quando o período de internação exceder as duas semanas previstas no art. 392, § 2º, da CLT, e no art. 93, § 3º, do Decreto n.º 3.048/99" (STF, ADI 6.327, Tribunal Pleno, Rel. Min. Edson Fachin, *DJe* 07/11/2022).

Diante do que ficou decidido pelo STF, cujo entendimento é vinculado, pois firmado em controle concentrado de constitucionalidade, o termo inicial aplicável à fruição da licença-maternidade e do respectivo salário-maternidade deve ser o da alta hospitalar da mãe ou do recém-nascido, o que ocorrer por último, prorrogando-se ambos os benefícios por igual período ao da internação.

CAPÍTULO XII

DA EXTINÇÃO DO CONTRATO DE TRABALHO

1. CONCEITO E NOMENCLATURAS UTILIZADAS

O contrato de trabalho inicia-se por manifestação de vontade tácita ou expressa (artigo 442 da CLT), desenvolve-se e termina em razão de vários fatores. Embora idealizado para perdurar no tempo (princípio da continuidade), o contrato de trabalho, em determinado momento, vai se extinguir.

Não há, na doutrina, consenso sobre as nomenclaturas das hipóteses de extinção do contrato de trabalho.

A doutrina costuma denominar o término do contrato de trabalho com as expressões: *terminação, extinção* ou *dissolução* do contrato de trabalho. A CLT, a partir do artigo 477, utiliza a expressão *rescisão*. Nesta obra, adotaremos o termo **extinção** como gênero que engloba todas as espécies de término do contrato de trabalho, tanto aquelas levadas a efeito por iniciativa de uma ou das duas partes, inexecução culposa do contrato de trabalho por uma ou ambas as partes, quanto as causas que independem da vontade das partes, como caso fortuito ou força maior, e causas naturais, como a morte do empregado e término do contrato de trabalho por prazo determinado.

Nesta obra, para fins didáticos, adota-se a seguinte classificação:

Gênero: **Extinção do contrato de trabalho**

Espécies e subespécies:

1. Extinção por iniciativa do empregador:

a) dispensa imotivada: individual e coletiva

b) dispensa motivada: justa causa; culpa recíproca

2. Extinção por iniciativa do empregado

a) iniciativa imotivada: pedido de demissão

b) iniciativa motivada: rescisão indireta; adesão ao plano de demissão voluntária

3. Extinção por acordo entre as partes

4. Extinção por motivo alheio às partes

a) fato príncipe

b) força maior

5. Extinção por causa natural

a) morte do empregado e do empregador

b) término do contrato por prazo determinado

c) aposentadoria.

2. DA DISPENSA INDIVIDUAL

Quando o empregador toma a iniciativa de pôr fim ao contrato de trabalho, tal conduta é denominada dispensa imotivada.

A extinção do contrato de trabalho por iniciativa do empregador sempre é traumática para o empregado, pois perderá sua fonte de renda, e não raro ficará sem recursos para sua sobrevivência e de sua família. Por essa razão, sempre que possível, o contrato deve ser preservado. Não obstante, o ordenamento jurídico brasileiro permite a chamada *denúncia vazia* do contrato de trabalho pelo empregador, também denominada *dispensa*.

Diante do elevado alcance social que envolve a questão, a Constituição Federal protege o contrato de trabalho contra a dispensa pelo empregador.

Dispõe o art. 7º, I, da CF:

> "São direitos dos trabalhadores urbanos e rurais, além de outros que visem à melhoria de sua condição social: I – relação de emprego

> protegida contra despedida arbitrária ou sem justa causa, nos termos de lei complementar, que preverá indenização compensatória, dentre outros direitos."

Conforme o texto constitucional, há proteção contra duas modalidades de dispensa, quais sejam:

a) **dispensa arbitrária:** trata-se de dispensa ilícita praticada pelo empregador, em regra, com abuso de direito (art. 187 do CC), como nas hipóteses de dispensa do empregado detentor de garantia de emprego (gestante, acidentado etc.), ou por motivo discriminatório (orientação sexual, idade etc.). Essa modalidade de dispensa, por ser contrária ao direito, autoriza ao empregado a reintegração no emprego e a receber indenização por dano moral (ou extrapatrimonial);

b) **dispensa sem justa causa:** esta modalidade de extinção do contrato de trabalho, praticada por vontade unilateral do empregador, é tida, por grande parte da doutrina, como uma atitude lícita do empregador, também denominada direito *potestativo* do empregador, ou seja, um ato que depende, para ter validade, da vontade única do empregador.

2.1. Natureza do ato do empregador que põe fim ao contrato de trabalho

Há fundada controvérsia sobre a natureza jurídica do ato do empregador que põe fim ao contrato de trabalho.

A doutrina, em geral, defende que o ato do empregador tem natureza de direito potestativo.

Os direitos potestativos, segundo a melhor doutrina, exercitam-se pela simples vontade de seu titular e sem o concurso da vontade da pessoa que se sujeitará ao exercício desse direito.

Por todos, destaca-se a opinião de Maurício Godinho Delgado[1]:

> "Nos moldes prevalecentes no Direito do País, tal declaração de vontade tem natureza potestativa, receptícia e constitutiva, com efeitos imediatos, tão logo recebida pela parte adversa (efeitos *ex nunc*)."

---

1. Curso de Direito do Trabalho. 18ª ed. São Paulo: LTr, 2019, p. 1377.

Por sua vez, há também na doutrina entendimentos no sentido de que a dispensa sem justa causa é um ato ilícito do empregador (art. 186 do CC), mas que pode ser levado a efeito desde que pague ao empregado uma indenização tarifada, que ainda não está devidamente regulamentada por Lei Complementar (art. 7º, I, da CF). Atualmente, o valor da indenização está disciplinado no art. 10, I, do ADCT.

A doutrina tem interpretado as expressões *dispensa arbitrária* ou *sem justa causa* como sinônimas, possibilitando ao empregador pôr fim ao contrato de trabalho de forma unilateral, mediante pagamento de verbas rescisórias, quais sejam: saldo de salário, férias vencidas e/ou proporcionais, 13º salários vencidos e/ou proporcional, aviso prévio e multa de 40% sobre o FGTS. Além disso, o empregado poderá movimentar os depósitos de FGTS e, caso preenchido o requisito temporal da Lei 7.998/90, terá direito ao seguro-desemprego.

3. DA DISPENSA COLETIVA

Conforme Nélson Mannrich[2]:

> "Dispensa coletiva é a ruptura diferenciada do contrato de trabalho de natureza objetiva, de iniciativa patronal, decorrente de causas homogêneas que, durante um determinado período de tempo, atingem certo número de trabalhadores. É ato de declaração de vontade, de iniciativa patronal, destinado a extinguir o contrato de trabalho, a partir do momento em que seja notificado o empregado. Trata-se, portanto, de um ato unilateral, constitutivo porque destinado a extinguir uma relação jurídica; receptício quando condiciona sua eficácia ao recebimento, por parte do empregado, da notícia a ruptura contratual".

Continua o mencionado autor[3]:

> "As causas determinantes da ruptura contratual devem ser comuns a todos os empregados dispensados, razão pela qual fala-se em causa homogênea. É plúrima a dispensa de mais de um empregado, por causas diferentes, vinculadas ao comportamento do empregado. Além

2. Dispensa Coletiva: Da liberdade contratual à Responsabilidade Social. São Paulo: Ltr, 2000, p. 555.
3. Op. Cit. p. 555.

> de homogênea, a dispensa coletiva prende-se a causas de natureza objetiva, desvinculadas do comportamento do empregado. Entre as causas objetivas, vinculadas à empresa e/ou à atividade empresarial, situam-se as de natureza econômica, financeira, tecnológica, estrutural, organizacional e conjuntural. Em síntese, a dispensa coletiva enseja supressão de postos de trabalho por motivo alheio à vontade do empresário. Sua comprovação submete-se, ou não, a procedimento prévio específico que depende de previsão legal."

Parte da doutrina também tem sustentado que na expressão *dispensa arbitrária*, prevista no art. 7º, I, da CF, enquadra-se a dispensa coletiva. Nesse aspecto, também dispõem a Convenção n. 158 da OIT (não ratificada pelo Brasil) e o Direito Comparado.

A dispensa coletiva abrange um grupo ou uma coletividade de empregados que em evento único são dispensados e perdem o emprego. Embora o art. 7º, I, da CF traga norma de proteção contra a dispensa arbitrária ou sem justa causa, esse dispositivo ainda não foi regulamentado. Não obstante, pensamos que a dispensa coletiva, por envolver uma coletividade de trabalhadores e configurar, acima de tudo, um fato social, sem justificativa ou sem a tentativa de alternativas viáveis para manutenção dos empregos, deve ser enquadrada como dispensa arbitrária, fazendo jus os trabalhadores dispensados à reintegração no emprego. Por essa razão, necessário se faz que a dispensa coletiva seja antecedida de negociação prévia com o sindicato da categoria profissional.

Como bem advertiu Renato Rua de Almeida[4], "na dispensa coletiva, o direito subjetivo de despedir está limitado pela obrigação prévia de informar aos empregados despedidos e ao respectivo sindicato a motivação da despedida, conforme regra prevista pelo art. 5º, inciso XIV, do texto constitucional, de que é assegurado o acesso à informação. A prerrogativa de ser também informado da motivação da despedida coletiva decorre da legitimidade que lhe é conferida pelo art. 8º, inciso III, do texto constitucional (...) Decorre também da regra do art. 8º, VI, do texto constitucional, a obrigatoriedade da participação do sindicato profissional nas negociações coletivas de trabalho."

No mesmo sentido ensina Nélson Mannrich[5]:

---

4. ALMEIDA, Renato. Sustentação Oral no RE 999.435. Publicada no site Consultou Jurídico em 31 de maio de 2021.
5. Dispensa Coletiva: Da Liberdade Contratual à Responsabilidade Social. São Paulo: LTr, 2000, p. 568.

> "O processo de negociação coletiva, em busca de uma solução alternativa para o desemprego, tendente a minorar seus efeitos, aponta para um modelo neocorporativo – onde assumem importância os grupos econômicos e as organizações sindicais, passando a partilhar da própria governabilidade social objetivando garantir um sistema político estável – não para provar a debilidade do Estado ou de suas leis, mas para revigorar a legislação contratada – modificando *in pejus*, se necessário, as normas legais, visando enfrentar a grave crise do emprego e as dificuldades de colocação do trabalhador em outro emprego."

A jurisprudência trabalhista, antes da Reforma Trabalhista de 2017, havia firmado entendimento sobre a necessidade de procedimentalização das dispensas coletivas, com a necessidade de negociação coletiva prévia, a fim de se criarem alternativas para evitar as dispensas ou reduzir seus impactos sociais e econômicos.

Nesse sentido, destacam-se as seguintes decisões:

> **"DESPEDIDA EM MASSA. NULIDADE. NECESSIDADE DE PROCEDIMENTALIZAÇÃO**. Da greve. Legalidade. A greve é maneira legítima de resistência às demissões unilaterais em massa, vocacionadas a exigir o direito de informação da causa do ato demissivo massivo e o direito de negociação coletivo. Aplicáveis no caso os princípios da solução pacífica das controvérsias, preâmbulo da CF, bem como art. 5º, inciso XIV, art. 7º, XXVI, art. 8º, III e VI, CF, e Recomendação 163 da OIT, diante das demissões feitas de inopino, sem buscar soluções conjuntas e negociadas com Sindicato. Da despedida em massa. Nulidade. **Necessidade de procedimentalização"** (TRT/SP, Ac. n. SDC 00002/2009-0, Proc. 20281200800002001, Rel. Ivani Contini Bramante, julgado em 22/12/08).

> "RECURSO ORDINÁRIO EM DISSÍDIO COLETIVO. DISPENSAS TRABALHISTAS COLETIVAS. MATÉRIA DE DIREITO COLETIVO. IMPERATIVA INTERVENIÊNCIA SINDICAL. RESTRIÇÕES JURÍDICAS ÀS DISPENSAS COLETIVAS. ORDEM CONSTITUCIONAL E INFRACONSTITUCIONAL DEMOCRÁTICA EXISTENTE DESDE 1988. A sociedade produzida pelo sistema capitalista é, essencialmente, uma sociedade de massas. A lógica de funcionamento do sistema econômico-social induz a concentração e centralização não apenas de riquezas, mas também de comunidades, dinâmicas socioeconômicas e de problemas destas resultantes. A massificação das dinâmicas e dos problemas das pessoas e grupos

sociais nas comunidades humanas, hoje, impacta de modo frontal a estrutura e o funcionamento operacional do próprio Direito. Parte significativa dos danos mais relevantes na presente sociedade e das correspondentes pretensões jurídicas têm natureza massiva. O caráter massivo de tais danos e pretensões obriga o Direito a se adequar, deslocando-se da matriz individualista de enfoque, compreensão e enfrentamento dos problemas a que tradicionalmente perfilou-se. A construção de uma matriz jurídica adequada à massividade dos danos e pretensões característicos de uma sociedade contemporânea – sem prejuízo da preservação da matriz individualista, apta a tratar os danos e pretensões de natureza estritamente atomizada – é, talvez, o desafio mais moderno proposto ao universo jurídico, e é sob esse aspecto que a questão aqui proposta será analisada. As dispensas coletivas realizadas de maneira maciça e avassaladora, somente seriam juridicamente possíveis em um campo normativo hiperindividualista, sem qualquer regulamentação social, instigador da existência de mercado hobbesiano na vida econômica, inclusive entre empresas e trabalhadores, tal como, por exemplo, respaldado por Carta Constitucional como a de 1891, já há mais de um século superada no País. Na vigência da Constituição de 1988, das convenções internacionais da OIT ratificadas pelo Brasil relativas a direitos humanos e, por consequência, direitos trabalhistas, e em face da leitura atualizada da legislação infraconstitucional do País, é inevitável concluir-se pela presença de um Estado Democrático de Direito no Brasil, de um regime de império da norma jurídica (e não do poder incontrastável privado), de uma sociedade civilizada, de uma cultura de bem-estar social e respeito à dignidade dos seres humanos, tudo repelindo, imperativamente, dispensas massivas de pessoas, abalando empresa, cidade e toda uma importante região. Em consequência, fica fixada, por interpretação da ordem jurídica, a premissa de que 'a negociação coletiva é imprescindível para a dispensa em massa de trabalhadores'. DISPENSAS COLETIVAS TRABALHISTAS. EFEITOS JURÍDICOS. A ordem constitucional e infraconstitucional democrática brasileira, desde a Constituição de 1988 e diplomas internacionais ratificados (Convenções OIT n. 11, 87, 98, 135, 141 e 151, ilustrativamente), não permite o manejo meramente unilateral e potestativista das dispensas trabalhistas coletivas, por se tratar de ato/fato coletivo, inerente ao Direito Coletivo do Trabalho, e não Direito Individual, exigindo, por consequência, a participação do(s) respectivo(s) sindicato(s) profissional(is) obreiro(s). Regras e princípios constitucionais que determinam o respeito

> à dignidade da pessoa humana (art. 1º, III, CF), a valorização do trabalho e especialmente do emprego (arts. 1º, IV, 6º e 170, VIII, CF), a subordinação da propriedade à sua função socioambiental (arts. 5º, XXIII, e 170, III, CF) e a intervenção sindical nas questões coletivas trabalhistas (art. 8º, III e VI, CF), tudo impõe que se reconheça distinção normativa entre as dispensas meramente tópicas e individuais e as dispensas massivas, coletivas, as quais são social, econômica, familiar e comunitariamente impactantes. Nesta linha, seria inválida a dispensa coletiva enquanto não negociada com o sindicato de trabalhadores, espontaneamente ou no plano do processo judicial coletivo. A d. Maioria, contudo, decidiu apenas fixar a premissa, *para casos futuros*, de que 'a negociação coletiva é imprescindível para a dispensa em massa de trabalhadores', observados os fundamentos *supra*. Recurso ordinário a que se dá provimento parcial" (TST, Processo: ED-RODC 30900-12.2009.5.15.0000, Data de Julgamento: 10/08/2009, Relator Ministro: Maurício Godinho Delgado, Seção Especializada em Dissídios Coletivos, Data de Publicação: *DEJT* 04/09/2009).

O art. 477-A da CLT[6], com a redação dada pela Lei 13.467/17, equiparou as dispensas individuais às **coletivas**, não havendo necessidade de autorização prévia de entidade sindical ou de celebração de negociação. As dispensas imotivadas individuais, plúrimas ou coletivas equiparam-se para todos os fins, não havendo necessidade de autorização prévia de entidade sindical ou de negociação coletiva.

O referido dispositivo legal trata das dispensas plúrimas e coletivas. A lei não define qual seria o número de trabalhadores dispensados numa mesma ocasião, e pelas mesmas circunstâncias fáticas, para configurar uma dispensa coletiva ou plúrima.

A expressão plúrimo significa vários, ou seja, mais de um, por sua vez, o termo coletivo se reporta a um grupo ou uma classe de trabalhadores. Podem ser todos os trabalhadores da empresa ou de determinado setor.

Trata-se de providência que veio facilitar as dispensas em massa, sem qualquer ônus adicional ao empregador, cujo objetivo foi frear a crescente tendência da jurisprudência do Tribunal Superior do Trabalho no sentido de estabelecer requisitos adicionais para as dispensas de índole coletiva

6. Art. 477-A da CLT: "As dispensas imotivadas individuais, plúrimas ou coletivas equiparam-se para todos os fins, não havendo necessidade de autorização prévia de entidade sindical ou de celebração de convenção coletiva ou acordo coletivo de trabalho para sua efetivação."

com o objetivo de proteger os empregos. Apesar do texto da lei, levando-se em conta a grande repercussão social que envolve a questão, as discussões continuam e há argumentos sólidos para considerar a inconstitucionalidade do presente dispositivo.

Acolhendo a redação do art. 477-A da CLT, destaca-se a seguinte decisão:

> "DEMISSÃO COLETIVA. ART. 477-A DA CLT. DESNECESSIDADE DE PRÉVIA AUTORIZAÇÃO DO SINDICATO OU DE CELEBRAÇÃO DE CONVENÇÃO COLETIVA OU ACORDO COLETIVO. VALIDADE E EFICÁCIA DA NORMA. Seja pela análise das normas da Constituição da República Federativa do Brasil de 1988, seja pela análise das normas internacionais internalizadas no ordenamento jurídico pátrio, inclusive as Convenções da OIT (11, 98, 135, 141 e 154; 158, denunciada), não há que se falar em inconstitucionalidade ou controle de convencionalidade do art. 477-A da CLT, já que se trata de norma válida e eficaz, que expressamente estabelece que não há necessidade de autorização prévia de entidade sindical ou de celebração de convenção coletiva ou de acordo coletivo, para que sejam efetivadas as dispensas plúrimas ou coletivas. Portanto, impedir a realização de demissões coletivas, ao arrepio da lei (art. 477-A da CLT) e do princípio da legalidade (art. 5º, II, da CRFB/88), com indevida interferência na gestão da empresa, não encontra respaldo no ordenamento jurídico" (TRT da 2ª Região, Processo: 1000602-16.2020.5.02.0511, Data: 23-07-2021, Órgão Julgador: 17ª Turma – Cadeira 2, Relator(a): Maria de Lourdes Antonio).

A nosso ver, as dispensas plúrimas ou coletivas, por envolverem direitos de índole coletiva e sociais, serão consideradas arbitrárias, podendo ser anuladas pela Justiça do Trabalho caso: a) não tenham motivação comprovada; b) não tenham sido antecedidas por negociação coletiva.

3.1. A dispensa coletiva e o novo direcionamento dado pelo STF

O Supremo Tribunal Federal, em 8 de junho de 2022, apreciando o RE 999.435, tema 638 de sua repercussão geral, fixou a seguinte tese:

> "Decisão: O Tribunal, por maioria, apreciando o tema 638 da repercussão geral, negou provimento ao recurso extraordinário, vencidos os Ministros Marco Aurélio (Relator), Nunes Marques e Gilmar Mendes. Por maioria, foi fixada a seguinte tese: 'A intervenção sindical prévia é exigência procedimental imprescindível para a dispensa em massa

> de trabalhadores, que não se confunde com autorização prévia por parte da entidade sindical ou celebração de convenção ou acordo coletivo', vencidos, em parte, os Ministros Ricardo Lewandowski, Edson Fachin e Rosa Weber. Nesta assentada, o Ministro Alexandre de Moraes reajustou seu voto para acompanhar a divergência. O Ministro André Mendonça, sucessor do Ministro Marco Aurélio, não votou no mérito, mas proferiu voto quanto à tese de repercussão geral. Redigirá o acórdão o Ministro Edson Fachin. Impedido o Ministro Luiz Fux (Presidente). Presidiu o julgamento a Ministra Rosa Weber (Vice-Presidente). Plenário, 8.6.2022".

O acórdão fora assim ementado:

> Ementa: CONSTITUCIONAL. DIREITO DOS TRABALHADORES. DISPENSA EM MASSA. INTERVENÇÃO SINDICAL PRÉVIA. EXIGÊNCIA. ART. 7º, INCISOS I e XXVI, da CONSTITUIÇÃO DA REPÚBLICA. 1. Os direitos sociais fundamentais trabalhistas são corolários primários do modelo político alcunhado de Estado Democrático de Direito. 2. As relações contratuais, em geral, e as relações contratuais trabalhistas, em particular, devem considerar sujeitos e objetos concretos. 3. Diante da previsão constitucional expressa do artigo 7º, I e XXVI, da CRFB, é inadmissível o rompimento em massa do vínculo de emprego sem a devida atenção à negociação coletiva. 4. Recurso extraordinário não provido, com fixação majoritária, vencidos os Ministros Edson Fachin e Ricardo Lewandowski e a Ministra Rosa Weber, da seguinte tese: "A intervenção sindical prévia é exigência procedimental imprescindível para a dispensa em massa de trabalhadores, que não se confunde com autorização prévia por parte da entidade sindical, ou celebração de convenção o acordo coletivo". (STF **RE 999435.** Tribunal Pleno. Relator Min. EDSON FACHIN – Doe: 15/09/2022).

Diante da tese fixada pelo STF, que é de repercussão geral, a qual será aplicada aos casos idênticos e nos quais se discute a mesma tese jurídica, foram estabelecidas as seguintes premissas:

a) houve procedimentalização para a dispensa coletiva;

b) a intervenção sindical prévia é imprescindível para a dispensa em massa de trabalhadores;

c) a intervenção sindical não se confunde com autorização prévia por parte da entidade sindical ou celebração de convenção ou acordo coletivo;

d) a falta de acordo ou convenção coletiva não gera nulidade da dispensa;

e) a dispensa coletiva sem a intervenção prévia da entidade sindical dos trabalhadores coletiva é abusiva – art. 187 do CC;

f) a redação do art. 477-A deve ser compatibilizada com o que fora decidido pelo STF.

Não houve menção aos efeitos da falta de intervenção sindical. Por essa razão, duas correntes interpretativas se mostram pertinentes:

a) nulidade das dispensas e direito à reintegração dos trabalhadores dispensados;

b) direito à indenização por parte dos trabalhadores, por ter sido a dispensa abusiva, aplicando-se os artigos 187, 927 e 944 do CC. Não haveria, nessa linha de interpretação, direito à reintegração, pois o art. 7º, I, da CF não assegura estabilidade genérica aos trabalhadores, e sim atribui direito à indenização pela dispensa arbitrária ou sem justa causa. Desse modo, os trabalhadores dispensados, além da indenização tarifada do art. 10, I, do ADCT, fariam jus a uma indenização suplementar a ser arbitrada no caso concreto.

De nossa parte, diante do que ficou decidido pelo STF, a tendência da jurisprudência será na vertente interpretativa de se deferir uma indenização suplementar a cada trabalhador dispensado caso não haja a intervenção obrigatória do sindicato dos trabalhadores no procedimento da dispensa coletiva.

Recentemente, o Tribunal Superior do Trabalho, após a decisão do STF pronunciou-se no seguinte sentido:

> "RECURSO DE REVISTA. DISPENSA COLETIVA. NECESSIDADE DA INTERVENÇÃO SINDICAL PRÉVIA. DECISÃO DO STF NO RE 999435/SP, COM REPERCUSSÃO GERAL (TEMA 638). 1. O Tribunal Pleno do Supremo Tribunal Federal, em recente julgamento do RE 999435/SP (DJe 15/09/2022), em sistema de Repercussão Geral (Tema 638) conferiu interpretação conforme ao art. 477-A da CLT, ao fixar, por maioria, a seguinte tese acerca da dispensa em massa de trabalhadores: A intervenção sindical prévia é exigência procedimental imprescindível para a dispensa em massa de trabalhadores, que não se confunde com autorização prévia por parte da entidade sindical, ou celebração de convenção ou acordo coletivo. 2. Submetida a demanda à apreciação do Poder Judiciário,

verifica-se, no caso concreto, que a empresa empregadora, ao efetivar a dispensa massiva, não adotou o procedimento prévio obrigatório de dialogar em boa-fé objetiva com o sindicato dos trabalhadores, conforme o entendimento do Pleno do STF fixado na tese do Tema 638 da tabela de Repercussão Geral reputa-se irregular a atuação empresarial. Recurso de revista de que se conhece e a que se dá provimento" (TST - RR-487-33.2018.5.20.0009, 3ª Turma, Relator Ministro Alberto Bastos Balazeiro, DEJT 19/12/2023).

4. DA JUSTA CAUSA

4.1. Conceito

Segundo *Evaristo de Moraes Filho*, a justa causa é todo ato doloso ou culposamente grave, que faça desaparecer a confiança e a boa-fé que devem entre elas existir, tornando, assim, impossível o prosseguimento da relação.

Na visão de Wagner D. Giglio[7]: "justa causa poderia ser conceituada como todo ato faltoso grave, praticado por uma das partes, que autorize a outra a rescindir o contrato, sem ônus para o denunciante."

A justa causa é a extinção do contrato de trabalho de forma unilateral, pelo empregador, diante de infração funcional grave tipificada na lei trabalhista praticada pelo empregado, tornando inviável o prosseguimento da relação de emprego.

Parte da doutrina diferencia justa causa e falta grave (art. 493 da CLT[8]), argumentando que esta tem intensidade mais acentuada que a justa causa e se aplica para o empregado estável, que somente pode ter o contrato de trabalho extinto mediante inquérito judicial para apuração de falta grave (arts. 853 a 855 da CLT). Outros autores, aos quais nos filiamos, sustentam que a justa causa (artigo 482 da CLT) e a falta grave são expressões sinônimas.

Hoje, praticamente, a distinção entre falta grave e justa causa não tem aplicação prática, em razão de a estabilidade decenal ter sido extinta e apenas ser aplicável o regime da apuração da falta grave por meio do inquérito judicial ao dirigente sindical.

7. Justa Causa. 6ª ed. São Paulo: Saraiva, 1996, p. 12
8. Art. 493, da CLT: "Constitui falta grave a prática de qualquer dos fatos a que se refere o art. 482, quando por sua repetição ou natureza representem séria violação dos deveres e obrigações do empregado."

Tendo sido dispensado por justa causa, o empregador não fará jus a férias proporcionais+1/3, 13º salário proporcional. Também não terá direito a movimentar o FGTS e multa de 40%, tampouco receberá seguro-desemprego.

4.2. Requisitos para configuração da justa causa

Conforme já sedimentado na doutrina e jurisprudência, são elementos para valoração da justa causa: **tipicidade, gravidade, imediatidade, proporcionalidade entre a falta e punição e determinância.**

4.2.1. Tipicidade: o ato praticado tem que estar tipificado no rol de condutas fixado na lei (art. 482 da CLT). Trata-se de rol taxativo (*numerus clausus*) não se admitindo interpretação extensiva. Não obstante, as condutas tipificadas são abrangentes, não sendo tão herméticas como as tipificadas no Código Penal. Dificilmente algum ato grave do trabalhador que abale de forma significativa a confiança do empregador não será enquadrado no artigo 482 da CLT. Além disso, as hipóteses mais abrangentes de condutas possibilitam que a avaliação e a valoração delas possam ser atualizadas, pela doutrina e jurisprudência, de acordo com as mudanças dos costumes, valores da sociedade e do modo capitalista de produção.

4.2.2. Gravidade: o ato praticado pelo empregado, além de se amoldar a uma das condutas do artigo 482 da CLT, deve ser grave.

Como bem adverte *Délio Maranhão*[9], "a gravidade da falta em relação ao empregado deve ser avaliada de regra *in concreto*, considerando-se não apenas uma medida-padrão abstrata de conduta - o bom trabalhador -, mas as condições pessoais do agente e outras circunstâncias concretas de tempo, meio, costumes etc."

Há gravidade do fato tipificado na lei quando é capaz de abalar de forma contundente a confiança do empregador.

Segundo a doutrina, a gravidade deve ser avaliada no caso concreto sob dois aspectos, quais sejam:

1) **Subjetivo:** são analisadas as condições pessoais do trabalhador, como função, personalidade e passado funcional (avaliação de punições anteriores, histórico funcional etc.). Por exemplo, uma palavra mais

9. Direito do Trabalho. Rio de Janeiro: FGV, 1971, p. 847.

rude de um trabalhador braçal dita em determinadas situações funcionais pode ser avaliada de forma mais branda do que a de um trabalhador intelectual. A jurisprudência tem considerado bastante o chamado "passado funcional do trabalhador" na valoração da justa causa.

2) **Objetivo:** são analisadas as condições de tempo e lugar da falta praticada.

4.2.3. Imediatidade: a punição ao empregado faltoso tem que ser imediata, ou seja, contemporânea à conduta faltosa. Caso haja demora pelo empregador para a punição, haverá o chamado *perdão tácito*, ou renúncia tácita, ao poder de punir o trabalhador.

No entanto, conforme vem sustentando com acerto a jurisprudência, o requisito da imediatidade deve ser valorado segundo as circunstâncias do caso concreto, o porte da empresa, a complexidade de sua estrutura empresarial e a dificuldade de se apurar a falta. Quando houver necessidade de sindicância, a demora no procedimento não desnatura o requisito da imediatidade.

4.2.4. Proporcionalidade: a punição ao empregado tem que ser proporcional à falta praticada. As faltas mais leves devem ter punição mais branda e as mais graves, punição mais rígida. Valorar a falta e aplicar a penalidade é prerrogativa do empregador, pois isso decorre do poder diretivo (na modalidade do poder disciplinar) previsto no artigo 2º da CLT.

A doutrina e a jurisprudência majoritárias entendem que não cabe ao Judiciário Trabalhista valorar a falta e aplicar a punição cabível. Compreendendo o Juiz do Trabalho que houve excesso na punição, deve apenas anular a justa causa, mas não dizer qual seria penalidade cabível diante de uma infração funcional.

Não obstante, pensamos que em algumas situações, nas quais a falta praticada foi grave, mas, diante dos demais elementos de avaliação da justa causa, for recomendável sua reversão, a Justiça do Trabalho poderá dizer qual a penalidade cabível, que será mais branda que a justa causa. Essa postura prestigia a justiça no caso concreto e reflete mais transparência no julgamento da justa causa.

Não há na lei gradação de penalidades que o empregador deverá seguir. Vale dizer: o empregador não está obrigado a primeiro advertir, depois suspender o empregado e, por último, aplicar a justa causa. Entretanto, o poder disciplinar do empregador deve ser exercido com bom senso e razoabilidade.

Por outro lado, se houver regulamento empresarial fazendo gradação das penalidades, o empregador estará obrigado a observá-lo, sob consequência de nulidade da punição aplicada. Nesse aspecto, dispõe a Súmula 77 do TST, *in verbis*:

> "Nula é a punição do empregado se não precedida de inquérito ou sindicância internos a que se obrigou a empresa por norma regulamentar".

4.2.5. Determinância: deve existir um nexo de causa e efeito entre a falta praticada e a punição aplicada. Desse modo, a falta praticada deve ser o motivo da dispensa. O empregador não pode punir o trabalhador por atos pretéritos e também não pode aplicar dupla punição pelo mesmo fato (princípio do *non bis in idem*). Se apenou, por exemplo, um ato faltoso com suspensão, não pode, pelo mesmo ato, dispensar o trabalhador por justa causa.

Nesse sentido, importante destacar a seguinte ementa:

> "JUSTA CAUSA. AGRESSÃO A CLIENTE. DUPLA PUNIÇÃO. ADVERTÊNCIA SEGUIDA DE DISPENSA. IMPOSSIBILIDADE. REVERSÃO ASSEGURADA. A confissão da empregadora é de que em razão do ato de descumprimento de ordem patronal, agredindo um cliente, o reclamante fora advertido por escrito e, depois, demitido por justa causa. A dupla punição não se justifica, devendo ser revertida. JUSTIÇA GRATUITA. REQUISITOS. GANHO INFERIOR A 40% DO TETO DOS BENEFÍCIOS DO INSS. CARÁTER OBJETIVO DA CONDIÇÃO DE NECESSIDADE. Recebendo, quando empregado, salário bruto inferior a 40% do teto dos benefícios da Previdência Social, faz jus o reclamante às prerrogativas da justiça gratuita. A Lei dispõe, nesse capítulo, de critério objetivo, não sendo dado à contraparte, notadamente sem indício sequer debatê-lo. HONORÁRIOS DE ADVOGADO. PEDIDO INCOMENSURÁVEL. ÚNICA PARCELA. APLICAÇÃO DO VALOR DA CAUSA. IMPOSSIBILIDADE. FERIMENTO DA PROPORCIONALIDADE. UTILIZAÇÃO DO CPC SUPLETORIAMENTE. A parte reclamante sucumbiu em um único e singelo pedido de cancelamento da advertência de seu prontuário. O pedido não expressa valor econômico. A CLT indica que, não havendo como apurar o valor econômico, deve ser observado como base de cálculo dos honorários o valor da causa. A aplicação de tal estratégia importa teratologia, pois que a parte que sucumbiu em mínima parcela da pretensão pagará mais honorários do que a adversa. A aplicação supletória do CPC na espécie é medida adequada

> de colmatação. MULTA PARA CUMPRIMENTO DE OBRIGAÇÃO DE FAZER. APLICAÇÃO AO PROCESSO DO TRABALHO. O argumento não se sustenta e causaria embaraços se dito em voz alta. A aplicação supletória do CPC ao processo do trabalho emerge de previsão expressa do artigo 769 da CLT e do 15 do CPC. A própria recorrente, em contestação, pede a aplicação do CPC, tornando claro que o argumento não deve ser considerado. A multa para impor ao executado obrigação de fazer assenta-se no capítulo do CPC que trata do cumprimento de sentença, não de título executivo extrajudicial, como brada a reclamada em seu recurso. A multa é, pois, cabível. ADVERTÊNCIA. PRONTUÁRIO DO EMPREGADO. CANCELAMENTO. IMPOSSIBILIDADE. CONFIRMAÇÃO DO ATO DE DESCUMPRIMENTO DA ORDEM PATRONAL. A prova dos autos demonstrou que ele cometeu ato contrário às determinações patronais. A preexistência de tal punição prestou-se, aliás, à anulação da justa causa por dupla punição. Não há motivo para o postulado cancelamento. Recurso patronal a que se nega provimento. Recurso do reclamante a que se dá parcial provimento (TRT da 2ª Região, Processo: 1000983-56.2020.5.02.0080, Data: 29-07-2021, Órgão Julgador: 15ª Turma – Cadeira 3, Relator(a): Marcos Neves Fava).

4.3. Necessidade de o empregador informar ao empregado os motivos da justa causa

Em razão do princípio da boa-fé objetiva (art. 422 do CC) que norteia o contrato de trabalho e do direito à informação, que é um direito fundamental da cidadania (art. 5º, XIV, da CF), o empregador deve informar o motivo da dispensa por justa causa ao empregado.

Nesse sentido, sustenta Jorge Luiz Souto Maior[10]: "o empregador, nos casos de cessação por necessidade, deve apresentar ao empregado os fatos motivadores da cessação e com muito mais razão deverá fazê-lo quando esses fatos são levados em consideração para inquinar um ato faltoso do empregado. Essa situação, ademais, tem repercussão de ordem processual, pois a audiência trabalhista é UNA e nela todas as provas devem ser produzidas. Assim, o empregado não pode tomar consciência em audiência dos fatos que ensejaram a sua dispensa por justa causa, pois isso fere até mesmo o seu direito de defesa."

10. Curso de Direito do Trabalho. Volume II. São Paulo: LTr, 2008, p. 495.

Nesse aspecto, destaca-se a seguinte ementa:

> "*Justa causa. Comunicação indispensável.* A justa causa deve ser expressa e inequívoca na comunicação da dispensa do empregado, exatamente por se tratar de forma atípica de extinção do pacto, sendo indispensável estar clara a sua aplicação, com a indicação das faltas que a ensejaram. Não obstante a comprovação das faltas cometidas, não tendo a comunicação de dispensa feito qualquer referência quanto à justa causa, não há como reconhecê-la" (TRT 3ª R., 6ª T., RO nº 886/2006.013.03.00-5, Rel. Emilia Facchini, DJ 08.02.07, p. 21) (*RDT*, nº 04, abril 2007).

No entanto, se o empregador se obrigou por força de norma coletiva, ou regulamentar, a procedimentalizar a justa causa, com apuração dos fatos por comissão de empregados, deverá fazê-lo, sob consequência de invalidação da penalidade aplicada. No entanto, qualquer apuração interna dos fatos deve oportunizar ao empregado o contraditório e ampla defesa.

5. DO ÔNUS DA PROVA DA JUSTA CAUSA

O ônus da prova pode ser conceituado como um dever processual que incumbe ao autor quanto ao fato constitutivo do seu direito e ao réu quanto aos fatos modificativos, extintivos e impeditivos do direito do autor, que, uma vez não realizado, gera uma situação desfavorável à parte que detinha o ônus e favorável à parte contrária, na obtenção da pretensão posta em juízo.

Dispõe o art. 818 da CLT, com a redação dada pela Lei n. 13.467/17 (Reforma Trabalhista): "O ônus da prova incumbe: I – ao reclamante, quanto ao fato constitutivo de seu direito; II – ao reclamado, quanto à existência de fato impeditivo, modificativo ou extintivo do direito do reclamante. § 1º Nos casos previstos em lei ou diante de peculiaridades da causa relacionadas à impossibilidade ou à excessiva dificuldade de cumprir o encargo nos termos deste artigo ou à maior facilidade de obtenção da prova do fato contrário, poderá o juízo atribuir o ônus da prova de modo diverso, desde que o faça por decisão fundamentada, caso em que deverá dar à parte a oportunidade de se desincumbir do ônus que lhe foi atribuído. § 2º A decisão referida no § 1º deste artigo deverá ser proferida antes da abertura da instrução e, a requerimento da parte, implicará o adiamento da audiência e possibilitará provar os fatos por qualquer meio em direito admitido. § 3º A decisão referida no § 1º deste artigo não pode gerar situação em que a desincumbência do encargo pela parte seja impossível ou excessivamente difícil."

Compete, como regra geral, ao empregador o ônus da prova da justa causa, pois é fato impeditivo ao recebimento das verbas rescisórias e o princípio da continuidade do contrato de trabalho milita em prol do empregado (art. 818, II, da CLT e Súmula n. 212 do TST).

Em restritas hipóteses, o ônus da prova é do empregado, por exemplo, no caso de briga em serviço do empregado com outro colega, mas o primeiro alega legítima defesa. Como a legítima defesa foi um fato impeditivo invocado pelo próprio trabalhador, o ônus da prova é dele.

Pela importância do tema, destacam-se as seguintes ementas:

> "Discussão com superior hierárquico. Da justa causa. A briga entre a promotora de vendas da ré e a obreira é incontroversa, porém a reclamada não se desincumbiu do seu ônus de provar (Súmula n. 212 do C. TST) que as agressões se deram por culpa da autora. Com efeito, a única testemunha ouvida em juízo, convidada pela ré, não está apta a comprovar a tese defensiva, eis que declarou que não soube detalhes da briga, inexistindo, outrossim, prova robusta de que a reclamante cometera a falta grave indicada pela reclamada, qual seja, ocasionar, provocar tumulto nas dependências da empresa por motivos pessoais, agredindo verbal e fisicamente a promotora de vendas Sra. Carolina e convocar o seu pai para participar das agressões. Nego provimento. Da multa do art. 477, § 8º, da CLT, de acordo com o entendimento jurisprudencial consolidado por este E. Regional, por meio da Súmula n. 33, item I, é indevida a multa prevista no art. 477, § 8º, da CLT quando houver a reversão da justa causa em juízo, como é o caso dos autos. Reformo, portanto" (PJe-JT, TRT/SP, ROPS 10013035920155020702, 2ª Turma, Rel. Marta Casadei Momezzo, *DEJT* 11.2.2016).

> "AGRAVO DE INSTRUMENTO. RECURSO DE REVISTA. PROCESSO SOB A ÉGIDE DA LEI 13.015/2014. DESPEDIDA POR JUSTA CAUSA. REVERSÃO EM JUÍZO. MATÉRIA FÁTICA. SÚMULA 126/TST. A dispensa por justa causa é modalidade de extinção contratual por infração obreira apta a quebrar a fidúcia necessária para a continuidade do vínculo de emprego. Portanto, para a sua caracterização, devem estar presentes os seguintes requisitos: a) tipicidade da conduta; b) autoria obreira da infração; c) dolo ou culpa do infrator; d) nexo de causalidade; e) adequação e proporcionalidade; f) imediaticidade da punição; g) ausência de perdão tácito; h) singularidade da punição (*non bis in idem*); i) caráter pedagógico do exercício do poder disciplinar, com a correspondente gradação de

penalidades. No caso em tela, o Tribunal Regional, atendendo aos fatos e às circunstâncias constantes dos autos, reverteu a justa causa aplicada, consignando a inexistência de razoabilidade entre a aplicação da penalidade e a falta cometida, qual seja, a utilização do telefone celular durante a execução do serviço. Observe-se, neste aspecto, que não houve sequer a comprovação, de maneira objetiva, por parte da Empregadora, do alegado declínio de produção do Reclamante em face do suposto uso exagerado do celular para fins particulares – fato que, consoante se infere do acórdão regional, ensejou a dispensa por justa causa. Desse modo, o objeto de irresignação da Reclamada está assente no conjunto fático-probatório, cujo reexame se esgota nas Instâncias Ordinárias. Adotar entendimento em sentido oposto àquele formulado pelo Tribunal Regional implicaria o revolvimento de fatos e provas, inadmissível em sede de recurso de revista, a teor da Súmula 126/TST. Agravo de instrumento desprovido" (TST, Processo: AIRR 847-72.2015.5.09.0657, Data de Julgamento: 18/04/2018, Relator Ministro: Mauricio Godinho Delgado, 3ª Turma, Data de Publicação: *DEJT* 27/04/2018).

"Justa causa. Faltas injustificadas. Ônus da prova. A assiduidade é um dos deveres do trabalhador, cujo descumprimento importa falta grave apta a permitir a dispensa por justa causa. Apresentados documentos dessas faltas, cabe à reclamante produzir prova sobre eventual insubsistência dos registros e das punições. O descumprimento desse encargo importa confirmação da punição" (PJe, TRT/SP, ROT 10005814720175020090, 1ª Turma, Rel. Fabio Augusto Branda, *DEJT* 05/02/2020).

"Improbidade. Recurso ordinário. Demissão por justa causa. Improbidade demonstrada. Importante salientar que, de todas as faltas elencadas na legislação trabalhista como aptas a possibilitar a dissolução contratual sem ônus indenizatório para o empregador, a improbidade é aquela que exige prova mais robusta e concludente, eis que o obreiro é tido por desonesto. Assim, o rompimento do vínculo empregatício por justa causa, eximindo o empregador dos ônus indenizatórios consequentes, deve arrimar-se em prova cabal, robusta e inequívoca do ato faltoso imputado ao obreiro, a par de configurar-se grave o bastante a ponto de tornar impossível a subsistência do liame. Nesse sentido, dos elementos de convicção coligidos aos autos, torna-se possível o acolhimento da tese patronal" (PJe, TRT/SP, ROT 10002444320195020331, 12ª Turma, Rel. Paulo Kim Barbosa, *DEJT* 31/01/2020).

6. HIPÓTESES QUE AUTORIZAM A DISPENSA POR JUSTA CAUSA

Dispõe o art. 482 da CLT:

> "Constituem justa causa para rescisão do contrato de trabalho pelo empregador: a) ato de improbidade; b) incontinência de conduta ou mau procedimento; c) negociação habitual por conta própria ou alheia sem permissão do empregador, e quando constituir ato de concorrência à empresa para a qual trabalha o empregado, ou for prejudicial ao serviço; d) condenação criminal do empregado, passada em julgado, caso não tenha havido suspensão da execução da pena; e) desídia no desempenho das respectivas funções; f) embriaguez habitual ou em serviço; g) violação de segredo da empresa; h) ato de indisciplina ou de insubordinação; i) abandono de emprego; j) ato lesivo da honra ou da boa fama praticado no serviço contra qualquer pessoa, ou ofensas físicas, nas mesmas condições, salvo em caso de legítima defesa, própria ou de outrem; k) ato lesivo da honra ou da boa fama ou ofensas físicas praticadas contra o empregador e superiores hierárquicos, salvo em caso de legítima defesa, própria ou de outrem; l) prática constante de jogos de azar; m) perda da habilitação ou dos requisitos estabelecidos em lei para o exercício da profissão, em decorrência de conduta dolosa do empregado. Parágrafo único. Constitui igualmente justa causa para dispensa de empregado a prática, devidamente comprovada em inquérito administrativo, de atos atentatórios à segurança nacional."

Como já mencionado, para a configuração da justa causa exige-se a tipicidade, ou seja, a conduta que autoriza a dispensa por justa causa deve estar prevista em lei. Por essa razão, o art. 482 da CLT encerra rol taxativo. No corpo da CLT, há outras previsões de condutas configuram justa causa, a exemplo do empregado que se recusou a utilizar equipamento de proteção individual quando trabalhava em condições de insalubridade (art. 158 da CLT), ou do aprendiz que comete falta disciplinar grave (art. 433, II, da CLT), entre outras.

Embora o art. 482 encerre rol taxativo, dificilmente um ato de natureza grave que abale a confiança do empregador não se amoldará às hipóteses nele previstas.

São hipóteses de justa causa:

6.1. Ato de improbidade: improbidade significa ato de desonestidade do empregado, por exemplo, falsificar assinaturas em documento, adulterar jornada em cartão de ponto. A doutrina, predominantemente, tem atrelado o conceito de improbidade a ato do empregado que, dolosamente, atenta contra o patrimônio do empregador, como o furto, a apropriação indébita etc.

6.2. Mau procedimento: é a mais genérica das hipóteses de justas causas elencadas no artigo 482 da CLT. Conforme Antonio Lamarca[11], mau procedimento é todo ato doloso praticado pelo empregado com o fim de prejudicar o empregador.

Na verdade, o mau procedimento é todo ato grave praticado pelo trabalhador que abale a confiança do empregador, que não esteja tipificado nas outras hipóteses do artigo 482 da CLT.

6.3. Incontinência de conduta: significa conduta praticada incompatível com a moral sexual do ambiente.

Trata-se a hipótese de conduta inconveniente do trabalhador como gestos, palavras e atos de cunho sexual.

6.4. Negociação habitual por conta própria ou alheia sem permissão do empregador e quando constituir ato de concorrência à empresa para a qual trabalha o empregado, ou for prejudicial ao serviço: durante o horário de trabalho, o empregado deve cumprir com diligência e fidelidade o contrato de trabalho. Desse modo, se o empregado realiza negociações de produtos em proveito pessoal, sem autorização do empregador durante o expediente da empresa, em razão prejudicial ao serviço, pratica a justa causa.

A conduta também se configura quando o empregado pratica ato de concorrência à empresa para a qual trabalha, sem autorização do empregador.

6.5. Condenação criminal: a condenação criminal transitada em julgado, quando não tenha havido suspensão condicional da pena (*sursis*), é hipótese de justa causa para rescisão do contrato de trabalho pelo empregador. Embora a condenação não tenha relação com o contrato de trabalho, a justa causa se justifica pela impossibilidade de prestação de serviços por parte do empregado.

---

11. Manual das Justas causas. São Paulo: LTr, 1977, p. 362.

Caso haja suspensão condicional da pena (*sursis*), não haverá motivo para rescisão do contrato de trabalho.

Em caso de prisões antes do trânsito em julgado (temporária ou provisória), haverá suspensão do contrato de trabalho no período em que o empregado estiver preso, provisoriamente.

6.6. Desídia: a desídia, segundo a linguagem usual, é desleixo, preguiça, o chamado "corpo mole". Na linguagem técnica, é a negligência das funções, ou seja, o descumprimento, pelo trabalhador, dos devedores de pontualidade e produtividade no contrato de emprego.

Embora o art. 482, alínea "e", da CLT mencione desídia no desempenho das funções, a jurisprudência considera como desídia o excesso de faltas injustificadas ao trabalho.

Embora a desídia possa se configura num único ato grave[12], normalmente a conduta desidiosa exige reiteração dos atos praticados, sendo o último, normalmente denominado gota d'água, somado aos demais, autorizando o empregador a dispensar o empregado por justa causa.

6.7. Embriaguez habitual ou em serviço: embriaguez é a condição em que se encontra a pessoa, decorrente de ingestão de bebida alcoólica, que prejudica seus reflexos e a possibilidade de compreender a realidade.

A embriaguez em serviço, embora ocorra num único ato, é hipótese de justa causa, pois o empregado, trabalhando embriagado, gera grande risco para sua segurança pessoal e para a atividade econômica do empregador.

Como destaca Gustavo Filipe Barbosa Garcia[13], "para a prova da embriaguez, são admitidos todos os meios lícitos e legítimos, inclusive presunções, no sentido de demonstrar diversos fatos e condutas praticadas pelo empregado, típicos de alguém que se embriagou".

Por sua vez, a embriaguez fora do serviço (habitual) é considerada justa causa pelo artigo 482, "f", da CLT. Não obstante, há forte entendimento doutrinário e jurisprudencial, ao qual nos filiamos, no sentido de que a embriaguez habitual, fora do serviço, não pode ser considerada justa causa, pois o alcoólatra é um doente (dependente) e assim deve ser tratado, devendo o empregador, à luz dos princípios da função social do contrato

---

12. Podemos exemplificar a hipótese de um vigilante patrimonial dormir no posto de trabalho.
13. Manual de Direito do Trabalho. 13. ed. São Paulo: Juspodivm, 2020, p. 674.

de trabalho e da propriedade, e também da proteção à dignidade humana e valores sociais do trabalho, encaminhar o empregado ao INSS para tratamento. Há no artigo 482, "f", da CLT a chamada lacuna axiológica da legislação (expressão utilizada por Pontes de Miranda e Vicente Rao), pois a aplicação da lei leva a uma solução manifestamente injusta e socialmente inadequada.

Nesse aspecto, destaca-se a seguinte ementa:

> "DISPENSA DISCRIMINATÓRIA. DOENÇA GRAVE. ALCOOLISMO. REINTEGRAÇÃO AO EMPREGO. Consta do acórdão regional que restou comprovado que o autor é portador de doença grave (alcoolismo), tendo sido dispensado do emprego durante internação para tratamento da referida doença. Nesse contexto, o Regional manteve a r. sentença, ante a presunção de dispensa discriminatória, e determinou a reintegração do autor ao emprego. Quanto ao tema, a jurisprudência do Tribunal Superior do Trabalho tem entendido que o alcoolismo crônico, doença catalogada no Código Internacional de Doenças (CID) da Organização Mundial de Saúde (OMS) como 'Síndrome de Dependência do Álcool', não se configura como desvio de conduta passível de rescisão contratual. A propósito, sobre a 'dispensa discriminatória' a Súmula nº 443 dispõe que 'Presume-se discriminatória a despedida de empregado portador do vírus HIV ou de outra doença grave que suscite estigma ou preconceito. Inválido o ato, o empregado tem direito à reintegração no emprego'. Precedentes. Incidem, portanto, a Súmula nº 333 desta Corte e o art. 896, § 7º, da CLT como óbices ao prosseguimento da revista. Agravo não provido. DANO MORAL. VALOR ARBITRADO. ACÓRDÃO PUBLICADO NA VIGÊNCIA DA LEI Nº 13.015/2014. INDICAÇÃO DO TRECHO DA DECISÃO RECORRIDA QUE CONSUBSTANCIA O PREQUESTIONAMENTO DA CONTROVÉRSIA OBJETO DO RECURSO. DESCUMPRIMENTO DA EXIGÊNCIA CONTIDA NO ART. 896, § 1º-A, DA CLT. O art. 896, § 1º-A, I, da CLT, incluído pela Lei nº 13.015/2014, dispõe ser ônus da parte, sob pena de não conhecimento, 'indicar o trecho da decisão recorrida que consubstancia o prequestionamento da controvérsia objeto do recurso de revista'. Na presente hipótese, a parte recorrente não observou o requisito contido no dispositivo, o que inviabiliza o prosseguimento do recurso de revista. Agravo não provido" (TST, Ag-AIRR-1565-39.2013.5.05.0661, 5ª Turma, Relator Ministro Breno Medeiros, *DEJT* 20/09/2019).

6.8. Violação de segredo da empresa: pela expressão *segredo* devemos interpretar toda informação confidencial do empregador a que tem acesso o empregado em razão do contrato de trabalho.

A justa causa aqui deve ser interpretada considerando-se a função, o grau intelectual do empregado, bem como a relevância da função.

Como destaca Gustavo Filipe Barbosa Garcia[14], "para a caracterização da hipótese em questão, faz-se necessária a gravidade da conduta, apta a acarretar prejuízo ao empregador. Assim, mesmo que o empregado não chegue a divulgar o segredo da empresa, se a devassa, em si, já é potencialmente danosa ao empregador, configura-se a justa causa."

6.9. Ato de indisciplina: atos de indisciplina implicam descumprimento de ordens gerais do serviço, como o trabalhador que não cumpre as regras fixadas em regulamento empresarial.

6.10. Insubordinação: a insubordinação consiste no descumprimento, pelo empregado, de ordem legítima e específica para o serviço, dirigida a ele de forma pessoal pelo empregador.

O ato de insubordinação cometido pelo empregado deve ser grave, ou seja, que abale de forma contundente a confiança do empregador, tornando insuportável a manutenção do contrato de trabalho.

6.11. Abandono de emprego: o abandono de emprego configura-se quando o empregado, espontaneamente, deixa de trabalhar com intenção de não mais retornar. Desse modo, o empregado descumpre a principal obrigação do contrato de trabalho por parte do empregador, qual seja, o dever de trabalhar.

Segundo a doutrina, o abandono de emprego exige dois elementos basilares para sua configuração, quais sejam:

a) **objetivo:** ausência reiterada do empregado ao trabalho;

b) **subjetivo:** ânimo de não retornar, o chamado *animus abandonandi*.

A ausência reiterada do empregado faz presumir o *animus contrahendi*. A jurisprudência fixou o prazo de 30 dias para tal presunção. Com efeito, dispõe a Súmula 32 do TST:

14. Manual de Direito do Trabalho. 13. ed. São Paulo: Juspodivm, 2020, p. 674.

> "ABANDONO DE EMPREGO (nova redação) – Res. 121/2003, *DJ* 19, 20 e 21.11.2003
>
> Presume-se o abandono de emprego se o trabalhador não retornar ao serviço no prazo de 30 (trinta) dias após a cessação do benefício previdenciário nem justificar o motivo de não o fazer."

Como adverte, com razão, José Augusto Rodrigues Pinto[15], "ora, a ausência física do empregado por mais de trinta dias é um forte indicativo de sua intenção de deixar o emprego. Mas se ele estiver ausente por se encontrar enfermo, sem possibilidade de comunicação com o empregador, três, trinta, ou trezentos dias terão o mesmo significado, desprezível para caracterizar o abandono, pois a ausência não estará correspondendo ao propósito de ausentar-se. Em sentido contrário, se o empregado faltar um único dia, sabendo-se com segurança que viajou para o exterior, onde assumiu outro emprego, a clareza do propósito supera qualquer medida de tempo, e seria tolice aguardar trinta dias para confirmar o que se sabe, desde o primeiro."

Nos termos da Súmula 73 do TST: "A ocorrência de justa causa, salvo a de abandono de emprego, no decurso do prazo do aviso prévio dado pelo empregador, retira do empregado qualquer direito às verbas rescisórias de natureza indenizatória."

Como destaca Gustavo Filipe Barbosa Garcia, "a ressalva quanto ao abandono de emprego, feita pela Súmula 73, justifica-se porque durante o aviso prévio o empregado, certamente, estará à procura de um novo emprego. Sendo o novo trabalho encontrado, o objetivo do aviso prévio foi alcançado, não podendo penalizar o empregado por deixar de cumprir o restante do período de aviso".

Nesse aspecto, relevante destacar a seguinte ementa:

> "I – RECURSO DE REVISTA DO RECLAMANTE REGIDO PELA LEI 13.015/2014. ABANDONO DE EMPREGO. JUSTA CAUSA. 1. À luz dos arts. 818 da CLT e 373, II, do CPC, em face da presunção favorável ao empregado gerada pelo princípio da continuidade da relação de trabalho (Súmula 212 do TST), compete à reclamada o ônus da prova do abandono do emprego invocado. 2. O abandono de emprego, falta grave capitulada como motivo de rescisão do contrato de trabalho por justa causa (CLT, art. 482, 'i'), requer a comprovação da existência de um elemento objetivo – ausência injustificada do

15. Tratado de Direito Material do Trabalho. São Paulo: LTr, 2007, p. 564-565.

trabalhador – e de um elemento subjetivo – a intenção de abandonar. A jurisprudência desta Corte, consubstanciada na Súmula 32, fixou em trinta dias o lapso de tempo que caracteriza o abandono de emprego (elemento objetivo), presunção que pode ser reduzida quando presente circunstância evidenciadora desse ânimo de não mais prestar serviços a seu empregador (elemento subjetivo), quando, por exemplo, o trabalhador queda-se inerte a reiterados comunicados de retorno ao trabalho. 3. No caso, não se extrai dos elementos colhidos nos autos a convocação do empregado para retorno às suas atividades. 4. Desse modo, a reclamada não se desincumbiu de demonstrar o requisito subjetivo do abandono de emprego. Recurso de revista conhecido e provido. II – RECURSO DE REVISTA ADESIVO DA RECLAMADA REGIDO PELA LEI 13.015/2014. DANO MATERIAL. DOENÇA OCUPACIONAL. CONCAUSALIDADE. No caso, o Tribunal Regional registrou que a perícia técnica atestou existir nexo de concausalidade entre a doença do reclamante e as atividades desempenhadas por ele na reclamada. Nesse aspecto fático-probatório incide a Súmula 126 do TST. Recurso de revista adesivo não conhecido" (TST, RR 2098-27.2014.5.09.0022, 2ª Turma, Relatora Ministra Delaíde Miranda Arantes, *DEJT* 09/10/2020).

6.12. Ato lesivo da honra ou da boa fama praticado no serviço contra qualquer pessoa, ou ofensas físicas, nas mesmas condições, salvo em caso de legítima defesa, própria ou de outrem: configura justa causa a conduta do empregado que atenta contra a honra ou reputação (injúria, calúnia e difamação) de qualquer pessoa ou ofensas físicas, desde que praticadas em serviço.

A honra, segundo a doutrina, pode ser subjetiva (valores de dignidade e decoro das pessoas) e subjetiva (reputação, imagem).

É excludente de ilicitude, se o ato fora praticado em legítima defesa própria ou de outrem.

Nos termos do art. 25 do Código Penal, "entende-se em legítima defesa quem, usando moderadamente dos meios necessários, repele injusta agressão, atual ou iminente, a direito seu ou de outrem."

Como bem adverte Homero Batista Mateus da Silva[16], "a norma excepciona a justa causa se se tratar de legítima defesa, própria ou de outrem;

16. CLT Comentada. 2. ed. São Paulo: RT, 2018, p. 361.

a dificuldade estará em tentar se estabelecer quem começou a briga por primeiro, e, às vezes, a solução passa pela tese da culpa recíproca (art. 484) quando não se consegue ter certeza de quem provocou primeiro e quando se nota proporcionalidade entre o ataque e a defesa."

6.13. Ato lesivo da honra e boa fama ou ofensas físicas praticadas contra o empregador e superiores hierárquicos, salvo em caso de legítima defesa, própria ou de outrem: aqui os atos ofensivos à honra são praticados pelo empregado contra superiores hierárquicos ou contra o empregador, salvo em legítima defesa.

A pessoa jurídica, por ter existência reconhecida pelo Direito, goza de alguns dos direitos da personalidade, como honra objetiva (reputação), nome e imagem, malgrado não tenha a honra subjetiva (dignidade e decoro). No mesmo sentido o art. 52 do Código Civil:

> "Aplica-se às pessoas jurídicas, no que couber, a proteção dos direitos da personalidade".

6.14. Prática constante de jogos de azar: jogo de azar é aquele que depende, preponderantemente, da sorte.

A justa causa, aqui, justifica-se pela potencialidade lesiva que tal prática pode gerar no contrato de emprego.

É discutível a constitucionalidade de tal conduta como justa causa, pois a vida privada do trabalhador não compete ao empregador, salvo quando prejudicial ao serviço, mas, nesse caso, a situação poderá se enquadrar em outra hipótese, como a desídia ou indisciplina.

6.15. Perda da habilitação ou dos requisitos estabelecidos em lei para o exercício da profissão, em decorrência de conduta dolosa do empregado: trata-se de conduta dolosa do empregado, ou seja, intencional, ou assumindo os riscos do resultado, que gera a perda da habilitação legal para o exercício da função que desempenha no empregador.

Essa hipótese de justa causa é restrita apenas aos empregados que necessitam de habilitação legal para o exercício da função para a qual foram contratados. Assim, por exemplo, a perda da licença para dirigir do motorista profissional, a perda do CRM para o médico, ou a perda da OAB para o advogado empregado.

Em casos de suspensão temporária da habilitação para o exercício da profissão, não haverá configuração da justa causa, e sim suspensão do contrato de trabalho nesse período.

6.16. Atos atentatórios à segurança nacional. (Incluído pelo Decreto-lei nº 3/66.): o presente dispositivo não foi recepcionado pela Constituição de 1988. Como bem adverte Maurício Godinho Delgado[17], a Constituição Federal não autoriza prisões ou condenações de pessoas humanas pelo caminho meramente administrativo, conforme o art. 5º, incisos XXXV, LIII e LIV.

6.17. A ausência de vacinação do empregado contra a Covid-19 e a possibilidade de dispensa por justa causa

Há decisões da Justiça do Trabalho reconhecendo a justa causa para trabalhadores que, sem nenhum motivo justificável, recusaram a se vacinar contra a Covid-19.

Recentemente, a 13ª Turma do TRT de São Paulo (https://ww2.trt2.jus.br/noticias em 22.07.2021) ratificou a justa causa aplicada a uma auxiliar de limpeza que trabalhava em hospital infantil, a qual, podendo tomar a vacina, recusou-se, sem motivo justificável. Asseverou o acórdão:

> "Desse modo, considerando que a reclamada traçou estratégias para a prevenção da Covid-19, divulgou informações e elaborou programa de conscientização para assegurar a adoção de medidas protetivas e a vacinação de seus colaboradores, não se mostra razoável aceitar que o interesse particular do empregado prevaleça sobre o interesse coletivo, pois, ao deixar de tomar a vacina, a reclamante realmente colocaria em risco a saúde dos seus colegas da empresa, bem como os demais profissionais que atuam no referido hospital, além de pacientes e seus acompanhantes."

De nossa parte, há argumentos que justificam a conduta da pessoa em não se vacinar contra a Covid-19, a exemplo da liberdade de autodeterminação, a liberdade de escolha, bem como a privacidade e a intimidade, que são valores constitucionais (arts. 1º e 5º da CF).

17. Curso de Direito do Trabalho. 18. Ed. São Paulo: LTr, 2019, p. 1440.

Entretanto, o empregado que está em contato constante com outras pessoas, e que pode contaminar-se ou contaminar outras pessoas em razão de moléstia de fácil contágio e sintomas agressivos à saúde, não pode se recusar à imunização sem justo motivo, a exemplo de possuir problema de saúde que impeça ser vacinado.

Há valores constitucionais que prevalecem sobre a liberdade de escolha e autodeterminação do empregado, como a proteção à vida e à saúde (arts. 5º e 6º da CF), assim como a prevalência do interesse público sobre o particular (art. 8º da CLT).

De outro lado, cumpre ao empregador adotar todas as medidas necessárias à proteção do meio ambiente do trabalho e garantir a saúde do trabalhador (art. 7º, XXII, da CF e art. 157 da CLT), e ao empregado observar as normas de segurança e medicina do trabalho (art. 158 da CLT).

Conforme os estudos científicos mais recentes, a vacinação é o meio mais eficaz de conter a propagação do vírus e controlar a pandemia.

Desse modo, a pessoa pode se recusar a se imunizar por motivos pessoais, mas um empregado que trabalha em contato com outras pessoas nao pode se negar à imunização sem justo motivo, uma vez que seu ato individual coloca em risco tanto a sua saúde e vida quanto a de outras pessoas. Além disso, o empregador tem a responsabilidade e o dever de proteger a saúde de seus empregados, sob consequência de responsabilização nos âmbitos civil, trabalhista e penal.

Sendo assim, o empregado pode ser dispensado por justa causa, por praticar, a nosso ver, mau procedimento, que é definido pela doutrina como todo ato grave e doloso, por parte do empregado, que torna impossível o prosseguimento do vínculo empregatício.

7. DANO MORAL (EXTRAPATRIMONIAL) E JUSTA CAUSA

Sob o aspecto dos danos de ordem moral que o empregado pode sofrer na dispensa por justa causa, frequentemente são passíveis de danos morais os referentes à improbidade, e os que violarem a honra e imagem do empregado.

Para Octávio Bueno Magano[18]: "a mera invocação de dispositivos configuradores de justa causa, mesmo quando esta não fique provada, não

18. Danos Morais no Direito do Trabalho. In: Revista Trabalho & Doutrina. São Paulo: Saraiva, n. 10, 1996, p. 65.

acarreta a obrigação de ressarcir danos morais. Só ficará por estes responsável o empregador que fizer a invocação de falta grave de modo abusivo, com o desígnio de ferir o código de ética do empregado".

Em sentido contrário, sustenta Jorge Luiz Souto Maior[19]:

> "A reversão da justa causa em juízo é apta a gerar o direito à reparação por danos morais: a dispensa por justa causa não é mera alegação, é uma imputação, uma acusação, de uma atitude jurídica e moralmente reprovável, ainda mais considerando o fascínio que a 'justa causa' gera no âmbito das relações de trabalho, a ponto de se considerar que um empregado que fora 'dispensado por justa causa' carrega consigo uma espécie de 'marca indelével', que se integra ao seu histórico profissional, dificultando, sobremaneira, sua nova inserção ao mercado de trabalho. Aliás, as repercussões de mera imputação da 'justa causa' se dão por ato voluntário e unilateral do empregador sem direito a ampla defesa, e contraditório."

Apesar de a reversão da justa causa em juízo, por si só, não gerar o direito ao empregado de reparação do dano moral (extrapatrimonial), quando houver abuso do empregador, ou erro inescusável, ou quando a acusação foi prematura, sem indícios suficientes de prova, haverá a responsabilidade do empregador pela reparação dos danos morais. Embora a avaliação da falta funcional praticada pelo empregado seja ato discricionário do empregador (artigo 482 da CLT), decorrente do poder diretivo (art. 2º, da CLT), como vimos, esse poder deve ser exercido dentro da legalidade, com razoabilidade, proporcionalidade, sempre respeitando a dignidade do trabalhador.

A falsa acusação de ato de improbidade, por exemplo, causa ao empregado evidente prejuízo moral, porquanto, indiretamente, há a acusação de ter praticado ilícito penal. Nessa hipótese, acreditamos estar configurado o dano moral, pois a honra (subjetiva), ou seja, conceito que o empregado tem sobre seus valores de honestidade, é atingida, ainda que o fato não tenha publicidade, pois o dano moral independe da publicidade para ser caracterizado. A publicidade somente influirá no valor da reparação.

19. Curso de Direito do Trabalho. Volume II. São Paulo: LTr, 2008, p. 493.

Sobre a questão, relevante destacar as seguintes ementas, oriundas da mais alta Corte Trabalhista brasileira, *in verbis*:

> "AGRAVO EM AGRAVO DE INSTRUMENTO EM RECURSO DE REVISTA. LEI Nº 13.015/2014. CPC/2015 DO BANCO ITAÚ. NEGATIVA DE PRESTAÇÃO JURISDICIONAL. O exame dos autos revela que a Corte de origem proferiu decisão completa, válida e devidamente fundamentada, razão pela qual não prospera a alegada negativa de prestação jurisdicional. Agravo conhecido e não provido. CONTRADITA DE TESTEMUNHA. Tendo sido registrado pelo Tribunal Regional que 'a testemunha participou diretamente das questões que envolveram os fatos que ensejaram a despedida por justa causa da reclamante, não possuindo, portanto, a devida isenção de ânimo para depor', fica evidente seu interesse no resultado do litígio, razão pela qual correta a decisão regional que decidiu pela sua suspeição. Agravo conhecido e não provido. REVERSÃO DA JUSTA CAUSA. O Tribunal Regional, soberano na análise da matéria fática, registrou: 'no caso em tela, diversamente do entendimento do magistrado de origem, nao entendo que houve robusta prova contra a reclamante capaz de comprovar a tese da defesa de modo seguro. Nesse sentido, é de suma importância considerar que, apesar de ter o reclamado alegado que a situação da reclamante foi investigada por auditoria interna que apurou os fatos denunciados, concluindo que a prática da reclamante violou o código de ética da empresa, e que somente depois do resultado de tal auditoria interna, com apuração de todos os fatos, é que a reclamante foi despedida por justa causa, não juntou aos autos documentos comprovando tal prática. Causa estranheza o fato de ter o 'reclamado juntado, exclusivamente, declarações de funcionários (fls. 105/106-verso), efetuadas no dia 08/03/2013, na mesma data de despedida da reclamante. Tampouco houve comprovação do alegado prejuízo em dois processos movidos contra o banco, e sequer que ele tivesse ocorrido por causa de atos da reclamante, ônus que competia ao reclamado'. O exame da tese recursal, em sentido contrário, esbarra no teor da Súmula nº 126 do TST, pois demanda o revolvimento dos fatos e das provas. Agravo conhecido e não provido. DANOS MORAIS. Na hipótese, o Tribunal Regional, soberano na análise da matéria fática, assentou que 'restou constatado o procedimento manifestamente irregular do reclamado. Verifico, sem sombras de dúvidas, que a parte autora foi alvo de abuso de poder por parte da empresa, pois a justa causa foi aplicada sem qualquer comprovação da justificativa da alegada indisciplina, improbidade e mau procedimento'. A mera

reversão da justa causa em juízo não caracteriza, por si só, o direito à reparação por dano moral. Todavia, tendo sido demonstrado que a imputação de falta grave ocorreu de forma leviana e inconsistente, especialmente em caso de improbidade, como na hipótese dos autos, há que se reconhecer a ofensa à honra do empregado e condenar o empregador ao pagamento da respectiva indenização. Agravo conhecido e não provido. AGRAVO EM AGRAVO DE INSTRUMENTO EM RECURSO DE REVISTA. LEI Nº 13.015/2014. CPC/2015 DA AUTORA. NEGATIVA DE PRESTAÇÃO JURISDICIONAL. O exame dos autos revela que a Corte de origem proferiu decisão completa, válida e devidamente fundamentada, razão pela qual não prospera a alegada negativa de prestação jurisdicional. Agravo conhecido e não provido. DURAÇÃO DO TRABALHO. AGRAVO DE INSTRUMENTO DESFUNDAMENTADO. NORMATIZAÇÃO DO CÓDIGO DE PROCESSO CIVIL DE 2015. PRINCÍPIOS DA DIALETICIDADE E SIMETRIA. O juízo primeiro de admissibilidade do recurso de revista merece prestígio, por servir como importante filtro para a imensa gama de apelos que tendem a desvirtuar a estrutura jurisdicional, desafiando a organização de funções e competências estabelecidas pelo ordenamento jurídico. Obstado o seguimento, mediante decisão fundamentada, incumbe à parte demonstrar, de forma específica e pormenorizada, o desacerto dessa decisão (Princípio da Dialeticidade). Por outro lado, a partir da vigência do Código de Processo Civil de 2015, passou-se a exigir do julgador maior rigor na fundamentação de seus atos, justamente para que a parte seja capaz de identificar e atacar, precisamente, os motivos pelos quais sua pretensão (inicial, defensiva ou recursal) foi acolhida ou rejeitada. É o que se conclui, claramente, do extenso rol de restrições impostas ao Magistrado pelo artigo 489, § 1º. Por questão de lógica e razoabilidade, bem como em razão do Princípio da Simetria, também não é possível admitir que a parte, em sede de recurso especial ou extraordinário, se utilize de argumentação vaga e conceitos genéricos para atacar as decisões. Desatendido, no presente caso, o pressuposto extrínseco da fundamentação do apelo. Agravo conhecido e não provido" (TST, Ag-AIRR-612-15.2013.5.04.0011, 7ª Turma, Relator Ministro Claudio Mascarenhas Brandao, *DEJT* 25/06/2021).

"RECURSO DE REVISTA DA RECLAMANTE. APELO SOB A ÉGIDE DA LEI 13.015/2014. INDENIZAÇÃO POR DANOS MORAIS. REVERSÃO DA DISPENSA POR JUSTA CAUSA SEM INTERVENÇÃO JUDICIAL. PRECIPITAÇÃO DA APLICAÇÃO DA JUSTA CAUSA PELA CEF ANTES MESMO DA CONCLUSÃO

DO PROCESSO DISCIPLINAR QUE NÃO FOI CAPAZ DE ELUCIDAR AS QUESTÕES RELACIONADAS À DESTINAÇÃO DO MONTANTE DESAPARECIDO. ATO DE IMPROBIDADE NÃO COMPROVADO. ABALO MORAL INEQUIVOCAMENTE PROVOCADO PELA DISPENSA POR JUSTA CAUSA APLICADA. DANO *IN RE IPSA*. INDENIZAÇÃO DEVIDA. REQUISITOS DO ARTIGO 896, § 1º-A, DA CLT, ATENDIDOS. A controvérsia gira em torno da possibilidade ou não do pagamento de indenização por danos morais em face da reversão da dispensa por justa causa. A reversão judicial da dispensa por justa causa não constitui, por si só e necessariamente, motivo ensejador da reparação por dano moral. A jurisprudência tem afirmado que a imputação açodada ou não comprovada de improbidade, por exemplo, revela-se desonrosa o bastante para configurar o dano extrapatrimonial *in re ipsa*, o mesmo não sucedendo quando o empregador é malsucedido na própria classificação, como justa causa, de conduta inquestionavelmente atribuível ao trabalhador, sendo inexitosa a alegação do empregador por aspectos relacionados à gravidade ou à imediatidade da falta cometida pelo empregado. Em uma hipótese ou outra, a atenção ao princípio da razoabilidade deve ser o norte dos atores sociais e do julgador, ante o caráter minimamente deletério que a imputação carrega *ipso facto*. No caso em tela, o Regional excluiu a indenização por danos morais, por considerar que, se regra geral a reversão judicial da justa causa não é suficiente para gerar condenação, tampouco o será quando o próprio empregador toma essa iniciativa sem intervenção do Estado, caso dos autos, bem como que a prova documental e oral revelou o caráter sigiloso com que se realizaram as apurações do procedimento investigatório, além de o oferecimento de notícia-crime à Polícia Federal não justificar ato ilícito capaz de ensejar reparação por dano moral, pois o fato de ter a ré requerido à autoridade policial a instauração de inquérito para apurar a eventual prática do crime não gera automaticamente danos de ordem moral, uma vez que o ordenamento jurídico brasileiro adota a interdependência entre as responsabilidades civil e criminal. Assim, o Regional entendeu haver fortes indícios de cometimento de crime, em razão da ocorrência de subtração de numerário e de documentos do caixa, razão pela qual excluiu da condenação o pagamento de indenização por danos morais. Ocorre que, da transcrição da sentença realizada no acórdão regional, extrai-se que a reclamada não aguardou a conclusão do processo administrativo judicial instaurado com o intuito de verificar a apropriação dos valores recebidos a título de depósito judicial pela

> reclamante, bem como não ficou provada tal apropriação indevida. Assim, deve ser restabelecido o entendimento da primeira instância no sentido de que a reclamada precipitou-se e aplicou a pena de justa causa, causando constrangimento e humilhação injustamente impostos à reclamante, somando-se a isso o constrangimento suportado pela empregada em razão da instauração de inquérito perante a Polícia Federal, sendo intimada a depor mesmo após a reversão da justa causa aplicada. Dessa forma, deve ser restabelecida a sentença, pois resulta devida a reparação por dano extrapatrimonial, uma vez que precipitada a conduta da reclamada, porque, em razão da gravidade da acusação, deveria, por cautela, ter aguardado a conclusão do processo administrativo antes de aplicar a justa causa, evitando, assim, o constrangimento e humilhação injustamente impostos à reclamante. Assim, restabelece-se a sentença que condenou a reclamada ao pagamento de indenização por danos morais, entretanto, arbitrando-se novo valor, no importe de R$75.000,00. Recurso de revista conhecido e parcialmente provido (TST, RR 479-97.2015.5.09.0096, 6ª Turma, Relator Ministro Augusto Cesar Leite de Carvalho, *DEJT* 18/11/2022).

8. EXTINÇÃO POR CULPA RECÍPROCA

Há culpa recíproca quando empregado e empregador praticam atos reprováveis que justificam a extinção do contrato de trabalho. Tanto o empregado pratica uma conduta tipificada no artigo 482 da CLT quanto o empregador uma conduta tipificada no artigo 483 da CLT. Entre as duas faltas deve haver um nexo de causalidade, vale dizer: a falta praticada pelo empregado deve estar inter-relacionada com a praticada pelo empregador e ambas devem ser praticadas dentro de um mesmo contexto.

Nesse sentido, destaca Sérgio Pinto Martins[20]: "é fundamental a existência de nexo causal nas faltas praticadas, pois, se uma independer da outra, não há culpa recíproca".

Autores há que sustentam a tese de que as condutas culposas, tanto do empregado como do empregador, devem ser simultâneas e equivalentes para que se aplique o presente artigo. Em nosso sentir, para que haja a culpa recíproca são indispensáveis os seguintes elementos:

a) ato grave praticado pelo empregado (artigo 482 da CLT);

20. Comentários à CLT. 13ª ed. São Paulo: Atlas, 2009, p. 527

b) ato grave praticado pelo empregador (artigo 483 da CLT);

c) contemporaneidade entre os atos culposos do empregado e do empregador. Vale dizer: devem ser praticados numa mesma circunstância, não necessitando ser simultâneos;

d) nexo causal entre as faltas praticadas pelo empregado e empregador;

e) intenção deliberada tanto do empregado como do empregador de extinguir o contrato de trabalho.

Conforme Maurício Godinho Delgado[21], "este tipo de término contratual, bastante raro, supõe decisão judicial a respeito, no quadro de um processo trabalhista. A concorrência de culpa das partes nos fatos envolventes à extinção do contrato não pode ser desprezada pelo Direito, conduzindo a uma resposta normativa equânime e equilibrada, com justa distribuição de vantagens e desvantagens rescisórias."

Em que pesem os contundentes argumentos invocados pelo jurista Godinho Delgado, pensamos que para caracterizar culpa recíproca não há necessidade de declaração judicial, pois as partes, espontaneamente, podem reconhecê-la. Além disso, a Lei não exige declaração judicial. Não obstante, dificilmente, haverá o reconhecimento da culpa recíproca sem decisão judicial. Além disso, a culpa recíproca é instituto idealizado para a estabilidade decenal, embora possa ser aplicada também para o empregado regido pelo FGTS.

Dispõe o art. 484 da CLT:

> "Havendo culpa recíproca no ato que determinou a rescisão do contrato de trabalho, o tribunal do trabalho reduzirá a indenização à que seria devida em caso de culpa exclusiva do empregador, por metade."

Havendo culpa, as verbas rescisórias são devidas pela metade ao empregado, conforme a jurisprudência do TST, em razão de critérios de justiça e razoabilidade. O percentual da multa do FGTS também será reduzido à metade, ou seja, será de 20% (artigo 18, § 2º, da Lei 8.036/90).

Nesse aspecto, dispõe a Súmula 14 do TST:

> "CULPA RECÍPROCA (nova redação) – Res. 121/2003, *DJ* 19, 20 e 21.11.2003. Reconhecida a culpa recíproca na rescisão do contrato

21. Curso de Direito do Trabalho. 8ª ed. São Paulo: LTr, 2009, p. 1044.

de trabalho (art. 484 da CLT), o empregado tem direito a 50% (cinquenta por cento) do valor do aviso prévio, do décimo terceiro salário e das férias proporcionais".

9. DO PEDIDO DE DEMISSÃO

Pedido de demissão é a extinção contratual por iniciativa do empregado, que livre e espontaneamente toma a iniciativa de pôr fim ao contrato de trabalho sem necessidade de justificar o motivo.

Trata-se de extinção unilateral do contrato que atende aos interesses do trabalhador.

Como destaca Maurício Godinho Delgado[22], "esta declaração de vontade do trabalhador também tem natureza potestativa receptícia e constitutiva, com efeitos imediatos, tão logo recebido pela parte adversa (efeitos *ex nunc*). É direito potestativo da pessoa natural que presta serviços nos moldes empregatícios."

A lei não mais exige a homologação do pedido de demissão do empregado que tenha mais de um ano de tempo de serviço, uma vez que o § 1º do art. 477 da CLT fora revogado pela Lei 13.467/17. Não obstante, a formalidade escrita do pedido é providência probatória que deve ter observância para segurança desse ato praticado pelo empregado.

O empregado deve pré-avisar o empregador e cumprir o aviso prévio. Usualmente, o empregador dispensa o empregado do cumprimento do aviso prévio.

Nos termos do art. 487, § 2º, da CLT, a falta de aviso prévio por parte do empregado dá ao empregador o direito de descontar os salários correspondentes ao prazo respectivo.

Conforme a Súmula 276 do TST, o direito ao aviso prévio é irrenunciável pelo empregado. O pedido de dispensa de cumprimento não exime o empregador de pagar o respectivo valor, salvo comprovação de haver o prestador dos serviços obtido novo emprego.

O entendimento já sedimentado em doutrina e jurisprudência, no entanto, firmou-se no sentido de que a Súmula 276 do TST somente se aplica quando o empregador tomar a iniciativa imotivada de extinguir o contrato

22. Curso de Direito do Trabalho. 18ª ed. São Paulo: LTr, 2019, p. 1402.

de trabalho. Na hipótese de pedido de demissão, caso o empregador dispense o empregado de seu cumprimento, ele será válido, pois, nessa situação, o direito ao aviso prévio pertence ao empregador e pode ser renunciado.

Por ter tomado a iniciativa da extinção do contrato de trabalho, o empregado não terá direito à multa de 40% sobre o FGTS e também não terá direito de movimentar os depósitos de FGTS, bem como não faz jus ao seguro-desemprego. No entanto, fará jus a saldo de salário, férias vencidas e/ou proporcionais e 13º salário vencido e/ou proporcionais.

10. DA RESCISÃO INDIRETA DO CONTRATO DE TRABALHO

Rescisão indireta é a extinção do contrato de trabalho por iniciativa do empregado quando o empregador, dolosa ou culposamente, violar a lei ou obrigações essenciais do contrato, tornando insuportável a continuidade do vínculo empregatício por parte do trabalhador. É, na linguagem popular, a "justa causa" do empregador, ou também chamada rescisão contratual por "falta do empregador".

Para a configuração da rescisão indireta, exigem-se os mesmos requisitos da justa causa, quais sejam:

a) **tipicidade:** o ato praticado pelo empregador deve estar previsto em lei (condutas do artigo 483 da CLT);

b) **gravidade:** o ato praticado pelo empregador deve ser grave e abalar a confiança do empregado, tornando insuportável a manutenção do vínculo de emprego;

c) **imediatidade:** a atitude do empregado, ao rescindir o contrato, deve ser imediata. Caso haja demora pelo empregado, haverá o chamado *perdão tácito*. Parte da doutrina e jurisprudência corretamente têm flexibilizado a exigência desse requisito para o trabalhador[23], considerando-se o estado de subordinação que ostenta o trabalhador e de sua dependência econômica em face do empregador. De nossa parte, o requisito da imediatidade continua sendo exigido, mas pode

---

23. Nesse sentido Pedro Henrique Godinho Faccioli e Paula Bueno Ravena argumentam que, diante do desequilíbrio de forças decorrente da subordinação, torna-se inexigível que o empregado se insurja prontamente contra condutas patronais (Direito do Trabalho na Jurisprudência do TST: Análise de Temais Atuais e Polêmicos. São Paulo. Editora Juspodivm, 2019, p. 445).

ser flexibilizado com mais intensidade, conforme as circunstâncias do caso concreto[24].

Nesse sentido, relevante destacar a seguinte decisão, oriunda da mais alta Corte Trabalhista brasileira, *in verbis*:

> "I – AGRAVO DE INSTRUMENTO EM RECURSO DE REVISTA. ACÓRDÃO REGIONAL PUBLICADO NA VIGÊNCIA DAS LEIS 13.015/2014 E 13.467/2017. RESCISÃO INDIRETA. DESCUMPRIMENTO CONTRATUAL. IMEDIATIDADE. DESNECESSIDADE. Reconhece-se a transcendência política do recurso, nos termos do art. 896-A, inciso IV, da CLT. Diante de possível violação do art. 483, d, da CLT, deve-se dar provimento ao agravo de instrumento para melhor exame do recurso de revista. Agravo de instrumento conhecido e provido. II – RECURSO DE REVISTA. RESCISÃO INDIRETA. DESCUMPRIMENTO CONTRATUAL. IMEDIATIDADE. DESNECESSIDADE. Extrai-se do trecho do acórdão recorrido transcrito pela parte que, ainda que tenha o e. TRT reconhecido o descumprimento de diversas obrigações contratuais por parte do empregador, entendeu ser indevido falar-se em rescisão indireta do contrato de trabalho em razão da ausência de imediatidade na reação do trabalhador. Esclareça-se que o empregado, na condição de hipossuficiente na relação de emprego, abstém-se de certos direitos, dentre os quais o ajuizamento de reclamações trabalhistas, com o receio de não ser contratado ou perder o emprego. Por tal razão, a configuração da rescisão indireta decorrente do inadimplemento das obrigações trabalhistas não precisa ser imediata, sem preencher certos requisitos, como o pedido de nulidade do anterior pedido de demissão. Consequentemente, não há que se falar em perdão tácito em tal hipótese. Precedentes. Desse modo, a Corte de origem, ao afastar a rescisão indireta do contrato de trabalho em virtude exclusivamente da ausência de imediatidade na imputação da falta patronal, violou o art. 483, d, da CLT. Recurso de revista conhecido por ofensa ao art. 483, d, da CLT e provido. Conclusão: Agravo de instrumento conhecido e provido para determinar o processamento do recurso de revista, sendo este conhecido e provido" (TST, RR 11597-70.2018.5.15.0105, 3ª Turma, Relator Ministro Alexandre de Souza Agra Belmonte, *DEJT* 28/05/2021).

24. No mesmo sentido Homero Batista Mateus da Silva argumenta que a imediatidade deve ser previamente sopesada para saber se foi razoável a tolerância do empregado (CLT Comentada. 2. Ed. São Paulo: RT, 2018, p. 363).

d) **determinância:** a falta praticada deve ser o motivo da rescisão indireta;

e) **proporcionalidade:** deve haver proporção entre a falta praticada pelo empregador e a rescisão indireta do contrato de trabalho. Caso o empregado declare extinto o contrato de trabalho por falta do empregador que não seja grave, poderá dar ensejo à justa causa por abandono de emprego.

Havendo rescisão indireta do contrato de trabalho, o empregado fará jus a todas as verbas trabalhistas, como se estivesse sendo dispensado sem justa causa. Terá direito ao aviso prévio, multa de 40% sobre o FGTS e a movimentar os depósitos de FGTS. Preenchidos os requisitos legais, fará jus ao benefício do seguro-desemprego.

Pelos princípios da boa-fé objetiva e lealdade que envolvem o contrato de trabalho, o empregado deve informar o empregador, por qualquer meio de comunicação eficaz, sobre a rescisão indireta, bem como se pretende continuar trabalhando até decisão final sobre a questão em eventual processo trabalhista.

11. ÔNUS DA PROVA NA RESCISÃO INDIRETA DO CONTRATO DE TRABALHO

O ônus da prova da rescisão indireta cabe ao empregado, por ser fato constitutivo do seu direito (art. 818, I, da CLT). Não obstante, as obrigações trabalhistas que são comprovadas por meio de documentos devem ser demonstradas pelo empregador, a exemplo dos recibos de salários, cartões de ponto e comprovantes de recolhimento de FGTS.

12. HIPÓTESES DE RESCISÃO INDIRETA DO CONTRATO DE TRABALHO

Dispõe o art. 483 da CLT:

> "O empregado poderá considerar rescindido o contrato e pleitear a devida indenização quando: a) forem exigidos serviços superiores às suas forças, defesos por lei, contrários aos bons costumes, ou alheios ao contrato; b) for tratado pelo empregador ou por seus superiores hierárquicos com rigor excessivo; c) correr perigo manifesto de mal considerável; d) não cumprir o empregador as obrigações do contrato; e) praticar o empregador ou seus prepostos, contra ele ou pessoas de

> sua família, ato lesivo da honra e boa fama; f) o empregador ou seus prepostos ofenderem-no fisicamente, salvo em caso de legítima defesa, própria ou de outrem; g) o empregador reduzir o seu trabalho, sendo este por peça ou tarefa, de forma a afetar sensivelmente a importância dos salários. § 1º O empregado poderá suspender a prestação dos serviços ou rescindir o contrato, quando tiver de desempenhar obrigações legais, incompatíveis com a continuação do serviço. § 2º No caso de morte do empregador constituído em empresa individual, é facultado ao empregado rescindir o contrato de trabalho. § 3º Nas hipóteses das letras 'd' e 'g', poderá o empregado pleitear a rescisão de seu contrato de trabalho e o pagamento das respectivas indenizações, permanecendo ou não no serviço até final decisão do processo."

Diante do referido dispositivo legal, são hipóteses que autorizam a rescisão indireta do contrato de trabalho:

12.1. Forem exigidos serviços superiores às suas forças, defesos por lei, contrários aos bons costumes, ou alheios ao contrato: como já mencionado, o empregado se obriga a realizar funções compatíveis com seu *status* funcional e sua condição pessoal (art. 456 da CLT).

Caso o empregador exija serviços incompatíveis com o *status* funcional do empregado, ou diversos da função contratada, o empregado poderá rescindir o contrato de trabalho por falta do empregador.

Serviços superiores às forças do trabalhador estão relacionados não só à quantidade de trabalho, mas também à velocidade de sua realização, que deve ser superior ao padrão médio exigível para a função.

12.2. For tratado pelo empregador ou por seus superiores hierárquicos com rigor excessivo: cumpre ao empregador fiscalizar a atividade realizada pelo empregado. Não obstante, o poder diretivo do empregador deve ser exercido com razoabilidade.

O rigor excessivo está atrelado ao excesso de cobranças, à aplicação de advertências por infrações pequenas, à fiscalização intensa etc.

Nesse aspecto, destacam-se as seguintes decisões:

> "Rescisão indireta – Rigor excessivo. Pratica justa causa tipificada no artigo 483, *b*, da CLT o empregador que, olvidando a previsão contida no artigo 5º, LXI, da Constituição, permite o encaminhamento do trabalhador a uma delegacia de polícia, sob acusação de furto, mesmo sendo certa a inexistência de mandado de prisão

regularmente expedido pela autoridade competente" (TRT 3ª R., 2ª T., RO nº 289.2003.032.03.00-6, Rel. Cristiana M. V. Fenelon, DJMG 10.9.03, p.10) (*RDT*, nº 10, outubro 2003).

"Não incorre em falta justificadora da rescisão indireta do contrato de trabalho, com fundamento no art. 483, *b*, o empregador que pune o obreiro com advertências e suspensões, em face de reiteradas faltas injustificadas ao serviço. Não se cogita nos autos em análise de haver a empresa agido com rigor excessivo ao punir seu empregado, porquanto as repreensões e demais medidas disciplinares adotadas guardam proporção com as faltas por ele praticadas" (TRT, 12ª R., 2ª T. Ac. nº 008334/95, Rel. Juíza Alveny de A. Bittencourt, *DJSC* 06.11.95, p. 89).

12.3. Correr perigo manifesto de mal considerável: aqui, a situação é de risco de mal considerável, tanto para a segurança como para a saúde do trabalhador. A situação de risco deve ser concreta. São exemplos o trabalho em condições de insalubridade ou periculosidade sem equipamentos de proteção individual, o trabalho em atividades de excessivo risco, como em lugares de grande violência urbana, e o trabalho realizado em estabelecimento sem condições ambientais adequadas.

12.4. Não cumprir o empregador as obrigações do contrato: a hipótese aqui é de não cumprimento pelo empregador das obrigações legais e cláusulas contratuais que regem o contrato de trabalho. Embora não seja uma regra, pois conforme a importância da obrigação, a penalidade possa ser configurada num único ato, normalmente exige-se reiteração para sua configuração, como o atraso de salário por vários meses, o não pagamento reiterado de horas extras, a não concessão habitual do intervalo intrajornada etc.

A jurisprudência do Tribunal Superior do Trabalho vem entendendo que a falta de recolhimento do FGTS justifica a rescisão indireta do contrato de trabalho. Nesse sentido, destacam-se as seguintes ementas:

"RECURSO DE REVISTA INTERPOSTO SOB A ÉGIDE DA LEI Nº 13.015/14. RESCISÃO INDIRETA DO CONTRATO DE TRABALHO. IRREGULARIDADE NO RECOLHIMENTO DO FGTS. A ausência ou irregularidade no recolhimento do FGTS é conduta que constitui falta grave suficiente ao enquadramento na hipótese do art. 483, 'd', da CLT, ensejando, portanto, a rescisão indireta do contrato de trabalho. Precedentes. Recurso de revista conhecido e provido" (TST, RR 1041-60.2014.5.01.0421, Rel. Min. Márcio Eurico Vitral Amaro, 8ª Turma, *DEJT* de 16/9/2016).

> "RECURSO DE REVISTA DA RECLAMANTE – PROCESSO SOB A ÉGIDE DA LEI Nº 13.015/2014 – RESCISÃO INDIRETA DO CONTRATO DE TRABALHO – FALTA GRAVE DA EMPREGADORA – MORA REITERADA NOS DEPÓSITOS DO FGTS. Para a possibilidade de rescisão indireta do contrato de trabalho é necessária ocorrência de falta grave cometida pelo empregador, apta a ensejar o rompimento contratual por justo motivo por parte do empregado. A rescisão indireta deve ser reconhecida diante de irregularidade contratual substancial prevista no art. 483 da CLT que impeça a continuidade da relação empregatícia. Nos termos do art. 483, 'd', da CLT, o descumprimento de obrigações contratuais e legais pelo empregador, no caso, a mora reiterada dos depósitos do FGTS, deve ser considerada falta grave, autorizando a rescisão indireta do contrato de trabalho, com o pagamento das verbas rescisórias correlatas. Recurso de revista conhecido e provido. (...)" (TST, RR 1050-38.2014.5.03.0139, Rel. Min. Vieira de Mello Filho, 7ª Turma, *DEJT* de 18/11/2016).

12.5. Praticar o empregador ou seus prepostos, contra ele ou pessoas de sua família, ato lesivo de honra e boa fama: aqui, a hipótese é de prática de ato do empregador ou de seus prepostos contra a honra subjetiva (dignidade, ou decoro) ou honra objetiva (reputação, imagem) do trabalhador ou de pessoas de sua família.

12.6. O empregador ou seus prepostos ofenderem-no fisicamente, salvo em caso de legítima defesa, própria ou de outrem: esta talvez seja a hipótese mais grave dos atos praticados pelo empregador contra o empregado, qual seja, a ofensa física, o que pode ser justificável na hipótese de legítima defesa própria ou de outrem.

12.7. O empregador reduzir o trabalho, sendo este por peça ou tarefa, de forma a afetar sensivelmente a importância dos salários: trata-se de hipótese em que o empregador, de forma unilateral e sem motivo justificável (ausência de força maior ou prejuízos comprovados, e não autorizado por norma coletiva), reduz a quantidade de trabalho de forma a afetar sensivelmente o salário do trabalhador.

12.8. O empregado poderá suspender a prestação dos serviços ou rescindir o contrato, quando tiver de desempenhar obrigações legais incompatíveis com a continuação do serviço: a hipótese, aqui, autoriza o empregado a rescindir indiretamente o contrato de trabalho quando, em virtude de lei, tiver que realizar obrigações incompatíveis com a continuação do serviço.

12.9. No caso de morte do empregador constituído em empresa individual, é facultado ao empregado rescindir o contrato de trabalho: na hipótese em que o empregador fora empresa individual ou pessoa física, em caso de morte do empregador, faculta-se ao empregado a rescisão indireta do contrato de trabalho.

13. OPÇÃO POR CONTINUAR NO TRABALHO ENQUANTO AGUARDA DECISÃO DE PROCESSO TRABALHISTA

Nas hipóteses das alíneas "d" e "g" do artigo 483 da CLT, quais sejam, não cumprir o empregador as obrigações do reclamante e redução do trabalho, de modo a afetar sensivelmente o salário do empregado, a lei faculta ao empregado continuar ou não a trabalhar. Tal opção é exclusiva do trabalhador (direito potestativo). Não obstante, é possível, para resguardar direitos, o trabalhador postular em juízo tutela de urgência, de natureza cautelar, para que o Juiz do Trabalho autorize a permanência no trabalho enquanto tramita o processo trabalhista.

14. EXTINÇÃO DO CONTRATO DE TRABALHO POR ADESÃO DO TRABALHADOR A PLANO DE DEMISSÃO VOLUNTÁRIA (PDV)

O plano de demissão voluntária, chamado de PDV, constitui um incentivo pecuniário, pago pelo empregador, desvinculado dos títulos rescisórios, para que um ou mais empregados de determinada empresa se desliguem voluntariamente do emprego.

Não se trata de transação, embora guarde semelhanças com o instituto. Com efeito, transação é o negócio jurídico pelo qual as partes, mediante concessões recíprocas, põem fim a uma relação jurídica duvidosa, ou previnem a ocorrência do litígio. No plano de demissão voluntária, não há *res dubia*, ao contrário, pelos princípios que norteiam os contratos, principalmente a boa-fé objetiva (art. 422 da CC), as cláusulas do PDV devem ter clareza e ser de fácil entendimento ao trabalhador.

A jurisprudência trabalhista, principalmente a do Tribunal Superior do Trabalho, não vinha acolhendo a tese de transação de direitos trabalhistas e a consequente quitação geral de obrigações trabalhistas quando o empregado adere a um Plano de Demissão Voluntária, sendo a verba paga a tal título apenas um incentivo para o trabalhador se desligar dos quadros da empresa.

Nesse sentido, a Orientação Jurisprudencial n. 270, da SDI-I, do C. TST, *in verbis*:

> "PROGRAMA DE INCENTIVO À DEMISSÃO VOLUNTÁRIA. TRANSAÇÃO EXTRAJUDICIAL. PARCELAS ORIUNDAS DO EXTINTO CONTRATO DE TRABALHO. EFEITOS. Inserida em 27.09.02. A transação extrajudicial que importa rescisão do contrato de trabalho ante a adesão do empregado a plano de demissão voluntária implica quitação exclusivamente das parcelas e valores constantes do recibo".

Em 2015, o Supremo Tribunal Federal enfrentou a questão referente a Plano de Demissão Voluntária fixado por norma coletiva com assistência do sindicato dos trabalhadores e validou a quitação geral de verbas trabalhistas, conforme se constata da redação da seguinte ementa:

> "DIREITO DO TRABALHO. ACORDO COLETIVO. PLANO DE DISPENSA INCENTIVADA. VALIDADE E EFEITOS. 1. Plano de dispensa incentivada aprovado em acordo coletivo que contou com ampla participação dos empregados. Previsão de vantagens aos trabalhadores, bem como quitação de toda e qualquer parcela decorrente de relação de emprego. Faculdade do empregado de optar ou não pelo plano. 2. Validade da quitação ampla. Não incidência, na hipótese, do art. 477, § 2º, da Consolidação das Leis do Trabalho, que restringe a eficácia liberatória da quitação aos valores e às parcelas discriminadas no termo de rescisão exclusivamente. 3. No âmbito do direito coletivo do trabalho não se verifica a mesma situação de assimetria de poder presente nas relações individuais de trabalho. Como consequência, a autonomia coletiva da vontade não se encontra sujeita aos mesmos limites que a autonomia individual. 4. A Constituição de 1988, em seu artigo 7º, XXVI, prestigiou a autonomia coletiva da vontade e a autocomposição dos conflitos trabalhistas, acompanhando a tendência mundial ao crescente reconhecimento dos mecanismos de negociação coletiva, retratada na Convenção n. 98/1949 e na Convenção n. 154/1981 da Organização Internacional do Trabalho. O reconhecimento dos acordos e convenções coletivas permite que os trabalhadores contribuam para a formulação das normas que regerão a sua própria vida. 5. Os planos de dispensa incentivada permitem reduzir as repercussões sociais

> das dispensas, assegurando àqueles que optam por seu desligamento da empresa condições econômicas mais vantajosas do que aquelas que decorreriam do mero desligamento por decisão do empregador. É importante, por isso, assegurar a credibilidade de tais planos, a fim de preservar a sua função protetiva e de não desestimular o seu uso. 6. Provimento do recurso extraordinário. Afirmação, em repercussão geral, da seguinte tese: "A transação extrajudicial que importa rescisão do contrato de trabalho, em razão de adesão voluntária do empregado a plano de dispensa incentivada, enseja quitação ampla e irrestrita de todas as parcelas objeto do contrato de emprego, caso essa condição tenha constado expressamente do acordo coletivo que aprovou o plano, bem como dos demais instrumentos celebrados com o empregado" (STF, RE 590.415, Pleno, Rel. Min. Roberto Barroso, *DJe* 28.05.2015).

A Lei 13.467/17 acrescentou ao corpo da CLT o art. 477-B[25], inspirado na referida decisão do Supremo Tribunal Federal. Doravante, o Plano de Demissão Voluntária ou Incentivada, para dispensa individual, plúrima ou coletiva, previsto em convenção coletiva ou acordo coletivo de trabalho, enseja quitação plena e irrevogável dos direitos decorrentes da relação empregatícia, salvo disposição em contrário estipulada entre as partes.

Pelo dispositivo, somente o Plano de Demissão Voluntária firmado por meio de *acordo coletivo ou convenção coletiva* contendo cláusula específica de quitação plena abrange todas a verbas decorrentes do extinto contrato de trabalho. Ainda assim, a questão não está imune à apreciação judicial, embora tenha presunção de legitimidade, pois, como toda negociação coletiva, a cláusula do PDV deve ser avaliada tanto pela perspectiva de ter preenchidos os requisitos de validade dos negócios jurídicos (capacidade, forma e objeto) como também de ter gerado efetivas vantagens ao trabalhador para o desligamento do emprego. Por sua vez, as verbas rescisórias devem ser quitadas integralmente, independentemente da indenização específica pelo desligamento voluntário.

25. Art. 477-B da CLT: "Plano de Demissão Voluntária ou Incentivada, para dispensa individual, plúrima ou coletiva, previsto em convenção coletiva ou acordo coletivo de trabalho, enseja quitação plena e irrevogável dos direitos decorrentes da relação empregatícia, salvo disposição em contrário estipulada entre as partes."

Como bem adverte Homero Batista Mateus da Silva[26], "antevendo os efeitos de eficácia liberatória geral, caberia ao sindicato se opor a essa negociação ou exigir maiores contrapartidas para os cortes rescisórios. Que a empresa eliminará postos de trabalho não resta dúvida, porque, do contrário, não iria estudar um PDV em tempos de fartura. O que se propõe com essa figura é uma espécie de simbiose em que ela, de um lado, oferte vantagens rescisórias superiores àquelas previstas pela legislação, enquanto que o sindicato e os trabalhadores, de outro lado, comprometem-se a não discutir mais os valores e as parcelas, pagos ou não pagos, decorrentes do contrato de trabalho como um todo. Para a empresa passa a ser altamente vantajoso negociar bases melhores da rescisão – inclusive com prorrogação dos benefícios assistenciais muito preciosos na sociedade brasileira, como o plano de saúde, a cesta básica – pois, na outra ponta, obterá uma rara quitação do passivo trabalhista (...)".

O Tribunal Superior do Trabalho firmou jurisprudência a respeito no sentido de que a parcela paga a título de PDV não se compensa com verbas trabalhistas deferidas em juízo, conforme se constata da OJ 356 da SDI-I do C. TST, *in verbis*:

> "PROGRAMA DE INCENTIVO À DEMISSÃO VOLUNTÁRIA (PDV). CRÉDITOS TRABALHISTAS RECONHECIDOS EM JUÍZO. COMPENSAÇÃO. IMPOSSIBILIDADE (*DJ* 14.03.2008). Os créditos tipicamente trabalhistas reconhecidos em juízo não são suscetíveis de compensação com a indenização paga em decorrência de adesão do trabalhador a Programa de Incentivo à Demissão Voluntária (PDV)".

Os planos de demissões voluntárias firmados pelas empresas sem a intervenção sindical não podem fixar cláusulas envolvendo quitação plena de verbas trabalhistas decorrentes do extinto contrato de trabalho.

15. DA EXTINÇÃO DO CONTRATO DE TRABALHO POR ACORDO ENTRE AS PARTES

A Lei 13.467/17, conhecida como a Lei da "Reforma Trabalhista", introduziu na Consolidação das Leis do Trabalho a modalidade de extinção do contrato de trabalho por acordo entre as partes. Trata-se de previsão legal

26. CLT Comentada. 2. ed. São Paulo: RT, 2018, p. 354.

que incorpora instituto já existente em diversos países, que veio a suprir uma lacuna na legislação.

Há autores que enxergam a alteração positiva, pois regulariza a situação de muitos trabalhadores que pretendem deixar o emprego, mas não desejam pedir demissão. Outros entendem que houve retrocesso, argumentando que, dificilmente, o empregado manifestará livremente sua vontade ao receber proposta de acordo do empregador para pôr fim ao contrato de trabalho.

De nossa parte, a extinção do contrato de trabalho por acordo das partes é positiva, desde que a vontade das partes seja manifestada livremente e atenda não só aos interesses do empregador, mas, principalmente, aos interesses do empregado.

Dispõe o art. 484-A da CLT, com a redação dada pela Lei 13.467/17:

> "O contrato de trabalho poderá ser extinto por acordo entre empregado e empregador, caso em que serão devidas as seguintes verbas trabalhistas: I – por metade: a) o aviso prévio, se indenizado; e b) a indenização sobre o saldo do Fundo de Garantia do Tempo de Serviço, prevista no § 1º do art. 18 da Lei nº 8.036, de 11 de maio de 1990; II – na integralidade, as demais verbas trabalhistas. § 1º A extinção do contrato prevista no *caput* deste artigo permite a movimentação da conta vinculada do trabalhador no Fundo de Garantia do Tempo de Serviço na forma do inciso I-A do art. 20 da Lei nº 8.036, de 11 de maio de 1990, limitada até 80% (oitenta por cento) do valor dos depósitos. § 2º A extinção do contrato por acordo prevista no *caput* deste artigo não autoriza o ingresso no Programa de Seguro-Desemprego."

Embora não haja exigência de que o acordo seja formal, a natureza do ato e seus efeitos recomendam a forma escrita. Não há necessidade de homologação no sindicato ou assistência por advogado.

As repercussões monetárias da extinção do contrato por acordo são superiores às do pedido de demissão, mas inferiores à da dispensa sem justa causa. Terá direito o empregado aos seguintes direitos rescisórios:

a) metade do aviso prévio, se indenizado;

b) metade da indenização sobre o saldo do Fundo de Garantia do Tempo de Serviço, prevista no § 1º do art. 18 da Lei nº 8.036, de 11 de maio de 1990 (a chamada multa sobre os depósitos do FGTS será de 20%);

c) na integralidade, as demais verbas trabalhistas (saldo de salário, férias+1/3, 13º salário);

d) liberação dos depósitos de FGTS, limitada a 80% do valor dos depósitos;

e) não terá direito ao seguro-desemprego.

Nesse aspecto, relevante destacar a seguinte ementa:

> "COAÇÃO – CLT, ART. 484-A. INVALIDADE DO ACORDO PARA A EXTINÇÃO DO CONTRATO DE TRABALHO. AUSÊNCIA DE PROVA. As negociações entabuladas entre o empregado e o empregador, para a composição de interesses contrapostos, visando à extinção do contrato de trabalho, mediante acordo que beneficie a ambas as partes (CLT, art. 484-A), não constituem, isoladamente, coação ao trabalhador, se não provado que a manifestação de vontade é consequência única e exclusiva de conduta impositiva e irresistível do empregador" (TRT da 2ª Região, Processo: 1000775-85.2020.5.02.0302, Data: 19-08-2021, Órgão Julgador: 18ª Turma – Cadeira 1, Relator(a): Rilma Aparecida Hemeterio).

16. A EXTINÇÃO DO CONTRATO DE TRABALHO POR ACORDO EXTRAJUDICIAL HOMOLOGADO EM JUÍZO

A Reforma Trabalhista (Lei n. 13.467/17) instituiu o **processo de jurisdição voluntária para homologação de acordo extrajudicial**.

As partes, empregado e empregador, para maior segurança, podem utilizar a via do acordo extrajudicial para extinção do contrato de trabalho e postular sua homologação em juízo.

Nos termos do art. 652, "f", da CLT, compete às Varas do Trabalho decidir quanto à homologação de acordo extrajudicial em matéria de competência da Justiça do Trabalho.

Os arts. 855-B a 855-E da CLT disciplinam o procedimento de homologação de acordo extrajudicial, qualificado como procedimento de jurisdição voluntária, o que sempre encontrou uma resistência grande na Justiça do Trabalho, em razão de princípios próprios do direito material do trabalho, como a irrenunciabilidade de direitos, e do acesso à justiça do trabalhador economicamente fraco.

Dispõem os referidos dispositivos legais:

> Art. 855-B: "O processo de homologação de acordo extrajudicial terá início por petição conjunta, sendo obrigatória a representação das partes por advogado. § 1º As partes não poderão ser representadas por advogado comum. § 2º Faculta-se ao trabalhador ser assistido pelo advogado do sindicato de sua categoria."
>
> Art. 855-C: "O disposto neste Capítulo não prejudica o prazo estabelecido no § 6º do art. 477 desta Consolidação e não afasta a aplicação da multa prevista no § 8º art. 477 desta Consolidação."
>
> Art. 855-D: "No prazo de quinze dias a contar da distribuição da petição, o juiz analisará o acordo, designará audiência se entender necessário e proferirá sentença."
>
> Art. 855-E: "A petição de homologação de acordo extrajudicial suspende o prazo prescricional da ação quanto aos direitos nela especificados. Parágrafo único. O prazo prescricional voltará a fluir no dia útil seguinte ao do trânsito em julgado da decisão que negar a homologação do acordo."

Sem dúvida, os magistrados devem ter grande sensibilidade em analisar acordos extrajudiciais e avaliar, no caso concreto, a extensão da quitação, bem como a pertinência ou não da homologação.

A decisão que homologar o acordo não será recorrível, havendo o trânsito em julgado a partir da homologação (art. 831 da CLT), exceto quanto aos valores devidos à Previdência Social.

Da decisão que não homologar o acordo caberá Recurso Ordinário (art. 895, I, da CLT). Uma vez homologado o acordo, caso não haja o cumprimento espontâneo, este poderá ser executado nas Varas do Trabalho, pois tem natureza de título executivo judicial, nos termos do art. 515, III, do CPC, que assim dispõe: "São títulos executivos judiciais (...): (...) III – a decisão homologatória de autocomposição extrajudicial de qualquer natureza."

Pelo procedimento previsto, a homologação de acordo extrajudicial deve obedecer aos seguintes procedimentos: a) terá início por petição conjunta, sendo obrigatória a representação das partes por advogado, que não poderá ser comum. Faculta-se ao trabalhador ser assistido pelo advogado do sindicato de sua categoria. Não será cabível se a parte se valer do *jus postulandi*; b) não há prejuízo do prazo estabelecido no § 6º do art. 477 desta Consolidação e não afasta a aplicação da multa prevista no § 8º do art. 477 desta Consolidação; c) no prazo de quinze dias a contar da distribuição da petição, o juiz analisará o acordo, designará audiência se entender necessário e proferirá sentença; d) a petição de homologação de acordo extrajudicial suspende o prazo prescricional da ação quanto aos direitos nela especificados; e) o prazo prescricional voltará a fluir no dia útil seguinte ao do trânsito em julgado da decisão que negar a homologação do acordo.

Há discussões sobre a pertinência da homologação parcial do acordo extrajudicial. Pensamos ser possível a homologação parcial, pois a homologação do acordo decorre do convencimento motivado do juiz. No entanto, a experiência prática nos tem demonstrado que a melhor decisão é homologar ou não o acordo em sua totalidade, pois a homologação parcial não resolve o conflito e, potencialmente, acarretará um processo trabalhista.

Nesse aspecto, destacamos a seguinte decisão oriunda da mais alta Corte Trabalhista do País, *in verbis*:

> "I) AGRAVO DE INSTRUMENTO – PRELIMINAR DE NULIDADE POR NEGATIVA DE PRESTAÇÃO JURISDICIONAL – AGRAVO DE INSTRUMENTO PREJUDICADO. Quanto à preliminar de nulidade do acórdão regional por negativa de prestação jurisdicional, em razão da possibilidade de decisão favorável ao Recorrente, relativamente à abrangência do acordo extrajudicial homologado em juízo, deixo de apreciar a nulidade arguida, com esteio no art. 282, § 2º, do CPC. Agravo de instrumento prejudicado. II) RECURSO DE REVISTA – ACORDO EXTRAJUDICIAL HOMOLOGADO EM JUÍZO – PROCEDIMENTO DE JURISDIÇÃO VOLUNTÁRIA – ARTS. 855-B A 855-E DA CLT – QUITAÇÃO GERAL – TRANSCENDÊNCIA JURÍDICA. 1. Problema que sempre atormentou o empregador foi o relativo à rescisão do contrato de trabalho e da quitação dos haveres trabalhistas, de modo a não permanecer com a espada de Dâmocles sobre sua cabeça. 2. A ineficácia prática da homologação da rescisão contratual do sindicato, em face do teor da Súmula 330 do TST, dada a não quitação integral do contrato de trabalho, levou a SBDI-2 desta Corte a não reputar simulada a lide visando à homologação de acordo pela Justiça do Trabalho, pois só assim se conseguiria colocar fim ao conflito laboral e dar segurança jurídica às partes do distrato (cfr. TST-ROAR-103900-90.2005.5.04.0000, Rel. Min. Ives Gandra Martins Filho, *DEJT* de 12/09/08). 3. Para resolver tal problema, a Lei 13.467/17, em vigor desde 11/11/17, instituiu o procedimento de jurisdição voluntária na Justiça do Trabalho atinente à homologação, em juízo, de acordo extrajudicial, nos termos dos arts. 855-B a 855-E da CLT, juntamente com o fito de colocar termo ao contrato de trabalho. 4. Da simples leitura dos novos comandos de lei,

notadamente do art. 855-C da CLT, extrai-se a vocação prioritária dos acordos extrajudiciais para regular a rescisão contratual e, portanto, o fim da relação contratual de trabalho. Não fosse a possibilidade da quitação geral do contrato de trabalho com a chancela do Judiciário e o Capítulo III-A não teria sido acrescido ao Título X da CLT, que trata do Processo Judiciário do Trabalho. 5. Curial, ainda, trazer à baila, que a ideia que indelevelmente adere ao acordo extrajudicial é a de que, retirada uma das cláusulas que o compõem, a parte a quem ela favoreceria não faria o acordo. A alternativa que caberia ao Judiciário, portanto, seria a homologação integral ou a rejeição da proposta, se eivada de vícios. Tal entendimento resta corroborado pelo STF quanto à circunstância de a validade do acordo depender da homologação integral ou de sua rejeição total, não podendo ser balanceado pelo Poder Judiciário (Voto do Min. Teori Zavascki no *leading case* STF-RE 590.715/SC, Rel. Min. Roberto Barroso, *DJe* de 29/05/15). 6. Nesse sentido, o art. 855-B, §§ 1º e 2º, da CLT, que trata da apresentação do acordo extrajudicial à Justiça, a par dos requisitos gerais de validade dos negócios jurídicos que se aplicam ao Direito do Trabalho, nos termos do art. 8º, § 1º, da Lei Consolidada e que perfazem o ato jurídico perfeito (CC, art. 104 – agente capaz, objeto lícito e forma prescrita ou não vedada por lei), traçou as balizas para a apresentação do acordo extrajudicial apto à homologação judicial: petição conjunta dos interessados e advogados distintos, podendo haver assistência sindical para o trabalhador. 7. A petição conjuntamente assinada para a apresentação do requerimento de homologação ao juiz de piso serve à demonstração da anuência mútua dos interessados em pôr fim ao contrato, e, os advogados distintos, à garantia de que as pretensões estarão sendo individualmente respeitadas. Assim, a atuação do Judiciário Laboral na tarefa de jurisdição voluntária é binária: homologar ou não o acordo. Não lhe é dado substituir-se às partes e homologar parcialmente o acordo, se este tinha por finalidade quitar integralmente o contrato de trabalho extinto. Sem quitação geral, o empregador não proporia o acordo, nem se disporia a manter todas as vantagens nele contidas. 8. No caso concreto, o Regional, mantendo a sentença, assentou que a homologação em juízo, por meio de um procedimento de jurisdição voluntária, deve ser interpretada restritivamente (art. 843 do CC), não alcançando, por conseguinte, as parcelas que não foram objeto da avença (art. 515, § 2º, do CPC). 9. Nesse sentido, a conclusão acerca da invalidade, total ou parcial, do pacto extrajudicial, por impossibilidade de 'renúncia' de direitos diz menos com a validação extrínseca do negócio jurídico do que

> com a razoabilidade intrínseca do acordo, cujo questionamento não cabe ao Judiciário nesse procedimento, pois lhe esvazia o sentido e estabelece limites e discussões não queridos pelos Requerentes ao ajuizar o procedimento. 10. Ora, estando presentes os requisitos gerais do negócio jurídico e os específicos preconizados pela lei trabalhista (CLT, art. 855-B), não há de se questionar a vontade das Partes envolvidas e do mérito do acordado, notadamente quando a lei requer a presença de advogado para o empregado, rechaçando, nesta situação, o uso do *jus postulandi* do art. 791 da CLT, como se depreende do art. 855-B, § 1º, da CLT. 11. Assim sendo, é válido o termo de transação extrajudicial apresentado pelos interessados, com quitação geral e irrestrita do contrato havido, nessas condições, que deve ser homologado. Recurso de revista provido" (TST, RRAg-1001365-34.2018.5.02.0431, 4ª Turma, Relator Ministro Ives Gandra da Silva Martins Filho, *DEJT* 19/11/2021).

17. FATO PRÍNCIPE

O fato príncipe (*factum principis*), segundo a doutrina trabalhista, é espécie do gênero *força maior*. Trata-se de acontecimento extraordinário, imprevisível ao empregador, independentemente da vontade deste, motivado por ato de autoridade municipal, estadual ou federal, ou promulgação de lei que impeça a continuidade do contrato de trabalho e inviabilize de forma total ou parcial a atividade empresarial.

Sob a ótica do direito administrativo, ensina Hely Lopes Meirelles[27], "fato do príncipe é toda determinação estatal positiva ou negativa, geral, imprevista e imprevisível, que onera substancialmente a execução do contrato administrativo. Essa oneração, constituindo uma álea administrativa extraordinária e extracontratual, desde que intolerável e impeditiva da execução do ajuste, obriga o Poder Público contratante a compensar integralmente os prejuízos suportados pela outra parte, a fim de possibilitar o prosseguimento da execução, e, se esta fora impossível, rende ensejo à rescisão do contrato, com indenizações cabíveis."

Dispõe o art. 486 da CLT:

> "No caso de paralisação temporária ou definitiva do trabalho, motivada por ato de autoridade municipal, estadual ou federal, ou pela

27. Direito Administrativo Brasileiro. 24ª ed. São Paulo: Malheiros, 1999, p. 221.

> promulgação de lei ou resolução que impossibilite a continuação da atividade, prevalecerá o pagamento da indenização, que ficará a cargo do governo responsável. § 1º Sempre que o empregador invocar em sua defesa o preceito do presente artigo, o tribunal do trabalho competente notificará a pessoa de direito público apontada como responsável pela paralisação do trabalho, para que, no prazo de 30 dias, alegue o que entender devido, passando a figurar no processo como chamada à autoria. § 2º Sempre que a parte interessada, firmada em documento hábil, invocar defesa baseada na disposição deste artigo e indicar qual o juiz competente, será ouvida a parte contrária, para, dentro de três dias, falar sobre essa alegação. § 3º Verificada qual a autoridade responsável, a Junta de Conciliação ou Juiz dar-se-á por incompetente, remetendo os autos ao Juiz privativo da Fazenda, perante o qual correrá o feito, nos termos previstos no processo comum."

Diante do referido dispositivo legal, são requisitos para a ocorrência do fato príncipe:

a) ato legislativo ou administrativo de autoridade Municipal, Estadual ou Federal;
b) imprevisibilidade do ato pelo empregador;
c) impossibilidade de resistência aos efeitos do ato pelo empregador;
d) impossibilidade total ou parcial de continuidade da atividade empresarial.

Diante do art. 486 da CLT, somente a indenização ficará por conta da autoridade pública em caso de fato príncipe, ou seja, a multa de 40% sobre o FGTS. No entanto, alguns autores realizam interpretação mais abrangente, defendendo que as rescisórias decorrentes da extinção do contrato e que tenham nexo causal com o fato príncipe devidas ao empregado ficarão a cargo da autoridade que praticou o ato.

Discute-se se, em caso de fechamento do comércio por ato governamental (Decreto de Estado de Calamidade Pública[28]), provocando a dispensa de muitos empregados em razão de epidemia de grande contágio, configura o fato príncipe. A nosso ver, embora a situação se assemelhe ao fato príncipe, dele não se trata, pois o fechamento do comércio em função da necessidade de se retirar as pessoas da rua configura força maior, uma vez

28. Exemplo da Pandemia do Coronavírus.

que o Estado não tem condições materiais de tratar de todos que fiquem doentes ao mesmo tempo. Desse modo, diante da gravidade da situação, não há discricionariedade na escolha da prática do ato administrativo pela autoridade pública, a justificar a aplicação do art. 486 da CLT. De nossa parte, a situação configura força maior, nos moldes dos arts. 501 da CLT e 393 do Código Civil.

Em nosso sentir, não se trata a questão de fato príncipe, e sim de força maior, pois a epidemia é um evento imprevisível e irresistível, e não há alternativa para o Poder Público.

Nesse sentido dispõe a Lei 14.020/20, em seu art. 29, *in verbis*:

> "Não se aplica o disposto no art. 486 da CLT, aprovada pelo Decreto-lei nº 5.452, de 1º de maio de 1943, na hipótese de paralisação ou suspensão de atividades empresariais determinada por ato de autoridade municipal, estadual ou federal, para o enfrentamento do estado de calamidade pública reconhecido pelo Decreto Legislativo nº 6, de 20 de março de 2020, e da emergência de saúde pública de importância internacional decorrente do coronavírus, de que trata a Lei nº 13.979, de 6 de fevereiro de 2020."

Não obstante, pensamos ser possível discutir eventual responsabilidade civil do Estado (art. 196, da CF[29]), inclusive por verbas trabalhistas, se houver apuração de eventuais condutas omissivas do Estado na condução da pandemia, inclusive omissões em seu estágio inicial, a fim de reduzir os danos sociais, sanitários e econômicos gerados pela pandemia.

Como bem adverte André Ramos Tavares[30], "o Estado deve promover políticas sociais e econômicas destinadas a possibilitar o acesso universal igualitário às ações e serviços para a promoção, proteção e recuperação da saúde. Ademais, deve preocupar-se igualmente com a prevenção de doenças e outros agravos, mediante redução de riscos (arts. 166 e 198, II). Por fim, o tema relaciona-se diretamente com a dignidade da pessoa humana e o direito à igualdade, que pressupõem o Estado garantidor, cujo dever é assegurar o mínimo de condições básicas para o indivíduo viver e desenvolver-se."

29. Art. 196 da CF: "A saúde é direito de todos e dever do Estado, garantido mediante políticas sociais e econômicas que visem à redução do risco de doença e de outros agravos e ao acesso universal e igualitário às ações e serviços para sua promoção, proteção e recuperação."
30. Curso de Direito Constitucional. 3ª ed. São Paulo: Saraiva, 728.

Como adverte Jorge Luiz Souto Maior[31], "apenas os direitos decorrentes da rescisão são transferidos, em sua totalidade, para a pessoa jurídica de direito público interno. Ao ato determinante para a paralisação do estabelecimento poderá ser tanto administrativo como legislativo. A mera onerosidade, provocada por política econômica do governo, não gera o efeito do *factum principis*, pois o risco da atividade econômica é do empregador."

Nesse aspecto, destacam-se as seguintes ementas:

> "*Factum principis* – Ausência de responsabilidade do ente estatal. Para a caracterização do *factum principis*, a ordem emanada da autoridade pública que venha a impedir o prosseguimento das atividades da empresa tem que ser, principalmente, imprevisível, ou seja, impossível de ser cogitado pelas partes o seu advento. A ausência de imprevisibilidade do ato da autoridade pública que implicou paralisação definitiva do trabalho afasta a configuração do fenômeno do *factum principis*" (TRT 12ª R., 2ª T., ROV nº 2477/2004.014.12.00-9, Ac. nº 11105/05, Rel. Maria Aparecida Caitano, *DJSC* 09.09.05, p. 225) (*RDT*, nº 10, outubro 2005).

> "Extinção do contrato de trabalho – Bingos – Atuação – Requisitos – Preenchimento – *Factum principis* – Caracterização – Requisitos – Inexistência. Para a caracterização do chamado *factum principis* é necessário o preenchimento de alguns requisitos, tais como: ato decorrente de autoridade competente ou lei; interrupção das atividades da empresa; prova de que o empregador não concorreu, culposa ou dolosamente, para a ocorrência do *factum principis*. Faltando quaisquer destes requisitos, não há falar em configuração de tal instituto, devendo, pois, a empregadora responsabilizar-se pelas obrigações trabalhistas decorrentes da extinção do contrato" (TRT 10ª R., 2ª T., RO nº 414/2004.811.10.00-5, Rel. Flávia S. Falcão, *DJ* 21.10.05, p. 5) (*RDT*, nº 11, novembro 2005).

Embora o § 1º do referido artigo faça alusão ao chamamento à autoria, pensamos que se trata da figura da denunciação da lide.

O chamamento à autoria é figura que existia no CPC de 1939 e, atualmente, não mais está prevista no CPC de 1973. A figura se reporta à denunciação da lide do atual CPC. O empregador continuará no polo passivo, sendo denunciada à lide a autoridade competente que praticou o fato

---

31. Curso de Direito do Trabalho. Volume II. São Paulo: LTr, 2008, p. 508.

príncipe, uma vez que é a responsável direta pelo pagamento dos títulos trabalhistas. Nesse sentido, defende Jorge Luiz Souto Maior[32]:

> "A qualificação processual da autoridade, como chamada à autoria, teve à vista a terminologia do Código de Processo Civil de 39, vigente na época da redação do citado parágrafo. Como o advento do Código civil de 73 o denominado 'chamamento à autoria', conforme lição dos mestres da ciência processual civil, passou a chamar-se 'denunciação da lide', com algumas alterações, mas guardando suas características essenciais. Dessa forma, por uma atualização hermenêutica, forçosamente deve-se considerar que a autoridade mencionada passará a integrar a lide como 'denunciada'. Ou seja, a figura da intervenção de terceiros pertinente à ocorrência de *factum principis* é a denunciação da lide."

Com a redação dada ao art. 114 pela EC n. 45/04, não resta dúvida de que a competência para apreciar a lide, quando houver a denunciação da pessoa de direito público responsável pelo fato, é da Justiça do Trabalho, nos termos dos incisos I e IX do art. 114 da CF.

Não há por que deslocar a competência para a Justiça Estadual ou Federal (conforme a natureza da autoridade pública), pois se trata de controvérsia oriunda da relação de trabalho (art. 114, I, da CF) e, portanto, compete ao Judiciário Trabalhista dirimir integralmente a questão.

18. DA FORÇA MAIOR

Dispõe o artigo 393 do CC:

> "O devedor não responde pelos prejuízos resultantes de caso fortuito ou força maior, se expressamente não se houver por eles responsabilizado. Parágrafo único. O caso fortuito ou de força maior *verifica*-se no fato necessário, cujos efeitos não eram possíveis evitar ou impedir".

Todos os contratos bilaterais e onerosos como o contrato de trabalho têm implícita a chamada cláusula *rebus sic stantibus*, ou seja, a possibilidade de resolução do contrato em caso de onerosidade excessiva a uma das partes em razão de motivo de caso fortuito ou força maior.

32. Curso de Direito do Trabalho. Volume II. São Paulo: LTr, 2008, p. 508.

Na doutrina, há distinção entre *caso fortuito* e *força maior*. Para alguns juristas, a exemplo de Clóvis Beviláqua[33], caso fortuito seria aquilo que se deve às forças da natureza, enquanto força maior envolveria a participação do homem. Para outros juristas, o caso fortuito acarreta impossibilidade relativa de cumprimento da obrigação, enquanto a força maior, absoluta.

Não obstante, o Código Civil não faz distinção entre *caso fortuito* e *força maior* para os efeitos que tais eventos acarretam aos contratos. Como bem advertem Gustavo Tepedino, Heloisa Helena Barboza e Maria Celina Bodin de Moraes[34], "fato é que, se existe distinção, ela é inteiramente indiferente ao direito, já que as consequências coincidem. Tanto o caso fortuito como a força maior desincumbem o devedor de responder pelas perdas e danos a que a sua inexecução deu causa."

A Consolidação das Leis do Trabalho define força maior no art. 501, *in verbis*:

> "Entende-se como força maior todo acontecimento inevitável, em relação à vontade do empregador, e para a realização do qual este não concorreu, direta ou indiretamente. § 1º A imprevidência do empregador exclui a razão de força maior. § 2º À ocorrência do motivo de força maior que não afetar substancialmente, nem for suscetível de afetar, em tais condições, a situação econômica e financeira da empresa, não se aplicam as restrições desta lei referentes ao disposto neste Capítulo."

A imprevidência do empregador exclui a força maior. Como destaca Sérgio Pinto Martins[35], "imprevidência é o desleixo, a negligência. Se o empregador é negligente na manutenção do seu negócio, não pode falar em força maior. Seria a hipótese do empregador que não cuida da instalação e vem a ocorrer a imprudência por esse motivo."

Conforme o referido dispositivo legal, há a definição de força maior como todo acontecimento imprevisível e inevitável, ao qual não deu causa o empregador, direta, ou indiretamente, cujos efeitos não possa resistir. Pode ser em razão de um fato da natureza, como uma catástrofe da natureza, de

---

33. In: TEPEDINO, Gustavo; BARBOZA, Heloisa Helena; MORAES, Maria Celina Bodin de. Código Civil Interpretado conforme a Constituição da República. 2. ed. Rio de Janeiro: Renovar, 2011, p. 709.
34. Código Civil Interpretado conforme a Constituição da República. 2. ed. Rio de Janeiro: Renovar, 2011, p. 709.
35. Comentários à CLT. 17ª ed. São Paulo: Atlas, 2013, p. 585.

evento que decorra do concurso do homem, como uma epidemia (coronavírus, por exemplo). Além disso, a ocorrência do motivo de força maior deve afetar substancialmente a situação econômica e financeira da empresa, ou do empregador.

Nesse aspecto, destacam-se as seguintes ementas:

> "Força maior. Pandemia da Covid-19. Força maior. Supressão de direitos rescisórios. Necessidade de demonstração do enquadramento na hipótese legal. O art. 1º da MP 927/2020 estabelecia que, para fins trabalhistas, o estado de calamidade pública reconhecido pelo Decreto Legislativo nº 6 constitui hipótese de força maior de que trata o art. 501 da CLT. Entretanto, a situação de força maior não autoriza automaticamente a supressão de direitos rescisórios. É preciso que o empregador comprove o enquadramento de sua situação fática na hipótese capitulada no art. 502 da CLT (extinção da empresa ou do estabelecimento em que trabalha o empregado), específico para a hipótese de ruptura contratual. O art. 503 da CLT (prejuízos devidamente comprovados) refere-se à hipótese diversa (redução de salários e jornada). Ainda que assim não fosse, tais prejuízos não foram provados nos autos" (TRT da 2ª Região, Processo: 1001434-35.2020.5.02.0063, Data: 01-07-2021; Órgão Julgador: 6ª Turma – Cadeira 4, Relator(a): Antero Arantes Martins).

> "A) AGRAVO DE INSTRUMENTO EM RECURSO DE REVISTA DA RECLAMADA SOLUÇÕES SERVIÇOS TERCEIRIZADOS – EIRELI. PROCESSO SOB A ÉGIDE DAS LEIS 13.015/2014 E 13.467/2017. RESCISÃO CONTRATUAL. PANDEMIA DA COVID-19. MOTIVO DE FORÇA MAIOR – *FACTUM PRINCIPIS*. DESCONTOS SALARIAIS – DEVOLUÇÃO. NÃO CONFIGURAÇÃO. APLICAÇÃO DO PRINCÍPIO DA ALTERIDADE. ART. 2º DA CLT. Nos termos do art. 501 da CLT, 'entende-se como força maior todo acontecimento inevitável, em relação à vontade do empregador, e para a realização do qual este não concorreu, direta ou indiretamente'. E, nos moldes do § 1º desse dispositivo legal, 'a imprevidência do empregador exclui a razão de força maior', dispondo o seu § 2º que 'à ocorrência do motivo de força maior que não afetar substancialmente, nem for suscetível de afetar, em tais condições, a situação econômica e financeira da empresa não se aplicam as restrições desta Lei referentes ao disposto neste Capítulo'. Já o art. 502 da CLT regula a força maior qualificada, estabelecendo como tal aquela 'que determine a extinção da empresa, ou de um dos estabelecimentos em que trabalhe o empregado'. Com

a declaração pública de pandemia em relação ao novo coronavírus, pela Organização Mundial de Saúde, em 11 de março de 2020, alguns instrumentos normativos foram criados a fim de regular a situação dos empregados e empresas frente à crise sanitária decorrente da pandemia. A MP 927, de 22 de março de 2020, embora tenha reconhecido que o estado de calamidade pública, conforme Decreto Legislativo nº 6, de 2020, constitui, para fins trabalhistas, hipótese de força maior, estabeleceu medidas alternativas à dispensa do empregado, para que as empresas pudessem fazer frente ao estado de calamidade pública, tais como antecipação de férias individuais; concessão de férias coletivas; interrupção das atividades e constituição de regime especial de compensação de jornada por meio do banco de horas; suspensão do contrato de trabalho para participação do empregado em curso ou programa de qualificação profissional; e suspensão da exigibilidade do recolhimento do FGTS. Ademais, a MP 926, de 1º de abril de 2020, convertida na Lei 14.020/20, instituiu o Programa Emergencial de Manutenção de Emprego e Renda, permitindo às empresas a redução proporcional da jornada do trabalho e, consequentemente, do salário, além da suspensão temporária do contrato de trabalho, mediante pagamento, pela União, do Benefício Emergencial de Preservação do Emprego e Renda. No caso concreto, em que pese o estado de calamidade, decorrente da crise sanitária advinda da pandemia da Covid-19 (Decreto Estadual 18.902/20), seja notório e incontroverso, a Corte de origem expressamente consignou a ausência de provas de que a empresa tenha sido extinta e a insuficiência de indícios de que o estabelecimento enfrentou dificuldades financeiras. Assim, não há falar em motivo de força maior, uma vez que não houve o encerramento das atividades do estabelecimento, tampouco comprovada a dificuldade financeira alegada pela Reclamada, salientando-se que, de acordo com o princípio da alteridade, os riscos da atividade econômica não podem ser transferidos para os trabalhadores (inteligência do art. 2º da CLT). Ademais, como bem assentado na decisão da Instância Ordinária, a Reclamada poderia ter optado pelas providências referidas nas MPs 927 e 936/2020 (esta última convertida na Lei 14.020/20), a fim de preservar os postos de trabalho – o que não ocorreu. Consequentemente, no caso concreto, não demonstrada a força maior prevista nos artigos 486, 501 e 502 da CLT, tampouco a dificuldade financeira alegada pela reclamada, inviável a reforma do acórdão regional. Agravo de instrumento desprovido (...)" (TST, AIRR 427-67.2020.5.17.0011, 3ª Turma, Relator Ministro Mauricio Godinho Delgado, *DEJT* 28/10/2022).

A falência ou recuperação judicial da empresa empregadora não são consideradas pela doutrina e jurisprudência como força maior, pois são acontecimentos previsíveis a quem corre os riscos da atividade econômica (art. 2º da CLT).

Nesse sentido, destaca-se a seguinte ementa:

> "Força maior – Descumprimento de convenção coletiva. O conceito de força maior adotado pela CLT, em seu artigo 501, filia-se à teoria subjetivista, apontando como seus elementos a irresistibilidade do evento, sua imprevisibilidade e a inexistência de concurso direto ou indireto do empregador no acontecimento. A esses três elementos tradicionais, a Consolidação acrescentou um quarto, através do parágrafo 2º do citado art. 501: a necessidade de que a força maior afete ou, pelo menos, seja suscetível de afetar substancialmente a situação econômica e financeira da empresa. Dessa forma, inviável admitir, como motivo de força maior, crise econômica genérica, resultante de uma sequência de normas político-econômicas que atingem indistintamente toda a classe empresarial. A situação se agrava ainda mais quando a empresa demandada sequer comprova a alegada situação econômico-financeira deficitária, deixando de demonstrar sua impossibilidade absoluta de cumprimento das obrigações assumidas em convenção coletiva de trabalho. Logo, é procedente o pedido de pagamento da multa estabelecida naquele instrumento normativo, sob pena de se transferir para o empregado os riscos do empreendimento econômico, afrontando o preceito contido no art. 2º da CLT" (TRT. 3ª R., 2ª T., RO nº 13492/97, Rel. Alice de Barros, DJMG 20.03.98, p. 6).

Nos termos do art. 502 da CLT, "ocorrendo motivo de força maior que determine a extinção da empresa, ou de um dos estabelecimentos em que trabalhe o empregado, é assegurado a este, quando despedido, uma indenização na forma seguinte: I – sendo estável, nos termos dos arts. 477 e 478; II – não tendo direito à estabilidade, metade da que seria devida em caso de rescisão sem justa causa; III – havendo contrato por prazo determinado, aquela a que se refere o art. 479, desta Lei, reduzida igualmente à metade."

O citado dispositivo legal autoriza o empregador, em caso de motivo de força maior devidamente comprovado, dispensar o empregado, com redução, pela metade, da indenização decorrente da dispensa.

Atualmente, diante do que dispõe o art. 7º, I, da Constituição Federal, a qual extinguiu a estabilidade decenal, a indenização devida será de 20% sobre os depósitos de FGTS.

Nos termos do art. 504 da CLT, comprovada a falsa alegação do motivo de força maior, é garantida a reintegração aos empregados estáveis e aos não estáveis o complemento da indenização já percebida, assegurado a ambos o pagamento da remuneração atrasada.

19. DO FALECIMENTO DO EMPREGADO E DO EMPREGADOR PESSOA FÍSICA

O falecimento do empregado provoca a extinção do contrato de trabalho, pois em face do empregado o contrato de trabalho é personalíssimo.

Por ser a morte uma causa natural de extinção do contrato de trabalho. Por essa razão, não são devidos o aviso prévio, tampouco a multa de 40% sobre o FGTS e o seguro-desemprego.

O empregador poderá pagar as verbas rescisórias decorrentes da morte do empregado aos dependentes do trabalhador falecido habilitados na Previdência Social (arts. 1º da Lei 6.858/80, e 20, IV, da Lei 8036/90) quais sejam: saldo de salário, férias vencidas e/ou proporcionais+1/3, 13º salários vencidos e/ou proporcionais + 1/3, bem como providenciará a liberação do FGTS. Caso existam dúvidas sobre quais são os herdeiros, a Ação de Consignação em Pagamento é o meio mais seguro.

Na Justiça o Trabalho, a jurisprudência trabalhista tem admitido a habilitação dos sucessores do credor trabalhista por meio de certidão de dependentes na Previdência Social (art. 1º da Lei n. 6.858/80), ou de alvará judicial, obtido na Justiça Comum. Não obstante, se houver dúvidas sobre a legitimidade dos sucessores, deverá o Juiz do Trabalho aguardar o desfecho do inventário na Justiça Comum.

Quanto ao empregador, dispõe o art. 485 da CLT:

> "Quando cessar a atividade da empresa por morte do empregador, os empregados terão direito, conforme o caso, à indenização a que se referem os arts. 477 e 497."

O presente dispositivo somente se aplica aos casos de estabilidade decenal, ou seja, para os empregados que já possuíam a estabilidade quando da vigência da Constituição de 1988.

Diante do princípio da despersonalização do empregador (artigo 2º da CLT), dificilmente a morte de um dos sócios altera o contrato de trabalho (artigos 10 e 448 da CLT), pois o empregador típico é a empresa. Como bem adverte Valentin Carrion[36], "a morte do empregador não rescinde o contrato de trabalho. É a cessação da atividade empresarial que o faz. Se a atividade continuar com os sucessores, o empregado terá a faculdade de, sem ônus para ele (nem para a empresa), rescindir o contrato (artigo 483, parágrafo 2º, da CLT)".

Atualmente, diante do regime do FGTS, se houver morte do empregador (pessoa física ou firma individual), o empregado fará jus à indenização equivalente à 40% do valor dos depósitos existentes na conta vinculada do trabalhador no FGTS. Em caso de extinção da empresa, o empregado também fará jus à multa de 40% sobre o FGTS, pois o empregador corre os riscos da atividade econômica. Também fará jus o trabalhador a todas as parcelas rescisórias que seriam devidas se a extinção do contrato ocorresse por dispensa imotivada.

Conforme o artigo 483, § 2º, da CLT, no caso de morte do empregador constituído em empresa individual, é facultado ao empregado rescindir o contrato de trabalho.

20. EXTINÇÃO DOS CONTRATOS POR PRAZO DETERMINADO

Os contratos, como regra, por prazo determinado têm sua extinção natural estabelecida pelo advento do termo, que é evento futuro e certo, qual seja, com o término do prazo de sua vigência.

No entanto, o contrato de trabalho por prazo determinado pode ser extinto antes do prazo final de sua vigência, o que é denominado extinção antecipada.

Na extinção natural do contrato de trabalho por prazo determinado, são devidos o saldo de salário, 13º salários vencidos e/ou proporcional (art. 1º, § 3º, da Lei 4.090/62), férias vencidas e/ou proporcionais+1/3 (art. 147 da CLT e Súmula 328 do TST), liberação do FGTS, sem multa de 40%.

---

36. Comentários à CLT. 33ª ed. São Paulo: Saraiva, 2008, p. 392.

Na extinção antecipada do contrato por prazo determinado por iniciativa do empregador, aplica-se o artigo 47, da CLT, *in verbis*:

> "Nos contratos que tenham termo estipulado, o empregador que, sem justa causa, despedir o empregado, será obrigado a pagar-lhe, a título de indenização, e por metade, a remuneração a que teria direito até o termo do contrato. Parágrafo único. Para a execução do que dispõe o presente artigo, o cálculo da parte variável ou incerta dos salários será feito de acordo com o prescrito para o cálculo da indenização referente à rescisão dos contratos por prazo indeterminado."

Se o empregador dispensar o empregado antes do término do contrato, sem justa causa, deverá pagar indenização ao trabalhador, a qual equivale à metade da remuneração faltante para o término do contrato.

Embora o dispositivo não tenha sido para o regime do FGTS, conforme já pacificado na jurisprudência, ele também é aplicável para os empregados regidos pelo regime fundiário, nos termos da Súmula 125 do TST[37].

Segundo a doutrina, a indenização prevista no presente dispositivo tem natureza jurídica de indenização antecipada de perdas e danos em razão de o empregador não cumprir os termos do contrato.

Desse modo, na extinção antecipada por iniciativa do empregador, deverá pagar ao empregado saldo de salário, férias vencidas e/ou proporcionais, 13° salário vencido e/ou proporcional, além de liberação dos depósitos do FGTS.

Conforme o art. 480 da CLT, "havendo termo estipulado, o empregado não se poderá desligar do contrato, sem justa causa, sob pena de ser obrigado a indenizar o empregador dos prejuízos que desse fato lhe resultarem. § 1° A indenização, porém, não poderá exceder àquela a que teria direito o empregado em idênticas condições".

Caso o empregado rescindir (pedir demissão) o contrato por prazo determinado antes do seu vencimento, deverá indenizar o empregador pelos prejuízos. Essa indenização não é fixada pela Lei, podendo constar do contrato de trabalho. Não obstante, não poderá ultrapassar o valor fixado no artigo 479 da CLT, qual seja, metade da remuneração faltante para o término do contrato.

---

37. Súmula 125 do TST: "O art. 479 da CLT, aplica-se ao trabalhador optante pelo Fundo de Garantia do Tempo de Serviço – FGTS, admitido mediante contrato por prazo determinado, nos termos do art. 30, § 3°, do Decreto 59.820, de 20/12/1966."

Nessa hipótese, o empregado fará jus a saldo de salários, férias vencidas e/ou proporcionais+1/3 (Súmula 261 do TST), 13º salário vencido e/ou proporcional (art. 1º, § 3º, da Lei 4090/62), descontada a indenização do art. 480 da CLT. Nessa hipótese, não fará jus à liberação dos depósitos de FGTS.

Conforme o art. 481 da CLT, "aos contratos por prazo determinado, que contiverem cláusula assecuratória do direito recíproco de rescisão antes de expirado o termo ajustado, aplicam-se, caso seja exercido tal direito por qualquer das partes, os princípios que regem a rescisão dos contratos por prazo indeterminado."

As partes podem pactuar, no contrato por prazo determinado, cláusula assegurando a possibilidade de rescisão antecipada do contrato, tanto pelo empregador quanto empregador. Se houver a pactuação da referida cláusula, serão aplicados os mesmos princípios que regem o contrato de trabalho por prazo indeterminado. Desse modo, havendo rescisão antecipada por uma das partes, ela deverá pré-avisar a parte contrária, sendo cabível o instituto do aviso prévio. Além disso, se o trabalhador tomar a iniciativa da rescisão, terá direito às verbas rescisórias que seriam devidas no contrato de trabalho por prazo indeterminado (pedido de demissão). Caso o empregador tome a iniciativa da rescisão, serão devidas as verbas rescisórias constantes no contrato de trabalho por prazo indeterminado que é extinto por iniciativa do empregador (dispensa sem justa causa).

Em caso de rescisão indireta do contrato de trabalho, são devidas ao trabalhador as mesmas parcelas rescisórias na hipótese de o empregador extinguir antecipadamente o contrato de trabalho por prazo determinado.

No caso de justa causa, o empregado não terá direito a 13º salário proporcional, férias proporcionais + 1/3, tampouco à indenização. Receberá apenas saldo de salário e, se tiver direito, férias vencidas integrais+1/3, e 13º salário integral. Também não poderá movimentar os depósitos de FGTS.

21. A QUESTÃO DA APOSENTADORIA E A EXTINÇÃO DO CONTRATO DE TRABALHO

O termo aposentadoria significa *ir para os aposentos*, que é a parte da casa destinada ao descanso.

Juridicamente, a aposentadoria é o direito do empregado de passar à inatividade mediante o preenchimento dos requisitos legais.

Dispõe o art. 453 da CLT:

> "No tempo de serviço do empregado, quando readmitido, serão computados os períodos, ainda que não contínuos, em que tiver trabalhado anteriormente na empresa, salvo se houver sido despedido por falta grave, recebido indenização legal ou se aposentado espontaneamente.
>
> § 1º. Declarado inconstitucional pela ADIN 1.770-4.
>
> § 2º O ato de concessão de benefício de aposentadoria a empregado que não tiver completado 35 (trinta e cinco) anos de serviço, se homem, ou trinta, se mulher, importa em extinção do vínculo empregatício." (Declarado inconstitucional pela ADIN 1.721-3.)

Partindo-se da premissa de que o empregado, para passar à inatividade, necessita se desligar do emprego, grande parte da doutrina e também da jurisprudência defendem que a aposentadoria espontânea extingue o contrato de trabalho.

Os defensores da corrente que entende a aposentadoria como causa de extinção do contrato de trabalho interpretam o artigo 453, *caput*, da CLT de forma teleológica (finalidade social da lei), argumentando que, se o referido dispositivo veda a soma de períodos descontínuos (*acessio temporis*) quando o empregado se aposenta, é porque, efetivamente, o evento aposentadoria causa extinção do contrato de trabalho.

Nesse sentido, a seguinte ementa:

> "Aposentadoria espontânea – Continuidade da prestação de serviços – Novo contrato de trabalho. Conforme disposto no artigo 453 da CLT, a aposentadoria espontânea do trabalhador põe termo ao seu contrato de trabalho. Por se tratar de entidade integrante da Administração Pública indireta, a eventual continuidade na prestação de serviços do aposentado somente se mostra legítima após a prévia aprovação em concurso público, nos termos da disposição contida no artigo 37, inciso II, da Constituição da República de 1988. O novo contrato de trabalho é nulo. Recurso de embargos conhecido e provido" (TST, SBDI-1, E-RR nº 816.673/2001-0, Rel. Carlos A. Reis de Paula, *DJ* 10.09.04, p. 872) (*RDT*, nº 10, outubro 2004).

No entanto, a aposentadoria é um benefício previdenciário e, portanto, os requisitos para a concessão desse benefício devem ser aferidos pelo prisma da legislação previdenciária.

O artigo 49 da Lei 8.213/91 assevera que a aposentadoria por idade[38] será devida ao empregado a partir: "(...) b) da data do requerimento, quando não houver desligamento do emprego ou quando for requerida após o prazo previsto na alínea 'a' (até 90 dias após o desligamento do emprego)".

Conforme o referido dispositivo legal, a lei previdenciária não exige o prévio desligamento do empregado para a concessão da aposentadoria.

De nossa parte, a aposentadoria espontânea não extingue o contrato de trabalho, pois a relação que o empregado mantém com a Previdência é de direito público e distinta da relação que tem com o empregador, que é de direito privado. Um evento de natureza previdenciária (a aposentadoria) não pode gerar reflexos no contrato de trabalho, quando a Lei Previdenciária não exige que o empregado se desligue do emprego para obter o benefício.

Deve ser destacado que o princípio da continuidade do contrato de trabalho milita em favor do empregado, no sentido da manutenção de sua fonte de ganho, mesmo após a aposentadoria, pois, na realidade do nosso país, dificilmente se consegue viver somente com o valor da aposentadoria.

De outro lado, a CLT não diz que a aposentadoria extingue o contrato de trabalho, pois o artigo 453 trata da vedação da soma de períodos descontínuos, e não da extinção do contrato de trabalho quando o empregado obtém o benefício previdenciário enquanto vigente o contrato de emprego.

De ser destacado ainda que o Supremo Tribunal Federal, recentemente, em julgamento de mérito (ADIns 1.770-4-DF e 1.723-3-DF), considerou inconstitucional o § 1º do artigo 453 da CLT e suspendeu a vigência do § 2º do artigo 453 da CLT, sinalizando a Suprema Corte brasileira que a aposentadoria não é causa de extinção do contrato de trabalho.

Nesse sentido é a visão de Jorge Luiz Souto Maior[39]:

> "A aposentadoria por tempo de serviço não é motivo de cessação da relação de emprego. O STF no julgamento da ADIn sobre a constitucionalidade do § 2º do art. 453 assim se pronunciou: 'APOSENTADORIA ESPONTÂNEA NÃO IMPLICA, POR SI SÓ, EXTINÇÃO DO CONTRATO DE TRABALHO. 1. Despedida arbitrária ou sem justa causa (CF, art. 7º, I): viola a garantia constitucional o acórdão que, partindo de premissa derivada de interpretação conferida ao

38. Art. 54 da Lei 8.213/91: "A data do início da aposentadoria por tempo de serviço será fixada da mesma forma que a da aposentadoria por idade, conforme o disposto no art. 49."

39. Curso de Direito do Trabalho: A Relação de Emprego. Volume II. São Paulo: LTr, 2008, p. 512.

> art. 453, *caput*, da CLT (redação dada pela L. 6.204/75), decide que a aposentadoria espontânea extingue o contrato de trabalho, mesmo quando o empregado continua a trabalhar na empresa após a concessão do benefício previdenciário. 2. A aposentadoria espontânea pode ou não ser acompanhada de afastamento do empregado de seu trabalho: só há readmissão quando o trabalhador aposentado tiver encerrado a relação de trabalho e posteriormente iniciado outra; caso haja continuidade do trabalho, mesmo após a aposentadoria espontânea, não se pode falar em extinção do contrato de trabalho e, portanto, em readmissão' (STF – Ministro Relator Sepúlveda Pertence. Publicado no *DJU* de 16.12.05 (DT – Março/2006, v. 140, p. 90)".

A atual jurisprudência do Tribunal Superior do Trabalho entende que a aposentadoria espontânea do trabalhador não extingue o contrato de trabalho. Com efeito, dispõe a OJ 361 da SDI-I do TST, *in verbis*:

> "*Aposentadoria espontânea. Unicidade do contrato de trabalho. Multa de 40% do FGTS sobre todo o período.* (*DJ* 20.05.2008) A aposentadoria espontânea não é causa de extinção do contrato de trabalho se o empregado permanece prestando serviços ao empregador após a jubilação. Assim, por ocasião da sua dispensa imotivada, o empregado tem direito à multa de 40% do FGTS sobre a totalidade dos depósitos efetuados no curso do pacto laboral".

22. DAS VERBAS RESCISÓRIAS (FORMALIDADES E PAGAMENTO)

Dispõe o art. 477 da CLT, com a redação dada pela Lei 13.467/17:

> "Na extinção do contrato de trabalho, o empregador deverá proceder à anotação na Carteira de Trabalho e Previdência Social, comunicar a dispensa aos órgãos competentes e realizar o pagamento das verbas rescisórias no prazo e na forma estabelecidos neste artigo. (Redação dada pela Lei nº 13.467, de 2017) § 1º (Revogado). (Redação dada pela Lei nº 13.467, de 2017) § 2º O instrumento de rescisão ou recibo de quitação, qualquer que seja a causa ou forma de dissolução do contrato, deve ter especificada a natureza de cada parcela paga ao empregado e discriminado o seu valor, sendo válida a quitação, apenas, relativamente às mesmas parcelas. (Redação dada pela Lei nº 5.584, de 26.6.1970) § 3º (Revogado). (Redação dada pela Lei nº 13.467, de 2017) § 4º O pagamento a que fizer jus o empregado será efetuado: (Redação dada pela Lei nº 13.467, de 2017) I – em

> dinheiro, depósito bancário ou cheque visado, conforme acordem as partes; ou (Incluído pela Lei nº 13.467, de 2017) II – em dinheiro ou depósito bancário quando o empregado for analfabeto. (Incluído pela Lei nº 13.467, de 2017) § 5º Qualquer compensação no pagamento de que trata o parágrafo anterior não poderá exceder o equivalente a um mês de remuneração do empregado. (Redação dada pela Lei nº 5.584, de 26.6.1970) § 6º A entrega ao empregado de documentos que comprovem a comunicação da extinção contratual aos órgãos competentes bem como o pagamento dos valores constantes do instrumento de rescisão ou recibo de quitação deverão ser efetuados até dez dias contados a partir do término do contrato. (Redação dada pela Lei nº 13.467, de 2017) a) (revogado); (Redação dada pela Lei nº 13.467, de 2017) b) (revogado). (Redação dada pela Lei nº 13.467, de 2017) § 7º (Revogado). (Redação dada pela Lei nº 13.467, de 2017) § 8º A inobservância do disposto no § 6º deste artigo sujeitará o infrator à multa de 160 BTN, por trabalhador, bem assim ao pagamento da multa a favor do empregado, em valor equivalente ao seu salário, devidamente corrigido pelo índice de variação do BTN, salvo quando, comprovadamente, o trabalhador der causa à mora. § 9º (vetado). (Incluído pela Lei nº 7.855, de 24.10.1989) § 10. A anotação da extinção do contrato na Carteira de Trabalho e Previdência Social é documento hábil para requerer o benefício do seguro-desemprego e a movimentação da conta vinculada no Fundo de Garantia do Tempo de Serviço, nas hipóteses legais, desde que a comunicação prevista no *caput* deste artigo tenha sido realizada." (Incluído pela Lei nº 13.467, de 2017)

A Lei n. 13.467/17 revogou o § 1º do art. 477 da CLT[40]. Doravante, para as rescisões contratuais levadas a efeito após a vigência da referida lei não se exige mais a homologação.

Há aspectos positivos e negativos nessa alteração legislativa. A falta de homologação, segundo segmentos da doutrina, provoca certo distanciamento do empregado de seu sindicato e também propicia maiores incorreções no pagamento dos títulos rescisórios. De outro lado, é uma medida que reduz a burocracia e acelera o recebimento das verbas rescisórias, soerguimento do FGTS e pagamento do seguro-desemprego. Adverte-se, porém, que a rescisão contratual deve mencionar de forma expressa as parcelas e valores

40. Dispunha o referido dispositivo legal que o pedido de demissão ou recibo de quitação para o empregado com mais de um ano de serviço só seria válido com assistência sindical ou do Ministério do Trabalho.

pagos, somente considerando-se quitado o que está discriminado no termo rescisório, nos termos do art. 477, § 2º, da CLT e art. 320 do Código Civil.

Cumpre ao empregador tomar as providências rescisórias do contrato de trabalho, quais sejam:

a) proceder à anotação na Carteira de Trabalho e Previdência Social;

b) comunicar ao CAGED sobre a dispensa[41]. Nesse sentido dispõe o art. 1º, § 1º, da Lei 4.925/65:

> "As empresas que dispensarem ou admitirem empregados ficam obrigadas a fazer a respectiva comunicação às Delegacias Regionais do Trabalho, mensalmente, até o dia sete do mês subsequente ou como estabelecido em regulamento, em relação nominal por estabelecimento, da qual constará também a indicação da Carteira de Trabalho e Previdência Social ou, para os que ainda não a possuírem, nos termos da lei, os dados indispensáveis à sua identificação pessoal";

c) realizar o pagamento das verbas rescisórias em dinheiro, depósito bancário ou cheque visado, conforme acordem as partes (em dinheiro ou depósito bancário quando o empregado for analfabeto);

d) entregar ao empregado documentos que comprovem a comunicação da extinção contratual aos órgãos competentes, bem como o pagamento dos valores constantes do instrumento de rescisão ou recibo (TRCT) de quitação em até dez dias contados a partir do término do contrato.

Após a comunicação da extinção contratual no CAGED, a anotação do término do contrato na Carteira de Trabalho e Previdência Social constitui documento hábil para requerer o benefício do seguro-desemprego e a movimentação da conta vinculada no Fundo de Garantia do Tempo de Serviço.

O instrumento de rescisão contratual (TRCT) deve mencionar a modalidade da extinção contratual (dispensa sem justa causa, pedido de demissão etc.) e ter especificada a natureza de cada parcela paga ao empregado e discriminado o seu valor, sendo válida a quitação, apenas, relativamente às mesmas parcelas.

Qualquer compensação no pagamento das verbas rescisórias não poderá exceder o equivalente a um mês de remuneração do empregado.

---

41. Nos termos do art. 144 da Portaria 671/21 do MTe, a obrigações de admissões e demissões sobre a dispensa ao CAGED passou a ser cumprida pelo eScoail a partir – de janeiro de 2020, para empresas e pessoas físicas.

Assevera o art. 368 do CC:

> "Se duas pessoas forem ao mesmo tempo credor e devedor uma da outra, as duas obrigações extinguem-se, até onde se compensarem."

A compensação é instituto de Direito Civil que faz parte do capítulo da extinção das obrigações.

São requisitos para a compensação, no Processo do Trabalho:

a) duas pessoas, ao mesmo tempo, credora e devedora uma da outra;

b) dívidas líquidas, vencidas e de coisas fungíveis (art. 369 do CC).

A compensação não se confunde com a dedução, embora sejam semelhantes.

Consiste a dedução na possibilidade de o empregador, já tendo antecipado verbas trabalhistas, fim de evitar o enriquecimento sem causa do reclamante, descontar os valores já quitados na rescisão, ainda que não sejam da mesma natureza. No entanto, diante do que dispõe o § 5º do art. 477 da CLT, também a dedução deve ser limitada a um salário do empregado.

Em processo trabalhista, a dedução pode ser determinada de ofício pelo Juiz do Trabalho, enquanto a compensação depende de requerimento em defesa (art. 767 da CLT e Súmula 48 do TST).

Nesse sentido, destacamos a OJ n. 415, da SDI-I, do TST, *in verbis*:

> "Horas extras. Reconhecimento em Juízo. Critério de dedução/abatimento dos valores comprovadamente pagos no curso do contrato de trabalho. A dedução das horas extras comprovadamente pagas daquelas reconhecidas em juízo não pode ser limitada ao mês de apuração, devendo ser integral e aferida pelo total das horas extraordinárias quitadas durante o período imprescrito do contrato de trabalho."

A não observância do prazo de dez dias para pagamento das verbas rescisórias sujeitará o empregador a pagamento de multa em favor do empregado, em valor equivalente ao seu salário, exceto quando, comprovadamente, o empregado der causa à mora.

Parte significativa da doutrina e jurisprudência entendiam que, se houvesse controvérsia sobre a existência do vínculo de emprego em juízo, e este fosse reconhecido em sentença, não caberia a multa do art. 477, § 8º, da CLT, em face da fundada controvérsia sobre a existência do vínculo empregatício. No entanto, atualmente a jurisprudência do TST fixou entendimento em sentido contrário, qual seja, de reconhecer o direito à multa quando o vínculo de emprego for reconhecido em juízo. Com efeito, dispõe a Súmula 462 do TST:

> "A circunstância de a relação de emprego ter sido reconhecida apenas em juízo não tem o condão de afastar a incidência da multa prevista no art. 477, § 8º, da CLT. A referida multa não será devida apenas quando, comprovadamente, o empregado der causa à mora no pagamento das verbas rescisórias."

Verbas rescisórias são todas as verbas devidas ao empregado quando da extinção do contrato de trabalho, conforme a modalidade de extinção.

De nossa parte, as verbas rescisórias abrangem: saldo de salário, aviso prévio, férias vencidas e/ou proporcionais, acrescidas de 1/3, 13º salários vencidos e/ou proporcionais, e multa de 40% sobre o FGTS.

Os depósitos de FGTS e o seguro-desemprego não estão incluídos no conceito de verbas rescisórias.

Nos termos do art. 467 da CLT, "em caso de rescisão de contrato de trabalho, havendo controvérsia sobre o montante das verbas rescisórias, o empregador é obrigado a pagar ao trabalhador, à data do comparecimento à Justiça do Trabalho, a parte incontroversa dessas verbas, sob pena de pagá-las acrescidas de cinquenta por cento."

Verbas incontroversas são as que não foram contestadas, ou admitidas, expressamente, em defesa, como não quitadas. Havendo contestação em parte das verbas rescisórias, o artigo 467 será aplicável à parte não contestada.

Embora existam entendimentos da doutrina de que há necessidade de requerimento para o Juiz do Trabalho aplicar o artigo 467 da CLT, compreendemos que tal dispositivo é de ordem pública, uma vez que determina obrigação do empregador de pagar as verbas rescisórias na primeira audiência. Além disso, tal dispositivo tem grande caráter social, considerando-se a natureza alimentar das verbas rescisórias.

Pensamos, em compasso com a doutrina de Valentin Carrion, que o referido dispositivo somente se aplica quando o empregador, efetivamente, comparecer à audiência. Por ser norma de natureza punitiva, a interpretação deve ser restrita, não se estendendo à hipótese de revelia. Além disso, o artigo 467 da CLT faz alusão à expressão *comparecimento* à Justiça do Trabalho e, na revelia, não há o comparecimento do empregador em audiência. No entanto, a jurisprudência do TST consagrou o entendimento de ser devido o referido adicional em caso de revelia. Dispõe a Súmula 69 do TST:

> "RESCISÃO DO CONTRATO (nova redação) - Res. 121/2003, *DJ* 19, 20 e 21.11.2003 A partir da Lei nº 10.272, de 05.09.2001, havendo rescisão do contrato de trabalho e sendo revel e confesso quanto à matéria de fato, deve ser o empregador condenado ao pagamento das verbas rescisórias, não quitadas na primeira audiência, com acréscimo de 50% (cinquenta por cento)."

23. TERMO DE QUITAÇÃO ANUAL DE OBRIGAÇÕES TRABALHISTAS

Dispõe o art. 577-B da CLT:

> "É facultado a empregados e empregadores, na vigência ou não do contrato de emprego, firmar o termo de quitação anual de obrigações trabalhistas, perante o sindicato dos empregados da categoria.
> Parágrafo único. O termo discriminará as obrigações de dar e fazer cumpridas mensalmente e dele constará a quitação anual dada pelo empregado, com eficácia liberatória das parcelas nele especificadas.

O presente dispositivo, acrescentado ao corpo da CLT, pela Lei 13.467/17, instituiu o chamado *termo de quitação anual de obrigações trabalhistas*. Trata-se de um instrumento firmado entre empregado e empregador, na vigência ou não do contrato de trabalho, com a participação do sindicato da categoria do empregado, destinado à quitação anual de obrigações trabalhistas. O termo deve discriminar a natureza das parcelas quitadas e valores, bem como as eventuais obrigações de dar e fazer cumpridas mensalmente, a exemplo da concessão de cestas básicas e vale-transporte. O termo tem eficácia liberatória quanto a parcelas expressamente quitadas.

O termo de quitação anual deve preencher as seguintes formalidades:

a) manifestação espontânea da vontade do empregado;

b) ser firmado por escrito;

c) contar com a assistência do sindicato dos trabalhadores;

d) informações e esclarecimentos do procedimento ao trabalhador;

e) discriminação dos direitos pagos e valores correspondentes.

Apesar das críticas que o presente dispositivo tem recebido, não se trata de dispositivo prejudicial do trabalhador, embora seu objetivo tenha sido facilitar a vida do empregador quanto às obrigações de documentar quitações de parcelas trabalhistas realizadas durante o contrato de trabalho, dando maior segurança ao empregador quanto às parcelas quitadas. Não obstante, a interpretação do presente artigo deve estar em compasso com os arts. 477, § 2º, da CLT e 320 do Código Civil[42], uma vez que a quitação deve discriminar, expressamente, a natureza das parcelas e o valor. De outro lado, não inibe o acesso ao Judiciário (art. 5º, XXXV, da CF) ao trabalhador que pretenda discutir eventuais diferenças não pagas, pois a quitação extrajudicial (apesar de estar mencionada no texto a "eficácia liberatória") não tem a natureza de coisa julgada, tampouco inibe o Judiciário de avaliar se a quitação foi correta ou não.

24. DO AVISO PRÉVIO: CONCEITO E MODALIDADES

Aviso prévio é comunicação expressa que faz a parte que deseja rescindir, unilateral e imotivadamente, o contrato de trabalho por prazo indeterminado à outra parte.

Como bem adverte Gustavo Filipe Barbosa Garcia[43], "o aviso prévio corresponde a uma declaração unilateral de vontade, pois não depende de aceitação da parte contrária."

Embora o aviso prévio deva ser concedido de forma expressa, não se exige a formalidade escrita. No entanto, a formalidade escrita é mais segura para a prova do ato.

Excepcionalmente, o aviso prévio é devido nos contratos por prazo determinado, conforme o art. 481 da CLT, *in verbis*:

> "Aos contratos por prazo determinado, que contiverem cláusula asseguratória do direito recíproco de rescisão antes de expirado o termo ajustado, aplicam-se, caso seja exercido tal direito por qualquer das partes, os princípios que regem a rescisão dos contratos por prazo indeterminado."

No mesmo sentido a Súmula 163 do TST: "Cabe aviso prévio nas rescisões antecipadas dos contratos de experiência, na forma do art. 481 da CLT".

42. Art. 320 do CC: "A quitação, que sempre poderá ser dada por instrumento particular, designará o valor e a espécie da dívida quitada, o nome do devedor, ou quem por este pagou, o tempo e o lugar do pagamento, com a assinatura do credor, ou do seu representante. Parágrafo único. Ainda sem os requisitos estabelecidos neste artigo valerá a quitação, se de seus termos ou das circunstâncias resultar haver sido paga a dívida."
43. Manual de Direito do Trabalho. 13ª ed. São Paulo: Juspodivm, 2020.

Conforme Maurício Godinho Delgado[44]:

> "Aviso prévio, no Direito do Trabalho, é instituto de natureza multidimensional, que cumpre as funções de declarar à parte contratual adversa a vontade unilateral de um dos sujeitos contratuais no sentido de romper, sem justa causa, o pacto, fixando, ainda, prazo tipificado para a respectiva extinção com o correspondente pagamento do período do aviso."

Segundo a doutrina, o aviso prévio cumpre as seguintes funções:

a) avisar a parte contrária da intenção de um dos contratantes em pôr fim ao contrato de trabalho;

b) fixar um prazo para a efetiva extinção do contrato;

c) obrigatoriedade do pagamento do período do aviso prévio;

d) propiciar que empregado possa procurar outro emprego no período, se o aviso for do empregador, ou o empregador possa arrumar outro empregado, se o aviso for do empregado.

O aviso prévio pode ser:

a) trabalhado: cuja natureza é eminentemente salarial;

b) indenizado: quando não há o seu cumprimento, mas há o pagamento de forma indenizada.

Conforme a OJ 82 da SDI-I do TST, "a data de saída a ser anotada na CTPS deve corresponder à do término do prazo do aviso prévio, ainda que indenizado."

Diante da OJ 83 da SDI-I do TST, "a prescrição começa a fluir no final da data do término do aviso prévio. Art. 487, § 1º, da CLT."

Nos termos da Súmula 305 do TST, "o pagamento relativo ao período de aviso prévio, trabalhado ou não, está sujeito a contribuição para o FGTS."

A modalidade do aviso prévio cumprido em casa, praticado por alguns empregadores, não fora acolhida pela jurisprudência brasileira, em face da ausência de previsão legal e por não ser benéfica ao empregado. Nesse sentido, a OJ 14 da SDI-I do TST, *in verbis*:

44. Curso de Direito do Trabalho. 19ª ed. São Paulo: LTr, 2020, p. 1436.

> "AVISO PRÉVIO CUMPRIDO EM CASA. VERBAS RESCISÓRIAS. PRAZO PARA PAGAMENTO. (título alterado e inserido dispositivo) – Res. 129/2005, *DJ* 20, 22 e 25.04.2005.
>
> Em caso de aviso prévio cumprido em casa, o prazo para pagamento das verbas rescisórias é até o décimo dia da notificação de despedida."

A jurisprudência tem entendido que, nas dispensas sem justa causa, o aviso prévio constitui direito irrenunciável pelo trabalhador, pois tem por objetivo propiciar que ele tenha um tempo para organizar sua vida pessoal e procurar outra colocação.

Nesse sentido a Súmula 276 do TST, *in verbis*:

> "AVISO PRÉVIO. RENÚNCIA PELO EMPREGADO (mantida) – Res. 121/2003, *DJ* 19, 20 e 21.11.2003. O direito ao aviso prévio é irrenunciável pelo empregado. O pedido de dispensa de cumprimento não exime o empregador de pagar o respectivo valor, salvo comprovação de haver o prestador dos serviços obtido novo emprego."

No entanto, entende-se que o empregador pode renunciar ao aviso prévio quando o empregado pede demissão, caso não seja o seu interesse o cumprimento do período pelo trabalhador.

Dispõe o art. 487 da CLT: "não havendo prazo estipulado, a parte que, sem justo motivo, quiser rescindir o contrato deverá avisar a outra da sua resolução com a antecedência mínima de: I – oito dias, se o pagamento for efetuado por semana ou tempo inferior; II – trinta dias aos que perceberem por quinzena ou mês, ou que tenham mais de 12 (doze) meses de serviço na empresa. § 1º A falta do aviso prévio por parte do empregador dá ao empregado o direito aos salários correspondentes ao prazo do aviso, garantida sempre a integração desse período no seu tempo de serviço. § 2º A falta de aviso prévio por parte do empregado dá ao empregador o direito de descontar os salários correspondentes ao prazo respectivo. § 3º Em se tratando de salário pago na base de tarefa, o cálculo, para os efeitos dos parágrafos anteriores, será feito de acordo com a média dos últimos 12 (doze) meses de serviço. § 4º É devido o aviso prévio na despedida indireta. § 5º O valor das horas extraordinárias habituais integra o aviso prévio indenizado. § 6º O reajustamento salarial coletivo, determinado no curso do aviso prévio, beneficia o empregado pré-avisado da despedida, mesmo que tenha recebido antecipadamente os salários correspondentes ao período do aviso, que integra seu tempo de serviço para todos os efeitos legais."

Diante do referido dispositivo legal, confrontado com o art. 7º, XXI, da CF[45]:

a) o aviso prévio terá duração mínima de 30 (trinta dias) para todos os tipos de trabalhadores, uma vez que o inciso I não fora recepcionado pela Constituição;

b) a falta do aviso prévio por parte do empregador dá ao empregado o direito aos salários correspondentes ao prazo do aviso, garantida sempre a integração desse período no seu tempo de serviço. Neste caso o aviso prévio será indenizado;

c) a falta de aviso prévio por parte do empregado dá ao empregador o direito de descontar os salários correspondentes ao prazo respectivo;

d) é devido o aviso prévio na rescisão indireta.

Nos termos da Súmula 380 do TST, "aplica-se a regra prevista no *caput* do art. 132 do Código Civil de 2002 à contagem do prazo do aviso prévio, excluindo-se o dia do começo e incluindo o do vencimento."

Conforme o art. 488 da CLT: "O horário normal de trabalho do empregado, durante o prazo do aviso, e se a rescisão tiver sido promovida pelo empregador, será reduzido de 2 (duas) horas diárias, sem prejuízo do salário integral. Parágrafo único. É facultado ao empregado trabalhar sem a redução das 2 (duas) horas diárias previstas neste artigo, caso em que poderá faltar ao serviço, sem prejuízo do salário integral, por 1 (um) dia, na hipótese do inciso l, e por 7 (sete) dias corridos, na hipótese do inciso II do art. 487 desta Consolidação."

Diante do referido dispositivo legal, durante o aviso prévio, o empregado poderá optar por:

a) redução de duas horas diárias sem prejuízo da remuneração integral;

b) faltar nos últimos sete dias do período.

Caso não haja redução da jornada de trabalho ou ausência do trabalhador nos últimos sete dias do prazo do aviso prévio, haverá nulidade do aviso prévio. A jurisprudência não tem permitido a substituição do pagamento das horas suprimidas pelo pagamento das horas extras, pois desnatura a finalidade do aviso prévio. Nesse sentido, dispõe a Súmula 230 do TST, *in verbis*:

---

45. Art. 7º, XXI, da CF: XXI: "Aviso prévio proporcional ao tempo de serviço, sendo no mínimo de trinta dias, nos termos da lei."

"AVISO PRÉVIO. SUBSTITUIÇÃO PELO PAGAMENTO DAS HORAS REDUZIDAS DA JORNADA DE TRABALHO (mantida) – Res. 121/2003, *DJ* 19, 20 e 21.11.2003. É ilegal substituir o período que se reduz da jornada de trabalho, no aviso prévio, pelo pagamento das horas correspondentes."

Nos termos do art. 489 da CLT, "dado o aviso prévio, a rescisão torna-se efetiva depois de expirado o respectivo prazo, mas, se a parte notificante reconsiderar o ato, antes de seu termo, à outra parte é facultado aceitar ou não a reconsideração. Parágrafo único. Caso seja aceita a reconsideração ou continuando a prestação depois de expirado o prazo, o contrato continuará a vigorar, como se o aviso prévio não tivesse sido dado."

Uma vez dado o aviso prévio, este somente poderá ser reconsiderado se a outra parte aceitar. Se, no entanto, depois de expirado o prazo do aviso prévio, o empregado continuar trabalhando, entende-se que, tacitamente, a reconsideração fora aceita.

Durante o aviso prévio, trabalhado ou indenizado, considera-se vigente o contrato de trabalho, com todos os direitos e obrigações, podendo o trabalhador ser dispensado por justa causa no período do aviso, ou também o empregado considerar rescindido, indiretamente, o contrato de trabalho por culpa do empregador.

Nesse sentido, dispõem os arts. 490 e 491 da CLT:

> Art. 490 da CLT: "O empregador que, durante o prazo do aviso prévio dado ao empregado, praticar ato que justifique a rescisão imediata do contrato, sujeita-se ao pagamento da remuneração correspondente ao prazo do referido aviso, sem prejuízo da indenização que for devida."
>
> Art. 491 da CLT: "O empregado que, durante o prazo do aviso prévio, cometer qualquer das faltas consideradas pela lei como justas para a rescisão, perde o direito ao restante do respectivo prazo."

Nesse aspecto, dispõe a Súmula 73 do TST, *in verbis*:

> "DESPEDIDA. JUSTA CAUSA (nova redação) – Res. 121/2003, *DJ* 19, 20 e 21.11.2003
>
> A ocorrência de justa causa, salvo a de abandono de emprego, no decurso do prazo do aviso prévio dado pelo empregador, retira do empregado qualquer direito às verbas rescisórias de natureza indenizatória."

24.1. Da proporcionalidade do aviso prévio (Lei 12.506/2011)

A Constituição Federal dispõe em seu art. 7º, inciso XXI, *in verbis*:

> "Aviso prévio proporcional ao tempo de serviço, sendo no mínimo de trinta dias, nos termos da lei".

Diante do referido dispositivo constitucional, o prazo mínimo do aviso prévio é de 30 dias, para todas as espécies de trabalhadores, devendo sua proporcionalidade ser regulamentada por lei.

A lei **regulamentou o aviso prévio proporcional ao tempo de serviço, em seu art. 1º, da seguinte forma:**

> "O aviso prévio, de que trata o Capítulo VI do Título IV da Consolidação das Leis do Trabalho – CLT, aprovada pelo Decreto-lei nº 5.452, de 1º de maio de 1943, será concedido na proporção de 30 (trinta) dias aos empregados que contem até 1 (um) ano de serviço na mesma empresa. Parágrafo único. Ao aviso prévio previsto neste artigo serão acrescidos 3 (três) dias por ano de serviço prestado na mesma empresa, até o máximo de 60 (sessenta) dias, perfazendo um total de até 90 (noventa) dias."

Há entendimento de que a presente regulamentação se aplica tanto ao empregado como ao empregador, uma vez que a lei não faz distinção expressa. Nesse sentido, destaca-se a seguinte ementa:

> "RECURSO DE REVISTA INTERPOSTO NA VIGÊNCIA DA LEI Nº 13.015/2014. AVISO PRÉVIO. PROPORCIONALIDADE AO TEMPO DE SERVIÇO. DIREITO DO EMPREGADO E DO EMPREGADOR. BILATERALIDADE 1. O aviso prévio é obrigação recíproca de empregado e de empregador, em caso de rescisão unilateral do contrato de trabalho, sem justa causa, como deriva do art. 487, *caput*, da CLT. A circunstância de o art. 1º da Lei nº 12.506/2011 haver regulamentado o aviso prévio proporcional ao tempo de serviço dos empregados não significa que não se aplica a referida proporcionalidade também em favor do empregador. A própria Lei nº 12.506/2011 reporta-se expressamente ao aviso prévio de que trata 'o Capítulo VI do Título IV da Consolidação das Leis do Trabalho', cujo art. 487 alude 'à parte' que, sem justo motivo, 'quiser rescindir', aplicando a ambos os sujeitos do contrato de emprego a mesma duração do aviso prévio. A nova lei somente mudou a duração do aviso prévio, tomando em conta o maior ou menor tempo

> de serviço do empregado. 2. Afrontaria o princípio constitucional da isonomia reconhecer, sem justificativa plausível para tal discrímen, a duração diferenciada para o aviso prévio conforme fosse concedido pelo empregador ou pelo empregado. Assim como é importante o aviso prévio para o empregado, a fim de buscar recolocação no mercado de trabalho, igualmente o é para o empregador, que se vê na contingência de recrutar e capacitar um novo empregado. 3. Ademais, ainda que assim não se entendesse, o prolongamento do aviso prévio concedido pelo empregado ao empregador, observada sempre a mesma duração proporcional ao tempo de serviço, não causa prejuízo ao empregado passível de gerar direito à indenização. Há pagamento de salário correspondente aos dias supostamente trabalhados sem exigência legal e há a própria projeção do contrato de emprego, asseguradas todas as demais obrigações contratuais e legais. 4. Recurso de revista da Reclamante de que não se conhece" (TST, RR 1964-73.2013.5.09.0009, 4ª Turma, Relator Ministro Joao Oreste Dalazen, *DEJT* 25/11/2016).

No entanto, o entendimento dominante na doutrina e jurisprudência, corretamente, é no sentido de que a proporcionalidade do aviso prévio é um direito que visa à melhoria da condição social do trabalhador, inserido no *caput* do art. 7º da Constituição Federal.

Nesse sentido, sustenta Maurício Godinho Delgado[46]:

> "A Lei 12.506/2011 é clara em considerar a proporcionalidade uma vantagem estendida aos empregados (*caput* do art. 1º do diploma legal), sem bilateralidade que caracteriza o instituto original, fixado em 30 dias desde 05.10.1988. A bilateralidade restringe-se ao aviso prévio de 30 dias (...)".

Nesse contexto, também o entendimento da Seção de Dissídios Individuais do TST, *in verbis*:

> "RECURSO DE EMBARGOS EM RECURSO DE REVISTA. INTERPOSIÇÃO SOB A ÉGIDE DA LEI 13.015/2014. AVISO PRÉVIO PROPORCIONAL. ALTERAÇÃO DA LEI 12.506/2011. OBRIGAÇÃO LIMITADA AO EMPREGADOR. AUSÊNCIA DE RECIPROCIDADE. A proporcionalidade do aviso prévio a que se refere a Lei 12.506/2001 apenas pode ser exigida da empresa, uma

46. Curso de Direito do Trabalho. 19ª ed. São Paulo: LTr, 2020, p. 1445.

> vez que entendimento em contrário, qual seja, exigir que também o trabalhador cumpra aviso prévio superior aos originários 30 dias, constituiria alteração legislativa prejudicial ao empregado, o que, pelos princípios que norteiam o ordenamento jurídico trabalhista, não se pode admitir. Dessarte, conclui-se que a norma relativa ao aviso prévio proporcional não guarda a mesma bilateralidade característica da exigência de 30 dias, essa sim obrigatória a qualquer das partes que intentarem resilir o contrato de emprego. Recurso de embargos conhecido e provido" (TST, E-RR 1964-73.2013.5.09.0009, Subseção I Especializada em Dissídios Individuais, Relator Ministro Hugo Carlos Scheuermann, *DEJT* 29/09/2017).

Diante da Lei 12.506/2011, após cada ano completo de tempo de serviço, o empregado tem direito a mais três dias indenizados de aviso prévio, limitado a 60 dias. Sendo assim, o período total do aviso prévio é de 90 dias, no 20º ano de serviço do trabalhador, sendo os primeiros 30 dias trabalhados ou indenizados, independentemente do tempo de serviço.

CAPÍTULO XIII

ESTABILIDADE E GARANTIA DE EMPREGO

1. CONCEITOS: ESTABILIDADE E GARANTIA DE EMPREGO

Sempre foi preocupação do Direito do Trabalho a manutenção dos empregos, face à importância social e econômica do contrato de trabalho. Em razão disso, muitos sistemas jurídicos estabeleceram mecanismos para manutenção dos empregos, mesmo contra a vontade do empregador.

Nos ensina Amauri Mascaro Nascimento[1]:

> "Há duas acepções da palavra *estabilidade*. Primeira, a de estabilidade *do* emprego, fruto de uma política geral que se caracteriza pelo conjunto de medidas do Governo destinadas a fazer com que não falte trabalho na sociedade. Sendo um dever social, o trabalho deve merecer posição especial nos programas estatais, com a abertura de frentes de trabalho, serviços públicos de emprego, assistência pecuniária aos desempregados etc. É a estabilidade no sentido econômico. Segunda, a de estabilidade *no* emprego, assim considerado o direito do empregado de manter o emprego mesmo contra a vontade do empregador, salvo causas previstas em lei. É a estabilidade no sentido jurídico."

Segundo a doutrina, estabilidade é um direito do trabalhador de se manter no emprego contra a vontade do empregador, a menos que exista

1. Curso de Direito do Trabalho. 29. ed. São Paulo: Saraiva, 2014, p. 1226-1227.

um motivo previsto em lei que autorize o término do vínculo de emprego. A estabilidade prevista é caráter geral e por tempo indeterminado.

A garantia de emprego (também denominada pela doutrina de estabilidade provisória) é o direito de manutenção do emprego, pelo trabalhador, contra a vontade do empregador, em caráter especial, ou seja, em razão de uma condição específica do empregado, e por tempo determinado.

Destaca-se que é permitido ao empregado tomar a iniciativa de pôr fim ao contrato de trabalho por pedido de demissão, mesmo sendo detentor de estabilidade ou garantia de emprego. Também, havendo justa causa (art. 482 da CLT), o empregador pode dispensar empregado detentor de estabilidade ou garantia de emprego.

Quanto ao pedido de demissão do detentor de estabilidade ou garantia de emprego, por implicar renúncia ao período estabilitário, pensamos que este deve ser acompanhado de assistência sindical, nos termos do art. 500 da CLT[2], que resta aplicável para as estabilidades e, analogicamente, para as garantias de emprego

O regime da chamada estabilidade decenal, previsto nos arts. 492 a 500 da CLT[3], vigorou no ordenamento jurídico trabalhista brasileiro até a Constituição de 1988, que o substituiu pelo regime do FGTS. Nesse sistema, a partir de dez anos de tempo de serviço, o empregado adquiria a estabilidade decenal, somente podendo ser dispensado por justo motivo, ou por força maior, mediante Inquérito Judicial para Apuração de Falta Grave[4].

---

2. Art. 500 da CLT: "O pedido de demissão do empregado estável só será válido quando feito com a assistência do respectivo Sindicato e, se não o houver, perante autoridade local competente do Ministério do Trabalho e Previdência Social ou da Justiça do Trabalho".
3. Art. 492 da CLT: "O empregado que contar mais de dez anos de serviço na mesma empresa não poderá ser despedido senão por motivo de falta grave ou circunstância de força maior, devidamente comprovadas.
   Parágrafo único. Considera-se como de serviço todo o tempo em que o empregado esteja à disposição do empregador".
4. Art. 493 da CLT: "Constitui falta grave a prática de qualquer dos fatos a que se refere o art. 482, quando por sua repetição ou natureza representem séria violação dos deveres e obrigações do empregado". Art. 494 da CLT: "O empregado acusado de falta grave poderá ser suspenso de suas funções, mas a sua despedida só se tornará efetiva após o inquérito e que se verifique a procedência da acusação. Parágrafo único – A suspensão, no caso deste artigo, perdurará até a decisão final do processo". Art. 495 da CLT "Reconhecida a inexistência de falta grave praticada pelo empregado, fica o empregador obrigado a readmiti-lo no serviço e a pagar-lhe os salários a que teria direito no período da suspensão".

Como destaca Maurício Godinho Delgado[5], "o modelo celetista clássico impunha forte contingenciamento à vontade empresarial quanto à ruptura desmotivada do contrato de emprego. Previa esse modelo a combinação de suas sistemáticas: em primeiro lugar a presença de indenização crescente em virtude do tempo de serviço, em situações de dispensas desmotivadas anteriores a dez anos (antigo art. 477, *caput*, e art. 478, *caput*, da CLT, os quais foram recepcionados pelo art. 7º, I, c./c. art. 10, *caput* e inciso I, do ACDT); em segundo lugar, a presença da estabilidade no emprego, após dez anos de serviço junto ao mesmo empregador – prazo que fora jurisprudencialmente reduzido para os efetivos nove anos de serviço (art. 492 da CLT; antigo Enunciado 26, TST)".

2. A CONSTITUIÇÃO DE 1988, CONVENÇÃO 158, DA OIT, E O FIM DA ESTABILIDADE

Dispõe o art. 7º, I, da Constituição Federal:

> "Relação de emprego protegida contra despedida arbitrária ou sem justa causa, nos termos de lei complementar, que preverá indenização compensatória, dentre outros direitos."

Diante do referido dispositivo constitucional, fora fixada proteção contra a dispensa arbitrária ou sem justa causa nos termos de lei complementar, que jamais fora editada e que preveria indenização compensatória, dentre outros direitos.

Nos termos do art. 10, I, do ADCT, até que seja promulgada a lei complementar a que se refere o art. 7º, I, da Constituição: I – fica limitada a proteção nele referida ao aumento, para quatro vezes, da porcentagem prevista no art. 6º, "caput" e § 1º, da Lei 5.107 de 13 de setembro de 1966 (atual art. 18 da Lei 8.036/90).

Dispõe o art. 18 da Lei 8.036/90, *in verbis*:

> "Ocorrendo rescisão do contrato de trabalho, por parte do empregador, ficará este obrigado a depositar na conta vinculada do trabalhador no FGTS os valores relativos aos depósitos referentes ao mês da rescisão e ao imediatamente anterior, que ainda não houver sido recolhido, sem prejuízo das cominações legais. § 1º Na hipótese de

5. Curso de Direito do Trabalho. 19. ed. São Paulo: LTr, 2020, p. 1508.

> despedida pelo empregador sem justa causa, depositará este, na conta vinculada do trabalhador no FGTS, importância igual a quarenta por cento do montante de todos os depósitos realizados na conta vinculada durante a vigência do contrato de trabalho, atualizados monetariamente e acrescidos dos respectivos juros. § 2º Quando ocorrer despedida por culpa recíproca ou força maior, reconhecida pela Justiça do Trabalho, o percentual de que trata o § 1º será de 20 (vinte) por cento. § 3º As importâncias de que trata este artigo deverão constar da documentação comprobatória do recolhimento dos valores devidos a título de rescisão do contrato de trabalho, observado o disposto no art. 477 da CLT, eximindo o empregador, exclusivamente, quanto aos valores discriminados (Redação dada pela Lei nº 9.491, de 1997) (Vide Lei complementar nº 150, de 2015).

Diante do art. 10, I, do ADCT e do art. 18 da Lei 8.036/90, enquanto não editada a Lei Complementar a que se refere o inciso I do art. 7º da CF, a indenização pela dispensa sem justa causa é o valor de 40% dos depósitos de FGTS existentes na conta vinculada do trabalhador à época da rescisão do contrato de trabalho, chamada de multa de 40% sobre o FGTS.

Para parte da doutrina, o art. 7º, I, da Constituição Federal tem eficácia imediata, e assegura garantia de emprego ao trabalhador, podendo a futura Lei Complementar estabelecer parâmetros, mas não restringir esse direito. Nesse sentido, sustenta José Afonso da Silva[6]:

> "A Constituição não conferiu uma garantia absoluta do emprego. Os debates na Constituinte, neste tema, foram os mais acirrados, variando de uma postura de livre desfazimento unilateral do contrato de trabalho até uma vedação quase absoluta ao desfazimento. Prevaleceu uma fórmula que não é de todo satisfatória, conforme disposto no art. 7º, I: (...) Protege-se a relação de emprego contra a despedida arbitrária ou sem justa causa, nos termos de lei complementar. O que é que fica dependendo da lei complementar: a definição da proteção à relação de emprego ou a definição do que seja despedida arbitrária ou sem justa causa? Temos para nós que a garantia do emprego é um direito, por si bastante, nos termos da Constituição, ou seja, a norma do art. 7º, I, é por si só suficiente para gerar o direito nela previsto (...) Indenização não é garantia da relação de emprego."

6. Curso de Direito Constitucional Positivo. 43. ed. São Paulo: Malheiros e Juspodivm, 2020, p. 292-293.

Em nossa visão, como já nos pronunciamos, há proteção contra duas modalidades de dispensa, quais sejam: **a) dispensa arbitrária**: trata-se de dispensa ilícita praticada pelo empregador, em regra, com abuso de direito (art. 187 do CC) como nas hipóteses de dispensa do empregado detentor de garantia de emprego (gestante, acidentado etc.), ou por motivo discriminatório (orientação sexual, idade etc.). Esta modalidade de dispensa, por ser contrária ao direito, autoriza o empregado à reintegração no emprego e receber indenização por dano moral (ou extrapatrimonial); **b) dispensa sem justa causa:** esta modalidade de extinção do contrato de trabalho, praticada por vontade unilateral do empregador, é tida, por grande parte da doutrina, como uma atitude lícita do empregador, também denominada de direito *potestativo* do empregador, ou seja, um ato que depende, para ter validade, da vontade única do empregador.

A doutrina, em geral, tem interpretado as expressões *dispensa arbitrária* ou *sem justa causa* como sinônimas, possibilitando ao empregador pôr fim ao contrato de trabalho de forma unilateral, mediante pagamento de verbas rescisórias: saldo de salário, férias vencidas e/ou proporcionais, 13º salários vencidos e/ou proporcional, aviso prévio e multa de 40% sobre o FGTS. Além disso, o empregado poderá movimentar os depósitos de FGTS, e caso preenchido o requisito temporal da Lei 7.998/90, terá direito ao seguro-desemprego.

O Brasil chegou a ratificar a Convenção 158 da OIT que trata da proteção contra a dispensa, regulamentando o art. 7º, I, da CF.

Dispõe o art. 4º da Convenção 158 da OIT:

> "Não se dará término à relação de trabalho de um trabalhador a menos que exista para isso uma causa justificada relacionada com sua capacidade ou seu comportamento ou baseada nas necessidades de funcionamento da empresa, estabelecimento ou serviço."

Diante do referido dispositivo, o empregador somente pode tomar a inciativa de pôr fim ao contrato de trabalho se houver uma causa justificada relacionada ao comportamento do empregado ou baseada nas necessidades de funcionamento da empresa.

A referida Convenção foi aprovada pelo Brasil, pelo Decerto Legislativo 68, de 16 de setembro de 1992. No entanto fora denunciada pelo Estado Brasileiro pelo Decreto nº 1.855, de 10 de abril de 1996.

Os juristas apontaram incompatibilidades entre a Convenção 158 e o sistema constitucional brasileiro, destacando-se os seguintes argumentos:

a) A Convenção nº 158 da OIT ingressou no ordenamento jurídico brasileiro com *status* de Lei Ordinária (posição do Supremo Tribunal Federal na época), enquanto o art. 7º, I, da CF, exige Lei Complementar;

b) A Constituição Brasileira, no art. 7º, I, não assegura a estabilidade como forma de proteção da relação de emprego, e sim indenização, enquanto a Convenção nº 158 assegura a Estabilidade no Emprego como forma de proteção contra a dispensa.

Nesse sentido, sustenta Amauri Mascaro Nascimento[7]:

> "O sistema brasileiro não segue a teoria da dispensa causada recomendada pela OIT. Segundo o sistema constitucional brasileiro, a proteção contra dispensa arbitrária ou sem justa causa faz-se mediante o pagamento de indenização (ADCT, 10), garantida a estabilidade para casos especiais, como os do dirigente sindical (V, art. 8º, VIII), da gestante e do cipeiro (ADCT, art. 10). Logo, o direito do empregado despedido, nas dispensas individuais, é à indenização, como regra constitucional geral, no caso o acréscimo sobre o FGTS, abolida que foi, pela Constituição de 1988, a estabilidade decenal e generalizado, independentemente de opção, o enquadramento dos empregados no regime do FGTS, substitutivo da estabilidade decenal, salvo para os que antes de 1988 adquiriram o direito. A reintegração cabe apenas para os portadores das estabilidades especiais."

Na ADC 39, o STF julgou a constitucionalidade da denúncia da Convenção 158 realizada pelo chefe do executivo brasileiro em 1997. Por maioria, o Tribunal considerou inconstitucional a denúncia realizada unilateralmente pelo Presidente da República, sem passagem pelo Congresso Nacional (art. 49, I, da CF[8]). No entanto, considerou válidas as denúncias unilaterais realizadas pelo presidente antes da decisão. Importe destacar a ementa da presente decisão:

> "EMENTA: Ação declaratória de constitucionalidade. Decreto nº 2.100, de 20 de dezembro de 1996. Denúncia do Estado brasileiro da Convenção nº 158 da Organização Internacional do Trabalho (OIT). Preliminar. Existência de controvérsia judicial relevante. Mérito. Denúncia de tratado internacional por vontade exclusiva do presidente

7. Curso de Direito do Trabalho. 29. ed. São Paulo: Saraiva, 2014, p. 1224.
8. Art. 49, I, da CF: "É da competência exclusiva do Congresso Nacional: I - resolver definitivamente sobre tratados, acordos ou atos internacionais que acarretem encargos ou compromissos gravosos ao patrimônio nacional (...)"

da República. Necessidade de participação do Congresso Nacional. Estado Democrático de Direito e princípio da legalidade. Tese fixada. Efeitos prospectivos. Procedência da ação. 1. As requerentes apresentaram elementos dos quais é possível extrair a ausência de consenso judicial sobre o tema, a denotar a utilidade de se prosseguir com a análise da ação declaratória, cabendo ao Supremo Tribunal Federal pacificar a controvérsia à luz do ordenamento constitucional. A existência de uma ação direta de inconstitucionalidade com o mesmo objeto não impede o conhecimento da ação declaratória de constitucionalidade (Precedentes: *ADC* nº 5/DF, Tribunal Pleno, Rel. Min. Nelson Jobim, red. do ac. Min. Ricardo Lewandowski, DJe de 5/10/07; ADI nº 1.800/DF, Rel. Min. Nelson Jobim, red. do ac. Min. Ricardo Lewandowski, DJe de 28/9/07). 2. A questão controvertida consiste na aferição da necessidade de manifestação de vontade do Congresso Nacional para que a denúncia de um tratado internacional produza efeitos no direito doméstico, em face do que dispõe o art. 49, inciso I, da Constituição Federal, questão que é suscitada a partir do pedido de declaração de constitucionalidade do Decreto nº 2.100, de 20 de dezembro de 1996. 3. O teor do art. 49, inciso I, e do art. 84, inciso VIII, da Constituição Federal indica uma necessária conjugação de vontades para a adesão do Estado Brasileiro aos termos de um tratado internacional, ou seja, requer uma convergência das competências do presidente da República, a quem cabe celebrar o acordo, e do Congresso Nacional, que exerce função de controle e fiscalização, autorizando sua ratificação pelo chefe do Poder Executivo (Precedente: ADI nº 1.480/DF-MC, Tribunal Pleno, Rel. Min. Celso de Mello, DJ de 18/5/01). 4. Manifestação dos freios e contrapesos que caracterizam o exercício compartilhado do Poder nas democracias contemporâneas, enquanto antítese da autocracia e do totalitarismo, estabelecendo-se procedimentos que conferem legitimidade aos compromissos internacionais assumidos pelo Poder Executivo, para que, com força de lei, eles possam vincular os cidadãos e as autoridades constituídas. 5. Uma vez incorporados ao direito interno, os tratados passam a contar com força de lei ordinária federal, ressalvados os tratados que versam sobre direitos humanos, os quais passam a ter natureza supralegal ou até mesmo constitucional, caso observem o procedimento previsto no art. 5º, § 3º, da CF/88. Como tais, aos tratados se aplicam os mesmos critérios de solução de conflito de normas, como o da cronologia (norma posterior revoga a anterior) e da especialidade (norma especial prevalece sobre a genérica) (Precedentes: ADI nº 1.480/DF-MC, Tribunal

Pleno, Rel. Min. Celso de Mello, DJ de 18/5/01; ARE nº 766.618/SP, Tribunal Pleno, Rel. Min. Roberto Barroso, julgado em 25/5/17, DJe de 13/11/17). 6. À luz da Constituição de 1988, decorre do próprio Estado Democrático de Direito e de seu corolário ‘ o princípio da legalidade ‘ que a denúncia de um tratado internacional, embora produza efeitos no âmbito externo diante da manifestação de vontade do presidente da República, requer a anuência do Congresso Nacional para que suas normas sejam excluídas do direito positivo interno. 7. Julgar improcedente a presente ação, reconhecendo, por consequência, a inconstitucionalidade do Decreto nº 2.100, de 20 de dezembro de 1996, significaria lançar luz à possibilidade de invalidar todos os atos de denúncia unilateral praticados até o momento em períodos variados da história nacional. Não se pode desconsiderar tratar-se de um costume consolidado pelo tempo e que, não tendo sido formalmente invalidado, vinha sendo adotado de boa-fé e com justa expectativa de legitimidade. 8. Fixação da seguinte tese de julgamento: "a denúncia pelo Presidente da República de tratados internacionais aprovados pelo Congresso Nacional, para que produza efeitos no ordenamento jurídico interno, não prescinde da sua aprovação pelo Congresso". Aplicação desse entendimento a partir da publicação da ata do julgamento, mantendo-se a eficácia das denúncias realizadas até esse marco temporal. 9. Ação declaratória de constitucionalidade julgada procedente. 10. Apelo ao legislador para que elabore disciplina acerca da denúncia dos tratados internacionais que preveja a chancela do Congresso Nacional como condição para a produção de efeitos na ordem jurídica interna. (STF – ADC 39 – Tribunal Pleno - **Relator(a):** Min. DIAS TOFFOLI **Julgamento:** 19/06/2023 - **Publicação:** 18/08/2023).

Na prática, nada foi alterado, pois não fora decretada a nulidade da denúncia da Convenção 158, da OIT. Portanto, a referida Convenção não está vigente no ordenamento jurídico brasileiro.

3. GARANTIAS DE EMPREGO

Nas palavras de Maurício Godinho Delgado[9], garantia de emprego "é vantagem jurídica de caráter transitório deferida ao empregado em virtude de uma circunstância contratual ou pessoal obreira de caráter especial, de

9. Curso de Direito do Trabalho. 19. ed. São Paulo: LTr, 2020, p. 1525.

modo a assegurar a manutenção do vínculo empregatício por um lapso temporal definido, independentemente da vontade do empregador".

A previsão de garantias de emprego por lei infraconstitucional ou até mesmo por norma regulamentar ou convencional (acordos e convenções coletivas de trabalho) em situações específicas não violam a Constituição Federal, pois o art. 7º, I, da CF somente exige Lei Complementar para a instituição de estabilidades, que são em caráter geral e por prazo indeterminado.

Conforme vem entendendo a jurisprudência trabalhista dominante, as garantias de emprego só asseguram a reintegração no emprego se o prazo ainda estiver em curso. Uma vez exaurido o prazo estabilitário, somente são devidos os salários e as demais vantagens (a exemplo de férias + 1/3, 13º salário, FGTS + 40%, benefícios convencionais etc.) do período de garantia de emprego. No aspecto, dispõe a Súmula 396 do TST, *in verbis*:

> **"ESTABILIDADE PROVISÓRIA. PEDIDO DE REINTEGRAÇÃO. CONCESSÃO DO SALÁRIO RELATIVO AO PERÍODO DE ESTABILIDADE JÁ EXAURIDO. INEXISTÊNCIA DE JULGAMENTO 'EXTRA PETITA' (conversão das Orientações Jurisprudenciais nºs 106 e 116 da SBDI-1) - Res. 129/2005, DJ 20, 22 e 25.04.2005**
>
> I - Exaurido o período de estabilidade, são devidos ao empregado apenas os salários do período compreendido entre a data da despedida e o final do período de estabilidade, não lhe sendo assegurada a reintegração no emprego (ex-OJ nº 116 da SBDI-1 - inserida em 01.10.1997).
>
> II - Não há nulidade por julgamento 'extra petita' da decisão que deferir salário quando o pedido for de reintegração, dados os termos do art. 496 da CLT (ex-OJ nº 106 da SBDI-1 - inserida em 20.11.1997)."

Há entendimentos em sede doutrinária e jurisprudencial no sentido de que se o trabalhador vier postular em juízo reintegração no emprego, ou indenização pelo período estabilitário quando já exaurido o prazo estabilitário ao tempo da propositura da demanda trabalhista, não será devida a indenização, pois não será possível a reintegração e tal situação configura abuso de direito, uma vez que se pede salários e vantagens, sem a devida contraprestação dos serviços. A jurisprudência majoritária, no entanto, firmou entendimento no sentido de que a situação não configura abuso de direito, pois cumpria ao empregador dar efetividade à garantia de emprego, e não há perda do direito caso o empregado não o postule quando já exaurido o prazo de garantia de emprego, desde que observe o prazo prescricional. No aspecto, dispõe a OJ 399 da SDI-I do C. TST, *in verbis*:

> **"ESTABILIDADE PROVISÓRIA. AÇÃO TRABALHISTA AJUIZADA APÓS O TÉRMINO DO PERÍODO DE GARANTIA NO EMPREGO. ABUSO DO EXERCÍCIO DO DIREITO DE AÇÃO. NÃO CONFIGURAÇÃO. INDENIZAÇÃO DEVIDA (*DEJT* divulgado em 02, 03 e 04.08.2010).**
>
> O ajuizamento de ação trabalhista após decorrido o período de garantia de emprego não configura abuso do exercício do direito de ação, pois este está submetido apenas ao prazo prescricional inscrito no art. 7º, XXIX, da CF/1988, sendo devida a indenização desde a dispensa até a data do término do período estabilitário."

O magistrado trabalhista poderá, também, no caso concreto, quando for incompatível a reintegração em razão da animosidade entre as partes, convertê-la, de ofício, em indenização, conforme faculta o art. 496 da CLT, *in verbis*:

> "Quando a reintegração do empregado estável for desaconselhável, dado o grau de incompatibilidade resultante do dissídio, especialmente quando for o empregador pessoa física, o tribunal do trabalho poderá converter aquela obrigação em indenização devida nos termos do artigo seguinte."

Segundo a doutrina, há as garantias de emprego:

a) em caráter personalíssimo, em razão de condição pessoal do trabalhador, são irrenunciáveis pelo trabalhador, e subsistem em caso de fechamento da empresa, a exemplo da gestante e do acidentado;

b) em caráter coletivo, em razão da representação, pelo trabalhador, de sua categoria, ou dos trabalhadores da empresa, são renunciáveis, e não subsistem com o fechamento da empresa, a exemplo do dirigente sindical e do membro de CIPA.

4. GARANTIA DE EMPREGO DA GESTANTE E MÃE ADOTANTE

A garantia de emprego da empregada gestante tem relevante aspecto social e humanitário, pois tem por objeto proteger a dignidade da pessoa humana da mulher e do nascituro[10], facilitar o acesso da mulher ao merca-

10. Art. 227 da CF: "É dever da família, da sociedade e do Estado assegurar à criança, ao adolescente e ao jovem, com absoluta prioridade, o direito à vida, à saúde, à alimentação, à educação, ao lazer, à profissionalização, à cultura, à dignidade, ao respeito, à liberdade e à

do de trabalho, evitar discriminações e dar efetividade ao direito social de proteção à maternidade[11].

Dispõe o art. 10, II, letra "b", do ADCT:

> "Até que seja promulgada a lei complementar a que se refere o art. 7º, I, da Constituição: II – fica vedada a dispensa arbitrária ou sem justa causa: (...) b) da empregada gestante, desde a confirmação da gravidez até cinco meses após o parto."

Diante do referido dispositivo legal, são requisitos para a estabilidade da gestante:

a) **confirmação da gravidez:** Parte da doutrina exige a comprovação da gravidez, por exame médico ou laboratorial. Outra parte da doutrina não exige a comprovação da gravidez, apenas que a concepção tenha ocorrido.

A corrente jurisprudencial e doutrinária que defende o direito desde a concepção argumenta que o art. 10, II, "b", do ADCT visou a proteger o nascituro, bem como a privacidade e intimidade da gestante. Desse modo, não há necessidade de a empregada comprovar a gravidez, tampouco informá-la ao empregador, uma vez que o texto constitucional assegurou responsabilidade objetiva do empregador.

De nossa parte, embora a gestante não tenha que comunicar ao empregador sobre o estado gravídico, diante do art. 10, II, "b", do ADCT, pensamos que a empregada deve ter para si a confirmação da gravidez por exame médico ou laboratorial durante a vigência do contrato de trabalho, pois o texto constitucional é claro ao mencionar "confirmação da gravidez". Se a própria empregada não tem conhecimento da gravidez, não há o direito à garantia de emprego.

Em sentido contrário, defendendo interpretação mais benéfica à empregada, argumenta Gustavo Filipe Barbosa Garcia[12]:

> "Quanto à ausência de ciência pela própria empregada, quando a seu estado gestacional, no momento da dispensa sem justa causa, a

---

convivência familiar e comunitária, além de colocá-los a salvo de toda forma de negligência, discriminação, exploração, violência, crueldade e opressão".

11. Art. 6º da CF: "São direitos sociais a educação, a saúde, a alimentação, o trabalho, a moradia, o transporte, o lazer, a segurança, a previdência social, a proteção à maternidade e à infância, a assistência aos desamparados, na forma desta Constituição".

12. Manual de Direito do Trabalho. 13. ed. São Paulo: Juspodivm, 2020, p. 762.

disposição constitucional menciona que o direito surge a partir da 'confirmação' da gravidez, devendo ser interpretado de forma ampla e benéfica à gestante, por se tratar de norma de proteção, inclusive em conformidade com o princípio *in dubio pro operario*. Desse modo, entende-se que a referida confirmação significa a existência da gravidez, ou seja, termos médicos e científicos, o momento inicial da gestação."

No mesmo sentido, decidiu o Supremo Tribunal Federal no RE 629.053/SP, com repercussão geral, cuja ementa segue abaixo:

"DIREITO À MATERNIDADE. PROTEÇÃO CONSTITUCIONAL CONTRA DISPENSA ARBITRÁRIA DA GESTANTE. EXIGÊNCIA UNICAMENTE DA PRESENÇA DO REQUISITO BIOLÓGICO. GRAVIDEZ PREEXISTENTE À DISPENSA ARBITRÁRIA. MELHORIA DAS CONDIÇÕES DE VIDA AOS HIPOSSUFICIENTES, VISANDO À CONCRETIZAÇÃO DA IGUALDADE SOCIAL. DIREITO À INDENIZAÇÃO. RECURSO EXTRAORDINÁRIO DESPROVIDO. 1. O conjunto dos Direitos sociais foi consagrado constitucionalmente como uma das espécies de direitos fundamentais, se caracterizando como verdadeiras liberdades positivas, de observância obrigatória em um Estado Social de Direito, tendo por finalidade a melhoria das condições de vida aos hipossuficientes, visando à concretização da igualdade social, e são consagrados como fundamentos do Estado democrático, pelo art. 1º, IV, da Constituição Federal. 2. A Constituição Federal proclama importantes direitos em seu artigo 6º, entre eles a proteção à maternidade, que é a ratio para inúmeros outros direitos sociais instrumentais, tais como a licença-gestante e, nos termos do inciso I do artigo 7º, o direito à segurança no emprego, que compreende a proteção da relação de emprego contra despedida arbitrária ou sem justa causa da gestante. 3. A proteção constitucional somente exige a presença do requisito biológico: gravidez preexistente à dispensa arbitrária, independentemente de prévio conhecimento ou comprovação. 4. A proteção contra dispensa arbitrária da gestante caracteriza-se como importante direito social instrumental protetivo tanto da mulher, ao assegurar-lhe o gozo de outros preceitos constitucionais – licença maternidade remunerada, princípio da paternidade responsável –, quanto da criança, permitindo a efetiva e integral proteção ao recém-nascido, possibilitando sua convivência integral com a mãe, nos primeiros meses de vida, de maneira harmônica e segura – econômica e psicologicamente, em face da garantia de estabilidade no emprego –, consagrada com absoluta prioridade, no artigo 227 do texto constitucional, como dever inclusive da sociedade (empregador). 5. Recurso Extraordinário a que se nega provimento com a fixação da seguinte tese: A incidência da estabilidade prevista no art. 10, inc. II, do ADCT, somente exige a anterioridade da gravidez à dispensa sem justa causa (STF, Pleno, RE 629.053/SP, Rel. Min. Alexandre de Moraes. j. 10.10.18. *DJe* 27.02.19).

b) confirmação ocorra no período de vigência do contrato de trabalho: A jurisprudência tem entendido que a confirmação pode ser realizada até mesmo durante o prazo do aviso prévio indenização, pois ainda vigente o contrato de trabalho. No mesmo sentido, o recente art. 391-A da CLT, *in verbis*:

> "A confirmação do estado de gravidez advindo no curso do contrato de trabalho, ainda que durante o prazo do aviso prévio trabalhado ou indenizado, garante à empregada gestante a estabilidade provisória prevista na alínea *b* do inciso II do art. 10 do Ato das Disposições Constitucionais Transitórias."

O Tribunal Superior do Trabalho uniformizou sua jurisprudência a respeito por meio da Súmula 244, *in verbis*:

> **"GESTANTE. ESTABILIDADE PROVISÓRIA (redação do item III alterada na sessão do Tribunal Pleno realizada em 14.09.2012) – Res. 185/2012, *DEJT* divulgado em 25, 26 e 27.09.2012**
>
> I – O desconhecimento do estado gravídico pelo empregador não afasta o direito ao pagamento da indenização decorrente da estabilidade (art. 10, II, "b" do ADCT).
>
> II – A garantia de emprego à gestante só autoriza a reintegração se esta se der durante o período de estabilidade. Do contrário, a garantia restringe-se aos salários e demais direitos correspondentes ao período de estabilidade.
>
> III – A empregada gestante tem direito à estabilidade provisória prevista no art. 10, inciso II, alínea "b", do Ato das Disposições Constitucionais Transitórias, mesmo na hipótese de admissão mediante contrato por tempo determinado."

Diante da referida Súmula, ficou consagrado o entendimento firmado pelo Supremo Tribunal Federal no sentido de que é desnecessária a ciência do empregador sobre o estado gravídico para o direito à estabilidade. Também ficou consagrado o entendimento majoritário da jurisprudência trabalhista de que a estabilidade provisória somente garante a reintegração se à época da propositura da demanda, o prazo estabilitário ainda estiver vigente. Se o período já estiver exaurido à época da propositura da ação, ou até mesmo durante à época da execução de sentença, a garantia restringe-se aos salários e demais direitos correspondentes ao período de estabilidade.

O inciso III da Súmula 244 assegurou a estabilidade mesmo para os contratos a prazo determinado, alterando o paradigma anterior no sentido de que os contratos a termo em razão de as partes já saberem de antemão a data do término, não havia compatibilidade com as estabilidades provisórias ou garantias de emprego.

Diante do referido verbete sumular, o advento da estabilidade da gestante durante a vigência do contrato de trabalho por prazo determinado não o transforma em prazo indeterminado, somente haverá necessidade de observância do período de estabilidade.

Nos termos do art. 391-A da CLT, "a confirmação do estado de gravidez advindo no curso do contrato de trabalho, ainda que durante o prazo do aviso prévio trabalhado ou indenizado, garante à empregada gestante a estabilidade provisória prevista na alínea *b* do inciso II do art. 10 do Ato das Disposições Constitucionais Transitórias. Parágrafo único. O disposto no *caput* deste artigo aplica-se ao empregado adotante ao qual tenha sido concedida guarda provisória para fins de adoção".

Diante do referido dispositivo legal, aplica-se a estabilidade do art. 10, II, letra "b" do ADCT, ao empregado que adotar ou obter a guarda provisória para fins de adoção. Pelo princípio da isonomia, haverá, também, estabilidade provisória para a empregada que adotar ou obtiver a guarda de criança.

Como destaca Gustavo Filipe Barbosa Garcia[13]:

> "O art. 391-A, parágrafo único, da CLT não é explícito quanto à hipótese de adoção ou guarda judicial para fins de adoção *conjunta*. Tendo em vista que a lei não faz restrição a respeito do direito à estabilidade provisória, pode-se dizer que ambos os adotantes ou guardiães para fins de adoção, caso sejam empregado ou empregada, têm direito à referida garantia de emprego."

13. CLT Comentada. 7. ed. São Paulo: Juspodivm, 2020, p. 365.

Conforme o art. 392-A, da CLT, "à empregada que adotar ou obtiver guarda judicial para fins de adoção de criança ou adolescente será concedida licença-maternidade nos termos do art. 392 desta Lei. § 4º A licença-maternidade só será concedida mediante apresentação do termo judicial de guarda à adotante ou guardiã. § 5º A adoção ou guarda judicial conjunta ensejará a concessão de licença-maternidade a apenas um dos adotantes ou guardiães empregado ou empregada".

A adoção ou guarda judicial conjunta ensejará a concessão de licença-maternidade a apenas um dos adotantes ou guardiães empregado ou empregada.

Conforme o art. 392-B da CLT, em caso de morte da genitora, é assegurado ao cônjuge ou companheiro empregado o gozo de licença por todo o período da licença-maternidade ou pelo tempo restante a que teria direito a mãe, exceto no caso de falecimento do filho ou de seu abandono.

Diante do art. 392-C, aplica-se, no que couber, o disposto no art. 392-A e 392-B ao empregado que adotar ou obtiver guarda judicial para fins de adoção.

5. MEMBRO DE CIPA

Dispõe o art. 10, II, letra "a" do ADCT:

> "Até que seja promulgada a lei complementar a que se refere o art. 7º, I, da Constituição: II – fica vedada a dispensa arbitrária ou sem justa causa: a) do empregado eleito para cargo de direção de comissões internas de prevenção de acidentes, desde o registro de sua candidatura até um ano após o final de seu mandato."

O empregado eleito para as Comissões Internas de Prevenção de Acidentes (CIPA) detém estabilidade em caráter coletivo, desde o registro de sua candidatura até um ano após o final do mandato.

A Comissão Interna de Prevenção de Acidentes integra os serviços especializados em segurança e em medicina do trabalho, conforme as Normas do Ministério do Trabalho – atual Ministério da Economia (art. 162, da CLT).

Segundo o art. 163, será obrigatória a constituição de Comissão Interna de Prevenção de Acidentes e de Assédio (Cipa), em conformidade com instruções expedidas pelo Ministério do Trabalho e Previdência, nos estabelecimentos ou nos locais de obra nelas especificadas. Parágrafo único

– O Ministério do Trabalho regulamentará as atribuições, a composição e o funcionamento da(s) CIPA(s).

Nos termos do art. 164 da CLT, "cada CIPA será composta de representantes da empresa e dos empregados, de acordo com os critérios que vierem a ser adotados na regulamentação de que trata o parágrafo único do artigo anterior. § 1º – Os representantes dos empregadores, titulares e suplentes, serão por eles designados. § 2º – Os representantes dos empregados, titulares e suplentes, serão eleitos em escrutínio secreto, do qual participem, independentemente de filiação sindical, exclusivamente os empregados interessados. § 3º – O mandato dos membros eleitos da CIPA terá a duração de 1 (um) ano, permitida uma reeleição. § 4º – O disposto no parágrafo anterior não se aplicará ao membro suplente que, durante o seu mandato, tenha participado de menos da metade do número de reuniões da CIPA. § 5º – O empregador designará, anualmente, dentre os seus representantes, o Presidente da CIPA e os empregados elegerão, dentre eles, o Vice-Presidente."

Conforme o referido dispositivo, as CIPA(s) são compostas por representantes dos empregados e empregadores, com mandato de um ano, permitida uma reeleição. Os representantes dos empregados são eleitos, e os representantes do empregador, indicados pelo próprio empregador. Somente são detentores de estabilidade os membros eleitos, os quais representam os empregados (art. 10, II, letra "a", da CF).

Conforme já pacificado pela jurisprudência[14], o membro eleito suplente de CIPA também detém estabilidade provisória no emprego. No aspecto, dispõe a Súmula 339 do TST, *in verbis*:

> **"CIPA. SUPLENTE. GARANTIA DE EMPREGO. CF/1988 (incorporadas as Orientações Jurisprudenciais nºs 25 e 329 da SBDI-1) – Res. 129/2005, *DJ* 20, 22 e 25.04.2005**
>
> I – O suplente da CIPA goza da garantia de emprego prevista no art. 10, II, "a", do ADCT a partir da promulgação da Constituição Federal de 1988 (ex-Súmula nº 339 – Res. 39/1994, DJ 22.12.1994 – e ex-OJ nº 25 da SBDI-1 – inserida em 29.03.1996).
>
> II – A estabilidade provisória do cipeiro não constitui vantagem pessoal, mas garantia para as atividades dos membros da CIPA, que somente tem razão de ser quando em atividade a empresa. Extinto o

14. Súmula 676 do STF: "A garantia da estabilidade provisória prevista no art. 10, II, *a*, do Ato das Disposições Constitucionais Transitórias, também se aplica ao suplente do cargo de direção de comissões internas de prevenção de acidentes (CIPA)".

> estabelecimento, não se verifica a despedida arbitrária, sendo impossível a reintegração e indevida a indenização do período estabilitário (ex-OJ nº 329 da SBDI-1 – *DJ* 09.12.2003)."

No aspecto, destaca-se a seguinte ementa:

> "RECURSO ORDINÁRIO DO IMPETRANTE. MANDADO DE SEGURANÇA. DECISÃO PROFERIDA NA VIGÊNCIA DO CPC/15. DISPENSA SEM JUSTA CAUSA NO PERÍODO DE ESTABILIDADE PROVISÓRIA DE EMPREGADO ELEITO MEMBRO SUPLENTE DA CIPA. INDEFERIMENTO DA TUTELA DE URGÊNCIA QUE VISAVA A REINTEGRAÇÃO NO EMPREGO. EXISTÊNCIA DE DIREITO LÍQUIDO E CERTO A SER RESGUARDADO. CONCESSÃO DA SEGURANÇA. Trata-se de mandado de segurança impetrado contra ato jurisdicional pelo qual foi indeferida a tutela de urgência que visava à reintegração de empregado integrante da CIPA, a pretexto de que a decisão liminar precária que o manteria no emprego havia sido cassada por sentença definitiva prolatada em processo diverso. O eg. Tribunal Regional denegou a segurança, sob o fundamento de que, em síntese, "se o impetrante não mais ostenta a condição de empregado da litisconsorte, uma vez cassada a liminar que garantia essa qualidade, não há se falar em lhe garantir estabilidade provisória decorrente de eleição para CIPA, nem determinar sua reintegração". O exame da prova pré-constituída, todavia, conduz à conclusão de que o empregado era detentor de garantia provisória de emprego no ato da demissão, assegurada por normas legal e constitucional, porque legitimamente eleito membro suplente da CIPA enquanto ostentava a condição de empregado da empresa ora recorrida. Não há controvérsia no processado em torno do fato de a dispensa ter se dado sem justo motivo, daí exsurgindo a convicção de que foi ilegal e arbitrária a despedida do impetrante. Não tendo a litisconsorte passiva necessária invocado alguma das hipóteses expressamente elencadas no artigo 482 da CLT para demissão por justa causa, não se cuida de questão que demande dilação probatória exauriente no processo principal, podendo ser apreciada pela via estreita e excepcionalíssima do mandado de segurança. Assim sendo, a apreciação envolvendo a validade da dispensa sem justa causa na vigência de tal garantia adquirida legitimamente durante o contrato de trabalho faz-se possível diante da documentação acostada aos autos no feito de origem e replicada nesta demanda, que atesta ser o empregado portador de estabilidade provisória, porque comprovada a sua posse como membro suplente da CIPA, anteriormente à referida dispensa,

nos termos dos arts. 165 da CLT e 10, inciso II, "a", do ADCT e da Súmula 339 do TST. Como a demonstração do justo motivo para a demissão precisa ser indiscutível, inconteste, diante do princípio da continuidade da relação de trabalho, mais ainda se agiganta o direito do impetrante de ver mantido o vínculo com a litisconsorte. Dessa forma, evidenciada a presença dos elementos que justificam o deferimento da tutela de urgência requerida na ação originária, conforme disposto no artigo 300 do CPC/2015, conclui-se que há ofensa a direito líquido e certo do impetrante. Segurança que deve ser concedida. Precedentes. Recurso ordinário conhecido e provido (TST – RO-564-25.2019.5.06.0000, Subseção II Especializada em Dissídios Individuais, Relator Ministro Alexandre de Souza Agra Belmonte, *DEJT* 11/09/2020)."

O inciso II da Súmula 339 do TST consagrou o entendimento de que a estabilidade do membro de CIPA por não ser personalíssima, e sim em razão da representação dos empregados dentro da empresa, a extinção da empresa, provoca, necessariamente, a extinção da estabilidade.

Nos termos do art. 165 da CLT, "os titulares da representação dos empregados nas CIPA(s) não poderão sofrer despedida arbitrária, entendendo-se como tal a que não se fundar em motivo disciplinar, técnico, econômico ou financeiro. Parágrafo único – Ocorrendo a despedida, caberá ao empregador, em caso de reclamação à Justiça do Trabalho, comprovar a existência de qualquer dos motivos mencionados neste artigo, sob pena de ser condenado a reintegrar o empregado."

Embora o referido dispositivo legal se refira a motivo disciplinar, técnico, econômico ou financeiro, entende-se, diante do disposto no art. 7º, I, da CF, que o empregador não poderá dispensar o membro suplemente de CIPA sem justa causa. Somente poderá fazê-lo por justa causa (art. 482 da CLT).

6. DIRIGENTE SINDICAL

Dispõe o art. 8º, VIII, da Constituição Federal:

> "É livre a associação profissional ou sindical, observado o seguinte: (...) VIII – é vedada a dispensa do empregado sindicalizado a partir do registro da candidatura a cargo de direção ou representação sindical e, se eleito, ainda que suplente, até um ano após o final do mandato, salvo se cometer falta grave nos termos da lei."

A estabilidade provisória do empregado eleito dirigente sindical constitui uma garantia de emprego em caráter coletivo, a fim de que não sofra transtornos em razão da defesa dos interesses coletivos.

Por ser a estabilidade em caráter coletivo e não personalíssimo, nos termos do § 1º do art. 543 da CLT, "o empregado perderá o mandato se a transferência for por ele solicitada ou voluntariamente aceita". Trata-se de hipótese de renúncia à estabilidade permitida pela legislação trabalhista.

Nos termos do § 4º do art. 543 da CLT, "considera-se cargo de direção ou de representação sindical aquele cujo exercício ou indicação decorre de eleição prevista em lei".

Os dirigentes sindicais que detêm estabilidade estão mencionados no art. 522 da CLT[15], quais sejam: os membros da Administração (diretoria). Com efeito, dispõe o referido dispositivo legal:

> "A administração do sindicato será exercida por uma diretoria constituída no máximo de sete e no mínimo de três membros e de um Conselho Fiscal composto de três membros, eleitos esses órgãos pela Assembleia Geral. § 1º A diretoria elegerá, dentre os seus membros, o presidente do sindicato. § 2º A competência do Conselho Fiscal é limitada à fiscalização da gestão financeira do sindicato. § 3º – Constituirão atribuição exclusiva da Diretoria do Sindicato e dos Delegados Sindicais, a que se refere o art. 523, a representação e a defesa dos interesses da entidade perante os poderes públicos e as empresas, salvo mandatário com poderes outorgados por procuração da Diretoria, ou associado investido em representação prevista em lei."

Dispõe a Súmula 369 do TST:

> **"DIRIGENTE SINDICAL. ESTABILIDADE PROVISÓRIA (redação do item I alterada na sessão do Tribunal Pleno realizada em 14.09.2012) – Res. 185/2012, *DEJT* divulgado em 25, 26 e 27.09.2012**
>
> I – É assegurada a estabilidade provisória ao empregado dirigente sindical, ainda que a comunicação do registro da candidatura ou da eleição e da posse seja realizada fora do prazo previsto no art. 543, §

15. O art. 522 da CLT, conforme entendimento do STF, fora recepcionado pela Constituição Federal, mesmo diante do princípio da Liberdade Sindical, sob o enfoque da livre administração dos sindicatos.

> 5º, da CLT, desde que a ciência ao empregador, por qualquer meio, ocorra na vigência do contrato de trabalho.
>
> II – O art. 522 da CLT foi recepcionado pela Constituição Federal de 1988. Fica limitada, assim, a estabilidade a que alude o art. 543, § 3º, da CLT a sete dirigentes sindicais e igual número de suplentes.
>
> III – O empregado de categoria diferenciada eleito dirigente sindical só goza de estabilidade se exercer na empresa atividade pertinente à categoria profissional do sindicato para o qual foi eleito dirigente.
>
> IV – Havendo extinção da atividade empresarial no âmbito da base territorial do sindicato, não há razão para subsistir a estabilidade.
>
> V – O registro da candidatura do empregado a cargo de dirigente sindical durante o período de aviso prévio, ainda que indenizado, não lhe assegura a estabilidade, visto que inaplicável a regra do § 3º do art. 543 da Consolidação das Leis do Trabalho."

Os membros do Conselho Fiscal do Sindicatos não detêm estabilidade, conforme entendimento majoritário do TST. Nesse sentido, dispõe a OJ 365 do TST, *in verbis*:

> **"ESTABILIDADE PROVISÓRIA. MEMBRO DE CONSELHO FISCAL DE SINDICATO. INEXISTÊNCIA (*DJ* 20, 21 e 23.05.2008)**
> Membro de conselho fiscal de sindicato não tem direito à estabilidade prevista nos arts. 543, § 3º, da CLT e 8º, VIII, da CF/1988, porquanto não representa ou atua na defesa de direitos da categoria respectiva, tendo sua competência limitada à fiscalização da gestão financeira do sindicato (art. 522, § 2º, da CLT)."

A doutrina tem negado o direito à estabilidade dos dirigentes sindicais que representam a categoria econômica, pois não haveria conflito de interesses entre eles e as empresas. No entanto, nos parece que eles também são detentores de estabilidade provisória, pois nem o texto da Constituição Federal nem da CLT fazem distinção nesse sentido, e também em determinado momento, poderá haver conflito de interesses com o empregador.

6.1. Do inquérito judicial para apuração de falta grave pelo dirigente sindical

Dispõe a Súmula nº 379 do TST:

> **"DIRIGENTE SINDICAL. DESPEDIDA. FALTA GRAVE. INQUÉRITO JUDICIAL. NECESSIDADE (conversão da Orientação**

Jurisprudencial nº 114 da SBDI-1) – Res. 129/2005, *DJ* 20, 22 e 25.04.2005

O dirigente sindical somente poderá ser dispensado por falta grave mediante a apuração em inquérito judicial, inteligência dos arts. 494 e 543, § 3º, da CLT (ex-OJ nº 114 da SBDI-1 – inserida em 20.11.1997)."

O inquérito judicial para apuração de falta grave consiste numa ação de rito especial trabalhista, de jurisdição contenciosa destinada a pôr fim ao contrato de trabalho do empregado estável. Em razão disso, a natureza do inquérito é de ação constitutiva negativa ou desconstitutiva do contrato de trabalho.

Falta grave é todo ato doloso ou culposamente grave, previsto na lei, praticado pelo empregado, violando obrigações legais trabalhistas ou inerentes do contrato de trabalho, tornando insuportável a manutenção do vínculo de emprego por abalar, de forma indelével, a confiança do empregador.

Parte da doutrina distingue a falta grave da justa causa, argumentando que a falta grave tem intensidade maior que a justa causa. Filiamo-nos à corrente que não faz distinção entre justa causa e falta grave, entendendo as expressões como sinônimas, considerando-se que o rol de condutas que ensejam a justa causa e a falta grave está previsto no art. 482 da CLT.

Outros defendem a necessidade do inquérito somente nas hipóteses de estabilidades definitivas, ou quando a lei o exigir, como na hipótese do dirigente sindical, porquanto o § 3º do art. 543 da CLT exige que a falta grave do dirigente sindical seja apurada *nos termos da Consolidação*, e a referida expressão reporta-se ao inquérito, que é o meio de que dispõe a CLT para apurar a falta grave.

Dispõe o art. 853 da CLT:

> "Para a instauração de inquérito para apuração de falta grave contra empregado garantido com estabilidade, o empregador apresentará reclamação por escrito à Junta ou Juízo de Direito, dentro de 30 dias, contados da data da suspensão do empregado."

Caso seja julgado procedente o pedido do inquérito, o contrato de trabalho restará rescindido por culpa do empregado na data da suspensão do contrato de trabalho, se tiver havido suspensão prévia ou, na data da sentença, caso não tenha havido suspensão prévia do empregado.

No inquérito judicial para apuração de falta grave com prévia suspensão do empregado, se o pedido do requerente for julgado improcedente, vale dizer: o juiz entender que não houve falta grave, condenará o requerente a pagar ao requerido os salários do período de afastamento, que podem ser executados nos próprios autos de inquérito, sem a necessidade de reconvenção, uma vez que tal ação tem a chamada "natureza dúplice."

Discute-se na doutrina e na jurisprudência se a reconvenção pode ser cabível no inquérito judicial. Conforme já nos pronunciamos anteriormente, acreditamos que a reconvenção seja compatível com o inquérito judicial para apuração de falta grave, quando o objeto da reconvenção seja mais amplo do que o recebimento dos salários do período de afastamento ou da reintegração do empregado estável, como em razão dos motivos da falta grave, o requerido (empregado), por meio de reconvenção, pleiteia a reparação de danos morais e patrimoniais que tenham conexão com a matéria versada no Inquérito.

7. EMPREGADO ACIDENTADO

A estabilidade do trabalhador acidentado, que é em caráter personalíssimo, tem por objetivo manter o emprego por um determinado período a fim de que o trabalhador possa se recuperar das consequências do acidente (físicas e psicológicas).

Dispõe o art. 118 da Lei 8.213/91:

> "O segurado que sofreu acidente do trabalho tem garantida, pelo prazo mínimo de doze meses, a manutenção do seu contrato de trabalho na empresa, após a cessação do auxílio-doença acidentário, independentemente de percepção de auxílio-acidente."

Diante do referido dispositivo legal, para que o empregado acidentado tenha direito à garantia de emprego, devem estar presentes os seguintes requisitos:

a) que tenha sofrido acidente de trabalho[16];

---

16. Art. 19 da Lei 8.213/91: "Acidente do trabalho é o que ocorre pelo exercício do trabalho a serviço de empresa ou de empregador doméstico ou pelo exercício do trabalho dos segurados referidos no inciso VII do art. 11 desta Lei, provocando lesão corporal ou perturbação funcional que cause a morte ou a perda ou redução, permanente ou temporária, da capacidade para o trabalho". Art. 20 da Lei 8.213/91: "Consideram-se acidente do trabalho, nos termos do artigo anterior, as seguintes entidades mórbidas: I – doença profissional, assim entendida a produzida ou desencadeada pelo exercício do trabalho peculiar a determinada atividade e constante da respectiva relação elaborada pelo Ministério do Trabalho e da Previdência Social; II – doença do trabalho, assim entendida a adquirida ou desencadeada em função

b) que em razão do acidente tenha recebido auxílio-doença acidentário[17]: Nos casos de doenças relacionadas ao trabalho tem entendido a jurisprudência, corretamente, que não há necessidade de recebimento de auxílio-doença acidentário, desde que se faça prova em juízo da existência do nexo causal entre doença e a atividade desempenhada na empresa, bem como a redução parcial/total e temporária/definitiva da capacidade de trabalho, uma vez que a doença muitas vezes surge de forma paulatina e insidiosa, e na maioria das vezes tendo suas lesões consolidadas após o término do contrato de trabalho;

c) não há necessidade de ter tido sequelas do acidente a justificar o recebimento de auxílio-acidente[18].

---

de condições especiais em que o trabalho é realizado e com ele se relacione diretamente, constante da relação mencionada no inciso I. § 1º Não são consideradas como doença do trabalho: a) a doença degenerativa; b) a inerente a grupo etário; c) a que não produza incapacidade laborativa; d) a doença endêmica adquirida por segurado habitante de região em que ela se desenvolva, salvo comprovação de que é resultante de exposição ou contato direto determinado pela natureza do trabalho.§ 2º Em caso excepcional, constatando-se que a doença não incluída na relação prevista nos incisos I e II deste artigo resultou das condições especiais em que o trabalho é executado e com ele se relaciona diretamente, a Previdência Social deve considerá-la acidente do trabalho".

17. Art. 59 da Lei 8.213/91: "O auxílio-doença será devido ao segurado que, havendo cumprido, quando for o caso, o período de carência exigido nesta Lei, ficar incapacitado para o seu trabalho ou para a sua atividade habitual por mais de 15 (quinze) dias consecutivos. § 1º Não será devido o auxílio-doença ao segurado que se filiar ao Regime Geral de Previdência Social já portador da doença ou da lesão invocada como causa para o benefício, exceto quando a incapacidade sobrevier por motivo de progressão ou agravamento da doença ou da lesão. § 2º Não será devido o auxílio-doença para o segurado recluso em regime fechado. § 3º O segurado em gozo de auxílio-doença na data do recolhimento à prisão terá o benefício suspenso. § 4º A suspensão prevista no § 3º deste artigo será de até 60 (sessenta) dias, contados da data do recolhimento à prisão, cessado o benefício após o referido prazo. § 5º Na hipótese de o segurado ser colocado em liberdade antes do prazo previsto no § 4º deste artigo, o benefício será restabelecido a partir da data da soltura. § 6º Em caso de prisão declarada ilegal, o segurado terá direito à percepção do benefício por todo o período devido. § 7º O disposto nos §§ 2º, 3º, 4º, 5º e 6º deste artigo aplica-se somente aos benefícios dos segurados que forem recolhidos à prisão a partir da data de publicação desta Lei. § 8º O segurado recluso em cumprimento de pena em regime aberto ou semiaberto terá direito ao auxílio-doença".

18. Art. 86 da Lei 8.213/91: "O auxílio-acidente será concedido, como indenização, ao segurado quando, após consolidação das lesões decorrentes de acidente de qualquer natureza, resultarem sequelas que impliquem redução da capacidade para o trabalho que habitualmente exercia. § 1º O auxílio-acidente mensal corresponderá a cinquenta por cento do salário-de-benefício e será devido, observado o disposto no § 5º, até a véspera do início de qualquer aposentadoria ou até a data do óbito do segurado. § 2º O auxílio-acidente será devido a partir do dia seguinte ao da cessação do auxílio-doença, independentemente de qualquer remuneração ou rendimento auferido pelo acidentado, vedada sua acumulação com qualquer aposentadoria. § 3º O recebimento de salário ou concessão de outro benefício, exceto de aposentadoria, observado o disposto no § 5º, não prejudicará a continuidade do recebimento do auxílio-acidente. § 4º A perda da audição, em qualquer grau, somente proporcionará a concessão do auxílio-acidente, quando, além do reconhecimento de causalidade entre o

A Súmula 378 do TST uniformizou a jurisprudência do TST sobre a presente garantia de emprego, *in verbis*:

> **"ESTABILIDADE PROVISÓRIA. ACIDENTE DO TRABALHO. ART. 118 DA LEI Nº 8.213/1991. (inserido item III) – Res. 185/2012, *DEJT* divulgado em 25, 26 e 27.09.2012**
>
> I – É constitucional o artigo 118 da Lei nº 8.213/1991 que assegura o direito à estabilidade provisória por período de 12 meses após a cessação do auxílio-doença ao empregado acidentado (ex-OJ nº 105 da SBDI-1 – inserida em 01.10.1997).
>
> II – São pressupostos para a concessão da estabilidade o afastamento superior a 15 dias e a consequente percepção do auxílio-doença acidentário, salvo se constatada, após a despedida, doença profissional que guarde relação de causalidade com a execução do contrato de emprego (primeira parte – ex-OJ nº 230 da SBDI-1 – inserida em 20.06.2001).
>
> III – O empregado submetido a contrato de trabalho por tempo determinado goza da garantia provisória de emprego decorrente de acidente de trabalho prevista no art. 118 da Lei nº 8.213/91."

Diante da referida Súmula, ficou consagrado o entendimento da constitucionalidade do art. 118 da Lei 8.213/91 por assegurar garantia de emprego a trabalhadores em situações peculiares, não havendo atrito com o art. 7º, I, da CLT; que o nexo de causa e efeito entre doença e trabalho possa ser comprovado em juízo por todos os meios admitidos em direito, principalmente a perícia médica, independentemente do recebimento de auxílio-doença acidentário, e que a presente estabilidade é compatível com os contratos de trabalho por prazo determinado, mas sem alterar na natureza desses contratos.

8. EMPREGADO REABILITADO E PORTADOR DE NECESSIDADES ESPECIAIS

O art. 93 da Lei 8.213/91 é de grande alcance social e humanitário, pois tem por objetivo a inserção do portador de necessidades especiais e o trabalhador reabilitado ao mercado de trabalho.

---

trabalho e a doença, resultar, comprovadamente, na redução ou perda da capacidade para o trabalho que habitualmente exercia".

Não se trata propriamente de uma garantia de emprego, mas de restrição ao direito de dispensa do empregador, enquanto não contratar outro empregado nas mesmas condições ou em condições semelhantes do que será dispensado. Se a empresa não comprovar que contratou trabalhador portador de necessidades especiais ou reabilitado para preencher a vaga do trabalhador dispensado, o trabalhador que ocupava a vaga tem direito a ser reintegrado na função. Dispõe o referido dispositivo legal:

> "A empresa com 100 (cem) ou mais empregados está obrigada a preencher de 2% (dois por cento) a 5% (cinco por cento) dos seus cargos com beneficiários reabilitados ou pessoas portadoras de deficiência, habilitadas, na seguinte proporção: I – até 200 empregados: 2%; II – de 201 a 500: 3%; III – de 501 a 1.000: 4%; IV – de 1.001 em diante: 5%. V – (VETADO) (Incluído pela Lei nº 13.146, de 2015). § 1º A dispensa de pessoa com deficiência ou de beneficiário reabilitado da Previdência Social ao final de contrato por prazo determinado de mais de 90 (noventa) dias e a dispensa imotivada em contrato por prazo indeterminado somente poderão ocorrer após a contratação de outro trabalhador com deficiência ou beneficiário reabilitado da Previdência Social (Redação dada pela Lei nº 13.146, de 2015). § 2º Ao Ministério do Trabalho e Emprego incumbe estabelecer a sistemática de fiscalização, bem como gerar dados e estatísticas sobre o total de empregados e as vagas preenchidas por pessoas com deficiência e por beneficiários reabilitados da Previdência Social, fornecendo-os, quando solicitados, aos sindicatos, às entidades representativas dos empregados ou aos cidadãos interessados (Redação dada pela Lei nº 13.146, de 2015). § 3º Para a reserva de cargos será considerada somente a contratação direta de pessoa com deficiência, excluído o aprendiz com deficiência de que trata a Consolidação das Leis do Trabalho (CLT), aprovada pelo Decreto-Lei nº 5.452, de 1º de maio de 1943 (Incluído pela Lei nº 13.146, de 2015). § 4º (VETADO) (Incluído pela Lei nº 13.146, de 2015)."

A jurisprudência trabalhista tem entendido que se o total da cota de reabilitados e portadores de necessidades especiais já estiver preenchido[19], há possibilidade de dispensa de empregado sem contratação de outro em

19. A Doutrina tem entendido, corretamente, que a dificuldade no preenchimento das cotas de portadores de necessidades especiais e reabilitados não exime a obrigação do empregador, pois cabe à empresa cumprir sua função social e tomar posturas ativas para preenchimento das vagas.

seu lugar, uma vez que a finalidade da lei é impulsionar o preenchimento de todas as vagas. No aspecto, destaca-se a seguinte ementa do TST, *in verbis*:

> RECURSO DE EMBARGOS REGIDO PELA LEI Nº 11.496/2007. REINTEGRAÇÃO – DISPENSA SEM JUSTA CAUSA – TRABALHADOR PORTADOR DE DEFICIÊNCIA – MANUTENÇÃO PELA EMPRESA EM SEU QUADRO DE PESSOAL DO PERCENTUAL EXIGIDO PELA LEI Nº 8.213/91. O escopo da Lei nº 8.213/91, em estrita observância ao princípio constitucional de proteção ao empregador portador de deficiência (art. 7º, XXXI), é assegurar aos beneficiários reabilitados ou pessoas portadoras de deficiência habilitadas a inserção no mercado de trabalho. Daí a disposição expressa no art. 93, caput e incisos, no sentido de assegurar, no âmbito da empresa, a manutenção desses trabalhadores no percentual mínimo proporcionalmente fixado. Em relação ao §1º do art. 93, note-se que o seu objetivo é garantir que a empresa efetivamente cumpra o sistema de cotas que lhe foi imposto, assegurando a vigência do contrato de trabalho dos beneficiários reabilitados ou das pessoas portadoras de deficiência habilitada até que haja a substituição desses por outros empregados nas mesmas condições. Assim, o sistema jurídico, por meio do art. 93, caput, combinado com o § 1º, visando à proteção de um grupo de trabalhadores, estabelece a obrigatoriedade de a empresa preencher determinado percentual de cargos com essas pessoas, conforme o número total de empregados. No caso concreto, infere-se do acórdão regional que a empregadora, por ocasião da dispensa do empregado, na condição de deficiente físico, não comprovou a contratação de substituto em situação análoga. Tal circunstância, contudo, não autoriza a conclusão pela ilegalidade da dispensa havida, e, consequentemente, pela determinação de reintegração, uma vez que não restou descumprida a exigência legal de se manter um percentual mínimo de pessoas portadoras de deficiência ou beneficiários reabilitados nos quadros da empresa. Ou seja, não obstante a dispensa do empregado, a empresa manteve em seu quadro de pessoal o percentual exigido pelo art. 93 da Lei nº 8.213/91. Da interpretação da referida norma legal, a resilição sem justa causa do contrato de trabalho do beneficiário reabilitado ou portador de deficiência, sem a contratação de outro empregado nas mesmas condições, só é possível quando mantido o percentual de participação desses trabalhadores do total de empregados da empresa, como ocorreu na hipótese. Considerando que, mesmo após a dispensa do reclamante, a reclamada manteve, em seu quadro de

pessoal, o percentual de reabilitados e portadores de deficiência nos limites fixados pela Lei nº 8.213/91, não há óbice à dispensa sem justa causa e, portanto, não se justifica a reintegração determinada. Precedentes de Turmas do TST. Recurso de embargos conhecido e provido (TST - E-ED-ED-RR-10740-12.2005.5.17.0012, Subseção I Especializada em Dissídios Individuais, Relator Ministro Renato de Lacerda Paiva, *DEJT* 12/05/2017).

9. FUNDO DE GARANTIA POR TEMPO DE SERVIÇO (FGTS)

9.1. Conceito e natureza jurídica

O Fundo de Garantia por Tempo de Serviços (FGTS), conforme destaca Amauri Mascaro Nascimento[20], "substituiu a indenização e a estabilidade no emprego prevista pela CLT".

Trata-se de um direito social trabalhista previsto na Constituição Federal. Com efeito, dispõe o art. 7º, III, da CF:

> "São direitos dos trabalhadores urbanos e rurais, além de outros que visem à melhoria de sua condição social: (...) III – fundo de garantia do tempo de serviço."

Segundo o art. 2º da Lei 8.036/90, "o FGTS é constituído pelos saldos das contas vinculadas a que se refere esta lei e outros recursos a ele incorporados, devendo ser aplicados com atualização monetária e juros, de modo a assegurar a cobertura de suas obrigações. § 1º Constituem recursos incorporados ao FGTS, nos termos do *caput* deste artigo: a) eventuais saldos apurados nos termos do art. 12, § 4º; b) dotações orçamentárias específicas; c) resultados das aplicações dos recursos do FGTS; d) multas, correção monetária e juros moratórios devidos; e) demais receitas patrimoniais e financeiras. § 2º As contas vinculadas em nome dos trabalhadores são absolutamente impenhoráveis."

Segundo a definição de Sérgio Pinto Martins[21], "o FGTS é um depósito bancário destinado a formar uma poupança para o trabalhador, que poderá ser sacada nas hipóteses previstas na lei, principalmente quando é dispensado

20. Curso de Direito do Trabalho. 29. ed. São Paulo: Saraiva, 2014, p. 891.
21. Direito do Trabalho. 36. ed. São Paulo: Saraiva, 2020, p. 718.

sem justa causa. Servem os depósitos como forma de financiamento para aquisição de moradia pelo Sistema Financeiro da Habitação".

Com o fim da estabilidade decenal pela Constituição de 1988, não há mais opção pelo sistema do FGTS, sendo obrigatório para todos os trabalhadores urbanos e rurais com vínculo de emprego. Há vários entendimentos sobre a natureza jurídica do FGTS, no entanto, nos parece que ele tem tripla natureza jurídica:

a) para o empregado trata-se de salário diferido, pois num determinado momento ele fará saque dos depósitos após a extinção do contrato de trabalho;

b) para o empregador é uma espécie de tributo, pois compulsório. No entanto, a jurisprudência tem dito que se trata de uma contribuição social;

c) para o Estado é um Fundo Social de Destinação Variada[22], uma vez que os recursos do FGTS podem ser utilizados pelo Poder Público para programas sociais.

No entanto, para o trabalhador se trata de um direito e para o empregador, uma obrigação legal.

A gestão do FGTS cabe à Caixa Econômica Federal (art. 4º da Lei 8.036/90), cujas diretrizes são elaboradas pelo Conselho Curador (art. 5º da Lei 8.036/90).

9.2. Recolhimentos

Quanto ao recolhimento do FGTS, dispõe o art. 15 da Lei 8.036/90:

> "Para os fins previstos nesta lei, todos os empregadores ficam obrigados a depositar, até o dia 7 (sete) de cada mês, em conta bancária vinculada, a importância correspondente a 8 (oito) por cento da remuneração paga ou devida, no mês anterior, a cada trabalhador, incluídas na remuneração as parcelas de que tratam os arts. 457 e 458 da CLT e a gratificação de Natal a que se refere a Lei nº 4.090, de 13 de julho de 1962, com as modificações da Lei nº 4.749, de 12 de agosto de 1965. § 1º Entende-se por empregador a pessoa física ou a pessoa jurídica de direito privado ou de direito público, da

22. Expressão de Maurício Godinho Delgado. In: Curso de Direito do Trabalho. 19. ed. São Paulo: LTr, 2020, p. 1551.

> administração pública direta, indireta ou fundacional de qualquer dos Poderes, da União, dos Estados, do Distrito Federal e dos Municípios, que admitir trabalhadores a seu serviço, bem assim aquele que, regido por legislação especial, encontrar-se nessa condição ou figurar como fornecedor ou tomador de mão de obra, independente da responsabilidade solidária e/ou subsidiária a que eventualmente venha obrigar-se. § 2º Considera-se trabalhador toda pessoa física que prestar serviços a empregador, a locador ou tomador de mão de obra, excluídos os eventuais, os autônomos e os servidores públicos civis e militares sujeitos a regime jurídico próprio. § 3º Os trabalhadores domésticos poderão ter acesso ao regime do FGTS, na forma que vier a ser prevista em lei. § 4º Considera-se remuneração as retiradas de diretores não empregados, quando haja deliberação da empresa, garantindo-lhes os direitos decorrentes do contrato de trabalho de que trata o art. 16. § 5º O depósito de que trata o **caput** deste artigo é obrigatório nos casos de afastamento para prestação do serviço militar obrigatório e licença por acidente do trabalho. § 6º Não se incluem na remuneração, para os fins desta Lei, as parcelas elencadas no § 9º do art. 28 da Lei nº 8.212, de 24 de julho de 1991."

Nos termos do art. 18 da Lei 8.036/90, "Ocorrendo rescisão do contrato de trabalho, por parte do empregador, ficará este obrigado a depositar na conta vinculada do trabalhador no FGTS os valores relativos aos depósitos referentes ao mês da rescisão e ao imediatamente anterior, que ainda não houver sido recolhido, sem prejuízo das cominações legais. § 1º Na hipótese de despedida pelo empregador sem justa causa, depositará este, na conta vinculada do trabalhador no FGTS, importância igual a quarenta por cento do montante de todos os depósitos realizados na conta vinculada durante a vigência do contrato de trabalho, atualizados monetariamente e acrescidos dos respectivos juros. § 2º Quando ocorrer despedida por culpa recíproca ou força maior, reconhecida pela Justiça do Trabalho, o percentual de que trata o § 1º será de 20 (vinte) por cento. § 3º As importâncias de que trata este artigo deverão constar da documentação comprobatória do recolhimento dos valores devidos a título de rescisão do contrato de trabalho, observado o disposto no art. 477 da CLT, eximindo o empregador, exclusivamente, quanto aos valores discriminados."

O Fundo de Garantia por Tempo de Serviço incide sobre todas as parcelas de natureza remuneratórias pagas ao empregado em razão do contrato de trabalho.

Incide o aviso prévio sobre o aviso prévio indenizado (Súmula 305 do TST). Sobre as férias indenizadas, o TST firmou entendimento pela não incidência do FGTS sobre as férias indenizadas (OJ 195 da SDI-I do TST).

O art. 13 da Lei 8.036/90 trata da correção monetária do FGTS, *in verbis*:

> "Os depósitos efetuados nas contas vinculadas serão corrigidos monetariamente com base nos parâmetros fixados para atualização dos saldos dos depósitos de poupança e capitalização juros de (três) por cento ao ano. § 1º A atualização monetária e a capitalização de juros nas contas vinculadas correrão à conta do FGTS, e a Caixa Econômica Federal efetuará o crédito respectivo no vigésimo primeiro dia de cada mês, com base no saldo existente no vigésimo primeiro dia do mês anterior, deduzidos os débitos ocorridos no período (Redação dada pela Lei nº 14.438, de 2022). § 1º-A. Para fins do disposto no § 1º deste artigo, o depósito realizado no prazo legal será contabilizado no saldo da conta vinculada no vigésimo primeiro dia do mês de sua ocorrência (Incluído pela Lei nº 14.438, de 2022). § 1º-B. Na hipótese de depósito realizado intempestivamente, a atualização monetária e a parcela de juros devida ao empregado comporão o saldo-base no vigésimo primeiro dia do mês imediatamente anterior, ou comporão o saldo no vigésimo primeiro dia do mês do depósito, se o depósito ocorrer nesta data. § 2º No primeiro mês em que for exigível o recolhimento do FGTS no vigésimo dia, na forma prevista no art. 15 desta Lei, a atualização monetária e os juros correspondentes da conta vinculada serão realizados: (Redação dada pela Lei nº 14.438, de 2022) I – no décimo dia, com base no saldo existente no décimo dia do mês anterior, deduzidos os débitos ocorridos no período; e (Incluído pela Lei nº 14.438, de 2022) II – no vigésimo primeiro dia, com base no saldo existente no décimo dia do mesmo mês, atualizado na forma prevista no inciso I deste parágrafo, deduzidos os débitos ocorridos no período, com a atualização monetária **pro rata die** e os juros correspondentes. (Incluído pela Lei nº 14.438, de 2022) § 3º Para as contas vinculadas dos trabalhadores optantes existentes à data de 22 de setembro de 1971, a capitalização dos juros dos depósitos continuará a ser feita na seguinte progressão, salvo no caso de mudança de empresa, quando a capitalização dos juros passará a ser feita à taxa de 3 (três) por cento ao ano: I – 3 (três) por cento, durante os dois primeiros anos de permanência na mesma empresa; II – 4 (quatro) por cento, do terceiro ao quinto ano de permanência na mesma empresa; III – 5 (cinco) por cento,

do sexto ao décimo ano de permanência na mesma empresa; IV – 6 (seis) por cento, a partir do décimo primeiro ano de permanência na mesma empresa. § 4º O saldo das contas vinculadas é garantido pelo Governo Federal, podendo ser instituído seguro especial para esse fim. § 5º O Conselho Curador autorizará a distribuição de parte do resultado positivo auferido pelo FGTS, mediante crédito nas contas vinculadas de titularidade dos trabalhadores, observadas as seguintes condições, entre outras a seu critério: (Incluído pela Lei nº 13.446, de 2017) I – a distribuição alcançará todas as contas vinculadas que apresentarem saldo positivo em 31 de dezembro do exercício-base do resultado auferido, inclusive as contas vinculadas de que trata o art. 21 desta Lei; (Incluído pela Lei nº 13.446, de 2017) II – a distribuição será proporcional ao saldo de cada conta vinculada em 31 de dezembro do exercício-base e deverá ocorrer até 31 de agosto do ano seguinte ao exercício de apuração do resultado; e (Incluído pela Lei nº 13.446, de 2017) § 6º O valor de distribuição do resultado auferido será calculado posteriormente ao valor desembolsado com o desconto realizado no âmbito do Programa Minha Casa, Minha Vida (PMCMV), de que trata a Lei nº 11.977, de 7 de julho de 2009. (Incluído pela Lei nº 13.446, de 2017) § 7º O valor creditado nas contas vinculadas a título de distribuição de resultado, acrescido de juros e atualização monetária, não integrará a base de cálculo do depósito da multa rescisória de que tratam os §§ 1º e 2º do art. 18 desta Lei" (Incluído pela Lei nº 13.446, de 2017).

Quanto à correção monetária do FGTS decorrente de ação trabalhista, dispôs a OJ 302 da SDI-I do TST, *in verbis*: Os créditos referentes ao FGTS, decorrentes de condenação judicial, serão corrigidos pelos mesmos índices aplicáveis aos débitos trabalhistas.

Quanto ao ônus da prova pelo recolhimento do FGTS e responsabilidade por diferenças, embora o empregado possa obter extrato de sua conta vinculada junto à CEF, ao empregador cumpre a obrigação de efetuar os recolhimentos e de documentar os recolhimentos. Portanto, ao último compete o ônus da prova de demonstrar o correto recolhimento do FGTS em eventual demanda trabalhista (art. 373, II, do CPC). Nesse sentido, a Súmula 461 do TST, "*in verbis*":

"Diferenças. Recolhimento. Ônus da prova. Lei 8.036/1990, CPC/1973, art. 333. CLT, art. 818. CPC/2015, art. 373, II

> É do empregador o ônus da prova em relação à regularidade dos depósitos do FGTS, pois o pagamento é fato extintivo do direito do autor (CPC/2015, art. 373, II – CPC/2015)."

9.3. Movimentação dos depósitos

Os depósitos de FGTS podem ser movimentados pelo trabalhador nas hipóteses do art. 20[23] da Lei 8.036/90, dentre as quais destacam-se:

---

23. Art. 20 da Lei 8.036/90: "A conta vinculada do trabalhador no FGTS poderá ser movimentada nas seguintes situações: I – despedida sem justa causa, inclusive a indireta, de culpa recíproca e de força maior; (Redação dada pela Medida Provisória nº 2.197-43, de 2001) I-A – extinção do contrato de trabalho prevista no art. 484-A da Consolidação das Leis do Trabalho (CLT), aprovada pelo Decreto- Lei nº 5.452, de 1º de maio de 1943; (Incluído pela Lei nº 13.467, de 2017) II – extinção total da empresa, fechamento de quaisquer de seus estabelecimentos, filiais ou agências, supressão de parte de suas atividades, declaração de nulidade do contrato de trabalho nas condições do art. 19-A, ou ainda falecimento do empregador individual sempre que qualquer dessas ocorrências implique rescisão de contrato de trabalho, comprovada por declaração escrita da empresa, suprida, quando for o caso, por decisão judicial transitada em julgado; (Redação dada pela Medida Provisória nº 2.164-41, de 2001) III – aposentadoria concedida pela Previdência Social; IV – falecimento do trabalhador, sendo o saldo pago a seus dependentes, para esse fim habilitados perante a Previdência Social, segundo o critério adotado para a concessão de pensões por morte. Na falta de dependentes, farão jus ao recebimento do saldo da conta vinculada os seus sucessores previstos na lei civil, indicados em alvará judicial, expedido a requerimento do interessado, independente de inventário ou arrolamento; V – pagamento de parte das prestações decorrentes de financiamento habitacional concedido no âmbito do Sistema Financeiro da Habitação (SFH), desde que: a) o mutuário conte com o mínimo de 3 (três) anos de trabalho sob o regime do FGTS, na mesma empresa ou em empresas diferentes; b) o valor bloqueado seja utilizado, no mínimo, durante o prazo de 12 (doze) meses; c) o valor do abatimento atinja, no máximo, 80 (oitenta) por cento do montante da prestação; VI – liquidação ou amortização extraordinária do saldo devedor de financiamento imobiliário, observadas as condições estabelecidas pelo Conselho Curador, dentre elas a de que o financiamento seja concedido no âmbito do SFH e haja interstício mínimo de 2 (dois) anos para cada movimentação; VII – pagamento total ou parcial do preço de aquisição de moradia própria, ou lote urbanizado de interesse social não construído, observadas as seguintes condições: (Redação dada pela Lei nº 11.977, de 2009) a) o mutuário deverá contar com o mínimo de 3 (três) anos de trabalho sob o regime do FGTS, na mesma empresa ou empresas diferentes; b) seja a operação financiável nas condições vigentes para o SFH; VIII – quando o trabalhador permanecer três anos ininterruptos fora do regime do FGTS; (Redação dada pela Lei nº 13.932, de 2019) IX – extinção normal do contrato a termo, inclusive o dos trabalhadores temporários regidos pela Lei nº 6.019, de 3 de janeiro de 1974; X – suspensão total do trabalho avulso por período igual ou superior a 90 (noventa) dias, comprovada por declaração do sindicato representativo da categoria profissional. XI – quando o trabalhador ou qualquer de seus dependentes for acometido de neoplasia maligna. (Incluído pela Lei nº 8.922, de 1994) XII – aplicação em quotas de Fundos Mútuos de Privatização, regidos pela Lei nº 6.385, de 7 de dezembro de 1976, permitida a utilização máxima de 50 % (cinquenta por cento) do saldo existente e disponível em sua conta vinculada do Fundo de Garantia do Tempo de Serviço, na data em que exercer a opção. (Incluído pela Lei nº 9.491, de 1997) (Vide Decreto nº 2.430, 1997) XIII – quando o trabalhador ou qualquer de seus dependentes for portador do vírus HIV; (Incluído pela Medida Provisória nº 2.164-41, de 2001) XIV – quando o trabalhador ou qualquer de seus dependentes estiver em estágio

terminal, em razão de doença grave, nos termos do regulamento; (Incluído pela Medida Provisória nº 2.164-41, de 2001) XV – quando o trabalhador tiver idade igual ou superior a setenta anos. (Incluído pela Medida Provisória nº 2.164-41, de 2001) XVI – necessidade pessoal, cuja urgência e gravidade decorra de desastre natural, conforme disposto em regulamento, observadas as seguintes condições: (Incluído pela Lei nº 10.878, de 2004) a) o trabalhador deverá ser residente em áreas comprovadamente atingidas de Município ou do Distrito Federal em situação de emergência ou em estado de calamidade pública, formalmente reconhecidos pelo Governo Federal; (Incluído pela Lei nº 10.878, de 2004) b) a solicitação de movimentação da conta vinculada será admitida até 90 (noventa) dias após a publicação do ato de reconhecimento, pelo Governo Federal, da situação de emergência ou de estado de calamidade pública; e (Incluído pela Lei nº 10.878, de 2004) c) o valor máximo do saque da conta vinculada será definido na forma do regulamento. (Incluído pela Lei nº 10.878, de 2004) XVII – integralização de cotas do FI-FGTS, respeitado o disposto na alínea *i* do inciso XIII do art. 5º desta Lei, permitida a utilização máxima de 30% (trinta por cento) do saldo existente e disponível na data em que exercer a opção. (Redação dada pela Lei nº 12.087, de 2009) XVIII – quando o trabalhador com deficiência, por prescrição, necessite adquirir órtese ou prótese para promoção de acessibilidade e de inclusão social. (Incluído pela Lei nº 13.146, de 2015) XIX – pagamento total ou parcial do preço de aquisição de imóveis da União inscritos em regime de ocupação ou aforamento, a que se referem o art. 4º da Lei nº 13.240, de 30 de dezembro de 2015, e o art. 16-A da Lei nº 9.636, de 15 de maio de 1998, respectivamente, observadas as seguintes condições: (Incluído pela Lei nº 13.465, de 2017) a) o mutuário deverá contar com o mínimo de três anos de trabalho sob o regime do FGTS, na mesma empresa ou em empresas diferentes; (Incluído pela Lei nº 13.465, de 2017) b) seja a operação financiável nas condições vigentes para o Sistema Financeiro da Habitação (SFH) ou ainda por intermédio de parcelamento efetuado pela Secretaria do Patrimônio da União (SPU), mediante a contratação da Caixa Econômica Federal como agente financeiro dos contratos de parcelamento; (Incluído pela Lei nº 13.465, de 2017) c) sejam observadas as demais regras e condições estabelecidas para uso do FGTS. (Incluído pela Lei nº 13.465, de 2017) XX – anualmente, no mês de aniversário do trabalhador, por meio da aplicação dos valores constantes do Anexo desta Lei, observado o disposto no art. 20-D desta Lei; (Incluído pela Lei nº 13.932, de 2019) XXI – a qualquer tempo, quando seu saldo for inferior a R$ 80,00 (oitenta reais) e não houver ocorrido depósitos ou saques por, no mínimo, 1 (um) ano, exceto na hipótese prevista no inciso I do § 5º do art. 13 desta Lei; (Incluído pela Lei nº 13.932, de 2019) XXII – quando o trabalhador ou qualquer de seus dependentes for, nos termos do regulamento, pessoa com doença rara, consideradas doenças raras aquelas assim reconhecidas pelo Ministério da Saúde, que apresentará, em seu sítio na internet, a relação atualizada dessas doenças. (Incluído pela Lei nº 13.932, de 2019) § 1º A regulamentação das situações previstas nos incisos I e II assegurar que a retirada a que faz jus o trabalhador corresponda aos depósitos efetuados na conta vinculada durante o período de vigência do último contrato de trabalho, acrescida de juros e atualização monetária, deduzidos os saques. § 2º O Conselho Curador disciplinará o disposto no inciso V, visando beneficiar os trabalhadores de baixa renda e preservar o equilíbrio financeiro do FGTS. § 3º O direito de adquirir moradia com recursos do FGTS, pelo trabalhador, só poderá ser exercido para um único imóvel. § 4º O imóvel objeto de utilização do FGTS somente poderá ser objeto de outra transação com recursos do fundo, na forma que vier a ser regulamentada pelo Conselho Curador. § 5º O pagamento da retirada após o período previsto em regulamento, implicará atualização monetária dos valores devidos. § 6º Os recursos aplicados em cotas de fundos Mútuos de Privatização, referidos no inciso XII, serão destinados, nas condições aprovadas pelo CND, a aquisições de valores mobiliários, no âmbito do Programa Nacional de Desestatização, de que trata a Lei nº 9.491, de 1997, e de programas estaduais de desestatização, desde que, em ambos os casos, tais destinações sejam aprovadas pelo CND. (Redação dada pela Lei nº 9.635, de 1998) § 7º Ressalvadas as alienações decorrentes das hipóteses de que trata o § 8º, os valores mobiliários a que se refere o parágrafo anterior só poderão ser integralmente

a) despedida sem justa causa, inclusive a indireta, de culpa recíproca e de força maior;

b) extinção do contrato de trabalho prevista no art. 484-A da Consolidação das Leis do Trabalho (CLT), aprovada pelo Decreto-Lei nº 5.452, de 1º de maio de 1943;

c) extinção total da empresa, fechamento de quaisquer de seus estabelecimentos, filiais ou agências, supressão de parte de suas atividades, declaração de nulidade do contrato de trabalho nas condições do art. 19-A, ou ainda falecimento do empregador individual sempre que qualquer dessas ocorrências implique rescisão de contrato de trabalho, comprovada por declaração escrita da empresa, suprida, quando for o caso, por decisão judicial transitada em julgado;

d) aposentadoria concedida pela Previdência Social; e) extinção normal do contrato a termo, inclusive o dos trabalhadores temporários regidos pela Lei nº 6.019, de 3 de janeiro de 1974.

9.4. Prescrição

A Lei 8.036/90 consagrou a prescrição trintenária para reclamar as diferenças de FGTS. No mesmo sentido a redação original da Súmula 362 do TST e da Súmula 210 do STJ. No entanto, em 13.11.2014, o STF, no ARE 709212/DF, fixou entendimento de que a prescrição para o FGTS é quinquenal.

Atualmente, a prescrição do FGTS está disciplinada na Súmula 362 do TST, que está em consonância com o atual entendimento do STF no sentido de ser quinquenal a prescrição do FGTS.

> **"FGTS. PRESCRIÇÃO (nova redação) – Res. 198/2015, republicada em razão de erro material – DEJT divulgado em 12, 15 e 16.06.2015**
>
> I – Para os casos em que a ciência da lesão ocorreu a partir de 13.11.2014, é quinquenal a prescrição do direito de reclamar contra o não recolhimento de contribuição para o FGTS, observado o prazo de dois anos após o término do contrato;

---

vendidos, pelos respectivos Fundos, seis meses após a sua aquisição, podendo ser alienada em prazo inferior parcela equivalente a 10% (dez por cento) do valor adquirido, autorizada

II – Para os casos em que o prazo prescricional já estava em curso em 13.11.2014, aplica-se o prazo prescricional que se consumar primeiro: trinta anos, contados do termo inicial, ou cinco anos, a partir de 13.11.2014 (STF-ARE-709212/DF)."

---

a livre aplicação do produto dessa alienação, nos termos da Lei nº 6.385, de 7 de dezembro de 1976. (Redação dada pela Lei nº 9.635, de 1998) § 8º As aplicações em Fundos Mútuos de Privatização e no FI-FGTS são nominativas, impenhoráveis e, salvo as hipóteses previstas nos incisos I a XI e XIII a XVI do caput deste artigo, indisponíveis por seus titulares. (Redação dada pela Lei nº 11.491, de 2007) § 9º Decorrido o prazo mínimo de doze meses, contados da efetiva transferência das quotas para os Fundos Mútuos de Privatização, os titulares poderão optar pelo retorno para sua conta vinculada no Fundo de Garantia do Tempo de Serviço. (Incluído pela Lei nº 9.491, de 1997) § 10. A cada período de seis meses, os titulares das aplicações em Fundos Mútuos de Privatização poderão transferi-las para outro fundo de mesma natureza. (Incluído pela Lei nº 9.491, de 1997) § 11. O montante das aplicações de que trata o § 6º deste artigo ficará limitado ao valor dos créditos contra o Tesouro Nacional de que seja titular o Fundo de Garantia do Tempo de Serviço. (Incluído pela Lei nº 9.491, de 1997) § 12. Desde que preservada a participação individual dos quotistas, será permitida a constituição de clubes de investimento, visando a aplicação em quotas de Fundos Mútuos de Privatização. (Incluído pela Lei nº 9.491, de 1997) § 13. A garantia a que alude o § 4º do art. 13 desta Lei não compreende as aplicações a que se referem os incisos XII e XVII do caput deste artigo. (Redação dada pela Lei nº 11.491, de 2007) § 14. Ficam isentos do imposto de renda: (Redação dada pela Lei nº 11.491, de 2007) I – a parcela dos ganhos nos Fundos Mútuos de Privatização até o limite da remuneração das contas vinculadas de que trata o art. 13 desta Lei, no mesmo período; e (Incluído pela Lei nº 11.491, de 2007) II – os ganhos do FI-FGTS e do Fundo de Investimento em Cotas – FIC, de que trata o § 19 deste artigo. (Incluído pela Lei nº 11.491, de 2007) § 15. A transferência de recursos da conta do titular no Fundo de Garantia do Tempo de Serviço em razão da aquisição de ações, nos termos do inciso XII do caput deste artigo, ou de cotas do FI-FGTS não afetará a base de cálculo da multa rescisória de que tratam os §§ 1º e 2º do art. 18 desta Lei. (Redação dada pela Lei nº 11.491, de 2007) § 16. Os clubes de investimento a que se refere o § 12 poderão resgatar, durante os seis primeiros meses da sua constituição, parcela equivalente a 5% (cinco por cento) das cotas adquiridas, para atendimento de seus desembolsos, autorizada a livre aplicação do produto dessa venda, nos termos da Lei nº 6.385, de 7 de dezembro de 1976. (Incluído pela Lei nº 9.635, de 1998) § 17. Fica vedada a movimentação da conta vinculada do FGTS nas modalidades previstas nos incisos V, VI e VII deste artigo, nas operações firmadas, a partir de 25 de junho de 1998, no caso em que o adquirente já seja proprietário ou promitente comprador de imóvel localizado no Município onde resida, bem como no caso em que o adquirente já detenha, em qualquer parte do País, pelo menos um financiamento nas condições do SFH. (Incluído pela Medida Provisória nº 2.197-43, de 2001) § 18. É indispensável o comparecimento pessoal do titular da conta vinculada para o pagamento da retirada nas hipóteses previstas nos incisos I, II, III, VIII, IX e X deste artigo, salvo em caso de grave moléstia comprovada por perícia médica, quando será paga a procurador especialmente constituído para esse fim. (Incluído pela Medida Provisória nº 2.197-43, de 2001) § 19. A integralização das cotas previstas no inciso XVII do caput deste artigo será realizada por meio de Fundo de Investimento em Cotas – FIC, constituído pela Caixa Econômica Federal especificamente para essa finalidade. (Incluído pela Lei nº 11.491, de 2007) § 20. A Comissão de Valores Mobiliários estabelecerá os requisitos para a integralização das cotas referidas no § 19 deste artigo, devendo condicioná-la pelo menos ao atendimento das seguintes exigências: (Incluído pela Lei nº 11.491, de 2007) I – elaboração e entrega de prospecto ao trabalhador; e (Incluído pela Lei nº 11.491, de 2007) II – declaração por escrito, individual e específica, pelo trabalhador de sua ciência quanto aos riscos do investimento que está realizando. (Incluído pela Lei nº 11.491, de 2007) § 21. As movimentações autorizadas nos incisos V e VI do caput serão estendidas aos contratos de participação de grupo de consórcio para aquisição

Conforme a Súmula 206 do TST, "a prescrição da pretensão relativa às parcelas remuneratórias alcança o respectivo recolhimento da contribuição para o FGTS".

Diante da Súmula 305 do TST, o pagamento relativo ao período de aviso prévio, trabalhado ou não, está sujeito à contribuição para o FGTS.

Embora a doutrina ainda não tenha chegado a um consenso sobre a natureza jurídica do FGTS, para alguns, a natureza é tributária; para outros, espécie de salário diferido; inegavelmente, o FGTS é um direito trabalhista, pois previsto no art. 7º, III, da CF.

9.5. Competência da Justiça do Trabalho

No regime da competência anterior à EC n. 45, a jurisprudência, à luz do art. 114, que se referia às controvérsias entre trabalhador e empregador, fixou entendimento pela não competência da Justiça do Trabalho para apreciar as ações movidas por empregados ou empregadores em face da CEF. Nesse sentido, a Súmula 176 do C. TST:

---

de imóvel residencial, cujo bem já tenha sido adquirido pelo consorciado, na forma a ser regulamentada pelo Conselho Curador do FGTS. (Incluído pela Lei nº 12.058, de 2009) § 22. Na movimentação das contas vinculadas a contrato de trabalho extinto até 31 de dezembro de 2015, ficam isentas as exigências de que trata o inciso VIII do caput deste artigo, podendo o saque, nesta hipótese, ser efetuado segundo cronograma de atendimento estabelecido pelo agente operador do § 23. As movimentações das contas vinculadas nas situações previstas nos incisos V, VI e VII do *caput* deste artigo poderão ser realizadas fora do âmbito do SFH, observados os mesmos limites financeiros das operações realizadas no âmbito desse sistema, no que se refere ao valor máximo de movimentação da conta vinculada, e os limites, critérios e condições estabelecidos pelo Conselho Curador. (Incluído pela Lei nº 13.932, de 2019) § 24. O trabalhador poderá sacar os valores decorrentes da situação de movimentação de que trata o inciso XX do *caput* deste artigo até o último dia útil do segundo mês subsequente ao da aquisição do direito de saque. (Incluído pela Lei nº 13.932, de 2019) § 25. O agente operador deverá oferecer, nos termos do regulamento do Conselho Curador, em plataformas de interação com o titular da conta, inclusive por meio de dispositivos móveis, opções para consulta e transferência, a critério do trabalhador, para conta de depósitos de sua titularidade em qualquer instituição financeira do Sistema Financeiro Nacional, dos recursos disponíveis para movimentação em decorrência das situações previstas neste artigo, cabendo ao agente operador estabelecer os procedimentos operacionais a serem observados. (Incluído pela Lei nº 13.932, de 2019) § 26. As transferências de que trata o § 25 deste artigo não acarretarão a cobrança de tarifas pelo agente operador ou pelas demais instituições financeiras. (Incluído pela Lei nº 13.932, de 2019) § 27. A critério do titular da conta vinculada do FGTS, em ato formalizado no momento da contratação do financiamento habitacional, os direitos aos saques de que trata o *caput* deste artigo poderão ser objeto de alienação ou cessão fiduciária para pagamento de parte das prestações decorrentes de financiamento habitacional concedido no âmbito do SFH, observadas as condições estabelecidas pelo Conselho Curador, mediante caucionamento dos depósitos a serem realizados na conta vinculada do trabalhador, exceto o previsto no art. 18 desta Lei." (Incluído pela Lei nº 14.438, de 2022)

> "A Justiça do Trabalho só tem competência para autorizar o levantamento do depósito do Fundo de Garantia do Tempo de Serviço na ocorrência de dissídio entre empregado e empregador."

O TST, diante da EC 45, cancelou a referida Súmula[24]. A nosso ver, o cancelamento da Súmula 176 pelo Tribunal Superior do Trabalho foi oportuno, pois o FGTS é um direito oriundo do contrato de emprego. Além disso, como destaca *Antônio Álvares da Silva*[25], a verificação do recolhimento do FGTS é tarefa típica de fiscalização.

Como bem adverte *Reginaldo Melhado*[26]: "Se não reconhecesse essa competência para a ação que visa à cobrança ou execução do próprio depósito do Fundo de Garantia, haveria uma insólita e absurda situação: as multas seriam discutidas no Judiciário do Trabalho e o principal, na Justiça Federal."

Desse modo, em nosso entendimento, as ações movidas por empregados e empregadores em face da Caixa Econômica Federal que envolvam o FGTS são da competência da Justiça do Trabalho, por interpretação sistemática dos incisos I e VII do art. 114 da CF.

Nesse diapasão, destacam-se as seguintes ementas:

> "Alvará. FGTS. Emenda Constitucional n. 45/2004. Competência da Justiça do Trabalho. Nos moldes de decisão proferida pelo C. TST, em Incidente de Uniformização de Jurisprudência: 1. Inscreve-se na competência material da Justiça do Trabalho, no exercício de jurisdição voluntária, apreciar pretensão de ex-empregado de expedição de alvará judicial para fins de saque dos depósitos do FGTS junto à CEF, tendo em vista a vinculação do pleito a uma relação de emprego, espécie de relação de trabalho de que cogita o novel art. 114, inciso I, da Constituição Federal de 1988, com a redação da Emenda Constitucional n. 45/04. 2. O aspecto central para a determinação da nova competência material da Justiça do Trabalho, desde o advento da EC n. 45/04, repousa na circunstância de o pedido e a causa de pedir dimanarem de uma relação de trabalho, ainda que não entre os respectivos sujeitos. Superada a estreita e arraigada vinculação de tal competência meramente aos dissídios entre empregado e empregador. Recurso provido por maioria." Proc. 01850/2005-005-24-00-9-RO.1

24. TST-Pleno, IUJ-RR n. 619.872/2000-2, rel. Min. João Oreste Dalazen, julg. de 13 de maio de 2005.
25. SILVA, Antônio Álvares da. *Pequeno tratado da nova competência da Justiça do Trabalho*. São Paulo: LTr, 2005, p. 275.
26. MELHADO, Reginaldo. *Metamorfoses do capital e do trabalho*. São Paulo: LTr, 2006, p. 186-187.

– 24ª R. – MS – João de Deus Gomes de Souza – Juiz relator. DO/MS de 18.8.2006 – (DT – Novembro/2006 – vol. 148, p. 72).

I. AGRAVO. RECURSO DE REVISTA INTERPOSTO NA VIGÊNCIA DA LEI 13.467/2017. COMPETÊNCIA DA JUSTIÇA DO TRABALHO. EXPEDIÇÃO DE ALVARÁ JUDICIAL. SAQUE DOS DEPÓSITOS DE FGTS JUNTO À CAIXA ECONÔMICA FEDERAL – CEF. PANDEMIA. COVID-19. TRANSCENDÊNCIA JURÍDICA RECONHECIDA. Constatado possível equívoco na decisão monocrática, em que mantida a competência da Justiça Federal para processar e julgar o pedido de expedição de alvará judicial para efeito de saque dos depósitos do FGTS junto à CEF, em razão da pandemia decorrente da COVID-19, o agravo merece provimento. Agravo provido. II. RECURSO DE REVISTA. REGIDO PELA LEI 13.467/2017. COMPETÊNCIA DA JUSTIÇA DO TRABALHO. EXPEDIÇÃO DE ALVARÁ JUDICIAL. SAQUE DOS DEPÓSITOS DE FGTS JUNTO À CAIXA ECONÔMICA FEDERAL – CEF. PANDEMIA. COVID-19. TRANSCENDÊNCIA JURÍDICA RECONHECIDA. 1. A questão jurídica objeto do recurso de revista, relacionada à eventual competência da Justiça do Trabalho para apreciar pedido de concessão de alvará para saque do saldo da conta vinculada ao FGTS, com fundamento na situação de calamidade pública ocasionada pela pandemia de COVID-19, representa "questão nova em torno da interpretação da legislação trabalhista", nos termos do art. 896-A, IV, da CLT, o que configura a transcendência jurídica da matéria em debate. 2. O Autor ajuizou a presente ação objetivando a concessão de alvará para saque da integralidade do saldo de sua conta vinculada ao FGTS, com fundamento na situação de calamidade pública ocasionada pela pandemia de COVID-19. O Tribunal Regional, ao julgar o recurso ordinário, manteve a sentença em que reconhecida a incompetência da Justiça do Trabalho para apreciar e julgar a presente demanda, ao fundamento de que "embora a Emenda Constitucional n. 45/2004 tenha ampliado de forma significativa a competência da Justiça do Trabalho, verifica-se que a pretensão em análise não é dirigida ao empregador e nem se discute aspectos da relação de emprego ou de trabalho, mas, restritivamente, o reconhecimento ou não pela Caixa Econômica Federal, na condição de Agente Operador do FGTS, do direito do interessado movimentar a conta vinculada". 3. Essa Corte, por ocasião do julgamento do TST-RR-619872/2000-2, em que foi relator do processo o Exmo. Sr. Ministro João Oreste Dalazen, em sede de incidente de uniformização jurisprudencial, cancelou a Súmula 176/TST, a qual consagrava a competência da Justiça do Trabalho para autorizar saques de FGTS apenas nas hipóteses de dissídio entre empregado e empregador. A partir de então se consolidou o entendimento nesta Corte Superior no sentido de que a Justiça do Trabalho é competente para processar e julgar o pedido de expedição de alvará judicial para o saque dos depósitos do FGTS junto à CEF, como órgão gestor do Fundo de Garantia por Tempo de Serviço, mesmo que não haja dissídio entre empregado e empregador. Tal entendimento tem sido reiterado por essa Corte, recentemente, em julgados de diversas Turmas, proferidos em demandas semelhantes, nos quais se buscava liberação do FGTS em decorrência da situação excepcional ocasionada pela pandemia de COVID-19. Precedentes. 4. Destaque-se, ainda, que o Superior Tribunal Justiça, órgão responsável por resolver conflitos de competência entre juízos vinculados a Tribunais diversos (art. 105, I, "d", da Constituição Federal), ao apreciar o AgInt no CC 171.972/AL, em 15/12/2020, decidiu que a Justiça do Trabalho é competente para apreciar e julgar controvérsia relacionada à liberação de FGTS em ação proposta diretamente em face da Caixa Econômica Federal. 5. Nesse cenário, o Tribunal Regional, ao declarar a incompetência da Justiça do Trabalho para apreciar e julgar o pedido de liberação do valor do FGTS existente na conta vinculada do Autor, violou o artigo 114, I, da Constituição Federal. Recurso de revista conhecido e provido (TST – Ag-RR-126-49.2021.5.12.0036, 5ª Turma, Relator Ministro Douglas Alencar Rodrigues, *DEJT* 20/05/2022).

CAPÍTULO XIV

DA DURAÇÃO DO TRABALHO

1. DO DIREITO FUNDAMENTAL À LIMITAÇÃO DE JORNADA DE TRABALHO

O tempo, como dizem os filósofos, é *dimensão fundamental da condição humana*. Por isso, a duração do trabalho, ao lado da remuneração, é um instituto fundamental do Direito do Trabalho, e também um instituto destinado à proteção da dignidade da pessoa humana do trabalhador. Historicamente, as primeiras leis trabalhistas foram destinadas a estabelecer uma jornada compatível com o organismo humano.

Como bem adverte Arnaldo Süssekind[1], "as disposições legais vigentes, relativas à duração do trabalho, são de caráter imperativo, não podendo, em princípio, ser violadas por qualquer ajuste estipulado entre empregado e empregador, nem pelas convenções e acordos coletivos que lhes sejam aplicáveis (arts. 9º e 444 da CLT). A nova Constituição brasileira permite, no entanto, em dois pontos, a flexibilização das normas que editou sobre duração do trabalho: a) compensação dos horários com redução das jornadas (art. 7º, XIII), e b) adoção de regras especiais de trabalho para turnos ininterruptos de revezamento (art. 7º, XIV)."

1. Instituições de Direito do Trabalho. 22. ed. São Paulo: LTr, 2005. v. II. p. 809.

Como bem adverte Sebastião Geraldo de Oliveira[2], "a grande conquista dos trabalhadores no século XX foi a redução progressiva da duração da jornada de trabalho. A história do Direito do Trabalho dá notícia das extenuantes jornadas de até 16 horas ou do trabalho de sol a sol. A primeira Convenção da OIT, adotada em 1919, limitou o trabalho em 8 horas por dia, ressalvando que esse limite só poderia ser ultrapassado em caso de acidente ou grave perigo de acidente, no caso de trabalhos urgentes ou no caso de força maior, mas somente no período indispensável para evitar uma grave perturbação no funcionamento normal da empresa."

Nos termos do art. XXIV da Declaração Universal dos Direitos Humanos: Todo ser humano tem direito a repouso e lazer, inclusive à limitação razoável das horas de trabalho e férias periódicas remuneradas.

1.1. Do direito à desconexão do trabalho

A expressão *direito à desconexão do trabalho* foi utilizada na área trabalhista, pela primeira vez, pelo professor *Jorge Luiz Souto Maior*, como sendo um direito fundamental do trabalhador de se desconectar do trabalho, ou seja, de se desligar do ambiente de trabalho, a fim de poder ter direito ao lazer e à reposição de suas energias física e mental.

Nos adverte Jorge Luiz Souto Maior[3]:

> "Devo esclarecer que quando se fala em direito a se desconectar do trabalho, que pode ser traduzido com o direito de não trabalhar, não se está tratando de uma questão meramente filosófica ou ligada à futurologia, como a que nos propõe *Domenico de Masi.* Não se fala, igualmente, em direito e em seu sentido leigo, mas sim numa perspectiva técnico-jurídica, para fins de identificar a existência de um bem da vida, o não-trabalho, cuja preservação possa se dar, em concreto, por uma pretensão que se deduza em juízo. U m direito, aliás, cujo titular não é só quem trabalha, mas, igualmente, a própria sociedade, aquele que não consegue trabalho, porque outro trabalha excessivamente, e os que dependem da presença humana do que lhes abandonam na fuga ao trabalho."

2. Proteção Jurídica à Saúde do Trabalhador. 5. ed. São Paulo: LTr, 2010, p. 153.
3. REVISTA DO TRT DA 15ª REGIÃO, n. 23, set. 2003. São Paulo: LTR, 2003. p. 297.

O direito à desconexão do trabalho está intimamente ligado ao direito ao lazer previsto na Constituição Federal (art. 6º), e também com limitação da jornada de trabalho (art. 7º, XIII, da CF).

Otávio Amaral Calvet[4], sob o prisma jurídico, nos traz o seguinte conceito de lazer: "o direito de o ser humano se desenvolver existencialmente, alcançando o máximo das suas aptidões, tanto nas relações que mantém com outros indivíduos e com o Estado, quanto pelo gozo de seu tempo livre como bem entender".

A regulamentação da duração do trabalho tem por objetivo dar efetividade aos seguintes direitos fundamentais:

a) direito ao descanso e ao lazer (art. 6º da CF);
b) direito à convivência familiar (arts. 226 e seguintes da CF);
c) direito à saúde e à prevenção de acidentes de trabalho e doenças ocupacionais (art. 7º, XXII, da CF);
d) possibilitar o pleno emprego (art. 170, VIII, da CF);
e) proteger a intimidade e privacidade do empregado (art. 5º, X, da CF).

2. DA JORNADA DE TRABALHO

Duração do trabalho "é o tempo de labor legalmente outorgado ou contratualmente oferecido a um empregado. Exemplo: duração legal do trabalho dos bancários é de seis horas diárias e trinta horas semanais."[5]

O vocábulo *giornata*, em italiano, significa dia. Em francês, usa-se a expressão *jour*, dia. Jornada significa o que é diário.[6]

Jornada de trabalho é o limite diário de tempo em que o empregado está trabalhando ou à disposição do empregador. Horário se reporta ao início e ao final da jornada diária. Exemplo: o trabalho se inicia às 8 horas e termina às 18 horas.

---

4. CALVET, Otávio Amaral. O Direito ao Lazer nas Relações de Trabalho. São Paulo: LTr, 2006. p. 75.
5. MARTINEZ, Luciano. Curso de Direito do Trabalho. 10. ed. São Paulo: Saraiva, 2019, p. 402.
6. MARTINS, Sérgio Pinto. Direito do Trabalho. 25. ed. São Paulo: Atlas, 2009, p. 487.

Como bem adverte Maurício Godinho Delgado[7], "a jornada mede a principal obrigação do empregado no contrato – o tempo de prestação de trabalho ou, pelo menos, de disponibilidade perante o empregador. Por ela mensura-se, também, em princípio, objetivamente, a extensão de transferência de força de trabalho em favor do empregador no contexto de uma relação empregatícia. É a jornada, portanto, ao mesmo tempo, a medida da principal obrigação obreira (prestação de serviços ou disponibilidade do trabalhador perante o seu empregador) e a medida da principal vantagem empresarial (apropriação dos serviços pactuados). Daí sua grande relevância no cotidiano trabalhista e no conjunto das regras inerentes do Direito do Trabalho".

Dispõe o art. 7º, XIII, da CF:

> "Duração do trabalho normal não superior a oito horas diárias e quarenta e quatro semanais, facultada a compensação de horários e a redução da jornada, mediante acordo ou convenção coletiva de trabalho".

Na Consolidação das Leis do Trabalho, dispõe o art. 58:

> "A duração normal do trabalho, para os empregados em qualquer atividade privada, não excederá de 8 (oito) horas diárias, desde que não seja fixado expressamente outro limite. § 1º Não serão descontadas nem computadas como jornada extraordinária as variações de horário no registro de ponto não excedentes de cinco minutos, observado o limite máximo de dez minutos diários. § 2º O tempo despendido pelo empregado desde a sua residência até a efetiva ocupação do posto de trabalho e para o seu retorno, caminhando ou por qualquer meio de transporte, inclusive o fornecido pelo empregador, não será computado na jornada de trabalho, por não ser tempo à disposição do empregador".

A *duração normal* de trabalho fixada no texto constitucional e no art. 58 da CLT é a de 8 horas diárias e 44 horas semanais. A duração que não é normal, e sim especial, é a fixada em norma especial, como, por exemplo, a duração do bancário (6 horas diárias e 30 horas semanais – art. 224 da CLT), do contrato a termo parcial (30 horas semanais – art. 58-A da CLT), do aprendiz (6 horas diárias – art. 432) etc.

---

7. Curso de Direito do Trabalho. 18. ed. São Paulo: LTr, 2019, p. 1024.

As partes, no contrato de trabalho, podem fixar a duração do trabalho de trabalho inferior ao limite constitucional de 8 horas diárias e 44 horas semanais. Nessa hipótese, prevalecerá a jornada contratual. A lei, diante das peculiaridades de determinada atividade, poderá fixar a jornada diária acima da 8ª diária, mas dentro do módulo semanal de 44 horas (art. 7º, XIII, da CF).

Segundo a doutrina, a jornada de trabalho abrange três eventos, quais sejam:

a) as horas efetivamente trabalhadas, nas quais o empregado está produzindo, excluindo-se o tempo em que o empregado está à disposição do empregador;
b) o tempo em que o empregado está à disposição do empregador, aguardando determinações "no centro de trabalho, independentemente de ocorrer ou não a efetiva prestação de serviços".[8]
c) as horas de percurso, também denominadas "in itinere", nas quais o empregado está se deslocando para o trabalho, tendo saído de sua residência (indo ou retornando).

A Consolidação das Leis do Trabalho adotou a teoria do tempo à disposição como critério preponderante de abrangência da jornada de trabalho. Com efeito, dispõe o art. 4º da CLT:

> "Considera-se como de serviço efetivo o período em que o empregado esteja à disposição do empregador, aguardando ou executando ordens, salvo disposição especial expressamente consignada. § 1º Computar-se-ão, na contagem de tempo de serviço, para efeito de indenização e estabilidade, os períodos em que o empregado estiver afastado do trabalho prestando serviço militar e por motivo de acidente do trabalho. § 2º Por não se considerar tempo à disposição do empregador, não será computado como período extraordinário o que exceder a jornada normal, ainda que ultrapasse o limite de cinco minutos previsto no § 1º do art. 58 desta Consolidação, quando o empregado, por escolha própria, buscar proteção pessoal, em caso de insegurança nas vias públicas ou más condições climáticas, bem como adentrar ou permanecer nas dependências da empresa para

8. DELGADO, Maurício Godinho. Curso de Direito do Trabalho. 18. ed. São Paulo: LTr, 2019, p. 1032.

> exercer atividades particulares, entre outras: I – práticas religiosas; II – descanso; III – lazer; IV – estudo; V – alimentação; VI – atividades de relacionamento social; VII – higiene pessoal; VIII – troca de roupa ou uniforme, quando não houver obrigatoriedade de realizar a troca na empresa."

Nos termos do presente dispositivo, considera-se tempo de serviço não só o tempo em que o empregado está trabalhando, mas também aguardando ordens, à disposição do empregador. Quando houver disposição especial, o tempo do intervalo intrajornada também integra a jornada de trabalho.

A Lei 13.467/17, conhecida como a Lei da Reforma Trabalhista, inseriu o § 2º do art. 4º da CLT, elencado hipóteses que não são consideradas tempo à disposição do empregador, quais sejam: quando o empregado, por escolha própria, buscar proteção pessoal, em caso de insegurança nas vias públicas ou más condições climáticas, bem como adentrar ou permanecer nas dependências da empresa para exercer atividades particulares, entre outras: I – práticas religiosas; II – descanso; III – lazer; IV – estudo; V – alimentação; VI – atividades de relacionamento social; VII – higiene pessoal; VIII – troca de roupa ou uniforme, quando não houver obrigatoriedade de realizar a troca na empresa.

As hipóteses previstas no referido parágrafo somente não integrarão a jornada de trabalho do empregado quando, de forma inequívoca, a escolha por permanecer nas dependências da empresa fora do horário de trabalho for do empregado. Embora o dispositivo não faça menção, a permanência do empregado nas dependências da empresa nas condições do § 2º do art. 4º da CLT depende da anuência expressa ao tácita do empregador.

Nos termos da Súmula 429 do TST, considera-se à disposição do empregador, na forma do art. 4º da CLT, o tempo necessário ao deslocamento do trabalhador entre a portaria da empresa e o local de trabalho, desde que supere o limite de 10 (dez) minutos diários.

3. HORAS DE PERCURSO OU "IN ITINERE"

As horas de percurso ou "in itinere" são aquelas que o empregado gasta no trajeto de ida e volta para o trabalho dentro da condução fornecida pelo empregador, quando o local de trabalho está em local de difícil acesso ou não servido por transporte público regular.

O reconhecimento das horas "in itinere" como componentes da jornada de trabalho decorreu de grande amadurecimento jurisprudencial, conforme se constata da redação da Súmula 90 do TST, "*in verbis*":

> **HORAS "IN ITINERE". TEMPO DE SERVIÇO (incorporadas as Súmulas n°s 324 e 325 e as Orientações Jurisprudenciais n°s 50 e 236 da SBDI-1) - Res. 129/2005, DJ 20, 22 e 25.04.2005**
>
> I - O tempo despendido pelo empregado, em condução fornecida pelo empregador, até o local de trabalho de difícil acesso, ou não servido por transporte público regular, e para o seu retorno é computável na jornada de trabalho (ex-Súmula nº 90 - RA 80/1978, *DJ* 10.11.1978);
>
> II - A incompatibilidade entre os horários de início e término da jornada do empregado e os do transporte público regular é circunstância que também gera o direito às horas "in itinere" (ex-OJ nº 50 da SBDI-1 - inserida em 01.02.1995);
>
> III - A mera insuficiência de transporte público não enseja o pagamento de horas "in itinere" (ex-Súmula nº 324 - Res. 16/1993, *DJ* 21.12.1993);
>
> IV - Se houver transporte público regular em parte do trajeto percorrido em condução da empresa, as horas "in itinere" remuneradas limitam-se ao trecho não alcançado pelo transporte público (ex-Súmula nº 325 - Res. 17/1993, *DJ* 21.12.1993);
>
> V - Considerando que as horas "in itinere" são computáveis na jornada de trabalho, o tempo que extrapola a jornada legal é considerado como extraordinário e sobre ele deve incidir o adicional respectivo (ex-OJ nº 236 da SBDI-1 - inserida em 20.06.2001)".

Posteriormente, a Lei 10.243/01 trouxe para o corpo da CLT o posicionamento jurisprudencial do TST, no § 2º do art. 58, "*in verbis*":

> "O tempo despendido pelo empregado até o local de trabalho e para o seu retorno, por qualquer meio de transporte, não será computado na jornada de trabalho, salvo quando, tratando-se de local de difícil acesso ou não servido por transporte público".

Posteriormente, a Lei 13.457/17 deu nova redação ao § 2º do art. 58 da CLT, para excluir da jornada de trabalho o tempo "in itinere". Dispõe o referido dispositivo legal:

> "O tempo despendido pelo empregado desde a sua residência até a efetiva ocupação do posto de trabalho e para o seu retorno, caminhando

> ou por qualquer meio de transporte, inclusive o fornecido pelo empregador, não será computado na jornada de trabalho, por não ser tempo à disposição do empregador."

Diante da clareza da redação do referido dispositivo legal, as horas de percurso não integram mais a jornada de trabalho e não devem ser pagas como extras, caso a jornada diária extrapole o limite legal em razão delas.

Sem dúvida, houve supressão de uma garantia trabalhista que visava à melhoria da condição social do trabalho.

As horas "in itinere" deixaram de ser um direito previsto em lei. No entanto, mediante negociação coletiva, as horas de percurso podem estar previstas como integrantes da jornada por meio de convenção ou acordo coletivo de trabalho.

4. HORAS DE SOBREAVISO E PRONTIDÃO

O sobreaviso é o período em que o trabalhador permanece aguardando chamado para o serviço, em período destinado ao descanso, fora do local de trabalho, podendo ser convocado a qualquer momento para o trabalho.

Na Consolidação das Leis do Trabalho, o sobreaviso está disciplinado para o serviço ferroviário. Com efeito, dispõe o art. 244, § 2º, da CLT:

> "As estradas de ferro poderão ter empregados extranumerários, de sobreaviso e de prontidão, para executarem serviços imprevistos ou para substituições de outros empregados que faltem à escala organizada.
>
> (...) § 2º Considera-se de 'sobreaviso' o empregado efetivo, que permanecer em sua própria casa, aguardando a qualquer momento o chamado para o serviço. Cada escala de 'sobreaviso' será, no máximo, de vinte e quatro horas. As horas de 'sobreaviso', para todos os efeitos, serão contadas à razão de 1/3 (um terço) do salário normal."

O referido dispositivo legal determina, para configuração do sobreaviso, que o empregado permaneça em sua própria residência, aguardando chamado, tendo, com isso, restrição em sua liberdade de locomoção.

A jurisprudência majoritária, principalmente a do Tribunal Superior do Trabalho, corretamente, tem estendido a aplicação do presente dispositivo a outras categorias de trabalhadores, por analogia ao trabalho dos ferroviários.

No entanto, durante muito tempo a jurisprudência foi refratária a admitir o sobreaviso se não houvesse restrição à liberdade de locomoção do trabalhador.

No aspecto, a Súmula 229 do TST:

> "**SOBREAVISO. ELETRICITÁRIOS (nova redação) – Res. 121/2003, *DJ* 19, 20 e 21.11.2003.** Por aplicação analógica do art. 244, § 2º, da CLT, as horas de sobreaviso dos eletricitários são remuneradas à base de 1/3 sobre a totalidade das parcelas de natureza salarial."

De nossa parte, diante do avanço da tecnologia e da evolução dos meios de comunicação, se o trabalhador puder ser chamado para o serviço por meio de aparelhos que permitam sua locomoção, como BIPs, PAGERs ou telefone celular, o regime de sobreaviso deve ser aplicado, uma vez que o trabalhador, indiscutivelmente, está conectado ao trabalho e à disposição do empregador.

Nesse sentido, destaca-se a seguinte ementa:

> "HORAS DE SOBREAVISO. CARACTERIZAÇÃO. USO DE TELEFONE CELULAR. Na hipótese, a Turma adotou o entendimento de que não é devido o sobreaviso àqueles empregados que, por meio de telefone celular ou bip, ficam aguardando ordens, pois, nessas circunstâncias, não são impedidos de se locomoverem. A Súmula nº 428, itens I e II, do TST estabelece que 'o uso de instrumentos telemáticos ou informatizados fornecidos pela empresa ao empregado, por si só, não caracteriza o regime de sobreaviso', bem como que 'considera-se de sobreaviso o empregado que, à distância e submetido a controle patronal por instrumentos telemáticos ou informatizados, permanecer em regime de plantão ou equivalente, aguardando a qualquer momento o chamado para o serviço durante o período de descanso'. Assim, o uso de telefone celular, a exemplo do aparelho de bip, por si só, não configura o regime de sobreaviso, podendo o empregado nessa condição, pois, deslocar-se livremente ou até dedicar-se a outra atividade em seu período de descanso. Todavia, a jurisprudência desta Corte, ao introduzir o item II à sua Súmula nº 428, evoluiu para entender que é devido o pagamento do período de sobreaviso no caso de o trabalhador cumprir escalas de sobreaviso, ficando caracterizada a restrição de sua locomoção, podendo ser chamado para prestar serviço a qualquer momento. Da mesma forma, considera-se caracterizado o sobreaviso, nos termos da citada súmula, quando o empregado, fora do seu horário normal de trabalho, permanece em estado de alerta aguardando ordens do

empregador por meio de aparelho celular, ainda que não seja obrigado a ficar em casa, pois essa situação equivale ao regime de plantão, uma vez que, nessa condição, o empregado não tem, efetivamente, plena liberdade de locomoção nem pode dispor, livremente, do seu tempo em proveito próprio, ficando impedido de realizar atividades que o impossibilitem de atender prontamente a chamados. Logo, para os fins de pagamento de horas de sobreaviso, não é necessário que o empregado fique em casa aguardando ordens, contanto que permaneça em local onde haja sinal de telefone celular e possa atender o chamado com brevidade. Na hipótese dos autos, consta do acórdão regional transcrito pela Turma que o reclamante era responsável pelo autoatendimento do banco e que, por isso, era obrigado a se colocar à disposição deste a qualquer dia e hora para atender os seus chamados, fora da sua jornada de trabalho, inclusive nos finais de semana. Essa circunstância demonstra a existência de controle do empregador sobre o empregado, que, embora não estivesse obrigado a permanecer em sua residência nem estivesse impedido de se locomover pelo simples fato de portar aparelho celular, certamente tinha sua liberdade de locomoção limitada a um raio determinado de ação que lhe permitisse o deslocamento, em tempo hábil, para atender ao chamado patronal. Com efeito, ainda que o empregado portador de aparelho telefônico celular tenha mais liberdade de locomoção do que aquele que antes permanecia de sobreaviso na própria residência, aguardando eventual chamado, submete-se ao mesmo estado de alerta, apreensão e disposição ao empregador, sendo estas as características a serem consideradas relevantes para fins de caracterização do regime de sobreaviso. Precedentes da SbDI-1 e de Turmas. Embargos conhecidos e providos (TST E-ED-RR-241900-80.2006.5.04.0341, Subseção I Especializada em Dissídios Individuais, Relator Ministro José Roberto Freire Pimenta, *DEJT* 14/09/2018)."

De outro lado, o empregador poderá contar com um trabalhador à sua disposição sem ter que dispender nada por isto, o que configura enriquecimento sem causa do empregador (art. 884 da CLT) e também desequilíbrio contratual (princípio da comutatividade do contrato de trabalho).

No aspecto, dispõe a Súmula 428 do TST:

"SOBREAVISO APLICAÇÃO ANALÓGICA DO ART. 244, § 2º, DA CLT (redação alterada na sessão do Tribunal Pleno realizada em 14.09.2012) – Res. 185/2012, *DEJT* divulgado em 25, 26 e 27.09.2012

I – O uso de instrumentos telemáticos ou informatizados fornecidos pela empresa ao empregado, por si só, não caracteriza o regime de sobreaviso.

II – Considera-se em sobreaviso o empregado que, à distância e submetido a controle patronal por instrumentos telemáticos ou informatizados, permanecer em regime de plantão ou equivalente, aguardando a qualquer momento o chamado para o serviço durante o período de descanso."

Conforme o entendimento firmado pelo Tribunal Superior do Trabalho, o empregado que estiver na posse de instrumento telemático ou informatizados fornecido pelo empregador fora do local de trabalho em horário de descanso, mas for obrigado a permanecer em regime de plantão ou equivalente, podendo ser chamado a qualquer momento para o serviço, está em sobreaviso, mesmo que não tenha que permanecer em sua residência.

As horas de sobreaviso, para todos os efeitos, serão contadas à razão de 1/3 (um terço) do salário normal.

Conforme o art. 244, § 3º, da CLT considera-se de "prontidão" o empregado que ficar nas dependências da estrada, aguardando ordens. A escala de prontidão será, no máximo, de doze horas. As horas de prontidão serão, para todos os efeitos, contadas à razão de 2/3 (dois terços) do salário-hora normal.

Horas de prontidão são aquelas em que o empregado fica nas dependências do empregador, fora de seu horário de trabalho, aguardando determinações para o serviço. Nessa circunstância, o trabalhador será escalado para ficar, no máximo, 12 horas por dia em regime de prontidão.

As horas de prontidão serão, para todos os efeitos, contadas à razão de 2/3 (dois terços) do salário-hora normal.

5. TURNOS ININTERRUPTOS DE REVEZAMENTO

Conforme Vólia Bomfim Cassar[9], "entende-se por revezamento a troca contínua de horários de trabalho de forma que um empregado trabalhe todos os horários de um dia em períodos diferentes: manhã, tarde, noite e madrugada".

9. Direito do Trabalho. 14. ed. São Paulo: Método, 2017, p. 625.

A alteração dos horários dos turnos pode ser diária, semanal, mensal, ou até semestral, de modo que as variações tenham abrangência nas 24 horas do dia (ou seja, o trabalhador tem que trabalhar nos períodos da manhã, tarde, noite e madrugada).

Como destacam Pedro Henrique Godinho Faccioli e Paula Bueno Ravena[10], "o C. TST possui firme entendimento no sentido de que alterações semestrais são capazes de configurar este regime especial de trabalho. Disso se concluiu que qualquer periodicidade de alternância inferior a um semestre caracterizará o regime de turnos ininterruptos de revezamento". No aspecto, importante destacar as seguintes ementas da mais alta corte trabalhista brasileira:

> "RECURSO DE EMBARGOS EM EMBARGOS DE DECLARAÇÃO EM RECURSO DE REVISTA REGIDO PELA LEI Nº 11.496/2007. NEGATIVA DE PRESTAÇÃO JURISDICIONAL DO ACÓRDÃO EMBARGADO. Resulta imprópria a alegação de afronta aos dispositivos de lei federal e da Constituição da República indicados pela embargante, em decorrência da redação do art. 894, II, da CLT conferida pela Lei nº 11.496/2007, que excluiu das hipóteses de cabimento dos embargos a violação de preceito de lei. Recurso de embargos de que não se conhece. TURNOS ININTERRUPTOS DE REVEZAMENTO. ALTERNÂNCIA QUADRIMESTRAL. CONFIGURAÇÃO. É sabido que o labor com a alternância de turnos gera ao trabalhador maior desgaste físico e mental, em virtude de desregular diversos fatores biológicos e comprometer a sua higidez. Além dos danos à saúde, tal prática afeta seriamente o campo psicossocial do indivíduo, pois dificulta o convívio familiar e impede a realização de atividades que exijam regularidade. Com isso, havendo o trabalho com a alternância periódica de horário, de modo que esteja o empregado submetido, no todo ou em parte, ao horário diurno e noturno, será aplicável a jornada especial prevista no art. 7º, XIV, da Constituição Federal. Frise-se que o simples fato de a alternância de turno ocorrer de forma mensal, trimestral, quadrimestral ou semestral não é suficiente, por si só, para descaracterizar a jornada especial. Precedentes. Recurso de embargos de que não se conhece" (TST E-ED-RR-2706-78.2010.5.02.0048, Subseção I Especializada em Dissídios Individuais, Relator Ministro Cláudio Mascarenhas Brandão, *DEJT* 31/10/2017).

10. Direito do Trabalho na Jurisprudência do TST. São Paulo: Editora Juspodivm, 2019, p. 294

> "RECURSO DE REVISTA DO RECLAMANTE INTERPOSTO SOB A ÉGIDE DA LEI Nº 13.467/2017 – TURNOS ININTERRUPTOS DE REVEZAMENTO – CARACTERIZAÇÃO – LABOR EM DOIS TURNOS – ALTERNÂNCIA TRIMESTRAL/SEMESTRAL. A jurisprudência desta Corte firmou-se no sentido de ser suficiente à caracterização do regime de turnos ininterruptos de revezamento a alternância de horários em dois turnos de trabalho, desde que compreendam, no todo ou em parte, os horários diurno e noturno (Orientação Jurisprudencial nº 360 da SBDI-1), sendo irrelevante a frequência de alteração do horário ser semanal, mensal, bimestral ou até semestral. Julgados. Recurso de Revista conhecido e provido" (TST RR-1472-37.2016.5.09.0022, 8ª Turma, Relatora Ministra Maria Cristina Irigoyen Peduzzi, *DEJT* 09/11/2018).

A existência de dois turnos fixos, um no horário diurno e outro no horário noturno, de modo que as variações tenham abrangência sobre as 24 horas do dia, também configuram os turnos ininterruptos de revezamento, conforme, corretamente, se firmou a jurisprudência do TST. No aspecto, a OJ 360 da SDI-I do TST, "*in verbis*":

> **"TURNO ININTERRUPTO DE REVEZAMENTO. DOIS TURNOS. HORÁRIO DIURNO E NOTURNO. CARACTERIZAÇÃO (*DJ* 14.03.2008)**. Faz jus à jornada especial prevista no art. 7º, XIV, da CF/1988 o trabalhador que exerce suas atividades em sistema de alternância de turnos, ainda que em dois turnos de trabalho, que compreendam, no todo ou em parte, o horário diurno e o noturno, pois submetido à alternância de horário prejudicial à saúde, sendo irrelevante que a atividade da empresa se desenvolva de forma ininterrupta."

A constante alteração da jornada de trabalho impede que o trabalhador tenha um ritmo cadenciado de vida, é prejudicial à sua saúde e às suas atividades privadas. Em razão disso, a Constituição fixou a duração do trabalho de 6 horas para os trabalhadores que trabalhavam em regime de turnos ininterruptos de revezamento. Com efeito, dispõe o art. 7º, XIV, da CF:

> "Jornada de seis horas para o trabalho realizado em turnos ininterruptos de revezamento, salvo negociação coletiva."

Como já está pacificado tanto pelo TST quanto pelo STF, a concessão de intervalo intrajornada e o intervalo para repouso semanal não são incompatíveis com a redução da jornada nos turnos ininterruptos de revezamento. Nesse sentido, a Súmula 360 do C. TST:

> **"TURNOS ININTERRUPTOS DE REVEZAMENTO. INTERVALOS INTRAJORNADA E SEMANAL (mantida) – Res. 121/2003, *DJ* 19, 20 e 21.11.2003.** A interrupção do trabalho destinada a repouso e alimentação, dentro de cada turno, ou o intervalo para repouso semanal, não descaracteriza o turno de revezamento com jornada de 6 (seis) horas previsto no art. 7º, XIV, da CF/1988."

O trabalho realizado em horário noturno, mesmo em se tratando de turnos de revezamento, é mais nocivo à saúde do trabalhador, portanto, resta justificável o pagamento do adicional noturno e a consideração da hora noturna reduzida, como normas de proteção à saúde do trabalhador (art. 7º, XXII, da CF). De outro lado, não há na CF e tampouco na CLT qualquer norma que exclua o pagamento do adicional noturno e consideração da hora noturna reduzida quando o trabalho for prestado no regime de turnos ininterruptos de revezamento. Nesse sentido, a OJ 395 da SDI-I do TST, "*in verbis*":

> **"TURNO ININTERRUPTO DE REVEZAMENTO. HORA NOTURNA REDUZIDA. INCIDÊNCIA (*DEJT* divulgado em 09, 10 e 11.06.2010).** O trabalho em regime de turnos ininterruptos de revezamento não retira o direito à hora noturna reduzida, não havendo incompatibilidade entre as disposições contidas nos arts. 73, § 1º, da CLT e 7º, XIV, da Constituição Federal."

Como visto, a Constituição Federal (art. 7º, XIX) possibilita a majoração da jornada nos turnos ininterruptos de revezamento mediante negociação coletiva, vale dizer: mediante convenção ou acordo coletivo. O Tribunal Superior do Trabalho firmou entendimento no sentido de que as horas do turno podem ser majoradas para oito mediante negociação coletiva sem o pagamento de horas extras, conforme a redação da Súmula 423 de sua jurisprudência, "*in verbis*":

> "TURNO ININTERRUPTO DE REVEZAMENTO. FIXAÇÃO DE JORNADA DE TRABALHO MEDIANTE NEGOCIAÇÃO COLETIVA. Estabelecida jornada superior a seis horas e limitada a oito horas por meio de regular negociação coletiva, os empregados submetidos a turnos ininterruptos de revezamento não têm direito ao pagamento das 7ª e 8ª horas como extras".

Nos termos da OJ 275, da SDI-I do TST, "inexistindo instrumento coletivo fixando jornada diversa, o empregado horista submetido a turno ininterrupto de revezamento faz jus ao pagamento das horas extraordinárias laboradas além da 6ª, bem como ao respectivo adicional."

Conforme o entendimento Sumulado do TST, desde que haja autorização em norma coletiva, o turno ininterrupto de revezamento pode ser majorado, independentemente de concessão de qualquer outro benéfico à classe trabalhadora, e sem pagamento da 7ª e 8ª horas como extras. Caso não exista negociação coletiva, são devidas as horas acima da 6º como extras.

Em que pese o respeito que merece a referida Súmula do TST, ousamos divergir, pois o art. 7º, XIV, da CF alude à negociação coletiva e "negociação" pressupõe concessões recíprocas, e não apenas o empregado ceder diante do temor da perda do emprego. A redução da jornada nos turnos ininterruptos de revezamento é norma de segurança e medicina do trabalho (art. 7º, XXII, da CF) e também de meio ambiente de trabalho, já que o empregado que trabalha com variações de horários tem o seu relógio biológico alterado e não pode ter um ritmo de vida cadenciado. Admitir-se a majoração da jornada nos turnos sem o correspondente pagamento de horas extras implicaria uma renúncia de direitos e uma espécie de "flexibilização perversa".

Vólia Bomfim Cassar[11] sustenta posição intermediária ao analisar a Súmula 423 do TST, com os seguintes argumentos:

> "Discordamos da posição sumulada, pois a Constituição apenas permitiu a prorrogação temporária da jornada através de norma coletiva, e não a redução salarial, pois ao majorar a jornada sem aumentar o salário, o empregador estará reduzindo o salário-hora do empregado. Um trabalhador que ganha R$ 2.000,00 por seis horas diárias e tem sua jornada ampliada para oito horas, sem acréscimo salarial, tem seu salário-hora reduzido."

6. JORNADA DE TRABALHO A TEMPO PARCIAL

Dispõe o art. 58-A da CLT:

> "Considera-se trabalho em regime de tempo parcial aquele cuja duração não exceda a trinta horas semanais, sem a possibilidade de horas suplementares semanais, ou, ainda, aquele cuja duração não exceda a

11. Direito do Trabalho. 14. ed. São Paulo: Método, 2017, p. 627.

> vinte e seis horas semanais, com a possibilidade de acréscimo de até seis horas suplementares semanais. § 1º O salário a ser pago aos empregados sob o regime de tempo parcial será proporcional à sua jornada, em relação aos empregados que cumprem, nas mesmas funções, tempo integral. § 2º Para os atuais empregados, a adoção do regime de tempo parcial será feita mediante opção manifestada perante a empresa, na forma prevista em instrumento decorrente de negociação coletiva. § 3º As horas suplementares à duração do trabalho semanal normal serão pagas com o acréscimo de 50% (cinquenta por cento) sobre o salário-hora normal. § 4º Na hipótese de o contrato de trabalho em regime de tempo parcial ser estabelecido em número inferior a vinte e seis horas semanais, as horas suplementares a este quantitativo serão consideradas horas extras para fins do pagamento estipulado no § 3º, estando também limitadas a seis horas suplementares semanais. § 5º As horas suplementares da jornada de trabalho normal poderão ser compensadas diretamente até a semana imediatamente posterior à da sua execução, devendo ser feita a sua quitação na folha de pagamento do mês subsequente, caso não sejam compensadas. § 6º É facultado ao empregado contratado sob regime de tempo parcial converter um terço do período de férias a que tiver direito em abono pecuniário. § 7º As férias do regime de tempo parcial são regidas pelo disposto no art. 130 desta Consolidação."

O trabalho a tempo parcial é uma hipótese de flexibilização da jornada de trabalho, visando a assegurar os empregos, principalmente, durante período de crise empresarial.

O próprio art. 58-A da CLT, por meio de interpretação autêntica, define o contrato a tempo parcial como sendo aquele cuja duração semanal não ultrapasse 30 horas, sem a possibilidade de horas suplementares semanais, ou, ainda, aquele cuja duração não exceda a vinte e seis horas semanais, com a possibilidade de acréscimo de até seis horas suplementares semanais.

As horas suplementares da jornada de trabalho normal poderão ser compensadas diretamente até a semana imediatamente posterior à da sua execução, devendo ser feita a sua quitação na folha de pagamento do mês subsequente, caso não sejam compensadas.

Na hipótese de o contrato de trabalho em regime de tempo parcial ser estabelecido em número inferior a vinte e seis horas semanais, as horas suplementares a este quantitativo serão consideradas horas extras, limitadas a seis horas suplementares semanais, sem possibilidade de compensação.

Como visto, a Constituição Federal, no art. 7º, XIII, fixa limite máximo da duração do trabalho como sendo 8 horas diárias e 44 semanais. Por isso, o empregado pode ser contratado para cumprir jornada inferior ao limite constitucional.

Para os empregados que já foram contratados para o regime de 08 horas diárias e 44 semanais, a redução da jornada para o regime de trabalho a tempo parcial depende de previsão em instrumento coletivo normativo (acordos coletivos ou convenções coletivas) e opção formal do trabalhador (pela forma escrita).

Nos termos do § 1º do art. 58 da CLT, o salário dos empregados a tempo parcial será proporcional à jornada cumprida pelos trabalhadores em regime integral, nas mesmas funções.

De nossa parte, em que pese os argumentos em sentido contrário, o salário mínimo deve sempre ser respeitado independentemente da jornada cumprida, pois a Constituição Federal não vincula o salário mínimo à jornada cumprida. Além disso, o recebimento do salário mínimo compõe o piso vital mínimo de direitos para proteção da dignidade da pessoa humana do trabalhador. O TST, entretanto, exceto para o empregado vinculado à Administração Pública direta, autárquica e fundacional, fixou entendimento diverso, conforme a OJ 358 de sua SDI-I, "*in verbis*":

> **"SALÁRIO MÍNIMO E PISO SALARIAL PROPORCIONAL À JORNADA REDUZIDA. EMPREGADO. SERVIDOR PÚBLICO (redação alterada na sessão do Tribunal Pleno realizada em 16.02.2016) – Res. 202/2016, *DEJT* divulgado em 19, 22 e 23.02.2016**
>
> I – Havendo contratação para cumprimento de jornada reduzida, inferior à previsão constitucional de oito horas diárias ou quarenta e quatro semanais, é lícito o pagamento do piso salarial ou do salário mínimo proporcional ao tempo trabalhado.
>
> II – Na Administração Pública direta, autárquica e fundacional não é válida remuneração de empregado público inferior ao salário mínimo, ainda que cumpra jornada de trabalho reduzida. Precedentes do Supremo Tribunal Federal."

7. DA PRORROGAÇÃO DA JORNADA DE TRABALHO

Prorrogação da jornada significa trabalhar um número de horas acima da jornada fixada na lei ou no contrato de trabalho.

A prorrogação da jornada depende de acordo entre empregado e empregador. Este acordo, segundo a doutrina, deve ser escrito. No entanto, a redação dada ao art. 59 da CLT pela Lei 13.4676/17 não exige a forma escrita: ele pode ser verbal ou escrito, tácito ou expresso, mas a forma escrita é mais segura ao empregador. O acordo de prorrogação também pode ser coletivo, com a chancela do Sindicato dos Trabalhadores.

Nesse sentido, dispõe o "caput" do art. 59 da CLT, "*in verbis*":

> "A duração diária do trabalho poderá ser acrescida de horas extras, em número não excedente de duas, por acordo individual, convenção coletiva ou acordo coletivo de trabalho."

O número máximo de horas suplementares não poderá ser superior a duas. De outro lado, caso o trabalhador realize jornada superior a duas horas, as receberá como extra.

Nesse sentido, dispõe a Súmula 376 do TST, "*in verbis*":

> **"HORAS EXTRAS. LIMITAÇÃO. ART. 59 DA CLT. REFLEXOS (conversão das Orientações Jurisprudenciais nos 89 e 117 da SBDI-1) – Res. 129/2005, *DJ* 20, 22 e 25.04.2005**
>
> I – A limitação legal da jornada suplementar a duas horas diárias não exime o empregador de pagar todas as horas trabalhadas (ex-OJ nº 117 da SBDI-1 – inserida em 20.11.1997);
>
> II – O valor das horas extras habitualmente prestadas integra o cálculo dos haveres trabalhistas, independentemente da limitação prevista no 'caput' do art. 59 da CLT (ex-OJ nº 89 da SBDI-1 – inserida em 28.04.1997)."

A limitação da prorrogação da jornada a duas horas diárias é norma de ordem pública, destinada à proteção da saúde do trabalhador. Desse modo, este limite só poderá ser ultrapassado se houver motivo justificável previsto em lei, ou diante das circunstâncias do trabalho realizado e não for nocivo à saúde do trabalhador.

Embora a realização das horas extras devesse configurar exceção, face a todos os direitos fundamentais decorrentes do regime de limitação da Duração do Trabalho, a realidade demonstra o contrário, em diversos segmentos da atividade produtiva, a prorrogação da jornada é a regra. Também a doutrina e jurisprudência têm entendido que a realização habitual de horas extras, desde que elas sejam devidamente remuneradas com o adicional legal, ou outro mais benéfico, configura apenas uma irregularidade, não sendo apta a gerar a nulidade da realização das horas extras.

A jurisprudência não tem aceitado acordos de prorrogação de horas assinados pelo trabalhador quando da contratação, pois dificilmente haverá manifestação espontânea da vontade do empregado. Nesse sentido, a Súmula 199 do TST, "*in verbis*":

> **"BANCÁRIO. PRÉ-CONTRATAÇÃO DE HORAS EXTRAS (incorporadas as Orientações Jurisprudenciais nºs 48 e 63 da SBDI-1) – Res. 129/2005, *DJ* 20, 22 e 25.04.2005.** I – A contratação do serviço suplementar, quando da admissão do trabalhador bancário, é nula. Os valores assim ajustados apenas remuneram a jornada normal, sendo devidas as horas extras com o adicional de, no mínimo, 50% (cinquenta por cento), as quais não configuram pré-contratação, se pactuadas após a admissão do bancário (ex-Súmula nº 199 – alterada pela Res. 41/1995, *DJ* 21.02.1995 – e ex-OJ nº 48 da SBDI-1 – inserida em 25.11.1996). II – Em se tratando de horas extras pré-contratadas, opera-se a prescrição total se a ação não for ajuizada no prazo de cinco anos, a partir da data em que foram suprimidas (ex-OJ nº 63 da SBDI-1 – inserida em 14.03.1994)."

Embora a prorrogação das horas extras tenha que ser levada a efeito por acordo, por configurar situação excepcional, não integra o patrimônio jurídico do trabalhador. Vale dizer: as horas extras podem ser suprimidas de forma unilateral pelo empregador, sem que com isso configure alteração contratual lesiva, fazendo jus o trabalhador se as horas extras perduraram por no mínimo um ano, a uma indenização. O Tribunal Superior do Trabalho tratou da questão por meio da Súmula 291 de sua jurisprudência, "*in verbis*":

> **"HORAS EXTRAS. HABITUALIDADE. SUPRESSÃO. INDENIZAÇÃO (nova redação em decorrência do julgamento do processo TST-IUJERR 10700-45.2007.5.22.0101) – Res. 174/2011, *DEJT* divulgado em 27, 30 e 31.05.2011.** A supressão total ou parcial, pelo empregador, de serviço suplementar prestado com habitualidade, durante pelo menos 1 (um) ano, assegura ao empregado o direito à indenização correspondente ao valor de 1 (um) mês das horas suprimidas, total ou parcialmente, para cada ano ou fração igual ou superior a seis meses de prestação de serviço acima da jornada normal. O cálculo observará a média das horas suplementares nos últimos 12 (doze) meses anteriores à mudança, multiplicada pelo valor da hora extra do dia da supressão."

O empregado pode se recusar a realizar horas extras, salvo se estiver em regime de compensação de horas, ou para atender necessidade imperiosa do serviço (art. 61 da CLT).

O art. 61 da CLT trata das hipóteses em que as horas extras podem ser exigidas do empregado de forma lícita, mesmo sem a existência de acordo de prorrogação de horas. Com efeito, dispõe o referido dispositivo legal:

> "Ocorrendo necessidade imperiosa, poderá a duração do trabalho exceder do limite legal ou convencionado, seja para fazer face a motivo de força maior, seja para atender à realização ou conclusão de serviços inadiáveis ou cuja inexecução possa acarretar prejuízo manifesto.
>
> § 1º O excesso, nos casos deste artigo, pode ser exigido independentemente de convenção coletiva ou acordo coletivo de trabalho.
>
> § 2º – Nos casos de excesso de horário por motivo de força maior, a remuneração da hora excedente não será inferior à da hora normal. Nos demais casos de excesso previstos neste artigo, a remuneração será, pelo menos, 25% (vinte e cinco por cento) superior à da hora normal, e o trabalho não poderá exceder de 12 (doze) horas, desde que a lei não fixe expressamente outro limite.
>
> § 3º – Sempre que ocorrer interrupção do trabalho, resultante de causas acidentais, ou de força maior, que determinem a impossibilidade de sua realização, a duração do trabalho poderá ser prorrogada pelo tempo necessário até o máximo de 2 (duas) horas, durante o número de dias indispensáveis à recuperação do tempo perdido, desde que não exceda de 10 (dez) horas diárias, em período não superior a 45 (quarenta e cinco) dias por ano, sujeita essa recuperação à prévia autorização da autoridade competente."

Diante do referido dispositivo, as horas extras poderão ser exigidas nas seguintes hipóteses:

a) força maior ou caso fortuito (art. 501 da CLT);

b) ocorrendo necessidade imperiosa em razão de acontecimento excepcional;

c) para a realização ou conclusão de serviços inadiáveis ou cuja inexecução possa acarretar prejuízo manifesto;

d) para compensar interrupção do trabalho, resultante de causas acidentais, ou de força maior, que determinem a impossibilidade de sua realização.

A obrigação do empregado de prestar horas extras na hipótese do presente artigo se funda no dever de colaboração inerente do vínculo empregatício.

Nos termos do art. 58, § 1º, da CLT, "não serão descontadas nem computadas como jornada extraordinária as variações de horário no registro de ponto não excedentes de cinco minutos, observado o limite máximo de dez minutos diários".

Diante do art. 7º, XVI, da Constituição Federal, a jornada extraordinária realizada em todas as hipóteses do art. 61 deve ser remunerada com o adicional de 50%.

8. DA PRORROGAÇÃO DE HORAS DECORRENTES DE ATIVIDADE INSALUBRE

Para o empregado que trabalhava em ambiente insalubre, a compensação e prorrogações de horas somente poderão ser efetivadas por ato do Ministério do Trabalho e Emprego.

Dispõe o art. 60 da CLT:

> "Nas atividades insalubres, assim consideradas as constantes dos quadros mencionados no capítulo 'Da Segurança e da Medicina do Trabalho', ou que neles venham a ser incluídas por ato do Ministro do Trabalho, Indústria e Comércio, quaisquer prorrogações só poderão ser acordadas mediante licença prévia das autoridades competentes em matéria de higiene do trabalho, as quais, para esse efeito, procederão aos necessários exames locais e à verificação dos métodos e processos de trabalho, quer diretamente, quer por intermédio de autoridades sanitárias federais, estaduais e municipais, com quem entrarão em entendimento para tal fim. Parágrafo único. Excetuam-se da exigência de licença prévia as jornadas de doze horas de trabalho por trinta e seis horas ininterruptas de descanso."

Os arts. 64 a 71 da Portaria 671/21 do Ministério do Trabalho e Previdência disciplinam os requisitos para o deferimento da autorização, valendo ser transcrito o art. 67, "in verbis":

> "O deferimento do pedido está condicionado ao atendimento dos seguintes requisitos: I – inexistência de autos de infração às normas regulamentadoras, de graduação I3 e I4 nos termos da NR-28, no setor da empresa abrangido pelo pedido de autorização, no período

> de dois anos; II – inexistência de acidente de trabalho no setor da empresa abrangido pelo pedido de autorização, no período de dois anos, com consequências: a) significativa – lesão à integridade física ou à saúde, que implique em incapacidade temporária por prazo superior a quinze dias; b) severa – que prejudique a integridade física ou a saúde, que provoque lesão ou sequela permanentes; ou c) fatal; III – adoção de sistema de pausas durante o trabalho, quando previstas em norma regulamentadora, e cumprimento das condições para concessão dessas pausas; e IV – cumprimento dos intervalos previstos na legislação."

Há quem entenda que o referido art. 60 da CLT não foi recepcionado pela Constituição Federal (art. 7º, XIII), que exige apenas acordo e convenção coletiva para a compensação da jornada.

De nossa parte, o presente dispositivo foi recepcionado pela Constituição Federal de 1988, pois não deve ser lido tão somente em cotejo com o art. 7º, XIII, da CF, mas com o sistema da Constituição Federal de proteção à vida, dignidade, segurança e saúde do trabalhador e meio ambiente do trabalho. Desse modo, nas atividades insalubres, somente poderá ser prorrogado o horário mediante autorização do ministerial, ouvidas as autoridades de proteção de higiene e medicina do trabalho.

Nesse sentido, dispõe a Súmula 85, VI, do TST:

> "Não é válido acordo de compensação de jornada em atividade insalubre, ainda que estipulado em norma coletiva, sem a necessária inspeção prévia e permissão da autoridade competente, na forma do art. 60 da CLT."

Nos termos do parágrafo único do art. 60 da CLT, excetuam-se da exigência de licença prévia as jornadas de doze horas de trabalho por trinta e seis horas ininterruptas de descanso.

O referido dispositivo fora acrescentado ao art. 60 da CLT pela Lei 13.467/17. O melhor teria sido manter a necessidade de licença prévia à jornada 12 por 36, uma vez que há prorrogação da jornada por duas horas acima do limite legal (art. 59 da CLT).

Nesse aspecto, cumpre destacar a seguinte ementa:

> DE JORNADA EM ATIVIDADE INSALUBRE. AUSÊNCIA DE INSPEÇÃO PRÉVIA E PERMISSÃO DA AUTORIDADE COMPETENTE.

> A Constituição Federal estipulou, como direito dos trabalhadores, a redução dos riscos inerentes ao trabalho, por meio de normas de saúde, higiene e segurança. Essa inclusive é a orientação que se extrai da Convenção nº 155 da OIT, ratificada pelo Brasil, em 18.05.1992, que expressamente estabelece a adoção de medidas relativas à segurança, à higiene e ao meio ambiente do trabalho. Releva notar que o artigo 4º da referida Convenção suscita o compromisso por parte dos Estados-Membros de adotarem medidas necessárias à garantia de trabalho digno, seguro e saudável para os trabalhadores, a saber: 1. Todo Membro deverá, em consulta às organizações mais representativas de empregadores e de trabalhadores, e levando em conta as condições e a prática nacionais, formular, pôr em prática e reexaminar periodicamente uma política nacional coerente em matérias de segurança e saúde dos trabalhadores e o meio ambiente de trabalho. 2. Essa política terá como objetivo prevenir os acidentes e os danos à saúde que forem consequência do trabalho, tenham relação com a atividade de trabalho, ou apresentarem durante o trabalho, reduzindo ao mínimo, na medida que for razoável e possível, as causas dos riscos inerentes ao meio ambiente de trabalho. A CLT prevê, por sua vez, em seu artigo 60, que, nas atividades insalubres, só será permitida qualquer prorrogação da jornada de trabalho mediante licença prévia das autoridades competentes em matéria de higiene do trabalho. Nesse contexto, é imprescindível a observância da obrigação de haver inspeção e permissão das autoridades competentes, na forma do citado art. 60 da CLT. A Súmula 85, VI/TST, inclusive, perfilha essa diretriz. Na hipótese, o TRT consignou que a atividade desenvolvida pela Reclamante era insalubre em grau máximo e não havia autorização para compensação da jornada, nos termos do art. 60 da CLT. Julgados desta Corte. Harmonizando-se, portanto, o acórdão regional com a iterativa, notória e atual jurisprudência deste TST, torna-se despicienda a análise das violações alegadas e da divergência jurisprudencial suscitada, nos termos da Súmula 333/TST e do art. 896, § 7º, da CLT. (TST -RRAg-20253-94.2020.5.04.0026, 3ª Turma, Relator Ministro Mauricio Godinho Delgado, DEJT 12/05/2023).

Dispõe o art. 611-A da CLT, incluído pela Lei 13.467/17:

> "Art. 611-A. A convenção coletiva e o acordo coletivo de trabalho têm prevalência sobre a lei quando, entre outros, dispuserem sobre:
>
> (...)
>
> XIII – prorrogação de jornada em ambientes insalubres, sem licença prévia das autoridades competentes do Ministério do Trabalho."

Embora o referido dispositivo possibilite a flexibilização da jornada de trabalho em condições de insalubridade, possibilitando sua prorrogação mediante negociação coletiva, independentemente de autorização de autoridade competente, ele deve ser harmonizado com o sistema normativo de proteção à saúde do trabalhador (art. 7º, XXII, da CF, e art. 60 da CLT). Desse modo, a prorrogação somente será válida se o local de trabalho observar as mesmas condições que seriam exigidas pela autoridade pública competente (como equipamentos de proteção individual, ventilação, roupas adequadas etc.).

9. COMPENSAÇÃO DE HORAS

Compensação de horas é o regime de duração do trabalho em que o empregado prorroga as horas em determinados dias na semana e folga em outros.

Ensina Amauri Mascaro Nascimento[12] que compensação "consiste na distribuição das horas de um dia pelos demais dias da semana. Assim, o empregado não trabalha, por exemplo, no sábado, e cumprirá essas horas de 2ª a 6ª feira."

Dispõe o art. 7º, XIII, da CF:

> "Duração do trabalho normal não superior a oito horas diárias e quarenta e quatro semanais, facultada a compensação de horários e a redução da jornada, mediante acordo ou convenção coletiva de trabalho."

Conforme o texto Constitucional, a compensação de horários deve ser levada a efeito mediante *acordo* ou *convenção coletiva* de trabalho.

Parte da doutrina sustentou que a Constituição exige negociação coletiva para a compensação de horários. A jurisprudência, no entanto, se firmou no sentido de que para a compensação de horário durante a semana, basta o acordo individual escrito. Nesse sentido, a Súmula 85 do TST, "*in verbis*":

> **"COMPENSAÇÃO DE JORNADA (inserido o item VI) - Res. 209/2016, *DEJT* divulgado em 01, 02 e 03.06.2016.**
>
> I. A compensação de jornada de trabalho deve ser ajustada por acordo individual escrito, acordo coletivo ou convenção coletiva (ex-Súmula nº 85 – primeira parte – alterada pela Res. 121/2003, *DJ* 21.11.2003);

12. Curso de Direito do Trabalho. 29. ed. São Paulo: Saraiva, 2014, p. 803.

> II. O acordo individual para compensação de horas é válido, salvo se houver norma coletiva em sentido contrário (ex-OJ nº 182 da SBDI-1 - inserida em 08.11.2000);
> III. O mero não atendimento das exigências legais para a compensação de jornada, inclusive quando encetada mediante acordo tácito, não implica a repetição do pagamento das horas excedentes à jornada normal diária, se não dilatada a jornada máxima semanal, sendo devido apenas o respectivo adicional (ex-Súmula nº 85 - segunda parte - alterada pela Res. 121/2003, *DJ* 21.11.2003);
> IV. A prestação de horas extras habituais descaracteriza o acordo de compensação de jornada. Nesta hipótese, as horas que ultrapassarem a jornada semanal normal deverão ser pagas como horas extraordinárias e, quanto àquelas destinadas à compensação, deverá ser pago a mais apenas o adicional por trabalho extraordinário (ex-OJ nº 220 da SBDI-1 - inserida em 20.06.2001);
> V. As disposições contidas nesta súmula não se aplicam ao regime compensatório na modalidade "banco de horas", que somente pode ser instituído por negociação coletiva;
> VI - Não é válido acordo de compensação de jornada em atividade insalubre, ainda que estipulado em norma coletiva, sem a necessária inspeção prévia e permissão da autoridade competente, na forma do art. 60 da CLT."

Sempre foi discutível na doutrina e jurisprudência a possibilidade de compensação de horas que excede o módulo semanal de 44 horas. Há a vertente restritiva, argumentando que a Constituição Federal, no art. 7º, XIII, limitou a compensação da jornada a 44 horas semanais. Tudo que ultrapassar esse limite deve ser considerado hora extraordinária. Para outra vertente, vencedora na doutrina e jurisprudência, a Constituição não limitou a compensação de horas a 44 horas semanais, apenas estabeleceu um módulo de compensação semanal de 44 horas que deve ser observado, mas há a necessidade de negociação coletiva. Nesse sentido, dispõe o art. 59, § 2º, da CLT, "*in verbis*"

> "A duração diária do trabalho poderá ser acrescida de horas extras, em número não excedente de duas, por acordo individual, convenção coletiva ou acordo coletivo de trabalho (...) § 2º Poderá ser dispensado o acréscimo de salário se, por força de acordo ou convenção coletiva de trabalho, o excesso de horas em um dia for compensado pela correspondente diminuição em outro dia, de maneira que não exceda, no período máximo de um ano, à soma das jornadas semanais

> de trabalho previstas, nem seja ultrapassado o limite máximo de dez horas diárias."

A jurisprudência do TST também permitiu, por meio de norma coletiva, a compensação de horas na chamada "semana espanhola", conforme a OJ 323 da SDI-I do TST, "*in verbis*":

> "**ACORDO DE COMPENSAÇÃO DE JORNADA. 'SEMANA ESPANHOLA'. VALIDADE (DJ 09.12.2003).** É válido o sistema de compensação de horário quando a jornada adotada é a denominada 'semana espanhola', que alterna a prestação de 48 horas em uma semana e 40 horas em outra, não violando os arts. 59, § 2º, da CLT e 7º, XIII, da CF/88 o seu ajuste mediante acordo ou convenção coletiva de trabalho."

No aspecto, importante destacar a seguinte ementa da mais alta Corte Trabalhista do Brasil:

> "A) AGRAVO DE INSTRUMENTO EM RECURSO DE REVISTA INTERPOSTO PELA RECLAMANTE. ACÓRDÃO REGIONAL PUBLICADO ANTES DA VIGÊNCIA DA LEI Nº 13.015/2014. 1. HORAS EXTRAS. JORNADA EM REGIME 2X2. AUSÊNCIA DE PREVISÃO EM NORMA COLETIVA. PROVIMENTO. (...) II. A jurisprudência atual e notória desta Corte Superior é no sentido de que a jornada de trabalho no regime 2x2 (acima do limite constitucional fixado no art. 7º, XIII, da CF), deve ser estipulada via norma coletiva ou mediante lei, de modo que a sua invalidação acarreta o pagamento de horas extras a partir da jornada máxima legal ou contratual sendo inaplicável o entendimento da Súmula 85 do TST. III. Demonstrada violação do art. 7º, XIII, da CF. IV. Agravo de instrumento de que se conhece e a que se dá provimento, para determinar o processamento do recurso de revista, observando-se o disposto no ATO SEGJUD. GP Nº 202/2019 do TST. B) RECURSO DE REVISTA INTERPOSTO PELA RECLAMANTE. ACÓRDÃO REGIONAL PUBLICADO ANTES DA VIGÊNCIA DA LEI Nº 13.015/2014. 1. NULIDADE PROCESSUAL. NEGATIVA DE PRESTAÇÃO JURISDICIONAL. DECISÃO DE MÉRITO EM FAVOR DA PARTE RECORRENTE. APLICAÇÃO DO ART. 282, § 2º, DO CPC/2015. NÃO APRECIAÇÃO. I. Tendo em vista a possibilidade de julgamento do mérito em favor da parte ora Recorrente, deixa-se de apreciar o recurso quanto à alegação de nulidade processual. Aplicação da regra do § 2º do art. 282 do CPC/2015. II. Recurso de revista de que se deixa de apreciar,

> quanto ao tema. (...) 2. HORAS EXTRAS. JORNADA EM REGIME 2X2. AUSÊNCIA DE PREVISÃO EM NORMA COLETIVA. CONHECIMENTO E PROVIMENTO. I. A Corte Regional consignou que 'a regulamentação da escala de trabalho dos servidores por meio da Portaria Normativa 129/2007 não suplanta a necessária autorização legal, no caso de ente público, para a adoção da escala 2x2, por se tratar aludida norma de mera regulamentação interna, e não de lei em sentido estrito 'e decidiu que', considerando a ausência de formalidade legal para a implantação da chamada 'semana espanhola', bem como a prestação habitual de horas extras, faz jus a reclamante às diferenças de horas extras, observando-se o disposto na Súmula 85 do C. TST, isto é, para aquelas horas destinadas à compensação até o limite semanal de 40 horas, é devido apenas o adicional de 50%, para as duas primeiras horas, e de 100%, para as demais (fl. 373-verso, não impugnando pela reclamada, fl. 392-verso); e para aquelas horas excedentes da 40ª semanal, é devido o pagamento de horas extras mais os adicionais, conforme o caso'. II. A jurisprudência atual e notória desta Corte Superior é no sentido de que a jornada de trabalho no regime 2x2 (acima do limite constitucional fixado no art. 7º, XIII, da CF), deve ser estipulada via norma coletiva ou mediante lei, de modo que a sua invalidação acarreta o pagamento de horas extras a partir da jornada máxima legal ou contratual sendo inaplicável o entendimento da Súmula 85 do TST. III. Recurso de revista de que se conhece, por violação do art. 7º, XIII, da CF, e a que se dá provimento (TST – RR-1471-44.2012.5.15.0113, 4ª Turma, Relator Ministro Alexandre Luiz Ramos, *DEJT* 31/01/2020).

A Lei 13.467/17 (Reforma Trabalhista) inseriu o § 6º do art. 59 da CLT, que assim dispõe:

> "É lícito o regime de compensação de jornada estabelecido por acordo individual, tácito ou escrito, para a compensação no mesmo mês."

Diante do referido dispositivo legal ficou consagrada a possibilidade de acordo individual para compensação de horas que pode ser firmado de forma tácita, para a compensação de horas no mês. Ficou consagrada a tese de que o acordo de compensação não está limitado à semana, podendo ser a compensação mensal. A modalidade tácita não era admitida pela jurisprudência. No entanto, deve-se avaliar se o acordo de compensação mensal não ultrapassou o limite de duas horas diárias e se não trouxe prejuízo ao trabalhador. No caso concreto, é possível se invalidar o acordo de compensação mensal.

Como bem adverte Gustavo Filipe Barbosa Garcia[13], "o acordo de compensação deve observar, ainda, o limite de dez horas de trabalho por dia, o que significa o máximo de duas horas prorrogadas (considerando a jornada normal de oito horas). O entendimento majoritário é no sentido de que, mesmo se a jornada de trabalho normal for inferior a oito horas, deve-se observar o limite máximo de duas horas prorrogadas por dia, para não expor o empregador a longas prorrogações de jornada, em prejuízo à sua saúde e segurança no trabalho."

10. DO BANCO DE HORAS

O banco de horas é um sistema de compensação de horas que excede o módulo semanal, firmado mediante acordo ou convenção coletiva de trabalho, no qual o excesso de horas em um dia é compensado pela correspondente diminuição em outro dia, de maneira que não exceda, no período máximo de um ano, à soma das jornadas semanais de trabalho previstas, nem seja ultrapassado o limite máximo de dez horas diárias.

A previsão legal do banco de horas está no art. 59, §§ 2º e 3º, ambos da CLT, "*in verbis*":

> "A duração diária do trabalho poderá ser acrescida de horas extras, em número não excedente de duas, por acordo individual, convenção coletiva ou acordo coletivo de trabalho.
>
> (...)
>
> § 2º Poderá ser dispensado o acréscimo de salário se, por força de acordo ou convenção coletiva de trabalho, o excesso de horas em um dia for compensado pela correspondente diminuição em outro dia, de maneira que não exceda, no período máximo de um ano, à soma das jornadas semanais de trabalho previstas, nem seja ultrapassado o limite máximo de dez horas diárias.
>
> § 3º Na hipótese de rescisão do contrato de trabalho sem que tenha havido a compensação integral da jornada extraordinária, na forma dos §§ 2º e 5º deste artigo, o trabalhador terá direito ao pagamento das horas extras não compensadas, calculadas sobre o valor da remuneração na data da rescisão."

13. Manual de Direito do Trabalho. 13. ed. São Paulo: Editora Juspodivm, 2020, p. 908.

Há argumentos favoráveis e desfavoráveis ao banco de horas.

Dentre os argumentos desfavoráveis, destacam-se:

a) o sistema de compensação atende apenas aos interesses do empregador;

b) está em descompasso com o princípio do pleno emprego;

c) desconsidera o módulo semanal de compensação previsto na Constituição Federal;

d) possibilita que o empregador tenha até um ano de prazo para pagamento das horas extras ao trabalhador;

e) é muito genérico, gerando insegurança ao trabalhador, pois não há dias pré-determinados para prorrogações ou folgas;

f) torna a prestação de horas extras uma regra e não exceção.

Dentre os argumentos favoráveis, destacam-se:

a) possibilita que as empresas possam adaptar sua produção em época de crise financeira;

b) evita demissões;

c) apesar da compensação não ser dentro da semana, a compensação observa o módulo semanal previsto no art. 7º, XIII, da CF;

De acordo com a CLT, a validade do banco de horas exige:

a) negociação coletiva (acordo coletivo ou convenção coletiva de trabalho);

b) a jornada deve ter duração máxima de 10 horas diárias;

c) a compensação não pode exceder, no período máximo de um ano, à soma das jornadas semanais de trabalho previstas: O trabalhador não pode trabalhar número superior de horas que devem ser realizadas durante a duração normal de trabalho referente à soma das semanas que compõem o ano. Se um trabalhador cumpre jornada de 8 horas diárias e 44 horas semanais, como o ano tem 52 semanas e um dia, durante o período de um ano, ele não pode ultrapassar o número de 2.296 horas de trabalho. O que ultrapassar esse limite deve ser pago como hora extra;

d) na hipótese de rescisão do contrato de trabalho sem que tenha havido a compensação integral da jornada extraordinária, o trabalhador terá direito ao pagamento das horas extras não compensadas, calculadas sobre o valor da remuneração na data da rescisão.

Em razão dos princípios da boa-fé objetiva e do equilíbrio contratual, o banco de horas deve ser transparente, com previsibilidade e escolha de folgas por parte do empregador, e também mencionar informações claras e objetivas sobre controle de saldo de horas. Nesse sentido, a jurisprudência do Tribunal Superior do Trabalho, "in verbis":

> "EMBARGOS EM RECURSO DE REVISTA - OPOSIÇÃO NA VIGÊNCIA DA LEI Nº 13.467/2017 - BANCO DE HORAS - NORMA COLETIVA - AUSÊNCIA DE PROVA DO CONTROLE DE SALDO - INVALIDADE DO REGIME. A jurisprudência desta Corte Superior orienta-se no sentido da invalidade do banco de horas em que não permitido ao trabalhador acompanhar a apuração entre o crédito e débitos de horas, diante da impossibilidade de verificar o cumprimento das obrigações previstas na norma coletiva que instituiu o regime. Precedentes de todas as Turmas do TST. Embargos conhecidos e providos" (TST - E-RRAg-21825-58.2015.5.04.0221, Subseção I Especializada em Dissídios Individuais, Relatora Ministra Maria Cristina Irigoyen Peduzzi, DEJT 09/06/2023).

Se o trabalhador ficar devendo horas ao empregador no momento da rescisão, entende-se que tais horas não podem ser compensadas ou deduzidas das verbas rescisórias, em face do princípio da irredutibilidade salarial e por não existir previsão legal nesse sentido.

No mesmo sentido a visão de Valentin Carrion[14]: "rescindido o contrato, as horas trabalhadas não compensadas deverão ser pagas, como extras, pelo valor vigente quando da rescisão. Contrariamente, as folgas em favor do empregador não serão descontadas, por não haver apoio em lei e porque a situação criada atende aos interesses da produção empresarial."

A Lei 13.467/17 acrescentou o § 5º ao art. 59 da CLT, que assim dispõe:

> "O banco de horas de que trata o § 2º deste artigo poderá ser pactuado por acordo individual escrito, desde que a compensação ocorra no período máximo de seis meses."

14. Comentários à CLT. 39. ed. São Paulo: Saraiva, 2014, p. 151.

Conforme dispõe o referido dispositivo legal, o "banco de horas" pode ser pactuado por acordo individual escrito, desde que a compensação dure, no máximo, 06 meses.

A previsão de instituição do banco de horas por acordo individual contraria matéria já sumulada pelo TST[15].

De nossa parte, a instituição de "banco de horas" por acordo individual é prejudicial ao trabalhador, uma vez que este, individualmente, não tem forças para negociar um regime compensatório de jornada tão extenso. Além disso, esse regime de compensação atenta preponderantemente aos interesses do empregador e da produção. Por isso, reputamos inconstitucional a instituição do banco de horas por acordo individual por atentar contra os princípios da melhoria da condição social do trabalhador (art. 7º, "caput", da CF e também por contrariar a finalidade social do art. 7º, XIII, da CF).

Nesse sentido, destaca-se a opinião de Maurício Godinho Delgado[16]:

> "Conforme se percebe, o desrespeito à Constituição da República (art. 7º, XIII, CF) mostra-se claro. Afinal, trata-se de regime compensatório potencialmente desfavorável (banco de horas), sem garantias significativas para o trabalhador – o que torna imprescindível a intervenção do ser coletivo obreiro, o sindicato, via negociação coletiva trabalhista. A flexibilização trabalhista autorizada pela Constituição, em especial no art. 7º, XIII, tem de ser realizada mediante os instrumentos coletivos negociados."

11. EFEITOS DA IRREGULARIDADE DO ACORDO DE COMPENSAÇÃO DE HORAS

Dispõe o art. 59-B da CLT, com a redação dada pela Lei 13.467/17:

> "O não atendimento das exigências legais para compensação de jornada, inclusive quando estabelecida mediante acordo tácito, não implica a repetição do pagamento das horas excedentes à jornada normal diária se não ultrapassada a duração máxima semanal, sendo devido apenas o respectivo adicional. Parágrafo único. A prestação de

15. Súmula 85, V, do TST: "As disposições contidas nesta súmula não se aplicam ao regime compensatório na modalidade 'banco de horas', que somente pode ser instituído por negociação coletiva".
16. Curso de Direito do Trabalho. 18. ed. São Paulo: LTr, 2019, p. 1056.

horas extras habituais não descaracteriza o acordo de compensação de jornada e o banco de horas."

A finalidade do acordo de compensação de horas é evitar as horas extras, e atender aos interesses de empregados e empregadores. Por isso, em nossa visão, a prestação de horas habituais descaracteriza o acordo de compensação por atentar contra sua finalidade.

Nesse sentido, o inciso V da Súmula 85 do TST:

> "A prestação de horas extras habituais descaracteriza o acordo de compensação de jornada. Nesta hipótese, as horas que ultrapassarem a jornada semanal normal deverão ser pagas como horas extraordinárias e, quanto àquelas destinadas à compensação, deverá ser pago a mais apenas o adicional por trabalho extraordinário (ex-OJ nº 220 da SBDI-1 – inserida em 20.06.2001)."

No entanto, o citado parágrafo único do art. 59-B da CLT assevera que as horas extras habituais não descaracterizam o acordo de compensação. Não obstante, o referido dispositivo deve ser interpretado à luz dos fundamentos que regem a duração do trabalho e da limitação de jornada. Desse modo, nesta situação, as horas que ultrapassarem a jornada semanal normal deverão ser pagas como horas extraordinárias e, quanto àquelas destinadas à compensação, deverá ser pago a mais apenas o adicional por trabalho extraordinário.

O não atendimento das exigências legais para compensação de jornada, inclusive quando estabelecida mediante acordo tácito, não implica a repetição do pagamento das horas excedentes à jornada normal diária se não ultrapassada a duração máxima semanal, sendo devido apenas o respectivo adicional (art. 59-B, "caput", da CLT).

O texto legal, praticamente, repete o entendimento firmado na Súmula 85, III, do TST[17], no sentido de que, se o acordo de compensação não observou os requisitos legais, mas o limite semanal não fora ultrapassado, não haverá a repetição do pagamento das horas extras excedentes à jornada diária, sendo devido apenas o adicional de horas extras para as horas diárias que ultrapassarem o limite legal.

---

17. Súmula 85, III, do TST: "O mero não atendimento das exigências legais para a compensação de jornada, inclusive quando encetada mediante acordo tácito, não implica a repetição do pagamento das horas excedentes à jornada normal diária, se não dilatada a jornada máxima semanal, sendo devido apenas o respectivo adicional (ex-Súmula nº 85 – segunda parte – alterada pela Res. 121/2003, *DJ* 21.11.2003)".

12. A COMPENSAÇÃO DA JORNADA NO REGIME 12X36

A jornada 12x36, vale dizer: 12 horas de trabalho por 36 horas de descanso, também denominada de *jornada de plantão*[18], tradicional entre os funcionários da área de saúde, segurança e hotelaria, em razão da característica ininterrupta dessas atividades, fora reconhecida pela jurisprudência trabalhista, inclusive do TST, por meio da Súmula 444 do TST, "*in verbis*":

> **"JORNADA DE TRABALHO. NORMA COLETIVA. LEI. ESCALA DE 12 POR 36. VALIDADE. – Res. 185/2012, *DEJT* divulgado em 25, 26 e 27.09.2012 – republicada em decorrência do despacho proferido no processo TST-PA-504.280/2012.2 - *DEJT* divulgado em 26.11.2012.**
>
> É valida, em caráter excepcional, a jornada de doze horas de trabalho por trinta e seis de descanso, prevista em lei ou ajustada exclusivamente mediante acordo coletivo de trabalho ou convenção coletiva de trabalho, assegurada a remuneração em dobro dos feriados trabalhados. O empregado não tem direito ao pagamento de adicional referente ao labor prestado na décima primeira e décima segunda horas."

Pela referida Súmula, a jornada 12x36 ficou condicionada aos seguintes requisitos:

a) o regime 12x36 é excepcional, vale dizer: não deve ser aplicado indistintamente. A natureza da atividade e as condições de sua realização devem justificá lo;

b) a jornada deve estar prevista em Lei ou ser ajustada mediante negociação coletiva de trabalho;

c) as horas laboradas em feriados devem ser remuneradas em dobro;

d) o empregado não tem direito ao pagamento de adicional referente ao labor prestado na décima primeira e décima segunda horas.

Como bem adverte Homero Batista Mateus da Silva[19], "há vários argumentos favoráveis (como redução dos deslocamentos ao longo do mês e concentração do trabalho em 15 dias mensais) e desfavoráveis (como o

---

18. DELGADO, Maurício Godinho. Curso de Direito do Trabalho. 18. ed. São Paulo: LTr, 2019, p. 1077.
19. CLT Comentada. 2. ed. São Paulo: RT, 2018, p. 105.

aumento de acidentes de trabalho na 12ª hora e a fadiga acumulada em profissões que exigem elevado grau de atenção e acuidade visual)."

Atualmente, dispõe o art. 59-A da CLT, com a redação dada pela Lei 13.467/17:

> "Em exceção ao disposto no art. 59 desta Consolidação, é facultado às partes, mediante acordo individual escrito, convenção coletiva ou acordo coletivo de trabalho, estabelecer horário de trabalho de doze horas seguidas por trinta e seis horas ininterruptas de descanso, observados ou indenizados os intervalos para repouso e alimentação. Parágrafo único. A remuneração mensal pactuada pelo horário previsto no *caput* deste artigo abrange os pagamentos devidos pelo descanso semanal remunerado e pelo descanso em feriados, e serão considerados compensados os feriados e as prorrogações de trabalho noturno, quando houver, de que tratam o art. 70 e o § 5º do art. 73 desta Consolidação."

Diante do referido legal, doravante, a jornada 12x36 pode ser pactuada mediante os seguintes requisitos:

a) o regime deve ser pactuado em regime excepcional;

b) deve ser firmado mediante acordo individual escrito, convenção coletiva ou acordo coletivo de trabalho;

c) devem ser observados ou indenizados os intervalos para repouso e alimentação;

d) a remuneração mensal abrange os pagamentos devidos pelo descanso semanal remunerado e pelo descanso em feriados, e serão considerados compensados os feriados e as prorrogações de trabalho noturno, quando houver, de que tratam o art. 70[20] e o § 5º do art. 73 desta Consolidação[21]:

Diante da novel previsão, ficou mais flexível a pactuação do regime de compensação 12x36, inclusive por acordo individual escrito entre empregado

---

20. Art. 70 da CLT: "O trabalho aos domingos e aos feriados será remunerado em dobro, exceto se o empregador determinar outro dia de folga compensatória. Parágrafo único. A folga compensatória para o trabalho aos domingos corresponderá ao repouso semanal remunerado".

21. Art. 73 da CLT: "Salvo nos casos de revezamento semanal ou quinzenal, o trabalho noturno terá remuneração superior a do diurno e, para esse efeito, sua remuneração terá um acréscimo de 20 % (vinte por cento), pelo menos, sobre a hora diurna. (...) § 5º Às prorrogações do trabalho noturno aplica-se o disposto neste capítulo".

e empregador. Ficou autorizada a indenização dos intervalos, principalmente o intrajornada e os já abrangidos pela remuneração mensal, descanso semanal remunerado, feriados e as prorrogações do horário noturno.

Em nossa visão, o art. 59-A da CLT deve ser interpretado à luz do sistema constitucional e infraconstitucional de limitação da jornada de trabalho, e também das medidas protetivas da saúde do trabalhador (arts. 6º e 7º, XXII, da CF). Desse modo, em nossa visão, a jornada 12x36, por ser excepcional e cansativa, deve ser pactuada por meio de negociação coletiva (acordo e convenção coletiva de trabalho), deve observar os intervalos intra e interjornada e também a hora noturna reduzida. Além disso, caso haja trabalho em feriados, eles devem ser pagos em dobro.

O STF na ADI 4842 - Rel. Min. Edson Fachin, em 14.09.16, fixou entendimento de que a jornada 12x36 se mostra constitucional, conforme se extrai da ementa do julgamento:

> "**EMENTA:** DIREITO DO TRABALHO. JORNADA DO BOMBEIRO CIVIL. JORNADA DE 12 (DOZE) HORAS DE TRABALHO POR 36 (TRINTA E SEIS HORAS) DE DESCANSO. DIREITO À SAÚDE (ART. 196 DA CRFB). DIREITO À JORNADA DE TRABALHO (ART. 7º, XIII, DA CRFB). DIREITO À PROTEÇÃO CONTRA RISCO À SAÚDE DO TRABALHADOR (ART. 7º, XXII, DA CRFB). 1. A jornada de 12 (doze) horas de trabalho por 36 (trinta e seis) horas de descanso não afronta o art. 7º, XIII, da Constituição da República, pois encontra-se respaldada na faculdade, conferida pela norma constitucional, de compensação de horários. 2. A proteção à saúde do trabalhador (art. 196 da CRFB) e à redução dos riscos inerentes ao trabalho (art. 7º, XXII, da CRFB) não são "*ipso facto*" desrespeitadas pela jornada de trabalho dos bombeiros civis, tendo em vista que para cada 12 (doze) horas trabalhadas há 36 (trinta e seis) horas de descanso e também prevalece o limite de 36 (trinta e seis) horas de jornada semanal. 3. Ação direta de inconstitucionalidade julgada improcedente."

O STF, na ADI 5994, por maioria julgou improcedente o pleito de declaração de inconstitucionalidade do art. 59-A, da CLT em 03.07.23, conforme de constata da seguinte ementa:

> Ação Direta de Inconstitucionalidade. 2. Jornada de trabalho 12 por 36. Pactuação por acordo individual. Art. 59-A da CLT, na redação dada pela Lei 13.467, de 13 de julho de 2017. Reforma Trabalhista.

> 3. Alegação de violação ao disposto no artigo 7º, incisos XIII, XIV e XXVI, da Constituição Federal. Inocorrência. 4. ADI 4.842, Rel. Min. EDSON FACHIN, Tribunal Pleno, julgado em 14.9.2016. 5. Ação Direta de Inconstitucionalidade julgada improcedente. (STF –Pleno ADI 5994 -Rel. Min. Gilmar Mendes, DJE publicado em 09/08/2023. Divulgado em 08/08/2023).

Portanto, ficou declarada a constitucionalidade da fixação da jornada 12x36 por meio de acordo direto entre empregado e empregador, sem a necessidade de intervenção sindical.

No mesmo sentido:

> Feriados laborados. Escala 12x36. Pagamento em dobro. Não cabimento. Embora o contrato de trabalho tenha iniciado em 1997, certo é que a partir da vigência da Lei 13.467/2017, as regras do direito material são automaticamente aplicáveis a ele. Assim, o parágrafo único do art. 59-A da CLT, introduzido pela citada Lei, é aplicável ao contrato de trabalho da autora, não fazendo jus ao pagamento dos feriados trabalhados na escala 12x36. (Proc. 1001551-72.2022.5.02.0025 - ROT - 6ª Turma - Rel. Beatriz Helena Miguel Jiacomini - DeJT 2/10/2023)

13. DOS EMPREGADOS EXCLUÍDOS DO REGIME DE LIMITAÇÃO DA JORNADA DE TRABALHO

A Consolidação das Leis do Trabalho disciplina, no art. 62 da CLT, situações específicas, em que a jornada de trabalho do empregado não é controlada pelo empregador. E por não haver esse controle ou fiscalização, o regime da duração de trabalho previsto na Consolidação (o capítulo II da CLT trata da jornada de trabalho, períodos de descanso e trabalho noturno) não é aplicável aos trabalhadores mencionados no referido dispositivo legal. No entanto, conforme corretamente tem defendido a doutrina, o descanso semanal remunerado deve ser aplicável, por ser um direito fundamental disciplinado na Constituição Federal (art. 7º, XV, da CF).

Dispõe o art. 62 da CLT:

> "Não são abrangidos pelo regime previsto neste capítulo:
>
> I – os empregados que exercem atividade externa incompatível com a fixação de horário de trabalho, devendo tal condição ser anotada na Carteira de Trabalho e Previdência Social e no registro de empregados;

> II – os gerentes, assim considerados os exercentes de cargos de gestão, aos quais se equiparam, para efeito do disposto neste artigo, os diretores e chefes de departamento ou filial. III – os empregados em regime de teletrabalho que prestam serviço por produção ou tarefa. Parágrafo único – O regime previsto neste capítulo será aplicável aos empregados mencionados no inciso II deste artigo, quando o salário do cargo de confiança, compreendendo a gratificação de função, se houver, for inferior ao valor do respectivo salário efetivo acrescido de 40% (quarenta por cento)."

13.1. Da constitucionalidade do art. 62 da CLT

Há fortes discussões na doutrina e jurisprudência sobre a constitucionalidade do referido dispositivo legal.

Partindo-se da premissa de que o art. 7º, XIII, da Constituição Federal de refere à jornada "normal" de trabalho não superior a 8 horas diárias e 44 semanais, a doutrina e jurisprudência dominantes sustentam a constitucionalidade do art. 62 da CLT, uma vez que os trabalhadores externos, os que exercem encargos de gestão e os teletrabalhadores estão em situações especiais.

A jurisprudência e doutrina minoritárias defendem a inconstitucionalidade do art. 62, argumentando que a Constituição Federal não exclui de forma expressa nenhum trabalhador do regime de limitação de jornada, ao contrário, traça um limite máximo de jornada para todos os trabalhadores. Ainda que a Constituição o fizesse, tal seria inconstitucional, pois não se pode interpretar, isoladamente, o inciso XIII do art. 7º da CLT, e sim em compasso com outros direitos fundamentais do trabalhador, como o direito ao lazer (art. 6º), à privacidade e à intimidade (art. 5º, V e X), bem como à prevenção de riscos e doenças inerentes ao trabalho (inciso XXII do art. 7º).

No mesmo sentido, defende Marcelo Moura[22]:

> "A nosso ver, a ausência de qualquer limite na duração do trabalho é inconstitucional, seja por afrontar o princípio da não discriminação, já que impõe um tratamento desigual aos empregados excluídos, seja por afastar estes empregados especiais do regime de proteção deste capítulo, violando, frontalmente, o art. 7º, incisos IX, XIII, XV e XVI, da CRFB/88."

22. Consolidação das Leis do Trabalho. 7. ed. Salvador: Editora Juspodivm, 2017, p. 144.

Nesse sentido, o Enunciado 17 da 1ª Jornada de Direito Material e Processual do Trabalho realizada em 2017 pela ANAMATRA (Associação Nacional dos Magistrados Trabalhistas), que assim dispõe:

> "**LIMITAÇÃO DA JORNADA. REPOUSO SEMANAL REMUNERADO. DIREITO CONSTITUCIONALMENTE ASSEGURADO A TODOS OS TRABALHADORES. INCONSTITUCIONALIDADE DO ART. 62 DA CLT.** A proteção jurídica ao limite da jornada de trabalho, consagrada nos incisos XIII e XV do art. 7º da Constituição da República, confere, respectivamente, a todos os trabalhadores, indistintamente, os direitos ao repouso semanal remunerado e à limitação da jornada de trabalho, tendo-se por inconstitucional o art. 62 da CLT."

De nossa parte, os argumentos para a inconstitucionalidade são muito robustos, mas não há vedação, pela Constituição, que a Lei Ordinária discipline situações especiais, desde que justas e razoáveis, para exclusão de determinados trabalhadores do regime de limitação de jornada. Não obstante, a interpretação do art. 62 da CLT deve ser restritiva. Somente quando for absolutamente justiçável, o trabalhador deve ser excluído do regime de limitação de jornada.

De outro lado, se a situação concreta demonstrar que o trabalhador que exerce atividade externa, o empregado que detém função de gestão e o teletrabalhador estiverem com jornada de trabalho fixada e fiscalizada pelo empregador, estarão sujeitos ao regime de limitação de jornada, com direito a pagamento de horas extras caso a jornada contratual ou legal seja ultrapassada.

13.2. Da jornada externa

A atividade externa incompatível com a fixação de horário prevista no art. 62, I, da CLT é aquela que é cumprida fora do estabelecimento empresarial e cuja fiscalização, pelo empregador, é impraticável.

Atualmente, a jurisprudência tem sido restritiva ao interpretar o presente dispositivo. Somente quando houver impossibilidade absoluta de mensurar a jornada, o trabalhador deve ser excluído da limitação de jornada. Caso a jornada puder ser mensurável e exista fiscalização por parte do empregador, ainda que indiretamente, o trabalhador ao regime de limitação da jornada.

São exemplos de fiscalização do trabalho a existência de rastreamento de veículos automotores utilizados pelo empregado, a necessidade de iniciar e terminar a jornada num determinado local, a existência de uma quantidade fixa de trabalho para cumprimento, a necessidade constante de prestação de contas do serviço realizado etc.

Pode-se, hoje, questionar a aplicabilidade do presente dispositivo, diante do avanço da tecnologia e dos recursos de baixo custo de que dispõe o empregador para controlar a jornada do empregado. De outro lado, dispõe § 3º do art. 74 da CLT que, se o trabalho for executado fora do estabelecimento, o horário dos empregados constará do registro manual, mecânico ou eletrônico em seu poder, sem prejuízo de anotação do horário no registro de empregados.

Diante do exposto, a interpretação do inciso I do art. 62 da CLT deve ser restrita. Somente em casos de impossibilidade absoluta de fiscalização e quantificação da jornada por parte do empregador, ele deve ser aplicável.

A anotação da condição do art. 62, I, na CTPS e na ficha de registro do empregado gera uma mera presunção relativa de impossibilidade de fixação de jornada. De outro lado, conforme vem defendendo a jurisprudência, a falta de anotação de tal condição também não invalida o regime de trabalho do art. 62, I, da CLT.

No aspecto, destacam-se as seguintes ementas:

> "Trabalho externo. No trabalho externo, de forma a excepcionar a sujeição do empregado à jornada legal, nos termos do inciso I do art. 62/CLT, o comando legal é de que exista a previsão formal, com a anotação da condição de atividade externa, sem controle de jornada, na CTPS e na ficha de registro. Mas, mesmo existindo prova de atendimento de tal formalidade, se o conjunto probatório demonstrar que, na realidade contratual, o empregado tinha seu horário de trabalho controlado, não há como aplicar a exceção legal e deixar de sujeitar o obreiro à jornada legal de oito horas e ao limite semanal de quarenta e quatro. O contrário também vale: mesmo que não atendida aquela formalidade, se na realidade contratual ficar provado não existir o controle de jornada ou ser este inviável, reconhece-se a exceção legal. Enfim, de qualquer forma, a regra é da validade relativa da prova documental, importando o princípio da primazia da realidade" (TRT 3ª R – 2ª T – RO nº 1330/2004.041.03.00-3 – Rel. Hegel de B. Boson – *DJMG* 02.02.05 – p. 9) (RDT nº 03 de março de 2005).
>
> "MONTADOR DE MÓVEIS. ATIVIDADE EXTERNA INCOMPATÍVEL COM A FIXAÇÃO DE HORÁRIO. HORAS EXTRAS INDEVIDAS. Ao empregado somente eram repassadas as tarefas

que deveriam ser executadas ao longo do dia, não havendo necessidade de comparecimento no estabelecimento da reclamada, não se evidenciando a efetiva fiscalização, uma vez que o empregado apenas comunicava o término da montagem para fins de baixa no sistema, não implicando, tal procedimento, controle do horário de trabalho, detendo o reclamante apenas a obrigação do cumprimento das ordens de serviço, e não do cumprimento de jornada fixa de trabalho. Enquadramento no art. 62, I, da CLT. Recurso ordinário da reclamada a que se dá parcial provimento" (TRT da 2ª Região; Processo: 1001454-38.2017.5.02.0481; Data: 13-01-2021; Órgão Julgador: 3ª Turma – Cadeira 3 – 3ª Turma; Relator(a): MARGOTH GIACOMAZZI MARTINS).

"Horas extras. Atividade externa. Artigo 62, I, da CLT. O simples fato de o empregado exercer funções externas, ou seja, fora das dependências da reclamada, não impossibilita a adoção, pela empregadora, de mecanismos de controle de jornada, ainda que de forma indireta e, assim, não exclui o trabalhador dos limites de duração da jornada. Portanto, cabia à ré provar que o autor, em razão do trabalho externo, laborava em horários flexíveis e de acordo com a própria conveniência, sem possibilidade de fiscalização ou controle de horário, o que não ocorreu. Mantenho" (PJe TRT/SP 1000127-07.2018.5.02.0422 – 11ª Turma – ROT – Rel. Adriana Prado Lima – *DeJT* 27/01/2021).

13.3. Cargos de gestão

Dispõe o art. 62, II, da CLT:

"Não são abrangidos pelo regime previsto neste capítulo: (...) II – os gerentes, assim considerados os exercentes de cargos de gestão, aos quais se equiparam, para efeito do disposto neste artigo, os diretores e chefes de departamento ou filial. (...) Parágrafo único – O regime previsto neste capítulo será aplicável aos empregados mencionados no inciso II deste artigo, quando o salário do cargo de confiança, compreendendo a gratificação de função, se houver, for inferior ao valor do respectivo salário efetivo acrescido de 40% (quarenta por cento)."

Somente são enquadrados no inciso II do art. 62 da Constituição Federal os empregados de confiança extraordinária, com encargos de gestão.

Atualmente, o conceito de trabalhadores com cargos de gestão é menos rígido, pois diante da descentralização da atividade empresarial, da existência de vários cargos de chefia e da especialização da mão de obra, houve a diminuição dos poderes do alto empregado. Desse modo, serão considerados altos empregados (confiança extraordinária) os gerentes e chefes de filiais, ou departamentos que detém mandato legal ou tácito para representar o empregador, podem contratar e demitir funcionários, têm subordinados e a eles podem aplicar punições. Há necessidade, ainda, que o empregado receba patamar salarial diferenciado. A gratificação de função, se houver, não pode ser inferior a 40% do salário.

Como bem exemplifica Homero Batista Mateus da Silva[23]:

> "São situações de poder de mando e de gestão a admissão e dispensa de empregados, sem consulta prévia ao empregador, respeitando-se apenas alguma diretriz geral, como o número de empregados, contenção de gastos e projetos de expansão ou contenção; o exercício de atividades comerciais, em qualquer setor de atuação da empresa, assim entendidas as atividades de contratação de despesas, trato com clientes e sobretudo com fornecedores, autonomia para comparar e vender produtos e serviços, inclusive quanto à variação de preços e de condições de pagamento; tratamento direto com autoridades administrativas e de fiscalização do trabalho, vigilância sanitária e autoridades judiciais, inclusive contratação de advogados e subscrição de acordos."

Destaca-se que a existência de gratificação de função não é compulsória, pois o parágrafo único do art. 62, ao se referir à gratificação, utiliza a expressão: "se houver".

Pela importância do tema, destacam-se as seguintes ementas:

> "Cargo de confiança. Artigo 62, II, da CLT. Para a configuração do cargo de confiança previsto no art. 62, II, da CLT, não se exige a 'substituição do empregador' pelo empregado, até porque a Lei 8.966/94 relativizou as exigências para a configuração de tal cargo, no intuito de se adequar à atual organização empresarial; entretanto, é imprescindível que o trabalhador possua poderes de gestão ou autonomia organizacional e administrativa, suficientes para decidir questões relevantes da empresa, ainda que restritos e limitados, o que restou evidenciado. Mantenho a sentença" (TRT/SP 1000451-84.2019.5.02.0705 – 11ª Turma – ROT – Rel. Adriana Prado Lima – *DeJT* 27/01/2021).

---

23. Curso de Direito do Trabalho Aplicado. 3. ed. Jornada e pausas. São Paulo: RT, 2015. v. 2. p. 143.

> "RECURSO DE EMBARGOS EM RECURSO DE REVISTA. INTERPOSIÇÃO SOB A ÉGIDE DA LEI 13.015/2014. EMPREGADO EXERCENTE DE CARGO DE CONFIANÇA NA FORMA DO ART. 62, II, DA CLT. HORAS DE SOBREAVISO. PAGAMENTO INDEVIDO. 1. Nos termos do art. 62, II, da CLT, os gerentes, assim considerados os exercentes de cargos de gestão, aos quais se equiparam, para efeito do disposto neste artigo, os diretores e chefes de departamento e filial, não são abrangidos pelo regime previsto no capítulo II da CLT, que trata da 'duração do trabalho'. 2. Isso porque, pela natureza e pelas prerrogativas do cargo ocupado, presume-se que há incompatibilidade entre a atividade exercida pelo empregado enquadrado no art. 62, II, da CLT e a sistemática de controle da jornada de trabalho. E, não havendo fiscalização dos horários de trabalho, não há como aferir a prestação de horas extraordinárias pelo trabalhador. 3. No caso, o reclamante, prestando serviços como 'Coordenador de TI', exercia cargo de confiança nos moldes de confiança nos moldes do art. 62, II, da CLT. E a questão devolvida à apreciação do TST diz respeito ao direito desse empregado ao pagamento de horas de sobreaviso. 4. É certo que o art. 244, § 2º, da CLT, que disciplina o pagamento de horas de sobreaviso aos ferroviários e que é analogicamente aplicável às demais categorias profissionais, não está inserido no capítulo II da CLT. Não obstante, a previsão nele contida diz respeito aos limites da jornada laboral, sendo exigível, para a sua aplicação, que os horários de trabalho sejam controlados. Com efeito, nos termos do item II da Súmula 428 do TST, 'considera-se em sobreaviso o empregado que, à distância e submetido a controle patronal por instrumentos telemáticos ou informatizados, permanecer em regime de plantão ou equivalente, aguardando a qualquer momento o chamado para o serviço durante o período de descanso'. 5. Conclui-se, assim, que o empregado exercente do cargo de confiança de que trata o art. 62, II, da CLT não faz jus ao pagamento de horas de sobreaviso. 6. Precedente da SDI-I do TST. Recurso de embargos conhecido e não provido" (TST – E-RR-10070-04.2015.5.01.0065, Subseção I Especializada em Dissídios Individuais, Relator Ministro Hugo Carlos Scheuermann, *DEJT* 20/08/2021).

13.4. Empregados em regime de teletrabalho

A CLT, no art. 62, III, diz não se aplicar o regime de limitação de jornada aos empregados em regime de teletrabalho que prestam serviço por produção ou tarefa.

O trabalho por produção leva em conta o produto ou a obra produzida pelo empregado em determinado lapso de tempo.

O trabalho por tarefa é uma fusão do trabalho por produção e do realizado por unidade de tempo.

Diante da redação atual da lei, os empregados sob regime de teletrabalho contratados por unidade de tempo estão sujeitos à limitação de jornada.

Não obstante, a aplicação do art. 62 para o teletrabalhador somente será aplicável quando for inviável a fixação de uma jornada de trabalho e sua fiscalização por parte do empregador.

Se a jornada for fixada ou fiscalizada, ainda que indiretamente, mesmo em regime de produção ou tarefa, pelo registro do início e término do trabalho no aplicativo, ou das conexões, o empregado fará jus ao regime de limitação de jornada previsto na CLT.

Como bem destaca Gustavo Filipe Barbosa Garcia[24], "se o empregado estiver em conexão permanente com a empresa, com a existência de controle do tempo de labor e da atividade desempenhada, as regras sobre a duração do trabalho devem incidir normalmente, o que não pode ser validamente excluído nem mesmo por meio de negociação coletiva".

13.5. Da jornada do bancário

Bancário é o empregado que trabalha com pessoalidade, onerosidade, não eventualidade, subordinação (arts. 2º e 3º da CLT) em agências bancárias. A jornada reduzida se justifica em razão do *stress* funcional a que é submetido, principalmente, por lidar com dinheiro e realizar inúmeras operações repetidas e exigindo grande atenção.

Como destaca Eduardo Gabriel Saad[25]: "[...] no caso dos bancários, o fator determinante do tratamento diferenciado que recebe na Consolidação é de natureza biológica. É inegável que ele está sujeito ao que se chama de fadiga psíquica. Seu trabalho exige, permanentemente, atenção e o faz sob extenuante tensão".

24. Manual de Direito do Trabalho. 13. ed. São Paulo: Juspodivm, 2020, p. 885.
25. CLT, 40. ed. São Paulo: LTr, 2007, p. 318.

A jornada do bancário é de 6 horas diárias e 30 semanais, sendo o divisor de 180. Outrossim, a jornada deverá ser cumprida entre sete e vinte e duas horas, com quinze minutos de intervalo.

Conforme a Súmula 55 do TST, as empresas de crédito, financiamento ou investimento, também denominadas financeiras, equiparam-se aos estabelecimentos bancários para os efeitos do art. 224 da CLT.

O intervalo intrajornada, como regra geral, não se inclui na jornada de trabalho (art. 71 da CLT). Não obstante, para o bancário, a jurisprudência firmou entendimento no sentido de que ele não está incluso na jornada. No nosso sentir o intervalo deve ser incluso na jornada em razão do stress que enfrenta o bancário.

Nos termos da OJ 178 da SDI-I do TST, não se computa, na jornada do bancário sujeito a seis horas diárias de trabalho, o intervalo de quinze minutos para lanche ou descanso.

Nos termos do art. 225 da CLT, "a duração normal de trabalho dos bancários poderá ser excepcionalmente prorrogada até 8 (oito) horas diárias, não excedendo de 40 (quarenta) horas semanais, observados os preceitos gerais sobre a duração do trabalho".

Conforme a Súmula 199 do TST: "I – A contratação do serviço suplementar, quando da admissão do trabalhador bancário, é nula. Os valores assim ajustados apenas remuneram a jornada normal, sendo devidas as horas extras com o adicional de, no mínimo, 50% (cinquenta por cento), as quais não configuram pré-contratação, se pactuadas após a admissão do bancário (ex-Súmula nº 199 – alterada pela Res. 41/1995, DJ 21.02.1995 – e ex-OJ nº 48 da SBDI-1 – inserida em 25.11.1996). II – Em se tratando de horas extras pré-contratadas, opera-se a prescrição total se a ação não for ajuizada no prazo de cinco anos, a partir da data em que foram suprimidas (ex-OJ nº 63 da SBDI-1 – inserida em 14.03.1994)".

A referida Súmula teve por objeto evitar que o bancário pudesse abrir mão da jornada especial no ato da contratação quando há grande vulnerabilidade do empregado. Após a contratação, é possível a pactuação de jornada suplementar pelo bancário desde que espontânea a adesão do trabalhador.

O Tribunal Superior do Trabalho definiu tese sobre o divisor da jornada do bancário, no tema 02 do IRDR, "*in verbis*":

INCIDENTE DE JULGAMENTO DE RECURSOS DE REVISTA REPETITIVOS. RECURSOS DE REVISTA REPRESENTATIVOS

DA CONTROVÉRSIA. TEMA REPETITIVO Nº 0002 - BANCÁRIO. SALÁRIO-HORA. DIVISOR. FORMA DE CÁLCULO. EMPREGADO MENSALISTA (TST IRR-RR - 849-83.2013.5.03.0138. Órgão Judicante: Subseção I Especializada em Dissídios Individuais. Relator: Claudio Mascarenhas Brandao. Julgamento: 21/11/2016. Publicação: 19/12/2016).

FIXAÇÃO DAS TESES JURÍDICAS, DE OBSERVÂNCIA OBRIGATÓRIA - ARTS. 896-C da CLT e 926, § 2º, e 927 do CPC. 1. O número de dias de repouso semanal remunerado pode ser ampliado por convenção ou acordo coletivo de trabalho, como decorrência do exercício da autonomia sindical. 2. O divisor corresponde ao número de horas remuneradas pelo salário mensal, independentemente de serem trabalhadas ou não. 3. O divisor aplicável para cálculo das horas extras do bancário, inclusive para os submetidos à jornada de oito horas, é definido com base na regra geral prevista no artigo 64 da CLT (resultado da multiplicação por 30 da jornada normal de trabalho), sendo 180 e 220, para as jornadas normais de seis e oito horas, respectivamente. 4. A inclusão do sábado como dia de repouso semanal remunerado, no caso do bancário, não altera o divisor, em virtude de não haver redução do número de horas semanais, trabalhadas e de repouso. 5. O número de semanas do mês é 4,2857, resultante da divisão de 30 (dias do mês) por 7 (dias da semana), não sendo válida, para efeito de definição do divisor, a multiplicação da duração semanal por 5. 6. Em caso de redução da duração semanal do trabalho, o divisor é obtido na forma prevista na Súmula 431 (multiplicação por 30 do resultado da divisão do número de horas trabalhadas por semana pelos dias úteis). 7. As normas coletivas dos bancários não atribuíram aos sábados a natureza jurídica de repouso semanal remunerado."

13.5.1. A questão da jornada do bancário que desempenha função de confiança

Dispõe o art. 224 da CLT:

"A duração normal do trabalho dos empregados em bancos, casas bancárias e Caixa Econômica Federal será de 6 (seis) horas contínuas nos dias úteis, com exceção dos sábados, perfazendo um total de 30 (trinta) horas de trabalho por semana.

§ 1º A duração normal do trabalho estabelecida neste artigo ficará compreendida entre sete e vinte e duas horas, assegurando-se ao empregado, no horário diário, um intervalo de quinze minutos para alimentação.

§ 2º As disposições deste artigo não se aplicam aos que exercem funções de direção, gerência, fiscalização, chefia e equivalentes ou que desempenhem outros cargos de confiança desde que o valor da gratificação não seja inferior a um terço do salário do cargo efetivo."

O regime especial de limitação de jornada não se aplica aos bancários que desempenham funções de direção, gerência, fiscalização, chefia ou equivalentes e que recebam gratificação de função não inferior a um terço do salário efetivo.

Há que se fazer a divisão, conforme a doutrina e jurisprudência, entre empregados que detêm confiança estrita e confiança extraordinária.

Os chamados bancários de confiança estrita estão enquadrados no § 2º do art. 224 da CLT. Recebem gratificação de função e detêm algum proceder de mando. Esses empregados têm subordinados, podem aplicar punições a subalternos, assinatura autorizada e, normalmente, chefiam um setor do banco. O simples fato de receber gratificação de função não subsume o trabalhador ao presente artigo. Há necessidade de que, efetivamente, o trabalhador desempenhe função de confiança.

No aspecto, dispõe a Súmula 102 do TST, "*in verbis*":

> "**BANCÁRIO. CARGO DE CONFIANÇA (mantida) – Res. 174/2011, DEJT divulgado em 27, 30 e 31.05.2011.** I – A configuração, ou não, do exercício da função de confiança a que se refere o art. 224, § 2º, da CLT, dependente da prova das reais atribuições do empregado, é insuscetível de exame mediante recurso de revista ou de embargos (ex-Súmula nº 204 – alterada pela Res. 121/2003, *DJ* 21.11.2003). II – O bancário que exerce a função a que se refere o § 2º do art. 224 da CLT e recebe gratificação não inferior a um terço de seu salário já tem remuneradas as duas horas extraordinárias excedentes de seis (ex-Súmula nº 166 – RA 102/1982, *DJ* 11.10.1982 e *DJ* 15.10.1982). III – Ao bancário exercente de cargo de confiança previsto no art. 224, § 2º, da CLT são devidas as 7ª e 8ª horas, como extras, no período em que se verificar o pagamento a menor da gratificação de 1/3 (ex-OJ nº 288 da SBDI-1 – *DJ* 11.08.2003). IV – O bancário sujeito à regra do art. 224, § 2º, da CLT cumpre jornada de

> trabalho de 8 (oito) horas, sendo extraordinárias as trabalhadas além da oitava (ex-Súmula nº 232- RA 14/1985, *DJ* 19.09.1985). V – O advogado empregado de banco, pelo simples exercício da advocacia, não exerce cargo de confiança, não se enquadrando, portanto, na hipótese do § 2º do art. 224 da CLT (ex-OJ nº 222 da SBDI-1 – inserida em 20.06.2001). VI – O caixa bancário, ainda que caixa executivo, não exerce cargo de confiança. Se perceber gratificação igual ou superior a um terço do salário do posto efetivo, essa remunera apenas a maior responsabilidade do cargo e não as duas horas extraordinárias além da sexta (ex-Súmula nº 102 – RA 66/1980, *DJ* 18.06.1980 e republicada *DJ* 14.07.1980). VII – O bancário exercente de função de confiança, que percebe a gratificação não inferior ao terço legal, ainda que norma coletiva contemple percentual superior, não tem direito às sétima e oitava horas como extras, mas tão somente às diferenças de gratificação de função, se postuladas (ex-OJ nº 15 da SBDI-1 – inserida em 14.03.1994)."

O bancário exercente de confiança extraordinária está enquadrado, segundo a doutrina e jurisprudência, na exceção do art. 62, II, da CLT, não fazendo jus à jornada extraordinária. É o gerente bancário que é a autoridade máxima na agência. Detém encargos de gestão, tendo como subordinados os gerentes de setor, procuração, amplos poderes de representação, autonomia para conceder empréstimos, para alteração da rotina da agência etc.

No aspecto, dispõe a Súmula 287 do TST, "*in verbis*":

> "**JORNADA DE TRABALHO. GERENTE BANCÁRIO (nova redação) – Res. 121/2003, DJ 19, 20 e 21.11.2003.** A jornada de trabalho do empregado de banco gerente de agência é regida pelo art. 224, § 2º, da CLT. Quanto ao gerente-geral de agência bancária, presume-se o exercício de encargo de gestão, aplicando-se-lhe o art. 62 da CLT."

Conforme a referida Súmula da mais alta corte trabalhista do país, há uma presunção relativa de que o gerente geral de agência está enquadrado na exceção do art. 62, II, da CLT. No entanto, se a prova judicial, no caso concreto, demonstrar que ele não detém todas as prerrogativas do cargo de gestão, estará sujeito ao regime de limitação de jornada previsto no art. 224, § 2º, da CLT.

Pela importância do tema, destacamos as seguintes ementas:

> "AGRAVO DE INSTRUMENTO EM RECURSO DE REVISTA. RECURSO DE REVISTA. ACÓRDÃO PUBLICADO NA VIGÊNCIA

DA LEI 13.015/2014. INTRAJORNADA. NATUREZA JURÍDICA DA PARCELA. REPERCUSSÃO. Após a edição da Lei 8.923/94, a não concessão ou a concessão parcial do intervalo intrajornada mínimo, para repouso e alimentação, a empregados urbanos e rurais, implica o pagamento total do período correspondente, e não apenas daquele suprimido, com acréscimo de, no mínimo, 50% sobre o valor da remuneração da hora normal de trabalho (art. 71 da CLT), sem prejuízo do cômputo da efetiva jornada de labor para efeito de remuneração. Possui natureza salarial a parcela prevista no art. 71, § 4º, da CLT, com redação introduzida pela Lei 8.923, de 27 de julho de 1994, quando não concedido ou reduzido pelo empregador o intervalo mínimo intrajornada para repouso e alimentação, repercutindo, assim, no cálculo de outras parcelas salariais. Inteligência da Súmula 437, I e III. ASSISTÊNCIA JUDICIÁRIA GRATUITA. AUSÊNCIA DE INDICAÇÃO DO TRECHO DA DECISÃO QUE CONFIGURA O PREQUESTIONAMENTO. ART. 896, § 1º-A, DA CLT. ADMISSIBILIDADE. Deve ser confirmada a negativa de seguimento do recurso de revista quando verificada a correção do despacho denegatório que consigna como óbice ao prosseguimento da revista a não indicação do trecho da decisão que configura o prequestionamento da matéria abordada, com sua transcrição e cotejamento analítico nas razões recursais, a teor do que dispõe o art. 896, § 1º-A, I e III, da CLT. Agravo a que se nega provimento. 'BANCÁRIO. GERENTE. CARGO DE CONFIANÇA. ARTIGO 62, II, DA CLT. Em razão de provável violação do art. 62, II, da CLT, dá-se provimento ao agravo de instrumento para determinar o prosseguimento do recurso de revista. RECURSO DE REVISTA. ACÓRDÃO PUBLICADO NA VIGÊNCIA DA LEI 13.015/2014. BANCÁRIO. GERENTE. CARGO DE CONFIANÇA. ARTIGO 62, II, DA CLT. Conforme se extrai do acórdão impugnado, apesar de o reclamante exercer o cargo de gerente na agência bancária, estava submetido à superintendência regional. Ocorre que o próprio reclamante admite em seu depoimento pessoal que 'na agência da reclamada, nesta cidade, local onde trabalhava o reclamante, não havia nenhum superior hierárquico, sendo que o reclamante exercia a função de gerente coordenador da área comercial'. Nos termos da Súmula 287 desta Corte Superior, "a jornada de trabalho do empregado de banco gerente de agência bancária é regida pelo art. 224, § 2º, da CLT. Quanto ao gerente-geral de agência bancária, presume-se o exercício de cargo de gestão, aplicando-se-lhe o art. 62 da CLT' (sem grifos no original). À luz dos elementos constantes no acórdão impugnado, dessume-se que o reclamante detinha, sim, fidúcia especial, nos termos do art. 62, II, da CLT. Isso porque no exercício da função de gerente-geral efetivamente desempenhava atividade de gestão, porquanto, por exemplo, participava do processo de seleção, podia deliberar sobre as férias dos empregados, bem como era autoridade máxima da agência, com percepção de gratificação de função. Não há, portanto, como afastar o enquadramento na hipótese prevista no art. 62, II, da CLT, sob o fundamento de que não havia autonomia suficiente em virtude da subordinação em face do gerente regional e do superintendente. É que o reclamante era autoridade máxima dentro da agência, não afastando tal conclusão o fato de haver um superintendente hierarquicamente superior, porquanto tal limitação decorre da própria estrutura hierárquica e organizacional da empresa. Precedentes. Recurso de revista conhecido e provido (TST RR-752-34.2010.5.15.0048, 5ª Turma, Relator Ministro Breno Medeiros, *DEJT* 19/12/2018).

I – AGRAVO DE INSTRUMENTO DO RECLAMANTE. RECURSO DE REVISTA. VIGÊNCIA DA LEI Nº 13.015/2014 E DA IN Nº 40/2016. ANTERIOR À LEI Nº 13.467/2017. PRELIMINARES DE NULIDADE POR NEGATIVA DE PRESTAÇÃO JURISDICIONAL E POR CERCEAMENTO DE DEFESA. Supera-se o exame das preliminares ante a possibilidade de provimento quanto ao tema de fundo. Agravo de instrumento a que se nega provimento. HORAS EXTRAS. JORNADA DE TRABALHO. BANCÁRIO. GERÊNCIA COMPARTILHADA. Deve ser provido o agravo de instrumento para melhor exame do recurso de revista quanto à alegada violação do art. 62, II, da CLT. Agravo de instrumento a que se dá provimento. II – RECURSO DE REVISTA DO RECLAMANTE. VIGÊNCIA DA LEI Nº 13.015/2014 E DA IN Nº 40/2016. ANTERIOR À LEI Nº 13.467/2017. HORAS EXTRAS. JORNADA DE TRABALHO. BANCÁRIO. GERÊNCIA COMPARTILHADA. 1 – A jurisprudência do TST, nos casos em que a administração da agência bancária é exercida de forma compartilhada entre gerente comercial e gerente operacional, se firmou no sentido de que não há incidência do art. 62, II, da CLT. Julgados. 2 – Caso em que a decisão regional anotou ser incontroverso que o reclamante exercia a função de gerente comercial e que a estrutura administrativa da agência apresentava, no topo, o próprio reclamante, juntamente e de forma compartilhada, com o gerente operacional. Tais fatos afastam a incidência do art. 62, II, da CLT e atraem a aplicação do art. 224, § 2º, da CLT, em razão da fidúcia especial de que gozava o empregado. 3 – Recurso de revista a que se dá provimento. Prejudicados os demais temas. III – RECURSO DE REVISTA DO RECLAMADO. Prejudicado o recurso de revista do reclamado ante o provimento do recurso de revista do reclamante (TST – ARR-10671-39.2015.5.03.0005, 6ª Turma, Relatora Ministra Kátia Magalhães Arruda, *DEJT* 01/03/2019)".

"RECURSO DE EMBARGOS EM RECURSO DE REVISTA. INTERPOSIÇÃO SOB A ÉGIDE DA LEI 13.015/2014. EMPREGADO EXERCENTE DE CARGO DE CONFIANÇA NA FORMA DO ART. 62, II, DA CLT. HORAS DE SOBREAVISO. PAGAMENTO INDEVIDO. 1. Nos termos do art. 62, II, da CLT, os gerentes, assim considerados os exercentes de cargos de gestão, aos quais se equiparam, para efeito do disposto neste artigo, os diretores e chefes de departamento e filial, não são abrangidos pelo regime previsto no capítulo II da CLT, que trata da 'duração do trabalho'. 2. Isso porque, pela natureza e pelas prerrogativas do cargo ocupado, presume-se que há incompatibilidade entre a atividade exercida pelo empregado enquadrado no art. 62, II, da CLT e a sistemática de controle da jornada de trabalho. E, não havendo fiscalização dos horários de trabalho, não há como aferir a prestação de horas extraordinárias pelo trabalhador. 3. No caso, o reclamante, prestando serviços como 'Coordenador de TI', exercia cargo de confiança nos moldes do art. 62, II, da CLT. E a questão devolvida à apreciação do TST diz respeito ao direito desse empregado ao pagamento de horas de sobreaviso. 4. É certo que o art. 244, § 2º, da CLT, que disciplina o pagamento de horas de sobreaviso aos ferroviários e que é analogicamente aplicável às demais categorias profissionais, não está inserido no capítulo II da CLT. Não obstante, a previsão nele contida diz respeito aos limites da jornada laboral, sendo exigível, para a sua aplicação, que os horários de trabalho sejam controlados. Com efeito, nos termos do item II da Súmula 428 do TST, 'considera-se em sobreaviso o empregado que, à distância e submetido a controle patronal por instrumentos telemáticos ou informatizados, permanecer em regime de plantão ou equivalente, aguardando a qualquer momento o chamado para o serviço durante o período de descanso'. 5. Conclui-se, assim, que o empregado exercente do cargo de confiança de que trata o art. 62, II, da CLT não faz jus ao pagamento de horas de sobreaviso. 6. Precedente da SDI-I do TST. Recurso de embargos conhecido e não provido (TST – E-RR-10070-04.2015.5.01.0065, Subseção I Especializada em Dissídios Individuais, Relator Ministro Hugo Carlos Scheuermann, *DEJT* 20/08/2021).

13.5.2. Da compensação da gratificação de função com as horas extras deferidas a partir da 6ª diária quando há descaracterização da função de confiança bancária na Justiça do Trabalho

O Tribunal Superior do Trabalho, por meio da Súmula 109 de sua jurisprudência, firmou entendimento no sentido de que o bancário não enquadrado no § 2º do art. 224 da CLT, que receba gratificação de função, não pode ter o salário relativo a horas extraordinárias compensado com o valor daquela vantagem.

No mesmo sentido:

> "RECURSO DE REVISTA. LEI 13.467/2017. HORAS EXTRAORDINÁRIAS. GRATIFICAÇÃO DE FUNÇÃO. COMPENSAÇÃO. SÚMULA 109 DO TST. IMPOSSIBILIDADE. INAPLICABILIDADE DA ORIENTAÇÃO JURISPRUDENCIAL Nº 70 DA SDI-1. TRANSCENDÊNCIA POLÍTICA RECONHECIDA. A causa apresenta transcendência política, nos termos do art. 896-A, § 1º, II, da CLT, uma vez que a decisão regional, que determina a compensação da gratificação de função com a remuneração das horas extras, contraria a jurisprudência pacífica desta Corte, cristalizada na Súmula 109, no sentido de ser indevida a compensação das horas extraordinárias do bancário não enquadrado no § 2º do artigo 224 da CLT com a gratificação de função porventura recebida. Isso porque não se pode confundir a gratificação de função, que remunera a maior responsabilidade do cargo, com o trabalho extraordinário realizado pelo empregado. Por outro lado, não há falar em aplicação analógica da Orientação Jurisprudencial Transitória nº 70 da SBDI-1, uma vez que no presente caso não consta a premissa da opção do empregado à jornada de oito horas no PCC da Caixa Econômica Federal. Recurso de revista conhecido e provido" (TST – RR-1097-85.2018.5.06.0010, 8ª Turma, Relator Ministro Aloysio Correa da Veiga, *DEJT* 04/07/2022).

No entanto, atualmente, muitas normas coletivas firmadas por Sindicatos que representam bancários e entidades bancárias têm estabelecido cláusulas no sentido de que, se o cargo de confiança fora desconsiderado em juízo, com condenação das 7ª e 8ª horas como extras, haverá a compensação do valor pago da gratificação de função, com o valor das horas extras. Argumentam a licitude desta cláusula com suporte no art. 611-A, I, V, da CLT.

Parte da doutrina argumenta que, mesmo diante de negociação coletiva, não há possibilidade de tal compensação, pois jornada e gratificação de função são verbas de naturezas distintas. Além disso, a Constituição Federal, no art. 7º, não permite tal flexibilização.

De nossa parte, desde que a cláusula coletiva tenha sido firmada pelos sindicatos que representam bancários e entidades bancárias, com contrapartidas recíprocas, caso a função de confiança seja desconsiderada em eventual processo trabalhista, é devida a dedução do valor pago a título da gratificação de função com o valor das 7ª e 8ª horas como extras, pois há que se considerar o equilíbrio contratual e boa-fé objetiva no contrato de trabalho do bancário. Além disso, a realidade nos tem demonstrado que a jornada de 06 horas somente aplica-se aos caixas e escriturários. O julgamento do tema 1046 de Repercussão Geral do STF possibilita esta interpretação, conforme segue: ***"São constitucionais os acordos e as convenções coletivos que, ao considerarem a adequação setorial negociada, pactuam limitações ou afastamentos de direitos trabalhistas, independentemente da explicitação especificada de vantagens compensatórias, desde que respeitados os direitos absolutamente indisponíveis".***

Quanto à Caixa Econômica Federal, o TST firmou entendimento conforme a OJ 70 da SBDI-I transitória, "*in verbis*":

> **"CAIXA ECONÔMICA FEDERAL. BANCÁRIO. PLANO DE CARGOS EM COMISSÃO. OPÇÃO PELA JORNADA DE OITO HORAS. INEFICÁCIA. EXERCÍCIO DE FUNÇÕES MERAMENTE TÉCNICAS. NÃO CARACTERIZAÇÃO DE EXERCÍCIO DE FUNÇÃO DE CONFIANÇA (*DEJT* divulgado em 26, 27 e 28.05.2010).**
> Ausente a fidúcia especial a que alude o art. 224, § 2º, da CLT, é ineficaz a adesão do empregado à jornada de oito horas constante do Plano de Cargos em Comissão da Caixa Econômica Federal, o que importa no retorno à jornada de seis horas, sendo devidas como extras a sétima e a oitava horas laboradas. A diferença de gratificação de função recebida em face da adesão ineficaz poderá ser compensada com as horas extraordinárias prestadas."

14. DA PROVA DA JORNADA DE TRABALHO

14.1. Dos controles de ponto

Dispõe o art. 74 da CLT:

> "O horário de trabalho será anotado em registro de empregados. § 1º (Revogado). § 2º Para os estabelecimentos com mais de 20 (vinte)

> trabalhadores será obrigatória a anotação da hora de entrada e de saída, em registro manual, mecânico ou eletrônico, conforme instruções expedidas pela Secretaria Especial de Previdência e Trabalho do Ministério da Economia, permitida a pré-assinalação do período de repouso. § 3º Se o trabalho for executado fora do estabelecimento, o horário dos empregados constará do registro manual, mecânico ou eletrônico em seu poder, sem prejuízo do que dispõe o caput deste artigo. § 4º Fica permitida a utilização de registro de ponto por exceção à jornada regular de trabalho, mediante acordo individual escrito, convenção coletiva ou acordo coletivo de trabalho."

Determina o presente dispositivo que a jornada de trabalho do empregado seja documentada pelo empregador por meio dos cartões de ponto que devem seguir o modelo expedido pelo Ministério do Trabalho e Previdência. Trata-se de norma protetiva que tem a finalidade de determinar a observância da jornada de trabalho pactuada e evitar que as horas extras realizadas não sejam documentadas e evite a comprovação do trabalho em regime extraordinário.

Nos termos do art. 31 do Decreto 10.854/21:

> "O registro eletrônico de controle de jornada, nos termos do disposto no art. 74 da Consolidação das Leis do Trabalho, aprovada pelo Decreto-Lei nº 5.452, de 1943, será realizado por meio de sistemas e de equipamentos que atendam aos requisitos técnicos, na forma estabelecida em ato do Ministro de Estado do Trabalho e Previdência, de modo a coibir fraudes, a permitir o desenvolvimento de soluções inovadoras e a garantir a concorrência entre os ofertantes desses sistemas. § 1º Os procedimentos de análise de conformidade dos equipamentos e sistemas de que trata o **caput** considerarão os princípios da temporalidade, da integridade, da autenticidade, da irrefutabilidade, da pessoalidade e da auditabilidade, na forma estabelecida em ato do Ministro de Estado do Trabalho e Previdência. § 2º Os equipamentos e os sistemas de registro eletrônico de jornada, sem prejuízo do disposto no **caput**, registrarão fielmente as marcações efetuadas e atenderão aos seguintes critérios: I – não permitir: a) alteração ou eliminação dos dados registrados pelo empregado; b) restrições de horário às marcações de ponto; e c) marcações automáticas de ponto, tais como horário predeterminado ou horário contratual; II – não exigir autorização prévia para marcação de sobrejornada; e III – permitir: a) pré-assinalação do período de repouso; e b) assinalação de ponto por exceção à jornada regular de trabalho."

Os arts. 72 a 101 da Portaria 671/21 do Ministério do Trabalho e Previdência detalham as exigências que devem possuir os controles de ponto manuais, mecânicos e eletrônicos.

A Lei 13.874/2019 deu nova redação ao art. 74 da CLT, para fixar as seguintes premissas:

a) obrigatoriedade do registro da jornada para as empresas com mais de 20 trabalhadores;

b) permissão expressa da pré-assinalação do período de intervalo;

c) permissão da anotação da jornada por exceção, mediante acordo individual, ou norma coletiva;

d) se o trabalho for executado fora do estabelecimento, o horário dos empregados constará do registro manual, mecânico ou eletrônico em seu poder.

14.2. Do ônus da prova da jornada de trabalho

Em processo judicial, a prova da jornada é do empregador e documental, caso ele tenha mais de vinte empregados. A não juntada dos cartões faz presumir a jornada declinada pelo empregado na petição inicial.

De outro lado, os controles de ponto devem refletir a realidade. Dessa forma, a jurisprudência uniformizada do TST não tem admitido controles britânicos ou invariáveis, uma vez que não presumido, segundo as máximas de experiência, que o empregado anote os cartões de ponto todos os dias no mesmo horário.

Nesse sentido, dispõe a Súmula 338 do C. TST, *in verbis*:

> "JORNADA DE TRABALHO. REGISTRO. ÔNUS DA PROVA. I – É ônus do empregador que conta com mais de 10 (dez) empregados o registro da jornada de trabalho na forma do art. 74, § 2º, da CLT. A não apresentação injustificada dos controles de frequência gera presunção relativa de veracidade da jornada de trabalho, a qual pode ser elidida por prova em contrário; II – A presunção de veracidade da jornada de trabalho, ainda que prevista em instrumento normativo, pode ser elidida por prova em contrário; III – Os cartões de ponto que demonstram horários de entrada e saída uniformes são inválidos como meio de prova, invertendo-se o ônus da prova, relativo às horas extras, que passa a ser do empregador, prevalecendo a jornada da inicial se dele não se desincumbir" (Res. nº 129/2005 – *DJ* 22.4.2005).

Não é pacífico, na doutrina e jurisprudência, se os controles de ponto, para terem validade, devem estar assinados pelo empregado. Para alguns, a assinatura é requisito essencial para validade, para outros, a lei não exige tal formalidade.

De nossa parte, a assinatura do empregado não é requisito de validade dos controles de ponto, desde que, efetivamente, eles reflitam a realidade da jornada de trabalho. A jurisprudência atual do Tribunal Superior do Trabalho vem se firmando no mesmo sentido. A título de exemplo, cita-se a seguinte ementa:

> "I – AGRAVO DE INSTRUMENTO DA RECLAMANTE. RECURSO DE REVISTA – DESCABIMENTO. DIFERENÇAS SALARIAIS. ACÚMULO DE FUNÇÕES. A teor do art. 456, parágrafo único, da CLT, 'à falta de prova ou inexistindo cláusula expressa a tal respeito, entender-se-á que o empregado se obrigou a todo e qualquer serviço compatível com a sua condição pessoal'. Não se pondo sob foco alteração ilícita do contrato de trabalho (CLT, art. 468), descabe cogitar se de acréscimo remuneratório para subgerente, que realiza outras incumbências que não extrapolam a órbita da sua condição pessoal. Agravo de instrumento conhecido e desprovido. II – RECURSO DE REVISTA DA RECLAMADA. HORAS EXTRAS. CARTÕES DE PONTO APÓCRIFOS. VALIDADE. A ausência de assinatura do trabalhador nos cartões de ponto traduz vício formal, que não enseja, por si só, sua invalidação, na medida em que tal exigência não encontra respaldo legal. Precedentes desta Corte. Assim, não comprovada a irregularidade dos registros de frequência quanto aos horários de entrada e saída, imperativa será a confirmação de validade dos documentos, sem que com isso reste configurada contrariedade à Súmula n. 338, I, do TST. Recurso de revista conhecido e provido" (TST – Processo: ARR – 10024-16.2013.5.01.0055 – Data de Julgamento: 8.6.2016, rel. Ministro: Alberto Luiz Bresciani de Fontan Pereira, 3ª Turma, Data de Publicação: *DEJT* 17.6.2016).

Quanto ao controle da jornada por exceção, vale dizer: somente haverá anotação da jornada que exceder o limite legal ou pactuado, este pode ser levado a efeito mediante acordo individual escrito, convenção coletiva ou acordo coletivo de trabalho, ficando em parte mitigado o entendimento firmado no inciso III da Súmula 338 do TST.

No aspecto, vale destacar a seguinte ementa:

> "AGRAVO DE INSTRUMENTO INTERPOSTO PELO RECLAMANTE 1. FÉRIAS EM DOBRO. NÃO REITERAÇÃO DOS ARGUMENTOS EXPENDIDOS NO RECURSO DE REVISTA. NÃO PROVIMENTO. Não se mostra viável o destrancamento de recurso de revista, na hipótese em que a parte não renova os argumentos pelos quais entende que o v. acórdão deve ser reformado, limitando-se a reiterar a indicação dos artigos que entende violados. Agravo de instrumento a que se nega provimento. RECURSO DE REVISTA INTERPOSTO PELA RECLAMADA 1. SISTEMA DE CONTROLE ALTERNATIVO DE JORNADA. NORMA COLETIVA QUE DETERMINA A AUTOGESTÃO DA JORNADA PELO EMPREGADO. VALIDADE. PROVIMENTO. A teor do preceito insculpido no artigo 7º, XXVI, da Constituição Federal, é dever desta Justiça Especializada incentivar e garantir o cumprimento das decisões tomadas a partir da autocomposição coletiva, desde que formalizadas nos limites da lei. A negociação coletiva, nessa perspectiva, é um instrumento valioso que nosso ordenamento jurídico coloca à disposição dos sujeitos trabalhistas para regulamentar as respectivas relações de trabalho, atendendo às particularidades e especificidades de cada caso. É inequívoco que, no âmbito da negociação coletiva, os entes coletivos atuam em igualdade de condições, o que torna legítimas as condições de trabalho por eles ajustadas, na medida em que afasta a hipossuficiência ínsita ao trabalhador nos acordos individuais de trabalho. Assim, as normas autônomas oriundas de negociação coletiva, desde que resguardados os direitos indisponíveis, devem prevalecer sobre o padrão heterônomo justrabalhista, já que a transação realizada em autocomposição privada resulta de uma ampla discussão havida em um ambiente paritário, no qual as perdas e ganhos recíprocos têm presunção de comutatividade. Na hipótese, a Corte Regional reputou inválida a norma coletiva em que autorizada a dispensa de controle formal de horário, sob o fundamento de que tal previsão não se sobrepõe ao disposto no artigo 74, § 2º, da CLT, e, por isso, não exime a reclamada do cumprimento do disposto no aludido artigo. Conforme acima aduzido, a Constituição Federal reconhece a validade e a eficácia dos instrumentos de negociação coletiva, desde que respeitados os direitos indisponíveis dos trabalhadores. Ocorre que a forma de marcação da jornada de trabalho não se insere no rol de direitos indisponíveis, de modo que não há qualquer óbice na negociação para afastar a incidência do dispositivo que regula a matéria, com o fim de atender aos

interesses das partes contratantes. Impende destacar, inclusive, que o artigo 611-A, X, da CLT, inserido pela Lei nº 13.467/2017, autoriza a prevalência das normas coletivas que disciplinam a modalidade de registro de jornada de trabalho em relação às disposições da lei. É bem verdade que o aludido preceito, por ser de direito material, não pode ser invocado para disciplinar as relações jurídicas já consolidadas. Não se pode olvidar, entretanto, que referido dispositivo não trouxe qualquer inovação no mundo jurídico, apenas declarou o fato de que essa matéria não se insere no rol das garantias inegociáveis. Ante o exposto, mostra-se flagrante a afronta ao artigo 7º, XXVI, da Constituição Federal. Recurso de revista de que se conhece e a que se dá provimento" (ARR-80700-33.2007.5.02.0261, 4ª Turma, Relator Ministro Guilherme Augusto Caputo Bastos, *DEJT* 26.10.2018).

14.3. Base de cálculo das horas extras

Dispõe o art. 64 da CLT:

> O salário-hora normal, no caso de empregado mensalista, será obtido dividindo-se o salário mensal correspondente à duração do trabalho, a que se refere o art. 58, por 30 (trinta) vezes o número de horas dessa duração. Parágrafo único. Sendo o número de dias inferior a 30 (trinta), adotar-se-á para o cálculo, em lugar desse número, o de dias de trabalho por mês.

O empregado mensalista recebe salário fixo ao mês, considerando a lei que o mês tem trinta dias.

A Constituição Federal, no art. 7º, XIII, fixou a jornada de trabalho em 8 horas diárias e 44 semanais.

Para o mensalista que cumpre a jornada de 8 horas diárias e 44 semanais, divide-se o valor do salário por 220 para se saber o valor do salário-hora.

O número de 220 é obtido pela divisão do número de horas semanais (44), pelo número de dias úteis (6), multiplicado por 30.

Se a jornada é de menor número de horas, divide-se a jornada semanal por seis e multiplica-se este por 30 dias.

Como bem adverte Homero Batista Mateus da Silva[26],

26. CLT Comentada. 2. ed. São Paulo: RT, 2018, p.119-120.

> "O divisor mais adequado para a jornada 12x36 é 210, e não 180 como se encontra em muitos julgados trabalhistas, ou seja, pelo art. 64 devemos multiplicar o número de dias do mês comercial (30) pela jornada média praticada pelo trabalhador em regime 12x36. Essa jornada média precisa ser vista com ajuda da quinzena e não da semana, pois as semanas são desiguais (36 horas numa semana e 48 horas na outra semana, pois os empregados atuam dia sim, dia não). Como as 84 horas laboradas na quinzena, a média semanal é 42 horas. Essas 42 horas representam uma base de sete horas de atividade por dia, sempre considerados seis dias úteis por semana, conforme explicado no comentário ao art. 59. O divisor 210 é o produto de 30 vezes."

Nos termos da Súmula 264 do TST, a remuneração do serviço suplementar é composta do valor da hora normal, integrado por parcelas de natureza salarial e acrescido do adicional previsto em lei, contrato, acordo, convenção coletiva ou sentença normativa.

Conforme a Súmula 318 do TST, tratando-se de empregado mensalista, a integração das diárias no salário deve ser feita tomando-se por base o salário mensal por ele percebido e não o valor do dia de salário, somente sendo devida a referida integração quando o valor das diárias, no mês, for superior à metade do salário mensal.

Segundo a Súmula 347 do TST, o cálculo do valor das horas extras habituais, para efeito de reflexos em verbas trabalhistas, observará o número de horas efetivamente prestadas e a ele aplica-se o valor do salário-hora da época do pagamento daquelas verbas.

Diante da Súmula 431 do TST, para os empregados a que alude o art. 58, "caput", da CLT, quando sujeitos a 40 horas semanais de trabalho, aplica-se o divisor 200 (duzentos) para o cálculo do valor do salário-hora.

Relevante destacar ainda a OJ 394, da SDI-I do TST, "in verbis":

> "REPOUSO SEMANAL REMUNERADO. INTEGRAÇÃO DAS HORAS EXTRAS. REPERCUSSÃO NO CÁLCULO DAS FÉRIAS, DÉCIMO TERCEIRO SALÁRIO, AVISO PRÉVIO E DEPÓSITOS DO FGTS.
>
> I - A majoração do valor do repouso semanal remunerado, decorrente da integração das horas extras habituais, deve repercutir no cálculo, efetuado pelo empregador, das demais parcelas que têm como

base de cálculo o salário, não se cogitando de 'bis in idem' por sua incidência no cálculo das férias, da gratificação natalina, do aviso prévio e do FGTS;

II - O item I será aplicado às horas extras trabalhadas a partir de 20/3/2023".

15. DO TRABALHO NOTURNO

Conforme Sebastião Geraldo de Oliveira[27], "os seres vivos estão ajustados aos ritmos da natureza com períodos alternados de atividade e inatividade, obedecendo ciclos perfeitamente delimitados. O ser humano não foge a essa regra, ligando-se à atividade durante o dia e ao descanso-sono no período da noite. Ao alterar esse ritmo pela introdução do trabalho noturno, o homem passa a transitar no sentido contrário ao da fluência normal da sociedade".

Sempre houve preocupação da legislação trabalhista em proteger o trabalhador que realizada sua jornada de trabalho em horário noturno, face ao natural transtorno que tal regime de trabalho provoca em seu relógio biológico, com maior potencialidade de doenças por diminuição da imunidade, maior desgaste físico e emocional, e restrições ao convívio social.

Como destaca Maurício Godinho Delgado[28], "de fato, o trabalho noturno provoca no indivíduo agressão física e psicológica intensas, por supor o máximo de dedicação de suas forças físicas e mentais em período em que o ambiente físico externo induz ao repouso. Somado a isso, ele também tende a agredir, com substantiva intensidade, a inserção pessoal, familiar e social do indivíduo nas micro e macrocomunidades em que convive, tornando especialmente penosa para o obreiro a transferência de energia que procede em benefício do empregador".

A Constituição Federal proíbe, no art. 7º, inciso XXXIII, o trabalho noturno, perigoso ou insalubre a menores de dezoito, como forma de proteção à saúde e ao desenvolvimento biológico do menor.

Como forma de compensação aos naturais transtornos que o trabalho noturno provoca, a Constituição Federal garante o direito à remuneração do trabalho noturno superior à do diurno.

27. Proteção Jurídica à Saúde do Trabalhador. 10. ed. São Paulo: LTr, 2010, p. 158.
28. Curso de Direito do Trabalho. 18. ed. São Paulo: LTr, 2019, p. 1113.

A jurisprudência tem entendimento firmado de que a jornada noturna pode ser alterada para a diurna, sendo uma alteração contratual lícita (Súmula 265 do TST).

A Consolidação das Leis do Trabalho disciplina o trabalho noturno no art. 73, que assim dispõe:

> "Salvo nos casos de revezamento semanal ou quinzenal, o trabalho noturno terá remuneração superior a do diurno e, para esse efeito, sua remuneração terá um acréscimo de 20 % (vinte por cento), pelo menos, sobre a hora diurna. § 1º A hora do trabalho noturno será computada como de 52 minutos e 30 segundos. § 2º Considera-se noturno, para os efeitos deste artigo, o trabalho executado entre as 22 horas de um dia e as 5 horas do dia seguinte. § 3º O acréscimo, a que se refere o presente artigo, em se tratando de empresas que não mantêm, pela natureza de suas atividades, trabalho noturno habitual, será feito, tendo em vista os quantitativos pagos por trabalhos diurnos de natureza semelhante. Em relação às empresas cujo trabalho noturno decorra da natureza de suas atividades, o aumento será calculado sobre o salário mínimo geral vigente na região, não sendo devido quando exceder desse limite, já acrescido da percentagem. § 4º Nos horários mistos, assim entendidos os que abrangem períodos diurnos e noturnos, aplica-se às horas de trabalho noturno o disposto neste artigo e seus parágrafos. § 5º Às prorrogações do trabalho noturno aplica-se o disposto neste capítulo."

Diante do referido dispositivo legal, foram fixados os seguintes critérios para o trabalho noturno:

a) o trabalho noturno urbano é executado entre as 22 horas de um dia e as 5 horas do dia seguinte. Para o trabalhador rural o trabalho noturno é o realizado entre as vinte e uma horas de um dia e as cinco horas do dia seguinte, na lavoura, e entre as vinte horas de um dia e as quatro horas do dia seguinte, na atividade pecuária (art. 7º da Lei 5.889/73);

b) há um acréscimo de 20 % (vinte por cento), pelo menos, sobre a hora diurna. Trata-se do conhecido adicional noturno, que deve ser, no mínimo, vinte por cento, cuja natureza é salarial. Para o trabalhador rural, o adicional noturno é de 20% (parágrafo único do art. 7º da Lei 5889/73);

c) a hora do trabalho noturno será computada como de 52 minutos e 30 segundos. Para o trabalhador urbano, há a chamada *hora noturna reduzida,* a qual tem uma redução de 7 minutos e trinta segundos. Para o trabalhado rural não há redução da hora noturna;

d) às prorrogações do trabalho noturno aplica-se o regime de trabalho noturno. Desse modo, se houver cumprimento de jornada no horário noturno, as prorrogações que atingem o horário diurno também são consideradas horas noturnas, com direito à redução e ao pagamento do adicional noturno.

O Tribunal Superior do Trabalho consolidou sua jurisprudência no aspecto, por meio da Súmula 60, "*in verbis*":

> **"ADICIONAL NOTURNO. INTEGRAÇÃO NO SALÁRIO E PRORROGAÇÃO EM HORÁRIO DIURNO (incorporada a Orientação Jurisprudencial nº 6 da SBDI-1) – Res. 129/2005, DJ 20, 22 e 25.04.2005.**
>
> I – O adicional noturno, pago com habitualidade, integra o salário do empregado para todos os efeitos (ex-Súmula nº 60 – RA 105/1974, *DJ* 24.10.1974);
>
> II – Cumprida integralmente a jornada no período noturno e prorrogada esta, devido é também o adicional quanto às horas prorrogadas. Exegese do art. 73, § 5º, da CLT (ex-OJ nº 6 da SBDI-1 – inserida em 25.11.1996)."

No aspecto, importante destacar a seguinte ementa oriunda da mais alta Corte Trabalhista do país, "*in verbis*":

> "ADICIONAL NOTURNO. PRORROGAÇÃO DA JORNADA. SÚMULA 60, II, TST. Dispõe a Súmula 60, II, do TST que 'cumprida integralmente a jornada no período noturno e prorrogada esta, devido é também o adicional quanto às horas prorrogadas. Exegese do art. 73, § 5º, da CLT'. Desse modo, havendo prorrogação da jornada de trabalho para além das 5 horas da manhã, resta devido o adicional noturno quanto às horas prorrogadas, bem como o reconhecimento da hora ficta noturna. O acórdão regional encontra-se em desconformidade com a Súmula 60, II/TST. Recurso de revista conhecido e provido (TST – ARR-1000146-12.2016.5.02.0251, 5ª Turma, Relator Ministro Douglas Alencar Rodrigues, *DEJT* 30/11/2018)."

Mesmo diante do art. 59-A da CLT[29], aplica-se ao regime 12x36 o regime de trabalho noturno, com hora noturna reduzida e adicional noturno. No aspecto, destaca-se a seguinte ementa:

> "JORNADA 12X36. ADICIONAL NOTURNO. PRORROGAÇÃO. HORA NOTURNA REDUZIDA. A jurisprudência desta Corte tem se manifestado no sentido de que o empregado que labora no regime especial de jornada 12x36 faz jus à hora ficta noturna prevista no artigo 73, § 1º, da CLT. Por sua vez, consoante os fundamentos que embasaram a elaboração da Orientação Jurisprudencial nº 388 da SBDI-1, segundo a qual 'O empregado submetido à jornada de 12 horas de trabalho por 36 de descanso, que compreenda a totalidade do período noturno, tem direito ao adicional noturno, relativo às horas trabalhadas após as 5 horas da manhã', revela-se inconteste, igualmente, a aplicação da redução ficta e do adicional noturno para aquelas horas diurnas prestadas em prorrogação ao período noturno. Recurso de revista de que não se conhece" (TST – RR-396-36.2013.5.09.0651, 7ª Turma, Relator Ministro Cláudio Mascarenhas Brandão, *DEJT* 23/03/2018).

16. DOS PERÍODOS DE DESCANSO

A Consolidação das Leis do Trabalho, nos arts. 66 a 72, trata dos **Períodos de Descanso**, que abrangem os intervalos intra e interjornadas e o descanso semanal remunerado e feriados.

Os períodos de descanso são lapsos de tempo em que o empregado não está trabalhando, tampouco está à disposição do empregador, destinados à alimentação, ao descanso, ao lazer e à privacidade do trabalhador.

Nos ensina Leonel Maschietto[30], "os períodos de descanso, no sentido amplo, conceituam-se como lapsos temporais regulares, remunerados ou não, situados intra ou intermódulos diários, semanais ou anuais do período

29. Art. 59-A da CLT: " Em exceção ao disposto no art. 59 desta Consolidação, é facultado às partes, mediante acordo individual escrito, convenção coletiva ou acordo coletivo de trabalho, estabelecer horário de trabalho de doze horas seguidas por trinta e seis horas ininterruptas de descanso, observados ou indenizados os intervalos para repouso e alimentação. Parágrafo único. A remuneração mensal pactuada pelo horário previsto no *caput* deste artigo abrange os pagamentos devidos pelo descanso semanal remunerado e pelo descanso em feriados, e serão considerados compensados os feriados e as prorrogações de trabalho noturno, quando houver, de que tratam o art. 70 e o § 5º do art. 73 desta Consolidação".

30. Direito ao Descanso nas Relações de Trabalho. São Paulo: LTr, 2015, p. 17.

de labor, em que o empregado pode sustar a prestação de serviços e sua disponibilidade perante o empregador, com o objetivo de recuperação e implementação de suas energias ou de sua inserção familiar, comunitária e política".

Constituem os descansos normas de ordem pública, destinadas à proteção à saúde do trabalhador e à segurança no meio ambiente de trabalho.

17. DO INTERVALO INTERJORNADA

Intervalo é lapso de tempo de descanso em que o empregado não está trabalhando ou à disposição do empregador.

O chamado **intervalo interjornada** é o período entre uma jornada e outra, no qual o empregado não está trabalhando, tampouco está à disposição do empregador.

Trata-se de norma de segurança e medicina do trabalho que tem por escopo resguardar a saúde do trabalhador, prevendo um período de descanso entre uma jornada de trabalho e outra de, no mínimo, 11 horas.

Dispõe o art. 66 da CLT:

> "Entre duas jornadas de trabalho haverá um período mínimo de onze horas consecutivas para descanso."

Caso não observado o intervalo interjornada de 11 horas, o período suprimido deve ser remunerado com o adicional de 50%, nos termos do art. 71, § 4º, da CLT[31], a fim de que seja cumprida a finalidade social da norma e o efetivo descanso do trabalhador.

Nesse sentido é OJ 355 da SDI-I do TST, "*in verbis*":

> "INTERVALO INTERJORNADAS. INOBSERVÂNCIA. HORAS EXTRAS. PERÍODO PAGO COMO SOBREJORNADA. ART. 66 DA CLT. APLICAÇÃO ANALÓGICA DO § 4º DO ART. 71 DA CLT. *DJ* 14.03.2008. O desrespeito ao intervalo mínimo interjornadas previsto no art. 66 da CLT acarreta, por analogia, os mesmos efeitos previstos

31 Art. 71, § 4º, da CLT: "A não concessão ou a concessão parcial do intervalo intrajornada mínimo, para repouso e alimentação, a empregados urbanos e rurais, implica o pagamento, de natureza indenizatória, apenas do período suprimido, com acréscimo de 50% (cinquenta por cento) sobre o valor da remuneração da hora normal de trabalho".

> no § 4º do art. 71 da CLT e na Súmula nº 110 do TST, devendo-se pagar a integralidade das horas que foram subtraídas do intervalo, acrescidas do respectivo adicional."

Importa destacar ainda que o intervalo interjornada se cumula com o chamado intervalo *intersemanal* ou *descanso semanal remunerado* de 24 horas consecutivas previsto no art. 67 da CLT[32]. Como nos adverte Leonel Maschietto[33], "importante observar que os dois intervalos não se deduzem ou se compensam. Desse modo, o trabalhador, ao final da semana laborada, terá não somente um intervalo interjornada (de onze horas, conforme o padrão), como ainda terá direito ao intervalo intersemanal (de 24 horas). Neste quadro, o lapso temporal secionador de suas semanas de trabalho atingirá o mínimo de 35 horas".

No mesmo sentido, dispõe a Súmula 110 do TST, "*in verbis*":

> "No regime de revezamento, as horas trabalhadas em seguida ao repouso semanal de 24 horas, com prejuízo do intervalo mínimo de 11 horas consecutivas para descanso entre jornadas, devem ser remuneradas como extraordinárias, inclusive com o respectivo adicional."

18. INTERVALO INTRAJORNADA

O intervalo intrajornada é o período, remunerado ou não, em que o empregado não está trabalhando, nem está à disposição do empregador, destinado à alimentação, ao descanso, ao lazer e à privacidade do trabalhador durante a jornada de trabalho.

Conforme Alice Monteiro de Barros[34], "a finalidade os intervalos intra e interjornada é proporcionar ao trabalhador oportunidade de alimentar-se, descansar e repor suas energias. Sua manutenção é indispensável na medida em que o trabalho realizado em jornadas prolongadas contribui para a fadiga física e psíquica, conduzindo à insegurança no ambiente de trabalho".

---

32. Art. 67 da CLT: "Será assegurado a todo empregado um descanso semanal de 24 (vinte e quatro) horas consecutivas, o qual, salvo motivo de conveniência pública ou necessidade imperiosa do serviço, deverá coincidir com o domingo, no todo ou em parte".
33. Direito ao Descanso nas Relações de Trabalho. São Paulo: LTr, 2015, p. 42-43.
34. Curso de Direito do Trabalho. São Paulo: LTr, 2005, p. 642.

Dispõe o art. 71 da CLT:

> "Em qualquer trabalho contínuo, cuja duração exceda 6 (seis) horas, é obrigatória a concessão de um intervalo para repouso ou alimentação, o qual será, no mínimo, de 1 (uma) hora e, salvo acordo escrito ou contrato coletivo em contrário, não poderá exceder de 2 (duas) horas. § 1º – Não excedendo 6 (seis) horas o trabalho, será, entretanto, obrigatório um intervalo de 15 (quinze) minutos quando a duração ultrapassar 4 (quatro) horas. § 2º – Os intervalos de descanso não serão computados na duração do trabalho. § 3º – O limite mínimo de uma hora para repouso ou refeição poderá ser reduzido por ato do Ministro do Trabalho, Indústria e Comércio, quando ouvido o Serviço de Alimentação de Previdência Social, se verificar que o estabelecimento atende integralmente às exigências concernentes à organização dos refeitórios, e quando os respectivos empregados não estiverem sob regime de trabalho prorrogado a horas suplementares. § 4º – A não concessão ou a concessão parcial do intervalo intrajornada mínimo, para repouso e alimentação, a empregados urbanos e rurais, implica o pagamento, de natureza indenizatória, apenas do período suprimido, com acréscimo de 50% (cinquenta por cento) sobre o valor da remuneração da hora normal de trabalho. § 5º – O intervalo expresso no caput poderá ser reduzido e/ou fracionado, e aquele estabelecido no § 1º poderá ser fracionado, quando compreendidos entre o término da primeira hora trabalhada e o início da última hora trabalhada, desde que previsto em convenção ou acordo coletivo de trabalho, ante a natureza do serviço e em virtude das condições especiais de trabalho a que são submetidos estritamente os motoristas, cobradores, fiscalização de campo e afins nos serviços de operação de veículos rodoviários, empregados no setor de transporte coletivo de passageiros, mantida a remuneração e concedidos intervalos para descanso menores ao final de cada viagem."

Conforme o referido dispositivo legal, o intervalo intrajornada:

a) deve ser concedido em qualquer tipo de trabalho contínuo, vale dizer, aquele em que não há interrupções;

b) se a jornada de trabalho não exceder de 6 (seis) horas de trabalho, será obrigatório um intervalo de 15 (quinze) minutos quando a duração ultrapassar 4 (quatro) horas: se a jornada de trabalho não ultrapassar 4 horas, não será obrigatória a concessão do intervalo intrajornada;

c) excedendo a jornada 6 horas de trabalho é obrigatória a concessão de um intervalo para repouso ou alimentação, o qual será, no mínimo, de 1 (uma) hora e, salvo acordo escrito ou contrato coletivo em contrário, não poderá exceder de 2 (duas) horas: O período deve ser, no mínimo, de 1 hora e no máximo de 2 horas. Se o intervalo exceder 2 horas, deve ser pactuado por meio acordo escrito entre empregado e empregador ou mediante negociação coletiva (convenção ou acordo coletivo de trabalho). Nos termos da Súmula 118 do TST, "os intervalos concedidos pelo empregador na jornada de trabalho, não previstos em lei, representam tempo à disposição da empresa, remunerados como serviço extraordinário, se acrescidos ao final da jornada";

d) os intervalos de descanso não serão computados na duração do trabalho. Vale dizer: não integram, como regra, a jornada de trabalho.

Quanto à redução dos períodos mínimos de intervalo, dispõe o § 3º do art. 71 da CLT que "o limite mínimo de uma hora para repouso ou refeição poderá ser reduzido por ato do Ministro do Trabalho, Indústria e Comércio, quando ouvido o Serviço de Alimentação de Previdência Social, se verificar que o estabelecimento atende integralmente às exigências concernentes à organização dos refeitórios, e quando os respectivos empregados não estiverem sob regime de trabalho prorrogado a horas suplementares".

Diante do referido dispositivo legal, a redução do intervalo somente pode ser levada a efeito mediante autorização do Ministério do Trabalho quando, após inspeção do local de trabalho, verificar que o estabelecimento atende integralmente às exigências concernentes à organização dos refeitórios, e quando os respectivos empregados não estiverem sob regime de trabalho prorrogado a horas suplementares.

Sempre foi polêmica a questão da possibilidade da redução do intervalo por meio de acordo individual ou norma coletiva. Entendem alguns que a redução do intervalo pode ser levada a efeito mediante negociação coletiva em razão do princípio da autonomia coletiva dos particulares (art. 7º, XXVI, da CF), uma vez que se a jornada pode ser compensada, o intervalo também poderá (art. 7º, XIII, da CF). Além disso, argumentam que ninguém melhor que os Sindicatos para conhecer a realidade das categorias profissional e econômica, para negociarem a redução do intervalo.

O Tribunal Superior do Trabalho pacificou entendimento no sentido de que a redução do intervalo não pode ser elevada a efeito por norma coletiva, por ser regra destinada à proteção da saúde do trabalhador. Com efeito, dispõe a Súmula 437, II, do TST:

> "É inválida cláusula de acordo ou convenção coletiva de trabalho contemplando a supressão ou redução do intervalo intrajornada porque este constitui medida de higiene, saúde e segurança do trabalho, garantido por norma de ordem pública (art. 71 da CLT e art. 7º, XXII, da CF/1988), infenso à negociação coletiva."

O art. 611-A, III, da CLT, acrescentado pela Lei 13.467/17, permitiu a redução do intervalo intrajornada, mediante negociação coletiva (convenção ou acordo coletivo de trabalho), respeitado o limite mínimo de trinta minutos para jornadas superiores a seis horas. De outro lado, o art. 611-B, parágrafo único, da CLT, com a redação dada pela Lei 13.467/17, afirma que regras sobre duração do trabalho e intervalos não são consideradas como normas de saúde, higiene e segurança do trabalho para os fins do disposto neste artigo.

Diante dos referidos dispositivos legais, ficou superado o entendimento firmado na Súmula 437, II, do TST. No entanto, a interpretação dos referidos arts. 611-A e 611-B, parágrafo único, da CLT, não pode ser isolada, e sim compatibilizada com o ordenamento jurídico constitucional e infraconstitucional de proteção do trabalho humano, principalmente os dispositivos relacionados ao direito ao descanso, ao lazer e à saúde do trabalhador. Diante disso, a redução do intervalo por meio de norma coletiva somente deve ser validada se a redução ao intervalo permitir que o trabalhador possa ter efetivo direito ao descanso à alimentação durante a jornada de trabalho.

Quanto à natureza da hora de intervalo suprimida, diverge a doutrina. Há entendimentos no sentido de que a hora de supressão intervalar tem natureza jurídica indenizatória, pois visa a compensar o empregado em razão da violação do direito ao intervalo. A vertente majoritária da doutrina atribuiu a natureza de hora extraordinária à hora de intervalo suprimida, sendo uma verba salarial refletindo nas demais parcelas de índole salarial, caso habitual. Além disso, argumentam que, se o intervalo não é concedido, o empregado está trabalhando e, portanto, realiza uma hora a mais de trabalho.

De nossa parte, a hora de supressão intervalar não tem a mesma natureza jurídica das horas extras, pois no intervalo o empregado não está trabalhando, nem está à disposição do empregador (art. 4º da CLT). Não obstante, pensamos que a natureza é salarial, pois habitual e contraprestativo o pagamento, nos termos do art. 457 da CLT.

A Súmula 437, incisos III e IV, do TST atribuiu às horas de supressão intervalar a mesma natureza das horas extras. Com efeito, dispõem os referidos incisos do referido verbete sumular:

> Inciso III: "Possui natureza salarial a parcela prevista no art. 71, § 4º, da CLT, com redação introduzida pela Lei nº 8.923, de 27 de julho de 1994, quando não concedido ou reduzido pelo empregador o intervalo mínimo intrajornada para repouso e alimentação, repercutindo, assim, no cálculo de outras parcelas salariais."
>
> Inciso IV: "Ultrapassada habitualmente a jornada de seis horas de trabalho, é devido o gozo do intervalo intrajornada mínimo de uma hora, obrigando o empregador a remunerar o período para descanso e alimentação não usufruído como extra, acrescido do respectivo adicional, na forma prevista no art. 71, caput e § 4º, da CLT."

O § 4º do art. 71 da CLT, com a redação dada pela Lei 13.467/17 (Reforma Trabalhista), atribui natureza indenizatória à hora de supressão intervalar, sendo devido apenas o período de supressão, e não a hora integral quando houver concessão parcial do intervalo[35].

Diante do referido dispositivo legal, ficou superado o entendimento no sentido da natureza salarial da hora de intervalo suprimida, sendo fixada na natureza **indenizatória** do período de intervalo suprimido. Por ter natureza indenizatória, caso a supressão seja habitual, não haverá reflexos nas demais parcelas de índole trabalhista a exemplo dos DSR (Descanso Semanal Remunerado), férias + 1/3, 13º salário e FGTS.

Também ficou fixado o entendimento de que a supressão parcial somente gera o pagamento do período suprimido. Vale dizer: se o intervalo for de uma hora e houver a concessão de vinte minutos, será devido o pagamento de quarenta minutos, com o adicional de 50%. Ficaram assim superados os incisos III e IV da Súmula 437 do TST.

O Tribunal Superior do Trabalho, em Incidente de Demandas Repetitivas (IRR – 1384-61.2012.5.04.0512, Rel Min. Kátia Magalhães Arruda, j. 15.03.2019), firmou a seguinte tese:

---

35. No aspecto, ficou superado o entendimento firmado no inciso I da Súmula 437 do TST, "in verbis": "Após a edição da Lei nº 8.923/94, a não-concessão ou a concessão parcial do intervalo intrajornada mínimo, para repouso e alimentação, a empregados urbanos e rurais, implica o pagamento total do período correspondente, e não apenas daquele suprimido, com acréscimo de, no mínimo, 50% sobre o valor da remuneração da hora normal de trabalho (art. 71 da CLT), sem prejuízo do cômputo da efetiva jornada de labor para efeito de remuneração".

> "A redução eventual e ínfima do intervalo intrajornada, assim considerada aquela de até 5 (cinco) minutos no total, somados os do início e término do intervalo, decorrentes de pequenas variações de sua marcação nos controles de ponto, não atrai a incidência do art. 71, § 4º, da CLT. A extrapolação desse limite acarreta as consequências jurídicas previstas na lei e na jurisprudência".

Nos termos do § 5º do art. 71 da CLT, é possível a redução ou o fracionamento do intervalo intrajornada por meio de convenção ou acordo coletivo para empregados no setor de transporte coletivo de passageiros (motoristas e cobradores), observados os seguintes requisitos:

a) o intervalo mínimo de uma hora pode ser reduzido, ou fracionado, observado o limite de 30 minutos para a jornada superior a 6 horas (art. 611-A, III, da CLT[36]);

---

36. Nesse sentido, decidiu o TST: "AGRAVO DE INSTRUMENTO EM RECURSO DE REVISTA. ACÓRDÃO PUBLICADO NA VIGÊNCIA DA LEI Nº 13.467/2017. AÇÃO REVISIONAL. ACORDO JUDICIAL HOMOLOGADO EM AÇÃO CIVIL PÚBLICA. ADVENTO DA REFORMA TRABALHISTA. POSSIBILIDADE DE INDENIZAÇÃO DO PERÍODO DO INTERVALO INTRAJORNADA NÃO FRUÍDO, NOS TERMOS DO ACT 2018/2019. INSERÇÃO DO ART. 611-A, III, E NOVA REDAÇÃO DO ART. 71, § 4º, DA CLT. TRANSCENDÊNCIA JURÍDICA RECONHECIDA. Tendo em vista a potencial ofensa ao art. 505, I, do CPC, é de se dar provimento ao agravo de instrumento, para melhor exame da matéria no recurso de revista. Agravo de instrumento provido. RECURSO DE REVISTA. AÇÃO REVISIONAL. ACORDO JUDICIAL HOMOLOGADO EM AÇÃO CIVIL PÚBLICA. ADVENTO DA REFORMA TRABALHISTA. POSSIBILIDADE DE INDENIZAÇÃO DO PERÍODO DO INTERVALO INTRAJORNADA NÃO FRUÍDO, NOS TERMOS DO ACT 2018/2019. INSERÇÃO DO ART. 611-A, III, E NOVA REDAÇÃO DO ART. 71, § 4º, DA CLT. TRANSCENDÊNCIA JURÍDICA RECONHECIDA. Em razão da natureza inovadora da causa em exame, resta configurada a transcendência jurídica da matéria. Na questão de fundo, a controvérsia gira em torno da delimitação do alcance do acordo judicial firmado nos autos de ação civil pública anterior à entrada em vigor da reforma trabalhista, notadamente no que se refere à flexibilização operada pela nova legislação no trato da matéria de negociação coletiva tendente a transacionar sobre o intervalo intrajornada. É fato incontroverso que o art. 611-A, III, da CLT passou a prever a possibilidade de flexibilização, via norma coletiva, do direito ao gozo de intervalo intrajornada, antes adstrito aos estritos termos fixados pelo caput do art. 71 da CLT. Também é fato notório que o § 4º do referido dispositivo celetista passou a adotar o entendimento de que o tempo suprimido do intervalo é pago de forma simples e pela sua fração residual, deferentemente do que contido na versão anterior do dispositivo. Tais aspectos novos da legislação em vigor, à toda evidência, modificaram o status jurídico do instituto, o que possibilita o ajuizamento da presente ação revisional, dada a natureza da cláusula *rebus sic standibus* ínsita às coisas julgadas formadas em processos que regem relações jurídicas continuadas. É direito da empresa reclamante, portanto, com base no novo cenário jurídico, delimitar a eficácia do acordo judicial firmado com o Ministério Público do Trabalho, de modo a lhe facultar o uso dos novos dispositivos em vigor em suas relações laborais cotidianas, bem como os termos dos acordos coletivos que contrastem com a avença firmada judicialmente. Configurada, pois, a alegada ofensa ao art. 505, I, do CPC. Desse modo, o recurso de revista merece ser conhecido e provido, a fim de julgar procedentes os pedidos contidos na presente ação revisional, para delimitar a eficácia da cláusula 'b' do acordo judicial firmado nos autos da Ação Civil Pública nº 304-09.2015.5.06.0413 até o dia imediatamente anterior à entrada em vigor da Lei nº 13.467/2017, após o que é facultado

b) o fracionamento deve observar o intervalo mínimo de 5 minutos (art. 235-E da CLT);

c) o intervalo de 15 minutos para as jornadas de até 6 horas, quando superior a 4 diárias, pode ser fracionado, mas não reduzido, quando compreendidos entre o término da primeira hora trabalhada e o início da última hora trabalhada;

d) o intervalo não se computa na jornada de trabalho.

De nossa parte, a redução e o fracionamento do intervalo dos trabalhadores nos serviços de operação de veículos rodoviários, empregados no setor de transporte coletivo de passageiros, devem ser avaliados com muito critério pelas categorias profissional e econômica, principalmente se a redução e/ou fracionamento possibilita o descanso e a alimentação durante a jornada de trabalho, sob consequência de invalidade. O ideal seria se o intervalo não fosse reduzido e o fracionamento observasse um limite superior a 5 minutos.

O Supremo Tribunal Federal, na ADI 5322 - De 30.08.23, rel. Alexandre de Moraes, declarou a constitucionalidade do fracionamento do intervalo do motorista. Relevante destacar a seguinte fundamentação do acordão:

> "Entendo que a possibilidade de redução do intervalo intrajornada, da forma como prevista no § 5º do art. 71 da CLT, não afronta o art. 7º, XXII, da CF, que trata da redução dos riscos inerentes ao trabalho, por meio de normas de saúde, higiene e segurança dos trabalhadores em geral, uma vez que não há dados científicos e empíricos que atestem a necessidade da observância do intervalo mínimo de 1 hora na jornada diária, como sendo imprescindível para a saúde física e mental do trabalhador; bem como a possibilidade da redução do intervalo intrajornada não faz parte de parcela de indisponibilidade absoluta do direito do trabalhador. A Constituição Federal não elencou o descanso intrajornada como um direito indisponível absoluto do trabalhador, fazendo-o apenas quanto ao repouso semanal (art. 7º, XV) e férias anuais (art. 7º, XVII). Assim, embora reconhecidamente importante, o intervalo intrajornada não pertence ao núcleo indissolúvel de direitos trabalhistas, podendo haver redução e/ou fracionamento de seu tempo, desde que

à empresa reclamante a aplicação da nova legislação trabalhista aos contratos de trabalho em vigor ou vindouros, respeitadas, em todo caso, as normas coletivas firmadas com a categoria, tudo em conformidade com a natureza da causa de pedir externada na exordial e nos pedidos contidos na peça vestibular. Recurso de revista conhecido e provido" (RR-696-41.2018.5.06.0413, 5ª Turma, Relator Ministro Breno Medeiros, *DEJT* 16.12.2022).

autorizado por meio de negociação coletiva e previsto em lei (...) Vê-se que a própria CLT traz um limite mínimo de intervalo intrajornada, fixado em 30 minutos, para jornadas que superem as seis horas diárias. Assim sendo, ainda que eventual negociação coletiva estabeleça a redução do intervalo intrajornada para a categoria dos motoristas profissionais, nos termos do § 5º do art. 71 da CLT, o acordo firmado teria que respeitar o limite mínimo de 30 minutos destinados para tal finalidade. Eventual contrariedade encontrada em clausula de negociação coletiva sobre o tema, no caso concreto, poderia ser revista pela Justiça do Trabalho. Dessa forma, a previsão normativa da possibilidade da redução do intervalo intrajornada não viola o disposto no art. 7º, XXII, da Constituição Federal. O texto impugnado apenas permitiu que negociações coletivas entre sindicatos de motoristas profissionais e empregadores ajustem os intervalos de descanso conforme a dinâmica da atividade exercida. Portanto, entendo constitucional o dispositivo."

18.1. Do intervalo do trabalhador rural

Quanto ao trabalhador rural, dispõe o art. 5º da Lei 5.889/73:

> "Em qualquer trabalho contínuo de duração superior a seis horas, será obrigatória a concessão de um intervalo para repouso ou alimentação observados os usos e costumes da região, não se computando este intervalo na duração do trabalho. Entre duas jornadas de trabalho haverá um período mínimo de onze horas consecutivas para descanso."

Diante do referido dispositivo legal, a jurisprudência vem entendendo, acertadamente, que o intervalo do trabalhador rural pode ser fracionado em dois intervalos de 30 minutos, conforme os usos e costumes da região, se tal for mais benéfico ao trabalhador e se o fracionamento permitir a efetividade da norma.

No aspecto, destacam-se as seguintes ementas da mais alta Corte Trabalhista do país, "*in verbis*":

> "RECURSO DE EMBARGOS REGIDO PELA LEI Nº 13.015/2014. TRABALHADOR RURAL - HORAS EXTRAS - INTERVALO FRACIONADO - INTERVALO PARA O CAFÉ. No caso, restou incontroverso que o embargado usufruía de dois intervalos intrajornadas, a saber: o primeiro, para o almoço, e o segundo, de 30 minutos, para

o café. O artigo 5º da Lei nº 5.889/73, que estatui normas reguladoras do trabalho rural, dispõe expressamente que: 'Em qualquer trabalho contínuo de duração superior a seis horas, será obrigatória a concessão de um intervalo para repouso ou alimentação observados os usos e costumes da região, não se computando este intervalo na duração do trabalho'. Da análise do dispositivo legal acima, extrai-se que não houve vedação para a concessão de intervalo intrajornada de forma fracionada, como na presente hipótese, onde havia a concessão de dois intervalos, o primeiro para o almoço e o segundo, de 30 minutos, para o café. Pelo contrário, o referido preceito legal estabelece a possibilidade de concessão do período destinado ao repouso e alimentação do trabalhador rural, tomando-se o cuidado de observar os usos e costumes da região. É notório que no meio rural o costume é a concessão de mais de um intervalo para alimentação, sendo que o segundo intervalo é condição mais benéfica ao trabalhador, por se tratar de trabalho braçal que causa enorme desgaste físico ao mesmo. Na realidade, o que o legislador ordinário visava garantir é que o período destinado a repouso e alimentação do trabalhador rural não pode ser inferior a uma hora e não vedar a possibilidade de fracionar esse intervalo em duas vezes ou mais. Assim, não há que se falar que o artigo 5º da Lei nº 5.889/1973 não autoriza a dedução de mais de um intervalo intrajornada, pelo que, no presente caso, válido o segundo intervalo concedido para café, de 30 minutos, não devendo este ser computado na jornada de trabalho do empregado. De outra parte, a diretriz inscrita na Súmula/TST n.º 118 não guarda pertinência com a hipótese, pois o intervalo referido nos autos é remunerado e está previsto em norma legal. Precedentes do TST. Recurso de embargos conhecido e provido (TST – E-RR-932-60.2010.5.09.0325, Subseção I Especializada em Dissídios Individuais, Relator Ministro Renato de Lacerda Paiva, *DEJT* 12/05/2017).

18.2. Intervalo em jornada externa

Nos casos em que o trabalhador realiza jornada externa, ainda que sua jornada possa ser mensurada, se não houver fiscalização do intervalo por parte do empregador, quer de forma direta, quer de forma direta, não são devidas horas de intervalo, por aplicação do art. 62, I, da CLT. Nesse sentido, destaca-se a seguinte ementa:

RECURSO ORDINÁRIO DA 1ª RECLAMADA (ICOMON). PRESTAÇÃO DE SERVIÇOS EXTERNOS. INTERVALO INTRAJORNADA

NÃO FISCALIZADO. HORAS EXTRAS INCABÍVEIS. Na hipótese sub judice, depreende-se do conjunto probatório dos autos que não havia qualquer fiscalização do intervalo para alimentação e descanso pela 1ª reclamada, até porque o autor laborava externamente, na instalação e manutenção de linhas de telecomunicações. Nesse passo, o critério defendido pela empresa é estritamente prático: o intervalo não fiscalizado, nem minimamente controlado, é insuscetível de propiciar a aferição do efetivo gozo pelo obreiro, motivo pelo qual inviabiliza o deferimento das horas extraordinárias respectivas. Recurso ordinário da 1ª reclamada ao qual se dá provimento em relação ao aspecto (TRT da 2ª Região; Processo: 1000832-40.2022.5.02.0462; Data: 18/11/2022; Órgão Julgador: 12ª Turma - Cadeira 4 - 12ª Turma; Relator(a): BENEDITO VALENTINI).

19. DO INTERVALO DO DIGITADOR E *TELEMARKETING*

Dispõe o art. 72 da CLT:

> "Nos serviços permanentes de mecanografia (datilografia, escrituração ou cálculo), a cada período de noventa minutos de trabalho consecutivos corresponderá um repouso de dez minutos não deduzidos da duração normal do trabalho."

Nos termos da Súmula 346 do TST, os digitadores, por aplicação analógica do art. 72 da CLT, equiparam-se aos trabalhadores nos serviços de mecanografia (datilografia, escrituração ou cálculo), razão pela qual têm direito a intervalos de descanso de 10 (dez) minutos a cada 90 (noventa) de trabalho consecutivo.

O intervalo dos datilógrafos e digitadores de 10 minutos a cada 90 minutos de trabalho é essencial para prevenir a fadiga e as doenças profissionais a que estão sujeitos os empregados que desempenham tais funções.

Como bem adverte Valentin Carrion[37]: "o digitador permanente, cujo trabalho consta ser até mais penoso que os expressamente mencionados, reúne requisitos fáticos para que se lhe aplique a norma por interpretação analógica finalística. A inflamação da bainha dos tendões (tenossinovite), quando resultante da atividade do digitador, datilógrafo ou pianista profissional, foi considerada como passível causa de doença do trabalho."

37. Comentários à CLT. 33. ed. São Paulo: Saraiva, 2008, p. 132.

Em razão de ser norma tutelar, o presente intervalo é computado na jornada de trabalho.

Com relação ao trabalhador de *telemarketing*, tem prevalecido o entendimento na jurisprudência de que, por não exercer a digitação de forma contínua e ininterrupta, e não ser ela sua atividade principal, não faz jus ao intervalo do digitador.

Pensamos de forma diversa, pois o operador de telemarketing que digita e fala ao telefone tem *stress* mais acentuado que o digitador. Além disso, em muitas situações, a digitação tem que ser realizada de forma contínua e mais rápida que o normal. De outro lado, diante do avanço da tecnologia, a interpretação da legislação do trabalho tem que ser atualizada por meio de interpretação construtiva e evolutiva a fim de proteção da saúde do trabalhador.

Caso os intervalos não sejam concedidos, deverão ser pagos com o adicional de 50%, nos termos do § 4º do art. 71 da CLT.

Para o operador de *telemarketing*, o anexo II da NR 17 do Ministério do trabalho, com a redação dada pela PORTARIA/MTP Nº 423, DE 7 DE OUTUBRO DE 2021, estabelece:

> "6.4 Para prevenir sobrecarga psíquica e muscular estática de pescoço, ombros, dorso e membros superiores, a organização deve permitir a fruição de pausas de descanso e intervalos para repouso e alimentação aos trabalhadores. 6.4.1 As pausas devem ser concedidas: a) fora do posto de trabalho; b) em 02 (dois) períodos de 10 (dez) minutos contínuos; e c) após os primeiros e antes dos últimos 60 (sessenta) minutos de trabalho em atividade de teleatendimento/*telemarketing*. 6.4.1.1 A instituição de pausas não prejudica o direito ao intervalo obrigatório para repouso e alimentação previsto no § 1º do art. 71 da CLT. 6.4.2 O intervalo para repouso e alimentação para a atividade de teleatendimento/*telemarketing* deve ser de 20 (vinte) minutos. 6.4.3 Para tempos de trabalho efetivo de teleatendimento/*telemarketing* de até 4 (quatro) horas diárias, deve ser observada a concessão de 1 (uma) pausa de descanso contínua de 10 (dez) minutos."

A Referida NR estabelece Normas de Segurança e Medicina para o empregado que exerce a função de telemarketing. Portanto, não há violação do princípio da legalidade, pois os intervalos nela previstos visam a proteger a saúde e evitar a fadiga do trabalhador.

Desse modo, há a necessidade de concessão, além do intervalo intrajornada de 20 minutos (que não se computa na jornada), de duas pausas de 10 minutos, as quais integram a jornada de trabalho, por ser norma destinada à saúde e segurança do trabalhador. No aspecto, vale destacar as seguintes ementas da mais alta corte trabalhista brasileira, "*in verbis*":

> "EMPREGADO DE TELEMARKETING. INOBSERVÂNCIA DAS PAUSAS PARA DESCANSO E ALIMENTAÇÃO PREVISTAS NA NORMA REGULAMENTAR Nº 17 DO MINISTÉRIO DO TRABALHO E EMPREGO. As pausas para descanso previstas no Anexo II da NR nº 17 da Portaria 3.214/78 do Ministério do Trabalho e Emprego têm como escopo a prevenção de sobrecarga psíquica, muscular estática do pescoço, ombros, dorso e membros superiores, e a sua fruição não interfere no direito ao intervalo para repouso e alimentação previsto no § 1º do artigo 71 da CLT, *in verbis*: '5.4. Para prevenir sobrecarga psíquica, muscular estática de pescoço, ombros, dorso e membros superiores, as empresas devem permitir a fruição de pausas de descanso e intervalos para repouso e alimentação aos trabalhadores. 5.4.1. As pausas deverão ser concedidas: a) fora do posto de trabalho; b) em 02 (dois) períodos de 10 (dez) minutos contínuos; após os primeiros e antes dos últimos 60 (sessenta) minutos de trabalho em atividade de teleatendimento/telemarketing. 5.4.1.1. A instituição de pausas não prejudica o direito ao intervalo obrigatório para repouso e alimentação previsto no § 1º do artigo 71 da CLT' (destacou-se). Nesse contexto, não procede a alegação da reclamada de que os 20 minutos destinados a repouso e alimentação tornam indevido o pagamento como extra de 20 minutos a título de pausa (devidos em 2 (dois) períodos de 10 (dez) minutos contínuos), visto que as referidas pausas não se confundem com o intervalo obrigatório para repouso e alimentação, previsto no artigo 71, § 1º, da CLT, conforme expressamente estabelecido na NR nº 17 do MTE. Agravo de instrumento desprovido (...) (TST – AIRR-3429-68.2015.5.10.0802, 2ª Turma, Relator Ministro José Roberto Freire Pimenta, *DEJT* 27/10/2017).
>
> **INTERVALO INTRAJORNADA DE 20 MINUTOS. PAUSAS DE 10 MINUTOS. CÔMPUTO NA JORNADA DE TRABALHO. OPERADOR DE TELEMARKETING/TELEATENDIMENTO. NR-17**. Extrai-se do Anexo II da NR-17, aplicável aos operadores de telemarketing, que as pausas de dez minutos se integram à jornada de trabalho do empregado. No entanto, o intervalo intrajornada de

vinte minutos não será computado na jornada, nos termos do § 2º do art. 71 da CLT. Julgados. A decisão do Regional, que deferiu o pagamento de vinte minutos a título de horas extras, em virtude do intervalo intrajornada do empregado operador de telemarketing, violou o § 2º do artigo 71 da CLT. Recurso de revista a que se dá provimento. INTERVALO DO DIGITADOR. O reclamado sustenta que as atividades do reclamante não se confundem com as de um digitador ou de um mecanógrafo, razão por que são indevidas as pausas do art. 72 da CLT. O TRT entendeu que o reclamante fazia jus às pausas previstas na NR-17 e não no art. 72 da CLT. Nesse contexto, verifica-se que o recorrente impugna fundamento não utilizado pelo Regional. Incidente a Súmula nº 422, I, do TST. Recurso de revista de que não se conhece. INTERVALO INTRAJORNADA. PRORROGAÇÃO DA JORNADA CONTRATUAL DE SEIS HORAS. Prejudicado o exame, ante o provimento do recurso de revista para excluir da condenação o pagamento de horas extras, ante o reconhecimento de que a jornada de seis horas não foi extrapolada. Recurso de revista prejudicado quanto ao tema. PAGAMENTO DAS VERBAS RESCISÓRIAS. DENTRO DO PRAZO PREVISTO EM LEI. HOMOLOGAÇÃO POSTERIOR AO TERMO DE RESCISÃO. MULTA DO ART. 477 DA CLT INCABÍVEL. Se o pagamento das verbas rescisórias ocorreu no prazo previsto no § 6º do art. 477 da CLT, quitando-se aquelas discriminadas no termo de rescisão contratual, não incide a multa prevista no § 8º do mesmo dispositivo, ainda que a homologação do termo de rescisão, com a entrega das guias para o recebimento do FGTS e do seguro-desemprego tenha ocorrido após o prazo. A multa prevista no art. 477, § 8º, da CLT somente é devida quando as parcelas salariais não são quitadas no prazo legal. Julgados. Recurso de revista a que se dá provimento (TST RR-449-39.2012.5.01.0242, 6ª Turma, Relatora Ministra Kátia Magalhães Arruda, *DEJT* 15/06/2018).

20. DO DESCANSO SEMANAL REMUNERADO E FERIADOS

Ensina Maurício Godinho Delgado[38]:

"O descanso semanal (ou repouso semanal) define-se como o lapso temporal de 24 horas consecutivas situado entre os módulos semanais

38. Curso de Direito do Trabalho. 18. ed. São Paulo: LTr, 2019, p. 1142.

de duração do trabalho do empregado, coincidindo preferencialmente com o domingo, em que o obreiro pode sustar a prestação de serviços e sua disponibilidade perante o empregador, com o objetivo de recuperação e implementação de suas energias e aperfeiçoamento em sua inserção familiar, comunitária e política."

O descanso semanal remunerado, preferencialmente aos domingos, que tem origem no costume religioso, não é só um evento trabalhista, mas um direito atrelado à própria condição humana do trabalhador, pois, por meio dele, se materializam direitos fundamentais, dentro os quais podemos destacar:

a) direito à privacidade e à intimidade (art. 5º, X, da CF);

b) direito ao lazer (art. 6º da CF);

c) direito ao descanso (art. 7º, XV, da CF);

d) liberdade de culto (art. 5º, VIII, da CF);

e) convivência familiar (art. 226 e seguintes da CF).

A Constituição Federal assegura o direito ao descanso semanal remunerado no art. 7º, XV, que assim dispõe:

> "Repouso semanal remunerado preferencialmente aos domingos".

Conforme o texto constitucional, o repouso semanal será, preferencialmente, mas não obrigatoriamente, aos domingos. O ideal seria que fosse, obrigatoriamente, aos domingos, para que os direitos fundamentais de cidadania ou da condição humana do trabalhador fossem efetivados, mas, em razão do interesse público e do próprio sistema do mundo capitalista, muitas atividades necessitam funcionar aos domingos e, em razão disso, a Constituição Federal permite, por exceção, que o descanso possa ser concedido em outro dia na semana.

Os feriados não se confundem com o descanso semanal remunerado. Como destaca Maurício Godinho Delgado[39], os feriados são "lapsos temporais de um dia, situados ao longo do ano-calendário, eleitos pela legislação em face de datas comemorativas cívicas ou religiosas específicas, em que o empregado pode sustar a prestação de serviços e sua disponibilidade perante o empregador".

39. Curso de Direito do Trabalho. 18. ed. São Paulo: LTr, 2019, p. 1142.

É possível estabelecer, como gênero, os chamados dias de repouso remunerado, tendo como espécies o descanso semanal remunerado e os feriados legais.[40]

Segundo a classificação doutrinária, os descansos semanais e os feriados constituem hipóteses de interrupção do contrato de trabalho, pois o empregado não está trabalhando, tampouco está à disposição do empregador, mas receberá salário e terá computado o tempo de serviço.

Dispõe o art. 67 da CLT:

> "Será assegurado a todo empregado um descanso semanal de 24 (vinte e quatro) horas consecutivas, o qual, salvo motivo de conveniência pública ou necessidade imperiosa do serviço, deverá coincidir com o domingo, no todo ou em parte. Parágrafo único – Nos serviços que exijam trabalho aos domingos, com exceção quanto aos elencos teatrais, será estabelecida escala de revezamento, mensalmente organizada e constando de quadro sujeito à fiscalização."

Conforme o referido dispositivo legal, o trabalho aos domingos fora autorizado por exceção, nas hipóteses de conveniência pública ou necessidade imperiosa do serviço.

A Lei 10.101/00, nos arts. 6º e 6º-A, autorizou o trabalho aos domingos no comércio. Com efeito, dispõem os referidos dispositivos legais:

> Art. 6º: "Fica autorizado o trabalho aos domingos nas atividades do comércio em geral, observada a legislação municipal, nos termos do art. 30, inciso I, da Constituição. Parágrafo único. O repouso semanal remunerado deverá coincidir, pelo menos uma vez no período máximo de três semanas, com o domingo, respeitadas as demais normas de proteção ao trabalho e outras a serem estipuladas em negociação coletiva."
>
> Art. 6º-A: "É permitido o trabalho em feriados nas atividades do comércio em geral, desde que autorizado em convenção coletiva de trabalho e observada a legislação municipal, nos termos do art. 30, inciso I, da Constituição."

40. GARCIA, Gustavo Filipe Barbosa. Manual de Direito do Trabalho. 13. ed. São Paulo: Editora Juspodivm, 2020, p. 941.

Diante dos referidos dispositivos legais, ao menos uma vez por mês, o repouso semanal deve coincidir com o domingo, observada a legislação municipal.

Conforme o art. 68 da CLT, "o trabalho em domingo, seja total ou parcial, na forma do art. 67, será sempre subordinado à permissão prévia da autoridade competente em matéria de trabalho. Parágrafo único – A permissão será concedida a título permanente nas atividades que, por sua natureza ou pela conveniência pública, devem ser exercidas aos domingos, cabendo ao Ministro do Trabalho, Indústria e Comércio expedir instruções em que sejam especificadas tais atividades. Nos demais casos, ela será dada sob forma transitória, com discriminação do período autorizado, o qual, de cada vez, não excederá de 60 (sessenta) dias."

A autoridade competente para a autorização do trabalho aos domingos é o Ministério do Trabalho e Emprego.

A Portaria 671/2021 do Ministério do Trabalho trata da autorização transitória para o trabalho em domingos e feridos, nos arts. 56 a 61, os quais, pela importância, são transcritos abaixo:

> "Art. 56. A autorização transitória para trabalho aos domingos e feriados civis e religiosos a que se refere o parágrafo único do art. 68 do Decreto-Lei nº 5.452, de 1943 – CLT, será regida de acordo com os procedimentos previstos nesta Seção. Parágrafo único. A autorização a que se refere o caput poderá ser concedida nas seguintes hipóteses: I – para atender à realização ou conclusão de serviços inadiáveis ou necessidade imperiosa de serviço; e II – quando a inexecução das atividades puder acarretar prejuízo manifesto."
>
> "Art. 57. A autorização de que trata o art. 56 será concedida pelo chefe da unidade descentralizada da Inspeção do Trabalho, com circunscrição no local da prestação de serviço, mediante fundamentação técnica que leve à conclusão pela realização ou conclusão de serviços inadiáveis ou cuja inexecução possa acarretar prejuízo manifesto à requerente. Parágrafo único. A autorização transitória poderá ser concedida pelo prazo de até sessenta dias."
>
> "Art. 58. O requerimento para solicitar a autorização transitória deverá ser instruído por laudo técnico fundamentado, com indicação da necessidade de ordem técnica e os setores que exigem a continuidade do trabalho. § 1º Nos serviços que exijam trabalho aos domingos, com exceção quanto aos elencos teatrais, será estabelecida escala de

> revezamento, mensalmente organizada e sujeito à fiscalização. § 2º O repouso semanal remunerado deverá coincidir, pelo menos uma vez no período máximo de sete semanas, com o domingo, respeitadas as demais normas de proteção ao trabalho. § 3º Nas atividades do comércio em geral, o repouso semanal remunerado deverá coincidir, pelo menos uma vez no período máximo de três semanas, com o domingo, respeitadas as demais normas de proteção ao trabalho e outras a serem estipuladas em negociação coletiva, nos termos da Lei nº 10.101, de 19 de dezembro de 2000."
>
> "Art. 59. A autorização transitória poderá ser cancelada a qualquer momento pelo chefe da unidade descentralizada da Inspeção do Trabalho, após oitiva da empresa, mediante despacho fundamentado e baseado em relatório da Inspeção do Trabalho, desde que observada a ocorrência de uma das seguintes hipóteses no curso da referida autorização: I – descumprimento das exigências constantes desta Seção; II – infração nos atributos de jornada e descanso, constatada pela Inspeção do Trabalho; ou III – situação de grave e iminente risco à segurança e saúde do trabalhador constatada pela Inspeção do Trabalho."
>
> "Art. 60. Deferida a autorização transitória para trabalho aos domingos e feriados, o início das atividades das empresas nestes dias independe de inspeção prévia."
>
> "Art. 61. A escala de revezamento será efetuada por livre escolha do empregador."

A autorização permanente para o trabalho em domingos e feridos foi aprovada para as atividades previstas no anexo IV da Portaria 621/21 do Ministério do Trabalho, desde que observados os requisitos dos §§ 1º, 2º e 3º do art. 58 da Portaria 671/21 do Ministério do Trabalho, conforme disposição dos arts. 62 e 63 da Referida Portaria.

Nos termos do art. 69 da CLT, "na regulamentação do funcionamento de atividades sujeitas ao regime deste Capítulo, os municípios atenderão aos preceitos nele estabelecidos, e as regras que venham a fixar não poderão contrariar tais preceitos nem as instruções que, para seu cumprimento, forem expedidas pelas autoridades competentes em matéria de trabalho."

Em 13 de novembro de 2023, o Ministério do Trabalho e Emprego, editou a Portaria MTE Nº 3.665, no seguintes termos:

> "Altera a Portaria/MTP nº 671, de 8 de novembro de 2021. (Processo nº 19964.203605/2023-95).

O MINISTRO DE ESTADO DO TRABALHO E EMPREGO, no uso da atribuição que lhe confere o art. 87, parágrafo único, inciso II, da Constituição, no art. 10, parágrafo único, da Lei 605, de 5 de janeiro de 1949 e no art. 154, § 4º, do Decreto nº 10.854, de 10 de novembro de 2021, e considerando o disposto no art. 6-A, da Lei 10.101 de 19 de dezembro de 2000, que estabelece que "é permitido o trabalho em feriados nas atividades do comércio em geral, desde que autorizado em convenção coletiva de trabalho e observada a legislação municipal, nos termos do art. 30, inciso I, da Constituição", resolve:

Art. 1º Revogar os subitens 1, 2, 4, 5, 6, 17, 18, 19, 23, 25, 27 e 28, do item II - Comércio, do Anexo IV, da Portaria/MTP nº 671, de 8 de novembro de 2021.

Art. 2º O subitem 14, do item II - Comércio, do Anexo IV, da Portaria/MTP nº 671, de 8 de novembro de 2021, passa a vigorar com a seguinte redação:

'14) feiras-livres;'

Art. 3º Esta Portaria entre em vigor na data de sua publicação.

LUIZ MARINHO"

A presente Portaria, conforme informação do site do Ministério do Trabalho[41] teve sua vigência adiada para 01 março de 2023, havendo expectativa de uma regulamentação mais detalhada.

Diante da presente Portaria, para as atividades do comércio em geral, a autorização do trabalho em feriados deve ser ajustada por convenção coletiva de trabalho.

O art. 6º da Lei 605/49 trata dos requisitos para a remuneração do descanso semanal remunerado. Com efeito, dispõe o referido dispositivo legal:

> "Não será devida a remuneração quando, sem motivo justificado, o empregado não tiver trabalhado durante toda a semana anterior, cumprindo integralmente o seu horário de trabalho. § 1º São motivos justificados: a) os previstos no artigo 473 e seu parágrafo único da Consolidação das Leis do Trabalho; b) a ausência do empregado devidamente justificada, a critério da administração do estabelecimento; c) a paralisação do serviço nos dias em que, por conveniência do empregador, não tenha havido trabalho; d) a ausência do empregado,

41. https://www.gov.br/trabalho-e-emprego/pt-br/noticias-e-conteudo/2023/novembro/ ministerio-do-trabalho-e- emprego-revoga-portaria-no-3- 665 -sobre-trabalho-aos-feriados. Acesso em 30/01/2024.

> até três dias consecutivos, em virtude do seu casamento; e) a falta ao serviço com fundamento na lei sobre acidente do trabalho; f) a doença do empregado, devidamente comprovada. § 2º A doença será comprovada mediante atestado de médico da instituição da previdência social a que estiver filiado o empregado, e, na falta deste e sucessivamente, de médico do Serviço Social do Comércio ou da Indústria; de médico da empresa ou por ela designado; de médico a serviço de representação federal, estadual ou municipal incumbido de assuntos de higiene ou de saúde pública; ou não existindo estes, na localidade em que trabalhar, de médico de sua escolha. § 3º Nas empresas em que vigorar regime de trabalho reduzido, a frequência exigida corresponderá ao número de dias em que o empregado tiver de trabalhar. § 4º Durante período de emergência em saúde pública decorrente da Covid-19, a imposição de isolamento dispensará o empregado da comprovação de doença por 7 (sete) dias. § 5º No caso de imposição de isolamento em razão da Covid-19, o trabalhador poderá apresentar como justificativa válida, no oitavo dia de afastamento, além do disposto neste artigo, documento de unidade de saúde do Sistema Único de Saúde (SUS) ou documento eletrônico regulamentado pelo Ministério da Saúde." (NR)

A Lei 14.128/21 acrescentou os §§ 4º e 5º ao art. 6º da Lei 605/49, possibilitando, durante o período de emergência decorrente da Covid-19, no caso de imposição de isolamento:

a) dispensar o empregado da comprovação de doença por 7 (sete) dias;

b) o trabalhador poderá apresentar como justificativa válida, no oitavo dia de afastamento, documento de unidade de saúde do Sistema Único de Saúde (SUS) ou documento eletrônico regulamentado pelo Ministério da Saúde.

Diante do art. 6º da Lei 605/49, são requisitos para o pagamento do repouso semanal remunerado:

a) assiduidade: o empregado deve ter trabalhado todos os dias da semana anterior para ter direito ao pagamento do repouso, salvo as hipóteses de faltas justificadas (art. 6º, §§ 1º e 2º, da Lei 605/49 e art. 473 da CLT);

b) pontualidade: cumprir integralmente o horário de trabalho.

Caso não observados os requisitos cumulativos de assiduidade e pontualidade, o empregado terá direito do descanso semanal, mas não à sua remuneração.

O art. 7º da Lei 605/49 trata da remuneração do repouso semanal remunerado. Dispõe o referido dispositivo legal:

> "A remuneração do repouso semanal corresponderá: a) para os que trabalham por dia, semana, quinzena ou mês, à de um dia de serviço, computadas as horas extraordinárias habitualmente prestadas; b) para os que trabalham por hora, à sua jornada normal de trabalho, computadas as horas extraordinárias habitualmente prestadas; c) para os que trabalham por tarefa ou peça, o equivalente ao salário correspondente às tarefas ou peças feitas durante a semana, no horário normal de trabalho, dividido pelos dias de serviço efetivamente prestados ao empregador; d) para o empregado em domicílio, o equivalente ao quociente da divisão por 6 (seis) da importância total da sua produção na semana. § 1º Os empregados cujos salários não sofram descontos por motivo de feriados civis ou religiosos são considerados já remunerados nesses mesmos dias de repouso, conquanto tenham direito à remuneração dominical. § 2º Consideram-se já remunerados os dias de repouso semanal do empregado mensalista ou quinzenalista cujo cálculo de salário mensal ou quinzenal, ou cujos descontos por falta sejam efetuados na base do número de dias do mês ou de 30 (trinta) e 15 (quinze) diárias, respectivamente."

Conforme o art. 70 da CLT, salvo o disposto nos arts. 68 e 69, é vedado o trabalho em dias feriados nacionais e feriados religiosos, nos termos da legislação própria.

No mesmo sentido o art. 1º da Lei 605/49, "*in verbis*":

> "Todo empregado tem direito ao repouso semanal remunerado de vinte e quatro horas consecutivas, preferentemente aos domingos e, nos limites das exigências técnicas das empresas, nos feriados civis e religiosos, de acordo com a tradição local."

A autorização para o trabalho em feriados segue a mesma sistemática para o trabalho aos domingos.

Nos termos do art. 9º da Lei 605/49: "Nas atividades em que não for possível, em virtude das exigências técnicas das empresas, a suspensão do trabalho, nos dias feriados civis e religiosos, a remuneração será paga em dobro, salvo se o empregador determinar outro dia de folga."

Diante do referido dispositivo legal, se não houve concessão de folga compensatória para o trabalho em domingos ou feriados, o empregador deverá remunerá-los em dobro, sem prejuízo da remuneração relativa ao repouso semanal[42]. De nossa parte, a fim de que a finalidade do instituto do descanso aos domingos e feriados seja cumprida, a folga compensatória deve ser nos sete dias que sucedem dia do repouso semanal ou do feriado trabalhado. No aspecto, dispõe a OJ 410 da SDI-I do TST, "*in verbis*":

> **"REPOUSO SEMANAL REMUNERADO. CONCESSÃO APÓS O SÉTIMO DIA CONSECUTIVO DE TRABALHO. ART. 7º, XV, DA CF. VIOLAÇÃO (DEJT divulgado em 22, 25 e 26.10.2010).** Viola o art. 7º, XV, da CF a concessão de repouso semanal remunerado após o sétimo dia consecutivo de trabalho, importando no seu pagamento em dobro."

Nos termos do art. 611-A, XI, da CLT é permitida a troca de feriado por meio de negociação coletiva.

42 No mesmo sentido a Súmula 146 do TST, "in verbis": **"TRABALHO EM DOMINGOS E FERIADOS, NÃO COMPENSADO (incorporada a Orientação Jurisprudencial nº 93 da SBDI-1) – Res. 121/2003, DJ 19, 20 e 21.11.2003.** O trabalho prestado em domingos e feriados, não compensado, deve ser pago em dobro, sem prejuízo da remuneração relativa ao repouso semanal."

CAPÍTULO XV

DAS FÉRIAS

1. CONCEITO E NATUREZA JURÍDICA

Nos ensina Fabíola Marques[1]:

> "As férias anuais remuneradas são a paralisação dos serviços pelo empregado, durante um determinado período contínuo, sem prejuízo de sua remuneração, desde que cumpridas as condições mínimas de trabalho exigidas em período anterior por motivos higiênicos, sociais e econômicas."

As férias constituem direito fundamental do trabalhador de descansar por um lapso de tempo razoável após 12 meses de trabalho contínuo.

Dispõe o art. 7º, XVII, da Constituição Federal: "gozo de férias anuais remuneradas com, pelo menos, um terço a mais do que o salário normal".

No mesmo sentido, acervar o art. 129 da CLT: "art. 129 - Todo empregado terá direito anualmente ao gozo de um período de férias, sem prejuízo da remuneração".

Como nos adverte Homero Batista Mateus da Silva[2], "embora o art. 129 faça menção apenas as férias como direito, elas também representam um dever, pois o empregado não pode prescindir das férias, acumular longos períodos para seus estudos ou para coincidência com planos de viagens ou

1. Férias: Novo Regime da Convenção n. 132 da OIT. São Paulo: LTr, 2007, p. 37.
2. CLT Comentada. 2. ed. São Paulo: RT, 2018.

simplesmente vender as férias para auferir maior renda. As férias correspondem a uma forma de aumento da produtividade e diminuição dos acidentes de trabalho e devem ser valorizadas pela sociedade e não vistas como artigo de luxo ou de preguiça."

Ao lado da limitação de jornada e do descanso semanal remunerado, as férias constituem o núcleo dos direitos que compõe o direito social ao lazer previsto no art. 6º da Constituição Federal. Portanto, trata-se de direito fundamental de segunda geração, sendo as normas que disciplinam as férias na CLT de ordem pública e interesse social. Além disso, as férias pertencem ao direito tutelar do trabalho tendo por escopo resguardar a saúde e a higidez física e mental do trabalhador. De outro lado, também há fatores econômicos que justificam as férias, como o incentivo ao turismo e ao comércio.

Como destaca Maurício Godinho Delgado[3], "as férias atendem, inquestionavelmente, a todos os objetivos justiçadores dos demais intervalos e descansos trabalhistas, quais sejam: metas de saúde e segurança laborativas e de reinserção familiar, comunitária e política do trabalhador. De fato, elas fazem parte de uma estratégia concertada de enfrentamento dos problemas relativos à saúde, à segurança no trabalho à medida que favorecem ampla recuperação das energias físicas e mentais do empregado após longo período de prestação de serviços".

Quanto à natureza jurídica das férias, estas constituem período de interrupção do contrato de trabalho, por meio do qual o empregado não prestará serviços pelo prazo de 30 dias, mas terá assegurado todos os direitos trabalhistas do período de afastamento. Nesse sentido, dispõe o § 2º do art. 130 da CLT, "*in verbis*":

> "O período das férias será computado, para todos os efeitos, como tempo de serviço."

2. DA AQUISIÇÃO DO DIREITO A FÉRIAS

O período aquisitivo das férias se dá a cada 12 meses de vigência do contrato de trabalho, contados, inicialmente, a partir do ingresso do trabalhador na empresa.

3. Curso de Direito do Trabalho. 7. ed. São Paulo: LTr, 2008, p. 952.

Dispõe o art. 130 da CLT:

> "Após cada período de 12 (doze) meses de vigência do contrato de trabalho, o empregado terá direito a férias, na seguinte proporção: I – 30 (trinta) dias corridos, quando não houver faltado ao serviço mais de 5 (cinco) vezes; II – 24 (vinte e quatro) dias corridos, quando houver tido de 6 (seis) a 14 (quatorze) faltas; III – 18 (dezoito) dias corridos, quando houver tido de 15 (quinze) a 23 (vinte e três) faltas; IV – 12 (doze) dias corridos, quando houver tido de 24 (vinte e quatro) a 32 (trinta e duas) faltas. § 1º É vedado descontar, do período de férias, as faltas do empregado ao serviço. § 2º O período das férias será computado, para todos os efeitos, como tempo de serviço".

Conforme o referido dispositivo legal, o número de **faltas injustificadas** influi na proporcionalidade da duração das férias, quais sejam: até 5 faltas: 30 dias; de 6 a 14 faltas: 24 dias; de 15 a 23 faltas: 18 dias; de 24 a 32 faltas: 12 dias; mais de 32 faltas: não terá direito a férias.

A duração das férias se computa em dias corridos e não em dias úteis.

Nos termos do art. 131 da CLT, não será considerada falta para fins de repercussão na duração das férias:

a) nos casos referidos no art. 473[4];

---

4. Art. 473 da CLT: "O empregado poderá deixar de comparecer ao serviço sem prejuízo do salário: I – até 2 (dois) dias consecutivos, em caso de falecimento do cônjuge, ascendente, descendente, irmão ou pessoa que, declarada em sua carteira de trabalho e previdência social, viva sob sua dependência econômica; II – até 3 (três) dias consecutivos, em virtude de casamento; III – por 5 (cinco) dias consecutivos, em caso de nascimento de filho, de adoção ou de guarda compartilhada; IV – por um dia, em cada 12 (doze) meses de trabalho, em caso de doação voluntária de sangue devidamente comprovada; V – até 2 (dois) dias consecutivos ou não, para o fim de se alistar eleitor, nos termos da lei respectiva; VI – no período de tempo em que tiver de cumprir as exigências do Serviço Militar referidas na letra 'c' do art. 65 da Lei 4.375, de 17 de agosto de 1964 (Lei do Serviço Militar); VII – nos dias em que estiver comprovadamente realizando provas de exame vestibular para ingresso em estabelecimento de ensino superior; VIII – pelo tempo que se fizer necessário, quando tiver que comparecer a juízo; IX – pelo tempo que se fizer necessário, quando, na qualidade de representante de entidade sindical, estiver participando de reunião oficial de organismo internacional do qual o Brasil seja membro; X pelo tempo necessário para acompanhar sua esposa ou companheira em até 6 (seis) consultas médicas, ou em exames complementares, durante o período de gravidez; XI – por 1 (um) dia por ano para acompanhar filho de até 6 (seis) anos em consulta médica; XII – até 3 (três) dias, em cada 12 (doze) meses de trabalho, em caso de realização de exames preventivos de câncer devidamente comprovada. Parágrafo único. O prazo a que se refere o inciso III do caput deste artigo será contado a partir da data de nascimento do filho".

b) durante o licenciamento compulsório da empregada por motivo de maternidade ou aborto, observados os requisitos para percepção do salário-maternidade custeado pela Previdência Social;

c) por motivo de acidente do trabalho[5] ou enfermidade, atestada pelo Instituto Nacional do Seguro Social - INSS, excetuada a hipótese do inciso IV do art. 133[6];

d) justificada pela empresa, entendendo-se como tal a que não tiver determinado o desconto do correspondente salário;

e) durante a suspensão preventiva para responder a inquérito administrativo ou de prisão preventiva, quando for impronunciado ou absolvido;

f) nos dias em que não tenha havido serviço, salvo na hipótese do inciso III do art. 1337.

Destaca-se que o empregador pode, simplesmente, não descontar do empregado eventuais faltas injustificadas do salário do empregado, o que a doutrina denomina de *perdão tácito*[8]. Se não houver desconto, a falta não influirá na duração das férias.

Nos termos do art. 132 da CLT, o tempo de trabalho anterior à apresentação do empregado para serviço militar obrigatório será computado no período aquisitivo, desde que ele compareça ao estabelecimento dentro de 90 (noventa) dias da data em que se verificar a respectiva baixa.

O art. 134 da CLT trata das hipóteses nas quais o empregado não terá direito a férias, quais sejam:

> I - deixar o emprego e não for readmitido dentro dos 60 (sessenta) dias subsequentes à sua saída: o dispositivo, aqui, tem por finalidade prestigiar o direito ao descanso, permitindo que empregado

---

5. Súmula 46 do TST: "**ACIDENTE DE TRABALHO (mantida) – Res. 121/2003, *DJ* 19, 20 e 21.11.2003.** As faltas ou ausências decorrentes de acidente do trabalho não são consideradas para os efeitos de duração de férias e cálculo da gratificação natalina". No mesmo sentido a Súmula 198 do STF: "As ausências motivadas por acidente do trabalho não são descontáveis do período aquisitivo de férias".
6. Inciso IV do art. 133 da CLT: "tiver percebido da Previdência Social prestações de acidente de trabalho ou de auxílio-doença por mais de 6 (seis) meses, embora descontínuos".
7. Inciso III do art. 133 da CLT: "deixar de trabalhar, com percepção do salário, por mais de 30 (trinta) dias em virtude de paralisação parcial ou total dos serviços da empresa".
8. Nesse sentido Homero Batista Mateus da Silva. In: CLT Comentada. 2. ed. São Paulo: RT, 2018, p. 154.

> que deixou o emprego (pedido de demissão) compute a fração do período anterior, quando retornar ao empregado dentro de 60 dias;
>
> II – permanecer em gozo de licença, com percepção de salário, por mais de 30 (trinta) dias: neste caso, a licença deve ter um motivo justificável;
>
> III – deixar de trabalhar, com percepção do salário, por mais de 30 (trinta) dias em virtude de paralisação parcial ou total dos serviços da empresa: o presente dispositivo tem aplicação em casos de força maior e caso fortuito (arts. 501 da CLT e 393 do CC), que provocam paralisação da atividade empresarial, com a consequente licença do empregado. Exemplo típico é a paralisação da atividade empresarial em razão da quarentena fixada pelo Poder Público em razão da pandemia da COVID-19;
>
> IV – tiver percebido da Previdência Social prestações de acidente de trabalho ou de auxílio-doença por mais de 6 (seis) meses, embora descontínuos: aqui, a licença se dá por motivo de saúde. A prestação previdenciária deve ser por mais de seis meses, ainda que descontínuos dentro do mesmo período aquisitivo de férias.

A doutrina tem apontado que as hipóteses dos incisos II, III e IV do art. 133 da CLT são de duvidosa constitucionalidade, pois o empregado nas referidas hipóteses não está em descanso voluntário, tampouco está usufruindo dos direitos fundamentais que as férias propiciam (lazer, turismo, descanso, reposição de energias). De outro lado, também o empregado fica privado do direito ao adicional de 1/3 de férias. No entanto, o entendimento majoritário é de que os referidos dispositivos encontram-se vigentes.

O Supremo Tribunal Federal, em dezembro de 2022 ao julgar o RE 593.448, entendeu ser inconstitucional a limitação do exercício ao direito fundamental a férias em razão de licença remunerada por motivo de saúde, conforme se constata da seguinte ementa, com fixação de tese:

> DIREITO DE FÉRIAS. SERVIDOR. LEI MUNICIPAL. PERDA DO DIREITO DE FÉRIAS A SERVIDOR QUE GOZE DE LICENÇA PARA TRATAMENTO DE SAÚDE POR PERÍODO SUPERIOR A DOIS MESES. LIMITAÇÃO NÃO RECEPCIONADA PELA CONSTITUIÇÃO FEDERAL. 1. Dispositivo de Lei Municipal que prevê a perda do direito de férias de servidor que goza, no seu período aquisitivo, de mais de dois meses de licença médica contraria o disposto nos artigos 7º, XVII e 39, §3º da Constituição da República.

> 2. O exercício da autonomia municipal para legislar sobre o regime jurídico aplicável a seus servidores não infere permissão para editar norma que torne irrealizável direito garantido constitucionalmente. 3. Recurso extraordinário a que se nega provimento, fixando-se a tese de repercussão geral para o Tema 221 nos seguintes termos: "No exercício da autonomia legislativa municipal, não pode o Município, ao disciplinar o regime jurídico de seus servidores, restringir o direito de férias a servidor em licença saúde de maneira a inviabilizar o gozo de férias anuais previsto no art. 7º, XVII da Constituição Federal de 1988" (STF - RE 593.448, Tribunal Pleno. Rel. Min. Edson Fachin, DJe 19/12/2022).

Embora o STF não tenha enfrentado a matéria constante do art. 133, da CLT, a presente decisão tem impacto no inciso IV do art. 133, da CLT, uma vez que a razão de decidir (*ratio decidendi*) para inviabilizar que lei municipal restrinja o exercício do direito a férias remuneradas em razão da licença por motivo de doença, é idêntica ao comando previsto na CLT.

Portanto, pode-se afirmar, com base na tese firmada pelo STF, que o art. 133, IV, da CLT não fora recepcionado pela Constituição.

Nos termos do § 1º do art. 133 da CLT, a interrupção da prestação de serviços deverá ser anotada na Carteira de Trabalho e Previdência Social.

Nos termos do § 3, do art. 133 da CLT, no caso de o empregado deixar de trabalhar, com percepção do salário, por mais de 30 (trinta) dias em virtude de paralisação parcial ou total dos serviços da empresa, o empregador comunicará ao órgão local do Ministério do Trabalho (atual Ministério da Economia), com antecedência mínima de quinze dias, as datas de início e fim da paralisação total ou parcial dos serviços da empresa, e, em igual prazo, comunicará, nos mesmos termos, ao sindicato representativo da categoria profissional, bem como afixará aviso nos respectivos locais de trabalho.

3. DO PERÍODO CONCESSIVO DAS FÉRIAS

O período concessivo ou de fruição das férias deve ser dentro dos 12 meses subsequentes, contados a partir do término do período aquisitivo das férias, ou seja, após 12 meses de trabalho contínuo.

O período de concessão de férias compete ao empregador. Vale dizer: é prerrogativa do empregador escolher, dentro do período concessivo, aquele que melhor atenda aos interesses da produção ou de sua atividade econômica. Algumas empresas estabelecem escalas de férias por meio de regulamento empresarial, procurando atender também aos interesses do empregado quanto ao melhor período para fruição dentro do período de concessão legal. Essa questão também pode ser objeto de negociação coletiva. Como bem adverte Marcelo Moura[9], a norma celetista do art. 136 não pode permitir abusos pelo empregador. É imperativo que se contemporize o poder empregatício do empregador com o interesse do empregado em gozar férias.

Dispõe o art. 134 da CLT:

> "As férias serão concedidas por ato do empregador, em um só período, nos 12 (doze) meses subsequentes à data em que o empregado tiver adquirido o direito. § 1º Desde que haja concordância do empregado, as férias poderão ser usufruídas em até três períodos, sendo que um deles não poderá ser inferior a quatorze dias corridos e os demais não poderão ser inferiores a cinco dias corridos, cada um. § 2º (Revogado). (Redação dada pela Lei nº 13.467, de 2017) § 3º É vedado o início das férias no período de dois dias que antecede feriado ou dia de repouso semanal remunerado."

O período de fruição ou de gozo de férias, como regra geral, deve ser num único período contínuo de 30 dias corridos.

Com expressa concordância do empregado, as férias podem ser fracionadas em até três períodos, sendo que um deles não poderá ser inferior a quatorze dias corridos e os demais não poderão ser inferiores a cinco dias corridos, cada um. Embora a lei não mencione que a concordância deve ser escrita, esta providência é mais segura aos empregados e empregadores e facilita sua comprovação.

Conforme o § 3º do art. 134 da CLT, com a redação dada pela Lei 13.467/17, é vedado o início das férias no período de dois dias que antecede feriado ou dia de repouso semanal remunerado. Trata-se de providência benéfica ao empregado, de não iniciar o período de férias em proximidade de feriado ao do descanso semanal remunerado. No aspecto, destaca-se a seguinte ementa:

> RECURSO DE REVISTA. LEIS NºS 13.015/2014 E 13.467/2017. FÉRIAS. INÍCIO DO GOZO EM SÁBADO, DOMINGO E FERIADOS.

9. Curso de Direito do Trabalho. 2. ed. São Paulo: Saraiva, 2016, p. 518.

> CONTRATO DE TRABALHO VIGENTE EM PERÍODO ANTERIOR E POSTERIOR À EDIÇÃO DA LEI 13.467/2017. TRANSCENDÊNCIA RECONHECIDA. 1. A questão dos autos gira em torno da possibilidade de as férias dos empregados terem o seu gozo iniciado em dia de feriado nacional. 2. A jurisprudência desta Corte assentou o entendimento de que o "início das férias, coletivas ou individuais, não poderá coincidir com sábado, domingo, feriado ou dia de compensação de repouso semanal" (Precedente Normativo 100 do TST). 3. Ressalte-se que o § 3º do art. 134 da CLT, acrescido pela Lei 13.467/17 dispõe que "É vedado o início das férias no período de dois dias que antecede feriado ou dia de repouso semanal remunerado". 4. Assim, os dias de férias que tiveram o seu gozo com início em feriados devem ser pagos em dobro, porque não gozados ou não concedidos pelo empregador. Precedentes. Recurso de revista de que se conhece e a que se dá provimento (TST - RR-541-74.2020.5.05.0161, 3ª Turma, Relator Ministro Alberto Bastos Balazeiro, DEJT 10/03/2023).

Nos termos do art. 135 da CLT, a concessão das férias será participada, por escrito, ao empregado, com antecedência de, no mínimo, 30 (trinta) dias. Dessa participação o interessado dará recibo. § 1º O empregado não poderá entrar no gozo das férias sem que apresente ao empregador sua CTPS, para que nela seja anotada a respectiva concessão. 2º A concessão das férias será igualmente anotada no livro ou nas fichas de registro dos empregados. § 3º Nos casos em que o empregado possua a CTPS em meio digital, a anotação será feita nos sistemas a que se refere o § 7º do art. 29 desta Consolidação, na forma do regulamento, dispensadas as anotações de que tratam os §§ 1º e 2º deste artigo.

Deve o empregador informar o empregado sobre o período concessivo de férias por escrito, bem como o valor do pagamento, com antecedência mínima de 30 dias do início da fruição. Além disso, as férias serão lançadas na CTPS do empregado.

Pensamos não ser o recibo de aviso de férias formalidade essencial e sim probatória do pagamento das férias e sua fruição. O pagamento e a fruição podem ser provados pelo empregador por outros meios admitidos em direito. Como bem adverte Gustavo Filipe Barbosa Garcia[10], "se as férias forem

10. Manual de Direito do Trabalho. 13. ed. São Paulo: Editora Juspodivm, 2020, p. 977.

efetivamente gozadas pelo empregado, não há como considerar ineficaz a fruição, de modo que o empregador fica sujeito a penalidade administrativa."

A fruição das férias se prova, ordinariamente, como o documento de concessão e a juntada do controle de frequência do mês da concessão.

Nos termos do art. 136 da CLT, a época da concessão das férias será a que melhor consulte os interesses do empregador. § 1º Os membros de uma família, que trabalharem no mesmo estabelecimento ou empresa, terão direito a gozar férias no mesmo período, se assim o desejarem e se disto não resultar prejuízo para o serviço. § 2º O empregado estudante, menor de 18 (dezoito) anos, terá direito a fazer coincidir suas férias com as férias escolares.

Para melhor aproveitamento das férias pelo empregado, e para que haja efetividade ao direito fundamental ao lazer e ao convívio familiar, há uma restrição à prerrogativa do empregador de indicar o período de férias dentro do período concessivo aos membros de uma família, que trabalharem no mesmo estabelecimento ou empresa, os quais terão direito a gozar férias no mesmo período, se assim o desejarem e se disto nao resultar prejuízo para o serviço, e ao empregado estudante, menor de 18 (dezoito) anos, que terá direito a fazer coincidir suas férias com as férias escolares.

Dispõe o art. 137 da CLT:

> "Sempre que as férias forem concedidas após o prazo de que trata o art. 134, o empregador pagará em dobro a respectiva remuneração. § 1º Vencido o mencionado prazo sem que o empregador tenha concedido as férias, o empregado poderá ajuizar reclamação pedindo a fixação, por sentença, da época de gozo das mesmas. § 2º A sentença cominará pena diária de 5% (cinco por cento) do salário mínimo da região, devida ao empregado até que seja cumprida. § 3º Cópia da decisão judicial transitada em julgado será remetida ao órgão local do Ministério do Trabalho, para fins de aplicação da multa de caráter administrativo."

Diante do referido dispositivo legal, caso o empregador não conceda as férias dentro dos doze meses subsequentes ao período aquisitivo, além de conceder as férias, deverá pagá-las em dobro ao empregado.

O empregado, uma vez vencido o período concessivo, poderá ajuizar demanda trabalhista postulando a obrigação de fazer, que o magistrado fixe o período de férias, e obrigue o empregador a concedê-las, sob consequência de multa diária (§ 2º do art. 137 da CLT), aplicando-se também supletivamente (arts. 769 da CLT e 15 do CPC) o art. 536 do CPC[11], além do pagamento em dobro das férias acrescidas do adicional de 1/3.

Cópia da decisão que condenar o empregador a fixar o período de férias será encaminhada à autoridade competente (§ 3º do art. 137 da CLT) para que este fixe penalidade administrativa ao empregador.

Nos termos do art. 138 da CLT, durante as férias, o empregado não poderá prestar serviços a outro empregador, salvo se estiver obrigado a fazê-lo em virtude de contrato de trabalho regularmente mantido com aquele.

O empregado não poderá trabalhar durante as férias, pois a finalidade destas é propiciar ao trabalhador descanso e lazer. Entretanto, permite a lei que o empregado trabalhe durante as férias se estiver vinculado a outro empregador, uma vez que a exclusividade, como regra, não é requisito para configuração do vínculo de emprego.

Pensamos que o empregado poderá realizar atividades autônomas durante as férias, uma vez que não há vedação legal a respeito, desde que não conflite com as atividades realizadas em seu empregador e também que não configurem concorrência desleal. Como bem adverte Homero Batista Mateus da Silva[12], "o lazer não deve ser visto como item inacessível e é parte integrante da vida. No entanto, pelas dificuldades econômicas, é comum que se tirem férias em busca de renda em outros postos de trabalho, reforma da residência, alavancagem de estudos, baterias de exames médicos e um sem-número de outras atividades que ocuparão todo o tempo e farão perecer a essência das férias."

11. Art. 536 do CPC: "No cumprimento de sentença que reconheça a exigibilidade de obrigação de fazer ou de não fazer, o juiz poderá, de ofício ou a requerimento, para a efetivação da tutela específica ou a obtenção de tutela pelo resultado prático equivalente, determinar as medidas necessárias à satisfação do exequente. § 1º Para atender ao disposto no caput, o juiz poderá determinar, entre outras medidas, a imposição de multa, a busca e apreensão, a remoção de pessoas e coisas, o desfazimento de obras e o impedimento de atividade nociva, podendo, caso necessário, requisitar o auxílio de força policial. § 2º O mandado de busca e apreensão de pessoas e coisas será cumprido por 2 (dois) oficiais de justiça, observando-se o disposto no art. 846, §§ 1º a 4º , se houver necessidade de arrombamento. § 3º O executado incidirá nas penas de litigância de má-fé quando injustificadamente descumprir a ordem judicial, sem prejuízo de sua responsabilização por crime de desobediência. § 4º No cumprimento de sentença que reconheça a exigibilidade de obrigação de fazer ou de não fazer, aplica-se o art. 525, no que couber. § 5º O disposto neste artigo aplica-se, no que couber, ao cumprimento de sentença que reconheça deveres de fazer e de não fazer de natureza não obrigacional".
12. CLT Comentada. 2. ed. São Paulo: RT, 2018, p. 162.

Não é obrigação do empregador fiscalizar o empregado durante o período de férias deste. Entretanto, caso o empregado trabalhe durante as férias sem estar vinculado a outro empregador, não poderá ser dispensado por justa causa ou perder o direito a férias. Poderá sofrer, no nosso sentir, eventual advertência para que não desvirtue a finalidade das férias.

4. DAS FÉRIAS COLETIVAS

Férias coletivas são aquelas concedidas a um grupo de trabalhadores. Podem abranger todos os trabalhadores de uma empresa, ou de determinados estabelecimentos ou setores.

As férias coletivas são um importante instrumento de que o empregador pode se valer em época de queda de produção a fim de preservar os contratos de trabalho em época de crise.

Como bem adverte Homero Batista Mateus da Silva[13], "as férias coletivas são preponderantemente regradas nas negociações coletivas de modo que o legislador desonerou o empregador de avisar com 30 dias de antecedência ou de efetuar dois dias antes do descanso (art. 145 da CLT), como ocorre nas individuais. O sindicato pode flexionar ou não esses parâmetros. O acréscimo de um terço é inegociável (art. 7º, XVII) assim como eventual fracionamento em etapas deve sempre manter o patamar mínimo de dez dias, em qualquer dos períodos, sob pena de nenhuma utilidade prática nessa paralisação coletiva forçada. A conversão de um terço dos dias de férias em pecúnia também é matéria remetida para a negociação coletiva (art. 143, § 2º)."

Dispõe o art. 139 da CLT:

> "Poderão ser concedidas férias coletivas a todos os empregados de uma empresa ou de determinados estabelecimentos ou setores da empresa. § 1º As férias poderão ser gozadas em dois períodos anuais, desde que nenhum deles seja inferior a 10 (dez) dias corridos. § 2º Para os fins previstos neste artigo, o empregador comunicará, ao órgão local do Ministério do Trabalho com a antecedência mínima de 15 (quinze) dias, as datas de início e fim das férias, precisando quais os estabelecimentos ou setores abrangidos pela medida. § 3º Em igual prazo, o empregador enviará cópia da aludida comunicação

13. CLT Comentada. 2. ed. São Paulo: RT, 2018, p. 163.

aos sindicatos representativos da respectiva categoria profissional e providenciará a afixação de aviso nos locais de trabalho."

Diante do referido dispositivo legal, as férias coletivas:

a) constituem faculdade do empregador;

b) podem ser concedidas a todos os empregados de uma empresa, ou de determinados estabelecimentos ou setores da empresa;

c) podem ser fracionadas em dois períodos, desde que nenhum deles seja inferior a dez dias corridos;

d) o empregador deve comunicar as férias coletivas ao Ministério do Trabalho (atual Ministério da Economia), e aos Sindicatos das respectivas categorias profissionais.

Nos termos do art. 140 da CLT, os empregados contratados há menos de 12 (doze) meses gozarão, na oportunidade, férias proporcionais, iniciando-se, então, novo período aquisitivo.

Diante do que dispõe o referido dispositivo legal, os empregados que ainda não tenham prestado serviços em todo o período aquisitivo usufruirão de férias proporcionais. O novo período aquisitivo de férias inicia-se a partir do momento da concessão das férias, e não do momento imediatamente posterior ao gozo das férias, pois o período de férias configura interrupção do contrato de trabalho.

Como bem adverte Gustavo Filipe Barbosa Garcia[14], "se as férias coletivas forem concedidas em período superior àquele que o empregado tem direito, os dias restantes devem ser considerados como licença remunerada, pois o risco da atividade é do empregador. Este, ao decidir pela concessão de férias coletivas, não pode prejudicar o empregado, em seus direitos de receber a remuneração."

5. DA REMUNERAÇÃO E DO ABONO DE FÉRIAS

O pagamento das férias tem por base de cálculo a remuneração do empregado, à época da concessão. Desse modo, todas as parcelas salariais pagas pelo empregador ou por terceiros, em caráter habitual e contraprestativo,

14. Manual de Direito do Trabalho. 13. ed. São Paulo: Editora Juspodivm, 2020, p. 956-957.

em razão da prestação pessoal de serviços do trabalhador (art. 457 da CLT), integrarão do valor das férias.

Dispõe o art. 142 da CLT:

> "O empregado perceberá, durante as férias, a remuneração que lhe for devida na data da sua concessão. § 1º Quando o salário for pago por hora, com jornadas variáveis, apurar-se-á a média do período aquisitivo, aplicando-se o valor do salário na data da concessão das férias. § 2º Quando o salário for pago por tarefa, tomar-se-á por base a média da produção no período aquisitivo do direito a férias, aplicando-se o valor da remuneração da tarefa na data da concessão das férias. § 3º Quando o salário for pago por percentagem, comissão ou viagem, apurar-se-á a média percebida pelo empregado nos 12 (doze) meses que precederem à concessão das férias. § 4º A parte do salário paga em utilidades será computada de acordo com a anotação na CTPS. § 5º Os adicionais por trabalho extraordinário, noturno, insalubre ou perigoso serão computados no salário que servirá de base ao cálculo da remuneração das férias. § 6º Se, no momento das férias, o empregado não estiver percebendo o mesmo adicional do período aquisitivo, ou quando o valor deste não tiver sido uniforme, será computada a média duodecimal recebida naquele período, após a atualização das importâncias pagas, mediante incidência dos percentuais dos reajustamentos salariais supervenientes."

Nos termos da Súmula 328 do TST, o pagamento das férias, integrais ou proporcionais, gozadas ou não, na vigência da CF/1988, sujeita-se ao acréscimo do terço previsto no respectivo art. 7º, XVII.

Conforme a Súmula 142 do TST, a remuneração das férias do tarefeiro deve ser calculada com base na média da produção do período aquisitivo, aplicando-se-lhe a tarifa da data da concessão.

Dispõe o art. 143 da CLT:

> "É facultado ao empregado converter 1/3 (um terço) do período de férias a que tiver direito em abono pecuniário, no valor da remuneração que lhe seria devida nos dias correspondentes. § 1º O abono de férias deverá ser requerido até 15 (quinze) dias antes do término do período aquisitivo. § 2º Tratando-se de férias coletivas, a conversão a que se refere este artigo deverá ser objeto de acordo coletivo entre o empregador e o sindicato representativo da respectiva categoria profissional, independendo de requerimento individual a concessão do abono. § 3º (Revogado pela Lei 13.467/17)."

A conversão do período de 1/3 das férias em abono pecuniário é faculdade do empregado, não podendo o empregador exigir tal conversão. Trata-se, indiscutivelmente, de *venda* de 1/3 do período de férias pelo empregado. O valor do abono pecuniário é o mesmo do valor das férias do respectivo período. O requerimento de abono deve ser feito pelo empregado no prazo de até 15 dias antes do término do período aquisitivo de férias. Tratando-se de férias coletivas, a conversão a que se refere este artigo deverá ser objeto de acordo coletivo entre o empregador e o sindicato representativo da respectiva categoria profissional, independendo de requerimento individual a concessão do abono.

A conversão integral das férias em abono pecuniário não tem sido admitida pela doutrina e jurisprudência, pois atenta contra a natureza e finalidade das férias que são propiciar ao empregado descanso e lazer, bem como proteção à sua saúde. Por isso, tem a doutrina, acertadamente, entendido que as férias constituem direito irrenunciável do trabalhador, exatamente por pertencer ao direito tutelar do trabalho.

Também o requerimento de conversão em abono pecuniário deve ser feito de forma espontânea pelo empregado sem pressão do empregador, sob consequência de nulidade. Nesse sentido:

> "ABONO DE FÉRIAS. CONVERSÃO OBRIGATÓRIA PELO EMPREGADO. NULIDADE. É faculdade do empregado converter 10 dias de férias em abono pecuniário na forma do art. 143, CLT. A coação do empregador no sentido de obrigar a conversão, todavia, gera a nulidade do ato, sendo devido ao trabalhador a complementação da dobra referente aos dias abonados acrescidos do terço constitucional" (TRT da 3ª Região; *PJe* 0010276-38.2020.5.03.0016 (ROT); Disponibilização: 24/11/2022; Órgão Julgador: Primeira Turma; Relator: Adriana Goulart de Sena Orsini).

Nos termos do art. 144 da CLT, o abono de férias de que trata o art. 143, bem como o concedido em virtude de cláusula do contrato de trabalho, do regulamento da empresa, de convenção ou acordo coletivo, desde que não excedente de vinte dias do salário, não integrarão a remuneração do empregado para os efeitos da legislação do trabalho.

Conforme o referido dispositivo legal, o abono de férias de 1/3 do período previsto no art. 143, ou o concedido em virtude de cláusula contratual, regulamento empresarial ou acordo ou convenção coletiva de trabalho, não excedentes de 20 dias de salário não integrarão a remuneração do trabalhador para fins trabalhistas, vale dizer: o abono, nestas condições, não terá natureza salarial. Caso o abono exceda de 20 dias, o total do período terá natureza salarial.

Conforme o art. 145 da CLT, o pagamento da remuneração das férias e, se for o caso, o do abono referido no art. 143 serão efetuados até 2 (dois) dias antes do início do respectivo período.

O pagamento das férias (que incluiu a antecipação do salário dos dias de férias, com o adicional de 1/3) deve ser realizado, pelo empregador, ao empregado, até dois dias antes do início do período de fruição (art. 145 da CLT), inclusive o abono devido em razão da venda de 1/3 das férias pelo empregado ou empregador. O empregado dará quitação do pagamento, com indicação do início e do termo das férias.

Nos termos da Súmula 450 do TST, é devido o pagamento em dobro da remuneração de férias, incluído o terço constitucional, com base no art. 137 da CLT, quando, ainda que gozadas na época própria, o empregador tenha descumprido o prazo previsto no art. 145 do mesmo diploma legal.

Conforme o referido entendimento jurisprudencial sedimentado pela mais alta corte trabalhista do país, caso o empregador não pague a remuneração das férias no prazo do art. 145, deve pagá-las em dobro, ainda que o empregado tenha usufruído as férias corretamente. Trata-se de medida que tem por objetivo que o empregado, efetivamente, receba o valor das férias, adicional de 1/3, e eventual abono de férias, antes do início da fruição das férias.

De nossa parte, melhor seria que a penalidade pela não observância do pagamento no prazo do art. 145 da CLT fosse um percentual por dia de atraso e não o pagamento em dobro. Em nossa visão, se houve fruição das férias regularmente, o atraso no pagamento deve gerar multa proporcional ao atraso, e não o pagamento em dobro das férias, pois configura punição exacerbada e desequilíbrio contratual.

No aspecto, destacam-se as seguintes ementas:

> "FÉRIAS. Em dobro. Remuneração de férias. Prazo para pagamento. Atraso ínfimo. Não incidência do art. 137 da CLT, nem por analogia. O atraso de dois dias no pagamento da remuneração das férias concedidas no prazo legal é ínfimo e não chega a frustrar o efetivo gozo, porque usufruídas com a respectiva remuneração desde o 1º dia, circunstância que se alinha ao art. 7º, XVII, da Constituição da

República e afasta a aplicação analógica do art. 137 da CLT. Recurso ordinário da ré a que se dá provimento nesse ponto" (*PJe* TRT/SP 1000603-41.2018.5.02.0003 – 14ª Turma – RO – Rel. Raquel Gabbai de Oliveira – *DeJT* 4/03/2020).

"AGRAVO EM EMBARGOS EM RECURSO DE REVISTA. ATRASO DE DOIS DIAS NO PAGAMENTO DAS FÉRIAS. INAPLICABILIDADE DA SÚMULA 450 DO TST. IMBEL. ART. 894, § 2º, DA CLT. Discute-se, na hipótese, o direito ao recebimento em dobro da remuneração das férias quando o pagamento ocorre com atraso de dois dias. O acórdão Turmário consignou que o atraso de dois dias no pagamento de férias não causa prejuízos ao trabalhador, não havendo falar, portanto, na aplicação da Súmula 450 do TST. Ressaltou que a condenação da Reclamada acarretaria o enriquecimento sem causa da Autora. Com efeito, o Tribunal Pleno, no julgamento do E-RR-10128-11.2016.5.15, consolidou o entendimento acerca da matéria, no sentido de que a Súmula 450 do TST deve ser interpretada restritivamente, para afastar sua aplicação nos casos de atraso ínfimo. Na hipótese em tela, conforme se depreende da leitura dos autos, o atraso no pagamento das férias foi de dois dias, coincidindo com o início do descanso da Autora. Infere-se, por conseguinte, que o atraso ínfimo é o fator de distinção que autoriza a aplicação do entendimento proferido no julgamento do E-RR-10128-11.2016.5.15.0088, pelo Tribunal Pleno (Relator Ministro Ives Gandra Martins Filho, *DEJT* 08.04.2021). Dessa forma, o apelo não demonstrou a incorreção da decisão que denegou seguimento ao recurso, amparada no artigo 894, § 2º, da CLT, pois superados os arestos colacionados. Agravo conhecido e não provido" (TST Ag-E-RR-11192-90.2015.5.15.0088, Subseção I Especializada em Dissídios Individuais, Relator Ministro Alexandre Luiz Ramos, *DEJT* 04/03/2022).

"RECURSO DE REVISTA. PROCESSO SOB A ÉGIDE DA LEI 13.015/2014 E DA LEI 13.467/2017. FÉRIAS. PAGAMENTO FORA DO PRAZO. ATRASO DE CINCO DIAS NO PAGAMENTO. DOBRA DEVIDA. APLICABILIDADE DA SÚMULA 450 DO TST. O Tribunal Pleno desta Corte Superior, no julgamento do E-RR-10128-11.2016.5.15.0088 (*DEJT* 08/04/2021), definiu que deve ser conferida interpretação restritiva ao entendimento contido na Súmula 450 do TST, afastando-se sua aplicação nas hipóteses em que se verificar atraso ínfimo na quitação das férias. Julgados desta Corte Superior. No presente caso, é incontroverso que a remuneração correspondente às férias de parte dos empregados da Reclamada, representados pelo

Sindicato (motoristas), foi paga com cinco dias de atraso. Assim, a decisão regional encontra-se dissonante com a jurisprudência atual deste TST. Como salientado, a relativização conferida pelo Tribunal Pleno à Súmula 450 do TRT foi no sentido de excluir sua aplicação apenas para os atrasos de 02 até 03 dias do início da fruição das férias, para que não acarrete prejuízos ao empregado. Recurso de revista conhecido e parcialmente provido" (TST RR-561-02.2019.5.12.0001, 3ª Turma, Relator Ministro Mauricio Godinho Delgado, *DEJT* 01/07/2022).

Em 08.08.2022, o plenário do STF declarou a inconstitucionalidade da Súmula 450 do TST, conforme a ementa da decisão, que segue:

> "*ARGUIÇÃO DE DESCUMPRIMENTO DE PRECEITO FUNDAMENTAL.* CONSTITUCIONAL E TRABALHISTA. SÚMULA 450 DO TRIBUNAL SUPERIOR DO TRABALHO. PAGAMENTO DA REMUNERAÇÃO DE FÉRIAS EM DOBRO QUANDO ULTRAPASSADO O PRAZO DO ART. 145 DA CLT. IMPOSSIBILIDADE DE O PODER JUDICIÁRIO ATUAR COMO LEGISLADOR POSITIVO. AUSÊNCIA DE LACUNA. INTERPRETAÇÃO RESTRITIVA DE NORMA SANCIONADORA. OFENSA À SEPARAÇÃO DE PODERES E AO PRINCÍPIO DA LEGALIDADE. PROCEDÊNCIA. 1. Os poderes de Estado devem atuar de maneira harmônica, privilegiando a cooperação e a lealdade institucional e afastando as práticas de guerrilhas institucionais, que acabam minando a coesão governamental e a confiança popular na condução dos negócios públicos pelos agentes públicos. Precedentes. 2. Impossibilidade de atuação do Poder Judiciário como legislador positivo, de modo a ampliar o âmbito de incidência de sanção prevista no art. 137 da CLT para alcançar situação diversa, já sancionada por outra norma. 3. Ausência de lacuna justificadora da construção jurisprudencial analógica. Necessidade de interpretação restritiva de normas sancionadoras. Proibição da criação de obrigações não previstas em lei por súmulas e outros enunciados jurisprudenciais editados pelo Tribunal Superior do Trabalho e pelos Tribunais Regionais do Trabalho (CLT, art. 8º, § 2º). 4. Arguição julgada procedente" (STF ADPF 501, Órgão julgador: **Tribunal Pleno.** Relator(a): **Min. ALEXANDRE DE MORAES.** Julgamento: **08.08.2022.** Publicação: **18.08.2022).**

Diante do que ficou decidido pelo STF, o atraso no pagamento não gera a penalidade de pagamento em dobro, devendo o magistrado aplicar penalidade proporcional aos dias de atraso.

6. DOS EFEITOS DA EXTINÇÃO DO CONTRATO DE TRABALHO NAS FÉRIAS

Dispõe o art. 146 da CLT:

> "Na cessação do contrato de trabalho, qualquer que seja a sua causa, será devida ao empregado a remuneração simples ou em dobro, conforme o caso, correspondente ao período de férias cujo direito tenha adquirido. Parágrafo único. Na cessação do contrato de trabalho, após 12 (doze) meses de serviço, o empregado, desde que não haja sido demitido por justa causa, terá direito à remuneração relativa ao período incompleto de férias, de acordo com o art. 130, na proporção de 1/12 (um doze avos) por mês de serviço ou fração superior a 14 (quatorze) dias."

As férias constituem direito que vai sendo adquirido paulatinamente pelo trabalhador, após trabalhar um mês completo ou fração superior a 14 dias. Por isso, havendo extinção do contrato de trabalho, o empregado conserva o direito às férias vencidas e proporcionais. Seja qual for o motivo da extinção do contrato de trabalho, serão devidas as férias não usufruídas, quer simples ou proporcionais. Exceção deve ser destacada quanto à hipótese de justa causa, em que o empregado perde o direito às férias proporcionais. Se já ultrapassado o prazo legal de concessão, serão devidas as férias em dobro.

No mesmo sentido, a Súmula 171 do TST, "*in verbis*":

> "Salvo na hipótese de dispensa do empregado por justa causa, a extinção do contrato de trabalho sujeita o empregador ao pagamento da remuneração das férias proporcionais, ainda que incompleto o período aquisitivo de 12 (doze) meses (art. 147 da CLT)."

Conforme a Súmula 261 do TST, o empregado que se demite antes de complementar 12 (doze) meses de serviço tem direito a férias proporcionais.

Nos termos do art. 147 da CLT, o empregado que for despedido sem justa causa, ou cujo contrato de trabalho se extinguir em prazo predeterminado, antes de completar 12 (doze) meses de serviço, terá direito à remuneração relativa ao período incompleto de férias, em conformidade com o disposto no artigo anterior.

Como as férias constituem direito que vai se incorporando, paulatinamente, ao patrimônio jurídico do empregador, salvo a hipótese de extinção do contrato de trabalho por justa causa, as férias proporcionais são devidas para o empregado que tenha menos de um ano de tempo de serviço à época da rescisão contratual.

Conforme o art. 148 da CLT, a remuneração das férias, ainda quando devida após a cessação do contrato de trabalho, terá natureza salarial, para os efeitos do art. 449.

As férias, quando usufruídas, têm nítida natureza salarial. Após a rescisão do contrato de trabalho, a doutrina e a jurisprudência têm fixado entendimento de não ser salarial a natureza jurídica das férias, e sim verba indenizatória.

Para fins de falência ou recuperação judicial, as férias terão a mesma natureza jurídica salarial, para fins de habilitação junto à massa falida, nos termos do art. 449 da CLT, inclusive para fins de privilégio do crédito trabalhista.

De outro lado, para fins de incidência previdenciária, as férias indenizadas não têm natureza salarial (art. 28, § 9º, alínea *d*, da Lei 8.212/91).

No mesmo sentido, a OJ 195 da SDI-I do TST, "*in verbis*": "Não incide a contribuição para o FGTS sobre as férias indenizadas."

7. DA PRESCRIÇÃO DAS FÉRIAS

Dispõe o art. 149 da CLT:"

> "A prescrição do direito de reclamar a concessão das férias ou o pagamento da respectiva remuneração é contada do término do prazo mencionado no art. 134 ou, se for o caso, da cessação do contrato de trabalho."

O prazo prescricional das férias se inicia a partir do momento em que as férias se tornam exigíveis pelo empregado, qual seja, após 12 meses do término do período aquisitivo, se o contrato estiver em vigor, ou da data da cessão do contrato de trabalho. Outrossim, o prazo prescricional é o fixado no art. 7º, XXIX, da Constituição Federal.

CAPÍTULO XVI

DO SALÁRIO E DA REMUNERAÇÃO

1. CONCEITOS DE SALÁRIO E REMUNERAÇÃO E CARACTERES

Conforme Carlos Henrique Bezerra Leite[1], "a palavra salário provém do grego *hals* e do latim *sal, salis*, de que derivou *salarium*. Antigamente, a retribuição do trabalho dos domésticos e dos soldados romanos era feita mediante troca de determinada quantidade de sal."

Na definição clássica de José Martins Catharino[2], "salário é contraprestação devida a quem põe seu esforço pessoal à disposição de outrem em virtude do vínculo jurídico de trabalho, contratual ou instituído."

Na visão de Amauri Mascaro Nascimento[3]:

> "Salário é a principal obrigação do empregador no contrato de trabalho. Para o empregado é o mais importante direito trabalhista. Para este é um crédito e para aquele é um débito. Duas ideias centrais permitem identificar, entre os pagamentos efetuados pelo empregador ao seu pessoal, o salário, afastando do seu âmbito outras atribuições patrimoniais desvinculadas do mesmo: a habitualidade e a contraprestatividade dos pagamentos".

1. Curso de Direito do Trabalho. 12. ed. São Paulo: Saraiva, 2020, p. 506.
2. CATHARINO, José Martins. Tratado Jurídico do Salário. São Paulo: LTr, 1997, p. 90.
3. NASCIMENTO, Amauri Mascaro. Salário: Conceito & Proteção. São Paulo: LTr, 2008, p. 23.

O salário é conjunto de parcelas contraprestativas e habituais pagas, diretamente, pelo empregador, ao empregado, em razão da prestação pessoal de serviços.

Dispõe o art. 457, "caput", da CLT:

> "Compreendem-se na remuneração do empregado, para todos os efeitos legais, além do salário devido e pago diretamente pelo empregador, como contraprestação do serviço, as gorjetas que receber."

Conforme o art. 457 da CLT, a remuneração é composta pelo salário mais as gorjetas.

As gorjetas são típicas dos serviços de hotelaria e restaurantes, constituindo importâncias pagas, espontaneamente, pelos clientes em razão da prestação de serviços.

Há também as chamadas gorjetas impróprias, que são cobradas na nota de serviços pela empresa.

Podemos dizer que a remuneração é gênero, que abrange todas as partes pagas diretamente pelo empregador ou por terceiros, em razão da prestação pessoal de serviços do trabalhador.

Alguns autores chegam a sustentar a tese de que não há mais sentido em se fazer a distinção entre remuneração e salário, sendo, na verdade, de natureza salarial todas as parcelas recebidas pelo empregado, sejam provenientes de terceiros ou do próprio empregador em razão da prestação pessoal de serviços.

Não obstante, a CLT faz distinção entre remuneração e salário, inclusive para fins de cálculo de parcelas trabalhistas.

Segundo a doutrina, o salário tem as seguintes características:

a) **alimentar:** o salário, indiscutivelmente, constitui verba de natureza alimentar, com todos os privilégios que a legislação atribui ao pagamento do salário;

b) **irredutibilidade:** o valor nominal do salário não pode ser reduzido, salvo mediante negociação coletiva, com a concessão de outra garantia equivalente (art. 7º, VI, da CF);

c) **continuidade e periodicidade:** o pagamento do salário deve ser contínuo e pago em frequência predeterminada;

d) **caráter *fortefário*:** conforme Maurício Godinho Delgado[4], essa característica traduz a circunstância de o salário qualificar-se como obrigação absoluta do empregador, independentemente da sorte de seu empreendimento.

e) **indisponibilidade:** o salário não pode ser objeto de renúncia e transação pelo empregado.

f) **pós-numeração:** os salários somente são pagos após a prestação pessoal de serviços pelo empregado. Conforme Maurício Godinho Delgado[5], "os salários são, desse modo, parcelas devidas e pagas depois de ultrapassada a dilação temporal correspondente a seus cômputos (hora, dia, mês)".

2. DAS GORJETAS E SUA NATUREZA JURÍDICA

Dispõe o art. 457, § 3º, da CLT:

> "Considera-se gorjeta não só a importância espontaneamente dada pelo cliente ao empregado, como também o valor cobrado pela empresa, como serviço ou adicional, a qualquer título, e destinado à distribuição aos empregados."

O referido dispositivo legal trata das gorjetas próprias e impróprias. Como visto, as gorjetas podem ser:

a) **próprias:** dadas espontaneamente pelo cliente;

b) **impróprias:** cobradas na nota de serviço.

Tem a jurisprudência entendido, inclusive a do TST, que a taxa de 10% cobrada na nota de serviço (gorjeta imprópria) não integra o salário, e sim a remuneração do empregador, tendo natureza jurídica de gorjeta.

No aspecto, dispõe a Súmula 354 do TST:

> "GORJETAS. NATUREZA JURÍDICA. REPERCUSSÕES (mantida) – Res. 121/2003, *DJ* 19, 20 e 21.11.2003. As gorjetas, cobradas pelo empregador na nota de serviço ou oferecidas espontaneamente pelos clientes, integram a remuneração do empregado, não servindo de

4. Curso de Direito de Trabalho. 18. ed. São Paulo: LTr, 2019, p. 875.
5. Curso de Direito do Trabalho. 18. ed. São Paulo: LTr, 2019, p. 877.

> base de cálculo para as parcelas de aviso-prévio, adicional noturno, horas extras e repouso semanal remunerado."

Ousamos divergir do entendimento acima, pois a taxa inserida na nota fiscal (gorjeta imprópria), apesar de não ser compulsória, já faz parte do cotidiano dos serviços de hotelaria e restaurantes, sendo certo que há expectativa por parte do cliente em pagá-la. A experiência tem nos mostrado que ordinário é o cliente pagar a taxa de serviços. Desse modo, pensamos ser salarial a natureza da taxa de serviços, e não de gorjeta.

Os §§ 6º a 11 do art. 457 da CLT tratam do rateio da gorjeta. Dispõem os referidos dispositivos legais:

> "Compreendem-se na remuneração do empregado, para todos os efeitos legais, além do salário devido e pago diretamente pelo empregador, como contraprestação do serviço, as gorjetas que receber.
>
> (...) § 6º As empresas que cobrarem a gorjeta de que trata o § 3º deverão: **(Parágrafo acrescentado pela Lei nº 13.419/2017 – *DOU* 14.03.2017).**
>
> I – para as empresas inscritas em regime de tributação federal diferenciado, lançá-la na respectiva nota de consumo, facultada a retenção de até 20% (vinte por cento) da arrecadação correspondente, mediante previsão em convenção ou acordo coletivo de trabalho, para custear os encargos sociais, previdenciários e trabalhistas derivados da sua integração à remuneração dos empregados, devendo o valor remanescente ser revertido integralmente em favor do trabalhador;
>
> II – para as empresas não inscritas em regime de tributação federal diferenciado, lançá-la na respectiva nota de consumo, facultada a retenção de até 33% (trinta e três por cento) da arrecadação correspondente, mediante previsão em convenção ou acordo coletivo de trabalho, para custear os encargos sociais, previdenciários e trabalhistas derivados da sua integração à remuneração dos empregados, devendo o valor remanescente ser revertido integralmente em favor do trabalhador;
>
> III – anotar na Carteira de Trabalho e Previdência Social e no contracheque de seus empregados o salário contratual fixo e o percentual percebido a título de gorjeta.
>
> § 7º A gorjeta, quando entregue pelo consumidor diretamente ao empregado, terá seus critérios definidos em convenção ou acordo coletivo de trabalho, facultada a retenção nos parâmetros do § 6º deste artigo.

8º As empresas deverão anotar na Carteira de Trabalho e Previdência Social de seus empregados o salário fixo e a média dos valores das gorjetas referente aos últimos doze meses.

§ 9º Cessada pela empresa a cobrança da gorjeta de que trata o § 3º deste artigo, desde que cobrada por mais de doze meses, essa se incorporará ao salário do empregado, tendo como base a média dos últimos doze meses, salvo o estabelecido em convenção ou acordo coletivo de trabalho.

§ 10. Para empresas com mais de sessenta empregados, será constituída comissão de empregados, mediante previsão em convenção ou acordo coletivo de trabalho, para acompanhamento e fiscalização da regularidade da cobrança e distribuição da gorjeta de que trata o § 3º deste artigo, cujos representantes serão eleitos em assembleia geral convocada para esse fim pelo sindicato laboral e gozarão de garantia de emprego vinculada ao desempenho das funções para que foram eleitos, e, para as demais empresas, será constituída comissão intersindical para o referido fim.

§11. Comprovado o descumprimento do disposto nos §§ 4º, 6º, 7º e 9º deste artigo, o empregador pagará ao trabalhador prejudicado, a título de multa, o valor correspondente a 1/30 (um trinta avos) da média da gorjeta por dia de atraso, limitada ao piso da categoria, assegurados em qualquer hipótese o contraditório e a ampla defesa, observadas as seguintes regras: **(Parágrafo acrescentado pela Lei nº 13.419/2017 – *DOU* 14.03.2017)**

I – a limitação prevista neste parágrafo será triplicada caso o empregador seja reincidente;

II – considera-se reincidente o empregador que, durante o período de doze meses, descumpre o disposto nos §§ 4º, 6º, 7º e 9º deste artigo por mais de sessenta dias.

Os §§ 6º a 11 do art. 457, não revogados expressamente pela Lei 13.467/17[6], estão em vigor e estabelecem critérios para rateio de gorjeta, bem como percentuais de retenção do valor da gorjeta, que devem ser fixados mediante negociação coletiva conforme o regime tributário da empresa, para custeio dos encargos previdenciários e trabalhistas da referida verba, sendo o valor remanescente devido integralmente ao trabalhador.

6. Há controvérsias na doutrina. Há quem sustente que os §§ 5º a 11 do art. 457 da CLT não estão em vigor, pois a Lei 13.467/17, ao alterar o art. 457 da CLT, não manteve nem fez constar os referidos dispositivos legais. Não obstante, não houve revogação expressa.

3. PARCELAS QUE INTEGRAM O SALÁRIO

Como mencionado, o salário se compõe do conjunto de parcelas devidas e pagas diretamente pelo empregador em razão da prestação pessoal de serviços do trabalhador.

Dispõe o art. 457, § 1º, da CLT:

> "Compreendem-se na remuneração do empregado, para todos os efeitos legais, além do salário devido e pago diretamente pelo empregador, como contraprestação do serviço, as gorjetas que receber. § 1º Integram o salário a importância fixa estipulada, as gratificações legais e as comissões pagas pelo empregador."

Diante do referido dispositivo legal, integram o salário as parcelas a que a **lei** atribui caráter salarial e também aquelas decorrentes do **ajuste** individual entre empregado e empregador, pagas em caráter habitual e contraprestativo.

Como bem adverte Mauricio Godinho Delgado[7], há ainda parcelas salariais **dissimuladas**, as quais, "não tendo originariamente previsão pelo empregador para cumprimento de função salarial (ou aparentemente não o façam), cumprem efetivamente esse papel, de modo disfarçado, na prática contratual trabalhista. É o que se passa, ilustrativamente, com as diárias para viagem e ajudas de custo que sejam fraudulentas."

A fim de evitar fraudes e proteger o salário, a jurisprudência fixou entendimento de que uma determinada parcela salarial não pode abranger o pagamento de outras parcelas. Vale dizer: cada parcela salarial deve ser paga sob rubrica específica, sob consequência de configuração de salário complessivo.

Nesse sentido, dispõe a Súmula 91 do TST, "*in verbis*":

> **"SALÁRIO COMPLESSIVO (mantida) – Res. 121/2003, *DJ* 19, 20 e 21.11.2003.**
>
> Nula é a cláusula contratual que fixa determinada importância ou percentagem para atender englobadamente vários direitos legais ou contratuais do trabalhador."

São parcelas que integram o salário:

7. Curso de Direito de Trabalho. 18. ed. São Paulo: LTr, 2019, p. 857.

3.1. Comissões

Conforme Amauri Mascaro Nascimento[8], as comissões são "frequentes nos empregos do comércio, a retribuição com base em percentuais sobre os negócios que o vendedor efetua, ou seja, o salário por comissão. Para Orlando Gomes é uma feição especial da remuneração por unidade de obra. Segundo Süssekind, constitui modalidade retribuição condicionada ao serviço realizado pelo trabalhador. Catharino entende que o salário por comissão reentra no conceito amplo de percentagens. Não se duvida, em qualquer caso, trata-se de típica prestação salarial."

As comissões são percentuais devidos sobre o resultado do trabalho do empregado. Sua função principal é incentivar o desempenho do trabalhador.

É possível ser pactuado exclusivamente o salário por comissão, no entanto, deve ser garantido o piso profissional (fixado em lei ou em norma coletiva) ou o salário mínimo, caso não exista o salário profissional.

Dispõe o art. 466 da CLT:

> "O pagamento de comissões e percentagens só é exigível depois de ultimada a transação a que se referem. § 1º Nas transações realizadas por prestações sucessivas, é exigível o pagamento das percentagens e comissões que lhes disserem respeito proporcionalmente à respectiva liquidação. § 2º A cessação das relações de trabalho não prejudica a percepção das comissões e percentagens devidas na forma estabelecida por este artigo."

A doutrina, de forma majoritária, acertadamente, não tem aceitado a chamada cláusula *star del credere*, que transfere ao empregado parte dos riscos do negócio quando o cliente se torna inadimplente quanto ao objeto da venda. Desse modo, caso o vendedor empregado tenha tomado as cautelas necessárias para realização do negócio, o não pagamento, pelo comprador, não lhe retira o direito às comissões, uma vez que o empregado não corre os riscos da atividade econômica (art. 2º da CLT).

---

8. Iniciação ao Direito do Trabalho. 39. ed. São Paulo: LTr, 2014, p. 375.

3.2. Gratificações

Nos ensina Amauri Mascaro Nascimento[9]:

> "Gratificações são, na sua origem, liberalidades do empregador que pretende obsequiar o empregado por ocasião das festas de fim de ano. São 'somas em dinheiro de tipo variável, outorgadas voluntariamente pelo patrão aos seus empregados, a título de prêmio ou incentivo, para lograr a maior dedicação e perseverança deste' (*Plá Rodriguez*). Por sua etimologia, gratificação equivale à demonstração de agradecimento, ou de reconhecimento, sendo, portanto, um ato não obrigatório, fruto de espontaneidade."

Como visto, gratificações são liberalidades concedidas espontaneamente pelo empregador em sinal de reconhecimento ao empregado. Se a gratificação for eventual, vale dizer, for paga em razão de determinado evento específico, não terá natureza salarial por ausência do requisito da habitualidade. No entanto, se houver habitualidade no pagamento, a gratificação, ainda que tenha sua origem em liberalidade do empregador, integrará o patrimônio jurídico do empregado, configurando-se um ajuste tácito.

No aspecto, destaca-se a Súmula 152 do TST, "*in verbis*":

> **"GRATIFICAÇÃO. AJUSTE TÁCITO (mantida) - Res. 121/2003, *DJ* 19, 20 e 21.11.2003.** O fato de constar do recibo de pagamento de gratificação o caráter de liberalidade não basta, por si só, para excluir a existência de ajuste tácito (ex-Prejulgado nº 25)."

No mesmo sentido dispõe a Súmula 207 do TST:

> "As gratificações habituais, inclusive a de Natal, consideram-se tacitamente convencionadas, integrando o salário."

Conforme a Súmula 202 do TST, existindo, ao mesmo tempo, gratificação por tempo de serviço outorgada pelo empregador e outra da mesma natureza prevista em acordo coletivo, convenção coletiva ou sentença normativa, o empregado tem direito a receber, exclusivamente, a que lhe seja mais benéfica.

---

9. Iniciação ao Direito do Trabalho. 30. ed. São Paulo: LTr, 2014, p. 375.

3.3. Utilidades (salário "in natura");

O salário em utilidades, ou "in natura", é aquele pago em bens, ou coisas diversos de dinheiro. É o salário pago em coisas que tenham utilidade e valor econômico ao ser humano.

Dispõe o art. 458 da CLT:

> "Além do pagamento em dinheiro, compreende-se no salário, para todos os efeitos legais, a alimentação, habitação, vestuário ou outras prestações 'in natura' que a empresa, por força do contrato ou do costume, fornecer habitualmente ao empregado. Em caso algum será permitido o pagamento com bebidas alcoólicas ou drogas nocivas. § 1º Os valores atribuídos às prestações 'in natura' deverão ser justos e razoáveis, não podendo exceder, em cada caso, os dos percentuais das parcelas componentes do salário-mínimo (arts. 81 e 82). (Incluído pelo Decreto-lei nº 229, de 28.2.1967) § 2º Para os efeitos previstos neste artigo, não serão consideradas como salário as seguintes utilidades concedidas pelo empregador: (Redação dada pela Lei nº 10.243, de 19.6.2001) I – vestuários, equipamentos e outros acessórios fornecidos aos empregados e utilizados no local de trabalho, para a prestação do serviço; (Incluído pela Lei nº 10.243, de 19.6.2001) II – educação, em estabelecimento de ensino próprio ou de terceiros, compreendendo os valores relativos a matrícula, mensalidade, anuidade, livros e material didático; (Incluído pela Lei nº 10.243, de 19.6.2001) III – transporte destinado ao deslocamento para o trabalho e retorno, em percurso servido ou não por transporte público; (Incluído pela Lei nº 10.243, de 19.6.2001) IV – assistência médica, hospitalar e odontológica, prestada diretamente ou mediante seguro-saúde; (Incluído pela Lei nº 10.243, de 19.6.2001) V – seguros de vida e de acidentes pessoais; (Incluído pela Lei nº 10.243, de 19.6.2001) VI – previdência privada; (Incluído pela Lei nº 10.243, de 19.6.2001) VII – (VETADO) (Incluído pela Lei nº 10.243, de 19.6.2001) VIII – o valor correspondente ao vale-cultura. (Incluído pela Lei nº 12.761, de 2012) § 3º – A habitação e a alimentação fornecidas como salário-utilidade deverão atender aos fins a que se destinam e não poderão exceder, respectivamente, a 25% (vinte e cinco por cento) e 20% (vinte por cento) do salário-contratual. (Incluído pela Lei nº 8.860, de 24.3.1994) § 4º – Tratando-se de habitação coletiva, o valor do salário-utilidade a ela correspondente será obtido mediante a divisão do justo valor da habitação pelo número de co-habitantes, vedada, em qualquer hipótese, a utilização da mesma unidade

residencial por mais de uma família. (Incluído pela Lei nº 8.860, de 24.3.1994) § 5º O valor relativo à assistência prestada por serviço médico ou odontológico, próprio ou não, inclusive o reembolso de despesas com medicamentos, óculos, aparelhos ortopédicos, próteses, órteses, despesas médico-hospitalares e outras similares, mesmo quando concedido em diferentes modalidades de planos e coberturas, não integram o salário do empregado para qualquer efeito nem o salário de contribuição, para efeitos do previsto na alínea *q* do § 9º do art. 28 da Lei nº 8.212, de 24 de julho de 1991." (Incluído pela Lei nº 13.467, de 2017)

Diante do referido dispositivo legal, e conforme já sedimentado em doutrina, são requisitos para que uma utilidade seja considerada salário "in natura":

a) que a utilidade seja fornecida de forma gratuita pelo empregador;

b) que o fornecimento seja concedido por força do contrato ou do costume;

c) que a utilidade seja concedida de forma habitual;

d) que a utilidade tenha caráter contraprestativo, vale dizer: seja fornecida **pelo** trabalho. Se a utilidade for fornecida **para** a realização do trabalho, como um instrumento de trabalho (ex. veículo, equipamento eletrônico etc.), não haverá natureza salarial.

Conforme vem entendendo, corretamente, a jurisprudência trabalhista, se a utilidade for fornecida para a realização do trabalho, ainda que haja tolerância do empregador que ela possa ser utilizada em atividades pessoais, isso não desnatura a natureza do benefício, o qual não terá natureza salarial.

Nesse sentido, dispõe a Súmula 367 do TST, "*in verbis*":

"UTILIDADES 'IN NATURA'. HABITAÇÃO. ENERGIA ELÉTRICA. VEÍCULO. CIGARRO. NÃO INTEGRAÇÃO AO SALÁRIO (conversão das Orientações Jurisprudenciais nºs 24, 131 e 246 da SBDI-1) – Res. 129/2005, *DJ* 20, 22 e 25.04.2005.

I – A habitação, a energia elétrica e veículo fornecidos pelo empregador ao empregado, quando indispensáveis para a realização do trabalho, não têm natureza salarial, ainda que, no caso de veículo, seja ele utilizado pelo empregado também em atividades particulares (ex-OJs da SBDI-1 nºs 131 – inserida em 20.04.1998 e ratificada pelo Tribunal Pleno em 07.12.2000 – e 246 – inserida em 20.06.2001);

> II – O cigarro não se considera salário utilidade em face de sua nocividade à saúde (ex-OJ nº 24 da SBDI-1 – inserida em 29.03.1996).

Nos termos do § 1º do art. 458 da CLT, os valores atribuídos às prestações "in natura" deverão ser justos e razoáveis, não podendo exceder, em cada caso, os dos percentuais das parcelas componentes do salário-mínimo (arts. 81[10] e 82[11]).

No § 3º do art. 458 da CLT, a habitação e a alimentação fornecidas como salário-utilidade deverão atender aos fins a que se destinam e não poderão exceder, respectivamente, a 25% (vinte e cinco por cento) e 20% (vinte por cento) do salário-contratual.

Nos termos da Súmula 258 do TST, "os percentuais fixados em lei relativos ao salário 'in natura' apenas se referem às hipóteses em que o empregado percebe salário mínimo, apurando-se, nas demais, o real valor da utilidade."

Diante do que dispõe a referida Súmula do TST, para os empregados que recebem valores superiores ao salário mínimo, deve-se considerar o real valor da utilidade, independentemente dos percentuais fixado no § 3º do art. 458 da CLT.

Desse modo, o salário não pode ser integralmente pago em utilidade, devendo um percentual ser pago em dinheiro, de no mínimo 30% (art. 82, parágrafo único, da CLT).

Como a utilidade constitui benefício ao trabalhador, em algumas situações a lei tem por objetivo incentivar que o empregador forneça determinados benefícios ao empregado, sem considerar a natureza salarial destes, mesmo

---

10. Art. 81 da CLT: "O salário mínimo será determinado pela fórmula Sm = a + b + c + d + e, em que 'a', 'b', 'c', 'd' e 'e' representam, respectivamente, o valor das despesas diárias com alimentação, habitação, vestuário, higiene e transporte necessários à vida de um trabalhador adulto. § 1º – A parcela correspondente à alimentação terá um valor mínimo igual aos valores da lista de provisões, constantes dos quadros devidamente aprovados e necessários à alimentação diária do trabalhador adulto. § 2º – Poderão ser substituídos pelos equivalentes de cada grupo, também mencionados nos quadros a que alude o parágrafo anterior, os alimentos, quando as condições da região, zona ou subzona o aconselharem, respeitados os valores nutritivos determinados nos mesmos quadros. § 3º – O Ministério do Trabalho, Indústria e Comércio fará, periodicamente, a revisão dos quadros a que se refere o § 1º deste artigo".
11. Art. 82 da CLT: "Quando o empregador fornecer, in natura, uma ou mais das parcelas do salário mínimo, o salário em dinheiro será determinado pela fórmula Sd = Sm – P, em que Sd representa o salário em dinheiro, Sm o salário mínimo e P a soma dos valores daquelas parcelas na região, zona ou subzona. Parágrafo único – O salário mínimo pago em dinheiro não será inferior a 30% (trinta por cento) do salário mínimo fixado para a região, zona ou subzona".

havendo o caráter contraprestativo. É o que faz o § 2º do art. 457 da CLT. Segundo o referido dispositivo legal, não terão caráter salarial as seguintes utilidades:

a) vestuários, equipamentos e outros acessórios fornecidos aos empregados e utilizados no local de trabalho, para a prestação do serviço;

b) educação, em estabelecimento de ensino próprio ou de terceiros, compreendendo os valores relativos à matrícula, mensalidade, anuidade, livros e material didático;

c) transporte destinado ao deslocamento para o trabalho e retorno, em percurso servido ou não por transporte público;

d) assistência médica, hospitalar e odontológica, prestada diretamente ou mediante seguro-saúde;

e) seguros de vida e de acidentes pessoais;

f) previdência privada;

g) o valor correspondente ao vale-cultura;

h) o valor relativo à assistência prestada por serviço médico ou odontológico, próprio ou não, inclusive o reembolso de despesas com medicamentos, óculos, aparelhos ortopédicos, próteses, órteses, despesas médico-hospitalares e outras similares, mesmo quando concedido em diferentes modalidades de planos e coberturas.

O Tribunal Superior do Trabalho fixou entendimento de que o vale-refeição, fornecido, espontaneamente, pelo empregador, integra o salário. Nesse sentido, a Súmula 241 do TST, "*in verbis*":

> **"SALÁRIO-UTILIDADE. ALIMENTAÇÃO (mantida) – Res. 121/2003, *DJ* 19, 20 e 21.11.2003.**
>
> O vale para refeição, fornecido por força do contrato de trabalho, tem caráter salarial, integrando a remuneração do empregado, para todos os efeitos legais."

No entanto, o TST fixou entendimento de que a ajuda alimentação ou o vale-refeição fornecidos por norma coletiva, ou se a empresa estiver inscrita no Programa de Alimentação ao Trabalhador (PAT), a ajuda alimentação não tem caráter salarial.

Nesse sentido, a OJ 133 da SDI-I do TST:

> "**AJUDA ALIMENTAÇÃO. PAT. LEI Nº 6.321/76. NÃO INTEGRAÇÃO AO SALÁRIO (inserida em 27.11.1998).** A ajuda alimentação fornecida por empresa participante do programa de alimentação ao trabalhador, instituído pela Lei nº 6.321/76, não tem caráter salarial. Portanto, não integra o salário para nenhum efeito legal."

Nos termos da OJ 413 da SDI-I do TST, a pactuação em norma coletiva conferindo caráter indenizatório à verba "auxílio-alimentação" ou a adesão posterior do empregador ao Programa de Alimentação do Trabalhador – PAT – não altera a natureza salarial da parcela, instituída anteriormente, para aqueles empregados que, habitualmente, já percebiam o benefício, a teor das Súmulas 51, I, e 241 do TST.

Nos termos do § 2º do art. 457 da CLT, com a redação dada pela Lei 13.467/17, § 2º, as importâncias, ainda que habituais, pagas a título de ajuda de custo, auxílio-alimentação, vedado seu pagamento em dinheiro, diárias para viagem, prêmios e abonos não integram a remuneração do empregado, não se incorporam ao contrato de trabalho e não constituem base de incidência de qualquer encargo trabalhista e previdenciário.

Desse modo, o auxílio alimentação, que não deve ser pago em dinheiro, não tem natureza salarial, ainda que tenha caráter contraprestativo.

Dispõem os arts. 2º, 3º e 4º da Lei 14.442/22:

> "Art. 2º As importâncias pagas pelo empregador a título de auxílio-alimentação de que trata o § 2º do art. 457 da Consolidação das Leis do Trabalho, aprovada pelo Decreto-Lei nº 5.452, de 1º de maio de 1943, deverão ser utilizadas para o pagamento de refeições em restaurantes e estabelecimentos similares ou para a aquisição de gêneros alimentícios em estabelecimentos comerciais."

> "Art. 3º O empregador, ao contratar pessoa jurídica para o fornecimento do auxílio-alimentação de que trata o art. 2º desta Lei, não poderá exigir ou receber: I – qualquer tipo de deságio ou imposição de descontos sobre o valor contratado; II – prazos de repasse ou pagamento que descaracterizem a natureza pré-paga dos valores a serem disponibilizados aos empregados; ou III – outras verbas e benefícios diretos ou indiretos de qualquer natureza não vinculados diretamente à promoção de saúde e segurança alimentar do empregado, no âmbito de contratos firmados com empresas emissoras de instrumentos de pagamento de auxílio-alimentação. § 1º A vedação

de que trata o caput deste artigo não se aplica aos contratos de fornecimento de auxílio-alimentação vigentes, até seu encerramento ou até que tenha decorrido o prazo de 14 (quatorze) meses, contado da data de publicação desta Lei, o que ocorrer primeiro. § 2º É vedada a prorrogação de contrato de fornecimento de auxílio-alimentação em desconformidade com o disposto no caput deste artigo."

"Art. 4º A execução inadequada, o desvio ou o desvirtuamento das finalidades do auxílio-alimentação de que trata o § 2º do art. 457 da Consolidação das Leis do Trabalho, aprovada pelo Decreto-Lei nº 5.452, de 1º de maio de 1943, pelos empregadores ou pelas empresas emissoras de instrumentos de pagamento de auxílio-alimentação, sem prejuízo da aplicação de outras penalidades cabíveis pelos órgãos competentes, acarretará a aplicação de multa no valor de R$ 5.000,00 (cinco mil reais) a R$ 50.000,00 (cinquenta mil reais), a qual será aplicada em dobro em caso de reincidência ou de embaraço à fiscalização. § 1º Os critérios de cálculo e os parâmetros de gradação da multa prevista no caput deste artigo serão estabelecidos em ato do Ministro de Estado do Trabalho e Previdência. § 2º O estabelecimento que comercializa produtos não relacionados à alimentação do empregado e a empresa que o credenciou sujeitam-se à aplicação da multa prevista no caput deste artigo."

3.4. Décimo terceiro salário

O décimo terceiro salário, conhecido como gratificação natalina, paga tradicionalmente no mês de dezembro, devido com base na remuneração integral, ou da aposentadoria, constitui direito fundamental da classe trabalhadora. No aspecto, dispõe o art. 7º, VIII, da CF:

> "São direitos dos trabalhadores urbanos e rurais, além de outros que visem à melhoria de sua condição social:
>
> "décimo terceiro salário com base na remuneração integral ou no valor da aposentadoria."

As Leis 4090/62 e 4.749/65 regulamentam o 13º salário, e foram recepcionadas pela Constituição Federal.

Dispõe o art. 1º da Lei 4.090/62:

> "No mês de dezembro de cada ano, a todo empregado será paga, pelo empregador, uma gratificação salarial, independentemente da

remuneração a que fizer jus. § 1º – A gratificação corresponderá a 1/12 avos da remuneração devida em dezembro, por mês de serviço, do ano correspondente. § 2º – A fração igual ou superior a 15 (quinze) dias de trabalho será havida como mês integral para os efeitos do parágrafo anterior. § 3º – A gratificação será proporcional: I – na extinção dos contratos a prazo, entre estes incluídos os de safra, ainda que a relação de emprego haja findado antes de dezembro; e II – na cessação da relação de emprego resultante da aposentadoria do trabalhador, ainda que verificada antes de dezembro."

O décimo terceiro salário constitui direito que vai sendo adquirido mensalmente, 1/12 por mês trabalhado, ou a fração igual ou superior a 15 (quinze) dias de trabalho será havida como mês integral.

O 13º salário proporcional é devido na dispensa imotivada (art. 3º da Lei 4.090/62), no pedido de demissão (Súmula 157 do TST), nas extinções naturais dos contratos por prazo determinado (§ 3º do art. 4.090/62). Não é devida a proporcionalidade do 13º salário quando há dispensa por justa causa.

Nos termos dos arts. 1º e 2º da Lei 4.749/65, a gratificação natalina será paga pelo empregador:

a) até o dia 20 de dezembro de cada ano;

b) entre os meses de fevereiro e novembro de cada ano, o empregador pagará, como adiantamento, metade do salário recebido no mês anterior como adiantamento da gratificação natalina;

c) o adiantamento será pago ao ensejo das férias do empregado, sempre que este o requerer no mês de janeiro do correspondente ano.

3.5. Adicionais

Conforme Amauri Mascaro Nascimento[12], "adicional, no sentido comum, significa algo que se acrescenta. No sentido jurídico, adicional é um acréscimo salarial que tem como causa o trabalho em condições mais gravosas para quem o presta."

O empregado que trabalha em condições especiais, como o trabalho em sobrejornada, em condições de insalubridade ou periculosidade, faz jus a adicionais legais de remuneração. Como regra, os adicionais podem

12. Iniciação ao Direito do Trabalho. 39. ed. São Paulo: LTr, 2014, p. 373.

ser suprimidos da remuneração, sem que tal situação configure alteração contratual lesiva (art. 468 da CLT), pois eles somente são devidos enquanto perdurarem as condições especiais e mais gravosas ao empregado.

3.5.1. Adicionais de horas extras e noturno

O trabalho em sobrejornada – vale dizer: com prestação de horas extras – gera o direito ao adicional de horas extras de, no mínimo, 50% sobre a hora normal (art. 7º, XVI, da CF).

O adicional de horas extras integra a remuneração do empregado, refletindo nas demais parcelas de natureza remuneratória.

No aspecto, dispõe a Súmula 264 do TST, "*in verbis*":

> "**HORA SUPLEMENTAR. CÁLCULO (mantida) – Res. 121/2003, *DJ* 19, 20 e 21.11.2003.** A remuneração do serviço suplementar é composta do valor da hora normal, integrado por parcelas de natureza salarial e acrescido do adicional previsto em lei, contrato, acordo, convenção coletiva ou sentença normativa."

Nos termos da Súmula 347 do TST, o cálculo do valor das horas extras habituais, para efeito de reflexos em verbas trabalhistas, observará o número de horas efetivamente prestadas e a ele aplica-se o valor do salário-hora da época do pagamento daquelas verbas.

O adicional noturno está previsto no art. 7º, IX, da CF, que assim dispõe:

> "Remuneração do trabalho noturno superior do diurno."

O percentual ao adicional noturno é previsto na legislação infraconstitucional (por exemplo, no art. 73 da CLT (trabalhador urbano) e no art. 7º, parágrafo único, da Lei 5.889/73 (trabalhador rural)), e tem natureza remuneratória à luz da Constituição Federal.

Nos termos da Súmula 60, I, do TST, o adicional noturno, pago com habitualidade, integra o salário do empregado para todos os efeitos.

3.5.2. Adicional de transferência

O adicional de transferência está previsto no art. 469, § 3º, da CLT:

> "Em caso de necessidade de serviço o empregador poderá transferir o empregado para localidade diversa da que resultar do contrato,

> não obstante as restrições do artigo anterior, mas, nesse caso, ficará obrigado a um pagamento suplementar, nunca inferior a 25% (vinte e cinco por cento) dos salários que o empregado percebia naquela localidade, enquanto durar essa situação."

Segundo a OJ 113 da SDI-I do TST, o fato de o empregado exercer cargo de confiança ou a existência de previsão de transferência no contrato de trabalho não exclui o direito ao adicional. O pressuposto legal apto a legitimar a percepção do mencionado adicional é a transferência provisória.

3.5.3. Do adicional de insalubridade

O adicional de insalubridade é devido em razão do trabalho em condições nocivas para a saúde.

Dispõe o art. 7º, XXIII, da CF:

> "Adicional de remuneração para as atividades penosas, insalubres ou perigosas, na forma da lei."

Assevera o art. 189 da CLT:

> "Serão consideradas atividades ou operações insalubres aquelas que, por sua natureza, condições ou métodos de trabalho, exponham os empregados a agentes nocivos à saúde, acima dos limites de tolerância fixados em razão da natureza e da intensidade do agente e do tempo de exposição aos seus efeitos."

Nos termos do art. 192 da CLT, o exercício de trabalho em condições insalubres, acima dos limites de tolerância estabelecidos pelo Ministério do Trabalho, assegura a percepção de adicional respectivamente de 40% (quarenta por cento), 20% (vinte por cento) e 10% (dez por cento) do salário mínimo da região, segundo se classifiquem nos graus máximo, médio e mínimo.

Discutível se a base de cálculo prevista no art. 192 da CLT (salário mínimo) fora recepcionada pela Constituição Federal, uma vez que o art. 7º, XXIII, da CF dispõe ser devido adicional de remuneração para as atividades insalubres.

De nossa parte, a melhor interpretação da Constituição Federal sinaliza no sentido de que a base de cálculo do adicional de insalubridade é a remuneração do empregado, pois compatível com a proteção do direito fundamental à saúde do trabalhador (art. 6º da CF) e por ser medida de redução dos riscos inerentes ao trabalho (art. 7º, XXII, da CF).

A doutrina e jurisprudência divergem a respeito. O entendimento dominante se firmou no sentido de que a base de cálculo deve ser o salário mínimo, uma vez que o art. 7º, XXIII, da CF remete à lei ordinária a fixação do valor do adicional.

A Súmula 228 do TST firmou o entendimento de ser o salário base do empregado a base de cálculo para o adicional de insalubridade. No entanto, a referida Súmula está suspensa, por decisão liminar do STF. Dispõe a referida Súmula do TST:

> **"ADICIONAL DE INSALUBRIDADE. BASE DE CÁLCULO (redação alterada na sessão do Tribunal Pleno em 26.06.2008) – Res. 148/2008, *DJ* 04 e 07.07.2008 – Republicada *DJ* 08, 09 e 10.07.2008. SÚMULA CUJA EFICÁCIA ESTÁ SUSPENSA POR DECISÃO LIMINAR DO SUPREMO TRIBUNAL FEDERAL – Res. 185/2012, *DEJT* divulgado em 25, 26 e 27.09.2012.**

A partir de 9 de maio de 2008, data da publicação da Súmula Vinculante nº 4 do Supremo Tribunal Federal, o adicional de insalubridade será calculado sobre o salário básico, salvo critério mais vantajoso fixado em instrumento coletivo."

Atualmente, o TST, diante da suspensão da Súmula 228, tem aplicado o salário mínimo como base de cálculo do adicional de insalubridade. No aspecto, destaca-se a seguinte ementa:

> "AGRAVO INTERPOSTO CONTRA DECISÃO DENEGATÓRIA DE SEGUIMENTO DE EMBARGOS PROFERIDA POR MINISTRO PRESIDENTE DE TURMA SOB A ÉGIDE DA LEI 13.015/2014. BASE DE CÁLCULO DO ADICIONAL DE INSALUBRIDADE. Não merece reparos a decisão singular por meio da qual se denegou seguimento aos embargos. A Turma julgadora, ao determinar que o salário mínimo seja a base de cálculo do adicional de insalubridade, adotou posicionamento em harmonia com o entendimento deste Tribunal Superior e do Supremo Tribunal Federal, não havendo falar em contrariedade à Súmula Vinculante 4 do STF. A jurisprudência desta Corte Superior, retratada nas Súmulas 17 e 228, era no sentido de que o adicional em questão deveria ser calculado sobre o salário mínimo ou sobre o salário profissional ou piso convencional, caso existente. Ocorre que, em 09.05.2008, o Supremo Tribunal Federal

editou a Súmula Vinculante 04, com o seguinte teor: 'Salvo nos casos previstos na Constituição, o salário mínimo não pode ser usado como indexador de base de cálculo de vantagem de servidor público ou de empregado, nem ser substituído por decisão judicial'. Em consequência da vedação de uso do salário mínimo para o cálculo da parcela, este Tribunal Superior, por meio da Resolução 148, de 07.07.2008, alterou seu entendimento, cancelou a Súmula 17 e deu nova redação à Súmula 228, que passou a dispor: 'A partir de 9 de maio de 2008, data da publicação da Súmula Vinculante nº 4 do Supremo Tribunal Federal, o adicional de insalubridade será calculado sobre o salário básico, salvo critério mais vantajoso fixado em instrumento coletivo'. No entanto, na Reclamação 6.266/STF, o Ministro Gilmar Mendes deferiu liminar, 'para suspender a aplicação da Súmula 228/TST na parte em que permite a utilização do salário básico para calcular o adicional de insalubridade' (*DJe* 05.08.2008). Nesse contexto, ainda que reconhecida a não recepção do art. 192 da CLT pela Constituição Federal de 1988, tem-se que a parte final da Súmula Vinculante 4 do STF não permite criar outro critério por decisão judicial, razão pela qual, até que se edite norma legal ou convencional estabelecendo base de cálculo distinta do salário mínimo para o adicional de insalubridade, continuará a ser aplicado esse critério para o cálculo do referido adicional. Esse entendimento tem sido reiterado por esta Subseção I Especializada em Dissídios Individuais. Tampouco foi demonstrada divergência jurisprudencial hábil a impulsionar o recurso de embargos, pois o aresto trazido à colação pelo Agravante revela-se inespecífico, nos termos da Súmula 296, I, do TST. Agravo conhecido e não provido" (Ag-E-ED-RR-479-82.2012.5.04.0471, Subseção I Especializada em Dissídios Individuais, Relator Ministro Alexandre Luiz Ramos, *DEJT* 03/07/2020).

3.5.4. Do adicional de periculosidade

O adicional de periculosidade constitui parcela de natureza salarial visando compensar o trabalhador em razão de estar sujeito a condições de risco em sua prestação pessoal de serviços.

Trata-se de salário-condição (art. 194 da CLT[13]), sendo devido enquanto perdurar a situação de risco. Pela CLT, o adicional de periculosidade é devido

13. Art.194 da CLT: "O direito do empregado ao adicional de insalubridade ou de periculosidade cessará com a eliminação do risco à sua saúde ou integridade física, nos termos desta Seção e das normas expedidas pelo Ministério do Trabalho".

nas hipóteses do art. 193 da CLT, regulamentadas pela NR16 e seus anexos da Portaria 3.214/78 do Ministério do Trabalho e Emprego.

Quanto à base de cálculo do adicional de periculosidade, dispõe o § 1º – O trabalho em condições de periculosidade assegura ao empregado um adicional de 30% (trinta por cento) sobre o salário sem os acréscimos resultantes de gratificações, prêmios ou participações nos lucros da empresa.

Diante do referido dispositivo legal, a base de cálculo do adicional de periculosidade é o salário base do empregado, sem acrescimento de outras parcelas de natureza salarial.

No aspecto, dispõe a Súmula 191 do TST, "*in verbis*":

> **"ADICIONAL DE PERICULOSIDADE. INCIDÊNCIA. BASE DE CÁLCULO (cancelada a parte final da antiga redação e inseridos os itens II e III) - Res. 214/2016, *DEJT* divulgado em 30.11.2016 e 01 e 02.12.2016.**
>
> I – O adicional de periculosidade incide apenas sobre o salário básico e não sobre este acrescido de outros adicionais. II – O adicional de periculosidade do empregado eletricitário, contratado sob a égide da Lei nº 7.369/1985, deve ser calculado sobre a totalidade das parcelas de natureza salarial. Não é válida norma coletiva mediante a qual se determina a incidência do referido adicional sobre o salário básico. III – A alteração da base de cálculo do adicional de periculosidade do eletricitário promovida pela Lei nº 12.740/2012 atinge somente contrato de trabalho firmado a partir de sua vigência, de modo que, nesse caso, o cálculo será realizado exclusivamente sobre o salário básico, conforme determina o § 1º do art. 193 da CLT."

Nos termos da Súmula 132 do TST: "I – O adicional de periculosidade, pago em caráter permanente, integra o cálculo de indenização e de horas extras (ex-Prejulgado nº 3) (ex-Súmula nº 132 – RA 102/1982, *DJ* 11.10.1982/ *DJ* 15.10.1982 - e ex-OJ nº 267 da SBDI-1 - inserida em 27.09.2002). II - Durante as horas de sobreaviso, o empregado não se encontra em condições de risco, razão pela qual é incabível a integração do adicional de periculosidade sobre as mencionadas horas (ex-OJ nº 174 da SBDI-1 - inserida em 08.11.2000)."

3.5.5. *Da cumulatividade dos adicionais de insalubridade e periculosidade*

A doutrina diverge sobre a possibilidade de cumulação dos adicionais de insalubridade e periculosidade.

O § 2º do art. 193 da CLT, ao tratar do adicional de periculosidade, assevera que empregado poderá optar pelo adicional de insalubridade que porventura lhe seja devido. Desse modo, pelo texto legal, entende-se que os adicionais de insalubridade e periculosidade não são cumuláveis.

Nesse sentido, já decidiu a mais alta Corte Trabalhista do Brasil, "*in verbis*":

> "RECURSO DE EMBARGOS REGIDO PELA LEI Nº 13.015/2014. CUMULAÇÃO DOS ADICIONAIS DE INSALUBRIDADE E PERICULOSIDADE – IMPOSSIBILIDADE. Incontroverso nos autos que a reclamada foi condenada ao pagamento do adicional de insalubridade em grau médio no percentual de 20% e do adicional de periculosidade equivalente a 30% do salário base do reclamante. O ordenamento jurídico brasileiro prevê a percepção do adicional de periculosidade, de que trata o artigo 193 da CLT, ao trabalhador exposto à situação de risco, conferindo-lhe, ainda, o direito de optar pelo adicional de insalubridade previsto no artigo 192 do mesmo diploma legal, quando este também lhe for devido. É o que dispõe o artigo 193, § 2º, da Consolidação das Leis do Trabalho: '§ 2º O empregado poderá optar pelo adicional de insalubridade que porventura lhe seja devido'. Desse modo, o referido dispositivo legal veda a cumulação dos adicionais de periculosidade e insalubridade, podendo, no entanto, o empregado fazer a opção pelo que lhe for mais benéfico. Precedentes da SBDI-1 do TST. Recurso de embargos conhecido e provido" (E-RR-1072-72.2011.5.02.0384, Subseção I Especializada em Dissídios Individuais, Relator Ministro Renato de Lacerda Paiva, *DEJT* 08/09/2017).

De nossa parte, o art. 193, § 2º, da CLT não pode ser interpretado de forma isolada e literal, mas em conformidade com a Constituição Federal, que nos incisos XXII e XXIII do art. 7º, asseguram, ao empregado, como direito fundamental, respectivamente, *a redução dos riscos inerentes ao trabalho, por meio de normas de saúde, higiene e segurança*; e o *adicional de remuneração para as atividades penosas, insalubres ou perigosas, na forma da lei.*

Desse modo, a cumulação dos adicionais e insalubridade e periculosidade tem por objetivo a proteção à saúde do trabalhador e estimular o empregador a eliminar os agentes nocivos à saúde do trabalhador.

Por outro lado, os adicionais de insalubridade e periculosidade têm causas distintas, pois o primeiro protege a saúde e o segundo a vida.

No aspecto, destacamos a seguinte ementa da mais alta Corte Trabalhista do Brasil, "*in verbis*":

> "RECURSO DE REVISTA. CUMULAÇÃO DOS ADICIONAIS DE INSALUBRIDADE E PERICULOSIDADE. POSSIBILIDADE. PREVALÊNCIA DAS NORMAS CONSTITUCIONAIS E SUPRALEGAIS SOBRE A CLT. JURISPRUDÊNCIA CONSOLIDADA DO STF QUANTO AO EFEITO PARALISANTE DAS NORMAS INTERNAS EM DESCOMPASSO COM OS TRATADOS INTERNACIONAIS DE DIREITOS HUMANOS. INCOMPATIBILIDADE MATERIAL. CONVENÇÕES NOS 148 E 155 DA OIT. NORMAS DE DIREITO SOCIAL. CONTROLE DE CONVENCIONALIDADE. NOVA FORMA DE VERIFICAÇÃO DE COMPATIBILIDADE DAS NORMAS INTEGRANTES DO ORDENAMENTO JURÍDICO. A previsão contida no artigo 193, § 2º, da CLT não foi recepcionada pela Constituição Federal de 1988, que, em seu artigo 7º, XXIII, garantiu de forma plena o direito ao recebimento dos adicionais de penosidade, insalubridade e periculosidade, sem qualquer ressalva no que tange à cumulação, ainda que tenha remetido sua regulação à lei ordinária. A possibilidade da aludida cumulação se justifica em virtude de os fatos geradores dos direitos serem diversos. Não se há de falar em *bis in idem*. No caso da insalubridade, o bem tutelado é a saúde do obreiro, haja vista as condições nocivas presentes no meio ambiente de trabalho; já a periculosidade traduz situação de perigo iminente que, uma vez ocorrida, pode ceifar a vida do trabalhador, sendo este o bem a que se visa proteger. A regulamentação complementar prevista no citado preceito da Lei Maior deve se pautar pelos princípios e valores insculpidos no texto constitucional, como forma de alcançar, efetivamente, a finalidade da norma. Outro fator que sustenta a inaplicabilidade do preceito celetista é a introdução no sistema jurídico interno das Convenções Internacionais nos 148 e 155, com status de norma materialmente constitucional ou, pelo menos, supralegal, como decidido pelo STF. A primeira consagra a necessidade de atualização constante da legislação sobre as condições nocivas de trabalho e a segunda determina que sejam levados em

conta os riscos para a saúde decorrentes da exposição simultânea a diversas substâncias ou agentes. Nesse contexto, não há mais espaço para a aplicação do artigo 193, § 2º, da CLT. Recurso de revista de que se conhece e a que se nega provimento" (RR-1072-72.2011.5.02.0384, 7ª Turma, Relator Ministro Claudio Mascarenhas Brandao, *DEJT* 03.10.2014).

O Tribunal Superior do Trabalho, em Incidente de Demandas Repetitivas (IRR 239-55.2011.5.02.0319. Relator: Luiz Philippe Vieira de Mello Filho j. 26.09.2019), firmou, por maioria, a seguinte tese:

> "O art. 193, § 2º, da CLT foi recepcionado pela Constituição Federal e veda a cumulação dos adicionais de insalubridade e de periculosidade, ainda que decorrentes de fatos geradores distintos e autônomos."

4. PARCELAS QUE NÃO INTEGRAM O SALÁRIO

4.1. Prêmios

Prêmios constituem parcelas pagas pelo empregador ou por terceiros, ao empregado em razão da prestação pessoal de serviços pelo atingimento de determinada meta, objetivo ou desempenho.

Nos termos do § 4º do art. 457 da CLT, com a redação dada pela Lei 13.467/17, "consideram-se prêmios as liberalidades concedidas pelo empregador em forma de bens, serviços ou valor em dinheiro a empregado ou a grupo de empregados, em razão de desempenho superior ao ordinariamente esperado no exercício de suas atividades."

A doutrina, tradicionalmente, utilizou o critério da habitualidade para se aferir a natureza salarial ou não do prêmio. Caso o prêmio seja eventual, vinculado a determinado evento esporádico, ele não terá natureza salarial. Se for habitual integrará o salário.

O § 2º do art. 457 da CLT, com a redação dada pela Lei 13.467/17, assevera que as importâncias, ainda que habituais, pagas a título de ajuda de custo, auxílio-alimentação, vedado seu pagamento em dinheiro, diárias para viagem, prêmios e abonos não integram a remuneração do empregado, não se incorporam ao contrato de trabalho e não constituem base de incidência de qualquer encargo trabalhista e previdenciário.

Embora a Lei 13.467/17 tenha sofrido severas críticas da doutrina, os prêmios perderam a feição salarial, ainda que habituais. Não obstante, há que se verificar, no caso concreto, se a parcela se trata ou não de prêmio, pois se desvinculada de uma meta ou resultado, terá feição salarial, caso paga de forma habitual.

4.2. Abono

Conforme Amauri Mascaro Nascimento[14], "abono significa adiantamento em dinheiro, antecipação salarial. Situações de momento criam certas necessidades para as quais são estabelecidas medidas transitórias. Como o tempo, cessada a causa, cessam os seus efeitos ou se processa a absorção pelo salário".

Na redação anterior do art. 457 da CLT, o abono tinha natureza salarial. Com a nova redação do art. 457, § 2º, da CLT, o abono deixou de ter natureza salarial.

4.3. Ajuda de custo

Ajuda de custo constitui parcela paga pelo empregador em razão da prestação pessoal de serviços para custear despesas do emprego para a prestação de serviços.

A doutrina faz diferenciação entre ajuda de custo paga após a comprovação dos gastos pelo empregado (onde há a prestação de contas), e a ajuda de custo paga antecipadamente, onde não há a prestação de contas.

No entanto, caso a ajuda de custo seja paga, efetivamente, para custear despesas de trabalho, ela não terá feição salarial, sendo classificada como verba de natureza indenizatória (art. 457, § 2º, da CLT).

4.4. Diárias para viagem

Diárias para viagem constituem valores adiantados pelo empregador para despesas do trabalho quando em viagem (deslocamentos, alimentação e pernoite). As diárias para viagem têm nítida natureza indenizatória (art. 457, § 2º, da CLT). O desvirtuamento da finalidade das diárias configura parcela salarial.

14. Iniciação ao Direito do Trabalho. 39. ed. São Paulo: LTr, 2014, p. 373.

4.5. Participação nos lucros

Dispõe o art. 7º, XI, da Constituição Federal:

> "participação nos lucros, ou resultados, desvinculada da remuneração, e, excepcionalmente, participação na gestão da empresa, conforme definido em lei".

A Constituição Federal desvinculou a participação nos lucros ou resultados da remuneração. Desse modo, as referidas parcelas não têm índole salarial. Não obstante, em caso de desvirtuamento da finalidade do instituto, ou não observância dos requisitos legais, a parcela poderá ser reconhecida como salário.

Trata-se de instituto que tem por objetivo destacar a função social da empresa moderna, estimular a produtividade e integrar o empregado no organismo empresarial, influindo e contribuindo, para sucesso empresarial.

Como bem adverte Sérgio Pinto Martins[15], "a participação nos lucros pode ser decorrente de lei (Lei 10.101), do contrato de trabalho, do regulamento da empresa, de acordos ou convenções coletivas ou outras determinações da empresa. Não poderá, entretanto, a participação nos lucros ser imposta mediante dissídio coletivo, por falta de norma autorizadora nesse sentido."

A Lei 10.101/00, que decorre da conversão de sucessivas Medidas Provisórias sobre o tema, é o diploma básico que regulamenta a participação nos lucros do empregador.

Conforme o art. 2º da Lei 10.101/00, a participação nos lucros pode ser fixada por meio dos seguintes mecanismos, com critérios claros e objetivos, escolhidos pelas partes, de comum acordo:

a) comissão paritária escolhida pelas partes, integrada, também, por um representante indicado pelo sindicato da respectiva categoria;

b) convenção ou acordo coletivo.

Por ter caráter facultativo e variável, a participação nos lucros não pode ser instituída por Sentença Normativa. A jurisprudência do TST, entretanto, tem admitido a apreciação judicial da controvérsia sobre a participação nos lucros por meio do sistema da arbitragem de ofertas finais (quando

15. Direito do Trabalho. 36. ed. São Paulo: Saraiva, 2020, p. 471.

há intenção das partes no conflito em instituir o benefício). Nesse sentido, destaca-se a seguinte ementa:

> "DA PARTICIPAÇÃO NOS LUCROS OU RESULTADOS. ARBITRAGEM DE OFERTAS FINAIS. NÃO APRESENTAÇÃO DE PROPOSTAS PELAS PARTES. O entendimento desta Seção Especializada em Dissídios Coletivos é de que não cabe à Justiça do Trabalho conceder vantagem a título de Participação nos Lucros ou Resultados – PLR, ressalvadas as hipóteses de apresentação de contraproposta pela categoria econômica ou quando há norma preexistente. Por outro lado, ressalvado entendimento pessoal desta Relatora, a jurisprudência desta Corte, com amparo no art. 4º, II e § 1º, da Lei nº 10.101/2000, admite a atuação da Justiça do Trabalho, para decidir conflito que envolva participação nos lucros ou resultados, por meio do sistema da arbitragem de ofertas finais, quando as partes assim pactuarem. No caso em concreto, conforme consta expressamente na ata de audiência, as partes, de comum acordo, optaram pelo sistema da arbitragem de ofertas finais, elegendo a Justiça do Trabalho para dirimir o conflito referente à questão da participação nos lucros ou resultados. Porém, diante da expressa delimitação ajustada pelas partes interessadas, a atuação do Tribunal do Trabalho, no exercício do poder normativo, fica restrita ao sistema da arbitragem de ofertas finais, ou seja, escolher uma entre as propostas finais apresentadas pelo suscitante e pelo suscitado, na forma da lei. O § 1º do art. 4º da Lei nº 10.101/2000 estabelece que a arbitragem de ofertas finais é aquela em que o árbitro deve restringir-se a optar pela proposta apresentada, em caráter definitivo, por uma das partes. No caso em comento, diante do quadro em que nenhuma das partes apresentou proposta final, a Corte Regional atuou como mediador do conflito e arbitrou uma solução para o litígio, fixando o valor de R$ 2.000,00 (dois mil reais) para cada trabalhador, a título de participação nos lucros ou resultados. Embora motivada pelo objetivo de pacificar o conflito, infere-se que a decisão do TRT extrapolou o limite firmado pelos interessados para a atuação do poder normativo, no caso, o sistema de arbitragem de ofertas finais, que se restringe a escolha da proposta apresentada, em caráter definitivo, por uma das partes. Não comportando a criação de uma terceira proposta, como fez a Corte regional. Nessa condição, deve ser reformada a decisão do Tribunal a quo. Recurso ordinário a que se dá provimento, neste aspecto, para excluir a condenação relativa ao pagamento de R$ 2.000,00 (dois mil reais) para cada trabalhador da recorrente a título de Participação

nos Lucros ou Resultados – PLR, resguardadas, entretanto, as situações fáticas já estabelecidas, ao teor do art. 6º, § 3º, da Lei nº 4.725/65 (TSTRO-5902-33.2016.5.15.0000, Seção Especializada em Dissídios Coletivos, Relatora Ministra Katia Magalhaes Arruda, *DEJT* 22/06/2018)."

Conforme o art. 3º da Lei 11.101/00, a participação nos lucros não substitui ou complementa a remuneração devida a qualquer empregado, nem constitui base de incidência de qualquer encargo trabalhista, não se lhe aplicando o princípio da habitualidade.

Diante do referido dispositivo legal, a participação nos lucros não pode ser concedida como complementação de remuneração, ou para reajuste salarial. Embora a participação nos lucros ou resultados seja paga em função do contrato de trabalho e tenha caráter contraprestativo, ela não integra a remuneração ou o salário do empregado. No entanto, trata-se de parcela condicional, uma vez que se condiciona à existência de lucros por parte do empregador. A inexistência de lucros a justificar o não pagamento da parcela é encargo do empregador.

Como bem adverte Carlos Henrique Bezerra Leite[16], "a natureza não salarial da participação nos lucros depende – é claro – da licitude ou ilicitude da sua instituição. Vale dizer, se observados todos os critérios objetivos fixados na Lei 10.101/00, a parcela paga a título de participação nos lucros não terá natureza salarial e, por via de consequência, não pode ser vinculada à remuneração do trabalhador. De tal arte, uma vez instituída validamente a participação nos lucros, o empregador só estará obrigado a efetuar o pagamento respectivo na hipótese efetiva de existência de lucros, o que bem demonstra o seu caráter condicional. Caso seja detectada fraude na instituição da participação nos lucros, ou se não forem observados os critérios objetivos previstos na CF e na Lei 10.101, perde ela o *status* de participação nos lucros, transmudando a sua natureza *ipso facto* a condição de parcela salarial (art. 9º da CLT)."

Nos termos do § 2º do art. 3º da Lei 11.101/00, é vedado o pagamento de qualquer antecipação ou distribuição de valores a título de participação nos lucros ou resultados da empresa em mais de 2 (duas) vezes no mesmo ano civil e em periodicidade inferior a 1 (um) trimestre civil.

---

16. Curso de Direito do Trabalho. 12. ed. São Paulo: Saraiva, 2020, p. 542.

Não obstante a vedação da Lei quanto ao pagamento da participação nos lucros em mais de duas parcelas no mesmo ano civil, o Tribunal Superior do Trabalho tem aceitado o pagamento da participação de forma mensal, desde que tal cláusula tenha sido firmada por acordo coletivo ou convenção coletiva de trabalho, e não traga prejuízos ao trabalhador, tampouco desnature a finalidade do instituto. Nesse sentido a OJ 73 da SDI-Transitória do TST, "*in verbis*":

> **"VOLKSWAGEN DO BRASIL LTDA. PARTICIPAÇÃO NOS LUCROS E RESULTADOS. PAGAMENTO MENSAL EM DECORRÊNCIA DE NORMA COLETIVA. NATUREZA INDENIZATÓRIA (*DEJT* divulgado em 09, 10 e 11.06.2010).**
>
> A despeito da vedação de pagamento em periodicidade inferior a um semestre civil ou mais de duas vezes no ano cível, disposta no art. 3º, § 2º, da Lei n.º 10.101, de 19.12.2000, o parcelamento em prestações mensais da participação nos lucros e resultados de janeiro de 1999 a abril de 2000, fixado no acordo coletivo celebrado entre o Sindicato dos Metalúrgicos do ABC e a Volkswagen do Brasil Ltda., não retira a natureza indenizatória da referida verba (art. 7º, XI, da CF), devendo prevalecer a diretriz constitucional que prestigia a autonomia privada coletiva (art. 7º, XXVI, da CF)."

Em havendo extinção do contrato de trabalho em data anterior à da distribuição dos lucros, é devido o pagamento proporcional da parcela, pois o empregado contribuiu para a existência dos lucros, ainda que parcialmente, aplicando-se aqui as regras de isonomia e equidade. Além disso, o benefício se incorpora de forma progressiva ao patrimônio jurídico do trabalhador. Nesse sentido a Súmula 451 do TST, "*in verbis*":

> **"PARTICIPAÇÃO NOS LUCROS E RESULTADOS. RESCISÃO CONTRATUAL ANTERIOR À DATA DA DISTRIBUIÇÃO DOS LUCROS. PAGAMENTO PROPORCIONAL AOS MESES TRABALHADOS. PRINCÍPIO DA ISONOMIA (conversão da Orientação Jurisprudencial nº 390 da SBDI-1) – Res. 194/2014, *DEJT* divulgado em 21, 22 e 23.05.2014.** Fere o princípio da isonomia instituir vantagem mediante acordo coletivo ou norma regulamentar que condiciona a percepção da parcela participação nos lucros e resultados ao fato de estar o contrato de trabalho em vigor na data prevista para a distribuição dos lucros. Assim, inclusive na rescisão contratual antecipada, é devido o pagamento da parcela de forma proporcional aos meses trabalhados, pois o ex-empregado concorreu para os resultados positivos da empresa."

No aspecto, relevante destacar também a seguinte ementa:

> "PRELIMINAR DE NULIDADE DO ACÓRDÃO REGIONAL POR NEGATIVA DE PRESTAÇÃO JURISDICIONAL. Deixa-se de analisar a preliminar de nulidade por negativa de prestação jurisdicional, nos termos do artigo 249, § 2º, do CPC/73 (atual artigo 282, § 2º, do CPC/2015), por, no mérito, possível decisão favorável à reclamante. Recurso de revista não conhecido. PARCELA DENOMINADA 'BÔNUS EXECUTIVO POR ATINGIMENTO DE METAS'. METAS ATINGIDAS. PREVISÃO NORMATIVA DE QUE O CONTRATO DE TRABALHO ESTEJA EM VIGOR NA DATA ESTIPULADA PARA PAGAMENTO. INVALIDADE. APLICAÇÃO ANALÓGICA DA SÚMULA Nº 451 DO TST. PRINCÍPIO DA ISONOMIA. OFENSA AO ARTIGO 5º, INCISO II, DA CONSTITUIÇÃO DA REPÚBLICA. No caso, a pretensão autoral consiste no pagamento da parcela 'bônus executivo' por alcance de metas referentes ao ano de apuração 2017, cujo pagamento estava previsto para 30/4/2018, nos termos dispostos em norma regulamentar interna da empresa. Segundo o acórdão regional, o regulamento empresarial que dispunha sobre o 'bônus executivo' estabeleceu dois requisitos para o pagamento da referida parcela: o alcance das metas nele previstas e a vigência do contrato de trabalho à época determinada para o seu pagamento. Segundo o Tribunal de origem, é incontroverso que a reclamante atingiu as metas designadas para o pagamento do 'bônus executivo', porém, o pedido de rescisão contratual antes da data estipulada para pagamento da parcela afasta o pretenso direito, porquanto não teriam sido atendidos todos os requisitos previstos no regulamento empresarial. Discute-se, portanto, a validade da cláusula prevista no regulamento empresarial, que condiciona o pagamento da parcela 'bônus executivo' por atingimento de metas à vigência do contrato de trabalho na data estipulada para a quitação dessa rubrica. Registra-se, por oportuno, que a jurisprudência prevalecente nesta Corte superior firmou entendimento no sentido de que a norma regulamentar interna que sujeita o pagamento de bônus por atingimento de metas à vigência do contrato à época da data estipulada para a quitação da parcela contraria o princípio da isonomia, especialmente quando verificado que a trabalhadora contribuiu para o resultado positivo da empresa e satisfez o aspecto quantitativo exigido para a bonificação, em aplicação analógica da mesma *ratio decidendi* da Súmula nº 451 do TST. O Tribunal a quo, por sua vez, expressamente afastou a incidência da Súmula nº 451 do TST no caso dos autos, ao fundamento

de que a parcela 'bônus executivo' não se confunde com a parcela de 'participação nos lucros e resultados', pois a primeira tem previsão em regulamento empresarial e a segunda tem previsão legal. Todavia, importante esclarecer que, a despeito da distinção consignada entre a parcela 'bônus executivo' e a parcela de 'participação nos lucros e resultados', considerando que ambas as rubricas estão relacionadas ao cumprimento de metas, é irrelevante essa diferenciação quanto à natureza jurídica da fonte. Na verdade, constata-se que a Súmula nº 451 do TST proclama substancialmente a mesma situação em exame nos autos. A condição imposta em regulamento empresarial quanto à vigência do contrato de trabalho para a percepção de parcela, que se relaciona com o cumprimento de metas, revela desrespeito ao princípio da isonomia, na medida em que a reclamante contribuiu assim como os demais empregados para o atingimento de resultados positivos pela empresa, o que caracteriza afronta direta ao inciso II do artigo 5º da Constituição da República. Desse modo, o Tribunal a quo, ao manter o indeferimento da parcela 'bônus executivo', mesmo tendo expressamente reconhecido que foram atingidas as metas quantitativas exigidas pelo regulamento empresarial, apenas porque o contrato de trabalho não estava em vigor na data estipulada para o pagamento da referida parcela, decidiu de forma a incorrer em direta e literal violação do artigo 5º, inciso II, da Constituição Federal , que consagra o princípio da isonomia, atraindo para esse caso, por analogia, a aplicação da mesma ratio decidendi consagrada por essa Corte em sua Súmula nº 451. A reclamante faz jus à percepção do valor integral da parcela 'bônus executivo' por atingimento de metas referentes ao ano de apuração 2017, considerando-se que ela trabalhou durante todo esse ano, tendo pedido demissão em 04/12/2017 e cumprido aviso prévio. Recurso de revista conhecido e provido (TST – RR-100975-31.2018.5.01.0039, 2ª Turma, Relator Ministro Jose Roberto Freire Pimenta, *DEJT* 20/08/2021).

5. PARCELAS SALARIAIS DE NATUREZA CONTROVERTIDA

5.1. Gueltas

Gueltas, tradicionalmente, são importâncias pagas a trabalhadores do ramo farmacêutico, realizados por fabricantes de determinadas marcas de medicamentos, para um trabalhador, empregado de outra empresa que revende estes medicamentos no mercado de consumo, a fim de impulsionar a venda dos produtos do fabricante.

Entretanto, as gueltas também são pagas em outros ramos do mercado de consumo. O fator determinante é que o pagamento seja realizado por terceiro que tem interesse em impulsionar a venda de seus produtos.

As gueltas não se enquadram, de forma específica, nos conceitos de salário e remuneração fixados no art. 457 da CLT, uma vez que não são importâncias devidas e pagas pelo empregador ou pelo cliente (gorjetas) em razão da prestação pessoal de serviços. Em razão disso, muitos entendem que não se trata de parcela salarial ou remuneratória.

De nossa parte, as gueltas têm natureza jurídica de gorjetas, aplicando-se analogicamente o conceito fixado no art. 457, § 3º, da CLT, uma vez que o pagamento é feito por terceiro (de forma espontânea) em razão da prestação pessoal de serviços, e em função da existência do contrato de trabalho. Portanto, a natureza é de remuneração.

No aspecto, destaca-se a seguinte ementa:

> "GORJETA. Configuração Gueltas. Natureza jurídica. Em que pese ser paga por terceiros, a parcela denominada 'guelta' tem a mesma natureza jurídica das gorjetas e, uma vez recebida habitualmente pelo empregado, compõe a remuneração deste, em face do seu nítido caráter salarial (*PJe* TRT/SP 1000985-73.2018.5.02.0087 – 6ª Turma – RO – Rel. Wilson Fernandes – *DeJT* 3/03/2020).

No mesmo sentido, sustenta Carlos Henrique Bezerra Leite[17], "como se trata de pagamento feito por terceiro ao empregado, as gueltas, à mingua de disciplinamento legal específico, são equiparadas às gorjetas, de modo que têm natureza remuneratória, mas não salarial".

5.2. *Stock options*

São comuns em algumas empresas, principalmente multinacionais, o alto empregado fazer parte de um sistema de compra de ações da empresa com possibilidade de venda futura, denominado *stock options*.

Ensina Alice Monteiro de Barros[18] que "*as stock options* constituem um regime de compra ou de subscrição de ações e foram introduzidas na França em 1970, cujas novas regras encontram-se na Lei 420, de 2001. Não

17. Curso de Direito do Trabalho. 12. ed. São Paulo: Saraiva, 2020, p. 558.
18. Curso de Direito do Trabalho. 3. ed. São Paulo: LTr, 2007, p. 763.

se identificam com a poupança salarial. O regime das *stock options* permite que os empregados comprem ações da empresa em um determinado período e por preço ajustado previamente. Se o valor da ação ultrapassa o preço, o beneficiário obtém o lucro e, em consequência, duas alternativas lhe são oferecidas: revender de imediato a mais valia ou guardar os seus títulos e se tornar um empregado acionista".

Segundo Adriana Calvo[19], "o sistema de '*stock options*' consiste no direito de comprar lotes de ações por um preço fixo dentro de um prazo determinado. A empresa confere ao seu titular o direito de, num determinado prazo, subscrever ações da empresa para o qual trabalhava ou na grande maioria da sua controladora no exterior, a um preço determinado ou determinável, segundo critérios estabelecidos por ocasião da outorga, por meio de um plano previamente aprovado pela assembleia geral da empresa".

Discute-se na doutrina e jurisprudência se a *stock options* tem feição salarial.

É possível se sustentar a natureza salarial do *stock options*, pois ele é pactuado em razão de um contrato de trabalho.

Nesse sentido, o presente julgado:

> *"Salário (em geral). Configuração – A promessa de venda, pelo empregador, de ações da companhia a preço prefixado, para que o empregado opte por sua comprovação a qualquer tempo, auferindo lucro sem enfrentar qualquer risco implica em retribuição de natureza salarial, impondo-se a integração do resultado obtido pelo empregado na operação em todos os títulos contratuais pertinentes"* (34ª Vara do Trabalho/SP, Processo n. 2.339/99, Juiz Marcos Neves Fava, 18.12.00)[20].

De nossa parte, o sistema *stock options* não tem feição salarial, pois não se amolda no conceito de salário previsto no art. 457 da CLT, uma vez o empregado faz a compra das ações, e corre os riscos de eventual valorização ou desvalorização das ações. O benefício não é gratuito, correndo o empregado os riscos da atividade. Além disso, o benéfico é dirigido ao alto empregado, que tem maiores restrições de direitos, não configurando o *stock options* fraude à legislação social (art. 9º da CLT).

---

19. CALVO, Adriana. A natureza jurídica dos planos de opções de compra de ações no Direito do Trabalho ("*Employée Stock option plans*"). In: Revista LTr 69-09/1126.
20. In: Revista LTr 69-09-1128.

No mesmo sentido, destaca Gustavo Filipe Barbosa Garcia[21]:

> "Trata-se, na realidade, de negócio jurídico de natureza comercial, pois o empregado tem a faculdade de vender, ou não, as referidas ações, podendo, ou não, alcançar eventual lucro na operação em questão. Assim, pode-se verificar até mesmo eventual risco no mercado financeiro, assumido pelo empregado, quanto à 'flutuação' do valor das ações. Como se nota, o valor não é concedido pelo empregador, mas apenas possível de ser obtido pelo empregado, na transação mercantil em destaque. Não se verificam, assim, os requisitos do salário, das parcelas salariais ou remuneratórias (...)".

5.3. Direitos de imagem e arena

A imagem, como sendo um direito inerente à personalidade, não integra o contrato de trabalho, não podendo o empregador se utilizar da imagem do trabalhador. Por isso, antes, durante e depois do contrato de trabalho tanto o empregado como o empregador devem respeitar, reciprocamente, a imagem um do outro. Desse modo, sem autorização, o empregador não pode utilizar a imagem do empregado, ainda que em campanhas educativas ou sem fins lucrativos.

O direito de imagem, embora faça parte dos direitos da personalidade, pode ser objeto de cessão e exploração comercial.

Nas competições esportivas, a imagem do atleta nos jogos pode ser utilizada mesmo sem a sua anuência, pois é inerente ao exercício desta profissão o atleta estar em contato com o público, pois sua atividade é equiparada ao trabalho artístico.

A Constituição, no art. 5º, inciso XXVIII, letra *a*, assegura o direito de arena. Dispõe o referido dispositivo legal: "são assegurados, nos termos da lei: a) a proteção às participações individuais em obras coletivas e à reprodução da imagem e voz humanas, inclusive nas atividades desportivas".

A Constituição Federal disciplina o chamado *direito de arena* como forma de proteção da imagem do atleta e também retribuição pecuniária pela sua utilização.

---

21. GARCIA, Gustavo Filipe Barbosa. Curso de Direito do Trabalho. São Paulo: Método, 2007, p. 209.

Doutrina e jurisprudência de forma majoritária têm entendido que o valor pago a título de direito de arena integra a remuneração do empregado e se equipara às gorjetas, pois esse valor é pago por terceiros e não diretamente pelo empregador. Outros entendem que o valor pago a título do direito de arena não tem feição salarial, se aproximando da natureza jurídica de participação nos lucros.

De nossa parte, a importância paga a título do direito de arena decorre da utilização da imagem do atleta na sua atividade principal, que se dá durante a partida de futebol. Embora não seja paga pelo empregador, é devida em razão do contrato de trabalho e da prestação pessoal de serviços do atleta. Por isso, acreditamos que a natureza jurídica seja de gorjeta.

Dispõe o art. 160 da Lei 14.597/23:

> "Pertence às organizações esportivas mandantes o direito de arena, que consiste no direito de exploração e comercialização de difusão de imagens, abrangendo a prerrogativa privativa de negociar, de autorizar ou de proibir a captação, a fixação, a emissão, a transmissão, a retransmissão e a reprodução de imagens, por qualquer meio ou processo, de evento esportivo de que participem. § 1º (VETADO). § 2º O pagamento da verba de que trata o § 1º deste artigo será realizado por intermédio dos sindicatos das respectivas categorias, que serão responsáveis pelo recebimento e pela logística de repasse aos participantes do evento, no prazo de até 72 (setenta e duas) horas, contado do recebimento das verbas pelo sindicato. § 3º É facultado à organização esportiva detentora do direito de arena e dos direitos comerciais inerentes ao evento esportivo cedê-los no todo ou em parte, por meio de documento escrito, a outras organizações esportivas que regulam a modalidade e organizam competições. § 4º Na hipótese prevista no § 3º deste artigo, pertence às organizações esportivas responsáveis pela organização da competição o direito de autorizar ou de proibir a captação, a fixação, a emissão, a transmissão, a retransmissão e a reprodução de imagens, por qualquer meio ou processo, de eventos esportivos compreendidos em quaisquer das competições por elas organizadas, bem como de autorizar ou de proibir a exploração comercial de nome, de símbolos, de marcas, de publicidade estática e das demais propriedades inerentes às competições que organizem. § 5º Fica vedada a prática de proveito publicitário indevido e ilegítimo, obtido mediante o emprego de qualquer artifício ou ardil, sem amparo em contrato regular celebrado entre partes legítimas e com objeto lícito e sem a prévia concordância dos

titulares dos direitos envolvidos. § 6º Na hipótese de realização de eventos esportivos sem definição do mando de jogo, a captação, a fixação, a emissão, a transmissão, a retransmissão e a reprodução de imagens, por qualquer meio ou processo, dependerão da anuência das organizações esportivas participantes. § 7º As disposições deste artigo não se aplicam a contratos que tenham por objeto direitos de transmissão celebrados previamente à vigência desta Lei, os quais permanecem regidos pela legislação em vigor na data de sua celebração. § 8º Os contratos referidos no § 7º deste artigo não podem atingir as organizações esportivas que não cederam seus direitos de transmissão a terceiros previamente à vigência desta Lei, as quais poderão cedê-los livremente, conforme as disposições previstas no **caput** deste artigo.§ 9º Não constitui prática de proveito econômico indevido ou ilegítimo a veiculação, pelas empresas detentoras de concessão, de permissão ou de autorização para exploração de serviço de radiodifusão sonora e de sons e imagens, bem como de televisão por assinatura, da própria marca e a de seus canais e dos títulos de seus programas nos uniformes de competições das entidades esportivas e nos demais meios de comunicação que se localizem nas instalações dos recintos esportivos."

No nosso entendimento, ainda que a referida lei tenha dado caráter preponderantemente civil ao direito de arena, de nossa parte, diante da força atrativa do salário, do princípio da melhoria da condição social do trabalhador, e considerando-se que o direito de arena é pago em razão da existência de prestação pessoal de serviços do jogador para a entidade esportiva nos moldes dos arts. 2º e 3º da CLT, não há como afastar a natureza trabalhista de tal verba.

O direito de explorar a imagem do atleta profissional pode ser cedido ao clube empregador por meio de cláusula constante do contrato de trabalho, ou por meio de um contrato de natureza civil.

Discute-se tanto na doutrina como na jurisprudência qual a natureza jurídica do contrato em que o atleta cede a exploração de sua imagem ao clube empregador.

A imagem de determinado atleta muitas vezes propicia ao clube de futebol fonte de lucro na venda de camisas, álbuns de figurinhas, bolas e até mesmo maior arrecadação nos jogos.

Autores há que consideram o direito de imagem como constante do salário do atleta. Efetivamente, se constar como cláusula integrante do próprio contrato de trabalho, a cessão do direito de imagem do atleta ao clube empregador terá natureza salarial em razão da força atrativa do salário. Mas e se for firmado um contrato autônomo de cessão da imagem do atleta ao clube empregador? Parte da doutrina tem considerado que este contrato é, na verdade, um verdadeiro salário.

Outros consideram que o contrato de cessão de imagem tem natureza civil, não se confundindo com o contrato de trabalho, uma vez que o direito de imagem do atleta é autônomo, não se inserindo no contrato de trabalho.

A questão é complexa, pois o direito de imagem tem natureza distinta das obrigações das partes inerentes ao contrato de trabalho, vez que integra um direito da personalidade do atleta e pode ser cedido. Não há contraprestação laboral por parte do atleta ao ceder a utilização de sua imagem ao empregador. Desse modo, como pode um contrato de cessão de imagem ter natureza salarial?

A recente Lei 14.597/23 considera o direito de imagem como verba de natureza civil. Nesse sentido, dispõe o art. 85 da referida Lei, "in verbis":

> "A relação do atleta profissional com seu empregador esportivo regula-se pelas normas desta Lei, pelos acordos e pelas convenções coletivas, pelas cláusulas estabelecidas no contrato especial de trabalho esportivo e, subsidiariamente, pelas disposições da legislação trabalhista e da seguridade social. § 1º Os prêmios por performance ou resultado, o direito de imagem e o valor das luvas, caso ajustadas, não possuem natureza salarial e constarão de contrato avulso de natureza exclusivamente civil. § 2º Consideram-se prêmios por performance as liberalidades concedidas pela organização que se dedique à prática esportiva empregadora em dinheiro a atleta, a grupo de atletas, a treinadores e a demais integrantes de comissões técnicas e delegações, em razão do seu desempenho individual ou do desempenho coletivo da equipe da organização que se dedique à prática esportiva, previstas em contrato especial de trabalho esportivo ou não."

Nos termos do art. 164 da Lei 14.597/23, "O direito ao uso da imagem do atleta profissional ou não profissional pode ser por ele cedido ou explorado por terceiros, inclusive por pessoa jurídica da qual seja sócio, mediante ajuste contratual de natureza civil e com fixação de direitos, deveres e condições inconfundíveis com o contrato especial de trabalho esportivo. § 1º Não há impedimento a que o atleta empregado, concomitantemente à existência de contrato especial de trabalho esportivo, ceda seu direito de imagem à organização esportiva empregadora, mas a remuneração pela cessão de direito de imagem não substitui a remuneração devida quando configurada a relação de emprego entre o atleta e a organização esportiva contratante. § 2º A remuneração devida a título de imagem ao atleta pela organização esportiva não poderá ser superior a 50% (cinquenta por cento) de sua remuneração. § 3º A utilização da imagem do atleta pela organização esportiva poderá ocorrer, durante a vigência do vínculo esportivo e contratual, das seguintes formas, entre outras: I - divulgação da imagem do atleta no sítio eletrônico da organização e nos demais canais oficiais de comunicação, tais como redes sociais, revistas e vídeos institucionais; II - realização de campanhas de divulgação da organização esportiva e de sua equipe competitiva; III - participação nos eventos de lançamento da equipe e comemoração dos resultados. § 4º Deve ser efetivo o uso comercial da exploração do direito de imagem do atleta, de modo a se combater a simulação e a fraude. § 5º Fica permitida a exploração da imagem dos atletas e dos membros das comissões técnicas, de forma coletiva, assim considerada, no mínimo, 3 (três) atletas ou membros das respectivas comissões técnicas agrupados, em atividade profissional, em campo ou fora dele, captada no contexto das atividades esportivas e utilizada para fins promocionais, institucionais e de fomento ao esporte, pelas organizações que administram e regulam o esporte e pelas organizações que se dediquem à prática esportiva, respeitado o disposto neste artigo no que se refere ao direito de imagem de cada atleta e membro da comissão técnica, quando individualmente considerados."

Salário é a contraprestação devida ao empregado paga diretamente pelo empregador em razão da prestação de serviços. Nos termos do art. 457 da CLT: "compreendem-se na remuneração do empregado, para todos os efeitos legais, além do salário devido e pago diretamente pelo empregador, como contraprestação do serviço, as gorjetas que receber".

Diante dos conceitos acima mencionados, a cessão do direito de imagem não se confunde com o salário. Mas é bem verdade que se não há o contrato de trabalho, também não há o contrato de cessão de imagem.

De outro lado, há muitos casos em que os clubes com a anuência dos atletas pactuam o pagamento de salários por meio de contrato de cessão de imagem em nome de pessoa jurídica que pertence ao jogador para desvirtuar o caráter salarial da parcela e se exoneram tanto o empregador com o empregado dos encargos sociais e fiscais dessa parcela.

Entendemos que, salvo os casos de fraude, que é possível o contrato de cessão de imagem conviver com o contrato de trabalho do atleta profissional, como um contrato acessório de natureza civil, desde que tal contrato tenha destinação específica e real, como, por exemplo: as vendas de camisas do time, figurinhas, comerciais de televisão etc., e em valores razoáveis e não sirva para mascarar o pagamento de salários[22]. Além disso, como a imagem é um direito personalíssimo do atleta, o contrato de cessão da exploração de sua imagem tem que ser realizado com o próprio atleta e não com pessoa jurídica pertencente ao atleta. Outrossim, tal contrato deve ser pactuado por prazo determinado, assim como é o contrato de trabalho do jogador de futebol à luz da Lei 9.615/98. Desse modo, em compasso com os requisitos acima fixados, o contrato de cessão de imagem tem natureza civil, autônoma e acessória ao contrato de trabalho, e o pagamento pela utilização da imagem do atleta, salvo hipótese de fraude, não se confunde com o salário.

6. REGRAS PROTETIVAS DO SALÁRIO

O Ordenamento jurídico trabalhista, diante da importância social do salário, assegura garantias protetivas, visando não só a assegurar o pagamento, como também que ela cumpra as funções que a Constituição Federal destaca. Por isso, a doutrina elenca verdadeiros princípios de proteção ao salário previstos tanto no texto constitucional como na legislação infraconstitucional, quais sejam:

6.1. Irredutibilidade do salário

O art. 7º, VI, da CF[23] da Constituição Federal assegura a irredutibilidade do salário. Não obstante, tal irredutibilidade é apenas a *nominal*, ou seja, do valor numérico do salário e não do seu poder de compra. A

22. Nesse sentido dispõe o art. 87-A da Lei 9.615/98, "in verbis": "O direito ao uso da imagem do atleta pode ser por ele cedido ou explorado, mediante ajuste contratual de natureza civil e com fixação de direitos, deveres e condições inconfundíveis com o contrato especial de trabalho desportivo. Parágrafo único. Quando houver, por parte do atleta, a cessão de direitos ao uso de sua imagem para a entidade de prática desportiva detentora do contrato especial de trabalho desportivo, o valor correspondente ao uso da imagem não poderá ultrapassar 40% (quarenta por cento) da remuneração total paga ao atleta, composta pela soma do salário e dos valores pagos pelo direito ao uso da imagem."
23. Art. 7º, VI, da CLT: "Irredutibilidade do salário, salvo o disposto em convenção ou acordo coletivo".

irredutibilidade *real* deve ser buscada por meio da negociação coletiva, ou do dissídio coletivo de natureza econômica.

Como bem adverte Maurício Godinho Delgado[24]:

> "Prevalece, ainda, hoje, a pacífica a interpretação jurisprudencial e doutrinária de que a regra da irredutibilidade salarial restringe-se, exclusivamente, à noção do valor nominal do salário (art. 468, *caput*, CLT, combinado com art. 7º, IV, CF/88). Interpreta-se ainda hoje, portanto, que a regra não assegura apenas a garantia de percepção do mesmo patamar de salário nominal anteriormente ajustado entre as partes, sem viabilidade à sua diminuição nominal. Noutras palavras, a ordem jurídica heterônoma estatal, nesse quadro hermenêutico, teria restringido a presente proteção ao critério estritamente formal de aferição do valor do salário."

Não obstante, mediante negociação coletiva, o salário poderá ser reduzido em troca de outro direito concedido à classe trabalhadora.

Dispõe o art. 503 da CLT: "É lícita, em caso de força maior ou prejuízos devidamente comprovados, a redução geral dos salários dos empregados da empresa, proporcionalmente aos salários de cada um, não podendo, entretanto, ser superior a 25% (vinte e cinco por cento), respeitado, em qualquer caso, o salário mínimo da região. Parágrafo único – Cessados os efeitos decorrentes do motivo de força maior, é garantido o restabelecimento dos salários reduzidos."

Segundo entendimento já sedimentado em doutrina e jurisprudência, o art. 503 da CLT não restou recepcionado pela Constituição Federal, pois a redução de salário somente é possível por acordo coletivo.

De outro lado, a doutrina e a jurisprudência vêm entendendo que a negociação coletiva de trabalho para a redução do salário deve vir acompanhada da redução proporcional da jornada, devendo ser mantido o valor do salário-hora.

A Lei 14.020/20, oriunda da Conversão da Medida Provisória 936/90, possibilitou a redução do salário com a consequente redução da jornada de trabalho, e a suspensão do contrato de trabalho mediante acordos individuais entre empregados e empregadores durante o estado de calamidade pública provocado pela pandemia do coronavírus.

---

24. Curso de Direito do Trabalho. 18. ed. São Paulo: LTr, 2019, p. 932-933.

Com efeito, dispõe o art. 7º da Lei 14.020/20:

> "Durante o estado de calamidade pública a que se refere o art. 1º desta Lei, o empregador poderá acordar a redução proporcional de jornada de trabalho e de salário de seus empregados, de forma setorial, departamental, parcial ou na totalidade dos postos de trabalho, por até 90 (noventa) dias, prorrogáveis por prazo determinado em ato do Poder Executivo, observados os seguintes requisitos: I – preservação do valor do salário-hora de trabalho; II – pactuação, conforme o disposto nos arts. 11 e 12 desta Lei, por convenção coletiva de trabalho, acordo coletivo de trabalho ou acordo individual escrito entre empregador e empregado; e III – na hipótese de pactuação por acordo individual escrito, encaminhamento da proposta de acordo ao empregado com antecedência de, no mínimo, 2 (dois) dias corridos, e redução da jornada de trabalho e do salário exclusivamente nos seguintes percentuais: a) 25% (vinte e cinco por cento); b) 50% (cinquenta por cento); c) 70% (setenta por cento). § 1º A jornada de trabalho e o salário pago anteriormente serão restabelecidos no prazo de 2 (dois) dias corridos, contado da: I – cessação do estado de calamidade pública; II – data estabelecida como termo de encerramento do período de redução pactuado; ou III – data de comunicação do empregador que informe ao empregado sua decisão de antecipar o fim do período de redução pactuado. § 2º Durante o período de redução proporcional de jornada de trabalho e de salário, a contribuição de que tratam o art. 20 da Lei nº 8.212, de 24 de julho de 1991, e o art. 28 da Emenda Constitucional nº 103, de 12 de novembro de 2019, poderá ser complementada na forma do art. 20 desta Lei. § 3º Respeitado o limite temporal do estado de calamidade pública a que se refere o art. 1º desta Lei, o Poder Executivo poderá prorrogar o prazo máximo de redução proporcional de jornada de trabalho e de salário previsto no **caput** deste artigo, na forma do regulamento."

O Supremo Tribunal Federal, em controle concentrado de constitucionalidade (ADI 6363), indeferiu a liminar que pretendia a inconstitucionalidade do referido dispositivo, por violar o art. 7º, VI, que exige a negociação coletiva de trabalho para redução do salário. Importante destacar a seguinte passagem do voto do Relator da referida Ação, Ministro Alexandre de Moraes[25]:

25. Disponível em: http://portal.stf.jus.br/processos/downloadPeca.asp?id=15345059901&ext=.pdf. Acesso em: 05 out. 2021.

> "Essa medida provisória, a meu ver, não tem como objetivo prever uma hipótese específica de redução salarial, sobre a qual incidiria, de forma única e específica, o art. 7º, VII, da Constituição Federal. Não, o objetivo não foi prever hipóteses de redução salarial. O objetivo foi estabelecer mecanismos de preservação do emprego e da renda do trabalhador. Por isso é que, como vetores de interpretação, o art. 1º, o art. 3º, o caput do art. 6º me parecem mais importantes do que uma leitura, uma interpretação meramente literal e restrita do art. 7º, VI. E por que isso? Não se pretende aqui, nos termos do art. 7º, VI, reduzir, permanentemente, a partir de um conflito entre empregado e empregador, os salários. E essa é a ratio da norma prevista no art. 7º, VI. Quando o art. 7º, VI, estabelece que a redutibilidade salarial só é possível com acordo ou convenção coletiva, prevê a normalidade, a regra onde há uma divergência entre os interesses do empregado e dos empregadores, ou seja – e toda doutrina trabalhista e a jurisprudência trabalhista assim apontam –, a norma se aplica quando prevê a real existência de conflito coletivo de trabalho, ou seja, um conflito entre empregados e empregadores, e aí há necessidade e obrigatoriedade da participação dos sindicatos. Aqui não existe conflito. Aqui existe a necessidade de uma convergência, a convergência pela sobrevivência, a convergência pela sobrevivência da empresa, do empregador e do empregado, com o auxílio do governo. Sem o auxílio do governo e sem essa convergência de interesses de empregado e empregador, as empresas não sobreviverão a esse período de pandemia. Ou muitas, principalmente as micro, pequenas e médias empresas, não sobreviverão. Consequentemente, nós teremos um desemprego em massa."

A interpretação que prevaleceu, no nosso entendimento, correta foi no sentido de que a pandemia exigia urgência para preservação dos empregos, sendo a redução de salário com a consequente jornada, com parte da remuneração paga pelo governo (benefício emergencial), por meio de acordos individuais era razoável e justificável diante dos efeitos drásticos provocados pela pandemia. Além disso, entendeu-se que era necessário, nesse momento excepcional, adaptar o direito à realidade (realismo jurídico), pois não havia um conflito de interesses entre empregado e empregador que justificasse a pronta intervenção sindical.

6.2. Impenhorabilidade do salário

Ao contrário do CPC de 1973 que consagrava, no inciso IV do art. 649, a teoria da impenhorabilidade absoluta do salário, salvo dívida alimentar que decorria do parentesco, o CPC atual permite a penhora de salário em algumas hipóteses.

A CLT não disciplina as hipóteses de impenhorabilidade do salário. Desse modo, por força dos arts. 769 e 889, aplica-se à execução trabalhista o art. 833, IV, do CPC.

O Código de Processo Civil de 2015, entretanto, no referido § 2º do art. 833, permite a penhora do salário para pagamento de prestação alimentícia, independentemente de sua origem, bem como as importâncias excedentes a 50 (cinquenta) salários mínimos mensais.

A expressão *prestação alimentícia, independentemente de sua origem*, pode ser interpretada como abrangente de dívida trabalhista alimentar (art. 100 da CF). Não obstante, pensamos que a jurisprudência não se inclinará nesse sentido, uma vez que a OJ 153 da SDI-II do C. TST: à luz do § 2º do art. 649 do CPC/73 utiliza a expressão *prestação alimentícia* como espécie e não gênero de crédito de natureza alimentícia, não englobando o crédito trabalhista. Não obstante, é positiva a abertura da possibilidade de penhora de importâncias excedentes a 50 (cinquenta) salários mínimos mensais.

Na esfera trabalhista, pensamos que o Juiz do Trabalho possa, à luz dos princípios de justiça, da razoabilidade e da proporcionalidade, considerando a natureza alimentar do crédito trabalhista, flexibilizar a interpretação do § 2º do art. 833 do CPC, e permitir a penhora de salário em valores inferiores a 50 salários mínimos, atendendo aos princípios da efetividade da execução e da não prejudicialidade do sustento do devedor.

O Tribunal Superior do Trabalho, recentemente, tem se pronunciado nesse sentido, conforme as ementas que seguem:

> **"RECURSO ORDINÁRIO EM MANDADO DE SEGURANÇA. ATO IMPUGNADO PRATICADO NA VIGÊNCIA DO CÓDIGO DE PROCESSO CIVIL DE 2015. DETERMINAÇÃO DE BLOQUEIO DE VALORES RELATIVOS AOS PROVENTOS DE APOSENTADORIA PERCEBIDOS PELA SÓCIA DA EMPRESA EXECUTADA. LEGALIDADE. ART. 833, § 2º, DO CPC DE 2015. INAPLICABILIDADE DA ORIENTAÇÃO JURISPRUDENCIAL N. 153 DA SBDI-II DO TRIBUNAL SUPERIOR DO TRABALHO.**
> 1. Consoante disposto no art. 833, § 2º, do Código de Processo Civil de 2015, a impenhorabilidade de vencimentos, subsídios, soldos, salários, remunerações, proventos de aposentadoria, pensões, pecúlios e montepios "não se aplica à hipótese de penhora para pagamento de

prestação alimentícia, ***independentemente de sua origem***", observado o limite máximo de 50%. Cuida-se de inovação legislativa, visto que no Código de Processo Civil de 1973 somente se excepcionava a referida penhora para os casos de prestação de alimentos. Ante a alteração legislativa, houve por bem o Tribunal Pleno desta Corte superior, mediante a Resolução n. 220, de 18 de setembro de 2017, modificar a redação da Orientação Jurisprudencial n. 153 da SBDI-II para limitar a sua incidência aos atos praticados na vigência do CPC de 1973. 2. No caso dos autos, extrai-se das provas que o MM. Juízo da 9ª Vara do Trabalho de Salvador/BA determinou, em 30.5.2016, o bloqueio de valores relativos a 20% dos proventos de aposentadoria percebidos mensalmente pela impetrante. Constata-se, assim, que a decisão impugnada foi proferida na vigência do Código de Processo Civil de 2015 e limitou a penhora a 20% das referidas parcelas. Escorreita, daí, a decisão por meio da qual se denegou a segurança para se manter a ordem de bloqueio proferida pelo MM. Juízo da Vara do Trabalho de origem. Precedente. 3. Recurso Ordinário conhecido e não provido" (Processo: RO – 1123-14.2016.5.05.0000 – Data de Julgamento: 7.11.2017, rel. Ministro Lelio Bentes Corrêa, Subseção II Especializada em Dissídios Individuais, Data de Publicação: *DEJT* 10.11.2017).

"RECURSO ORDINÁRIO EM MANDADO DE SEGURANÇA. PENHORA DE 30% SOBRE OS PROVENTOS. ATO COATOR PROFERIDO NA VIGÊNCIA DO CPC DE 2015. LEGALIDADE. ARTS. 529, § 3º, E 833, IV E § 2º, DO CPC. 1. Trata-se de recurso ordinário interposto contra acórdão proferido pelo Tribunal Regional do Trabalho da 18ª Região que concedeu a segurança, determinando a cassação da ordem de penhora sobre os proventos da impetrante e a restituição dos valores bloqueados. 2. Conforme se depreende dos autos, o ato impugnado no presente 'mandamus' consiste em decisão proferida pelo MM. Juiz da 9ª Vara do Trabalho de Goiânia/GO, nos autos da execução em curso na reclamação trabalhista subjacente, que determinou a penhora de 30% sobre os proventos de aposentadoria da impetrante. 3. Pontue-se, de início, que o ato coator foi praticado sob a vigência do CPC de 2015, o que, a toda evidência, afasta a compreensão depositada na Orientação Jurisprudencial 153 da SBDI-2/TST, na medida em que somente é aplicável a atos pretéritos à vigência da Lei nº 13.105/2015 (Resolução nº 220, de 18 de setembro de 2017). 4. O inciso IV do art. 833 do CPC define que são impenhoráveis 'os vencimentos, os subsídios, os soldos, os salários, as remunerações, os proventos de aposentadoria, as pensões,

> os pecúlios e os montepios, bem como as quantias recebidas por liberalidade de terceiro e destinadas ao sustento do devedor e de sua família, os ganhos de trabalhador autônomo e os honorários de profissional liberal'. 5. Por sua vez, o § 2º do art. 833 do CPC excepciona a referida regra, ao permitir a penhora de salários, subsídios e proventos de aposentadoria quando a execução tiver por finalidade o pagamento de prestação alimentícia, qualquer que seja a origem, bem como nos casos em que as importâncias excedam a 50 (cinquenta) salários-mínimos mensais. 6. A constrição autorizada pelo art. 833, § 2º, do CPC deve, ainda, tratando-se de verba de natureza alimentar, como evidentemente é o crédito trabalhista, limitar-se a 50% (cinquenta por cento) dos ganhos líquidos do executado, nos termos do § 3º do art. 529 do CPC. 7. Nota-se que o intuito do legislador foi o de garantir e proteger os direitos e interesses do credor sem retirar do devedor as condições de viver de forma digna, enquanto responde pela quitação da dívida. 8. Diante dessas premissas, é possível deduzir, em tese, pela inexistência de ilegalidade na decisão por meio da qual, na vigência do CPC de 2015, determina a penhora de até 50% (cinquenta por cento) sobre salários ou proventos da parte executada na reclamação trabalhista. Precedentes. 9. No caso concreto, entretanto, considerando os princípios da razoabilidade, da proporcionalidade e da dignidade da pessoa humana, emerge a conclusão no sentido de manter a penhora sobre os proventos de aposentadoria da impetrante, restringindo-se, contudo, ao percentual de 10%. Recurso ordinário conhecido e parcialmente provido" (TST – ROT-10683-41.2021.5.18.0000, Subseção II Especializada em Dissídios Individuais, Relatora Ministra Morgana de Almeida Richa, *DEJT* 09/09/2022).

Se o salário for transferido para caderneta de poupança e aplicações financeiras, pensamos que ele não estará protegido pela impenhorabilidade, uma vez que perde a sua natureza alimentar. Não obstante, dispõe o inciso X do art. 833 do CPC: "São impenhoráveis: (...) *X – a quantia depositada em caderneta de poupança, até o limite de 40 (quarenta) salários mínimos*".

Pensamos que o inciso X do art. 833 do CPC não se aplica ao Processo do Trabalho, em razão do caráter alimentar do crédito trabalhista. De outro lado, o referido dispositivo mostra-se incompatível com os princípios da execução trabalhista, devendo não ser aplicável (arts. 769 e 889 da CLT).

Ainda que se entenda aplicável a impenhorabilidade do inciso X do art. 833 do CPC, deve o Juiz do Trabalho interpretá-lo com extrema cautela, pois, muitas vezes, o dinheiro em caderneta de poupança possibilita fraudes e é uma válvula de escape para o inadimplemento do crédito trabalhista.

6.3. Intangibilidade salarial

Dispõe o art. 462 da CLT:

> "Ao empregador é vedado efetuar qualquer desconto nos salários do empregado, salvo quando este resultar de adiantamentos, de dispositivos de lei ou de contrato coletivo. § 1º – Em caso de dano causado pelo empregado, o desconto será lícito, desde que esta possibilidade tenha sido acordada ou na ocorrência de dolo do empregado. § 2º – É vedado à empresa que mantiver armazém para venda de mercadorias aos empregados ou serviços estimados a proporcionar-lhes prestações 'in natura' exercer qualquer coação ou induzimento no sentido de que os empregados se utilizem do armazém ou dos serviços. § 3º – Sempre que não for possível o acesso dos empregados a armazéns ou serviços não mantidos pela Empresa, é lícito à autoridade competente determinar a adoção de medidas adequadas, visando a que as mercadorias sejam vendidas e os serviços prestados a preços razoáveis, sem intuito de lucro e sempre em benefício das empregados. § 4º – Observado o disposto neste Capítulo, é vedado às empresas limitar, por qualquer forma, a liberdade dos empregados de dispor do seu salário."

O presente dispositivo, conforme já sedimentado em doutrina, consagra o chamado princípio da intangibilidade salarial, ou seja, a impossibilidade de o salário ser objeto de descontos, salvo quando este resultar de adiantamentos, de dispositivos de lei ou de contrato coletivo.

Como bem adverte Maurício Godinho Delgado[26]:

> "Essa garantia da intangibilidade salarial ampliou-se a contar de 5.10.1988. De fato, a Constituição da República estipula que a retenção dolosa do salário constitui crime (art. 7º, X, CF/88). A norma insculpida na Constituição obviamente não pode merecer interpretação extensiva – como qualquer norma fixadora de ilícito ou punição. Desse modo, deve-se compreender no sentido da norma constitucional a ideia de retenção do salário *stricto sensu*. Nessa linha, excluem-se dessa noção de salário retido (para fins penais) as

26. Curso de Direito do Trabalho. 18. ed. São Paulo: LTr, 2019, p. 950.

parcelas salariais acessórias e ainda as verbas salariais controvertidas (a controvérsia sobre o débito exclui o próprio dolo em tais casos)."

É sabido que o empregador corre os riscos da atividade econômica (art. 2º da CLT). Também, como regra geral, os princípios da irredutibilidade e intangibilidade salariais protegem o salário contra eventuais reduções ou descontos. Não obstante, esses princípios de proteção ao salário e também o fato de o empregador suportar os riscos da atividade econômica, não isentam o empregado de responder pelos danos causados ao empregador quando sua conduta for culposa (falta de um dever de cuidado), ou dolosa (intencional), restando aplicável também a regra geral do art. 186 do CC, por força do art. 8º da CLT.

Na hipótese de culpa, conforme o § 1º do art. 462 da CLT, o empregado somente responderá se tal cláusula constar expressamente de forma escrita do contrato de trabalho. De nossa parte, não basta o ajuste tácito diante das consequências que podem acarretar ao empregado, máxime em razão dos princípios de proteção ao salário, como fonte de renda do trabalhador. Quando houver dolo do empregado, torna-se desnecessária a previsão contratual.

Sob outro enfoque, quando os prejuízos causados ao empregador forem em razão da natureza da atividade, ou quando o empregado trabalhe em atividade de risco (art. 927, parágrafo único, do CC), em que há probabilidade mais acentuada de causar danos aos equipamentos de trabalho, mesmo havendo previsão contratual de desconto salarial em razão de conduta culposa do empregado, nessa hipótese, o empregador corre os riscos da atividade, isentando o empregado de tal responsabilidade.

Como bem adverte Francisco Antonio de Oliveira[27], "todavia, em ambos, no ato culposo como no ato doloso, a empresa deverá comprovar o fato. Temos para nós que não é qualquer culpa que autoriza o ressarcimento. Existem certos trabalhos em que a monotonia envolve o trabalhador, quer pelo ruído causado, quer pela luminosidade excessiva, que o descuido se transforma em consequência inarredável e, por isso, mesmo o dano que vier a ser causado em tais situações estará contido no próprio risco do empreendimento. Por isso mesmo, a culpa deverá ser grave para responsabilizar o trabalhador".

27. Comentários à CLT. 2. ed. São Paulo: RT, 2000, p. 453.

No aspecto, valem ser transcritas as seguintes ementas:

> Descontos salariais – Danos culposos – Acidente automobilístico – Reconhecimento da culpa do empregado – Autorização dos descontos – Possibilidade. O reconhecimento da culpa do empregado em acidente automobilístico envolvendo veículo da empresa que conduzia legitima o desconto salarial pelos danos que ocasionou, a fim de se assegurar o ressarcimento ao empregador, desde que tal possibilidade tenha sido previamente acordada. Inteligência do art. 462, § 1º, CLT (TRT – 15ª R – 2ª T – RO nº 2298/2004.066.15.00-4 – Rel. Luís Carlos Cândido M. S. da Silva – *DJ* 23.11.07 – p. 63) (RDT nº 1 – Janeiro de 2008).
>
> Descontos salariais – Princípio da alteridade. O art. 2º da CLT consagra o princípio da alteridade, no sentido de impor na esfera jurídico-trabalhista a assunção pelo empregador dos riscos econômicos inerentes à sua atividade empresarial. Esse mesmo princípio conduz à vedação de descontos nos salários dos trabalhadores, excetuadas as hipóteses preconizadas no art. 462 da CLT, ou mesmo eventualmente estabelecidas nos instrumentos normativos. Destarte, revelam-se indevidos os descontos salariais decorrentes de extravio e danos em mercadorias, quando não constatado nos autos o dolo do empregado, já que tal situação não se enquadra nas exceções estabelecidas na norma consolidada retromencionada (TRT 3ª R – 2ª T – RO nº 1356/2007.129.03.00-9 – Rel. Sebastião Geraldo de Oliveira – *DJ* 18.06.08 – p. 16) (RDT nº 08 – agosto de 2008).

Dispõe a Súmula 342 do TST:

> **"DESCONTOS SALARIAIS. ART. 462 DA CLT (mantida) – Res. 121/2003, *DJ* 19, 20 e 21.11.2003.**
>
> Descontos salariais efetuados pelo empregador, com a autorização prévia e por escrito do empregado, para ser integrado em planos de assistência odontológica, médico-hospitalar, de seguro, de previdência privada, ou de entidade cooperativa, cultural ou recreativo-associativa de seus trabalhadores, em seu benefício e de seus dependentes, não afrontam o disposto no art. 462 da CLT, salvo se ficar demonstrada a existência de coação ou de outro defeito que vicie o ato jurídico."

Diante do disposto no referido verbete sumular, caso o empregado autorize, por escrito, descontos no salário para adesão a plano de saúde, odontológico, seguro de entidade privada, ou cultural-recreativa, e não exista vício de consentimento na manifestação de vontade, são lícitos os descontos.

No entanto, deve-se avaliar se o benefício concedido ao empregado em razão do desconto salarial lhe é útil, e se tal adesão não ocorreu quando de sua contratação. De outro lado, a concessão de plano de saúde em condições muito mais favoráveis ao empregado do que no mercado de consumo fornecido pela empresa, o qual é utilizado pelo empregado e sua família, justifica o desconto, mesmo sem a anuência expressa do trabalhador, bastando, em nosso entendimento, a concordância tácita.

7. MODALIDADES DE SALÁRIO

O salário pode ser pactuado nas seguintes modalidades:

a) **unidade de tempo:** é o tradicional. Leva em consideração o número de dias trabalhados, ou o número de horas trabalhadas. É mais protetivo ao trabalhador, pois não há nenhum risco.

b) **unidade de obra:** tem por base a produção de determinada obra produzida. É aferido pelo resultado do trabalho. Não é benéfico ao trabalhador, pois este acaba assumindo parte dos riscos do negócio.

c) **tarefa:** caracteriza-se por um misto dos critérios de unidade de tempo e produção. Normalmente, é utilizado para estimular a produção.

Qualquer que seja a forma de pactuação do salário, deve-se garantir ao trabalhador o salário mínimo ou o mínimo profissional ou convencional.

8. SALÁRIO MÍNIMO

O salário mínimo é a contraprestação mínima que deve ser paga ao trabalhador em razão da prestação pessoal de serviços. É previsto em lei e nacionalmente unificado.

Dispõe o art. 7º, V, da Constituição Federal:

> "Salário mínimo, fixado em lei, nacionalmente unificado, capaz de atender a suas necessidades vitais básicas e às de sua família com moradia, alimentação, educação, saúde, lazer, vestuário, higiene, transporte e previdência social, com reajustes periódicos que lhe preservem o poder aquisitivo, sendo vedada sua vinculação para qualquer fim."

O salário mínimo deve ser:

a) nacionalmente unificado;

b) é a contraprestação mínima para qualquer tipo de trabalho assalariado e regido pelas normas trabalhistas;

c) deve atender às necessidades básicas do trabalhador e de sua família;

d) deve ter reajustes periódicos;

e) sua vinculação é vedada para qualquer fim.

A jurisprudência trabalhista se firmou no sentido de que se o trabalhador cumpriu jornada inferior a 44 horas semanais e a 20 horas mensais, é possível receber salário inferior ao mínimo legal. Nesse sentido, a OJ 358 da SDI-I do C. TST, "*in verbis*":

> **"SALÁRIO MÍNIMO E PISO SALARIAL PROPORCIONAL À JORNADA REDUZIDA. EMPREGADO. SERVIDOR PÚBLICO (redação alterada na sessão do Tribunal Pleno realizada em 16.02.2016) – Res. 202/2016, *DEJT* divulgado em 19, 22 e 23.02.2016.** I – Havendo contratação para cumprimento de jornada reduzida, inferior à previsão constitucional de oito horas diárias ou quarenta e quatro semanais, é lícito o pagamento do piso salarial ou do salário mínimo proporcional ao tempo trabalhado. II – Na Administração Pública direta, autárquica e fundacional não é válida remuneração de empregado público inferior ao salário mínimo, ainda que cumpra jornada de trabalho reduzida. Precedentes do Supremo Tribunal Federal."

No mesmo sentido, o art. 58-A, § 1º, da CLT, "o salário a ser pago aos empregados sob o regime de tempo parcial será proporcional à sua jornada, em relação aos empregados que cumprem, nas mesmas funções, tempo integral".

Como já nos pronunciamos, em que pese a jurisprudência do TST, pensamos que o salário mínimo não tem vinculação com a jornada de trabalho, uma vez que é contraprestação mínima, independentemente do número de horas trabalhadas.

Como bem adverte Maurício Godinho Delgado[28], "a Constituição de 1988 buscou meios de favorecer a garantia do valor real do salário mínimo.

---

28. Curso de Direito do Trabalho. 18. ed. São Paulo: LTr, 2019, p. 940-941.

Assim, de um lado, vedou 'sua vinculação para qualquer fim' – proibição que objetivava evitar a utilização da figura como medida de valor, prática que historicamente sempre conspirou contra sua efetiva valorização no contexto econômico. De outro lado, a Constituição determinou a incidência sobre a parcela de 'reajustes periódicos que lhes preservem o poder aquisitivo' (art. 7º, CF/88). Por fim, determinou que fosse fixado em lei, ao invés da antiga prática, anterior à CF/88, de ser fixado por intermédio de decreto do Poder Executivo."

A existência do salário mínimo nacional não impede que os Estados estabeleçam o salário mínimo estadual, ou o piso estadual, compatível com o custo de vida de determinado Estado, desde que seja superior ao mínimo nacional.

Nesse sentido dispõe o art. 1º da LC 103/2000, "*in verbis*":

> "Os Estados e o Distrito Federal ficam autorizados a instituir, mediante lei de iniciativa do Poder Executivo, o piso salarial de que trata o inciso V do art. 7º da Constituição Federal para os empregados que não tenham piso salarial definido em lei federal, convenção ou acordo coletivo de trabalho. § 1º A autorização de que trata este artigo não poderá ser exercida: I – no segundo semestre do ano em que se verificar eleição para os cargos de Governador dos Estados e do Distrito Federal e de Deputados Estaduais e Distritais; II – em relação à remuneração de servidores públicos municipais. § 2º O piso salarial a que se refere o *caput* poderá ser estendido aos empregados domésticos."

9. DO SALÁRIO PROFISSIONAL

O salário mínimo profissional é a contraprestação mínima devida em razão da prestação pessoal de serviços de um trabalhador legalmente habilitado para o exercício de determinada profissão, a exemplo dos médicos (Lei 3.999/61), engenheiros (Lei 4.960-A/66) etc.

Como destaca o art. 7º, V, da Constituição Federal, o piso salarial deve ser proporcional à extensão e à complexidade do trabalho.

Geralmente, o salário profissional é previsto em Lei, mas pode ser objeto também de previsão em norma coletiva.

O piso salário mínimo profissional, conforme entendimento dominante na doutrina e jurisprudência trabalhista, pode ser fixado em salários mínimos. No aspecto, dispõe a Súmula 370 do TST, "*in verbis*":

> **"MÉDICO E ENGENHEIRO. JORNADA DE TRABALHO. LEIS NºS 3.999/1961 E 4.950-A/1966 (conversão das Orientações Jurisprudenciais nºs 39 e 53 da SBDI-1) - Res. 129/2005, DJ 20, 22 e 25.04.2005.** Tendo em vista que as Leis nº 3.999/1961 e 4.950-A/1966 não estipulam a jornada reduzida, mas apenas estabelecem o salário mínimo da categoria para uma jornada de 4 horas para os médicos e de 6 horas para os engenheiros, não há que se falar em horas extras, salvo as excedentes à oitava, desde que seja respeitado o salário mínimo/horário das categorias (ex-OJs nºs 39 e 53 da SBDI-1 - inseridas, respectivamente, em 07.11.1994 e 29.04.1994)".

Nesse sentido, destaca Maurício Godinho Delgado:

> "Tem prevalecido o entendimento de que a proibição à utilização do salário mínimo como medida de valor dirige-se ao campo exterior ao Direito do Trabalho, não inviabilizando seu uso como critério de preservação contínua do valor real do salário efetivo do obreiro".

O Supremo Tribunal Federal, no entanto, restringiu esse entendimento, conforme a Súmula Vinculante 04, "*in verbis*":

> "Salvo nos casos previstos na Constituição, o salário mínimo não pode ser usado como indexador de base de cálculo de vantagem de servidor público ou de empregado, nem ser substituído por decisão judicial."

Como adverte Maurício Godinho Delgado[29], para se compatibilizar o critério salarial fixado em múltiplos de salários mínimos (acolhido pela Súmula 370 do TST) com a proibição indexadora advinda do art. 7º, IV, CF/88 - observada a leitura mais rigorosa feita pela Súmula Vinculante nº 4 -, é necessário que o salário efetivo do empregado seja convertido em moeda real (conversão em reais), recebendo em seguida os reajustes normativos aplicáveis que despontarem. Apenas o salário contratual inicial é que poderia, dessa maneira, seguir o piso fixado em lei profissional.

10. DO SALÁRIO NORMATIVO OU CONVENCIONAL

O salário convencional é o valor mínimo previsto em norma coletiva (acordo ou convenção coletiva) para determinada função ou funções de determinadas categorias profissional ou de empresa.

---

29. *Curso de Direito do Trabalho*. 18. ed. São Paulo: LTr, 2019, p. 943.

Já o salário normativo é o mínimo previsto para determinada categoria profissional fixada em sentença normativa.

11. DA CORREÇÃO MONETÁRIA DO SALÁRIO

A correção monetária tem por objetivo manter o valor atualizado do crédito trabalhista. Como assevera *Mauricio Godinho Delgado*[30], "a correção monetária é efeito automático, inerente à preservação do valor real dos créditos resultantes da condenação".

Conforme a Súmula 211 do TST, os juros de mora e a correção monetária incluem-se na liquidação, ainda que omisso o pedido inicial ou a condenação.

O art. 39 da Lei 8.177/91 disciplina a correção monetária no âmbito trabalhista. Dispõe o referido dispositivo legal:

> "Os débitos trabalhistas de qualquer natureza, quando não satisfeitos pelo empregador nas épocas próprias assim definidas em lei, acordo ou convenção coletiva, sentença normativa ou cláusula contratual sofrerão juros de mora equivalentes à TRD acumulada no período compreendido entre a data de vencimento da obrigação e o seu efetivo pagamento. § 1º Aos débitos trabalhistas constantes de condenação pela Justiça do Trabalho ou decorrentes dos acordos feitos em reclamatória trabalhista, quando não cumpridos nas condições homologadas ou constantes do termo de conciliação, serão acrescidos, nos juros de mora previstos no *caput* juros de um por cento ao mês, contados do ajuizamento da reclamatória e aplicados *pro rata die*, ainda que não explicitados na sentença ou no termo de conciliação. § 2º Na hipótese de a data de vencimento das obrigações de que trata este artigo ser anterior a 1º de fevereiro de 1991, os juros de mora serão calculados pela composição entre a variação acumulada do BTN Fiscal no período compreendido entre a data de vencimento da obrigação e 31 de janeiro de 1991, e a TRD acumulada entre 1º de fevereiro de 1991 e seu efetivo pagamento."

A atualização do crédito trabalhista pela TR, notoriamente, não atualiza os créditos trabalhistas pelo valor real, estando muito aquém de outros índices de correção monetária, como o IPC, INPC, IPCA, dentro outros.

---

30. *Curso de direito do trabalho*. 16. ed. São Paulo: LTr, 2017, p. 969.

O Tribunal Superior do Trabalho, em decisão plenária, havia declarado a inconstitucionalidade da TR e determinado a correção dos débitos trabalhistas pelo IPCA, conforme a seguinte decisão:

> "ARGUIÇÃO DE INCONSTITUCIONALIDADE. EXPRESSÃO 'EQUIVALENTES À TRD' CONTIDA NO ART. 39 DA LEI N. 8.177/91. *RATIO DECIDENDI* DEFINIDA PELO SUPREMO TRIBUNAL FEDERAL. INTERPRETAÇÃO CONFORME A CONSTITUIÇÃO. DECLARAÇÃO DE INCONSTITUCIONALIDADE POR ARRASTAMENTO, POR ATRAÇÃO, CONSEQUÊNCIA, DECORRENTE OU REVERBERAÇÃO NORMATIVA. INTERPRETAÇÃO CONFORME A CONSTITUIÇÃO. MODULAÇÃO DE EFEITOS AUTORIZADA PELA INTEGRAÇÃO ANALÓGICA PREVISTA NO ART. 896-C, M, § 17, DA CLT, INTRODUZIDO PELA LEI N. 13.015/2014. RESPEITO AO ATO JURÍDICO PERFEITO. Na decisão proferida pelo Supremo Tribunal Federal nas ADIs ns. 4.357, 4.372, 4.400 e 4.425, foi declarada inconstitucional a expressão 'índice oficial da remuneração básica da caderneta de poupança', constante do § 12 do art. 100 da Constituição Federal. Mais recentemente e na mesma linha, desta feita por meio da decisão proferida nos autos da Ação Cautelar n. 3764 MC/DF, em 24.3.2015, o entendimento foi reafirmado pela Suprema Corte, e fulminou a aplicação da TR como índice de correção monetária. A *ratio decidendi* desses julgamentos pode ser assim resumida: a atualização monetária incidente sobre obrigações expressas em pecúnia constitui direito subjetivo do credor e deve refletir a exata recomposição do poder aquisitivo decorrente da inflação do período em que apurado, sob pena de violar o direito fundamental de propriedade, protegido no art. 5º, XXII, a coisa julgada (art. 5º, XXXVI), a isonomia (art. 5º, *caput*), o princípio da separação dos Poderes (art. 2º) e o postulado da proporcionalidade, além da eficácia e efetividade do título judicial, a vedação ao enriquecimento ilícito do devedor. Diante desse panorama, inevitável reconhecer que a expressão 'equivalentes à TRD', contida no art. 39 da Lei n. 8.177/91, também é inconstitucional, pois impede que se restabeleça o direito à recomposição integral do crédito reconhecido pela sentença transitada em julgado. O reparo, portanto, dessa iníqua situação se impõe e com urgência, na medida em que, ao permanecer essa regra, a cada dia o trabalhador amargará perdas crescentes resultantes da utilização de índice de atualização monetária do seu crédito que não reflete a variação da taxa inflacionária. A solução para a questão emana do próprio Supremo Tribunal Federal e recai

sobre a declaração de Inconstitucionalidade por Arrastamento (ou por Atração, Consequência, Decorrente, Reverberação Normativa), caracterizada quando a declaração de inconstitucionalidade de uma norma impugnada se estende aos dispositivos normativos que apresentam com ela relação de conexão ou de interdependência. A técnica já foi utilizada pela Corte Maior, em inúmeros casos e, especificamente, na discussão em exame, em relação à regra contida no art. 1º-F da Lei n. 9.494/97, a partir do reconhecimento de que os fundamentos da *ratio decidendi* principal também se encontravam presentes para proclamar o mesmo 'atentado constitucional' em relação a este dispositivo que, na essência, continha o mesmo vício. A consequência da declaração da inconstitucionalidade pretendida poderá acarretar, por sua vez, novo debate jurídico, consistente em definir o índice a ser aplicável e, também, o efeito repristinatório de distintas normas jurídicas, considerando haverem sido diversas as leis que, ao longo da história, regularam o tema. Porém, a simples declaração de que as normas anteriores seriam restabelecidas, de pronto, com a retirada do mundo jurídico da lei inconstitucional, ainda que possível, não permitiria encontrar a solução, diante da extinção da unidade de referência de cuja variação do valor nominal se obtinha a definição do fator de reajuste, além de, de igual modo, haver sido assegurado no comando do STF a indicação do índice que reflete a variação plena da inflação. Nessa mesma linha de argumentação e como solução que atenda à vontade do legislador e evite a caracterização do 'vazio normativo', pode ser adotada a técnica de interpretação conforme a Constituição para o texto remanescente do dispositivo impugnado, que mantém o direito à atualização monetária dos créditos trabalhistas. Pretende-se, pois, expungir do texto legal a expressão que atenta contra a Constituição e, uma vez mantida a regra que define direito à atualização monetária (o restante do art. 39), interpretá-la em consonância com as diretrizes fixadas na Carta, para assegurar o direito à incidência do índice que reflita a variação integral da 'corrosão inflacionária', dentre os diversos existentes (IPC, IGP, IGP-M, ICV, INPC e IPCA, por exemplo), acolhendo-se o IPCA-E, tal como definido pela Corte Maior. Mas isso também não basta. Definido o novo índice de correção, consentâneo com os princípios constitucionais que levaram à declaração de inconstitucionalidade do parâmetro anterior, ainda será necessária a modulação dos efeitos dessa decisão, autorizada esta Corte por integração analógica do art. 896-C, § 17, da CLT, introduzido pela Lei n. 13.015/2014, a fim de que se preservem as situações jurídicas consolidadas resultantes dos pagamentos efetuados nos processos judiciais em virtude dos quais foi adimplida a obrigação, sobretudo em decorrência da proteção ao ato jurídico perfeito, resguardado desde o artigo 5º, XXXVI, da Constituição, até o artigo 6º da Lei de Introdução ao Direito Brasileiro – LIDB. Em conclusão: declara-se a inconstitucionalidade por arrastamento da expressão 'equivalentes à TRD', contida no *caput* do art. 39 da Lei n. 8.177/91; adota-se a técnica de interpretação conforme a Constituição para o texto remanescente do dispositivo impugnado, a preservar o direito à atualização monetária dos créditos trabalhistas; define-se a variação do Índice de Preços ao Consumidor Amplo Especial (IPCA-E) como fator de atualização a ser utilizado na tabela de atualização monetária dos débitos trabalhistas na Justiça do Trabalho; e atribui-se efeito modulatório à decisão, que deverá prevalecer a partir de 30 de junho de 2009 (data de vigência da Lei n. 11.960/2009, que acresceu o art. 1º-F à Lei n. 9.494/1997, declarado inconstitucional pelo STF, com o registro de que essa data corresponde à adotada no Ato de 16.4.2015, da Presidência deste Tribunal, que alterou o ATO.TST.GDGSET.GP.N. 188, de 22/4/2010, publicado no BI n. 16, de 23.4.2010, que estabelece critérios para o reconhecimento administrativo, apuração de valores e pagamento de dívidas de exercícios anteriores – passivos – a magistrados e servidores do Tribunal Superior do Trabalho), observada, porém, a preservação das situações jurídicas consolidadas resultantes dos pagamentos efetuados nos processos judiciais em virtude dos quais foi adimplida a obrigação, em respeito à proteção ao ato jurídico perfeito, também protegido constitucionalmente (art. 5º, XXXVI)" (TST – Processo: ArgInc – 479-60.2011.5.04.0231 Data de Julgamento: 4.8.2015, rel. Ministro Cláudio Mascarenhas Brandão, Tribunal Pleno, Data de Publicação: *DEJT* 14.8.2015).

A Lei n. 13.467/17 acrescentou o § 7º ao art. 879 da CLT, buscando frear a tendência da jurisprudência trabalhista em aplicar outros índices mais efetivos de atualização dos créditos trabalhistas.

O fato de a reforma trabalhista (Lei 13.467/17) ter trazido para o corpo da CLT o índice de correção monetária, não alterou a discussão sobre a Constitucionalidade da TR como fator de correção dos créditos trabalhista.

O § 7º do art. 879 da CLT, ao determinar a atualização monetária pela TR, contraria de forma injusta o crescente entendimento jurisprudencial, inclusive do TST, em aplicar outros índices que atualizam de forma mais adequada os créditos trabalhistas, como o IPCA.

O Supremo Tribunal Federal, em decisão proferida nas ADCs 58 e 59, finalmente resolveu a questão da constitucionalidade da taxa TR como fator de atualização dos créditos trabalhistas, conforme a ementa que segue:

> "Ações diretas de inconstitucionalidade e ações declaratórias de constitucionalidade. 2. Art. 879, § 7º, e art. 899, § 4º, da CLT, na redação dada pela Lei 13. 467, de 2017. Art. 39, *caput* e § 1º, da Lei 8.177 de 1991. 3. Constitucionalidade dos índices de correção dos depósitos recursais e dos débitos trabalhistas na justiça do trabalho. 4. Política de correção monetária e tabelamento de juros. Institucionalização da Taxa Referencial – TR como política de desindexação da economia. Combate histórico a processos inflacionários. Risco de constitucionalização de normas financeiras e do sistema monetário nacional. 5. TR como índice de correção monetária. Inconstitucionalidade. Precedentes do STF. 6. Apelo ao legislador. Aplicação, até que sobrevenha solução legislativa, dos mesmos índices de correção monetária e de juros vigentes para as hipóteses de condenações cíveis em geral: IPCA-E na fase pré-judicial e SELIC a partir da citação. 7. Ações diretas de inconstitucionalidade e ações declaratórias de constitucionalidade julgadas parcialmente procedentes, para conferir interpretação conforme à Constituição ao art. 879, § 7º, e ao art. 899, § 4º, da CLT, na redação dada pela Lei 13.467, de 2017. 8. Modulação de efeitos" (STF Pleno ADC 59 Rel. Min Gilmar Mendes. *DJe* 07/04/2021).

Diante da decisão do STF:

a) ficou disciplinado o índice de correção pelo IPCA-E na fase pré-judicial (os juros de mora nesta fase continuam pela TR), ou seja, desde o vencimento da obrigação até o momento imediatamente anterior ao da propositura da ação trabalhista;

b) a partir da propositura do processo trabalhista, a incidência da taxa SELIC, conforme o art. 406 do Código Civil, "*in verbis*":

> "Quando os juros moratórios não forem convencionados, ou o forem sem taxa estipulada, ou quando provierem de determinação da lei, serão fixados segundo a taxa que estiver em vigor para a mora do pagamento de impostos devidos à Fazenda Nacional."

Conforme entendimento já pacificado junto ao STJ, a Taxa Selic engloba tanto os juros de mora como a correção monetária. Nesse sentido, destaca-se a seguinte ementa:

"EMBARGOS DE DECLARAÇÃO. SUBSCRIÇÃO DE AÇÕES. BRASIL TELECOM. CONVERSÃO DE OBRIGAÇÃO DE FAZER EM PERDAS E DANOS. JUROS MORATÓRIOS DESDE A CITAÇÃO. SELIC. PRECEDENTE DA CORTE ESPECIAL. NOVA CORREÇÃO MONETÁRIA A PARTIR DA CONVERSÃO. IMPOSSIBILIDADE. EMBARGOS PARCIALMENTE ACOLHIDOS. 1. Em relação ao mérito, a Segunda Seção decidiu que não sendo possível a entrega das ações, seja em relação à telefonia fixa, seja em referência à telefonia móvel, uma forma de se resolver o problema é estabelecer-se que o valor da indenização será o resultado do produto da quantidade de ações multiplicado pela sua cotação na Bolsa de Valores, exatamente do dia do trânsito em julgado da demanda, ou seja, o valor da ação na Bolsa de Valores no dia em que o acionista passou a ter o direito irrecorrível de comercializá-las ou aliená-las. 2. Nesse ponto, a ciência por parte do devedor em relação ao valor da cobrança – no caso concreto, aquele decorrente da conversão da obrigação de entregar ações em indenização pecuniária – não é relevante para determinar o termo inicial de fluência dos juros moratórios, os quais devem correr tão logo seja verificado o marco legal de constituição do devedor em mora, por força de expressa previsão legal. A impossibilidade inicial de cumprir obrigação posteriormente reconhecida em sentença, seja pela iliquidez, seja por ausência de parâmetros seguros acerca do valor devido, não pode ser óbice à fluência dos juros moratórios, muito embora essa perplexidade não seja nova na doutrina e na jurisprudência. Precedentes. Incidência das Súmulas n. 163 e n. 254 do Supremo Tribunal Federal. Assim, os juros moratórios contam-se desde a citação, incidindo no valor apurado para a indenização. 3. A taxa de juros moratórios a que se refere o art. 406 do Código Civil de 2002, segundo precedente da Corte Especial (EREsp 727842/SP, Rel. Ministro TEORI ALBINO ZAVASCKI, CORTE ESPECIAL, julgado em 08.09.2008), é a SELIC, não sendo possível cumulá-la com correção monetária, porquanto já embutida em sua formação. 4. Embargos de declaração parcialmente acolhidos para determinar a atualização do valor exclusivamente pela SELIC (desde a citação até o efetivo pagamento) e afastar a incidência de nova correção monetária a partir da conversão da obrigação em indenização" (STJ. EDcl no REsp 1025298/RS, Rel. Ministro MASSAMI UYEDA, Rel. p/ Acórdão Ministro LUIS FELIPE SALOMÃO, SEGUNDA SEÇÃO, julgado em 28.11.2012, *DJe* 01/02/2013).

Desse modo, a partir da propositura da demanda, o crédito trabalhista será corrigido pela taxa Selic (correção monetária e juros), ficando, com isso, sem efeito o disposto no art. 883 da CLT[31], quanto aos juros a partir da propositura da ação, no montante de 1% ao mês;

c) Houve modulação dos efeitos da decisão da decisão STF, nos seguintes termos: "Por maioria de votos, o Tribunal modulou os efeitos da decisão para determinar que todos os pagamentos realizados em tempo e modo oportunos mediante a aplicação da TR, do IPCA-E ou de qualquer outro índice deverão ser reputados válidos e não ensejarão qualquer rediscussão. Por outro lado, aos processos em curso que estejam sobrestados na fase de conhecimento, independentemente de haver sentença, deverão ser aplicados, de forma retroativa, a taxa Selic, juros e correção monetária".

12. DO *TRUCK SYSTEM*

Conforme Luiz Eduardo Günther[32], a expressão *truck system*, originária da Inglaterra, significa o pagamento dos salários integralmente por meio de utilidades e também por intermédio de papéis com aceitação restrita na localidade do trabalho. (...) A Convenção n. 95 da OIT, vigente no Brasil, estabelece que o salário deve ser pago em moeda de curso legal. Proíbe assim o pagamento do salário sob a forma de bônus, cupons ou outra forma que se suponha representar a moeda de curso legal. Segundo esse tratado, os salários devem ser pagos diretamente ao trabalhador. A Convenção protege a liberdade do trabalhador de dispor livremente do seu salário, sem que se exerça qualquer coação para que ele utilize os armazéns da empresa".

Segundo a doutrina da legislação brasileira, proteger a prática do *truck system*, no art. 462, §§ 2º, 3º e 4º, da CLT, "*in verbis*":

> § 2º – "É vedado à empresa que mantiver armazém para venda de mercadorias aos empregados ou serviços estimados a proporcionar-lhes prestações 'in natura' exercer qualquer coação ou induzimento no sentido de que os empregados se utilizem do armazém ou dos serviços.

31. Art. 883 da CLT: "Não pagando o executado, nem garantindo a execução, seguir-se-á penhora dos bens, tantos quantos bastem ao pagamento da importância da condenação, acrescida de custas e juros de mora, sendo estes, em qualquer caso, devidos a partir da data em que for ajuizada a reclamação inicial".
32. In: Dicionário Brasileiro de Direito do Trabalho. Academia Brasileira de Direito do Trabalho. São Paulo: LTr, 2013, p. 474.

> § 3º – Sempre que não for possível o acesso dos empregados a armazéns ou serviços não mantidos pela Empresa, é lícito à autoridade competente determinar a adoção de medidas adequadas, visando a que as mercadorias sejam vendidas e os serviços prestados a preços razoáveis, sem intuito de lucro e sempre em benefício dos empregados.
>
> § 4º – Observado o disposto neste Capítulo, é vedado às empresas limitar, por qualquer forma, a liberdade dos empregados de dispor do seu salário."

A CLT, no art. 463, determina que a prestação, em espécie, do salário será paga em moeda corrente do País. Parágrafo único – O pagamento do salário realizado com inobservância deste artigo considera-se como não feito.

13. PERIODICIDADE DE PAGAMENTO DO SALÁRIO

O salário não pode ser pago em lapso de tempo superior a um mês da prestação de serviço. Como regra, deve ser pago até o quinto dia útil do mês subsequente ao da prestação pessoal de serviços.

Dispõe o art. 459 da CLT:

> "O pagamento do salário, qualquer que seja a modalidade do trabalho, não deve ser estipulado por período superior a um mês, salvo o que concerne a comissões, percentagens e gratificações. Parágrafo único. Quando o pagamento houver sido estipulado por mês, deverá ser efetuado, o mais tardar, até o quinto dia útil do mês subsequente ao vencido."

Diante do referido dispositivo legal, a lei concede um favor legal ao empregador para pagamento do salário até o quinto dia útil do mês subsequente ao vencido. Entretanto, o salário pode ser pago diariamente, quinzenalmente, no próprio mês da prestação etc. Se a data limite for ultrapassada, a correção monetária incide a partir do primeiro dia do mês subsequente ao trabalhado. Se o salário for pago no próprio mês (condição mais benéfica), a correção monetária incide a partir do próprio mês trabalhado. Nesse sentido, dispõe a Súmula 381 do TST, "*in verbis*":

> CORREÇÃO MONETÁRIA. SALÁRIO. ART. 459 DA CLT (conversão da Orientação Jurisprudencial nº 124 da SBDI-1) – Res. 129/2005, *DJ* 20, 22 e 25.04.2005. O pagamento dos salários até o 5º dia útil do mês subsequente ao vencido não está sujeito à correção monetária.

> Se essa data limite for ultrapassada, incidirá o índice da correção monetária do mês subsequente ao da prestação dos serviços, a partir do dia 1º. (ex-OJ nº 124 da SBDI-1 – inserida em 20.04.1998).

14. NÃO DISCRIMINAÇÃO SALARIAL

Segundo Firmino Alves Lima[33]:

> "Há discriminação nas relações de trabalho quando um ato ou comportamento do empregador, ocorrido antes, durante e depois da relação de trabalho, implica uma distinção, exclusão, restrição ou preferência, baseado em uma característica pessoal ou social, sem motivo razoável ou justificável, que tenha por resultado a quebra do igual tratamento e a destruição, o comprometimento, o impedimento, o reconhecimento ou o usufruto de direitos e vantagens trabalhistas assegurados, bem como direitos fundamentais de qualquer natureza, ainda que não vinculados ou integrantes da relação de trabalho."

Quanto ao salário, a CLT destaca o princípio da não discriminação dos salários nos arts. 5º e 461 da CLT, "*in verbis*":

> Art. 5º: "A todo trabalho de igual valor corresponderá salário igual, sem distinção de sexo."
>
> Art. 461, "caput", da CLT: "Sendo idêntica a função, a todo trabalho de igual valor, prestado ao mesmo empregador, no mesmo estabelecimento empresarial, corresponderá igual salário, sem distinção de sexo, etnia, nacionalidade ou idade".

15. FORMALIDADES DE PAGAMENTO

A Consolidação das Leis do Trabalho disciplina formalidades do pagamento do salário como medidas protetivas, a fim de que o empregado efetivamente receba o valor devido, sem entraves, e o empregador tenha segurança na realização do pagamento.

Dispõe o art. 463 da CLT: "A prestação, em espécie, do salário será paga em moeda corrente do País. Parágrafo único. O pagamento do salário realizado com inobservância deste artigo considera-se como não feito".

---

33. Mecanismos antidiscriminatórios nas relações de trabalho. São Paulo: LTr, 2006, p. 135.

Se o contrato de trabalho fora firmado em outro país, ou teve por base o salário em moeda estrangeira, se o trabalho é realizado no Brasil, a moeda deve ser convertida para a corrente no Brasil.

No aspecto, destaca-se a seguinte ementa:

> "Contrato de trabalho – Legislação aplicada – Remuneração em moeda estrangeira. 1. Se o contrato de trabalho foi firmado em território brasileiro, e aqui executado, não tendo as partes ajustado cláusula extraordinária ou especial em sentido contrário, a legislação a ser aplicada é a nacional. 2. A fixação da remuneração em moeda estrangeira não é o bastante para afastar a aplicação da lei nacional, já que o contrário não restou expressamente pactuado entre as partes. O disposto no artigo 463, CLT, e em especial no seu parágrafo único, encerra uma garantia ao empregado, não servindo tal dispositivo para invalidar o pagamento feito, se isso não for evocado pelo empregado, tampouco serve para afastar a aplicação da lei brasileira ao contrato havido. Recurso a que se nega provimento" (TRT 10ª R – 2ª T – RO nº 306/2003.010.10.00-0 – Rel. José Leone C. Leite – DJDF 1º.10.04 – p. 38) (RDT nº 11 Novembro de 2004).

Conforme o art. 464 da CLT, o pagamento do salário deverá ser efetuado contra recibo, assinado pelo empregado; em se tratando de analfabeto, mediante sua impressão digital, ou, não sendo esta possível, a seu rogo. Parágrafo único. Terá força de recibo o comprovante de depósito em conta bancária, aberta para esse fim em nome de cada empregado, com o consentimento deste, em estabelecimento de crédito próximo ao local de trabalho.

Como bem adverte Homero Batista Mateus da Silva[34], "o direito do trabalho, como visto, admite o contrato verbal, mas não admite o pagamento verbal".

Conforme o art. 320 do Código Civil, a quitação deve se dar por escrito, e mencionar a parcela e o valor pago. Ao exigir recibo assinado pelo empregado, a CLT apresenta regra protetiva ao trabalhador, considerando o caráter alimentar do salário. Se o trabalhador for analfabeto, aporá sua impressão digital no recibo, ou se não puder fazê-lo, testemunhas poderão atestar o pagamento, assinando o recibo.

O parágrafo único do art. 464 da CLT atribui ao comprovante de depósito bancário do salário depositado na conta-corrente do empregado,

34. CLT Comentada. 2. ed. São Paulo: RT, 2018, p. 466.

força de recibo, desde que seja identificado em nome do trabalhador, bem como o valor.

Diante do avanço tecnológico e de todas as vicissitudes do porte de dinheiro, o depósito bancário tem sido a melhor forma do pagamento do salário.

Não havendo recibo de pagamento do salário, há presunção de que não houve o pagamento. Parte significativa da jurisprudência não tem admitido a prova do salário por outro meio que não seja o recibo assinado pelo trabalhador. Não obstante a clareza do art. 464 da CLT, a interpretação não pode ser literal, considerando o princípio da primazia da realidade que norteia do Direito do Trabalho. Desse modo, entendemos que a prova do salário possa ser suprida por confissão do próprio trabalhador, ou, em alguns casos, por prova testemunhal robusta do pagamento. Se o empregado pode provar com testemunhas que não recebeu o salário, mesmo havendo recibo assinado, ao empregador também deve ser dado o direito de produzir prova do pagamento do salário quando não há recibo assinado.

Nesse sentido é a posição de Eduardo Gabriel Saad[35]: "o recibo não é da essência do ato. Entendemos que não está sujeito à repetição o empregador que provar o pagamento do salário por meio de lançamento contábil, de cheque ou de prova testemunhal. Os repertórios de jurisprudência trabalhista registram numerosos decisórios a favor desse ponto de vista."

Para o doméstico, a jurisprudência tem flexibilizado a exigência do recibo para permitir a prova do salário por todos os meios admitidos em direito, em razão do trabalhador doméstico trabalhar no ambiente familiar, sendo mais acentuado o laço de confiança entre empregado e empregador doméstico.

Admite-se o pagamento em cheque, embora em desuso, desde que o numerário esteja à disposição do empregado e que ele possa descontá-lo durante o horário de expediente bancário.

Dispõe o art. 465 da CLT, "o pagamento dos salários será efetuado em dia útil e no local do trabalho, dentro do horário do serviço ou imediatamente após o encerramento deste, salvo quando efetuado por depósito em conta bancária, observado o disposto no artigo anterior".

---

35. Comentários à CLT. 40. Ed. São Paulo: LTr, 2007, p. 503.

Se o pagamento do salário for realizado em dinheiro, ele deve ser pago em dia útil, dentro do horário de trabalho, salvo depósito em conta bancária. O objetivo da lei é facilitar o recebimento ao empregado.

16. DA EQUIPARAÇÃO SALARIAL

A Constituição Federal veda qualquer forma de discriminação entre trabalhadores e trabalhadoras (arts. 3º, IV e art. 7º, XXX). Desse modo, não pode haver distinção salarial entre trabalhadores que estão na mesma condição jurídica.

Na Consolidação das Leis do Trabalho, a questão da isonomia salarial ou do chamado direito à equiparação salarial está disciplinada nos arts. 5º e 461 da CLT, como forma de implementar o princípio da isonomia e proibir a discriminação. Dispõem os referidos dispositivos legais:

> Art. 5º da CLT: "A todo trabalho de igual valor corresponderá salário igual, sem distinção de sexo".
>
> Art. 461 da CLT: "Sendo idêntica a função, a todo trabalho de igual valor, prestado ao mesmo empregador, no mesmo estabelecimento empresarial, corresponderá igual salário, sem distinção de sexo, etnia, nacionalidade ou idade. (Redação dada pela Lei nº 13.467, de 2017)
>
> § 1º Trabalho de igual valor, para os fins deste Capítulo, será o que for feito com igual produtividade e com a mesma perfeição técnica, entre pessoas cuja diferença de tempo de serviço para o mesmo empregador não seja superior a quatro anos e a diferença de tempo na função não seja superior a dois anos. (Redação dada pela Lei nº 13.467, de 2017)
>
> § 2º Os dispositivos deste artigo não prevalecerão quando o empregador tiver pessoal organizado em quadro de carreira ou adotar, por meio de norma interna da empresa ou de negociação coletiva, plano de cargos e salários, dispensada qualquer forma de homologação ou registro em órgão público. (Redação dada pela Lei nº 13.467, de 2017)
>
> § 3º No caso do § 2º deste artigo, as promoções poderão ser feitas por merecimento e por antiguidade, ou por apenas um destes critérios, dentro de cada categoria profissional. (Redação dada pela Lei nº 13.467, de 2017)
>
> § 4º – O trabalhador readaptado em nova função por motivo de deficiência física ou mental atestada pelo órgão competente da Previdência Social não servirá de paradigma para fins de equiparação salarial. (Incluído pela Lei nº 5.798, de 31.8.1972)

> § 5º A equiparação salarial só será possível entre empregados contemporâneos no cargo ou na função, ficando vedada a indicação de paradigmas remotos, ainda que o paradigma contemporâneo tenha obtido a vantagem em ação judicial própria. (Incluído pela Lei nº 13.467, de 2017)
>
> § 6º Na hipótese de discriminação por motivo de sexo, raça, etnia, origem ou idade, o pagamento das diferenças salariais devidas ao empregado discriminado não afasta seu direito de ação de indenização por danos morais, consideradas as especificidades do caso concreto. Nova redação dada pela Lei 14.611/23.
>
> § 7º Sem prejuízo do disposto no § 6º, no caso de infração ao previsto neste artigo, a multa de que trata o art. 510 desta Consolidação corresponderá a 10 (dez) vezes o valor do novo salário devido pelo empregador ao empregado discriminado, elevada ao dobro, no caso de reincidência, sem prejuízo das demais cominações legais." (NR) Artigo incluído pela Lei 14.611/23.

Na definição de Maurício Godinho Delgado[36], "equiparação salarial é a figura jurídica mediante a qual se assegura ao trabalhador idêntico salário ao do colega perante o qual tenha exercido, simultaneamente, função idêntica, na mesma localidade, para o mesmo empregador".

16.1. Requisitos para a equiparação salarial

Para que exista o direito à equiparação salarial entre dois empregados – o que pretende a equiparação também denominada *equiparando* ou *paragonado*, e o empregado ao qual se pretende a equiparação também chamado de *paradigma*, *espelho* ou *modelo* –, há necessidade da presença simultânea dos presentes requisitos:

16.1.1. Mesmo empregador

Há necessidade que dois empregados trabalhem para o mesmo empregador. Discute-se se há possibilidade de equiparação em se tratando de empregados que trabalham para empresas distintas, mas pertencentes ao mesmo grupo econômico. Conforme já nos pronunciamos, por ser o grupo econômico empregador único (Súmula 129 do TST), sendo a empresa que

36. Curso de Direito do Trabalho. 18. ed. São Paulo: LTr, 2019, p. 979.

efetua o registro, apenas o empregador aparente, pensamos ser possível a equiparação salarial, caso presentes os demais requisitos[37].

16.1.2. Mesma localidade

A CLT, com a redação dada pela Lei 13.467/17, no art. 461, utiliza a expressão: *mesmo estabelecimento empresarial*, o que restringe o conceito de mesma localidade ao mesmo estabelecimento. A jurisprudência anterior havia firmado entendimento no sentido de que mesmo estabelecimento se referia ao mesmo Município, ou à mesma Região Metropolitana, onde o custo de vista é equiparado. Nesse sentido, o inciso X da Súmula 6 do TST, "*in verbis*":

> "O conceito de 'mesma localidade' de que trata o art. 461 da CLT refere-se, em princípio, ao mesmo município, ou a municípios distintos que, comprovadamente, pertençam à mesma região metropolitana."

Diante da alteração legislativa, levada a efeito pela Lei 13.467/17, o conceito de *mesma localidade* ficou restrito ao mesmo estabelecimento. Desse modo, para o direito à equiparação salarial, dois empregados devem prestar serviços no mesmo espaço físico (estabelecimento), embora possam trabalhar em setores diferentes. No entanto, se dois empregados trabalham para o mesmo empregador, na mesma função, na mesma cidade, onde as condições de vida são idênticas, pensamos ser possível a equiparação, a fim de dar efetividade aos princípios constitucionais da isonomia e não discriminação.

16.1.3. Identidade de funções

As funções entre dois empregados devem ser idênticas, não basta a similitude. Independentemente da nomenclatura do cargo, as tarefas realizadas dentro da função devem ser idênticas. No entanto, se dois empregados ocupam cargos de mesma nomenclatura, de nossa parte, presume-se a identidade de funções. O contrário deve ser demonstrado por parte do empregador. No aspecto, a Súmula 06, inciso III, do TST, "*in verbis*":

37. Há, no entanto, entendimentos na doutrina e jurisprudência que sustentam a inviabilidade de equiparação salarial entre empregados de empresas diferentes pertencentes ao mesmo grupo econômico, argumentando que a Lei 13.4676/17 apenas fixou a solidariedade passiva entre as empresas do grupo, mantendo-se a autonomia de cada empresa.

> "A equiparação salarial só é possível se o empregado e o paradigma exercerem a mesma função, desempenhando as mesmas tarefas, não importando se os cargos têm, ou não, a mesma denominação". No mesmo sentido o § 5º do art. 461 da CLT.

Além disso, o trabalho entre dois empregados deve ser desempenhado com a mesma produtividade e perfeição técnica. Ou seja, os dois empregados devem produzir a mesma quantidade de trabalho com a mesma qualidade.

Em eventual demanda judicial, a maior produtividade e melhor perfeição técnica do paradigma é encargo probatório do empregador, por ser fato modificativo da equiparação salarial (art. 818, II, da CLT).

Como bem adverte Maurício Godinho Delgado[38], "o exercício de cargo/função de confiança não inviabiliza pleitos equiparatórios. Da mesma maneira, essa inviabilidade não ocorre em situações envolventes a trabalho qualificado ou altamente qualificado. Tais situações podem, é claro, tornar mais difícil a comprovação da identidade funcional (ou ensejar a comprovação do fato modificativo da diferença de qualidade técnica ou de produtividade no trabalho exercido). Contudo, a presença dos requisitos da figura jurídica equiparatória (sem comprovação dos fatos modificativos, impeditivos ou extintivos da equiparação), levará, inevitavelmente, à aplicação de mesma regra do art. 461 celetista nessas duas situações enfocadas".

A jurisprudência, corretamente, fixou o entendimento de ser possível a equiparação salarial entre trabalhadores que desempenham funções de natureza intelectual como professores, advogados etc. Neste caso, a equiparação deve-se pautar por critérios objetivos.

No aspecto, dispõe a Súmula 6, inciso VII, do TST, "*in verbis*":

> "Desde que atendidos os requisitos do art. 461 da CLT, é possível a equiparação salarial de trabalho intelectual, que pode ser avaliado por sua perfeição técnica, cuja aferição terá critérios objetivos."

Tratando-se de função que exige habilitação legal, não há possibilidade de equiparação, caso um deles não possua tal habilitação. No aspecto, dispõe a OJ 296 da SDI-I do TST, "*in verbis*":

> **"EQUIPARAÇÃO SALARIAL. ATENDENTE E AUXILIAR DE ENFERMAGEM. IMPOSSIBILIDADE (*DJ* 11.08.2003).**

38. Curso de Direito do Trabalho. 18. ed. São Paulo: LTr, 2019, p. 980.

> Sendo regulamentada a profissão de auxiliar de enfermagem, cujo exercício pressupõe habilitação técnica, realizada pelo Conselho Regional de Enfermagem, impossível a equiparação salarial do simples atendente com o auxiliar de enfermagem."

16.1.4. Simultaneidade no exercício da função

Para o direito à equiparação salarial, dois empregados devem desempenhar as funções de forma contemporânea, ainda que em parte do período, vale dizer: devem ter trabalhado ao mesmo tempo para o mesmo empregador. No aspecto, o inciso IV da Súmula 6 do TST, "*in verbis*":

> "É desnecessário que, ao tempo da reclamação sobre equiparação salarial, reclamante e paradigma estejam a serviço do estabelecimento, desde que o pedido se relacione com situação pretérita."

Como já destacado, o paradigma deve ser contemporâneo no cargo ou na função do reclamante. Não é mais possível a equiparação em cadeia, utilizando o chamado paradigma remoto (§ 5º do art. 461 da CLT). O paradigma remoto é o modelo utilizado para a equiparação em ação judicial pelo paradigma atual. Ou seja, o paradigma ao qual pretende equiparação o empregado, obteve majoração salarial com base no salário do paradigma remoto.[39]

Como destaca Luciano Martinez[40], "paradigmas remotos são aqueles que trabalharam em um momento do passado na empresa, sem nenhum ponto de contato temporal com o equiparando, aquele que ajuíza a ação de equiparação salarial (chamado nesse momento de empregado 'C', tal paradigma remoto (chamado aqui de empregado 'A'), pode ter sido no passado, o referencial para a aquisição da equiparação salarial em favor de algum determinado trabalhador (aqui identificado como empregado 'B'), ou seja,

---

39. Com isso, ficou superado o entendimento constante da Súmula 6, inciso VI, do TST, "in verbis": "Presentes os pressupostos do art. 461 da CLT, é irrelevante a circunstância de que o desnível salarial tenha origem em decisão judicial que beneficiou o paradigma, exceto: a) se decorrente de vantagem pessoal ou de tese jurídica superada pela jurisprudência de Corte Superior; b) na hipótese de equiparação salarial em cadeia, suscitada em defesa, se o empregador produzir prova do alegado fato modificativo, impeditivo ou extintivo do direito à equiparação salarial em relação ao paradigma remoto, considerada irrelevante, para esse efeito, a existência de diferença de tempo de serviço na função superior a dois anos entre o reclamante e os empregados paradigmas componentes da cadeia equiparatória, à exceção do paradigma imediato".
40. Curso de Direito de Trabalho. 11. ed. São Paulo: Saraiva, 2020, p. 618.

aquele que serve de modelo atual para o pedido de equiparação salarial. (...) O novo texto legal veda que esse empregado 'B' seja paradigma do operário 'C', ainda que 'B' e 'A' tenham sido contemporâneos. (...) O novo texto legal veda que esse empregado 'B' seja empregado do paradigma do empregado 'C', ainda que 'B' e 'A' tenham sido contemporâneos. Isso evitará o fenômeno da chamada 'equiparação em cadeia' em que B conseguiu equiparações em face de A, permitindo assim que C (que não foi contemporâneo de A, mas apenas de B) consigna nova equiparação."

16.2. Requisitos elidentes da equiparação salarial

São requisitos elidentes da equiparação salarial:

16.2.1. Existência e quadro de carreira

Conforme os §§ 2º e 3º do art. 461 da CLT, os dispositivos desse artigo não prevalecerão quando o empregador tiver pessoal organizado em quadro de carreira ou adotar, por meio de norma interna da empresa ou de negociação coletiva, plano de cargos e salários, dispensada qualquer forma de homologação ou registro em órgão público. O quadro de carreira deve disciplinar que as promoções poderão ser feitas por merecimento e por antiguidade, ou por apenas um desses critérios, dentro de cada categoria profissional.

O ideal é que o quadro de carreira discipline as promoções por antiguidade e merecimento. No entanto, é possível, por norma coletiva, a fixação de quadro de carreira apenas com promoções por antiguidade, ou apenas por merecimento. A promoção por merecimento, porém, deve disciplinar critérios objetivos de aferição.

16.2.2. Tempo de serviço e tempo no exercício da função

A Lei 13.467/17 deu nova redação ao § 1º do art. 461 da CLT para estabelecer que não será possível a equiparação se houve diferença de tempo de serviço para o mesmo empregador que não seja superior a quatro anos e a diferença de tempo na função não seja superior a dois anos.

Desse modo, se houve diferença de tempo de serviços entre dois empregados da mesma empresa superior a 4 anos, não haverá direito à isonomia salarial. Além disso, cumulativamente, a diferença de tempo na função entre dois empregados da mesma empresa não pode ser superior a dois anos.

Assim, para a equiparação salarial, a diferença de tempo de serviço não pode ser superior a quatro anos e tempo de exercício na função também não pode ser superior a dois anos.

Nos processos trabalhistas em que se postula a equiparação salarial, o reclamante deve indicar um paradigma, também chamado "modelo", e deve demonstrar que realizava as mesmas funções do paradigma. Caso o reclamante não indique o paradigma, há inépcia da inicial, pois falta a causa de pedir estar adequada. Não é vedada a indicação de mais de um paradigma, mas, nesse caso, pensamos que devem ser individualizados períodos de trabalho distintos com cada paradigma.

Caso o reclamado admita a identidade de funções, deve demonstrar a existência dos fatos impeditivos e modificativos da equiparação salarial, quais sejam: que não trabalham no mesmo estabelecimento; maior produtividade ou perfeição técnica do paradigma, existência de quadro de carreira, tempo superior de tempo de serviço e na função do paradigma, conforme dispõe a Súmula 6, VIII, do TST, "*in verbis*": "É do empregador o ônus da prova do fato impeditivo, modificativo ou extintivo da equiparação salarial".

Conforme o § 4º do art. 461 da CLT, o trabalhador readaptado em nova função por motivo de deficiência física ou mental atestada pelo órgão competente da Previdência Social não servirá de paradigma para fins de equiparação salarial.

Como bem adverte Luciano Martinez[41]: "isso acontece diante de situações de impossibilidade de desempenho da atividade que o empregado exercia na época em que se afastou em gozo de auxílio-doença ou aposentadoria por invalidez. Neste caso, sendo possível o desempenho de outra atividade que o empregado exercia na época em que se afastou em gozo de auxílio-doença ou aposentadoria por invalidez. Neste caso, sendo possível o desempenho de outra atividade, após o processo de reabilitação profissional, nos casos indicados pela perícia médica o Instituto Nacional de Seguro Social, o trabalhador pode conviver, recebendo seu salário originário, com outros empregados exercentes da função em que foi adaptado".

Segundo o § 6º do art. 461, da CLT, com a redação dada pela Lei 14.611/23 , "na hipótese de discriminação por motivo de sexo, raça, etnia, origem ou idade, o pagamento das diferenças salariais devidas ao empregado

41. Curso de Direito do Trabalho. 11. ed. São Paulo: Saraiva, 2020, p. 623.

discriminado não afasta seu direito de ação de indenização por danos morais, consideradas as especificidades do caso concreto".

Conforme o § 7º do art. 461 da CLT, "sem prejuízo do disposto no § 6º, no caso de infração ao previsto neste artigo, a multa de que trata o art. 510 desta Consolidação corresponderá a 10 (dez) vezes o valor do novo salário devido pelo empregador ao empregado discriminado, elevada ao dobro, no caso de reincidência, sem prejuízo das demais cominações legais."

Diante dos referidos dispositivos legais, presente a hipótese de discriminação salarial, o empregador além de pagar indenização por danos morais ao trabalhador, terá que pagar uma indenização traficada no valor de 10 salários mínimos.

Nos termos do art. 4º da Lei 14.611/23:

> "a igualdade salarial e de critérios remuneratórios entre mulheres e homens será garantida por meio das seguintes medidas: I – estabelecimento de mecanismos de transparência salarial e de critérios remuneratórios; II – incremento da fiscalização contra a discriminação salarial e de critérios remuneratórios entre mulheres e homens; III – disponibilização de canais específicos para denúncias de discriminação salarial; IV – promoção e implementação de programas de diversidade e inclusão no ambiente de trabalho que abranjam a capacitação de gestores, de lideranças e de empregados a respeito do tema da equidade entre homens e mulheres no mercado de trabalho, com aferição de resultados; e V – fomento à capacitação e à formação de mulheres para o ingresso, a permanência e a ascensão no mercado de trabalho em igualdade de condições com os homens."

Dispõe o art. 37, XIII, da Constituição Federal:

> "A administração pública direta e indireta de qualquer dos Poderes da União, dos Estados, do Distrito Federal e dos Municípios obedecerá aos princípios de legalidade, impessoalidade, moralidade, publicidade e eficiência e, também, ao seguinte: (...) XIII – é vedada a vinculação ou equiparação de quaisquer espécies remuneratórias para o efeito de remuneração de pessoal do serviço público."

Diante do que dispõe o referido dispositivo constitucional, é inviável a equiparação salarial entre empregados da Administração Pública direta ou indireta. No aspecto, dispõe a OJ 297 da SDI-I do TST, "*in verbis*":

> **"EQUIPARAÇÃO SALARIAL. SERVIDOR PÚBLICO DA ADMINISTRAÇÃO DIRETA, AUTÁRQUICA E FUNDACIONAL. ART. 37, XIII, DA CF/1988 (*DJ* 11.08.2003).** O art. 37, inciso XIII, da CF/1988 veda a equiparação de qualquer natureza para o efeito de remuneração do pessoal do serviço público, sendo juridicamente impossível a aplicação da norma infraconstitucional prevista no art. 461 da CLT quando se pleiteia equiparação salarial entre servidores públicos, independentemente de terem sido contratados pela CLT."

Nos termos da Súmula Vinculante 37 do STF, "não cabe ao Poder Judiciário, que não tem função legislativa, aumentar vencimentos de servidores públicos sob o fundamento da isonomia".

Para a sociedade de economia mista, o Tribunal Superior do Trabalho permite a equiparação, conforme dispõe a Súmula 455 de sua jurisprudência, "*in verbis*":

> **"EQUIPARAÇÃO SALARIAL. SOCIEDADE DE ECONOMIA MISTA. ART. 37, XIII, DA CF/1988. POSSIBILIDADE (conversão da Orientação Jurisprudencial nº 353 da SBDI-1 com nova redação) – Res. 194/2014, *DEJT* divulgado em 21, 22 e 23.05.2014.**
> À sociedade de economia mista não se aplica a vedação à equiparação prevista no art. 37, XIII, da CF/1988, pois, ao admitir empregados sob o regime da CLT, equipara-se a empregador privado, conforme disposto no art. 173, § 1º, II, da CF/1988."

17. SALÁRIO NÃO ESTIPULADO E EQUIPARAÇÃO SALARIAL POR EQUIVALÊNCIA

A não estipulação do valor do salário não impede a existência do vínculo de emprego, desde que presente o requisito da onerosidade. Não obstante, nesta hipótese o empregado terá direito ao salário de outro trabalhador da mesma empresa ou de outra empresa que realizar serviço equivalente ou semelhante.

Dispõe o art. 460 da CLT:

> "Na falta de estipulação do salário ou não havendo prova sobre a importância ajustada, o empregado terá direito a perceber salário igual ao daquele que, na mesma empresa, fizer serviço equivalente, ou do que for habitualmente pago para serviço semelhante."

Caso o salário seja arbitrado em juízo, deverá o magistrado trabalhista se valer de critérios de justiça e razoabilidade e fixar justo salário para a função do empregado, tomando-se por base o salário ordinariamente pago no mercado de trabalho para função equivalente ou semelhante à do reclamante (art. 766 da CLT).

Alguns autores sustentam que o referido art. 460 da CLT possibilita a chamada equiparação salarial por equivalência. Nesse sentido, sustenta Octavio Bueno Magano[42]:

> "Embora não contando com amplo reconhecimento doutrinário, a equiparação por equivalência constitui, sem dúvida, uma das modalidades de realização do referido direito. O seu embasamento legal é a regra constante do art. 460 da CLT (...) Referindo-se a essa modalidade de equiparação, afirma Aluysio Sampaio que o seu pressuposto é a 'falta de estipulação do salário ou a inexistência de prova sobre a importância ajustada', chamando, ainda, a atenção para o fato de que o serviço equivalente é o prestado não no mesmo estabelecimento, porém na mesma empresa, isto é, ao mesmo empregador'".

Não obstante, a doutrina majoritária e a jurisprudência não têm reconhecido a equiparação salarial por equivalência, argumentando que a incidência do presente dispositivo somente se dá em caso de salário não estipulado, e que a equiparação salarial fixada na CLT é por identidade (art. 461). De nossa parte, a razão está com o professor Magano, pois, ainda que o salário já tenha sido estipulado, se o empregado mudou de função e não existe previsão salarial para a nova função, o Juiz poderá estipular o salário, considerando uma função equivalente ou semelhante existente na empresa ou fora dela.

Nesse aspecto, relevante destacar a seguinte ementa oriunda da mais alta corte trabalhista brasileira, "in verbis":

> (..) DESVIO DE FUNÇÃO. CARACTERIZAÇÃO. DIFERENÇAS SALARIAIS DEVIDAS. AUSÊNCIA DE PLANO DE CARREIRA. PRESCINDIBILIDADE. ÓBICE DA SÚMULA Nº 333 DO TST E DO ART. 896, §7º, DA CLT. 1. A instância ordinária, a qual resolve as controvérsias fáticas, assentou que "restou demonstrado que durante o período declinado na peça exordial, o reclamante exerceu atividades de maior complexidade daquelas para as quais fora contratado, sem a devida contraprestação, sendo devidas as diferenças salariais".

---

42. Manual de Direito do Trabalho. 2. ed. São Paulo: LTr, 1988, p. 231-232. v. II.

Para tanto, considerou que o preposto admitiu a existência o setor de segurança e do exercício da função de analista de segurança pelo empregado. 2. A jurisprudência desta Colenda Corte Superior se assentou sob o entendimento de que a ausência de um plano de carreira não impede o reconhecimento do direito às diferenças salariais pelo exercício de atividades diversas ao cargo para o qual foi contratado. 3. Diante do teor do acórdão recorrido, em que se evidenciou que o empregado exerceu "atividades de maior complexidade daquelas para as quais fora contratado", contata-se que a Corte de origem decidiu em perfeita consonância com a iterativa, notória e atual jurisprudência desta Corte Superior, circunstância que inviabiliza o recurso de revista, ante os termos do art. 896, § 7º, da CLT e da Súmula nº 333 do TST e da Súmula nº 126 do TST. Agravo de instrumento a que se nega provimento (...) (TST - RRAg-808-47.2018.5.09.0018, 3ª Turma, Relator Ministro Alberto Bastos Balazeiro, DEJT 17/02/2023).

18. DESVIO DE FUNÇÃO

O desvio de função se caracteriza quando o empregado contratado para determinada função, passa a desempenhar outra função da empresa, compatível ou incompatível com o seu "status" funcional. Havendo desvio de função, o empregado fará jus ao salário pago para a função, efetivamente, desempenhada na empresa, proibida qualquer redução salarial (arts. 7º, VI, da CF e 462 da CLT).

Nas demandas em que postula diferenças salariais por desvio, não há necessidade de indicação de paradigma, mas é necessário que na empresa exista função à qual se pretende o salário, bem como o exercício da efetiva função.

CAPÍTULO XVII

PRESCRIÇÃO E DECADÊNCIA

1. DOS CONCEITOS DE PRESCRIÇÃO E DECADÊNCIA

O tempo, segundo os juristas, é *dimensão fundamental da condição humana*. Todos os seres humanos se submetem ao tempo, e o direito, como criação humana, também.

Os institutos da prescrição e decadência atuam no direito, acarretando, em razão do transcurso do tempo, a própria perda do direito ou sua exigibilidade.

Nas palavras de *Pontes de Miranda*[1], "a prescrição é a exceção, que alguém tem, contra o que não exerceu, durante certo tempo, que alguma regra jurídica fixa a sua pretensão ou ação. Serve à segurança e à paz públicas, para limite temporal à eficácia das pretensões e das ações".

A principal distinção entre decadência e prescrição, segundo Agnelo Amorim Filho[2], está no fato de que a decadência incide sobre direitos potestativos, ou seja, o exercido por simples declaração de vontade pelo seu titular, independentemente do concurso de vontade do sujeito que suportará os efeitos deste ato, quando a lei fixa prazo para ser exercido. Já a prescrição incide sobre direito a uma prestação. A lei não fixa o prazo para o exercício

1. MIRANDA, Pontes de. Tratado de direito privado. Campinas: Bookseller, 2000. p. 135. v. 6.
2. Critério científico para distinguir a prescrição da decadência e para identificar as ações imprescritíveis. In: Revista dos Tribunais RT 744/1997 – out./1997. São Paulo: RT, 1997.

deste direito, mas deve ser implementado por meio de ação judicial a fim de compelir a parte devedora a satisfazer a prestação.

O Código Civil nos traz, por meio de interpretação autêntica, o conceito de prescrição. Com efeito, dispõe o art. 189 do CC:

> "Violado o direito, nasce para o titular a pretensão, a qual se extingue pela prescrição, nos prazos a que aludem os arts. 205 e 206."

Conforme o referido dispositivo legal, o Código Civil brasileiro adota o conceito de prescrição como sendo a perda da pretensão, que é, segundo *Carnelutti*, a exigência de subordinação do interesse alheio ao interesse próprio. Estando prescrita a pretensão, não se pode exigir em juízo o direito violado, tampouco invocá-lo em defesa, pois a exceção prescreve no mesmo prazo a pretensão, segundo o art. 190 do CC.

De acordo com *Carlos Roberto Gonçalves*[3], "o novo Código Civil, evitando essa polêmica, adotou o vocábulo 'pretensão' para indicar que não se trata do direito subjetivo público abstrato de ação. E, no art. 189, enunciou que a prescrição se inicia no momento em que há violação do direito". Prossegue o autor[4]:

> "Hoje predomina o entendimento na moderna doutrina, de que a prescrição extingue a pretensão, que é a exigência de subordinação de um interesse alheio ao interesse próprio. O direito material, violado, dá origem à pretensão (CC, art. 189), que é deduzida em juízo por meio da ação. Extinta a pretensão, não há ação. Portanto, a prescrição extingue a pretensão, atingindo também a ação. O instituto que extingue somente a ação, conservando o direito material e a pretensão, que só podem ser opostos em defesa, é perempção."

A decadência consiste na perda do direito em razão da inércia de seu titular.

Como bem advertem Rodolfo Pamplona Filho e Pablo Stolze Gagliano[5], a decadência "consiste na perda efetiva de um direito potestativo, pela falta de seu exercício, no período de tempo determinado em lei ou pela vontade das próprias partes. Sendo, literalmente, a extinção do direito é

---

3. GONÇALVES, Carlos Roberto. Direito civil. Parte Geral. v. 1. 10. ed. São Paulo: Saraiva, 2003. p. 181.
4. *Ibidem*, p. 183.
5. Novo curso de direito processual civil. 4. ed. São Paulo: Saraiva, 2003, p. 480. v. 1.

também chamada, em sentido estrito, consoante já se disse, de caducidade, não remanescendo qualquer sombra de direito em favor do titular, que não terá como exercer mais, de forma alguma, o direito caduco".

Na esfera trabalhista, destacam-se três prazos decadenciais típicos, quais sejam:

a) 30 dias para instauração do inquérito judicial para apuração de falta grave, tendo havido a prévia suspensão do empregado (arts. 494 e 853 da CLT)[6];

b) 2 anos para propor a ação rescisória, contados do trânsito em julgado da decisão[7];

c) 120 dias para proposição do Mandado de Segurança, contados a partir da ciência do ato de autoridade praticado com ilegalidade ou abuso de poder[8].

Segundo a melhor doutrina, podemos elencar as seguintes distinções entre decadência e prescrição:

a) a prescrição extingue a pretensão e por via oblíqua o direito, enquanto a decadência extingue o direito e por via oblíqua a pretensão;

b) o prazo decadencial pode ser fixado na lei ou pela vontade das partes (contrato), enquanto os prazos prescricionais somente são fixados em lei;

c) o prazo decadencial corre contra todos, não sendo, como regra, objeto de suspensão, interrupção ou causa impeditiva (art. 207 do CC), salvo as exceções do art. 208 do CC[9], já a prescrição pode não correr contra algumas pessoas, pode sofrer causas de impedimento, suspensão ou interrupção;

d) a prescrição, uma vez consumada, pode ser objeto de renúncia. A decadência é irrenunciável quando fixada em lei (art. 209 do CC).

---

6. Súmula 403 do STF: "É de decadência o prazo de trinta dias para instauração do inquérito judicial a contar da suspensão, por falta grave, do empregado estável".
7. Súmula 100, I, do TST: "O prazo de decadência, na ação rescisória, conta-se do dia imediatamente subsequente ao trânsito em julgado da última decisão proferida na causa, seja de mérito ou não (ex-Súmula nº 100 – alterada pela Res. 109/2001, *DJ* 20.04.2001)".
8. Súmula 632 do STF: "É constitucional lei que fixa o prazo de decadência para a impetração de mandado de segurança".
9. Art. 208 do CC: "Aplica-se à decadência o disposto nos arts. 195 e 198, I do CC".

A Consolidação das Leis do Trabalho, em sintonia com a Constituição Federal, dispõe sobre a prescrição em seu art. 11, "*in verbis*":

> "A pretensão quanto a créditos resultantes das relações de trabalho prescreve em cinco anos para os trabalhadores urbanos e rurais, até o limite de dois anos após a extinção do contrato de trabalho. I – (revogado); II – (revogado). § 1º O disposto neste artigo não se aplica às ações que tenham por objeto anotações para fins de prova junto à Previdência Social. § 2º Tratando-se de pretensão que envolva pedido de prestações sucessivas decorrente de alteração ou descumprimento do pactuado, a prescrição é total, exceto quando o direito à parcela esteja também assegurado por preceito de lei. § 3º A interrupção da prescrição somente ocorrerá pelo ajuizamento de reclamação trabalhista, mesmo que em juízo incompetente, ainda que venha a ser extinta sem resolução do mérito, produzindo efeitos apenas em relação aos pedidos idênticos."

2. O REGRAMENTO CONSTITUCIONAL DA PRESCRIÇÃO TRABALHISTA

Diante da sua importância para o direito do trabalho, a prescrição trabalhista está prevista no art. 7º, XXIX, da Constituição, que trata dos direitos fundamentais trabalhistas, tendo a seguinte redação:

> "Ação, quanto aos créditos resultantes das relações de trabalho, com prazo prescricional de cinco anos para os trabalhadores urbanos e rurais, até o limite de dois anos após a extinção do contrato de trabalho."

O prazo prescricional é o mesmo para os trabalhadores urbanos e rurais, não havendo mais qualquer distinção. Quanto ao empregado doméstico, a LC 150/15, pacificando as discussões da doutrina e jurisprudência, em seu art. 43, igualou os prazos prescricionais do trabalhador doméstico ao regido pela CLT.

O prazo mencionado na Constituição Federal (art. 7º, XXIX) aplica-se tanto ao empregado como ao empregador quando este for ingressar com uma reclamação trabalhista em face do empregado. Nesse sentido, advertem *Irany Ferrari* e *Melchíades Rodrigues Martins*[10]:

10. *CLT: doutrina – jurisprudência predominante e procedimentos administrativos*. Introdução arts. 1º a 12. São Paulo: LTr, 2006. p. 131.

> "Aplica-se o mesmo prazo prescricional previsto para os trabalhadores (arts. 7º, XXIX, da CF e 11 da CLT) ao empregador quando a questão em discussão envolve conflito deste com o empregado ou ex-empregado, cuja matéria tem pertinência com o contrato de trabalho. A regra vale, portanto, para ambos, empregado e empregador, mesmo porque a competência no caso é da Justiça do Trabalho."

A Constituição Federal traça dois prazos prescricionais: um após a extinção do contrato de trabalho (prescrição bienal) e outro durante o contrato de trabalho (prescrição quinquenal). Estes prazos são distintos, não obstante, uma vez extinto o contrato de trabalho, deve o trabalhador trazer sua pretensão a juízo dentro do prazo de dois anos contados da data da finalização do contrato. Caso este prazo seja observado, terá direito de postular as verbas trabalhistas dos últimos cinco anos, contados retroativamente da data da propositura da reclamação trabalhista.

Nesse sentido, dispõe a Súmula 308 do TST, *in verbis*:

> "PRESCRIÇÃO QUINQUENAL. I – Respeitado o biênio subsequente à cessação contratual, a prescrição da ação trabalhista concerne às pretensões imediatamente anteriores a cinco anos, contados da data do ajuizamento da reclamação e, não, às anteriores ao quinquênio da data da extinção do contrato; II – A norma constitucional que ampliou o prazo de prescrição da ação trabalhista para 5 (cinco) anos é de aplicação imediata e não atinge pretensões já alcançadas pela prescrição bienal quando da promulgação da CF/1988."

De outro lado, há entendimento minoritário no sentido de que o prazo da prescrição quinquenal deve ser contado a partir da extinção do contrato de trabalho, se proposta a reclamação trabalhista dentro do prazo de dois anos. Nesse sentido, destaca-se a seguinte ementa:

> "O prazo de dois anos após a extinção do contrato de trabalho, previsto no art. 7º, item XXIX, letra *a* da CF/88, é o limite dado pelo legislador constitucional ao trabalhador urbano para propor ação em que reivindicará direitos trabalhistas até os últimos 5 anos. Portanto, não se pode incluí-lo neste lapso temporal, pois ele seria diminuído para 3, contrariando, desta forma, a vontade expressa do legislador constitucional, que foi a de conferir ao trabalhador o prazo prescricional de 5 anos para fazer valer direitos oriundos da relação de emprego. Ao intérprete não cabe limitar a eficácia das normas constitucionais de tutela ao empregado através de exegese restritiva,

principalmente quando se trata de prescrição de créditos provenientes de relação de trabalho, de natureza alimentar e considerado por ela própria como valor fundamental da República Federativa (art. 5º, § 1º, item IV), base da ordem econômica (art. 170) e primado da ordem social (art. 193)" (TRT – 3ª R. – 3ª T. – RO 16.634/94 – rel. Álvares da Silva – DJMG 7.3.95 – p. 58).

Parte da doutrina sustenta que o prazo de dois anos contados da extinção do contrato de trabalho tem natureza decadencial, podendo, por isso, o Juiz do Trabalho conhecê-lo de ofício, pois o referido art. 7º, XXIX, da CF dispõe que o prazo de dois anos é o limite para postulação de eventuais direitos trabalhistas.

De nossa parte, o prazo de dois anos tem natureza prescricional, pois a própria Constituição assim determina. Além disso, a interpretação no sentido de ser um prazo prescricional é mais benéfica ao trabalhador. De outro lado, como os institutos da prescrição e decadência visam à extinção de direitos, a interpretação deve ser restritiva, não cabendo ao intérprete distinguir onde a lei não distingue.

Leis específicas podem criar prazos prescricionais mais benéficos que o previsto na Constituição Federal para verbas de natureza trabalhista, a exemplo do que ocorria com o FGTS, que apesar de ser considerado verba trabalhista, tinha regramento de prescrição trintenária previsto na Lei 8.036/90.

No entanto, diante do entendimento fixado no STF em controle concentrado de constitucionalidade, a prescrição para o FGTS também passou a ser regida pela prescrição dos demais direitos trabalhistas. No aspecto, a questão fora uniformizada pela Súmula 362 do TST, "*in verbis*":

"FGTS. PRESCRIÇÃO (nova redação) – Res. 198/2015, republicada em razão de erro material – *DEJT* divulgado em 12, 15 e 16.06.2015.

I – Para os casos em que a ciência da lesão ocorreu a partir de 13.11.2014, é quinquenal a prescrição do direito de reclamar contra o não recolhimento de contribuição para o FGTS, observado o prazo de dois anos após o término do contrato;

II – Para os casos em que o prazo prescricional já estava em curso em 13.11.2014, aplica-se o prazo prescricional que se consumar primeiro: trinta anos, contados do termo inicial, ou cinco anos, a partir de 13.11.2014 (STF-ARE-709212/DF)."

Conforme a Súmula 206 do TST, "a prescrição da pretensão relativa às parcelas remuneratórias alcança o respectivo recolhimento da contribuição para o FGTS". Adotou, aqui, o TST, a regra de que o acessório segue o principal. Desse modo, se a parcela remuneratória objeto de incidência do FGTS estiver prescrita (principal), o recolhimento do FGTS também estará prescrito.

3. DA PRESCRIÇÃO DE PARCELAS SUCESSIVAS

Dispõe o § 2º do art. 11 da CLT, com a redação dada pela Lei 13.467/17:

> "Tratando-se de pretensão que envolva pedido de prestações sucessivas decorrente de alteração ou descumprimento do pactuado, a prescrição é total, exceto quando o direito à parcela esteja também assegurado por preceito de lei."

Parcelas sucessivas são decorrentes do ajuste direto entre empregado e empregador, pagas com habitualidade (gratificação, prêmios etc.), ou pagas em decorrência de mandamento legal (horas extras habituais).

A partir da alteração contratual, ou do descumprimento da obrigação, começa a fluir o prazo prescricional. Como bem adverte Gustavo Filipe Barbosa Garcia, "se o contrato estiver em vigor quando da alteração ou descumprimento do pactuado, somente corre o prazo prescricional quinquenal, nos termos do art. 7º, inciso XXIX, primeira parte, da Constituição Federal de 1988".

O § 2º do art. 11 da CLT consagra o entendimento sedimentado na Súmula 294 do TST[11], que disciplina a prescrição total para a supressão de parcelas sucessivas decorrentes da alteração do pactuado, salvo se o direito estiver previsto em lei.

Em que pese a previsão legal, de nossa parte o § 2º do art. 11 da CLT é inconstitucional, pois estabelece a fluência de prazo prescricional no curso do contrato de trabalho, em contrariedade ao disposto no art. 7º, XXIX, da Constituição Federal, e ainda viola também o próprio art. 468 da CLT que não faz distinção entre alterações decorrentes da lei ou de acordo entre as partes.

---

11. **Súmula nº 294 do TST:** "*PRESCRIÇÃO. ALTERAÇÃO CONTRATUAL. TRABALHADOR URBANO (mantida) – Res. 121/2003, DJ 19, 20 e 21.11.2003.* Tratando-se de ação que envolva pedido de prestações sucessivas decorrente de alteração do pactuado, a prescrição é total, exceto quando o direito à parcela esteja também assegurado por preceito de lei".

Nesse sentido é a posição de *Jorge Luiz Souto Maior* e *Vaudete Severo*[12]:

> "Ora, se é a exigibilidade que perece, quando o juiz pronuncia a prescrição, não há que se falar em 'prescrição total'. Esse posicionamento equivocado do TST, como dito, já vinha sendo revertido, conforme fixado expressamente na Súmula 409: 'Não procede ação rescisória calcada em violação do art. 7º, XXIX, da CF/1988 quando a questão envolve discussão sobre a espécie de prazo prescricional aplicável aos créditos trabalhistas, se total ou parcial, porque a matéria tem índole infraconstitucional, construída, na Justiça do Trabalho, no plano jurisprudencial. A prescrição poderá incidir apenas sobre as parcelas que se tornaram exigíveis há mais de cinco anos da data da propositura da demanda. Compreender de forma diversa seria corromper o próprio conceito de prescrição".

O Tribunal Superior do Trabalho entende ser total a prescrição decorrente de parcelas sucessivas nas seguintes hipóteses:

Orientação Jurisprudencial 76 da SDI-I do TST: "A alteração contratual consubstanciada na substituição dos avanços trienais por quinquênios decorre de ato único do empregador, momento em que começa a fluir o prazo fatal de prescrição".

Orientação Jurisprudencial 242 da SDI-I do TST: "Embora haja previsão legal para o direito à hora extra, inexiste previsão para a incorporação ao salário do respectivo adicional, razão pela qual deve incidir a prescrição total".

Orientação Jurisprudencial 243: "Aplicável a prescrição total sobre o direito de reclamar diferenças salariais resultantes de planos econômicos".

A jurisprudência do Tribunal Superior do Trabalho destaca ser parcial a prescrição diante de parcelas sucessivas, nas seguintes hipóteses:

> Súmula 6, IX, do TST: "Na ação de equiparação salarial, a prescrição é parcial e só alcança as diferenças salariais vencidas no período de 5 (cinco) anos que precedeu o ajuizamento".
>
> Súmula 373 do TST: "Tratando-se de pedido de diferença de gratificação semestral que teve seu valor congelado, a prescrição aplicável é a parcial".

12. *O acesso à justiça sob a mira da reforma trabalhista – ou como garantir o acesso à justiça diante da reforma trabalhista*. Disponível em: <http://www.jorgesoutomaior.com/blog>. Acesso em: 28 jul. 2017.

> Súmula 452 do TST: "Tratando-se de pedido de pagamento de diferenças salariais decorrentes da inobservância dos critérios de promoção estabelecidos em Plano de Cargos e Salários criado pela empresa, a prescrição aplicável é a parcial, pois a lesão é sucessiva e se renova mês a mês".

3.1. Complementação de aposentadoria

Complementação de aposentadoria é benefício de natureza contratual, que se assemelha ao benefício previdenciário da aposentadoria, pago pelo empregador após a aposentadoria do empregado, consistente na diferença entre o valor pago de aposentadoria pela Previdência social e o salário que o empregado recebia na ativa. O benefício é custeado mensalmente pelo empregado com parte de seu salário.

Segundo a jurisprudência do TST, se há controvérsia de ser devida ou não a complementação de aposentadoria, vale dizer: o direito é controvertido, a prescrição é total e incide a partir da extinção do contrato de trabalho, que é o momento em que o direito passa a ser exigível. No aspecto, dispõe a Súmula 326 do TST, "*in verbis*":

> "**COMPLEMENTAÇÃO DE APOSENTADORIA. PRESCRIÇÃO TOTAL (nova redação) – Res. 174/2011, *DEJT* divulgado em 27, 30 e 31.05.2011.** A pretensão à complementação de aposentadoria jamais recebida prescreve em 2 (dois) anos contados da cessação do contrato de trabalho."

Se o direito à complementação não se questiona, mas são postuladas apenas diferenças pela integração de parcelas salariais concedidas em processo trabalhista, a prescrição é parcial, conforme a Súmula 327 do TST, "*in verbis*":

> "**COMPLEMENTAÇÃO DE APOSENTADORIA. DIFERENÇAS. PRESCRIÇÃO PARCIAL (nova redação) – Res. 174/2011, *DEJT* divulgado em 27, 30 e 31.05.2011.** A pretensão a diferenças de complementação de aposentadoria sujeita-se à prescrição parcial e quinquenal, salvo se o pretenso direito decorrer de verbas não recebidas no curso da relação de emprego e já alcançadas pela prescrição, à época da propositura da ação."

Recentemente, o STF no RE 1.265.564, Plenário, Rel. Ministro Luiz Fux, *DJe* 14.09.2021, reconheceu a competência da Justiça do Trabalho para apreciar os pedidos de diferenças de complementação de aposentadoria, conforme se extrai da seguinte ementa:

> "RECURSO EXTRAORDINÁRIO. TRABALHISTA. COMPETÊNCIA. PEDIDO DE CONDENAÇÃO DA EMPRESA EMPREGADORA AO PAGAMENTO DE VERBAS TRABALHISTAS E AO CONSEQUENTE REFLEXO DAS DIFERENÇAS SALARIAIS NAS CONTRIBUIÇÕES AO PLANO DE PREVIDÊNCIA COMPLEMENTAR. COMPETÊNCIA DA JUSTIÇA DO TRABALHO. INAPLICABILIDADE DO TEMA 190 DA REPERCUSSÃO GERAL. PRECEDENTES. MULTIPLICIDADE DE RECURSOS EXTRAORDINÁRIOS. CONTROVÉRSIA CONSTITUCIONAL DOTADA DE REPERCUSSÃO GERAL. REAFIRMAÇÃO DA JURISPRUDÊNCIA DO SUPREMO TRIBUNAL FEDERAL. RECURSO EXTRAORDINÁRIO DESPROVIDO."

4. CAUSAS DE INTERRUPÇÃO, IMPEDIMENTO E SUSPENSÃO DA PRESCRIÇÃO

Há causas que impedem o início do curso do prazo prescricional, chamadas impeditivas. Ocorrendo uma dessas hipóteses, o prazo prescricional não se inicia.

Quanto às causas suspensivas, nestas o prazo prescricional que começou a fluir fica suspenso a partir de um evento que o suspende, voltando a correr o prazo pelo período faltante, expirado o evento que lhe suspendeu o curso do prazo.

O Código Civil brasileiro disciplina as causas impeditivas e suspensivas da prescrição nos arts. 197 a 199, que restam aplicáveis ao Processo do Trabalho. Dispõem os referidos dispositivos legais:

> Art. 197 do CC: "Não corre a prescrição: I – entre os cônjuges, na constância da sociedade conjugal; II – entre ascendentes e descendentes, durante o poder familiar; III – entre tutelados ou curatelados e seus tutores ou curadores, durante a tutela ou curatela."

> Art. 198 da CC: "Também não corre a prescrição: I – contra os incapazes de que trata o art. 3º; II – contra os ausentes do País em serviço público da União, dos Estados ou dos Municípios; III – contra os que se acharem servindo nas Forças Armadas, em tempo de guerra."

> Art. 199 do CC: "Não corre igualmente a prescrição: I – pendendo condição suspensiva; II – não estando vencido o prazo; III – pendendo ação de evicção."

A CLT contém causa impeditiva do prazo prescricional no art. 440, *in verbis*: "Contra os menores de 18 anos não corre nenhum prazo de prescrição".

Desse modo, para o menor empregado, não corre a prescrição enquanto ele não fizer 18 anos. O art. 440 da CLT não se aplica ao caso em que o menor é herdeiro de um empregado falecido. Nesta hipótese, aplica-se o Código Civil.

Segundo o Código Civil, quanto aos absolutamente incapazes, não haverá o curso da prescrição, conforme o art. 198, I, do CC. Quanto aos relativamente incapazes, correrá a prescrição, aplicando-se a regra do art. 195 do CC, que assim dispõe: "Os relativamente incapazes e as pessoas jurídicas têm ação contra os seus assistentes ou representantes legais, que derem causa à prescrição, ou não a alegarem oportunamente."

A CLT contém causa de suspensão da prescrição no art. 625-G, que assim dispõe:

> "O prazo prescricional será suspenso a partir da provocação da Comissão de Conciliação Prévia, recomeçando a fluir, pelo que lhe resta, a partir da tentativa frustrada de conciliação ou do esgotamento do prazo previsto no art. 625-F."

Desse modo, uma vez provocada a Comissão de Conciliação Prévia, o prazo prescricional ficará suspenso até que a Comissão designe audiência para tentativa de conciliação, ou se transcorrer o prazo de 10 dias para tal finalidade.

No mesmo sentido, a seguinte ementa:

> "Prazo prescricional. Submissão da controvérsia à Comissão de Conciliação Prévia. Suspensão do prazo prescricional. A submissão da controvérsia à Comissão de Conciliação Prévia tem o condão de suspender o prazo prescricional, na forma do que dispõe o art. 635-G da CLT, que recomeçará a fluir pelo que lhe resta a partir da data da sessão da tentativa conciliatória, salvo se esgotado prazo de 10 dias" (TRT – 12ª R. – RO-V 01197- 2005-009-12-00-9 – (Ac. 3ª T. – 06297/06, 4.4.06) – rel. Gracio Ricardo Barboza Petrone. DJSC 25.5.2006, p. 245)[13].

13. *In:* FERRARI, Irany; MARTINS, Melchíades Rodrigues. *Op. cit.*, p. 115.

O procedimento de homologação de acordo extrajudicial previsto na Lei 13.467/17 (arts. 855-B a 855-E, da CLT) também suspende o prazo prescricional no processo trabalhista. Com efeito, dispõe o art. 855-E da CLT:

> "A petição de homologação de acordo extrajudicial suspende o prazo prescricional da ação quanto aos direitos nela especificados. Parágrafo único. O prazo prescricional voltará a fluir no dia útil seguinte ao do trânsito em julgado da decisão que negar a homologação do acordo."

Discute-se na doutrina e na jurisprudência: enquanto suspenso o contrato de trabalho, o prazo prescricional também se suspenderá?

Segundo a doutrina, na suspensão do contrato de trabalho, todas as cláusulas contratuais permanecem paralisadas (v. art. 471 e ss. da CLT), ou seja, cessam tanto as obrigações do empregado como as do empregador. Não obstante, o contrato de trabalho permanece vigente. Portanto, o empregador não pode exercer o seu direito potestativo de dispensar o empregado imotivadamente, durante o prazo de suspensão contratual (art. 7º, I, da CF), pois as cláusulas contratuais se encontram paralisadas. A doutrina admite a possibilidade de dispensa motivada (justa causa) se o empregado cometer alguma das condutas do art. 482 da CLT, pois o contrato de trabalho ainda está vigente, assim como as obrigações assessórias do contrato de trabalho como o respeito recíproco, durante a suspensão contratual.

Há duas vertentes de entendimento sobre a suspensão do prazo prescricional no período de suspensão do contrato de trabalho.

Argumentam alguns que a Lei não prevê a possibilidade de suspensão do prazo prescricional durante a suspensão do contrato de trabalho, nem a CLT nem o Código Civil tratam da matéria. Além disso, o contrato de trabalho continua vigente no período de suspensão do contrato.

Em que pese as razões acima, pensamos que durante a suspensão do contrato de trabalho, máxime em razão de doença do empregado, o prazo prescricional ficará suspenso, por aplicação do art. 199, I, do CC. De mais a mais, prestigia o acesso do trabalhador à justiça, imprime maior equilíbrio ao processo do trabalho, destacando o caráter humanista da Justiça trabalhista.

Nesse contexto, destacamos a seguinte ementa:

> "Prescrição – Suspensão do contrato de trabalho. Estando suspenso o contrato de trabalho, em virtude de percepção de auxílio-doença acidentário, não corre prescrição (art. 199, I, do novo CCB, de aplicação

> subsidiária)" (TRT – 3ª R. – 8ª T. – RO n. 3.439/2002.079.03.00-6 – rel. José M. de Freitas – DJMG 9.8.03 – p. 18).

Concordamos, no aspecto, com *Valentin Carrion*[14], quando preconiza:

> "As circunstâncias fáticas que rodeiam o trabalhador, quando da licença por doença, na realidade lhe impedem de ajuizar a ação que ponha termo à prescrição. Isso em virtude não só de suas dificuldades primárias, como a de arcar com os custos dos remédios, de subsistência, de locomoção e de incertezas de saúde, como pela sua inexperiência e isolamento de seu mundo laborativo, que é mais evoluído do que o de seu círculo pessoal. Tudo isso convence para que essa anomalia, a da licença por doença, deve ser incluída como de impedimento. Tal como ocorre com outras situações previstas pelo CC, art. 197 (incapacidade jurídica, ausência do país etc.). Não se interrompe a prescrição, mas se suspende, contando-se o período anterior e continuando a fluir depois que cessar o impedimento."

Nesse sentido, destacamos a seguinte ementa:

> "Prescrição. Afastamento previdenciário. Contrato de trabalho suspenso por motivo de doença. O efeito suspensivo das obrigações contratuais remonta a motivos de ordem prática e humana, deles não se dissociando a aferição do prazo prescricional que vincula, tal como o contrato, uma atitude comissiva, uma atividade que exige ação do sujeito de direito. Paralisado no tempo o contrato de trabalho, fica igualmente paralisada a fluência da prescrição por força suspensiva prevista no art. 199, I, do Código Civil. A prescrição parcial não é contada do ajuizamento da ação, mas do dia anterior à data do afastamento (suspensão contratual)" (TRT/SP – 01235200938202000 – RO – Ac. 6ª T. – 20100146435 – rel. Rafael E. Pugliese Ribeiro – DOE 17.3.2010).

O Tribunal Superior do Trabalho se posicionou no sentido de que a suspensão do contrato de trabalho não acarreta a suspensão do prazo prescricional, salvo impossibilidade do empregado, ou do trabalhador, procurar o Judiciário Trabalhista, conforme se constata da OJ 375, de sua SDI-I, *in verbis*:

---

14. CARRION, Valentin. Comentários à Consolidação das Leis do Trabalho. 32. ed. São Paulo: Saraiva, 2007, p. 75.

> "Auxílio-doença. Aposentadoria por invalidez. Suspensão do contrato de trabalho. Prescrição. Contagem (divulgada em 19.4.2010 e publicada *DeJT* 20.4.2010). A suspensão do contrato de trabalho, em virtude da percepção do auxílio-doença ou da aposentadoria por invalidez, não impede a fluência da prescrição quinquenal, ressalvada a hipótese de absoluta impossibilidade de acesso ao Judiciário."

As causas de interrupção bloqueiam o curso do prazo prescricional já iniciado, voltando o prazo a correr por inteiro, uma vez expirada a causa de interrupção.

Como destacam *Rodolfo Pamplona Filho* e *Pablo Stolze Gagliano*[15]: "A diferença entre a interrupção e a suspensão da prescrição é que, enquanto na segunda o prazo fica paralisado, na primeira 'zera-se' todo o prazo decorrido, recomeçando a contagem da 'data do ato que a interrompeu, ou do último ato do processo para interromper".

Assevera o art. 202 do CC:

> "A interrupção da prescrição, que somente poderá ocorrer uma vez, dar-se-á: I – por despacho do juiz, mesmo incompetente, que ordenar a citação, se o interessado a promover no prazo e na forma da lei processual; II – por protesto, nas condições do inciso antecedente; III – por protesto cambial; IV – pela apresentação do título de crédito em juízo de inventário ou em concurso de credores; V – por qualquer ato judicial que constitua em mora o devedor; VI – por qualquer ato inequívoco, ainda que extrajudicial, que importe reconhecimento do direito pelo devedor. Parágrafo único – A prescrição interrompida recomeça a correr da data do ato que a interrompeu, ou do último ato do processo para a interromper."

Pelo referido dispositivo, a prescrição interrompe-se somente uma vez. Pensamos que tal dispositivo se mostra compatível com o Processo do Trabalho (art. 769 da CLT), como medida moralizadora da Jurisdição Trabalhista, evitando abusos e também a perpetuação do conflito.

Nesse sentido, destacamos as seguintes ementas:

> "AGRAVO DE INSTRUMENTO. RECURSO DE REVISTA. INTERRUPÇÃO DA PRESCRIÇÃO POR UMA ÚNICA VEZ.

15. Novo curso de direito civil. 4. ed. São Paulo: Saraiva, 2003, p. 497. v. I.

PERTINÊNCIA DO ART. 202, *CAPUT*, DO CÓDIGO CIVIL, APLICADO SUBSIDIARIAMENTE AO PROCESSO DO TRABALHO. DECISÃO DENEGATÓRIA. MANUTENÇÃO. Produzindo as causas interruptivas efeito significativamente favorável ao credor, preferiu o novo Código Civil estabelecer que a interrupção da prescrição dar-se-á por uma única vez (art. 202, *caput*), devendo ser frisado que o antigo CCB era silente no que tange a esse aspecto. Sendo a nova regra civilista compatível com o Direito Material e Processual do Trabalho, torna-se aplicável também nesse campo normativo (art. 8º, *caput* e parágrafo único, CLT), embora sem efeito retroativo (art. 5º, XXXVI, CF). Não há, portanto, como assegurar o processamento do recurso de revista quando o agravo de instrumento interposto não desconstitui os termos da decisão denegatória, que subsiste por seus próprios fundamentos. Agravo de instrumento desprovido" (TST – Processo: AIRR – 989-12.2010.5.15.0002 – Data de Julgamento: 5.9.2012 – rel. Ministro Mauricio Godinho Delgado – 3ª Turma – Data de Publicação: *DEJT* 14.9.2012).

"INTERRUPÇÃO ÚNICA DA CONTAGEM DO PRAZO PRESCRICIONAL. ART. 202, CABEÇA, DO CÓDIGO CIVIL. O art. 202, cabeça, do Código Civil – aplicável subsidiariamente ao Processo do Trabalho, por força do parágrafo único do art. 8º da Consolidação das Leis do Trabalho – estabelece que a interrupção do lapso extintivo '*somente poderá ocorrer uma vez*'. Considerando a distribuição da primeira reclamação em 10.7.2009, cujo último ato processual corresponde a seu arquivamento, ocorrido em 24.8.2009, conclui-se que a pretensão ora formulada encontra-se fulminada pela prescrição, porquanto ajuizada a presente ação somente em 1º.11.2011. Precedentes. Agravo de instrumento a que se nega provimento" (TST – Processo: AIRR – 2209-09.2011.5.18.0008 – Data de Julgamento: 23.4.2014, relator Ministro: Lelio Bentes Corrêa, 1ª Turma, Data de Publicação: *DEJT* 2.5.2014).

Dispõe o § 3º do art. 11 da CLT, com a redação dada pela Lei 13.467/17:

> "§ 3º A interrupção da prescrição somente ocorrerá pelo ajuizamento de reclamação trabalhista, mesmo que em juízo incompetente, ainda que venha a ser extinta sem resolução do mérito, produzindo efeitos apenas em relação aos pedidos idênticos."

O § 3º do art. 11 da CLT, praticamente, consagra o entendimento da Súmula 268 do TST, que assim dispõe:

> "PRESCRIÇÃO. INTERRUPÇÃO. AÇÃO TRABALHISTA ARQUIVADA. A ação trabalhista, ainda que arquivada, interrompe a prescrição somente em relação aos pedidos idênticos."

Conforme disciplinado pela Lei 13.467/17 e sedimentado pela mais alta Corte Trabalhista do país, a ação trabalhista, ainda que arquivada, sem a necessidade de citação válida do reclamado, interrompe a prescrição. Pensamos que a nova legislação e o Tribunal Superior do Trabalho seguiram a melhor diretriz, pois a partir da propositura da ação já há interações entre juiz e parte, e há ato inequívoco do credor trabalhista pretendendo a satisfação do seu direito.

Não obstante, a interrupção se dá somente com relação às verbas expressamente postuladas, e não em face de outras parcelas, ainda que decorram de um mesmo contrato de trabalho.

De nossa parte, a demanda trabalhista arquivada interrompe tanto os prazos de prescrição bienal quanto quinquenal de prescrição, já que tais prazos são interdependentes.

Nesse sentido, destaca-se a seguinte ementa:

> "Ação anterior interrompe o prazo prescricional. Aplicando-se a Súmula n. 268 do C. TST, pode-se afirmar que o mero ajuizamento de reclamatória trabalhista opera efeitos interruptivos tanto para a prescrição bienal quanto para a quinquenal, reiniciando-se a partir do término da condição interruptiva, ou seja, da extinção do processo com ou sem resolução do mérito. Importante frisar que, para tanto, as partes e pedidos devem ser idênticos nas duas demandas" (TRT/SP – 00001569020105020087 – RO – Ac. 4ª T. – 20120379583 – rel. Sergio Winnik – DOE 20.4.2012).

A doutrina e jurisprudência têm admitido o protesto judicial no processo do trabalho como modalidade de interrupção da prescrição. Trata-se de tutela de natureza cautelar (art. 301 do CPC) tendo por objetivo, unicamente, resguardar direitos e provocar a interrupção do prazo prescricional em curso. O simples ajuizamento da presente ação tem o condão de interromper a prescrição, independentemente da citação do demandado.

Nesse sentido a recente OJ 392 da SDI-I do C. TST, *in verbis*:

> "PRESCRIÇÃO. INTERRUPÇÃO. AJUIZAMENTO DE PROTESTO JUDICIAL. MARCO INICIAL. O protesto judicial é medida aplicável

no processo do trabalho, por força do art. 769 da CLT e do art. 311 do CPC de 2015. O ajuizamento da ação, por si só, interrompe o prazo prescricional, em razão da inaplicabilidade do § 2º do art. 240 do CPC de 2015 (§ 2º do art. 219 do CPC de 1973), incompatível com o disposto no art. 841 da CLT.

5. PRESCRIÇÃO DA PRETENSÃO DECLARATÓRIA

A ação declaratória tem por objeto exclusivamente declarar a existência ou não de um fato, uma relação jurídica ou a autenticidade ou não de um determinado documento.

Se o pedido for exclusivamente declaratório, segundo tem defendido a melhor doutrina, não há se falar em prescrição, pois despido de sanção *(Pontes de Miranda, Ferrara* e *Liebman).* Embora se possa argumentar, no Processo do Trabalho, por exemplo, que o reconhecimento da vinculação empregatícia gera o direito à anotação na CTPS do empregado (que é obrigação de fazer), tal providência pode ser levada a efeito pela Secretaria da Vara (§ 2º do art. 39 da CLT).

Conforme *Celso Agrícola Barbi*[16]: "A prescrição tem por finalidade consolidar um estado de fato contrário ao direito, ou um estado jurídico defeituoso, consolidação essa decorrente do curso de certo tempo e da inércia do titular do direito. Como a ação declaratória não tem por finalidade fazer cessar um estado de fato contrário ao direito, e sim declarar qual o estado de fato conforme o direito, conclui-se que não há na declaratória esse elemento básico do instituto da prescrição."

Nesse sentido, o § 1º do art. 11 da CLT, *in verbis*:

> "O disposto neste artigo não se aplica às ações que tenham por objeto anotações para fins de prova junto à Previdência Social."

Conforme, recentemente, vem defendendo a jurisprudência, a propositura de ação declaratória referente à mesma relação jurídica tem o condão de interromper a prescrição para a futura ação condenatória.

---

16. BARBI, Celso Agrícola. Comentários ao Código de Processo Civil. 11. ed. Rio de Janeiro: Forense, 2002, p. 54. v. 1.

Nesse sentido, a Orientação Jurisprudencial 401 de SDI-I do C. TST, *in verbis*:

> "Prescrição. Marco inicial. Ação condenatória. Trânsito em julgado da ação declaratória com mesma causa de pedir remota ajuizada antes da extinção do contrato de trabalho (*DeJT* 2.8.2010). O marco inicial da contagem do prazo prescricional para o ajuizamento de ação condenatória, quando advém a dispensa do empregado no curso de ação declaratória que possua a mesma causa de pedir remota, é o trânsito em julgado da decisão proferida na ação declaratória e não a data da extinção do contrato de trabalho."

6. DA PRESCRIÇÃO INTERCORRENTE

Chama-se intercorrente a prescrição que se dá no curso do processo, após a propositura da ação, mais especificamente depois do trânsito em julgado, pois, na fase de conhecimento, se o autor não promover os atos do processo, o juiz o extinguirá sem resolução do mérito, valendo-se do disposto no art. 485 do CPC.

Autores há que distinguem a prescrição intercorrente de prescrição da execução. Nesse sentido sustenta Manoel Jorge e Silva Neto[17]:

> "Aqui, torna-se necessário informar que duas espécies de prescrição são mencionadas no contexto do processo trabalhista: a prescrição da execução e a prescrição intercorrente. A primeira conta-se a partir do trânsito em julgado da decisão. A segunda se refere à inércia prolongada da parte no curso da ação."

De nossa parte, estamos convencidos de que prescrição intercorrente e prescrição da execução são expressões sinônimas no processo do trabalho, pois, na fase de conhecimento, se houver inércia do reclamante, o Juiz do Trabalho extinguirá a relação jurídica processual sem resolução (*vide* a respeito os arts. 732, 844, ambos da CLT, e 485 do CPC), não havendo espaço para reconhecimento de prescrição intercorrente. A prescrição intercorrente somente se verifica no curso da execução.

17. *Constituição e Processo do Trabalho*. São Paulo: LTr, 2007, p. 118.

O art. 11-A, com redação dada pela Lei 13.467/17, dispõe sobre a prescrição intercorrente no processo trabalhista. Com efeito, dispõe o referido dispositivo legal:

> "Ocorre a prescrição intercorrente no processo do trabalho no prazo de dois anos. § 1º A fluência do prazo prescricional intercorrente inicia-se quando o exequente deixa de cumprir determinação judicial no curso da execução. § 2º A declaração da prescrição intercorrente pode ser requerida ou declarada de ofício em qualquer grau de jurisdição."

Sempre foi polêmica a questão da prescrição intercorrente no Processo do Trabalho, diante da natureza alimentar do crédito trabalhista e do princípio da irrenunciabilidade do crédito trabalhista. Em favor da não aplicabilidade da prescrição intercorrente no Processo do Trabalho, era invocado o argumento de que a execução é promovida de ofício pelo Juiz do Trabalho, nos termos do art. 878 da CLT, não havendo espaço para a aplicabilidade de tal instituto. Além disso, também é possível invocar aqui o princípio protetor, visto sob o aspecto instrumental (igualdade substancial das partes no processo do trabalho), e a existência do *jus postulandi* da parte na execução trabalhista, como argumentos aptos a inviabilizar o reconhecimento da prescrição intercorrente no processo trabalhista. Nesse sentido, a Súmula 114 do C. TST, *in verbis*: "Prescrição intercorrente. É inaplicável na Justiça do Trabalho a prescrição intercorrente."

Em sentido oposto, a Súmula 327 do C. STF: *"Prescrição Intercorrente. O direito trabalhista admite prescrição intercorrente"*.

No sentido da referida Súmula do STF, é a própria redação do art. 884 da CLT que disciplina em seu § 1º a prescrição como sendo uma das matérias passíveis de alegação nos embargos à execução. Ora, a prescrição prevista no § 1º do art. 884 da CLT só pode ser a intercorrente, pois a prescrição própria da pretensão deve ser invocada antes do trânsito em julgado da decisão (Súmula 153 do C. TST).

A redação do art. 11-A da CLT deixa expresso o cabimento da prescrição intercorrente no processo do trabalho, quando o exequente não cumpre determinação judicial no curso da execução, como, por exemplo, não dá início à execução, não promove a liquidação por artigos (pelo procedimento comum no CPC/15), não fornece informações necessárias para o registro de penhora, não requer a instauração do incidente de consideração da personalidade jurídica etc.

Houve mudança de rota significativa no direito e no processo do trabalho, pois até então o entendimento era pela não aplicação da prescrição intercorrente na execução trabalhista. A questão se torna mais agressiva ainda ao exequente, pois o princípio do impulso oficial fora extremamente mitigado, com a nova redação do art. 878 da CLT, que o limitou às hipóteses em que o exequente estiver sem advogado.

Mesmo que a prescrição intercorrente possa ser reconhecida de ofício, considerando-se a principiologia e singularidades do processo do trabalho, e também os direitos fundamentais de acesso à justiça, à tutela executiva (art. 5º, XXXV, da CF) e cooperação processual (art. 6º do CPC[18]), pensamos cumprir ao magistrado, antes de reconhecer a prescrição, intimar o exequente, por seu advogado e, sucessivamente, pessoalmente, para que pratique o ato processual adequado ao prosseguimento da execução, sob consequência de se iniciar o prazo prescricional.

De outro lado, quando o executado não possuir bens penhoráveis, ou não for localizado, pensamos que as providências preliminares do art. 40 da Lei 6.830/80 (suspensão da execução por um ano, sem manifestação do exequente) devem ser aplicadas pela Justiça do Trabalho antes do início da fluência do prazo prescricional.

O Código de Processo Civil de 2015 disciplina, expressamente, a possibilidade do reconhecimento da prescrição intercorrente no curso da execução civil, com redação muito semelhante à do art. 40 da Lei 6.830/90[19]. Com efeito, dispõe o art. 921 do CPC, com a redação dada pela Lei 14.195/2021:

---

18. Como nos traz *Cássio Scarpinella Bueno*, é comum (e absolutamente pertinente) entre nós a difusão da doutrina de Miguel Teixeira de Sousa, Professor Catedrático da Faculdade de Direito da Universidade de Lisboa, que ensina que a cooperação toma como base determinados deveres a serem observados, inclusive pelo magistrado. Esses deveres são de *esclarecimento* (no sentido de o juiz solicitar às partes explicações sobre o alcance de suas postulações e manifestações), de *consulta* (no sentido de o juiz colher manifestação das partes preparatórias de sua própria manifestação ou decisão), de *prevenção* (no sentido de as partes serem alertadas do uso inadequado do processo e a inviabilidade de julgamento de mérito), e de *auxílio* (no sentido de incentivar as partes a superar dificuldades relativas ao cumprimento adequado de seus direitos, faculdades, ônus ou deveres processuais). In: *Manual de direito processual civil*. São Paulo: Saraiva, 2015, p. 85.

19. Art. 40 da Lei 6.830/80: "O juiz suspenderá o curso da execução, enquanto não for localizado o devedor ou encontrados bens sobre os quais possa recair a penhora, e, nesses casos, não correrá o prazo de prescrição. § 1º Suspenso o curso da execução, será aberta vista dos autos ao representante judicial da Fazenda Pública. § 2º Decorrido o prazo máximo de 1 (um) ano, sem que seja localizado o devedor ou encontrados bens penhoráveis, o juiz ordenará o arquivamento dos autos. § 3º Encontrados que sejam, a qualquer tempo, o devedor ou os bens, serão desarquivados os autos para prosseguimento da execução. § 4º Se da decisão que ordenar o arquivamento tiver decorrido o prazo prescricional, o juiz, depois de ouvida

> "Suspende-se a execução: I – nas hipóteses dos arts. 313 e 315, no que couber; II – no todo ou em parte, quando recebidos com efeito suspensivo os embargos à execução; III – quando não for localizado o executado ou bens penhoráveis; (Redação dada pela Lei nº 14.195, de 2021) IV – se a alienação dos bens penhorados não se realizar por falta de licitantes e o exequente, em 15 (quinze) dias, não requerer a adjudicação nem indicar outros bens penhoráveis; V – quando concedido o parcelamento de que trata o art. 916. § 1º Na hipótese do inciso III, o juiz suspenderá a execução pelo prazo de 1 (um) ano, durante o qual se suspenderá a prescrição. § 2º Decorrido o prazo máximo de 1 (um) ano sem que seja localizado o executado ou que sejam encontrados bens penhoráveis, o juiz ordenará o arquivamento dos autos. § 3º Os autos serão desarquivados para prosseguimento da execução se a qualquer tempo forem encontrados bens penhoráveis. § 4º O termo inicial da prescrição no curso do processo será a ciência da primeira tentativa infrutífera de localização do devedor ou de bens penhoráveis, e será suspensa, por uma única vez, pelo prazo máximo previsto no § 1º deste artigo. (Redação dada pela Lei nº 14.195, de 2021) § 5º O juiz, depois de ouvidas as partes, no prazo de 15 (quinze) dias, poderá, de ofício, reconhecer a prescrição no curso do processo e extingui-lo, sem ônus para as partes. (Redação dada pela Lei nº 14.195, de 2021) § 6º A alegação de nulidade quanto ao procedimento previsto neste artigo somente será conhecida caso demonstrada a ocorrência de efetivo prejuízo, que será presumido apenas em caso de inexistência da intimação de que trata o § 4º deste artigo. (Incluído pela Lei nº 14.195, de 2021) § 7º Aplica-se o disposto neste artigo ao cumprimento de sentença de que trata o art. 523 deste Código (Incluído pela Lei nº 14.195, de 2021)".

Pelo referido dispositivo legal, a prescrição intercorrente poderá ser reconhecida, inclusive de ofício, pelo Juiz de Direito, quando o executado não possuir bens penhoráveis, ou o executado não for localizado, ocasião em que o processo ficará suspenso por um ano. Decorrido o referido prazo sem manifestação do exequente, começará a correr o prazo de prescrição intercorrente.

---

a Fazenda Pública, poderá, de ofício, reconhecer a prescrição intercorrente e decretá-la de imediato. (Incluído pela Lei n. 11.051, de 2004) § 5º A manifestação prévia da Fazenda Pública prevista no § 4º deste artigo será dispensada no caso de cobranças judiciais cujo valor seja inferior ao mínimo fixado por ato do Ministro de Estado da Fazenda" (Incluído pela Lei n. 11.960, de 2009).

Parte da doutrina sustentou compatibilidade do referido art. 921 do CPC ao processo do trabalho, considerando-se a omissão da CLT, e que o art. 884, § 1º, prevê a possibilidade do reconhecimento da prescrição intercorrente, mas não diz em quais situações. Além disso, pode-se argumentar que a Súmula 114 do C. TST é muito antiga e não mais reflete o estágio atual do processo trabalhista, não podendo a execução ficar sobrestada por tempo indeterminado até se aguardar uma futura existência de patrimônio do devedor no processo trabalhista.

De nossa parte, mesmo diante do referido art. 921 do CPC e do art. 40 da Lei 6.830/90, continuamos a pensar que a prescrição intercorrente somente pode ser reconhecida no processo trabalhista na hipótese em que o ato a ser praticado dependa exclusivamente do exequente, e não possa ser suprido de ofício pelo juiz.

O Tribunal Superior do Trabalho, por meio da Instrução Normativa 39/16, em seu art. 2º, inciso VIII, pronunciou-se pela inaplicabilidade da prescrição intercorrente prevista no art. 921 do CPC, por incompatibilidade com o processo trabalhista.

Por incompatibilidade sistêmica, entendemos não aplicáveis as disposições do art. 921, com a redação dada pela Lei 14.195/21, principalmente a suspensão da prescrição por uma única vez, já que se trata a execução trabalhista de crédito alimentar, sendo o credor trabalhista hipossuficiente.

Cabe à jurisprudência trabalhista avaliar com muita sensibilidade e bom senso quais determinações judiciais descumpridas pelo exequente no curso da execução justificam o início da fluência do prazo prescricional.

Nesse sentido, advertem com propriedade *Mauricio Godinho Delgado* e *Gabriela Neves Delgado*[20]:

> "(...) a fluência do prazo prescricional intercorrente inicia-se quando o exequente deixa de cumprir determinação judicial no curso da execução (texto do § 1º do art. 11-A da CLT). Porém, é claro, não se trata de qualquer determinação ou de qualquer tipo de ato sobre o qual o exequente tenha sido intimado: *é necessário que se trate de determinação relativa a ato estritamente pessoal do exequente, sem cuja atuação o fluxo do processo se torna inviável.* Ilustrativamente, a indicação de bens do devedor inadimplente para a continuidade

20. *A reforma trabalhista no Brasil*. São Paulo: LTr, 2017, p. 115.

> da execução judicial (este, em geral, o grande embaraço ao bom desenvolvimento da fase executória processual) não constitui ato estritamente pessoal do exequente, sem cuja atuação o fluxo do processo se trona inviável."

A possibilidade de reconhecimento de ofício da prescrição intercorrente, ao contrário do que sustentam alguns doutrinadores, se restringe à fase executiva, não podendo ser aplicada à fase de conhecimento.

7. DO MOMENTO DE ARGUIÇÃO DA PRESCRIÇÃO

A prescrição é matéria de mérito, conforme dispõe o art. 487, IV, do CPC. Partindo-se dessa premissa, muitos sustentam que o momento de se invocar a prescrição é na contestação. Não obstante, o Código Civil dispõe no art. 193:

> "A prescrição pode ser alegada em qualquer grau de jurisdição, pela parte a quem aproveita".

Adverte *Nelson Nery Junior*[21] que "a expressão 'em qualquer grau de jurisdição', constante da norma sob comentário, deve ser entendida acrescida da locução 'ordinária', porque não se pode alegar a prescrição, pela primeira vez, em grau de recurso especial nem de recurso extraordinário. A CF 102, III, e 105, III, exigem, para a admissibilidade do RE e do REsp, que a matéria tenha sido decidida em única ou última instância, razão por que o STF e o STJ, apreciando o RE e o REsp, só podem rejulgá-la e nunca julgá-la. Esta é a razão pela qual se a prescrição não tiver sido efetivamente decidida nas instâncias ordinárias, não poderá ser apreciada em grau de recursos excepcionais."

Nesse sentido, dispõe a Súmula 153 do C. TST:

> "PRESCRIÇÃO – Não se conhece de prescrição não arguida na instância ordinária."

Mesmo diante do art. 193 do CC, pensamos que a referida Súmula 153 permanece inalterável, pois a prescrição somente poderá ser invocada até o segundo grau de jurisdição, ou seja, até o recurso ordinário, ou, no máximo, nas contrarrazões ao recurso ordinário, mas não no recurso de

21. Código Civil comentado. 3. ed. São Paulo: RT, 2005, p. 288.

revista (jurisdição extraordinária), pois, para o conhecimento deste recurso de natureza extraordinária, a matéria deve estar prequestionada no segundo grau de jurisdição. No aspecto, dispõe a OJ 62 da SDI-I do TST:

> **"PREQUESTIONAMENTO. PRESSUPOSTO DE ADMISSIBILIDADE EM APELO DE NATUREZA EXTRAORDINÁRIA. NECESSIDADE, AINDA QUE SE TRATE DE INCOMPETÊNCIA ABSOLUTA (republicada em decorrência de erro material) – *DEJT* divulgado em 23, 24 e 25.11.2010.** É necessário o prequestionamento como pressuposto de admissibilidade em recurso de natureza extraordinária, ainda que se trate de incompetência absoluta."

8. RECONHECIMENTO DA PRESCRIÇÃO DE OFÍCIO

Diante do § 5º do art. 219 do CPC/73[22], que revogou o art. 194 do CC[23], a prescrição pode ser conhecida de ofício pelo Juiz de Direito. Desse modo, independentemente de requerimento do réu, a prescrição pode ser reconhecida pelo juiz em qualquer grau de jurisdição.

Inegavelmente, à luz do CPC/73, com o conhecimento de ofício pelo juiz da prescrição, esta ganhou contornos de matéria de ordem pública e interesse social, de modo que a prescrição deixa de ser um instituto renunciável, para adquirir contornos de irrenunciabilidade, destacando o caráter publicista do processo.

Nota-se que o legislador, motivado pelos novos rumos da celeridade e efetividade processual, priorizou a segurança e estabilidade das relações jurídicas, bem como a tranquilidade do devedor, em detrimento do titular da pretensão.

Como destaca *Luciano Athayde Chaves*[24], "o atual desenho da prescrição no plano processual, como matéria afeta à defesa indireta contra o mérito da causa, apresenta-se como mais uma demonstração da tendência publicista que se incorpora à atuação jurisdicional, atribuindo ao juiz um papel mais ativo na composição dos conflitos".

22. Art. 219, § 5º, do CPC/73: "O juiz pronunciará de ofício a prescrição".
23. Art. 194 do CC/2002: "O juiz não pode suprir, de ofício, a alegação da prescrição, salvo se favorecer absolutamente incapaz".
24. CHAVES, Luciano Athayde. A recente reforma no processo comum. Reflexos no direito judiciário do trabalho. São Paulo: LTr, 2006, p. 136.

Pode-se questionar o acerto do legislador em alterar a natureza jurídica da prescrição para matéria de ordem pública, pois a prescrição é um instituto que beneficia o réu, pode ser renunciada, ainda que tacitamente; é matéria de mérito (art. 487, IV, do CPC) e, portanto, deve ser invocada em defesa; pode, ainda, em determinadas hipóteses legais, sofrer suspensão e interrupção. Além disso, pode-se até invocar o fato de quebra da imparcialidade do juiz ao pronunciar de ofício a prescrição, aniquilando a pretensão do autor e por via reflexa o próprio mérito.

Mesmo sendo aplicável de ofício a prescrição pelo Juiz de Direito, acreditamos que ele deva tomar algumas cautelas ao adotar tal providência. Acredito que deva propiciar o contraditório e observar as hipóteses de interrupção e suspensão da prescrição, bem como, se o direito for patrimonial disponível, tentar a conciliação, uma vez que a finalidade do processo, diante do seu caráter publicista de ser um instrumento de pacificação social, sempre que possível, deve o juiz tentar a conciliação, objetivando a pacificação do conflito, em vez de aplicar, de forma incisiva, a legislação processual.

Nesse sentido, aliás, dispõe o art. 487, II e parágrafo único, do CPC atual, *in verbis*:

> "Haverá resolução de mérito quando o juiz: (...) II – decidir, de ofício ou a requerimento, sobre a ocorrência de decadência ou prescrição (...) Parágrafo único. Ressalvada a hipótese do § 1º do art. 332, a prescrição e a decadência não serão reconhecidas sem que antes seja dada às partes oportunidade de manifestar-se."

Estabelece o art. 332, § 1º, do CPC:

> "Nas causas que dispensem a fase instrutória, o juiz, independentemente da citação do réu, julgará liminarmente improcedente o pedido que contrariar: (...) § 1º O juiz também poderá julgar liminarmente improcedente o pedido se verificar, desde logo, a ocorrência de decadência ou de prescrição."

Conforme o referido dispositivo, o Juiz não está obrigado a pronunciar, de ofício, a prescrição, sendo uma faculdade fazê-lo. Esse entendimento se fortifica em razão da regra do § 5º do art. 219 do CPC/73 não ter sido consagrada no CPC atual. Entretanto, o juiz, no processo civil, tem a prerrogativa de conhecer da prescrição de ofício, ainda que não tenha sido invocada pelo réu, desde que propicie o contraditório prévio às partes (arts. 332 e 487 do CPC).

Com a mudança do CPC, o Juiz do Trabalho poderá reconhecer, de ofício, a prescrição?

Em trabalho anterior, à luz do CPC/73, com suporte nas primeiras manifestações da doutrina e das primeiras reflexões a respeito, sustentamos a possibilidade de o Juiz do Trabalho pronunciar de ofício a prescrição, pelos seguintes argumentos[25]:

a) no Processo do Trabalho, não se aplica o princípio da irrenunciabilidade de direitos;

b) a prescrição ganhou contornos de matéria de ordem pública e interesse social;

c) a CLT é omissa a respeito do momento em que se deve pronunciar a prescrição e quem pode invocá-la, restando aplicáveis as regras do CC (arts. 8º e 769 da CLT);

d) embora a prescrição tenha natureza jurídica de mérito e pertença ao Direito Material, é a lei processual que deverá dizer o momento de sua alegação em juízo;

e) se, em razão da natureza irrenunciável do crédito trabalhista, não se puder invocar a prescrição de ofício, também não poderemos aplicar a decadência, diante das similitudes entre os dois institutos[26], já que a prescrição fulmina a pretensão e a decadência, o próprio direito;

f) há compatibilidade da norma processual civil com o Processo do Trabalho, pois a CLT é omissa e não há violação dos princípios que regem o Direito Processual do Trabalho, restando aplicável o art. 769 da CLT[27].

---

25. SCHIAVI, Mauro. A revelia no direito processual do trabalho: legalidade, justiça e poderes do juiz na busca da verdade. São Paulo: LTr, 2006, p. 94.

26. Como adverte com propriedade Manoel Antonio Teixeira Filho referindo-se à atual redação do § 5º do art. 219 do CPC, "o texto legal em exame é de grande importância prática para o réu, por evitar que ele seja prejudicado pelo fato de não alegar a prescrição (extintiva). A norma incidirá no processo do trabalho, pelo mesmo motivo que o art. 219, § 5º, do CPC, em sua redação anterior, era pacificamente aplicado ao processo do trabalho. Não haverá antagonismo com o art. 7º, inciso XXIX, da Constituição Federal (As novas leis alterantes do processo civil e sua repercussão no processo do trabalho. In: *Revista LTr* 70-03/298).

27. No sentido da aplicabilidade do instituto do reconhecimento da prescrição de ofício ao Processo do Trabalho, encontramos os recentes estudos de Sebastião Geraldo de Oliveira (Prescrição nas ações indenizatórias decorrentes de acidente de trabalho ou doença ocupacional. *In: Revista LTr* 70-05/523); José Augusto Rodrigues Pinto (Reconhecimento *ex officio* da prescrição e

Após muita reflexão a respeito, e estudos mais aprofundados sobre o tema, estamos convencidos de que o Juiz do Trabalho não deve pronunciar de ofício a prescrição.

Com efeito, primeiramente, destaca-se que a prescrição tem natureza híbrida, pois se entrelaçam tanto o direito material como o processual do trabalho. Embora, hoje, o conceito de prescrição esteja vinculado à extinção de uma pretensão, tal efeito provoca a inexigibilidade do direito, acarretando a extinção do processo com resolução de mérito.

Em tendo o instituto contornos de Direito Material, a interpretação da prescrição no Direito Material do Trabalho não pode estar divorciada dos princípios do Direito Material do Trabalho, dos quais se destacam os da proteção tutelar e irrenunciabilidade de direitos.

Ensina *Américo Plá Rodriguez*[28] que o fundamento do princípio protetor "está ligado à própria razão de ser do Direito do Trabalho. Historicamente, o Direito do Trabalho surgiu como consequência de que a liberdade de contrato entre pessoas com poder e capacidade econômica desiguais conduzia a diferentes formas de exploração. Inclusive as mais abusivas e iníquas. O legislador não pôde mais manter a ficção de igualdade existente entre as partes do contrato de trabalho e inclinou-se para uma compensação dessa desigualdade econômica desfavorável ao trabalhador com uma proteção jurídica a ele favorável. O Direito do Trabalho responde fundamentalmente ao propósito de nivelar desigualdades. Como dizia Couture: 'o procedimento lógico de corrigir desigualdades é o de criar outras desigualdades'."

Quanto à irrenunciabilidade de direitos, este princípio impede que o trabalhador abandone um direito, de forma definitiva, que já está incorporado ao seu patrimônio jurídico.

Deve ser destacado que o Processo do Trabalho e o judiciário trabalhista têm por finalidade e função institucional dar efetividade aos direitos trabalhistas e garantir a dignidade da pessoa humana do trabalhador, bem como facilitar o acesso do trabalhador à Justiça do Trabalho. Estes fatores, que são a razão da existência da Justiça do Trabalho, impedem que a prescrição seja pronunciada de ofício pelo Juiz do Trabalho.

---

processo do trabalho. *In: Revista LTr* 70-04/391); Francisco Antonio de Oliveira (Prescrição com nova cara. *In: Revista LTr* 70-05/519).

28. RODRIGUEZ, Américo Plá. Princípios de direito do trabalho. 3. ed. São Paulo: LTr, 2000, p. 85.

Por outro lado, embora o Direito do Trabalho e o Processo do Trabalho sempre se tenham valido tanto do Código Civil (art. 8º da CLT) como do Código de Processo Civil (art. 769 da CLT) para disciplinar as hipóteses de interrupção, suspensão e até o momento da alegação da prescrição pelo demandado, esse argumento não autoriza que o CPC seja automaticamente aplicável ao Processo do Trabalho, pois, embora a CLT, aparentemente, não discipline tais questões, há necessidade de uma filtragem prévia pelo juiz acerca da compatibilidade de tal instituto com os princípios que regem o Direito Processual do Trabalho e o Direito Material do Trabalho.

Além disso, o reconhecimento da prescrição, de ofício, pelo Juiz do Trabalho, não propicia a melhoria da condição social do trabalhador[29], prevista no *caput* do art. 7º da CF[30]. Vale lembrar que a prescrição é um direito social da classe trabalhadora previsto no inciso XXIX do art. 7º da CF. Parece haver uma antinomia entre o *caput* do art. 7º da CF e seu inciso XXIX, pois a prescrição extingue direito, e se extingue, como se trata de um direito? Considerando-se os princípios da interpretação constitucional da máxima efetividade e da unidade da Constituição, o fato de a prescrição constar no rol dos direitos sociais do trabalhador significa dizer que esse prazo não pode ser reduzido por lei ordinária e até mesmo por Emenda Constitucional, pois se trata de uma garantia fundamental do trabalhador.

Além dos argumentos principiológicos acima mencionados, há um dispositivo previsto na CLT que pode impedir o alento subsidiário do CPC. Trata-se do § 1º do art. 884, que tem a seguinte redação: "A matéria de defesa será restrita às alegações de cumprimento da decisão ou do acordo, quitação ou prescrição da dívida". Embora o referido dispositivo trate dos embargos à execução e à fase de execução, pode ser transportado para a fase de conhecimento por meio da interpretação analógica, e se afirmar que, no Processo

29. Como destaca Jorge Luiz Souto Maior: "A prescrição, dizem, é um mal necessário. No que diz respeito ao direito do trabalho é apenas um mal. Não há necessidade nenhuma para a sociedade em geral, que direitos trabalhistas percam efetividade pela regra da prescrição" (Reflexos das alterações do Código de Processo Civil no processo do trabalho. *In: Revista LTr* 70-08/928). No mesmo sentido, sustentando a aplicabilidade do princípio protetor, *vide* José Antonio R. Oliveira Silva. In: *Revista LTr* 70-12/484.

30. Conforme a definição clássica de Octavio Bueno Magano, o direito do trabalho "conceitua-se como o conjunto de princípios, normas e instituições, que se aplicam à relação de trabalho, tendo em vista a proteção do trabalhador e a melhoria de sua condição social". Ensina Magano que "a referência à melhoria da condição social do trabalhador indica o fundamento do direito do trabalho, o fim para o qual convergem suas normas e instituições" (*Abc do direito do trabalho*. São Paulo: RT, 1998. p. 10-11).

do Trabalho, por força do citado dispositivo consolidado, a prescrição depende de iniciativa do demandado, não havendo lacuna na legislação, o que impediria a aplicação do CPC.

Por fim, ao aplicar a lei, o juiz deve atender aos fins sociais a que ela se destina e às exigências do bem comum (art. 5º da LINDB). Ainda que se possa sustentar que há compatibilidade entre o CPC e o Direito Processual do Trabalho, acreditamos que o Juiz do Trabalho possa deixar de aplicá-lo, por ser socialmente inadequado e injusto, considerando-se os princípios do Direito Material e Processual do Trabalho. Como destaca *Vicente Ráo*[31], sem dúvida, casos ocorrem nos quais o juiz pode encontrar-se diante de lei manifestamente injusta, a qual não corresponde às condições sociais do momento e cuja aplicação rígida poderá causar dano à ordem pública ou social. Nessa hipótese, melhor será considerar a lei inadaptável ao caso concreto, por dissonância com os elementos de fato, e socorrer-se, para a solução do conflito, das demais fontes do direito. No mesmo sentido, pronuncia-se *Mauricio Godinho Delgado*[32]:

> "O novo dispositivo não tem qualquer compatibilidade com o estuário normativo do Direito do Trabalho – e mesmo Direito Processual do Trabalho – a par de agredir a própria Constituição, que no *caput* de seu art. 7º (onde se inclui a prescrição: inciso XXIX) repele norma menos favorável ('... direitos dos trabalhadores urbanos e rurais, além de outros que visem à melhoria de sua condição social') [...] A pronúncia oficial da prescrição pelo juiz, principalmente em situações que não envolvam o patrimônio público, subverte toda a estrutura normativa do Direito Material e Processual do Trabalho, não só seus princípios como também a lógica que cimenta suas regras jurídicas. Tão grave quanto tudo isso – se tal não fosse suficiente – atinge postura diretora do Magistrado no processo trabalhista, em contraposto às próprias razões de existência do Direito do Trabalho e Direito Processual do Trabalho."

Ao contrário do que sustentam alguns autores, a possibilidade de reconhecimento da prescrição intercorrente de ofício, prevista no § 2º do art. 11-A da CLT, não se estende para a fase de conhecimento, uma vez que a prescrição como disposição de restrição de direitos, deve ser interpretada

---

31. RÁO, Vicente. *O direito e a vida dos direitos*. 3. ed. São Paulo: RT, 1991. p. 68. v. 1.
32. DELGADO, Mauricio Godinho. A prescrição na Justiça do Trabalho: Novos desafios. *In: Revista do Tribunal Superior do Trabalho*. Porto Alegre: Magister, 2008. p. 52-53.

restritivamente. Além disso, como mencionado no tópico anterior, ao analisar a prescrição intercorrente de ofício o magistrado trabalhista deve ter muita cautela.

9. PRESCRIÇÃO APLICÁVEL PARA AS AÇÕES QUE NÃO ENVOLVEM UMA PARCELA TRABALHISTA *STRICTO SENSU*

Partindo-se da premissa de que a prescrição é regida pela competência do órgão julgador, parte considerável da doutrina vem se posicionando no sentido de que a prescrição para as ações que não envolvem uma parcela trabalhista *stricto sensu*, vale dizer, que não decorrem de uma relação de emprego, é a mesma disciplinada no art. 7º, inciso XXIX, da CF, e art. 11 da CLT.

Para se aquilatar qual o prazo prescricional de determinado direito, mister se faz investigar, primeiramente, a natureza da relação jurídica controvertida. Se a relação jurídica for trabalhista, aplica-se a prescrição prevista no Direito do Trabalho (art. 7º, XXIX, da CF, e art. 11 da CLT). Se a natureza for civil, aplicam-se as regras disciplinadas no Código Civil.

Nesse sentido, a lição abalizada de *Pontes de Miranda*[33]:

> "O ramo do direito em que nasce a pretensão é o que lhe marca a prescrição, ou estabelece prazo preclusivo ao direito. Se essa regra jurídica não foi prevista, rege o que o ramo do direito aponta como fundo comum a ele e a outros ramos do direito. No plano internacional, o sistema jurídico que é estatuto da pretensão também é da prescrição."

Desse modo, julgando uma controvérsia que não é oriunda de uma relação de emprego, o Juiz do Trabalho deverá aplicar a prescrição referente ao ramo do direito ao qual pertence a pretensão. Se a relação de trabalho tiver natureza jurídica civil (contrato de empreitada ou prestação de serviços), o Juiz do Trabalho aplicará a prescrição prevista no Código Civil, e se a natureza jurídica da relação de trabalho for de consumo, o Juiz do Trabalho aplicará a prescrição prevista na Lei 8.078/90, e assim por diante.

33. MIRANDA, Pontes de. *Op. cit.*, p. 136.

10. DA PRESCRIÇÃO DO DANO MORAL (EXTRAPATRIMONIAL) DECORRENTE DA RELAÇÃO DE TRABALHO

Partindo-se da premissa de que a prescrição é regida pela competência do órgão julgador, parte considerável da doutrina vem se posicionando no sentido de que a prescrição do dano moral oriundo da relação de trabalho é a mesma prevista para os demais direitos trabalhistas, ou seja, a disciplinada no art. 7º, inciso XXIX, da CF, e art. 11 da CLT.

Há ainda entendimentos no sentido de que o dano moral oriundo da relação de trabalho tem índole de verba trabalhista e, desse modo, deve-se aplicar a prescrição do inciso XXIX do art. 7º da CF.

A Lei 13.467/17 inseriu, no corpo da CLT, o TÍTULO II-A, intitulado "Do dano extrapatrimonial" (arts. 223-A a 223-G).

Assevera o art. 223-A da CLT:

> "Aplicam-se à reparação de danos de natureza extrapatrimonial decorrentes da relação de trabalho apenas os dispositivos deste Título."

Diante do presente dispositivo legal, cresce, na doutrina, o entendimento de que há um chamado *dano moral (extrapatrimonial) trabalhista*, agora regido pela própria CLT, devendo ser aplicável a prescrição trabalhista para reger essa espécie de dano.

De nossa parte, em que pese a previsão legal do dano extrapatrimonial no corpo da CLT, não se trata de verba de natureza trabalhista e sim de um direito da personalidade do trabalhador de natureza civil-constitucional. Além disso, por ser um direito pertinente à cidadania do trabalhador, a reparação por danos extrapatrimoniais não pode impedir a incidência da Constituição Federal e do próprio Código Civil para disciplinar o instituto ao lado das regras da CLT.

Para se aferir o prazo prescricional para determinado direito, mister se faz investigar, primeiramente, a natureza da relação jurídica controvertida. Se a relação jurídica for trabalhista, aplicar-se-á a prescrição prevista no Direito do Trabalho (art. 7º, XXIX, da CF, e art. 11 da CLT). Se a natureza foi civil, aplicar-se-ão as regras disciplinadas no Código Civil.

Quando o dano moral decorre da relação de trabalho, a competência, como vimos, é da Justiça do Trabalho. Entretanto, o Juiz do Trabalho deve aplicar a prescrição disciplinada no Código Civil, pois a natureza da relação jurídica é de direito constitucional (art. 5º, V e X, da CF) e civil (art. 11 e ss. do CC e 186 do CC), pois o dano moral não é um crédito trabalhista.

O próprio Supremo Tribunal Federal, ao atribuir competência a esta Justiça Especializada para a apreciação do dano moral, consignou que a controvérsia deve ser dirimida à luz do Direito Civil, consoante voto da lavra do Ministro Sepúlveda Pertence, que segue: "Justiça do Trabalho. Competência. Ação de reparação de danos decorrentes da imputação caluniosa irrogada ao trabalhador pelo empregador a pretexto de justa causa para a despedida e, assim, decorrente da relação de trabalho, não importando deva a controvérsia ser dirimida à luz do Direito Civil"[34] (RE n. 238.737-SP – julg. 17.11.98).

Ora, se a matéria tem índole constitucional-civil e será dirimida à luz do Direito Constitucional e Direito Civil, a prescrição deverá ser a deste último diploma legal.

O dano moral nem sequer é indenizável, mas sim compensável, porquanto a dor, o sofrimento, a imagem etc. não são suscetíveis de valoração econômica. Conclui-se, pois, que o dano moral não é um crédito trabalhista, mas sim uma compensação pelo sofrimento, que tem índole de Direito Civil.

A competência da Justiça do Trabalho justifica-se por estar mais bem aparelhada para apreciação do dano moral, oriundo das relações de trabalho, em face das peculiaridades do trabalho subordinado. Entretanto, isso não quer dizer que o dano moral deva ser encarado como verba trabalhista. Desse modo, deve-se aplicar a prescrição do Código Civil. Entendimento diverso levaria à antinomia de haver dois prazos prescricionais, sobre a mesma matéria, quais sejam: 2 anos após a extinção do contrato e cinco anos durante o contrato de trabalho, se se entender que a competência é da Justiça do Trabalho, e 10 anos (pois o dano moral se encaixa no conceito de dano pessoal, sendo, portanto, um direito pessoal, restando aplicável a regra geral do art. 205 do CC), se se entender que a controvérsia é da competência da Justiça Comum.

Nesse sentido, também se posiciona *Raimundo Simão de Melo*[35]:

> "Com o devido respeito àqueles que pensam de forma contrária, o entendimento mais adequado e consentâneo para o caso é de que a prescrição do dano moral praticado pelo empregado ou empregador em decorrência da relação de emprego é vintenária. Dessa maneira, o prazo para acionar o autor do dano moral é de vinte anos, seja

34. RE 238.737-SP, julg. 17.11.98.
35. MELO, Raimundo Simão de. *In: Revista LTr* n. 64-11/1375.

> perante a Justiça comum, seja perante a Justiça do Trabalho, porque: a) a importância da reparação do dano moral, que não tem natureza trabalhista, interessa não somente ao ofendido, mas a toda a sociedade, como reconhece a melhor doutrina; b) prazo prescricional do direito de ação não se afirma pela competência do órgão julgador, mas em razão da natureza da matéria discutida; c) a Constituição Federal, quando fala em créditos resultantes da relação de trabalho, está a se referir aos créditos trabalhistas *stricto sensu*; d) a indenização do dano moral constitui crédito de natureza pessoal; e) um dos mais importantes princípios que informam o Direito do Trabalho é o da norma favorável ao trabalhador, que ainda deve continuar norteando o intérprete moderno; a subordinação, como marca deste ramo do Direito, nunca vai desaparecer, apenas pode diminuir conforme a atividade desempenhada pelo trabalhador; f) finalmente, embora adaptados a uma nova realidade, é preciso superar preconceitos e resgatar os princípios informadores do Direito do Trabalho, na busca da dignificação da pessoa humana."

Portanto, no nosso sentir, a prescrição do dano moral decorrente da relação de trabalho é a do Código Civil e o prazo é de 10 anos, pelas seguintes conclusões:

a) trata-se de reparação de índole constitucional e civil;

b) a natureza da reparação é referente a um dano pessoal.

No entanto, a jurisprudência do Tribunal Superior do Trabalho pacificou-se no sentido de se aplicar a prescrição trabalhista para as demandas envolvendo reparação de danos morais e patrimoniais decorrentes da relação de trabalho. Destaca-se, como exemplo desse entendimento, a seguinte ementa:

> RECURSO DE EMBARGOS INTERPOSTO SOB A ÉGIDE DA LEI Nº 11.496/2007 – DOENÇA OCUPACIONAL – CIÊNCIA DA LESÃO EM DATA POSTERIOR À PROMULGAÇÃO DA EMENDA CONSTITUCIONAL Nº 45/2004 – DANOS MORAIS E MATERIAIS – PRESCRIÇÃO TRABALHISTA. A SBDI-1 desta Corte firmou entendimento que, em relação à pretensão de indenização por dano moral e/ou material decorrente de acidente de trabalho, ou na hipótese em que a lesão, ou a ciência da lesão, ocorre em momento posterior ao advento da Emenda Constitucional nº 45/2004, por meio da qual se definiu a competência da Justiça do Trabalho para processar e julgar tais demandas, a prescrição incidente é a prevista no artigo 7º, XXIX, da Constituição da República, porquanto indiscutível a

natureza trabalhista reconhecida ao evento. Na presente hipótese, incontroversa que a ciência inequívoca da lesão ocorreu em 3/05/2005, e que a ação foi ajuizada em 4/07/2007, a pretensão encontra-se fulminada pela prescrição, pois ultrapassado o biênio legal de que trata o mencionado dispositivo constitucional. Recurso de embargos conhecido e desprovido (TST – RR-674700-82.2007.5.12.0036, Subseção I Especializada em Dissídios Individuais, Relator Ministro Luiz Philippe Vieira de Mello Filho, *DEJT* 03/11/2015).

11. PRESCRIÇÃO DOS DANOS MATERIAIS E MORAIS DECORRENTES DO ACIDENTE DE TRABALHO

Há entendimentos no sentido de que a indenização pelos danos morais e materiais oriundos do acidente de trabalho tem índole de verba trabalhista por ser um direito previsto no art. 7º, XXVIII, da CF.

Nesse mesmo diapasão, foram as conclusões de *Eduardo Fornazzari Alencar*[36], ao defender tese sobre o tema, com os seguintes argumentos:

> "A pretensão da reparação de dano moral defluente de acidente do trabalho a que alude o inciso XXVIII do art. 7º, da Constituição, consiste em um direito (crédito – no sentido lato) do trabalhador resultante da relação de trabalho, de modo que a prescrição aplicável é a prevista no inciso XXIX, do mesmo preceito constitucional; Não há razão para aplicação supletiva ou subsidiária do prazo prescricional estabelecido pelo Código Civil (velho e novo), mormente porque a norma constitucional que prevê a prescrição trabalhista, ao encerrar um único prazo prescricional para as pretensões deduzidas perante a Justiça do Trabalho, não permite a invocação de outros prazos fixados pelo diploma civil. O prazo da prescrição trabalhista (de 5 anos durante o contrato, até 2 anos após a extinção deste) se mostra preferível ao trabalhador, notadamente em relação àquele atualmente previsto pelo Código Civil (3 anos)."[37]

Em que pese os posicionamentos acima mencionados, para se aquilatar qual o prazo prescricional para determinado direito, mister se faz investigar,

36. ALENCAR, Eduardo Fornazzari. *A prescrição do dano moral decorrente de acidente de trabalho*. São Paulo: LTr, 2004. p. 127.

37. A esta mesma conclusão chega Sebastião Geraldo de Oliveira (*Indenizações por acidente do trabalho ou doença ocupacional*. São Paulo: LTr, 2005).

primeiramente, a natureza da relação jurídica controvertida. Se a relação jurídica for trabalhista, aplicar-se-á a prescrição prevista no Direito do Trabalho (art. 7º, XXIX, da CF, e art. 11 da CLT). Se a natureza for civil, aplicar-se-ão as regras disciplinadas no Código Civil.

Para nós, o dano decorrente do acidente de trabalho, seja moral, patrimonial ou estético, trata-se de um dano de ordem pessoal, cuja natureza é um misto de Direito Constitucional (arts. 1º, III, IV e 5º, V e X, da CF) e Civil (arts. 11 a 21, 186, 927 e ss. do CC). Em que pese estar topograficamente mencionado no art. 7º, XXVIII, da CF, "seguro contra acidentes de trabalho, a cargo do empregador, sem excluir a indenização a que este está obrigado, quando incorrer em dolo ou culpa", de direito trabalhista não se trata, pois o referido inciso visou apenas a não excluir a indenização decorrente de culpa do empregador quando o empregado recebe uma parcela decorrente da Previdência Social. Vale dizer: objetivou o Constituinte assegurar que a indenização decorrente de culpa *lato sensu* do empregador tem natureza distinta da indenização devida pela Previdência Social. Portanto, para nós, a prescrição aplicável é a decenal do art. 205 do CC, por tratar-se de dano pessoal[38], e não os prazos previstos no art. 206, § 3º, V, do CC, tampouco a prescrição trabalhista, prevista nos arts. 7º, XXIX, da CF, e 11 da CLT[39].

Ainda que se possa ventilar a existência de dúvida objetiva sobre a efetiva natureza jurídica da indenização decorrente do acidente de trabalho por culpa *lato sensu* do empregador ser um direito pessoal ou um direito trabalhista, resta aplicável à hipótese o princípio do *in dubio pro operario* e, desse modo, aplica-se à hipótese o lapso prescricional mais benéfico ao trabalhador, que é o prazo de 10 anos previsto no Código Civil.

---

38. "Estamos a falar de direitos humanos fundamentais decorrentes da violação dos direitos da personalidade (integridade física e psíquica, intimidade, vida privada, dor, vergonha, honra e imagem das pessoas) a quem a Constituição Federal, pela primeira vez, assegurou o direito à indenização pelo dano material, moral ou estético pertinente" (MELO, Raimundo Simão de. *Direito ambiental do trabalho e a saúde do trabalhador.* São Paulo: LTr, 2004, p. 462).

39. Nesse sentido, destacam-se as seguintes ementas: "DANO MORAL – PRESCRIÇÃO VINTENÁRIA – JUSTIÇA DO TRABALHO. O prazo prescricional aplicável à reparação dos danos morais é de 20 anos (art. 177 do Código Civil), mesmo quando ajuizada a ação na Justiça do Trabalho. A definição dos prazos prescricionais decorre da natureza do direito material controvertido, pouco importando a competência do órgão que irá julgar a ação" (TRT – 13ª R. – RO n. 00095/2001 – rel. Juiz Edvaldo de Andrade – j. 3.4.2001). DANO MORAL – 1. Em sendo o dano moral resultante da relação de emprego, é competente a Justiça do Trabalho para apreciar o pedido formulado. Embora a competência seja da Justiça Obreira, a prescrição a ser aplicada é a do Código Civil, por não se tratar de verba trabalhista propriamente dita [...]" (TRT – 21ª R. – RO n. 27-00378-96-5 – relª Juíza Ceneide Maria Maia de Oliveira).

Na visão de *Raimundo Simão de Melo*[40], "no caso dos acidentes de trabalho, os danos causados são pessoais, com prejuízo à vida, à saúde física e/ou psíquica, à imagem, à intimidade etc. do cidadão trabalhador, porquanto assegura a Constituição Federal, como fundamentos da República Federativa do Brasil e da livre-iniciativa, a dignidade da pessoa humana, os valores sociais do trabalho, o trabalho com qualidade e o respeito ao meio ambiente (arts. 1º e 170), além de assegurar a redução dos riscos inerentes ao trabalho, por meio de normas de saúde, higiene e segurança.

Portanto, se não se trata de direito de natureza trabalhista nem civil, e como não existe qualquer dispositivo legal regulando de outra forma o prazo de prescrição para as pretensões decorrentes, por exclusão aplica-se o prazo geral de 10 anos, como previsto no art. 205 do Código Civil. O Código Civil está sendo aplicado, repita-se, não porque se trata de uma pretensão de reparação civil no sentido estrito, mas porque é a lei civil que socorre nos casos de omissão regulatória sobre a prescrição no Direito brasileiro."

Desta forma, dispõe o Enunciado 45 da 1ª Jornada de Direito Material e Processual do Trabalho, realizada no TST, *in verbis*:

> "RESPONSABILIDADE CIVIL. ACIDENTE DO TRABALHO. PRESCRIÇÃO. A prescrição da indenização por danos materiais ou morais resultantes de acidente do trabalho é de 10 anos, nos termos do art. 205, ou de 20 anos, observado o art. 2.028 do Código Civil de 2002."

Sob outro enfoque, o prazo prescricional da ação para reparação de danos morais decorrentes do acidente de trabalho tem início a partir da consolidação das lesões.

Assim é a Súmula 278 do STJ: "O termo inicial do prazo prescricional, na ação de indenização, é a data em que o segurado teve inequívoca ciência da incapacidade laboral".

Nesse sentido, bem entendendo a jurisprudência do Tribunal Superior do Trabalho, "*in verbis*":

> "AGRAVO. AGRAVO DE INSTRUMENTO. RECURSO DE REVISTA. PRESCRIÇÃO. DOENÇA OCUPACIONAL. A Corte de origem adotou o entendimento de que apenas com a extinção do contrato de trabalho começou a correr o prazo prescricional total para fulminar

40. MELO, Raimundo Simão de. *Direito ambiental do trabalho e a saúde do trabalhador.* São Paulo: LTr, 2004. p. 462.

a pretensão do reclamante. Conforme se extrai da decisão regional, a partir de 2003 houve o desencadeamento da perda auditiva ocupacional do reclamante, havendo agravamento em 2004, mas tal patologia continuou a ser observada pelo setor médico da empresa até o fim do período contratual. Do exposto, para se concluir que o reclamante teve ciência inequívoca da lesão em 2004, seria necessário revolver o conjunto fático-probatório dos autos, expediente vedado nesta instância recursal, nos termos da Súmula nº 126 do TST. Verifica-se, ainda, da decisão recorrida que a ação foi ajuizada tempestivamente, menos de um ano após a dispensa, razão pela qual inexiste prescrição total a ser declarada. Incólume o art. 7º, XXIX, da CF, bem como a Súmula no 294 do TST. Agravo a que se nega provimento. INDENIZAÇÃO POR DANOS MORAIS. DOENÇA OCUPACIONAL. Extrai-se do acórdão regional que estão presentes o dano, a culpa e o nexo de causalidade entre a perda auditiva do reclamante e suas atividades laborais, pressupostos para a responsabilização civil da empresa. Por tais razões foi deferida a indenização por danos morais ao reclamante. Nessa linha, para se decidir de maneira diversa seria necessário revolver o conjunto fático-probatório dos autos, expediente vedado nesta instância recursal, nos termos da Súmula nº 126 do TST. Incólumes os arts. 7º, XXVIII, da CF e 186 do CC. Agravo a que se nega provimento" (Ag-AIRR-1175-08.2014.5.21.0041, 2ª Turma, Relatora Ministra Maria Helena Mallmann, *DEJT* 26/06/2020).

"PRESCRIÇÃO. DOENÇA PROFISSIONAL. MARCO INICIAL. ACTIO NATA. A jurisprudência desta Corte consolidou entendimento no sentido de que o termo inicial do lapso prescricional para o ajuizamento da ação trabalhista, cuja pretensão consista na reparação de danos morais, e/ou materiais decorrentes de acidente de trabalho, é a do conhecimento inequívoco dos efeitos da lesão e de sua extensão. Aplica-se o conceito de actio nata insculpido na Súmula nº 278 do Superior Tribunal de Justiça. No caso dos autos, o autor foi afastado definitivamente do trabalho, em razão de sua aposentadoria por invalidez decorrente de doença profissional equiparada a acidente de trabalho, em 16/3/2002 e ajuizou a ação em 16/3/2005. Nesse contexto, se a ciência inequívoca dos efeitos decorrentes da doença profissional somente se concretizou com a aposentadoria por invalidez, não há prescrição a ser declarada, visto que a ação foi ajuizada no último dia do prazo prescricional de três anos. Precedentes. Recurso de embargos conhecido e provido" (E-ED-ED-RR-197600-51.2005.5.01.0341, Subseção I Especializada em Dissídios Individuais, Relator Ministro Claudio Mascarenhas Brandao, *DEJT* 19/12/2018).

De outro lado, para os que entendem que a prescrição aplicável é a trabalhista, prevista nos arts. 7º, XXIX, da CF, e 11 da CLT, o prazo é de cinco anos até o limite de dois anos após a rescisão do contrato de trabalho, vez que as lesões do acidente ou doença profissionais, aptas a gerar o dano moral, são sucessivas, não se aplicando à hipótese a Súmula 294 do C. TST, que trata da prescrição do ato único. Além disso, o direito à reparação está albergado por lei, o que também afasta a aplicação da referida Súmula.

12. O NÃO DECURSO DO PRAZO PRESCRICIONAL ENQUANTO A RESPONSABILIDADE PELO FATO LESIVO ESTIVER SENDO APURADA NO JUÍZO CRIMINAL

Pela teoria da *actio nata*, o prazo prescricional para se pleitear a indenização (*rectius* compensação) pelo dano moral começa a fluir a partir da lesão do direito. Por isso, quando há sentença afastando a justa causa imputada ao empregado, não flui a partir do trânsito em julgado que afastou a justa causa, e sim do próprio ato do empregador que comunicou a justa causa ao empregado. Nesse caso, a sentença trabalhista não cria o direito, somente o reconhece, vale dizer: declara uma situação preexistente, qual seja, a ausência de justa causa.

De outro lado, quando a justa causa imputada ao empregado também ensejar processo criminal, o empregado não deve aguardar a solução do referido processo para postular a reparação do dano moral na esfera trabalhista, porquanto a responsabilidade civil é independente da penal (art. 935 do CC).

O Juiz do Trabalho poderá sobrestar o andamento do processo trabalhista até a solução do processo criminal, a fim de se evitar decisões conflitantes, nos termos dos arts. 313, V, alínea *a* do CPC, e 315, do mesmo Diploma Legal.

Sob outro enfoque, no nosso sentir, quando a culpa ou existência do fato do acidente de trabalho, ou algum crime que tenha nexo causal com o dano moral decorrente da relação de trabalho, estiverem sendo apuradas no juízo criminal, a prescrição não correrá em relação à ação de reparação por danos morais e materiais a ser proposta na Justiça do Trabalho. Em que pese a disposição do art. 935 do CC, no sentido de serem independentes as responsabilidades criminal e civil, quando se apura a culpa na esfera criminal, esta não mais precisa ser demonstrada no juízo trabalhista, tampouco a existência do fato ou quem seja o seu autor. Também, na esfera criminal, que é pautada pela verdade real, a valoração da culpa tem rigor mais acentuado do que na esfera trabalhista. Além disso, uma vez fixada a culpa do empregador no juízo criminal, a obrigação de reparar os prejuízos civis está constituída de pleno direito, podendo a sentença criminal ser executada na Justiça do Trabalho, e a liquidação dar-se por artigos na esfera trabalhista, já que a sentença penal condenatória é título executivo judicial na esfera cível à luz do art. 584, II, do CPC[41].

Pelos argumentos acima mencionados, entendemos que a vítima do acidente de trabalho pode propor diretamente a ação trabalhista na Justiça do Trabalho, mesmo que haja procedimento criminal em curso, ou esperar o resultado da ação criminal e depois propor a execução dos danos civis na esfera trabalhista valendo-se do permissivo do art. 200 do CC, assim redigido:

> "Quando a ação se originar de fato que deva ser apurado no juízo criminal, não correrá a prescrição antes da respectiva sentença condenatória."

O Tribunal Superior do Trabalho apreciou a questão, cuja ementa vale ser transcrita:

> "RECURSO DE REVISTA. PRESCRIÇÃO. DANO MORAL. INÍCIO DA CONTAGEM DO PRAZO. ARQUIVAMENTO DO INQUÉRITO POLICIAL. SUSPENSÃO DO PRAZO. FATO QUE DEPENDE DE APURAÇÃO NO JUÍZO CRIMINAL. Em ação de indenização por danos morais decorrentes de lesão que se perpetua no tempo, para além da data de extinção do contrato de trabalho, não viola a literalidade dos arts. 7º, XXIX, da Constituição da República e 11 da CLT, a decisão regional que fixa como termo *a quo* do prazo prescricional bienal a data do arquivamento do inquérito policial, em 20.1.2003, e não a da extinção do contrato de trabalho por iniciativa do empregado (pedido de demissão), em 1997, em interpretação razoável, ainda, do art. 200 do CC, atrativa da Súmula n. 221, II, do TST, datando a propositura da demanda de 2004. Aplicação da Súmula n. 296/TST quanto aos arestos válidos para o cotejo. SUPRESSÃO DE INSTÂNCIA. CERCEAMENTO DE DEFESA. ÔNUS DA PROVA. A Corte de Origem, ao adentrar a matéria de fundo, consignando estarem presentes as condições para o imediato julgamento da lide, não

41. Em razão disso, entendemos que a competência da Justiça do Trabalho para as ações de reparação de danos materiais e morais decorrentes da relação de trabalho, aí inclusas as ações indenizatórias decorrentes do acidente de trabalho, fez gerar mais um título executivo judicial na Justiça do Trabalho, que é a sentença penal condenatória em apuração de responsabilidade criminal do empregador pelo mesmo fato a ser apurado também na esfera trabalhista.

> ofendeu os arts. 5º, LV, da Constituição da República e 515, §§ 1º e 3º, do CPC, porquanto também aplicável o parágrafo terceiro do art. 515 do CPC à hipótese de extinção do processo com resolução de mérito. Não dirimida, a lide, pela Corte regional, à luz dos princípios disciplinadores da repartição do ônus da prova, e sim com base na prova produzida, não há falar em violação dos arts. 818 da CLT e 333 do CPC" (TST. 3ª Turma. Proc. n. TST-RR-7179/2004-013-09-00.5. Relª Minª Rosa Maria Weber Candiota da Rosa. Publicação: *DEJT* 29.10.2009).

CAPÍTULO XVIII

DA RESPONSABILIDADE CIVIL NO DIREITO DO TRABALHO

1. DO DANO

Ensina *Agostinho Alvim*[1], "nós entendemos que o termo dano, em sentido amplo, vem a ser a lesão de qualquer bem jurídico, e aí se inclui o dano moral. Mas em sentido estrito, dano é, para nós, a lesão do patrimônio; e patrimônio é o conjunto das relações jurídicas de uma pessoa, apreciáveis em dinheiro. Aprecia-se o dano tendo em vista a diminuição sofrida no patrimônio. Logo, a matéria do dano prende-se à da indenização, de modo que só interessa o estudo do dano indenizável".

Dano, na ótica de *Maria Helena Diniz*[2], "é um dos pressupostos da responsabilidade civil, contratual ou extracontratual, pois não pode haver ação de indenização sem a existência de um prejuízo. Consiste na lesão (diminuição ou destruição) que, devido a certo evento, sofre uma pessoa, contra a sua vontade, em qualquer bem ou interesse jurídico, patrimonial ou moral".

O dano é a lesão de um bem jurídico, material ou imaterial ou ainda moral, tutelado pelo Direito, que acarreta prejuízo à vítima.

1. Da inexecução das obrigações. 3. ed. São Paulo: Jurídica e Universitária, 1965, p. 171.
2. Dicionário Jurídico. 4. ed. São Paulo: Saraiva, 1998, p. 3. v. 2.

Se o dano causa prejuízos no patrimônio da pessoa, ele é considerado material e pode ser reparado por um montante em pecúnia para tornar indene o prejuízo sofrido, ressarcindo o lesado dos danos emergentes (imediatos e atuais) e lucros cessantes (mediatos e futuros), o que o lesado razoavelmente ganharia se não houvesse o dano sofrido.

O dano é um dos pressupostos da responsabilidade civil, pois sem ocorrência de prejuízo, não há o dever de indenizar.

No Direito italiano e também no Direito brasileiro, costuma-se classificar o dano não pela sua origem, mas pela extensão dos seus efeitos, ou seja, pelos resultados que produz. Se o dano atingir o patrimônio, estaremos diante de um dano patrimonial; caso atinja um direito da personalidade sem conteúdo econômico, o dano será de ordem moral.

2. A RESPONSABILIDADE CIVIL

Segundo Maria Helena Diniz[3], "responsabilidade é o dever de responder por atos que impliquem dano a terceiro ou violação da norma jurídica".

Conforme sedimentado em doutrina, a responsabilidade civil é o tema mais importante do Direito Civil, mas não está adstrita a esse ramo do Direito, irradiando efeitos em praticamente todas as esferas jurídicas, inclusive no Direito do Trabalho, que é um ramo especializado do Direito, cujos conceitos e pressupostos da responsabilidade civil são aplicáveis por força do art. 8º da CLT.

Na esfera trabalhista, a responsabilidade civil é o instituto que disciplina a reparação de danos ao empregado, ou ao empregador decorrente de violação de dever legal ou contratual em razão de conduta culposa.

O art. 186 do Código Civil consagra uma regra universalmente aceita sob os pressupostos da responsabilidade civil.

Com efeito, aduz o referido dispositivo legal, *in verbis*:

> "Aquele que, por ação ou omissão voluntária, negligência ou imprudência, violar direito e causar dano a outrem, ainda que exclusivamente moral, comete ato ilícito".

3. Dicionário Jurídico. 4. ed. São Paulo: Saraiva, 1998, v. 4. p. 170.

O Código Civil Brasileiro adotou, como regra geral, a teoria subjetiva da responsabilidade civil, fundada existência da culpa em sentido amplo.

Diante do referido dispositivo legal, são quatro pressupostos fundamentais da responsabilidade civil, quais sejam:

a) ação ou omissão: pressupõe um ato (agir) ou uma omissão do agente, quando a prática de tal ato era exigível. A responsabilidade pode derivar de ato próprio, de ato de terceiro que esteja sob a guarda do agente, ou ainda de danos causados por coisa e animais que lhe pertençam. Por exemplo, se um cão bravo atacar um transeunte na via pública, o dono responderá por omissão de vigilância do animal, já que tinha o dever jurídico de manter sua guarda.[4]

b) culpa ou dolo do agente: em sentido genérico, a culpa engloba o dano e a culpa em sentido estrito.

O dolo consiste livre e consciente de praticar uma conduta para violar o direito.

Culpa é a falta de um dever de cuidado. Falta de diligência. Manifesta-se pela imprudência, negligência e imperícia.

Conforme *José de Aguiar Dias*[5], a "culpa genérica, que se desdobra em dolo e culpa propriamente dita; aquele não é o vício de vontade, mas o elemento interno, que reveste o ato da intenção de vontade, mas o elemento interno, que reveste o ato da intenção de causar o resultado, ao passo que na culpa, em sentido restrito, a vontade é dirigida ao fato causador da lesão, mas o resultado não é querido pelo agente. A culpa é falta de diligência na observância da norma de conduta, isto é, o desprezo, por parte do agente, do esforço necessário para observá-la, com resultado, não objetivado, mas previsível desde que o agente se detivesse na consideração das consequências eventuais da sua atitude. A teoria subjetiva desce a várias distinções sobre a natureza da culpa. Culpa lata ou 'grave' é a falta imprópria ao comum dos homens, é a modalidade que mais se avizinha do dolo. Culpa 'leve' é a falta evitável com atenção ordinária. Culpa 'levíssima' é a falta evitável com atenção extraordinária, com especial habilidade ou conhecimento singular. Na responsabilidade aquiliana a mais ligeira culpa produz a obrigação de indenizar (*in lege quilia et levíssima culpa venit*)".

---

4. GONÇALVES, Carlos Roberto. Responsabilidade civil. 2. ed. São Paulo: Saraiva, 2002, p. 31.
5. Responsabilidade Civil. 10. ed. Rio de Janeiro: Forense, 1995. v. 1. p. 130.

Segundo a teoria da responsabilidade objetiva, não há necessidade de demonstração de culpa por parte do ofensor, sendo suficiente a existência do dano e do nexo causal da conduta do agente e dano.

c) Relação de causalidade: é a relação de causa e efeito entre a ação ou omissão do agente e o dano verificado.

d) Dano: pode ser material ou moral, ou seja, sem repercussão na órbita financeira do ofendido. Sem a prova do dano ninguém pode ser responsabilizado civilmente. Quanto ao dano moral, este decorre da prova do fato lesivo ("in re ipsa"), ou seja, da ofensa, da perda da capacidade laboral etc.

3. DA RESPONSABILIDADE CIVIL DO EMPREGADOR POR DANOS CAUSADOS A SEUS EMPREGADOS

A responsabilidade civil do empregador por danos causados a seus empregados, como regra geral, é subjetiva, seguindo a regra do art. 186 do Código Civil.

Embora o empregador corra os riscos da sua atividade econômica (art. 2º da CLT), esse fato não faz eclodir a responsabilidade objetiva, como regra geral, oriunda da teoria do risco da atividade, ou do risco criado. Sendo assim, a responsabilidade civil do empregador pela reparação dos danos causados ao empregado, sejam materiais ou morais, é subjetiva como regra geral, vale dizer: responderá se presentes os pressupostos do art. 186 do Código Civil, quais sejam: ação ou omissão, culpa, o dano e nexo causal entre a ação e omissão e o dano.

Entretanto, hipóteses há em que a responsabilidade do empregador é objetiva.

Como bem assevera José Affonso Dallegrave Neto[6], "o art. 2º da CLT conceitua empregador como a empresa que 'assume a atividade econômica'. Desse modo, não há dúvida que ao preconizar a assunção do risco pelo empregador, a CLT está adotando a teoria objetiva, não para a responsabilidade proveniente de qualquer inexecução do contrato de trabalho, mas para a responsabilidade concernente aos danos sofridos pelo empregado em razão da mera execução regular do contrato de trabalho. Dessarte, o empregado não pode sofrer qualquer dano pelo simples fato de executar o contrato de trabalho".

---

6. Responsabilidade Civil no Direito do Trabalho. São Paulo: LTr, 2005, p. 120.

Dallegrave Neto[7] elenca hipóteses de responsabilidade objetiva do empregador. São elas: "a) incidente sobre aquela decorrente da inexecução de resultado (teoria da culpa contratual presumida e art. 2º da CLT); b) incidente sobre dano decorrente da simples e regular execução do contrato em face da assunção de risco da atividade econômica (teoria do risco proveito e art. 2º da CLT); c) incidente sobre a indenização acidentária em atividade normalmente de risco (teoria do risco criado - art. 927, parágrafo único, do CC); d) incidente sobre danos ambientais em relação a todas as vítimas - comunidade de trabalhadores (art. 225, § 3º, e art. 14, § 1º, da Lei 6.938/81); e) atribuída ao empregador por dano de terceiro decorrente de ato praticado por empregado ou preposto em razão do contrato de trabalho (responsabilidade por fato de outrem - art. 933 do CC)".

Concordamos com as palavras do professor *Dallegrave Neto* no sentido de que a responsabilidade do empregador é objetiva se o dano causado ao empregado foi em decorrência de um inadimplemento de norma contratual pelo empregador que seja potencialmente apta a acarretar dano ao empregado (por exemplo: dever contratual de fornecer equipamentos de segurança individual), ou proveniente da execução normal do contrato de trabalho. Também a nosso ver, a responsabilidade do empregador é objetiva quando este não cumprir um dever legal de vigilância e proteção do empregado durante o contrato de trabalho. Por exemplo, o empregador deixa de fornecer uma arma a um vigilante devidamente preparado para usá-la e este vem a falecer em decorrência de um assalto na agência bancária por não possuir esse equipamento de segurança. Não obstante, o mero risco econômico que assume o empregador não gera a responsabilidade objetiva pelos danos causados ao empregado.

De outro lado, nas atividades de risco (art. 927, parágrafo único, do Código Civil), nas quais a probabilidade da eclosão do sinistro seja mais acentuada que o normal, considerando-se o padrão médio da sociedade, a responsabilidade do empregador é objetiva, mas não pela teoria do risco integral, e sim pelo risco criado. Sendo assim, se houver prova da culpa exclusiva do empregado para o dano, caso fortuito ou força maior, não haverá o dever de indenizar por parte do empregador.

7. Op. cit. p. 121.

4. DA RESPONSABILIDADE CIVIL DO EMPREGADOR POR ATOS DE SEUS PREPOSTOS OU EMPREGADOS POR DANOS CAUSADOS A TERCEIROS

Antes do Código Civil, o Supremo Tribunal Federal, por meio da Súmula 341[8], havia sumulado o entendimento no sentido de que era presumida a responsabilidade do empregador por atos de seus prepostos ou empregados.

O Código Civil de 2002, atualizado pelos novos rumos da responsabilidade civil oriundos do Código de Defesa do Consumidor, fixou responsabilidade objetiva do empregador por atos de seus prepostos. Agora, não há mais uma presunção *juristantum* de culpa, e sim a responsabilidade decorrente do próprio risco da atividade econômica que exerce o empregador (art. 2º da CLT), conforme os arts. 932, III, c/c 933 e 942, ambos do Código Civil.

Essa responsabilidade do empregador é objetiva para danos causados a terceiros, praticados pelos seus empregados, tendo o dano nexo casual com a atividade laboral.

5. DA RESPONSABILIDADE DO EMPREGADO POR DANOS CAUSADOS AO EMPREGADOR

Conforme o art. 462 da CLT, "ao empregador é vedado efetuar qualquer desconto nos salários do empregado, salvo quando este resultar de adiantamentos, de dispositivos de lei ou de contrato coletivo. Parágrafo único. Em caso de dano causado pelo empregado, o desconto será lícito, desde que esta possibilidade tenha sido acordada ou na ocorrência de dolo do empregado".

É sabido que o empregador corre os riscos da atividade econômica (art. 2º da CLT). Também, como regra geral, os princípios da irredutibilidade e intangibilidade salariais protegem o salário contra eventuais reduções ou descontos. Não obstante, esses princípios de proteção ao salário e também o fato de o empregador suportar os riscos da atividade econômica não isentam o empregado de responder pelos danos causados ao empregador, quando sua conduta for culposa, ou dolosa, restando aplicável também a regra geral do art. 186 do CC, por força do art. 8º da CLT.

Na hipótese de culpa, conforme o § 1º do art. 462 da CLT, o empregado somente responderá se tal cláusula constar expressamente do contrato de

8. Súmula 341 do TST: "É presumida a culpa do patrão ou comitente pelo ato culposo do empregado ou preposto".

trabalho e de forma escrita. A nosso ver, não basta o ajuste tácito diante das consequências que podem acarretar ao empregado, máxime em razão dos princípios de proteção ao salário, como fonte de renda do trabalhador. Quando houver dolo do empregado, torna-se desnecessária a previsão contratual.

Sob outro enfoque, quando os prejuízos causados ao empregador forem em razão da natureza da atividade, ou quando o empregado trabalhar em atividade de risco (art. 927, parágrafo único, do CPC), em que há probabilidade mais acentuada de causar danos aos equipamentos de trabalho, mesmo havendo previsão contratual de desconto salarial em razão de conduta culposa do empregado, acreditamos que, nessa hipótese, o empregador corre os riscos da atividade, isentando o empregado de tal responsabilidade.

6. DA RESPONSABILIDADE DO EMPREGADOR PELOS DANOS CAUSADOS AO EMPREGADO DECORRENTES DO ACIDENTE DE TRABALHO

6.1. Do acidente de trabalho: questões conceituais

A Lei Previdenciária nos traz, por meio de interpretação autêntica, o conceito de acidente de trabalho. Com efeito, dispõe o art. 19 da Lei 8.213/91, *in verbis*:

> "Acidente do trabalho é o que ocorre pelo exercício do trabalho a serviço de empresa ou de empregador doméstico ou pelo exercício do trabalho dos segurados referidos no inciso VII do art. 11 desta Lei, provocando lesão corporal ou perturbação funcional que cause a morte ou a perda ou redução, permanente ou temporária, da capacidade para o trabalho. § 1º A empresa é responsável pela adoção e uso das medidas coletivas e individuais de proteção e segurança da saúde do trabalhador. § 2º Constitui contravenção penal, punível com multa, deixar a empresa de cumprir as normas de segurança e higiene do trabalho. § 3º É dever da empresa prestar informações pormenorizadas sobre os riscos da operação a executar e do produto a manipular. § 4º O Ministério do Trabalho e da Previdência Social fiscalizará e os sindicatos e entidades representativas de classe acompanharão o fiel cumprimento do disposto nos parágrafos anteriores, conforme dispuser o Regulamento."

Conforme o referido dispositivo legal, o acidente de trabalho é aquele que:

a) ocorre pelo exercício de trabalho em prol do empregador;

b) provoca dano;

c) o dano consiste em lesão corporal ou perturbação funcional que cause a morte ou a perda ou redução, permanente ou temporária, da capacidade para o trabalho.

Como bem adverte Sebastião Geraldo de Oliveira[9], "é da essência do conceito de acidente do trabalho que haja lesão corporal ou perturbação funcional. Quando ocorre um evento sem que haja lesão ou perturbação física ou mental do trabalhador, não haverá, tecnicamente, acidente do trabalho. Tanto que há expressa menção legal que não será considerado doença do trabalho a que não produza incapacidade laborativa (...) Além da lesão ou perturbação funcional, é necessário, para completar o conceito de acidente do trabalho, que o evento acarrete a morte, ou a perda ou redução, permanente ou temporária da capacidade para o trabalho."

Conforme Luciano Martinez[10], "doença ocupacional é o acontecimento de ocorrência paulatina, por exposição a agentes endógenos, que decorre direta ou indiretamente do trabalho e que, tal qual o acidente típico, é capaz de agredir a integridade física ou psíquica do trabalhador".

O art. 20 da Lei 8.213/91 equipara, para fins previdenciários, a doença do trabalho ou profissional ao acidente de trabalho. Com efeito, dispõe o referido dispositivo legal:

> "Consideram-se acidente do trabalho, nos termos do artigo anterior, as seguintes entidades mórbidas: I – doença profissional, assim entendida a produzida ou desencadeada pelo exercício do trabalho peculiar a determinada atividade e constante da respectiva relação elaborada pelo Ministério do Trabalho e da Previdência Social; II – doença do trabalho, assim entendida a adquirida ou desencadeada em função de condições especiais em que o trabalho é realizado e com ele se relacione diretamente, constante da relação mencionada no inciso I. § 1º Não são consideradas como doença do trabalho: a) a doença degenerativa; b) a inerente a grupo etário; c) a que não produza incapacidade laborativa; d) a doença endêmica adquirida

9. Indenizações por Acidente do Trabalho ou Doença Ocupacional. 11. ed. São Paulo: LTr, 2019, p. 50.

10. Dicionário Brasileiro de Direito do Trabalho. São Paulo: LTr, 2013, p. 169.

por segurado habitante de região em que ela se desenvolva, salvo comprovação de que é resultante de exposição ou contato direto determinado pela natureza do trabalho. § 2º Em caso excepcional, constatando-se que a doença não incluída na relação prevista nos incisos I e II deste artigo resultou das condições especiais em que o trabalho é executado e com ele se relaciona diretamente, a Previdência Social deve considerá-la acidente do trabalho."

Conforme o referido dispositivo legal, são equiparadas ao acidente de trabalho, para fins previdenciários e de responsabilidade civil do empregador, as seguintes entidades mórbidas:

a) doença profissional, assim entendida a produzida ou desencadeada pelo exercício do trabalho peculiar a determinada atividade e constante da respectiva relação elaborada pelo Ministério do Trabalho e da Previdência Social;

b) doença do trabalho, assim entendida a adquirida ou desencadeada em função de condições especiais em que o trabalho é realizado e com ele se relacione diretamente, constante da relação elaborada pelo Ministério do Trabalho e da Previdência Social.

A doença do trabalho tem nexo causal (causa e efeito) com as atividades que o empregado desempenha para o empregador. Já a doença profissional é própria de uma categoria, ou de um tipo especial do trabalho, a exemplo dos digitadores que desenvolvem a DORT.

Diferentemente do acidente que acontece em evento único, a doença é desencadeada de forma paulatina, muitas vezes insidiosa em razão das condições peculiares do trabalho ou de determinada profissão.

Nos termos do art. 21 da Lei 8.213/91, equiparam-se também ao acidente do trabalho, para efeitos desta Lei: I – o acidente ligado ao trabalho que, embora não tenha sido a causa única, haja contribuído diretamente para a morte do segurado, para redução ou perda da sua capacidade para o trabalho, ou produzido lesão que exija atenção médica para a sua recuperação; II – o acidente sofrido pelo segurado no local e no horário do trabalho, em consequência de: a) ato de agressão, sabotagem ou terrorismo praticado por terceiro ou companheiro de trabalho; b) ofensa física intencional, inclusive de terceiro, por motivo de disputa relacionada ao trabalho; c) ato de imprudência, de negligência ou de imperícia de terceiro ou de companheiro de trabalho; d) ato de pessoa privada do uso da razão; e) desabamento, inundação, incêndio e outros casos fortuitos ou decorrentes de força maior; III – a doença proveniente de contaminação acidental do empregado no exercício de sua atividade; IV – o acidente sofrido pelo segurado ainda que fora do local e horário de trabalho: a) na execução de ordem ou na realização de serviço sob a autoridade da empresa; b) na prestação espontânea de qualquer serviço à empresa para lhe evitar prejuízo ou proporcionar proveito; c) em viagem a serviço da empresa, inclusive para estudo quando financiada por esta dentro de seus planos para melhor capacitação da mão de obra, independentemente do meio de locomoção utilizado, inclusive veículo de propriedade do segurado; d) no percurso da residência para o local de trabalho ou deste para aquela, qualquer que seja o meio de locomoção, inclusive veículo de propriedade do segurado. § 1º Nos períodos destinados a refeição ou descanso, ou por ocasião da satisfação de outras necessidades fisiológicas, no local do trabalho ou durante este, o empregado é considerado no exercício do trabalho. § 2º Não é considerada agravação ou complicação de acidente do trabalho a lesão que, resultante de acidente de outra origem, se associe ou se superponha às consequências do anterior.

O presente dispositivo trata das hipóteses de concausa – que é uma causa periférica – para os acidentes ou doenças, já que não é o seu efeito causador, mas que provoca o agravamento das condições de risco ou de saúde do trabalho.

Nesse sentido, destacamos as seguintes ementas:

> I – DOENÇA DO TRABALHO. CONCAUSALIDADE. O fato de a doença da reclamante ser degenerativa na base (art. 20, § 1º, da Lei nº 8.213/1991) não impede a atribuição de responsabilidade à reclamada, visto que o dever de indenizar surge em decorrência não do surgimento da patologia, mas sim de seu agravamento pelo trabalho prestado à empregadora em condições não ergonômicas e de prejuízo à saúde, o que faz com que seja classificada como doença de natureza ocupacional, tendo amparo nos arts. 7º, XXVIII, da Constituição Federal e 186 e 927 do Código Civil de 2002. Precedentes do C. TST. Recurso ordinário da reclamada a que se nega provimento. II – PENSÃO MENSAL. PROPORCIONALIDADE AO DANO. Na forma do art. 950 do Código Civil, a pensão deve ser proporcional ao grau de inabilitação para o trabalho ou da depreciação sofrida. Não há como pretender a fixação da pensão nos moldes aventados pela reclamante (100% ou 50% de sua remuneração), considerando em

particular que o nexo estabelecido com o trabalho é apenas concausal, e não direto, e afetou somente um dos segmentos corporais da obreira (ombros), sendo parcial sua incapacidade laborativa, geradora assim de restrição para algumas atividades de maior exigência física, mas não para outras. Como cabe enfatizar, as moléstias de base são de ordem constitucional e degenerativa e apenas sofreram agravamento, mas não em nível grave ou intenso, por força do trabalho executado em setor não dotado de características ergonômicas adequadas. Recurso ordinário da reclamante a que se nega provimento (TRT da 2ª Região; Processo: 1002133-71.2019.5.02.0221; Data: 02-12-2022; Órgão Julgador: 6ª Turma – Cadeira 1 – 6ª Turma; Relator(a): WILSON RICARDO BUQUETTI PIROTTA).

"I – AGRAVO DE INSTRUMENTO DA RECLAMANTE. RECURSO DE REVISTA INTERPOSTO NA VIGÊNCIA DA LEI Nº 13.015/2014. INDENIZAÇÃO POR DANOS MORAIS E MATERIAIS. DESPESAS COM TRATAMENTO. DOENÇA OCUPACIONAL. PATOLOGIAS NOS OMBROS, PUNHOS E COTOVELOS. NEXO DE CONCAUSALIDADE. VALOR ARBITRADO. Ante a possível violação aos artigos 944, caput, e 950 do Código Civil, dá-se provimento ao agravo de instrumento para determinar o processamento do recurso de revista. Agravo de instrumento provido. II – RECURSO DE REVISTA DA RECLAMANTE. LEI Nº 13.015/2014. DOENÇA OCUPACIONAL. PATOLOGIAS NOS OMBROS, PUNHOS E COTOVELOS. DANOS MORAIS. VALOR ARBITRADO. Na hipótese dos autos, a reclamante foi acometida por diversas patologias nos ombros, punhos e cotovelos, com 10% de incapacidade funcional permanente para os ombros para atividades com movimentos repetitivos, amplitudes articulares de risco e sobrecarga, sendo certo que as atividades desenvolvidas na reclamada durante aproximadamente quatro anos atuaram como concausa. Assim sendo, o quantum fixado pelo TRT (R$10.000,00) não se mostra compatível com a extensão do dano experimentado pela reclamante, razão pela qual é plenamente possível a revisão por esta Corte Superior. Por conseguinte, tendo em vista o porte econômico da empresa, o caráter punitivo e pedagógico da condenação, bem como as circunstâncias do caso, deve ser restabelecida a sentença que condenou a reclamada ao pagamento de R$15.000,00 a título de indenização por danos morais. Recurso de revista conhecido e provido. DOENÇA OCUPACIONAL. PERDA PARCIAL E PERMANENTE DA CAPACIDADE LABORAL (10% PARA OMBROS). CONCAUSA. DANOS MATERIAIS. VALOR

ARBITRADO. 1. Extrai-se do acórdão recorrido que a reclamante é portadora de várias patologias nos ombros, punhos e cotovelos, com nexo de causalidade atestado pela perícia, que lhe causou perda da capacidade laboral em 10% de forma permanente. O Tribunal de origem minorou a indenização por danos materiais de R$20.000,00 para R$10.000,00, aí incluídos os lucros cessantes, pensão vitalícia e tratamentos médicos completos. 2. O art. 950 do Código Civil dispõe que, 'se da ofensa resultar defeito pelo qual o ofendido não possa exercer o seu ofício ou profissão, ou se lhe diminua a capacidade de trabalho, a indenização, além das despesas do tratamento e lucros cessantes até ao fim da convalescença, incluirá pensão correspondente à importância do trabalho para que se inabilitou, ou à depreciação que ele sofreu'. 3. Assim, considerando que, no caso dos autos, a reclamante teve reduzida a capacidade laboral permanentemente em 10%, bem como que o trabalho na reclamada atuou como concausa (situação em que a reparação por danos materiais não é devida de maneira integral pelo ofensor), o valor a pensão mensal deve ser calculado no importe de 5% da última remuneração. Há que se considerar, ainda, a aplicação de um redutor no caso de antecipação dos valores devidos a título de pensão mensal em uma única parcela, a fim de evitar enriquecimento sem causa. 4. Nesse contexto, o valor arbitrado pela Corte de origem não se encontra em patamar proporcional e adequado às circunstâncias do caso, devendo ser rearbitrado para R$25.000,00. Recurso de revista conhecido e provido. DANO MATERIAL. DESPESAS COM TRATAMENTO MÉDICO FUTURO. A condenação ao pagamento de despesas médicas futuras tem fundamento na necessidade de reparação integral das lesões suportadas pelo trabalhador. Nesse contexto, havendo necessidade de tratamento médico para a recuperação da trabalhadora, a responsabilidade pelas 'despesas do tratamento' deve ser suportada até o fim da convalescença por aquele que lhe deu causa, na proporção em que o trabalho atuou como concausa da enfermidade. Recurso de revista conhecido e provido. III – AGRAVO DE INSTRUMENTO DA RECLAMADA. Prejudicada a análise do agravo de instrumento diante do provimento do recurso de revista da reclamante para majorar o valor das indenizações por danos morais e materiais" (TST – RRAg-576-30.2017.5.11.0013, 2ª Turma, Relatora Ministra Maria Helena Mallmann, *DEJT* 25.11.2022).

6.2. Teorias sobre a responsabilidade civil do empregador no acidente de trabalho

Com relação à responsabilidade do empregador pelos danos causados ao empregado em razão do acidente de trabalho, há três entendimentos sobre a responsabilidade civil do empregador, quais sejam:

a) teoria da responsabilidade subjetiva apenas;

b) teoria da responsabilidade subjetiva, sendo a responsabilidade objetiva em atividades de risco;

c) teoria da responsabilidade objetiva.

6.3. Teoria da responsabilidade subjetiva do empregador pela reparação dos danos causados ao empregado no acidente de trabalho

Para esta teoria, a responsabilidade do empregador é sempre subjetiva, mesmo onde há atividades de risco, pois o art. 7º, XXVIII[11], exige o dolo ou culpa do empregador. Como se trata de uma regra Constitucional, a legislação ordinária (CC, art. 927, parágrafo único) não pode com ela confrontar.

Como exemplo de responsabilidade subjetiva, destaca-se a seguinte ementa:

> "RECURSO DE REVISTA. ACÓRDÃO REGIONAL PUBLICADO NA VIGÊNCIA DA LEI Nº 13.015/2014. 1. EMPREGADA CONTRATADA PARA TRABALHAR NA EMPRESA E NA RESIDÊNCIA DE UM DOS SÓCIOS DA PARTE RECLAMADA. ACIDENTE DE TRABALHO NO AMBIENTE DOMÉSTICO. RESPONSABILIDADE DO EMPREGADOR. I. A parte reclamada pretende excluir a sua responsabilidade pelo acidente de trabalho, alegando a inexistência dos elementos da responsabilidade objetiva e ou subjetiva e a culpa exclusiva da vítima. II. A responsabilidade subjetiva foi atribuída à parte ré por ter contratado a parte autora para exercer atividades de serviços gerais na empresa e limpeza na residência de um dos sócios. Com base na prova produzida foi reconhecido que a parte autora realizava com regularidade a limpeza do apartamento de um

11. Art. 7º, XXVIII, da CF: "Seguro contra acidentes de trabalho, a cargo do empregador, sem excluir a indenização a que este está obrigado, quando incorrer em dolo ou culpa".

dos proprietários da empresa, ou seja, o labor prestado pela autora também na residência do sócio fazia parte de suas atribuições e integrava o seu contrato de trabalho. O acidente ocorreu porque a parte reclamante ingressou no fosso de luz com o intuito de remover o lixo que teria sido deixado por serventes que laboraram em obra naquela residência, inexistem elementos nos autos que possam demonstrar haver qualquer indicação ou orientação da empresa reclamada no sentido de que o piso do fosso de luz fosse de gesso e a parte reclamada não fez prova das suas alegações acerca da culpa exclusiva da vítima que teria sido imprudente e ou negligente. III. Logo, não se verifica a violação dos arts. 186, 927 e 945, do Código Civil, uma vez que as tarefas inerentes ao contrato de trabalho firmado com a empresa abrangiam a limpeza em residência de um de seus sócios, local em que ocorreu o infortúnio em circunstâncias de risco para a trabalhadora, a qual não foi orientada e ou alertada sobre a possibilidade de acidente em local de evidente perigo alcançado por suas atividades, sem elementos no acórdão recorrido que permitam inferir fato, ato, conduta e ou comportamento da parte reclamante capaz de a ela atribuir eventual culpa exclusiva, recíproca e ou concorrente. Arestos trazidos para cotejo de teses inespecíficos (Súmula 296/TST). IV. Recurso de revista de que não se conhece, na matéria" (TST – RR-20466-44.2013.5.04.0221, 7ª Turma, Relator Ministro Evandro Pereira Valadao Lopes, *DEJT* 21.10.2022).

6.4. Teoria da responsabilidade objetiva do empregador pela reparação dos danos causados ao empregado no acidente de trabalho

Para essa teoria, o empregador responde objetivamente pelos danos causados à saúde do empregado, como regra geral, já que, com sua atividade econômica, gerou uma situação de risco para o empregado, aplicando-se a teoria do risco criado.

Segundo Sebastião Geraldo de Oliveira[12], "a modalidade mais aceita e que supera o embaraço anterior é do risco criado, porquanto não indaga se houve ou não proveito para o responsável; a reparação do dano é devida pela simples criação do risco. Segundo o saudoso *Caio Mário*, o conceito de risco que melhor se adapta às condições de vida social é o que se fixa

12. Indenizações por acidente do trabalho ou doença ocupacional. São Paulo: Ltr, 2005, p. 87.

no fato de que, se alguém põe em funcionamento uma qualquer atividade, responde pelos eventos danosos que esta atividade gera para os indivíduos, independentemente de determinar se em cada caso, isoladamente, o dano é devido à imprudência, à negligência, a um erro de conduta, e assim se configura a *teoria do risco criado*".

Para essa teoria, a responsabilidade do empregador é objetiva, como regra geral, somente podendo ser excluída em hipóteses de caso fortuito ou força maior, ou ainda em casos de culpa exclusiva da vítima.

São fortes os argumentos de justiça e equidade para se adotar a teoria da responsabilidade objetiva do empregador. Por isso, pensamos que a Justiça do Trabalho poderá adotá-la em face da hipossuficiência do empregado, da dificuldade probatória do trabalhador em juízo e do relevante aspecto social que envolve o tema.

Aliás, a própria doutrina civilista tem sinalizado, *de lege ferenda*, a aplicação dessa teoria no acidente de trabalho, conforme os autores que seguem abaixo.

A responsabilidade objetiva do empregador se fundamenta nos seguintes argumentos: a) atualização da interpretação do art. 7º, XXVIII, da CF; b) assunção dos riscos da atividade econômica pelo empregador (arts. 2º da CLT, e 927 do Código Civil); c) proteção da dignidade da pessoa humana do trabalhador; d) responsabilidade social do empregador; e) dificuldade probatória para demonstração da culpa do empregador pelo empregado; f) aplicação da teoria da responsabilidade civil pela teoria do risco criado.

No aspecto, destacamos a seguinte ementa:

> "AGRAVO DE INSTRUMENTO DA PRIMEIRA E SEGUNDA RECLAMADAS. RECURSO DE REVISTA SOB A ÉGIDE DA LEI 13.467/2017. ACIDENTE DE TRAJETO. RODOVIA. TRANSPORTE FORNECIDO PELA EMPREGADORA. MORTE DE TRABALHADOR. RESPONSABILIDADE OBJETIVA. TRANSCENDÊNCIA NÃO RECONHECIDA. Discute-se a responsabilidade civil do empregador pelo pagamento de indenização por danos morais e materiais em face de acidente de percurso, o qual levou a óbito o empregado transportado em ônibus fornecido pela empresa. Nestas circunstâncias, o empregador, ao se responsabilizar pelo transporte de seus empregados para que cheguem ao local da prestação dos serviços, equipara-se ao transportador, assumindo o ônus e o risco desse transporte para os efeitos dos artigos 734 a 736 do Código

Civil, sobretudo porque tal transporte objetiva o atendimento do negócio e interesses da empresa. Os textos legais atinentes à matéria tratam com rigor as situações em comento, justamente em decorrência da obrigação a qual se deve ter em transportar pessoas, em perfeitas condições de segurança, ao seu destino, estando a cláusula de incolumidade implícita no contrato de transporte. A empresa, ao assumir essa responsabilidade, não obstante de maneira informal ou de forma gratuita, gera, como consequência, a obrigação de responder pelos danos causados aos transportados em decorrência de eventual acidente porque tem o dever de garantir a incolumidade física da pessoa transportada. Não se pode alegar que a responsabilidade objetiva se dá apenas nos casos em que o transporte se faz por empresas concessionárias desse serviço porque a lei não faz tal distinção, mas se aplica a qualquer que seja o transportador. Em síntese, se a empresa avoca para si tal responsabilidade, a transportador se equipara, conforme determinam os artigos 734 e 736 do Código Civil. O exame prévio dos critérios de transcendência do recurso de revista revela a inexistência de qualquer deles a possibilitar o exame do apelo no TST. A par disso, irrelevante perquirir acerca do acerto ou desacerto da decisão agravada, dada a inviabilidade de processamento, por motivo diverso, do apelo anteriormente obstaculizado. Agravo de instrumento não provido. VALOR DA INDENIZAÇÃO POR DANOS MORAIS. ACIDENTE. MORTE DO OBREIRO. TRANSCENDÊNCIA NÃO RECONHECIDA. O valor arbitrado a título de reparação por dano moral somente pode ser revisado na instância extraordinária nos casos em que se vulneram os preceitos de lei ou Constituição que emprestam caráter normativo ao princípio da proporcionalidade. E, considerando a moldura factual definida pelo Regional (morte do obreiro transportado pela empresa decorrente do acidente de trânsito), o valor atribuído (indenização no importe de cinquenta mil reais – R$ 50.000,00) não se mostra excessivamente elevado a ponto de se o conceber desproporcional. O exame prévio dos critérios de transcendência do recurso de revista revela a inexistência de qualquer deles a possibilitar o exame do apelo no TST. A par disso, irrelevante perquirir acerca do acerto ou desacerto da decisão agravada, dada a inviabilidade de processamento, por motivo diverso, do apelo anteriormente obstaculizado. Agravo de instrumento não provido. DIREITO DE ACRESCER. TRANSCENDÊNCIA NÃO RECONHECIDA. As reclamadas alegam que a reversão das cotas – partes dos filhos, ao atingirem a idade de 25 anos, em favor da companheira e mãe dos filhos, viola o artigo 23, § 1º, da EC 103/219. Não se vislumbra ofensa direta e literal ao artigo 23, § 1º, da EC 103/2019 na medida em que o aludido dispositivo se refere à pensão concedida a dependente de segurado no Regime Geral de Previdência Social ou de servidor público federal, hipóteses distintas do caso em tela. O exame prévio dos critérios de transcendência do recurso de revista revela a inexistência de qualquer deles a possibilitar o exame do apelo no TST. A par disso, irrelevante perquirir a respeito do acerto ou desacerto da decisão agravada, dada a inviabilidade de processamento, por motivo diverso, do apelo anteriormente obstaculizado. Agravo de instrumento não provido. MANUTENÇÃO DA SEGURADORA NA LIDE. APELO DESFUNDAMENTADO. SÚMULA 422, I, DO TST. PREJUDICADO EXAME DA TRANSCENDÊNCIA. O agravo de instrumento encontra óbice nos termos da Súmula 422, I, do TST, porquanto as agravantes não impugnaram o fundamento adotado pelo Regional para denegar seguimento ao recurso de revista, qual seja, não atendimento da exigência do artigo 896, § 1º-A, I, da CLT. Apesar de o art. 896-A da CLT estabelecer a necessidade de exame prévio da transcendência do recurso de revista, a jurisprudência desta Corte tem evoluído para entender que esta análise fica prejudicada quando o apelo carece de pressupostos processuais extrínsecos ou intrínsecos que impeçam o alcance do exame meritório do feito, como no caso em tela. Agravo de instrumento não conhecido. AGRAVO DE INSTRUMENTO DA TERCEIRA RECLAMADA (BRF S.A.). RECURSO DE REVISTA SOB A ÉGIDE DA LEI 13.467/2017. RESPONSABILIDADE SUBSIDIÁRIA DA REAL TOMADORA DOS SERVIÇOS PRESTADOS PELO OBREIRO. TRANSCENDÊNCIA NÃO RECONHECIDA. Tendo o Regional asseverado que a terceira reclamada foi a real tomadora dos serviços prestados pelo obreiro, o qual faleceu em decorrência do acidente com o ônibus que lhe transportava para o labor, verifica-se que sua decisão está em sintonia com a Súmula 331, IV e VI, do TST. Dessa forma, incide o teor da Súmula 333 desta Corte. O exame prévio dos critérios de transcendência do recurso de revista revela a inexistência de qualquer deles a possibilitar o exame do apelo no TST. A par disso, irrelevante perquirir a respeito do acerto ou desacerto da decisão agravada, dada a inviabilidade de processamento, por motivo diverso, do apelo anteriormente obstaculizado. Agravo de instrumento não provido" (TST – AIRR-10653-70.2019.5.03.0104, 6ª Turma, Relator Ministro Augusto Cesar Leite de Carvalho, *DEJT* 11.11.2022).

Após o Código Civil de 2002, há posições doutrinárias sustentando que a responsabilidade do empregador pelos danos oriundos do acidente de trabalho é objetiva, com suporte no art. 2º da CLT, já que o empregador corre os riscos da atividade econômica e no art. 927, § 1º, do novo Código Civil.

Entendemos que nem sempre a responsabilidade do empregador é objetiva, pois esse entendimento pode gerar injustiças, como em casos de culpa ou dolo exclusivos da vítima, de pequenos empregadores que não têm meios de suportar a carga de uma responsabilidade tão contundente, ou ainda em atividades que não são realizadas em condições de risco, como atividades em escritórios, porteiros, zeladores etc.

6.5. Teoria da responsabilidade objetiva do empregador pela reparação dos danos causados ao empregado nas atividades de risco

O Código Civil de 2002, impregnado pelos novos ventos de valorização do ser humano e aplicabilidade dos direitos fundamentais às relações privadas, disciplinou exceções à regra geral da responsabilidade subjetiva, prevendo a possibilidade de responsabilidade objetiva em atividades de risco.

Com efeito, dispõe o 927 do Código Civil:

> *Aquele que, por ato ilícito (arts. 186 e 187), causar dano a outrem, fica obrigado a repará-lo.*
>
> *Parágrafo único. Haverá obrigação de reparar o dano, independentemente de culpa, nos casos especificados em lei, ou quando a atividade normalmente desenvolvida pelo autor do dano implicar, por sua natureza, risco para os direitos de outrem.*

Como se nota da redação do citado dispositivo legal, sendo a atividade normalmente desenvolvida pelo autor do dano de risco para outrem, a responsabilidade será objetiva, pela teoria da responsabilidade civil pelo risco criado. Desse modo, se o autor do dano, com sua atividade de risco, causou dano a outrem, deve responder de forma objetiva pela reparação dos danos.

Transportando o presente dispositivo para a esfera da responsabilidade civil do empregador nos acidentes de trabalho, há necessidade de confrontá-lo com o art. 7º, XXVIII, da CF, que disciplina a responsabilidade subjetiva do empregador.

Há intérpretes que sustentam a inaplicabilidade da responsabilidade objetiva do empregador em atividades de risco, pois a Constituição Federal fixa a regra da responsabilidade subjetiva e, desse modo, a lei infraconstitucional não pode contrariar o texto constitucional.

Nesse sentido, destacamos as seguintes ementas:

> *Acidente do trabalho. Responsabilidade subjetiva. A responsabilidade do empregador contida no inciso XXVIII do artigo 7º da Constituição é subjetiva e não objetiva. Depende da prova de dolo ou culpa. Não é sempre presumida como na hipótese do parágrafo 6º do artigo 37 da Constituição. O parágrafo único do artigo 927 do Código Civil não se aplica para acidente do trabalho, pois o inciso XXVIII do artigo 7º da Lei Maior dispõe que a indenização só devida em caso de dolo ou culpa* (TRT/SP – 01136200706202007 – RO – Ac. 8ª T 20090462135 – Rel. Sergio Pinto Martins – DOE 19/06/2009).
>
> *AGRAVO DE INSTRUMENTO. INDENIZAÇÃO POR DANOS MORAIS. ACIDENTE DE TRABALHO. MOTORISTA DE ÔNIBUS ÓBITO DO EX-EMPREGADO. INEXISTÊNCIA DE NEXO DE CAUSALIDADE E DE CULPA DA EMPREGADORA – VIOLAÇÃO DO ART. 7º, XXVIII, DA CF. Diante da constatação de possível violação do art. 7º, XXVIII, da Constituição Federal, dá-se provimento ao agravo de instrumento para determinar o processamento do recurso de revista. Agravo de instrumento provido. II) RECURSO DE REVISTA PATRONAL INDENIZAÇÃO POR DANOS MORAIS – ACIDENTE DE TRABALHO MOTORISTA DE ÔNIBUS – ÓBITO DO EX-EMPREGADO INEXISTÊNCIA DE NEXO DE CAUSALIDADE E DE CULPA DA RECLAMADA – INCIDÊNCIA DO ART. 7º, XXVIII, DA CF. 1. Para a existência do dever de reparar o dano causado, alguns pressupostos devem estar presentes, sem os quais o próprio instituto da responsabilidade não pode subsistir, quais sejam, o dano experimentado pelo ofendido, a ação ou a omissão do causador, o nexo de causalidade e a culpa ou o dolo. Trata-se do estabelecimento do nexo causal entre lesão e conduta omissiva ou comissiva do empregador, sabendo-se que o direito positivo brasileiro alberga tão-somente a teoria da responsabilidade subjetiva, derivada de culpa ou dolo do agente da lesão em matéria trabalhista (CF, art. 7º, XXVIII). 2. In casu, o Regional confirmou a sentença condenatória de pagamento de indenização por danos morais sofridos pela família do ex-empregado, em razão do óbito resultante do assalto no ônibus no qual era motorista, por culpa, ainda que levíssima, da Empregadora, que não se preocupou com a*

> *segurança e vida dos empregados, visando a inibir os assaltos mediante a instalação de cofre forte ou roleta nos veículos, que, ainda que não tivesse o condão de evitar o assalto, ao menos inibiria as investidas dos meliantes, mormente em dia de festa na cidade, onde o número de visitantes dos municípios vizinhos aumenta consideravelmente. 3. Como se pode notar de toda a argumentação lançada na decisão regional, o elemento de convicção do julgador foi substancialmente o sentido de solidariedade humana em face da dor sofrida pela família do ex-empregado, externado na busca de alguma justificativa, por mais frágil que fosse, para manter a indenização de R$ 20.000,00 à família enlutada, já que a instalação de catraca ou cofre nos ônibus não impediria o assalto, não sendo absolutamente elemento de segurança contra roubos. No caso, a norma constitucional (CF, art. 7º, XXVIII), bem como a jurisprudência do TST é clara, no sentido de que a responsabilidade é subjetiva, dependendo de comprovação da culpa do empregador para imposição da obrigação de indenizar. 4. Ora, se por um lado, a norma civil não alcança a esfera trabalhista, iluminada pelo comando constitucional do art. 7º, XXVIII, por outro, nenhuma atividade laboral está infensa a riscos de acidente (no próprio dizer de Guimarães Rosa, em sua epopeia* Grande Sertão: Veredas, *viver é muito perigoso), mas a CLT somente admite o adicional de periculosidade para as atividades de risco acentuado, ínsito ao manuseio de explosivos, inflamáveis (art. 193), e energia elétrica (Lei 7.369/85, art. 1º), o que descartaria de plano a invocação da responsabilidade objetiva diante da natureza da atividade desenvolvida pela empresa, enquadrando-a no rol de atividades de risco. 5. Dessa forma, verifica-se que não se encontram presentes, na espécie, os pressupostos que delineiam o dever de reparar o dano causado, quais sejam, a culpa ou dolo da Empregadora e a ação ou omissão que teria concorrido para a mencionada lesão. 6. Assim, não há como se atribuir responsabilidade à Empregadora pelos danos morais sofridos pela família do ex-empregado, decorrentes do óbito resultante do assalto, sob pena de violação do art. 7º, XXVIII, da CF, pois não caracterizada a culpa, nem sequer levíssima, da Reclamada pelo evento. Recurso de revista provido* (TST-RR-1.768/2005-132-17-40.8, **NÚMERO ÚNICO PROC:** RR – **1768/2005-132-17-40. 7ª Turma. PUBLICAÇÃO:** *DEJT* – 17.04.2009. Ministro Relator Ives Gandra Martins Filho).

No nosso entendimento, o parágrafo único do art. 927 do CC não atrita com o art. 7º, XXVIII, da CF, já que este último está inserido no rol de garantias mínimas do trabalhador (art. 7º, "caput", da CF), não impedindo que a lei ordinária preveja responsabilidade mais acentuada em situações peculiares, como a atividade de risco.

De outro lado, a Constituição Federal não disciplina a responsabilidade do empregador nos acidentes de trabalho quando sua atividade é de risco. Além disso, a interpretação da Constituição não pode ser literal, e sim em compasso com o sistema constitucional de proteção à saúde e à vida do trabalhador.

O art. 7º, XXVIII, da CF deve ser lido em cotejo com o inciso XXII do mesmo art. 7º, que exige que empregador tome medidas efetivas para resguardar a saúde do trabalhador, e também com o art. 200 da Constituição Federal, que tutela o meio ambiente do trabalho. Aplicável, também, o art. 6º da CF, que consagra o direito social à saúde, que tem plena incidência no contrato de trabalho.

Além dos argumentos acima destacados, a aplicabilidade do parágrafo único do art. 927 do Código Civil às relações de trabalho e, especificamente, ao acidente de trabalho, encontra eco nas seguintes premissas: a) máxima efetividade do art. 7º, XXVIII, da CF; b) interpretação construtiva e evolutiva do art. 7º, XXVIII, da CF; c) assunção dos riscos da atividade econômica pelo empregador (art. 2º da CLT); d) função social do contrato de trabalho (art. 421 do Código Civil); e) hipossuficiência do trabalhador para a produção da prova da culpa do empregador, aplicando a teoria da inversão do ônus da prova em prol do trabalhador; f) aplicação da teoria da responsabilidade civil pela risco criado; h) melhoria da condição social do trabalhador e proteção de sua dignidade (art. 1º, III, da CF).

No mesmo sentido é o Enunciado 37 da 1ª Jornada de Direito Material e Processual do Trabalho da ANAMATRA, "*in verbis*":

> ***RESPONSABILIDADE CIVIL OBJETIVA NO ACIDENTE DE TRABALHO. ATIVIDADE DE RISCO.*** *Aplica-se o art. 927, parágrafo único, do Código Civil nos acidentes do trabalho. O art. 7º, XXVIII, da Constituição da República, não constitui óbice à aplicação desse dispositivo legal, visto que seu caput garante a inclusão de outros direitos que visem à melhoria da condição social dos trabalhadores.*

Como bem adverte José Affonso Dallegrave Neto[13], "nem se diga, contudo, que o parágrafo único do art. 927 do novo Código Civil é inconstitucional

13. Responsabilidade Civil no Direito do Trabalho. 3. ed. São Paulo: LTr, 2008, p. 267.

por suposta afronta à parte final do art. 7º, XXVIII, da Constituição Federal. A melhor exegese sistêmica da ordem constitucional garante legitimidade ao parágrafo único do art. 927 do novo Código Civil, vez que o *caput* do art. 7º da Constituição Federal assegura um rol de *direitos mínimos* sem prejuízo de outros que visam à melhor condição social do trabalhador".

O Supremo Tribunal Federal, em decisão plenária em 12.03.2020, no **RE 828040, tema 932 de sua Repercussão Geral, firmou a tese pela aplicabilidade do art. 927, parágrafo único, do Código Civil, na responsabilidade civil do empregador em razão do acidente de trabalho, com a seguinte tese:**

> "*O artigo 927, parágrafo único, do Código Civil é compatível com o artigo 7º, XXVIII, da Constituição Federal, sendo constitucional a responsabilização objetiva do empregador por danos decorrentes de acidentes de trabalho, nos casos especificados em lei, ou quando a atividade normalmente desenvolvida, por sua natureza, apresentar exposição habitual a risco especial, com potencialidade lesiva e implicar ao trabalhador ônus maior do que aos demais membros da coletividade*, nos termos do voto do Ministro Alexandre de Moraes (Relator), vencido o Ministro Marco Aurélio. Ausente, por motivo de licença médica, o Ministro Celso de Mello. Presidência do Ministro Dias Toffoli. Plenário, 12.03.2020."

A lei não define o que é atividade de risco. Dispõe o art. 927, parágrafo único, do CC:

> "Haverá obrigação de reparar o dano, independentemente de culpa, nos casos especificados em lei, ou quando a atividade normalmente desenvolvida pelo autor do dano implicar, por sua natureza, risco para os direitos de outrem."

Conforme o Código Civil, haverá responsabilidade objetiva do autor do dano quando fixada em lei, a exemplo dos contratos firmados nas relações de consumo etc., ou quando *a atividade normalmente desenvolvida pelo autor do dano implicar, por sua natureza, risco para os direitos de outrem.*

Trata-se aqui de uma cláusula geral do Código de 2002, pois não está na lei o que é atividade de risco. O intérprete deve dizer, segundo as circunstâncias do caso concreto, à luz dos critérios de justiça, equidade, razoabilidade, se a atividade é de risco, ou não.

Não há um conceito tarifado de atividades de risco e nem essa é a intenção da lei. De propósito, esse a interpretação do que vem a ser atividade de risco foi deixada para o aplicador da lei, para que ele possa aplicar os direitos fundamentais previstos na Constituição Federal à relação de natureza civil, buscando a tutela da dignidade da pessoa humana.

O risco a que alude o parágrafo único do art. 927 do CC não é meramente econômico, a que se refere o art. 2º da CLT, e sim um risco mais acentuado de dano pessoal ao trabalhador. Nesse sentido o posicionamento fixado na Jornada I do STJ, verbete 38:

> "A responsabilidade fundada no risco da atividade, como prevista na segunda parte do CC, art. 927, parágrafo único, configura-se quando a atividade normalmente desenvolvida pelo autor do dano causar a pessoa determinada um ônus maior do que aos demais membros da coletividade".

Transportando para a esfera trabalhista o disposto no parágrafo único do art. 927 do Código Civil, pensamos que, em atividades de risco para a saúde do trabalhador, ou para a sua integridade física, ou seja, onde o risco de doenças ou de acidentes seja mais acentuado que o normal, considerando-se o padrão médio da sociedade e as probabilidades de ocorrência de sinistros, como o trabalho em condições de insalubridade ou periculosidade, a responsabilidade do empregador é objetiva, em razão da aplicação da teoria do risco criado.

No mesmo sentido é a visão de Sebastião Geraldo de Oliveira[14]:

> "Se a exposição do trabalhador estiver acima do risco médio da coletividade em geral, caberá o deferimento da indenização, porquanto, nessa hipótese, foi o exercício do trabalho naquela atividade que criou esse risco adicional. Em outras palavras, considera-se risco, para fins da responsabilidade civil objetiva prevista no art. 927, parágrafo único, do Código civil, as atividades que expõem os empregados a maior probabilidade de sofrerem acidentes, comparando-se com a média dos demais trabalhadores (...) não é necessário que haja comportamento anormal ou ilícito do empregador para gerar o direito à indenização, pois o simples exercício da atividade rotineira, ainda que normalmente desenvolvida, pode acarretar o direito à indenização, caso tenha provocado danos à vítima".

14. Indenizações por Acidente do Trabalho ou Doença Profissional. 4. ed. São Paulo: LTr, 2008, p. 112.

No aspecto, destacam-se as seguintes ementas:

> "ACIDENTE DE TRABALHO. MORTE DE PILOTO EM ACIDENTE AÉREO. APLICAÇÃO DO CÓDIGO BRASILEIRO DE AERONÁUTICA. ATIVIDADE DE RISCO. RESPONSABILIDADE OBJETIVA. O Código Brasileiro de Aeronáutica, em seu art. 257, prevê a responsabilidade objetiva do transportador, inclusive em relação aos tripulantes da aeronave, entendimento que, concomitante aos termos do parágrafo único do art. 927 do CC, coaduna para aplicação da responsabilidade objetiva da empregadora, quando as atividades desenvolvidas pelo trabalhador forem consideradas de risco e ele estiver no estrito cumprimento de sua obrigação laboral" (TRT/ 12ª Região. 1ª Turma. RO 0002716-81.2012.5.12.0046, Rel. NARBAL ANTÔNIO DE MENDONÇA FILETI. DOE 22.01.2019).

> "RECURSO DE REVISTA. PROCESSO ANTERIOR ÀS LEIS 13.015/2014 E 13.467/2017. ACIDENTE DE TRABALHO. MORTE DE PILOTO EM ACIDENTE AÉREO. RESPONSABILIDADE OBJETIVA (CÓDIGO BRASILEIRO DE AERONÁUTICA, INSPIRADO NO DECRETO 20.704/1931, QUE PROMULGOU A CONVENÇÃO DE VARSÓVIA, DE 1929). REGRAMENTO ESPECÍFICO. CULPA EXCLUSIVA DO EMPREGADO NÃO CONFIGURADA. No Direito Aeronáutico, a Convenção de Varsóvia, firmada em 1929, promulgada, no Brasil, pelo Decreto 20.704/1931, estabeleceu o denominado 'sistema varsoviano', que, entre outras disposições, previu a responsabilidade objetiva nas relações inerentes à aviação. O referido Decreto 20.704/1931 inspirou o Código Brasileiro de Aeronáutica (Lei 7.565, de 19/12/1986), efetivando, em nosso ordenamento jurídico, de forma inovadora, a possibilidade de responsabilização civil objetiva do transportador aéreo, conforme o disposto nos arts. 256 e 257 do CBA/86. Vê-se que o Código Brasileiro de Aeronáutica, em seu art. 257, prevê a responsabilidade objetiva do transportador, inclusive em relação aos tripulantes da aeronave, limitada, no caso de morte ou lesão, ao valor correspondente a 3.500 (três mil e quinhentas) Obrigações do Tesouro Nacional – OTN. A parte final do referido dispositivo de lei não foi recepcionada pela Constituição de 1988, que consagrou o princípio da proporcionalidade na aferição do que deve ser reparado, em seu art. 5º, V, ao dispor que é assegurado o direito de resposta, proporcional ao agravo, além da indenização por dano material, moral ou à imagem. Por outro lado, o Código Civil de 2002, em seu art. 944, fixou que a indenização mede-se pela extensão do dano. É possível inferir, em face de interpretação sistêmica entre

os três últimos dispositivos citados, que a Carta Magna e o Código Civil de 2002 revogaram a limitação do valor da indenização, mas não a responsabilidade objetiva prevista no Código Brasileiro de Aeronáutica. Em verdade, reforçou-se a tese da responsabilidade objetiva disposta no CBA/86, sendo perfeitamente compatíveis as disciplinas neles contidas, retirando-se, contudo, a mencionada limitação do valor da indenização. O caso dos autos trata de acidente de trabalho verificado após a vigência do Código Civil de 2002, marco geral em que foi inserida expressamente a hipótese de responsabilidade objetiva, conforme explicitado. O Tribunal Regional manteve a sentença, que julgou improcedentes os pedidos da parte Autora (filho menor e ex-companheira do trabalhador) por considerar ser inaplicável a responsabilidade objetiva, nos moldes do CBA, à Reclamada, por ela não explorar o transporte aéreo de pessoas e cargas, mas a responsabilidade subjetiva, que não restou configurada, segundo aquela Corte, ante a apuração do fato da vítima. No acórdão recorrido, o TRT registrou as seguintes premissas: a) o obreiro laborava como piloto comercial de avião de propriedade da Reclamada, que atua o ramo de construção civil; b) o obreiro foi vítima de acidente aéreo fatal a serviço da Reclamada. Diante desses dados fáticos incontroversos, não há dúvida sobre a presença dos elementos dano (acidente de trabalho com morte) e nexo causal. Saliente-se que aos trabalhadores que laboram na atividade de transporte aéreo, a bordo de aeronaves, são aplicáveis os arts. 256, § 2º, 'a', e 257 do CBA/86, sem restrição, sob pena inclusive de afronta à dignidade da pessoa humana e à valorização mínima deferível ao trabalho (art. 1º, III e 170, caput, da CF/88). Quanto à alegação da Reclamada de ter o obreiro sido o responsável único pela ocorrência do acidente, esclareça-se que a caracterização da culpa exclusiva da vítima é fator de eliminação do elemento do nexo causal para efeito de reparação civil no âmbito laboral. Ou seja, quando o infortúnio ocorre por causa singular decorrente da conduta do trabalhador, sem qualquer ligação com o descumprimento das normas legais, contratuais, convencionais, regulamentares, técnicas ou do dever geral de cautela por parte do empregador, ou também sem qualquer ligação com os fatores objetivos inerentes à atividade. No caso concreto, apesar de a Corte de origem ter consignado que 'o piloto não seguiu as instruções da carta de voo, trafegando em altitude bem abaixo daquela indicada, e vindo a colidir com um morro', não há evidências fáticas suficientes para corroborar a conclusão de que a vítima tenha atuado de forma exclusiva para provocar o acidente, sem influência do risco intrínseco à navegação aérea. Aliás, a prova transcrita no acórdão regional não é indicativa de um comportamento transgressor das regras da empresa e do tráfego aéreo por parte do empregado. O único dado explicado pela testemunha se refere à circunstância de a aeronave, no momento do acidente, estar numa altitude abaixo do nível mínimo previsto pela carta de voo, assertiva que, no entanto, não parece conclusiva quanto à adoção, pelo piloto, de uma conduta deliberada de inobservância das normas procedimentais obrigatórias durante a operação de aeronaves. Observe-se que não foi trazido aos autos o laudo oficial sobre o acidente, ônus que competia à Reclamada. Portanto, embora a Reclamada possa não ter contribuído diretamente para o infortúnio, não há, por outro lado, elementos que permitam inferir pela responsabilidade exclusiva do trabalhador na ocorrência do acidente. Naturalmente que a eventual concorrência do obreiro no advento do infortúnio – afinal, consideram-se insuficientes os dados narrados pela única testemunha trazida pela empresa no que se refere à causa do acidente – pode conduzir à atenuação do valor indenizatório, mas não à sua eliminação. Isso porque, no caso concreto, entende-se que incide a responsabilidade objetiva. Recurso de revista conhecido e provido" (TST RR-1532-10.2012.5.10.0802, 3ª Turma, Relator Ministro Mauricio Godinho Delgado, *DEJT* 09.11.2018).

6.6. Teoria da responsabilidade subjetiva com culpa presumida do empregador

Como já mencionado, não há como se sustentar em todos os casos a responsabilidade objetiva do empregador, pois a regra geral é a da responsabilidade subjetiva, fixada no art. 7º, XXVIII e, como trata-se de uma responsabilidade fixada na Constituição, não há como se entender que as regras do art. 2º da CLT ou do art. 927, parágrafo único, do CC prevaleçam sobre a norma constitucional. Portanto, deve-se interpretar a norma do art. 7º, XXVIII, em conformidade com a Constituição Federal.

Entretanto, o fato de ser subjetiva, como regra geral, a responsabilidade do empregador no acidente de trabalho, não se pode atualizar a interpretação do art. 7º, XXVIII, da CF, visando à maior eficiência do dispositivo constitucional, para reputar presumida a culpa do empregador em caso de acidentes de trabalho, pois cabe a este tomar todas as medidas necessárias para evitar os acidentes de trabalho e lesões ao trabalhador, e ainda manter um meio ambiente salubre de trabalho (arts. 164 e seguintes da CLT, arts. 7º, 170, VI, XXII, 200, VIII, 225, § 3º, ambos da CF, e art. 4º, § 1º, da Convenção 155, da OIT). De outro lado, o empregador corre os riscos da atividade econômica (art. 2º, da CLT) e se beneficia dos resultados da atividade do empregado. Além disso, em juízo, a prova da culpa do empregador carreada ao empregado é extremamente onerosa, tendo o empregador maior aptidão para a prova.

Diante do avanço tecnológico e da competitividade entre as empresas, não se pode admitir que o empregador deixe de fazer investimentos destinados a evitar os riscos de acidentes e garantir a incolumidade física de seus empregados. Além disso, a responsabilidade fixada no art. 7º, XXVIII, da CF transcende o aspecto individual para adquirir caráter social e publicista, porquanto é um direito fundamental de segunda geração, já que previsto no rol de garantias do art. 7º da CF.

O posicionamento acima não significa dizer que o empregador irá fazer prova contra si mesmo, apenas terá que comprovar em juízo que observou todas as normas de segurança do trabalho e que também o meio ambiente do trabalho estava equilibrado quando do sinistro. Caso o empregador faça essa prova, o ônus da prova de demonstrar a culpa transfere-se ao empregado.

Por fim, cumpre destacar que atualmente a iniciativa privada vem tendo prevalência na atividade econômica e social do país, sendo a tendência, inclusive no Direito Comparado, atribuir-se maior responsabilidade social ao empregador. A propósito, o próprio novel Código Civil adota, no art. 421, a função social do contrato, aí incluído o contrato de trabalho e, no art. 966, adota a teoria da empresa, devendo esta cumprir a sua função social. Essa função social estará sendo cumprida quando forem respeitados os princípios da dignidade da pessoa humana, dos valores sociais do trabalho, da função social da propriedade e justiça social (arts. 1º, III e IV, e 3º, IV, 5º, XXIII, da CF).

Podemos concluir que a responsabilidade subjetiva do empregador com culpa presumida tem suporte nos seguintes argumentos: a) máxima efetividade do art. 7º, XXVIII, da CF; b) proteção efetiva do meio ambiente do trabalho; c) redução dos riscos para a saúde do trabalhador (art. 7º, XXII, da CF); d) interpretação construtiva e evolutiva do art. 7º, XXVIII, da CF; e) assunção dos riscos da atividade econômica pelo empregador (art. 2º da CLT); f) função social do contrato de trabalho (art. 421 do Código Civil); g) hipossuficiência do trabalhador para a produção da prova da culpa do empregador; h) aplicação da teoria da responsabilidade civil pela risco criado.

Nesse sentido, prevendo a inversão do ônus da prova em favor do empregado temos o Enunciado 41 da 1ª Jornada de Direito Material e Processual do Trabalho realizada do TST, *in verbis:*

> "RESPONSABILIDADE CIVIL. ACIDENTE DO TRABALHO. ÔNUS DA PROVA. Cabe a inversão do ônus da prova em favor da vítima nas ações indenizatórias por acidente do trabalho."

7. DO DANO MORAL (EXTRAPATRIMONIAL) DECORRENTE DA RELAÇÃO DE TRABALHO

Os direitos da personalidade são direitos que decorrem da proteção da dignidade da pessoa humana e estão intimamente ligados à própria condição humana. Embora a violação a esses direitos possa ter repercussões patrimoniais, são direitos que se distinguem dos direitos patrimoniais, porque estão ligados à pessoa humana de maneira perpétua.

Como adverte *Pontes de Miranda*[15]: "antes de qualquer pesquisa, advirta-se que: a) no suporte fático de qualquer fato jurídico, de que surge direito, há, necessariamente, alguma pessoa, como elemento do suporte; b) no suporte fático do fato jurídico de que surge direito de personalidade, o elemento subjetivo é o ser humano, e não ainda pessoa: a personalidade resulta da entrada do ser humano no mundo jurídico".

O art. 11 do Código Civil[16] diz que os direitos da personalidade são intransmissíveis e irrenunciáveis, não podendo seu exercício sofrer limitação voluntária. Não obstante, a doutrina aponta outras peculiaridades dos direitos da personalidade.

Os direitos da personalidade têm as seguintes características:

a) **Inatos:** são reconhecidos a todas as pessoas pelo simples fato de existirem, desde o nascimento até a morte. O cônjuge sobrevivente pode exigir a cessação da lesão ao direito da personalidade (art. 12 do CC[17]);

---

15. Tratado de Direito Privado. Tomo 7. Campinas: Bookseller, 2000, p. 29.
16. Art. 11 do CC: "Com exceção dos casos previstos em lei, os direitos da personalidade são intransmissíveis e irrenunciáveis, não podendo o seu exercício sofrer limitação voluntária".
17. Art. 12 do CC: "Pode-se exigir que cesse a ameaça, ou a lesão, a direito da personalidade, e reclamar perdas e danos, sem prejuízo de outras sanções previstas em lei. Parágrafo único. Em se tratando de morto, terá legitimação para requerer a medida prevista neste artigo o cônjuge sobrevivente, ou qualquer parente em linha reta, ou colateral até o quarto grau".

b) **Absolutos:** constituem obrigações de não fazer. São oponíveis *erga omnes*;

c) **Extrapatrimonialidade:** há a ausência de um conteúdo patrimonial, aferível objetivamente, ainda que a sua lesão gere um conteúdo econômico. Alguns desses direitos podem ingressar no comércio jurídico como o direito patrimonial autoral;

d) **Indisponíveis:** nem por vontade própria do indivíduo o direito pode mudar de titular, o que faz com que os direitos da personalidade sejam alçados a um patamar diferenciado dentro dos direitos privados. O direito à imagem pode ser cedido;

e) **Imprescritíveis:** não existe prazo para serem exercidos. Também não se extinguem pelo não uso. Entretanto, eventuais reparações pecuniárias das violações desses direitos prescrevem;

f) **Impenhoráveis e inexpropriáveis:** expropriação é gênero do qual arrematação e adjudicação são espécies. Não há a possibilidade de penhora. Entretanto os créditos da cessão do direito à imagem podem ser penhorados.

Os direitos da personalidade tutelam a pessoa, tanto no seu aspecto corporal, interior e exterior. Podemos exemplificar: a) aspecto corporal: corpo, nome, voz; b) interior: intimidade, privacidade, honra subjetiva e objetiva; c) exterior: imagem, reputação e também seus feixes de papéis institucionalizados (*Ferraz Júnior*) que representa na Sociedade. Neste último aspecto, há a tutela da imagem social da pessoa, ou seja, como ela é vista pela sociedade.

Com a Constituição de 1988, a reparação pelo dano moral passou a figurar de forma explícita no art. 5º, incisos V e X, assim redigidos:

> Inciso V: "é assegurado o direito de resposta, proporcional ao agravo, além da indenização por dano material, moral ou à imagem".
>
> Inciso X: "são invioláveis a intimidade, a vida privada, a honra e a imagem das pessoas, assegurado o direito a indenização pelo dano moral material ou moral decorrente de sua violação".

Restou expressamente consagrada a ampla reparabilidade do dano moral, sem qualquer interdependência com o dano material, ou seja, o dano moral puro, que existe por si só.

O Código Civil de 2002 que consagrou, em sede infraconstitucional, a ampla reparabilidade do dano moral puro, conforme dispõe seu art. 186, "*in verbis*":

> "Aquele que, por ação ou omissão voluntária, negligência ou imprudência, violar direito e causar dano a outrem, ainda que exclusivamente moral, comete ato ilícito".

Tarefa das mais difíceis é definir o conceito de dano moral, pois o dano moral não é visível, vez que se passa, na maioria das vezes, na esfera íntima da pessoa humana. O dano moral é praticamente um sentimento de tristeza, de angústia, de injustiça, que dificilmente pode ser definido ou demonstrado.

De outro lado, muitas vezes o dano moral não causa um sofrimento, mas a vítima sofre um inegável prejuízo social, como se dá com os doentes mentais ou pessoas em estado vegetativo ou comatoso. Também o dano moral pode afetar um direito inerente à personalidade, que não causa sofrimento, como a utilização da imagem da pessoa, sem autorização. Ainda que essa divulgação não cause nenhum prejuízo ou sofrimento, há violação de um direito da personalidade.

Não obstante as dificuldades de se definir, a doutrina tem traçado alguns conceitos objetivos de dano moral, máxime para diferenciá-lo do dano patrimonial, já que, atualmente, o chamado dano moral puro, ou seja, aquele que não tem qualquer reflexo patrimonial, é objeto de reparação pelo Direito.

Muitos conceitos partem da definição por exclusão do dano patrimonial, vale dizer: todo dano que não é patrimonial, é moral, ou extrapatrimonial. Não obstante, nem tudo que não é dano patrimonial pode ser encarado como dano moral.

Moral é o dano sem reflexos patrimoniais, vale dizer: desvinculado de qualquer prejuízo pecuniário, violando, outrossim, valores relacionados a direitos personalíssimos do ser humano e da personalidade das pessoas jurídicas. Em razão disso, autores criticam a denominação de dano moral, já que a expressão tem significado muito amplo e de certa forma ambíguo. Por isso, alguns utilizam a expressão *dano pessoal* por atingir todas as esferas do ser humano, sem conteúdo econômico, tais como estética, imagem, honra, liberdade sexual e psíquica.

Conforme *Paulo Eduardo Vieira de Oliveira*[18], "a doutrina ampara tal entendimento quando qualifica, com razão, como pessoal (moral, na nomenclatura clássica) a agressão física a alguém em estado inconsciente ou comatoso, destituído de percepção da violência, sem possibilidade de expressão de qualquer sentimento de dor. Chega-se a afirmar que basta a agressão física para a configuração de dano pessoal. Em síntese, basta a violação de qualquer integridade, de qualquer direito da personalidade, para a configuração do dano pessoal".

Concordamos com a nomenclatura utilizada por *Paulo Eduardo Vieira de Oliveira*, já que o dano pessoal é mais adequado para definir a violação a um direito da personalidade. Entretanto, acreditamos que é possível adequar o conceito de dano moral para estar em compasso com o dano pessoal, vez que a denominação *dano moral*, por já arraigada na doutrina e jurisprudência, terá maior eficácia e também por ser a expressão utilizada na Constituição Federal de 1988 (art. 5º, inciso X) e no Código Civil (art. 186).

A moderna doutrina vem dando amplitude mais acentuada ao dano moral para abranger todo dano que viole um direito da personalidade e a dignidade da pessoa humana, não podendo o conceito de dano moral ficar exclusivamente balizado ao preço da dor, aos danos do Mundo Interior.

De nossa parte, diante da atual Constituição Federal (art. 5º, V e X) e também do Código Civil (arts. 10 e ss.), o conceito de dano moral deve ter caráter mais amplo do que os chamados "danos da alma" ou danos do Mundo Interior, para abarcar a proteção a todos os danos que possa sofrer a pessoa, atentando contra sua dignidade, nos seguintes aspectos: a) Interior: honra, intimidade, privacidade; b) exterior: imagem, boa-fama, estética, que não tenha natureza econômica.

Quanto às pessoas jurídicas, por não possuírem intimidade e não terem sentimentos, o dano moral se configura quando a violação à sua honra objetiva seu nome, sua reputação, sua imagem.

O dano moral se configura independentemente de seus efeitos, até mesmo porque os efeitos não são passíveis de serem demonstrados. Basta que ocorra violação efetiva a um direito da personalidade para que o dano moral esteja configurado.

Após vários anos de reflexão e estudos, ouso elaborar o seguinte conceito para o dano moral: O dano moral (extrapatrimonial) *é a violação a*

18. O dano pessoal no Direito do Trabalho. São Paulo: LTr, 2002, p. 35.

um direito da personalidade sem conteúdo econômico, tendo por fundamento e finalidade última a proteção à dignidade da pessoa humana.

7.1. Do dano moral (extrapatrimonial) na Consolidação das Leis do Trabalho

A Consolidação das Leis do Trabalho, com a redação dada pela Lei 13.4676/17, trata no Título II – A DO DANO EXTRAPATRIMONIAL (arts. 223-A a 223-G).

O legislador de 2017 optou pela denominação *dano extrapatrimonial*. De nossa parte, embora a nomenclatura *dano extrapatrimonial*, tecnicamente, seja mais adequada, pois a expressão moral é muito ampla e transcende o aspecto jurídico, a expressão *dano moral* deveria ser mantida, pois já arraigada no costume jurídico e também é a expressão consagrada no texto constitucional (art. 5º, V e X, e 114, VI).

Dispõe o art. 223-A da CLT: "aplicam-se à reparação de danos de natureza extrapatrimonial decorrentes da relação de trabalho apenas os dispositivos deste Título".

Embora a pretensão do legislador fosse disciplinar, de forma abrangente e exaustiva, o dano extrapatrimonial nas relações trabalhistas, não há como se obstar a aplicação dos dispositivos da Constituição Federal e do Código Civil à esfera trabalhista, pois o dano extrapatrimonial é, na essência, um instituto de natureza civil-constitucional, uma vez que tutela os direitos de personalidade da pessoa, independentemente se o dano for originário de uma relação trabalhista.

Nesse sentido, destacamos o Enunciado 19 da II Jornada Nacional de Direito Material e Processual do Trabalho da ANAMATRA, *in verbis*:

> "**DANO EXTRAPATRIMONIAL: EXCLUSIVIDADE DE CRITÉRIOS.** APLICAÇÃO EXCLUSIVA DOS NOVOS DISPOSITIVOS DO TÍTULO II-A DA CLT À REPARAÇÃO DE DANOS EXTRAPATRIMONIAIS DECORRENTES DAS RELAÇÕES DE TRABALHO: INCONSTITUCIONALIDADE. A ESFERA MORAL DAS PESSOAS HUMANAS É CONTEÚDO DO VALOR DIGNIDADE HUMANA (ART. 1º, III, DA CF) E, COMO TAL, NÃO PODE SOFRER RESTRIÇÃO À REPARAÇÃO AMPLA E INTEGRAL QUANDO VIOLADA, SENDO DEVER DO ESTADO A RESPECTIVA TUTELA NA OCORRÊNCIA DE ILICITUDES CAUSADORAS DE DANOS

> EXTRAPATRIMONIAIS NAS RELAÇÕES LABORAIS. DEVEM SER APLICADAS TODAS AS NORMAS EXISTENTES NO ORDENAMENTO JURÍDICO QUE POSSAM IMPRIMIR, NO CASO CONCRETO, A MÁXIMA EFETIVIDADE CONSTITUCIONAL AO PRINCÍPIO DA DIGNIDADE DA PESSOA HUMANA (ART. 5º, "*V*" E "*X*", DA CF). A INTERPRETAÇÃO LITERAL DO ART. 223-A DA CLT RESULTARIA EM TRATAMENTO DISCRIMINATÓRIO INJUSTO ÀS PESSOAS INSERIDAS NA RELAÇÃO LABORAL, COM INCONSTITUCIONALIDADE POR OFENSA AOS ARTS. 1º, III; 3º, IV; 5º, *CAPUT* E INCISOS "*V*" E "*X*" E 7º, *CAPUT*, TODAS DA CONSTITUIÇÃO FEDERAL."

Nos termos do art. 223-B da CLT, "causa dano de natureza extrapatrimonial a ação ou omissão que ofenda a esfera moral ou existencial da pessoa física ou jurídica, as quais são as titulares exclusivas do direito à reparação".

Conforme o art. 223-C da CLT, "a honra, a imagem, a intimidade, a liberdade de ação, a autoestima, a sexualidade, a saúde, o lazer e a integridade física são os bens juridicamente tutelados inerentes à pessoa física".

Conforme o art. 223-D da CLT, "a imagem, a marca, o nome, o segredo empresarial e o sigilo da correspondência são bens juridicamente tutelados inerentes à pessoa jurídica".

Os arts. 223-B a 223-D da CLT disciplinam, de forma exemplificativa, as hipóteses de configuração do dano extrapatrimonial na esfera trabalhista. Conforme já sedimentado em doutrina, por ser o dano moral um instituto destinado à proteção da dignidade da pessoa humana e dos direitos da personalidade consagrados à pessoa jurídica, há outras condutas que podem acarretar a reparação do dano extrapatrimonial não previstas no texto da CLT.

Conforme os referidos dispositivos legais, foram destacados os seguintes direitos da personalidade:

7.1.1. Integridade física

Segundo *Walter de Moraes*[19]: "o físico humano é bem de direito, visto como a ordem jurídica lhe resguarda a integridade, impondo obrigações e reconhecendo a cada pessoa o exercício de direitos sobre ele".

---

19. Dano ao corpo. In: *Enciclopédia Saraiva do direito*. São Paulo: Saraiva, 1977, v. 22, p. 213.

No aspecto corporal, o Código Civil veda, no art. 13, o ato de disposição do corpo, salvo por exigências médicas, ou em hipóteses de transplantes, ou para fins científicos ou altruísticos (art. 14 do CC). Também no art. 15 do CC a lei veda o constrangimento do paciente a submeter-se, com risco de vida, a tratamento médico ou a intervenção cirúrgica.

O art. 17 do CC veda ser empregado por outrem em publicações ou representações que exponham o desprezo público, ainda quando não haja intenção difamatória.

Também a tutela da voz traduz a proteção jurídica de um importante componente corporal do ser humano. A voz é entendida como a emanação natural de som da pessoa. A voz, embora seja uma emanação da personalidade da pessoa, pode ser explorada comercialmente.

7.1.2. Intimidade

É o direito do trabalhador de estar só, de ter convívio familiar e de ser respeitado em seu local de trabalho, principalmente, em locais privativos. O direito à intimidade abrange o direito à privacidade. Desse modo, o poder fiscalizatório do empregador deve respeitar a privacidade e intimidade do trabalhador, a exemplo das revistas, que devem ser realizadas por equipamentos eletrônicos, sem tocar no corpo do trabalhador.

O monitoramento de e-mails do trabalhador deve ser restrito e apenas ao e-mail corporativo. A fiscalização por câmeras deve se dar apenas em locais coletivos.

Quanto à exigência de atestados criminais para a contratação dos empregados, o Tribunal Superior do Trabalho pacificou o entendimento por meio do Tema 1 do Incidente de Demandas Repetitivas, *in verbis*:

> "I) não é legítima e caracteriza lesão moral a exigência de Certidão de Antecedentes Criminais de candidato a emprego quando traduzir tratamento discriminatório ou não se justificar em razão de previsão de lei, da natureza do ofício ou do grau especial de fidúcia exigido. Vencidos parcialmente os Exmos. Ministros João Oreste Dalazen, Emmanoel Pereira e Guilherme Augusto Caputo Bastos; II) a exigência de Certidão de Antecedentes Criminais de candidato a emprego é legítima e não caracteriza lesão moral quando amparada em expressa previsão legal ou justificar-se em razão da natureza do ofício ou do grau especial de fidúcia exigido, a exemplo de empregados domésticos,

> cuidadores de menores, idosos ou deficientes (em creches, asilos ou intuições afins), motoristas rodoviários de carga, empregados que laboram no setor da agroindústria no manejo de ferramentas de trabalho perfurocortantes, bancários e afins, trabalhadores que atuam com substâncias tóxicas, entorpecentes e armas, trabalhadores que atuam com informações sigilosas. Vencidos parcialmente os Exmos. Ministros Augusto César de Carvalho, relator, Aloysio Corrêa da Veiga, Walmir Oliveira da Costa e Cláudio Mascarenhas Brandão, que não exemplificavam; III) a exigência de Certidão de Antecedentes Criminais, quando ausente alguma das justificativas de que trata o item II, supra, caracteriza dano moral in re ipsa, passível de indenização, independentemente de o candidato ao emprego ter ou não sido admitido. Vencidos, parcialmente, os Exmos. Ministros João Oreste Dalazen, Emmanoel Pereira e Guilherme Augusto Caputo Bastos e, totalmente, os Exmos. Ministros Aloysio Corrêa da Veiga, Renato de Lacerda Paiva e Ives Gandra Martins Filho."

No aspecto, cumpre destacar, também, a seguinte ementa:

> "RECURSO DE REVISTA DO MINISTÉRIO PÚBLICO. TRANSCENDÊNCIA RECONHECIDA. AÇÃO CIVIL PÚBLICA. EXIGÊNCIA DE ANTECEDENTES CRIMINAIS PARA SELEÇÃO E CONTRATAÇÃO DE EMPREGADOS. DANO MORAL COLETIVO. O Tribunal Regional entendeu que a exigência de antecedentes criminais de todos os candidatos ao emprego, de forma irrestrita, não configura lesão moral, e que, no caso dos autos, haveria contratação para funções que pressupõem fidúcia especial, sem que tenha sido comprovada discriminação pela empresa. Entretanto, tratando-se de uma empresa de grande porte do ramo de supermercados, a coletividade de candidatos aos empregos abrange tanto os que serão alocados em funções de caixa e manuseando objetos perfurocortantes, quanto em outra variedade de vagas que não necessitam fidúcia especial. Assim, a Corte Regional ao consignar que 'não é difícil associar que das muitas funções desempenhadas pelos trabalhadores da empresa reclamada exigem grau elevado de fidúcia, especialmente por trabalharem diretamente com numerário ou com objetos perfurocortantes (ex. caixas, açougueiros e etc.)', atribuiu de forma genérica uma exceção a todos os candidatos que serão contratados pela ré e alocados nas mais diversas funções, o que não se coaduna com a tese firmada por esta Corte Superior, no IRR 24300-58.2013.5.13.0023, pela SDI-1. E nem se fale da necessidade de comprovação de dano moral, tendo em vista o reconhecimento do seu caráter *in re ipsa*, segundo o item

> III da respectiva tese. Violado o art. 5.º, X, da Constituição Federal, impõe-se o reconhecimento do dano moral coletivo e respectiva indenização no valor de R$ 100.000,00 (cem mil reais), consideradas a extensão e repercussão do dano, a culpa da reclamada, seu porte e capacidade econômica, o caráter pedagógico e preventivo da condenação e os princípios da razoabilidade e proporcionalidade. Recurso de revista conhecido e provido" (TST – RR-17302-16.2013.5.16.0002, 8ª Turma, Relatora Ministra Delaide Alves Miranda Arantes, *DEJT* 01/07/2022).

7.1.3. Honra

A honra, para fins civis, tem o mesmo significado da honra para fins penais. Entretanto, mesmo não havendo o ilícito penal, pode haver violação da honra na esfera civil.

Como pondera Carlos Alberto Bittar[20], "o reconhecimento do direito em tela prende-se à necessidade de defesa da reputação da pessoa (honra objetiva), compreendendo o bom nome e a fama de que desfruta no seio da coletividade, enfim, a estima que cerca nos seus ambientes, familiar, profissional, comercial ou outro. Alcança também o sentimento pessoal de estima, ou a consciência da própria dignidade (honra subjetiva), de que separamos, no entanto, os conceitos de dignidade e de decoro, que integram, em nosso entender, o direito ao respeito...".

O art. 11 da Convenção Americana sobre Direitos Humanos (Pacto de São José da Costa Rica) diz que "toda pessoa tem direito ao respeito de sua honra e ao reconhecimento de sua dignidade".

A doutrina costuma classificar a honra em objetiva e subjetiva.

A honra objetiva corresponde à reputação da pessoa, compreendendo o seu bom nome, a fama de que desfruta no seio da sociedade.

A honra subjetiva, conforme Júlio Fabbrini Mirabete[21], corresponde ao sentimento pessoal de estima ou à consciência da própria dignidade. Traduz o apreço próprio, na estima a si mesmo, o juízo que cada um faz de si. Por sua vez, a honra subjetiva se divide em: a) honra dignidade: que representa

---

20. Os Direitos da personalidade. 2. ed. Rio de Janeiro: Forense, 1995, p. 103.
21. Manual de Direito Penal. 10. ed. São Paulo: Atlas, 1995, v. 2, p. 151.

o sentimento da pessoa a respeito de seus atributos morais, de honestidade e bons costumes; b) honra decoro, que se refere ao sentimento pessoal relacionado aos dotes ou qualidades do homem (físicos, intelectuais e sociais).

No aspecto, destacamos a seguinte ementa:

> I – AGRAVO DE INSTRUMENTO EM RECURSO DE REVISTA. LEIS NºS 13.015/2014 E 13.467/2017. DANO MORAL. ASSÉDIO MORAL. DESRESPEITO À HONRA SUBJETIVA. OFENSAS DECORRENTES DE INJÚRIA RACIAL. QUANTUM INDENIZATÓRIO. TRANSCENDÊNCIA POLÍTICA RECONHECIDA. Ante a possível afronta ao art. 5º, V e X, da Constituição da República, dá-se provimento ao agravo de instrumento para o amplo julgamento do recurso de revista. Agravo de instrumento a que se dá provimento. II – RECURSO DE REVISTA. LEIS NºS 13.015/2014 E 13.467/2017. INTERVALO PREVISTO NO ART. 384 DA CLT. LIMITAÇÃO DA CONDENAÇÃO AO TEMPO DE DURAÇÃO DA SOBREJORNADA. IMPOSSIBILIDADE. TRANSCENDÊNCIA POLÍTICA RECONHECIDA. A jurisprudência desta Corte firmou-se no sentido de que não há nenhuma restrição para a concessão da pausa prévia à jornada extraordinária da mulher. Isso porque o art. 384 da CLT não fixa tempo mínimo de sobrelabor para a concessão do período de descanso. Na hipótese dos autos, o Tribunal Regional restringiu o direito ao intervalo previsto no art. 384 da CLT aos dias em que a sobrejornada for superior a 30 minutos, contrariando a jurisprudência atual, iterativa e notória desta Corte. Precedentes. Recurso de revista de que se conhece e a que se dá provimento. DANO MORAL. ASSÉDIO MORAL. DESRESPEITO À HONRA SUBJETIVA. OFENSAS DECORRENTES DE INJÚRIA RACIAL. QUANTUM INDENIZATÓRIO. TRANSCENDÊNCIA POLÍTICA RECONHECIDA. 1. A questão dos autos gira em torno do valor a ser arbitrado para a indenização por danos morais decorrentes de desrespeito à honra subjetiva, diante das ofensas por injúria racial perpetradas pelo preposto da reclamada. 2. A jurisprudência desta Corte Superior, no tocante ao quantum indenizatório fixado pelas instâncias ordinárias, vem consolidando orientação no sentido de que a revisão do valor da indenização por danos extrapatrimoniais, patrimoniais e estéticos somente é possível quando exorbitante ou insignificante a importância arbitrada a título de reparação de dano moral, em flagrante violação dos princípios da razoabilidade e da proporcionalidade. Precedentes. 3. O Tribunal Regional concluiu pela existência, no ambiente de trabalho, de injúria racial e notícias

de discriminação por condição sexual (homofobia), descortinando a existência de um ambiente de opressão, gerando inclusive insurgência dos empregados da filial de Curitiba que reportaram os fatos à matriz, em São Paulo, razão pela qual, reformando a sentença, majorou o valor da condenação ao pagamento da indenização por danos morais de R$ 1.500,00 (mil e quinhentos reais) para 10.000,00 (dez mil reais). 4. Ocorre que o valor da indenização atribuído pelo Tribunal Regional decorrente das ofensas deferidas pelo preposto da reclamada, admite sua revisão, porque excessivamente módico ante a violação do bem jurídico tutelado – honra subjetiva. 5. Nestes termos, à luz dos princípios da razoabilidade e da proporcionalidade e, levando em consideração a extensão do dano, a culpa e o aporte financeiro da reclamada – pessoa jurídica (capital social de 5 milhões de reais) –, bem como à necessidade de que o valor fixado a título de indenização por danos morais atenda à sua função social e preventiva, capaz de convencer o ofensor a não reiterar sua conduta ilícita, uma vez que 'não há notícia nos autos de que tenham sido tomadas providências para fazer cessar o assédio moral' perpetrado, verifica-se que o valor atribuído à indenização é excessivamente módico, razão pela qual resta majorado o quantum indenizatório pelo dano decorrente do assédio moral para R$ 50.000,00 (cinquenta mil reais), nos termos do art. 5º, V e X, da Constituição da República. Recurso de revista de que se conhece e a que se dá provimento (TST – RR-11813-85.2016.5.09.0002, 3ª Turma, Relator Ministro Alberto Bastos Balazeiro, *DEJT* 18/11/2022).

7.1.4. Liberdade de ação, a autoestima, a sexualidade

São direitos inerentes à condição humana. Desse modo, o empregador deve respeitar a liberdade de pensamento do trabalhador, suas vestimentas, sua orientação religiosa e sexual.

7.1.5. Imagem

O art. 5º, X, da CF tutela a proteção do direito à imagem. Também no art. 20 do Código Civil há previsão de tutela desse direito. Aduz o referido dispositivo:

> "Salvo se autorizada, ou se necessária à administração da justiça ou à manutenção da ordem pública, a divulgação de escritos, a transmissão

da palavra, ou a publicação, a exposição ou a utilização da imagem de uma pessoa poderão ser proibidas, a seu requerimento e sem prejuízo da indenização que couber, se lhe atingirem a honra, a boa fama ou respeitabilidade, ou se destinarem a fins comerciais".

Conforme Carlos Alberto Bittar[22]

> "Consiste no direito que a pessoa tem sobre a sua forma plástica e respectivos componentes, distintos (rosto, olhos, perfil, busto) que a individualizam no seio da coletividade. Incide, pois, sobre a conformação física da pessoa, compreendendo esse direito um conjunto de caracteres que a identifica no meio social. Por outras palavras, é o vínculo que une uma pessoa à sua expressão externa, tomada no conjunto, ou em parte significativa (como a boca, os olhos, as pernas, enquanto individualizadores da pessoa)".

Como bem advertem Luiz Alberto David Araújo e Vidal Serrano Nunes[23],"o direito à imagem possui duas variações. De um lado, deve ser entendido como o direito relativo à produção gráfica (retrato, desenho, fotografia, filmagem etc.) da figura humana. De outro lado, porém, a imagem assume a característica do conjunto de atributos cultivados pelo indivíduo e reconhecidos pelo conjunto social. Chamemos a primeira de imagem-retrato e a segunda de imagem atributo".

Conforme as ponderações dos professores *David Araújo* e *Serrano Nunes*, a imagem se subdivide em: *imagem-retrato*: que é o aspecto físico da pessoa, como o todo ou em partes separadas do corpo; *imagem-atributo*: que corresponde à exteriorização dos caracteres do indivíduo, ou seja, a forma como ele é visto socialmente.

Para alguns autores, diante da previsão expressa do art. 5º, X, da CF, dano à imagem é uma categoria autônoma de dano. Nesse sentido, posicionam-se *Nelson Nery Junior* e *Rosa Maria de Andrade Nery*[24]:

> "O texto não deixa dúvida quanto à categoria do *dano à imagem*, distinta do dano material e moral. É possível, portanto, cumular-se dano material, moral e à imagem derivados do mesmo fato (STJ 37). Como a norma não impõe limitações à indenização por dano moral,

---

22. Os direitos da personalidade. 2. ed. Rio de Janeiro Forense, 1995, p. 87.
23. Curso de Direito Constitucional. 10. ed. São Paulo
24. Constituição Federal Comentada e Legislação Constitucional. São Paulo: RT, 2006, p. 129.

nem remete seu regulamento para a lei, nesse caso ela é ilimitada (STF- RT 740/205)".

No aspecto, importe destacar a seguinte ementa:

> AGRAVO DE INSTRUMENTO EM RECURSO DE REVISTA DA RECLAMADA (REVITA ENGENHARIA S.A.). REGÊNCIA ANTERIOR À LEI 13.467/2017. NULIDADE DO ACÓRDÃO POR NEGATIVA DE PRESTAÇÃO JURISDICIONAL. NÃO CONFIGURAÇÃO. O Tribunal Regional apreciou a matéria controvertida, tendo consignado os fundamentos que lhe formaram a convicção, bem como discutido as questões relevantes para o deslinde da controvérsia, configurando-se, assim, a efetiva entrega da prestação jurisdicional. Agravo de Instrumento a que se nega provimento. RESPONSABILIDADE CIVIL DA EMPREGADORA. MANUTENÇÃO INDEVIDA DO NOME DO RECLAMANTE COMO RESPONSÁVEL TÉCNICO DA EMPRESA. NEGLIGÊNCIA. DANOS MATERIAIS DECORRENTES DE DESPESAS EM AÇÃO TRABALHISTA DE TERCEIROS. Não se verifica ofensa aos arts. 884 e 927 do Código Civil, uma vez que consta do acórdão regional que 'a empresa ré fora, efetivamente, assaz negligente na condução da solução do problema, não dando nenhum respaldo a seu ex-empregado, indicado por outro ex-empregado como responsável pelo contrato de trabalho naquela ocasião em litígio, não sobrando outra opção ao autor além de se defender no processo judicial, sob pena de ser considerado revel e confesso quanto à matéria de fato, importando, inclusive, a possibilidade de atingimento de seu patrimônio pessoal para satisfação de eventuais débitos trabalhistas de sua ex-empregadora. Ante a negligência da ré na solução do problema, entendo que ela deverá ressarcir o autor pelas despesas em que ocorreu'. Agravo de Instrumento a que se nega provimento. INDENIZAÇÃO POR DANOS MORAIS. MATÉRIA FÁTICA. O Tribunal Regional analisou a prova dos autos e concluiu que são 'Indiscutíveis, assim, a ofensa e o dano moral pelo uso indevido do nome do recorrente'. A decisão regional está amparada no contexto fático-probatório dos autos. Acolher premissa fática diversa pretendida com o recurso esbarra no óbice da Súmula 126 do TST, que veda o reexame de fatos e provas nesta instância extraordinária. Agravo de Instrumento a que se nega provimento' (TST – AIRR-1000791-15.2016.5.02.0032, 2ª Turma, Relator Ministro Sergio Pinto Martins, *DEJT* 25/11/2022).

7.1.6. Saúde, o lazer e a integridade física

O empregado tem o direito a um meio ambiente saudável de trabalho, com medidas de proteção contra acidentes e doenças do trabalho, bem como o direito fundamental ao lazer, e de desconexão do trabalho.

Relevante destacar a menção ao chamado ***dano existencial***, que se configura quando há frustração do projeto de vida da pessoa física, muitas vezes relacionado à restrição à convivência familiar pelo excesso da jornada de trabalho, ou impossibilidade de aperfeiçoamento profissional, de forma que prejudique a realização pessoal.

No aspecto, destacamos as seguintes ementas da mais alta corte trabalhista brasileira, *in verbis*:

> "INDENIZAÇÃO POR DANO MORAL. DANO EXISTENCIAL. JORNADA EXAUSTIVA. SUPRESSÃO DO DESCANSO SEMANAL E DO INTERVALO INTRAJORNADA MÍNIMO. HORAS EXTRAS HABITUAIS. NECESSIDADE DE COMPROVAÇÃO DO DANO. DANO MORAL IN RE IPSA. PRESUNÇÃO HOMINIS. A controvérsia cinge-se na necessidade de comprovação efetiva do dano na hipótese de jornada de trabalho exorbitante imposta ao trabalhador. Na hipótese, a Corte de origem concluiu ser 'evidente que as jornadas extenuantes, a ausência de obediência ao intervalo intrajornada mínimo e ao descanso semanal lesionam o projeto de vida do trabalhador, até mesmo porque, *in casu*, depreende-se do conjunto probatório que lhe restava tempo diário apenas para necessidades básicas, como dormir', e condenou as rés ao pagamento de indenização no importe de R$ 10.000,00 (dez mil reais). Esta Corte tem entendido que a submissão habitual dos trabalhadores à jornada excessiva de labor ocasiona dano existencial, modalidade de danos imaterial e extrapatrimonial em que os empregados sofrem limitações em sua vida pessoal por força de conduta ilícita praticada pelo empregador, exatamente como na hipótese dos autos, importando em confisco irreversível de tempo que poderia legitimamente destinar-se a descanso, convívio familiar, lazer, estudo, reciclagem profissional e tantas outras atividades, para não falar em recomposição de suas forças físicas e mentais, naturalmente desgastadas por sua prestação de trabalho. Portanto, o ato ilícito praticado pela reclamada acarreta dano moral in re ipsa, que dispensa comprovação da existência e da extensão, sendo presumível em razão do fato danoso. Agravo

> de instrumento desprovido" (TST – AIRR-1793-56.2013.5.09.0029, 2ª Turma, Relator Ministro Jose Roberto Freire Pimenta, *DEJT* 11/10/2018).

> "DANO EXISTENCIAL. JORNADA EXCESSIVA. DANO IN RE IPSA. O dano existencial é espécie do gênero dano imaterial cujo enfoque está em perquirir as lesões existenciais, ou seja, aquelas voltadas ao projeto de vida (autorrealização – metas pessoais, desejos, objetivos etc.) e de relações interpessoais do indivíduo. Na seara juslaboral, o dano existencial, também conhecido como dano à existência do trabalhador, visa examinar se a conduta patronal se faz excessiva ou ilícita a ponto de imputar ao trabalhador prejuízos de monta no que toca o descanso e convívio social e familiar. Nesta esteira, esta Corte tem entendido que a imposição ao empregado de jornada excessiva ocasiona dano existencial, pois compromete o convívio familiar e social, violando, entre outros, o direito social ao lazer, previsto constitucionalmente (art. 6º, caput). Na hipótese dos autos, extrai-se do acórdão recorrido que, além de não usufruir regularmente dos intervalos intrajornada e interjornada, o reclamante laborava em extensa jornada, havendo ocasiões em que laborou 80 horas extras no mês e até 100 horas extras no mês. Assim, comprovada a jornada exaustiva, decorrente da conduta ilícita praticada pela reclamada, que não observou as regras de limitação da jornada de trabalho, resta patente a existência de dano imaterial in re ipsa, presumível em razão do fato danoso. Precedentes da Turma. Recurso de revista não conhecido" (TST – RR-11307-26.2015.5.03.0095, 2ª Turma, Relatora Ministra Maria Helena Mallmann, *DEJT* 21/09/2018).

Nos termos do art. 223-E da CLT, "são responsáveis pelo dano extrapatrimonial todos os que tenham colaborado para a ofensa ao bem jurídico tutelado, na proporção da ação ou da omissão".

Conforme o art. 223-F da CLT, "a reparação por danos extrapatrimoniais pode ser pedida cumulativamente com a indenização por danos materiais decorrentes do mesmo ato lesivo. § 1º Se houver cumulação de pedidos, o juízo, ao proferir a decisão, discriminará os valores das indenizações a título de danos patrimoniais e das reparações por danos de natureza extrapatrimonial. § 2º A composição das perdas e danos, assim compreendidos os lucros cessantes e os danos emergentes, não interfere na avaliação dos danos extrapatrimoniais".

O referido dispositivo consagra entendimento já sedimentado na jurisprudência (Súmula 37 do STJ[25]), que o dano moral (extrapatrimonial) é indenizável por si só, independentemente do dano material decorrente do mesmo fato.

8. DANO MORAL (EXTRAPATRIMONIAL) REFLEXO OU EM RICOCHETE

Dano moral (extrapatrimonial) reflexo ou em ricochete é o que também atinge pessoa diversa da que sofre diretamente o dano moral, ou seja: é o dano que reflete em pessoa que tem convivência muito próxima, ou laços efetivos com a vítima do dano.

Alguns autores negam a existência do dano moral em ricochete, sustentando que o terceiro, na verdade, tem direito próprio à reparação do dano, vale dizer: sofre dano moral de forma direta, uma vez que tem abalo em sua personalidade em razão dos laços afetivos que possui com a vítima do dano moral.

O dano moral em ricochete ou reflexo é o que atinge outras pessoas, além da vítima direta do dano, em razão dos laços afetivos que possui com esta. Inegavelmente, o terceiro tem direito próprio à reparação, entretanto, o seu dano se originou de ofensa a terceiro. Por isso, o dano moral reflexo deve ser avaliado, considerando-se que o terceiro não o sofreu diretamente devendo o *quantum* da reparação ser mais reduzido do que o valor devido à vítima direta do dano.

Os arts. 223-A e 223-B[26] parecem restringir a amplitude no dano moral no âmbito da relação de trabalho apenas ao prestador e ao tomador de serviços, excluindo eventuais terceiros que podem ser atingidos pelo dano. Não obstante, o art. 114, VI, da CF fixa a competência da Justiça do Trabalho para as ações de reparação por danos morais decorrentes da relação de trabalho. Portanto, não há, aqui, restrição à competência da Justiça do Trabalho para o dano moral em ricochete. No aspecto, destacamos o

---

25. Súmula 37 do STJ: "São cumuláveis as indenizações por dano material e dano moral oriundos do mesmo fato".
26. Art. 223-A: "Aplicam-se à reparação de danos de natureza extrapatrimonial decorrentes da relação de trabalho apenas os dispositivos deste Título". Art. 223-B: "Causa dano de natureza extrapatrimonial a ação ou omissão que ofenda a esfera moral ou existencial da pessoa física ou jurídica, as quais são as titulares exclusivas do direito à reparação".

Enunciado 20, da II Jornada Nacional de Direito Material e Processual do Trabalho da ANAMATRA, *in verbis*:

> "**DANO EXTRAPATRIMONIAL: LIMITES E OUTROS ASPECTOS NOS EXTRAPATRIMONIAIS.** O ART. 223-B DA CLT, INSERIDO PELA LEI N. 13.467, NÃO EXCLUI A REPARAÇÃO DE DANOS SOFRIDOS POR TERCEIROS (DANOS EM RICOCHETE), BEM COMO A DE DANOS EXTRAPATRIMONIAIS OU MORAIS COLETIVOS, APLICANDO-SE, QUANTO A ESTES, AS DISPOSIÇÕES PREVISTAS NA LEI N. 7.437/1985 E NO TÍTULO III DO CÓDIGO DE DEFESA DO CONSUMIDOR."

Após pronunciamento do Supremo Tribunal Federal[27] a respeito da temática, a jurisprudência do TST pacificou-se no sentido da competência da Justiça do Trabalho para apreciar as demandas por danos morais movidas por sucessores de trabalhadores falecidos. Nesse sentido a Súmula 392 do TST, *in verbis*:

> "**DANO MORAL E MATERIAL. RELAÇÃO DE TRABALHO. COMPETÊNCIA DA JUSTIÇA DO TRABALHO (redação alterada em sessão do Tribunal Pleno realizada em 27.10.2015) – Res. 200/2015, *DEJT* divulgado em 29.10.2015 e 03 e 04.11.2015.**
>
> *Nos termos do art. 114, inc. VI, da Constituição da República, a Justiça do Trabalho é competente para processar e julgar ações de indenização*

---

27 EMENTA: CONFLITO DE COMPETÊNCIA. CONSTITUCIONAL. JUÍZO ESTADUAL DE PRIMEIRA INSTÂNCIA E TRIBUNAL SUPERIOR. COMPETÊNCIA ORIGINÁRIA DO SUPREMO TRIBUNAL FEDERAL PARA SOLUÇÃO DO CONFLITO. ART. 102, I, *O*, DA CB/88. JUSTIÇA COMUM E JUSTIÇA DO TRABALHO. COMPETÊNCIA PARA JULGAMENTO DA AÇÃO DE INDENIZAÇÃO POR DANOS MORAIS E MATERIAIS DECORRENTES DE ACIDENTE DO TRABALHO PROPOSTA PELOS SUCESSORES DO EMPREGADO FALECIDO. COMPETÊNCIA DA JUSTIÇA LABORAL. 1. Compete ao Supremo Tribunal Federal dirimir o conflito de competência entre Juízo Estadual de primeira instância e Tribunal Superior, nos termos do disposto no art. 102, I, *o*, da Constituição do Brasil. Precedente (CC n. 7.027, Relator o Ministro Celso de Mello, DJ de 1º.9.95) 2. A competência para julgar ações de indenização por danos morais e materiais decorrentes de acidente de trabalho, após a edição da EC n. 45/04, é da Justiça do Trabalho. Precedentes (CC n. 7.204, Relator o Ministro Carlos Britto, DJ de 9.12.05 e AgR-RE n. 509.352, Relator o Ministro Menezes Direito, DJe de 1º.8.08). 3. O ajuizamento da ação de indenização pelos sucessores não altera a competência da Justiça especializada. A transferência do direito patrimonial em decorrência do óbito do empregado é irrelevante. Precedentes. (ED-RE n. 509.353, Relator o Ministro Sepúlveda Pertence, DJ de 17.8.07; ED-RE n. 482.797, Relator o Ministro Ricardo Lewandowski, DJe de 27.6.08 e ED-RE n. 541.755, Relator o Ministro Cézar Peluso, DJ de 7.3.08). Conflito negativo de competência conhecido para declarar a competência da Justiça do Trabalho" (CC 7545, Relator: Min. Eros Grau, Tribunal Pleno, julgado em 3.6.2009, *DJe*-152, Divulgado em 13.8.2009, Publicado em 14.8.2009, Ement. VOL-02369-04, PP-00769).

> *por dano moral e material, decorrentes da relação de trabalho, inclusive as oriundas de acidente de trabalho e doenças a ele equiparadas, ainda que propostas pelos dependentes ou sucessores do trabalhador falecido.*"

A jurisprudência trabalhista vem admitindo o dano moral em ricochete decorrente do contrato de trabalho, conforme a redação das seguintes ementas:

> "RECURSO DE REVISTA DA MECAPLAN LTDA. – ILEGITIMIDADE ATIVA AD CAUSAM. ESPÓLIO. INDENIZAÇÃO POR DANOS MORAIS E MATERIAIS SUPORTADOS PELOS FAMILIARES DA VÍTIMA. Nos termos da jurisprudência desta Corte, o espólio é parte legítima para propor ação em que se busca a indenização por danos morais sofridos pelo de cujus. Todavia, na ação de indenização por danos morais ou materiais suportados pelos familiares, em decorrência do acidente que vitimou o empregado, apenas os sucessores e herdeiros – não o espólio – detêm legitimidade ativa *ad causam*. Recurso de revista de que se conhece e a que se dá provimento" (TST ARR – 892-60.2013.5.03.0060, Relator Ministro: Márcio Eurico Vitral Amaro, Data de Julgamento: 06.09.2017, 8ª Turma, Data de Publicação: *DEJT* 11/09/2017).

> "AGRAVO DE INSTRUMENTO INTERPOSTO PELA RECLAMADA SSC DISPLAYS LTDA. RESPONSABILIDADE CIVIL DO EMPREGADOR. DANOS MORAIS CAUSADOS AO EMPREGADO. FALECIMENTO DO AUTOR NO CURSO DA AÇÃO. LEGITIMIDADE AD CAUSAM DO ESPÓLIO. MATÉRIA REMANESCENTE. Embora a ofensa à moral atinja apenas os direitos subjetivos da vítima, possuindo cunho personalíssimo, a propositura da ação com pedido de indenização por dano moral pelo próprio ofendido evidencia o seu ânimo em obter a reparação, razão pela qual referido direito, de feição eminentemente patrimonial, transmite-se aos herdeiros, nos termos do artigo 943 do Código Civil combinado ao artigo 43 do CPC/1973. De se notar que não se transmite o direito material, ou seja, o dano moral sofrido pela vítima, haja vista que, decorrente de conduta atentatória à personalidade humana, é intransmissível, mas sim os direitos resultantes da ação de reparação previamente ajuizada pelo falecido. Inconteste, pois, a legitimidade do espólio para o prosseguimento da demanda. Agravo de instrumento a que se nega provimento. (TST – Processo: RR – 294700- 45.2007.5.02.0361 Data de Julgamento: 18/04/2018, Relator Ministro: Cláudio Mascarenhas Brandão, 7ª Turma, Data de Publicação: *DEJT* 27/04/2018).

O Supremo Tribunal Federal, por meio a ADI 6050, de caráter vinculante, pacificou ser a competência material da Justiça do Trabalho para apreciar o chamado dano moral em ricochete, conforme a ementa que segue:

> "Ações diretas de inconstitucionalidade. 2. Reforma Trabalhista. Artigos 223-A e 223-G, §§ 1º e 2º, da CLT, na redação dada pela Lei 13.467/2017. Parâmetros para a fixação do quantum indenizatório dos danos extrapatrimoniais. 3. Ações conhecidas e julgadas parcialmente procedentes para conferir interpretação conforme a Constituição, de modo a estabelecer que: 3.1. As redações conferidas aos art. 223-A e 223-B, da CLT, não excluem o direito à reparação por dano moral indireto ou dano em ricochete no âmbito das relações de trabalho, a ser apreciado nos termos da legislação civil; 3.2. Os critérios de quantificação de reparação por dano extrapatrimonial previstos no art. 223-G, caput e §1º, da CLT deverão ser observados pelo julgador como critérios orientativos de fundamentação da decisão judicial. É constitucional, porém, o arbitramento judicial do dano em valores superior aos limites máximos dispostos nos incisos I a IV do § 1º do art. 223-G, quando consideradas as circunstâncias do caso concreto e os princípios da razoabilidade, da proporcionalidade e da igualdade" (STF – ADI 6050 – Tribunal Pleno. Rel. Min Gilmar Mendes. Doe 18/08/2023).

9. REPARABILIDADE DO DANO MORAL E REQUISITOS

Se o dano moral não fosse reparável, o ofensor ficaria impune e as agressões morais continuariam se perpetuando, gerando nas pessoas sentimento de impunidade, injustiça e até de fúria, que não podem ser tolerados. Além disso, significaria perpetuação da indignidade da pessoa que fora ofendida. O fato do dano moral, embora tenha intensidade diversa de pessoa para pessoa, e de não ser possível conhecer totalmente a extensão desse tipo de dano, esses motivos não justificam a sua não reparação. É preferível reparar uma parte a nada reparar.

Deve-se destacar que não só em dinheiro se repara o dano moral. Embora não sejam comuns pedidos de reparação *in natura* do dano moral, nossa legislação prevê a reparação dos danos morais com outras modalidades de obrigações que não sejam pecuniárias, como o direito de resposta, pedido de desculpas, retratações públicas etc., as quais, muitas vezes, são mais eficazes que a reparação pecuniária.

Outrossim, para que se caracterize o dano moral, basta o fato em si mesmo (por isso se diz que o dano moral se configura *in re ipsa*), não havendo necessidade de publicidade do fato, ou prova do sofrimento, porquanto a dor moral atinge o indivíduo na sua esfera íntima. Além disso, não há como se demonstrarem os efetivos prejuízos morais sofridos com o ato lesivo. A extensão dos prejuízos, quais sejam: a intensidade da dor, do sofrimento, da perda de uma chance etc., devem ser valorados para se fixar o *quantum* da reparação, mas não são necessários para a eclosão do dano e o dever de reparação.

Nesse sentido, adverte com propriedade Maria Celina Bodin de Moraes[28]:

> "Assim, em primeiro lugar, toda e qualquer circunstância que atinja o ser humano em sua condição humana, que (mesmo longinquamente) pretenda tê-la como objeto, que negue a sua qualidade de pessoa, será automaticamente considerada violadora de sua personalidade e, se concretizada, causadora de dano moral a ser reparado. Acentue-se que o dano moral, para ser identificado, não precisa estar vinculado à lesão de algum 'direito subjetivo' da pessoa da vítima, ou causar prejuízo a ela. A simples violação de uma situação jurídica subjetiva extrapatrimonial (ou de um 'interesse patrimonial') em que esteja envolvida a vítima, desde que merecedora de tutela, será suficiente para garantir a reparação".

Deve ser enfatizado que não é qualquer dissabor, sofrimento ou angústia que gera a reparabilidade do dano moral.

Os aborrecimentos normais da vida não geram a reparação por danos morais, até mesmo porque o ser humano é suscetível de altos e baixos. Também os aborrecimentos normais decorrentes do dano patrimonial não fazem eclodir o dano moral. Além disso, certas pessoas têm maior fragilidade emocional que outras, sendo mais suscetíveis de aborrecimentos e de estados depressivos. Por exemplo, o empregado que tem um superior hierárquico mal-humorado, mas que não lhe ofende, não é suficiente para gerar o dano moral, embora não seja agradável a convivência. Certa vez tivemos um processo numa das Varas de São Paulo, em que a autora pedia reparação por danos morais, pois seu superior não tinha sido educado quando do ato da dispensa.

28. Danos à pessoa humana: uma leitura civil-constitucional dos danos morais. Rio de Janeiro: Renovar, 2003, p. 188.

Nesse sentido, destacamos as seguintes ementas:

O mero dissabor não pode ser alçado ao patamar do dano moral, mas somente aquela agressão que exacerba a naturalidade dos fatos da vida, causando fundadas aflições ou angústias no espírito de quem ela se dirige (STJ, REsp n. 215.666, 4ª Turma, Rel. Ministro César Asfor Rocha, *DJ* 29.10.2001).

> Ementa: DANO MORAL – CONFLITOS COM DISCUSSÕES ACALORADAS ENTRE AS PESSOAS ENVOLVIDAS. Exigência quanto à correta execução dos serviços e demonstração de intolerância com os erros. Sentimento individual de ofensa ou chateação com esses atos por serem contrários ao interesse e entendimento de um dos envolvidos. Inexistência de fato juridicamente relevante apto a exigir uma reparação (TRT 2ª Reg. RO 02473200547202000 – (AC. 6ª T. 20060592367) – Rel. Juiz Rafael E. Pugliese Ribeiro. DJSP 25.8.06, p. 120. In: FERRARI, Irany; MARTINS, Melchíades. *Julgados trabalhistas selecionados*. São Paulo: LTr, 2008. v. X, p. 204).

O ato que gera o dano moral tem que ser potencialmente lesivo para violar um direito inerente à personalidade humana, considerando-se o padrão médio da sociedade, a razoabilidade, e também os fatores de tempo, lugar e o costume onde o ato fora praticado. Por exemplo, algumas brincadeiras mais ríspidas são admissíveis em determinado ambiente de trabalho, mas em outros não.

Diante do exposto, são requisitos para a reparabilidade do dano moral:

a) violação a um direito da personalidade que seja potencialmente lesivo e causar sofrimento, considerando-se não só as circunstâncias do fato, mas também o padrão médio da sociedade. O sofrimento natural decorrente da violação a um dano patrimonial não é apto a gerar a reparação por danos morais[29]. Os aborrecimentos normais da

---

29. Nesse sentido: "I – AGRAVO DE INSTRUMENTO EM RECURSO DE REVISTA DO AUTOR. REGIDO PELA LEI 13.015/2014. DANO MORAL COLETIVO. NÃO CONFIGURAÇÃO. PERÍODO DESTINADO AO CAFÉ DA MANHÃ. TEMPO À DISPOSIÇÃO DO EMPREGADOR. HORAS EXTRAS. 1. Caso em que o Tribunal Regional destacou que os empregados, após chegarem à empresa em transporte fornecido pela Reclamada, somente poderiam assinalar os registros de ponto após o desjejum. Consignou que o tempo despendido pelos trabalhadores no café da manhã configura tempo à disposição do empregador, mantendo a sentença, na qual determinado o pagamento de 20 minutos a título de horas extras para cada empregado substituído. Nada obstante, julgou improcedente o pedido de pagamento de indenização por dano moral coletivo. Registrou que 'o fato de se concluir pela existência de tempo à disposição da empresa não remunerado (labor extraordinário não remunerado), por si só, não importa em conduta que viole a moral dos trabalhadores, mas apenas impõe prejuízo de ordem material'. 2. Sobre a definição do

vida não geram a reparação por danos morais, até mesmo porque o ser humano é suscetível de altos e baixos;

b) que haja nexo casual entre a ação ou omissão do causador e a violação do direito da personalidade; culpa (*culpa stricto sensu* ou dolo) do causador (art. 186 do CC) ou ausência de culpa nas hipóteses de responsabilidade objetiva do agente (art. 927, parágrafo único, do Código Civil);

---

dano moral coletivo, vale destacar que, na lição de Xisto Tiago de Medeiros Neto, o dano moral coletivo é compreendido como a 'lesão injusta e intolerável a interesses ou direitos titularizados por toda a coletividade (considerada em seu todo ou em qualquer de suas expressões – grupos, classes ou categorias de pessoas) os quais possuem natureza extrapatrimonial, refletindo valores e bens fundamentais para a sociedade' (Xisto Tiago de Medeiros Neto. O dano moral coletivo. São Paulo: LTr, 2006). 3. No caso presente, muito embora se reconheça o ilícito patronal, não há falar em violação intolerável de direitos coletivos ou em conduta antijurídica apta a lesionar a esfera de interesses da coletividade de trabalhadores. Aliás, esta Corte, analisando casos em que se postula indenização decorrente de jornada laboral excessiva, tem entendido tratar-se do denominado 'dano existencial', que, por seu turno, não é presumível – in re ipsa. De fato, para além da ilicitude resultante da superação do limite legal de prorrogação da jornada, cujos efeitos se resolvem com o pagamento correspondente (CLT, artigo 59) e com a sanção aplicável pela fiscalização administrativa (CLT, artigo 75), o prejuízo causado para o desenvolvimento de outras dimensões existenciais relevantes deve ser demonstrado, não decorrendo, ipso facto, da mera exigência de horas extras. 4. Na hipótese dos autos, não há registro quanto à existência de elementos que indiquem ter havido a privação de outras dimensões existenciais relevantes (lazer, cultura, esporte e promoção da saúde, convívio familiar e social etc.), capazes de causar sofrimento ou abalo à incolumidade moral dos trabalhadores. Nesse contexto, restam incólumes os artigos apontados como violados. Agravo de instrumento conhecido e desprovido. II – RECURSO DE REVISTA DA RECLAMADA. REGIDO PELA LEI 13.015/2014. HORAS EXTRAS. TEMPO À DISPOSIÇÃO. CAFÉ DA MANHÃ. SÚMULA 366/TST. PERÍODO ANTERIOR À VIGÊNCIA DA LEI 13.467/2017. A CLT, em seu artigo 4º, dispõe que deve ser considerado como de serviço efetivo o período em que o empregado esteja à disposição do empregador. Dispõe ainda, em seu artigo 58, §1º, que não serão descontadas nem computadas como jornada extraordinária as variações de registro de ponto que não ultrapassem 5min, até o limite de 10min diários. Outrossim, esta Corte Superior firmou entendimento no sentido de que configura tempo à disposição do empregador os minutos que antecedem e sucedem a jornada de trabalho, independentemente da atividade desenvolvida pelo empregado, se ultrapassado o limite de 10min diários (artigo 58, § 1º, da CLT). É o teor da Súmula 366/TST, a qual prevê que 'Não serão descontadas nem computadas como jornada extraordinária as variações de horário do registro de ponto não excedentes de cinco minutos, observado o limite máximo de dez minutos diários. Se ultrapassado esse limite, será considerada como extra a totalidade do tempo que exceder a jornada normal, pois configurado tempo à disposição do empregador, não importando as atividades desenvolvidas pelo empregado ao longo do tempo residual (troca de uniforme, lanche, higiene pessoal etc.)'. No caso, o Tribunal Regional, soberano na análise da prova, consignou que 'a prova oral comprova que os substituídos, ao chegarem à empresa, só podiam assinalar o controle de ponto após o desjejum'. Destacou, também, que os trabalhadores despendiam 20 minutos por dia com o café da manhã. Nesse cenário, a decisão recorrida, em que deferida a integração do período na jornada de trabalho dos empregados e determinado o pagamento das horas extras respectivas, está em consonância com a Súmula 366/TST. Recurso de revista não conhecido" (TST – ARR-595-69.2016.5.17.0121, 5ª Turma, Relator Ministro Douglas Alencar Rodrigues, *DEJT* 10.02.2023).

c) não há necessidade de prova da dor, da angústia e dos sentimentos negativos por parte da vítima;

d) não há necessidade de publicidade do fato ou que outra pessoa tenha conhecimento da lesão, que não a vítima;

e) mesmo as pessoas que são incapazes de entender o fato lesivo e de sentir os sofrimentos também fazem jus à reparação por danos morais.

10. ASSÉDIO MORAL

Muito se tem falado e estudado sobre um fenômeno que assola o mercado de trabalho e provoca a degradação do ambiente de trabalho, diminuindo a produtividade das empresas e provocando uma série de transtornos de ordem psicológica nos trabalhadores. Tal fenômeno tem sido denominado pela doutrina como *terror psicológico no trabalho*, *mal-estar no trabalho*, *mobbing*, ou na expressão consagrada pela doutrina e pela jurisprudência: *assédio moral.*

ASSÉDIO: Segundo o Dicionário *Houaiss*, é insistência impertinente, perseguição, sugestão ou pretensão constante em relação a alguém. MORAL: Conforme *Houaiss*, é o conjunto de valores como a honestidade, a bondade, a virtude, etc., considerados universalmente como norteadores das relações sociais e da conduta dos homens.

A sociologia, a medicina e a psicologia o definem como terror psicológico gerado por atitudes constantes do agressor à vítima, muitas vezes de forma velada, destinadas a destruir sua autoestima.

Na definição Marie-France Hirigoyen[30], "o assédio moral no trabalho é definido como qualquer conduta abusiva (gesto, palavras, comportamento, atitude...) que atente, por sua repetição ou sistematização, contra a dignidade ou integridade psíquica ou física de uma pessoa, ameaçando o seu emprego ou degradando o clima de trabalho".

A Convenção 190 da OIT, ainda não ratificada pelo Brasil, nos traz o conceito de assédio moral. Embora não compulsória, seus conceitos podem ser aplicados no Direito do Trabalho Brasileiro como norte interpretativo para o assédio moral no trabalho.

30. Mal-estar no Trabalho: redefinindo o assédio moral. Rio de Janeiro: Bertrand, 2005, p. 17.

O art. 1º, da referida convenção em sua versão original em inglês define assédio moral (*violence and harassment in the world of work*) da seguinte forma:

> A range of unacceptable behaviours and practices, or threats thereof, whether a single occurrence or repeated, that aim at, result in, or are likely to result in physical, psychological, sexual or economic harm, and includes gender-based violence and harassment[31].

Claiz Maria Pereira Gunça dos Santos e Rodolfo Pamplona Filho[32] traduzem para o português o art. 1º, da Convenção 190 da OIT da seguinte forma:

> "Um conjunto de comportamentos e práticas inaceitáveis, ou ameaças de tais comportamentos e práticas, que se manifestam apenas uma vez ou repetidamente, que objetivam causar, causam ou são suscetíveis de causar danos físicos, psicológicos, sexuais ou econômicos, incluída a violência e o assédio em razão de gênero."

O conceito de assédio fixado pela OIT é muito semelhante aos conceitos tradicionais da doutrina trabalhista brasileira, e incluem a violência psicológica no ambiente do trabalho e os assédios moral e sexual, no entanto, quanto à necessidade da reiteração da conduta do ofensor, traz um importante elemento, qual seja: o ato praticado pelo assediador pode ser único, desde que tenha potencialidade de causar danos físicos, psicológicos, sexuais ou econômicos, incluída a violência e o assédio em razão de gênero.

O art. 146-A, com a redação dada pela Lei 14.811/24 disciplina do crime de ***bullying*** da seguinte forma:

> "Intimidar sistematicamente, individualmente ou em grupo, mediante violência física ou psicológica, uma ou mais pessoas, de modo intencional e repetitivo, sem motivação evidente, por meio de atos de intimidação, de humilhação ou de discriminação ou de ações verbais, morais, sexuais, sociais, psicológicas, físicas, materiais ou virtuais."

---

31. INTERNATIONAL LABOUR ORGANIZATION. International Labour Conference. Standard Setting Committee: violence and harassment in the world of work, 2019 (No. 190). Disponível em: <https://www.ilo.org/wcmsp5/groups/public/---ed_norm/---relconf/documents/meetingdocument/wcms_711570.pdf>. Acesso em: 15 ago. 2019.
32. Convenção 190 da OIT: Violência e assédio no mundo do trabalho. In: andt.org.br. Acesso em 18.09.23.

Nos termos do parágrafo único, do referido dispositivo, "se a conduta é realizada por meio da rede de computadores, de rede social, de aplicativos, de jogos ***on-line*** ou por qualquer outro meio ou ambiente digital, ou transmitida em tempo real."

De forma mais simples podemos dizer que o assédio moral é a repetição de atitudes humilhantes praticadas contra uma pessoa, muitas vezes pequenos ataques que, pela repetição, vão minando sua autoestima.

O assédio moral atinge a chamada *honra subjetiva* da vítima, pois ela mesma diante do processo desencadeado pelo assédio acaba se autodestruindo, perdendo seu sentimento de autoestima, de dignidade, bem como sua capacidade física e intelectual.

Na esfera trabalhista, o assédio moral se configura em pressão psicológica contínua (habitual) exercida pelo empregador a fim de forçar o empregado a sair da empresa, ou a minar a sua autoestima. Se expressa por meio de procedimentos concretos como o rigor excessivo, confiar ao empregado tarefas inúteis ou degradantes, desqualificação, críticas em público, isolamento, inatividade forçada, dentre outras.

Não há ainda na doutrina e na jurisprudência um parâmetro temporal para as repetições dos atos para se configurar o assédio moral. Alguns sustentam que as reiterações têm que perdurar por prazo de no mínimo seis meses, outros de um mês, dentre outros.

Pensamos que o requisito da repetição da conduta ou habitualidade tem que ser aferido conforme o caso concreto, as características do ofensor, da vítima, as condições de tempo e lugar, o nível de instrução da vítima, a função ocupada pelo empregado e as características da conduta do ofensor. Desse modo, conforme o caso concreto, uma conduta repetida de forma sistemática em um único dia de trabalho, no nosso sentir, pode configurar o assédio moral.

Como bem destaca Marie-France Hirigoyen[33], "embora o assédio no trabalho seja uma coisa tão antiga quanto o próprio trabalho, somente no começo desta década foi realmente identificado como fenômeno destruidor do ambiente de trabalho não só diminuindo a produtividade como também favorecendo o absenteísmo devido aos desgastes psicológicos que provoca".

O assédio moral não se confunde com o assédio sexual, porquanto neste a intenção do agente é obter um favor sexual junto à vítima, enquanto

33. Assédio Moral: A violência perversa do cotidiano. Rio de Janeiro: Bertrand Brasil, 2006, p. 65.

no assédio moral, a intenção do agente é minar a autoestima da vítima. Entretanto, um estado inicial de assédio sexual pode desencadear um procedimento de assédio moral.

O assédio moral, segundo a doutrina, é classificado em: a) vertical; b) horizontal; c) ascendente; d) estratégico.

10.1. Espécies de assédio moral

O assédio moral é classificado como vertical quando a violência psicológica parte de um superior hierárquico. Esta é a hipótese mais frequente no âmbito trabalhista.

É horizontal quando a violência psicológica é desencadeada pelos próprios colegas no local de trabalho. Como, por exemplo, os colegas de trabalho que passam a boicotar determinado empregado, por motivo de inveja, racismo ou competição.

Já o assédio moral ascendente é praticado pelo empregado contra o empregador. Lembra Márcia Novaes Guedes[34]: "No romance 'O Primo Basílio', Eça de Queiroz nos traça um quadro inusitado dessa espécie de assédio moral. A coitada da Luizinha, esposa do conselheiro Jorge, foi martirizada moralmente pela criada Juliana até a morte. A violência de baixo para cima geralmente ocorre quando um colega é promovido sem a consulta dos demais, ou quando a promoção implica um cargo de chefia cujas funções os subordinados supõem que o promovido não possui méritos para desempenhar".

O chamado *assédio moral estratégico* está ligado a uma determinada política empresarial, como, por exemplo: reestruturação da empresa, com planos de demissões voluntárias, substituição de mão de obra de determinado setor etc. Nestas situações, a estratégia empresarial consiste em atitudes destinadas a minar a autoestima destes trabalhadores, com a finalidade de que eles mesmos acabem aderindo a um plano de demissão voluntária ou pedindo demissão, por acharem que não se enquadram no perfil da empresa. Normalmente, nesta modalidade de assédio, não há uma vítima específica, mas um grupo determinado de trabalhadores. Tal modalidade de assédio se assemelha ao vertical, pois vem de cima para baixo, e a vítima ou vítimas são determinadas.

34. Terror psicológico no trabalho. São Paulo: LTr, 2003, p. 37.

11. ASSÉDIO SEXUAL

Rodolfo Pamplona Filho[35] conceitua assédio sexual "como toda conduta de natureza sexual não desejada que, embora repelida pelo destinatário, é continuadamente reiterada, cerceando-lhe a liberdade sexual". São elementos caracterizados do assédio sexual segundo Pamplona Filho: a) sujeitos: agente (assediador) e destinatário (assediado); b) conduta de natureza sexual; c) rejeição da conduta do agente; d) reiteração da conduta.

O assédio sexual pode ser praticado por chantagem, quando o agente exige da vítima a prática (e/ou aceitação) de uma determinada conduta de natureza sexual, não desejada, sob a ameaça de perda de um determinado benefício. Também pode o assédio sexual ser praticado por intimidação. Se caracteriza, como menciona *Rodolfo Pamplona Filho*[36], "por incitações sexuais inoportunas, solicitações sexuais ou outras manifestações da mesma índole, verbais ou físicas, com o efeito de prejudicar a atuação de uma pessoa ou de criar uma situação ofensiva, hostil, de intimidação ou abuso no ambiente em que é intentado". Na esfera do contrato de trabalho, temos o exemplo do chefe que todo dia convida a subordinada para jantar, elogiando seus atributos físicos. Essa modalidade de assédio sexual cria um ambiente tenso e hostil de trabalho e constitui um obstáculo à igualdade entre os sexos.

O Código Penal Brasileiro, no art. 216-A, tipificou o assédio sexual por chantagem, com a seguinte redação, *in verbis*:

> "Art. 216-A. Constranger alguém com o intuito de obter vantagem ou favorecimento sexual, prevalecendo-se o agente da sua condição de superior hierárquico ou ascendência inerentes ao exercício de emprego, cargo ou função."

Para que haja o assédio sexual nos termos da lei penal, há a necessidade da existência da relação de emprego e que o assediante tenha ascensão hierárquica sobre a assediada.

Nesse sentido sustenta Cléber Masson[37], "cuida-se de crime próprio ou especial – somente pode ser cometido por quem se encontre na posição de superior hierárquico da vítima ou tenha no tocante a ela ascendência inerente ao exercício de emprego, cargo ou função. Não há falar em assédio

35. Assédio sexual na relação de emprego. São Paulo: LTr, 2001, p. 35.
36. Op. cit., p. 47.
37. Código Penal Comentado. 10. ed. São Paulo: Método, 2022, p. 1079.

sexual quando o responsável pelo constrangimento à vítima estiver na mesma posição desta, ou então em posição inferior na relação de trabalho."

Já decidiu o Superior Tribunal de Justiça, no entanto, que a relação hierárquica entre professor-aluno configura o assédio, conforme se constata da redação da seguinte ementa:

> RECURSO ESPECIAL. ASSÉDIO SEXUAL. ART. 216-A, § 2º, DO CP. SÚMULA N. 7 DO STJ. NÃO APLICAÇÃO. PALAVRA DA VÍTIMA. HARMONIA COM DEMAIS PROVAS. RELAÇÃO PROFESSOR-ALUNO. INCIDÊNCIA. RECURSO ESPECIAL CONHECIDO E NÃO PROVIDO. 1. Não se aplica o enunciado sumular n. 7 do STJ nas hipóteses em que os fatos são devidamente delineados no voto condutor do acórdão recorrido e sobre eles não há controvérsia. Na espécie, o debate se resume à aplicação jurídica do art. 216-A, § 2º, do CP aos casos de assédio sexual por parte de professor contra aluna. 2. O depoimento de vítima de crime sexual não se caracteriza como frágil, para comprovação do fato típico, porquanto, de acordo com a jurisprudência deste Tribunal Superior, a palavra da ofendida, nos delitos sexuais, comumente praticados às ocultas, possui especial relevância, desde que esteja em consonância com as demais provas que instruem o feito, situação que ocorreu nos autos. 3. Insere-se no tipo penal de assédio sexual a conduta de professor que, em ambiente de sala de aula, aproxima-se de aluna e, com intuito de obter vantagem ou favorecimento sexual, toca partes de seu corpo (barriga e seios), por ser propósito do legislador penal punir aquele que se prevalece de sua autoridade moral e intelectual – dado que o docente naturalmente suscita reverência e vulnerabilidade e, não raro, alcança autoridade paternal – para auferir a vantagem de natureza sexual, pois o vínculo de confiança e admiração criado entre aluno e mestre implica inegável superioridade, capaz de alterar o ânimo da pessoa constrangida. 4. É patente a aludida 'ascendência', em virtude da 'função' desempenhada pelo recorrente – também elemento normativo do tipo –, devido à atribuição que tem o professor de interferir diretamente na avaliação e no desempenho acadêmico do discente, contexto que lhe gera, inclusive, o receio da reprovação. Logo, a 'ascendência' constante do tipo penal objeto deste recurso não deve se limitar à ideia de relação empregatícia entre as partes. Interpretação teleológica que se dá ao texto legal. 5. Recurso especial conhecido e não provido (STJ REsp 1759135/SP 6ª Turma. Rel. Ministro ROGERIO SCHIETTI CRUZ, *DJe* 01/10/2019).

Na esfera trabalhista, se o empregado praticar assédio sexual contra uma colega ou um colega de trabalho, o empregador poderá dispensá-lo por incontinência de conduta, por ter praticado ato incompatível com a moral sexual do ambiente de trabalho (art. 482, *b*, da CLT).

É dispensável, para fins trabalhistas, que o assediante tenha cargo/função hierarquicamente superior à assediada/o.

11.1. A prova do dano moral nas violações da intimidade do empregado em que não há publicidade do fato (assédio moral e assédio sexual)

Há muitas hipóteses de eclosão do dano moral na Relação de Trabalho em que a dificuldade de se produzir a prova do ato lesivo apto a gerar o dano moral é extremamente difícil, como nas hipóteses em que o fato acontece sem a presença de terceiros, como em salas fechadas, como o assédio moral e até mesmo o assédio sexual. A falta de publicidade de tais atos não pode acarretar o não ressarcimento do dano moral.

Mas como se guiará o juiz para restar convencido de que houve o dano moral, mesmo o fato tendo se passado longe dos olhares das testemunhas ou em lugares reservados?

Nessas hipóteses, o juiz deve se guiar, principalmente, pelas regras de indícios e presunções, pelas regras de experiência do que ordinariamente acontece (art. 375 do CPC e 852-D da CLT), pela prova indireta, pela razoabilidade da pretensão, e dar especial atenção à palavra da vítima.

Neste sentido, as seguintes ementas:

> Prova indireta – Eficácia probatória – Valoração. Prova indireta, no conceito emprestado pela doutrina, é aquela em que o fato objeto de percepção é diferente do fato que prova. E, para que reúna eficácia probatória, exige-se que haja estreita vinculação entre o fato provado e aquele que se pretendia demonstrar, de modo a permitir a conclusão que a existência de um implica, em dedução lógica, na do outro. Assim, onde há situações díspares e heterogêneas, a evidenciar a possibilidade de múltiplas realidades, dados particulares e específicos de uma delas não servem como referencial válido para impor interpretação no sentido de que eram comuns a todas. Recurso não provido (TRT – 10ª R. – 3ª T. – RO n. 1.483/02 – Rel. João Luís R. Sampaio – DJDF 20.9.2002 – p. 19).

Prova – Gravação em vídeo – Compatibilidade com as demais provas produzidas nos autos – Dano moral – Inexistência. O Direito do Trabalho, diante de sua *singeleza, permite a realização de provas de qualquer espécie, inclusive* gravação em filme, pela aplicação do princípio da livre investigação das provas – descobrimento da verdade real (TRT 12ª R. – 3ª T. – RO-V n. 286.2003. 008.12.00-0 – Rel. Gilmar Carvalheri – DJSC 19.4.2004 – p. 197) (RDT n. 5 – maio 2004).

Deve o juiz admitir, nesses casos, com maior flexibilidade, o depoimento de testemunhas que, mesmo suspeitas, estejam envolvidas no fato, e também exercer amplo poder instrutório.

Conforme Fernando da Costa Tourinho Filho[38]:

> "Em certos casos, porém, é relevantíssima a palavra da vítima do crime. Assim, naqueles delitos clandestinos *qui clam comittit solent* – que se comentem longe dos olhares de testemunhas –, a palavra da vítima é de valor extraordinário. Nos crimes contra os costumes, *e. g.*, a palavra da ofendida constitui o vértice de todas as provas. Na verdade, se assim não fosse, dificilmente alguém seria condenado como sedutor, corruptor, estuprador etc., uma vez que a natureza mesma dessas infrações está a indicar não poderem ser praticadas à vista de outrem."

No mesmo sentido, mostram-se as seguintes ementas:

Tratando-se de delito de natureza clandestina, ou de sedução, praticada às ocultas, a palavra da mulher que se diz deflorada e aponta o autor de sua desonra merece mais crédito que a do indigitado autor, se nada existe contra sua procedente honestidade. (*RT* 220/94).

Nos atentados contra a honra da mulher, a palavra da vítima é, em regra, precioso elemento de convicção, bastando para tanto que não haja prova contrária à sua presente honestidade (*RT*, 220/92).

Rodolfo Pamplona Filho[39], em obra clássica sobre o tema, tece as seguintes considerações:

---

38. TOURINHO FILHO, Fernando da Costa. *Processo penal*. 17. ed. São Paulo: Saraiva, 1995. v. III, p. 262.
39. PAMPLONA FILHO, Rodolfo. *O assédio sexual na relação de emprego*. São Paulo: LTr, 2001. p. 149.

> "Desta forma, para que o juiz se convença da existência dos fatos narrados na exordial, o autor deverá indicar indícios que possibilitem a configuração da presunção de que se trata de algo que ordinariamente acontece, o que não deixa de ser uma atividade processual instrutória concreta. Por outro lado, não sendo esta presunção *juris et de jure*, o réu (e, eventualmente, o denunciado da lide) deve ter oportunidade de apresentar elementos que impeçam o reconhecimento da presunção *hominis*. Sobre essas presunções, leciona Carlos Alberto Bittar que 'esses reflexos são normais e perceptíveis a qualquer ser humano, justificando-se, dessa forma, a imediata reação da ordem jurídica contra agentes, em consonância com a filosofia imperante em tema de reparação de danos, qual seja, a da facilitação da ação da vítima na busca da compensação. Há, assim, fatos sabidamente hábeis a produzir danos de ordem moral, que à sensibilidade do juiz logo se evidenciam'".

Tivemos a oportunidade de apreciar uma reclamação trabalhista envolvendo a questão, conforme se constata da seguinte ementa:

> JUSTA CAUSA. ASSÉDIO SEXUAL X INCONTINÊNCIA DE CONDUTA: Quando um empregado que não tem ascensão hierárquica sobre outra empregada, à qual insistentemente lhe dirige gracejos com conotação sexual não pratica assédio sexual, nos termos do art. 216-A do Estatuto Repressivo. De outro lado, a incontinência de conduta resta configurada, porquanto tal atitude atenta contra a moral sexual do ambiente de trabalho. APRECIAÇÃO DA PROVA: Nos delitos contra os costumes, chamados pela doutrina de clandestinos (*qui clam comittit solent* – que se comentem longe dos olhares de testemunhas), palavra da testemunha vítima, embora contraditada por razões óbvias, desde que coerente, é de valor extraordinário e suficiente para o reconhecimento da justa causa (Vara do Trabalho de Franco da Rocha /SP, Processo n. 2.241/01, Juiz Mauro Schiavi, 26.07.02) (*In: Revista Trimestral de Jurisprudência do TRT da 2ª Região*, São Paulo: LTr, n. 31/02, p. 262, 2002).

No mesmo sentido destacam-se as seguintes ementas:

> ASSÉDIO SEXUAL. PROVA DOS FATOS. DIFICULDADE. CULTURA OCIDENTAL MACHISTA. CULPA DA VÍTIMA. INIBIÇÃO DO DIREITO DE INSURGÊNCIA. DEPOIMENTO DA VÍTIMA. CIRCUNSTÂNCIAS RAZOÁVEIS. PROVA SUFICIENTE. A submissão da mulher, na sociedade patriarcal ocidental machista, inclui,

lamentavelmente, sua exposição mais frequente e iterativa ao assédio sexual. A prática social "mediana", para não dizer medíocre, ainda reitera padrões de análise e avaliação que desprestigiam a igualdade de gênero e retroalimentam o sistema, para torná-lo ainda mais impermeável à evolução. Prova disso são as observações não incomuns de que a estuprada estava vestida de forma a convidar o estuprador; de que mulher sozinha não devia frequentar tal tipo de estabelecimento, já sabendo o que lhe caberia; ou que a exibição do corpo patrocina a violência. A jurisprudência firme no âmbito penal é a de que o depoimento da vítima, nesse quadro, ostenta caráter de prova. Apurou-se na instrução que (a) a vítima noticiou os fatos assim que ocorreram, no curso do plantão; (b) o ocorrido gerou atitude extrema da vítima, que abandonou o plantão no meio (dia 12/6), alegando que o assediador a estava questionando sobre a mudança de local de trabalho e lhe oferecendo um "presente"; (c) não há prova do reclamante a demonstrar seu comportamento habitual em desconformidade com a denúncia; e (d) sua linha de argumentação, na sindicância, é culpar a vítima, dizendo que ela confidenciou fatos relacionados ao comportamento sexual (como estar afastada do pai de seu filho) e que ela agiu de forma estranha e sem justificativa, porque ele apenas "conversou" sobre assuntos diversos e lhe ofereceu companhia para o jantar. Configurada, pois, a prática de assédio. Justa causa mantida. Recurso parcialmente provido (TRT da 2ª Região; Processo: 1000150-07.2019.5.02.0037; Data: 23-01-2020; Órgão Julgador: Gabinete da Vice-Presidência Judicial – Tribunal Pleno; Relator(a): MARCOS NEVES FAVA).

EMENTA: ASSÉDIO SEXUAL. PROVA. A produção da prova, em se tratando assédio sexual, sempre é difícil, uma vez que o autor do assédio, normalmente, efetua suas investidas quando tem certeza do isolamento do assediado, quase nunca havendo qualquer prova documental ou testemunhal dos fatos. Por isso que a proximidade do juízo com as partes é ainda mais importante para o seu convencimento acerca dos fatos, em face da possível situação constrangedora vivenciada pela vítima e a exposição da sua intimidade. Nesse contexto, tendo o julgador de origem, mais próximo das partes e dos fatos, com base no conjunto comprobatório existente nos autos, se convencido da existência do alegado assédio sexual, deve ser mantida a sentença que deferiu o pedido de indenização por danos morais (TRT da 3.ª Região; Processo: 0000254-70.2014.5.03.0099 RO; Data de Publicação: 13/02/2015; Órgão Julgador: Oitava Turma; Relator:

Jose Marlon de Freitas; Revisor: Convocado Paulo Eduardo Queiroz Gonçalves).

Atualmente, diante do avanço da tecnologia e da possibilidade de produção de provas digitais no processo do trabalho, há possibilidade de utilização de provas produzidas integramente em meios digitais, com troca de mensagens em aplicativos, ou utilização de meios digitais para demonstração de fatos ocorridos no mundo real para demonstração do assédio sexual.

12. DANO ESTÉTICO E O DANO MORAL

Estética vem do grego *aisthesis* que significa sensação. Tradicionalmente é o ramo da ciência que tem por objeto o estudo da beleza e suas manifestações na arte e na natureza. Na concepção clássica, que vem de Aristóteles, é a estética uma ciência prática ou normativa que dá regras ao fazer humano sob o aspecto do belo. Portanto, é a ciência que tem como objeto material a atividade humana (fazer) e como objeto formal (aspecto sob o qual é encarado esse fazer), o belo[40].

O dano estético tem sido conceituado pela doutrina como toda alteração morfológica do indivíduo que, além do aleijão, abrange as deformidades ou deformações, marcas e defeitos, ainda que mínimos, e que impliquem, sob qualquer aspecto, um afeiamento da vítima.

Na visão de Teresa Ancona Lopez[41]:

> "Definiríamos o dano estético (ou *ob deformitatem,* da maneira que o chama Giorgi) como qualquer modificação duradoura ou permanente na aparência externa de uma pessoa, modificação esta que lhe acarreta enfeiamento e lhe causa humilhações e desgosto, dando origem, portanto, a uma dor moral".

A Constituição Federal não consagra o dano estético como uma categoria autônoma de dano (art. 5º, V e X, da CF). Além disso, não há previsão legal de reparação do dano estético puro. Por isso, muitos negam a existência do chamado dano estético como uma categoria autônoma de dano. Sustentam que, ou o dano estético se manifesta sob o aspecto patrimonial ou sob o aspecto moral. Se manifestaria sob o aspecto patrimonial quando, por exemplo,

40. LOPEZ, Teresena Ancona. *O Dano Estético*: Responsabilidade Civil. 3. ed. São Paulo: RT, p. 44.
41. *O dano estético*: Responsabilidade civil. 3. ed. São Paulo: RT, 2004, p. 46.

um trabalhador deixa de ser contratado em razão de deformação estética e, por outro lado, se manifestaria sob o aspecto moral quando o trabalhador se sente angustiado, triste ou depressivo em razão da deformidade estética. Também o dano estético pode, cumulativamente, acarretar danos de ordem moral e patrimonial (nesse sentido é a Súmula 37 do STJ).

Embora seja difícil dissociar o dano estético dos danos de ordem moral ou patrimonial, a nosso ver, o dano estético puro, ou seja, aquele que não tem qualquer reflexo material ou moral, deve ser reparado, podendo constituir uma categoria autônoma de dano. Ainda que a vítima do dano estético não se incomode com a deformação estética, essa anomalia, por si só, já viola um direito da personalidade passível de reparação. Além disso, também há prejuízo para a imagem da vítima. De outro lado, o dano estético é uma das extensões do dano, já que, segundo o referido autor, o dano se mede pelos efeitos e não pela origem.

De nossa parte, o dano estético atenta contra a imagem / retrato da pessoa, que é um direito inerente à sua personalidade e à própria condição humana, nos termos do art. 5º, V, da CF.

Desse modo, o dano estético viola direito da personalidade, independentemente de suas repercussões materiais ou morais.

Além disso, se for possível dissociar o dano estético dos danos de ordem moral e patrimonial é passível a cumulação da indenização.

O Superior Tribunal de Justiça pacificou a questão, conforme a Súmula 387, de sua jurisprudência, "*in verbis*":

É lícita a cumulação das indenizações de dano estético e dano moral.

13. O DANO MORAL COLETIVO

A reparação do dano moral em suas múltiplas facetas ganhou impulso com a Constituição de 1988 que elevou a dignidade da pessoa humana ao patamar de princípio fundante do ordenamento jurídico constitucional. Além disso, houve precisão expressa da reparação do chamado "dano moral puro, qual seja, aquele que não tem repercussões patrimoniais".

A Lei 13.467/17 inseriu os arts. 223-A a 223-G à CLT, denominando o dano moral individual como *dano extrapatrimonial*. Não obstante, tais dispositivos não disciplinaram o dano moral coletivo, ou o chamado *dano extrapatrimonial coletivo*.

Em razão do dano moral atingir valores personalíssimos, alguns autores negam a possibilidade de o dano moral atingir um grupo de pessoas.

Nesse sentido é a visão de *Sergio Pinto Martins*[42]:

> "Entendo que não é possível o pagamento de indenização por dano moral coletivo como vem sendo postulado e deferido em ações civis públicas, como, por exemplo, de trabalho escravo, de elaboração de listas negras pelas empresas etc. Primeiro, porque não existe previsão legal, muito menos a indenização ser destinada ao Fundo de Amparo ao Trabalhador. Segundo, porque cada um dos empregados ofendidos pode pedir a indenização por dano moral, o que implicaria à empresa pagar duas vezes a indenização pelo mesmo fato: uma, no dano moral coletivo; outra, em cada caso individual, representando *bis in idem*."

Não obstante as ponderações acima, já está assentado na doutrina e jurisprudência que o dano moral pode atingir a pessoa, na sua esfera individual, mas também um grupo determinável ou até uma quantidade indeterminada de pessoas que sofrem os efeitos do dano derivado de uma mesma origem.

Ensina *Carlos Alberto Bittar Filho*[43], "se o indivíduo pode ser vítima de dano moral não há por que não o possa ser a coletividade. Assim, pode-se afirmar que o dano moral coletivo é a injusta lesão da esfera moral de uma dada comunidade, ou seja, é a violação antijurídica de um determinado círculo de valores coletivos. Quando se fala em dano moral coletivo, está-se fazendo menção ao fato de que o patrimônio valorativo de uma certa comunidade (maior ou menor), idealmente considerado, foi agredido de maneira absolutamente injustificável do ponto de vista moral, quer isso dizer, em última instância, que se feriu a própria cultura, em seu aspecto material".

O dano moral, por ter previsão constitucional (art. 5º, V e X) e por ser uma das facetas da proteção à dignidade da pessoa humana (art. 1º, III, da CF), adquire caráter publicista e interessa à sociedade como um todo. Portanto, se o dano moral atinge a própria coletividade, é justo e razoável que o Direito admita a reparação decorrente desses interesses coletivos.

---

42. MARTINS, Sergio Pinto. *Dano moral decorrente do contrato de trabalho*. São Paulo: Atlas, 2007. p. 88.
43. BITTAR FILHO, Carlos Alberto. Pode a coletividade sofrer dano moral? In: *Rep. IOB*, Jurisprudência n. 3.12/290.

Para Marcelo Freire Sampaio Costa[44]: "torna-se possível conceituar dano moral coletivo como a violação da projeção coletiva da dignidade da pessoa humana, consubstanciada em interesses/direitos extrapatrimoniais essencialmente coletivos (difusos e coletivos em sentido lato), sendo tal violação usualmente causadora de sentimentos coletivos de repulsa, indignação e desapreço pela ordem jurídica".

A reparação do dano moral coletivo visa, principalmente, a prevenir a eclosão dos danos morais individuais, facilitar o acesso à justiça, à ordem jurídica justa, garantir a proteção da moral coletiva e a própria sociedade.

O fundamento da reparação do dano moral coletivo está no art. 5º, X, da CF, assim redigido: "são invioláveis a intimidade, a vida privada, a honra e a imagem das pessoas, assegurando o direito à indenização pelo dano material ou moral decorrente de sua violação". Ora, a Constituição menciona pessoas no plural, denotando que o dano moral pode transcender o interesse individual e atingir a esfera coletiva. Como é regra de hermenêutica: a lei não contém palavras inúteis e, em se tratando de direitos fundamentais, a Constituição deve ser interpretada à luz do princípio da máxima eficiência (*Canotilho*). Além disso, a reparação coletiva do dano moral prestigia os princípios alinhavados no próprio art. 1º da Constituição Federal: cidadania (inciso II), dignidade da pessoa humana (inciso III); do art. 3º da Constituição Federal: construção de uma sociedade livre, justa e solidária (inciso I), garantia do desenvolvimento nacional (II) e promover o bem de todos, sem preconceitos de origem, raça, sexo, cor, idade e quaisquer outras formas de discriminação (IV) e art. 4º: prevalência dos direitos humanos.

Na esfera trabalhista, há tradição quanto à admissão e existência do conflito coletivo que envolve uma coletividade de empregados e empregadores. Também há tradição de resolução do conflito coletivo pelo Judiciário Trabalhista em razão do chamado Poder Normativo da Justiça do Trabalho (art. 114, § 2º, da CF).

O art. 81 da Lei 8.078/90 define, por meio de interpretação autêntica, os interesses transindividuais, do qual o interesse coletivo é uma das suas espécies. Com efeito, aduz o referido dispositivo legal: "A defesa dos interesses e direitos dos consumidores e das vítimas poderá ser exercida em juízo individualmente, ou a título coletivo. Parágrafo único. A defesa coletiva será

44. Dano Moral (Extrapatrimonial) Coletivo. São Paulo: LTr, 2009, p. 71.

exercida quando se tratar de: I – interesses ou direitos difusos, assim entendidos, para efeitos deste Código, os transindividuais, de natureza indivisível, de que sejam titulares pessoas indeterminadas e ligadas por circunstância de fato; II – interesses ou direitos coletivos, assim entendidos, para efeitos deste Código, os transindividuais de natureza indivisível, de que seja titular grupo, categoria ou classe de pessoas ligadas entre si ou com a parte contrária por uma relação jurídica base; III – interesses individuais homogêneos, assim entendidos os decorrentes de origem comum".

Os interesses difusos são transindividuais de natureza indivisível, cujos titulares são indeterminados e ligados entre si por uma situação fática. Encaixa-se, aqui, a proteção ao meio ambiente de trabalho. Já o interesse coletivo é o próprio de um grupo, de uma classe, interligadas entre si ou com a parte contrária, por uma relação jurídica base, a exemplo de uma categoria profissional, ou dos trabalhadores de uma determinada empresa. Já o interesse individual homogêneo de natureza divisível, cujos titulares são determinados, mas a origem é comum e as questões comuns preponderam sobre as singularidades.

Atualmente, a legislação infraconstitucional prevê a possibilidade de reparação do dano moral coletivo no art. 6º, VI, da Lei 8.078/90, assim redigido: "a efetiva prevenção e reparação de danos patrimoniais e morais, individuais, coletivos e difusos".

O dano moral coletivo e o difuso são danos autônomos, vale dizer: não são apenas um somatório de direitos individuais e a reparação visa a tutelar a própria sociedade como um todo; já nos direitos individuais homogêneos, a reparação é endereçada a cada vítima individualmente. Por isso, na defesa do dano moral coletivo, a tutela visa prevenir (tutela inibitória) ou reparar um prejuízo em abstrato, e no direito individual homogêneo, um prejuízo individual.

A lei não prevê a possibilidade de ação coletiva de reparação de danos morais para a defesa de direitos individuais homogêneos. Entretanto, não existe vedação. De outro lado, o direito individual homogêneo é uma subespécie dos direitos ou interesses transindividuais. Portanto, é possível a reparação, pela via da ação coletiva, dos danos morais que têm origem comum, sendo os titulares dessa reparação pessoas determinadas e o objeto do direito divisível. Embora reconheçamos as vicissitudes que se possa enfrentar nesta ação, máxime a possibilidade de se valorar de forma diferenciada as consequências do dano para cada uma das vítimas em particular, ela é perfeitamente possível à luz do nosso ordenamento jurídico.

Podemos citar, exemplificativamente, hipótese de eclosão do dano moral coletivo na esfera trabalhista, quais sejam: a) revistas íntimas coletivas que violem a intimidade dos empregados; b) submissão de trabalhadores, coletivamente, a assédio moral, a fim de aderirem à Programa de Demissão Voluntária; c) meio ambiente de trabalho em condições de risco acentuado; d) descumprimento contumaz das garantias mínimas trabalhistas, máxime o pagamento do salário mínimo, períodos de descanso e limitação de jornada; e) grupo de trabalhadores que são tratados sem condições mínimas de dignidade pelos superiores hierárquicos, com manifesto abuso do Poder Diretivo e discriminações. Enfim, há uma multiplicidade de situações de configuração do dano moral na esfera coletiva decorrente de uma relação de trabalho.

A proteção ao meio ambiente do trabalho é essencial para a dignidade da pessoa humana do trabalhador, nos aspectos da melhoria de sua qualidade de vida, bem como preservação de sua incolumidade física e moral. O inciso 7º, XXII, da CF, por consagrar uma norma de direito fundamental não pode ficar somente em sede programática, devendo o empregador ou o tomador dos serviços de um trabalhador adotar medidas efetivas para manutenção de um meio ambiente adequado de trabalho e coibir os riscos de acidentes de trabalho.

Como bem adverte *Raimundo Simão de Melo*[45], "o meio ambiente do trabalho adequado e seguro é um direito fundamental do cidadão trabalhador (*lato sensu*). Não é um mero direito trabalhista vinculado ao contrato de trabalho, pois a proteção daquele é distinta da assegurada ao meio ambiente do trabalho, porquanto esta última busca salvaguardar a saúde e a segurança do trabalhador no ambiente onde desenvolve as suas atividades".

As violações ao meio ambiente de trabalho, além de acarretar violação à dignidade de cada trabalhador individualmente considerado, também viola a chamada *dignidade coletiva*, pois o meio ambiente seguro e adequado constitui direito da coletividade e da sociedade como um todo.

A jurisprudência trabalhista vem reconhecendo a reparação do dano moral coletivo na esfera trabalhista em razão de violação de normas relacionadas ao meio ambiente de trabalho, conforme se constata da seguinte ementa:

45. MELO, Raimundo Simão de. *Direito ambiental do trabalho e a saúde do trabalhador*. São Paulo: LTr, 2004. p. 462.

EMENTA: DANO MORAL COLETIVO. MEIO AMBIENTE DE TRABALHO. LEUCOPENIA. DESTINAÇÃO DA IMPORTÂNCIA REFERENTE AO DANO MORAL COLETIVO – FAT E INSTITUIÇÃO DE SAÚDE (LEI N. 7.347/85, ART. 13): O número de trabalhadores que adquiriram leucopenia no desenvolvimento de suas atividades na recorrida, em contato com benzeno é assustador. O local de trabalho envolve diretamente manipulação de produtos químicos contendo componente potencialmente tóxico como benzeno, que afetam precisamente a medula óssea e as células do sangue, e, por conseguinte, desenvolvem referida enfermidade (leucopenia), já reconhecida como doença profissional, incapacitando para o trabalho. Para levar a questão mais adiante, é consabido também que as empresas não aceitam mais empregados que carregam sequelas de doenças como a leucopenia. Na realidade, esses infaustos acontecimentos transcendem o direito individual e atingem em cheio uma série de interesses, cujos titulares não podemos identificar a todos desde logo, contudo inegavelmente revela a preocupação que temos que ter com o bem-estar coletivo, e o dano no sentido mais abrangente que nele resulta chama imediatamente a atenção do Estado e dos setores organizados da sociedade de que o trabalhador tem direito a uma vida saudável e produtiva. Todas as irregularidades detectadas pela segura fiscalização federal do Ministério do Trabalho apontam flagrante desrespeito às leis de proteção ao trabalhador, colocando suas vidas e saúde em iminente risco, prejudicando seriamente o ambiente de trabalho. Partindo desse cuidado com a vida e a saúde dos trabalhadores, a multireferida Constituição Federal garantiu com solidez a proteção ao meio ambiente do trabalho, ao assegurar que (art. 200) "Ao sistema único de saúde compete, além de outras atribuições, nos termos da lei: VII – colaborar na proteção do meio ambiente, nele compreendido o do trabalho". Essa preocupação segue a tendência do ainda novo direito do trabalho fundado na moderna ética de Direito de que as questões concernentes ao seu meio ambiente ultrapassam a questão de saúde dos próprios trabalhadores, extrapolando para toda a sociedade. Assim, levando-se em conta a gravidade dos danos, pretéritos e atuais, causados ao meio ambiente do trabalho em toda a sua latitude, com suas repercussões negativas e já conhecidas à qualidade de vida e saúde dos trabalhadores e seus familiares, é de se reconhecer devida a indenização pleiteada pelo órgão ministerial, no importe de R$ 4.000.000,00 (quatro milhões de reais), com correção monetária e juros de mora, ambos a partir da propositura da ação. Nem se alegue que referido valor representaria um risco ao bom e normal funcionamento da empresa, posto que corresponde apenas a 0,16% do lucro líquido havido em 2006, no importe de R$ 2,5 bilhões e Ebitda de R$ 4,4 bilhões, conforme informações extraídas do *site* oficial da própria Cosipa na internet. A atenção desta Justiça, indiscutivelmente, no presente caso, volta-se para o meio ambiente de trabalho, e referido valor arbitrado ao ofensor busca indenizar/reparar/restaurar e assegurar o meio ambiente sadio e equilibrado. Aliás, a Usiminas, após adquirir a Cosipa, passou por um processo de reestruturação e, no ano passado, o Grupo "Usiminas-Cosipa" apresentou uma produção correspondente a 28,4% da produção total de aço bruto. Deve, por conseguinte, dada sua extrema importância no setor siderúrgico, assumir uma postura mais digna frente ao meio ambiente, bem como perante os trabalhadores que tornaram indigitado sucesso possível. Com efeito, deve haver a prioridade da pessoa humana sobre o capital, sob pena de se desestimular a promoção humana de todos os que trabalharam e colaboraram para a eficiência do sucesso empresarial. Considerando a condenação em dinheiro, bem como o disposto no art. 13 da Lei da Ação Civil Pública (7.347/85), que dispõe que "Havendo condenação em dinheiro, a indenização pelo dano causado reverterá a um fundo gerido por um Conselho Federal ou por Conselhos Estaduais de que participarão necessariamente o Ministério Público e representantes da comunidade, sendo seus recursos destinados à reconstituição dos bens lesados" (grifei), torna-se necessário estabelecer a destinação da importância, tendo presente, primordialmente, que a finalidade social da indenização é a reconstituição dos bens lesados. Determino o envio da importância de R$ 500.000,00 (quinhentos mil reais), 12,5%, ao FAT (Fundo de Amparo ao Trabalhador), instituído pela Lei n. 7.998/90 e destinado ao custeio do programa de seguro-desemprego, ao pagamento do abono salarial (PIS) e ao financiamento de programas de desenvolvimento econômico e R$ 3.500.000,00 (três milhões e quinhentos mil reais), 87,5%, à "Irmandade da Santa Casa de Misericórdia de Santos", objetivamente para a aquisição de equipamentos e/ou medicamentos destinados ao tratamento de pessoas portadoras de leucopenia, e, tendo presente também aqueles trabalhadores da reclamada (Companhia Siderúrgica Paulista – Cosipa), portadores da doença e seus familiares (TRT/2ª REGIÃO, TIPO: RECURSO ORDINÁRIO DATA DE JULGAMENTO: 19.6.2007, RELATOR(A): VALDIR FLORINDO, REVISOR(A): IVANI CONTINI BRAMANTE, ACÓRDÃO N.: 20070504380, PROCESSO N.: 01042-1999-255-02-00-5, ANO: 2006, TURMA: 6ª, DATA DE PUBLICAÇÃO: 6.7.2007). In: *Revista LTr* 71-09/1142.

A Lei não diz expressamente quais são os destinatários da reparação do dano moral coletivo, apenas no art. 13 da Lei 7.347/85 há menção de que, havendo condenação em dinheiro, a indenização pelo dano causado reverterá para um fundo gerido por um Conselho Federal ou por Conselhos Estaduais de que participarão necessariamente o Ministério Público e representantes da comunidade, sendo seus recursos destinados à reconstituição dos bens lesados.

Quanto à modalidade de reparação do dano moral coletivo, costumeiramente, o montante da condenação em pecúnia tem sido direcionado ao FAT (Fundo de Amparo ao Trabalhador). Entretanto, pensamos que o valor da reparação possa ser direcionado aos próprios trabalhadores de determinada empresa, na modalidade de concessão de um benefício, ou se atribuir determinada obrigação à empresa, como fornecer cursos de reciclagem aos empregados etc. De outro lado, pensamos que a reparação *in natura* do dano moral coletivo seja mais efetiva que a pecuniária, podendo o Juiz, sempre que possível e necessário à efetiva reparação do dano, converter o pedido de indenização em pecúnia em reparação *in natura*.

No mesmo sentido, argumenta *Xisto Tiago de Medeiros Neto*[46]:

> "Admite-se, ainda, a possibilidade de convolação ou redirecionamento da parcela indenizatória objeto da condenação, mediante destinação a outra aplicação que não seja o Fundo específico previsto em lei. É o caso da conciliação judicial no âmbito da ação civil pública, em que as partes, tendo em vista o pedido formulado e/ou eventual condenação relativa ao dano moral coletivo, acordem sobre a transformação do respectivo valor na realização de determinadas obrigações pelo réu, que venham a contribuir, direta ou indiretamente, para a proteção e promoção dos bens jurídicos lesados, objeto da tutela pretendida por meio da demanda. Seriam exemplos de tais obrigações pactuadas com o ofensor: a) promover e financiar campanha publicitária ou educativa; b) efetuar específica obra; c) adquirir e entregar bens a determinadas entidades públicas ou privadas (realizadoras de atividades de interesse público ou social) e que sejam úteis às suas iniciativas; d) executar certo projeto de cunho social."

No aspecto, relevante destacar o Enunciado 12 da 1ª Jornada de Direito Material da ANAMATRA, *in verbis*:

---

46. MEDEIROS NETO, Xisto Tiago de. *Dano moral coletivo*. São Paulo: LTr, 2004. p. 155.

AÇÕES CIVIS PÚBLICAS. TRABALHO ESCRAVO. REVERSÃO DA CONDENAÇÃO ÀS COMUNIDADES LESADAS. Ações civis públicas em que se discute o tema do trabalho escravo. Existência de espaço para que o magistrado reverta os montantes condenatórios às comunidades diretamente lesadas, por via de benfeitorias sociais tais como a construção de escolas, postos de saúde e áreas de lazer. Prática que não malfere o art. 13 da Lei n. 7.347/85, que deve ser interpretado à luz dos princípios constitucionais fundamentais, de modo a viabilizar a promoção de políticas públicas de inclusão dos que estão à margem, que sejam capazes de romper o círculo vicioso de alienação e opressão que conduz o trabalhador brasileiro a conviver com a mácula do labor degradante. Possibilidade de edificação de uma Justiça do Trabalho ainda mais democrática e despida de dogmas, na qual a responsabilidade para com a construção da sociedade livre, justa e solidária delineada na Constituição seja um compromisso palpável e inarredável.

14. DO VALOR DA REPARAÇÃO POR DANOS MORAIS

Um dos assuntos mais delicados, senão o mais delicado quando se fala em dano moral, é a liquidação do valor, vale dizer: o limite pecuniário da lesão sofrida pela vítima de dano moral.

O dano moral não é quantificável, pois é da própria essência do dano moral não ter expressão econômica.

A natureza jurídica da reparação por dano moral tem caráter dúplice. Em relação à vítima é compensatória, ou seja, a vítima recebe um valor em pecúnia ou uma prestação *in natura* para abrandar o sofrimento. Com relação ao ofensor, tem natureza sancionatória, ou seja, é uma sanção pecuniária pelo ato ilícito praticado e também para que ele não volte a ser praticado (caráter inibitório).

Tecidas as considerações preliminares, resta a seguinte indagação: como liquidar os danos morais, ou seja, como transformar em valor pecuniário o dano sofrido?

Ao contrário do dano patrimonial em que são calculados os danos emergentes e os lucros cessantes, a legislação não traça as diretrizes para o cálculo do valor do dano moral, sendo esta uma tarefa espinhosa para o juiz frente ao caso concreto.

Doutrina e jurisprudência são uníssonas no sentido de que, à falta de tarifado, a indenização pelo dano moral deve ser fixada por arbitramento do juiz de forma discricionária, à luz das peculiaridades do caso concreto, aplicando-se a proporcionalidade e razoabilidade.

Também predomina na jurisprudência cível o entendimento de que o valor da indenização deve ser fixado desde logo pelo juiz na sentença (RSTJ, 71:184; JTARS, 27:251), pois o juiz que julgou o processo é aquele que teve o sentimento da causa, que colheu os depoimentos, viu as partes e, certamente, terá elementos mais seguros para fixação do valor, do que deixá-lo para a fase de liquidação. Além disso, a fixação do valor na própria sentença já a torna líquida desde já e possibilita o Tribunal *ad quem* apreciar já na fase de conhecimento, em eventual recurso, o montante fixado, ganhando o valor da indenização, após o julgamento do recurso, ou em caso de não interposição deste, *status* de coisa julgada.

O C. STJ pacificou a questão no sentido de não ser tarifada a reparação por danos morais, por meio da Súmula 281, *in verbis*:

> "A indenização por dano moral não está sujeita à tarifação prevista na Lei de Imprensa".

No mesmo sentido é o Enunciado 51 da 1ª Jornada de Direito Material da ANAMATRA, *in verbis*:

> "RESPONSABILIDADE CIVIL. DANOS MORAIS. CRITÉRIOS PARA ARBITRAMENTO. O valor da condenação por danos morais decorrentes da relação de trabalho será arbitrado pelo juiz de maneira equitativa, a fim de atender ao seu caráter compensatório, pedagógico e preventivo."

De nossa parte, o valor da reparação deve estar balizado pelos seguintes critérios: a) reconhecer que o dano moral não pode ser valorado economicamente; b) valorar o dano no caso concreto, segundo as caraterísticas de tempo e lugar onde ocorreu; c) analisar o perfil da vítima e do ofensor; d) analisar se a conduta do ofensor foi dolosa ou culposa, bem como a intensidade da culpa; e) considerar não só os danos atuais, mas também os prejuízos futuros, como a perda de uma chance; f) guiar-se o juiz pela razoabilidade, equidade e justiça; g) considerar a efetiva proteção à dignidade da pessoa humana; h) considerar o tempo de serviço do trabalhador, sua remuneração; i) atender à função social do contrato de trabalho, da propriedade e função social da empresa; j) inibir que o ilícito se repita; k) chegar ao acertamento mais próximo da reparação, mesmo sabendo que é impossível conhecer a dimensão do dano. Por isso deve apreciar não só os danos atuais como os futuros (perda de uma chance); l) considerar a situação econômica do País e o custo de vida da região em que reside o lesado.

O art. 223-G da CLT, com a redação dada pela Lei 13.467/17, assevera:

> "Ao apreciar o pedido, o juízo considerará: I – a natureza do bem jurídico tutelado; II – a intensidade do sofrimento ou da humilhação; III – a possibilidade de superação física ou psicológica; IV – os reflexos pessoais e sociais da ação ou da omissão; V – a extensão e a duração dos efeitos da ofensa; VI – as condições em que ocorreu a ofensa ou o prejuízo moral; VII – o grau de dolo ou culpa; VIII – a ocorrência de retratação espontânea; IX – o esforço efetivo para minimizar a ofensa; X – o perdão, tácito ou expresso; XI – a situação social e econômica das partes envolvidas; XII – o grau de publicidade da ofensa. §1º Se julgar procedente o pedido, o juízo fixará a indenização a ser paga, a cada um dos ofendidos, em um dos seguintes parâmetros, vedada a acumulação: I – ofensa de natureza leve, até três vezes o último salário contratual do ofendido; II – ofensa de natureza média, até cinco vezes o último salário contratual do ofendido; III – ofensa de natureza grave, até vinte vezes o último salário contratual do ofendido; IV – ofensa de natureza gravíssima, até cinquenta vezes o último salário contratual do ofendido. § 2º Se o ofendido for pessoa jurídica, a indenização será fixada com observância dos mesmos parâmetros estabelecidos no § 1º deste artigo, mas em relação ao salário contratual do ofensor. § 3º Na reincidência entre partes idênticas, o juízo poderá elevar ao dobro o valor da indenização."

Em nosso entendimento, dos doze critérios previstos nos incisos do art. 223-G são razoáveis a atender as características pedagógica, inibitória e compensatória da reparação e também os requisitos de justiça, equidade e proporcionalidade.

De outro lado, a tarifação do dano moral levada a efeito nos parágrafos do art. 223-G gera polêmicas. Muitos intérpretes têm apontado inconstitucionalidade em razão de o tarifamento violar os princípios da razoabilidade e proporcionalidade, a essência do dano moral não ser tarifado, bem como discriminação entre trabalhadores que sofrem o mesmo dano ter reparações distintas em razão do valor do salário.

No aspecto, sustenta Maurício Godinho Delgado[47]:

> "o diploma legal agregou fator adicional de incompatibilidade, ou seja, o parâmetro do salário contratual do ofendido como regra geral para cômputo da indenização. Tal parâmetro propicia injusta diferenciação entre o patrimônio moral de seres humanos com renda diversa – circunstância que acentua o desajuste da lei nova à matriz humanista e social da Constituição Federal e da ordem jurídica internacional regente dos Direitos Humanos no País."

Outros argumentam ser positiva a tarifação, ainda que não taxativa, pois retira a discricionariedade judicial, deixando o valor da reparação mais objetivo e previsível.

De nossa parte, os parágrafos dos art. 223-G da CLT devem ser interpretados em cotejo com a Constituição Federal (art. 5º, incisos V e X), devendo o Juiz do Trabalho fixar reparação adequada ao dano moral, considerando-se a efetiva proteção à dignidade da pessoa humana. Por isso, os parâmetros fixados para a indenização estabelecidos no referido dispositivo não podem ser taxativos. Desse modo, no caso concreto, o magistrado pode fixar reparação adequada ao dano, valendo-se dos princípios da razoabilidade e proporcionalidade, e também do princípio da justa reparação decorrente da extensão do dano.

O Supremo Tribunal Federal, em 24/06/2023, ao julgar a ADI 6050, fixou a seguinte tese vinculante, com relação ao valor da reparação por dano extrapatrimonial na esfera trabalhista, "in verbis":

> "Ações diretas de inconstitucionalidade. 2. Reforma Trabalhista. Artigos 223-A e 223-G, §§ 1º e 2º, da CLT, na redação dada pela Lei 13.467/2017. Parâmetros para a fixação do quantum indenizatório dos danos extrapatrimoniais. 3. Ações conhecidas e julgadas parcialmente procedentes para conferir interpretação conforme a Constituição, de modo a estabelecer que: 3.1. As redações conferidas aos art. 223-A e 223-B, da CLT, não excluem o direito à reparação por dano moral indireto ou dano em ricochete no âmbito das relações de trabalho, a ser apreciado nos termos da legislação civil; 3.2. Os critérios de quantificação de reparação por dano extrapatrimonial previstos no art. 223-G, caput e §1º, da CLT deverão ser observados pelo julgador como critérios orientativos de fundamentação da decisão judicial. É

47. Curso do Direito do Trabalho. 18. ed. São Paulo: LTr, 2019, p. 788.

> constitucional, porém, o arbitramento judicial do dano em valores superior aos limites máximos dispostos nos incisos I a IV do § 1º do art. 223-G, quando consideradas as circunstâncias do caso concreto e os princípios da razoabilidade, da proporcionalidade e da igualdade" (STF - ADI 6050 - Órgão julgador: Tribunal Pleno -Relator(a): Min. Gilmar Mendes – DOE: 18/08/2023).

Diante do que fora decidido pelo Supremo Tribunal Federal, os critérios estabelecidos pelo art. 223-G da CLT não são taxativos, podendo o magistrado trabalhista fixar valores superior diante do caso concreto.

CAPÍTULO XIX

NORMAS TUTELARES

1. DA CARTEIRA DE TRABALHO E PREVIDÊNCIA SOCIAL

A Carteira de Trabalho é o documento que retrata a vida funcional do trabalhador, em que são documentados os principais acontecimentos do contrato de trabalho, como os dados do empregador, data de admissão, função, promoções, férias, reajustes salariais, benefícios previdenciários, eventuais acidentes de trabalho etc.

Dispõe o art. 14 da CLT:

> **"A CTPS será emitida pelo Ministério da Economia preferencialmente em meio eletrônico (Redação dada pela Lei 13.874/2019). Parágrafo único. Excepcionalmente, a CTPS poderá ser emitida em meio físico, desde que: (Redação dada pela Lei 13.874/2019) I – nas unidades descentralizadas do Ministério da Economia que forem habilitadas para a emissão; (Acrescido pela Lei 13.874/2019) II – mediante convênio, por órgãos federais, estaduais e municipais da administração direta ou indireta; (Acrescido pela Lei 13.874/2019) III – mediante convênio com serviços notariais e de registro, sem custos para a administração, garantidas as condições de segurança das informações."**

Compete ao Poder Executivo, por meio do Ministério do Trabalho e Emprego, a emissão da CTPS, preferencialmente em meio eletrônico.

A CTPS eletrônica, instituída pela Lei 13.874/19, constitui avanço, pois possibilita maior agilidade em sua emissão, bem como maior segurança aos empregados e empregadores, com menor custo.

Excepcionalmente, a Carteira de Trabalho será emitida em meio físico desde que: nas unidades descentralizadas do Ministério do Trabalho que forem habilitadas para a emissão; mediante convênio, por órgãos federais, estaduais e municipais da administração direta ou indireta; mediante convênio com serviços notariais e de registro, sem custos para a administração, garantidas as condições de segurança das informações.

Os requisitos para emissão das Carteiras de Trabalho digital e física estão detalhados na Portaria 671/21 do Ministério do Trabalho e Previdência, cujos arts. 3º e 5ª valem ser transcritos:

> "Art. 3º A CTPS emitida em meio eletrônico, de que trata o art. 14 da Consolidação das Leis do Trabalho, aprovada pelo Decreto-Lei nº 5.452, de 1º de maio de 1943 - CLT, é denominada Carteira de Trabalho Digital. § 1º Para fins do disposto no Decreto-Lei nº 5.452, de 1943 - CLT, a Carteira de Trabalho Digital é equivalente à CTPS emitida em meio físico. § 2º A Carteira de Trabalho Digital é previamente emitida a todos os inscritos no CPF, sendo necessária sua habilitação. § 3º A Carteira de Trabalho Digital não se equipara aos documentos de identificação civis de que trata o art. 2º da Lei nº 12.037, de 1º de outubro 2009.
>
> "Art. 4º A habilitação da Carteira de Trabalho Digital é realizada por meio de: I - aplicativo eletrônico específico, denominado Carteira de Trabalho Digital, disponibilizado gratuitamente para dispositivos móveis; ou II - serviço específico da Carteira de Trabalho Digital diretamente no portal gov.br.
>
> "Art. 5º A CTPS em meio físico é emitida por meio do sistema informatizado de emissão de Carteira de Trabalho e Previdência Social. § 1º A CTPS não será emitida para menor de quatorze anos ou para falecido, exceto quando houver ordem ou autorização judicial, e será obrigatório o lançamento no sistema informatizado e a anotação do número do mandado judicial no campo de anotações gerais da CTPS. § 2º Excepcionalmente, quando o trabalhador indocumentado tenha sido vítima de tráfico de pessoas, de trabalho escravo ou de violação de direitos agravada por sua condição migratória e que tenha sido resgatado em ação fiscal conduzida por Auditor-Fiscal do Trabalho, poderá ser emitida CTPS provisória,

> em meio físico, fora do sistema informatizado de que trata o caput, com validade máxima e improrrogável de três meses, com base em declarações verbais do interessado, firmadas por duas testemunhas. § 3º No período de validade da CTPS provisória, de que trata o § 2º, deverão ser tomadas providências para a identificação completa do trabalhador resgatado e o encaminhamento às unidades responsáveis para emissão de documento definitivo."

O empregador deverá proceder à anotação da Carteira de Trabalho do trabalhador em até cindo dias úteis, preferencialmente por meio digital. Para esta finalidade, deverá o empregado fornecer o número de seu CPF para que o empregador proceda a anotação por meio eletrônico. Facultativamente, o emprego poderá apresentar sua CTPS física e o empregador proceder as anotações em cindo dias.

As anotações referentes à remuneração devem especificar o salário, qualquer que seja sua forma de pagamento, seja ele em dinheiro ou em utilidades, bem como a estimativa da gorjeta.

Caso não haja anotação da CTPS do empregado no prazo de cinco dias úteis, isso acarretará a lavratura do auto de infração, pelo Fiscal do Trabalho, que deverá, de ofício, comunicar a falta de anotação ao órgão competente, para o fim de instaurar o processo de anotação, além de aplicação de multa administrativa (art. 55 da CLT).

Nos termos do art. 15 da Portaria 671/21 do Ministério do Trabalho e Previdência, "O empregador anotará na CTPS do empregado os seguintes dados: I – até cinco dias úteis contados da data de admissão: a) data de admissão; b) código da CBO; c) valor do salário contratual; d) tipo de contrato de trabalho em relação ao seu prazo, com a indicação do término, na hipótese de contrato por prazo determinado; e e) categoria do trabalhador, conforme classificação adotada pelo eSocial. II – até o dia quinze do mês subsequente ao que o empregado foi admitido: a) descrição do cargo ou função; b) descrição do salário variável, quando for o caso; c) identificação do estabelecimento ao qual o empregado está vinculado ou, no caso do empregado doméstico, identificação do endereço onde o trabalhador exerce suas atividades; d) a estimativa de gorjeta, quando for o caso; e) em se tratando de aprendiz, o arco ocupacional ou itinerário formativo utilizado com seus respectivos códigos CBO, quando for o caso; f) descrição do fato ao qual se vincula o término do contrato por prazo determinado, se for o caso; g) tipo de admissão, conforme classificação adotada pelo eSocial; e h) data do ingresso na sucessora e CNPJ da sucedida em caso de transferência;

e III – até o dia quinze do mês seguinte ao da ocorrência: a) alterações contratuais de que tratam as alíneas 'b', 'c' e 'e' do inciso I e o inciso II do caput; b) alteração contratual de que trata a alínea 'd' do inciso I do caput quando houver indeterminação do prazo do contrato de trabalho originalmente firmado por prazo determinado cujo termo estava vinculado à ocorrência de um fato; c) gozo de férias; d) transferência de empregados para empresas do mesmo grupo econômico, consórcio, ou por motivo de sucessão, fusão, incorporação ou cisão de empresas; e) cessão de empregado, com indicação da data da cessão e CNPJ do cessionário; f) reintegração ao emprego; e g) anotações previstas nas normas regulamentadoras; IV – até o primeiro dia útil seguinte ao da ocorrência da prorrogação do contrato por prazo determinado, com indicação da data do término; e V – até o décimo dia seguinte ao da ocorrência, os dados de desligamento quando acarretar extinção do vínculo empregatício, observado o disposto no § 6º do art. 14, com a indicação da data e do motivo do desligamento, e se aviso prévio indenizado, da data projetada para término do contrato de trabalho. § 1º O envio das informações previstas e prazos estabelecidos no art. 14 dispensa o reenvio para fins de anotação na CTPS. § 2º As anotações previstas neste artigo serão disponibilizadas ao trabalhador por meio do aplicativo Carteira de Trabalho Digital ou de página eletrônica específica, após o processamento dos respectivos registros, e constituem prova do vínculo de emprego para o trabalhador, inclusive perante a Previdência Social. § 3º Não poderão compor a Carteira de Trabalho Digital informações que contrariem o disposto no § 4º do art. 29 do Decreto-Lei nº 5.452, de 1943 – CLT. § 4º A anotação da condição de trabalhador temporário na CTPS, em atendimento ao disposto no § 1º do art. 12 da Lei nº 6.019, de 3 de janeiro 1974, será efetivada pela empresa de trabalho temporário com as informações previstas neste artigo. § 5º Na hipótese de trabalhador temporário, as informações previstas na alínea 'c' do inciso II do caput correspondem à identificação do estabelecimento da empresa de trabalho temporário, bem como do estabelecimento da empresa tomadora de serviços aos quais o trabalhador está vinculado. § 6º O descumprimento do disposto no inciso I do caput, constatado em ação fiscal, enseja a abertura do procedimento administrativo de anotação da CTPS, previsto no § 3º do art. 29 do Decreto-Lei nº 5.452, de 1º de maio de 1943 - CLT, que será instaurado por meio da lavratura do correspondente auto de infração § 7º O número do recibo eletrônico emitido pelo eSocial quando da recepção e validação dos eventos correspondentes comprova o cumprimento das obrigações previstas neste artigo. § 8º O descumprimento do disposto no inciso I do caput, constatado em ação fiscal, enseja a abertura do procedimento administrativo de anotação da CTPS, previsto no § 3º do art. 29 do Decreto-Lei nº 5.452, de 1º de maio de 1943 - CLT, que será instaurado por meio da lavratura do correspondente auto de infração."

O § 4º do art. 29 da CLT veda expressamente que o empregador faça anotações desabonadoras na CTPS do empregado, principalmente as referentes aos motivos da extinção do contrato de trabalho, pois lhe dificulta, ou praticamente impossibilita, conseguir nova colocação no mercado, além de atentar contra a imagem do trabalhador.

Além da reparação tarifada em razão de anotações desabonadoras (§ 5º do art. 29 da CLT), o empregado faz jus à reparação por danos morais (extrapatrimoniais), em razão da violação de sua imagem. No aspecto, destaca-se a seguinte decisão:

> I – AGRAVO REGIMENTAL EM AGRAVO DE INSTRUMENTO EM RECURSO DE REVISTA. INDENIZAÇÃO POR DANOS MORAIS. INSERÇÃO DE INFORMAÇÃO REFERENTE À HOMOLOGAÇÃO JUDICIAL DE ACORDO NO CAMPO "ANOTAÇÕES GERAIS" DA CTPS. A tese de possível ofensa ao artigo 29, § 4º, da CLT autoriza o provimento do agravo regimental para melhor exame do agravo de instrumento, tendo em vista a controvérsia acerca da caracterização de danos morais diante da anotação desabonadora procedida pelo (ex) empregador na CTPS do empregado. Agravo regimental conhecido e provido. II – AGRAVO DE INSTRUMENTO EM RECURSO DE REVISTA. INDENIZAÇÃO POR DANOS MORAIS. INSERÇÃO DE INFORMAÇÃO REFERENTE À HOMOLOGAÇÃO JUDICIAL DE ACORDO NO CAMPO "ANOTAÇÕES GERAIS" DA CTPS. Diante da demonstração de potencial violação do artigo 29, § 4º, da CLT, merece admissão o recurso de revista para mais acurada análise do tema. Agravo de instrumento conhecido e provido. III – RECURSO DE REVISTA. INDENIZAÇÃO POR DANOS MORAIS. INSERÇÃO DE INFORMAÇÃO REFERENTE À HOMOLOGAÇÃO JUDICIAL DE ACORDO NO CAMPO "ANOTAÇÕES GERAIS" DA CTPS. Discute-se nos autos se o (ex) empregador, ao proceder a anotações na CTPS da trabalhadora, fazendo constar informação de ocorrência de homologação judicial de acordo trabalhista, pratica ato capaz de ensejar indenização por dano moral. É necessário destacar que a CTPS é o meio de prova mais importante da existência da relação jurídica típica de emprego, se tornando, ao longo do tempo, em verdadeiro histórico da vida profissional do trabalhador. As anotações nela contidas, a cargo do empregador, estão limitadas ao tempo de serviço, às

suspensões, às interrupções do contrato e à remuneração e a outras taxativamente previstas. Por isso, o artigo 29, § 4º, da CLT, visando proteger o trabalhador, proíbe que o empregador faça anotações desabonadoras à conduta do empregado. Dessa forma, a anotação em CTPS constando que tal registro foi feito por ordem judicial, levada a cabo pelo (ex) empregador, é discriminatória e corresponde à inscrição do empregado no rol das listas que correm pelo mercado de trabalho com o único objetivo de inviabilizar a obtenção de um novo emprego. No caso concreto, configurada a conduta ofensiva do empregador, a lesão moral ocorre in re ipsa, sendo devida a indenização por danos morais. Precedentes da SBDI-1 e de Turmas. Recurso de revista conhecido por violação do artigo 29, § 4º, da CLT e provido (TST RR-1685-16.2011.5.05.0641, 3ª Turma, Relator Ministro Alexandre de Souza Agra Belmonte, *DEJT* 04/08/2017).

1.1. Reclamação por falta de anotação da CTPS

Dispõe o art. 36 da CLT:

"Recusando-se a empresa a fazer as anotações a que se refere o art. 29 ou a devolver a Carteira de Trabalho e Previdência Social recebida, poderá o empregado comparecer, pessoalmente ou por intermédio de seu sindicato perante a Delegacia Regional ou órgão autorizado, para apresentar reclamação".

Não tendo havido anotação na CTPS da relação de emprego, o empregado poderá, pessoalmente, ou por intermédio de seu Sindicato apresentar reclamação junto à Delegacia Regional do Trabalho do local em que trabalha.

Como bem adverte Gustavo Filipe Barbosa Garcia[1]: "o referido processo de natureza administrativa, não é obrigatório, nem representa uma condição para o ajuizamento de ação perante a Justiça do Trabalho, mesmo em se tratando de pedido de anotação na CTPS ou sua devolução. Pode o trabalhador, assim, ajuizar a ação diretamente, perante a Justiça do Trabalho".

O empregado fará a reclamação verbal, o funcionário da Delegacia Regional do Trabalho a reduzirá a termo. O empregado poderá se fazer representar pelo Sindicato de sua Categoria.

1. Curso de Direito do Trabalho. 2. ed. São Paulo: Método, 2008, p. 725.

Há, atualmente, discussões sobre ser possível ao auditor fiscal do trabalho em ato de fiscalização, convencendo-se de que há relação de emprego em determinada atividade, mesmo quando há contestação do tomador de serviços, anotar, de ofício, a CTPS do trabalhador. As posições se dividem: muitos sustentam que tal é possível, pois a CTPS pode ser anotada, inclusive de forma administrativa. Além disso, é atribuição dos órgãos de fiscalização do trabalho velar pelo cumprimento da legislação. Outros argumentam que somente a Justiça do Trabalho (havendo controvérsia sobre o vínculo) pode anotar a CTPS, em regular processo, observado o contraditório.

De nossa parte, convencendo-se de que há vínculo de emprego, o auditor pode autuar a empresa, e também proceder as anotações na CTPS do trabalhador. No entanto, deve ser facultado o contraditório, a posteriori, pelo tomador de serviços, tanto em sede administrativa como judicial.

Nesse sentido é o Enunciado 56 da 1ª Jornada de Direito Material e Processual realizada pela Anamatra em novembro de 2007:

> ***AUDITOR FISCAL DO TRABALHO. RECONHECIMENTO DA RELAÇÃO DE EMPREGO. POSSIBILIDADE.*** *Os auditores do trabalho têm por missão funcional a análise dos fatos apurados em diligências de fiscalização, o que não pode excluir o reconhecimento fático da relação de emprego, garantindo-se ao empregador o acesso às vias judicial e/ou administrativa, para fins de reversão da autuação ou multa imposta.*

No mesmo sentido, há posicionamento da mais alta corte trabalhista brasileira, *in verbis*:

> RECURSO DE EMBARGOS. REGÊNCIA DA LEI Nº 13.015/2014. COMPETÊNCIA DO AUDITOR-FISCAL DO TRABALHO. RECONHECIMENTO DE VÍNCULO DE EMPREGO. 1. Esta Subseção, em sua composição plena, nos autos do Processo nº E-RR-28500-48.2006.5.14.0003 (Relator Ministro Cláudio Mascarenhas Brandão, publicado no *DeJT* em 13/05/2016), firmou entendimento no sentido de que a fiscalização do descumprimento das normas trabalhistas, inclusive quanto ao reconhecimento de vínculo de emprego, insere-se na esfera de competência de auditor fiscal do trabalho, devendo proceder, ainda, à respectiva autuação do empregador. 2. Nesse contexto, os embargos se afiguram incabíveis, nos termos do art. 894, § 2º, da CLT, considerada a redação dada pela Lei nº 13.015/2014. Recurso de embargos de que não se conhece" (TST – E-RR-710-36.2016.5.10.0008,

Subseção I Especializada em Dissídios Individuais, Relator Ministro Walmir Oliveira da Costa, *DEJT* 29/01/2021).

1.2. Ausência de anotações, fraude e falsidade documental

Dispõe o art. 49 da CLT: Para os efeitos da emissão, substituição ou anotação de Carteiras de Trabalho e Previdência Social, considerar-se-á, crime de falsidade, com as penalidades previstas no art. 299 do Código Penal: I – Fazer, no todo ou em parte, qualquer documento falso ou alterar o verdadeiro; II – Afirmar falsamente a sua própria identidade, filiação, lugar de nascimento, residência, profissão ou estado civil e beneficiários, ou atestar os de outra pessoa; III – Servir-se de documentos, por qualquer forma falsificados; IV – falsificar, fabricando ou alterando, ou vender, usar ou possuir Carteira de Trabalho e Previdência Social assim alteradas; V – Anotar dolosamente em Carteira de Trabalho e Previdência Social ou registro de empregado, ou confessar ou declarar em juízo ou fora dele, data de admissão em emprego diversa da verdadeira.

A falsidade do documento pode ser:

a) ideológica: inserir, em documento verdadeiro, anotações falsas, no todo ou em parte;

b) material: fabricar, materialmente, documento falso.

O delito de falsidade ideológica, que se configura com a inserção de dados totalmente ou parcialmente falsos em documento materialmente verdadeiro, atualmente, está disciplinado no art. 299 Código Penal, com a seguinte redação:

> "Art. 299. Omitir, em documento público ou particular, declaração que dele devia constar, ou nele inserir ou fazer inserir declaração falsa ou diversa da que devia ser escrita, com o fim de prejudicar direito, criar obrigação ou alterar a verdade sobre fato juridicamente relevante: Pena – reclusão, de um a cinco anos, e multa, se o documento é público, e reclusão de um a três anos, e multa, de quinhentos mil réis a cinco contos de réis, se o documento é particular. Parágrafo único – Se o agente é funcionário público, e comete o crime prevalecendo-se do cargo, ou se a falsificação ou alteração é de assentamento de registro civil, aumenta-se a pena de sexta parte."

Atualmente, quanto às anotações na CTPS, o art. 297 do Código Penal é mais específico para a situação retratada no art. 49 da CLT.

Dispõe o art. 297 do Código Penal:

> "Art. 297. Falsificar, no todo ou em parte, documento público, ou alterar documento público verdadeiro: Pena – reclusão, de dois a seis anos, e multa. § 1º Se o agente é funcionário público, e comete o crime prevalecendo-se do cargo, aumenta-se a pena de sexta parte. § 2º Para os efeitos penais, equiparam-se a documento público o emanado de entidade paraestatal, o título ao portador ou transmissível por endosso, as ações de sociedade comercial, os livros mercantis e o testamento particular. § 3º Nas mesmas penas incorre quem insere ou faz inserir: (Incluído pela Lei nº 9.983, de 2000) I – na folha de pagamento ou em documento de informações que seja destinado a fazer prova perante a previdência social, pessoa que não possua a qualidade de segurado obrigatório; (Incluído pela Lei nº 9.983, de 2000) II – na Carteira de Trabalho e Previdência Social do empregado ou em documento que deva produzir efeito perante a previdência social, declaração falsa ou diversa da que deveria ter sido escrita; (Incluído pela Lei nº 9.983, de 2000) III – em documento contábil ou em qualquer outro documento relacionado com as obrigações da empresa perante a previdência social, declaração falsa ou diversa da que deveria ter constado. (Incluído pela Lei nº 9.983, de 2000) § 4º Nas mesmas penas incorre quem omite, nos documentos mencionados no § 3º, nome do segurado e seus dados pessoais, a remuneração, a vigência do contrato de trabalho ou de prestação de serviços. (Incluído pela Lei nº 9.983, de 2000)."

O art. 297 do Código Penal disciplina o delito de falsificação de documento público, incluindo neste rol as anotações falsas levadas a efeito na CTPS do trabalhador. Trata-se de conduta dolosa (intencional) de inserir, no todo ou em parte, anotações não verdadeiras na carteira de trabalho.

Há controvérsia em sede doutrinária se a simples falta de anotação pelo empregador configura o crime previsto no art. 297, § 4º, do Código Penal. De nossa parte, não há crime, caso não haja a intenção do empregador em prejudicar o trabalhador, pois o crime exige o dolo.

Como bem adverte Júlio Fabbrini Mirabete[2], "evidentemente, exige-se na conduta dolo, não se caracterizando o ilícito quando se tratar de irregularidade culposa ou que não possa causar qualquer dano. Trata-se, porém, de crime formal, sendo indiferente tenha ou não causado efetivo prejuízo ao segurado ou à Previdência Social".

2. Código Penal Interpretado. 3. ed. São Paulo: Atlas, 2003, p. 1.918.

Deve ser enfatizado que, nas hipóteses sobre controvérsia acerca da existência do vínculo de emprego, a falta de anotação da Carteira de Trabalho, ou a anotação de outra condição de trabalho diversa do vínculo de emprego não constitui crime de falsidade.

No aspecto, destacamos a seguinte ementa que reflete o entendimento preponderante do Superior Tribunal de Justiça, *in verbis*:

> PENAL E PROCESSO PENAL. RECURSO ESPECIAL. 1. DIVERGÊNCIA JURISPRUDENCIAL. ACÓRDÃO PARADIGMA PROFERIDO EM CONFLITO DE COMPETÊNCIA. SEARA PROCESSUAL EM QUE SE ANALISA A CONDUTA SUPERFICIALMENTE. AUSÊNCIA DE SIMILITUDE FÁTICA. IMPOSSIBILIDADE DE SOLUÇÕES SEMELHANTES. NÃO OBSERVÂNCIA DO ART. 255 DO RISTJ. 2. NEGATIVA DE VIGÊNCIA AO ART. 297, § 4º, DO CP. NÃO OCORRÊNCIA. OMISSÃO DE ANOTAÇÃO EM CARTEIRA DE TRABALHO. NECESSIDADE DE PREENCHIMENTO DA TIPICIDADE MATERIAL. 3. TUTELA DA FÉ PÚBLICA. NÃO DEMONSTRAÇÃO DO DOLO. MERO ILÍCITO TRABALHISTA. ART. 47 DA CLT. CONTROVÉRSIA RESOLVIDA POR OUTRO RAMO DO DIREITO. PRINCÍPIO DA SUBSIDIARIEDADE. 4. FALSO QUE DEVE SER APTO A ILUDIR A PERCEPÇÃO DE OUTREM. CONDUTA QUE NÃO DESNATURA A AUTENTICIDADE CTPS. AUSÊNCIA DE ELEMENTOS QUE DENOTEM O DOLO DE ALTERAR IDEOLOGICAMENTE A REALIDADE. 5. TIPO PENAL QUE DEPENDE DA EFETIVA INSERÇÃO DE DADOS COM OMISSÃO DE INFORMAÇÃO JURIDICAMENTE RELEVANTE. 6. RECURSO ESPECIAL A QUE SE NEGA PROVIMENTO.
>
> 1. O recorrente apresentou como acórdão paradigma decisão proferida em conflito de competência, o que inviabiliza a demonstração da similitude fática, haja vista não ser possível na referida seara exame aprofundado da conduta. Outrossim, nem sequer há se falar em soluções jurídicas distintas. Dessa forma, não foram cumpridos os requisitos do art. 255 do Regimento Interno do Superior Tribunal de Justiça.
>
> 2. Prevalece no STJ que a simples omissão de anotação de contrato na CTPS já preenche o tipo penal descrito no § 4º do art. 297 do Código Penal. Contudo, é imprescindível que a conduta preencha não apenas a tipicidade formal, mas antes e principalmente a tipicidade material. Indispensável, portanto, a demonstração do dolo de falso e da efetiva possibilidade de vulneração à fé pública.

> 3. O Direito Penal só deve ser invocado quando os demais ramos do Direito forem insuficientes para proteger os bens considerados importantes para a vida em sociedade. A controvérsia foi efetivamente resolvida na Justiça Trabalhista – que reconheceu não ser possível se falar em contrato de prestação de serviço autônomo, reconhecendo o vínculo empregatício, matéria, aliás, que pode assumir contornos de alta complexidade. Dessarte, simples omissão pode revelar, no máximo, típico ilícito trabalhista – art. 47 da CLT – sem nenhuma nuance que demande a intervenção automática do Direito Penal.
>
> 4. O tipo penal de falso, quer por ação quer por omissão, deve ser apto a iludir a percepção de outrem. A conduta imputada à recorrida não se mostrou suficiente a gerar consequências outras além de um processo trabalhista. Não se verifica, assim, a efetiva vulneração ao bem jurídico tutelado, qual seja, a fé pública, haja vista a CTPS não ter perdido sua autenticidade. De igual modo, não havendo a anotação de quaisquer dados não há como se afirmar, peremptoriamente, que se pretendia alterar ideologicamente a realidade.
>
> 5. A melhor interpretação a ser dada ao art. 297, § 4º, do Código Penal, deveria passar necessariamente pela efetiva inserção de dados na Carteira de Trabalho, com a omissão de informação juridicamente relevante, demonstrando-se, da mesma forma, o dolo do agente em falsear a verdade, configurando efetiva hipótese de falsidade ideológica, o que a tutela penal visa coibir. 6. Recurso especial a que se nega provimento (STJ. REsp. 1.252.635, Rel. Min. Marco Aurélio Bellizze. 5ª Turma. *DJe* 02.05.2014).

A competência para apreciar e julgar os crimes de falsa anotação da Carteira de Trabalho é da Justiça Comum. Nesse sentido, dispõe a Súmula 62 do STJ, *in verbis*:

> "Compete à Justiça Estadual processar e julgar o crime de falsa anotação na carteira de trabalho e previdência social atribuído à empresa privada".

2. DA PROTEÇÃO AO TRABALHO DA MULHER

Historicamente, a legislação tratava de forma diversa os direitos do trabalhador do sexo masculino e feminino. Atualmente, diante do que dispõe a Constituição Federal (art. 5º, I, 7º, XXX), não há possibilidade de tratamento diferenciado entre homens e mulheres no mercado de trabalho.

Praticamente, não há distinções entre direitos e obrigações entre homens e mulheres no contrato de trabalho.

Não obstante, o organismo feminino difere do masculino no aspecto da força física e também da gravidez. Desse modo, a CLT apresenta um título dedicado à proteção do trabalho da mulher, com a finalidade de proteção do seu organismo e prevenção de transtornos para sua saúde física e mental.

Como bem adverte Homero Batista Mateus da Silva[3]: "diz-se que as normas de proteção ao trabalho da mulher perderam sua atualidade, porque, para fins do direito do trabalho, proteção era sinônimo de restrição ao trabalho, como podia ser visto nos dispositivos que vedavam atividades noturnas, trabalho na construção civil ou empregado que pudesse colidir com as lides domésticas. Atualmente, ainda mais depois da CF/88, somente se justificam normas especiais para mulheres se houver realmente um fator expressivo de discriminação, como talvez seja o caso das normas de ergonomia – carregamento de pesos diferenciados de acordo com a massa muscular de homens e mulheres –, algumas normas de saúde e segurança do trabalho e, se possíveis, normas de promoção de oportunidade para a mão de obra feminina".

Conforme o art. 7º, XX, da CF, a lei deverá proteger o mercado de trabalho da mulher mediante incentivos.

O texto constitucional teve por escopo determinar que os Poderes Públicos, tanto o legislativo como o executivo, realizem políticas públicas e ações afirmativas para proteger e facilitar o ingresso da mulher no mercado de trabalho. O poder judiciário trabalhista, ao apreciar processos judiciais em que se discutem questões peculiares ao trabalho da mulher, deve adotar tese sob a perspectiva de gênero. No aspecto, importante destacar a seguinte ementa:

> A) ***ASSÉDIO MORAL. ARTIGOS 1º, III, 5º, I E V, X, 7º, CAPUT, XXII E 196, DA CONSTITUIÇÃO FEDERAL. PROTOCOLO PARA JULGAMENTO COM PERSPECTIVA DE GÊNERO DE 2021, DO CONSELHO NACIONAL DE JUSTIÇA, NA ABERTURA DA 340ª SESSÃO ORDINÁRIA, NO DIA 19/10/2021. 17 OBJETIVOS DE DESENVOLVIMENTO SUSTENTÁVEL (ODS/2020/2030), DA ORGANIZAÇÃO DAS NAÇÕES UNIDAS (ONU). COMBATE À DISCRIMINAÇÃO E DESIGUALDADE NO AMBIENTE DE***

3. CLT Comentada. 3ª ed. São Paulo: RT, 2021, p. 276.

TRABALHO. DECLARAÇÃO UNIVERSAL DOS DIREITOS DO HOMEM (ONU/1948); CONVENÇÃO AMERICANA DE DIREITOS HUMANOS (ART. 24); CONVENÇÃO PARA ELIMINAÇÃO DE TODAS AS FORMAS DE DISCRIMINAÇÃO RACIAL, XENOFOBIA E OUTRAS MANIFESTAÇÕES DE INTOLERÂNCIA (ONU/1966 (DECRETO LEGISLATIVO N. 65.810, DE 8 DE DEZEMBRO DE 1969); CONVENÇÃO PARA ELIMINAÇÃO DE TODAS AS FORMAS DE DISCRIMINAÇÃO CONTRA A MULHER (ONU/CEDAW/1979); CONVENÇÃO OIT N. 100/1951, SOBRE A IGUALDADE DE REMUNERAÇÃO DE HOMENS E MULHERES POR TRABALHO DE IGUAL VALOR (DECRETO LEGISLATIVO N. 41.721, DE 25 DE JUNHO DE 1957); CONVENÇÃO OIT N. 111/1958, SOBRE DISCRIMINAÇÃO EM MATÉRIA DE EMPREGO E PROFISSÃO (DECRETO LEGISLATIVO N. 62.150/1968) E; A RECENTE CONVENÇÃO OIT N. 190/2019, SOBRE VIOLÊNCIA E ASSÉDIO, AINDA NÃO RATIFICADA PELO BRASIL. O assédio moral tem por característica a exposição do ofendido ao ridículo, com ameaças, humilhação, violando de maneira depreciativa a sua esfera íntima, o seu ser psíquico. O assédio moral se caracteriza pela sequência de atos de violência psicológica a qual uma pessoa é submetida, acometendo o trabalhador de inúmeras sequelas emocionais. Há na ordem jurídica internacional e nacional inúmeras normas cujo objetivo é o combate às desigualdades em geral: Declaração Universal dos Direitos do Homem (ONU/1948); Convenção Americana de Direitos Humanos (art. 24); Convenção para eliminação de todas as formas de discriminação racial, xenofobia e outras manifestações de intolerância (ONU/1966 (Decreto Legislativo n. 65.810, de 8 de dezembro de 1969); Convenção para eliminação de todas as formas de discriminação contra a mulher (ONU/CEDAW/1979); Convenção OIT n. 100/1951, sobre a igualdade de remuneração de homens e mulheres por trabalho de igual valor (Decreto legislativo n. 41.721, de 25 de junho de 1957); Convenção OIT n. 111/1958, sobre discriminação em matéria de emprego e profissão (Decreto Legislativo n. 62.150/1968) e; a recente Convenção OIT n. 190/2019, sobre violência e assédio, ainda não ratificada pelo Brasil. A Organização das Nações Unidas (ONU) instituiu 17 Objetivos de Desenvolvimento Sustentável (ODS/2020/2030), para superar os inúmeros desafios do nosso tempo, cuidar do planeta e melhorar a vida de todos. A Promoção da Igualdade de Oportunidades e Eliminação da Discriminação no Trabalho encontra eco na Constituição da República, de 1988, que acolhe em seu bojo as normas internacionais de direitos humanos (art. 5º, § 1º, 2º, 3º); professa a não discriminação (art. 3º, IV); assegura a isonomia entre homens e mulheres (art. 5º, II); a vedação de diferença de salário e de condições de trabalho em razão do sexo (art. 1º, III, art. 3º, IV e art. 7º, *caput*, IV, VI, VII, IX, XXII, XXIII, XXV, XXX, XXXI, XXXII, XXXIII); bem como a proteção da mulher no mercado de trabalho (art. 7º, XX). Ainda, a ordem econômica vem fundada na valorização do trabalho humano e na livre iniciativa, a fim de assegurar a todos existência digna, conforme os ditames da justiça social, observada a função social da propriedade (art. 170, caput e III), a defesa do meio ambiente (art. 170,VI), a redução das desigualdades regionais e sociais (art. 170, VII), a busca do pleno emprego (art. 170, VIII), com tratamento diferenciado e favorecido para as empresas de pequeno porte constituídas sob as leis brasileiras e que tenham sua sede e administração no país (art. 170, IX). Diante das graves consequências da violência no ambiente de trabalho, que causa o adoecimento de trabalhadores, com repercussão para toda a sociedade, surge a preocupação política, social e jurídica na busca de caminhos para a superação do conflito e resgate dos direitos de personalidade. B) **DANO MORAL.** O modo de agir da empresa, conforme descrito pelas testemunhas e pela mídia juntada, implica em prática de ato ilícito pela ré, que atingiu a honra da reclamante; a ofensa causou dano moral que deve ser objeto de reparação. Friso que o tratamento dispensado ao empregado deve ser dotado de respeito e urbanidade, evitando-se tratamento humilhante ou vexatório, tratamento este que causou prejuízos à reclamante, afetando a sua honra e autoestima, tendo, como consequência lógica, a configuração de dano moral *in re ipsa* e a obrigação de indenizar, nos termos do artigo 5º, X, da CF/88. (TRT 2ª Região. **Acórdão** – Data de assinatura: 17/05/2022 **Relator(a):** IVANI CONTINI BRAMANTE **Órgão julgador:** 4ª Turma – 4ª Turma – Cadeira 5).

A Lei 14.457/22, que instituiu o programa *emprega mulheres*, estabelece diversas medidas para facilitar e manter a mulher ativa no mercado de trabalho. Dispõe o art. 1º da referida Lei, *in verbis*:

"Art. 1º Fica instituído o Programa Emprega + Mulheres, destinado à inserção e à manutenção de mulheres no mercado de trabalho por meio da implementação das seguintes medidas: I – para apoio à parentalidade na primeira infância: a) pagamento de reembolso-creche; e b) manutenção ou subvenção de instituições de educação infantil pelos serviços sociais autônomos; II – para apoio à parentalidade por meio da flexibilização do regime de trabalho: a) teletrabalho; b) regime de tempo parcial; c) regime especial de compensação de jornada de trabalho por meio de banco de horas; d) jornada de 12 (doze) horas trabalhadas por 36 (trinta e seis) horas ininterruptas de descanso, quando a atividade permitir; e) antecipação de férias individuais; e f) horários de entrada e de saída flexíveis; III – para qualificação de mulheres, em áreas estratégicas para a ascensão profissional: a) suspensão do contrato de trabalho para fins de qualificação profissional; e b) estímulo à ocupação das vagas em cursos de qualificação dos serviços nacionais de aprendizagem por mulheres e priorização de mulheres hipossuficientes vítimas de violência doméstica e familiar; IV – para apoio ao retorno ao trabalho das mulheres após o término da licença-maternidade: a) suspensão do contrato de trabalho de pais empregados para acompanhamento do desenvolvimento dos filhos; e b) flexibilização do usufruto da prorrogação da licença-maternidade, conforme prevista na Lei nº 11.770, de 9 de setembro de 2008; V – reconhecimento de boas práticas na promoção da empregabilidade das mulheres, por meio da instituição do Selo Emprega + Mulher; VI – prevenção e combate ao assédio sexual e a outras formas de violência no âmbito do trabalho; e VII – estímulo ao microcrédito para mulheres. Parágrafo único. Para os efeitos desta Lei, parentalidade é o vínculo socioafetivo maternal, paternal ou qualquer outro que resulte na assunção legal do papel de realizar as atividades parentais, de forma compartilhada entre os responsáveis pelo cuidado e pela educação das crianças e dos adolescentes, nos termos do parágrafo único do art. 22 da Lei nº 8.069, de 13 de julho de 1990 (Estatuto da Criança e do Adolescente)."

2.1. Das práticas discriminatórias

Dispõe o art. 373-A da CLT:

"Ressalvadas as disposições legais destinadas a corrigir as distorções que afetam o acesso da mulher ao mercado de trabalho e certas especificidades estabelecidas nos acordos trabalhistas, é vedado: – publicar ou fazer publicar anúncio de emprego no qual haja referência ao sexo, à idade, à cor ou situação familiar, salvo quando a natureza da atividade a ser exercida, pública e notoriamente, assim o exigir; II – recusar emprego, promoção ou motivar a dispensa do trabalho em razão de sexo, idade, cor, situação familiar ou estado de gravidez, salvo quando a natureza da atividade seja notória e publicamente incompatível; III – considerar o sexo,

> **a idade, a cor ou situação familiar como variável determinante para fins de remuneração, formação profissional e oportunidades de ascensão profissional; IV – exigir atestado ou exame, de qualquer natureza, para comprovação de esterilidade ou gravidez, na admissão ou permanência no emprego; V – impedir o acesso ou adotar critérios subjetivos para deferimento de inscrição ou aprovação em concursos, em empresas privadas, em razão de sexo, idade, cor, situação familiar ou estado de gravidez; VI – proceder o empregador ou preposto a revistas íntimas nas empregadas ou funcionárias. Parágrafo único. O disposto neste artigo não obsta a adoção de medidas temporárias que visem ao estabelecimento das políticas de igualdade entre homens e mulheres, em particular as que se destinam a corrigir as distorções que afetam a formação profissional, o acesso ao emprego e as condições gerais de trabalho da mulher."**

O presente dispositivo legal, que está em compasso com o art. 7º, XX, da CF elenca, de forma exemplificativa (não taxativa), atos que impedem e dificultam o acesso da mulher ao mercado de trabalho, e impedem o regular desenvolvimento do contrato de trabalho e, portanto, são vedados.

São atos discriminatórios contra a mulher os seguintes atos praticados pelas empresas ou pelos empregadores:

a) publicar ou fazer publicar anúncio de emprego no qual haja referência ao sexo, à idade, à cor ou situação familiar, salvo quando a natureza da atividade a ser exercida, pública e notoriamente, assim o exigir;

b) recusar emprego, promoção ou motivar a dispensa do trabalho em razão de sexo, idade, cor, situação familiar ou estado de gravidez, salvo quando a natureza da atividade seja notória e publicamente incompatível;

c) considerar o sexo, a idade, a cor ou situação familiar como variável determinante para fins de remuneração, formação profissional e oportunidades de ascensão profissional;

d) impedir o acesso ou adotar critérios subjetivos para deferimento de inscrição ou aprovação em concursos, em empresas privadas, em razão de sexo, idade, cor, situação familiar ou estado de gravidez;

e) proceder o empregador ou preposto a revistas íntimas nas empregadas ou funcionárias.

2.2. Dos atestados de gravidez

É vedado ao empregador ou às empresas exigir atestado de gravidez das empregadas, tanto na admissão, durante a vigência, e no ato de extinção do contrato de trabalho.

No aspecto, dispõe o art. 2º da Lei 9.029/95:

> "Constituem crime as seguintes práticas discriminatórias: I – a exigência de teste, exame, perícia, laudo, atestado, declaração ou qualquer outro procedimento relativo à esterilização ou a estado de gravidez; II – a adoção de quaisquer medidas, de iniciativa do empregador, que configurem; a) indução ou instigamento à esterilização genética; b) promoção do controle de natalidade, assim não considerado o oferecimento de serviços e de aconselhamento ou planejamento familiar, realizados através de instituições públicas ou privadas, submetidas às normas do Sistema Único de Saúde (SUS). Pena: detenção de um a dois anos e multa. Parágrafo único. São sujeitos ativos dos crimes a que se refere este artigo: I – a pessoa física empregadora; II – o representante legal do empregador, como definido na legislação trabalhista; III – o dirigente, direto ou por delegação, de órgãos públicos e entidades das administrações públicas direta, indireta e fundacional de qualquer dos Poderes da União, dos Estados, do Distrito Federal e dos Municípios."

Recentemente, decidiu o Tribunal Superior do Trabalho ser possível ao empregador exigir teste de gravidez por ocasião da dispensa, quando já cessado vínculo de emprego e o estado de subordinação, conforme se constata da seguinte ementa:

> "I – AGRAVO DE INSTRUMENTO EM RECURSO DE REVISTA. ACÓRDÃO DO REGIONAL PUBLICADO SOB A ÉGIDE DA LEI 13.467/2017. EXIGÊNCIA DE REALIZAÇÃO DE EXAME PARA AVERIGUAÇÃO DO ESTADO GRAVÍDICO. ATO DE DISPENSA DA EMPREGADA. DANO MORAL. INDENIZAÇÃO. Em face de possível violação do art. 5º, X, da Constituição Federal, dá-se provimento ao agravo de instrumento, para melhor exame do recurso de revista. Agravo de instrumento conhecido e provido. II – RECURSO DE REVISTA. ACÓRDÃO DO REGIONAL PUBLICADO SOB A ÉGIDE DA LEI 13.467/2017. EXIGÊNCIA DE REALIZAÇÃO DE EXAME PARA AVERIGUAÇÃO DO ESTADO GRAVÍDICO. ATO DE DISPENSA DA EMPREGADA. DANO MORAL.

CONFIGURAÇÃO. INDENIZAÇÃO. A lide versa sobre o pleito de indenização por danos morais decorrentes da exigência de exame de gravidez por ocasião da dispensa da trabalhadora. A exigência do exame de gravidez é vedada pela legislação, a fim de inibir qualquer prática discriminatória e limitativa para efeito de acesso à relação de emprego, ou sua manutenção, por motivo de sexo, origem, raça, cor, estado civil, situação familiar, deficiência, reabilitação profissional, idade, entre outros, ressalvadas, nesse caso, as hipóteses de proteção à criança e ao adolescente (art. 7º, XXXIII, CF; art. 1º, Lei 9.029/95), sendo tipificada como crime "a exigência de teste, exame, perícia, laudo, atestado, declaração ou qualquer outro procedimento relativo à esterilização ou a estado de gravidez" (art. 2º, Lei 9.029). A CLT também proíbe a exigência de atestado ou exame para comprovação de gravidez na admissão ou para permanência no emprego (art. 373-A, IV). Assim, a CLT como a Lei 9.029/95 vedam a prática de ato discriminatório para efeito de admissão ou manutenção no emprego. A finalidade é impedir que o empregador, tendo conhecimento prévio do estado gravídico, deixe de admitir a candidata ao emprego, praticando, dessa forma, ato discriminatório. A exigência de exame de gravidez por ocasião da dispensa não pode ser considerada um ato discriminatório, tampouco violador da intimidade da trabalhadora. Pelo contrário, visa dar segurança jurídica ao término do contrato de trabalho, na medida em que, caso a trabalhadora esteja em estado gestacional, circunstância que muitas vezes ela própria desconhece, o empregador, ciente do direito à estabilidade, poderá mantê-la no emprego ou indenizá-la de antemão, sem que esta necessite recorrer ao judiciário. O que se resguarda, no caso, é o direito da empregada gestante ao emprego (art. 10, II, b, do ADCT), bem como do usufruto da licença previdenciária. Por outro lado, não é somente o direito da gestante que se visa resguardar com a estabilidade provisória decorrente. O nascituro também é objeto dessa proteção, tanto que o direito do nascituro também está implícito do art. 10, II, *b*, do ADCT. Assim, não há que se falar em eventual violação ao direito a intimidade quando também existem direitos de terceiros envolvidos, devendo ser realizada uma ponderação dos valores. Ademais, o ato de verificação de eventual estado gravídico da trabalhadora por ocasião da sua dispensa está abarcado pelo dever de cautela que deve fazer parte da conduta do empregador. Assim, como cabe ao empregador zelar pela segurança de seus funcionários no desempenho das atividades laborativas, também a observância do cumprimento da legislação, sobretudo a que resguarda a estabilidade da gestante, obrigações legais que estão abarcadas pelo dever de cautela do empregador. Com isso, não pode a exigência de comprovação do estado gravídico por parte do empregador, único meio para o conhecimento gestacional, ser considerada uma conduta ofensiva ao direito à intimidade. Não houve discriminação, tampouco violação do direito à intimidade da trabalhadora ao lhe ser exigido o exame de gravidez por ocasião da sua dispensa, e em consequência, a configuração do alegado dano moral passível de indenização, na medida em que se visou garantir o fiel cumprimento da lei. Intacto, portanto, o art. 5º, X, da Constituição Federal. Recurso de revista não conhecido. Conclusão: agravo de instrumento conhecido e provido. Recurso de revista não conhecido" (TST – RR-61-04.2017.5.11.0010, 3ª Turma, Redator Ministro Alexandre de Souza Agra Belmonte, *DEJT* 18/06/2021).

2.3. Da proteção à maternidade

Dispõe o art. 391 da CLT:

> **"Não constitui justo motivo para a rescisão do contrato de trabalho da mulher o fato de haver contraído matrimônio ou de encontrar-se em estado de gravidez. Parágrafo único. Não serão permitidos em regulamentos de qualquer natureza contratos coletivos ou individuais de trabalho, restrições ao direito da mulher ao seu emprego, por motivo de casamento ou de gravidez."**

O presente dispositivo tem por objetivo proteger o trabalho da mulher e evitar discriminações em razão de situações que se referem à intimidade e à vida privada da mulher, quais sejam: casamento e gravidez.

A Constituição Federal tutela a proteção à gravidez e maternidade como direito social fundamental (art. 6º) e a privacidade e intimidade no art. 5º, X, como direito inerente à condição humana.

A garantia de emprego da empregada gestante tem relevante aspecto social e humanitário, pois tem por objeto proteger a dignidade da pessoa humana da mulher e do nascituro[4], facilitar o acesso da mulher ao merca-

4. Art. 227 da CF: "É dever da família, da sociedade e do Estado assegurar à criança, ao adolescente e ao jovem, com absoluta prioridade, o direito à vida, à saúde, à alimentação, à educação, ao lazer, à profissionalização, à cultura, à dignidade, ao respeito, à liberdade e à convivência familiar e comunitária, além de colocá-los a salvo de toda forma de negligência, discriminação, exploração, violência, crueldade e opressão".

do de trabalho, evitar discriminações, e dar efetividade ao direito social de proteção à maternidade[5].

Dispõe o art. 10, II, letra "b", do ADCT:

> "Até que seja promulgada a lei complementar a que se refere o art. 7º, I, da Constituição: II – fica vedada a dispensa arbitrária ou sem justa causa: (...) b) da empregada gestante, desde a confirmação da gravidez até cinco meses após o parto."[6]

Nos termos do art. 392 da CLT: a **empregada gestante tem direito à licença-maternidade de 120 (cento e vinte) dias, sem prejuízo do emprego e do salário. § 1º A empregada deve, mediante atestado médico, notificar o seu empregador da data do início do afastamento do emprego, que poderá ocorrer entre o 28º (vigésimo oitavo) dia antes do parto e ocorrência deste. § 2º Os períodos de repouso, antes e depois do parto, poderão ser aumentados de 2 (duas) semanas cada um, mediante atestado médico. § 3º Em caso de parto antecipado, a mulher terá direito aos 120 (cento e vinte) dias previstos neste artigo. § 4º É garantido à empregada, durante a gravidez, sem prejuízo do salário e demais direitos: I – transferência de função, quando as condições de saúde o exigirem, assegurada a retomada da função anteriormente exercida, logo após o retorno ao trabalho; II – dispensa do horário de trabalho pelo tempo necessário para a realização de, no mínimo, seis consultas médicas e demais exames complementares. § 5º Vetado. Incluído pela Lei 10.421/2002.**

A Constituição prevê, no art. 7º, XVIII, o direito de licença à gestante, sem prejuízo do emprego e do salário, com duração de cento e vinte dias.

A licença-maternidade é um direito social fundamental, tanto para proteção da gestante como da criança e da própria família (arts. 6º e 227, ambos da CF).

Está regulamentado o salário-maternidade pelos arts. 71 a 73 da Lei 8.213/91 e Decreto 3.048/99.

---

5. Art. 6º da CF: "São direitos sociais a educação, a saúde, a alimentação, o trabalho, a moradia, o transporte, o lazer, a segurança, a previdência social, a proteção à maternidade e à infância, a assistência aos desamparados, na forma desta Constituição".
6. Sobre a estabilidade da empregada gestante e da mãe adotante, remetemos o leitor ao capítulo IX, item 4.

Como bem adverte Gustavo Filipe Barbosa Garcia[7]:

> "Apesar do nome, o salário-maternidade apresenta natureza previdenciária. Cabe à empresa pagar o salário-maternidade, efetivando-se compensação quando do recolhimento das contribuições incidentes sobre a folha de salários e demais rendimentos pagos ou creditados, a qualquer título, à pessoa física ou jurídica que lhe preste serviço (art. 72, § 1º, da Lei 8.213/1991, acrescentado pela Lei 10.710/2003)."

A empregada deve, mediante atestado médico, notificar o seu empregador da data do início do afastamento do emprego, que poderá ocorrer entre o 28º (vigésimo oitavo) dia antes do parto e ocorrência deste.

O Supremo Tribunal Federal fixou por meio da ADI 6327 entendimento sobre termo inicial da licença-maternidade, cuja ementa segue abaixo:

> EMENTA: CONSTITUCIONAL. DIREITOS SOCIAIS. AÇÃO DIRETA DE INCONSTITUCIONALIDADE CONVERTIDA EM ARGUIÇÃO DE DESCUMPRIMENTO DE PRECEITO FUNDAMENTAL. POSSIBILIDADE. CONTAGEM DE TERMO INICIAL DE LICENÇA-MATERNIDADE E DE SALÁRIO-MATERNIDADE A PARTIR DA ALTA HOSPITALAR DO RECÉM-NASCIDO OU DA MÃE, O QUE OCORRER POR ÚLTIMO. INTERPRETAÇÃO CONFORME À CONSTITUIÇÃO DO § 1º DO ART. 392, DA CLT, E DO ART. 71 DA LEI 8.213/1991. NECESSÁRIA PROTEÇÃO CONSTITUCIONAL À MATERNIDADE E À INFÂNCIA. AÇÃO JULGADA PROCEDENTE. 1. Cumpridos os requisitos da Lei nº 9.882/99, a jurisprudência do Supremo Tribunal Federal (STF) entende possível a fungibilidade entre *ADI* e ADPF. 2. A fim de que seja protegida a maternidade e a infância e ampliada a convivência entre mães e bebês, em caso de internação hospitalar que supere o prazo de duas semanas, previsto no art. 392, § 2º, da CLT, e no art. 93, § 3º, do Decreto nº 3.048/99, o termo inicial aplicável à fruição da licença-maternidade e do respectivo salário-maternidade deve ser o da alta hospitalar da mãe ou do recém-nascido, o que ocorrer por último, prorrogando-se ambos os benefícios por igual período ao da internação. 3. O direito da criança à convivência familiar deve ser colocado a salvo de toda a forma de negligência e omissão estatal, consoante preconizam os arts. 6º, caput, 201, II, 203, I, e 227, caput, da Constituição da República, impondo-se a interpretação

7. CLT Comentada. 7. ed. São Paulo: Juspodivm, 2020, p. 366.

> conforme à Constituição do § 1º do art. 392 da Consolidação das Leis do Trabalho (CLT) e do art. 71 da Lei nº 8.213/1991. 4. Não se verifica critério racional e constitucional para que o período de licença à gestante e salário-maternidade sejam encurtados durante a fase em que a mãe ou o bebê estão alijados do convívio da família, em ambiente hospitalar, nas hipóteses de nascimentos com prematuridade e complicações de saúde após o parto. 5. A jurisprudência do STF tem se posicionado no sentido de que a ausência de previsão de fonte de custeio não é óbice para extensão do prazo de licença-maternidade, conforme precedente do RE nº 778889, Relator(a): Min. ROBERTO BARROSO, Tribunal Pleno, julgado em 10/03/2016. A prorrogação de benefício existente, em decorrência de interpretação constitucional do seu alcance, não vulnera a norma do art. 195, § 5º, da Constituição Federal. 6. Arguição julgada procedente para conferir interpretação conforme à Constituição ao artigo 392, § 1º, da CLT, assim como ao artigo 71 da Lei nº 8.213/91 e, por arrastamento, ao artigo 93 do seu Regulamento (Decreto nº 3.048/99), de modo a se considerar como termo inicial da licença-maternidade e do respectivo salário-maternidade a alta hospitalar do recém-nascido e/ou de sua mãe, o que ocorrer por último, prorrogando-se em todo o período os benefícios, quando o período de internação exceder as duas semanas previstas no art. 392, § 2º, da CLT, e no art. 93, § 3º, do Decreto nº 3.048/99 (STF – ADI 6327 – Tribunal Pleno - Rel. Min. Edson Fachin. *Dje* 07.11.2022).

Diante do que ficou decidido pelo STF, cujo entendimento é vinculado, pois firmado em controle concentrado de constitucionalidade, o termo inicial aplicável à fruição da licença-maternidade e do respectivo salário--maternidade deve ser o da alta hospitalar da mãe ou do recém-nascido, o que ocorrer por último, prorrogando-se ambos os benefícios por igual período ao da internação.

São garantidos às empregadas durante a gravidez:

a) transferência de função, quando as condições de saúde o exigirem, assegurada a retomada da função anteriormente exercida, logo após o retorno ao trabalho;

b) dispensa do horário de trabalho pelo tempo necessário para a realização de, no mínimo, seis consultas médicas e demais exames complementares.

Nos termos do art. 394 da CLT, mediante atestado médico, à mulher grávida é facultado romper o compromisso resultante de qualquer contrato de trabalho, desde que este seja prejudicial à gestação.

O presente dispositivo é de relevante valor social, pois destinado à tutela da saúde e vida da gestante em gravidez de risco e também do nascituro.

Desse modo, mediante atestado médico que recomende o afastamento do serviço, a gestante poderá rescindir o contrato de trabalho. Trata-se de faculdade da gestante, pois a gravidez, mesmo a de risco, não justifica a extinção do contrato de trabalho.

A lei não diz se a presente modalidade de término do contrato de trabalho é de rescisão indireta ou pedido de demissão. De nossa parte, o dispositivo não se enquadra nem em rescisão indireta, nem em pedido de demissão. Trata-se de autorização especial na lei para que a gestante declare encerrado o contrato de trabalho, sem ônus. Não obstante, deve a empregada proceder à comunicação tempestiva ao empregador da sua intenção em pôr fim ao contrato de trabalho.

Por ter a empregada tomado a inciativa da rescisão contratual, não será devida indenização (multa de 40% sobre o FGTS). Também não será devido o aviso prévio, nos termos do § 2º do art. 487 da CLT).

Nesse sentido, Sérgio Pinto Martins[8] afirma que na rescisão do contrato de trabalho não será devido aviso prévio nem indenização, pois foi a empregada quem deu causa à cessão do contrato de trabalho.

Concordamos com Grabriel Saad[9] quando afirma que a empregada terá direito ao levantamento dos depósitos do FGTS em razão do interesse social que norteia o presente dispositivo.

Dispõe o art. 394-A da CLT:

> **"Sem prejuízo de sua remuneração, nesta incluído o valor do adicional de insalubridade, a empregada deverá ser afastada de: I - atividades consideradas insalubres em grau máximo, enquanto durar a gestação; II - atividades consideradas insalubres em grau médio ou mínimo, quando apresentar atestado de saúde, emitido por médico de confiança da mulher, que recomende o afastamento durante a gestação; III - atividades consideradas insalubres em**

8. Comentários à CLT. 13. ed. São Paulo: Atlas, 2009, p. 332.
9. CLT Comentada. 42. Ed. São Paulo: LTr, 2009, p. 468.

qualquer grau, quando apresentar atestado de saúde, emitido por médico de confiança da mulher, que recomende o afastamento durante a lactação. § 1º Vetado. 2º Cabe à empresa pagar o adicional de insalubridade à gestante ou à lactante, efetivando-se a compensação, observado o disposto no art. 248 da Constituição Federal, por ocasião do recolhimento das contribuições incidentes sobre a folha de salários e demais rendimentos pagos ou creditados, a qualquer título, à pessoa física que lhe preste serviço. § 3º Quando não for possível que a gestante ou a lactante afastada nos termos do *caput* deste artigo exerça suas atividades em local salubre na empresa, a hipótese será considerada como gravidez de risco e ensejará a percepção de salário-maternidade, nos termos da Lei 8.213, de 24 de julho de 1991, durante todo o período de afastamento.”

A lei da Reforma Trabalhista (13.467/17) inseriu o presente dispositivo no corpo da CLT, possibilitando que a gestante ou a lactante trabalhe em condições de insalubridade, exceto em grau máximo, podendo ser afastada do trabalho insalubre mediante justificativa médica.

De nossa parte, a gestante e a lactante devem ser afastadas do trabalho em condições insalubres em razão das regras constitucionais protetivas tanto da saúde da gestante quanto do nascituro (arts. 6º e 7º, XX e XXII, da CF).

Quando não for possível que a gestante ou lactante seja afastada de locais insalubres, e exerça suas atividades em local salubre na empresa, a hipótese será considerada como gravidez de risco e ensejará a percepção de salário-maternidade, nos termos da Lei 8.213, de 24 de julho de 1991, durante todo o período de afastamento.

Como nos adverte Alice Monteiro de Barros[10], “a maternidade tem uma função social, pois dela depende a renovação das gerações. As medidas destinadas a proteger as mulheres em decorrência da gravidez ou de parto, vinculadas a um contrato de trabalho, não constituem discriminação, seu fundamento reside na salvaguarda da saúde da mulher e das futuras gerações. Durante a gestão, a mulher não se limita a aguardar o filho; trata-se de um processo psicológico complexo, de intensa atividade emocional, que testa tanto as suas reservas físicas e psíquicas como sua aptidão para criar uma nova vida. Todo esse processo implica uma situação de *stress*, capaz de gerar transtornos físicos e alterações psiquiátricas, sendo as mais frequentes

10. A mulher e o Direito do Trabalho. São Paulo: LTr, 1995, p. 39.

do tipo neurótico, acompanhadas de grande ansiedade, enquanto as psicoses gravídicas são mais raras".

O STF, na ADI 5938 por maioria, confirmou a medida cautelar e julgou procedente o pedido formulado na ação direta para declarar a inconstitucionalidade da expressão "quando apresentar atestado de saúde, emitido por médico de confiança da mulher, que recomende o afastamento", contida nos incisos II e III do art. 394-A da Consolidação das Leis do Trabalho (CLT), inseridos pelo art. 1º da Lei 13.467/2017, conforme se constata da seguinte ementa:

> EMENTA: DIREITOS SOCIAIS. REFORMA TRABALHISTA. PROTEÇÃO CONSTITUCIONAL À MATERNIDADE. PROTEÇÃO DO MERCADO DE TRABALHO DA MULHER. DIREITO À SEGURANÇA NO EMPREGO. DIREITO À VIDA E À SAÚDE DA CRIANÇA. GARANTIA CONTRA A EXPOSIÇÃO DE GESTANTES E LACTANTES A ATIVIDADES INSALUBRES. 1. O conjunto dos Direitos sociais foi consagrado constitucionalmente como uma das espécies de direitos fundamentais, caracterizando-se como verdadeiras liberdades positivas, de observância obrigatória em um Estado Social de Direito, tendo por finalidade a melhoria das condições de vida aos hipossuficientes, visando à concretização da igualdade social, e são consagrados como fundamentos do Estado Democrático, pelo art. 1º, IV, da Constituição Federal. 2. A Constituição Federal proclama importantes direitos em seu artigo 6º, entre eles a proteção à maternidade, que é a ratio para inúmeros outros direitos sociais instrumentais, tais como a licença-gestante e o direito à segurança no emprego, a proteção do mercado de trabalho da mulher, mediante incentivos específicos, nos termos da lei, e redução dos riscos inerentes ao trabalho, por meio de normas de saúde, higiene e segurança. 3. A proteção contra a exposição da gestante e lactante a atividades insalubres caracteriza-se como importante direito social instrumental protetivo tanto da mulher quanto da criança, tratando-se de normas de salvaguarda dos direitos sociais da mulher e de efetivação de integral proteção ao recém-nascido, possibilitando seu pleno desenvolvimento, de maneira harmônica, segura e sem riscos decorrentes da exposição a ambiente insalubre (CF, art. 227). 4. A proteção à maternidade e a integral proteção à criança são direitos irrenunciáveis e não podem ser afastados pelo desconhecimento, impossibilidade ou a própria negligência da gestante ou lactante em apresentar um atestado médico, sob pena de prejudicá-la e prejudicar

o recém-nascido. 5. Ação Direta julgada procedente (STF Pleno. ADI 5938/DF Rel. Min. Alexandre de Moraes. *DJe* 23.09.2019).

Diante da decisão do STF, as empregadas gestantes ou lactantes devem ser afastadas do trabalho em condições de insalubridade, independentemente do grau.

Nos termos do art. 396 da CLT, para **amamentar seu filho, inclusive se advindo de adoção, até que se complete 6 (seis) meses de idade, a mulher terá direito, durante a jornada de trabalho, a 2 (dois) descansos especiais de meia hora cada um. § 1º Quando o exigir a saúde do filho, o período de seis meses poderá ser dilatado, a critério da autoridade competente. § 2º Os horários dos descansos previstos no *caput* deste artigo deverão ser definidos em acordo individual entre a mulher e o empregador.**

O presente dispositivo assegura à trabalhadora o direito a dois intervalos de meia hora cada um, durante a jornada de trabalho, até que seu filho complete seis meses de idade, inclusive o filho oriundo de adoção, podendo tal prazo ser estendido a critério da autoridade competente. O período do intervalo integra a jornada de trabalho da trabalhadora, considerando o caráter tutelar da presente disposição, bem como ser medida destinada a proteger tanto a saúde da criação como da trabalhadora.

Os horários de descanso previstos no *caput* deste artigo deverão ser definidos em acordo individual entre a mulher e o empregador.

Se o intervalo não for concedido, deverá o seu período ser remunerado, com o adicional de, no mínimo 50% (art. 71, § 4º, da CLT), para que seja cumprida a finalidade social da norma.

Nesse sentido também Alice Monteiro de Barros[11]:

> "A não concessão do intervalo para aleitamento, a que alude o dispositivo em exame, além de constituir infração administrativa, implica pagamento da pausa correspondente como hora extraordinária, adotando-se raciocínio análogo contido no disposto no art. 71 da CLT, que autoriza o pagamento de horas extras quando o intervalo para refeição for desrespeitado."

11. Contratos e Regulamentações Especiais de Trabalho. 3. ed. São Paulo: LTr, 2008, p. 367.

Dispõe o art. 1º da Lei 14151/21:

> "Durante a emergência de saúde pública de importância nacional decorrente do coronavírus SARS-CoV-2, a empregada gestante que ainda não tenha sido totalmente imunizada contra o referido agente infeccioso, de acordo com os critérios definidos pelo Ministério da Saúde e pelo Plano Nacional de Imunizações (PNI), deverá permanecer afastada das atividades de trabalho presencial. (Redação dada pela Lei nº 14.311, de 2022) § 1º A empregada gestante afastada nos termos do *caput* deste artigo ficará à disposição do empregador para exercer as atividades em seu domicílio, por meio de teletrabalho, trabalho remoto ou outra forma de trabalho a distância, sem prejuízo de sua remuneração. (Incluído pela Lei nº 14.311, de 2022) § 2º Para o fim de compatibilizar as atividades desenvolvidas pela empregada gestante na forma do § 1º deste artigo, o empregador poderá, respeitadas as competências para o desempenho do trabalho e as condições pessoais da gestante para o seu exercício, alterar as funções por ela exercidas, sem prejuízo de sua remuneração integral e assegurada a retomada da função anteriormente exercida, quando retornar ao trabalho presencial. (Incluído pela Lei nº 14.311, de 2022) § 3º Salvo se o empregador optar por manter o exercício das suas atividades nos termos do § 1º deste artigo, a empregada gestante deverá retornar à atividade presencial nas seguintes hipóteses: (Incluído pela Lei nº 14.311, de 2022) I – após o encerramento do estado de emergência de saúde pública de importância nacional decorrente do coronavírus SARS-CoV-2; (Incluído pela Lei nº 14.311, de 2022) II – após sua vacinação contra o coronavírus SARS-CoV-2, a partir do dia em que o Ministério da Saúde considerar completa a imunização; (Incluído pela Lei nº 14.311, de 2022) III – mediante o exercício de legítima opção individual pela não vacinação contra o coronavírus SARS-CoV-2 que lhe tiver sido disponibilizada, conforme o calendário divulgado pela autoridade de saúde e mediante o termo de responsabilidade de que trata o § 6º deste artigo; (Incluído pela Lei nº 14.311, de 2022) IV - (VETADO). (Incluído pela Lei nº 14.311, de 2022) § 4º (VETADO). (Incluído pela Lei nº 14.311, de 2022) § 5º (VETADO). (Incluído pela Lei nº 14.311, de 2022) § 6º Na hipótese de que trata o inciso III do § 3º deste artigo, a empregada gestante deverá assinar termo de responsabilidade e de livre consentimento para exercício do trabalho presencial, comprometendo-se a cumprir todas as medidas preventivas adotadas pelo empregador. (Incluído pela Lei nº 14.311, de 2022) § 7º O exercício da opção a que se refere o inciso III do §

> 3º deste artigo é uma expressão do direito fundamental da liberdade de autodeterminação individual, e não poderá ser imposta à gestante que fizer a escolha pela não vacinação qualquer restrição de direitos em razão dela." (Incluído pela Lei nº 14.311, de 2022)"

A presente lei, com vigência a partir de 13.05.2021 (data de sua publicação), determina que toda empregada gestante com vínculo de emprego de natureza trabalhista que não esteja com o esquema vacinal completo deva permanecer em trabalho à distância, sem prejuízo da remuneração, durante o período de emergência de saúde pública em razão da pandemia do coronavírus.

A presente norma vigeu durante o período de emergência de saúde pública, em que as medidas de isolamento para contenção do contágio do vírus foram imprescindíveis, e houve grande risco do contágio, conforme os Decretos das autoridades competentes. Por isso, não havia um prazo determinado de vigência.

Trata-se de medida que tem por objetivo proteger a saúde da gestante, bem como do nascituro, o que está em compasso com a Constituição Federal (arts. 6º e 227 e seguintes), uma vez que as gestantes estão inseridas no grupo de risco, pois podem ter sintomas mais agressivos da doença.

As possibilidades de trabalho para a gestante são os realizados à distância (o trabalho em domicílio, remoto, *home office* e teletrabalho, disciplinados nos arts. 6º e 75-A a 75-E da CLT), sendo vedado o trabalho presencial.

Como se trata de norma de natureza cogente, destinada à proteção à saúde da empregada gestante, ela deve ser cumprida, não havendo possibilidade de disposição em contrário por vontade do empregado, do empregador, ou por acordo de ambos.

Caso o trabalho da empregada gestante seja impossível ao empregado e ao empregador em razão da natureza da atividade, a exemplo das enfermeiras, motoristas e empregadas domésticas etc., a questão se torna mais complexa.

Não poderá o empregador, simplesmente, suspender o contrato de trabalho, ou postular benefício previdenciário à trabalhadora, caso não seja possível o trabalho à distância, uma vez que a lei impõe o dever de pagamento da remuneração à trabalhadora durante o afastamento das atividades presenciais. Além disso, não houve previsão de custeio para pagamento de benefício previdenciário por parte da União.

Desse modo, se a atividade não comportar trabalho remoto, a empregada gestante ficará à disposição do empregador (art. 4º da CLT) para o exercício de atividade à distância.

As empregadas gestantes que já completaram o ciclo vacinal contra a covid-19 ou optaram por não se imunizar, assumindo a responsabilidade pessoal, devem retornar ao trabalho, salvo se o empregador optar por manter o trabalho remoto.

O art. 7º, XXV, da CF assegura como direito fundamental do trabalhador a assistência gratuita aos filhos e dependentes desde o nascimento até 5 (cinco) anos de idade em creches e pré-escolas. Esse direito do trabalhador é dever do Estado, que deve implementar a concretização desse direito (art. 208, IV, da CF).

Nos termos do art. 2º da Lei 14457/22, ficam os empregadores autorizados a adotar o benefício de reembolso-creche, de que trata a alínea "s" do § 9º do art. 28 da Lei nº 8.212, de 24 de julho de 1991, desde que cumpridos os seguintes requisitos: I – ser o benefício destinado ao pagamento de creche ou de pré-escola de livre escolha da empregada ou do empregado, bem como ao ressarcimento de gastos com outra modalidade de prestação de serviços de mesma natureza, comprovadas as despesas realizadas; II – ser o benefício concedido à empregada ou ao empregado que possua filhos com até 5 (cinco) anos e 11 (onze) meses de idade, sem prejuízo dos demais preceitos de proteção à maternidade; III – ser dada ciência pelos empregadores às empregadas e aos empregados da existência do benefício e dos procedimentos necessários à sua utilização; e IV – ser o benefício oferecido de forma não discriminatória e sem a sua concessão configurar premiação. Parágrafo único. Ato do Poder Executivo federal disporá sobre os limites de valores para a concessão do reembolso-creche e as modalidades de prestação de serviços aceitas, incluído o pagamento de pessoa física.

Conforme o art. 3º da Lei 14.457/22, a implementação do reembolso--creche ficará condicionada à formalização de acordo individual, de acordo coletivo ou de convenção coletiva de trabalho. Parágrafo único. O acordo ou a convenção a que se refere o caput deste artigo estabelecerá condições, prazos e valores, sem prejuízo do cumprimento dos demais preceitos de proteção à maternidade.

Diante do art. 4º da Lei 14.457/22, os valores pagos a título de reembolso-creche: I – não possuem natureza salarial; II – não se incorporam à remuneração para quaisquer efeitos; III – não constituem base de incidência de contribuição previdenciária ou do Fundo de Garantia do Tempo de Serviço (FGTS); e IV – não configuram rendimento tributável da empregada ou do empregado.

Segundo o art. 5º da Lei 14.457/22, os estabelecimentos em que trabalharem pelo menos 30 (trinta) mulheres com mais de 16 (dezesseis) anos de idade terão local apropriado onde seja permitido às empregadas guardar sob vigilância e assistência os seus filhos no período da amamentação. Parágrafo único. Os empregadores que adotarem o benefício do reembolso-creche previsto nos arts. 2º, 3º e 4º desta Lei para todos os empregados e empregadas que possuam filhos com até 5 (cinco) anos e 11 (onze) meses de idade ficam desobrigados da instalação de local apropriado para a guarda e a assistência de filhos de empregadas no período da amamentação, nos termos do caput deste artigo.

3. DA PROTEÇÃO AO TRABALHO DO MENOR

Dispõe o art. 402 da CLT:

> **"Considera-se menor para os efeitos desta Consolidação o trabalhador de quatorze até dezoito anos. Parágrafo único. O trabalho do menor reger-se-á pelas disposições do presente Capítulo, exceto no serviço em oficinas em que trabalhem exclusivamente pessoas da família do menor e esteja este sob a direção do pai, mãe ou tutor, observado, entretanto, o disposto nos arts. 404, 405 e na Seção II."**

A Consolidação das Leis do Trabalho considera menor o trabalhador entre quatorze e dezoito anos.

A Lei 8.069/90, no art. 2º, considera criança, para os efeitos desta Lei, a pessoa até doze anos de idade incompletos, e adolescente aquela entre doze e dezoito anos de idade.

A presente disposição da CLT deve ser interpretada em compasso com a Constituição Federal e as Leis infraconstitucionais de proteção às crianças e adolescentes.

Conforme o art. 227 da CF: É dever da família, da sociedade e do Estado assegurar à criança, ao adolescente e ao jovem, com absoluta prioridade, o direito à vida, à saúde, à alimentação, à educação, ao lazer, à profissionalização, à cultura, à dignidade, ao respeito, à liberdade e à convivência familiar e comunitária, além de colocá-los a salvo de toda forma de negligência, discriminação, exploração, violência, crueldade e opressão. § 1º O Estado promoverá programas de assistência integral à saúde da criança, do adolescente e do jovem, admitida a participação de entidades não governamentais, mediante políticas específicas e obedecendo aos seguintes preceitos: I – aplicação de percentual dos recursos públicos destinados à saúde na assistência materno-infantil; II – criação de programas de prevenção e atendimento especializado para as pessoas portadoras de deficiência física, sensorial ou mental, bem como de integração social do adolescente e do jovem portador de deficiência, mediante o treinamento para o trabalho e a convivência, e a facilitação do acesso aos bens e serviços coletivos, com a eliminação de obstáculos arquitetônicos e de todas as formas de discriminação. § 2º A lei disporá sobre normas de construção dos logradouros e dos edifícios de uso público e de fabricação de veículos de transporte coletivo, a fim de garantir acesso adequado às pessoas portadoras de deficiência. § 3º O direito a proteção especial abrangerá os seguintes aspectos: I – idade mínima de quatorze anos para admissão ao trabalho, observado o disposto no art. 7º, XXXIII; II – garantia de direitos previdenciários e trabalhistas; III – garantia de acesso do trabalhador adolescente e jovem à escola; IV – garantia de pleno e formal conhecimento da atribuição de ato infracional, igualdade na relação processual e defesa técnica por profissional habilitado, segundo dispuser a legislação tutelar específica; V – obediência aos princípios de brevidade, excepcionalidade e respeito à condição peculiar de pessoa em desenvolvimento, quando da aplicação de qualquer medida privativa da liberdade; VI – estímulo do Poder Público, através de assistência jurídica, incentivos fiscais e subsídios, nos termos da lei, ao acolhimento, sob a forma de guarda, de criança ou adolescente órfão ou abandonado; VII – programas de prevenção e atendimento especializado à criança, ao adolescente e ao jovem dependente de entorpecentes e drogas afins. § 4º A lei punirá severamente o abuso, a violência e a exploração sexual da criança e do adolescente. § 5º A adoção será assistida pelo Poder Público, na forma da lei, que estabelecerá casos e condições de sua efetivação por parte de estrangeiros. § 6º Os filhos, havidos ou não da relação do casamento, ou por adoção, terão os mesmos direitos e qualificações, proibidas quaisquer designações discriminatórias relativas à filiação. § 7º No atendimento dos direitos da criança e do adolescente levar-se-á em consideração o disposto no art. 204. § 8º A lei estabelecerá: I – o estatuto da juventude, destinado a regular os direitos dos jovens; II – o plano nacional de juventude, de duração decenal, visando à articulação das várias esferas do poder público para a execução de políticas públicas."

O art. 7º, XXXIII, da CF proíbe o trabalho noturno, perigoso ou insalubre a menores de dezoito e de qualquer trabalho a menores de dezesseis anos, salvo na condição de aprendiz, a partir de quatorze anos.

Para fins trabalhistas, a Consolidação considera menor a pessoa que tem menos de 18 anos de idade.

Dispõe o art. 7º, XXXIII, da Constituição Federal:

> "Proibição de trabalho noturno, perigoso ou insalubre a menores de dezoito e de qualquer trabalho a menores de dezesseis anos, salvo na condição de aprendiz, a partir de quatorze anos."

A Constituição Federal proíbe o trabalho do menor de 18 anos, como medida destinada a preservar o seu desenvolvimento físico e mental do menor, salvo na condição de aprendiz, a partir dos quatorze anos.

Determina a CLT que o trabalho do menor não poderá ser realizado em locais prejudiciais à sua formação, ao seu desenvolvimento físico, psíquico, moral e social e em horários e locais que não permitam a frequência à escola.

Trata-se de medida destinada a preservar o desenvolvimento físico e mental do menor de 18 anos.

Caso o menor de dezoito anos trabalhe para um tomador, sob os requisitos dos arts. 2º e 3º da CLT, o vínculo de emprego deverá ser reconhecido.

Na esfera trabalhista, em razão do caráter pessoal da prestação de serviços, quando se declara a nulidade, não há como se restituir as partes ao estado anterior. Por isso, as nulidades são declaradas com efeitos "ex nunc", ou seja, a partir de então, sem efeitos retroativos. Por isso, mesmo tendo sido nulo o contrato de trabalho, o empregado não terá que devolver os salários recebidos, pois o empregador não terá como restituir a força de trabalho. Além disso, na seara trabalhista, sempre que possível, procura-se conservar o contrato, declarando-se a nulidade apenas da cláusula que viola norma de ordem pública.

Com relação ao trabalho proibido, como no caso do trabalho do menor, mas não ilícito, a jurisprudência trabalhista vem reconhecimento a possibilidade de configuração do vínculo de emprego, pela aplicação do princípio protetivo.

Como medida destinada à proteção da saúde do menor, a Constituição Federal e a CLT proíbem o trabalho noturno, considerando-se que o organismo do menor ainda não está totalmente desenvolvido. O trabalho noturno é prejudicial ao desenvolvimento físico e psíquico do menor. Não obstante, se o menor realizar trabalho em horário noturno, ele deve receber o adicional noturno, considerando-se a hora noturna reduzida, pois uma regra protetiva não pode desfavorecer o menor. Não obstante, poderá o empregador responder civil e criminalmente, por exigir trabalho do menor em horário noturno.

Diante do art. 405 da CLT, que elenca rol exemplificativo, determina que não será permitido o trabalho do menor:

a) nos locais e serviços perigosos ou insalubres;

b) em locais ou serviços prejudiciais à sua moralidade.

O trabalho exercido nas ruas, praças e outros logradouros dependerá de prévia autorização do Juiz de Menores, ao qual cabe verificar se a ocupação é indispensável à sua própria subsistência ou à de seus pais, avós ou irmãos e se dessa ocupação não poderá advir prejuízo à sua formação moral.

3.1. Trabalho prejudicial à moralidade do menor

Considera-se prejudicial à moralidade do menor o trabalho: a) prestado de qualquer modo, em teatros de revista, cinemas, boates, cassinos, cabarés, dancings e estabelecimentos análogos; b) em empresas circenses, em funções de acrobata, saltimbanco, ginasta e outras semelhantes; c) de produção, composição, entrega ou venda de escritos, impressos, cartazes, desenhos, gravuras, pinturas, emblemas, imagens e quaisquer outros objetos que possam, a juízo da autoridade competente, prejudicar sua formação moral; d) consistente na venda, a varejo, de bebidas alcoólicas.

O art. 67 da Lei 8.069/90 veda do trabalho ao adolescente empregado, aprendiz, em regime familiar de trabalho, aluno de escola técnica, assistido em entidade governamental ou não governamental: I – noturno, realizado entre as vinte e duas horas de um dia e as cinco horas do dia seguinte; II – perigoso, insalubre ou penoso; III – realizado em locais prejudiciais à sua formação e ao seu desenvolvimento físico, psíquico, moral e social; IV – realizado em horários e locais que não permitam a frequência à escola.

Nos termos do art. 406 da CLT:

> **"O Juiz de Menores poderá autorizar ao menor o trabalho a que se referem as letras 'a' e 'b' do § 3º do art. 405: I – desde que a representação tenha fim educativo ou a peça de que participe não possa ser prejudicial à sua formação moral; II – desde que se certifique ser a ocupação do menor indispensável à própria subsistência ou à de seus pais, avós ou irmãos e não advir nenhum prejuízo à sua formação moral."**

O trabalho do menor prestado de qualquer modo, em teatros de revista, cinemas, boates, cassinos, cabarés, *dancings* e estabelecimentos análogos, ou em empresas circenses, em funções de acrobata, saltimbanco, ginasta e outras semelhantes, poderá ser autorizado pelo Juiz da Infância e Juventude, desde que não prejudiciais à formação física e psíquica do menor, e desde que se certifique ser a ocupação do menor indispensável à própria subsistência ou à de seus pais, avós ou irmãos.

A CLT atribui competência à Justiça Comum, por meio das Varas de Infância e Juventude, para autorizar o trabalho do menor, nas atividades referidas no § 3º do art. 405 da CLT. Para parte da doutrina e jurisprudência, diante da atual redação do art. 114, I, da Constituição Federal que atribuiu à Justiça do Trabalho competência para processar e julgar as controvérsias oriundas e decorrentes da relação de trabalho, esta autorização deve ser apreciada pelo Juiz do Trabalho, pois se trata de controvérsia inerente à relação de trabalho.

O STF, na ADI 5.326, em setembro de 2018, fixou a competência da Justiça Comum para apreciar os pedidos de autorização de trabalho artístico para crianças e adolescentes, mesmo sendo a controvérsia própria da relação de trabalho. Foi fixado o entendimento de que a questão do trabalho artístico infantil está afeita ao Juízo da Infância e Juventude, conforme o extrato de julgamento do Plenário em 27.9.2018, que segue:

> "**Decisão:** O Tribunal, por maioria, concedeu a cautelar para suspender, até o exame definitivo deste processo, a eficácia da expressão "inclusive artístico", constante do inciso II da Recomendação Conjunta n. 1/14 e do art. 1º, inciso II, da Recomendação Conjunta n. 1/14, bem como para afastar a atribuição, definida no Ato GP n. 19/2013 e no Provimento GP/CR n. 07/2014, quanto à apreciação de pedidos de alvará visando a participação de crianças e adolescentes em representações artísticas e a criação do Juizado Especial na Justiça do Trabalho, ficando suspensos, por consequência, esses últimos preceitos, assentando, neste primeiro exame, ser da Justiça Comum a competência para analisar tais pedidos, nos termos do voto do relator, vencida a Ministra Rosa Weber. Ausentes, justificadamente, os Ministros Celso de Mello e Gilmar Mendes. Presidência do Ministro Dias Toffoli. Plenário, 27.9.2018."[12]

12. Disponível em: <www.http://portal.stf.jus.br/processos/detalhe.asp?incidente=4781750>. Acesso em: 30 out. 2018.

De nossa parte, mesmo considerando o disposto nos incisos I e IX do art. 114 da CF, o entendimento do STF está correto, pois a autorização para o trabalho artístico de menores e adolescentes transcende o aspecto da relação de trabalho ou de emprego, e está atrelada ao Estatuto da Criança e do Adolescente. Em razão disso, o Juízo da Infância e da Juventude está melhor aparelhado que o Juiz do Trabalho para avaliar se o trabalho será ou não prejudicial ao desenvolvimento do menor ou do adolescente, estando corretas as disposições dos arts. 405 e 406 da CLT.

3.2. Jornada de trabalho do menor

A jornada do trabalho do menor segue a regra geral do art. 7º, XIII, da CF, com as restrições constitucionais e infraconstitucionais de proteção à saúde física e psíquica do menor.

O intervalo interjornada deve ser, no mínimo, de 11 horas, assim como é a regra do art. 66 da CLT.

Os arts. 413 e 414 da CLT, como regra geral, proíbem a prorrogação da jornada de trabalho do menor, o que é o ideal. No entanto, permite a prorrogação por mais duas horas, mediante negociação coletiva de trabalho (aqui, exige-se negociação coletiva não bastando o acordo individual), ou por motivo de força maior.

O intervalo de 15 minutos antes da prorrogação da jornada, previsto no art. 384 da CLT fora revogado pela Lei 13.467/17.

Se o menor de 18 anos trabalhar em mais de um estabelecimento do mesmo empregador, ou para mais de um empregador, as jornadas devem ser somadas para fins das regras protetivas de limitação da jornada de trabalho.

3.3. Do contrato de aprendizagem

Dispõe o art. 428 da CLT:

> "Contrato de aprendizagem é o contrato de trabalho especial, ajustado por escrito e por prazo determinado, em que o empregador se compromete a assegurar ao maior de 14 (quatorze) e menor de 24 (vinte e quatro) anos inscrito em programa de aprendizagem formação técnico-profissional metódica, compatível com o seu desenvolvimento físico, moral e psicológico, e o aprendiz, a executar com zelo e diligência as tarefas necessárias a essa formação. § 1º

> A validade do contrato de aprendizagem pressupõe anotação na Carteira de Trabalho e Previdência Social, matrícula e frequência do aprendiz na escola, caso não haja concluído o ensino médio, e inscrição em programa de aprendizagem desenvolvido sob orientação de entidade qualificada em formação técnico-profissional metódica. § 2º Ao aprendiz, salvo condição mais favorável, será garantido o salário mínimo hora. § 3º O contrato de aprendizagem não poderá ser estipulado por mais de 2 (dois) anos, exceto quando se tratar de aprendiz portador de deficiência. §4º A formação técnico-profissional a que se refere o *caput* deste artigo caracteriza-se por atividades teóricas e práticas, metodicamente organizadas em tarefas de complexidade progressiva desenvolvidas no ambiente de trabalho. § 5º A idade máxima prevista no *caput* deste artigo não se aplica a aprendizes portadores de deficiência. § 6º Para os fins do contrato de aprendizagem, a comprovação da escolaridade de aprendiz com deficiência deve considerar, sobretudo, as habilidades e competências relacionadas com a profissionalização. § 7º Nas localidades onde não houver oferta de ensino médio para o cumprimento do disposto no § 1º deste artigo, a contratação do aprendiz poderá ocorrer sem a frequência à escola, desde que ele já tenha concluído o ensino fundamental. § 8º Para o aprendiz com deficiência com 18 (dezoito) anos ou mais, a validade do contrato de aprendizagem pressupõe anotação na CTPS e matrícula e frequência em programa de aprendizagem desenvolvido sob orientação de entidade qualificada em formação técnico-profissional metódica."

Como destaca Alice Monteiro de Barros[13], "a formação profissional é gênero e a aprendizagem, sua espécie. O Estatuto da Criança e do Adolescente define a aprendizagem como modalidade de formação técnico-profissional, ministrada segundo as diretrizes e bases da legislação de educação em vigor. Já houve, anteriormente, discussões sobre a natureza jurídica do contrato de aprendizagem".

Entendiam alguns que a aprendizagem era uma cláusula resolutiva inserida num contrato por prazo indeterminado. Outros defendiam ser ele, na verdade, um contrato por prazo determinado. Após a Lei 11.180/2005, o contrato de aprendizagem é um contrato especial por prazo determinado, destinado à complementação da formação profissional do maior de 14 e menor de 24 anos inscrito em programa de aprendizagem.

---

13. Curso de Direito do Trabalho. 4. ed. São Paulo: LTr, 2008, p. 311.

Como bem adverte Alice Monteiro de Barros[14], "no contrato de aprendizagem, a principal obrigação do empregador é propiciar a formação profissional (obrigação de fazer), seguida da obrigação de pagar salário (obrigação de dar). Afirma-se, também, que subordinação do aprendiz é mais acentuada. O empregador dirige sua atividade pessoal nos momentos em que aprende sem trabalhar, quando trabalha aprendendo, ou ainda, enquanto produz em proveito da empresa, sem estar aprendendo".

O contrato de aprendizagem é uma espécie dentre os contratos de emprego, sendo o aprendiz empregado, realizando sua atividade sob os requisitos dos arts. 2º e 3º da CLT.

Como destaca Homero Batista Mateus da Silva[15]: "o contrato de aprendizagem é, ele próprio, um contrato de trabalho, mas com condições especiais que priorizam a formação profissional do adolescente e do adulto. Está diretamente ligado a atividades que necessitam de conhecimento de método e treinamento. Diferencia-se o contrato de estágio porque este, além de não ser um contrato de trabalho e não assegurar direitos trabalhistas, prioriza majoritariamente o estudo e apenas acidentalmente o trabalho, conforme ensinamento da Lei 11.788/2008".

3.3.1. Requisitos do contrato de aprendizagem

São requisitos essenciais para validade do contrato de aprendizagem:

a) idade mínima do menor: entre 14 e 24 anos de idade;

b) forma escrita;

c) prazo máximo de 02 anos, exceto se tratar de aprendiz portador de necessidades especiais;

d) anotação na Carteira de Trabalho e Previdência Social, matrícula e frequência do aprendiz na escola, caso não haja concluído o ensino médio, e inscrição em programa de aprendizagem desenvolvido sob orientação de entidade qualificada em formação técnico-profissional metódica;

e) contrato de aprendizagem deve propiciar a formação técnico-profissional caracterizado por atividades teóricas e práticas, metodicamente

14. Op cit., p. 312.
15. CLT Comentada. 3. ed. São Paulo: RT, 2021, p. 300.

organizadas em tarefas de complexidade progressiva desenvolvidas no ambiente de trabalho.

Nos termos do art. 432 da CLT, a **"duração do trabalho do aprendiz não excederá de seis horas diárias, sendo vedadas a prorrogação e a compensação de jornada. § 1º O limite previsto neste artigo poderá ser de até oito horas diárias para os aprendizes que já tiverem completado o ensino fundamental, se nelas forem computadas as horas destinadas à aprendizagem teórica".**

O presente dispositivo legal estabelece a jornada máxima de 6 horas para o aprendiz, vedadas as prorrogações ou compensação de horas, como forma de dar maior efetividade à aprendizagem. No entanto, o limite previsto nesse artigo poderá ser de até oito horas diárias para os aprendizes que já tiverem completado o ensino fundamental, se nelas forem computadas as horas destinadas à aprendizagem teórica.

No aspecto, destaca-se a seguinte ementa:

> AGRAVO DE INSTRUMENTO. RECURSO DE REVISTA. INTERPOSIÇÃO SOB A ÉGIDE DA LEI 13.015/2014. PROCESSO ANTERIOR À LEI 13.467/2017. NULIDADE DO ACÓRDÃO REGIONAL POR CERCEIO DO DIREITO DE DEFESA. Nas razões de recurso de revista, renovadas em agravo de instrumento, o autor alega que houve cerceamento de defesa, pois foi impedido de produzir prova testemunhal que revelaria a nulidade do contrato de aprendizagem. Do contexto delineado não se verifica o cerceamento de defesa. Isso porque a decisão regional claramente revela que, ",o caso concreto, a MM. Magistrada concluiu através da prova oral que a testemunha Joelma de Almeida do Carmo não era contemporânea com a autora" (sic). O juiz detém ampla liberdade na condução do processo, podendo indeferir as diligências que entender desnecessárias ou impertinentes, conforme o seu convencimento. Não se verifica cerceio de defesa quando o juiz decide baseado nas provas já produzidas nos autos. NULIDADE DO CONTRATO DE APRENDIZ. O Tribunal Regional concluiu que o fato de o autor laborar além da 6ª hora diária, isoladamente, não torna nulo o contrato de aprendizagem, haja vista o § 1º do art. 432 da CLT permitir a prorrogação de até 8 horas diárias para o aprendiz que já tenha completado o ensino fundamental, se nelas forem computadas as horas destinadas à aprendizagem teórica. Extrai-se dos autos que o autor tinha 21 anos à época da contratação, o que torna presumível que já tivesse concluído os estudos do ensino

fundamental (dos 6 aos 14 anos), hipótese prevista para o elastecimento da jornada de trabalho até 8 horas diárias (art. 432, § 1º, da CLT). A decisão do Regional manteve a sentença que registrou que o autor não excedia em nenhum dia da semana a jornada de oito horas. A circunstância de a jornada de trabalho ser superior à contratada, por si só, não descaracteriza o contrato de aprendizagem. A decisão Regional está de acordo com o disposto no artigo 432, §1º, da CLT. Agravo de instrumento conhecido e desprovido (TST – AIRR-836-82.2016.5.17.0011, 3ª Turma, Relator Ministro Alexandre de Souza Agra Belmonte, *DEJT* 26/10/2018).

3.3.2. Da extinção do contrato de aprendizagem

Dispõe o art. 433 da CLT:

> **"O contrato de aprendizagem extinguir-se-á no seu termo ou quando o aprendiz completar 24 (vinte e quatro) anos, ressalvada a hipótese prevista no § 5º do art. 428 desta Consolidação, ou ainda antecipadamente nas seguintes hipóteses: a) e b) (Revogadas pela Lei 10.097/2000); I – desempenho insuficiente ou inadaptação do aprendiz, salvo para o aprendiz com deficiência quando desprovido de recursos de acessibilidade, de tecnologias assistivas e de apoio necessário ao desempenho de suas atividades; II – falta disciplinar grave; III – ausência injustificada à escola que implique perda do ano letivo; ou IV – a pedido do aprendiz. Parágrafo único. § 2º Não se aplica o disposto nos arts. 479 e 480 desta Consolidação às hipóteses de extinção do contrato mencionadas neste artigo".**

O contrato de aprendizagem é espécie do gênero contrato por prazo determinado. Desse modo, ele se extingue, naturalmente, com o advento do termo (final do prazo ou quando o aprendiz completar 24 anos de idade, salvo se portador de necessidade especiais).

Diante do presente dispositivo legal, o contrato de aprendizagem pode ser extinto antecipadamente, ou seja, antes de expirado seu prazo legal de duração, nas seguintes hipóteses:

a) desempenho insuficiente ou inadaptação do aprendiz, salvo para o aprendiz com deficiência quando desprovido de recursos de acessibilidade, de tecnologias assistivas e de apoio necessário ao desempenho de suas atividades: Neste caso, deve a empresa tomadora dos serviços comprovar o motivo;

b) falta disciplinar grave: são as hipóteses do art. 482 da CLT;

c) ausência injustificada à escola que implique perda do ano letivo;

d) a pedido do aprendiz: aqui a situação é análoga ao pedido de demissão.

Nas hipóteses de extinção antecipada do contrato de aprendizagem, não restam aplicáveis as indenizações dos arts. 479 e 480, ambos da CLT.

O contrato de aprendizagem somente pode ser extinto nas hipóteses mencionadas no presente artigo. Desse modo, o empregador não pode, sem justificativa, pôr fim ao contrato de aprendizagem.

Alguns autores, diante da redação do presente dispositivo, sustentam que este assegurou, durante a vigência do contrato de aprendizagem, a impossibilidade de rescisão imotivada pelo tomador dos serviços.

3.4. Da prescrição contra o menor

Dispõe o art. 402 da CLT:

> **"Contra os menores de 18 (dezoito) anos não corre nenhum prazo de prescrição.**

Para o empregado menor de 18 anos o prazo prescricional não flui, ou seja: a menoridade é causa impeditiva da prescrição.

Trata-se de regra protetiva ao menor empregado, a fim de que, enquanto não complete a maioridade, não flua o prazo prescricional.

Ao menor herdeiro aplica-se o Código Civil, e não a CLT. O art. 440 da CLT somente se aplica ao menor empregado.

Como bem adverte Homero Batista Mateus da Silva[16], "há forte entendimento jurisprudencial no sentido de que o filho de um trabalhador falecido tem o benefício da suspensão da prescrição somente até os 16 anos de idade, por força do art. 198, I, do CC. Como o filho do trabalhador não é ele próprio o trabalhador, o art. 440 não seria aplicável em seu benefício. A redação do art. 440 da CLT é genérica ('contra os menores de 18 anos'), mas ele está inserido evidentemente no corpo de uma legislação do trabalho do adolescente".

16. CLT Comentada. 3. ed. São Paulo: RT, 2021, p. 304.

CAPÍTULO XX

SEGURANÇA E MEDICINA DO TRABALHO

1. DO MEIO AMBIENTE DO TRABALHO

A CLT trata da Segurança e Medicina do Trabalho no capítulo V, que compõe, segundo a moderna doutrina, uma parte componente de um Direito mais amplo, denominado *Meio ambiente do Trabalho*, composto por normas de ordem pública, onde há uma forte intervenção do Estado disciplinado as regras de proteção da saúde, higiene e segurança do trabalhador.

Conforme Celso Antonio Pacheco Fiorillo[1], meio ambiente do trabalho "é o local onde as pessoas desempenham suas atividades laborais, sejam remuneradas ou não, cujo equilíbrio está baseado na salubridade do meio e na ausência de agentes que comprometam a incolumidade físico-psíquica dos trabalhadores, independentemente da condição que ostentem (homens ou mulheres, maiores ou menores de idade, celetistas, servidores públicos, autônomos etc.)".

Como bem adverte Raimundo Simão de Melo[2], "o meio ambiente do trabalho não se restringe ao local de trabalho estrito do trabalhador. Ele abrange o local de trabalho, os instrumentos de trabalho, o modo de execução de tarefas e a maneira como o trabalhador é tratado pelo empregador ou tomador de serviços e pelos próprios colegas de trabalho (...) O conceito

---

1. Curso de Direito Ambiental Brasileiro. São Paulo: Saraiva, 2000, p. 21.
2. Direito Ambiental do Trabalho e a Saúde do Trabalhador. 5. ed. São Paulo: LTr, 2013, p. 29.

de meio ambiente de trabalho deve levar em conta a pessoa do trabalhador, e em determinadas situações peculiares, pode englobar até a moradia".

Diante da necessidade de regulação de proteção do meio ambiente do trabalho, já há na doutrina, embora ainda sem uma autonomia nítida, o chamado *direito ambiental do trabalho*, constituído pelas normas que tutelam o meio ambiente do trabalho e protegem a saúde e segurança do trabalhador.

Júlio César de Sá da Rocha[3] nos traz a seguinte definição do direito ambiental do trabalho:

> "O Direito Ambiental do Trabalho é compreendido como sistema normativo que tutela o meio ambiente do trabalho (de forma imediata) e a saúde dos trabalhadores (de forma indireta), e como disciplina jurídica *in statu nascendi,* que descreve e compreende essa proteção normativa, tendo em vista o trabalhador em seu entorno de trabalho. Convém registrar que essa disciplina se propõe estabelecer análise sobre a proteção jurídica ao meio ambiente do trabalho, absorvendo, principalmente, elementos do Direito do Trabalho (proteção à incolumidade do trabalhador) e do Direito Ambiental (proteção ao meio ambiente), sem descurar das influências de outras disciplinas, como o recente Direito à Saúde".

Nos termos do art. 200, VIII, da Constituição Federal, "ao sistema único de saúde compete, além de outras atribuições, nos termos da lei: (...) VIII – colaborar na proteção do meio ambiente, nele compreendido o do trabalho".

Dispõe o art. 7º, XXII, da CF, ser direito fundamental do trabalhador, e consequentemente obrigação do empregador, a "redução dos riscos inerentes ao trabalho, por meio de normas de saúde, higiene e segurança".

O inciso 7º, XXII, da CF, por consagrar uma norma de direito fundamental não pode ficar somente em sede programática, devendo o empregador ou o tomador dos serviços de um trabalhador tomar medidas efetivas para manutenção de um meio ambiente adequado de trabalho e coibir os riscos de acidentes de trabalho.

O Brasil ratificou, em 18 de maio de 1992, a Convenção 155 da Organização Internacional do Trabalho (adotada pela Conferência Internacional em 1981), promulgando-se pelo Decreto 1.254, de 29 de setembro de 1994. Constitui ela, em consequência, lei vigente no País. Em virtude dessa

---

3. Direito Ambiental do Trabalho. São Paulo: LTr, 2022, p. 276.

ratificação, por força do disposto no art. 4º, § 1º, da Convenção, o Brasil se obriga a formular, pôr em prática e reexaminar periodicamente uma política nacional coerente em matéria de segurança e saúde dos trabalhadores e o meio ambiente de trabalho. Aduz o art. 3º, alínea *e*, da Convenção, que o termo saúde, com relação ao trabalho, abrange não só a ausência de afecções ou de doenças, mas também os elementos físicos e mentais que afetam a saúde e estão diretamente relacionados com a segurança e higiene no trabalho.[4]

Portanto, são direitos de todos os trabalhadores, sejam eles empregados ou não, trabalhar em meio ambiente de trabalho seguro, e com condições de salubridade adequados.

De outro lado, empregados que trabalham em meio ambiente inadequado, sem condições de segurança, em condições de risco acentuado, submetidos a grande carga de *stress* funcional, com probabilidade acentuada de sofrerem acidentes e moléstias profissionais, fazem jus à reparação por danos morais por violação à sua dignidade e aos direitos da personalidade (integridade física e intelectual e também o mais precioso direito da pessoa, que é o direito à vida – art. 5º, *caput*, da CF).

Conforme conclui Raimundo Simão de Melo[5], "o Direito Ambiental do Trabalho constitui direito difuso fundamental inerente às normas sanitárias e de saúde do trabalhador (CF, art. 196), o qual, por isso, merece a proteção dos Poderes Públicos e da sociedade organizada, conforme estabelece o art. 225 da Constituição Federal. É difusa a natureza, ainda, porque as consequências decorrentes da sua degradação, como, por exemplo, os acidentes de trabalho, embora com repercussão imediata no campo individual, atingem, finalmente, toda a sociedade, que paga a conta final".

2. PRINCÍPIOS DO DIREITO AMBIENTAL DO TRABALHO

A doutrina tem sistematizado princípios do direito ambiental do trabalho, como forma de sistematizar o estudo e facilitar a interpretação e aplicação das normas que tutelam o meio ambiente do trabalho.

Esses princípios, na verdade, pertencem à teoria geral do Direito Ambiental, os quais restam aplicáveis ao Direito Ambiental do Trabalho.

4. In: ROMITA, Arion Sayão. *Direitos fundamentais e relações de trabalho*. São Paulo: LTr, 2005, p. 377.
5. Op. cit., p. 33.

São princípios do direito ambiental do trabalho:

a) **Prevenção:** empresas, empregadores e empregados devem adotar condutas no sentido de prevenir a degradação do meio ambiente do trabalho, e evitar riscos à segurança e saúde do trabalhador.

Como destaca Raimundo Simão de Melo[6], "o princípio da prevenção está consagrado no *caput* do art. 225 da Constituição Federal brasileira, quando diz que incumbe ao Poder Público e à coletividade o dever de defender e preservar o meio ambiente equilibrado para as presentes e futuras gerações".

b) **Precaução:** significa cuidado, prudência, cautela. Empresas, empregadores e empregados devem tomar medidas de precaução para manutenção ao meio ambiente de trabalho equilibrado.

Como destaca Raimundo Simão de Melo[7], precaução, em Direito Ambiental, tem a ver com risco, prejuízo, irreversibilidade e incerteza. Em outras palavras, mesmo na incerteza do risco, mas diante da irreversibilidade dos prejuízos eventuais ao ser humano, deve-se adotar medidas preventivas, pois o aspecto humano prevalece em face do econômico (CF, art. 170).

c) **Desenvolvimento sustentável:** conforme Raimundo Simão de Melo[8], "o princípio do desenvolvimento sustentável procura compatibilizar a atuação da economia com a preservação e equilíbrio do meio ambiente em todos os seus aspectos".

As empresas e empregadores devem compatibilizar o exercício da atividade econômica com a preservação do meio ambiente do trabalho.

d) **poluidor-pagador**: este princípio parte da premissa de que a pessoa que está degradando ou poluindo o meio ambiente deve sofrer sanções severas de natureza econômica. Além disso, o poluidor deverá ser responsabilizado de forma objetiva pelos danos ambientais, sem excluir sua responsabilização em outras esferas do direito, como a criminal.

e) **participação:** conforme Raimundo Simão de Melo[9], "esse princípio decorre do quanto disposto no *caput* do art. 225 da CF que incumbe ao Poder Público, e à sociedade preservar e proteger o meio ambiente. A

---

6. Direito Ambiental do Trabalho e a saúde do trabalhador. 5. ed. São Paulo: LTr, 2013, p. 54.
7. Op. cit., p. 55-56.
8. Op. cit., p. 61.
9. Op. cit., p. 64.

obrigação de defender o meio ambiente, portanto, não é só do Estado, nem só da coletividade, mas de ambos".

f) ubiquidade: segundo Raimundo Simão de Melo[10], "a ubiquidade do meio ambiente nasce de uma ligação desse direito e seus valores com as demais áreas de atuação e desenvolvimento dos seres humanos, como epicentro de tudo (...) quando se fala em meio ambiente do trabalho, é de se pensar nas consequências de um acidente ou doença laboral que atingem não somente o homem como trabalhador, mas este como ser humano; o de se pensar nas consequências financeiras, sociais e humanas para a vítima, mas também para a empresa, e, finalmente, para toda a sociedade, a qual, em última análise, responde pelas mazelas sociais em todos os seus aspectos".

2.1. Competência da Justiça do Trabalho para as ações relacionadas ao Meio Ambiente do Trabalho

Nos termos do art. 114 da Constituição Federal, está prevista a competência material para as ações relacionadas ao meio ambiente do trabalho.

O Supremo Tribunal Federal editou a Súmula 736, nos seguintes termos:

> "Compete à Justiça do Trabalho julgar as ações que tenham como causa de pedir o descumprimento de normas trabalhistas relativas à segurança, higiene e saúde dos trabalhadores."

Diante do entendimento sumulado pelo STF, todas as ações relacionadas ao descumprimento de normas de segurança, higiene e saúde dos trabalhadores, às quais se reportam ao Meio Ambiente do Trabalho, devem ser propostas na Justiça do Trabalho.

No aspecto, destaca-se a seguinte ementa, oriunda da mais alta corte trabalhista do país, *in verbis*:

> RECURSO DE REVISTA DO MINISTÉRIO PÚBLICO DO TRABALHO. LEI Nº 13.015/2014. CPC/2015. INSTRUÇÃO NORMATIVA Nº 40 DO TST. LEI Nº 13.467/2017. AÇÃO CIVIL PÚBLICA. COMPETÊNCIA DA JUSTIÇA DO TRABALHO. MEIO AMBIENTE DO TRABALHO. DESCUMPRIMENTO DE NORMAS RELATIVAS À SAÚDE E SEGURANÇA DOS MOTORISTAS DE CAMINHÕES QUE CARREGAM CANA-DE-AÇÚCAR. TRANSPORTE DA

10. Op. cit., p. 65.

CARGA EM QUANTIDADES SUPERIORES AO MÁXIMO PERMITIDO PELA LEI DE TRÂNSITO. DIREITO A UM MEIO AMBIENTE DE TRABALHO SEGURO E SAUDÁVEL COMO UM DOS PRINCÍPIOS E DIREITOS FUNDAMENTAIS DA ORGANIZAÇÃO INTERNACIONAL DO TRABALHO (OIT) E TUTELADOS NA CONSTITUIÇÃO DA REPÚBLICA FEDERATIVA DO BRASIL. TRANSCENDÊNCIA ECONÔMICA RECONHECIDA. Em relação à transcendência econômica, esta Turma estabeleceu como referência, para o recurso do empregado, o valor fixado no artigo 852-A da CLT (também aplicado aos recursos interpostos pelo Ministério Público do Trabalho) e, na hipótese dos autos, há elementos a respaldar a conclusão de que os pedidos rejeitados e devolvidos à apreciação desta Corte ultrapassam o valor de 40 salários mínimos. Assim, admite-se a transcendência da causa. No mérito, trata-se de ação civil pública que visa a impedir que os trabalhadores motoristas das rés trafeguem com os caminhões em vias públicas com carga de cana-de-açúcar que exceda ao limite de peso previsto nas normas de trânsito. O cerne da controvérsia, portanto, consiste em saber se a pretensão repousa tão somente sobre normas de regulação do transporte, do ponto de vista da permissão para o tráfego do veículo, ou se, de alguma forma, tangencia a compreensão do meio ambiente de trabalho. A nova ordem inaugurada a partir da promulgação da Emenda Constitucional nº 45/2004 deve merecer do intérprete a adoção de conduta propositiva, no sentido de torná-la eficaz. Se o desejo foi de ampliar a competência desta Justiça Especializada, que seja ampliada. No contexto criado desde então, um tema despertou atenção especial: a competência para o julgamento de ações acidentárias. Em 29 de junho de 2005, uma decisão mudaria a história da Justiça do Trabalho e daria novos e definitivos rumos ao tema. Nessa data, em julgamento histórico, o STF, ao decidir o Conflito de Competência nº 7204, sob a relatoria do Exmo. Ministro Carlos Ayres Britto, firmou a competência do Judiciário Trabalhista para conhecer e julgar ações propostas por empregados, cujo objetivo consistisse na reparação de danos causados em virtude de acidentes do trabalho ou doenças ocupacionais, com modulação de efeitos, no sentido de manter sob a apreciação da Justiça Comum estadual as causas em que já houvesse sido proferida sentença de mérito. Posteriormente, o STF editou a Súmula Vinculante nº 22 e, definitivamente, espancou quaisquer controvérsias a respeito do tema. É nesse contexto histórico, social e jurídico que se insere o debate da competência para julgamento de ações sobre danos ao meio ambiente do trabalho. Com efeito, no sistema jurídico contemporâneo, uma das mais relevantes normas dirigidas à proteção e à saúde do empregado está prevista no artigo 7º, XXII, da Constituição da República, que assegura o direito à proteção dos riscos que o trabalho proporciona. Trata-se de direito multiforme, de natureza individual simples, individual homogêneo e até mesmo coletivo ou difuso, em que se busca estabelecer diretriz a ser observada por tantos quantos a quem a norma se dirija, no sentido de serem promovidas ações em concreto para prevenir ou minimizar as consequências que o labor propicia. São os chamados direitos de terceira dimensão, que ultrapassam a individualidade do ser humano, interessando a toda uma coletividade. Não só os indivíduos têm direitos; os grupos também os têm. Nesse panorama jurídico encontra-se o dever atribuído ao empregador de proteção ao meio ambiente (nele incluído o meio ambiente do trabalho – artigos 200, VI, e 225 da Constituição Federal) com assento constitucional (artigo 170, VI) e materializado, entre outros, no vetusto dever de cumprimento das normas de proteção ao trabalho, delineado no artigo 157 da CLT, especialmente nos incisos I e II, que lhe impõe a obrigação genérica de atendimento às normas relativas à segurança e medicina do trabalho, além de também incluir o dever de informação – ou de "instrução", como preferiu o legislador – no tocante aos procedimentos preventivos a serem adotados na execução do labor. Evidente que tais normas se dirigem primordialmente às relações de emprego, mormente porque previstas na CLT ao lado de outras, a exemplo do disposto nos artigos 160, 162, 163, 165 e 168. Acrescente-se, também, a jurisprudência consolidada na Súmula nº 736 do STF, em que se reconhece a competência da Justiça do Trabalho para o julgamento das "ações que tenham como causa de pedir o descumprimento de normas trabalhistas relativas à segurança, higiene e saúde dos trabalhadores". Por esses fundamentos, não há mais lugar para a rasa interpretação de que o cenário da competência outorgada à Justiça do Trabalho permanece restrito ao embate direto entre empregado e empregador ou, após a EC nº 45/2004, ao trabalhador e tomador dos serviços. A conjugação dos preceitos contidos nos incisos I e VI do artigo 114 da Constituição Federal autoriza concluir que o constituinte reformador ampliou sobremaneira tais horizontes, razões pelas quais incumbe à Justiça do Trabalho a competência para julgar ações dirigidas ao cumprimento de normas de saúde, medicina e segurança do trabalho, ou voltadas à proteção do meio ambiente do trabalho, ou mesmo dirigidas a propiciar a redução dos riscos do trabalho, propostas pelo ou contra o responsável pelo respectivo cumprimento, ainda que se trate da Administração Pública ou envolva trabalhadores terceirizados ou autônomos. Na mesma linha, importa salientar que a compreensão do meio ambiente do trabalho como sistema é interessante e se relaciona diretamente com o caso em análise, por envolver normas de naturezas distintas da laboral, mas que se interligam naquilo que representam proteção à saúde do trabalhador, verdadeira "LABOSFERA", na expressão de Wagson Lindolfo José Filho. No caso das pessoas que atuam na condução de veículos, não se pode negar que o desatendimento das normas que regulam o limite de cargas, conquanto possa representar, de prêmio, violação das regras do Código de Trânsito Brasileiro (Lei nº 9.504/1997), põe em risco uma infinidade de indivíduos, mas também representa, de modo direto, risco direto, específico e mais acentuado de acidentes para aquele que se encontra na direção, maior interessado na preservação de sua saúde física e mental. Trata-se de verdadeira interseção de normas, pois o limite fixado pela lei de trânsito se vincula à capacidade do veículo, à segurança do motorista e das demais pessoas que trafegam nas rodovias por ele percorridas, como também de toda a sociedade, seja pelo risco em si, seja pela conservação das rodovias, seja pelo custeio do sistema previdenciário, em caso de concessão de benefícios etc. Pensar que o tema só interessa ao Poder Público para fins de aplicação de sanções de trânsito é negar que, para o motorista, o meio ambiente do trabalho resulta das circunstâncias em torno das quais o seu trabalho é realizado, o que, por certo, inclui as condições de manutenção do veículo, limites à jornada de trabalho, concessão de intervalos intra e interjornadas, proibição de utilização de substâncias psicoativas, entre outras, todas elas componentes da higiene, saúde e segurança do trabalho. Se o veículo trafega com carga acima do limite de tonelagem fixado pelas normas de trânsito, é inegável afirmar que potencializa e amplia o risco da ocorrência de acidentes. Estudos comprovam tal afirmação. Portanto, o excesso de peso como fator de risco para os acidentes envolvendo caminhões decididamente não é um tema exclusivamente afeto ao cumprimento das regras de trânsito. Muito ao contrário, autoriza reconhecer a maior probabilidade de que eventos danosos à saúde possam acontecer, circunstância que atenta de modo direto contra o Princípio da Prevenção, um dos mais importantes no Direito Ambiental, inclusive do Trabalho, consagrado expressamente pela Declaração do Rio sobre Meio Ambiente e Desenvolvimento (a Rio-92) – Princípio 15 –, diante da alta probabilidade do infortúnio laboral, ou, quando menos, contra o Princípio da Precaução. É inegável que tais princípios encontram aplicação no Direito Ambiental do Trabalho, em especial pela correlação existente entre os artigos 170, 200, VIII, e 225, da Constituição, e a previsão contida na Convenção nº 155 da OIT. É dever do empregador, oriundo do contrato de trabalho, proteger a saúde, nele incluídos o bem-estar físico, mental e social do empregado e a preservação de condições dignas de trabalho. Assinale-se que essa competência não seria afastada ainda que viessem a ser utilizadas para a solução da controvérsia normas inseridas no Código de Trânsito Brasileiro. Essa compreensão, desde muito tempo, foi afirmada pelo STF (CC nº 6.959, Pleno, Rel. Min. Sepúlveda Pertence, em 23 de maio de 1990). Ademais, o direito a um meio ambiente de trabalho seguro e saudável passou a integrar o rol dos Princípios e Direitos Fundamentais da Organização Internacional do Trabalho (OIT). Logo, a matéria em discussão é sim da competência desta Justiça Especializada, por envolver questão referente ao meio ambiente de trabalho. Recurso de revista conhecido e provido" (TST RR-12366-36.2015.5.15.0056, 7ª Turma, Relator Ministro Claudio Mascarenhas Brandão, *DEJT* 01/07/2022).

3. DA SEGURANÇA E MEDICINA DO TRABALHO

A segurança e medicina do trabalho é o capítulo mais expressivo que compõe as normas do direito ambiental do trabalho, composto por normas de ordem pública destinadas a propiciar conforto e segurança ao trabalhador no exercício de sua atividade profissional.

No aspecto, dispõe o art. 154 da CLT, *in verbis*:

> "A observância, em todos os locais de trabalho, do disposto neste Capítulo, não desobriga as empresas do cumprimento de outras disposições que, com relação à matéria, sejam incluídas em códigos de obras ou regulamentos sanitários dos Estados ou Municípios em que se situem os respectivos estabelecimentos, bem como daquelas oriundas de convenções coletivas de trabalho."

O Ministério do Trabalho e Emprego é o órgão encarregado de estabelecer, dentro de sua competência e nos limites da Lei, regramentos sobre segurança e saúde dos trabalhadores, bem como atividade fiscalizatória.

O Ministério do Trabalho edita as Normas Regulamentadora (NR) que detalham os protocolos que as empregadores e empregados devem cumprir para resguardar a saúde e segurança no trabalho, conforme a natureza da atividade exercida.

Os atos e resoluções do Ministério do Trabalho referentes à segurança e saúde do trabalho constituem regramentos compulsórios com força de lei, uma vez que a Consolidação das Leis do Trabalho (arts. 154 e 155) atribuiu competência a este órgão para regulamentação da matéria.

As Normas Regulamentadoras (NR) são disposições complementares ao capítulo V da CLT, consistindo em obrigações, direitos e deveres a serem cumpridos por empregadores e trabalhadores com o objetivo de garantir trabalho seguro e sadio, prevenindo a ocorrência de doenças e acidentes de trabalho. A elaboração/revisão das NR é realizada pelo Ministério do Trabalho adotando o sistema tripartite paritário por meio de grupos e comissões compostas por representantes do governo, de empregadores e de empregados.[11]

Nos termos do art. 24 do Decreto 10.854/21 da Presidência da República:

> "São diretrizes para elaboração e revisão das normas regulamentadoras de segurança e saúde no trabalho, nos termos do disposto no art. 200 da Consolidação das Leis do Trabalho, aprovada pelo Decreto-Lei nº 5.452, de 1943, no art. 13 da Lei nº 5.889, de 1973, e no art. 9º da Lei nº 9.719, de 27 de novembro de 1998: I – redução dos riscos inerentes ao trabalho, prevenção de acidentes de trabalho e doenças ocupacionais e promoção da segurança e saúde do trabalhador; II – a dignidade da pessoa humana, o valor social do trabalho, a valorização do trabalho humano, o livre exercício da atividade econômica e a busca do pleno emprego, nos termos do disposto nos incisos III e IV do *caput* do art. 1º e nos incisos IV e VIII do *caput* do art. 170 da Constituição; III – o embasamento técnico ou científico, a atualidade das normas com o estágio corrente de desenvolvimento tecnológico e a compatibilidade dos marcos regulatórios brasileiro e internacionais; IV – a harmonização, a consistência, a praticidade, a coerência e a uniformização das normas; V – a transparência, a razoabilidade e a proporcionalidade no exercício da competência normativa; VI – a simplificação e a desburocratização do conteúdo das normas regulamentadoras; e VII – a intervenção subsidiária e

11. Disponível em: https://enit.trabalho.gov.br/portal/index.php/seguranca-e-saude-no-trabalho/sst-menu/sst-normatizacao/sst-nr-portugues?view=default. Acesso em: 18. fev. 2021.

excepcional do Estado sobre o exercício de atividades econômicas, nos termos do disposto no inciso III do *caput* do art. 2º da Lei nº 13.874, de 2019, incluído o tratamento diferenciado à atividade econômica de baixo risco à saúde e à segurança no ambiente de trabalho. Parágrafo único. Poderá ser previsto tratamento diferenciado e favorecido para as microempresas e empresas de pequeno porte, nos termos do disposto no inciso IX do *caput* do art. 170 da Constituição, e na Lei Complementar nº 123, de 2006, quando o nível de risco ocupacional assim permitir."

Há, atualmente, 38 (trinta e oito) normas regulamentares do extinto Ministério do Trabalho (atual Ministério da Economia, estando 36 (trinta e seis) em vigor). São elas:

NR-1 – DISPOSIÇÕES GERAIS;

NR-2 – INSPEÇÃO PRÉVIA (REVOGADA pela PORTARIA SEPRT n.º 915, de 30 de julho de 2019, publicada no DOU de 31/07/2019);

NR-3 – EMBARGO OU INTERDIÇÃO;

NR-4 – SERVIÇOS ESPECIALIZADOS EM ENGENHARIA DE SEGURANÇA E EM MEDICINA DO TRABALHO;

NR-5 – COMISSÃO INTERNA DE PREVENÇÃO DE ACIDENTES;

NR-6 – EQUIPAMENTO DE PROTEÇÃO INDIVIDUAL – EPI;

NR-7 – PROGRAMA DE CONTROLE MÉDICO E SAÚDE OCUPACIONAL;

NR-8 – EDIFICAÇÕES;

NR-9 – AVALIAÇÃO E CONTROLE DAS EXPOSIÇÕES OCUPACIONAIS A AGENTES FÍSICOS, QUÍMICOS E BIOLÓGICOS;

NR-10 – SEGURANÇA EM INSTALAÇÕES E SERVIÇOS EM ELETRICIDADE;

NR-11 – TRANSPORTE, MOVIMENTAÇÃO, ARMAZENAGEM E MANUSEIO DE MATERIAIS;

NR-12 – SEGURANÇA NO TRABALHO EM MÁQUINAS E EQUIPAMENTOS;

NR-13 – CALDEIRAS, VASOS DE PRESSÃO E TUBULAÇÕES E TANQUES METÁLICOS DE ARMAZENAMENTO;

NR-14 – FORNOS;

NR-15 – ATIVIDADES E OPERAÇÕES INSALUBRES;

NR-16 – ATIVIDADES E OPERAÇÕES PERIGOSAS;

NR-17 – ERGONOMIA;

NR-18 – CONDIÇÕES E MEIO AMBIENTE DE TRABALHO NA INDÚSTRIA DA CONSTRUÇÃO;

NR-19 – EXPLOSIVOS;

NR-20 – SEGURANÇA E SAÚDE NO TRABALHO COM INFLAMÁVEIS E COMBUSTÍVEIS;

NR-21 – TRABALHOS A CÉU ABERTO;

NR-22 – SEGURANÇA E SAÚDE OCUPACIONAL NA MINERAÇÃO;

NR-23 – PROTEÇÃO CONTRA INCÊNDIOS;

NR-24 – CONDIÇÕES SANITÁRIAS E DE CONFORTO NOS LOCAIS DE TRABALHO;

NR-25 – RESÍDUOS INDUSTRIAIS;

NR-26 – SINALIZAÇÃO DE SEGURANÇA;

NR-27 – REGISTRO PROFISSIONAL DO TÉCNICO DE SEGURANÇA DO TRABALHO (REVOGADA);

NR-28 – FISCALIZAÇÃO E PENALIDADES;

NR-29 – NORMA REGULAMENTADORA DE SEGURANÇA E SAÚDE NO TRABALHO PORTUÁRIO;

NR-30 – SEGURANÇA E SAÚDE NO TRABALHO AQUAVIÁRIO;

NR-31 – SEGURANÇA E SAÚDE NO TRABALHO NA AGRICULTURA, PECUÁRIA SILVICULTURA, EXPLORAÇÃO FLORESTAL E AQUICULTURA;

NR-32 – SEGURANÇA E SAÚDE NO TRABALHO EM SERVIÇOS DE SAÚDE;

NR-33 – SEGURANÇA E SAÚDE NOS TRABALHOS EM ESPAÇOS CONFINADOS;

NR-34 – CONDIÇÕES E MEIO AMBIENTE DE TRABALHO NA INDÚSTRIA DA CONSTRUÇÃO, REPARAÇÃO E DESMONTE NAVAL;

NR-35 – TRABALHO EM ALTURA;

NR-36 – SEGURANÇA E SAÚDE NO TRABALHO EM EMPRESAS DE ABATE E PROCESSAMENTO DE CARNES E DERIVADOS;

NR-37 – SEGURANÇA E SAÚDE EM PLATAFORMAS DE PETRÓLEO;

NR-38 – SEGURANÇA E SAÚDE DOS TRABALHADORES NA ÁREA DE LIMPEZA URBANA.

4. OBRIGAÇÕES DAS EMPRESAS E DOS EMPREGADORES

Constitui obrigação das empresas e dos empregadores fazer cumprir as Norma Regulamentadoras, bem como tomar as medidas preventivas e repressivas com o objetivo de garantir trabalho seguro e sadio, evitando a ocorrência de doenças e acidentes de trabalho.

Não basta apenas instruir os empregados, ou simplesmente fornecer os equipamentos de segurança individuais (EPIs), há necessidade de acompanhamento e fiscalização das atividades. Também as empresas devem facilitar o exercício da atividade fiscalizatória pelas autoridades competentes.

Nesse sentido, dispõe o art. 158 da CLT, *in verbis*:

> "Cabe aos empregados: I – observar as normas de segurança e medicina do trabalho, inclusive as instruções de que trata o item II do artigo anterior; II – colaborar com a empresa na aplicação dos dispositivos deste Capítulo. Parágrafo único. Constitui ato faltoso do empregado a recusa injustificada: a) à observância das instruções expedidas pelo empregador na forma do item II do artigo anterior; b) ao uso dos equipamentos de proteção individual fornecidos pela empresa."

Conforme a Súmula 289 do TST, o simples fornecimento do aparelho de proteção pelo empregador não o exime do pagamento do adicional de insalubridade. Cabe-lhe tomar as medidas que conduzam à diminuição ou eliminação da nocividade, entre as quais as relativas ao uso efetivo do equipamento pelo empregado."

5. OBRIGAÇÕES DO EMPREGADO

O empregado também tem o dever de cumprir as Normas de proteção e saúde do trabalho. Esses deveres estão detalhados na Norma Regulamentadora 1.

Nos termos do item 1.4.2 da NR -1:

> "Cabe ao trabalhador: a) cumprir as disposições legais e regulamentares sobre segurança e saúde no trabalho, inclusive as ordens de serviço expedidas pelo empregador; b) submeter-se aos exames médicos previstos nas NR; c) colaborar com a organização na aplicação das NR; e d) usar o equipamento de proteção individual fornecido pelo empregador".

Conforme o item 1.4.2.1 da NR-1, "constitui ato faltoso a recusa injustificada do empregado ao cumprimento do disposto nas alíneas do subitem anterior".

Segundo o item 1.4.3, da NR-1, "o trabalhador poderá interromper suas atividades quando constatar uma situação de trabalho onde, a seu ver, envolva um risco grave e iminente para a sua vida e saúde, informando imediatamente ao seu superior hierárquico".

O empregado também tem o dever de cumprir as Normas de proteção e saúde no trabalho. Esses deveres estão detalhados na Norma Regulamentadora 1.

Nos termos do item 1.4.2 da NR -1:

> "Cabe ao trabalhador: a) cumprir as disposições legais e regulamentares sobre segurança e saúde do trabalho, inclusive as ordens de serviço expedidas pelo empregador; b) submeter-se aos exames médicos previstos nas NR; c) colaborar com a organização na aplicação das NR; e d) usar o equipamento de proteção individual fornecido pelo empregador.

Conforme o item 1.4.2.1 da NR-1, "constitui ato faltoso a recusa injustificada do empregado ao cumprimento do disposto nas alíneas do subitem anterior".

Segundo o item 1.4.3 da NR-1, "o trabalhador poderá interromper suas atividades quando constatar uma situação de trabalho onde, a seu ver, envolva um risco grave e iminente para a sua vida e saúde, informando imediatamente ao seu superior hierárquico".

Conforme o parágrafo único do art. 158 da CLT, constitui ato faltoso do empregado a recusa injustificada: a) à observância das instruções expedidas pelo empregador na forma do item II do art. 157 da CLT; b) ao uso dos equipamentos de proteção individual fornecidos pela empresa.

O empregador deverá exercer o poder disciplinar, advertindo, suspendendo, ou até mesmo dispensar o empregado por justa causa, conforme a gravidade da conduta, caso o trabalhador esteja descumprindo, injustificadamente, as normas de segurança e saúde do trabalho, principalmente, quanto ao uso dos equipamentos de proteção individual.

Caso o ato seja grave, ainda que único, o empregador poderá dispensar o empregado por justa causa, em razão de ato de indisciplina (art. 482, "h", da CLT em conjunto com o parágrafo único do art. 158 da CLT).

No aspecto, destaca-se a seguinte ementa:

> RECURSO DE REVISTA. RESCISÃO CONTRATUAL. JUSTA CAUSA. I. O parágrafo único, "b", do art. 158 da CLT dispõe que "Constitui ato faltoso do empregado a recusa injustificada ao uso dos equipamentos de proteção individual fornecidos pela empresa". Ademais, o art. 482, "h", da CLT estabelece que constitui "justa causa para rescisão do contrato de trabalho pelo empregador", "ato de indisciplina ou de insubordinação". Por outro lado, a gradação, proporcionalidade e adequação entre a falta e a penalidade cometida pelo empregado constituem requisitos para a aplicação da justa causa construídos pela doutrina e jurisprudência. II. No presente caso, extrai-se de acórdão recorrido que "o autor recusou-se a cumprir as normas de segurança da empresa ao não utilizar os EPIs necessários em duas ocasiões". A Corte Regional registrou que "o autor cometeu os atos faltosos em duas oportunidades: na primeira, foi advertido por escrito, em 04/02/2011 (fl. 101), sendo que em 14/02/2011, foi dispensado por justa causa, em razão da reiteração da falta (fl. 105)". III. Sob esse enfoque, considerando que o Reclamante cometeu ato faltoso de indisciplina ao se recusar injustificadamente a cumprir as normas de segurança da empresa referentes ao uso de EPI's em duas oportunidades e que, na primeira delas, já havia sido advertido por escrito pela Reclamada, tem-se que a decisão regional em que se invalidou a dispensa por justa causa viola o art. 158, parágrafo único, "b", c/c art. 482, "h", ambos da CLT. IV. Recurso de revista de que se conhece e a que se dá provimento (TST – RR-526-14.2011.5.09.0322, 4ª Turma, Relator Ministro Fernando Eizo Ono, *DEJT* 05/12/2014).

6. ÓRGÃOS DE SEGURANÇA E MEDICINA DO TRABALHO NAS EMPRESAS – SESMT

Dispõe o art. 162 da CLT:

> "As empresas, de acordo com normas a serem expedidas pelo Ministério do Trabalho, estarão obrigadas a manter serviços especializados em segurança e em medicina do trabalho. Parágrafo único. As normas a que se refere este artigo estabelecerão: a) classificação das empresas segundo o número de empregados e a natureza do risco de suas atividades; b) o número mínimo de profissionais especializados exigido de cada empresa, segundo o grupo em que se classifique, na forma da alínea anterior; c) a qualificação exigida para os profissionais em

> questão e o seu regime de trabalho; d) as demais características e atribuições dos serviços especializados em segurança e em medicina do trabalho, nas empresas."

As empresas, conforme as Normas Regulamentaras do MTE, deverão manter serviços especializados em segurança e medicina do trabalho.

Os Serviços Especializados em Engenharia de Segurança e em Medicina do Trabalho (**SESMT**) estão previstos na NR-4, estando dimensionados conforme o número de empregados da empresa e o grau de risco, sendo constituídos por médicos do trabalho, engenheiros do trabalho e enfermeiros do trabalho, tendo por objetivo a prevenção de acidentes e doenças do trabalho, bem como promover a saúde e o bem-estar ambiente do trabalhador.

Nos termos do item 4.2.1, da NR4, do MTe:

> "As organizações e os órgãos públicos da administração direta e indireta, bem como os órgãos dos Poderes Legislativo e Judiciário e do Ministério Público, que possuam empregados regidos pelo Decreto-Lei nº 5.452, de 1º de maio de 1943 - Consolidação das Leis do Trabalho - CLT, devem constituir e manter os SESMT, no local de trabalho, nos termos definidos nesta NR."

7. COMISSÕES INTERNAS DE PREVENÇÃO DE ACIDENTES (CIPA)

Dispões o art. 163 da CLT:

> "Será obrigatória a constituição de Comissão Interna de Prevenção de Acidentes e de Assédio (Cipa), em conformidade com instruções expedidas pelo Ministério do Trabalho e Previdência, nos estabelecimentos ou nos locais de obra nelas especificadas. Parágrafo único – O Ministério do Trabalho regulamentará as atribuições, a composição e o funcionamento das CIPA(s)."

A Lei 14.457/22 alterou o presente dispositivo para determinar que as empresas, nos termos das normas do Ministério do Trabalho e Previdência, criem comissões de prevenção de acidentes de trabalho e de Assédio, tanto moral como sexual. Trata-se de alteração significativa para melhoria da saúde mental dos trabalhadores, uma vez que o assédio, seja ele sexual ou moral, traz uma série de transtornos de ordem psicológica e contribui para a degradação do meio ambiente do trabalho.

Nos termos do art. 23 da Lei 14.457/22, "para a promoção de um ambiente laboral sadio, seguro e que favoreça a inserção e a manutenção de mulheres no mercado de trabalho, as empresas com Comissão Interna de Prevenção de Acidentes e de Assédio (Cipa) deverão adotar as seguintes medidas, além de outras que entenderem necessárias, com vistas à prevenção e ao combate ao assédio sexual e às demais formas de violência no âmbito do trabalho: I – inclusão de regras de conduta a respeito do assédio sexual e de outras formas de violência nas normas internas da empresa, com ampla divulgação do seu conteúdo aos empregados e às empregadas; II – fixação de procedimentos para recebimento e acompanhamento de denúncias, para apuração dos fatos e, quando for o caso, para aplicação de sanções administrativas aos responsáveis diretos e indiretos pelos atos de assédio sexual e de violência, garantido o anonimato da pessoa denunciante, sem prejuízo dos procedimentos jurídicos cabíveis; III – inclusão de temas referentes à prevenção e ao combate ao assédio sexual e a outras formas de violência nas atividades e nas práticas da Cipa; e IV – realização, no mínimo a cada 12 (doze) meses, de ações de capacitação, de orientação e de sensibilização dos empregados e das empregadas de todos os níveis hierárquicos da empresa sobre temas relacionados à violência, ao assédio, à igualdade e à diversidade no âmbito do trabalho, em formatos acessíveis, apropriados e que apresentem máxima efetividade de tais ações. § 1º O recebimento de denúncias a que se refere o inciso II do caput deste artigo não substitui o procedimento penal correspondente, caso a conduta denunciada pela vítima se encaixe na tipificação de assédio sexual contida no art. 216-A do Decreto-Lei nº 2.848, de 7 de dezembro de 1940 (Código Penal), ou em outros crimes de violência tipificados na legislação brasileira."

> § 2º O prazo para adoção das medidas previstas nos incisos I, II, III e IV do caput deste artigo é de 180 (cento e oitenta) dias após a entrada em vigor desta Lei.

A Comissão Interna de Prevenção de Acidentes – CIPA tem sua regulamentação na NR-5.

Nos termos da NR-5, item 5.1.1:

> "Esta norma regulamentadora - NR estabelece dos parâmetros e os requisitos da Comissão Interna de Prevenção de Acidentes e de Assédio - CIPA tendo por objetivo a prevenção de acidentes e doenças relacionadas ao trabalho, de modo a tornar compatível

> permanentemente o trabalho com a preservação da vida e promoção da saúde do trabalhador." *(Portaria MTP nº 4.219, de 20 de dezembro de 2022 - redação que entrou em vigor no dia 20 de março de 2023)*

Nos termos da NR-5, item 5.3.1:

> "A CIPA tem por atribuição: a) acompanhar o processo de identificação de perigos e avaliação de riscos bem como a adoção de medidas de prevenção implementadas pela organização; b) registrar a percepção dos riscos dos trabalhadores, em conformidade com o subitem 1.5.3.3 da NR-01, por meio do mapa de risco ou outra técnica ou ferramenta apropriada à sua escolha, sem ordem de preferência, com assessoria do Serviço Especializado em Segurança e em Medicina do Trabalho - SESMT, onde houver; c) verificar os ambientes e as condições de trabalho visando identificar situações que possam trazer riscos para a segurança e saúde dos trabalhadores; d) elaborar e acompanhar plano de trabalho que possibilite a ação preventiva em segurança e saúde no trabalho; e) participar no desenvolvimento e implementação de programas relacionados à segurança e saúde no trabalho; f) acompanhar a análise dos acidentes e doenças relacionadas ao trabalho, nos termos da NR-1 e propor, quando for o caso, medidas para a solução dos problemas identificados; g) requisitar à organização as informações sobre questões relacionadas à segurança e saúde dos trabalhadores, incluindo as Comunicações de Acidente de Trabalho - CAT emitidas pela organização, resguardados o sigilo médico e as informações pessoais; h) propor ao SESMT, quando houver, ou à organização, a análise das condições ou situações de trabalho nas quais considere haver risco grave e iminente à segurança e saúde dos trabalhadores e, se for o caso, a interrupção das atividades até a adoção das medidas corretivas e de controle; i) promover, anualmente, em conjunto com o SESMT, onde houver, a Semana Interna de Prevenção de Acidentes do Trabalho - SIPAT, conforme programação definida pela CIPA; e j) incluir temas referentes à prevenção e ao combate ao assédio sexual e a outras formas de violência no trabalho nas suas atividades e práticas." *(Portaria MTP nº 4.219, de 20 de dezembro de 2022 - redação entrou em vigor no dia 20 de março de 2023)*

8. DO TRABALHO EM CONDIÇÕES DE INSALUBRIDADE[12]

Dispõe o art. 195 da CLT:

> "A caracterização e a classificação da insalubridade e da periculosidade, segundo as normas do Ministério do Trabalho, far-se-ão através de perícia a cargo de Médico do Trabalho ou Engenheiro do Trabalho, registrados no Ministério do Trabalho. § 1º – É facultado às empresas e aos sindicatos das categorias profissionais interessadas requererem ao Ministério do Trabalho a realização de perícia em estabelecimento ou setor deste, com o objetivo de caracterizar e classificar ou delimitar as atividades insalubres ou perigosas. § 2º – Arguida em juízo insalubridade ou periculosidade, seja por empregado, seja por Sindicato em favor de grupo de associado, o juiz designará perito habilitado na forma deste artigo, e, onde não houver, requisitará perícia ao órgão competente do Ministério do Trabalho. § 3º – O disposto nos parágrafos anteriores não prejudica a ação fiscalizadora do Ministério do Trabalho, nem a realização *ex officio* da perícia."

Nos termos do referido dispositivo legal, são insalubres, isto é, agressivas à saúde do trabalhador, as atividades ou operações insalubres que, por sua natureza, condições ou métodos de trabalho, exponham os empregados a agentes nocivos à saúde, acima dos limites de tolerância fixados em razão da natureza e da intensidade do agente e do tempo de exposição aos seus efeitos.

A apuração da insalubridade segue, como regra, o caráter quantitativo, vale dizer: o tempo de exposição do trabalhador ao agente insalubre é determinante para ser reconhecido o direito ao adicional de insalubridade. A exposição eventual não gera o direito ao presente adicional. No entanto, o trabalho intermitente em local insalubre não afasta o direito ao adicional, conforme vem entendendo a jurisprudência dominante.

A Constituição Federal assegura, no art. 7º, XXIII: "Adicional de remuneração para as atividades penosas, insalubres ou perigosas, na forma da lei".

---

12. Os adicionais de insalubridade e periculosidade, e seus efeitos pecuniários estão tratados no capítulo da remuneração.

9. DA REGULAMENTAÇÃO DAS ATIVIDADES INSALUBRES

O Ministério do Trabalho e Emprego, em sua NR15 e seus anexos, disciplinam os agentes insalubres, bem como o grau da insalubridade, destacando-se a umidade, álcalis cáusticos e cimento, frio, agentes biológicos, calor e ruído.

A NR-15 e seus anexos regulamentam as atividades e operações insalubres, quais sejam:

> NR-15 – ANEXO 1 – LIMITES DE TOLERÂNCIA PARA RUÍDO CONTÍNUO OU INTERMITENTE;
>
> NR-15 – ANEXO 2 – LIMITES DE TOLERÂNCIA PARA RUÍDOS DE IMPACTO;
>
> NR-15 – ANEXO 3 – LIMITES DE TOLERÂNCIA PARA EXPOSIÇÃO AO CALOR;
>
> NR-15 – ANEXO 4 – (REVOGADO);
>
> NR-15 – ANEXO 5 – RADIAÇÕES IONIZANTES;
>
> NR-15 – ANEXO 6 – TRABALHO SOB CONDIÇÕES HIPERBÁRICAS;
>
> NR-15 – ANEXO 7 – RADIAÇÕES NÃO IONIZANTES;
>
> NR-15 – ANEXO 8 – VIBRAÇÃO;
>
> NR-15 – ANEXO 9 – FRIO;
>
> NR-15 – ANEXO 10 – UMIDADE;
>
> NR-15 – ANEXO 11 – AGENTES QUÍMICOS CUJA INSALUBRIDADE É CARACTERIZADA POR LIMITE DE TOLERÂNCIA E INSPEÇÃO NO LOCAL DE TRABALHO;
>
> NR-15 – ANEXO 12 – LIMITES DE TOLERÂNCIA PARA POEIRAS MINERAIS;
>
> NR-15 – ANEXO 13 – AGENTES QUÍMICOS;
>
> NR-15 – ANEXO 13-A – BENZENO;
>
> NR-15 – ANEXO 14 – AGENTES BIOLÓGICOS.

10. ATIVIDADES NÃO REGULAMENTADAS PELAS NORMAS REGULAMENTARES DO MINISTÉRIO DO TRABALHO

A jurisprudência trabalhista, principalmente a oriunda do Tribunal Superior do Trabalho e do Supremo Tribunal Federal (Súmula 448 do TST e Súmulas 194 e 460 do STF), vem entendendo que para a caracterização da insalubridade, a atividade deve estar regulamentada pelo Ministério do Trabalho (atual

Ministério da Economia) por meio de Norma Regulamentar para ser considerada insalubridade, não bastando a constatação por meio de laudo pericial.

No mesmo sentido, decidiu o Tribunal Superior do Trabalho, conforme se constata da redação das seguintes ementas:

> RECURSO DE REVISTA. ADICIONAL DE INSALUBRIDADE. APLICAÇÃO DE INJETÁVEIS. FARMÁCIA. 1. Cinge-se a controvérsia ao direito ao recebimento do adicional de insalubridade por empregado de farmácia que aplica injeções. 2. A Súmula nº 448, I, do TST prevê: "Não basta a constatação da insalubridade por meio de laudo pericial para que o empregado tenha direito ao respectivo adicional, sendo necessária a classificação da atividade insalubre na relação oficial elaborada pelo Ministério do Trabalho". Nesse sentido, o Anexo XIV da NR-15 do Ministério do Trabalho e Emprego, ao tratar do risco por contato com agentes biológicos, prevê o pagamento de adicional de insalubridade em grau médio para o trabalho e operações em contato permanente com pacientes ou com material infectocontagioso, realizado em "outros estabelecimentos destinados aos cuidados da saúde humana". 3. Interpretando a referida norma, a jurisprudência que se firmou nesta Corte Superior perfilha o entendimento de que o empregado que habitualmente realiza a aplicação de injeções em drogarias faz jus à percepção do adicional de insalubridade em grau médio, por se expor a agentes biológicos, nos termos da norma ministerial supracitada. 4. Do contexto fático delineado pelo Regional, tem-se que o reclamante, trabalhando em farmácia, realizava cinco aplicações de injeções por dia e tinha contato com agentes insalubres de forma intermitente, sendo devido o adicional em comento, consoante o entendimento consubstanciado na Súmula nº 47 do TST. 5. Além disso, apesar de a Corte de origem ter consignado que o reclamante aplicava as injeções com o uso de EPI (luvas), não consta do acórdão regional que o uso desse equipamento de proteção possuía o condão de elidir os efeitos nocivos do agente insalubre, consoante a diretriz perfilhada pelas Súmulas nºs 80 e 289 deste Tribunal Superior. 6. Merece reforma, portanto, o acórdão recorrido, a fim de que seja restabelecida a sentença que condenou a reclamada ao pagamento do adicional de insalubridade, em grau médio, acrescido dos reflexos pertinentes deferidos na origem. Recurso de revista conhecido e provido (TST – RR-1002987-44.2015.5.02.0241, 8ª Turma, Relatora Ministra Dora Maria da Costa, *DEJT* 20/11/2020).

> ADICIONAL DE INSALUBRIDADE. OPERADOR DE TELEMARKETING. UTILIZAÇÃO. FONES DE OUVIDO DO TIPO HEAD-SET. SÚMULA Nº 448. PROVIMENTO. Segundo o entendimento jurisprudencial desta Corte Superior, para efeito de deferimento do adicional de insalubridade, faz-se imprescindível a classificação da atividade insalubre na relação oficial elaborada pelo Ministério do Trabalho e Emprego – MTE, não bastando a constatação por laudo pericial. Assim, o adicional de insalubridade não é devido quando o trabalhador desenvolve as atividades de operador de telemarketing ou telefonista, uma vez que elas não se enquadram naquelas descritas no Anexo 13 da NR-15 da Portaria nº 3.214/78 do MTE. Esse entendimento foi ratificado por esta Corte Superior no julgamento do IRR- 356-84.2013.5.04.0007. No caso, o egrégio Tribunal Regional consignou que as atividades da autora consistentes em receber e realizar ligações, por meio de um fone de ouvido do tipo *head set*, deviam ser consideradas insalubres em grau médio, por aplicabilidade do Anexo 13, da NR15, da Portaria 3.214/78, o que não se coaduna com a jurisprudência desta Corte Superior consubstanciada na Orientação Jurisprudencial nº 4 da SBDI-1, convertida na Súmula 448, I. Recurso de revista de que se conhece e a que se dá provimento. IV – RECURSO DE REVISTA DAS RECLAMADAS. MATÉRIA COMUM (ANÁLISE CONJUNTA) HORAS EXTRAORDINÁRIAS. INTERVALO INTRAJORNADA. ARTIGO 384 DA CLT. DIREITO DO TRABALHO DA MULHER. NÃO CONHECIMENTO. Por disciplina judiciária, curvo-me ao entendimento do Tribunal Pleno desta Corte que, reconhecendo a constitucionalidade do artigo 384 da CLT de que trata do intervalo de 15 minutos garantido às mulheres trabalhadoras antes da prestação de horas extraordinárias, considerou que a concessão de condições especiais à mulher não fere o princípio da igualdade entre homens e mulheres, contido no artigo 5º, I, da Constituição Federal. Desse modo, não sendo concedido o referido intervalo, são devidas horas extraordinárias a ele pertinentes. Precedentes desta Corte. Recursos de revista dos quais não se conhece" (RR-1225-79.2012.5.04.0331, 4ª Turma, Relator Ministro Guilherme Augusto Caputo Bastos, *DEJT* 20/11/2020).

No mesmo sentido, decidiu o TST quanto ao uso de fone de ouvido na atividade de telemarketing, conforme o item 5 da Tabela de Incidentes de Demandas Repetitivas do TST, *in verbis*:

> "1. O reconhecimento da insalubridade, para fins do percebimento do adicional previsto no artigo 192 da CLT, não prescinde do enquadramento da atividade ou operação na relação elaborada pelo Ministério do Trabalho ou da constatação de extrapolação de níveis de tolerância fixados para agente nocivo expressamente arrolado no quadro oficial. 2. A atividade com utilização constante de fones de ouvido, tal como a de operador de telemarketing, não gera direito ao adicional de insalubridade, tão somente por equiparação aos serviços de telegrafia e radiotelegrafia, manipulação em aparelhos do tipo Morse e recepção de sinais em fones, para os fins do Anexo 13 da Norma Regulamentadora 15 da Portaria nº 3.214/78 do Ministério do Trabalho."

Ousamos divergir, pois a proteção à saúde do trabalhador tem assento constitucional (arts. 6º e 7º, XXII e XXIII, da CF). Os referidos dispositivos constitucionais, bem como o art. 189 da CLT têm plena efetividade. As NRs, por estarem abaixo da Lei, somente podem explicitar as atividades insalubres, mas não impedir que outras atividades ainda não regulamentadas não possam ser consideradas agressivas à saúde do trabalhador.

11. DA ELIMINAÇÃO DA INSALUBRIDADE

Dispõe o art. 191 da CLT:

> "A eliminação ou a neutralização da insalubridade ocorrerá: I – com a adoção de medidas que conservem o ambiente de trabalho dentro dos limites de tolerância; II – com a utilização de equipamentos de proteção individual ao trabalhador, que diminuam a intensidade do agente agressivo a limites de tolerância. Parágrafo único – Caberá às Delegacias Regionais do Trabalho, comprovada a insalubridade, notificar as empresas, estipulando prazos para sua eliminação ou neutralização, na forma deste artigo."

O empregador deve adotar medidas efetivas para que as condições de insalubridades sejam reduzidas ou eliminada (art. 7º, XXII, da CF), tais como investimentos na melhoria do meio ambiente de trabalho, e fornecimento de equipamentos de proteção individual que diminuam a intensidade do agente agressivo a limites de tolerância, bem como a orientação adequada e fiscalização do uso de tais equipamentos.

Nos termos da Súmula 289 do TST, "o simples fornecimento do aparelho de proteção pelo empregador não o exime do pagamento do adicional de insalubridade. Cabe-lhe tomar as medidas que conduzam à diminuição ou eliminação da nocividade, entre as quais as relativas ao uso efetivo do equipamento pelo empregado".

12. DO TRABALHO EM CONDIÇÕES DE PERICULOSIDADE

Dispõe o art. 193 da CLT:

> "São consideradas atividades ou operações perigosas, na forma da regulamentação aprovada pelo Ministério do Trabalho e Emprego, aquelas que, por sua natureza ou métodos de trabalho, impliquem risco acentuado em virtude de exposição permanente do trabalhador a: I – inflamáveis, explosivos ou energia elétrica; II – roubos ou outras espécies de violência física nas atividades profissionais de segurança pessoal ou patrimonial. III – colisões, atropelamentos ou outras espécies de acidentes ou violências nas atividades profissionais dos agentes das autoridades de trânsito. § 1º – O trabalho em condições de periculosidade assegura ao empregado um adicional de 30% (trinta por cento) sobre o salário sem os acréscimos resultantes de gratificações, prêmios ou participações nos lucros da empresa. § 2º – O empregado poderá optar pelo adicional de insalubridade que porventura lhe seja devido. § 3º Serão descontados ou compensados do adicional outros da mesma natureza eventualmente já concedidos ao vigilante por meio de acordo coletivo. § 4º São também consideradas perigosas as atividades de trabalhador em motocicleta. § 5º O disposto no inciso I do **caput** deste artigo não se aplica às quantidades de inflamáveis contidas nos tanques de combustíveis originais de fábrica e suplementares, para consumo próprio de veículos de carga e de transporte coletivo de passageiros, de máquinas e de equipamentos, certificados pelo órgão competente, e nos equipamentos de refrigeração de carga".

Atividades ou operações perigosas são aquelas que colocam em risco a integridade física e a própria vida do trabalhador em razão do exercício de atividades em que há contato com inflamáveis, explosivos ou energia elétrica, roubos ou outras espécies de violência física nas atividades profissionais de segurança pessoal ou patrimonial, bem como o trabalhado com motocicleta.

A periculosidade resta caracterizada quando o empregado permanece durante uma quantidade de tempo juridicamente relevante (não eventual) para estar em situação de risco. No entanto, ao contrário da insalubridade, a periculosidade adota o critério qualitativo para sua aferição, pois em determinadas condições (ex.: ambiente com inflamáveis ou energia elétrica), uma fração de segundo pode acarretar a perda da vida do trabalhador.

A regulamentação das atividades em condições de periculosidade está na NR-16, e seus anexos, quais sejam:

> ANEXO 1 – ATIVIDADES E OPERAÇÕES PERIGOSAS COM EXPLOSIVOS;
>
> ANEXO 2 – ATIVIDADES E OPERAÇÕES PERIGOSAS COM INFLAMÁVEIS;
>
> ANEXO 3 – (Aprovado pela Portaria MTE n.º 1.885, de 02 de dezembro de 2013) ATIVIDADES E OPERAÇÕES PERIGOSAS COM EXPOSIÇÃO A ROUBOS OU OUTRAS ESPÉCIES DE VIOLÊNCIA FÍSICA NAS ATIVIDADES PROFISSIONAIS DE SEGURANÇA PESSOAL OU PATRIMONIAL;
>
> ANEXO 4 – (Aprovado pela Portaria MTE n.º 1.078, de 16 de julho de 2014) ATIVIDADES E OPERAÇÕES PERIGOSAS COM ENERGIA ELÉTRICA;
>
> ANEXO 5 – (Aprovado pela Portaria MTE n.º 1.565, de 13 e outubro de 2014) ATIVIDADES PERIGOSAS EM MOTOCICLETA;
>
> ATIVIDADES E OPERAÇÕES PERIGOSAS COM RADIAÇÕES IONIZANTES OU SUBSTÂNCIAS RADIOATIVAS: (Adotado pela Portaria MTE n.º 518, de 04 de abril de 2003).

Importante destacar os seguintes entendimentos consolidados do Tribunal Superior do Trabalho quanto à periculosidade, *in verbis*:

> Súmula 361 do TST: "**ADICIONAL DE PERICULOSIDADE. ELETRICITÁRIOS. EXPOSIÇÃO INTERMITENTE (mantida) – Res. 121/2003, *DJ* 19, 20 e 21.11.2003.** O trabalho exercido em condições perigosas, embora de forma intermitente, dá direito ao empregado a receber o adicional de periculosidade de forma integral, porque a Lei nº 7.369, de 20.09.1985, não estabeleceu nenhuma proporcionalidade em relação ao seu pagamento".
>
> Súmula 364 do TST: "**ADICIONAL DE PERICULOSIDADE. EXPOSIÇÃO EVENTUAL, PERMANENTE E INTERMITENTE (inserido o item II) – Res. 209/2016, *DEJT* divulgado em 01, 02 e 03.06.2016.**

I – Tem direito ao adicional de periculosidade o empregado exposto permanentemente ou que, de forma intermitente, sujeita-se a condições de risco. Indevido, apenas, quando o contato dá-se de forma eventual, assim considerado o fortuito, ou o que, sendo habitual, dá-se por tempo extremamente reduzido (ex-Ojs da SBDI-1 nºs 05 – inserida em 14.03.1994 – e 280 – *DJ* 11.08.2003) *II – Não é válida a cláusula de acordo ou convenção coletiva de trabalho fixando o adicional de periculosidade em percentual inferior ao estabelecido em lei e proporcional ao tempo de exposição ao risco, pois tal parcela constitui medida de higiene, saúde e segurança do trabalho, garantida por norma de ordem pública (arts. 7º, XXII e XXIII, da CF e 193, § 1º, da CLT).*"

Súmula 447 do TST:

"**ADICIONAL DE PERICULOSIDADE. PERMANÊNCIA A BORDO DURANTE O ABASTECIMENTO DA AERONAVE. INDEVIDO. Res. 193/2013, *DEJT* divulgado em 13, 16 e 17.12.2013.** Os tripulantes e demais empregados em serviços auxiliares de transporte aéreo que, no momento do abastecimento da aeronave, permanecem a bordo não têm direito ao adicional de periculosidade a que aludem o art. 193 da CLT e o Anexo 2, item 1, 'c', da NR 16 do MTE."

OJ 345 da SDI-I, do TST:

"**ADICIONAL DE PERICULOSIDADE. RADIAÇÃO IONIZANTE OU SUBSTÂNCIA RADIOATIVA. DEVIDO (DJ 22.06.2005).** A exposição do empregado à radiação ionizante ou à substância radioativa enseja a percepção do adicional de periculosidade, pois a regulamentação ministerial (Portarias do Ministério do Trabalho nºs 3.393, de 17.12.1987, e 518, de 07.04.2003), ao reputar perigosa a atividade, reveste-se de plena eficácia, porquanto expedida por força de delegação legislativa contida no art. 200, *caput*, e inciso VI, da CLT. No período de 12.12.2002 a 06.04.2003, enquanto vigeu a Portaria nº 496 do Ministério do Trabalho, o empregado faz jus ao adicional de insalubridade."

OJ 347 da SDI-I do TST: "**ADICIONAL DE PERICULOSIDADE. SISTEMA ELÉTRICO DE POTÊNCIA. LEI Nº 7.369, DE 20.09.1985, REGULAMENTADA PELO DECRETO Nº 93.412, DE 14.10.1986. EXTENSÃO DO DIREITO AOS CABISTAS, INSTALADORES E REPARADORES DE LINHAS E APARELHOS EM EMPRESA DE**

> **TELEFONIA (*DJ* 25.04.2007).** É devido o adicional de periculosidade aos empregados cabistas, instaladores e reparadores de linhas e aparelhos de empresas de telefonia, desde que, no exercício de suas funções, fiquem expostos a condições de risco equivalente ao do trabalho exercido em contato com sistema elétrico de potência".

OJ 385 da SDI-I do TST:

> **"ADICIONAL DE PERICULOSIDADE. DEVIDO. ARMAZENAMENTO DE LÍQUIDO INFLAMÁVEL NO PRÉDIO. CONSTRUÇÃO VERTICAL (*DEJT* divulgado em 09, 10 e 11.06.2010).**
>
> É devido o pagamento do adicional de periculosidade ao empregado que desenvolve suas atividades em edifício (construção vertical), seja em pavimento igual ou distinto daquele onde estão instalados tanques para armazenamento de líquido inflamável, em quantidade acima do limite legal, considerando-se como área de risco toda a área interna da construção vertical."

A SBDI-I, em sua composição plena, analisando a questão relativa à percepção do adicional de periculosidade pelo Agente de Apoio Socioeducativo, decidiu, por maioria, aprovar, sem modulação, as seguintes teses jurídicas para o Tema Repetitivo nº 16: "I. O Agente de Apoio Socioeducativo (nomenclatura que, a partir do Decreto nº 54.873 do Governo do Estado de São Paulo, de 06.10.2009, abarca os antigos cargos de Agente de Apoio Técnico e de Agente de Segurança) faz jus à percepção de adicional de periculosidade, considerado o exercício de atividades e operações perigosas, que implicam risco acentuado em virtude de exposição permanente a violência física no desempenho das atribuições profissionais de segurança pessoal e patrimonial em fundação pública estadual. II. Os efeitos pecuniários decorrentes do reconhecimento do direito do Agente de Apoio Socioeducativo ao adicional de periculosidade operam-se a partir da regulamentação do art. 193, II, da CLT em 03.12.2013 – data da entrada em vigor da Portaria nº 1.885/2013 do Ministério do Trabalho, que aprovou o Anexo 3 da NR-16". Vencidos os Ministros Aloysio Corrêa da Veiga, Guilherme Augusto Caputo Bastos e Alexandre Luiz Ramos. TST-IRR-1001796-60.2014.5.02.0382, SBDI-I, rel. Min. Hugo Carlos Scheuermann, 14/10/2021.

A Lei 14.684/2023 incluiu o inciso III ao art. 193 da CLT para considerar perigosas as atividades em que há risco de colisões, atropelamentos ou outras espécies de acidentes ou violências nas atividades profissionais dos agentes das autoridades de trânsito.

O presente dispositivo se aplica aos profissionais que exercem atividades onde há riscos de acidentes de trânsito, atropelamentos ou violência nas atividades dos agentes e autoridades de trânsito. O presente dispositivo tem aplicação imediata, mas poderá ser regulamentado por Norma Regulamentar do Ministério do Trabalho. Fazem jus ao presente adicional os socorristas, autoridades de trânsito, trabalhadores que realizam manutenção nas rodovias, etc.

Nos termos da Lei 14.766/23, que acrescentou § 5º, ao art. 193 da CLT, não há periculosidade por explosivos e inflamáveis quando as quantidades de inflamáveis contidas nos tanques de combustíveis originais de fábrica e suplementares, para consumo próprio de veículos de carga e de transporte coletivo de passageiros, de máquinas e de equipamentos, certificados pelo órgão competente, e nos equipamentos de refrigeração de carga.

Trata-se de uma presunção legal de inexistência de condições de periculosidade, mas que pode ser elidida no caso concreto, mediante realização de perícia técnica.

13. DA NECESSIDADE DE ESTAR REGULAMENTADA POR NORMA REGULAMENTAR

Ao contrário do que entende a jurisprudência dominante, pensamos que é possível a constatação da periculosidade por perícia técnica, ainda que a atividade não esteja regulamentada por Norma Regulamentar, diante do sistema constitucional de proteção à vida e à saúde do trabalhador (arts. 5º, 6º e 7º, XXII e XXIII, da CF).

Desde que o empregado permaneça por um período, juridicamente relevante, em situação de risco para sua integridade física em locais onde há inflamáveis, explosivos ou energia elétrica, ou estiver em situação sujeito a roubos ou outras espécies de violência física nas atividades profissionais de segurança pessoal ou patrimonial, bem como tenha que utilizar motocicleta para o exercício de sua atividade profissional, será devido o adicional de periculosidade.

14. DA ELIMINAÇÃO DA PERICULOSIDADE

Dispõe o art. 190 da CLT:

> "O Ministério do Trabalho aprovará o quadro das atividades e operações insalubres e adotará normas sobre os critérios de caracterização

da insalubridade, os limites de tolerância aos agentes agressivos, meios de proteção e o tempo máximo de exposição do empregado a esses agentes. Parágrafo único – As normas referidas neste artigo incluirão medidas de proteção do organismo do trabalhador nas operações que produzem aerodispersoides tóxicos, irritantes, alérgicos ou incômodos."

A eliminação da insalubridade e das condições de risco no trabalho é providência que deve ser implementada pelo empregador, o qual deve realizar investimentos para tal finalidade.

Como a eliminação das condições de risco e insalubridade, cessará o direito do trabalhador aos adicionais de insalubridade ou periculosidade, por configurar os adicionais em questão espécie de salário-condição.

Com a eliminação das condições de risco e insalubridade, cessará o direito do trabalhador aos adicionais de insalubridade ou periculosidade, por configurar os adicionais em questão espécie de salário-condição.

15. DO ADICIONAL DE PENOSIDADE

A Constituição Federal prevê, no art. 7º, XXIII[13], o adicional de penosidade.

O trabalho penoso é aquele realizado sob situações de grande desconforto físico ou mental, exigindo um grau maior de sacrifício ao trabalhador.

Apesar de previsto constitucionalmente, o adicional de penosidade ainda não está regulamentado por lei. Por isso, a jurisprudência tem entendido que ele não pode ser aplicado. No entanto, ele pode estar previsto em norma coletiva, ou em regulamento empresarial, ou pode ser pago, espontaneamente, pelo empregador.

De nossa parte, ainda que não regulamentado, se o trabalhador arguir em juízo trabalho penoso, o magistrado trabalhista poderá designar perícia técnica para avaliar as condições de trabalho e fixar um adicional de forma justa e equitativa ao caso concreto (arts. 8º e 766 da CLT). Poderá se valer da analogia e aplicar o percentual de adicional do trabalho em condições de periculosidade. A falta de regulamentação não impede o exercício deste

---

13 Art. 7º da CF: "São direitos dos trabalhadores urbanos e rurais, além de outros que visem à melhoria de sua condição social: (...) XXIII – adicional de remuneração para as atividades penosas, insalubres ou perigosas, na forma da lei".

direito fundamental destinado à proteção da saúde do trabalhador (arts. 6º e 7º, XXII, da CF).

16. DA NECESSIDADE DE PERÍCIA TÉCNICA PARA APURAÇÃO DE INSALUBRIDADE E PERICULOSIDADE

Dispõe o art. 195 da CLT: "A caracterização e a classificação da insalubridade e da periculosidade, segundo as normas do Ministério do Trabalho, far-se-ão através de perícia a cargo de Médico do Trabalho ou Engenheiro do Trabalho, registrados no Ministério do Trabalho. § 1º – É facultado às empresas e aos sindicatos das categorias profissionais interessadas requererem ao Ministério do Trabalho a realização de perícia em estabelecimento ou setor deste, com o objetivo de caracterizar e classificar ou delimitar as atividades insalubres ou perigosas. § 2º – Arguida em juízo insalubridade ou periculosidade, seja por empregado, seja por Sindicato em favor de grupo de associado, o juiz designará perito habilitado na forma deste artigo, e, onde não houver, requisitará perícia ao órgão competente do Ministério do Trabalho. § 3º – O disposto nos parágrafos anteriores não prejudica a ação fiscalizadora do Ministério do Trabalho, nem a realização *ex officio* da perícia".

O art. 195 da CLT diz ser obrigatória a perícia técnica (vistoria) para apuração da insalubridade e periculosidade ser elaborada por Médico do Trabalho ou por Engenheiro do Trabalho.

Discute-se na doutrina e na jurisprudência se a confissão da parte supre a prova técnica, como no exemplo de o empregador confessar o trabalho em condições de insalubridade. No aspecto, se a confissão foi expressa do reclamado sobre o fato que depende de perícia, esta se torna desnecessária, salvo nas hipóteses em que há controvérsia sobre o grau de eventual insalubridade. Em casos de presunção de veracidade decorrente da revelia ou confissão ficta, pensamos, em compasso com a jurisprudência dominante, que a perícia se faz necessária.

O Tribunal Superior do Trabalho, corretamente, editou a Súmula 453 a respeito, que assim dispõe:

Adicional de periculosidade. Pagamento espontâneo. Caracterização de fato incontroverso. Desnecessária a perícia de que trata o art. 195 da CLT (Conversão da OJ 406 da SDI-I do TST). O pagamento de adicional de periculosidade efetuado por mera liberalidade da empresa, ainda que de forma proporcional ao tempo de exposição ao risco ou em percentual inferior ao máximo legalmente previsto, dispensa a realização da prova técnica exigida pelo art. 195 da CLT, pois torna incontroversa a existência do trabalho em condições perigosas.

As perícias de insalubridade e de periculosidade poderão ser realizadas na Justiça do Trabalho por médico ou engenheiro do trabalho, uma vez que o art. 195 da CLT não faz qualquer distinção.

No aspecto, dispõe a OJ 165 da SDI-I do TST, *in verbis*:

> "Perícia. Engenheiro ou médico. Adicional de insalubridade e periculosidade. Validade. Art. 195 da CLT. O art. 195 da CLT não faz qualquer distinção entre o médico e o engenheiro para efeitos de caracterização e classificação da insalubridade e periculosidade, bastando para a elaboração do laudo seja o profissional devidamente qualificado."

Em caso de local de trabalho desativado, a jurisprudência tem admitido a prova indireta ou emprestada. Nesse sentido, a OJ 278 da SDI-I do TST, "*in verbis*":

> "Adicional de insalubridade. Perícia. Local de trabalho desativado. A realização de perícia é obrigatória para a verificação de insalubridade. Quando não for possível sua realização como em caso de fechamento da empresa, poderá o julgador utilizar-se de outros meios de provas".

Como toda prova, a pericial é sujeita a valoração pelo juiz, sempre segundo o critério da persuasão racional inerente ao sistema do livre convencimento (art. 371). Por mais confiança pessoal que o juiz deposite no seu auxiliar, ou por maior que seja o prestígio profissional ou científico deste, é sempre àquele que compete fazer o juízo sobre o laudo. Ouvirá as críticas das partes e formulará as suas se tiver, decidindo depois sem qualquer vínculo com o trabalho do perito (art. 479). Em uma expressiva figura de linguagem, costuma-se dizer que o juiz é o perito dos peritos (*peritus peritorum*). (Dinamarco).

Aduz o art. 479 do Diploma Processual Civil:

> "O juiz apreciará a prova pericial de acordo com o disposto no art. 371, indicando na sentença os motivos que o levaram a considerar ou a deixar de considerar as conclusões do laudo, levando em conta o método utilizado pelo perito."

O juiz é livre para valorar a prova pericial. Não obstante, não pode julgar com base em conhecimento técnico pessoal ou convicção pessoal, pois, se assim proceder, estará violando o princípio da imparcialidade. Se não estiver satisfeito com a perícia, deverá determinar a realização de nova diligência, ou, com base na perícia já realizada, à luz dos demais elementos probatórios do processo (testemunhas, documentos etc.), firmar sua convicção. Caso pretenda contrariar o laudo, deve fundamentar detalhadamente os pontos do laudo que não o convenceram e apresentar as razões e as provas constantes dos autos que o convenceram.

Sob outro enfoque, o Juiz deve analisar o método utilizado pelo perito, avaliando se este está adequado à controvérsia dos autos. Poderá discordar do método utilizado pelo laudo, e julgar com base em outros elementos técnicos de prova constante dos autos, ou determinar que o perito refaça o laudo, utilizando a metodologia adequada.

Como bem adverte *Cléber Lúcio de Almeida*[14]: "Não estando o juiz adstrito ao laudo pericial, às partes não pode ser negado o direito de produzir prova contrária ao que afirmou o perito, em relação aos elementos fáticos (as conclusões do perito em regra se sustentam em premissas fáticas - as condições de trabalho no pedido de adicional de insalubridade ou periculosidade, por exemplo) e também à subsunção dos elementos fáticos ao ordenamento jurídico (elementos técnicos propriamente ditos - qualificação legal das condições de trabalho, por exemplo). As condições fáticas definidas pelo perito podem ser objeto de prova testemunhal, ao passo que a sua qualificação legal pode ser questionada por meio da juntada de pareceres técnicos ou outros laudos periciais, por exemplo."

Nesse sentido, destacamos as seguintes ementas:

> "ADICIONAL DE INSALUBRIDADE. LAUDO PERICIAL. Conquanto o Magistrado não esteja adstrito ao laudo pericial, para se contrapor à referida prova, faz-se mister que embase de maneira detalhada as razões de seu convencimento para desconsiderá-la. Adota-se tal procedimento, em geral, quando o laudo pericial possui lacunas e imprecisões, não se reportando de forma detalhada às condições de trabalho do empregado. Nesse contexto, constatado que o parecer técnico foi realizado de forma detalhada, com especificação das atividades da reclamada, das atividades laborais desempenhadas pelo reclamante,

14. *Direito Processual do Trabalho*. 5. ed. Belo Horizonte: Del Rey, 2014. p. 833-834.

da descrição do ambiente de trabalho e da análise da insalubridade, não há como afastar a conclusão ali alcançada no sentido de que o autor laborava em condições insalubres. 2. Recurso conhecido e parcialmente provido." (TRT/SP - 00410005320095020302 - RO - Ac. 12ª T. 20110525854 - rel. Edilson Soares de Lima - DOE 6.5.2011)

LAUDO PERICIAL. ADSTRIÇÃO DO JUIZ. Em verdade, o juiz não está adstrito à conclusão do laudo pericial, mas deve firmar sua convicção em prova segura contida nos autos de forma a afastar a conclusão do profissional técnico de sua confiança. No caso vertente, a prova técnica, não ilidida por outra da mesma natureza, concluiu que não existia no ambiente de trabalho do reclamante agente perigoso que ensejasse o pagamento do adicional respectivo, motivo pelo qual rejeito o apelo e mantenho a sentença prolatada em sede de primeira instância." (TRT/SP - 01789006820085020058 - RO - Ac. 4ª T. - 20120545300 - relª Maria Isabel Cueva Moraes - DOE 25.5.2012)

"Adicional de Insalubridade. Provas. Embora o juiz não esteja adstrito ao laudo pericial, podendo formar sua convicção com outros elementos ou fatos provados nos autos (art. 436 do CPC), tem-se que a regra é decidir com base naquele, já que o Juízo não detém conhecimentos técnicos para apurar fatos de percepção especializada própria do perito, com maior profundidade e alcance na apuração dos elementos pesquisados. Constatado pela prova técnica que a reclamante laborava em condições nocivas à sua saúde, correta a r. decisão que deferiu diferenças a título de adicional de insalubridade entre o efetivamente percebido, em grau médio, e aquele devido, em grau máximo. Recurso ordinário da primeira reclamada ao qual se nega provimento." (TRT/SP - 02743002120085020055 - RO - Ac. 13ª T. - 20120784046 - relª Cíntia Táffari - DOE 13.7.2012)

(...) DOENÇA OCUPACIONAL. DEPRESSÃO GRAVE E TRANSTORNO OBSESSIVO-COMPULSIVO. LAUDO PERICIAL. NEXO CONCAUSAL COMPROVADO POR OUTROS ELEMENTOS DE PROVA. NULIDADE NÃO CONFIGURADA. Hipótese em que o Tribunal Regional manteve a sentença que reconheceu a doença ocupacional, sob o fundamento de que a prova produzida nos autos demonstra que o ambiente de trabalho contribuiu para o desenvolvimento da enfermidade suportada pelo trabalhador. A decisão regional foi amparada não apenas nas conclusões dos laudos periciais, mas também no conjunto fático-probatório delineado nos autos. Nos termos do art. 479 do CPC/2015, o julgador não se encontra vinculado à conclusão do laudo pericial, podendo formar a sua convicção amparado em outros elementos ou fatos provados nos autos, desde que exponha os motivos que o levaram a desconsiderar o laudo. Nesse aspecto, ainda que se desconsiderassem os laudos periciais, as provas documental e oral apresentaram elementos robustos que comprovam o nexo de causalidade entre a patologia apresentada e o trabalho desempenhado na reclamada, não havendo que se falar em nulidade da decisão. Adotar entendimento em sentido oposto implicaria o revolvimento de fatos e provas, inadmissível em sede de recurso de revista, consoante a Súmula 126/TST (...) (TST - AIRR-719-56.2016.5.09.0127, 2ª Turma, Relatora Ministra Maria Helena Mallmann, DEJT 26/05/2023).

De acordo com as regras processuais de valoração da prova, inexiste graduação entre os meios probatórios admitidos. Mesmo nos casos em que a realização de prova técnica se afigure indispensável à solução da controvérsia - como se dá, indiscutivelmente, no caso dos autos -, o Magistrado não se encontra vinculado às suas conclusões, podendo delas se apartar, desde que o faça fundamentadamente, valendo-se de outras provas acostadas aos autos que as infirmem de modo convincente e integral. 4.1 A prova técnica, de inequívoca relevância para o desate da presente controvérsia, entre outros esclarecimentos, tinha por propósito inferir o estabelecimento de liame entre a doença renal desenvolvida pelo paciente, com a consequente morte, e a ingestão do anti-inflamatório Vioxx. Destinava-se, portanto, a demonstrar a própria procedência da imputação feita pelos autores de que os danos suportados seriam advindos do produto alegadamente defeituoso, de responsabilidade do laboratório demandado. O laudo pericial, após análise de todos os exames, em especial as biópsias renais, realizados pelo paciente, concluiu por excluir, peremptoriamente, a relação de causalidade entre a morte do paciente e a ingestão do medicamento, atribuindo-a à doença autoimune de que foi acometido (Glomerulonefrite Rapidamente Progressiva). 4.2 Das provas indicadas e transcritas no acórdão recorrido que embasaram o decreto condenatório, não se antevê, de seus termos, vulneração mínima do que foi concluído pelo laudo pericial. O diagnóstico/relatório primevo não tece nenhuma consideração quanto à apontada doença autoimune, como causadora dos problemas renais suportados pelo paciente. No depoimento do médico, que teve acesso aos exames mencionados, por sua vez, há diversas passagens em que confirma a ocorrência de componente imunológico. 4.3. Nesse contexto, ainda que seja dado ao Magistrado não comungar com a conclusão da prova técnica, tem-se, no caso dos autos, que as provas apontadas

> na fundamentação para subsidiar conclusão diversa, não infirmam aquela, de modo convincente e integral, como seria de rigor. Ao contrário, em certa medida, como visto, a confirma, o que afronta o sistema processual de valoração das provas, na esteira dos arts. 436 e 131 do CPC/1973. (STJ 3ª T. Resp. 1.599.405, Min. Marco Bellizze, j. 4.4.17, Dje 17/04/2017).

Caso entenda necessário, o juiz, de ofício ou a requerimento, poderá determinar a realização da segunda perícia (art. 480 do CPC). A segunda perícia tem por objeto os mesmos fatos sobre que recaiu a primeira e destina-se a corrigir eventual omissão ou inexatidão dos resultados a que esta conduziu.

Conforme o art. 480, § 2º, do CPC: "A segunda perícia rege-se pelas disposições estabelecidas para a primeira. § 3º A segunda perícia não substitui a primeira, cabendo ao juiz apreciar livremente o valor de uma e outra."

A segunda perícia não descarta a primeira já realizada, podendo o juiz formar sua convicção livremente com os elementos constantes dos autos.

Nesse sentido, destaca-se a seguinte ementa:

> "A determinação de realização de segunda perícia, por si só, não atesta que a já realizada seja inválida ou deve ser descartada, pois o CPC n. 437 cuida de insuficiência e não de invalidade da perícia. O juiz deverá apreciar livremente o valor das duas, por não ser a segunda substituta da primeira (JTJ 141/40)."

CAPÍTULO XXI

FISCALIZAÇÃO DO TRABALHO

1. CONCEITO E COMPETÊNCIA PARA A FISCALIZAÇÃO DO TRABALHO

O Título VII da CLT trata do procedimento para aplicação de multas administrativas pelos órgãos da fiscalização do trabalho.

Sustentam Francisco Jorge Ferreira Neto e Jouberto de Quadros Pessoa Cavalcanti[1], com suporte em Maria Helena Diniz:

> "Fiscalização do Trabalho é o conjunto de normas emitidas pelo Ministério do Trabalho com o escopo de garantir não só a aplicação dos preceitos legais e regulamentares e das convenções internacionais, devidamente ratificadas pelo Brasil, alusivas à duração e às condições de trabalho, mas também a proteção dos trabalhadores no exercício da atividade profissional."

A atividade dos órgãos de fiscalização do trabalho, também denominados órgãos de inspeção do trabalho é eminentemente administrativa, tendo por finalidade principal a orientação e aplicação das normas de proteção ao trabalho, e prevenção de condutas contrária ao ordenamento jurídico, mas também aplicação de multas de natureza administrativa.

1. Direito do Trabalho. 9. ed. São Paulo: Atlas, 2018, p. 995.

Dispõe a Constituição Federal no art. 21, XXIV: "Compete à União: (...) XXIV - organizar, manter e executar a inspeção do trabalho".

Diante do referido comando constitucional, a atividade de fiscalização do trabalho é de competência da União, e é indispensável à efetividade da legislação trabalhista e social, principalmente no que se refere à efetividade das normas de proteção à saúde e segurança do trabalhador.

Compete ao Ministério do Trabalho e Emprego a responsabilidade pela fiscalização do trabalho, conforme o art. 626 da CLT.

Os Auditores Fiscais do Trabalho são os servidores públicos encarregados da fiscalização do trabalho. Atualmente, a Lei 10.593/2002 dispõe sobre a carreira do Auditor Fiscal do Trabalho. O art. 11 do referido diploma legal trata das atribuições do Auditor Fiscal do Trabalho, *in verbis*:

> "Art. 11. Os ocupantes do cargo de Auditor-Fiscal do Trabalho têm por atribuições assegurar, em todo o território nacional: I – o cumprimento de disposições legais e regulamentares, inclusive as relacionadas à segurança e à medicina do trabalho, no âmbito das relações de trabalho e de emprego; II – a verificação dos registros em Carteira de Trabalho e Previdência Social - CTPS, visando a redução dos índices de informalidade; III – a verificação do recolhimento e a constituição e o lançamento dos créditos referentes ao Fundo de Garantia do Tempo de Serviço (FGTS) e à contribuição social de que trata o art. 1º da Lei Complementar nº 110, de 29 de junho de 2001, objetivando maximizar os índices de arrecadação; IV – o cumprimento de acordos, convenções e contratos coletivos de trabalho celebrados entre empregados e empregadores; V – o respeito aos acordos, tratados e convenções internacionais dos quais o Brasil seja signatário; VI – a lavratura de auto de apreensão e guarda de documentos, materiais, livros e assemelhados, para verificação da existência de fraude e irregularidades, bem como o exame da contabilidade das empresas, não se lhes aplicando o disposto nos arts. 17 e 18 do Código Comercial; VII – a verificação do recolhimento e a constituição e o lançamento dos créditos decorrentes da cota-parte da contribuição sindical urbana e rural. (Incluído pela Lei nº 13.464, de 2017) § 1º. e fiscalização. (Redação dada pela Lei nº 13.464) Remuneração das carreiras vigente a partir de 30 de junho de 1999 § 2º Os ocupantes do cargo de Auditor-Fiscal do Trabalho, no exercício das atribuições previstas neste artigo, são autoridades trabalhistas." (Incluído pela Lei nº 13.464, de 2017)

Os atos da fiscalização do trabalho podem ser questionados na Justiça do Trabalho, que detém competência jurisdicional sobre as questões ligadas à fiscalização do trabalho, nos termos do art. 114, VII, da CF. No aspecto, destaca-se a seguinte ementa:

> AGRAVO DE INSTRUMENTO EM RECURSO DE REVISTA. RECURSO DE REVISTA INTERPOSTO NA VIGÊNCIA DA LEI Nº 13.015/2014. AUDITOR FISCAL DO TRABALHO. LAVRATURA DE AUTO DE INFRAÇÃO. DESCUMPRIMENTO DA LEGISLAÇÃO TRABALHISTA. DESRESPEITO À JORNADA DE 6 HORAS PARA TURNO ININTERRUPTO DE REVEZAMENTO DOS EMPREGADOS DE EMPRESA PRESTADORA DE SERVIÇOS EM HOSPITAIS PÚBLICOS ESTADUAIS. DESCUMPRIMENTO DO ARTIGO 7º, INCISO XIV, DA CONSTITUIÇÃO FEDERAL. A situação discutida nestes autos versa sobre a validade do auto de infração que tem por objetivo punir o ente público tomador de serviços pela prática de fraude ao direito do trabalhador terceirizado e inibir futuro comportamento similar. No caso, o Estado do Rio de Janeiro foi autuado pelo Auditor Fiscal do Trabalho em razão de desrespeito à jornada de 6 horas para turno ininterrupto de revezamento dos empregados terceirizados em hospitais públicos, em patente fraude aos direitos trabalhistas, uma vez que o desrespeito à jornada de labor do empregado configura burla aos direitos trabalhistas, em especial impedir que o empregado que prestou serviços além do horário contratual receba por esse trabalho extraordinário. Logo, o desrespeito à jornada de 6 horas para turno ininterrupto de revezamento configura fraude à letra e ao espírito do artigo 7º, inciso XIV, da Constituição Federal, tendo em vista o princípio da primazia da realidade, que norteia a interpretação das normas trabalhistas, bem como o artigo 9º da CLT, que considera nulo qualquer ato praticado com o fim de desvirtuar, impedir ou fraudar a aplicação dos preceitos contidos na CLT. Evidenciada a existência de fraude à jornada de 6 horas para turno ininterrupto de revezamento, cabe ao auditor fiscal do trabalho proceder à autuação da empresa, sob pena de responsabilidade administrativa. O artigo 21, inciso XXIV, da Constituição Federal dispõe que compete à União organizar, manter e executar a inspeção do trabalho. Os artigos 626 e 628 da CLT estabelecem, respectivamente, que incumbe às autoridades competentes do Ministério do Trabalho ou àquelas que exerçam funções delegadas a fiscalização do fiel cumprimento das normas de proteção ao trabalho, devendo o auditor fiscal do trabalho, sob pena de responsabilidade administrativa, lavrar o auto de infração sempre

que constatar a existência de violação de preceito legal. Por outro lado, a Lei nº 7.855/1.989, que instituiu o Programa de Desenvolvimento do Sistema Federal de Inspeção do Trabalho, destinado a promover e a desenvolver as atividades de inspeção das normas de proteção, segurança e medicina do trabalho, estabelece, em seu artigo 7º, § 1º, que o referido programa tem como objetivo principal assegurar o reconhecimento do vínculo empregatício do trabalhador e os direitos dele decorrentes. Além disso, a Lei nº 10.593/2.002, ao estabelecer as atribuições do cargo de auditor fiscal do trabalho, dispõe, em seu artigo 11, incisos I, II e III, que: "Art. 11. Os ocupantes do cargo de Auditor-Fiscal do Trabalho têm por atribuições assegurar, em todo o território nacional: (...) I – o cumprimento de disposições legais e regulamentares, inclusive as relacionadas à segurança e à medicina do trabalho, no âmbito das relações de trabalho e de emprego; II – a verificação dos registros em Carteira de Trabalho e Previdência Social – CTPS, visando a redução dos índices de informalidade; III – a verificação do recolhimento do Fundo de Garantia do Tempo de Serviço – FGTS, objetivando maximizar os índices de arrecadação". Diante das disposições legais mencionadas, conclui-se que incumbe ao auditor fiscal do trabalho, no desempenho de suas atribuições, dentre outras funções, a de verificar o fiel cumprimento da legislação trabalhista, no âmbito das relações de trabalho e de emprego, por todos aqueles, sejam entes privados, sejam entes públicos, que se utilizarem, de forma direta ou indireta, de trabalhadores submetidos à legislação trabalhista. Dessa forma, quando os entes públicos adotam o regime jurídico da CLT para contratar seus servidores públicos ou quando fazem uso de trabalhadores terceirizados (empregados de empresa privada fornecedora de mão de obra) se despem de seu *jus imperii* e assumem, além das mesmas prerrogativas, os mesmos deveres, encargos e responsabilidades dos empregadores privados (artigos 173, § 1º, inciso II, da Constituição Federal e 2º, § 1º, da CLT). Assim, correto o entendimento do Regional de que a União Federal, por meio do Ministério do Trabalho e Emprego, tem competência para fiscalizar o cumprimento das normas trabalhistas em estabelecimentos de Estados da Federação, em relação aos prestadores de serviços terceirizados, regidos pela CLT, notadamente o cumprimento, pelas empresas contratadas, da legislação trabalhista direcionada às condições de trabalho. Agravo de instrumento desprovido (TST – AIRR-82-43.2012. 5.01.0071, 2ª Turma, Relator Ministro Jose Roberto Freire Pimenta, *DEJT* 30/08/2019).

2. DO PROCEDIMENTO DA FISCALIZAÇÃO TRABALHISTA

O procedimento da fiscalização trabalhista está disciplinado pelos arts. 627 a 642 da CLT.

Dispõe o art. 627 da CLT:

> "A fim de promover a instrução dos responsáveis no cumprimento das leis de proteção do trabalho, a fiscalização deverá observar o critério de dupla visita nos seguintes casos: a) quando ocorrer promulgação ou expedição de novas leis, regulamentos ou instruções ministeriais, sendo que, com relação exclusivamente a esses atos, será feita apenas a instrução dos responsáveis; b) em se realizando a primeira inspeção dos estabelecimentos ou dos locais de trabalho, recentemente inaugurados ou empreendidos."

Dentro de sua competência legal, os auditores fiscais do trabalho têm liberdade para avaliar as condutas dos empregadores e empresas, e impor multas de natureza administrativa. No entanto, em determinadas situações, para aplicação de multa é necessária a chamada *dupla visita*, nas hipóteses de: ocorrer promulgação ou expedição de novas leis, regulamentos ou instruções ministeriais, sendo que com relação exclusivamente a esses atos, será feita apenas a instrução dos responsáveis; em se realizando a primeira inspeção dos estabelecimentos ou dos locais de trabalho, recentemente inaugurados ou empreendidos.

Como bem adverte Homero Batista Mateus da Silva[2],

> "o conceito de *dupla visita* (art. 627) reforça o caráter de orientação ao empregador. Eventual autuação somente ocorrerá em caso de recusa injustificada à apresentação da documentação ou ao preenchimento das exigências legais. Entre a primeira e a segunda visita, o empregador terá a chance de corrigir as falhas apontadas. A dupla visita também ajuda naqueles casos em que a fiscalização do trabalho foi atendida por preposto ou gerente e este consegue tempo hábil para procurar o empregador ou responsável para que juntos busquem a solução, que não pode ser tomada de imediato".

Conforme o art. 627-A da CLT, poderá ser instaurado procedimento especial para a ação fiscal, objetivando a orientação sobre o cumprimento

2. CLT Comentada. 3. ed. São *Paulo*: RT, 2021, p. 513.

das leis de proteção ao trabalho, bem como a prevenção e o saneamento de infrações à legislação mediante Termo de Compromisso, na forma a ser disciplinada no Regulamento da Inspeção do Trabalho.

O presente dispositivo faculta a pactuação entre o órgão da fiscalização do trabalho e o empregador, ou empresa que estiver descumprindo a legislação, de termo de ajuste de conduta, objetivando a orientação sobre o cumprimento das leis de proteção ao trabalho, bem como a prevenção e o saneamento de infrações à legislação, conforme previsão em Regulamento da Inspeção do Trabalho.

O Auditor Fiscal deverá avaliar as circunstâncias do caso concreto, a probabilidade de adequação da conduta da empresa ao regramento legal em prazo razoável e cooperação do empregador, para propor o Termo de Ajuste de Conduta.

Como bem adverte Ivani Contini Bramante[3], "o desiderato do procedimento especial é, em caráter preventivo, orientar os empregadores e empregados sobre o cumprimento da legislação trabalhista e, em caráter repressivo, sanar irregularidades, nos prazos assinalados no compromisso".

2.1. Da imposição de penalidade

Dispõe o art. 628 da CLT:

> Salvo o disposto nos arts. 627 e 627-A, a toda verificação em que o Auditor-Fiscal do Trabalho concluir pela existência de violação de preceito legal deve corresponder, sob pena de responsabilidade administrativa, a lavratura de auto de infração. § 1º Ficam as empresas obrigadas a possuir o livro intitulado "Inspeção do Trabalho", cujo modelo será aprovado por portaria Ministerial. § 2º Nesse livro, registrará o agente da inspeção sua visita ao estabelecimento, declarando a data e a hora do início e término da mesma, bem como o resultado da inspeção, nele consignando, se for o caso, todas as irregularidades verificadas e as exigências feitas, com os respectivos prazos para seu atendimento, e, ainda, de modo legível, os elementos de sua identificação funcional. § 3º Comprovada má-fé do agente da inspeção, quanto à omissão ou lançamento de qualquer elemento no livro, responderá ele por falta grave no cumprimento do dever,

3. CLT interpretada. 12. ed. São Paulo: Manole, 2021, p. 621.

> ficando passível, desde logo, da pena de suspensão até 30 (trinta) dias, instaurando-se, obrigatoriamente, em caso de reincidência, inquérito administrativo. § 4º A lavratura de autos contra empresas fictícias e de endereços inexistentes, assim como a apresentação de falsos relatórios, constituem falta grave, punível na forma do § 3º.

O presente estabelece que o Auditor-Fiscal do Trabalho, salvo as hipóteses de dupla visita, tem o poder-dever de uma vez constando a infração legal, lavrar o autor de infração.

Se houver má-fé do Auditor, este responderá por infração funcional e poderá ser responsabilizado cível e criminalmente.

As empresas devem possuir livro de inspeção do trabalho para registro das visitas da fiscalização, bem como registro das eventuais irregularidades verificadas, para facilitar a fiscalização do trabalho. Os arts. 11 a 15 do Decreto 10.854/21 da Presidência da República regulamentam o livro de Inspeção do Trabalho.

2.2. Da anotação pelo Auditor Fiscal do Trabalho em ato de fiscalização

Há, atualmente, discussões sobre ser possível ao Auditor Fiscal do Trabalho, em ato de fiscalização, convencendo-se de que há relação de emprego em determinada atividade, mesmo quando há contestação do tomador de serviços, anotar, de ofício, a CTPS do trabalhador. As posições se dividem: muitos sustentam que tal é possível, pois a CTPS pode ser anotada, inclusive de forma administrativa. Além disso, é atribuição dos órgãos de fiscalização do trabalho velar pelo cumprimento da legislação. Outros argumentam que somente a Justiça do Trabalho (havendo controvérsia sobre o vínculo) pode anotar a CTPS, em regular processo, observado o contraditório.

De nossa parte, convencendo-se de que há vínculo de emprego, o auditor pode autuar a empresa, e também proceder às anotações na CTPS do trabalhador. No entanto, deve ser facultado o contraditório, *a posteriori*, pelo tomador de serviços, tanto em sede administrativa como judicial.

Nesse sentido é o Enunciado 56 da 1ª Jornada de Direito Material e Processual realizada pela Anamatra, em novembro de 2007:

> **AUDITOR FISCAL DO TRABALHO. RECONHECIMENTO DA RELAÇÃO DE EMPREGO. POSSIBILIDADE.** Os auditores do

trabalho têm por missão funcional a análise dos fatos apurados em diligências de fiscalização, o que não pode excluir o reconhecimento fático da relação de emprego, garantindo-se ao empregador o acesso às vias judicial e/ou administrativa, para fins de reversão da autuação ou multa imposta.

No aspecto, importante destacar as seguintes ementas:

> RECURSO DE EMBARGOS. REGÊNCIA DA LEI Nº 13.015/2014. COMPETÊNCIA DO AUDITOR-FISCAL DO TRABALHO. RECONHECIMENTO DE VÍNCULO DE EMPREGO. 1. Esta Subseção, em sua composição plena, nos autos do Processo nº E-RR-28500-48.2006.5.14.0003 (Relator Ministro Cláudio Mascarenhas Brandão, publicado no *DeJT* em 13/05/2016), firmou entendimento no sentido de que a fiscalização do descumprimento das normas trabalhistas, inclusive quanto ao reconhecimento de vínculo de emprego, insere-se na esfera de competência de auditor fiscal do trabalho, devendo proceder, ainda, à respectiva autuação do empregador. 2. Nesse contexto, os embargos se afiguram incabíveis, nos termos do art. 894, § 2º, da CLT, considerada a redação dada pela Lei nº 13.015/2014. Recurso de embargos de que não se conhece" (TST – E-RR-710-36.2016.5.10.0008, Subseção I Especializada em Dissídios Individuais, Relator Ministro Walmir Oliveira da Costa, *DEJT* 29/01/2021).

> AGRAVO DE INSTRUMENTO. RECURSO DE REVISTA INTERPOSTO SOB A ÉGIDE DA LEI 13.467/2017. COMPETÊNCIA DO AUDITOR-FISCAL DO TRABALHO PARA DECLARAR NULIDADE DE CONTRATAÇÃO DE PRESTADORES DE SERVIÇOS TEMPORÁRIOS. Demonstrada a divergência jurisprudencial, nos termos exigidos no artigo 896 da CLT, provê-se o agravo de instrumento para determinar o processamento do recurso de revista. RECURSO DE REVISTA. TRANSCENDÊNCIA. COMPETÊNCIA DO AUDITOR-FISCAL DO TRABALHO PARA DECLARAR NULIDADE DE CONTRATAÇÃO DE PRESTADORES DE SERVIÇO TEMPORÁRIOS. JURISPRUDÊNCIA MAJORITÁRIA NÃO SUMULADA. A decisão regional diverge de copiosa jurisprudência do TST, em sentido contrário, ainda que não sumulada, circunstância que autoriza o reconhecimento de indicador de transcendência política aqui aplicado dentro da amplitude da expressão "entre outros", constante do § 1º do art. 896-A da CLT. Transcendência política reconhecida. RECURSO DE REVISTA. COMPETÊNCIA DO AUDITOR-FISCAL

DO TRABALHO PARA DECLARAR NULIDADE DE CONTRATAÇÃO DE PRESTADORES DE SERVIÇO TEMPORÁRIOS. Não invade a esfera da competência desta Justiça Especializada a consideração de existência de vínculo de emprego por parte do auditor fiscal do trabalho, por ser sua atribuição verificar o cumprimento das normas trabalhistas, tendo eficácia somente quanto ao empregador, na área administrativa. Assim, afastado este óbice, determina-se o retorno dos autos ao Tribunal de origem para que analise o recurso ordinário da autora quanto à relação de emprego. Recurso de revista conhecido e provido" (TST – RR-710-36.2016.5.10.0008, 6ª Turma, Relator Ministro Augusto Cesar Leite de Carvalho, *DEJT* 24/05/2019).

2.3. Do domicílio eletrônico trabalhista

Dispõe o art. 628-A da CLT:

> **"Fica instituído o Domicílio Eletrônico Trabalhista, regulamentado pelo Ministério do Trabalho e Previdência, destinado a: (Incluído pela Lei nº 14.261, de 2021) I – cientificar o empregador de quaisquer atos administrativos, ações fiscais, intimações e avisos em geral; e (Incluído pela Lei nº 14.261, de 2021) II – receber, por parte do empregador, documentação eletrônica exigida no curso das ações fiscais ou apresentação de defesa e recurso no âmbito de processos administrativos. (Incluído pela Lei nº 14.261, de 2021)** § 1º As comunicações eletrônicas realizadas pelo Domicílio Eletrônico Trabalhista dispensam a sua publicação no Diário Oficial da União e o envio por via postal e são consideradas pessoais para todos os efeitos legais. § 2º A ciência por meio do sistema de comunicação eletrônica, com utilização de certificação digital ou de código de acesso, possuirá os requisitos de validade."

O presente dispositivo, acrescentado pela Lei 14.261, de 16 de dezembro de 2021, está inserido no título VII, Capítulo I, da CLT que trata da Fiscalização, da autuação e da imposição de multas administrativas pelos órgãos da fiscalização do trabalho. Foi criado o chamado domicílio eletrônico trabalhista, que será regulamentado pelo Ministério do Trabalho e Previdência, para facilitar a comunicação do Ministério do Trabalho e órgãos de fiscalização do trabalho com as empresas, empregadores e empregados, para as questões que envolvem matéria relacionada às questões administrativas referentes à fiscalização do trabalho.

Nos termos do art. 70 do CC, "o domicílio da pessoa natural é o lugar onde ela estabelece a sua residência com ânimo definitivo".

Como sustentam Cristiano Chaves de Farias, Felipe Braga Netto e Nelson Rosenvald[4], a doutrina, tradicionalmente, aponta a existência de dois elementos ou requisitos no conceito de domicílio: a) o elemento objetivo (a residência); b) o elemento subjetivo (ânimo definitivo). O elemento objetivo, a residência, é de mais fácil verificação, pois consiste num dado externo, objetivo, aferível, consistente em saber se determinada pessoa reside, de modo permanente, em determinado local. Ânimo definitivo deve ser lido como intenção de permanência em determinado lugar (situação oposta a quem está de passagem, de férias, fazendo um curso etc.).

Com relação ao domicílio da pessoa jurídica, dispõe o art. 75 do Código Civil:

> "Quanto às pessoas jurídicas, o domicílio é: I – da União, o Distrito Federal; II – dos Estados e Territórios, as respectivas capitais; III – do Município, o lugar onde funcione a administração municipal; IV – das demais pessoas jurídicas, o lugar onde funcionarem as respectivas diretorias e administrações, ou onde elegerem domicílio especial no seu estatuto ou atos constitutivos.§ 1º Tendo a pessoa jurídica diversos estabelecimentos em lugares diferentes, cada um deles será considerado domicílio para os atos nele praticados. § 2º Se a administração, ou diretoria, tiver a sede no estrangeiro, haver-se-á por domicílio da pessoa jurídica, no tocante às obrigações contraídas por cada uma das suas agências, o lugar do estabelecimento, sito no Brasil, a que ela corresponder. Poderá o domicílio eletrônico ser constituído por *e-mail, WhatsApp*, *Telegram* etc., a ser regulamentado pelo Ministério do Trabalho."

O domicílio eletrônico trabalhista tem os seguintes objetivos:

a) cientificar o empregador de quaisquer atos administrativos, ações fiscais, intimações e avisos em geral;
b) receber, por parte do empregador, documentação eletrônica exigida no curso das ações fiscais ou apresentação de defesa e recurso no âmbito de processos administrativos.

---

4. Manual de Direito Civil. 4. ed. Rio de Janeiro: Editora Juspodivm, 2019, p. 459.

Conforme o presente dispositivo legal, as comunicações eletrônicas realizadas pelo Domicílio Eletrônico Trabalhista dispensam a sua publicação no Diário Oficial da União e o envio por via postal e são consideradas pessoais para todos os efeitos legais.

2.4. Do auto de infração

Dispõe o art. 629 da CLT:

> "O auto de infração será lavrado em duplicata, nos termos dos modelos e instruções expedidos, sendo uma via entregue ao infrator, contra recibo, ou ao mesmo enviada, dentro de 10 (dez) dias da lavratura, sob pena de responsabilidade, em registro postal, com franquia e recibo de volta. (Redação dada pelo Dec.-Lei 229/1967) § 1º O auto não terá o seu valor probante condicionado à assinatura do infrator ou de testemunhas, e será lavrado no local da inspeção, salvo havendo motivo justificado que será declarado no próprio auto, quando então deverá ser lavrado no prazo de 24 (vinte e quatro) horas, sob pena de responsabilidade. (Redação dada pelo Dec.-Lei 229/1967) § 2º Lavrado o auto de infração, não poderá ele ser inutilizado, nem sustado o curso do respectivo processo, devendo o agente da inspeção apresentá-lo à autoridade competente, mesmo se incidir em erro. (Redação dada pelo Dec.-Lei 229/1967) § 3º O infrator terá, para apresentar defesa, o prazo de 10 (dez) dias contados do recebimento do auto. (Redação dada pelo Dec.-Lei 229/1967) § 4º O auto de infração será registrado com a indicação sumária de seus elementos característicos, em livro próprio que deverá existir em cada órgão fiscalizador, de modo a assegurar o controle do seu processamento."

O presente dispositivo estabelece os requisitos do auto de infração. Por ser um ato praticado por servidor público no exercício funcional e ter presunção de legalidade, deve observar:

a) direito à informação do infrator, para que este possa contestar o fato e exercer seu direito de defesa. Por isso, o auto de infração será lavrado em duplicata, nos termos dos modelos e instruções expedidos, sendo uma via entregue ao infrator, contrarrecibo, ou ao ele enviada, dentro de 10 (dez) dias da lavratura sob pena de responsabilidade, em registro postal, com franquia e recibo de volta;

b) fundamentação. Por isso o auto de infração será registrado com a indicação sumária de seus elementos característicos, em livro próprio que deverá existir em cada órgão fiscalizador, de modo a assegurar o controle do seu processamento;

c) assegurar o direito à defesa na esfera administrativa do infrator, o qual terá o prazo de 10 dias para apresentá-la contados do recebimento do auto.

É assegurado também ao infrator manejar, na Justiça do Trabalho, ações judiciais para discutir o auto de infração, a exemplo do Mandado de Segurança em hipótese de direito líquido e certo violados por ilegalidade ou abuso de poder.

Conforme o art. 630 da CLT, nenhum agente da inspeção poderá exercer as atribuições do seu cargo sem exibir a carteira de identidade fiscal, devidamente autenticada, fornecida pela autoridade competente. § 1º É proibida a outorga de identidade fiscal a quem não esteja autorizado, em razão do cargo ou função, a exercer ou praticar, no âmbito da legislação trabalhista, atos de fiscalização. § 2º A credencial a que se refere este artigo deverá ser devolvida para inutilização, sob as penas da lei em casos de provimentos em outro cargo público, exoneração ou demissão bem como nos de licenciamento por prazo superior a 60 (sessenta) dias e de suspensão do exercício do cargo. § 3º O agente da inspeção terá livre acesso a todas as dependências dos estabelecimentos sujeitos ao regime da legislação, sendo as empresas, por seus dirigentes ou prepostos, obrigadas a prestar-lhes os esclarecimentos necessários ao desempenho de suas atribuições legais e a exibir-lhes, quando exigidos, quaisquer documentos que digam respeito ao fiel cumprimento das normas de proteção ao trabalho. § 4º Os documentos sujeitos à inspeção deverão permanecer, sob as penas da lei, nos locais de trabalho, somente se admitindo, por exceção, a critério da autoridade competente, sejam os mesmos apresentados em dia hora previamente fixados pelo agente da inspeção. § 5º No território do exercício de sua função, o agente da inspeção gozará de passe livre nas empresas de transportes, públicas ou privadas, mediante a apresentação da carteira de identidade fiscal. § 6º A inobservância do disposto nos §§ 3º, 4º e 5º configurará resistência ou embaraço à fiscalização e justificará a lavratura do respectivo auto de infração, cominada a multa de valor igual a meio (1/2) salário mínimo regional até 5 (cinco) vezes esse salário, levando-se em conta, além das circunstâncias atenuantes ou agravantes, a situação econômico-financeira do infrator e os meios a seu alcance para cumprir a lei. § 7º Para o efeito do disposto no § 5º, a autoridade competente divulgará em janeiro e julho, de cada ano, a relação dos agentes da inspeção titulares da carteira de identidade fiscal. §

8º As autoridades policiais, quando solicitadas, deverão prestar aos agentes da inspeção a assistência de que necessitarem para o fiel cumprimento de suas atribuições legais."

Para o exercício de sua atividade de fiscalização, o Auditor-Fiscal do Trabalho deve se identificar perante as entidades que serão fiscalizadas, exibindo sua identidade funcional.

O agente da inspeção, em cumprimento da diligência, deverá ter livre acesso a todas as dependências dos estabelecimentos sujeitos ao regime da legislação trabalhista, sendo as empresas, por seus dirigentes ou prepostos, obrigadas a prestar-lhes os esclarecimentos necessários ao desempenho de suas atribuições legais e a exibir-lhes, quando exigidos, quaisquer documentos que digam respeito ao fiel cumprimento das normas de proteção ao trabalho. Em caso de resistência, poderá solicitar força policial.

Nos termos do art. 632 da CLT, poderá o autuado requerer a audiência de testemunhas e as diligências que lhe parecerem necessárias à elucidação do processo, cabendo, porém, à autoridade, julgar da necessidade de tais provas.

Dispõe o art. 5º, LV, da CF: "Aos litigantes, em processo judicial ou administrativo, e aos acusados em geral são assegurados o contraditório e ampla defesa, com os meios e recursos a ela inerentes".

Por serem de natureza administrativa, os processos decorrentes da fiscalização do trabalho, ao autuado por mandamento constitucional, será assegurado o contraditório e a ampla defesa. Desse modo, dentro do procedimento administrativo, poderá requerer audiência para oitiva de testemunhas e diligências que reputar necessárias para demonstrar a veracidade de suas alegações.

A autoridade que preside o procedimento deverá avaliar, de forma fundamentada, a pertinência e a necessidade das provas e diligências requeridas pelo autuado.

Conforme o art. 16 do Decreto 10.854/21, "Compete exclusivamente aos Auditores-Fiscais do Trabalho do Ministério do Trabalho e Previdência, autoridades trabalhistas no exercício de suas atribuições legais, nos termos do disposto na Lei nº 10.593, de 6 de dezembro de 2002, a fiscalização do cumprimento das normas de proteção ao trabalho e de saúde e segurança no trabalho".

Nos termos do art. 17 do Decreto 10.854/21, "a autoridade nacional, as autoridades máximas regionais e as autoridades regionais em matéria de inspeção do trabalho serão Auditores-Fiscais do Trabalho. Parágrafo único.

Ato do Ministro de Estado do Trabalho e Previdência disporá sobre as autoridades a que se refere o *caput*".

A responsabilização em sede administrativa não inibe sua responsabilidade nas esferas cível e criminal pelo mesmo fato.

Conforme o art. 22 do Decreto 10.954/21, "é vedado ao Auditor-Fiscal do Trabalho determinar o cumprimento de exigências que constem apenas de manuais, notas técnicas, ofícios circulares ou atos congêneres".

A autoridade que preside o procedimento deverá avaliar a pertinência das provas e diligências requeridas pelo autuado.

Quanto ao índice de correção monetária das multas, por força da decisão na ADI 4425, proferida pelo STF que declarou a inconstitucionalidade, tem-se aplicado o IPCA. Nesse sentido, cumpre destacar a seguinte ementa:

> DIREITO CONSTITUCIONAL. REGIME DE EXECUÇÃO DA FAZENDA PÚBLICA MEDIANTE PRECATÓRIO. EMENDA CONSTITUCIONAL Nº 62/2009. INCONSTITUCIONALIDADE FORMAL NÃO CONFIGURADA. INEXISTÊNCIA DE INTERSTÍCIO CONSTITUCIONAL MÍNIMO ENTRE OS DOIS TURNOS DE VOTAÇÃO DE EMENDAS À LEI MAIOR (CF, ART. 60, § 2º). CONSTITUCIONALIDADE DA SISTEMÁTICA DE "SUPERPREFERÊNCIA" A CREDORES DE VERBAS ALIMENTÍCIAS QUANDO IDOSOS OU PORTADORES DE DOENÇA GRAVE. RESPEITO À DIGNIDADE DA PESSOA HUMANA E À PROPORCIONALIDADE. INVALIDADE JURÍDICO-CONSTITUCIONAL DA LIMITAÇÃO DA PREFERÊNCIA A IDOSOS QUE COMPLETEM 60 (SESSENTA) ANOS ATÉ A EXPEDIÇÃO DO PRECATÓRIO. DISCRIMINAÇÃO ARBITRÁRIA E VIOLAÇÃO À ISONOMIA (CF, ART. 5º, CAPUT). INCONSTITUCIONALIDADE DA SISTEMÁTICA DE COMPENSAÇÃO DE DÉBITOS INSCRITOS EM PRECATÓRIOS EM PROVEITO EXCLUSIVO DA FAZENDA PÚBLICA. EMBARAÇO À EFETIVIDADE DA JURISDIÇÃO (CF, ART. 5º, XXXV), DESRESPEITO À COISA JULGADA MATERIAL (CF, ART. 5º, XXXVI), OFENSA À SEPARAÇÃO DOS PODERES (CF, ART. 2º) E ULTRAJE À ISONOMIA ENTRE O ESTADO E O PARTICULAR (CF, ART. 1º, CAPUT, C/C ART. 5º, CAPUT). IMPOSSIBILIDADE JURÍDICA DA UTILIZAÇÃO DO ÍNDICE DE REMUNERAÇÃO DA CADERNETA DE POUPANÇA COMO CRITÉRIO DE CORREÇÃO MONETÁRIA. VIOLAÇÃO AO

DIREITO FUNDAMENTAL DE PROPRIEDADE (CF, ART. 5º, XXII). INADEQUAÇÃO MANIFESTA ENTRE MEIOS E FINS. INCONSTITUCIONALIDADE DA UTILIZAÇÃO DO RENDIMENTO DA CADERNETA DE POUPANÇA COMO ÍNDICE DEFINIDOR DOS JUROS MORATÓRIOS DOS CRÉDITOS INSCRITOS EM PRECATÓRIOS, QUANDO ORIUNDOS DE RELAÇÕES JURÍDICO-TRIBUTÁRIAS. DISCRIMINAÇÃO ARBITRÁRIA E VIOLAÇÃO À ISONOMIA ENTRE DEVEDOR PÚBLICO E DEVEDOR PRIVADO (CF, ART. 5º, CAPUT). INCONSTITUCIONALIDADE DO REGIME ESPECIAL DE PAGAMENTO. OFENSA À CLÁUSULA CONSTITUCIONAL DO ESTADO DE DIREITO (CF, ART. 1º, CAPUT), AO PRINCÍPIO DA SEPARAÇÃO DE PODERES (CF, ART. 2º), AO POSTULADO DA ISONOMIA (CF, ART. 5º, CAPUT), À GARANTIA DO ACESSO À JUSTIÇA E A EFETIVIDADE DA TUTELA JURISDICIONAL (CF, ART. 5º, XXXV) E AO DIREITO ADQUIRIDO E À COISA JULGADA (CF, ART. 5º, XXXVI). PEDIDO JULGADO PROCEDENTE EM PARTE. 1. A Constituição Federal de 1988 não fixou um intervalo temporal mínimo entre os dois turnos de votação para fins de aprovação de emendas à Constituição (CF, art. 62, § 2º), de sorte que inexiste parâmetro objetivo que oriente o exame judicial do grau de solidez da vontade política de reformar a Lei Maior. A interferência judicial no âmago do processo político, verdadeiro *locus* da atuação típica dos agentes do Poder Legislativo, tem de gozar de lastro forte e categórico no que prevê o texto da Constituição Federal. Inexistência de ofensa formal à Constituição brasileira. 2. O pagamento prioritário, até certo limite, de precatórios devidos a titulares idosos ou que sejam portadores de doença grave promove, com razoabilidade, a dignidade da pessoa humana (CF, art. 1º, III) e a proporcionalidade (CF, art. 5º, LIV), situando-se dentro da margem de conformação do legislador constituinte para operacionalização da novel preferência subjetiva criada pela Emenda Constitucional nº 62/2009. 3. A expressão "na data de expedição do precatório", contida no art. 100, § 2º, da CF, com redação dada pela EC nº 62/09, enquanto baliza temporal para a aplicação da preferência no pagamento de idosos, ultraja a isonomia (CF, art. 5º, caput) entre os cidadãos credores da Fazenda Pública, na medida em que discrimina, sem qualquer fundamento, aqueles que venham a alcançar a idade de sessenta anos não na data da expedição do precatório, mas sim posteriormente, enquanto pendente este e ainda não ocorrido o pagamento. 4. O regime de compensação dos débitos da Fazenda Pública inscritos em precatórios, previsto nos

§§ 9º e 10 do art. 100 da Constituição Federal, incluídos pela EC nº 62/09, embaraça a efetividade da jurisdição (CF, art. 5º, XXXV), desrespeita a coisa julgada material (CF, art. 5º, XXXVI), vulnera a Separação dos Poderes (CF, art. 2º) e ofende a isonomia entre o Poder Público e o particular (CF, art. 5º, caput), cânone essencial do Estado Democrático de Direito (CF, art. 1º, caput). 5. A atualização monetária dos débitos fazendários inscritos em precatórios segundo o índice oficial de remuneração da caderneta de poupança viola o direito fundamental de propriedade (CF, art. 5º, XXII) na medida em que é manifestamente incapaz de preservar o valor real do crédito de que é titular o cidadão. A inflação, fenômeno tipicamente econômico-monetário, mostra-se insuscetível de captação apriorística (ex ante), de modo que o meio escolhido pelo legislador constituinte (remuneração da caderneta de poupança) é inidôneo a promover o fim a que se destina (traduzir a inflação do período). 6. A quantificação dos juros moratórios relativos a débitos fazendários inscritos em precatórios segundo o índice de remuneração da caderneta de poupança vulnera o princípio constitucional da isonomia (CF, art. 5º, *caput*) ao incidir sobre débitos estatais de natureza tributária, pela discriminação em detrimento da parte processual privada que, salvo expressa determinação em contrário, responde pelos juros da mora tributária à taxa de 1% ao mês em favor do Estado (*ex vi* do art. 161, § 1º, CTN). Declaração de inconstitucionalidade parcial sem redução da expressão "independentemente de sua natureza", contida no art. 100, § 12, da CF, incluído pela EC nº 62/09, para determinar que, quanto aos precatórios de natureza tributária, sejam aplicados os mesmos juros de mora incidentes sobre todo e qualquer crédito tributário. 7. O art. 1º-F da Lei nº 9.494/97, com redação dada pela Lei nº 11.960/09, ao reproduzir as regras da EC nº 62/09 quanto à atualização monetária e à fixação de juros moratórios de créditos inscritos em precatórios incorre nos mesmos vícios de juridicidade que inquinam o art. 100, § 12, da CF, razão pela qual se revela inconstitucional por arrastamento, na mesma extensão dos itens 5 e 6 supra. 8. O regime "especial" de pagamento de precatórios para Estados e Municípios criado pela EC nº 62/09, ao veicular nova moratória na quitação dos débitos judiciais da Fazenda Pública e ao impor o contingenciamento de recursos para esse fim, viola a cláusula constitucional do Estado de Direito (CF, art. 1º, caput), o princípio da Separação de Poderes (CF, art. 2º), o postulado da isonomia (CF, art. 5º), a garantia do acesso à justiça e a efetividade da tutela jurisdicional (CF, art. 5º, XXXV), o direito adquirido e a coisa julgada (CF, art. 5º, XXXVI). 9. Pedido de declaração de inconstitucionalidade julgado procedente em parte (STF, ADI 4425, Tribunal Pleno. Rela. Min. Luiz Fux. DOE: 19.12.2013).

3. DOS RECURSOS

Os arts. 635 a 638 da CLT tratam dos recursos que o infrator pode interpor em face das decisões proferidas nos procedimentos administrativos de infrações a normas de proteção ao trabalho.

As decisões proferidas nos procedimentos devem estar devidamente fundamentadas em compasso com o devido processo legal, para propiciar o acesso do infrator às instâncias superiores.

Os recursos devem ser interpostos, de forma fundamentada, no prazo de 10 (dez) dias, contados do recebimento da notificação perante a autoridade que houver imposto a multa, a qual, depois de informá-los, encaminhá-los-á à autoridade de instância superior.

Os recursos administrativos devem ser interpostos para a Secretaria de Inspeção do Trabalho – Coordenação de Análise de Recursos (vinculada, atualmente, ao Ministério do Trabalho e Emprego).

Quanto ao depósito do valor da multa como condição do conhecimento do recurso, decidiu o STF pela inconstitucionalidade do depósito por violar o acesso à instância recursal e o contraditório e ampla defesa (art. 5º, LV, da CF). No aspecto, a Súmula Vinculante 21 de sua jurisprudência: "É inconstitucional a exigência de depósito ou arrolamento prévios de dinheiro ou bens para admissibilidade de recurso administrativo".

No mesmo sentido a Súmula 424 do TST, *in verbis*:

> **Recurso administrativo. Pressuposto de admissibilidade. Depósito prévio da multa administrativa. Não recepção pela Constituição Federal do § 1º do art. 636 da CLT** (Res. 160/2009 – *DeJT* 20.11.2009).
>
> O § 1º do art. 636 da CLT, que estabelece a exigência de prova do depósito prévio do valor da multa cominada em razão de autuação administrativa como pressuposto de admissibilidade de recurso administrativo, não foi recepcionado pela Constituição Federal de 1988, ante a sua incompatibilidade com o inciso LV do art. 5º.

4. DO DEPÓSITO, DA INSCRIÇÃO E DA COBRANÇA DAS MULTAS

Tendo havido depósito do valor da multa, que não é obrigatório segundo a jurisprudência do STF, não tendo sido provido o recurso, este se converterá em pagamento.

Há a possibilidade da cobrança amigável (art. 641) antes da execução judicial. Também, nos termos do art. 32 da Lei 13.140/15, há possibilidade de autocomposição entre União e o devedor, com parcelamento do valor da multa.

Diz o inciso VII do art. 114 da Constituição que compete à Justiça do Trabalho processar e julgar "as ações relativas às penalidades administrativas impostas aos empregadores pelos órgãos de fiscalização das relações do trabalho".

Como o dispositivo faz menção às penalidades impostas aos empregadores, tais cominações são as previstas na CLT nos arts. 626 a 653.

De outro lado, embora sejam mais restritas, as ações sobre penalidades administrativas aplicadas aos empregados por órgãos de fiscalização do trabalho são da competência da Justiça do Trabalho, em razão do princípio da isonomia.

Desse modo, são cabíveis, na Justiça do Trabalho, todas as espécies de ações propostas pelos empregadores e tomadores de serviços para discussão das penalidades administrativas que lhes foram impostas pelos órgãos de fiscalização do trabalho, como as ações declaratórias, ações anulatórias, medidas cautelares, mandados de segurança e também, por parte da União, das execuções fiscais das multas administrativas.

Quanto ao rito de tais ações, salvo as que têm rito especial, como o mandado de segurança, execução fiscal e ações cautelares, a via processual (arts. 763 e seguintes da CLT), a nosso ver, é a reclamação trabalhista, podendo haver algumas adaptações por parte do Juiz do Trabalho, como pautas especiais, uma vez que em tais ações não cabe conciliação e, na maioria das vezes, a prova é documental e pré-constituída.

Embora não esteja explícita no inciso VII do art. 114 da CF[5], a competência para execução das multas administrativas aplicadas ao empregador, a

5. Em razão de não estar expressa no inciso VII a competência para a execução das multas administrativas, há entendimento de que a Justiça do Trabalho não detém competência material para a execução fiscal.

execução dessas multas (em razão do não pagamento e inscrição de certidão da dívida ativa da União, decorrente de autuações do Ministério do Trabalho) está implicitamente prevista no referido inciso VII, uma vez que a redação do artigo fala em *ações*, e a execução também é uma *ação*.

De outro lado, não teria sentido a Justiça do Trabalho poder desconstituir as penalidades administrativas aplicadas ao empregador se não pudesse executar as multas. Além disso, mesmo na execução, o empregador também poderá tentar desconstituir o título que embasa a multa e eventual infração. A cisão de competência entre a Justiça do Trabalho e a Justiça Federal para questões que envolvem a mesma matéria provoca insegurança jurídica, decisões conflitantes sobre a mesma matéria e falta de efetividade da jurisdição.

A Justiça do Trabalho, embora não tenha grande tradição na aplicação da Lei de Execução Fiscal à fase de execução trabalhista, no art. 889 da CLT, há determinação expressa para que, nos casos omissos, o Juiz do Trabalho aplique a Lei 6.830/80 na execução trabalhista.

Embora os títulos executivos extrajudiciais constem no art. 876 da CLT, a nosso ver, não se trata de um rol taxativo, e sim exemplificativo, não vedando que outros títulos executivos extrajudiciais possam ser executados no foro trabalhista, como o executivo fiscal oriundo dos atos de fiscalização do trabalho. Após a EC 45/04, a certidão da dívida ativa da União decorrente de infrações aplicadas ao empregador pelos Órgãos de Fiscalização do Trabalho constitui um novo título executivo extrajudicial que será executado na Justiça do Trabalho, segundo a Lei 6.830/80. Por se tratar de ação de rito especial, o Juiz do Trabalho não aplicará a CLT.

CAPÍTULO XXII

DIREITO COLETIVO DO TRABALHO

1. REFERÊNCIAS HISTÓRICAS

Segundo os relatos históricos da doutrina, o chamado Direito Coletivo do Trabalho surgiu antes do Direito Individual, embora, didaticamente, o Direito Coletivo seja estudado por último nos livros de doutrina e cursos jurídicos, uma vez que a união dos trabalhadores e o reconhecimento do direito de união foi um dos fatores mais importantes para o surgimento das primeiras normas trabalhistas.

Como destaca Augusto César Leite de Carvalho[1], "o sindicalismo nasceu como um movimento espontâneo dos trabalhadores que estavam concentrados em torno das cidades industriais e, movidos pelo instinto gregário, perceberam que a sua união os fortalecia na luta contra as condições desumanas de trabalho que lhes estavam sendo impostas. Não sem razão, a Inglaterra, que se fez berço na revolução industrial, gerou a primeira forma de assoativismo a que se pode emprestar o atributo de sindicato: a *trade union*".

Embora o movimento sindical tenha surgido, espontaneamente, pela união dos trabalhadores, a Consolidação das Leis do Trabalho, em sua versão original, disciplinou a organização sindical brasileira sob a premissa de forte influência do Estado nas entidades sindicais, desde sua criação, registro, estrutura, custeio, assim como o funcionamento e representatividade.

---

1. Direito do Trabalho: Curso e Discurso. 2. ed. São Paulo: LTr, 2019, p. 35.

Os sindicatos eram tratados como verdadeiros "braços do Estado", havendo forte influência do Estado em suas funções. Além disso, eram muito visíveis os aspectos autoritários como a sindicalização por categoria, proibição de sindicalização de servidores públicos, proibição de greves, unicidade sindical, carta de reconhecimento sindical expedida pelo Ministério do Trabalho, e o imposto sindical.

Em alguns países, não há intervenção do Estado na atividade sindical, cumprindo à autonomia coletiva dos particulares disciplinar a estrutura e o funcionamento dos Sindicatos.

A Constituição de 1988 reduziu a intervenção do Estado na atividade sindical, consagrando, como regra geral, o princípio da liberdade sindical (art. 8º, "caput", da CF), embora tenha mantido o princípio da unicidade sindical e sindicalização por categorias (art. 8º, II, da CF).

2. AUTONOMIA DO DIREITO COLETIVO DO TRABALHO

O Direito Coletivo do Trabalho tem sido objeto de estudos específicos por parte da doutrina. Há tratados, cursos e manuais específicos tratando da presente temática. Os estudiosos também têm sistematizado princípios específicos do direito coletivo, a partir das diretrizes básicas do art. 8º da Constituição Federal. Diante disso, é possível se defender a autonomia do Direito Coletivo do Trabalho.

Há quem sustente a autonomia relativa do Direito Coletivo do Trabalho, porquanto este tem princípios próprios que o diferenciam do direito individual, mas ainda há uma interdependência acentuada com o direito individual. Isso se torna muito nítido na negociação coletiva, a qual deve observar os direitos trabalhistas individuais indisponíveis e os limites impostos tanto pela Constituição Federal como pela legislação infraconstitucional.

Maurício Godinho Delgado[2] sustenta, com propriedade, a autonomia relativa do Direito Coletivo do Trabalho, com os seguintes e persuasivos argumentos:

> "É inegável a presença de uma metodologia própria de construção e reprodução da estrutura dinâmica do Direito Coletivo. A negociação coletiva o demonstra, uma vez que se trata de excepcional metodologia de construção do próprio Direito do Trabalho. A seu

2. Curso de Direito do Trabalho. 19. ed. São Paulo: LTr, 2020, p. 1581.

> lado, o instituto da greve, essencial ao Direito Coletivo, que traduz relevante instrumento de autocomposição de conflitos de interesses. Insista-se que não se está falando de uma autonomia que conduza ao isolamento do ramo juscoletivo em face do restante do Direito do Trabalho. Este, sem dúvida, forma um complexo especializado do Direito, composto de partes que têm regras e princípios próprios, mas que se interagem permanentemente. A autonomia propugnada é relativa portanto. Não há como se pensar o Direito Coletivo sem seu ramo associado, o Direito Individual, ambos formando o complexo jurídico conhecido pelo epíteto simples de Direito do Trabalho."

De nossa parte, ainda que a doutrina sistematize princípios peculiares do Direito Coletivo, ele ainda não ganhou autonomia científica segundo entendimento dominante, sendo uma divisão do próprio Direito do Trabalho, uma vez que está atrelado à própria razão de ser das normas trabalhistas, que é a busca pela melhoria da condição social do trabalhador. Isso é destacado pela própria Consolidação das Leis do Trabalho, que em seu art. 1º assevera:

> "Esta Consolidação estatui as normas que regulam as relações individuais e coletivas de trabalho, nela previstas."

Como bem adverte Carlos Henrique Bezerra Leite[3], "o direito coletivo não constitui ramo autônomo do direito, e sim parte integrante do direito do trabalho, na medida em que o seu objeto reside, como já apontado alhures, não apenas no estudo da organização sindical, das negociações coletivas e dos conflitos coletivos do trabalho e suas soluções, mas também na representação dos trabalhadores na empresa dos conselhos de fábrica, da greve, do *lockout* etc.".

3. CONCEITO DO DIREITO COLETIVO DO TRABALHO OU DIREITO SINDICAL?

Não há também consenso sobre a denominação da disciplina. Para muitos a denominação para as relações coletivas do trabalho e as normas que a disciplinam deve ser *Direito Sindical*, uma vez que o Sindicato é o grande protagonista das relações coletivas de trabalho. A própria Consolidação das Leis do Trabalho, no título V, trata da Organização Sindical, Enquadramento

3. *Curso de Direito do Trabalho*. 12. ed. São Paulo: Saraiva, 2020, p. 54.

Sindical, Contribuições Sindicais, e funções do Sindicato, principalmente a negociação coletiva de trabalho.

Outros defendem a denominação *Direito Coletivo do Trabalho*, pois as relações coletivas de trabalho não se restringem à atuação Sindical, afinal envolvem, também, os conflitos coletivos de trabalho e formas de solução, bem como os instrumentos de pressão como a Greve e o Locaute.

Conforme Maurício Godinho Delgado[4], a expressão Direito Coletivo do Trabalho é de caráter objetivista, realçando o conteúdo do segmento jurídico identificado: relações sociojurídicas grupais, coletivas, de labor. A expressão Direito Sindical tem caráter subjetivista, enfatizando um dos sujeitos do Direito Coletivo do Trabalho: o sindicato.

Têm prevalecido as denominações mistas, que enfatizam o protagonismo dos Sindicatos na esfera do Direito Coletivo do Trabalho, mas reconhecem outros institutos coletivos em que não há a participação sindical, a exemplo da representação dos trabalhadores nas empresas.

De nossa parte, diante do ordenamento jurídico vigente, a melhor denominação é Direito Coletivo do Trabalho, que abrange a estrutura e criação dos sindicatos, representação sindical, formas de solução dos conflitos coletivos de trabalho, negociação coletiva de trabalho, representação dos trabalhadores nas empresas, greve e locaute.

Na visão de Maurício Godinho Delgado[5], o direito Coletivo do Trabalho define-se como "complexo de institutos, princípios e regras jurídicas que regulam as relações laborais de empregados e empregadores, e outros grupos jurídicos normativamente especificados, considerada sua atuação coletiva, realizada autonomamente ou através das respectivas entidades sindicais".

Como destaca Amauri Mascaro Nascimento[6], "o direito sindical está consolidado na vida dos povos e nos ordenamentos jurídicos. São quatro, segundo a melhor doutrina, as partes que se compõem: a) organização sindical; b) a ação e funções dos entes sindicais, em especial a negociação coletiva de trabalho e suas formas de composição; e d) a representação não sindical ou mista dos trabalhadores na empresa".

Podemos conceituar o Direito Coletivo do Trabalho como o segmento do Direito do Trabalho, composto por princípios, regras e institutos que

---

4. Direito Coletivo do Trabalho. 7. ed. São Paulo: LTr, 2017, p. 20-21.
5. Direito Coletivo do Trabalho. 7. ed. São Paulo: LTr, 2017, p. 23.
6. *Compêndio de Direito Sindical*. 7. ed. São Paulo: LTr, 2012, p. 27.

disciplinam a organização sindical, a representação direta dos trabalhadores nas empresas, as formas de solução dos conflitos coletivos de trabalho, e as formas de pressão da classe trabalhadora e empresas (greve e locaute).

A finalidade do direito coletivo do trabalho, assim como o Direito Individual, é a melhoria da condição social dos trabalhadores, pela busca de melhores condições de trabalho e solução dos conflitos coletivos de trabalho.

4. DO INTERESSE COLETIVO

A atuação das entidades sindicais, as funções do Direito Coletivo do Trabalho, gira em torno do chamado *interesse coletivo.*

A doutrina sempre se esforçou para definir o que seja o interesse coletivo, pois este transcende a esfera individual para atingir um número significativo de pessoas.

O Direito do Trabalho, desde o seu surgimento, convive com os interesses coletivos, que tanto podem ser concretos, ou seja, quando há lesão coletiva de um direito já existente, ou quando o interesse se dá em abstrato, visando à criação de novas normas para a categoria.

Com efeito, diz o art. 8º, III, da CF:

> "Ao sindicato cabe a defesa dos direitos e interesses coletivos ou individuais da categoria, inclusive em questões judiciais ou administrativas".

Conforme o referido dispositivo constitucional, ao sindicato cabe a defesa dos direitos individuais e coletivos da categoria. No aspecto coletivo, a legitimação do sindicato é própria para a defesa da categoria por mandamento constitucional, podendo defender os interesses concretos e abstratos da categoria. Para a defesa de direitos individuais homogêneos, o sindicato o faz na qualidade de substituto processual, ou seja: defende em nome próprio direito alheio (art. 6º do CPC), sendo, atualmente, o entendimento do Supremo Tribunal Federal que a legitimidade do sindicato para a defesa dos direitos individuais homogêneos da categoria é ampla.

Pedro Paulo Teixeira Manus[7] nos traz a seguinte definição do interesse coletivo no aspecto trabalhista:

7. *Negociação Coletiva e Contrato Individual de Trabalho*. São Paulo: Atlas, 2001, p. 27.

> "O interesse coletivo, no direito do trabalho, é aquele de que é titular a categoria, ou uma parcela da categoria, como o grupo de empregados de algumas empresas, de uma empresa, ou grupo de empregados de um ou alguns setores de uma empresa. Esse interesse ultrapassa as pessoas que a integram porque indeterminado, sendo titular o grupo, cujos integrantes podem vir a ser determinados a cada momento e estão ligados entre si por pertencerem à mesma empresa, setor ou categoria profissional".

Adverte Antonio Monteiro Fernandes[8]: "não existe, pois, um critério para a determinação da existência de interesses colectivos. Pode, sim, deduzir-se pela via (sindical) pela qual se afirmam as pretensões, do método pelo qual são prosseguidas (a negociação nos termos regulados pela lei) e da amplitude dos efeitos que se vise desencadear com o resultado final: efeitos destinados a cristalizarem em certos contratos individuais, ou, invés, os efeitos de um padrão geral para um conjunto abstracto de relações laborais (efeitos normativos, portanto). São estes traços os que particularmente definem o fenómeno de superação (e, em certa medida, apagamento) dos interesses singulares ou individuais que leva à afirmação de interesses colectivos e às correspondentes formas de prossecução".

O art. 81 da Lei 8.078/90, define, por meio de interpretação autêntica, os interesses transindividuais, dos quais o interesse coletivo é uma das suas espécies.

Com efeito, aduz o referido dispositivo legal:

> "A defesa dos interesses e direitos dos consumidores e das vítimas poderá ser exercida em juízo individualmente, ou a título coletivo. Parágrafo único. A defesa coletiva será exercida quando se tratar de: (...) II – interesses ou direitos coletivos, assim entendidos, para efeitos deste Código, os transindividuais de natureza indivisível, de que seja titular grupo, categoria ou classe de pessoas ligadas entre si ou com a parte contrária por uma relação jurídica base".

Diante do referido dispositivo legal, pensamos ser interesse coletivo para fins trabalhistas: *o que transcende o aspecto individual para irradiar efeitos sobre um grupo ou categoria de pessoas, sendo uma espécie de soma de direitos individuais, mas também um direito próprio do grupo, cujos titulares são*

8. *Curso de Direito do Trabalho*. 12. ed. Lisboa: Almedina, 2007, p. 842.

indeterminados, mas que podem ser determinados, ligados entre si por uma relação jurídica base. Em razão disso, no Direito do Trabalho, cada categoria pode defender o próprio interesse e também, por meio de negociação coletiva, criar normas a viger no âmbito da categoria.

5. DOS PRINCÍPIOS DO DIREITO COLETIVO DO TRABALHO

Como visto, segundo a Teoria Geral do Direito, normas são mandamentos que regem a vida em sociedade, tidas por seus membros como obrigatórias. Fazem parte do *dever ser*. Tais normas que disciplinam determinadas condutas humanas podem estar positivadas no ordenamento jurídico, ou não, podem estar escritas ou não, podem derivar de uma Entidade de Poder, como as leis e a jurisprudência, ou ser reconhecidas espontaneamente dentro de determinado segmento social, como o costume. Podem também ser o fundamento das regras que disciplinam determinados comportamentos humanos, como os princípios, que podem estar positivados ou não.

Em razão disso, podemos dizer que norma é um gênero, do qual as regras (normas positivadas ou não), que se exteriorizam por meios dos princípios, leis, jurisprudências ou costume, são espécies.

Conforme a doutrina, os princípios têm quatro funções: a) inspiradora do legislador; b) interpretativa; c) suprimento de lacunas; d) sistematização do ordenamento, dando suporte a todas as normas jurídicas, possibilitando o equilíbrio do sistema.

Embora o Direito Coletivo do Trabalho não tenha autonomia científica, ele tem princípios peculiares que lhe dão sentido e harmonia, e orientam sua interpretação e a aplicação de suas normas.

5.1. Princípios específicos do Direito Coletivo do Trabalho

A doutrina costuma enumerar os princípios do Direito Coletivo do Trabalho, mas na verdade todos derivam do princípio cardeal que direciona os entes coletivos no Direito do Trabalho que é o da liberdade sindical.

5.1.1. Liberdade sindical

A liberdade, que faz parte da condição humana, e é uma das vertentes mais expressivas da dignidade humana, como um direito de autodeterminação, é apontada pela doutrina como o fundamento e razão de ser do Direito Sindical e Coletivo do Trabalho.

A liberdade sindical é vista sob o enfoque individual e coletivo. No aspecto individual, configura-se pela liberdade que têm os trabalhadores e empregadores de se vincular ou não a um sindicato ou de criar, nos limites da lei, uma categoria profissional ou econômica. Sob o enfoque coletivo, a liberdade permite aos sindicatos sua organização e gestão, bem como de praticar os atos inerentes à representação da categoria.

Conforme Luciano Martinez[9], a liberdade sindical "é o princípio segundo o qual os trabalhadores e os empregadores, sem qualquer distinção e sem autorização prévia, têm o direito de constituir as organizações que entendam convenientes, assim como o dever de afiliar-se a essas organizações com a única condição de observar-se seus estatutos".

A Convenção 87 da Organização Internacional do Trabalho, não ratificada pelo Brasil, consagra a liberdade sindical plena, valendo destacar os arts. 1º a 5º, *in verbis*: "Cada Membro da Organização Internacional do Trabalho, para o qual a presente Convenção está em vigor, se compromete a tornar efetivas as disposições seguintes".

> ARTIGO 2:
>
> "Os trabalhadores e os empregadores, sem distinção de qualquer espécie, terão direito de constituir, sem autorização prévia, organizações de sua escolha, bem como o direito de se filiar a essas organizações, sob a única condição de se conformar com os estatutos das mesmas."
>
> ARTIGO 3:
>
> "1. As organizações de trabalhadores e de empregadores terão o direito de elaborar seus estatutos e regulamentos administrativos, de eleger livremente seus representantes, de organizar a gestão e a atividade dos mesmos e de formular seu programa de ação.
>
> 2. As autoridades públicas deverão abster-se de qualquer intervenção que possa limitar esse direito ou entravar o seu exercício legal."

9. Curso de Direito do Trabalho. 11. ed. São Paulo: Saraiva, 2020.

> ARTIGO 4:
>
> "As organizações de trabalhadores e de empregadores não estarão sujeitas à dissolução ou à suspensão por via administrativa."
>
> ARTIGO 5:
>
> "As organizações de trabalhadores e de empregadores terão o direito de constituir federações e confederações, bem como o de filiar-se às mesmas, e toda organização, federação ou confederação terá o direito de filiar-se às organizações internacionais de trabalhadores e de empregadores."

A Constituição assegura o princípio da liberdade sindical em seu art. 8º, e inciso I, "in verbis":

> "É livre a associação profissional ou sindical, observado o seguinte:
>
> I – a lei não poderá exigir autorização do Estado para a fundação de sindicato, ressalvado o registro no órgão competente, vedadas ao Poder Público a interferência e a intervenção na organização sindical."

O princípio da liberdade sindical assegura:

a) liberdade de criação dos sindicatos, observados os parâmetros legais, como o registro no órgão competente e a observância da unicidade sindical;

b) liberdade de gestão dos sindicatos, com a possibilidade de criação de seus estatutos próprios. No entanto, devem ser observados os princípios da democracia externa e interna, com prevalência da vontade da maioria;

c) liberdade de atuação nos interesses de sua categoria (art. 8º, III, da CF);

d) liberdade de filiação e de desfiliação sindical (art. 8º, V, da CF);

e) garantias aos dirigentes sindicais (art. 8º, VIII, da CF). A fim de facilitar a atuação sindical, os dirigentes sindicais detêm estabilidade provisória ou garantia de emprego.

Apesar de a Constituição assegurar o princípio da liberdade sindical, ela ainda não é plena, pois ainda há a sindicalização por categoria, e a vedação de criação de mais de um Sindicato representando a mesma categoria no limite do Município (art. 8º, II, da CF), bem como a obrigatoriedade da participação dos sindicatos nas negociações coletivas de trabalho (art. 8º, VI, da CF).

Além disso, apesar de o Sindicato ser uma pessoa jurídica de direito privado, há necessidade de registro do Sindicato no órgão competente[10], para aquisição da chamada personalidade sindical, a fim de controle do princípio da unicidade.

Nesse sentido, dispõe a Súmula 677 do STF, *in verbis*:

> "Até que lei venha a dispor a respeito, incumbe ao Ministério do Trabalho proceder ao registro das entidades sindicais e zelar pela observância do princípio da unicidade."

No mesmo sentido decidiu o STF:

> Inexistência, contudo, quanto a ela, de registro sindical em órgão estatal competente – A questão do duplo registro: o registro civil e o registro sindical – Doutrina – Precedentes do Supremo Tribunal Federal (RTJ 159/413-414, v.g.) – Cadastro Nacional de Entidades Sindicais mantido pelo Ministério do Trabalho e Emprego: compatibilidade desse registro estatal com o postulado da liberdade sindical (Súmula 677/STF) – Ausência do necessário registro sindical como fator de descaracterização da qualidade para agir em sede de fiscalização abstrata – Controle prévio das condições da ação direta de inconstitucionalidade pelo relator da causa – Legitimidade do exercício desse poder monocrático (RTJ 139/67, v.g.) – Recurso de agravo improvido. (STF – **ADI 4.422 AgR**, min. rel. **Celso de Mello**, DJ., j. 6.11.2014, *DJE* 32 de 19-2-2014).

5.1.2. Princípio da liberdade de associação

Como nos traz Maurício Godinho Delgado[11], "o princípio da liberdade de associação assegura consequência jurídico-institucional a qualquer iniciativa de agregação estável e pacífica entre pessoas, independentemente de seu segmento social ou dos temas causadores da aproximação. Não se restringe, portanto, área e temáticas econômico-profissionais (onde se situa a ideia de liberdade sindical)".

Nesse sentido dispõem os incisos XVI, XVII, XVIII, XIX e XX do art. 5º da CF:

---

10. Atualmente o Ministério da Economia.
11. Curso de Direito do Trabalho. 18. ed. São Paulo: LTr, 2019, p. 1556.

> Inciso XVI: "todos podem reunir-se pacificamente, sem armas, em locais abertos ao público, independentemente de autorização, desde que não frustrem outra reunião anteriormente convocada para o mesmo local, sendo apenas exigido prévio aviso à autoridade competente";
>
> Inciso XVII: "é plena a liberdade de associação para fins lícitos, vedada a de caráter paramilitar";
>
> Inciso XVIII: "a criação de associações e, na forma da lei, a de cooperativas independem de autorização, sendo vedada a interferência estatal em seu funcionamento";
>
> Inciso XIX: "as associações só poderão ser compulsoriamente dissolvidas ou ter suas atividades suspensas por decisão judicial, exigindo-se, no primeiro caso, o trânsito em julgado";
>
> Inciso XX: "ninguém poderá ser compelido a associar-se ou a permanecer associado".

No mesmo sentido dispõe o art. 8º, V, da CF, *in verbis*: "ninguém será obrigado a filiar-se ou a manter-se filiado a sindicato".

5.1.3. *Equilíbrio entre os entes coletivos*

Ao contrário do direito individual em que há uma nítida assimetria de partes entre empregado e empregador, na esfera coletiva há uma equivalência entre os entes coletivos tanto dos empregados como dos empregadores (sindicatos de empregados e patronais), como empresas.

Como adverte Gustavo Filipe Barbosa Garcia[12], "na atualidade, tem-se entendido que os instrumentos normativos autônomos, decorrentes da negociação coletiva de trabalho, quando respeitados os direitos indisponíveis e as normas de ordem pública, devem prevalecer sobre as fontes heterônomas".

No mesmo sentido, destacamos a seguinte decisão oriunda da mais alta Corte Trabalhista Brasileira, *in verbis*:

> AGRAVO DE INSTRUMENTO INTERPOSTO PELO RECLAMANTE 1. FÉRIAS EM DOBRO. NÃO REITERAÇÃO DOS ARGUMENTOS EXPENDIDOS NO RECURSO DE REVISTA. NÃO PROVIMENTO. Não se mostra viável o destrancamento de recurso de revista, na hipótese em que a parte não renova os argumentos pelos quais entende que o v. acórdão deve ser reformado, limitando-se

12. Manual de Direito do Trabalho. 13. ed. São Paulo: Juspodivm, 2020, p. 1162-1163.

a reiterar a indicação dos artigos que entende violados. Agravo de instrumento a que se nega provimento. RECURSO DE REVISTA INTERPOSTO PELA RECLAMADA 1. SISTEMA DE CONTROLE ALTERNATIVO DE JORNADA. NORMA COLETIVA QUE DETERMINA A AUTOGESTÃO DA JORNADA PELO EMPREGADO. VALIDADE. PROVIMENTO. A teor do preceito insculpido no artigo 7º, XXVI, da Constituição Federal, é dever desta Justiça Especializada incentivar e garantir o cumprimento das decisões tomadas a partir da autocomposição coletiva, desde que formalizadas nos limites da lei. A negociação coletiva, nessa perspectiva, é um instrumento valioso que nosso ordenamento jurídico coloca à disposição dos sujeitos trabalhistas para regulamentar as respectivas relações de trabalho, atendendo às particularidades e especificidades de cada caso. É inequívoco que, **no âmbito da negociação coletiva, os entes coletivos atuam em igualdade de condições,** o que torna legítimas as condições de trabalho por eles ajustadas, na medida em que afasta a hipossuficiência ínsita ao trabalhador nos acordos individuais de trabalho. Assim, as normas autônomas oriundas de negociação coletiva, desde que resguardados os direitos indisponíveis, devem prevalecer sobre o padrão heterônomo justrabalhista, já que a transação realizada em autocomposição privada resulta de uma ampla discussão havida em um ambiente paritário, no qual as perdas e ganhos recíprocos têm presunção de comutatividade. Na hipótese, a Corte Regional reputou inválida a norma coletiva em que autorizada a dispensa de controle formal de horário, sob o fundamento de que tal previsão não se sobrepõe ao disposto no artigo 74, § 2º, da CLT, e, por isso, não exime a reclamada do cumprimento do disposto no aludido artigo. Conforme acima aduzido, a Constituição Federal reconhece a validade e a eficácia dos instrumentos de negociação coletiva, desde que respeitados os direitos indisponíveis dos trabalhadores. Ocorre que a forma de marcação da jornada de trabalho não se insere no rol de direitos indisponíveis, de modo que não há qualquer óbice na negociação para afastar a incidência do dispositivo que regula a matéria, com o fim de atender aos interesses das partes contratantes. Impende destacar, inclusive, que o artigo 611-A, X, da CLT, inserido pela Lei nº 13.467/2017, autoriza a prevalência das normas coletivas que disciplinam a modalidade de registro de jornada de trabalho em relação às disposições da lei. É bem verdade que o aludido preceito, por ser de direito material, não pode ser invocado para disciplinar as relações jurídicas já consolidadas. Não se pode olvidar, entretanto, que referido dispositivo não trouxe qualquer inovação no mundo jurídico, apenas declarou o fato de que essa matéria não se insere no rol das garantias inegociáveis. Ante o exposto, mostra-se flagrante a afronta ao artigo 7º, XXVI, da Constituição Federal. Recurso de revista de que se conhece e a que se dá provimento" (ARR-80700-33.2007.5.02.0261, 4ª Turma, Relator Ministro Guilherme Augusto Caputo Bastos, *DEJT* 26/10/2018).

De nossa parte, a negociação coletiva deve ser impulsionada, primeiramente, sobre o princípio da melhoria da condição social do trabalhador, tendo primazia expansionista. No entanto, ela pode ser adaptada à realidade das empresas, desde que não tragam prejuízos ao trabalhador e assegurem concessões recíprocas ou equivalentes.

5.1.4. Boa-fé objetiva dos entes coletivos

Um dos papéis fundamentais dos entes coletivos (entidades sindicais e empresas) é a negociação coletiva, que é a modalidade, por excelência, de resolução dos conflitos coletivos e a criação de novas e melhores condições de trabalho. Desse modo, os entes coletivos devem agir com boa-fé objetiva (que é comportamental) antes, durante e após os procedimentos de negociação para a criação de normas coletivas (acordos e convenções coletivas de trabalho).

Os procedimentos negociais devem ser norteados por ampla informação dos representados, de forma ética e honesta, de forma transparente, e com ampla preponderância do interesse coletivo.

5.1.5. Participação obrigatória do sindicato nas negociações Coletivas

Por meio desse princípio, como forma de proteção dos direitos individuais dos trabalhadores e para propiciar equilíbrio na negociação coletiva, a Constituição Federal exige a participação obrigatória dos sindicatos nas negociações coletivas, conforme redação constante de seu art. 8º, VI, *in verbis*: "é obrigatória a participação dos sindicatos nas negociações coletivas de trabalho".

Conforme já sedimentado em doutrina, exige-se apenas, como condição de validade da negociação coletiva, a participação do sindicato dos trabalhadores, pois a empresa já é um ente coletivo por natureza. Dessa forma, está preservado o equilíbrio na negociação coletiva de trabalho.

Como nos adverte Arnaldo Süssekind[13], "na análise do art. 8º, VI, cumpre distinguir entre 'participar' da negociação coletiva e 'celebrar' o acordo coletivo que formaliza o ajustado no diálogo com os sindicatos representativos dos empregados da empresa ou empresas. O dispositivo em foco há de ser interpretado de forma coerente e inteligente, sem conduzir a absurdos. Ora, afronta a lógica jurídica exigir-se que o sindicato patronal celebre acordo coletivo cujo sujeito das obrigações nele estipuladas seja, concretamente, determinada ou determinadas empresas. Somente estas podem decidir sobre as obrigações que assumirão no acordo coletivo. Já na convenção coletiva, o sindicato de empregadores negocia e assina o instrumento, porque este se destina, abstratamente, a todas as empresas que integram ou venham a integrar a respectiva categoria econômica. Destarte, porque o inciso constitucional não distinguiu entre sindicatos de trabalhadores e de empregadores, nem entre convenção e acordo coletivo, cumpre concluir que as entidades sindicais das duas classes terão de 'participar' de todas as negociações coletivas. No entanto, os sindicatos de empregadores não assinarão, como partes, os acordos coletivos. O papel da associação sindical, nesse caso, será o de assistente. Assistência que se justifica, como poder moderador, visando a evitar um desnível acentuado nas condições de trabalho entre empresas da mesma categoria econômica."

5.1.6. Princípio da adequação setorial negociada[14]

Trata-se de princípio atrelado à negociação coletiva, estabelecendo as possibilidades e limites da negociação, em face dos direitos trabalhistas que podem ser objetivo de disposição e os direitos indisponíveis.

Como nos destaca Maurício Godinho Delgado[15], pelo princípio da adequação setorial negociada, as normas autônomas juscoletivas construídas para incidirem sobre certa comunidade econômico-profissional podem prevalecer sobre o padrão geral heterônomo justrabalhista desde que respeitados certos critérios objetivamente fixados. São dois estes critérios autorizativos: a) quando as normas autônomas juscoletivas implementam um padrão setorial de direitos superior ao padrão geral oriundo da legislação heterônoma aplicável; b) quando as normas autônomas juscoletivas transacionam

13. Curso de Direito Constitucional do Trabalho. Rio de Janeiro: Renovar, 1999, p. 410.
14. Este princípio foi idealizado por Maurício Godinho Delgado.
15. Curso de Direito do Trabalho. 18. ed. São Paulo: LTr, 2019, p. 1576.

setorialmente parcelas justrabalhistas de indisponibilidade apenas relativa (e não de indisponibilidade absoluta)."

6. PLURALIDADE X UNICIDADE SINDICAL

Há, na doutrina, acalorados debates sobre os modelos da unicidade (sindicato único), ou da pluralidade sindical.

Unicidade sindical consiste no sistema em que há apenas um sindicato que representa uma determinada categoria profissional ou econômica. Pluralidade sindical permite a existência de mais de um sindicato representando determinada categoria profissional ou econômica.

Ambos os sistemas apresentam vantagens e desvantagens.

Entre as vantagens da unicidade destacam-se:

a) maior união e representatividade da categoria;

b) maior poder de pressão e capacidade de negociação coletiva.

Entre as desvantagens, destacam-se:

a) restrição à liberdade de escolha por parte dos trabalhadores;

b) intervenção indevida do estado na liberdade sindical.

Entre as vantagens da pluralidade, destacam-se:

a) aperfeiçoamento dos sindicatos para prestar serviços mais eficazes aos representados;

b) efetividade do princípio da liberdade sindical;

c) maior autonomia dos Sindicatos, sem intervenção estatal em sua criação e atual;

d) maior competitividade entre os sindicatos.

Entre as desvantagens, destacam-se:

a) pulverização da categoria profissional em muitos sindicatos;

b) enfraquecimento da representação sindical;

c) perda de forças na negociação coletiva;

d) dificuldade acentuada em saber qual a convenção coletiva aplicável e qual sindicato pode negociar.

O sistema constitucional brasileiro adota o sistema da unicidade sindical. Com efeito, dispõe o art. 8º, II, da CF:

> "É vedada a criação de mais de uma organização sindical, em qualquer grau, representativa de categoria profissional ou econômica, na mesma base territorial, que será definida pelos trabalhadores ou empregadores interessados, não podendo ser inferior à área de um Município."

Em nosso entendimento, o sistema da pluralidade sindical é melhor e mais aperfeiçoado, no entanto, na realidade brasileira é difícil de ser implantado, mas, com o aperfeiçoamento da sociedade brasileira, pensamos que aos poucos ele será efetivado.

7. DAS CATEGORIAS PROFISSIONAL, ECONÔMICA E DIFERENCIADA

O ser humano é social por natureza. Em razão disso, é inerente à condição humana que trabalhadores que exercem o mesmo trabalho ou trabalhem em condições semelhantes busquem aproximação, formando um agrupamento para ajuda mútua e defesa de interesses comuns.

Esses agrupamentos de trabalhadores na segunda metade do século XVIII foram decisivos para o surgimento das primeiras leis trabalhistas e do próprio Direito do Trabalho.

Categoria é um grupo ou um agrupamento de trabalhadores ou empregadores, que estão ligados por interesses comuns em razão de exercerem a mesma profissão ou atividade ou estarem ligados ao mesmo empregador (categoria profissional) ou realizarem a mesma atividade econômica, conexa ou similar (categoria econômica), ou exercerem uma atividade específica, disciplinada por lei, não relacionada ao objetivo da atividade econômica do empregador (categoria profissional diferenciada).

Como destaca Maurício Godinho Delgado[16]:

> "O ponto de agregação na categoria profissional é a similitude laborativa, em função da vinculação a empregadores que tenham atividades econômicas idênticas, similares ou conexas. A categoria profissional, regra geral, identifica-se, pois, não pelo preciso tipo de labor ou atividade que exerce o empregador. Se o empregado de

16. Curso de Direito do Trabalho. 19. ed. São Paulo: LTr, 2020, p. 1623.

> indústria metalúrgica labora como porteiro na planta empresarial (e não em efetivas atividades metalúrgicas), é, ainda assim, representado, legalmente, pelo sindicato de metalúrgicos, uma vez que seu ofício de porteiro, não o enquadra como categoria diferenciada."

A categoria é o pressuposto para o surgimento de uma entidade sindical. A partir do reconhecimento da categoria é possível a criação de um sindicato que a represente e defenda seus interesses. No aspecto, dispõe o "caput" do art. 511 da CLT:

> "É lícita a associação para fins de estudo, defesa e coordenação dos seus interesses econômicos ou profissionais de todos os que, como empregadores, empregados, agentes ou trabalhadores autônomos ou profissionais liberais exerçam, respectivamente, a mesma atividade ou profissão ou atividades ou profissões similares ou conexas."

No aspecto, oportunas as observações de Amauri Mascaro Nascimento[17]:

> "Categoria e sindicato são realidades diferentes e que orbitam em campos também diferentes embora conexos, sendo o conceito de categoria a base sociológica em que o sindicato vai buscar sua representatividade no plano jurídico. Outra forma de diferenciar é ver na categoria a gênese e no sindicato o resultado de uma aspiração associativa que pelo mesmo se concretiza tornando-se uma unidade ontológica destinada a um fim. A categoria é a fonte e o sindicato o produto da mesma emanado."

Tanto a Constituição Federal quanto a legislação infraconstitucional disciplinam a filiação sindical por categoria, sendo uma característica do sistema sindical corporativo, em que havia forte intervenção do Estado na atividade sindical.

Assevera o art. 8º, II, da Constituição Federal:

> "É vedada a criação de mais de uma organização sindical, em qualquer grau, representativa de categoria profissional ou econômica, na mesma base territorial, que será definida pelos trabalhadores ou empregadores interessados, não podendo ser inferior à área de um Município."

17. Compêndio de Direito Sindical. 7. ed. São Paulo: LTr, 2012, p. 260.

O texto constitucional manteve a sindicalização por categoria, mesmo diante da regra geral da liberdade sindical.

A definição legal de categoria profissional está prevista no art. 511, § 2º, da CLT, *in verbis*:

> "A similitude de condições de vida oriunda da profissão ou trabalho em comum, em situação de emprego na mesma atividade econômica ou em atividades econômicas similares ou conexas, compõe a expressão social elementar compreendida como categoria profissional."

A categoria profissional pressupõe a realização de atividades idênticas ou similares vinculadas à atividade econômica do empregador, ou o exercício da mesma profissão.

O conceito de categoria econômica está previsto no art. 511, § 1º, da CLT, *in verbis*:

> "A solidariedade de interesses econômicos dos que empreendem atividades idênticas, similares ou conexas, constitui o vínculo social básico que se denomina categoria econômica."

Diante do referido dispositivo legal, a categoria econômica compreende a realização de idêntica atividade econômica, conexa ou similar.

Atividades similares são parecidas, onde as questões comuns preponderam sobre as singulares. Como exemplo, as atividades de hotelaria e restaurantes.

Atividades conexas são aquelas que têm pontos comuns, ou que se complementam, a exemplo de atividades de conservação e limpeza.

Como destaca Homero Batista Mateus da Silva[18]:

> "Diz-se o sindicato profissional quando quer se referir a sindicato de trabalhadores. O adjetivo profissional é polissêmico, podendo representar uma profissão com estatuto próprio, como a de advogado ou engenheiro, mas também uma atividade não regulamentada ou não definida com precisão, como a profissão do auxiliar de limpeza ou do ajudante geral (...) A expressão sindicato profissional atravessou décadas a disciplinar a matéria na legislação ordinária e encontra assento na Constituição Federal de 1988, como nos arts. 8º, II e IV,

18. Curso de Direito do Trabalho Aplicado. vol. 7 – Direito Coletivo do Trabalho. 3. ed. São Paulo: RT, 2015, p. 18.

> e 149, de tal sorte que, por aproximação, passou-se a entender a profissão como sendo o agrupamento de trabalhadores, ainda que por espectros diferentes (...) O sindicato de empregadores é associado com o conceito de categoria econômica, razão pela qual se refere a essa entidade simplesmente como sindicato econômico. Pressupõe-se, de plano, que toda entidade representativa de interesses de empregadores envolva alguma forma de atividade econômica. Há, no art. 966 do CC/2002, uma reconhecida definição de atividade econômica abrangendo a produção ou a circulação de bens ou serviços."

Nos termos do § 3º do art. 511 da CLT, categoria profissional diferenciada é a que se forma dos empregados que exerçam profissões ou funções diferenciadas por força de estatuto profissional especial ou em consequência de condições de vida singulares."

Categoria diferenciada é aquela que tem estatuto próprio, vale dizer, uma regulamentação estabelecida num estatuto legal ou regulamentar.

Como adverte Homero Batista Mateus da Silva[19], "o conceito de estatuto próprio não é unívoco, mas refere grosso modo à existência de lei regulamentadora da profissão, como é o caso do advogado, do médico ou do engenheiro, não pela atividade preponderante de seus empregadores ou dadores de serviço, mas pela profissão que abraçaram. Normalmente, são acompanhadas também da existência de curso superior ou curso profissionalizante obrigatório para o exercício da função, embora possa haver anistia ou tolerância em alguns casos, especialmente quando a lei é implementada, como ocorreu com a norma dos secretários ou químicos."

No aspecto, relevante destacar a seguinte ementa:

> Recurso Ordinário da empresa ré. Trabalhadores da área de movimentação de mercadorias. Categoria diferenciada. Não há dúvidas de que o enquadramento sindical dos empregados de uma determinada empresa deve seguir, via de regra, a atividade econômica preponderante do empregador, a teor da previsão contida nos artigos 570 e 581, §§ 1º e 2º, da CLT. No entanto, em se tratando de categoria profissional diferenciada (artigo 511, § 3º, da CLT), a contribuição sindical relativa aos empregados a ela pertencentes deve ser dirigida ao Sindicato que detém a sua representatividade. In casu, no que diz respeito aos trabalhadores que exercem as atividades de

19. Op. cit., p. 21.

movimentação de mercadorias, tem prevalecido o entendimento de que tais trabalhadores, pelo fato de exercerem as atividades descritas no artigo 2º, da Lei nº 12.023/2009, pertencem à categoria diferenciada, de modo que não estão enquadrados no exercício da atividade preponderante dos empregadores. Logo, na hipótese sub judice, aos empregados e ex-empregados da empresa ré exercentes das atividades de movimentação de mercadorias, aplicam-se as normas coletivas juntadas com a petição inicial, conforme disposto na Lei nº 12.023/2009. Recurso ordinário da empresa ré ao qual se nega provimento. (TRT/SP -Proc. 1000057-31.2022.5.02.0072 - ROT - 12ª Turma - Rel. Benedito Valentini - DeJT 24/3/2023)

Conforme a Súmula 374 do TST, "Empregado integrante de categoria profissional diferenciada não tem o direito de haver de seu empregador vantagens previstas em instrumento coletivo no qual a empresa não foi representada por órgão de classe de sua categoria."

8. DO SINDICATO

8.1. Conceito

Conforme Maurício Godinho Delgado[20], "sindicatos são entidades associativas permanentes que representam trabalhadores vinculados por laços profissionais e laborativos comuns, visando a tratar de problemas coletivos das respectivas bases representadas defendendo seus interesses trabalhistas e conexos, com o objetivo de lhes alcançar melhores condições de labor e vida."

Os sindicatos são pessoas jurídicas de direito privado, constituídos por agrupamentos de trabalhadores (profissional) ou de empregadores (patronal) que constituem uma categoria e resolvem formalizar essa associação nos termos da lei, surgindo um sindicato, que é a entidade que a representará e defenderá seus interesses.

Trata-se, na verdade, o sindicato, não apenas de um ente representativo, mas social, pois assiste o trabalhador em seu universo trabalhista, e, muitas vezes, além dele.

20. Direito Coletivo do Trabalho. 7. ed. São Paulo: LTr, 2017, p. 100.

8.2. Natureza jurídica do sindicato

A natureza jurídica do Sindicato é de associação de direito privado. Portanto, seus estatutos devem ser levados a registro no Cartório de Títulos e Documentos, para aquisição da personalidade jurídica. No entanto, para a aquisição da chamada personalidade sindical, seus estatutos devem ser levados a registro no Ministério do Trabalho (atual Ministério da Economia), para verificação do requisito da unicidade sindical, nos termos do art. 8º, I, da CF e Súmula 677 do STF. No mesmo sentido a OJ 15 da SDC do TST, *in verbis*:

> **"SINDICATO. LEGITIMIDADE *AD PROCESSUM*. IMPRESCINDIBILIDADE DO REGISTRO NO MINISTÉRIO DO TRABALHO. (inserida em 27.03.1998).** A comprovação da legitimidade 'ad processum' da entidade sindical se faz por seu registro no órgão competente do Ministério do Trabalho, mesmo após a promulgação da Constituição Federal de 1988."

A finalidade dos Sindicatos é a defesa dos interesses da categoria, e a busca por melhores condições de vida e de trabalho para seus representados.

No aspecto, é expressiva a Constituição Federal, nos incisos I, II e III de seu art. 8º, *in verbis*:

> "É livre a associação profissional ou sindical, observado o seguinte:
>
> I – a lei não poderá exigir autorização do Estado para a fundação de sindicato, ressalvado o registro no órgão competente, vedadas ao Poder Público a interferência e a intervenção na organização sindical;
>
> II – é vedada a criação de mais de uma organização sindical, em qualquer grau, representativa de categoria profissional ou econômica, na mesma base territorial, que será definida pelos trabalhadores ou empregadores interessados, não podendo ser inferior à área de um Município;
>
> III – ao sindicato cabe a defesa dos direitos e interesses coletivos ou individuais da categoria, inclusive em questões judiciais ou administrativas."

8.3. Funções do sindicato

Como nos traz Maurício Godinho Delgado[21]:

> "A principal função (e prerrogativa) dos sindicatos é a de representação, no sentido amplo, de suas bases trabalhistas. O sindicato organiza-se para falar e agir em nome de sua categoria, para defender seus interesses no plano da relação de trabalho e, até mesmo, em plano social mais largo."

Nos termos do art. 513 da CLT:

> "São prerrogativas dos sindicatos: a) representar, perante as autoridades administrativas e judiciárias os interesses gerais da respectiva categoria ou profissão liberal ou interesses individuais dos associados relativos à atividade ou profissão exercida; b) celebrar contratos coletivos de trabalho; c) eleger ou designar os representantes da respectiva categoria ou profissão liberal; d) colaborar com o Estado, como órgãos técnicos e consultivos, na estudo e solução dos problemas que se relacionam com a respectiva categoria ou profissão liberal; e) impor contribuições a todos aqueles que participam das categorias econômicas ou profissionais ou das profissões liberais representadas. Parágrafo único. Os sindicatos de empregados terão, outrossim, a prerrogativa de fundar e manter agências de colocação.

Conforme o art. 514 da CLT, "são deveres dos sindicatos: a) colaborar com os poderes públicos no desenvolvimento da solidariedade social; b) manter serviços de assistência judiciária para os associados; c) promover a conciliação nos dissídios de trabalho; d) sempre que possível, e de acordo com as suas possibilidades, manter no seu quadro de pessoal, em convênio com entidades assistenciais ou por conta própria, um assistente social com as atribuições específicas de promover a cooperação operacional na empresa e a integração profissional na Classe. Parágrafo único. Os sindicatos de empregados terão, outrossim, o dever de: a) promover a fundação de cooperativas de consumo e de crédito; b) fundar e manter escolas de alfabetização e prevocacionais."

21. Curso de Direito do Trabalho. 19. ed. São Paulo: LTr, 2020, p. 1636.

8.4. A administração do sindicato e a constitucionalidade do art. 522 da CLT

Diante do art. 522 da CLT[22], a administração do Sindicato será exercida por: a) uma diretoria constituída no máximo de sete e no mínimo de três membros; b) Conselho Fiscal composto de três membros, eleitos esses órgãos pela Assembleia Geral, c) a diretoria elegerá, dentre os seus membros, o presidente do sindicato.

Há divergência sobre a recepção do art. 522 da CLT pela Constituição Federal, considerando-se o princípio de liberdade de organização dos Sindicatos. Desse modo, cumpre aos estatutos de cada entidade Sindical estabelecer seus órgãos de composição, bem como o número de membros de sua diretoria. No entanto, o entendimento firmado pela jurisprudência foi no sentido da recepção do presente dispositivo pela Constituição Federal, uma vez que deixar a organização do número de membros da diretoria do sindicato pode gerar uma situação de abuso de direito, uma vez que os membros da diretoria do Sindicato detêm estabilidade provisória de emprego, conforme o art. 8º, VIII, da Constituição Federal, *in verbis*:

> "É vedada a dispensa do empregado sindicalizado a partir do registro da candidatura a cargo de direção ou representação sindical e, se eleito, ainda que suplente, até um ano após o final do mandato, salvo se cometer falta grave nos termos da lei."

No mesmo sentido o art. 543, § 3º, da CLT:

> "O empregado eleito para cargo de administração sindical ou representação profissional, inclusive junto a órgão de deliberação coletiva, não poderá ser impedido do exercício de suas funções, nem transferido para lugar ou mister que lhe dificulte ou torne impossível o desempenho das suas atribuições sindicais.

22. Art. 522 da CLT: "A administração do sindicato será exercida por uma diretoria constituída no máximo de sete e no mínimo de três membros e de um Conselho Fiscal composto de três membros, eleitos esses órgãos pela Assembleia Geral. § 1º A diretoria elegerá, dentre os seus membros, o presidente do sindicato. § 2º A competência do Conselho Fiscal é limitada à fiscalização da gestão financeira do sindicato. § 3º – Constituirão atribuição exclusiva da Diretoria do Sindicato e dos Delegados Sindicais, a que se refere o art. 523, a representação e a defesa dos interesses da entidade perante os poderes públicos e as empresas, salvo mandatário com poderes outorgados por procuração da Diretoria, ou associado investido em representação prevista em lei".

> (...) § 3º – Fica vedada a dispensa do empregado sindicalizado ou associado, a partir do momento do registro de sua candidatura a cargo de direção ou representação de entidade sindical ou de associação profissional, até 1 (um) ano após o final do seu mandato, caso seja eleito inclusive como suplente, salvo se cometer falta grave devidamente apurada nos termos desta Consolidação."

O Tribunal Superior do Trabalho firmou entendimento pela recepção do art. 522 da CLT pela Constituição Federal, conforme a Súmula 369, II, *in verbis*:

> "O art. 522 da CLT foi recepcionado pela Constituição Federal de 1988. Fica limitada, assim, a estabilidade a que alude o art. 543, § 3º, da CLT a sete dirigentes sindicais e igual número de suplentes."

Na mesma direção decidiu o STF, na ADPF 276, em 15.5.2020, Rel. Min. Carmem Lúcia, cuja ementa segue abaixo, *DJE* 03.06.20:

> "EMENTA: ARGUIÇÃO DE DESCUMPRIMENTO DE PRECEITO FUNDAMENTAL. ART. 522 DA CONSOLIDAÇÃO DAS LEIS DO TRABALHO. INC. II DA SÚMULA N. 369 DO TRIBUNAL SUPERIOR DO TRABALHO. DEFINIÇÃO DE NÚMERO MÁXIMO DE DIRIGENTES SINDICATOS COM ESTABILIDADE NO EMPREGO. RECEPÇÃO DO ART. 522 DA CONSOLIDAÇÃO DAS LEIS DO TRABALHO. PRECEDENTES DO SUPREMO TRIBUNAL. AUSÊNCIA DE ESVAZIAMENTO DO NÚCLEO DA LIBERDADE SINDICAL PELA NORMA LEGAL E PELO ENUNCIADO. ARGUIÇÃO DE DESCUMPRIMENTO DE PRECEITO FUNDAMENTAL IMPROCEDENTE. 1. A liberdade sindical tem previsão constitucional, mas não se dota de caráter absoluto. A previsão legal de número máximo de dirigentes sindicais dotados de estabilidade de emprego não esvazia aquela liberdade, que se preserva para cumprir a finalidade de autonomia da entidade sindical, não para criar situações de estabilidade genérica e ilimitada sem se conciliar com a razoabilidade e a finalidade da norma constitucional garantidora do direito. 2. Recepção da norma legal acolhida em precedentes do Supremo Tribunal Federal. Súmula que expressa o que a jurisprudência deste Supremo Tribunal não contraria a Constituição da República. 3. Arguição de descumprimento de preceito fundamental improcedente."

9. DO ENQUADRAMENTO SINDICAL

Dispõe o art. 570 da CLT:

> "Os sindicatos constituir-se-ão, normalmente, por categorias econômicas ou profissionais, específicas, na conformidade da discriminação do quadro das atividades e profissões a que se refere o art. 577 ou segundo as subdivisões que, sob proposta da Comissão do Enquadramento Sindical, de que trata o art. 576, forem criadas pelo ministro do Trabalho, Indústria e Comércio. Parágrafo único – Quando os exercentes de quaisquer atividades ou profissões se constituírem, seja pelo número reduzido, seja pela natureza mesma dessas atividades ou profissões, seja pelas afinidades existentes entre elas, em condições tais que não se possam sindicalizar eficientemente pelo critério de especificidade de categoria, é-lhes permitido sindicalizar-se pelo critério de categorias similares ou conexas, entendendo-se como tais as que se acham compreendidas nos limites de cada grupo constante do Quadro de Atividades e Profissões."

Como nos ensina Amauri Mascaro Nascimento[23], "enquadramento sindical tem uma dimensão coletiva, entendendo-se como tal a definição do grupo a que uma empresa, tendo em vista o tipo de atividade que exerce, pertence automaticamente na forma do quadro a que se refere o art. 577 da CLT, e, também, o grupo que um trabalhador, por seu lado, integra, grupo esse que terá um sindicato para representá-lo".

Quando se questiona qual sindicato representa determinado trabalhador ou empresa, deve-se verificar qual é o seu enquadramento sindical para se saber a resposta.

Como bem adverte Amauri Mascaro Nascimento[24], "o critério geral que deve prevalecer quanto ao sindicato representativo dos trabalhadores e o das empresas é o local da base territorial sindical em que se situam. Nem sempre há coincidência dos tipos de sindicatos existentes em cada base territorial. A empresa deverá efetuar o levantamento para, em cada localidade, solucionar a questão de modo específico."

O enquadramento sindical considera como critério determinante a atividade econômica preponderante da empresa.

---

23. Compêndio de Direito Sindical. 7. ed. São Paulo: LTr, 2012, p. 308.
24. Op. cit., p. 309.

A Consolidação das Leis do Trabalho, nos arts. 570 a 577, trata do enquadramento sindical, realizado pela Comissão de Enquadramento Sindical do Ministério do Trabalho (atual Ministério da Economia), existindo um quadro de atividades conforme o anexo do art. 577.

Para muitos intérpretes, diante do princípio da liberdade sindical previsto no art. 8º, e inciso I, da CF, os referidos artigos da CLT que tratam do enquadramento não foram recepcionados pela Constituição Federal. No entanto, diante o princípio da unicidade sindical, a jurisprudência do Supremo Tribunal Federal vem decidindo pela recepção e pela vigência dos referidos dispositivos legais. No aspecto, a seguinte ementa:

> UNICIDADE SINDICAL MITIGADA – CATEGORIA – SEGMENTOS AGRUPADOS – DESMEMBRAMENTO – VIABILIDADE – ARTIGOS 5º, INCISO XVII, 8º, INCISO II, DA CONSTITUIÇÃO FEDERAL, 570, PARÁGRAFO ÚNICO, E 571 DA CONSOLIDAÇÃO DAS LEIS DO TRABALHO – RECEPÇÃO. A liberdade de associação, observada, relativamente às entidades sindicais, a base territorial mínima – a área de um município –, é predicado do Estado Democrático de Direito. Recepção da Consolidação das Leis do Trabalho pela Carta da República de 1988, no que viabilizados o agrupamento de atividades profissionais e a dissociação, visando a formar sindicato específico (STF RMS 2406. 1ª T. J. 22.03.05. Publicação 24.06.05. Rel. Min. Marco Aurélio).

Atualmente, o enquadramento sindical concerne apenas à verificação do cumprimento do princípio da unicidade sindical previsto no art. 8º, II, da CF.

Como bem adverte Amauri Mascaro Nascimento[25],

> "Após a Constituição Federal de 1988, extinta a Comissão de Enquadramento Sindical e, com isso, a sua função de definir qual o grupo coletivo que um sindicato representa, o enquadramento sindical tem outro significado. Não designa um ato do Poder Público, uma vez que a Constituição Federal veda a intervenção e a interferência deste na organização sindical, proibição interpretada pelo Poder Executivo como limite da sua atuação para preservar a liberdade de organização sindical. Mas, como o sistema sindical continua o de sindicatos por categorias, o enquadramento sindical ainda é expressão útil para o fim de definir um grupo. A diferença é que o

25. Op. cit. p. 311.

enquadramento sindical opera-se, hoje, tendo em vista a necessidade de respeito ao princípio do sindicato único mantido pelo art. 8º, II, da CF/1988, de modo natural, resultando, simplesmente, do tipo de atividade econômica e de exercício profissional, independentemente de qualquer ato formal do Ministério."

10. DESMEMBRAMENTO DA CATEGORIA E SURGIMENTO DE NOVO SINDICATO

Dispõe o art. 571 da CLT:

> "Qualquer das atividades ou profissões concentradas na forma do parágrafo único do artigo anterior poderá dissociar-se do sindicato principal, formando um sindicato específico, desde que o novo sindicato, a juízo da Comissão do Enquadramento Sindical, ofereça possibilidade de vida associativa regular e de ação sindical eficiente."

O referido dispositivo trata da criação de uma nova categoria, a partir de uma categoria já existente, desde que haja dissociação ou desmembramento de um agrupamento específico distinto da categoria principal que adquiriu autonomia em razão de suas singularidades e interesses específicos, como exemplo a categoria dos restaurantes de *fast food*, que se dissocia da categoria de restaurantes.

De nossa parte, a criação de novo sindicato por desmembramento da categoria está em compasso com o princípio da liberdade sindical e com o princípio de liberdade de organização sindical, e com o direito à autodeterminação de empregados e empregadores.

A criação de novo sindicato por desmembramento de categoria vem sendo reiteradamente reconhecida pela jurisprudência do Supremo Tribunal Federal, conforme se constata pela redação das seguintes ementas:

> EMENTA: AGRAVO REGIMENTAL. RECURSO EXTRAORDINÁRIO. UNICIDADE SINDICAL MITIGADA. DESMEMBRAMENTO. NORMA INFRACONSTITUCIONAL. OFENSA REFLEXA. CONSONÂNCIA DA DECISÃO RECORRIDA COM A JURISPRUDÊNCIA CRISTALIZADA DO SUPREMO TRIBUNAL FEDERAL. 1. É possível o desmembramento de entidade sindical quando a nova entidade representar categoria específica. 2. Para arrostar a conclusão adotada pelo Tribunal de origem, seria necessário interpretar

> legislação infraconstitucional – arts. 570, parágrafo único, e 571 da Consolidação das Leis do Trabalho – o que não é viável em sede de recurso extraordinário. 3. Agravo regimental a que se nega provimento (STF RE 642667 AgR. 1ª Turma. Relator(a): **Min. EDSON FACHIN,** Julgamento: **16/02/2016.** Publicação: **01/03/2016).**

> EMENTA: AGRAVO REGIMENTAL EM RECURSO EXTRAORDINÁRIO. DIREITO COLETIVO DO TRABALHO. DESMEMBRAMENTO SINDICAL. OBSERVÂNCIA DO PRINCÍPIO DA UNICIDADE SINDICAL REGISTRADA NO ACÓRDÃO DO TRIBUNAL DE JUSTIÇA. AUSÊNCIA DE VIOLAÇÃO DO ART. 8º, I e II, DA CONSTITUIÇÃO FEDERAL. 1. Não devolvida, no recurso extraordinário, a controvérsia quanto à competência do Ministério do Trabalho para o registro sindical, não poderia ter embasado o seu provimento. O recurso extraordinário versa, em essência, sobre a superposição de bases territoriais quando do desmembramento de entidade sindical e sobre a observância do princípio da unicidade sindical. 2. A jurisprudência desta Corte é uníssona no sentido da incolumidade do art. 8º, inciso II, da Constituição da República nas hipóteses de desmembramento de ente sindical, consoante especificidades dentro de cada categoria e definição pelos trabalhadores, desde que não haja superposição completa de bases territoriais ou redução a área menor que a de um Município. Precedentes. 3. O Tribunal de origem registrou expressamente que o desmembramento observou o princípio da unicidade sindical, pois ausente superposição de bases territoriais [...] (STF. RE 347775 AgR Órgão julgador: **Primeira Turma** Relator(a): **Min. ROSA WEBER** Julgamento: **22/02/2019** Publicação: **08/03/2019).**

11. ENTIDADES SINDICAIS DE NÍVEL SUPERIOR

O sistema sindical brasileiro adota o princípio confederativo, em cuja base está o sindicato, que abrange o município, as Federações, que abrangem pelo menos cinco sindicatos que abarcam o Estado, em âmbito estadual e a confederação, que abrangem ao menos três Federações, em âmbito nacional.

No aspecto, dispõe o art. 533 da CLT:

> "Constituem associações sindicais de grau superior as federações e confederações organizadas nos termos desta Lei".

Nos termos do art. 534 da CLT, é facultado aos Sindicatos, quando em número não inferior a 5 (cinco), desde que representem a maioria absoluta de um grupo de atividades ou profissões idênticas, similares ou conexas, organizarem-se em federação. § 1º – Se já existir federação no grupo de atividades ou profissões em que deva ser constituída a nova entidade, a criação desta não poderá reduzir a menos de 5 (cinco) o número de Sindicatos que àquela devam continuar filiados. § 2º – As federações serão constituídas por Estados, podendo o Ministro do Trabalho, Indústria e Comércio autorizar a constituição de Federações interestaduais ou nacionais. § 3º – É permitido a qualquer federação, para o fim de lhes coordenar os interesses, agrupar os Sindicatos de determinado município ou região a ela filiados; mas a união não terá direito de representação das atividades ou profissões agrupadas.

Conforme o art. 535 da CLT, as Confederações organizar-se-ão com o mínimo de 3 (três) federações e terão sede na Capital da República. § 1º – As confederações formadas por federações de Sindicatos de empregadores denominar-se-ão: Confederação Nacional da Indústria, Confederação Nacional do Comércio, Confederação Nacional de Transportes Marítimos, Fluviais e Aéreos, Confederação Nacional de Transportes Terrestres, Confederação Nacional de Comunicações e Publicidade, Confederação Nacional das Empresas de Crédito e Confederação Nacional de Educação e Cultura. § 2º As confederações formadas por federações de Sindicatos de empregados terão a denominação de: Confederação Nacional dos Trabalhadores na Indústria, Confederação Nacional dos Trabalhadores no Comércio, Confederação Nacional dos Trabalhadores em Transportes Marítimos, Fluviais e Aéreos, Confederação Nacional dos Trabalhadores em Transportes Terrestres, Confederação Nacional dos Trabalhadores em Comunicações e Publicidade, Confederação Nacional dos Trabalhadores nas Empresas de Crédito e Confederação Nacional dos Trabalhadores em Estabelecimentos de Educação e Cultura. § 3º – Denominar-se-á Confederação Nacional das Profissões Liberais a reunião das respectivas federações. § 4º – As associações sindicais de grau superior da Agricultura e Pecuária serão organizadas na conformidade do que dispuser a lei que regular a sindicalização dessas atividades ou profissões.

As Federações e Confederações não têm legitimidade para iniciar as negociações coletivas, uma vez que tal atribuição é dos Sindicatos. Apenas na ausência ou na recusa de atuação do Sindicato é que a Federação e, sucessivamente, a Confederação devem atuar nas negociações e firmar a norma coletiva (arts. 611, § 2º, e art. 617, § 1º, da CLT).

No aspecto, destaca Carla Romar[26]: "de acordo com o sistema legal vigente, a negociação coletiva é atribuição do sindicato. A federação e a confederação não têm legitimidade para originariamente nela figurar, tendo, no entanto, uma função subsidiária, segundo a qual, não havendo sindicato da categoria na base territorial, pode a federação, e à falta desta, a confederação, figurar na negociação. Nesse sentido, o art. 611, § 2º, da CLT, que deixa claro que o legislador adotou o princípio da complementaridade em relação à negociação coletiva".

12. AS CENTRAIS SINDICAIS

As Centrais Sindicais são pessoas jurídicas de âmbito privado (associações civis), sem integrar o sistema confederativo sindical, integrada por entidades sindicais de diversas categorias, e dos diversos níveis de representação (sindicatos, federações e confederações) tendo por finalidade coordenar a representação sindical geral dos trabalhadores em âmbito nacional.

A Lei 11.648/18 formalizou as Centrais Sindicais, que já tinham reconhecimento de fato, na articulação da cúpula do movimento sindical, com grande poder de persuasão nas negociações coletivas de trabalho.

Dispõe o art. 1º da Lei 11.648/08:

> "A central sindical, entidade de representação geral dos trabalhadores, constituída em âmbito nacional, terá as seguintes atribuições e prerrogativas: I – coordenar a representação dos trabalhadores por meio das organizações sindicais a ela filiadas; e II – participar de negociações em fóruns, colegiados de órgãos públicos e demais espaços de diálogo social que possuam composição tripartite, nos quais estejam em discussão assuntos de interesse geral dos trabalhadores. Parágrafo único. Considera-se central sindical, para os efeitos do disposto nesta Lei, a entidade associativa de direito privado composta por organizações sindicais de trabalhadores.

Composta por diversas categorias profissionais, sem necessidade de observância do princípio da unicidade sindical, as Centrais Sindicais exercem importante papel na representação geral dos trabalhadores[27], por meio da negociação coletiva, buscando melhores condições de trabalho. As Centrais

26. Direito do Trabalho Esquematizado. 5. ed. São Paulo: Saraiva, 2018, p. 857.
27. Não há, no ordenamento jurídico brasileiro, Central Sindical de entidades patronais.

não podem firmar as normas coletivas, mas exercem papel importante na negociação.

Como sendo órgãos de cúpula do sistema sindical brasileiro, a doutrina tem afirmado que o sistema sindical brasileiro segue a unicidade na base e a pluralidade em seus órgãos de cúpula.

Conforme o art. 2º da Lei 11.648/08, para o exercício das atribuições e prerrogativas a que se refere o inciso II do caput do art. 1º desta Lei, a central sindical deverá cumprir os seguintes requisitos: I – filiação de, no mínimo, 100 (cem) sindicatos distribuídos nas 5 (cinco) regiões do País; II – filiação em pelo menos 3 (três) regiões do País de, no mínimo, 20 (vinte) sindicatos em cada uma; III – filiação de sindicatos em, no mínimo, 5 (cinco) setores de atividade econômica; e IV – filiação de sindicatos que representem, no mínimo, 7% (sete por cento) do total de empregados sindicalizados em âmbito nacional. Parágrafo único. O índice previsto no inciso IV do caput deste artigo será de 5% (cinco por cento) do total de empregados sindicalizados em âmbito nacional no período de 24 (vinte e quatro) meses a contar da publicação desta Lei.

13. DAS ELEIÇÕES SINDICAIS

A Consolidação das Leis do Trabalho, em sua feição autoritária, nos arts. 529 a 532, estabelece uma série de requisitos para o associado se candidatar, e ter o direito de voto, bem como o procedimento para a eleições sindicais.

De nossa parte, os dispositivos da Consolidação que tratam das eleições sindicais não foram recepcionados pela Constituição Federal, pois cumpre aos estatutos do Sindicato estabelecer os requisitos para que um integrante da categoria possa votar (art. 8º, I, da CF). Os requisitos para elegibilidade devem ser justos e razoáveis e estar em compasso com os parâmetros constitucionais, podendo ser questionados pela via Judicial (art. 5º, XXXV, da CF).

No aspecto, vale destacar a seguinte decisão, oriunda da mais alta corte trabalhista do Brasil, *in verbis*:

> AGRAVO DE INSTRUMENTO. 1. PRELIMINAR DE NULIDADE. NEGATIVA DE PRESTAÇÃO JURISDICIONAL. NÃO CONFIGURAÇÃO. NÃO PROVIMENTO. Ao contrário do que alega o reclamante, a Corte Regional adotou tese explícita sobre a não recepção do artigo 532 da CLT, que versa sobre requisitos formais para as eleições sindicais, por entendê-lo incompatível com a autonomia

e liberdade sindicais, asseguradas no artigo 8º, I, da Constituição Federal. O simples fato de a decisão recorrida ser desfavorável ao ora recorrente não configura negativa de prestação jurisdicional, na medida em que resta devidamente fundamentada, respeitados, portanto, os termos dos artigos 832 da CLT e 93, IX, da Constituição Federal, que seguem incólumes. Agravo de instrumento a que se nega provimento. 2. ELEIÇÕES SINDICAIS. NULIDADE. REQUISITOS FORMAIS. PRAZOS. VIOLAÇÃO DO ARTIGO 532 DA CLT. ARTIGO NÃO RECEPCIONADO. INCOMPATÍVEL COM AUTONOMIA E LIBERDADE SINDICAIS. ARTIGO 8º, I, DA CONSTITUIÇÃO FEDERAL. OBSERVÂNCIA DOS ESTATUTOS INTERNOS. INEXISTÊNCIA DE ELEMENTOS QUE ATESTEM FRAUDE NO PROCESSO ELETIVO. VIOLAÇÃO DO ARTIGO 9º DA CLT. INOCORRÊNCIA. REEXAME DE FATOS E PROVAS. SÚMULA Nº 126. A Constituição Federal, em seu artigo 8º, I, assegura às entidades sindicais a liberdade de criação, regulação e autogestão, vedando expressamente ao Poder Público interferir e intervir na organização sindical, ressalvada, apenas, a necessidade de registro no órgão competente. Trata-se da garantia da autonomia sindical, desdobramento do princípio da liberdade sindical, que visou eliminar do novo regime constitucional o controle político-administrativo do Estado sobre a gestão dos sindicatos. Em face de tal princípio, a doutrina trabalhista é pacífica no sentido de considerar não recepcionados pela nova ordem constitucional os artigos da CLT que versam sobre a organização e estruturação interna dos sindicatos, na medida em que caracterizam nítida ingerência estatal na atividade sindical, típica do modelo corporativista vigente à época da edição da CLT, mas impensável em um contexto de liberdade sindical. Não significa dizer, é bom frisar, que as entidades sindicais são imunes ao controle judicial, mormente quando no bojo de sua organização interna ocorrer violações a direitos alheios. O artigo 5º, XXXV, da Constituição Federal não permite tal leitura do princípio da autonomia sindical, na medida em que assegura o acesso à justiça por qualquer um que tiver ameaçado suposto direito. Trata-se, na verdade, de compatibilizar ambos os princípios constitucionais citados, reconhecendo-se o Estatuto do sindicato como principal parâmetro para possível controle judicial da organização sindical, na medida em que elaborado pelos próprios associados, prevalecendo, assim, sobre eventual disposição normativa heterônoma. No presente caso, discute-se a validade das eleições sindicais ocorridas no âmbito da federação sindical reclamada. Ocorre que o dispositivo normativo

> tido por violado pelo reclamante – artigo 532 da CLT – não foi recepcionado pela Constituição Federal de 1988, uma vez que acarreta interferência estatal na autonomia dos sindicatos para a livre escolha de seus representantes, tendo em vista que regula prazos para a realização das eleições sindicais. Logo, o referido dispositivo não se presta para o destrancamento do recurso de revista. Ademais, ao contrário do que alega o reclamante, não há no acórdão recorrido elementos fáticos que demonstrem o descumprimento das regras atinentes ao processo eleitoral previstas no Estatuto da federação reclamada. Ao revés, consta da decisão regional afirmação expressa de que as eleições ocorridas observaram fielmente as disposições contidas no estatuto sindical, de forma que, para acatar a alegação recursal de fraude no pleito eleitoral, seria indispensável o reexame dos fatos e das provas constantes dos autos, procedimento vedado a esta Corte Superior pela dicção da Súmula nº 126. Agravo de instrumento a que se nega provimento" (TST – AIRR-491-14.2012.5.23.0004, 5ª Turma, Relator Ministro Guilherme Augusto Caputo Bastos, *DEJT* 19/12/2013).

Em sentido contrário, defende Sérgio Pinto Martins[28]:

> "Nada impede que a lei estabeleça requisitos para o exercício do direito de voto no sindicato, como acontece com a lei eleitoral. É a aplicação do princípio da legalidade. Assim o direito de voto deve ser exercido pelo associado que tenha mais de seis meses de inscrição no quadro social e mais de dois anos de exercício da atividade ou profissão. Deverá ter mais de 18 anos, não podendo ter idade inferior à indicada, estando em gozo dos seus direitos sindicais, isto é, não pode estar suspenso desses direitos, conforme previsão dos estatutos do sindicato".

Nos termos do art. 8º, VII, da CF, o aposentado filiado tem direito a votar e ser votado nas organizações sindicais.

O art. 114, III, da CF diz ser da competência da Justiça do Trabalho as ações sobre representação sindical, entre sindicatos, entre sindicatos e trabalhadores, e entre sindicatos e empregadores.

Em nosso entendimento, o referido dispositivo constitucional abrange os chamados conflitos intrassindicais, que são os que envolvem todas as questões do Sindicato considerado em si mesmo e não em conflito com

---

28. Comentários à CLT. 17. ed. São Paulo: Atlas, 2013, p. 613.

outro sindicato, abrangidas as questões atinentes às eleições sindicais. Por isso, pensamos que a Súmula 4 do STJ[29] não foi recepcionada pela EC 46/04 que deu a redação ao inciso III do art. 114 da CF.

No aspecto, a seguinte ementa:

> Conflito de competência – Federação das Indústrias do Estado do Maranhão – FIEMA – Processo eleitoral sindical – Representação sindical – Art. 114, inciso III, da CF – Alteração introduzida pela EC n. 45/2004 – Aplicação imediata – Competência da Justiça do Trabalho – As novas disposições do art. 114, inciso III, da Constituição Federal, introduzidas com a promulgação da Emenda Constitucional n. 45/04, têm aplicação imediata e atingem os processos em curso. Diante do alcance do texto constitucional *sub examine* as ações relacionadas com processo eleitoral sindical, conquanto sua solução envolva questões de direito civil, inserem-se no âmbito da competência da Justiça do Trabalho, uma vez que se trata de matéria subjacente à representação sindical. Conflito conhecido para declarar a competência do Juízo da 2ª Vara do Trabalho de São Luís (MA) – STJ CC 48.372 – MA (2005/0040784-8) – Ac. 1º S. – 22.6.05 – rel. Min. João Otávio de Noronha. *In: Revista LTr* 69-10/1255)

14. DAS RECEITAS SINDICAIS

As fontes de custeio para o funcionamento e prestação de serviços das entidades sindicais são denominadas receitas sindicais.

As receitas dos Sindicatos são denominadas contribuições sindicais em sentido genérico, abrangem a contribuição sindical prevista em lei, a contribuição confederativa, a contribuição assistencial e a mensalidade sindical.

14.1. Contribuição sindical

A contribuição sindical prevista em lei está disciplinada no art. 578 da CLT, com a redação dada pela Lei 13.467/17, *in verbis*:

> "As contribuições devidas aos sindicatos pelos participantes das categorias econômicas ou profissionais ou das profissões liberais

29. Súmula 4 do STJ: "Compete à Justiça Estadual julgar causa decorrente do processo eleitoral Sindical".

> representadas pelas referidas entidades serão, sob a denominação de contribuição sindical, pagas, recolhidas e aplicadas na forma estabelecida neste Capítulo, desde que prévia e expressamente autorizadas."

Até a Lei 13.467/17, a presente contribuição tinha caráter compulsório, sendo chamada de *imposto sindical* devida por todos os membros das categorias profissional ou econômica, independentemente da filiação sindical.

Vários intérpretes apontaram inconstitucionalidades na supressão do imposto sindical, apontando necessidade de Lei Complementar, e enfraquecimento do próprio Direito do Trabalho, uma vez que enfraquece os Sindicatos e fragiliza a negociação coletiva.

De nossa parte, a extinção do imposto sindical não é inconstitucional, pois este foi criado por lei ordinária, não necessitando de lei complementar para sua alteração ou extinção, e está em compasso com os princípios constitucionais da liberdade sindical, no aspecto da liberdade de filiação e desfiliação sindical.

Nesse sentido, defende Sérgio Pinto Martins[30]:

> "Trata o art. 149 da Constituição da contribuição social de intervenção no domínio econômico e de interesse das categorias profissionais e econômicas. Compete à União instituir essa contribuição sindical. Já há previsão genérica sobre a contribuição sindical do inciso I do art. 217 do CTN. A matéria não é, portanto, de lei complementar, mas de lei ordinária. A União pode instituir ou pode não instituir a contribuição prevista em lei. Cabe a ela a escolha. Isso será feito por lei ordinária federal."

O Supremo Tribunal Federal, na ADI 5.794, em 29.06.2018, decidiu por maioria, em controle concentrado de constitucionalidade, pela constitucionalidade da alteração do art. 578 da CLT, conforme a ementa que segue:

> EMENTA: DIREITO CONSTITUCIONAL E TRABALHISTA. REFORMA TRABALHISTA. FACULTATIVIDADE DA CONTRIBUIÇÃO SINDICAL. CONSTITUCIONALIDADE. INEXIGÊNCIA DE LEI COMPLEMENTAR. DESNECESSIDADE DE LEI ESPECÍFICA. INEXISTÊNCIA DE OFENSA À ISONOMIA TRIBUTÁRIA (ART. 150, II, DA CRFB). COMPULSORIEDADE DA CONTRIBUIÇÃO SINDICAL NÃO PREVISTA NA CONSTITUIÇÃO (ARTIGOS 8º,

30. Direito do Trabalho. 36. ed. São Paulo: Saraiva, 2020, p. 1128.

> IV, E 149 DA CRFB). NÃO VIOLAÇÃO À AUTONOMIA DAS ORGANIZAÇÕES SINDICAIS (ART. 8º, I, DA CRFB). INOCORRÊNCIA DE RETROCESSO SOCIAL OU ATENTADO AOS DIREITOS DOS TRABALHADORES (ARTIGOS 1º, III E IV, 5º, XXXV, LV E LXXIV, 6º E 7º DA CRFB). CORREÇÃO DA PROLIFERAÇÃO EXCESSIVA DE SINDICATOS NO BRASIL. REFORMA QUE VISA AO FORTALECIMENTO DA ATUAÇÃO SINDICAL. PROTEÇÃO ÀS LIBERDADES DE ASSOCIAÇÃO, SINDICALIZAÇÃO E DE EXPRESSÃO (ARTIGOS 5º, INCISOS IV E XVII, E 8º, CAPUT, DA CRFB). GARANTIA DA LIBERDADE DE EXPRESSÃO (ART. 5º, IV, DA CRFB). AÇÕES DIRETAS DE INCONSTITUCIONALIDADE JULGADAS IMPROCEDENTES. AÇÃO DECLARATÓRIA DE CONSTITUCIONALIDADE JULGADA PROCEDENTE (STF, ADI 5794. Rel. Min. Luiz Fux. J. 29.06.2018. *DJe* 23.04.19).

Dispõe o art. 579 da CLT: "O desconto da contribuição sindical está condicionado à autorização prévia e expressa dos que participarem de uma determinada categoria econômica ou profissional, ou de uma profissão liberal, em favor do sindicato representativo da mesma categoria ou profissão ou, inexistindo este, na conformidade do disposto no art. 591 desta Consolidação".

Diante da facultatividade da contribuição sindical, alguns sindicatos firmaram acordos e convenções coletivas de trabalho, autorizando o desconto da contribuição para todos os trabalhadores da categoria. Desse modo, a vontade coletiva supriria a individual.

No entanto, esses acordos e convenções coletivas foram objeto de questionamento na Justiça do Trabalho e no próprio STF, prevalecendo o entendimento, de nossa parte correto, de que o art. 579 da CLT exige a autorização individual do empregado, de preferência pela forma escrita, para o desconto da contribuição, não podendo ser suprido por assembleia sindical, ou negociação coletiva.

No aspecto, defende Davi Furtado Meirelles[31]:

> "Autorização prévia significa que o desconto não pode ocorrer sujeito a uma deliberação posterior. E autorização expressa leva à necessidade de manifestação dos integrantes da categoria para o desconto ser realizado. Portanto, muito embora o dispositivo não exija forma escrita para que essa manifestação seja efetivada, não se está autorizar

31. In: CLT 2020: Comparada e Comentada pelos Magistrados do TRT da 2ª Região. São Paulo: LTr, 2020, p. 646.

que a mesma seja feita de forma tácita, por exemplo, não havendo oposição daquele que sofreu o desconto sem sua autorização anterior. Da mesma forma, alguns sindicatos chegaram a interpretar que essa autorização prévia e expressa poderia ser substituída por uma manifestação coletiva, com aprovação do desconto em assembleia deliberativa. Também aqui não parece ser a melhor interpretação para a intenção do legislador. A autorização para o desconto da contribuição sindical deve ser anterior ao mesmo e de manifestação individual, sob pena de violação ao princípio de liberdade sindical individual."

14.2. Da contribuição confederativa

A contribuição confederativa encontra suporte no art. 8º, IV, da Constituição Federal. É fixada em Assembleia e, usualmente, prevista nos instrumentos normativos coletivos (acordos e convenções coletivas) e se destina ao custeio do sistema confederativo sindical brasileiro. Com efeito, dispõe o referido dispositivo constitucional:

> "É livre a associação profissional ou sindical, observado o seguinte: (...) IV – a assembleia geral fixará a contribuição que, em se tratando de categoria profissional, será descontada em folha, para custeio do sistema confederativo da representação sindical respectiva, independentemente da contribuição prevista em lei."

A doutrina tem entendido que a contribuição confederativa tem natureza contratual decorrente do acordo de vontades. Desse modo, somente é devida às pessoas filiadas ao Sindicato.

Como bem adverte Sérgio Pinto Martins[32], "a assembleia detém soberania, nos termos do estatuto do sindicato, porém, apenas em relação aos associados. Logo, a contribuição confederativa não é compulsória, como o que ninguém poderia se opor a sua cobrança, mas facultativa, pois só vincula os associados".

A jurisprudência, acertadamente, fixou entendimento no sentido de que a contribuição confederativa não tem caráter compulsório, sendo devida apenas aos empregados sindicalizados. Nesse sentido, o PN 119 do TST e a Súmula Vinculante 40 do STF, "*in verbis*":

---

32. Direito do Trabalho. 36. ed. São Paulo: Saraiva, 2020, p. 1139.

Precedente Normativo 119 do TST:

> "CONTRIBUIÇÕES SINDICAIS – INOBSERVÂNCIA DE PRECEITOS CONSTITUCIONAIS – (mantido) – *DEJT* divulgado em 25.08.2014 "A Constituição da República, em seus arts. 5º, XX, e 8º, V, assegura o direito de livre associação e sindicalização. É ofensiva a essa modalidade de liberdade cláusula constante de acordo, convenção coletiva ou sentença normativa estabelecendo contribuição em favor de entidade sindical a título de taxa para custeio do sistema confederativo, assistencial, revigoramento ou fortalecimento sindical e outras da mesma espécie, obrigando trabalhadores não sindicalizados. Sendo nulas as estipulações que inobservem tal restrição, tornam-se passíveis de devolução os valores irregularmente descontados."
>
> Súmula Vinculante 40 do STF: "A contribuição confederativa de que trata o art. 8º, IV, da Constituição Federal, só é exigível dos filiados ao sindicato respectivo".

14.3. Contribuição assistencial

Leciona Sérgio Pinto Martins[33]:

> "A contribuição assistencial é encontrada nas sentenças normativas, acordos e convenções coletivas, visando custear as atividades assistenciais do sindicato, principalmente pelo fato de o sindicato ter participado das negociações para obtenção de novas condições de trabalho para a categoria, e compensar a agremiação com os custos incorridos naquela negociação."

Como bem adverte Luciano Martinez[34]:

> "A contribuição assistencial é um suporte financeiro de caráter obrigacional, previsto em convenção coletiva, acordo coletivo ou sentença normativa, exigível unicamente dos associados da categoria. A contribuição assistencial se distingue da contribuição confederativa por conta da finalidade. Enquanto a contribuição confederativa visa ao custeio ordinário do sistema sindical, a assistencial objetiva o revigoramento da entidade sindical depois de uma dispendiosa

33. Direito do Trabalho. 36ª ed. São Paulo: Saraiva, 2020, p. 1.145.
34. Curso de Direito do Trabalho. 14ª ed. São Paulo: Saraiva, 2023, p. 1137.

campanha de melhorias das condições de trabalho ou de atividade de crescimento institucional."

A contribuição assistencial encontra suporte no artigo 513, "e", da CLT[35] e é devida em razão da participação dos sindicatos nas negociações coletivas, e também em razão das atividades assistenciais prestadas pelo Sindicato, mas, principalmente, em razão dos custos dispendidos para realizar os acordos coletivos e convenções coletivas de trabalho.

Parte da doutrina e jurisprudência sustentam que a contribuição assistencial é devida tanto aos empregados sindicalizados, como aos não sindicalizados que compõem a categoria, pois toda a categoria é beneficiada com a negociação coletiva. Desse modo, cabe ao trabalhador que não concorda com o desconto da contribuição exercer sua oposição "a posteriori".

Outra parte tem entendido que a contribuição assistencial, por ter índole contratual, somente vincula os sindicalizados, não sendo devida aos não sindicalizados.

A jurisprudência já estava sedimentada no sentido de ser devida a contribuição assistencial somente aos trabalhadores filiados ao sindicato, em razão da natureza contratual da referida contribuição. Nesse sentido:

> Contribuição Assistencial Desconto. Contribuição assistencial. Contribuições assistenciais somente podem ser legitimamente cobradas dos empregados que estejam associados ao Sindicato. Entender de outra maneira implicaria séria afronta ao direito de livre associação e sindicalização, constitucionalmente garantido ao cidadão trabalhador. Nesse sentido, a Tese prevalecente nº 10 deste Regional. Equiparação salarial. A equiparação salarial é instituto embasado no princípio da isonomia, o qual encontra residência nos arts. 5º, caput, e 7º, inciso XXX, da Constituição Federal. É pleito regulamentado no art. 461 da CLT, e era explicitado na Súmula 6 do Tribunal Superior do Trabalho. Cabia, na hipótese, ao empregado provar a identidade de funções e a ré, os fatos impeditivos, modificativos ou extintivos da equiparação salarial. (TRT/SP – Proc. 1002227- 50.2017.5.02.0201 – 11ª Turma – ROT – Rel. Flávio Villani Macedo – DeJT 11/11/2021)

35. Art. 513, "e", da CLT: "São prerrogativas dos sindicatos : (...) e) impor contribuições a todos aqueles que participam das categorias econômicas ou profissionais ou das profissões liberais representadas."

No mesmo sentido a tese firmada no tema 935 da Repercussão Geral do STF, "in verbis":

> **"É inconstitucional a instituição, por acordo, convenção coletiva ou sentença normativa, de contribuições que se imponham compulsoriamente a empregados da categoria não sindicalizados."**

O STF, no entanto, por meio de Embargos de Declaração opostos no ARE 1018459, alterou completamente o entendimento, conforme a emente que segue:

> Embargos de declaração em processo paradigma da sistemática da repercussão geral. 2. Direito do Trabalho. Tema 935. 3. Alegação de omissão, contradição ou obscuridade. 4. Efeitos infringentes. Admissão da cobrança da contribuição assistencial prevista no art. 513 da Consolidação das Leis do Trabalho, inclusive aos não filiados ao sistema sindical, assegurado ao trabalhador o direito de oposição. 5. A constitucionalidade das contribuições assistenciais, respeitado o direito de oposição, faculta a trabalhadores e sindicatos instrumento capaz de, ao mesmo tempo, recompor a autonomia financeira do sistema sindical e concretizar o direito à representação sindical sem ferir a liberdade de associação dos trabalhadores. 6. Embargos de declaração conhecidos e providos em parte para retificar a tese da repercussão geral, que passa a ter a seguinte redação: "**É constitucional a instituição, por acordo ou convenção coletivos, de contribuições assistenciais a serem impostas a todos os empregados da categoria, ainda que não sindicalizados, desde que assegurado o direito de oposição.**" (STF ARE 1018459 – Tribunal Pleno. Re. Min GILMAR MENDES. DOe: 30/10/2023).

Diante do que fora decidido pelo STF, temos as seguintes conclusões:

a) houve mudança completa do entendimento anterior;

b) será possível a instituição, por convenção ou acordo coletivo de contribuição assistencial, inclusive para os trabalhadores não sindicalizados;

c) há possibilidade de oposição do trabalhador;

Deve ser destacado que o valor fixado a título de contribuição sindical deve ser razoável, sob consequência de abuso de direito. Além disso, o direito de oposição, a ser disciplinado em norma coletiva, deve ser simples, e sem burocracia.

No aspecto, destaca-se a seguinte ementa:

> "I - AGRAVO DE INSTRUMENTO EM RECURSO DE REVISTA REGIDO PELA LEI Nº 13.467/17 - PRAZO PRESCRICIONAL APLICÁVEL ÀS CONTRIBUIÇÕES ASSISTENCIAIS. § 9º DO ART. 896 DA CLT E SÚMULA 442 DO TST. Nega-se provimento ao agravo de instrumento quando não demonstrada a viabilidade do processamento do recurso de revista. Agravo de instrumento a que se nega provimento. II - RECURSO DE REVISTA - CONTRIBUIÇÃO ASSISTENCIAL PATRONAL. EMPRESA NÃO ASSOCIADA. AUSÊNCIA DE PREVISÃO DO DIREITO DE OPOSIÇÃO. TEMA 935 DA TABELA DE REPERCUSSÃO GERAL. Nos termos do tema 935 da tabela de repercussão geral do STF, "É constitucional a instituição, por acordo ou convenção coletivos, de contribuições assistenciais a serem impostas a todos os empregados da categoria, ainda que não sindicalizados, desde que assegurado o direito de oposição". No presente caso não foi assegurado à reclamada o direito de oposição à cobrança das contribuições assistenciais, o que fere a sua liberdade de associação e sindicalização (arts. 5º, XX, e 8º, V, da Constituição da República). Recurso de revista de que se conhece e a que se dá provimento" (TST - RRAg-20233-69.2018.5.04.0351, 8ª Turma, Relator Ministro Sergio Pinto Martins, DEJT 30/10/2023).

14.4. Mensalidade sindical

As mensalidades sindicais são parcelas mensais, previstas nos estatutos do sindicato, pagas exclusivamente pelos empregados filiados ao Sindicato. Não têm caráter compulsório. Sua previsão está no art. 548, "b", da CLT, "*in verbis*":

> "Constituem o patrimônio das associações sindicais: (...) b) as contribuições dos associados, na forma estabelecida nos estatutos ou pelas Assembleias Gerais."

15. COMISSÃO DE REPRESENTANTES DE EMPREGADOS

José Cláudio Monteiro de Brito Filho[36], em trabalho aprofundado sobre o tema, define representante dos trabalhadores "como toda pessoa física ou jurídica, ou órgão sem personalidade jurídica que, em virtude de permissivo,

36. Direito Sindical. 7. ed. São Paulo: LTr, 2018, p. 331.

expresso ou não, do ordenamento jurídico, tenha a função de representar os trabalhadores, independentemente da forma de representação, da amplitude de seus poderes e da entidade perante a qual o mister será exercido".

A representação dos trabalhadores dentro da empresa para defesa de seus interesses sempre foi defendida pela doutrina, como forma de harmonização dos interesses obreiros e empresariais, facilitando o diálogo, diminuindo a litigiosidade, buscando a solução consensual para os problemas do cotidiano da empresa. Essa representação está prevista na Convenção 135 da OIT ratificada pelo Brasil e na própria Constituição Federal.

Ao contrário de alguns países, o Brasil não tem tradição em harmonização dos conflitos do cotidiano das empresas, denominados por alguns como problemas do "chão da fábrica", mediante entendimento direto entre trabalhadores e empresa. Para muitos, a existência da representação faz com que os interesses entre empregados e empresa sejam convergentes e não antagônicos. Por outro lado, muitos argumentam que a representação direta dos trabalhadores afasta e compete com a representação sindical, enfraquecendo a representação sindical.

De nossa parte, a existência da representação direta dos trabalhadores na empresa, sem diminuir a representação sindical, é positiva, principalmente ao facilitar o diálogo, solução dos pequenos problemas do cotidiano, estabelecer normas de conduta e elaboração consensual de regulamento empresarial.

A Constituição Federal prevê a possibilidade de participação dos empregados na gestão da empresa, bem como a possibilidade de eleição de um representante da classe trabalhadora para promover o entendimento direto com os empregadores. Nesse sentido, dispõem os arts. 7º, XI, e 11, da Constituição Federal, "*in verbis*":

> Art. 7º, XI: "São direitos dos trabalhadores urbanos e rurais, além de outros que visem à melhoria de sua condição social: (...) XI – participação nos lucros, ou resultados, desvinculada da remuneração, e, excepcionalmente, participação na gestão da empresa, conforme definido em lei."
>
> Art. 11: "Nas empresas de mais de duzentos empregados, é assegurada a eleição de um representante destes com a finalidade exclusiva de promover-lhes o entendimento direto com os empregadores".

No mesmo sentido, dispõe o art. 3º da Convenção 135 da OIT, ratificada pelo Brasil:

> "Para os fins da presente Convenção, os termos representantes dos trabalhadores designam pessoas reconhecidas como tais pela legislação ou a prática nacionais, quer sejam: a) representantes sindicais, a saber, representantes nomeados ou eleitos por sindicatos ou pelos membros de sindicatos; b) ou representantes eleitos, a saber, representantes livremente eleitos pelos trabalhadores da empresa, conforme as disposições da legislação nacional ou de convenções coletivas, e cujas funções não se estendam a atividades que sejam reconhecidas, nos países interessados, como dependendo das prerrogativas exclusivas dos sindicatos."

A Lei 13.467/17, conhecida como "Reforma Trabalhista", disciplina, nos arts. 510-A a 510-C, a *Representação dos Empregados* no âmbito das Empresas. Não se trata de representação sindical, tampouco exerce qualquer interferência na atividade sindical. Trata-se de um órgão sem personalidade jurídica, constituído por um agrupamento eleito de trabalhadores (comissão) para este fim com a finalidade de promover o entendimento direto dos interesses dos trabalhadores com a empresa.

Como bem adverte Gustavo Filipe Barbosa Garcia[37], "frise-se que é obrigatória a participação do sindicato na negociação coletiva de trabalho (art. 8º, inciso VI, da Constituição da República). Assim, em se tratando de conflito coletivo de trabalho, a celebração de convenções e acordos coletivos de trabalho (art. 7º, inciso XXVI, da Constituição da República) não pode ser feita pela comissão de representantes de empregados. A atuação da comissão de representantes dos empregados na solução de conflitos decorrentes da relação de trabalho tem como objetivo a pacificação social, com natureza de autocomposição no local de trabalho".

O art. 510-A da CLT trata da estrutura das comissões de representantes de empregados. Com efeito, dispõe o referido dispositivo legal:

> "Nas empresas com mais de duzentos empregados, é assegurada a eleição de uma comissão para representá-los, com a finalidade de promover-lhes o entendimento direto com os empregadores. § 1º A comissão será composta: I – nas empresas com mais de duzentos e até três mil empregados, por três membros; II – nas empresas com mais de três mil e até cinco mil empregados, por cinco membros; III – nas empresas com mais de cinco mil empregados, por sete membros. § 2º No caso de a empresa possuir empregados em vários

37. Manual de Direito do Trabalho. 13. ed. São Paulo: Editora Juspodivm, 2020, p. 1291.

> Estados da Federação e no Distrito Federal, será assegurada a eleição de uma comissão de representantes dos empregados por Estado ou no Distrito Federal, na mesma forma estabelecida no § 1º deste artigo".

As atribuições da comissão estão previstas no art. 510-B da CLT, quais sejam:

a) representar os empregados perante a administração da empresa;

b) aprimorar o relacionamento entre a empresa e seus empregados com base nos princípios da boa-fé e do respeito mútuo;

c) promover o diálogo e o entendimento no ambiente de trabalho com o fim de prevenir conflitos;

d) buscar soluções para os conflitos decorrentes da relação de trabalho, de forma rápida e eficaz, visando à efetiva aplicação das normas legais e contratuais;

e) assegurar tratamento justo e imparcial aos empregados, impedindo qualquer forma de discriminação por motivo de sexo, idade, religião, opinião política ou atuação sindical;

f) encaminhar reivindicações específicas dos empregados de seu âmbito de representação;

g) acompanhar o cumprimento das leis trabalhistas, previdenciárias e das convenções coletivas e acordos coletivos de trabalho.

Os membros da comissão serão eleitos (art. 510-C da CLT): a eleição será convocada, com antecedência mínima de trinta dias, contados do término do mandato anterior, por meio de edital que deverá ser fixado na empresa, com ampla publicidade, para inscrição de candidatura. § 1º Será formada comissão eleitoral, integrada por cinco empregados, não candidatos, para a organização e o acompanhamento do processo eleitoral, vedada a interferência da empresa e do sindicato da categoria. § 2º Os empregados da empresa poderão candidatar-se, exceto aqueles com contrato de trabalho por prazo determinado, com contrato suspenso ou que estejam em período de aviso prévio, ainda que indenizado. § 3º Serão eleitos membros da comissão de representantes dos empregados os candidatos mais votados, em votação secreta, vedado o voto por representação. § 4º A comissão tomará posse no primeiro dia útil seguinte à eleição ou ao término do mandato anterior. § 5º Se não houver candidatos suficientes, a comissão de representantes dos empregados poderá ser formada com número de membros inferior ao previsto no art. 510-A desta Consolidação. § 6º Se não houver registro de candidatura, será lavrada ata e convocada nova eleição no prazo de um ano.

O mandato dos membros da comissão de representantes dos empregados será de um ano. § 1º O membro que houver exercido a função de representante dos empregados na comissão não poderá ser candidato nos dois períodos subsequentes. § 2º O mandato de membro de comissão de representantes dos empregados não implica suspensão ou interrupção do contrato de trabalho, devendo o empregado permanecer no exercício de suas funções. § 3º Desde o registro da candidatura até um ano após o fim do mandato, o membro da comissão de representantes dos empregados não poderá sofrer despedida arbitrária, entendendo-se como tal a que não se fundar em motivo disciplinar, técnico, econômico ou financeiro. § 4º Os documentos referentes ao processo eleitoral devem ser emitidos em duas vias, as quais permanecerão sob a guarda dos empregados e da empresa pelo prazo de cinco anos, à disposição para consulta de qualquer trabalhador interessado, do Ministério Público do Trabalho e do Ministério do Trabalho (art. 510-D da CLT).

16. CONDUTAS ANTISSINDICAIS

Conforme Luciano Martinez[38], "as condutas antissindicais, na condição de ilícitos civis, podem ser entendidas, a partir do seu caráter onicompreensivo, como qualquer ato jurídico estruturalmente atípico, positivo ou negativo, comissivo ou omissivo, simples ou complexo, continuado ou isolado, concertado ou não concertado, estatual ou privado, normativo ou negocial, que, extrapolando os limites do jogo normal das relações coletivas de trabalho, lesione o conteúdo essencial de direitos de liberdade sindical".

A doutrina e jurisprudência têm entendido, em geral, que os atos antissindicais são praticados com o chamado *abuso de poder ou direito*[39], tendo por finalidade restringir ou enfraquecer os princípios inerentes à liberdade sindical.

A doutrina e jurisprudência têm apontado algumas práticas que devem ser reprimidas, a exemplo de contribuições assistenciais abusivas, cláusulas

38. Curso de Direito do Trabalho. 11. ed. São Paulo: Saraiva, 2020, p. 946.
39. O Código Civil define abuso de direito em seu art. 187, "*in verbis*": "Também comete ato ilícito o titular de um direito que, ao exercê-lo, excede manifestamente os limites impostos pelo seu fim econômico ou social, pela boa-fé ou pelos bons costumes".

de sindicalização obrigatória, impossibilidade do trabalhador de manifestar oposição à contribuição sindical, dispensa abusiva de dirigente sindical, paralisação abusiva do trabalho, dentre outras[40].

---

40. No aspecto, vale transcrever recente decisão da mais alta Corte Trabalhista Brasileira, "*in verbis*": "AGRAVO DE INSTRUMENTO. RECURSO DE REVISTA NA VIGÊNCIA DA LEI N.º 13.015/2014. NULIDADE DO ACÓRDÃO REGIONAL POR NEGATIVA DE PRESTAÇÃO JURISDICIONAL. O Tribunal Regional, em análise detida e fundamentada, condenou o banco réu na obrigação de não fazer consistente na abstenção da prática de atos antissindicais, assim como no pagamento de dano moral coletivo, deixando assentadas as razões pelas quais assim o fez. Consta do acórdão que os empregados do Banco do Nordeste foram aviltados em seu direito fundamental à liberdade de associação, pois a conduta antissindical dispensada a um dirigente sindical inibiu o interesse dos empregados de ingressar no movimento sindical ou até participar das eleições do ente sindical, temendo represálias e retaliações. Consigna o acórdão, ainda, que a prática antissindical (reconhecida por decisão judicial em ação individual) consistiu na negativa de se estender a um dirigente sindical benefícios regulamentares deferidos a todos os trabalhadores que se encontravam em condição similar, em total violação à cláusula 19 do Acordo Coletivo de Trabalho que expressamente garante "ao empregado liberado para o exercício de mandato sindical todos os benefícios regulamentares". Portanto, o Tribunal Regional expôs de forma clara e fundamentada os motivos que o levaram a concluir pela ocorrência de prática antissindical e, via de consequência, pela procedência da ação coletiva. O inconformismo da parte com a decisão que não lhe foi favorável não enseja nulidade por negativa de prestação jurisdicional, já que devidamente fundamentada nos pontos essenciais para a sua conclusão, em conformidade com os elementos trazidos ao processo (art. 371 do CPC/2015). Agravo de instrumento a que se nega provimento. LEGITIMIDADE ATIVA AD CAUSAM. O Ministério Público do Trabalho tem legitimidade ativa para postular em juízo pretensões referentes aos interesses metaindividuais (ou coletivos latu sensu), aí compreendidos os difusos, os coletivos strictu sensu e os individuais homogêneos, principalmente quando de relevante interesse social. Neste sentido, a Constituição Federal assegura, no seu art. 129, a legitimidade ativa do Ministério Público do Trabalho para tutelar "outros interesses difusos e coletivos", compreendendo-se nesses os de caráter trabalhista. In casu, o Parquet intentou a presente ação visando preservar o direito constitucionalmente garantido à liberdade sindical. Destarte, constata-se que a pretensão do Ministério Público não é de reparação de lesões individuais, mas sim de tutela de interesses metaindividuais, uma vez que a ação destina-se, em última análise, à proteção de interesse comum a um grupo de trabalhadores que prestam serviços para o réu. Agravo de instrumento a que se nega provimento. CONDUTA ANTISSINDICAL. CARACTERIZAÇÃO. TUTELA INIBITÓRIA. INDENIZAÇÃO POR DANO MORAL COLETIVO. 1. Trata-se de ação civil pública ajuizada pelo MPT com pedido de tutela inibitória e indenização por danos morais coletivos em razão da conduta antissindical dispensada pelo banco réu aos empregados. 2. Segundo consta do acórdão, em razão de ação individual em que ficou comprovado que foram negados ao dirigente sindical direitos expressamente previstos no ACT e estendidos a todos os trabalhadores em condição similar, foi instaurado inquérito ministerial e, posteriormente, ajuizada a presente ação civil pública. A Corte de origem, por maioria, entendeu que, "ao alijar do trabalhador, investido no mister de dirigente sindical, do direito a ser enquadrado em determinada função e perceber as diferenças salariais correlatas, em franca oposição à cláusula normativa que garantiu tais benefícios a este trabalhador, o banco reclamado incorreu em ato atentatório à liberdade de associação e ao próprio exercício do mandato sindical, revelando-se em conduta antissindical". Conforme se depreende do acórdão transcrito, o Tribunal Regional concluiu que a prova produzida nos autos demonstrou que o réu obstaculizou o exercício da liberdade de organização e de sindicalização ao deixar de proceder ao correto enquadramento do dirigente sindical e ao pagamento das diferenças correlatas. Trata-se de inequívoca conduta antissindical, compreendida, na lição de Luciano Martinez, como "qualquer ato jurídico estruturalmente atípi-

A Convenção 98 da OIT, ratificada pelo Brasil prevê, algumas práticas antissindicais que devem ser reprimidas, conforme se constata da redação de seus arts. 1º, e 2º, "*in verbis*":

> Art. 1º:
>
> "1 – Os trabalhadores deverão gozar de proteção adequada contra quaisquer atos atentatórios à liberdade sindical em matéria de emprego. 2 – Tal proteção deverá, particularmente, aplicar-se a atos destinados

---

co, positivo ou negativo, comissivo ou omissivo, simples ou complexo, continuado ou isolado, concertado ou não concertado, estatal ou privado, normativo ou negocial, que, extrapolando os limites do jogo normal das relações coletivas de trabalho, lesione o conteúdo essencial de direitos de liberdade sindical" (MARTINEZ, Luciano. Condutas antissindicais. São Paulo: Saraiva, 2013. p. 239). A prática de atos antijurídicos, em completo desvirtuamento do que preconiza a legislação, além de causar prejuízos individuais aos trabalhadores, configura ofensa ao patrimônio moral coletivo, sendo, portanto, passível de reparação por meio da indenização respectiva, nos termos dos arts. 186 do Código Civil, 5º, inciso V, da Constituição Federal e 81 da Lei 8.078/1990. Assim, diante dos atos ilícitos perpetrados pelo réu, não há como afastar a condenação às obrigações de não fazer, bem como ao pagamento de indenização por dano moral coletivo. Ilesos os artigos indicados. Agravo de instrumento a que se nega provimento. DANO MORAL COLETIVO. VALOR ARBITRADO. A jurisprudência desta Corte Superior, no tocante ao quantum indenizatório fixado pelas instâncias ordinárias, vem consolidando entendimento de que a revisão do valor da indenização somente é possível quando excessiva ou irrisória a importância arbitrada a título de reparação de dano moral, em flagrante violação dos princípios da razoabilidade e da proporcionalidade. No caso concreto, entendo que a indenização por danos morais coletivos, arbitrada em R$ 100.000,00 (cem mil reais), ao considerar as circunstâncias do caso com suas peculiaridades, o bem jurídico ofendido e a capacidade financeira da empresa reclamada, está dentro dos padrões da razoabilidade e da proporcionalidade. Agravo de instrumento a que se nega provimento. CUMULAÇÃO DOS PLEITOS DE DANOS MORAIS COLETIVOS E TUTELA INIBITÓRIA. POSSIBILIDADE. Nos termos do que dispõe o art. 3º da Lei nº 7.347/85, a Ação Civil Pública pode ter por objeto "a condenação em dinheiro ou o cumprimento de obrigação de fazer ou não fazer". Embora o texto da norma legal utilize a conjunção "ou", a jurisprudência desta Corte assentou-se no sentido de que são pedidos cumulativos. Com efeito, a indenização por dano moral coletivo visa a compensar o período em que a coletividade foi privada do cumprimento da Lei, enquanto a multa por obrigação de fazer tem por objetivo compelir o cumprimento da obrigação prevista na Lei. Precedentes. Agravo de instrumento a que se nega provimento. AÇÃO CIVIL PÚBLICA. COMPETÊNCIA TERRITORIAL. ABRANGÊNCIA DA CONDENAÇÃO. Hipótese em que o Tribunal Regional decidiu que os efeitos da decisão proferida não ficam restritos aos limites territoriais do órgão jurisdicional, no caso, a Vara do Trabalho de Salvador. Sobre a questão, o Supremo Tribunal Federal, por ocasião do julgamento do RE 1.101.937/SP (Tema 1075 da Tabela de Repercussão Geral) reconheceu a inconstitucionalidade do art. 16 da Lei 7.347/1985, alterada pela Lei 9.494/1997, que restringia a eficácia subjetiva da coisa julgada na ação civil pública aos limites da competência territorial do órgão prolator. Fixou, então, a seguinte tese jurídica: "I – É inconstitucional a redação do art. 16 da Lei 7.347/1985, alterada pela Lei 9.494/1997, sendo repristinada sua redação original". Assim, a par de estar de acordo com a jurisprudência firmada no âmbito desta Corte, o acórdão regional está em consonância com a tese de repercussão geral (Tema 1075) fixada pelo Supremo Tribunal Federal, com efeito vinculante. Agravo de instrumento a que se nega provimento" (TST – AIRR-102-98.2016.5.05.0033, 2ª Turma, Relatora Ministra Maria Helena Mallmann, *DEJT* 19.12.2022).

> a: a) subordinar o emprego de um trabalhador à condição de não se filiar a um sindicato ou de deixar de fazer parte de um sindicato; b) dispensar um trabalhador ou prejudicá-lo, por qualquer modo, em virtude de sua filiação a um sindicato ou de sua participação em atividades sindicais, fora as horas de trabalho ou, com o consentimento do empregador, durante as mesmas horas."
>
> Art. 2º:
>
> "1 – As organizações de trabalhadores e de empregadores deverão gozar de proteção adequada contra quaisquer atos de ingerência de umas em outras, quer diretamente, quer por meio de seus agentes ou membros, em sua formação, funcionante e administração. 2 – Serão particularmente identificadas a atos de ingerência, nos termos do presente artigo, medidas destinadas a provocar a criação de organizações de trabalhadores dominadas por um empregador ou uma organização de empregadores, ou a manter organizações de trabalhadores por meios financeiros ou outros, com o fim de colocar essas organizações sob o controle de um empregador ou de uma organização de empregadores."

A jurisprudência trabalhista tem deferido indenizações por danos em razão de prática de condutas antissindicais por parte de empregadores, conforme as ementas que seguem:

> RESPONSABILIDADE CIVIL DO EMPREGADOR. INDENIZAÇÃO POR DANOS MORAIS. CONDUTA ANTISSINDICAL. A responsabilidade civil do empregador pela reparação decorrente de danos morais causados ao empregado pressupõe a existência de três requisitos, quais sejam: a conduta (culposa, em regra), o dano propriamente dito (violação aos atributos da personalidade) e o nexo causal entre esses dois elementos. O primeiro é a ação ou omissão de alguém que produz consequências às quais o sistema jurídico reconhece relevância. É certo que esse agir de modo consciente é ainda caracterizado por ser contrário ao Direito, daí falar-se que, em princípio, a responsabilidade exige a presença da conduta culposa do agente, o que significa ação inicialmente de forma ilícita e que se distancia dos padrões socialmente adequados, muito embora possa haver o dever de ressarcimento dos danos, mesmo nos casos de conduta lícita. O segundo elemento é o dano que, nas palavras de Sérgio Cavalieri Filho, consiste na "[...] subtração ou diminuição de um bem jurídico, qualquer que seja a sua natureza, quer se trate de um bem patrimonial, quer se trate de um bem integrante

da própria personalidade da vítima, como a sua honra, a imagem, a liberdade etc. Em suma, dano é lesão de um bem jurídico, tanto patrimonial como moral, vindo daí a conhecida divisão do dano em patrimonial e moral". Finalmente, o último elemento é o nexo causal, a consequência que se afirma existir e a causa que a provocou; é o encadeamento dos acontecimentos derivados da ação humana e os efeitos por ela gerados. No caso, o quadro fático registrado pelo Tribunal Regional revela que, "se a reclamada respeitasse a estabilidade do empregado, poderia ter consultado o 'extrato de solicitação de registro sindical' – documento cuja existência ela própria demonstra saber, pois junta aos autos cópia (Id. 645e1b5 – Pág. 2) e obtido a informação oportuna de que, na data em que pretendia dispensar o autor (10.06.2015) – e efetivamente dispensou –, já constava no andamento do MTE o recurso administrativo interposto pelo SINPRO-VALE em 21.05.2015", o que configura clara conduta antissindical da empresa. Evidenciado o dano, assim como a conduta culposa do empregador e o nexo causal entre ambos, deve ser mantido o acórdão regional que condenou a reclamada a indenizá-lo. Agravo conhecido e não provido (Ag-ARR-20918-38.2015.5.04.0333, 7ª Turma, Relator Ministro Claudio Mascarenhas Brandao, *DEJT* 21/08/2020).

"DISSÍDIO COLETIVO DE GREVE. RECURSO ORDINÁRIO DE IMC SASTE – CONSTRUÇÕES, SERVIÇOS E COMÉRCIO LTDA. PROCESSO ANTERIOR À LEI Nº 13.467/2017. 1. GREVE EM ATIVIDADE NÃO ESSENCIAL. NÃO ABUSIVIDADE DO MOVIMENTO PAREDISTA. DIREITO FUNDAMENTAL COLETIVO INSCRITO NO ART. 9º DA CF. ARTS. 3º E 4º DA LEI 7.783/89. A Constituição reconhece a greve como um direito fundamental de caráter coletivo, resultante da autonomia privada coletiva inerente às sociedades democráticas. Não se considera abusivo o movimento paredista se observados os requisitos estabelecidos pela ordem jurídica para sua validade: tentativa de negociação; aprovação pela respectiva assembleia de trabalhadores; aviso prévio à parte adversa. Preenchidos os requisitos legais, no caso concreto, não se declara a greve abusiva. Sobre a alegação recursal de abusividade da greve sob a ótica da ausência de representatividade do Sindicato Suscitado em relação aos empregados da Empresa Suscitante, também não prospera o apelo, já que a legitimidade de representação sindical foi definitivamente reconhecida no julgamento do AIRR-212-24.2011.5.15.0121, com decisão transitada em julgado envolvendo as mesmas Partes deste dissídio coletivo. Recurso ordinário desprovido. 2. DESCONTO DOS DIAS DE PARALISAÇÃO. A regra geral no

Direito brasileiro, segundo a jurisprudência dominante, é tratar a duração do movimento paredista como suspensão do contrato de trabalho (art. 7º, Lei 7.783/89). Isso significa que os dias parados, em princípio, não são pagos, não se computando para fins contratuais o mesmo período. Entretanto, caso se trate de greve em função do não cumprimento de cláusulas contratuais relevantes e regras legais pela empresa (não pagamento ou atrasos reiterados de salários, más condições ambientais, com risco à higidez dos obreiros etc.), em que se pode falar na aplicação da regra contida na exceção do contrato não cumprido, a greve deixa de produzir o efeito da mera suspensão. Do mesmo modo, quando o direito constitucional de greve é exercido para tentar regulamentar a dispensa massiva. Nesses dois grandes casos, seria cabível enquadrar-se como mera interrupção o período de duração do movimento paredista, descabendo o desconto salarial. Destaque-se que eventual conduta antissindical por parte do empregador, que tenha contribuído de maneira decisiva para a paralisação, poderia afastar o enquadramento dos dias parados como mera suspensão contratual, passando o lapso temporal paredista a ser enquadrado como interrupção contratual, com o pagamento dos dias parados. Verifica-se que o caso dos autos não se amolda à hipótese de interrupção do contrato de trabalho, mas de suspensão contratual, não sendo devido, a princípio, o pagamento dos dias parados. Contudo, esta Seção Especializada em Dissídios Coletivos construiu, nos últimos anos, uma jurisprudência sólida no sentido de que é possível se adotar uma solução intermediária quando a greve perdurou por elevado número de dias – como é o caso dos autos, em que a greve perdurou por praticamente um mês –, a fim de evitar o comprometimento de um ou dois meses inteiros de salário dos trabalhadores, acarretando um prejuízo considerável ao mantimento de sua sobrevivência e o de sua família. Observe-se que, na maioria desses julgados, o critério utilizado por esta SDC foi o de autorizar o desconto de 50% dos dias não trabalhados e a compensação dos outros 50%. Não se olvida que, em relação à greve realizada no âmbito da Administração Pública, o STF prolatou interpretação bastante severa sobre o assunto, assentando a viabilidade jurídica de o Administrador Público realizar o corte do ponto dos servidores grevistas, para fins da subsequente não efetivação do pagamento salarial mensal (tese jurídica fixada a partir da apreciação do tema 531 da repercussão geral). Embora este Relator entenda que a decisão do STF mereça ser interpretada em suas distintas facetas, não podendo prevalecer uma interpretação que impeça de forma absoluta a resolução da controvérsia a partir da ponderação e equilíbrio entre os interesses envolvidos – o da Administração, o dos grevistas e o interesse da população envolvida –, fato é que, no caso concreto, não se trata de greve realizada no âmbito da Administração Pública, podendo ser aplicável o critério mediador adotado por esta Seção Especializada, em que se autoriza a compensação de parte dos dias parados. Assim, embora o caso dos autos não se amolde à hipótese de interrupção do contrato de trabalho, tendo em vista a longa duração da greve, entende-se razoável a autorização do desconto de 50% dos dias não trabalhados e a compensação dos outros 50%. Recurso ordinário provido parcialmente, no ponto. 3. MULTA POR LITIGÂNCIA DE MÁ-FÉ. A litigância de má-fé, disciplinada no art. 80 do CPC/2015, dá-se quando a parte utiliza as vias processuais de forma abusiva, inquinada de falsidade ou meramente protelatória, prejudicando não apenas a parte contrária, mas levando o próprio Judiciário ao colapso, por emperrar a outorga de uma célere e efetiva prestação jurisdicional à sociedade. No caso em apreço, o Tribunal Regional condenou a Suscitante ao pagamento de multa por litigância de má-fé, no valor de R$10.000,00, com fundamento na ausência injustificada da Empresa à audiência de conciliação. A conduta materializa a ideia de desrespeito à ética processual e consiste em ato desleal e atentatório à dignidade da justiça, passível de penalidade, conforme determina expressamente o § 8º do art. 334 do CPC/15. Deve ser adequado, porém, o valor da multa, porquanto, nessa situação, o Código de Processo Civil limita-o ao máximo de 2% da vantagem econômica pretendida ou do valor da causa. Recurso ordinário parcialmente provido, no aspecto" (RO-7628-42.2016.5.15.0000, Seção Especializada em Dissídios Coletivos, Relator Ministro Mauricio Godinho Delgado, *DEJT* 30/07/2020).

17. DO CONFLITO COLETIVO DE TRABALHO

Não há consenso na doutrina sobre o que seja conflito[41], mas este é inerente à condição humana, principalmente em razão da escassez de bens existentes na sociedade e das inúmeras necessidades do ser humano.

41. Segundo Antonio Houaiss, o conflito é "profunda falta de entendimento entre duas ou mais partes, choque, enfrentamento" (*Dicionário Houaiss da língua portuguesa*. Rio de Janeiro: Objetiva, 2001. p. 797).

Segundo *Amauri Mascaro Nascimento*[42]:

> "O vocábulo conflito, de *conflictus*, que significa combater, lutar, designa posições antagônicas. Outra palavra usada é controvérsia. Segundo a teoria, surge uma controvérsia quando alguém pretende a tutela do seu interesse, relativa à prestação do trabalho ou seu regulamento, em contraste com interesses de outrem e quando este se opõe mediante a lesão de um interesse ou mediante a contestação da pretensão, mas é possível dizer que o conflito trabalhista é toda oposição ocasional de interesses, pretensões ou atitudes entre um ou vários empresários, de uma parte, e um ou mais trabalhadores a seu serviço, por outro lado, sempre que se origine do trabalho e uma parte pretenda a solução coativa sobre outra."

Márcio Pugliese[43] apresenta os seguintes fatores para um modelo conflitivo da sociedade: "a) A vida social, num determinado modo produtivo, é resultado da interação permanente de utilidades (interesses) diversas que constituem o elemento motivador fundamental para a conduta social do homem; b) O conflito de interesses é a busca de utilidade, domina a vida social e, em consequência, propicia a produção de normas, regulamentos, sistemas de repressão e lide de todo tipo; c) O consenso, também chamado equilíbrio social, é um estado precário, sendo mais um construto teórico-prático que efetivo consenso normativo generalizado; d) O consenso, no sentido de c), existe como expressão ideológica das resultantes das forças de dominação e coerção ou de exploração de uma sociedade e é, por consequência, precário e mutável; e) O conflito social favorece a divisão da sociedade em grupos de pressão, instituições (particularmente partidárias) que disputam o poder que, de fato, permanece com as elites dominantes; f) A ordem social (estado de equilíbrio do sistema) depende da natureza desse conflito, ou melhor, de sua estrutura; g) O conflito entre os contendores produz a mudança social, elemento permanente em qualquer sociedade a fim de manter o estado geral de coisas orbitando em torno de um ponto de equilíbrio (um ponto de acumulação, em sentido topológico); h) Quando o desequilíbrio excede a capacidade de o sistema obter retorno a esse ponto de acumulação, transformações serão necessárias; i) Inicialmente, o sistema tenderá a diversificar seu

42. NASCIMENTO, Amauri Mascaro. *Teoria geral do direito do trabalho*. São Paulo: LTr, 1998. p. 314.
43. PUGLIESE, Márcio. *Por uma teoria geral do direito. Aspectos microssistêmicos*. São Paulo: RCS, 2005. p. 203.

funcionamento a fim de superar o desequilíbrio e, se isso não for suficiente, então, e só então, mudanças estruturais serão implementadas".

O Direito do Trabalho, como é marcado por grande eletricidade social, uma vez que está por demais arraigado na vida das pessoas e sofre de forma direta os impactos das mudanças sociais e da economia, é um local fértil para eclosão dos mais variados conflitos de interesse.

Os conflitos trabalhistas podem eclodir tanto na esfera individual como na esfera coletiva. Na esfera individual, há o chamado conflito entre *patrão e empregado*, individualmente considerados, ou entre *prestador e tomador de serviços*, tendo por objeto o descumprimento de uma norma positivada, seja pela lei ou pelo contrato. Já o conflito coletivo trabalhista, também denominado *conflito de grupo*[44] ou *de categorias*, tem por objeto não somente o descumprimento de normas positivadas já existentes (conflito jurídico ou de natureza declaratória), mas também a criação de novas normas de regulamentação da relação de trabalho (conflitos de natureza econômica).

Segundo *Antonio Monteiro Fernandes*[45]:

> "Um dos temas mais importantes e complexos que se deparam no domínio do Direito Colectivo é o dos conflitos. Em verdade, 'o conflito, latente ou ostensivo é a essência das relações industriais'; a negociação colectiva não é só uma técnica de produção de normas, mas também um método de superação de conflitos actuais ou potenciais; envolve um processo jurídico e uma dinâmica social."

17.1. Espécies de conflitos coletivos do trabalho

A doutrina costuma classificar os conflitos coletivos da seguinte forma:

a) **conflitos jurídicos ou de direito:** não têm por objeto a criação de novas condições de trabalho, mas apenas interpretação e aplicação

44. Conforme Wilson de Souza Campos Batalha: "Os grupos são entidades sociais que, no direito atual, assumem categorização jurídica expressiva e são dotadas de realidade processual. Alguns são inorganizados, aflorações espontâneas da coletividade, como grupos de pressão e comissão de fábrica. Outros são organizados como entidades civis ou como entidades sindicais. As associações civis são livremente organizadas e se registram no Registro de Títulos e Documentos, nos termos da Lei de Registros Públicos (Lei n. 6.015/73)" (Instrumentos coletivos de atuação sindical. *Revista Legislação do Trabalho*. São Paulo: LTr, ano 60, v. 2, 1996. p. 184).

45. FERNANDES, Antonio Monteiro. *Direito do trabalho*. 13. ed. Coimbra: Almedina, 2006. p. 835.

de regras já existentes no âmbito das categorias profissional e econômica;

b) **conflitos de interesse ou econômicos:** visam à criação de novas condições de trabalho, no âmbito das categorias profissional e econômica. Conforme leciona Octavio Bueno Magano: "Os conflitos econômicos têm por escopo a modificação de condições de trabalho, e, por conseguinte, a criação de novas normas, enquanto os jurídicos têm por finalidade a interpretação ou aplicação de normas jurídicas preexistentes"[46].

Os conflitos de greve, segundo a doutrina, têm natureza híbrida, pois há um aspecto jurídico que concerne à aplicação das regras já existentes quanto à legalidade e legitimidade do movimento grevista, e um aspecto econômico ou de interesse que se refere às pretensões do movimento grevista.

18. DAS FORMAS DE SOLUÇÃO DOS CONFLITOS COLETIVOS DE TRABALHO

Como destacam *Antonio Carlos de Araújo Cintra, Ada Pellegrini Grinover* e *Cândido Rangel Dinamarco*[47]:

> "A eliminação dos conflitos ocorrentes na vida em sociedade pode-se verificar por obra de um ou de ambos os sujeitos dos interesses conflitantes, ou por terceiro. Na primeira hipótese, um dos sujeitos (ou cada um deles) consente no sacrifício total ou parcial do próprio interesse (*autocomposição*) ou impõe o sacrifício do interesse alheio (*autodefesa* ou *autotutela*). Na segunda hipótese, enquadram-se a defesa de terceiro, a conciliação, mediação e o processo (estatal ou arbitral)."

Segundo nos traz a doutrina, são meios de solução dos conflitos na esfera trabalhista: *autotutela* ou *autodefesa, autocomposição* e *heterocomposição.*

18.1. Autotutela

A *autotutela* ou *autodefesa* é o meio mais primitivo de resolução dos conflitos em que uma das partes, com utilização da força, impõe sua vontade

46. MAGANO, Octavio Bueno. *Manual de direito do trabalho*. Direito coletivo. v. IV. 4. ed. São Paulo: LTr, 1994. p. 162.
47. *Teoria geral do processo*. 21. ed. São Paulo: LTr, 2005. p. 22.

sobre a parte mais fraca. Nesta modalidade, há uma ausência do Estado na solução do conflito, sendo uma espécie de vingança privada.

Ensina *Amauri Mascaro Nascimento*[48]:

> "A autodefesa pode ser autorizada pelo legislador, tolerada ou proibida [...] A solução que provém de uma das partes interessadas é unilateral e imposta. Portanto, evoca a violência, e a sua generalização importa na quebra da ordem e na vitória do mais forte e não do titular do direito. Assim, os ordenamentos jurídicos a proíbem, autorizando-a apenas excepcionalmente, porque nem sempre a autoridade pode acudir em tempo a solução dos conflitos."

Na esfera do conflito coletivo de trabalho, a doutrina elenca a greve e o locaute, sendo este vedado no ordenamento jurídico brasileiro pelo art. 17 da Lei 7.783/89.

18.2. Autocomposição

A autocomposição é modalidade de solução dos conflitos coletivos de trabalho pelas próprias partes interessadas sem a intervenção de um terceiro que irá ajudá-las ou até propor a solução do conflito.

No aspecto, vale destacar a seguinte ementa:

> "DISSÍDIO COLETIVO DE GREVE. ACORDO CELEBRADO ENTRE AS PARTES. A finalidade principal da Justiça do Trabalho é conciliar as partes, alcançando a paz e harmonia social. Assim, tendo a empresa suscitante e o sindicato suscitado celebrado acordo dando fim ao movimento paredista, homologa-se parcialmente o acordo, com exceção da cláusula nona, em relação à qual, no termo de acordo, consta a anotação sem efeito. Processo que se extingue com resolução do mérito, nos termos do art. 269, III, do CPC - AC 00079.2010.000.17.00.6." (N.U. 0007900-89.2010.5.17.0000) - 17ª REGIÃO - Desembargador José Carlos Rizk - relator. DJ/ES de 10.6.2010 - DT Ago. 2010, v. 193, p. 135).

48. NASCIMENTO, Amauri Mascaro. *Curso de direito processual do trabalho*. 22. ed. São Paulo: Saraiva, 2007. p. 06.

A doutrina aponta como espécies de autocomposição a desistência[49], a renúncia[50], a submissão[51] e a transação[52].

Na esfera do Direito Coletivo do Trabalho, temos como instrumentos típicos de autocomposição os acordos e convenções coletivas, que são produto de um instituto maior, que é a negociação coletiva.

18.3. Heterocomposição

A heterocomposição exterioriza-se pelo ingresso de um agente externo e desinteressado ao litígio que irá solucioná-lo e sua decisão será imposta às partes de forma coercitiva. Como exemplo, temos a decisão judicial (dissídios individuais e coletivos) e a arbitragem. A heterocomposição, sob a modalidade da decisão judicial (Poder Judiciário), tem sido o meio, por excelência, de solução do conflito trabalhista, pois o Brasil, de cultura romano-germânica, não tem tradição de resolução dos conflitos pela via da negociação nem da arbitragem.

19. MEDIAÇÃO E CONCILIAÇÃO NOS CONFLITOS COLETIVOS DO TRABALHO

Mediação é forma de solução dos conflitos por meio da qual o mediador se insere entre as partes, procurando aproximá-las para que elas próprias cheguem a uma solução consensual do conflito.

Na visão de *Pedro Romano Martinez*[53], "a mediação constitui uma forma de solucionar conflitos colectivos que se pode dizer está a meio caminho entre a conciliação e a arbitragem; é algo mais do que a conciliação e menos que a arbitragem. No fundo, representa um *tertium genus* entre estas duas figuras, mas, diversamente da conciliação – que implica uma forma de aproximar as partes, de as sentar a negociar –, a mediação pressupõe que o mediador apresente soluções para serem aceitas pelas partes".

---

49. Desistência é abdicar temporariamente de um direito, não sendo em caráter definitivo.
50. Renúncia é o abandono do direito de forma definitiva.
51. Submissão é aceitar, voluntariamente, a vontade da outra parte do conflito.
52. Transação consiste na resolução do conflito pelas próprias partes, mediante concessões recíprocas.
53. *Direito do Trabalho*. 5. ed. Coimbra: Almedina, 2010. p. 1.355.

Como destaca *Amauri Mascaro Nascimento*[54]: "o mediador adota não o método impositivo, mas o persuasivo. Com o que a mediação contém em sua estrutura um componente autocompositivo, que é da sua substância e do qual não se pode afastar sem se descaracterizar. Pode ser combinada, como se viu, com a arbitragem, em proveito para o procedimento de composição, e, nesse caso, não será mediação e terá fisionomia híbrida de mediação-arbitragem. Originariamente, é uma técnica intermediária entre a conciliação e a arbitragem. É mais do que conciliação, na opinião predominante, porque permite uma perspectiva maior de iniciativas. É menos do que a arbitragem, porque não autoriza atos decisórios".

A conciliação é forma de solução do conflito trabalhista, mediante o ingresso do conciliador entre as partes, o qual as aproximará buscando a solução dos conflitos mediante concessões recíprocas.

Como bem adverte *Pedro Romano Martinez*[55], "o conciliador tem uma intervenção activa na negociação, na medida em que pode apresentar eventuais soluções para aquele conflito. A conciliação, em princípio, baseia-se na autonomia privada, tanto no que respeita à iniciativa, como ao processo de negociação".

Segundo a doutrina, a atividade do mediador é mais intensa que a do conciliador, pois toma mais iniciativas que o conciliador, não só realizando propostas de conciliação, mas persuadindo as partes para que cheguem a uma solução do conflito. Não obstante, o mediador, ao contrário do árbitro e do juiz, não tem poder de decisão.

De nossa parte, a mediação e a conciliação estão entre a autocomposição e a heterocomposição. Para alguns, são modalidades de autocomposição, pois o mediador aproxima as partes para uma solução consensual, e o conciliador faz propostas de solução do conflito que podem ou não ser aceitas pelas partes, mas tanto um quanto o outro não têm poderes para impor a solução do conflito às partes, e nem estas são obrigadas a aceitar as sugestões deles.

Para outros, são modalidades de heterocomposição, pois há o ingresso de um terceiro entre as partes envolvidas no conflito, ainda que não possam impor a solução do conflito, inegavelmente, o conciliador e o mediador contribuem para a solução do conflito.

---

54. NASCIMENTO, Amauri Mascaro. *Teoria geral do direito do trabalho*. São Paulo: LTr, 1998. p. 331-332.
55. *Op. cit.*, p. 1.354.

Nesse sentido é a posição de *Mauricio Godinho Delgado*[56]:

> "Parece-nos válida, do ponto de vista científico, a tipologia proposta no presente estudo (isto é, *jurisdição, arbitragem, conciliação* e também, de certo modo, a mediação como modalidades de heterocomposição). É que a diferenciação essencial entre os métodos de solução de conflitos encontra-se, como visto, nos sujeitos envolvidos e na sistemática operacional do processo utilizado. Na autocomposição, apenas os sujeitos originais em confronto é que se relacionam na busca da extinção do conflito, conferindo origem a uma sistemática de análise e solução da controvérsia autogerida pelas próprias partes. Já na heterocomposição, ao contrário, dá-se a intervenção de um agente exterior aos sujeitos originais na dinâmica de solução do conflito, transferindo, como já exposto, em maior ou menor grau, para este agente exterior a direção dessa própria dinâmica. Isso significa que a sistemática de análise e solução da controvérsia deixa de ser exclusivamente gerida pelas partes, transferindo-se em alguma extensão para a entidade interveniente."

De nossa parte, tanto a mediação quanto a conciliação são modalidades de autocomposição, pois tanto um quanto outro não têm poderes para decidir o conflito e nem impor a decisão. Além disso, cumpre às partes a faculdade de aceitar, ou não, as propostas do mediador ou conciliador. O Código de Processo Civil, no art. 3º, privilegia tanto a mediação quanto a conciliação, como formas legítimas, justas, eficazes e céleres de resolução de conflitos, sem criar óbices ao acesso ao judiciário. Com efeito, dispõe o referido dispositivo:

> "Não se excluirá da apreciação jurisdicional ameaça ou lesão a direito. § 1º É permitida a arbitragem, na forma da lei. § 2º O Estado promoverá, sempre que possível, a solução consensual dos conflitos. § 3º A conciliação, a mediação e outros métodos de solução consensual de conflitos deverão ser estimulados por juízes, advogados, defensores públicos e membros do Ministério Público, inclusive no curso do processo judicial."

Na Justiça do Trabalho, tanto a mediação como a conciliação, tanto judiciais como extrajudiciais, devem ser estimuladas. Os Tribunais Regionais do Trabalho, seguindo a orientação da Resolução 174/16 do CSJT, já criaram núcleos específicos de resolução consensual de conflitos, denominados

56. DELGADO, Mauricio Godinho. *Curso de direito do trabalho*. 6. ed. São Paulo: LTr, 2007. p. 1.447.

CEJUSCS-JT, sob supervisão de Juízes do Trabalho, com a atuação intensa de conciliadores e mediadores. Esses núcleos têm obtido excelentes resultados com baixo custo.

De outro lado, é possível também que o próprio Juiz do Trabalho possa ser auxiliado na respectiva audiência por conciliadores e mediadores que irão contribuir para a solução consensual no conflito.

A experiência do direito comparado nos tem demonstrado que, em determinados conflitos coletivos, as partes se sentem mais à vontade para expor suas expectativas e angústias do conflito na presença de conciliadores e mediadores do que na presença do magistrado e, diante disso, a probabilidade do acordo é mais elevada.

O art. 1º da Resolução 174/16 do CSJT, que trata *DA POLÍTICA DE TRATAMENTO ADEQUADO DAS DISPUTAS DE INTERESSES NO ÂMBITO DA JUSTIÇA DO TRABALHO*, traz os seguintes conceitos de conciliação e mediação, "*in verbis*":

Para os fins desta resolução, considera-se:

I. "Conciliação" é o meio alternativo de resolução de disputas em que as partes confiam a uma terceira pessoa – magistrado ou servidor público por este sempre supervisionado –, a função de aproximá-las, empoderá-las e orientá-las na construção de um acordo quando a lide já está instaurada, com a criação ou proposta de opções para composição do litígio;

II. "Mediação" é o meio alternativo de resolução de disputas em que as partes confiam a uma terceira pessoa – magistrado ou servidor público por este sempre supervisionado – a função de aproximá-las, empoderá-las e orientá-las na construção de um acordo quando a lide já está instaurada, sem a criação ou proposta de opções para composição do litígio;

III. "Questão jurídica" é a parte da lide que envolve direitos e recursos que podem ser deferidos ou negados em Juízo;

IV. "Conflito" é a parte da lide que não envolve direitos e recursos que podem ser deferidos ou negados em Juízo; e

V. "Disputa" é a soma da questão jurídica e do conflito, assim considerada a partir da judicialização da lide.

Muitos Tribunais Regionais do Trabalho têm adotado procedimentos pré-processuais para mediação voluntária de conflitos coletivos de trabalho, com a finalidade de obtenção da negociação coletiva, e evitar a instauração do dissídio coletivo de trabalho.

Como bem adverte Maurício Godinho Delgado[57], "tal mediação realizada pelos Tribunais Regionais do Trabalho não se confunde com a fase conciliatória verificada nos dissídios coletivos de natureza econômica e/ou nos dissídios coletivos de greve, que antecede a fase processual de julgamento e prolação da conhecida sentença normativa (...) Trata-se, efetivamente, de procedimento próprio, de caráter voluntário, que não obriga as partes coletivas e nem dá origem à sentença normativa; dessa maneira, caso seja frutífera tal mediação feita pela Justiça do Trabalho, o documento normativo surgido será, sem dúvida, a convenção coletiva de trabalho ou o acordo coletivo de trabalho, formalmente consumado no plano extrajudicial, embora com estímulo da mediação feita pela Justiça Especializada".

20. DA NEGOCIAÇÃO COLETIVA DE TRABALHO: CONCEITO E FINALIDADES

A negociação coletiva é forma de autocomposição do conflito coletivo trabalhista, por meio do qual, mediante técnicas de negociação, e concessões recíprocas, são fixadas pelas categorias econômica e profissional cláusulas normativas disciplinando novas condições de trabalho e cláusulas obrigacionais, estabelecendo direitos e obrigações entre as partes envolvidas no conflito.

Convenção coletiva de trabalho é uma espécie contratual de caráter normativo, por meio do qual os Sindicatos das categorias profissional e econômica pactuam cláusulas de natureza normativa que serão aplicadas no âmbito das categorias signatárias do instrumento. Trata-se, como diz a doutrina, de um instrumento com *corpo* de contrato e *alma* de lei.

Como destaca Amauri Mascaro Nascimento[58], "independentemente da natureza contratual ou regulamentar, a convenção coletiva é uma norma, desde que se dissocie o conceito de norma do conceito de lei estatal. Na teoria jurídica moderna, norma não é, unicamente, um ato estatal. Há normas privadas. O contrato é, também, norma. Norma individualizada, como ensina Kelsen. De outro lado, o pluralismo jurídico demonstra que

57. Curso de Direito do Trabalho. 19. ed. São Paulo: LTr, 2020, p. 1779/1780.
58. Compêndio de Direito Sindical. 7. ed. São Paulo: LTr, 2012, p. 409.

há produção do direito positivo não estatal, do qual as convenções coletivas são uma forma".

A convenção coletiva é produto da negociação coletiva entre os Sindicatos representativos que têm a finalidade de prevenir e solucionar o conflito coletivo. Trata-se de norma de caráter privado, uma vez que os Sindicatos são pessoas jurídicas de direito privado, fundamentados no princípio da autonomia coletiva dos particulares, tendo por objeto incrementar e aperfeiçoar as regras trabalhistas.

Acordo coletivo é uma espécie contratual firmada entre o Sindicato da categoria profissional e uma ou mais empresas aplicáveis no âmbito da empresa ou das empresas acordantes às respectivas relações de trabalho.

As Federações, e na falta as Confederações, poderão firmar a convenção coletiva para reger as relações das categorias a elas vinculadas, inorganizadas em sindicatos, no âmbito de suas representações. Como bem destaca Ivani Contini Bramante[59], "trata-se, no caso, de legitimação subsidiária".

As Centrais Sindicais, reconhecidas pela Lei 11.648/2008, não possuem legitimidade para firmar acordos e convenções coletivas de trabalho, embora sejam consideradas entes de representação geral de trabalhadores, nos termos do art. 1º da referida Lei, *in verbis*:

> "A central sindical, entidade de representação geral dos trabalhadores, constituída em âmbito nacional, terá as seguintes atribuições e prerrogativas: I – coordenar a representação dos trabalhadores por meio das organizações sindicais a ela filiadas; e II – participar de negociações em fóruns, colegiados de órgãos públicos e demais espaços de diálogo social que possuam composição tripartite, nos quais estejam em discussão assuntos de interesse geral dos trabalhadores. Parágrafo único. Considera-se central sindical, para os efeitos do disposto nesta Lei, a entidade associativa de direito privado composta por organizações sindicais de trabalhadores."

No entanto, como bem adverte Ivani Contini Bramante[60], "na negociação coletiva, as centrais sindicais detêm poderes de atuação mediadora, ao lado dos sindicatos e, no instrumento normativo – acordo ou convenção –, é necessária a subscrição dos sindicatos filiados para legitimar a vontade

---

59. In: CLT Interpretada. 9. ed. São Paulo: Manole, 2018, p. 586.
60. Op. cit., p. 586.

coletiva. Quanto à negociação coletiva, a doutrina reconhece que as centrais sindicais têm uma atuação meramente política, de pressão e de *lobby* à obtenção de novas e favoráveis condições de trabalho e de harmonização dos interesses da classe com objetivo de proteção genérica dos trabalhadores."

A Constituição Federal exige a obrigatoriedade de participação dos Sindicatos nas negociações coletivas de trabalho (art. 8º, VI, da CF). Em razão disso, pode-se sustentar a tese de que os acordos coletivos de trabalho não seriam mais possíveis diante do texto constitucional. No entanto, doutrina e jurisprudência posicionaram-se, corretamente, no sentido de que os acordos coletivos de trabalho, firmados entre Empresa e Sindicato dos Trabalhadores (profissional), são constitucionais, pois a empresa, por natureza, já é um ente coletivo, e os trabalhadores que necessitam de maior proteção já estão representados pelo Sindicato. Sob outro enfoque, a própria Constituição Federal reconhece a validade dos acordos coletivos de trabalho em seu art. 7º, inciso XXVI.

No aspecto, nos adverte Arnaldo Süssekind[61], "na análise do art. 8º, VI, cumpre distinguir entre 'participar' da negociação coletiva e 'celebrar' o acordo coletivo que formaliza o ajustado no diálogo com os sindicatos representativos dos empregados da empresa, ou empresas. O dispositivo em foco há de ser interpretado da forma coerente e inteligente, sem conduzir a absurdos. Ora, afronta a lógica jurídica exigir-se que o sindicato patronal celebre acordo coletivo cujo sujeito das obrigações nele estipuladas seja, concretamente, determinada ou determinadas empresas. Somente estas podem decidir sobre as obrigações que assumirão no acordo coletivo. Já na convenção coletiva, o sindicato de empregadores negocia e assina o instrumento, porque este destina, abstratamente, a todas as empresas que integram ou venham integrar a respectiva categoria econômica".

A negociação coletiva tem por finalidade pacificar o conflito coletivo de trabalho, tendo por objetivo harmonizar os interesses das categorias profissional e econômica. Como regra, cria melhores condições de trabalho aos trabalhadores em patamar superior ao legal, mediante a instituição de cláusulas, que são verdadeiras normas que obrigarão as categorias profissional e econômica, mas também é o instrumento jurídicos para flexibilização de direitos.

---

61. Direito Constitucional do Trabalho. Rio de Janeiro: Renovar, 1999. p. 410-411.

Como pondera Arnaldo Süssekind[62], o uso, e principalmente o êxito da negociação coletiva, depende de vários fatores dentre os quais cumpre destacar: a) garantia da liberdade e da autonomia sindical; b) razoável índice de sindicalização do grupo representado; c) espaço para a complementação e suplementação do sistema legal de proteção ao trabalho.

21. FLEXIBILIZAÇÃO DE DIREITOS TRABALHISTAS POR MEIO DE CONVENÇÕES E ACORDOS COLETIVOS DE TRABALHO

Dispõe o art. 611-A da CLT:

> "A convenção coletiva e o acordo coletivo de trabalho têm prevalência sobre a lei quando, entre outros, dispuserem sobre: I - pacto quanto à jornada de trabalho, observados os limites constitucionais; II - banco de horas anual; III - intervalo intrajornada, respeitado o limite mínimo de trinta minutos para jornadas superiores a seis horas; IV - adesão ao Programa Seguro-Emprego (PSE), de que trata a Lei nº 13.189, de 19 de novembro de 2015; V - plano de cargos, salários e funções compatíveis com a condição pessoal do empregado, bem como identificação dos cargos que se enquadram como funções de confiança; VI - regulamento empresarial; VII - representante dos trabalhadores no local de trabalho; VIII - teletrabalho, regime de sobreaviso, e trabalho intermitente; IX - remuneração por produtividade, incluídas as gorjetas percebidas pelo empregado, e remuneração por desempenho individual; X - modalidade de registro de jornada de trabalho; XI - troca do dia de feriado; XII - enquadramento do grau de insalubridade; XIII - prorrogação de jornada em ambientes insalubres, sem licença prévia das autoridades competentes do Ministério do Trabalho; XIV - prêmios de incentivo em bens ou serviços, eventualmente concedidos em programas de incentivo; XV - participação nos lucros ou resultados da empresa. § 1º No exame da convenção coletiva ou do acordo coletivo de trabalho, a Justiça do Trabalho observará o disposto no § 3º do art. 8º desta Consolidação. § 2º A inexistência de expressa indicação de contrapartidas recíprocas em convenção coletiva ou acordo coletivo de trabalho não ensejará sua nulidade por não caracterizar um vício do negócio jurídico. § 3º Se for

62. Direito Constitucional do Trabalho. Rio de Janeiro: Renovar, 1999, p. 401.

> pactuada cláusula que reduza o salário ou a jornada, a convenção coletiva ou o acordo coletivo de trabalho deverão prever a proteção dos empregados contra dispensa imotivada durante o prazo de vigência do instrumento coletivo. § 4º Na hipótese de procedência de ação anulatória de cláusula de convenção coletiva ou de acordo coletivo de trabalho, quando houver a cláusula compensatória, esta deverá ser igualmente anulada, sem repetição do indébito. § 5º Os sindicatos subscritores de convenção coletiva ou de acordo coletivo de trabalho deverão participar, como litisconsortes necessários, em ação individual ou coletiva, que tenha como objeto a anulação de cláusulas desses instrumentos."

A flexibilização consiste numa forma de adaptação do direito do trabalho à realidade das empresas e à situação da economia, por meio de redução temporária de alguns direitos trabalhistas, com a finalidade de preservar a continuidade do contrato de trabalho, com a manutenção dos empregos e do prosseguimento da atividade empresarial.

A Constituição Federal permite a flexibilização em três situações, quais sejam: a) redução salarial (art. 7º, VI); compensação e prorrogação de jornada (art. 7º, XIII) e majoração da jornada em turnos ininterruptos de revezamento (art. 7º, XIV).

O art. 611-A da CLT trata de um tema de grande polêmica no Direito do Trabalho, qual seja: a prevalência do chamado "negociado sobre o 'legislado'".

Como bem advertem Maurício Godinho Delgado e Gabriela Neves Delgado[63], "a negociação coletiva trabalhista é importante veículo de melhoria e aperfeiçoamento das condições de contratação e gestão trabalhistas no âmbito das empresas e dos estabelecimentos. É mecanismo que se ajusta, sem dúvida, à estrutura e lógica jurídicas do Estado Democrático de Direito".

Em compasso com a Constituição Federal, a finalidade da negociação coletiva é majoração de garantias trabalhistas, promovendo a melhoria da condição social e a dignidade da pessoa humana do trabalhador. Por exceção, a negociação coletiva tem por finalidade a redução de direitos.

---

63. A Reforma Trabalhista no Brasil. 2. ed. São Paulo: LTr, 2018, p. 275.

A Lei 13.467/17, que incluiu o art. 611-A ao corpo da CLT, dilatou as hipóteses de "flexibilização" das regras trabalhistas, dando supremacia à negociação coletiva sobre a lei nas seguintes hipóteses:

a) pacto quanto à jornada de trabalho, observados os limites constitucionais: a negociação coletiva deve observar as balizas dos incisos XIII e XIV, da Constituição Federal quanto à jornada, observando o limite máximo do módulo semanal de 44 horas, bem como a jornada máxima de 10 horas diárias (art. 59 da CLT). A compensação de horas dentro do mesmo mês pode ser levada a efeito por acordo individual ou tácito (§ 6º do art. 59 da CLT).

b) banco de horas anual: para a pactuação do regime anual do banco de horas é necessária a negociação coletiva. Para o banco de horas semestral, o art. 59, § 5º, da CLT exige apenas o acordo individual;

c) intervalo intrajornada, respeitado o limite mínimo de trinta minutos para jornadas superiores a seis horas: diante da Lei 13.467/17, ficou fixada a possibilidade de redução do intervalo intrajornada por acordo coletivo ou convenção coletiva de trabalho, desde que observado o limite mínimo de 30 minutos caso a jornada ultrapasse 06 horas. No entanto, a redução do intervalo deve proporcionar ao trabalhador a alimentação e descanso durante a jornada de trabalho. Caso a redução não cumpra a finalidade do intervalo intrajornada, esta poderá ser invalidada;

d) adesão ao Programa Seguro Emprego (PSE), de que trata a Lei nº 13.189, de 19 de novembro de 2015: nos termos do art. 1º da Lei 13.189/2015, fica instituído o Programa Seguro-Emprego (PSE), com os seguintes objetivos: I – possibilitar a preservação dos empregos em momentos de retração da atividade econômica; II – favorecer a recuperação econômico-financeira das empresas; III – sustentar a demanda agregada durante momentos de adversidade, para facilitar a recuperação da economia; IV – estimular a produtividade do trabalho por meio do aumento da duração do vínculo empregatício; e V – fomentar a negociação coletiva e aperfeiçoar as relações de emprego;

Havendo negociação coletiva, o disposto no instrumento normativo coletivo prevalecerá sobre a Lei desde que haja contrapartidas à classe trabalhadora.

Como bem adverte Ivani Contini Bramante[64], "para que seja firmada norma coletiva, deve ser demonstrado que foram esgotados os bancos de horas, além do fornecimento de informações econômico-financeiras da empresa. Admite-se a celebração de acordo coletivo múltiplo de trabalho específico a grupo de microempresas e empresas de pequeno porte, pertencentes ao mesmo setor econômico, com o sindicato de trabalhadores representativo da categoria da atividade econômica preponderante. Nesse caso, cada microempresa ou empresa de pequeno porte deve demonstrar, de forma individual, o cumprimento dos requisitos para adesão ao PSE, com o apoio técnico do Serviço Brasileiro de Apoio às Micro e Pequenas Empresas (SEBAE). O acordo deve abranger todos os empregados da empresa ou, no mínimo, os empregados de setor ou estabelecimento específico";

e) plano de cargos, salários e funções compatíveis com a condição pessoal do empregado, bem como identificação dos cargos que se enquadram como funções de confiança: a norma coletiva prevalecerá sobre a Lei em se tratando de plano de cargos, salários e funções, bem como estabelecer quais os requisitos para enquadramento em funções de confiança, a exemplo do art. 62, II, e § 2º do art. 224 da CLT. O plano de cargos e salários deve ser compatível com o "status" funcional do trabalhador, e não quanto à condição pessoal do trabalhador, sendo o piso salarial proporcional à extensão e à complexidade do trabalho, nos termos do inciso V do art. 7º da CF. Quanto às funções de confiança, embora a negociação coletiva possa fixar quais critérios e quais atribuições a configuram, há que se avaliar, no caso concreto, se efetivamente elas são observadas, bem como o salário deve ser compatível com elas.

O Tribunal Superior do Trabalho já tinha entendimento firmado no sentido da possibilidade de fixação de plano de cargos e salários por meio de norma coletiva, conforme constata-se da redação da OJ 418, da SDI-I do TST, "*in verbis*":

> **"EQUIPARAÇÃO SALARIAL. PLANO DE CARGOS E SALÁRIOS. APROVAÇÃO POR INSTRUMENTO COLETIVO. AUSÊNCIA DE ALTERNÂNCIA DE CRITÉRIOS DE PROMOÇÃO POR ANTIGUIDADE E MERECIMENTO (*DEJT* divulgado em 12, 13 e 16.04.2012).** Não constitui óbice à equiparação salarial a existência de plano de cargos e salários que, referendado por norma coletiva, prevê critério

64. CLT Interpretada: artigo por artigo, parágrafo por parágrafo. 9. ed. São Paulo: Manole, 2018, p. 591.

de promoção apenas por merecimento ou antiguidade, não atendendo, portanto, o requisito de alternância dos critérios, previsto no art. 461, § 2º, da CLT."

f) regulamento empresarial: a fixação do regulamento empresarial por negociação coletiva, com a participação do Sindicato dos Trabalhadores, dá maior legitimidade ao referido instrumento e possibilita maior efetividade;

g) representante dos trabalhadores no local de trabalho: a previsão da representação dos trabalhadores no local de trabalho está prevista no art. 11 da CF, na Convenção 135 da OIT, e nos arts. 510-A a 510-D da CLT. Havendo regramento diverso em norma coletiva, desde que observada a finalidade do instituto, prevalecerá sobre a lei;

h) teletrabalho, regime de sobreaviso, e trabalho intermitente: a negociação coletiva prevalecerá sobre a lei em se tratando de teletrabalho, sobreaviso e trabalho intermitente, desde que observadas as garantias mínimas de proteção ao trabalho previstas na Constituição, bem como a proteção ao direito ao descanso e ao lazer quanto ao teletrabalho e sobreaviso, bem como a dignidade do trabalhador em se tratando de trabalho intermitente. A negociação coletiva, nestas hipóteses, deve incrementar as garantias do trabalhador, inclusive acima do patamar legal;

i) remuneração por produtividade, incluídas as gorjetas percebidas pelo empregado, e remuneração por desempenho individual: a norma coletiva prevalecerá sobre a lei quando fixar critérios para a remuneração por produtividade, por desempenho individual bem como sobre gorjetas. Nessas hipóteses, a norma coletiva poderá estabelecer critérios justos para a remuneração, tais como percentuais, requisitos para pagamento, base de cálculo, mas não alterar a natureza dessas parcelas;

j) modalidade de registro de jornada de trabalho: aqui, é permitido que norma coletiva estabeleça a modalidade de documentação da jornada de trabalho, desde que, efetivamente, a modalidade escolhida permita transparência nos critérios e reflita a real jornada de trabalho. O controle de jornada por exceção, previsto em algumas normas coletivas, não acolhido pela jurisprudência, pode ser utilizado, desde que sejam observados os princípios da transparência, da boa-fé objetiva, informação e efetividade;

k) troca do dia de feriado: a norma coletiva aqui pode estabelecer a troca do dia de feriado, desde que não seja prejudicial aos trabalhadores;

Como bem adverte Homero Batista Mateus da Silva[65], "o inciso XI, sobre troca do dia feriado, pode resolver antiga pendência sobre como compensar a jornada na ponte do feriado ou como deslocar o feriado para a semana anterior ou seguinte e, assim, fazer 'emendas' mais adequadas à produção. Tecnicamente, o feriado não pode ser deslocado, porque a Lei 605/49 manda que a compensação recaia sobre a mesma semana. Ao inserir feriado na negociação coletiva, a empresa obtém uma espécie de banco de horas só de feriados, o que é lícito e adequado ao papel dessa modalidade estendida de compensação de jornada".

l) enquadramento do grau de insalubridade: aqui, a questão é polêmica. Pode-se argumentar que na regra é razoável, em havendo controvérsia sobre o enquadramento do grau de insalubridade, considerando-se as peculiaridades do local de trabalho. No entanto, em nossa visão o grau de insalubridade não pode ser pactuado por norma coletiva, por ser regra tutelar atinente à saúde do trabalhador ao meio ambiente de trabalho;

m) prorrogação de jornada em ambientes insalubres, sem licença prévia das autoridades competentes do Ministério do Trabalho: de nossa parte, aqui, a regra é inconstitucional, pois a questão é atinente à saúde do trabalhador e ao meio ambiente de trabalho, direitos que não podem ser objeto de negociação por norma coletiva.

No aspecto, vale destacar o Enunciado 32 da 2ª Jornada de Direito Material e Processual do Trabalho da ANAMATRA, "*in verbis*":

> **NEGOCIADO SOBRE LEGISLADO: GRAUS DE INSALUBRIDADE. INSTITUCIONALIDADES, INCONVENCIONALIDADES, RETROCESSO SOCIAL**. AS DISPOSIÇÕES DOS INCISOS XII E XIII DO ART. 611-A DA CLT (POSSIBILIDADE DE ENQUADRAMENTO DE TRABALHADORES EM GRAUS DE INSALUBRIDADE E DE PRORROGAÇÃO DE JORNADA EM AMBIENTES INSALUBRES POR MEIO DE ACORDO OU CONVENÇÃO COLETIVA DE TRABALHO) PERFAZEM RETROCESSO SOCIAL, COM PREJUÍZOS À VIDA DIGNA E À SAÚDE DO TRABALHADOR, SENDO INCOMPATÍVEIS COM OS ARTS. 3º, I E IV, 5º, XXIII, 6º, 7º, XXII, 170, III, 196 E 225 DA CONSTITUIÇÃO FEDERAL, COM O ART. 11, *A*, DA CONVENÇÃO N. 155 DA OIT, COM O ART. 611-B, XVII, DA CLT, E, NO CAMPO PROCESSUAL/DECISÓRIO, COM OS ARTS. 1º, 8º E 489, § 2º, DO CPC;

65. CLT Comentada. 2. ed. São Paulo: RT, 2018, p. 449.

n) prêmios de incentivo em bens ou serviços, eventualmente concedidos em programas de incentivo: aqui, o dispositivo permite que prêmios concedidos para incentivo possam ser pagos em bens ou serviços, o que já é prática existente em regulamentos empresariais e normas coletivas, o que é lícito desde que não haja desvirtuamento do benefício;

o) participação nos lucros ou resultados da empresa: esta possibilidade já está constante do art. 2º, II, da Lei 11.101/2000.

Como nos adverte Homero Batista Mateus da Silva[66], "o rol do art. 611-A é meramente exemplificativo, o que foi enfatizado pela expressão 'entre outros', prevista em seu *caput*."

21.1. Da constitucionalidade do art. 611-A da CLT e o tema 1046 de Repercussão Geral do STF

Trata-se o art. 611-A da CL de dispositivo polêmico, pois a Constituição Federal somente permite a prevalência do negociado sobre a lei, com forma de flexibilização de direitos trabalhistas em três hipóteses, quais sejam: redução salarial, compensação de jornada e jornada em turnos ininterruptos de revezamento, assim como reconhece as convenções e acordos coletivos de trabalho (art. 7º, incisos VI, XII, XIV e XXVI). Em razão disso, muitos apontam inconstitucionalidade desse dispositivo.

Como destacam Valdete Souto Severo e Jorge Luiz Souto Maior[67], "o limite à negociação coletiva não é a regra do artigo 611-B da CLT, mas o conjunto de direitos fundamentais trabalhistas contidos na Constituição e explicitados pela CLT e por outras leis esparsas. As partes podem e devem negociar condições de trabalho, desde que observem o que comanda o caput do multicitado artigo 7º, ou seja, desde que 'visem à melhoria de sua condição social'. É necessário sublinhar que essa regra de não retrocesso social, explicitada no *caput* do art. 7º da Constituição brasileira, ainda que ausente, não afastaria a realidade histórica que informa a construção do Direito do Trabalho em nível coletivo: de pressionar o capital para obter melhoria nas condições sociais dos trabalhadores, minimizando os efeitos nocivos da desigualdade material reconhecida e praticada no âmbito da relação de trabalho".

66. CLT Comentada. 2. ed. São Paulo: RT, 2018, p. 447.
67. Manual da Reforma Trabalhista: Pontos e Contrapontos. Porto Alegre: Editora Sensus, 2017, p. 123.

De nossa parte, o presente dispositivo não é inconstitucional, mas a interpretação deve ser realizada em conformidade com o texto constitucional, e também em compasso com os princípios do Direito do Trabalho. Desse modo, a redução temporária de uma garantia trabalhista, mesmo quando autorizada por lei, deve seguir as diretrizes do Direito do Trabalho, quais sejam: a) transparência na negociação, com informações claras e motivação que justifique a redução temporária da garantia trabalhista; b) efetiva negociação, com vantagens concedidas ao trabalhador; c) boa-fé objetiva; d) equilíbrio contratual; e e) respeito ao direito constitucionalmente consagrados.

Como já mencionado, o Supremo Tribunal Federal, ao julgar o **tema 1046** de Repercussão Geral (ARE 1121633) sobre a validade de norma coletiva de trabalho que limita ou restringe direito trabalhista não assegurado constitucionalmente, foi julgado na sessão plenária do Supremo Tribunal Federal em 02.06.2022, com a fixação de tese de observância obrigatória, nos seguintes termos:

> *"São constitucionais os acordos e as convenções coletivos que, ao considerarem a adequação setorial negociada, pactuam limitações ou afastamentos de direitos trabalhistas, absolutamente independentemente da explicitação especificada de vantagens compensatórias, desde que respeitados os direitos indisponíveis."*

Diante do que ficou decidido pelo Supremo Tribunal Federal, a flexibilização de direitos trabalhistas pode ser implementada diante das seguintes condições:

a) negociação coletiva por meio de acordos coletivos e convenções coletivas de trabalho;

b) observação do princípio da adequação setorial negociada, que conforme Maurício Godinho Delgado[68], se exterioriza "quando as normas autônomas juscoletivas transacionam setorialmente parcelas justrabalhistas de indisponibilidade apenas relativa";

c) não há necessidade de especificar vantagens compensatórias;

d) devem ser respeitados os direitos de indisponibilidade absoluta, que são os elencados no rol do art. 7º da Constituição Federal e no art. 611-B da CLT.

68. Curso de Direito do Trabalho. 18. ed. São Paulo: LTr, 2019, p. 1576.

Como bem observou Henrique Correia[69]:

> "Percebe-se, portanto, que o STF adotou expressamente a tese do Professor e Ministro Maurício Godinho Delgado no sentido de não se admitir a flexibilização em normas que tratem sobre a saúde e segurança do trabalhador, ou seja, normas que preservam a dignidade da pessoa humana ou ainda que representam renúncia a direitos já conquistados – chamadas normas de indisponibilidade absoluta. Na prática, o STF validou a prevalência do negociado sobre o legislado, sem necessidade de contrapartida, ressalvados os direitos absolutamente indisponíveis. Embora a decisão tenha sido proferida em um caso concreto a tese fixada pela Corte poderá ser utilizada em outros processos que questionam a prevalência da norma coletiva sobre a lei. Importante notar que o Tema 1046 não restringe a possibilidade de o Poder Judiciário exercer o controle da legalidade das normas coletivas, mas indica alguns limites a essa intervenção".

21.2. Interpretação das normas coletivas

O § 1º do art. 611-A da CLT assevera que no exame da convenção coletiva ou do acordo coletivo de trabalho, a Justiça do Trabalho observará o disposto no § 3º do art. 8º desta Consolidação.

O § 3º do art. 8º da CLT limita a atuação do Judiciário no exame dos acordos e negociação coletiva aos requisitos de validade do negócio jurídico (art. 104 do CC), quais sejam: capacidade, licitude do objeto e forma prevista ou não defesa em lei. De nossa parte, se trata de regra manifestamente inconstitucional, pelos seguintes motivos: a) restringe o acesso à justiça (art. 5º, XXX, da CF); b) viola os incisos VI, XIII e XIV da CF que, além dos requisitos formais do negócio jurídico, exigem que para a flexibilização de direitos, exista efetiva negociação coletiva e observâncias dos direitos mínimos trabalhistas, previstos no ordenamento jurídico trabalhista, principalmente, o constitucional (art. 7º, *caput*, da CF); c) restringe a incidência das normas constitucionais e legais de proteção ao trabalho humano.

Nos termos do § 2º do art. 611-A da CLT: a inexistência de expressa indicação de contrapartidas recíprocas em convenção coletiva ou acordo coletivo de trabalho não ensejará sua nulidade por não caracterizar um vício do negócio jurídico.

---

69. Curso de Direito do Trabalho. 7. ed. Salvador: Editora Juspodivm, 2013, p. 1528.

O dispositivo é polêmico, pois a negociação coletiva envolve benefícios e sacrifícios por partes das categorias profissional e econômica, ou seja: "concessões recíprocas". Desse modo, embora o dispositivo estabeleça que a inexistência de expressa indicação de contrapartidas não enseja a nulidade da norma coletiva, em razão dos princípios da função social dos contratos, do direito à informação, da boa-fé objetiva e do equilíbrio contratual, as contrapartidas devem estar presentes no instrumento normativo, sob consequência de nulidade.

Conforme o § 3º do art. 611-A da CLT, se for pactuada cláusula que reduza o salário ou a jornada, a convenção coletiva ou o acordo coletivo de trabalho deverão prever a proteção dos empregados contra dispensa imotivada durante o prazo de vigência do instrumento coletivo.

No aspecto, a regra está correta, pois a redução salarial é a providência mais drástica de flexibilização de direitos trabalhistas, sendo justo que, entre outras condições favoráveis ao trabalhador, seja fixada cláusula que impeça a dispensa imotivada de trabalhadores durante a vigência da norma coletiva.

Conforme o § 4º do art. 611-A da CLT, na hipótese de procedência de ação anulatória de cláusula de convenção coletiva ou de acordo coletivo de trabalho, quando houver a cláusula compensatória, esta deverá ser igualmente anulada, sem repetição do indébito.

A regra aqui está correta, pois se anulada a norma coletiva, os trabalhadores que receberam de boa-fé os benefícios não devem restituí-los.

Segundo § 5º do art. 611-A da CLT, os sindicatos subscritores de convenção coletiva ou de acordo coletivo de trabalho deverão participar, como litisconsortes necessários, em ação individual ou coletiva, que tenha como objeto a anulação de cláusulas desses instrumentos.

21.3. Direitos indisponíveis na negociação coletiva, sob a ótica da Lei 13.467/17

Dispõe o art. 611-B da CLT:

> "Constituem objeto ilícito de convenção coletiva ou de acordo coletivo de trabalho, exclusivamente, a supressão ou a redução dos seguintes direitos: I – normas de identificação profissional, inclusive as anotações na Carteira de Trabalho e Previdência Social; II – seguro-desemprego, em caso de desemprego involuntário; III – valor

dos depósitos mensais e da indenização rescisória do Fundo de Garantia do Tempo de Serviço (FGTS); IV – salário mínimo; V – valor nominal do décimo terceiro salário; VI – remuneração do trabalho noturno superior à do diurno; VII – proteção do salário na forma da lei, constituindo crime sua retenção dolosa; VIII – salário-família; IX – repouso semanal remunerado; X – remuneração do serviço extraordinário superior, no mínimo, em 50% (cinquenta por cento) à do normal; XI – número de dias de férias devidas ao empregado; XII – gozo de férias anuais remuneradas com, pelo menos, um terço a mais do que o salário normal; XIII – licença-maternidade com a duração mínima de cento e vinte dias; XIV – licença-paternidade nos termos fixados em lei; XV – proteção do mercado de trabalho da mulher, mediante incentivos específicos, nos termos da lei; XVI – aviso prévio proporcional ao tempo de serviço, sendo no mínimo de trinta dias, nos termos da lei; XVII – normas de saúde, higiene e segurança do trabalho previstas em lei ou em normas regulamentadoras do Ministério do Trabalho; XVIII – adicional de remuneração para as atividades penosas, insalubres ou perigosas; XIX – aposentadoria; XX – seguro contra acidentes de trabalho, a cargo do empregador; XXI – ação, quanto aos créditos resultantes das relações de trabalho, com prazo prescricional de cinco anos para os trabalhadores urbanos e rurais, até o limite de dois anos após a extinção do contrato de trabalho; XXII – proibição de qualquer discriminação no tocante a salário e critérios de admissão do trabalhador com deficiência; XXIII – proibição de trabalho noturno, perigoso ou insalubre a menores de dezoito anos e de qualquer trabalho a menores de dezesseis anos, salvo na condição de aprendiz, a partir de quatorze anos; XXIV – medidas de proteção legal de crianças e adolescentes; XXV – igualdade de direitos entre o trabalhador com vínculo empregatício permanente e o trabalhador avulso; XXVI – liberdade de associação profissional ou sindical do trabalhador, inclusive o direito de não sofrer, sem sua expressa e prévia anuência, qualquer cobrança ou desconto salarial estabelecidos em convenção coletiva ou acordo coletivo de trabalho; XXVII – direito de greve, competindo aos trabalhadores decidir sobre a oportunidade de exercê-lo e sobre os interesses que devam por meio dele defender; XXVIII – definição legal sobre os serviços ou atividades essenciais e disposições legais sobre o atendimento das necessidades inadiáveis da comunidade em caso de greve; XXIX – tributos e outros créditos de terceiros; XXX – as disposições previstas nos arts. 373-A, 390, 392, 392-A, 394, 394-A, 395, 396 e 400 desta Consolidação. Parágrafo único. Regras sobre duração do trabalho e

> intervalos não são consideradas como normas de saúde, higiene e segurança do trabalho para os fins do disposto neste artigo. (Incluído pela Lei nº 13.467, de 2017)."

O referido dispositivo legal, acrescentado pela Lei 13.467/17 (Reforma Trabalhista), trata dos direitos que não podem ser objeto de disposição por meio de negociação coletiva, ou seja, não podem ser flexibilizados. De nossa parte, não se trata de rol taxativo, pois outros direitos trabalhistas têm caráter de indisponibilidade por meio de negociação coletiva.

A Lei 13.467/17 pretendeu destacar um conjunto de garantias mínimas ao trabalho de caráter absoluto como sendo um piso vital mínimo de direitos, ou um patamar civilizatório mínimo (expressão de Maurício Godinho Delgado) que deve ser observado em toda relação de emprego.

De nossa parte, o presente dispositivo não era necessário, pois já constante da Constituição Federal e de Leis que regulamentam esses direitos. Não obstante, é importante enfatizar sua importância por meio de regramento no próprio corpo da CLT. Apesar disso, é importante destacar que embora tenha sido fixado um rol de garantias que não podem ser reduzidas, isso não significa dizer que os demais direitos podem ser objeto de negociação, pois, como enfatizado, não se trata de rol taxativo.

Quanto ao parágrafo único do presente dispositivo, com ele não se pode concordar, uma vez que regras sobre jornada e intervalo devem ser consideradas como normas de saúde, higiene e segurança do trabalho, uma vez que têm por objeto a garantia do direito fundamental ao descanso, ao lazer e à alimentação do trabalhador.

21.4. Requisitos para celebração de acordos e convenções coletivas de trabalho e conteúdo de suas cláusulas

Dispõe o art. 612 da CLT:

> "Os sindicatos só poderão celebrar Convenções ou Acordos Coletivos de Trabalho, por deliberação de Assembleia-Geral especialmente convocada para esse fim, consoante o disposto nos respectivos Estatutos, dependendo a validade da mesma do comparecimento e votação, em primeira convocação, de 2/3 (dois terços) dos associados da entidade, se se tratar de Convenção, e dos interessados, no caso de Acordo, e, em segunda, de 1/3 (um terço) dos mesmos. Parágrafo único. O quórum de comparecimento e votação será de 1/8 (um oitavo) dos

associados em segunda convocação, nas entidades sindicais que tenham mais de 5.000 (cinco mil) associados."

Para celebrar convenções ou acordos coletivos, os sindicatos devem ter autorização da Assembleia-Geral, que será especialmente convocada para esse fim, conforme seus Estatutos, cuja validade depende da presença de 2/3 (dois terços) dos associados da entidade, em primeira votação, se se tratar de Convenção, e dos interessados, no caso de Acordo, e, em segunda, de 1/3 (um terço) deles. O *quorum* de comparecimento e votação será de 1/8 (um oitavo) dos associados em segunda convocação, nas entidades sindicais que tenham mais de 5.000 (cinco mil) associados.

A regularidade da convocação para a assembleia, o quórum previsto no art. 612 da CLT, bem como sua realização em compasso com os estatutos do Sindicado, são pressupostos de validade da negociação coletiva, cuja invalidade pode ser decretada por vício de convocação ou da Assembleia.

De nossa parte, diante do princípio da vedação da intervenção do Poder Público na organização Sindical (art. 8º, I, da CF), os requisitos de convocação da categoria, o *quorum* mínimo, bem como os sistemas de votação, podem ser fixados no Estatuto do Sindicato. O *quorum* mínimo pode ser previsto de forma estatutária, desde que seja representativo. No mesmo sentido, pronuncia-se Maurício Godinho Delgado[70]:

> "Não se pode desconhecer, porém, que o rigor deste *quorum* da CLT afronta o princípio constitucional da autonomia dos sindicatos. Como insistido neste livro, matéria é efetivamente própria à regência normativa dos estatutos sindicais (cujas regras se submetem, é claro, aos princípios jurídicos da lealdade e transparência nas negociações coletivas, da racionalidade e razoabilidade, da vedação ao abuso do direito)."

Como bem adverte Ivani Contini Bramante[71], "titular do interesse ou direito coletivo é a categoria. É a assembleia geral extraordinária, mediante expressão da vontade coletiva da categoria, com observância do *quorum* legal, que concede à diretoria do sindicato poderes para negociar e firmar convenção e acordo coletivos de trabalho. Número ínfimo de empregados

70. Direito Coletivo do Trabalho. 7. ed. São Paulo: LTr, 2017, p. 220.
71. In: CLT Interpretada: Artigo por artigo. Parágrafo por parágrafo. 9. ed. São Paulo: Manole, 2018, p. 605.

participantes da assembleia geral, em cotejo com a quantidade dos membros da categoria, não confere representatividade ao sindicato para a negociação coletiva. A assembleia geral do sindicato profissional delibera sobre a pauta de reinvindicações com vistas à celebração de convenção ou acordo coletivo de trabalho. Se o *quorum* for inexpressivo, demonstra a inexistência da vontade coletiva e, sobretudo, o desinteresse da categoria em legitimar o sindicato para as negociações coletivas. A autorização para que o sindicato negocie deve ser conferida em Assembleia dos trabalhadores exigida por lei que impõe a observância de um *quorum* legalmente previsto. Há quem afirme que o *quorum* a ser observado é aquele previsto no estatuto do sindicato, portanto, estaria assim tacitamente derrogado o art. 612 da CLT, diante do comando constitucional de vedação de interferência estatal na organização sindical (art. 8º, *caput*, da CF)."

Nos termos da OJ 29 da SDC do TST, "o edital de convocação da categoria e a respectiva ata da AGT constituem peças essenciais à instauração do processo de dissídio coletivo".

Conforme a OJ 35 da SDC do TST, "Se os estatutos da entidade sindical contam com norma específica que estabeleça prazo mínimo entre a data de publicação do edital convocatório e a realização da assembleia correspondente, então a validade desta última depende da observância desse interregno".

Dispõe o art. 613 da CLT, "as Convenções e os Acordos deverão conter obrigatoriamente: I – designação dos Sindicatos convenentes ou dos Sindicatos e empresas acordantes; II – prazo de vigência; III – categorias ou classes de trabalhadores abrangidas pelos respectivos dispositivos; IV – condições ajustadas para reger as relações individuais de trabalho durante sua vigência; V – normas para a conciliação das divergências surgidas entre os convenentes por motivos da aplicação de seus dispositivos; VI – disposições sobre o processo de sua prorrogação e da revisão total ou parcial de seus dispositivos; VII – direitos e deveres dos empregados e empresas; VIII – penalidades para os Sindicatos convenentes, os empregados e as empresas, em caso de violação de seus dispositivos. Parágrafo único. As Convenções e os Acordos serão celebrados por escrito, sem emendas nem rasuras, em tantas vias quantos forem os Sindicatos convenentes ou as empresas acordantes, além de uma destinada a registro."

O referido dispositivo legal trata do chamado *conteúdo obrigatório* que os Acordos Coletivos e as Convenções Coletivas devem ter.

Como sendo espécies normativas, as normas coletivas devem ter:

a) qualificação detalhada das partes (Sindicatos que a subscrevem, ou empresas);

b) as cláusulas de conteúdo normativo (as quais criam novas condições de trabalho) aplicáveis no âmbito das categorias profissional e econômica, ou categoria profissional e empresa;

c) cláusulas que consagram deveres e obrigações às partes signatárias da norma coletiva (cláusulas obrigacionais);

d) prazo de vigência, disposições sobre prorrogação ou revisão parcial ou total do instrumento;

e) penalidades (cláusulas penas pelo descumprimento das cláusulas normativas e obrigacionais).

Outrossim, as cláusulas, tanto normativas como obrigacionais, devem ser redigidas de forma clara, sem emendas ou rasuras, e também devem ser de fácil compreensão.

Segmentos da doutrina defendem que o art. 613 da CLT não é mais compulsório por incompatível com a Constituição Federal. Nesse sentido, destacamos a visão de José Augusto Rodrigues Pinto[72]:

> "Quanto ao conteúdo da Convenção, é igualmente incompatível com a ampla liberdade garantida pela Constituição em vigor a exigência do que se costuma denominar de *conteúdo obrigatório do ajuste* (CLT, art. 613). Convenha-se, porém, que o ali exigido tem a ver com os requisitos básicos de validade do ato jurídico, como é o caso da *identificação dos convenentes, das categorias ou segmentos alcançados, dos termos inicial e final de vigência* etc."

De nossa parte, o art. 613 não é inconstitucional. No entanto, deve ser interpretado à luz da Constituição Federal. Desse modo, ele não exaure o conteúdo das normas coletivas, já que estas podem tratar de outras matérias, à luz do princípio da liberdade de organização sindical consagrado no art. 8º, I, da CF.

72. Direito Sindical e Coletivo do Trabalho. São Paulo: LTr, 1998, p. 217.

Conforme o art. 614 da CLT, "os Sindicatos convenentes ou as empresas acordantes promoverão, conjunta ou separadamente, dentro de 8 (oito) dias da assinatura da Convenção ou Acordo, o depósito de uma via do mesmo, para fins de registro e arquivo, no Departamento Nacional do Trabalho (atualmente Secretaria de Emprego e Salário), em se tratando de instrumento de caráter nacional ou interestadual, ou nos órgãos regionais do Ministério do Trabalho, nos demais casos. § 1º As Convenções e os Acordos entrarão em vigor 3 (três) dias após a data da entrega dos mesmos no órgão referido neste artigo. § 2º Cópias autênticas das Convenções e dos Acordos deverão ser afixadas de modo visível, pelos Sindicatos convenentes, nas respectivas sedes e nos estabelecimentos das empresas compreendidas no seu campo de aplicação, dentro de 5 (cinco) dias da data do depósito previsto neste artigo. § 3º Não será permitido estipular duração de convenção coletiva ou acordo coletivo de trabalho superior a dois anos, sendo vedada a ultratividade."

O depósito da norma coletiva, segundo a doutrina, tem por finalidade dar publicidade à norma, propiciar controle da legalidade e constitucionalidade de suas cláusulas, e fixar de forma clara o prazo de sua vigência.

Há entendimentos na doutrina no sentido de que, diante do princípio da liberdade sindical e a autonomia coletiva dos particulares em firmar acordos e convenções coletivas, o depósito no Ministério do Trabalho (atual Ministério da Economia) do instrumento normativo coletivo é formalidade apenas probatória e não essencial, pois a norma coletiva vale e tem vigência a partir do momento que os Sindicatos assim a firmarem, independentemente do registro no Órgão Ministerial. Entretanto, é dever dos Sindicatos dar ampla publicidade à norma coletiva.

No entanto, o Tribunal Superior do Trabalho firmou entendimento de que o referido art. 614 da CLT fora recepcionado pela Constituição Federal, conforme a OJ 34 da SDC, "*in verbis*":

> ***"Acordo extrajudicial. Homologação. Justiça do Trabalho. Prescindibilidade.*** *(Inserida em 07.12.1998)*
>
> É desnecessária a homologação, por Tribunal Trabalhista, do acordo extrajudicialmente celebrado, sendo suficiente, para que surta efeitos, sua formalização perante o Ministério do Trabalho (art. 614 da CLT e art. 7º, inciso XXXV, da Constituição Federal)."

21.5. Prazo de vigência da norma coletiva e a questão da ultratividade

Os acordos coletivos e as convenções coletivas de trabalho têm prazo de vigência no máximo de 2 anos, sendo vedada a ultratividade, conforme dispõe o § 3º do art. 614, com a redação dada pela Lei 13.467/17.

Como nos adverte Homero Batista Mateus da Silva[73], "a jurisprudência do TST rejeita a fixação de cláusula em convenção e acordo coletivo prevendo prorrogação automática em caso de silêncio das partes, porque também aqui seria burlada a ideia do diálogo social permanente, e, de toda forma, a prorrogação indefinida colide com o art. 614, § 3º. A prorrogação a que se refere o art. 613, VI, não é aquela automática, sem que as partes se falem, mas os mecanismos de manutenção permanente de canais de comunicação e desnecessidade de rediscussão de cláusulas que tenham algum grau de consenso, portanto, mas que ainda assim precisarão ser reescritas para constar do próximo instrumento normativo".

No mesmo sentido, a OJ 322 da SD-I do TST, "*in verbis*":

> ***"Acordo coletivo de trabalho. Cláusula de termo aditivo prorrogando o acordo para prazo indeterminado. Inválida.*** *(DJ 09.12.2003).* Nos termos do art. 614, § 3º, da CLT, é de 2 anos o prazo máximo de vigência dos acordos e das convenções coletivas. Assim sendo, é inválida, naquilo que ultrapassa o prazo total de 2 anos, a cláusula de termo aditivo que prorroga a vigência do instrumento coletivo originário por prazo indeterminado."

Por ter a sentença normativa vigência temporária, suas cláusulas, conforme entendia o Tribunal Superior do Trabalho, não integram os contratos de trabalho, conforme dispunha a Súmula 277 do C. TST, *in verbis*:

> "Sentença normativa, convenção ou acordo coletivos. Vigência. Repercussão nos contratos de trabalho. (Res. 10/1988, DJ 1º.3.1988) (Redação alterada na sessão do Tribunal Pleno em 16.11.2009 - Res. n. 161/2009). I – As condições de trabalho alcançadas por força de sentença normativa, convenção ou acordo coletivos vigoram no prazo assinado, não integrando, de forma definitiva, os contratos individuais de trabalho. II – Ressalva-se da regra enunciada no item I o período compreendido entre 23.12.1992 e 28.7.1995, em que vigorou a Lei

73. CLT Comentada. 2. ed. São Paulo: RT, 2018, p. 456-457.

> n. 8.542, revogada pela Medida Provisória n. 1.709, convertida na Lei n. 10.192, de 14.2.2001."

Entretanto, em setembro de 2012, o Tribunal Superior do Trabalho alterou a referida Súmula 277 de sua jurisprudência para constar a seguinte redação:

> "CONVENÇÃO COLETIVA DE TRABALHO OU ACORDO COLETIVO DE TRABALHO. EFICÁCIA. ULTRATIVIDADE (redação alterada na sessão do Tribunal Pleno realizada em 14.9.2012). As cláusulas normativas dos acordos coletivos ou convenções coletivas integram os contratos individuais de trabalho e somente poderão ser modificadas ou suprimidas mediante negociação coletiva de trabalho."

Diante da redação atual da súmula em questão, as cláusulas constantes de acordos e convenção coletivas integravam os contratos individuais de trabalho (princípio da ultratividade das normas coletivas), somente podendo ser alteradas por negociação coletiva posterior, nos termos dos princípios da condição mais benéfica e melhoria da condição social do trabalhador. Embora a súmula não tenha feito menção às cláusulas constantes da sentença normativa, o raciocínio deve ser no mesmo sentido, uma vez que ambos são formas de resolução do conflito coletivo de trabalho.

Em 14 de outubro de 2016, o Supremo Tribunal Federal em Medida Cautelar na Arguição de Descumprimento de Preceito Fundamental n. 323 – Distrito Federal, deferiu o pedido formulado e determinou *ad referendum* do Pleno a suspensão de todos os processos em curso e dos efeitos de decisões judiciais proferidas no âmbito da Justiça do Trabalho que versem sobre a aplicação da ultratividade de normas de acordos e de convenções coletivas, sem prejuízo do término de sua fase instrutória, bem como das execuções já iniciadas.

A reforma trabalhista (Lei 13.467/17), entretanto, deu nova redação ao § 3º do art. 614 da CLT, vedando o princípio da ultratividade das normas convencionais.

A última palavra sobre a questão é matéria constitucional, pois a incorporação das cláusulas convencionais aos contratos de trabalho de forma definitiva envolve aplicação do princípio constitucional de melhoria da condição social do trabalhador (art. 7º, *caput*, da CF), bem como a interpretação do art. 114, § 2º, da Constituição Federal, que assevera que a Justiça do Trabalho, apreciando o dissídio coletivo de natureza econômica, deve respeitar *as disposições mínimas legais de proteção ao trabalho, bem como as convencionadas anteriormente.*

O Supremo Tribunal Federal, julgando a ADPF 323, firmou o seguinte entendimento sobre a interpretação da Súmula 277 do TST e do § 2º do art. 114 da Constituição Federal, conforme o extrato de decisão que segue:

> "Decisão: O Tribunal, por maioria, julgou procedente a presente arguição de descumprimento de preceito fundamental, de modo a declarar a inconstitucionalidade da Súmula 277 do Tribunal Superior do Trabalho, na versão atribuída pela Resolução 185, de 27 de setembro de 2012, assim como a inconstitucionalidade de interpretações e de decisões judiciais que entendem que o art. 114, parágrafo segundo, da Constituição Federal, na redação dada pela Emenda Constitucional nº 45/2004, autoriza a aplicação do princípio da ultratividade de normas de acordos e de convenções coletivas, tudo nos termos do voto do Relator, vencidos os Ministros Edson Fachin, Rosa Weber e Ricardo Lewandowski. Plenário, Sessão Virtual de 20.5.2022 a 27.5.2022."

Diante da decisão do STF, ficou ratificada a constitucionalidade do art. 614, § 3º, da CLT, bem como pacificada a interpretação no sentido de que a redação do § 2º do art. 114 da CF não autoriza a ultratividade das cláusulas constantes de sentença normativa.

Nos termos do art. 615 da CLT, "o processo de prorrogação, revisão, denúncia ou revogação total ou parcial de Convenção ou Acordo ficará subordinado, em qualquer caso, à aprovação de Assembleia-Geral dos Sindicatos convenentes ou partes acordantes, com observância do disposto no art. 612. § 1º O instrumento de prorrogação, revisão, denúncia ou revogação de Convenção ou Acordo será depositado, para fins de registro e arquivamento, na repartição em que o mesmo originariamente foi depositado, observado o disposto no art. 614. § 2º As modificações introduzidas em Convenção ou Acordo, por força de revisão ou de revogação parcial de suas cláusulas, passarão a vigorar 3 (três) dias após a realização do depósito previsto no § 1º".

O referido dispositivo determina que a revisão, denúncia, revogação parcial ou total da convenção ou acordo coletivo ficam subordinados à aprovação da Assembleia-Geral, observados os requisitos do art. 612 da CLT, sendo certo que as alterações realizadas na norma coletiva devem ser depositadas nos órgãos referidos no art. 612 da CLT, passando a viger 03 dias após o depósito.

Revisão significa alteração de cláusulas convencionais em razão de alterações fáticas posteriores.

Denúncia é a comunicação por uma das partes signatária da norma coletiva que o prazo de vigência da norma se encerrou e que não pretende prorrogação.

Revogação total ou parcial é a supressão de parte ou de todas as cláusulas, convencionadas antes do término de vigência da norma.

21.6. Da possibilidade de negociação direta entre trabalhadores e empresa (art. 617 da CLT)

Dispõe o art. 617 da CLT:

> "Os empregados de uma ou mais empresas que decidirem celebrar Acordo Coletivo de Trabalho com as respectivas empresas darão ciência de sua resolução, por escrito, ao Sindicato representativo da categoria profissional, que terá o prazo de 8 (oito) dias para assumir a direção dos entendimentos entre os interessados, devendo igual procedimento ser observado pelas empresas interessadas com relação ao Sindicato da respectiva categoria econômica. § 1º Expirado o prazo de 8 (oito) dias sem que o Sindicato tenha se desincumbido do encargo recebido, poderão os interessados dar conhecimento do fato à Federação a que estiver vinculado o Sindicato e, em falta dessa, à correspondente Confederação, para que, no mesmo prazo, assuma a direção dos entendimentos. Esgotado esse prazo, poderão os interessados prosseguir diretamente na negociação coletiva, até final. § 2º Para o fim de deliberar sobre o Acordo, a entidade sindical convocará Assembleia-Geral dos diretamente interessados, sindicalizados ou não, nos termos do art. 612."

A Constituição Federal determina a obrigatoriedade da participação dos Sindicatos na negociação coletiva (art. 8º, VI, da CF). Em razão disso, segmentos da doutrina sustentam que este dispositivo não fora recepcionado pela Constituição Federal, pois possibilita que os empregados possam firmar, diretamente, acordo coletivo com a empresa.

Nesse sentido defende Maurício Godinho Delgado[74]:

74. Direito Coletivo do Trabalho. 7. ed. São Paulo: LTr, 2017, p. 216.

> "não nos parece eficaz o critério procedimental estipulado no art. 617, §§ 1º e 2º, da CLT, por não ter sido recebido pela Constituição de 1988, ao ignorar a norma fixada em seu art. 8º, VI, que fixa a obrigatoriedade da participação dos sindicatos nas negociações coletivas de trabalho. A CLT, como debatido, fala no caso de recusa sindical à negociação coletiva, em transferência de legitimação para a federação ou, na falta ou recusa desta, para a própria confederação. Mas o preceito celetista vai além: autoriza a negociação direta, pelos próprios empregados – em desconsideração frontal ao fixado no art. 8º, VI, da Constituição."

De nossa parte, o referido art. 617 da CLT não é inconstitucional, pois as entidades sindicais legitimadas para a negociação coletiva, quais sejam: Sindicato, Federação e Confederação, são convocadas para participar da negociação coletiva, o que supre o requisito constitucional. E, em havendo recusa abusiva dessas entidades em assumir a negociação coletiva, é razoável que os empregados assumam, diretamente, a negociação.

Nesse sentido, decidiu o Tribunal Superior do Trabalho, conforme a seguinte ementa:

> **"ACORDO COLETIVO DE TRABALHO. NEGOCIAÇÃO DIRETA ENTRE COMISSÃO DE EMPREGADOS E EMPREGADOR. TURNOS ININTERRUPTOS DE REVEZAMENTO DE DOZE HORAS. AUSÊNCIA DE PARTICIPAÇÃO DO SINDICATO REPRESENTANTE DA CATEGORIA PROFISSIONAL. VALIDADE. ARTIGO 617 DA CLT. RECEPÇÃO PELA CONSTITUIÇÃO FEDERAL DE 1988.**
>
> **1.** Foi recepcionado pela Constituição Federal de 1988 (artigo 8º, inciso VI) o artigo 617 da CLT, no que autoriza a celebração de acordo coletivo de trabalho diretamente entre empregados e uma ou mais empresas, na situação excepcional em que comprovada a recusa do Sindicato representante da categoria profissional em assumir a direção dos entendimentos.
>
> **2.** A exigência constitucional inafastável é de que o sindicato seja instado a participar e participe da negociação coletiva, ainda que para recusar o conteúdo da proposta patronal.
>
> **3.** Em tese, todavia, a virtual resistência da cúpula sindical em consultar as bases não constitui empecilho a que os próprios interessados, regularmente convocados, excepcionalmente firmem o acordo coletivo de trabalho, de forma direta, na forma da lei.

4. A grave exceção à garantia de tutela sindical na negociação coletiva somente se justifica, contudo, sob pena de concreta violação à norma do artigo 8º, VI, da Constituição Federal, quando sobressaem a livre manifestação de vontade dos empregados da empresa e a efetiva recusa da entidade profissional em representar a coletividade interessada.

5. Assentada a tese jurídica da recepção do artigo 617 da CLT pela Constituição Federal de 1988, a aplicação do direito à espécie impõe que o Tribunal Regional do Trabalho, soberano na apreciação do acervo fático-probatório, examine a existência de prova cabal da recusa do sindicato da categoria profissional em participar da negociação coletiva, bem como o cumprimento das demais formalidades exigidas no artigo 617 da CLT.

6. Embargos da Reclamada de que se conhece, por divergência jurisprudencial, e a que se dá parcial provimento (TST **Processo:** E-ED-RR – 1134676-43.2003.5.04.0900. **Data de Julgamento:** 19/05/2016, **Redator Ministro:** João Oreste Dalazen, Subseção I Especializada em Dissídios Individuais, **Data de Publicação:** ***DEJT*** 19/05/2017).

21.7. Prevalência das disposições constantes do acordo coletivo sobre a convenção coletiva de trabalho

Dispõe o art. 620 da CLT:

> "As condições estabelecidas em acordo coletivo de trabalho sempre prevalecerão sobre as estipuladas em convenção coletiva de trabalho."

O presente dispositivo está com a redação dada pela Lei 13.467/17. Dispunha a redação anterior: "As condições estabelecidas em Convenção quando mais favoráveis, prevalecerão sobre as condições estipuladas em Acordo".

Considerando-se o caráter tutelar do Direito do Trabalho, bem como o princípio da norma mais favorável no Direito do Trabalho, que é uma característica do princípio protetor, para avaliar qual das normas é mais favorável, se o acordo coletivo ou a convenção coletiva, a doutrina estabelece alguns critérios. São eles:

a) acumulação: neste há o fracionamento das normas, aplicando-se indistintamente as cláusulas mais benéficas de um ou de outro instrumento coletivo;

b) conglobamento ou globalidade: para este critério, aplica-se a norma que for mais favorável ao trabalhador no conjunto das cláusulas.

Assim ou se aplica o acordo coletivo ou a convenção coletiva. Não há o fracionamento das normas.

c) conglobamento avaliado por institutos: nesta hipótese, os instrumentos normativos coletivos podem ser fracionados por institutos, ou seja, aplicam-se as cláusulas no conjunto tanto do acordo coletivo como da convenção coletiva que forem mais favoráveis em cada instituto. Assim, por exemplo, aplicam-se as cláusulas mais favoráveis do instituto da jornada, salariais etc.

De nossa parte, a teoria do conglobamento por institutos é a que melhor atende os anseios do trabalhador e dá efetividade ao princípio da proteção tutelar.

Na redação anterior do art. 620 da CLT[75], havia entendimentos na doutrina e jurisprudência de que este dispositivo não fora recepcionado pela Constituição Federal de 1988, uma vez que houve o reconhecimento expresso no art. 7º, XXVI, do acordo coletivo como fonte normativa do Direito do Trabalho. Além disso, o acordo coletivo por atender às peculiaridades locais, e, pelo princípio da especialidade, prevalece sobre a regra geral da convenção coletiva.

Pensávamos que o art. 620 da CLT fora recepcionado pela Constituição Federal, pois atende ao princípio da melhoria da condição social do trabalhador previsto no art. 7º, *caput*, da CF. Além disso, não havia sido revogado expressamente, não é incompatível com a Constituição Federal e nem esta regulamentou integralmente a matéria (art. 2º da LINDB). Não obstante, no conflito entre o acordo e a convenção coletiva, atento às circunstâncias do caso concreto, o Juiz poderia aplicar o critério da especialidade e aplicar o acordo em vez da convenção coletiva de trabalho.

Doravante, diante da redação expressa do art. 620 da CLT pela Lei 13.467, o Acordo Coletivo sempre prevalecerá sobre a Convenção Coletiva de Trabalho. O legislador teve a intenção de prestigiar a negociação no âmbito da empresa, atendendo às necessidades locais, em detrimento das cláusulas fixadas em Convenção Coletiva que são mais genéricas e abrangentes.

75. Redação anterior do Art. 620, da CLT: "As condições estabelecidas em Convenção quando mais favoráveis, prevalecerão sôbre as estipuladas em Acôrdo. (Redação dada pelo Decreto-lei nº 229, de 28.2.1967)".

Houve, aqui, sem dúvida, uma "quebra" no princípio protetor, exteriorizado pela norma mais favorável, pois o Acordo Coletivo prevalecerá sobre a Convenção, ainda que não seja a norma mais favorável.

De nossa parte, a interpretação da nova redação dada ao art. 620 da CLT não pode ser isolada, e sim em conjunto com os princípios constitucionais e os clássicos do Direito do Trabalho, devendo prevalecer, no caso concreto, a norma que observe o princípio da melhoria da condição social do trabalho e que atenda aos interesses locais de determinada ou determinadas empresas.

No mesmo sentido advertem Maurício Godinho Delgado e Gabriela Neves Delgado[76]:

> "A alteração legislativa incorporada ao art. 620 da Consolidação vislumbra, na negociação coletiva de trabalho, um instrumento adicional de regressão no patamar civilizatório mínimo assegurado pelo Direito Individual do Trabalho na ordem jurídica do País. Ao invés de ser um instrumento de harmonização, agregação e, em certas situações, de adequação em face do patamar civilizatório mínimo fixado no Direito Individual do Trabalho, a negociação coletiva passaria a se firmar como instrumento de refluxo e de redução do patamar civilizatório mínimo trabalhista garantido pela ordem jurídica especializada da República brasileira. Evidentemente que adequações pontuais feitas pelo ACT em contraponto à CCT poderiam ser consideradas válidas, respeitados os critérios do princípio da adequação setorial negociada. Dessa maneira, a interpretação lógico-racional, sistemática e teleológica do preceito normativo enfocado tem de atenuar o risco precarizante contido na expressão linguística 'sempre' inserida no novo texto do art. 620, da CLT."

Há que ser destacado que, quando houver hipótese de flexibilização de direitos trabalhistas compatível com a Constituição Federal, não haverá incidência da norma mais benéfica.

21.8. Anulação de acordos e convenções coletivas e ação anulatória

Há alguns anos existem muitas discussões sobre as ações anulatórias de normas coletivas na Justiça do Trabalho. Hoje, com a novel competência da Justiça do Trabalho, dada pela EC n. 45/2004, a discussão vem à tona em

76. A reforma trabalhista no Brasil. 2. ed. São Paulo: LTr, 2018, p. 307.

razão da redação do inciso III do art. 114 da CF, que atribuiu competência à Justiça do Trabalho para as controvérsias entre sindicatos e trabalhadores e entre sindicatos e empregadores, o que para nós também abrange a competência para as ações individuais (propostas por empregados e empregadores) e coletivas (propostas por Sindicatos, Associações de caráter não sindical e Ministério Público do Trabalho) para as ações de nulidade de normas coletivas ou de algumas cláusulas.

Atualmente, a ação anulatória de normas convencionais tem grande importância em razão da nova redação do § 2º do art. 114 da CF que dificultou o acesso ao Poder Normativo da Justiça do Trabalho, e fomentou a negociação coletiva, a qual se exterioriza por meio dos acordos e convenções coletivas, porquanto os dissídios coletivos de natureza econômica só podem ser apreciados pelo Judiciário se houver comum acordo dos sindicatos envolvidos no conflito.

Há grande dissenso na doutrina e na jurisprudência sobre a legitimidade para propositura da referida ação diante da redação do art. 8º, III, da CF, e art. 83, IV, da LC n. 75/93. Também há grandes discussões sobre a competência, tanto a material como a funcional, e efeitos da decisão.

Na seara coletiva, conforme sustenta com propriedade *Raimundo Simão de Melo*[77]: "A ação coletiva de nulidade de ato normativo visa a afastá-lo do mundo jurídico para todos os efeitos, daí ser a sua natureza declaratória-constitutiva. Declaratória (negativa), quando se declara a validade do instrumento e se reconhece a improcedência da ação; constitutiva negativa, quando se declaram os vícios alegados com relação ao referido instrumento e se julga procedente a ação".

No âmbito do Direito Coletivo do Trabalho, há previsão legal atribuindo legitimidade ao Ministério Público para propor ações anulatórias de acordos ou convenções coletivas. Com efeito, o art. 83, IV, da LC 75/93 diz competir ao Ministério Público do Trabalho propor ações cabíveis para declaração de nulidade de cláusula de contrato, acordo coletivo ou convenção coletiva que viole as liberdades individuais ou coletivas ou os direitos individuais indisponíveis dos trabalhadores.

Raimundo Simão de Melo[78] exemplifica as hipóteses em que as convenções e acordos coletivos, no aspecto formal, podem ser anulados: "a)

77. MELO, Raimundo Simão de. *Dissídio coletivo de trabalho*. São Paulo: LTr, 2002. p. 169.
78. *Ibidem*, p. 169-170.

norma escrita (essencial à validade da convenção ou acordo coletivo como substância do ato negocial); b) publicidade (decorre da natureza coletiva do instrumento), que se consubstancia pelo registro efetuado perante um dos órgãos do Ministério do Trabalho e Emprego. Este deve ocorrer no prazo de oito dias da assinatura do instrumento; c) publicação nos sindicatos (trata-se de divulgação nas sedes dos sindicatos e das empresas da categoria econômica respectiva, no prazo de cinco dias da data do registro no Ministério do Trabalho e Emprego, a fim de que empregados e empregadores tomem conhecimento de seu conteúdo); d) aprovação pela assembleia geral dos interessados (neste caso, trata-se de uma assembleia que tem como objetivo aprovar o resultado da negociação entabulada, uma vez que os sindicatos agem apenas como representantes e precisam, por isso, do respaldo dos representados); e) *quorum* (este diz respeito ao número de participantes necessário à deliberação assemblear). Há divergência sobre se este *quorum* é o legal, do art. 612 da CLT, ou o estatutário. Entendemos, como o professor *Octavio Bueno Magano*, que ele deve obedecer às deliberações das assembleias sindicais que tornaram a questão *interna corporis* após a Constituição de 1988; f) prazo máximo de vigência de dois anos (embora a lei estabeleça o prazo máximo de dois anos para duração das cláusulas convencionais, nenhuma nulidade acarreta a criação de uma cláusula com prazo superior a dois anos, porque tal decorre da autonomia privada coletiva, podendo, a qualquer momento, ser renegociada pelo mesmo processo)."

Sob outro enfoque, por ter conteúdo normativo no âmbito das categorias profissional e econômica, as hipóteses de nulidade dos instrumentos normativos coletivos são mais amplas do que as hipóteses dos atos jurídicos em geral.

As normas coletivas podem ser objeto de anulação, além das hipóteses formais acima mencionadas por *Raimundo Simão de Melo* quando violar direitos indisponíveis do trabalhador e também quando violar os princípios tutelares do Direito do Trabalho[79], as garantias mínimas trabalhistas, os princípios constitucionais de dignidade da pessoa humana do trabalhador e valores sociais do trabalho e livre-iniciativa, e também quando exorbitar

---

79. Conforme ensina Celso Antônio Bandeira de Mello: "Violar um princípio é muito mais grave do que transgredir uma norma. A desatenção ao princípio implica ofensa não apenas a um específico mandamento obrigatório mas a todo sistema de comandos. É mais grave forma de ilegalidade ou de inconstitucionalidade, conforme o escalão do princípio atingido, porque representa insurgência contra todo o sistema, subversão de seus valores fundamentais, contumélia irremissível a seu arcabouço lógico e corrosão de sua estrutura mestra" (*Elementos de direito administrativo*. São Paulo: RT, 1980. p. 58).

as hipóteses de flexibilização previstas nos incisos VI, XIII, e XIV do art. 7º da CF. Exemplificativamente, a norma coletiva pode ser anulada nas seguintes hipóteses: a) fixação de salário normativo inferior ao mínimo; b) fixação de contribuições sindicais (assistencial ou confederativa a todos os membros da categoria e não somente aos sindicalizados – PN n. 114, do C. TST e Súmula Vinculante 40 do STF); c) cláusulas que violem direitos atinentes à medicina e segurança do trabalho, como redução do intervalo intrajornada, fora dos parâmetros legais, ou fixação de garantia de emprego ao acidentado inferior a 12 meses (art. 118 da Lei 8.213/91) etc.

Sob outro enfoque, a norma coletiva também pode, quando há autorização constitucional, reduzir direitos trabalhistas, mas somente nas hipóteses dos incisos VI, XIII e XIV do art. 7º da CF. Entretanto, a redução de direitos trabalhistas, mesmo nas hipóteses de flexibilização autorizadas constitucionalmente, somente é possível mediante efetiva negociação, a qual envolve concessões recíprocas e não simples supressão de direitos, ou seja, toda supressão de direitos deve ter em contrapartida uma vantagem para a classe trabalhadora.

Nesse sentido, vale consignar a seguinte ementa:

> "RECURSO ORDINÁRIO EM AÇÃO ANULATÓRIA. A Carta Política do país reconhece os instrumentos jurídicos clássicos da negociação coletiva – convenções e acordos coletivos de trabalho (art. 7º, inciso XXVI, CF/88). Entretanto, existem limites jurídicos objetivos à criatividade normativa da negociação coletiva trabalhista. As possibilidades e limites jurídicos para a negociação coletiva são orientados pelo princípio da adequação setorial negociada. Ou seja, os critérios da harmonização entre as normas jurídicas oriundas da negociação coletiva (através da consumação do princípio de sua criatividade jurídica) e as normas jurídicas provenientes da legislação heterônoma estatal. A adequação setorial negociada não prevalece se concretizada mediante ato estrito de renúncia (e não de transação). Também não prevalece a adequação setorial negociada se concernente a direitos revestidos de indisponibilidade absoluta, os quais não podem ser transacionados nem mesmo por negociação sindical coletiva. Nesse sentido, norma coletiva que prevê o labor em horas suplementares excedentes às duas permitidas em lei obviamente traduz-se em prejuízo para a saúde do trabalhador, pelo que deve ser invalidada. Recurso ordinário parcialmente provido" (TST – ROAA/659/2007-909-09-00.2 – TRT 9ª R. – SDC – rel. Min. Mauricio Godinho Delgado – *DEJT* 20.8.2009 – p. 49).

Dispõe o § 3º do art. 8º da CLT, com a redação dada pela Lei 13.467/17: "No exame de convenção coletiva ou acordo coletivo de trabalho, a Justiça do Trabalho analisará exclusivamente a conformidade dos elementos essenciais do negócio jurídico, respeitado o disposto no art. 104 da Lei 10.406, de 10 de janeiro de 2002 (Código Civil), e balizará sua atuação pelo princípio da intervenção mínima na autonomia da vontade coletiva".

O § 3º do art. 8º da CLT limita a atuação do Judiciário no exame dos acordos e negociação coletiva aos requisitos de validade do negócio jurídico (art. 104 do CC), quais sejam: capacidade, licitude do objeto e forma prevista ou não defesa em lei. De nossa parte, trata-se de regra manifestamente inconstitucional, pelos seguintes motivos:

a) restringe o acesso à justiça (art. 5º, XXXV, da CF);
b) viola os incisos VI, XIII e XIV da CF que, além dos requisitos formais do negócio jurídico, exigem que para a flexibilização de direitos exista efetiva negociação coletiva e observância dos direitos mínimos trabalhistas, previstos no ordenamento jurídico trabalhista, principalmente os constitucionais (7º, *caput*, da CF);
c) restringe a incidência das normas constitucionais e legais de proteção ao trabalho humano.

Sendo assim, mesmo nas hipóteses autorizadas de flexibilização, a norma coletiva pode ser anulada se não houve uma efetiva negociação, com concessões recíprocas, mas simples supressão de direito.

Podem propor a ação anulatória de cláusulas convencionais, a nosso ver, as partes que firmaram o instrumento normativo coletivo, os empregados e empregadores individualmente e o Ministério Público.

Sustentam alguns que somente o Ministério Público pode intentar tal ação, pois os Sindicatos não têm interesse processual, já que firmaram a negociação. Além disso, argumentam que somente há previsão legal para o MP do Trabalho intentar tal ação (art. 83, IV, da LC 75/93).

No nosso sentir, a legitimidade do Ministério Público do Trabalho se justifica na hipótese de interesse público, defesa da ordem jurídica e interesses sociais individuais indisponíveis (art. 127 da CF e art. 83 da LC 75/93), vale dizer: quando se tratar de interesse público.

A legitimação do Ministério Público para propor ação anulatória não é exclusiva e sim concorrente, pois todas as pessoas que sofrem os efeitos da norma coletiva têm legitimidade para postular sua anulação.

De outro lado, também entendemos que os empregados e empregadores, individualmente, podem ingressar com ações anulatórias de norma coletiva, já que sofrem os efeitos do referido instrumento. Se preferirem, o que é mais usual, podem ingressar com reclamação trabalhista, pretendendo *incidenter tantum* a anulação de determinada cláusula coletiva. Nessa hipótese, a ação é individual, e não coletiva. Também os efeitos da sentença são *inter partes*. Se o pedido de nulidade for incidente, sequer haverá coisa julgada a respeito, salvo se houver pedido específico da parte nesse sentido.

No polo passivo da ação anulatória, devem figurar, obrigatoriamente, as partes que firmaram o instrumento normativo coletivo (sindicato dos empregados e empregadores em caso de convenção coletiva ou sindicato dos empregados e empresa na hipótese de acordo coletivo). Trata-se de litisconsórcio necessário, cuja eficácia da decisão depende da participação das partes que firmaram o instrumento coletivo, nos termos do art. 114 do CPC.

Dispõe o § 5º do art. 611-A da CLT, com a redação dada pela Lei 13.467/17:

> "A convenção coletiva e o acordo coletivo de trabalho têm prevalência sobre a lei quando, entre outros, dispuserem sobre: (...) § 5º Os sindicatos subscritores de convenção coletiva ou de acordo coletivo de trabalho deverão participar, como litisconsortes necessários, em ação individual ou coletiva, que tenha como objeto a anulação de cláusulas desses instrumentos."

O referido dispositivo estabelece, corretamente, a necessidade de as entidades sindicais que firmaram o instrumento normativo coletivo participarem, como litisconsortes necessárias, em caso de ação anulatória coletiva, com efeitos "*erga omnes*". No entanto, exigir a participação dos Sindicatos subscritores da norma coletiva em ações individuais, em que se postula a nulidade de cláusulas, com efeitos meramente "*inter partes*" dificulta o acesso à justiça, causa tumulto no processo e vai atrasar em demasia a demanda. Além disso, não há resultados práticos, pois toda cláusula convencional pode ser interpretada judicialmente, assim como o controle difuso da constitucionalidade pode ser realizado por qualquer magistrado em qualquer demanda. Portanto, há necessidade de interpretação corretiva em compasso com os fins do processo do trabalho e os princípios constitucionais do processo. Se em uma reclamação trabalhista se postula a nulidade de uma cláusula convencional com efeitos somente para aquela demanda individual, não há necessidade de os Sindicatos que firmaram a norma coletiva participarem da ação.

Como bem adverte *Rafael Edson Pugliese Ribeiro*[80], "é preciso, no entanto, distinguir entre anulação e ineficácia da norma coletiva. Nas ações individuais, os vícios das normas coletivas sempre foram tratados sob a ótica da ineficácia ou da nulidade de pleno direito, e sempre sob declaração incidental, com efeito estrito entre as partes daquela relação processual (...). Uma norma coletiva que fixe, por exemplo, disposição inconstitucional, poderá continuar a ser questionada nas ações individuais, em que a inconstitucionalidade haverá de ser apreciada no controle incidental da constitucionalidade, e poderá ser declarada inconstitucional e, como tal, tida por ineficaz para reger aquela relação contratual tratada na ação individual".

No mesmo sentido, defendem *Antonio Umberto de Souza Júnior, Fabiano Coelho de Souza, Ney Maranhão* e *Platon Teixeira de Azevedo Neto*[81]:

> "No entanto, não faz o menor sentido trazer, em reclamação individual, os sindicatos subscritores da norma coletiva como litisconsortes necessários. É que neste caso, a lide seria entre empregado e empregador, com declaração de nulidade da cláusula apenas de maneira tópica e incidental, em relação do trabalhador e empregador, integrantes da relação jurídico-processual. Na ótica do art. 115 do CPC, não chamar os sindicatos subscritores não implicaria nulidade da sentença, tendo em vista que a coisa julgada não alcançaria tais entidades, e nem teria o efeito de retirar a eficácia da cláusula no âmbito dos convenentes."

Nos termos da IN 41/2018 do TST, a obrigação de formar o litisconsórcio necessário a que se refere o art. 611-A, § 5º, da CLT dar-se-á nos processos iniciados a partir de 11 de novembro de 2017 (Lei 13.467/2017).

É discutida a legitimidade da Associação sem caráter sindical para propor ação anulatória de cláusulas convencionais, pois ela não tem legitimidade para pactuar acordo ou convenções coletivas (arts. 8º, VI, da CF, e 513, letra *b*, da CLT). Também não participou da negociação coletiva, tampouco firmou o instrumento coletivo (convenção ou acordo coletivo). Sob outro enfoque, a associação não sofrerá diretamente os efeitos da norma coletiva,

---

80. *Reforma trabalhista comentada*. Curitiba: Juruá, 2018, p. 209.
81. *Reforma trabalhista:* análise comparativa e crítica a Lei n. 13.467/17. São Paulo: Rideel, 2017, p. 301.

pois apenas representa a vontade de seus associados, estes sim destinatários dos efeitos da norma coletiva.

Também pode-se questionar que, diante do dispositivo do art. 8º, III, da CF, somente ao Sindicato, que também tem natureza jurídica de associação, cabe a defesa dos membros de categoria, o que fica robustecido em razão do princípio da unicidade sindical (art. 8º, II, da CF).

Não obstante o princípio da unicidade sindical consubstanciado no art. 8º, II, da CF, e também a disposição do art. 8º, III, da CF, a associação tem legitimidade para defesa de seus associados, nos termos do art. 5º, XXI, da CF, e art. 92 da Lei 8.078/90. Aqui, não se está defendendo interesses da categoria e sim interesses dos associados, que, muitas vezes, podem ter interesses divergentes do Sindicato que os representa no âmbito da categoria profissional ou econômica. Além disso, muitos dos filiados à Associação podem não ser filiados ao Sindicato, ou nem sequer conhecer a existência deste último. Ora, se empregado e empregador podem individualmente propor ação anulatória da norma coletiva, por que a Associação não pode ingressar com uma ação coletiva representando seus associados?

A nosso ver, a Associação não está defendendo direito coletivo, pois, diante do imperativo do art. 8º, III, da CF, a defesa desse interesse cabe ao Sindicato. Entretanto, perfeitamente possível se mostra a defesa de direitos individuais homogêneos dos filiados à Associação, pois o próprio art. 8º, *caput*, da CF reconhece não só o direito à associação sindical, mas também à profissional. Ao invés de cada empregado ou empregador prejudicado pela norma coletiva ingressar individualmente, a Associação ingressará com uma única ação coletiva, defendendo os interesses individuais homogêneos de seus associados e os efeitos dessa ação somente abrangerão os referidos associados, uma vez que, em se tratando de direitos individuais homogêneos, os titulares do direito discutido são determinados. De outro lado, as Associações, na maioria das vezes, detêm maior representatividade e refletem melhor a vontade de seus filiados do que o Sindicato da categoria, vez que defendem apenas os interesses de seus associados e não de toda a categoria profissional ou econômica.

Sustentar a ilegitimidade da associação para defesa em juízo dos direitos de seus filiados viola os princípios do devido processo legal e acesso à Justiça (art. 5º, XXXV, da CF). Além disso, viola um direito fundamental que é o da liberdade de associação e reconhecimento às entidades associativas o direito de representar seus filiados judicial ou extrajudicialmente (art. 5º, XX e XXI, da CF).

De nossa parte, a Associação sem caráter sindical pode defender direitos individuais homogêneos dos seus associados, podendo ingressar com ações anulatórias de normas convencionais coletivas. Entretanto, por não ser a representante da categoria, os efeitos da decisão somente abrangerão os associados (art. 103, III, do CDC).

Diante do exposto, têm legitimidade para propor ação anulatória de normas convencionais: a) o Ministério Público do Trabalho; b) as partes que firmaram a norma coletiva: Sindicato dos Empregados e Empregadores; c) os empregados e empregadores individualmente; d) as associações sem caráter sindical na defesa de direitos individuais homogêneos dos seus filiados.

Há duas vertentes preponderantes de entendimentos quanto à competência hierárquica ou funcional para as ações anulatórias de normas convencionais. Para uma primeira vertente, o litígio tem natureza coletiva, já que a norma coletiva tem natureza normativa e vincula a categoria. Outros sustentam que, diante da falta de previsão legal excepcionando a competência do segundo grau de jurisdição, a competência é do primeiro grau.

A competência funcional para as ações anulatórias de cláusulas convencionais, segundo entendimento dominante antes da EC 45/04, dependia da abrangência da decisão. Se a ação for proposta por empregados e empregadores individualmente, a competência, inegavelmente, será do primeiro grau, ou seja, da Vara do Trabalho, já que o efeito da anulação da cláusula coletiva só terá eficácia nos limites da lide. Também se a ação for proposta pela Associação sem caráter sindical, a competência, a nosso ver, também será do primeiro grau de jurisdição, pois a eficácia da decisão não abrange toda a categoria e sim titulares determinados, quais sejam, os associados, já que o objeto da ação é a defesa de direitos individuais homogêneos, restando aplicável a regra de competência do art. 93 da Lei 8.078/90. Além disso, tanto nas ações individuais como na promovida pela Associação, a norma coletiva não é retirada do ordenamento jurídico, já que continua a valer para os empregados e empregadores que não fizeram parte do processo. Caso a ação anulatória fosse proposta pelo Ministério Público do Trabalho ou pelos Sindicatos pactuantes da norma coletiva, a competência seria do segundo grau de jurisdição, pois os efeitos desta decisão vinculariam toda a categoria, à semelhança do dissídio coletivo de natureza jurídica.

A nosso ver, se a ação anulatória for promovida pelo Ministério Público do Trabalho ou pelos Sindicatos ela não adquirirá contornos de dissídio coletivo de natureza jurídica, já que o pedido não se trata de criação de nova norma jurídica ou delimitar a aplicabilidade de determinada cláusula no âmbito das categorias. Além disso, somente o Judiciário vai declarar que determinada cláusula normativa não observou a legalidade ou está fora do limite de disposição pelos Sindicatos. Como a lei não fixa o critério de competência funcional, aplica-se a regra geral que é o primeiro grau de jurisdição. Além disso, a nova redação do art. 114, III, da CF, ao tratar da competência da Justiça do Trabalho para as ações de representação sindical, não deixa dúvidas quanto à competência do primeiro grau de jurisdição para as ações anulatórias de normas convencionais.

Ora, se cabe ao primeiro grau de jurisdição decidir sobre questões de representação sindical e também controvérsias entre sindicatos entre si e entre empregados e empregadores e sindicato, parece-nos fora de dúvida que todas as ações anulatórias de normas convencionais devem ser julgadas pelo primeiro grau de jurisdição da Justiça do Trabalho.

Não obstante, a maior parte dos Regimentos Internos de Tribunais Regionais e do próprio TST estabelece a competência do 2º grau de jurisdição para apreciar ação anulatória de normas coletivas.

22. COMPETÊNCIA DA JUSTIÇA DO TRABALHO PARA AS CONTROVÉRSIAS DECORRENTES DE MATÉRIA SINDICAL

No sistema anterior da Constituição de 1988, a Justiça do Trabalho somente apreciava as questões envolvendo os Sindicatos na defesa de direitos dos trabalhadores (representação ou substituição processual), nos termos do art. 8º, III, da CF. Não tinha a Justiça do Trabalho competência para apreciar questões sindicais envolvendo direito próprio dos Sindicatos, nem questões *interna corporis* envolvendo matéria sindical como questões sobre o registro sindical, eleições sindicais, remuneração de dirigente sindical etc.

Posteriormente, veio a Lei 8.984/95, cujo art. 1º dispõe:

> "Compete à Justiça do Trabalho conciliar e julgar os dissídios que tenham origem no cumprimento de convenções coletivas de trabalho ou acordos coletivos de trabalho, mesmo quando ocorram entre sindicatos ou entre sindicatos de trabalhadores e empregador".

Atualmente, o art. 114, III, da Constituição Federal, com a redação dada pela EC 45/04, tem a seguinte redação:

Compete à Justiça do Trabalho processar e julgar (...) III. "As ações sobre representação sindical, entre sindicatos, entre sindicatos e trabalhadores e entre sindicatos e empregadores".

Diante da redação do referido dispositivo constitucional, não restam mais dúvidas de que toda a matéria envolvendo o direito sindical, aí incluídas as discussões sobre acordos e convenções coletivas de trabalho, são da competência material da Justiça do Trabalho.

A Justiça do Trabalho detém competência para apreciar tanto as demandas individuais que envolvam aplicação e interpretação das normas fixadas em Acordos e Convenções coletivas em demandas envolvendo empregados e empregadores singularmente considerados assim como demandas coletivas, a exemplo das ações anulatórias de uma ou mais cláusulas da norma coletiva.

Os Tribunais Trabalhistas, inclusive o TST, têm fixado entendimento de que as ações anulatórias de normas coletivas são de competência funcional dos TRTs por terem natureza jurídica de dissídio coletivo de natureza jurídica.

Competência material da Justiça do Trabalho para apreciação de lides envolvendo matéria sindical.

O Direito Sindical, indiscutivelmente, integra o Direito do Trabalho. Por isso, toda a matéria que envolve os Sindicatos, bem como todas as ações em que se discutam questões sindicais, deve ser apreciada pelo Judiciário Trabalhista. Isso se deve inclusive por razões históricas, uma vez que o reconhecimento do direito de união e das associações de trabalhadores foram fatos que impulsionaram o próprio surgimento do Direito do Trabalho.

De nossa parte, o Direito Sindical faz parte do Direito Coletivo do Trabalho, que abrange, além das questões sindicais, as referentes à solução dos conflitos coletivos do trabalho, greves e o Poder Normativo da Justiça do Trabalho.

Pela antiga redação do art. 114 da CF, a Justiça do Trabalho não detinha competência para dirimir conflitos entre sindicatos, pois a CF falava em dissídios envolvendo empregados e empregadores. Antes da EC 45/04, a Justiça do Trabalho pronunciava-se sobre tais questões *incidenter tantum* em dissídios coletivos, por exemplo, oposição em dissídio coletivo de natureza econômica em que um sindicato opoente postulava a representação de uma das categorias envolvidas no dissídio coletivo.

No sistema da Constituição de 1988, a Justiça do Trabalho somente apreciava as questões envolvendo os Sindicatos na defesa de direitos dos trabalhadores (representação ou substituição processual) nos termos do art. 8º, III, da CF. Não tinha a Justiça do Trabalho competência para apreciar questões sindicais envolvendo direito próprio dos Sindicatos, nem questões *interna corporis* abrangendo matéria sindical, como as de registro sindical, eleições sindicais, remuneração de dirigente sindical etc.

Posteriormente, veio a Lei 8.984/95, cujo art. 1º dispõe:

> "Compete à Justiça do Trabalho conciliar e julgar os dissídios que tenham origem no cumprimento de convenções coletivas de trabalho ou acordos coletivos de trabalho, mesmo quando ocorram entre sindicatos ou entre sindicatos de trabalhadores e empregador."

Com suporte no citado dispositivo, o STJ havia firmado jurisprudência no sentido de que não competiam à Justiça do Trabalho as controvérsias sobre a contribuição sindical previstas em lei. Nesse sentido, a Súmula 222 do STJ:

> "Compete à Justiça Comum processar e julgar as ações relativas à Contribuição Sindical prevista no art. 578 da CLT."

Na mesma direção, fora a jurisprudência do C. Tribunal Superior do Trabalho, conforme a OJ 290 da SDI-I do C. TST: "Contribuição Sindical Patronal. Ação de Cumprimento. Incompetência da Justiça do Trabalho. É incompetente a Justiça do Trabalho para apreciar a lide entre sindicato patronal e a respectiva categoria econômica, objetivando cobrar a respectiva contribuição assistencial".

Atualmente, o art. 114, III, da CF, com a redação dada pela EC 45/04, tem a seguinte redação: "as ações sobre representação sindical, entre sindicatos, entre sindicatos e trabalhadores, e entre sindicatos e empregadores".

Como destaca *Wagner D. Giglio*[82]: "O sindicato sempre teve larga atuação na Justiça do Trabalho como defensor dos interesses da categoria representada. A ampliação da competência ditada pela Emenda Constitucional n. 45/2004 visou a outorgá-la para os processos em que o sindicato atue em interesse próprio, em conflitos contra outras entidades sindicais sobre filiação ou a representação da classe (já antevendo essa questão, comum no regime de pluralidade sindical), ou sobre a maior representatividade para fins de negociação com a empresa ou ramo econômico."

O termo *Sindicato* deve ser interpretado de forma ampla para abranger todas as entidades de natureza sindical. No nosso sistema sindical confederativo, são entidades sindicais de qualquer grau: sindicato, federação, confederação e até centrais sindicais, desde que as ações versem sobre alguma das

---

82. GIGLIO, Wagner D. *Direito processual do trabalho*. 15. ed. São Paulo: Saraiva, 2005. p. 50.

matérias do art. 114 da CF e também sobre a representação sindical. Também a nosso ver, estão inseridas no conceito de representação sindical as ações que envolvam comitês de empresa ou representação no local de trabalho (art. 11 da CF), ou de grupo de trabalhadores que participarão da gestão da empresa (art. 7º, XI, da CF).

Atualmente, há duas vertentes preponderantes de interpretação do inciso III do art. 114 da CF: uma restritiva, no sentido de que somente há competência da Justiça do Trabalho para as ações que versem sobre representação sindical (disputa entre sindicatos pela representação da categoria e fixação de base territorial), não abrangendo as controvérsias entre sindicatos e terceiros e também entre empregados e empregadores envolvendo o exercício da representação sindical.

Outra corrente ampliativa é no sentido de que a competência da Justiça do Trabalho não está restrita às ações sobre representação sindical, mas sim às ações que envolvem matéria sindical, entre sindicatos e empregados e sindicatos e empregadores, pois o referido inciso III do art. 114 da CF não restringe a competência para as ações sobre representação sindical, uma vez que há uma vírgula após o termo *ações sobre representação sindical.*

De nossa parte, o inciso III do art. 114 da CF abrange todas as ações que envolvem matéria sindical no âmbito trabalhista, uma vez que se trata de ações envolvendo matéria trabalhista. Tanto isso é verdade que a organização sindical vem disciplinada nos arts. 8º e seguintes da Constituição Federal e 511 e seguintes da CLT. De outro lado, o inciso III do art. 114 da CF não pode ser interpretado isoladamente, mas sim em cotejo com os incisos I e IX do próprio art. 114. Sendo assim, como a matéria sindical está umbilicalmente ligada à relação de emprego e também à relação de trabalho, a melhor leitura do referido inciso III do art. 114 da CF, visando à maior eficiência deste dispositivo Constitucional, sinaliza no sentido de que a competência da Justiça do Trabalho abrange todas as questões envolvendo matéria sindical, sejam entre sindicatos entre si, sindicatos e empregados, sindicatos e empregadores, e também as controvérsias envolvendo terceiros, como o Ministério do Trabalho, nas questões de registro sindical.

Podemos classificar os dissídios relacionados aos Sindicatos em: a) coletivos: que envolvem os dissídios coletivos. Nessa hipótese, a competência da Justiça do Trabalho é disciplinada no art. 114, § 2º; b) intersindicais não coletivos: que envolvem os conflitos entre sindicatos; c) intrassindicais, que envolvem as questões *interna corporis* do sindicato; e d) dissídios sobre contribuições sindicais.

a) lides intersindicais não coletivas: os conflitos intersindicais não coletivos envolvem dissídios entre dois ou mais sindicatos sobre representação de determinada categoria. Não se trata aqui de defesa de direitos da categoria, e sim do sindicato defendendo direito próprio. Conforme *João Oreste Dalazen*[83], são exemplos emblemáticos dessa categoria: a) os de representatividade; b) os declaratórios de vínculo jurídico-sindical entre sindicato e federação; c) os cautelares, como o que objetiva sustar os efeitos de convenção coletiva de trabalho.

Também, a nosso ver, aqui são cabíveis os litígios referentes à fusão e ao desmembramento de categorias.

Nesta espécie de conflitos, são cabíveis ações constitutivas ou declaratórias de representação da categoria.

b) lides intrassindicais: com relação aos conflitos intrassindicais, estes envolvem todas as questões do Sindicato considerado em si mesmo e não em conflito com outro sindicato.

Nesta modalidade, estão abrangidos os conflitos envolvendo o próprio sindicato e seus associados, como entre sindicato e terceiros, por exemplo, o sindicato em face do Cartório de Registro de Pessoas Jurídicas e o Ministério do Trabalho, referente a questões sobre o registro sindical.

No nosso sentir, os conflitos intrassindicais abrangem: a) legalidade de criação. Inclusive ações que versem sobre o registro sindical e também os atos constitutivos em cartório; b) convocação de Assembleia; c) eleições sindicais[84] e também sobre os cargos de direção (art. 522 da CLT e Súmula 197 do STF), registro da candidatura etc. Por isso, parece-nos que a Súmula

83. *Op. cit.*, p. 58.

84. Nesse sentido, destacamos a seguinte ementa: "Conflito de competência – Federação das Indústrias do Estado do Maranhão – FIEMA – Processo eleitoral sindical – Representação sindical – Art. 114, inciso III, da CF – Alteração introduzida pela EC n. 45/2004 – Aplicação imediata – Competência da Justiça do Trabalho – As novas disposições do art. 114, inciso III, da Constituição Federal, introduzidas com a promulgação da Emenda Constitucional n. 45/04, têm aplicação imediata e atingem os processos em curso. Diante do alcance do texto constitucional *sub examine* as ações relacionadas com processo eleitoral sindical, conquanto sua solução envolva questões de direito civil, inserem-se no âmbito da competência da Justiça do Trabalho, uma vez que se trata de matéria subjacente à representação sindical". Conflito conhecido para declarar a competência do Juízo da 2ª Vara do Trabalho de São Luís (MA) – STJ CC 48.372 – MA (2005/0040784-8) – Ac. 1º S. – 22.6.05 – rel. Min. João Otávio de Noronha. *In: Revista LTr* 69-10/1255).

4 do STJ[85] não foi recepcionada pela EC 45/04; d) ação do dirigente sindical para pagamento de seus créditos e honorários junto à entidade sindical.

c) conflitos sobre contribuições sindicais: quanto aos conflitos referentes a contribuições sindicais, a competência da Justiça do Trabalho abrange todas as espécies de contribuições, tanto as previstas em lei - contribuição do art. 578 da CLT - como as de caráter contratual: contribuição confederativa, contribuição assistencial, mensalidades sindicais e também eventuais taxas por participação dos sindicatos nas negociações coletivas, entre outras.

As ações de consignação em pagamento de contribuições sindicais promovidas por empregados ou empregadores, quando há dúvida sobre a exigibilidade da contribuição sindical ou de qual o sindicato seja o credor, também passaram para a competência da Justiça do Trabalho.

Destaca-se, no aspecto, a seguinte ementa:

> "Direito sindical - Ação de cobrança - Contribuição sindical - Confederação Nacional da Agricultura e Pecuária - CNA - EC n. 45/04 - Art. 114, III, da CF/88 - Competência da Justiça do Trabalho. Após a Emenda Constitucional n. 45/04, a Justiça do Trabalho passou a deter competência para processar e julgar não só as ações sobre representação sindical (externa - relativa à legitimidade sindical e interna - relacionada à escolha dos dirigentes sindicais), como também aos feitos intersindicais e os processos que envolvam sindicatos e empregadores ou sindicatos e trabalhadores. As ações de cobrança de contribuição sindical propostas pelo sindicato, federação ou confederação respectiva contra o empregador, após a Emenda, devem ser processadas e julgadas pela Justiça Laboral. Precedentes da Primeira Seção. A regra de competência prevista no art. 114, III, da CF/88 produz efeitos imediatos, a partir da publicação da EC n. 45/04, atingindo os processos em decurso, ressalvado o que já fora decidido sob a regra de competência anterior. Diante da incompetência deste Superior de Justiça para processar e julgar o recurso após a publicação da EC n. 45/04, devem ser remetidos os autos ao TST. Agravo de Instrumento prejudicado[86]."

85. Súmula n. 4 do STJ: "Compete à Justiça Estadual julgar causa decorrente do processo eleitoral Sindical".
86. STJ, AI 684.622-PR (2005.0092950-0), Ac., 20.6.2005, rel. Min. Castro Meira. *In: Revista LTr* 69-08/993.

23. DO PODER NORMATIVO DA JUSTIÇA DO TRABALHO BRASILEIRA

O chamado *Poder Normativo* da Justiça do Trabalho brasileira pode ser definido como uma competência anômala conferida à Justiça do Trabalho para, uma vez solucionado o conflito de interesse, criar normas que irão regular as relações entre as categorias profissional e econômica. Não se trata apenas de aplicar o direito preexistente, mas de criar, dentro de determinados parâmetros, normas jurídicas. Por isso, se diz que o poder normativo da Justiça do Trabalho atua no vazio da lei, ou seja: quando não há lei dispondo sobre a questão. Em razão disso, a Justiça do Trabalho detém a competência constitucional para criar normas por meio da chamada sentença normativa.

Há argumentos favoráveis e desfavoráveis ao poder normativo da Justiça do Trabalho brasileira.

Dentre os argumentos favoráveis ao poder normativo, podemos apontar:

a) acesso à Justiça do Trabalho;

b) garantia de efetividade dos direitos trabalhistas;

c) garantia de equilíbrio na solução do conflito coletivo, máxime quando uma das categorias é fraca;

d) tradição dos países Latinos em solucionar o conflito por meio do Poder Judiciário;

e) redução da litigiosidade e pacificação social;

g) sindicalização por categoria e unicidade sindical;

h) fragilidade do movimento sindical brasileiro[87];

i) tendência universal do acesso à Justiça para a defesa dos interesses difusos, coletivos e individuais homogêneos[88].

---

87. Como destaca João Oreste Dalazen: "conforme alerta, acertadamente, Antônio Álvares da Silva, 'nenhum país civilizado do mundo ocidental chegou ao estágio atual de sua evolução sem contar com a participação dos sindicatos como meio eficiente de solução dos problemas sociais'. Manifesto que um sindicalismo genuíno e representativo pode atenuar a conflituosidade permanente entre o Capital e o Trabalho, como nos ensina o bem-sucedido exemplo da Espanha. A reforma do modelo sindical, portanto, é a palavra de ordem e deveria constituir uma das prioridades da nação" (Reflexões sobre o poder normativo da Justiça do Trabalho e a emenda constitucional n. 45/04. *In: Revista da Academia Nacional de Direito do Trabalho*, ano XIII, n. 13. São Paulo: LTr, 2006. p.135).

88. Inegavelmente, tem sido uma tendência do direito processual, a chamada "coletivização do processo", principalmente na esfera trabalhista, em que o trabalhador enfrenta grandes dificuldades no acesso à Justiça e também, em razão do vínculo de emprego, há sempre o

Dentre os argumentos desfavoráveis à existência do Poder Normativo, destacamos:

a) interferência indevida do Poder Judiciário na atividade legislativa;

b) morosidade do judiciário trabalhista;

c) falta de efetividade da sentença normativa, pois muitas vezes divorciada da realidade;

d) despreparo técnico dos juízes em conhecer efetivamente o conflito coletivo e a realidade da categoria[89];

e) engessamento da negociação coletiva;

f) acomodação das categorias profissional e econômica.

Não temos dúvidas de que a melhor solução do conflito coletivo se dá por meio da negociação coletiva, máxime quando há equilíbrio entre as categorias profissionais e econômicas[90].

Aliás, bem antes da EC 45, a jurisprudência do TST só vinha admitindo o dissídio coletivo de natureza econômica, quando o sindicato suscitante comprovasse que esgotou a possibilidade da negociação coletiva (Instrução Normativa n. 4/93 do TST – hoje cancelada).

Não obstante, o nosso sistema sindical apresenta alguns entraves para que a negociação coletiva seja efetiva como a unicidade sindical, negociação por categoria, participação obrigatória dos sindicatos na negociação

---

temor de sofrer retaliações, se ingressar com uma ação durante o contrato de trabalho. Além disso, na esfera trabalhista, há uma certa peculiaridade de normatividade nas decisões, ainda que se refiram à interpretação e aplicação do direito. Como as ações declaratórias de representação sindical (art. 114, III, da CF), ações anulatórias de acordos e convenções coletivas de trabalho. Ações civis públicas, impondo obrigações de fazer ou não fazer aos empregadores ou tomadores de serviços. Sendo assim, a restrição do poder normativo da Justiça do Trabalho estaria na contramão da tendência universal do acesso ao judiciário e à coletivização das ações.

89. De outro lado, também não se exige que o juiz conheça a essência dos conflitos, pois o juízo tem que conhecer a realidade do processo, aplicando-se o antigo aforismo: *o que não está nos autos não está no mundo.*

90. Ensina Jorge Luiz Souto Maior: "Quando há poder de fogo para negociar, a negociação ocorre e tem sido largamente utilizada. Quando essa situação não existe é que surge o campo de atuação do poder normativo da Justiça do Trabalho. De qualquer modo, não é o poder normativo que cria a realidade. Essa realidade lhe é subjacente e é fruto do conhecido baixo nível cultural da população brasileira. Não é a extinção do poder normativo que vai alterar essa realidade sociocultural, que se apresenta, no Brasil, um caso crônico. A grande atuação do poder normativo é o reflexo dessa situação e não o inverso" (Poder normativo da Justiça do Trabalho: uma questão política. *Jornal do XI Congresso Brasileiro de Direito Coletivo do Trabalho*, LTr. p. 42).

coletiva, falta de tradição na utilização da arbitragem como meio de solução dos conflitos e um sindicalismo ainda em desenvolvimento, em que falta consciência e informação da classe trabalhadora.

Em que pese os ponderáveis argumentos em sentido contrário, embora possa ser restringido, o poder normativo ainda se faz necessário, como o último subterfúgio de garantia do equilíbrio na solução justa do conflito coletivo.

Vale lembrar que a solução judicial do conflito coletivo pela Justiça do Trabalho é uma faculdade das partes e, embora o instituto tenha origem fascista, ele deve ser interpretado segundo o atual estágio em que vive o direito do trabalho. Cumpre lembrar que a lei, uma vez editada, se desvincula do seu criador para adquirir vida própria.

Diz o art. 114, § 2º, da CF: "Recusando-se qualquer das partes à negociação coletiva ou à arbitragem, é facultado às mesmas, de comum acordo, ajuizar dissídio coletivo de natureza econômica, podendo a Justiça do Trabalho decidir o conflito, respeitadas as disposições mínimas legais de proteção ao trabalho, bem como as convencionadas anteriormente."

De início, constata-se que o Poder Normativo deve respeitar as disposições legais mínimas, ou seja, os direitos consagrados à classe trabalhadora tanto na Constituição Federal como nas leis infraconstitucionais[91].

Também segundo a redação do aludido § 2º, o Poder Normativo não pode contrariar as cláusulas objeto de acordo ou convenções coletivas que estão em vigor quando do ajuizamento do dissídio coletivo.

Nesse sentido, cumpre destacar o Enunciado n. 34 da 1ª Jornada de Direito Material da ANAMATRA, *in verbis*:

> "DISSÍDIO COLETIVO – CLÁUSULAS PREEXISTENTES. O § 2º do art. 114 da CF impõe aos Tribunais do Trabalho que, no julgamento dos dissídios coletivos, respeitem as disposições convencionadas anteriormente. Idêntico entendimento deve ser aplicado às cláusulas preexistentes previstas em sentenças normativas."

O art. 766 da Consolidação das Leis do Trabalho estipula as balizas do poder normativo da Justiça do Trabalho, determinando que sejam utilizadas pelo julgador a razoabilidade e a equidade. Aduz o referido dispositivo:

91. Por isso, tem-se dito que o Poder Normativo atua no chamado *vazio legislativo* ou *branco da lei*.

"Nos dissídios sobre estipulação de salários, serão estabelecidas condições que, assegurando justos salários aos trabalhadores, permitam também justa retribuição às empresas interessadas".

Em decisão da lavra do Ministro *Coqueijo Costa*, encontramos um interessante raciocínio sobre os limites do poder normativo:

> "EMENTA: "Poder Normativo. 1. O poder normativo atribuído à Justiça do Trabalho limita-se, ao norte, pela Constituição Federal; ao sul, pela lei, a qual não pode contrariar; a leste, pela equidade e bom-senso; e a oeste, pela regra consolidada no art. 776, conforme a qual nos dissídios coletivos serão estipuladas condições que assegurem justo salário aos trabalhadores, mas 'permitam também justa retribuição às empresas interessadas'."[92]

Quanto ao limite máximo do poder normativo, ou seja, o seu teto, sempre houve divergências e discussões acaloradas.

O § 2º do art. 114 da Constituição Federal suprimiu a expressão *estabelecer normas e condições* por *decidir o conflito*.

Inegavelmente, decidir o conflito econômico é criar normas e condições de trabalho. Mas qual o teto máximo do poder normativo, ou seja, quais são os limites da atividade criativa do judiciário trabalhista?

O Supremo Tribunal Federal, mesmo antes da EC 45/04, dirimiu a questão, conforme a ementa abaixo transcrita:

> "Dissídio coletivo. Recursos extraordinários providos para excluir as cláusulas 2ª (piso correspondente ao salário mínimo acrescido do percentual) e 24ª (estabilidade temporária), por contrariarem, respectivamente, o inciso IV (parte final) e I do art. 7º da Constituição, este último juntamente com o art. 10 do ADCT, bem como a cláusula 29ª (aviso-prévio de 60 dias), por ser considerada invasiva da reserva legal específica, instituída no art. 7º, XXI, da Constituição. Recursos igualmente providos, quanto à cláusula 14ª (antecipação para junho, da primeira parcela do 13º salário), *por exceder seu conteúdo a competência normativa da Justiça do Trabalho, cujas decisões a despeito de configurarem fonte do direito objetivo, revestem o caráter de regras subsidiárias, somente suscetíveis de operar no vazio legislativo, e sujeitas à supremacia da lei formal (art. 114, § 2º, da Constituição)*. Recursos

92. TST RODC n. 30/82, em 27.5.82, T. Pleno rel. Min. Coqueijo Costa. *DJ* 12.8.82.

> de que não se conhece no concernente à cláusula (reajuste salarial), por ausência e pressupostos de admissibilidade, e, ainda, no que toca às cláusulas 52ª (multa pela falta de pagamento de dia de trabalho), 59ª (abrigos para a proteção dos trabalhadores), 61ª (fornecimento de listas de empregados), 63ª (fixação de quadro de aviso), visto não contrariarem os dispositivos constitucionais contra elas invocados, especialmente o § 2º do art. 114"[93] (grifos nossos).

É bem verdade que a referida decisão do Supremo Tribunal Federal, seguida por outros acórdãos na mesma linha, esvaziaram em muito os limites do poder normativo, uma vez que, por ser este uma verdadeira atividade legislativa, deve atuar no chamado *branco da lei*, não podendo invadir matérias reguladas pela lei, nem regulamentar matérias que a Constituição reservou para a lei ordinária. Também, à luz do art. 766 da CLT, o poder normativo deve estar balizado pelo justo salário e também a justa retribuição da empresa. Desse modo, na sentença normativa, o Tribunal se valerá de regras de equidade e razoabilidade, para encontrar um equilíbrio entre a pretensão do trabalhador (classe trabalhadora) e as possibilidades do capital (empregador).

Como bem adverte *Octavio Bueno Magano*[94], "o poder regulamentar e de organização do empregador é outra limitação ao poder normativo, cujas decisões não podem ter um grau de interferência que se reflita sobre a própria organização da empresa e o seu regulamento interno diante dos princípios constitucionais do art. 170 e ss.".

24. DO DISSÍDIO COLETIVO

O dissídio coletivo, conforme previsto na Consolidação das Leis do Trabalho, é uma ação de rito especial, proposta perante a Justiça do Trabalho, tendo por objetivo solucionar o conflito coletivo de trabalho.

Ensina *Amauri Mascaro Nascimento*[95]:

> "Dissídio coletivo é um processo judicial de solução dos conflitos coletivos econômicos e jurídicos que no Brasil ganhou a máxima

93. STF, Reclamação n. 197.911-9, rel. Min. Octavio Gallotti, *DJU* 7.11.1997.
94. MAGANO, Octavio Bueno. *Manual de direito do trabalho*. v. IV. São Paulo: LTr, 1994. p. 245, *apud* HINZ, Henrique Macedo. *O poder normativo da Justiça do Trabalho*. São Paulo: LTr, 2000, p. 61.
95. NASCIMENTO, Amauri Mascaro. *Curso de direito do trabalho*. 22. ed. São Paulo: Saraiva, 2007, p. 769.

> expressão como um importante mecanismo de criação de normas e condições de trabalho por meio dos tribunais trabalhistas, que proferem sentenças denominadas normativas quando as partes que não se compuseram na negociação coletiva acionam a jurisdição."

Se o conflito for econômico ou de interesse, o dissídio coletivo terá por objeto criar novos direitos no âmbito das categorias profissional e econômica, exercendo a Justiça do Trabalho o chamado *poder normativo*.

Caso o conflito seja jurídico ou de interpretação, o objeto do dissídio será apenas declarar o alcance de determinado dispositivo legal, convencional ou regulamentar no âmbito das categorias profissional e econômica. Nesta modalidade, a Justiça do Trabalho não exercerá o poder normativo.

Na greve, o dissídio coletivo (art. 8º da Lei 7.783/89) tem natureza híbrida, pois, num primeiro plano, a Justiça do Trabalho irá dirimir a controvérsia jurídica, declarando ou não a greve abusiva e, num segundo plano, irá apreciar as cláusulas econômicas, exercendo o poder normativo (dissídio de natureza econômica).

Segundo a doutrina, os dissídios coletivos de natureza econômica podem ser:

a) **originários:** quando se buscam normas para a categoria ainda não existentes (art. 867, *a*, da CLT);

b) **de revisão**: buscam alterar cláusulas fixadas na sentença normativa já fixadas pelo judiciário na sentença normativa (arts. 873 a 875 da CLT).

Por ter natureza econômica, o dissídio de revisão deve estar condicionado à exigência do comum acordo, nos termos do § 2º do art. 114 da Constituição Federal.

Dispõe o art. 873 da CLT:

> "Decorrido mais de um ano de sua vigência, caberá revisão das decisões que fixarem condições de trabalho, quando se tiverem modificado as circunstâncias que as ditaram, de modo que tais condições se hajam tornado injustas ou inaplicáveis."

Conforme o art. 874 da CLT: "A revisão poderá ser promovida por iniciativa do tribunal prolator, da Procuradoria da Justiça do Trabalho, das associações sindicais ou de empregador ou empregadores interessados no cumprimento da decisão. Parágrafo único. Quando a revisão for promovida por iniciativa do Tribunal prolator ou da Procuradoria, as associações sindicais e o empregador ou empregadores interessados serão ouvidos no prazo de 30 (trinta) dias. Quando promovida por uma das partes interessadas, serão as outras ouvidas também por igual prazo".

A competência funcional para o dissídio de revisão é a mesma do Tribunal que julgou o dissídio coletivo de natureza econômica.

c) **de extensão:** que têm por objeto estender as cláusulas fixadas na sentença normativa para toda a categoria (arts. 868 a 871 da CLT).

> "Em caso de dissídio coletivo que tenha por motivo novas condições de trabalho, e no qual figure como parte apenas uma fração de empregados de uma empresa, poderá o tribunal competente, na própria decisão, estender tais condições de trabalho, se julgar justo e conveniente, aos demais empregados da empresa que forem da mesma profissão dos dissidentes. Parágrafo único. O Tribunal fixará a data em que a decisão deve entrar em execução, bem como o prazo de sua vigência, o qual não poderá ser superior a quatro anos."

Nos termos do art. 869 da CLT, a decisão sobre novas condições de trabalho poderá também ser estendida a todos os empregados da mesma categoria profissional compreendida na jurisdição do Tribunal: a) por solicitação de um ou mais empregadores, ou de qualquer sindicato destes; b) por solicitação de um ou mais sindicatos de empregados; c) *ex officio* pelo Tribunal que houver proferido a decisão; d) por solicitação da Procuradoria da Justiça do Trabalho.

Nos termos do art. 870 da CLT: "Para que a decisão possa ser estendida, na forma do artigo anterior, torna-se preciso que três quartos dos empregadores e três quartos dos empregados, ou os respectivos sindicatos, concordem com a extensão da decisão. § 1º O tribunal competente marcará prazo, não inferior a trinta nem superior a sessenta dias, a fim de que se manifestem os interessados. § 2º Ouvidos os interessados e a Procuradoria da Justiça do Trabalho, será o processo submetido ao julgamento do Tribunal".

24.1. A questão do comum acordo para ajuizar o dissídio coletivo de natureza econômica

Diz o art. 114, § 2º, da CF:

> "Recusando-se qualquer das partes à negociação coletiva ou à arbitragem, é facultado às mesmas, de comum acordo, ajuizar dissídio

> coletivo de natureza econômica, podendo a Justiça do Trabalho decidir o conflito, respeitadas as disposições mínimas legais de proteção ao trabalho, bem como as convencionadas anteriormente."

Diante da redação do citado dispositivo legal, foram muitas as interpretações da expressão "comum acordo".

Alguns intérpretes têm considerado que a expressão ajuizar de comum acordo não produz nenhuma alteração, pois o dissídio coletivo pressupõe conflito. Além disso, argumentam que a exigibilidade de consenso para ingresso do dissídio coletivo de natureza econômica fere um direito maior que é o do acesso à Justiça do Trabalho, previsto no art. 5º, XXXV, da CF. Portanto, nesta linha de argumentação é inconstitucional a exigência do comum acordo para ajuizamento do dissídio coletivo de natureza econômica, ou seja, trata-se de uma emenda constitucional inconstitucional.

De nossa parte, o § 2º do art. 114 da CF não atrita com o princípio da inafastabilidade da jurisdição previsto no art. 5º, XXXV, da CF, que é dirigido à lesão de direito já existente (positivado no ordenamento jurídico), pois o dissídio coletivo de natureza econômica tem natureza dispositiva (ou constitutiva para alguns), já que visa à criação de norma aplicável no âmbito da categoria e não de aplicação do direito vigente a uma lesão de direito. Além disso, trata-se de competência atribuída à Justiça do Trabalho, por exceção, para criar normas jurídicas no âmbito das categorias profissional e econômica, no chamado vazio da lei e solucionar o conflito coletivo de natureza econômica, quando fracassarem as tentativas de negociação direta e arbitragem voluntária.

De outro lado, muitos entendem, diante da clareza do texto constitucional, que não há como se negar a exigência de tal requisito, divergindo quanto ao momento em que ele deve ser preenchido, se como condição de ingresso da ação, ou pode ser obtido *a posteriori*. Para parte da doutrina, o comum acordo não precisa ser prévio. Nesse sentido é a posição de *Pedro Paulo Teixeira Manus*[96]:

> "A Emenda Constitucional n. 45/2004 condiciona o exercício do poder normativo ao ajuizamento do dissídio coletivo por ambas as partes, de comum acordo, conforme o art. 114, § 2º, da CF. Devemos compreender a expressão comum acordo, a nosso ver, à concordância da parte contrária e não obrigatoriamente ao ajuizamento conjunto

96. MANUS, Pedro Paulo Teixeira. *Direito do trabalho*. 10. ed. São Paulo: Atlas, 2006, p. 244.

do dissídio, o que tornaria na maior parte dos casos inviável o ajuizamento."

Para outros, o comum acordo a que se refere a EC 45/04 pode ser obtido até de forma tácita, o que equivale à ausência de oposição. Desse modo, se o suscitado comparecer à audiência de conciliação, apresentar defesa e não se opuser ao prosseguimento do processo, tacitamente está anuindo, pois não praticou nenhum ato incompatível com a aceitação em se submeter à decisão judicial.

Por outro lado, há entendimentos no sentido de que o comum acordo tem que ser prévio, vale dizer: obtido quando do ajuizamento do dissídio coletivo, como sendo um pressuposto processual. Em sendo um pressuposto processual, o requisito do "comum acordo" deve estar presente já no ingresso do dissídio, sob consequência de nulidade do processo, uma vez que os pressupostos processuais são requisitos de existência, regularidade de desenvolvimento da relação jurídico-processual.

De nossa parte, se prevalecer o entendimento de que deve haver acordo prévio para a instauração do dissídio coletivo de natureza econômica, o poder normativo da Justiça do Trabalho será praticamente extinto, pois dificilmente haverá tal requisito na instauração do litígio, já que, se o conflito chegou até a Justiça do Trabalho, é porque, presumivelmente, fracassaram as tentativas de solução amigável do litígio ou de arbitragem voluntária.

No campo da processualística, talvez não seja difícil "escapar" do requisito do comum acordo prévio, pois, interpretando se tal requisito como sendo uma condição da ação, esta pode ser preenchida no curso do processo. Segundo *Liebman*, as condições da ação, ainda que não presentes quando da propositura da ação, podem ser preenchidas até o julgamento.

No nosso sentir, o poder normativo não fora extinto, pois se assim quisesse o legislador ele o teria feito expressamente. Inegavelmente, houve uma restrição do poder normativo, ou, melhor dizendo, ao acesso a ele.

A EC 45 visou a restringir o acesso à Justiça do Trabalho para resolução dos conflitos coletivos de interesse, prestigiando a autocomposição.

Interpretando-se literalmente o § 2º do art. 114 da CF, parece que o "comum acordo" tem que ser prévio, pois a lei fala em *ajuizar, de comum acordo*. No entanto, o *comum acordo* não é um pressuposto processual, e sim uma condição da ação ou, melhor dizendo, um óbice à apreciação da pretensão coletiva trazida em juízo. Por isso, não se trata de um requisito de validade da relação jurídico-processual, mas de uma condição prévia para a apreciação da pretensão. Cumpre destacar que o "comum acordo" se assemelha ao compromisso arbitral e, pelo art. 337, § 5º, do CPC, o juiz não pode conhecê-lo de ofício.

Assim, não há necessidade de o comum acordo ser prévio ao ajuizamento do dissídio, podendo tal condição da ação ser preenchida no curso do processo, inclusive de forma tácita, pela não oposição do suscitado.

O Tribunal Superior do Trabalho fixou jurisprudência no sentido de que a expressão *comum acordo* configura pressuposto processual, mas não há necessidade de que este requisito seja preenchido quando ao ingresso da ação, podendo ser preenchido no curso do processo. Nesse sentido, destacamos a seguinte ementa:

> "RECURSO ORDINÁRIO DO SINDICATO DA CATEGORIA PROFISSIONAL EM FACE DE PARTE DAS ENTIDADES SUSCITADAS. 1. DISSÍDIO COLETIVO DE NATUREZA ECONÔMICA. COMUM ACORDO. NOVA REDAÇÃO DO § 2º DO ART. 114 DA CONSTITUIÇÃO ATUAL APÓS A PROMULGAÇÃO DA EMENDA CONSTITUCIONAL N. 45/2004. A Seção Especializada em Dissídios Coletivos deste Tribunal Superior do Trabalho firmou jurisprudência no sentido de que a nova redação do § 2º do art. 114 da Constituição Federal estabeleceu o pressuposto processual intransponível do mútuo consenso das partes para o ajuizamento do dissídio coletivo de natureza econômica. A EC n. 45/2004, incorporando críticas a esse processo especial coletivo, por traduzir excessiva intervenção estatal em matéria própria à criação de normas, o que seria inadequado ao efetivo Estado Democrático de Direito instituído pela Constituição (de modo a preservar com os sindicatos, pela via da negociação coletiva, a geração de novos institutos e regras trabalhistas, e não com o Judiciário), fixou o pressuposto processual restritivo do § 2º do art. 114, em sua nova redação. Nesse novo quadro jurídico, apenas havendo 'mútuo acordo' ou em casos de greve, é que o dissídio de natureza econômica pode ser tramitado na Justiça do Trabalho. Recurso ordinário desprovido. 2. DISSÍDIO COLETIVO INSTAURADO EM FACE DE EMPRESAS. LEGITIMAÇÃO DA ENTIDADE SINDICAL SUSCITANTE. AUTORIZAÇÃO DOS TRABALHADORES DIRETAMENTE ENVOLVIDOS NO CONFLITO. OJ n. 19 DA SDC. Esta Seção Especializada possui o entendimento, consubstanciado na OJ n. 19, de que, na hipótese de o dissídio coletivo ser instaurado em face de empresa (ficando abrangidas nesse conceito autarquias,

> fundações e conselhos profissionais), há necessidade de participação, em assembleia, dos trabalhadores diretamente envolvidos no conflito. No caso concreto, não consta das listas de presença dos empregados presentes na assembleia que deliberou sobre o ajuizamento do dissídio coletivo (fls. 110-125) qualquer descrição ou informação correspondente aos seus respectivos empregadores, de modo que fica inviável verificar a existência de relação contratual entre os participantes das Assembleias e as empresas recorridas. Desse modo, em observância à jurisprudência desta Corte, não há como ser reconhecida a legitimidade do Sindicato Suscitante para a instauração de dissídio coletivo em face das empresas e entidades especificadas no acórdão do TRT, uma vez que não comprovada a participação em assembleia dos trabalhadores envolvidos na disputa, nos termos do art. 859 da CLT. Ressalta-se, por oportuno, que a presença de um único trabalhador de determinada empresa, sociedade de economia mista ou conselho profissional, desde que identificado como tal, em assembleia, seria suficiente para atendimento ao disposto na OJ 19/SDC, uma vez que não há *quorum* mínimo nessa hipótese. Contudo, essa não foi a hipótese dos autos. Recurso ordinário desprovido. 3. JUSTIÇA GRATUITA. PESSOA JURÍDICA. NECESSIDADE DE PROVA INEQUÍVOCA DO ESTADO DE HIPOSSUFICIÊNCIA ECONÔMICA. A jurisprudência deste colendo TST entende que, para a concessão do benefício da justiça gratuita a pessoa jurídica, é necessário que haja prova inequívoca da impossibilidade desta de arcar com as despesas processuais. Julgados. Recurso ordinário integralmente desprovido" (TST – Processo: RO – 5609-02.2014.5.09.0000 – Data de Julgamento: 10.10.2016, rel. Ministro: Mauricio Godinho Delgado, Seção Especializada em Dissídios Coletivos, Data de Publicação: *DEJT* 19.10.2016).

Embora não sejamos otimistas com a exigência do "comum acordo" para o ajuizamento do dissídio coletivo de interesse, talvez a jurisprudência poderia experimentar ser mais rígida com a interpretação da expressão "comum acordo" e exigi-lo quando do ingresso do dissídio, como forma de estimular a negociação direta das partes.

Também com a escassez do poder normativo poderiam eclodir outras formas de negociação coletiva, rompendo com o paradigma da negociação por categoria, como a representação direta dos trabalhadores na empresa (art. 11 da CF), participação dos trabalhadores na gestão da empresa (art. 7º, XI, da CF) e negociação direta entre trabalhadores e empresa (art. 617 da CLT).

Restringindo-se o poder normativo, a Justiça do Trabalho exerceria um controle *a posteriori*, anulando, por meio de ações anulatórias, as eventuais cláusulas de acordos e convenções coletivas que extrapolassem os limites constitucionais mínimos ou não cumprissem sua função social. Esta é, aliás, a atuação precípua do Judiciário, máxime considerando-se o princípio da liberdade de contratar (art. 421 e seguintes do Código Civil).

Caso tal interpretação mais rígida quanto ao ingresso do dissídio coletivo não funcione, havendo um aumento significativo da litigiosidade, perpetuação do conflito e grande instabilidade social, e até mesmo o aniquilamento de direitos sociais, a interpretação poderá retroceder, admitindo o ajuizamento do dissídio sem o comum acordo, podendo este ser obtido *a posteriori*, ou seja, no curso do processo, ou até mesmo ser suprido judicialmente.

Concluindo, a exigência do *comum acordo* previsto no § 2º do art. 114 da CF não extinguiu o poder normativo. Mas, sem dúvida, o acesso a ele foi restringido e se criou um obstáculo à sua instauração que, para alguns, é uma condição da ação, para outros, um pressuposto processual.

Embora a jurisprudência possa adotar uma posição mais restritiva quanto à exigência do *comum acordo*, como se trata, conforme fixamos entendimento acima, de uma condição da ação, não há necessidade de ele ser obtido quando do ajuizamento do dissídio, podendo tal condição da ação ser preenchida no curso do processo, inclusive de forma tácita, pela não oposição do suscitado.

Assim, não há necessidade de o comum acordo ser prévio ao ajuizamento do dissídio, podendo tal condição da ação ser preenchida no curso do processo, inclusive de forma tácita, pela não oposição do suscitado. O Tribunal não pode declarar de ofício a falta do comum acordo, devendo este ser invocado em defesa pelo próprio suscitado, sob consequência de preclusão.

O Supremo Tribunal Federal, nos termos da ADI 3423, em 29.05.2020, por meio de controle concentrado de constitucionalidade, decidiu, por maioria, pela Constitucionalidade do "comum acordo" para instauração do dissídio coletivo de natureza econômica, conforme a ementa que segue:

> "Ação Direta de Inconstitucionalidade. 2. Art. 1º da Emenda Constitucional nº 45/2004, na parte em que deu nova redação ao art. 114, §§ 2º e 3º, da Constituição Federal. 3. Necessidade de 'mútuo acordo' para ajuizamento do Dissídio Coletivo. 4. Legitimidade do MPT para ajuizar Dissídio Coletivo em caso de greve em atividade essencial. 5. Ofensa aos artigos 5º, XXXV, LV e LXXVIII, e 60, §

> 4º, IV, da Constituição Federal. Inocorrência. 6. Condição da ação estabelecida pela Constituição. Estímulo às formas alternativas de resolução de conflito. 7. Limitação do poder normativo da justiça do trabalho. Violação aos artigos 7º, XXVI, e 8º, III, e ao princípio da razoabilidade. Inexistência. 8. Recomendação do Comitê de Liberdade Sindical da Organização Internacional do Trabalho. Indevida intervenção do Estado nas relações coletivas do trabalho. Dissídio Coletivo não impositivo. Reforma do Poder Judiciário (EC 45) que visa dar celeridade processual e privilegiar a autocomposição. 9. Importância dos acordos coletivos como instrumento de negociação dos conflitos. Mútuo consentimento. Precedentes. 10. Ação direta de inconstitucionalidade julgada improcedente (STF ADI 3423, Rel. Min. Gilmar Mendes. *DJE* 18/06/20)".

Muito tem sido discutido se no dissídio de greve há a necessidade do comum acordo para o Tribunal apreciar as cláusulas econômicas.

O art. 114, § 3º, da CF dispõe:

> "Em caso de greve em atividade essencial, com possibilidade de lesão do interesse público, o Ministério Público do Trabalho poderá ajuizar dissídio coletivo, competindo à Justiça do Trabalho decidir o conflito."

A greve pode envolver atividades essenciais e não essenciais. Em se tratando de greve em atividades não essenciais, poderão instaurar o dissídio de greve as partes envolvidas no conflito, nos termos do art. 8º da Lei 7.783/89.

Nesse sentido, vale destacar as seguintes ementas, oriundas da mais alta Corte Trabalhista do país:

> "RECURSO ORDINÁRIO EM DISSÍDIO COLETIVO – LEGITIMIDADE DO SINDICATO PATRONAL PARA AJUIZAR DISSÍDIO COLETIVO DE GREVE. O direito de greve previsto no art. 9º e parágrafos da Constituição Federal foi regulado pela Lei n. 7.783/89, que continua em vigor. E, consoante o disposto no art. 8º do citado diploma legal, a legitimação ordinária para o ajuizamento do dissídio coletivo de greve é das partes envolvidas, sendo que ao Ministério Público cabe a legitimidade ativa, no caso de greve em serviço essencial (art. 114, § 3º, da CF/88). Desse modo, não há como negar a legitimidade ativa do sindicato patronal para ajuizar dissídio de greve, sob pena de violação da garantia constitucional prevista no art. 5º, XXXV, da CF/88. Recurso ordinário conhecido e provido" (Processo: RODC – 105500-29.2007.5.09.0909 – Data de Julgamento:

15.12.2009 – relª Ministra Kátia Magalhães Arruda – Seção Especializada em Dissídios Coletivos – Data de Divulgação: *DEJT* 5.3.2010).

"RECURSO ORDINÁRIO. AÇÃO DECLARATÓRIA DE ABUSIVIDADE DE GREVE. COMPETÊNCIA DA JUSTIÇA DO TRABALHO. ILEGITIMIDADE ATIVA *AD CAUSAM*. ART. 114, INC. II E § 3º, DA CONSTITUIÇÃO FEDERAL. EMENDA CONSTITUCIONAL N. 45/2004. 1. A Justiça do Trabalho, mesmo após a edição da Emenda Constitucional n. 45/2004, é competente para declarar a abusividade, ou não, de movimento grevista. 2. É concorrente a legitimidade do Ministério Público do Trabalho e do empregador para ajuizamento de ação declaratória de abusividade de greve em atividades consideradas essenciais. Precedente desta Seção Normativa. Nas atividades não essenciais permanece a legitimidade do empregador individualmente considerado ou do sindicato representante da categoria econômica para ajuizamento dessa ação coletiva. 3. Hipótese em que o Tribunal Regional decretou a extinção do processo sem resolução do mérito, por ilegitimidade ativa *ad causam*, sob o entendimento de que, após o advento da Emenda Constitucional n. 45/2004, em que se acrescentou o inc. II e o § 3º ao art. 114 da Constituição Federal, a Justiça do Trabalho não detém mais competência para declarar a abusividade, ou não, de movimento grevista, e a legitimidade para ajuizar dissídio coletivo de greve é exclusiva do Ministério Público do Trabalho. Recurso ordinário a que dá provimento, para afastar a declaração de ilegitimidade ativa *ad causam* e determinar o retorno dos autos ao Tribunal Regional de origem, a fim de que prossiga no exame da presente ação coletiva, como entender de direito" (Processo: RODC – 61300-97.2008.5.09.0909 – Data de Julgamento: 9.11.2009 – rel. Ministro Fernando Eizo Ono – Seção Especializada em Dissídios Coletivos – Data de Divulgação: *DEJT* 28.5.2010).

De outro lado, o Ministério Público do Trabalho, diante do comando constitucional, somente poderá ajuizar dissídio coletivo de greve em atividades essenciais, a exemplo das áreas de saúde, energia elétrica, comunicação, transporte coletivo etc.

Sem dúvida, foi restringida a legitimidade do MP do Trabalho para ajuizar o dissídio de greve. Agora, o MP do Trabalho somente pode atuar quando a greve eclodir em atividades essenciais, definidas de forma exemplificativa na Lei 7.783/83. A legitimidade do Ministério Público do Trabalho somente se justifica na defesa da ordem jurídica, no aspecto jurídico do conflito, a fim de buscar que a greve transcorra dentro da legalidade. Não é função institucional, tampouco missão constitucional do *parquet* a defesa de cláusulas econômicas no dissídio de greve. Além disso, há necessidade de comum acordo das partes para o Tribunal apreciar tais cláusulas.

24.2. Como resolver o impasse se o sindicato forte se recusa a negociar?

Questiona-se: se uma das partes recusar-se à negociação, à arbitragem e ao dissídio, como resolver o impasse? Se a categoria operária é forte, decreta-se a greve; mas se for fraca, ficará à mercê da parte adversa? Em geral, quem está em vantagem não negocia e quem se recusa a negociar também não dá a cabeça a prêmio num processo judicial. A greve não interessa à sociedade, e a indiferença do mais forte gera injustiça. Logo, parece-nos que a solução do constituinte derivado não se harmoniza com a finalidade da Justiça, que é manter e restabelecer a paz social[97].

Partindo-se da premissa da necessidade do comum acordo, se houver discordância do suscitado, o Tribunal não poderá julgar o dissídio coletivo de natureza econômica. O ordenamento jurídico trabalhista não prevê mecanismos de solução deste impasse. O conflito prolongado pode gerar litigiosidade contida e desembocar em greve sem precedentes.

Na Espanha e em Portugal, quando a greve perdura por lapso de tempo considerável, sem consenso, há a obrigatoriedade de instauração de arbitragem compulsória. Esta solução é possível de ser aplicada no Direito Brasileiro, embora não haja tradição, pois o direito comparado é fonte do direito material e processual do trabalho, conforme disciplina no *caput* do art. 8º, da CLT, *in verbis*:

> "As autoridades administrativas e a Justiça do Trabalho, na falta de disposições legais ou contratuais, decidirão, conforme o caso, pela jurisprudência, por analogia, por equidade e outros princípios e normas gerais de direito, principalmente do direito do trabalho, e, ainda, de acordo com os usos e costumes, o direito comparado, mas sempre de maneira que nenhum interesse de classe ou particular prevaleça sobre o interesse público."

Não obstante, pensamos que, nesta hipótese, caberá também o suprimento de outorga judicial para instauração do dissídio coletivo de natureza

97. MARQUES DE LIMA, Francisco Meton; MARQUES DE LIMA, Francisco Gérson. *A reforma do poder judiciário*. São Paulo: Malheiros, 2005. p. 127.

econômica. O Judiciário, analisando o caso concreto, a razoabilidade, justiça e equidade, pode deferir o suprimento de outorga, nos termos do art. 497 do CPC, e admitir o dissídio de natureza econômica, mesmo não havendo o *comum acordo*.

24.3. Do procedimento no dissídio coletivo

A competência originária (funcional) para apreciar os dissídios coletivos é dos Tribunais Regionais do Trabalho, no âmbito de suas competências territoriais. Se o conflito envolver a jurisdição de mais de um Tribunal Regional do Trabalho, a competência para julgar e processar o dissídio será do Tribunal Superior do Trabalho.

Conforme destaca *Ives Gandra Martins Filho*[98]:

> "Só têm competência para apreciar dissídios coletivos os Tribunais do Trabalho, ou seja, TRT e TST. A ação coletiva é, pois, ajuizada originariamente, num tribunal. A competência hierárquica varia conforme o âmbito do dissídio:
>
> a) TRT – somente aprecia e julga os dissídios de âmbito regional (ligados ao território sobre o qual tem jurisdição) (CLT, art. 678, I, *a*, e Lei 7.701/88, art. 6º); e
>
> b) TST – decide originariamente sobre os dissídios de âmbito suprarregional (que abrange mais de um Estado Federado) ou nacional (toda a categoria do Brasil) (CLT, art. 702, I, *b*, e Lei 7.701/88, art. 2º, I, *a*)."

As Varas do Trabalho poderão, entretanto, praticar alguns atos processuais no dissídio coletivo, como instruir o processo por delegação do Tribunal. Nesse sentido, dispõe o art. 866 da CLT, *in verbis*:

> "Quando o dissídio ocorrer fora da sede do Tribunal, poderá o presidente, se julgar conveniente, delegar à autoridade local as atribuições de que tratam os arts. 860 e 862. Nesse caso, não havendo conciliação, a autoridade delegada encaminhará o processo ao Tribunal, fazendo exposição circunstanciada dos fatos e indicando a solução que lhe parecer conveniente."

Têm legitimidade para instaurar o dissídio coletivo e nele figurarem como partes autora (suscitante) e ré (suscitado), como regra geral, os Sindicatos,

98. *Processo coletivo do trabalho*. 3. ed. São Paulo: LTr, 2003. p. 107.

que são os representantes legais da categoria, tendo uma espécie de mandato legal para defendê-la (art. 8º, III, da CF).

Dispõe o art. 856 da CLT:

> "A instância será instaurada mediante representação escrita ao presidente do Tribunal. Poderá ser também instaurada por iniciativa do presidente, ou, ainda, a requerimento da Procuradoria da Justiça do Trabalho, sempre que ocorrer suspensão do trabalho."

Mesmo em caso de suspensão do trabalho, como na greve, o Presidente do Tribunal Regional do Trabalho não mais poderá instaurar o dissídio, pois o art. 856 da CLT foi revogado no aspecto pela Lei de Greve (Lei 7.783/89).

Em caso de paralisação, podem instaurar a instância os sindicatos e o Ministério Público do Trabalho.

O Ministério Público do Trabalho somente poderá ingressar com o dissídio de greve em atividade essencial, conforme já nos pronunciamos anteriormente, nos termos do § 3º do art. 114 da CF, com a redação dada pela EC 45/04, *in verbis*:

> "Em caso de greve em atividade essencial, com possibilidade de lesão do interesse público, o Ministério Público do Trabalho poderá ajuizar dissídio coletivo, competindo à Justiça do Trabalho decidir o conflito."

Nos termos do art. 857 da CLT: "A representação para instaurar a instância em dissídio coletivo constitui prerrogativa das associações sindicais, excluídas as hipóteses aludidas no art. 856, quando ocorrer suspensão do trabalho. Parágrafo único. Quando não houver sindicato representativo da categoria econômica ou profissional, poderá a representação ser instaurada pelas federações correspondentes e, na falta destas, pelas confederações respectivas, no âmbito de sua representação."

Conforme o referido dispositivo legal, se a categoria não estiver organizada em sindicato, poderão instaurar o dissídio coletivo a federação e, na falta, a confederação que representa a categoria. A doutrina tem criticado o parágrafo único do art. 857 da CLT, argumentando a possibilidade de desconhecimento das federações ou confederações sobre a real dimensão do conflito da categoria não organizada em sindicato, sendo ideal que os próprios trabalhadores instaurassem o dissídio coletivo.

A doutrina e a jurisprudência têm admitido que as próprias empresas possam ajuizar o dissídio coletivo em caso de inexistência de sindicato patronal ou em caso de greve, e figurar no polo passivo como suscitada, uma vez que a empresa pode firmar acordo coletivo, sem a representação sindical patronal (art. 611, § 1º, da CLT c/c art. 7º, XXVI, da CF).

Como adverte *Ives Gandra Martins Filho*[99], hipótese que pode ocorrer é a do descontentamento de parte da categoria com o sindicato que a representa. Caberia, então, a fundação de outro sindicato, que congregasse maior número de associados e obtivesse reconhecimento como único e legítimo representante da categoria. O que o TST não admite, no entanto, é que esse conflito entre sindicato e parte da categoria atraia a legitimidade ativa para a federação.

A petição inicial do dissídio coletivo deve ser escrita e observar os requisitos do art. 858 da CLT, devendo conter a causa de pedir, os pedidos e, principalmente, as bases para conciliação. Admite-se o *jus postulandi* da parte (art. 791 da CLT), não havendo necessidade de advogado. Nesse sentido, dispõe o art. 858 da CLT, *in verbis*:

> "A representação será apresentada em tantas vias quantos forem os reclamados e deverá conter: a) designação e qualificação dos reclamantes e dos reclamados e a natureza do estabelecimento ou do serviço; b) os motivos do dissídio e as bases da conciliação."

Conforme o art. 859 da CLT: "A representação dos sindicatos para instauração da instância fica subordinada à aprovação de assembleia, da qual participem os associados interessados na solução do dissídio coletivo, em primeira convocação, por maioria de 2/3 (dois terços) dos mesmos, ou, em segunda convocação, por 2/3 (dois terços) dos presentes".

Além disso, conforme comentamos em item específico, há a necessidade do comum acordo, como condição da ação para o julgamento do dissídio coletivo de natureza econômica, o que não é exigido no dissídio de natureza jurídica.

Após proposto o dissídio, o Tribunal designará audiência de conciliação, dentro de dez dias, notificando o suscitado para, em querendo, comparecer e apresentar defesa. A audiência deve ser designada no prazo mínimo de 5 dias contados a partir da notificação do suscitado (art. 860 c/c. art. 841 da CLT).

---

99. *Op. cit.*, p. 109.

Conforme o art. 861 da CLT: "É facultado ao empregador fazer-se representar na audiência pelo gerente, ou por qualquer outro preposto que tenha conhecimento do dissídio, e por cujas declarações será sempre responsável".

O preposto não necessita ser empregado, basta que conheça os fatos (art. 843, §§ 1º e 3º, da CLT).

Na audiência designada, comparecendo ambas as partes ou seus representantes, o Presidente do Tribunal as convidará para se pronunciarem sobre as bases da conciliação. Caso não sejam aceitas as bases propostas, o presidente submeterá aos interessados a solução que lhe pareça capaz de resolver o dissídio (art. 862 da CLT).

Havendo acordo, o presidente o submeterá à homologação do Tribunal na primeira sessão (art. 863 da CLT). Uma vez homologado o acordo, a decisão se revestirá do efeito da coisa julgada, sendo, portanto, irrecorrível.

Não havendo acordo, ou não comparecendo ambas as partes ou uma delas, o presidente submeterá o processo a julgamento, depois de realizadas as diligências que entender necessárias e ouvida a Procuradoria (art. 864 da CLT).

Conforme o art. 867 da CLT:

> "Da decisão do Tribunal serão notificadas as partes, ou seus representantes, em registro postal, com franquia, fazendo-se, outrossim, a sua publicação no jornal oficial para ciência dos demais interessados. Parágrafo único. A sentença normativa vigorará: a) a partir da data de sua publicação, quando ajuizado o dissídio após o prazo do art. 616, § 3º, ou quando não existir acordo, convenção ou sentença normativa em vigor na data do ajuizamento; b) a partir do dia imediato ao termo final de vigência do acordo, convenção ou sentença normativa, quando ajuizado o dissídio no prazo do art. 616, § 3º."

Nos dissídios coletivos, tanto nos de natureza jurídica e econômica como no de greve, não há se falar em revelia. O de natureza jurídica, pois a controvérsia é jurídica e o de natureza econômica por não ter natureza condenatória e sim dispositiva, ou seja, o de criar uma norma jurídica no âmbito de determinada categoria. Já o dissídio de greve é um misto de natureza jurídica (declaração ou não do caráter abusivo do movimento paredista) e dispositiva (apreciação das reivindicações dos grevistas).

Tem o nome de sentença normativa a decisão dada no dissídio coletivo, acolhendo ou rejeitando as cláusulas postuladas no dissídio coletivo de natureza econômica ou interpretando e aplicando o direito já existente no dissídio coletivo de natureza jurídica.

Diverge a doutrina sobre a natureza jurídica da sentença normativa. Quanto ao dissídio coletivo de natureza jurídica, não há controvérsia sobre a natureza declaratória da sentença normativa. Quanto à sentença que aprecia o dissídio de natureza econômica, há divergências na doutrina. Para alguns, ela é constitutiva por criar direito novo, para outros, é dispositiva, pois a Justiça do Trabalho criará, no branco da lei, direito novo, sendo certo que sentença constitutiva apenas cria uma relação jurídica, e não direito ainda não existente.

Mesmo apreciando cláusulas econômicas, a jurisprudência, acertadamente, tem exigido que a sentença seja fundamentada, atendendo ao mandamento constitucional previsto no art. 93, IX, da Constituição Federal.

É da essência da sentença normativa ser provisória e precária, pois, conforme reiteradamente vem decidindo o STF, o poder normativo da Justiça do Trabalho atua no branco da lei. Porém, editada a lei, norma de caráter imperativo, esta se sobrepõe a todas as demais fontes secundárias do direito, como a norma coletiva e a sentença normativa.

Mostra-se discutível a seguinte questão: a sentença normativa faz coisa julgada material?

A doutrina majoritária à qual nos filiamos tem se posicionado no sentido de que a sentença normativa não faz coisa julgada material, somente formal, referente ao esgotamento das vias recursais existentes.

Como bem adverte *Ives Gandra Martins Filho*[100], "a coisa julgada material, no caso da sentença normativa, fica jungida às vantagens já recebidas pelo empregado durante sua vigência, não, porém, em relação às parcelas que poderia vir a perceber durante o prazo total de sua vigência. O art. 6º, § 3º, da Lei 4.725/65 vai ainda mais longe em relação a tais pagamentos já efetuados pelo empregador com base em sentença normativa regional, quando impede a repetição do indébito se houver reforma da decisão pelo TST".

Nesse sentido, dispõe a Súmula 397 do C. TST, *in verbis*:

> "AÇÃO RESCISÓRIA. ART. 966, IV, DO CPC DE 2015. ART. 485, IV, DO CPC DE 1973. AÇÃO DE CUMPRIMENTO. OFENSA À

100. *Processo coletivo do trabalho*. 3. ed. São Paulo: LTr, 2003. p. 211.

> COISA JULGADA EMANADA DE SENTENÇA NORMATIVA MODIFICADA EM GRAU DE RECURSO. INVIABILIDADE. CABIMENTO DE MANDADO DE SEGURANÇA. Não procede ação rescisória calcada em ofensa à coisa julgada perpetrada por decisão proferida em ação de cumprimento, em face de a sentença normativa, na qual se louvava, ter sido modificada em grau de recurso, porque em dissídio coletivo somente se consubstancia coisa julgada formal. Assim, os meios processuais aptos a atacarem a execução da cláusula reformada são a exceção de pré-executividade e o mandado de segurança, no caso de descumprimento do art. 514 do CPC de 2015 (art. 572 do CPC de 1973). (ex-OJ n. 116 da SBDI-2 – *DJ* 11.8.2003)."

Diante do exposto, a sentença normativa não faz coisa julgada material, apenas formal, e, portanto, não pode ser objeto de ação rescisória, e sim de revisão, caso as condições de trabalho sejam alteradas.

De outro lado, para os que pensam ser cabível a Ação Rescisória para questionar a sentença normativa, ela poderia ser cabível em tese nas seguintes situações, previstas no art. 966 do CPC, quais sejam: se verificar que foi dada por prevaricação, concussão ou corrupção do juiz; proferida por juiz impedido ou absolutamente incompetente; resultar de dolo da parte vencedora em detrimento da parte vencida, ou de colusão entre as partes, a fim de fraudar a lei; se fundar em prova, cuja falsidade tenha sido apurada em processo criminal ou seja provada na própria ação rescisória; houver fundamento para invalidar confissão, desistência ou transação, em que se baseou a sentença.

O Tribunal Superior do Trabalho firmou entendimento no sentido de ser possível ação rescisória em face de sentença normativa, quando se tratar de documento novo. Nesse sentido, dispõe a Súmula 402 de sua jurisprudência, *in verbis*:

> "AÇÃO RESCISÓRIA. DOCUMENTO NOVO. DISSÍDIO COLETIVO. SENTENÇA NORMATIVA (conversão da Orientação Jurisprudencial 20 da SBDI-2 – Res. n. 137/2005, *DJ* 22, 23 e 24.8.2005). Documento novo é o cronologicamente velho, já existente ao tempo da decisão rescindenda, mas ignorado pelo interessado ou de impossível utilização, à época, no processo. Não é documento novo apto a viabilizar a desconstituição de julgado: a) sentença normativa proferida ou transitada em julgado posteriormente à sentença rescindenda; b) sentença normativa preexistente à sentença rescindenda, mas não exibida no processo principal, em virtude de negligência da parte, quando podia e deveria louvar-se de documento já existente e não

> ignorado quando emitida a decisão rescindenda" (ex-OJ n. 20 da SBDI-2 - inserida em 20.9.2000).

Por ter a sentença normativa vigência temporária, suas cláusulas não integram em definitivo os contratos de trabalho, sendo vedado o princípio da ultratividade, conforme o § 3º do art. 614 da CLT, vedando o princípio da ultratividade das normas convencionais. Dispõe o referido dispositivo legal:

> "Não será permitido estipular duração de convenção coletiva ou acordo coletivo de trabalho superior a dois anos, sendo vedada a ultratividade."

Da decisão proferida em dissídio coletivo da competência dos TRTs, caberá o recurso ordinário para o TST (art. 895, II, da CLT), que não terá efeito suspensivo, apenas devolutivo. Entretanto, o Presidente do Tribunal Superior do Trabalho poderá, desde que relevante o fundamento, atribuir efeito suspensivo ao recurso ordinário, nos termos do art. 14 da Lei 10.192/01.

Dispõe o art. 14 da Lei 10.192/01:

> "O recurso interposto de decisão normativa da Justiça do Trabalho terá efeito suspensivo, na medida e extensão conferidas em despacho do Presidente do Tribunal Superior do Trabalho."

Diante do que dispõe o referido dispositivo legal, pensamos que o recurso ordinário terá efeito apenas devolutivo. O efeito suspensivo depende de manifestação expressa do Presidente do TST. Desse modo, o efeito suspensivo não é automático, pois os recursos trabalhistas têm, como regra, apenas o efeito devolutivo (art. 899 da CLT). Se a lei atribuísse, automaticamente, o efeito suspensivo, não haveria necessidade de despacho do presidente do tribunal.

Se o dissídio for de competência originária do TST, o recurso cabível será o de embargos para o próprio TST, que recebem o nome de *embargos infringentes*, tendo por objeto modificar a decisão proferida pelo TST em dissídios coletivos não unânimes, conforme o art. 894, I, *a*, da CLT c/c. art. 2º da Lei 7.701/88, que assim dispõe:

> "Compete à seção especializada em dissídios coletivos ou seção normativa: [...] II – em última instância julgar: c) embargos infringentes interpostos contra decisão não unânime proferida em processo de dissídio coletivo de sua competência originária, salvo se a decisão atacada estiver em consonância com precedente jurisprudencial do Tribunal Superior do Trabalho ou da Súmula de sua jurisprudência predominante."

Desse modo, os embargos infringentes são cabíveis para a seção de Dissídios Coletivos do TST, quando a decisão proferida pelo Tribunal Superior do Trabalho em dissídios coletivos de sua competência originária, ou rever ou estender as sentenças normativas, não unânimes, salvo se a decisão recorrida estiver em consonância com precedente jurisprudencial do TST ou Súmula.

25. DA AÇÃO DE CUMPRIMENTO

A ação de cumprimento constitui ação individual de conhecimento, de rito especial trabalhista destinada ao cumprimento das cláusulas constantes da sentença normativa e dos acordos e convenções coletivas de trabalho.

Trata-se de ação de natureza condenatória proposta pelos empregados ou pelo Sindicato, com a finalidade de fazer cumprir as cláusulas constantes dos instrumentos normativos coletivos (acordos coletivos, convenções coletivas e sentenças normativas).

A Consolidação das Leis do Trabalho disciplina a presente ação no art. 872, *in verbis*:

> "Celebrado o acordo, ou transitada em julgado a decisão, seguir-se-á o seu cumprimento, sob as penas estabelecidas neste Título. Parágrafo único – Quando os empregadores deixarem de satisfazer o pagamento de salários, na conformidade da decisão proferida, poderão os empregados ou seus sindicatos, independentes de outorga de poderes de seus associados, juntando certidão de tal decisão, apresentar reclamação à Junta ou Juízo competente, observado o processo previsto no Capítulo II deste Título, sendo vedado, porém, questionar sobre a matéria de fato e de direito já apreciada na decisão."

Conforme previsto no referido dispositivo legal, embora tenha a denominação de ação de cumprimento, sua natureza não é executiva, pois os instrumentos normativos coletivos não têm natureza executória. Além disso, trata-se de ação individual, embora se destine ao cumprimento de instrumentos coletivos normativos, ela não tem por objeto criar direito novo e sim fazer cumprir direitos que já estão normatizados para a categoria. Desse modo, a natureza jurídica da ação de cumprimento é condenatória, seguindo o rito processual da reclamação trabalhista (ordinário, sumário ou sumaríssimo).

Outrossim, aplica-se a lei do rito sumaríssimo à ação de cumprimento, se o seu valor for de até 40 salários mínimos, pois o seu procedimento é da CLT e da ação de conhecimento, não havendo motivo para se excluir a aplicação do rito sumaríssimo.

Conforme a jurisprudência predominante do TST, a ação de cumprimento pode ser proposta antes do trânsito em julgado da sentença normativa. Nesse teor, é a Súmula 246 do C. TST:

> "AÇÃO DE CUMPRIMENTO. TRÂNSITO EM JULGADO DA SENTENÇA NORMATIVA – É dispensável o trânsito em julgado da sentença normativa para a propositura da ação de cumprimento."

Se houver alteração na sentença normativa, pensamos que perderá efeito a sentença proferida na ação de cumprimento que se baseava na decisão normativa que fora alterada, já que se trata de execução precária, que tem inserida a cláusula *rebus sic stantibus*, à semelhança do que ocorre com a execução provisória de título executivo judicial, não havendo necessidade de propositura de ação rescisória.

O TST dirimiu a questão por meio de sua Súmula 397 no sentido de que o título executivo que se forma na ação de cumprimento, cuja norma que lhe dava suporte tenha sido alterada pelo TST, torna inexigível o título executivo, já que a coisa julgada na ação de cumprimento estava sujeita à condição resolutiva, nos termos do art. 514 do CPC.

Da decisão proferida na ação de cumprimento, é cabível recurso ordinário para o Tribunal Regional do Trabalho (art. 895 da CLT). A execução da ação de cumprimento segue o rito da execução por título judicial na Justiça do Trabalho.

Até a Lei 8.984/95, a doutrina e a jurisprudência praticamente só aceitavam a competência da Justiça do Trabalho para as ações de cumprimento para sentenças normativas, pois o art. 114 da CF, com a redação dada em 1988, restringia a competência da Justiça do Trabalho para as controvérsias entre empregados e empregadores.

Posteriormente, veio a Lei 8.984/95, cujo art. 1º dispõe: "Compete à Justiça do Trabalho conciliar e julgar os dissídios que tenham origem no cumprimento de convenções coletivas de trabalho ou acordos coletivos de trabalho, mesmo quando ocorram entre sindicatos ou entre sindicatos de trabalhadores e empregador."

Nesse sentido, a Súmula 286 do C. TST, *in verbis*:

> "SINDICATO. SUBSTITUIÇÃO PROCESSUAL. CONVENÇÃO E ACORDO COLETIVOS – A legitimidade do sindicato para propor ação de cumprimento estende-se também à observância de acordo ou de convenção coletivos" (Redação dada pela Res. n. 98/2000, *DJ* 18.9.2000)."

Atualmente, o art. 114, III, da Constituição Federal, com a redação dada pela EC 45/04, dispõe: "as ações sobre representação sindical, entre sindicatos, entre sindicatos e trabalhadores e entre sindicatos e empregadores".

Diante da EC 45/04, a Justiça do Trabalho detém competência material para as ações de cumprimento que envolvem sentenças normativas, acordos e convenções coletivas, inclusive as ações envolvendo sindicato patronal e empresa, tendo por objetivo pretensões referentes a obrigações de pagar, fazer ou não fazer constantes de convenções, acordos coletivos ou sentenças normativas.

A competência funcional é do primeiro grau de jurisdição, uma vez que não se trata de ação coletiva. Além disso, provimento buscado é condenatório.

Segundo o art. 872 da CLT, podem propor a ação de cumprimento os empregados, individualmente, ou em litisconsórcio ativo facultativo e o sindicato da categoria.

Para alguns autores, a legitimidade do sindicato para propositura da ação de cumprimento advém da lei (*ad litem*). Para o entendimento majoritário, trata-se de substituição processual, uma vez que o Sindicato pleiteia em nome próprio direito alheio (art. 18 do CPC).

De nossa parte, efetivamente, o Sindicato, na ação de cumprimento, atua como substituto processual, pois defende direitos individuais de seus associados, quais sejam: direitos individuais homogêneos que têm origem comum. Além disso, o direito não pertence ao sindicato e sim aos trabalhadores. A legitimidade do Sindicato se dá por força de lei (arts. 8º, III, da CF, e 872, parágrafo único, da CLT).

De outro lado, pensamos que, a teor do disposto no inciso III do art. 8º da CLT e do cancelamento da Súmula 310 pelo TST, a substituição processual da categoria também abrange os não associados na ação de cumprimento.

A jurisprudência tem fixado entendimento no sentido de que o número de substituídos na ação de cumprimento possa ser limitado para não prejudicar a celeridade processual e a efetividade do processo.

Por falta de menção no parágrafo único do art. 872 da CLT, a jurisprudência havia fixado entendimento no sentido de que a Federação não detém legitimidade para atuar na qualidade de substituta processual na ação de cumprimento.

Caso a categoria não seja organizada por Sindicato, não há vedação para que a Federação atue como substituta processual, uma vez que o art. 872, parágrafo único, da CLT não veda. Além disso, pensamos que o termo sindicato deve ser interpretado como entidade sindical, o que abrange as federações e confederações sindicais.

O TST, em boa hora, cancelou a Súmula 359 de sua jurisprudência, que vedava a substituição processual pela Federação. Dizia a referida Súmula:

> "SUBSTITUIÇÃO PROCESSUAL. AÇÃO DE CUMPRIMENTO. ART. 872, PARÁGRAFO ÚNICO, DA CLT. FEDERAÇÃO. LEGITIMIDADE – CANCELADA – Res. n. 121/2003, *DJ* 21.11.2003 – A federação não tem legitimidade para ajuizar a ação de cumprimento prevista no art. 872, parágrafo único, da CLT na qualidade de substituto processual da categoria profissional inorganizada."

Na ação de cumprimento, não há dilação probatória, uma vez que a prova é documental e pré-constituída. Deve o autor juntar aos autos cópia do instrumento normativo e por parte do réu também é documental, qual seja, o cumprimento dos pedidos postulados pelo autor.

Nesse sentido, destacamos a seguinte ementa oriunda da mais alta corte trabalhista do país, *in verbis*:

> "AGRAVO DE INSTRUMENTO EM RECURSO DE REVISTA EM FACE DE DECISÃO PUBLICADA ANTES DA VIGÊNCIA DA LEI N. 13.015/2014. NEGATIVA DE PRESTAÇÃO JURISDICIONAL. AUSÊNCIA DE OPOSIÇÃO DE EMBARGOS DE DECLARAÇÃO. PRECLUSÃO. A análise do acórdão regional revela que, conquanto ausente pronunciamento do Tribunal a quo acerca das diversas questões agora suscitadas pelo Sindicato autor, não houve oposição dos competentes embargos de declaração, no intuito de viabilizar a indispensável manifestação daquela Corte acerca dos referidos temas, a incidir a preclusão, nos moldes da Súmula n. 184 desta Corte. Agravo de instrumento a que se nega provimento. AÇÃO DE CUMPRIMENTO. ALEGAÇÃO DE INOBSERVÂNCIA DE DIREITOS TRABALHISTAS PREVISTOS EM LEI. INADEQUAÇÃO DA VIA ELEITA E AUSÊNCIA DE PROVA DOS FATOS

> ALEGADOS. PRETENSÃO À DILAÇÃO PROBATÓRIA. Em se tratando de ação de cumprimento, sujeita a rito especial, exige-se prova documental e pré-constituída da inobservância de obrigação prevista em sentença normativa ou de cláusula pactuada em acordo coletivo ou convenção coletiva de trabalho. Precedentes. Assim, não se justifica a pretensão de reabertura da instrução processual, como meio de promover a dilação probatória, nem se admite a intenção de transferir a responsabilidade quanto à produção de provas ao Poder Judiciário ou ao Ministério Público do Trabalho, como forma de eximir a entidade sindical de seu ônus. Ademais, na presente hipótese, ao contrário do que sugere o agravante, não se discute a legitimidade da entidade sindical para atuar em defesa de direitos individuais homogêneos da categoria profissional que representa, tampouco para propor ação de cumprimento, pois a improcedência dos pedidos decorreu da ausência de prova dos fatos alegados na inicial. Acrescente-se, ainda, a inadequação da via eleita, em relação às alegações de inobservância de direitos previstos em lei, a qual não enseja a propositura da presente ação. Incólumes os dispositivos invocados. Agravo de instrumento a que se nega provimento. HONORÁRIOS ADVOCATÍCIOS. Mantida a improcedência dos pedidos formulados na presente ação de cumprimento, não há como se deferir os honorários advocatícios, porquanto ausente sucumbência da ré, independentemente de se verificar a efetiva atuação do sindicato. Agravo de instrumento a que se nega provimento" (TST – Processo: AIRR – 271500-84.2009.5.02.0087 – Data de Julgamento: 5.10.2016, relator Ministro: Cláudio Mascarenhas Brandão, 7ª Turma, Data de Publicação: *DEJT* 14.10.2016).

Nos termos da Súmula 350 do C. TST: "PRESCRIÇÃO. TERMO INICIAL. AÇÃO DE CUMPRIMENTO. SENTENÇA NORMATIVA – O prazo de prescrição com relação à ação de cumprimento de decisão normativa flui apenas da data de seu trânsito em julgado" (Res. n. 62/1996, *DJ* 4.10.1996).

O prazo prescricional é de dois anos contados do trânsito em julgado da sentença normativa, não obstante a execução da sentença normativa independa do trânsito em julgado do dissídio coletivo.

26. DA SUBSTITUIÇÃO PROCESSUAL (LEGITIMIDADE EXTRAORDINÁRIA) E ATUAÇÃO DO SINDICATO

A substituição processual, também chamada de legitimidade extraordinária ou anômala, "consiste na possibilidade de alguém vir a juízo postular em nome próprio direito alheio. Tal instituto não se confunde com a representação processual, pois o substituto age em nome próprio".

Dispõe o art. 18 do CPC: "Ninguém poderá pleitear direito alheio em nome próprio, salvo quando autorizado pelo ordenamento jurídico. Parágrafo único. Havendo substituição processual, o substituído poderá intervir como assistente litisconsorcial".

Diz-se da legitimidade ordinária quando há coincidência entre a legitimação de direito material e a legitimidade para estar em juízo. Na legitimidade extraordinária, aquele que tem legitimidade para estar no processo como parte não é o que se afirma titular do direito material discutido em juízo. A dicotomia entre legitimação ordinária e extraordinária só tem pertinência no direito individual, no qual existe pessoa determinada a ser substituída[101].

Diante da falta de exigência legal, basta que a lei autorize, para que o substituto processual possa atuar em juízo, independentemente de qualquer relação jurídica de direito material entre substituído e substituto.

O Direito Processual Civil brasileiro somente permite a substituição processual legal, sendo inválida cláusula contratual que obrigue o substituto a agir.

O substituto, defendendo direito alheio, poderá praticar todos os atos processuais (postular, responder, recorrer, executar a decisão), exceto transigir, renunciar e reconhecer juridicamente o pedido, pois o direito não lhe pertence. De outro lado, havendo anuência do substituído, o substituto poderá renunciar ou transigir.

A legitimidade do substituído é concorrente (pois o direito lhe pertence), podendo integrar a lide na qualidade de assistente litisconsorcial. Nesse sentido, é o parágrafo único do art. 18 do CPC. Não obstante, não há exigência legal de intimação do substituído para querendo integrar a lide. Por isso, a intervenção do assistido deve ser espontânea.

O referido instituto não se confunde com representação processual, pois o representante defende em nome alheio direito alheio, vale dizer: age como verdadeiro mandatário da parte. Já o substituto defende em nome próprio direito alheio.

---

101. NERY JUNIOR, Nelson. *Código de Processo Civil comentado.* 10. ed. São Paulo: RT, 2007. p. 178.

Dispõe o art. 8º, III, da CF:

> "Ao sindicato cabe a defesa dos direitos e interesses coletivos ou individuais da categoria, inclusive em questões judiciais ou administrativas."

Diante da magnitude do citado dispositivo constitucional, alguns autores chegam a defender a existência do chamado princípio da coletivização das ações no processo do trabalho, em razão do histórico protagonismo sindical na defesa dos direitos trabalhistas dos integrantes da categoria.

Durante muito tempo, a jurisprudência, principalmente do Tribunal Superior, foi refratária ao admitir que o referido dispositivo constitucional consagrava a substituição processual pelo Sindicato, argumentando que o Sindicato somente poderia substituir processualmente os membros da categoria mediante autorização de lei infraconstitucional.

Nesse sentido, dispunha a Súmula 310 do C. TST, hoje cancelada, *in verbis*:

> "SUBSTITUIÇÃO PROCESSUAL. SINDICATO. CANCELADA – Res. n. 119/2003, DJ 1º.10.2003 – I – O art. 8º, inciso III, da Constituição da República não assegura a substituição processual pelo sindicato; II – A substituição processual autorizada ao sindicato pelas Leis ns. 6.708, de 30.10.1979, e 7.238, de 29.10.1984, limitada aos associados, restringe-se às demandas que visem aos reajustes salariais previstos em lei, ajuizadas até 3.7.1989, data em que entrou em vigor a Lei n. 7.788; III – A Lei n. 7.788/1989, em seu art. 8º, assegurou, durante sua vigência, a legitimidade do sindicato como substituto processual da categoria; IV – A substituição processual autorizada pela Lei n. 8.073, de 30.7.1990, ao sindicato alcança todos os integrantes da categoria e é restrita às demandas que visem à satisfação de reajustes salariais específicos resultantes de disposição prevista em lei de política salarial; V – Em qualquer ação proposta pelo sindicato como substituto processual, todos os substituídos serão individualizados na petição inicial e, para o início da execução, devidamente identificados pelo número da Carteira de Trabalho e Previdência Social ou de qualquer documento de identidade; VI – É lícito aos substituídos integrar a lide como assistente litisconsorcial, acordar, transigir e renunciar, independentemente de autorização ou anuência do substituto; VII – Na liquidação da sentença exequenda, promovida pelo substituto, serão individualizados os valores devidos a cada substituído, cujos depósitos para quitação serão levantados através de guias expedidas

> em seu nome ou de procurador com poderes especiais para esse fim, inclusive nas ações de cumprimento; VIII – Quando o sindicato for o autor da ação na condição de substituto processual, não serão devidos honorários advocatícios."

Posteriormente, em razão de vários pronunciamentos do Supremo Tribunal[102] em sentido contrário, e também da posição majoritária da doutrina, o Tribunal Superior do Trabalho acabou por cancelar a referida Súmula 310, sendo o entendimento atual da jurisprudência trabalhista no sentido de que o inciso III do art. 8º da CF consagrou a substituição processual pelo Sindicato de forma ampla no Processo do Trabalho.

O art. 81 da Lei 8.078/90, que é aplicável ao Processo do Trabalho (art. 769 da CLT), define, por meio de interpretação autêntica, os interesses individuais homogêneos. Com efeito, aduz o referido dispositivo legal:

> "A defesa dos interesses e direitos dos consumidores e das vítimas poderá ser exercida em juízo individualmente, ou a título coletivo. Parágrafo único. A defesa coletiva será exercida quando se tratar de: [...] III – interesses individuais homogêneos, assim entendidos os decorrentes de origem comum"[103].

Desse modo, de acordo com a atual posição do STF, pensamos que o art. 8º, III, consagrou a substituição processual dos membros da categoria (associados e não associados) para os direitos individuais homogêneos dos substituídos, vale dizer: os que têm origem comum, pois se originam da mesma situação fática ou jurídica, cujos titulares são determinados e o interesse é divisível. Não há a necessidade de que as lesões sejam contemporâneas, ou seja, que ocorram na mesma unidade temporal. O número de lesões deve ser considerável, vale dizer: deve atingir várias pessoas. Embora a lei não preveja tal requisito, ele vem sendo exigido pela doutrina e jurisprudência para diferenciá-lo dos institutos dos litisconsórcios e da representação processual.

Além da origem comum, há ainda o pressuposto da homogeneidade, qual seja: *o predomínio das questões comuns sobre as questões individuais*. Desse modo, não há necessidade de que os direitos individuais sejam idênticos, mas

102. Tema 823 da Repercussão Geral do STF: "Os sindicatos possuem ampla legitimidade extraordinária para defender em juízo os direitos e interesses coletivos ou individuais dos integrantes da categoria que representam, inclusive nas liquidações e execuções de sentença, independentemente de autorização dos substituídos".
103. Tanto o inciso VI do art. 6º como o art. 81, ambos da Lei 8.078/90, são aplicáveis ao Direito Material e ao Direito Processual do Trabalho, por força dos arts. 8º e 769, ambos da CLT.

que derivem do mesmo fato ou direito, e predominem as questões comuns sobre as singularidades de cada titular.

Pelo exposto, interesses individuais homogêneos são aqueles que *se originam da mesma situação fática ou jurídica, cujos titulares são determinados, o interesse seja divisível e as questões comuns predominem sobre as individuais.*

Diante do exposto, para que esteja configurado o interesse individual homogêneo, há necessidade da concomitância dos seguintes elementos:

a) origem comum: que os interesses sejam oriundos da mesma situação de fato ou de direito;

b) o número de lesões deve ser considerável, vale dizer: deve atingir várias pessoas;

c) o interesse é divisível e disponível;

d) os titulares são determinados;

e) predomínio das questões comuns sobre as questões individuais.

O Tribunal Superior do Trabalho firmou jurisprudência nesse sentido, conforme se constata das seguintes ementas:

> "AGRAVO DE INSTRUMENTO DO RÉU. RECURSO DE REVISTA. SINDICATO. LEGITIMIDADE ATIVA. SUBSTITUIÇÃO PROCESSUAL. ART. 8º, III, DA CONSTITUIÇÃO FEDERAL – ALCANCE. REVISÃO DA SÚMULA Nº 310/TST – EFEITO. PRECEDENTES DO PLENÁRIO DO STF. O art. 8º da Constituição Federal, textualmente, pontua, no "caput", que "é livre a associação profissional ou sindical", esclarecendo, no inciso III, que "ao sindicato cabe a defesa dos direitos e interesses coletivos ou individuais da categoria, inclusive em questões judiciais ou administrativas". Não se pode deixar de notar que o legislador constituinte, buscando, justamente, preservar a liberdade de associação sindical, enquanto intentava o fortalecimento do sistema, não restringiu aos associados a função representativa do sindicato. Antes, elasteceu-a, expressamente, de forma a abranger toda a categoria, em todos os seus direitos e interesses individuais e coletivos. Ao manter-se o regramento sindical atrelado à unicidade, à liberdade de associação e à contribuição compulsoriamente exigível à categoria, na Constituição de 1988, não se pode conceber que a atuação sindical, em Juízo, esteja restrita, sob qualquer nível, de um lado, aos associados e, de outro, a determinados direitos. De outro norte, a natureza social do Direito

do Trabalho faz necessária tal prerrogativa, em face da qualidade de interesses representados, viabilizando a reunião de pretensões individuais em um único processo, de forma a favorecer o acesso ao Judiciário e a economia e celeridade processuais. O Pretório Excelso, em controle difuso de constitucionalidade, tem adotado o mesmo entendimento. Na busca de interpretação do art. 8º, III, da Carta Magna, chega-se à conclusão de que, para postular qualquer direito relacionado ao vínculo empregatício, o sindicato profissional tem legitimação extraordinária plena para agir no interesse de toda a categoria. Agravo de instrumento conhecido e desprovido" (TST -RRAg-626-45.2014.5.08.0013, 3ª Turma, Relator Ministro Jose Roberto Freire Pimenta, *DEJT* 24/06/2022).

"RECURSO DE REVISTA INTERPOSTO PELO SINDICATO DOS EMPREGADOS EM ESTABELECIMENTOS BANCÁRIOS DE NOVA FRIBURGO/RJ. ACÓRDÃO REGIONAL PUBLICADO NA VIGÊNCIA DAS LEIS Nºs 13.015/2014 E 13.467/2017. 1. LEGITIMIDADE ATIVA. DEMANDA AJUIZADA POR SINDICATO. SUBSTITUIÇÃO PROCESSUAL. DEFESA DE INTERESSES INDIVIDUAIS HOMOGÊNEOS. INTERVALO INTRAJORNADA. CONCESSÃO PARCIAL. PAGAMENTO INTEGRAL. POSSIBILIDADE. TRANSCENDÊNCIA POLÍTICA RECONHECIDA. TEMA 823 DA TABELA DE TEMAS DE REPERCUSSÃO GERAL DO STF. CONHECIMENTO E PROVIMENTO. I. Esta Corte Superior tem decidido reiteradamente que, na condição de substituto processual dos trabalhadores, o sindicato tem legitimidade ativa para postular verbas trabalhistas na hipótese em que a lesão tem origem comum e atinge a coletividade dos empregados representados pelo sindicato. Este Tribunal tem entendido que pretensões como essas configuram direitos individuais homogêneos e, com fundamento no art. 8º, III, da Constituição Federal, tem declarado que o sindicato está habilitado a defendê-los em juízo, na qualidade de substituto processual. Tal entendimento decorre da observância do efeito vinculante e eficácia erga omnes das decisões proferidas pelo STF em sistemática de repercussão geral, no caso, o Tema 823: 'Os sindicatos possuem ampla legitimidade extraordinária para defender em juízo os direitos e interesses coletivos ou individuais dos integrantes da categoria que representam, inclusive nas liquidações e execuções de sentença, independentemente de autorização dos substituídos'. As teses fixadas pelo Pleno do Supremo Tribunal Federal em julgamento de recursos extraordinários em sistemática de repercussão geral devem ser aplicadas por todos os órgãos do Poder Judiciário, pois delas decorrem uma 'qualificada força impositiva e obrigatória' (Tema RG 733), cuja observância deve ocorrer até a estabilização da coisa julgada, sob pena da decisão se revestir de 'vício qualificado de inconstitucionalidade' (Tema RG 360) II. No caso em exame, embora o Tribunal Regional tenha decidido que a parcela vindicada constitui direito individual heterogêneo, que demanda dilação probatória individualizada, conclui-se do processado que se trata de direito individual homogêneo, pois o direito postulado decorre de situação de fato em comum (horas extras decorrentes do exercício de cargo específico denominado 'SUPERVISORES DE ATENDIMENTO'). Assim, sendo idêntico o fato em que se funda o pedido, é cabível a substituição processual. III. Ao negar a legitimidade do Sindicato-Reclamante para postular, na condição de substituto processual, as horas extras prestadas após a sexta hora de trabalho, em razão do exercício (ou não) de cargo de confiança, o Tribunal Regional violou o art. 8º, III, da Constituição Federal, porquanto se extrai do acórdão que as lesões sofridas pelos trabalhadores substituídos têm origem em conduta comum da Empresa-Reclamada. IV. Recurso de revista de que se conhece, por violação do art. 8º, III, da CF/88, com a interpretação conforme atribuída pelo STF no Tema 823 da repercussão geral, e a que se dá provimento" (TST – RR-101327-59.2017.5.01.0512, 4ª Turma, Relator Ministro Alexandre Luiz Ramos, *DEJT* 13/05/2022).

Como exemplos de interesses ou direitos individuais homogêneos na esfera trabalhista, objeto de defesa pelo Sindicato por meio da substituição processual, temos pedidos de pagamento de adicionais de periculosidade e insalubridade a trabalhadores de uma empresa, pagamento de horas extras etc.

Para a defesa dos interesses coletivos e difusos, a doutrina tem se posicionado no sentido de ser autônoma a legitimação do sindicato por força do inciso III do art. 8º da CF, vale dizer: para atuar o Sindicato como representante legal da categoria, cujo mandato é dado pela lei (*ad litem*). Já para a defesa dos direitos individuais homogêneos, por serem disponíveis e os titulares determinados, a legitimidade do Sindicato é extraordinária, vale dizer: atua como substituto processual, uma vez que o direito discutido em juízo não lhe pertence.

Para alguns autores, a ação coletiva para a defesa de interesses individuais homogêneos é apenas uma defesa coletiva de interesses individuais. Outros, como nós, pensam que essa ação tem forte cunho social e, portanto, transcende os interesses individuais dos envolvidos na ação.

Trata-se, em verdade, de um verdadeiro processo social, onde o acesso à justiça para os conflitos de massa é simplificado e mais próximo do jurisdicionado. É a justiça indo até o cidadão, colocando-lhe à disposição a tutela do seu direito. Além disso, como toda ação coletiva, as características ressarcitória, normativa e inibitória da tutela jurisdicional estão presentes com nitidez.

Pensamos que a finalidade teleológica do inciso III do art. 8º da CF foi de, efetivamente, conferir ao Sindicato a possibilidade de atuar de forma ampla na qualidade de substituto processual dos direitos individuais homogêneos da categoria, visando a:

a) conferir máxima efetividade ao dispositivo constitucional;
b) facilitar o acesso à Justiça do Trabalho dos trabalhadores;
c) evitar a proliferação de ações individuais sobre a mesma matéria;
d) promover a efetividade dos direitos sociais previstos na Constituição Federal e resguardar a dignidade da pessoa humana do trabalhador e os valores sociais do trabalho;
e) economia processual e máxima efetividade da Jurisdição trabalhista;
f) evitar decisões conflitantes sobre a mesma matéria;
g) interromper a prescrição para demandas com mesma origem do direito;
h) impedir que o empregado sofra retaliações do empregador ao ingressar com uma ação individual durante a vigência do contrato de trabalho.

Ao contrário do que entendem alguns, acreditamos que o Sindicato não possa substituir processualmente um único trabalhador, pois é missão institucional e constitucional do Sindicato defender os interesses individuais e coletivos da categoria (art. 8º, III, da CF), e não um único trabalhador. Para tal desiderato, existe o instituto da representação processual (art. 791, § 1º, da CLT) e também a prestação da assistência judiciária pelo Sindicato.

A questão, no entanto, não é pacífica, há posicionamentos recentes do Tribunal Superior do Trabalho no sentido de que a substituição processual prevista no art. 8º, III, da CF é ampla, podendo abranger um único trabalhador. Nesse sentido, destaca-se a seguinte ementa:

> "RECURSO DE REVISTA. LEGITIMIDADE ATIVA DO SINDICATO DA CATEGORIA PROFISSIONAL. SUBSTITUIÇÃO PROCESSUAL

DE UM ÚNICO REPRESENTADO. DIREITOS INDIVIDUAIS. O reconhecimento da legitimidade ativa do sindicato da categoria profissional para pleitear direitos individuais homogêneos guarda sintonia com a jurisprudência desta Corte Superior e do Supremo Tribunal Federal. O art. 8º, inciso III, da Constituição Federal assegura aos sindicatos a possibilidade de substituição processual ampla e irrestrita para agir no interesse de toda a categoria. Ressalto que o fato de ser titular da pretensão de direito material apenas um empregado não impossibilita o sindicato de, no exercício de sua atribuição assegurada constitucionalmente, definir em que ocasiões vai exercitá-la, diante do interesse subjacente. Se a Constituição não a limita, não pode o magistrado restringi-la, sob pena de contrariar o princípio da máxima efetividade que caracteriza a sua hermenêutica. Recurso de revista de que se conhece e a que se dá provimento" (TST – RR – 397-89.2010.5.03.0102, rel. Ministro: Cláudio Mascarenhas Brandão, Data de Julgamento: 21.5.2014, 7ª Turma, Data de Publicação: *DEJT* 23.5.2014).

Proposta a ação para a defesa de interesses individuais homogêneos, o Sindicato deve publicar Editais e dar ciência a todos os membros da categoria para que, se quiserem, possam intervir no feito, ou requererem a suspensão de suas ações individuais sobre a mesma matéria para aguardar o desfecho da ação coletiva, nos termos do art. 94 da Lei 8.078/90, *in verbis*:

> "Proposta a ação, será publicado edital no órgão oficial, a fim de que os interessados possam intervir no processo como litisconsortes, sem prejuízo de ampla divulgação pelos meios de comunicação social por parte dos órgãos de defesa do consumidor."

Caso a entidade sindical não publique o Edital, deve o Juiz do Trabalho tomar a iniciativa de ofício, em compasso com o impulso oficial que possui (art. 765 da CLT).

A ampla publicidade da existência da ação civil coletiva tem por finalidade informar os trabalhadores substituídos para que, querendo, ingressem na ação na qualidade de litisconsortes passivos, ou requeiram a suspensão de suas ações individuais com o mesmo objeto para que possam se valer dos benefícios da coisa julgada na ação coletiva.

A legitimidade do Sindicato para atuar como substituto processual não é exclusiva, e sim concorrente com as demais entidades mencionadas no art. 82 da Lei 8.078/90. Também não inibe que cada lesado, individualmente, faça uso de ação individual.

Após mudança de opinião, entende, corretamente, o Tribunal Superior do Trabalho que nas ações em que o sindicato atua como substituto processual são devidos honorários advocatícios. Esse entendimento fortalece a substituição processual na Justiça do Trabalho, valoriza a atuação sindical e propicia acesso mais efetivo à justiça. No aspecto, dispõe o inciso III da Súmula 219 do Tribunal Superior do Trabalho, *in verbis*:

> "São devidos os honorários advocatícios nas causas em que o ente sindical figure como substituto processual e nas lides que não derivem da relação de emprego."

No mesmo sentido, a Lei 13.467/17 que acrescentou o art. 791-A da CLT assevera, em seu § 1º, que são devidos honorários advocatícios nas ações em que a parte estiver substituída por sindicato de sua categoria. Nesta hipótese, os honorários são devidos ao advogado da entidade sindical.

Atualmente, a jurisprudência não vem exigindo o rol de substituídos juntado à inicial quando o Sindicato atua como substituto processual dos trabalhadores da categoria, em razão da autorização constitucional para a defesa de direitos individuais homogêneos. Além disso, não há efetividade em se exigir a individualização dos substituídos na inicial, pois tal acontecerá na liquidação e futura execução. De outro lado, a finalidade da substituição processual é a obtenção de sentença genérica, não obstando o direito individual de ação do substituído.

De outro lado, pensamos que, em algumas situações, máxime quando a substituição processual pelo Sindicato não envolver direitos individuais homogêneos, e sim direitos de alguns trabalhadores da categoria, mormente quando houver necessidade de produção de prova oral e envolver situação pessoal, o rol de substituídos poderá ser exigido pelo juiz, para a possibilidade de maior conhecimento da causa e não inviabilizar o direito de defesa do reclamado.

Em se tratando de defesa de direitos individuais homogêneos por parte de Associação sem caráter sindical, a jurisprudência do Supremo Tribunal Federal tem exigido o rol de substituídos, aplicando-se, no aspecto, o instituto da representação processual. Cita-se, como exemplo, a seguinte ementa:

> REPRESENTAÇÃO – ASSOCIADOS – ARTIGO 5º, INCISO XXI, DA CONSTITUIÇÃO FEDERAL. ALCANCE. O disposto no artigo 5º, inciso XXI, da Carta da República encerra representação específica, não alcançando previsão genérica do estatuto da associação a revelar

a defesa dos interesses dos associados. TÍTULO EXECUTIVO JUDICIAL – ASSOCIAÇÃO – BENEFICIÁRIOS. As balizas subjetivas do título judicial, formalizado em ação proposta por associação, é definida pela representação no processo de conhecimento, presente a autorização expressa dos associados e a lista destes juntada à inicial. STF. PLENÁRIO RECURSO EXTRAORDINÁRIO 573.232. Rel. Min. MARCO AURÉLIO. DJ. 14/05/2014.

A sentença proferida na ação em que se postula a defesa de interesses individuais homogêneos é genérica, conforme dispõe o art. 95 da Lei 8.078/90, *in verbis*:

"Em caso de procedência do pedido, a condenação será genérica, fixando a responsabilidade do réu pelos danos causados."

Cumpre destacar, entretanto, que a generalidade da sentença se dá quanto ao valor (*quantum debeatur*) e quanto aos titulares individuais do direito, mas quanto à obrigação de indenizar ela é certa (*an debeatur*).

A sentença genérica é sem rosto, pois os titulares do direito não são identificados, o que será realizado na fase de liquidação. Ao contrário do que ocorre com as *class action* norte-americanas, onde o juízo desde logo faz a quantificação das lesões dos danos, ou seja, já profere a sentença líquida[104], o Direito Brasileiro optou pela sentença genérica, vale dizer: sem quantificar os valores.

Como se trata de ação especial, a liquidação será processada pela sistemática da Lei 8.078/90, complementada pelos procedimentos da CLT e do Código de Processo Civil.

A Consolidação das Leis do Trabalho admite a liquidação por artigos (art. 879, *caput*), mas não disciplina seu procedimento. Portanto, necessário recorrer ao Código de Processo Civil (art. 769 da CLT).

Assevera o art. 509, II, do CPC:

"Quando a sentença condenar ao pagamento de quantia ilíquida, proceder-se-á à sua liquidação, a requerimento do credor ou do devedor:

(...) II – pelo procedimento comum, quando houver necessidade de alegar e provar fato novo."

104. BEZERRA LEITE, Carlos Henrique. *Liquidação na ação civil pública:* o processo e a efetividade dos direitos humanos. Enfoques civis e trabalhistas. São Paulo: LTr, 2004. p. 154.

O CPC de 2015 substitui a expressão liquidação por artigos, consagrada no CPC anterior, por liquidação pelo procedimento comum. Entretanto, manteve a mesma sistemática do procedimento.

Fato novo é o fato reconhecido na sentença de forma genérica, mas que necessita ser detalhado na fase de liquidação. Por exemplo: a condenação apenas determina: uma indenização, horas extras, danos morais etc., mas, para apurar o valor, há a necessidade de se determinar sua extensão por meio de prova de outros fatos constitutivos. Na liquidação por artigos em que a sentença determina apenas uma indenização, irá se apurar o montante dos danos e se fixar o valor devido, após prova dos danos.

O rito da liquidação por artigos é o mesmo da fase de conhecimento. Assim, se o processo for pelo rito ordinário, a liquidação terá de seguir o mesmo rito, se sumaríssimo ou sumário deverá seguir o mesmo rito.

Parte significativa da doutrina sustenta a impossibilidade de o Juiz do Trabalho proferir sentença líquida em se tratando de direitos individuais homogêneos, uma vez que não há necessidade de se juntar o rol de substituídos e também por não ser da essência do processo coletivo a individualização de cada pretensão. De outro lado, já há, na doutrina, vozes de relevo, sustentando a possibilidade de o ente legitimado formular pedido líquido e o juiz individualizar as condenações na sentença.

De nossa parte, no processo do trabalho, não há vedação para Juiz do Trabalho proferir sentença líquida em se tratando de ação coletiva para a defesa de interesses individuais homogêneos. Entretanto, isso vai depender, em muito, da habilidade em se elaborar a petição inicial, com a individualização dos substituídos, de cada pretensão, bem como de seus valores. Isso é possível quando se trate de uma única parcela postulada, como adicional de insalubridade, concessão de plano de saúde etc. Nesse sentido, aliás, possibilita o inciso V da Súmula 310 do TST que, embora cancelado, pode ser aplicado, facultativamente, pois compatível com a sistemática do processo do trabalho. Com efeito, dispõe o referido verbete Sumular: "Em qualquer ação proposta pelo sindicato como substituto processual, todos os substituídos serão individualizados na petição inicial e, para o início da execução, devidamente identificados pelo número da Carteira de Trabalho e Previdência Social ou de qualquer documento de identidade".

Dispõe o art. 97 da Lei 8.078/90:

> "A liquidação e a execução de sentença poderão ser promovidas pela vítima e seus sucessores, assim como pelos legitimados de que trata o art. 82."

Conforme o citado art. 97, a liquidação e a execução para os direitos individuais homogêneos podem ser coletivas ou individuais. Se coletivas, os legitimados a propor a ação de conhecimento (art. 82 da Lei 8.078/90) poderão liquidar a decisão e executá-la.

Discute-se, na doutrina e na jurisprudência, qual a natureza da legitimidade para liquidação e execução coletivas. Para alguns, trata-se de substituição processual, da mesma forma que a fase de conhecimento, para outros, de representação, pois os titulares individuais devem ser qualificados, bem como individualizados as parcelas e os valores de cada um.

De nossa parte, embora a questão seja semelhante à representação processual, mantém a natureza de substituição processual, mas o ente legitimado deve qualificar os titulares das pretensões e individualizar os valores devidos para cada um.

A liquidação e a execução poderão ser propostas tanto no local onde tramita a ação como no foro do domicílio do liquidante, nos termos do parágrafo único do art. 97 da Lei 8.078/90, que dispõe:

> "A liquidação de sentença, que será por artigos, poderá ser promovida no foro do domicílio do liquidante, cabendo-lhe provar, tão só, o nexo de causalidade, o dano e seu montante (vetado)."

Embora o referido dispositivo tenha sido vetado pelo Presidente da República, a doutrina fixou entendimento de que o veto presidencial, no aspecto da competência, não gerou efeito, uma vez que inciso I do § 2º do art. 98 da Lei 8.078/90 assevera que é competente para a execução o juízo da liquidação da sentença ou da ação condenatória, no caso de execução individual, possibilitando, com isso, que a liquidação e a execução possam ser promovidas em foro diverso da sentença. No mesmo sentido, o inciso I do art. 100 da Lei 8.078/90:

> "Na ação de responsabilidade civil do fornecedor de produtos e serviços, sem prejuízo do disposto nos Capítulos I e II deste Título, serão observadas as seguintes normas: I – a ação pode ser proposta no domicílio do autor [...]."

Diante do exposto, a interpretação sistemática dos incisos I do art. 100 da Lei 8.078/90, e inciso I do § 2º do art. 98 sinaliza-nos na possibilidade da competência do local do domicílio do autor.

No processo do trabalho, a fim de facilitar o acesso do trabalhador à justiça, e conferir máxima efetividade às ações coletivas, a liquidação e a execução individuais da sentença para direitos individuais homogêneos poderão ser propostas: a) no local da sentença; b) no foro do domicílio do liquidante; c) no local da prestação de serviço, nos termos do art. 651 da CLT. Ambos os locais terão competência concorrente, não se aplicando, aqui, a regra da competência absoluta.

O prazo prescricional para a propositura da liquidação é o fixado no art. 7º, inciso XXIX, da Constituição Federal.

Em sendo a execução individual, fixado o valor, em regular liquidação por artigos, a execução seguirá a sistemática da execução por quantia prevista na CLT (art. 876 e seguintes), observando-se as normas do processo civil, principalmente as referentes ao cumprimento da sentença previsto no CPC quando propiciarem maior efetividade, simplicidade e celeridade à execução.

Se a execução for coletiva, aplicar-se-á o art. 98 da Lei 8.078/90, *in verbis*:

> "A execução poderá ser coletiva, sendo promovida pelos legitimados de que trata o art. 82, abrangendo as vítimas cujas indenizações já tiverem sido fixadas em sentença de liquidação, sem prejuízo do ajuizamento de outras execuções. § 1º A execução coletiva far-se-á com base em certidão das sentenças de liquidação, da qual deverá constar a ocorrência ou não do trânsito em julgado. § 2º É competente para a execução o juízo: I – da liquidação da sentença ou da ação condenatória, no caso de execução individual; II – da ação condenatória, quando coletiva a execução."

A execução das sentenças de liquidação poderão ser: a) individuais, promovidas pelo próprio titular do direito a serem propostas no local onde fora prolatada a sentença, no domicílio do exequente ou no local da prestação de serviços (art. 651 da CLT); b) coletiva, proposta pelos legitimados mencionados no art. 82 da Lei 8.078/90, a ser submetida à apreciação no foro da ação coletiva de conhecimento, com base nas certidões de liquidação de sentença.

A execução individual segue o rito da CLT, subsidiariamente, aplicando-se a Lei 6.830/80 e o Código de Processo Civil (art. 889 da CLT).

Na execução coletiva, deve o magistrado trabalhista se valer do impulso oficial com mais intensidade (art. 878 da CLT), adaptar o procedimento às necessidades da tutela mais efetiva do direito, realizar audiências para buscar a conciliação ou sanear o processo e aplicar as regras processuais que sejam mais adequadas à materialização do direito.

Há respeitáveis entendimentos no sentido de que, atuando o sindicato como substituto processual, a ação coletiva não tem o condão de interromper a prescrição para o substituído que pretende postular o mesmo direito em ação individual. Argumentam que o Sindicato, na referida ação, não é parte no sentido material, mas sim no sentido formal e, portanto, o direito discutido em juízo não lhe pertence.

Não obstante o respeito que merece o entendimento acima, pensamos de forma diversa. Com efeito, mesmo havendo substituição processual, o direito do substituído foi posto em juízo. Embora a parte em sentido material não tenha vindo ao Judiciário, sua pretensão foi defendida pelo Sindicato que tem autorização legal (arts. 8º, III, *a*, da CF, e 18 do CPC) para postulá-la em juízo e, portanto, este ato do Sindicato é suficiente para interromper a prescrição. Além disso, tal entendimento está em consonância com o princípio da melhoria da condição social do trabalhador (art. 7º, *caput*, da CF) e do acesso deste ao judiciário trabalhista (art. 5º, XXXV, da CF).

Portanto, a ação movida pelo Sindicato, na qualidade de substituto processual, tem o condão de interromper a prescrição para as ações individuais propostas pelos substituídos com o mesmo objeto.

Nessa esteira, a OJ 359 da SDI-I do C. TST:

> "SUBSTITUIÇÃO PROCESSUAL. SINDICATO. LEGITIMIDADE. PRESCRIÇÃO. INTERRUPÇÃO. *DJ* 14.3.2008. A ação movida por sindicato, na qualidade de substituto processual, interrompe a prescrição, ainda que tenha sido considerado parte ilegítima *ad causam*."

27. DA GREVE

27.1. Conceito e origens

A greve guarda raízes com o próprio surgimento do Direito do Trabalho, pois foi por meio da coalizão da classe trabalhadora que começaram a surgir as primeiras normas de proteção ao trabalho humano. Já foi considerada um delito. Lembra *Renato Rua de Almeida*[105] que o Código Penal francês

---

105. ALMEIDA, Renato Rua de. Visão histórica da liberdade sindical. *In: Revista Legislação do Trabalho*. São Paulo: LTr, ano 70, v. 03, 2006. p. 363.

penalizou, em 1810, toda forma de organização associativa ou ação coletiva dos trabalhadores.

Foi somente em 1825, na Inglaterra, e em 1864, na França, que as coalizações de trabalhadores por melhores condições de trabalho deixaram de ser consideradas como crime, embora a greve propriamente dita ainda continuasse como um delito[106].

A Constituição Federal de 1946, no art. 158, reconheceu o direito de greve, a ser regulado por lei. Atualmente, o art. 9º da Constituição Federal de 1988 assegura o direito de greve, como sendo um direito social da classe trabalhadora. Com efeito, dispõe o referido dispositivo constitucional:

> "É assegurado o direito de greve, competindo aos trabalhadores decidir sobre a oportunidade de exercê-lo e sobre os interesses que devam por meio dele defender. § 1º A lei definirá os serviços ou atividades essenciais e disporá sobre o atendimento das necessidades inadiáveis da comunidade. § 2º Os abusos cometidos sujeitam os responsáveis às penas da lei."

A greve pode ser definida como a paralisação coletiva (total ou parcial) dos trabalhadores, de forma temporária, com a finalidade de obtenção de melhores condições de trabalho.

Na visão de *Raimundo Simão de Melo*[107], "independente de ser um direito, é a greve um fato social, uma liberdade pública consistente na suspensão do trabalho, quer subordinado ou não, com o fim de se obter algum benefício de ordem econômica, social ou humana. É em suma o direito de não trabalhar".

Embora seja um direito social, e também um direito fundamental da classe trabalhadora, não se trata de um direito ilimitado, porquanto o § 2º do art. 9º da CF assevera que os abusos sujeitam os responsáveis às penas da lei.

A greve é classificada pela doutrina majoritária como um meio de autotutela para resolução do conflito coletivo de trabalho, uma vez que é um movimento de pressão da classe trabalhadora. Para outros, a greve não é propriamente um meio de solução dos conflitos coletivos de trabalho[108],

---

106. MELO, Raimundo Simão de. *A greve no direito brasileiro*. São Paulo: LTr, 2006. p. 21.
107. *Op. cit.*, p. 44.
108. Nesse sentido, adverte Pedro Paulo Teixeira Manus: "Trata-se de forma de solução do conflito coletivo de trabalho no sentido genérico da expressão, pois o exercício em si do direito de greve não significa a própria solução do conflito coletivo. Com efeito, podem os trabalhadores

mas uma forma de pressionar o empregador a negociar, ou até mesmo de levar o conflito à Justiça do Trabalho (Lei 7.783/89 e § 3º do art. 114 da CF).

Indiscutivelmente, o exercício do direito de greve tem reflexos em toda a sociedade, e muitas vezes é nefasto ao empregador, mas é um importante instrumento de pressão da classe trabalhadora. Lembra *Pedro Paulo Teixeira Manus*[109]: "diz-se que o sucesso será, em tese, quanto maior o poder de pressão dos trabalhadores, pois a despeito deste poder de certa categoria, é possível que em determinado momento a greve deflagrada não surta o efeito pretendido, por inúmeros fatores". Continua o referido autor[110]: "O sucesso da greve, assim como da guerra, depende muito mais da mobilização e da força do movimento do que da procedência ou relevância das reivindicações".

27.2. Greve dos servidores públicos

O Direito de Greve foi previsto para os servidores públicos civis no art. 37, VII, da CF, condicionado à lei complementar, que não fora editada. Posteriormente, a EC 18/98 condicionou o direito à edição de Lei Específica. Com efeito, dispõe o referido dispositivo constitucional:

> "A administração pública direta e indireta de qualquer dos Poderes da União, dos Estados, do Distrito Federal e dos Municípios obedecerá aos princípios de legalidade, impessoalidade, moralidade, publicidade e eficiência e, também, ao seguinte:
>
> (...) VII – o direito de greve será exercido nos termos e nos limites definidos em lei específica."

Há muitas discussões, tanto na doutrina como na jurisprudência, sobre a regulamentação da greve dos servidores públicos. Para alguns, como tem sido o entendimento predominante do STF, o direito não está regulamentado, pois depende da edição de lei específica. Para outros, aos quais nos filiamos, o Direito de Greve, por ser fundamental (art. 9º da CF), tem aplicabilidade imediata, inclusive para o servidor público[111]. Por isso, a lei específica a ser editada somente pode disciplinar e traçar requisitos para o exercício do

lançar mão da greve, que pode inclusive ser vitoriosa e nem por isso apresentar a solução para o conflito" (*Negociação coletiva e contrato individual de trabalho*. São Paulo: Atlas, 2001. p. 37).

109. MANUS, Pedro Paulo Teixeira. *Negociação coletiva e contrato individual de trabalho*. São Paulo: Atlas, 2001. p. 38.

110. *Op. cit.*, p. 43.

111. O art. 5º, § 1º, da CF determina que os direitos e garantias fundamentais têm aplicação imediata, independentemente de norma regulamentar. O referido dispositivo consagra as

direito, mas ele já tem aplicabilidade. Enquanto não houver a edição da lei específica, aplica-se, por analogia, a lei de greve (Lei 7.783/89). Portanto, no nosso sentir, o art. 37, VII, da Constituição encerra norma de eficácia contida, e não de eficácia limitada.

O Supremo Tribunal Federal, em decisão histórica, em 15.10.2007, *DJe* 31.10.08, por meio do Mandado de Injunção 712-8, determinou a aplicação da lei de greve do setor privado, para regulamentar as greves do setor público enquanto não for editada a Lei específica, conforme a decisão de julgamento, "*in verbis*":

> "O Tribunal, por maioria, nos termos do voto do Relator, conheceu do mandado de injunção e propôs a solução para a omissão legislativa com a aplicação da Lei nº 7.783, de 28 de junho de 1989, no que couber, vencidos, parcialmente, os Senhores Ministros Ricardo Lewandowski, Joaquim Barbosa e Marco Aurélio, que limitavam a decisão à categoria representada pelo sindicato e estabeleciam condições específicas para o exercício das paralisações. Votou a Presidente, Ministra Ellen Gracie. Não votou o Senhor Ministro Menezes Direito por suceder ao Senhor Ministro Sepúlveda Pertence, que proferiu voto anteriormente. Ausente, justificadamente, a Senhora Ministra Cármen Lúcia, com voto proferido em assentada anterior. Plenário, 25.10.2007."

Diante da decisão do STF, pensamos que o servidor público civil pode exercer o direito de greve, aplicando-se a Lei 7.783/89, enquanto não houver a regulamentação do dispositivo constitucional por lei específica. Como bem adverte Carlos Henrique Bezerra Leite[112], "a greve pelos servidores públicos pode ser exercida respeitando-se os serviços e atividades essenciais (Lei 7.783/89, art. 11) à luz do princípio da continuidade do serviço público".

Quanto aos militares, decidiu o Supremo Tribunal Federal, em acórdão com repercussão geral, pela impossibilidade do exercício do direito de greve, cuja ementa segue abaixo:

> EMENTA: CONSTITUCIONAL. GARANTIA DA SEGURANÇA INTERNA, ORDEM PÚBLICA E PAZ SOCIAL. INTERPRETAÇÃO TELEOLÓGICA DOS ART. 9 º, § 1 º, ART. 37, VII, E ART. 144,

---

chamadas ações afirmativas para a defesa de direitos fundamentais, evitando que as normas atinentes a direitos fundamentais fiquem em sede programática.

112. Curso de Direito do Trabalho. 12ª ed. São Paulo: LTr, 2020, p. 894.

DA CF. VEDAÇÃO ABSOLUTA AO EXERCÍCIO DO DIREITO DE GREVE AOS SERVIDORES PÚBLICOS INTEGRANTES DAS CARREIRAS DE SEGURANÇA PÚBLICA. 1. A atividade policial é carreira de Estado imprescindível à manutenção da normalidade democrática, sendo impossível sua complementação ou substituição pela atividade privada. A carreira policial é o braço armado do Estado, responsável pela garantia da segurança interna, ordem pública e paz social. E o Estado não faz greve. O Estado em greve é anárquico. A Constituição Federal não permite. 2. Aparente colisão de direitos. Prevalência do interesse público e social na manutenção da segurança interna, da ordem pública e da paz social sobre o interesse individual de determinada categoria de servidores públicos. Impossibilidade absoluta do exercício do direito de greve às carreiras policiais. Interpretação teleológica do texto constitucional, em especial dos artigos 9º, § 1º, 37, VII e 144. 3. Recurso provido, com afirmação de tese de repercussão geral: 1 – O exercício do direito de greve, sob qualquer forma ou modalidade, é vedado aos policiais civis e a todos os servidores públicos que atuem diretamente na área de segurança pública. 2 – É obrigatória a participação do Poder Público em mediação instaurada pelos órgãos classistas das carreiras de segurança pública, nos termos do art. 165 do Código de Processo Civil, para vocalização dos interesses da categoria (STF, Pleno. ARE 654.432/GO Rel. Min. Alexandre de Moraes. *DJe* 11/06/2018).

27.3. Do procedimento da greve: direitos e obrigações

A regulamentação do art. 9º da Constituição Federal, no setor privado, foi realizada pela Lei 7.783, de 28 de junho de 1989.

Dispõe o art. 1º do presente diploma legal:

> "É assegurado o direito de greve, competindo aos trabalhadores decidir sobre a oportunidade de exercê-lo e sobre os interesses que devam por meio dele defender. Parágrafo único. O direito de greve será exercido na forma estabelecida nesta Lei."

Como bem destaca o dispositivo legal, a realização da greve é decisão voluntária dos trabalhadores, mas o exercício do direito deve observar as balizas da lei.

Nenhum trabalhador, em razão da liberdade do direito de ir e vir, pode ser obrigado a aderir ao movimento grevista, pois a escolha de participar ou não do movimento cabe, individualmente, a cada trabalhador, ainda que haja decisão da maioria nesse sentido.

Neste aspecto, destaca Estevão Mallet[113]: "cabe a cada trabalhador decidir sobre acatar a decisão da maioria ou, se preferir continuar a trabalhar. Também pode, em primeiro momento, aderir à greve e, mais adiante, retirar sua adesão voltando a trabalhar".

A Lei 7.783 define greve em seu art. 2º da seguinte forma: "para os fins desta Lei, considera-se legítimo exercício do direito de greve a suspensão coletiva, temporária e pacífica, total ou parcial, de prestação pessoal de serviços a empregador".

A natureza jurídica da greve é de suspensão temporária do trabalho. Enquanto perdurar o movimento grevista, os contratos de trabalho ficam suspensos. Como bem adverte Estevão Mallet[114], "não se trabalha, mas subsiste jacente o propósito de voltar a fazê-lo mais adiante, em melhores ou diferentes condições. Por isso, fala-se em suspensão do contrato, não em sua extinção".

Nos termos do art. 3º da Lei 7.783, frustrada a negociação ou verificada a impossibilidade de recursos via arbitral, é facultada a cessação coletiva do trabalho. Parágrafo único. A entidade patronal correspondente ou os empregadores diretamente interessados serão notificados, com antecedência mínima de 48 (quarenta e oito) horas, da paralisação.

Diante do referido dispositivo legal, antes da deflagração do movimento grevista, há necessidade de se tentar a negociação coletiva com a entidade patronal, ou o recurso à via arbitral. No entanto, via arbitral é voluntária e facultativa. A entidade patronal correspondente ou os empregadores diretamente interessados serão notificados, com antecedência mínima de 48 (quarenta e oito) horas, da paralisação.

Após, conforme o art. 4º da Lei 7.783, deverá ser convocada assembleia. Dispõe o referido dispositivo legal:

> "Caberá à entidade sindical correspondente convocar, na forma do seu estatuto, assembleia geral que definirá as reivindicações da categoria e deliberará sobre a paralisação coletiva da prestação de serviços. § 1º O estatuto da entidade sindical deverá prever as formalidades

113. Dogmática Elementar do Direito de Greve. São Paulo: LTr, 2014, p. 35.
114. Dogmática Elementar do Direito de Greve. São Paulo: LTr, 2014, p. 32.

> de convocação e o *quorum* para a deliberação, tanto da deflagração quanto da cessação da greve. § 2º Na falta de entidade sindical, a assembleia geral dos trabalhadores interessados deliberará para os fins previstos no 'caput', constituindo comissão de negociação."

Como bem adverte Carlos Henrique Bezerra Leite[115], "a legitimidade para deflagrar a greve é dos sindicatos dos trabalhadores destinatários da proteção constitucional trabalhista (empregado rural e urbano, trabalhador avulso e servidor público), já que a greve, que é um ato coletivo, um direito coletivo, pressupõe o exaurimento da negociação coletiva, em função de que é obrigatória a participação dos sindicatos em toda e qualquer espécie de negociação coletiva (CF, art. 8º, V), sendo certo que é o sindicato que representa individual e coletivamente a categoria".

A entidade sindical ou comissão especialmente eleita representará os interesses dos trabalhadores nas negociações ou na Justiça do Trabalho (art. 5º da Lei 7.783/89).

Conforme o art. 6º da Lei 7.783/90:

> "são assegurados aos grevistas, dentre outros direitos: I – o emprego de meios pacíficos tendentes a persuadir ou aliciar os trabalhadores a aderirem à greve; II – a arrecadação de fundos e a livre divulgação do movimento. § 1º Em nenhuma hipótese, os meios adotados por empregados e empregadores poderão violar ou constranger os direitos e garantias fundamentais de outrem. § 2º É vedado às empresas adotar meios para constranger o empregado ao comparecimento ao trabalho, bem como capazes de frustrar a divulgação do movimento. § 3º As manifestações e atos de persuasão utilizados pelos grevistas não poderão impedir o acesso ao trabalho nem causar ameaça ou dano à propriedade ou pessoa".

Conforme o art. 7º da Lei 7.783/89, observadas as condições previstas nesta Lei, a participação em greve suspende o contrato de trabalho, devendo as relações obrigacionais, durante o período, ser regidas pelo acordo, convenção, laudo arbitral ou decisão da Justiça do Trabalho. Parágrafo único. É vedada a rescisão de contrato de trabalho durante a greve, bem como a contratação de trabalhadores substitutos, exceto na ocorrência das hipóteses previstas nos arts. 9º e 14.

Como já assinalado, a greve configura a suspensão temporária do trabalho, sendo hipótese de suspensão do contrato de trabalho. Desse modo,

115 Curso de Direito do Trabalho. 12. ed. São Paulo: Saraiva, 2020, p. 915.

não haverá extinção do contrato de trabalho[116], mas uma paralisação total e temporária de suas cláusulas. Enquanto durar a greve, cessarão as obrigações de empregado e empregador. Não serão devidos os dias trabalhados, no entanto, mediante negociação coletiva, pode ficar acertado o pagamento dos salários durante o período da greve. No aspecto, destaca-se a seguinte ementa:

> DISSÍDIO COLETIVO DE GREVE. RECURSO ORDINÁRIO. REQUERIMENTO DE CONCESSÃO DE EFEITO SUSPENSIVO AO RECURSO ORDINÁRIO. O presidente do Tribunal Superior do Trabalho, cuja competência é exclusiva para apreciar pedido dessa natureza (art. 14 da Lei 10.192/2001), indeferiu a postulação de efeito suspensivo, consoante os termos do despacho do processo TST-ES. Prejudicado o exame. GREVE. VIOLAÇÃO DO ART. 6º, § 1º, DA LEI Nº 7.783/1989. MOVIMENTO ABUSIVO. VENCIDA A RELATORA NESTE TÓPICO. A maioria da SDC, acolhendo a tese apresentada na divergência, entendeu que o movimento paredista violou o art. 6º, § 1º, da Lei nº 7.783/1989 e, por esse motivo, declarou abusiva a greve, vencida a relatora, neste aspecto. REAJUSTE SALARIAL. Após a vigência da Lei nº 10.192/01, esta Corte passou a não deferir, em dissídio coletivo, reajuste salarial correspondente ao valor integral da inflação apurada, por entender que o reajuste não poderia estar atrelado a nenhum índice de preços, diante da vedação do art. 13 da citada lei. Entretanto, a jurisprudência predominante desta Corte Superior admite reajustar os salários dos trabalhadores em percentual ligeiramente inferior aos índices inflacionários medidos para o período. No caso, o Tribunal a quo deferiu aos trabalhadores o reajuste de 9,8% (nove vírgula oito por cento), índice abaixo do medido para o INPC-IBGE no período de maio de 2015 a abril de 2016 (9,83%). Recurso ordinário a que se nega provimento. SENTENÇA NORMATIVA. IRRETROAÇÃO. EFEITOS A PARTIR DA PUBLICAÇÃO. A lei estabelece que, instaurada a instância coletiva após o prazo do art. 616, § 3º, da CLT ("havendo convenção, acordo ou sentença normativa em vigor, o dissídio coletivo deverá ser instaurado dentro dos 60 (sessenta) dias anteriores ao respectivo termo final, para que o novo instrumento possa ter vigência no dia imediato a esse termo.") a sentença normativa vigorará a partir da data de sua publicação, conforme o art. 867, parágrafo único, "a", da CLT. No caso, não há registro de ter sido apresentado protesto

116. Nos termos da Súmula 316 do STF: "A simples adesão à greve não constitui falta grave".

> judicial, ou de que as partes negociaram a manutenção da data-base da categoria para o mês de maio. Nessa situação, nos termos da lei, a sentença normativa vigorará a partir da data da sua publicação. Recurso ordinário a que se dá provimento. COMPENSAÇÃO E PAGAMENTO DOS DIAS PARADOS. GREVE DE LONGA DURAÇÃO. O entendimento que prevalece nessa SDC é de que a greve configura a suspensão do contrato de trabalho, e, por isso, como regra geral, não é devido o pagamento dos dias de paralisação, exceto quando a questão é negociada entre as partes ou em situações excepcionais, como na paralisação motivada por descumprimento de instrumento normativo coletivo vigente, não pagamento de salários e más condições de trabalho. No caso, não se constata a ocorrência de nenhuma das hipóteses excepcionais admitidas pela jurisprudência, que, se motivadora da paralisação dos serviços, justificaria a decretação do pagamento dos dias parados. Entretanto, a jurisprudência da C. SDC entende que, se a greve perdurar por longo período no tempo, o desconto salarial integral pode acarretar prejuízos econômicos e sociais excessivos aos trabalhadores, razão por que é possível preservar seu salário com a compensação de parte dos dias parados. Nesse sentido, deve ser considerada a oferta do recorrente no sentido de fixar o desconto salarial de 50% dos dias paralisados e a compensação dos outros 50%. Precedentes. Recurso ordinário a que se dá provimento (TST – RO-220-38.2016.5.10.0000, Seção Especializada em Dissídios Coletivos, Relatora Ministra Katia Magalhaes Arruda, *DEJT* 20/06/2017).

Dispõe o art. 8º da Lei 7.783/89: "A Justiça do Trabalho, por iniciativa de qualquer das partes ou do Ministério Público do Trabalho, decidirá sobre a procedência, total ou parcial, ou improcedência das reivindicações, cumprindo ao Tribunal publicar, de imediato, o competente acórdão".

As partes envolvidas na greve ou o Ministério Público do Trabalho poderão provocar a Justiça do Trabalho para decisão do conflito.

Como já mencionado, na greve o dissídio coletivo tem natureza híbrida, pois, num primeiro plano, a Justiça do Trabalho irá dirimir a controvérsia jurídica, declarando ou não a greve abusiva e, num segundo plano, irá apreciar as cláusulas econômicas, exercendo o poder normativo (dissídio de natureza econômica).

Muito tem sido discutido se no dissídio de greve há a necessidade do *comum acordo* para o Tribunal apreciar as cláusulas econômicas.

Dispõe o art. 114, § 3º, da CF:

> "Em caso de greve em atividade essencial, com possibilidade de lesão do interesse público, o Ministério Público do Trabalho poderá ajuizar dissídio coletivo, competindo à Justiça do Trabalho decidir o conflito."

A greve pode envolver atividades essenciais e não essenciais. Em se tratando de greve em atividades não essenciais, poderão instaurar o dissídio de greve as partes envolvidas no conflito, nos termos do art. 8º da Lei 7.783/89. Nesse sentido, vale destacar as seguintes ementas, oriundas da mais alta Corte Trabalhista do país:

> "RECURSO ORDINÁRIO EM DISSÍDIO COLETIVO – LEGITIMIDADE DO SINDICATO PATRONAL PARA AJUIZAR DISSÍDIO COLETIVO DE GREVE. O direito de greve previsto no art. 9º e parágrafos da Constituição Federal foi regulado pela Lei n. 7.783/89, que continua em vigor. E, consoante o disposto no art. 8º do citado diploma legal, a legitimação ordinária para o ajuizamento do dissídio coletivo de greve é das partes envolvidas, sendo que ao Ministério Público cabe a legitimidade ativa, no caso de greve em serviço essencial (art. 114, § 3º, da CF/88). Desse modo, não há como negar a legitimidade ativa do sindicato patronal para ajuizar dissídio de greve, sob pena de violação da garantia constitucional prevista no art. 5º, XXXV, da CF/88. Recurso ordinário conhecido e provido" (Processo: RODC – 105500-29.2007.5.09.0909 – Data de Julgamento: 15.12.2009 – relª Ministra Kátia Magalhães Arruda – Seção Especializada em Dissídios Coletivos – Data de Divulgação: *DEJT* 5.3.2010).
>
> "RECURSO ORDINÁRIO. AÇÃO DECLARATÓRIA DE ABUSIVIDADE DE GREVE. COMPETÊNCIA DA JUSTIÇA DO TRABALHO. ILEGITIMIDADE ATIVA *AD CAUSAM*. ART. 114, INC. II, E § 3º, DA CONSTITUIÇÃO FEDERAL. EMENDA CONSTITUCIONAL N. 45/2004. 1. A Justiça do Trabalho, mesmo após a edição da Emenda Constitucional n. 45/2004, é competente para declarar a abusividade, ou não, de movimento grevista. 2. É concorrente a legitimidade do Ministério Público do Trabalho e do empregador para ajuizamento de ação declaratória de abusividade de greve em atividades consideradas essenciais. Precedente desta Seção Normativa. Nas atividades não essenciais permanece a legitimidade do empregador individualmente considerado ou do sindicato representante da categoria econômica para ajuizamento dessa ação coletiva. 3. Hipótese em que o Tribunal Regional decretou a extinção do processo sem resolução do

mérito, por ilegitimidade ativa *ad causam*, sob o entendimento de que, após o advento da Emenda Constitucional n. 45/2004, em que se acrescentou o inc. II e o § 3º ao art. 114 da Constituição Federal, a Justiça do Trabalho não detém mais competência para declarar a abusividade, ou não, de movimento grevista, e a legitimidade para ajuizar dissídio coletivo de greve é exclusiva do Ministério Público do Trabalho. Recurso ordinário a que dá provimento, para afastar a declaração de ilegitimidade ativa *ad causam* e determinar o retorno dos autos ao Tribunal Regional de origem, a fim de que prossiga no exame da presente ação coletiva, como entender de direito" (Processo: RODC - 61300-97.2008.5.09.0909 - Data de Julgamento: 9.11.2009 - rel. Ministro Fernando Eizo Ono - Seção Especializada em Dissídios Coletivos - Data de Divulgação: *DEJT* 28.5.2010).

De outro lado, o Ministério Público do Trabalho, diante do comando constitucional, somente poderá ajuizar dissídio coletivo de greve em atividades essenciais.

Sem dúvida, foi restringida a legitimidade do MP do Trabalho para ajuizar o dissídio de greve. Agora, o MP do Trabalho somente pode atuar quando a greve eclodir em atividades essenciais, definidas de forma exemplificativa na Lei 7.783/83. A legitimidade do Ministério Público do Trabalho somente se justifica na defesa da ordem jurídica, no aspecto jurídico do conflito, a fim de buscar que a greve transcorra dentro da legalidade. Não é função institucional, tampouco missão constitucional do *parquet* a defesa de cláusulas econômicas no dissídio de greve. Além disso, há necessidade de comum acordo das partes para o Tribunal apreciar tais cláusulas.

No mesmo sentido, é a posição de *Pedro Carlos Sampaio Garcia*[117]: "A instauração do dissídio coletivo pelo Ministério Público do Trabalho visa ao julgamento dos atos relacionados ao exercício do direito de greve, pois é apenas na defesa do interesse público que age esse órgão nessa hipótese. Não cabe ao Ministério Público defender interesse econômico das partes envolvidas no conflito."

Pensa de forma contrária *João Oreste Dalazen*[118]: "o novel preceito apenas elevou à dignidade constitucional a legitimação ativa do Ministério Público do Trabalho para instaurar dissídio coletivo, em caso de greve, já assegurada

---

117. GARCIA, Pedro Carlos Sampaio. O fim do poder normativo. Justiça do Trabalho. *In: Justiça do trabalho competência ampliada*. Coordenação de Grijalbo Fernandes Coutinho e Marcos Neves Fava. São Paulo: LTr, 2005. p. 394-395.

118. *Op. cit.*, p. 144.

anteriormente em lei. Uma vez que a norma insculpida no § 3º do art. 114 não outorgou legitimação *exclusivamente* ao Ministério Público do Trabalho, creio que persiste a legitimação *concorrente* também de qualquer das partes para suscitar dissídio coletivo em caso de greve, como já dispõe expressamente a atual Lei n. 7.783/89 (art. 8º)".

A questão que se coloca é a seguinte: pode a Justiça do Trabalho, em dissídio de greve, sem a existência do comum acordo, apreciar as cláusulas econômicas?

Parte da jurisprudência tem interpretado o § 3º do art. 114, sistematicamente com o inciso II do art. 114 da Constituição Federal, dizendo que não há necessidade do comum acordo e que a Justiça do Trabalho pode apreciar as cláusulas econômicas do dissídio de greve.

A questão é complexa. Primeiramente, no caso do dissídio de greve, nos parece dispensável o comum acordo, tanto no ajuizado pelo MP como pelos Sindicatos. Acreditamos que num primeiro momento nos sentimos tentados a dizer que as cláusulas econômicas também podem ser apreciadas no dissídio de greve mesmo sem o *comum acordo*, pois o § 3º do art. 114 diz que a Justiça do Trabalho decidirá o conflito, assim como o § 2º, entretanto, no § 3º o art. 114 silencia sobre os parâmetros de decisão do conflito, "respeitando as disposições mínimas". Em razão disso, a competência da Justiça do Trabalho em dissídios de greve se restringe a declarar a legitimidade ou não do movimento paredista. Caso contrário, a greve seria a via lateral para o ajuizamento do dissídio coletivo de natureza econômica, suprindo a necessidade do "comum acordo".

Conforme o art. 9º da Lei 7.783/90, durante a greve, o sindicato ou a comissão de negociação, mediante acordo com a entidade patronal ou diretamente com o empregador, manterá em atividade equipes de empregados com o propósito de assegurar os serviços cuja paralisação resultem em prejuízo irreparável, pela deterioração irreversível de bens, máquinas e equipamentos, bem como a manutenção daqueles essenciais à retomada das atividades da empresa quando da cessação do movimento. Parágrafo único. Não havendo acordo, é assegurado ao empregador, enquanto perdurar a greve, o direito de contratar diretamente os serviços necessários a que se refere este artigo.

Nos termos do art. 13 da Lei 7.783/89, na greve, em serviços ou atividades essenciais, ficam as entidades sindicais ou os trabalhadores, conforme o caso, obrigados a comunicar a decisão aos empregadores e aos usuários com antecedência mínima de 72 (setenta e duas) horas da paralisação.

O art. 10 da Lei 7.783/89 apresenta rol de atividades essenciais que devem funcionar, obrigatoriamente, com um número mínimo de trabalhadores, a ser definido pelas partes ou pela Justiça do Trabalho. Dispõe o referido dispositivo legal:

> "São considerados serviços ou atividades essenciais: I – tratamento e abastecimento de água; produção e distribuição de energia elétrica, gás e combustíveis; II – assistência médica e hospitalar; III – distribuição e comercialização de medicamentos e alimentos; IV – funerários; V – transporte coletivo; VI – captação e tratamento de esgoto e lixo; VII – telecomunicações; VIII – guarda, uso e controle de substâncias radioativas, equipamentos e materiais nucleares; IX – processamento de dados ligados a serviços essenciais; X – controle de tráfego aéreo e navegação aérea; (Redação dada pela Lei nº 13.903, de 2019) XI – compensação bancária; XII – atividades médico-periciais relacionadas com o regime geral de previdência social e a assistência social; (Incluído pela Lei nº 13.846, de 2019) XIII – atividades médico-periciais relacionadas com a caracterização do impedimento físico, mental, intelectual ou sensorial da pessoa com deficiência, por meio da integração de equipes multiprofissionais e interdisciplinares, para fins de reconhecimento de direitos previstos em lei, em especial na Lei nº 13.146, de 6 de julho de 2015 (Estatuto da Pessoa com Deficiência); e (Incluído pela Lei nº 13.846, de 2019) XIV – outras prestações médico-periciais da carreira de Perito Médico Federal indispensáveis ao atendimento das necessidades inadiáveis da comunidade. (Incluído pela Lei nº 13.846, de 2019) XV – atividades portuárias. (Incluído pela Medida Provisória nº 945, de 2020)."

Conforme vem entendendo corretamente a doutrina, trata-se de um rol taxativo, não se admitindo ampliação por interpretação, uma vez que a Constituição Federal, no art. 9º, garante o direito social fundamental de greve, somente podendo ser restringido mediante lei. No entanto, como bem adverte Estevão Mallet[119], "o rol legal não é estritamente taxativo, ainda que se deva evitar interpretação ampliativa. Mas há atividades não mencionadas expressamente pelo legislador cuja essencialidade não pode deixar de reconhecer. Foi o que decidiu a jurisprudência administrativa portuguesa. Lavagem e higienização de roupas não são atividades essenciais, com certeza. Mas quando se trata de lavagem e higienização realizadas por empresa contratada por hospitais, clínicas e casas de saúde, é essencial a atividade

119. Dogmática Elementar do Direito de Greve. São Paulo: LTr, 2014, p. 96-97.

sempre que necessário o material para a prestação do serviço médico de urgência ou para evitar riscos de contaminação de pessoas, relativamente ao produto descartado, no qual se encontram fluídos humanos, como sangue ou catarro etc."

Conforme o art. 11 da Lei 7.783, "nos serviços ou atividades essenciais, os sindicatos, os empregadores e os trabalhadores ficam obrigados, de comum acordo, a garantir, durante a greve, a prestação dos serviços indispensáveis ao atendimento das necessidades inadiáveis da comunidade. Parágrafo único. São necessidades inadiáveis da comunidade aquelas que, não atendidas, coloquem em perigo iminente a sobrevivência, a saúde ou a segurança da população."

Conforme o referido dispositivo, durante a greve, os envolvidos no movimento ficam obrigados, de comum acordo, a garantir a prestação dos serviços indispensáveis ao atendimento das necessidades inadiáveis da comunidade, as quais não atendidas coloquem em perigo iminente a sobrevivência, a saúde ou a segurança da população.

Conforme a OJ 38 da SDC do TST,

> "é abusiva a greve que se realiza em setores que a lei define como sendo essenciais à comunidade, se não é assegurado o atendimento básico das necessidades inadiáveis dos usuários do serviço, na forma prevista na Lei nº 7.783/89."

No caso de inobservância do disposto no art. 11 da Lei 7.783/83, o Poder Público assegurará a prestação dos serviços indispensáveis.

Nos termos do art. 14 da Lei 7.783/89:

Constitui abuso do direito de greve, gerando a responsabilidade nas esferas trabalhista, civil e penal:

a) a inobservância das normas contidas na presente Lei 7.783/89;

b) a manutenção da paralisação após a celebração de acordo, convenção ou decisão da Justiça do Trabalho;

c) na vigência de acordo, convenção ou sentença normativa não constitui abuso do exercício do direito de greve a paralisação que: I – tenha por objetivo exigir o cumprimento de cláusula ou condição; II – seja motivada pela superveniência de fato novo ou acontecimento imprevisto que modifique substancialmente a relação de trabalho.

28. LOCAUTE

O locaute ou *lockout* é a paralisação provisória das atividades empresariais ou do empregador, com o fim de pressionar os trabalhadores, tendo por objetivo atender aos interesses empresariais e frustrar as reivindicações dos trabalhadores.

O locaute, disciplinado em algumas legislações, é proibido no Brasil, pelo art. 17 da Lei 7.783/89, "*in verbis*":

> "Fica vedada a paralisação das atividades, por iniciativa do empregador, com o objetivo de frustrar negociação ou dificultar o atendimento de reivindicações dos respectivos empregados (lockout). Parágrafo único. A prática referida no *caput* assegura aos trabalhadores o direito à percepção dos salários durante o período de paralisação."

Pode-se questionar a constitucionalidade do referido dispositivo legal, diante do princípio da livre iniciativa previsto no art. 1º, IV, da Constituição Federal. No entanto, diante do sistema jurídico normativo de proteção ao trabalho humano, nos parece que o locaute não deve ser permitido.

No aspecto, concordamos com Maurício Godinho Delgado[120] quando assevera:

> "O locaute, enquanto poder máximo do empregador, conspira contra a dignidade da pessoa humana e o valor social do trabalho, ungidos pela Constituição como alguns dos fundamentos da República do Brasil (art. 1º, III, e IV). Enquanto poder incontrastável, conspira também contra os objetivos fundamentais da República, de construir uma sociedade livre, justa e solidária, garantir o desenvolvimento nacional, erradicar a pobreza e a marginalização, promover o bem de todos, sem discriminações (art. 3º, I, II, III e IV, CF/88)."

29. AS AÇÕES DECORRENTES DA GREVE A E COMPETÊNCIA DA JUSTIÇA DO TRABALHO

A Justiça do Trabalho, tradicionalmente, apreciava os conflitos de greve envolvendo direitos das classes trabalhadora e patronal, no chamado *dissídio*

---

120. Curso de Direito do Trabalho. 19. ed. São Paulo: LTr, 2020, p. 1733.

coletivo de greve[121], seja apreciando a abusividade do movimento e garantia de funcionamento das atividades essenciais, seja apreciando as cláusulas econômicas. Não apreciava a Justiça Especializada as controvérsias periféricas que envolviam a greve, como as ações possessórias e as ações indenizatórias, em razão do movimento grevista envolvendo as próprias partes que participam do movimento, bem como direitos de terceiros.

Atualmente, diz o art. 114, II, da CF, com a redação dada pela EC 45/04, competir à Justiça do Trabalho processar e julgar as ações *que envolvam exercício do direito de greve.*

Envolver o exercício do direito de greve significa algo bem mais amplo do que as controvérsias oriundas e decorrentes da relação de trabalho, uma vez que a greve é mais que um direito trabalhista, é um direito social. Como destaca *Reginaldo Melhado*[122], "envolver é cercar, rodear, é vestir ou cobrir enrolando [...]. Envolver, aqui, significa relacionar-se direta ou indiretamente com o exercício do direito de greve. Podem ser partes os empregados, os empregadores, o Ministério Público, o Poder Público, os trabalhadores não empregados, o vizinho afetado pela greve. Já não pode mais haver dúvida sobre o juízo competente nessa matéria."

Diante da EC 45/04, a Justiça do Trabalho detém competência material para todas as ações que sejam relacionadas, quer direta, quer indiretamente, ao exercício do direito de greve. Portanto, tanto as ações prévias (inibitórias) para assegurar o exercício do direito de greve para a classe trabalhadora, quanto as ações possessórias para defesa do patrimônio do empregador, como as ações para reparação de danos, tanto aos trabalhadores como aos empregadores, e até danos causados aos terceiros, são da competência da Justiça do Trabalho.

A greve, como sendo não só um fato trabalhista, mas social, pode abranger uma multiplicidade de controvérsias que envolvem terceiros, os quais não participam do movimento paredista, mas que têm direitos afetados em razão desse movimento – por exemplo, os vizinhos ou empresas vizinhas do local onde eclode o movimento paredista. O Poder Público pode ser afetado e

121. Segundo a melhor doutrina, o dissídio de greve tem natureza híbrida. É de conteúdo declaratório ou jurídico quando a Justiça do Trabalho aprecia a razoabilidade e licitude do movimento. É de natureza econômica quando, uma vez declarada a licitude do movimento paredista, a Justiça do Trabalho passa a apreciar as cláusulas econômicas.

122. MELHADO, Reginaldo. *Metamorfoses do capital e do trabalho*. São Paulo: LTr, 2006. p. 249-250.

também a população pode ser significativamente atingida com o movimento grevista nos serviços essenciais, como a greve dos serviços de transportes.

Em nossa visão, tanto as ações coletivas como as individuais que envolvem o exercício do direito de greve são da competência da Justiça do Trabalho, seja entre as partes diretamente envolvidas, seja entre os que sofrem os efeitos do movimento grevista, mas não participam da greve.

As ações de natureza penal oriundas da greve não são da competência da Justiça do Trabalho, uma vez que o art. 114 da CF, em seu inciso I, ao se reportar às controvérsias oriundas da relação de emprego não abrangeu a competência penal. Nesse sentido, decidiu o Supremo Tribunal Federal, em controle concentrado de constitucionalidade (ADI 3684), conforme se constata da seguinte ementa:

> "Ação direta de inconstitucionalidade. 2. Art. 114, I, IV e IX, da CF, na redação dada pela Emenda Constitucional 45/2004. 3. Competência Criminal da Justiça do Trabalho. Inexistência. 4. Medida cautelar deferida pelo Plenário e confirmada no julgamento de mérito. 5. Interpretação conforme ao disposto no art. 114, I, IV e IX, da Constituição da República, de modo a afastar a competência da Justiça do Trabalho para processar e julgar ações penais. 6. Ação direta de inconstitucionalidade julgada procedente (STF ADI 3684, Rel. Min. Gilmar Mendes. *DJe* 16/06/2020).

Também não cabe à Justiça do Trabalho julgar a greve de servidores públicos, conforme entendimento firmado pelo STF com repercussão geral, "*in verbis*":

> CONSTITUCIONAL. DIREITOS SOCIAIS. COMPETÊNCIA PARA O JULGAMENTO DA LEGALIDADE DE GREVE DE SERVIDORES PÚBLICOS CELETISTAS. JUSTIÇA COMUM. FIXAÇÃO DE TESE DE REPERCUSSÃO GERAL. 1. É competência da justiça comum, federal ou estadual, conforme o caso, o julgamento de dissídio de greve promovida por servidores públicos, na linha do precedente firmado no MI 670 (Rel. Min. MAURÍCIO CORRÊA, Rel. p/ acórdão Min. GILMAR MENDES, Tribunal Pleno, *DJe* 30/10/2008). 2. As Guardas Municipais executam atividade de segurança pública (art. 144, § 8º, da CF), essencial ao atendimento de necessidades inadiáveis da comunidade (art. 9º, § 1º, CF), pelo que se submetem às restrições firmadas pelo Supremo Tribunal Federal no julgamento do ARE 654.432 (Rel. Min. EDSON FACHIN, redator para acórdão

Min. ALEXANDRE DE MORAES, Tribunal Pleno, julgado em 5/4/2017). 3. A essencialidade das atividades desempenhadas pelos servidores públicos conduz à aplicação da regra de competência firmada pelo Supremo Tribunal Federal no MI 670, mesmo em se tratando de servidores contratados pelo Estado sob o regime celetista. 4. Negado provimento ao recurso extraordinário e fixada a seguinte tese de repercussão geral: "A Justiça Comum Federal ou Estadual é competente para julgar a abusividade de greve de servidores públicos celetistas da administração direta, autarquias e fundações de direito público" (STF, Pleno. RE 846.854. Rel. Min. Alexandre de Moraes. *DJe* 07/02/2018).

A Justiça do Trabalho sempre conviveu com as questões possessórias que eram conexas a um contrato de emprego, como a moradia cedida pelo empregador para o empregado caseiro, para melhor comodidade na prestação do trabalho, ou a residência concedida a um alto empregado para exercer sua função fora do seu domicílio[123]. Uma vez cessado o vínculo de emprego, muitas vezes, diante da recusa do empregado em devolver a moradia, o empregador ingressa com reclamações trabalhistas ou reconvenções para a reintegração da posse.

Durante o movimento paredista, são comuns as ações possessórias, quando já há a efetiva turbação ou esbulho da posse, ou as ações preventivas, como o interdito proibitório. Para apreciar tais ações, a Justiça do Trabalho sempre aplicou o Direito Civil e o Código de Processo Civil, por força dos arts. 8º e 769 da CLT.

Mesmo as ações possessórias movidas por terceiros, que não fazem parte do movimento paredista, são agora da competência material da Justiça do Trabalho, pois são ações relacionadas ao exercício do direito de greve. Cumpre destacar que o inciso II não vincula as ações decorrentes da greve às controvérsias oriundas da relação de trabalho. Vale dizer, não restringe

123. Nesse sentido, destacamos a seguinte ementa: "Conflito positivo de competência – Reintegração de posse – Reclamação trabalhista – Comodato – Relação de trabalho. Compete à Justiça do Trabalho apreciar e julgar controvérsia relativa à posse do imóvel cedido em comodato para moradia durante o contrato de trabalho, entendimento firmado em virtude das alterações introduzidas pela Emenda Constitucional n. 45/04, art. 114, inciso VI, da Constituição Federal". Conflito conhecido para declarar competente o Juízo da Vara do Trabalho de Araucária/PR. STJ CC 57.524 – PR (2005/214814-0) – Ac. 2ª S., 27.9.06 Relator: Ministro Carlos Alberto Menezes Direito. *In: Revista LTr* 70-11/1365.

a competência para as ações movidas pelas partes que estão envolvidas na greve[124].

Os interditos proibitórios propostos em razão da greve, embora não tenha sido essa a posição do C. STJ[125], também são da competência material da Justiça do Trabalho[126]. Nesse sentido, cumpre destacar a seguinte ementa:

> "INTERDITO PROIBITÓRIO – JUSTIÇA DO TRABALHO – COMPETÊNCIA – Ainda que não sufragada pela Justiça Comum, é de se ressaltar que o E. STF tem entendimento, unânime, no sentido de ser da competência desta Justiça Especializada a análise e o julgamento do interdito possessório originado de uma questão afeta à relação de emprego. Precedente. INTERDITO PROIBITÓRIO – AJUIZAMENTO – IMINÊNCIA DE GREVE – POSSIBILIDADE – O interdito proibitório, como disposto no art. 932 do Código Processual Civil, é a proteção possessória adequada, de forma essencial, para as hipóteses de ameaça de turbação ou esbulho da posse de quem detém determinado bem, na condição de possuidor direto ou indireto,

---

124. Não admitindo a competência para as ações que envolvem terceiros e não as partes envolvidas no movimento grevista, temos a posição de Pedro Paulo Teixeira Manus: "Diversa a nosso ver a situação se mesmo em razão de greve houver ameaça, turbação ou esbulho possessório envolvendo terceiro que não seja o empregador, caso em que a competência remanesce na Justiça Estadual. Eis aí outra questão que deverá com brevidade ser equacionada" (*Competência da Justiça do Trabalho e a EC n. 45/04*. São Paulo: Atlas, 2006. p. 95).

125. "Interdito proibitório – Piquete – Grevista em porta de empresa – Ação que busca garantir livre acesso a funcionários e clientes – Ação de natureza possessória – Questão de direito privado – Competência da justiça comum – Litigância de má-fé – Ocorrência – Súmula n. 7-STJ. – I. É de competência da Justiça Comum estadual processar e julgar ação em que se busca garantir livre acesso a funcionários e clientes junto à empresa, na medida em que o pedido e a causa de pedir do interdito proibitório não envolva matéria trabalhista. Procedentes. II. *A pretensão de simples reexame de provas não enseja recurso especial.* III. Agravo regimental que se nega provimento." AgRg no Agravo de Instrumento n. 720.362 – SP (2005/0187156-1) – Ac. 4ª T. – 7.2.2006 – rel. Min. Aldir Passarinho Júnior. *In: Revista LTr* 70-04/484.

126. Destaca-se, no aspecto, a seguinte ementa: "Competência material da Justiça do Trabalho – Ação de interdito proibitório – Greve em porta de agência bancária – *Justo receio de turbação ou esbulho possessório – Garantia de livre acesso a funcionários e clientes* – É de competência da Justiça do Trabalho apreciar e julgar ações de interdito proibitório, em que se busca garantir livre acesso a funcionários e clientes junto às agências bancárias, porquanto, após a Emenda Constitucional n. 45, de 8.12.2004, esta Especializada passou a ser competente para dissídios que envolvam empresas e sindicatos, além das questões relacionadas ao direito de greve, já prevista originalmente, em que pese o fato de o Superior Tribunal de Justiça vir decidindo atribuí-la à Justiça Comum estadual em casos tais, ao entendimento de que a EC n. 45/04 em nada modificou" (confira-se: Ag. Rg. 720362/SP – 4ª T. – Min. rel. Aldir Passarinho Júnior – *DJ* 20.3.2006; AG 652.479/RJ – rel. Min. Castro Filho – *DJ* 13.12.05; AG 509.113/MG – rel. Min. Humberto Gomes de Barros – *DJ* de 28.10.2005; dentre outros julgados) (TRT 3ª R. – RO 00737-2006-114-03-00-0 – (Ac. 3ª T.) – rel. Juiz Irapuan de Oliveira Teixeira Lyra – *DJMG* 11.11.2006 – p. 4).

desde que presente o justo receio da concretização da ameaça. A ação em comento pode ser ajuizada nesta Justiça Especializada em face de uma greve ou da sua ameaça. Se por um lado o art. 9º da Magna Carta assegura direito de *greve*, por outro assegura a inviolabilidade da *propriedade* (art. 5º, *caput*), aqui utilizada no seu sentido amplo, incluindo a posse. Estando tais direitos, constitucionalmente garantidos, em choque, deverá o aplicador do direito, através de técnicas integrativas, levá-los a um patamar comum, lhes garantindo a coexistência. Assim, a ação sob enfoque e no âmbito de uma greve ou da ameaça de sua realização terá como objetivo garantir ao seu autor a resguarda da sua posse sobre determinado bem, coibindo-se qualquer excesso provocado pelo movimento paredista. Destarte, o procedimento escolhido pela empresa, em tese, atende à natureza da causa ainda que conexo a um estado de greve, devendo esta Justiça Especializada passar para a análise dos seus pressupostos processuais, das condições da ação e, se possível, do seu mérito. Não estando a questão fundada em matéria exclusivamente de direito (art. 515, § 3º, da CLT), é de rigor determinar a remessa dos autos à instância originária para a continuidade no seu julgamento. Prejudicada, com isso, a apreciação das demais matérias recorridas. Recurso provido." TRT - 15ª Reg. (Campinas/SP) - RO 1450-2006-014-15-00-4 - (Ac. 140/08 - PADC, SDC) - rel. Flávio Nunes Campos - DOE 27.6.08, p. 06. *In:* Irany Ferrari e Melchíades Rodrigues Martins. *Suplemento de Jurisprudência* n. 35/08. São Paulo: LTr, 2008.

O Supremo Tribunal Federal fixou entendimento de ser a Justiça do Trabalho competente para apreciar os interditos possessórios em razão de greve dos trabalhadores da iniciativa privada, conforme se constata da redação da Súmula Vinculante 23 do Supremo Tribunal Federal, abaixo transcrita:

> "A Justiça do Trabalho é competente para processar e julgar ação possessória ajuizada em decorrência do exercício do direito de greve pelos trabalhadores da iniciativa privada."

Diante da EC 45/04, as ações de reparação de danos que envolvem a greve são da competência material da Justiça do Trabalho. Cabem tanto as ações por danos morais e materiais, movidas por sindicatos, trabalhadores e empregadores ou terceiros, como as ações civis públicas, movidas tanto pelo Ministério Público do Trabalho como pela Procuradoria-Geral do Estado.

Desse modo, eventuais reparações de danos sofridos pelas partes que participam do movimento paredista, como por terceiros afetados pela greve, devem ser postuladas na Justiça do Trabalho, uma vez que o inciso II não restringe a competência da Justiça do Trabalho para as ações que envolvam as partes no movimento paredista.

Entendemos que a intenção da lei e do próprio legislador no inciso II do art. 114 foi trazer para a Justiça do Trabalho todas as ações que guardam nexo de causalidade com o movimento grevista, vale dizer: as causas em que a greve seja o motivo principal da violação de um direito.

30. ARBITRAGEM NOS CONFLITOS COLETIVOS

A arbitragem é um meio de solução dos conflitos pelo ingresso de um terceiro imparcial (árbitro) previamente escolhido pelas partes que irá solucionar o conflito de forma definitiva. A arbitragem é considerada um meio alternativo de solução do conflito, pois o árbitro não pertence ao Estado. Alguns doutrinadores sustentam que o árbitro tem jurisdição, não a estatal, mas sim a que lhe foi outorgada pelas partes para resolução do conflito.

Não há tradição de resolução dos conflitos trabalhistas pela via da arbitragem no Direito brasileiro, embora em muitos países de tradição anglo-saxônica, este seja o principal meio de resolução de tais conflitos, principalmente o conflito coletivo de trabalho.

Diante do princípio da inafastabilidade da jurisdição (art. 5º, XXXV, da CF), a arbitragem no Direito brasileiro é um meio facultativo de solução de conflitos, vale dizer: não se pode obrigar alguém, contra sua vontade, a aceitar o procedimento arbitral.

A resolução dos conflitos pela via arbitral, conforme pacificado na doutrina e no próprio Supremo Tribunal Federal, não viola os princípios constitucionais do acesso à justiça, inafastabilidade da jurisdição e do juiz natural, pois a arbitragem é um procedimento facultativo, o árbitro é um ente imparcial escolhido previamente pelas partes. Além disso, eventuais nulidades do procedimento arbitral podem ser discutidas no Judiciário.

Dentre os argumentos favoráveis à arbitragem, podemos destacar: a) maior agilidade nas decisões, em face da inexistência de recursos; b) o árbitro é escolhido pelas partes; c) melhores condições da real dimensão do conflito pelo árbitro; d) maior celeridade de resolução do conflito; e) possibilidade de a decisão dar-se por equidade se assim convencionarem as partes.

Nos termos da Lei 9.307/96, que disciplina a arbitragem e traça as regras do procedimento arbitral, o procedimento arbitral é instaurado pela *convenção de arbitragem*, que compreende a *cláusula compromissória* e o *compromisso arbitral*.

A *cláusula compromissória*, prevista no art. 4º da Lei 9.307/96 é o negócio jurídico por meio do qual as partes se comprometem a submeter à arbitragem futuros litígios que possam surgir relativamente a um contrato. O *compromisso arbitral*, previsto no art. 9º da Lei 9.307/96, é o negócio jurídico de natureza contratual por meio do qual as partes submetem à arbitragem um litígio já existente.

Na esfera do Direito Coletivo do Trabalho, há autorização constitucional para que o conflito coletivo do trabalho, se assim convencionarem as partes, possa ser dirimido pela arbitragem. Nesse sentido, dispõem os §§ 1º e 2º do art. 114 da CF, "*in verbis*":

> "Compete à Justiça do Trabalho processar e julgar: (...) § 1º Frustrada a negociação coletiva, as partes poderão eleger árbitros. (...) § 2º Recusando-se qualquer das partes à negociação coletiva ou à arbitragem, é facultado às mesmas, de comum acordo, ajuizar dissídio coletivo de natureza econômica, podendo a Justiça do Trabalho decidir o conflito, respeitadas as disposições mínimas legais de proteção ao trabalho, bem como as convencionadas anteriormente."

O referido § 1º do art. 114 da CF faculta às partes envolvidas no conflito coletivo de trabalho eleger um árbitro para julgar o conflito. Trata-se de arbitragem privada e facultativa, cujo árbitro é escolhido de forma consensual pelas partes, às quais consensualmente se submeterão à sua decisão.

Como destaca Maurício Godinho Delgado[127]:

> "A partir do cenário aberto pela Constituição, alguns diplomas legais posteriores fizeram referência ao processo arbitral no plano juscoletivo. É o que se passou, com a Lei de Greve, que subordina a validade do instituto paredista à frustração a negociação coletiva e subsequente inviabilização de recurso à via arbitral (Lei 7.783/1989, art. 3º, *caput*). O mesmo diploma, referindo-se à cessação do movimento paredista, estipula que a regulação das relações obrigacionais durante o período de greve devem ser regidas por decisão judicial trabalhista (sentença normativa) ou por instrumento normativo coletivo, entre estes o laudo arbitral (art. 7º, *caput*, Lei 7.783)."

127. Curso de Direito do Trabalho. 19. ed. São Paulo: LTr, 2020, p. 1776.

Depois da EC 45/04, diante da necessidade do *comum acordo* para a instauração do dissídio coletivo de natureza econômica (§ 2º do art. 114 da CF), muitos intérpretes sustentam que o poder normativo da Justiça do Trabalho se transformou em arbitragem judicial pública, pois há a necessidade de se provocar a intervenção judicial, por mútuo acordo. Desse modo, a expressão "comum acordo" equivaleria a uma cláusula compromissória ou ao compromisso arbitral, previstos na Lei 9.307/1996.

Assim, não seria mais o dissídio coletivo um processo propriamente dito, e sim uma arbitragem pública. Portanto, praticamente estariam revogados os arts. 856 a 875 da CLT que disciplinam o procedimento do dissídio coletivo.

Nesse sentido é a posição abalizada de *Pedro Carlos Sampaio Garcia*[128]:

> "Com a nova redação do art. 114, § 2º, da Constituição Federal, tudo mudou. O texto é claro e não permite dúvidas. Agora é facultado às partes, de comum acordo, suscitar o dissídio coletivo. É facultado. Suscita de comum acordo se quiser. Se não quiser, não suscita e aí não há dissídio coletivo. Nenhuma outra alternativa se colocou no texto constitucional. Somente esta existe. Diante do novo sistema estabelecido em nossa Constituição, a parte apenas se submete à sentença normativa voluntariamente. Não sendo assim, não está a parte obrigada a participar de dissídio coletivo e a se submeter à decisão normativa ali proferida. Não há mais imposição obrigatória de sentença normativa. Portanto, não há mais poder [...]. A atuação da Justiça do Trabalho nos dissídios coletivos passa a ter a natureza de uma arbitragem pública. As partes escolhendo o árbitro, concordam em se submeter à decisão por ele proferida."

Em que pese as opiniões em contrário, e os sólidos fundamentos apontados por *Sampaio Garcia,* o poder normativo e o dissídio coletivo continuam mantidos pelos seguintes argumentos: a) o dissídio coletivo de natureza jurídica em nada foi alterado pela EC 45/04; b) o legislador não extinguiu expressamente o Poder Normativo, tampouco o transformou em arbitragem. Além disso, disciplinou expressamente a possibilidade de arbitragem facultativa, fora da Justiça do Trabalho, no § 2º do art. 114; c) continua vigente o dissídio de revisão; d) o § 2º do art. 114 da CF diz ajuizar dissídio coletivo. Ora, somente se ajuíza uma ação. E também se refere à *decisão do conflito* pela Justiça do Trabalho.

---

128. GARCIA, Pedro Carlos Sampaio. In: A nova competência da Justiça do Trabalho. São Paulo: LTr, 2005, p. 391.

Dessa forma, o poder normativo não fora transformado em arbitragem, embora dela tenha se aproximado muito.

Em verdade, existe no Brasil falta de tradição em solução dos conflitos pela via arbitral, acreditando-se que os árbitros não estão preparados para resolver os litígios com imparcialidade e justiça. Na esfera trabalhista, acredita-se que a via arbitral sempre atende aos interesses do empregador, lesando os interesses do empregado. Na realidade, muitas vezes, tanto a decisão como a transação realizadas em sede arbitral são melhores que a decisão na Justiça do Trabalho, principalmente nos centros de maior movimento processual, em que a carga de trabalho dos juízes inviabiliza uma decisão célere e com qualidade.

Adverte, com sabedoria, *Jorge Luiz Souto Maior*: "Sob a perspectiva do cientista do direito, que busca a construção de um modelo jurídico que possa atender à necessidade de efetivação dos direitos sociais de forma rápida e eficaz (e mesmo sob a perspectiva do cidadão), não importa se a solução encontrada (respeitados esses requisitos) tenha sido proferida no processo ou fora dele. O importante é fixar parâmetros jurídicos sólidos para que as técnicas de solução de conflitos (todas elas) se constituam de maneira a proporcionar a acessibilidade à ordem jurídica justa (fácil acesso e justa solução)."[129]

31. DAS COMISSÕES DE CONCILIAÇÃO PRÉVIA

As comissões de conciliação prévia são órgãos criados no âmbito dos sindicatos ou das empresas, com a finalidade de resolução do conflito individual trabalhista por meio da autocomposição. Trata-se de um meio alternativo, extrajudicial, de solução do conflito que tem por finalidade propiciar maior celeridade à resolução da lide, sem a burocracia do Poder Judiciário Trabalhista.

Diante da presença de conciliadores, empregados e empregadores poderão, consensualmente, colocar fim ao conflito.

A criação das comissões de conciliação prévia é facultativa, e estas podem ser criadas no âmbito das empresas ou dos sindicatos, e terão o mesmo

129. SOUTO MAIOR, Jorge Luiz. Os modos extrajudiciais de solução dos conflitos individuais do trabalho. *Revista LTr*, São Paulo, n. 66, jun. 2002, p. 1348.

número de representantes dos empregados e dos empregadores, conforme disciplina o art. 625-A da CLT, *in verbis*:

> "As empresas e os sindicatos podem instituir Comissões de Conciliação Prévia, de composição paritária, com representante dos empregados e dos empregadores, com a atribuição de tentar conciliar os conflitos individuais do trabalho. Parágrafo único. As Comissões referidas no *caput* deste artigo poderão ser constituídas por grupos de empresas ou ter caráter intersindical."

Nos termos do § 1º do art. 625-D da CLT, "a demanda será formulada por escrito ou reduzida a termo por qualquer dos membros da Comissão, sendo entregue cópia datada e assinada pelo membro aos interessados".

Conforme o § 2º do art. 625-D da CLT:

> "Não prosperando a conciliação, será fornecida ao empregado e ao empregador declaração da tentativa conciliatória frustrada com a descrição de seu objeto, firmada pelos membros da Comissão, que deverá ser juntada à eventual reclamação trabalhista."
>
> "Caso exista, na mesma localidade e para a mesma categoria, Comissão de empresa e Comissão sindical, o interessado optará por uma delas para submeter a sua demanda, sendo competente aquela que primeiro conhecer do pedido" (§ 4º do art. 625-D da CLT).

As Comissões de Conciliação Prévia têm dez dias para a realização da tentativa de conciliação a partir da provocação do interessado (art. 625-F da CLT). Se o referido prazo for ultrapassado, será fornecida certidão ao reclamante, podendo este ingressar com a reclamação trabalhista.

O prazo prescricional será suspenso a partir da provocação da Comissão de Conciliação Prévia, recomeçando a fluir, pelo que lhe resta, a partir da tentativa frustrada de conciliação ou do esgotamento do prazo de 10 dias para realização da audiência (art. 625-G da CLT).

Assevera o art. 625-D da CLT:

> "Qualquer demanda de natureza trabalhista será submetida à Comissão de Conciliação Prévia se, na localidade da prestação de serviços, houver sido instituída a Comissão no âmbito da empresa ou do sindicato da categoria."

Diante do referido dispositivo legal, há entendimentos na doutrina e na jurisprudência de que a passagem do conflito individual trabalhista pela Comissão de Conciliação Prévia é um pressuposto processual ou uma condição da ação que devem ser preenchidos quando do ajuizamento da ação trabalhista, vale dizer: se não houver a tentativa de conciliação perante a Comissão de Conciliação Prévia, deverá o Juiz do Trabalho a requerimento, ou *ex officio*, extinguir o processo, sem resolução de mérito, nos termos do art. 485 do CPC[130], *in verbis*:

> "O juiz não resolverá o mérito quando: (...) IV – verificar a ausência de pressupostos de constituição e de desenvolvimento válido e regular do processo; (...) VI – verificar ausência de legitimidade ou de interesse processual."

Argumentam, ainda, os defensores das Comissões de Conciliação Prévia que a tentativa de conciliação extrajudicial como condição de ingresso da reclamação trabalhista tem por objetivo estimular a conciliação, desafogar o Judiciário Trabalhista e ainda melhorar a prestação jurisdicional de Justiça do Trabalho, o que somente será possível se se entender obrigatória a tentativa de conciliação extrajudicial.

Embora a lei diga que qualquer demanda *será submetida à Comissão*, não apresenta qualquer penalidade para o descumprimento. Se não há penalidade, não se pode concluir que há obrigatoriedade. Além disso, a conciliação pode ser tentada na audiência trabalhista pelo Juiz do Trabalho. As tentativas conciliatórias do Juiz do Trabalho suprem eventual necessidade de conciliação extrajudicial. Não nos parece ser justo e razoável o Juiz do Trabalho, após tentar a conciliação e não obtê-la, extinguir o processo em razão da falta de passagem do litígio pela Comissão de Conciliação Prévia. Tal extinção estaria negando os princípios constitucionais da duração razoável do processo, da efetividade processual e do acesso à justiça. Questiona-se: se o acordo não surgiu diante das partes, advogados e do Juiz do Trabalho, ele acontecerá na Comissão de Conciliação Prévia? Pensamos que não.

De um lado, é da essência da Justiça do Trabalho facilitar o acesso do trabalhador à Justiça do Trabalho e a finalidade essencial do processo trabalhista é dirimir, com justiça, o conflito trabalhista; de outro, a vocação conciliatória da Justiça do Trabalho é histórica, inclusive por mandamento legal (art. 764 da CLT). Por isso, não há como a Justiça do Trabalho furtar-se

130. No CPC de 1973, o art. 267 tratava da matéria.

a apreciar uma demanda em razão de falta de conciliação prévia, quando é dever do magistrado buscá-la em juízo.

Conforme destaca *Estêvão Mallet*[131], com suporte em *Liebman*: "É suficiente que as condições da ação, eventualmente inexistentes no momento da propositura desta, sobrevenham no curso do processo e estejam presentes no momento em que a causa é decidida. Daí que, mesmo não tentada a conciliação prévia, havendo defesa na reclamação, ou não pagamento dos valores cobrados, surge o interesse processual, diante da resistência do reclamado".

O Supremo Tribunal Federal, em controle concentrado de constitucionalidade (ADIs 2.139 e 2.160), fixou entendimento no sentido de não ser obrigatória a submissão do litígio trabalhista à Comissão de Conciliação Prévia como condição e ingresso na Justiça do Trabalho, conforme o Informativo 909/18 do STF, *in verbis*:

> "**DIREITO DO TRABALHO – RESCISÃO DO CONTRATO DE TRABALHO CLT: COMISSÃO DE CONCILIAÇÃO PRÉVIA E PROCEDIMENTO SUMARÍSSIMO.** O Plenário confirmou os termos das medidas cautelares (Informativos 195, 476 e 546) e julgou parcialmente procedentes os pedidos formulados em três ações diretas de inconstitucionalidade para dar interpretação conforme à Constituição ao art. 625-D, §§ 1º a 4º, da Consolidação das Leis do Trabalho (CLT), para reconhecer que a Comissão de Conciliação Prévia constitui meio legítimo, mas não obrigatório, de solução de conflitos, resguardado o acesso à Justiça para os que venham a ajuizar demandas diretamente no órgão judiciário competente, e manter hígido o inciso II do art. 852-B da CLT. Além disso, por maioria, conferiu interpretação sistemática ao art. 625-E, parágrafo único, da CLT, no sentido de que a "eficácia liberatória geral" do termo neles contido está relacionada ao que foi objeto da conciliação. Diz respeito aos valores discutidos e não se transmuta em quitação geral e indiscriminada de verbas trabalhistas. Em obediência ao inciso XXXV do art. 5º da Constituição Federal (CF), é desnecessário prévio cumprimento de requisitos desproporcionais, procrastinatórios ou inviabilizadores para a submissão de pleito ao órgão judiciário. Não cabe à legislação infraconstitucional expandir o rol de exceções ao direito de acesso ao Judiciário. Nesse sentido, contraria a CF a interpretação do art. 625-D e parágrafos que reconheça a submissão da pretensão à Comissão de Conciliação Prévia como requisito para ajuizamento de reclamação

---

131. *In: Revista LTr* 64-04/445.

trabalhista. Essa compreensão, contudo, não exclui a idoneidade do subsistema de autocomposição previsto nos preceitos, apto a buscar a pacificação social. A legitimidade do referido meio alternativo de resolução de conflitos baseia-se na consensualidade, importante instrumento de acesso à ordem jurídica justa. No mais, é legítima a citação estabelecida no inciso II do art. 852-B da CLT. Um de seus objetivos é conferir celeridade e efetividade ao rito sumaríssimo adotado na Justiça do Trabalho. Por fim, a isonomia constitucional não impõe tratamento linear e rígido a todos os que demandam a atuação do Poder Judiciário. A admissão da citação editalícia no mencionado rito representaria desigualdade material. Essa prática tenderia a alinhar os ritos sumaríssimo e ordinário em detrimento dos princípios da primazia da realidade e da razoabilidade. Portanto, caso não se encontre o jurisdicionado, haverá a transformação do procedimento em ordinário. Vencidos os ministros Edson Fachin e Rosa Weber, que declararam a inconstitucionalidade da expressão "e terá eficácia liberatória geral, exceto quanto às parcelas expressamente ressalvadas" constante da parte final do parágrafo único do art. 625-E da CLT. CLT: "Art. 625-D. Qualquer demanda de natureza trabalhista será submetida à Comissão de Conciliação Prévia se, na localidade da prestação de serviços, houver sido instituída a Comissão no âmbito da empresa ou do sindicato da categoria. § 1º A demanda será formulada por escrito ou reduzida a termo por qualquer dos membros da Comissão, sendo entregue cópia datada e assinada pelo membro aos interessados. § 2º Não prosperando a conciliação, será fornecida ao empregado e ao empregador declaração da tentativa conciliatória frustrada com a descrição de seu objeto, firmada pelos membros da Comissão, que deverá ser juntada à eventual reclamação trabalhista. § 3º Em caso de motivo relevante que impossibilite a observância do procedimento previsto no '*caput*' deste artigo, será a circunstância declarada na petição da ação intentada perante a Justiça do Trabalho. § 4º Caso exista, na mesma localidade e para a mesma categoria, Comissão de empresa e Comissão sindical, o interessado optará por uma delas submeter a sua demanda, sendo competente aquela que primeiro conhecer do pedido" (Incluídos pela Lei n. 9.958/2000). CLT: "Art. 625-E. Aceita a conciliação, será lavrado termo assinado pelo empregado, pelo empregador ou seu proposto e pelos membros da Comissão, fornecendo-se cópia às partes. Parágrafo único. O termo de conciliação é título executivo extrajudicial e terá eficácia liberatória geral, exceto quanto às parcelas expressamente ressalvadas" (Incluídos pela Lei n. 9.958/2000). (3)

> CLT: Art. 852-B. Nas reclamações enquadradas no procedimento sumaríssimo: (...) II – não se fará citação por edital, incumbindo ao autor a correta indicação do nome e endereço do reclamado; (Incluídos pela Lei n. 9.957/2000) (4) CF: Art. 5º Todos são iguais perante a lei, sem distinção de qualquer natureza, garantindo-se aos brasileiros e aos estrangeiros residentes no País a inviolabilidade do direito à vida, à liberdade, à igualdade, à segurança e à propriedade, nos termos seguintes: (...) XXXV – a lei não excluirá da apreciação do Poder Judiciário lesão ou ameaça a direito."

Dispõe o art. 625-E da CLT:

> "Aceita a conciliação, será lavrado termo assinado pelo empregado, pelo empregador ou seu proposto e pelos membros da Comissão, fornecendo-se cópia às partes. Parágrafo único. O termo de conciliação é título executivo extrajudicial e terá eficácia liberatória geral, exceto quanto às parcelas expressamente ressalvadas."

Diante da redação do referido dispositivo legal, parte da doutrina e jurisprudência trabalhista assevera que os acordos firmados perante as Comissões de Conciliação Prévia têm eficácia liberatória geral, exceto quanto às parcelas expressamente ressalvadas. O que não foi ressalvado, não poderá ser discutido em juízo.

Outros argumentam que, em sede extrajudicial, a quitação somente abrange parcelas e valores consignados no termo de conciliação, conforme o art. 320 do CC, 477, § 2º, da CLT e Súmula 330 do TST.

A finalidade das Comissões de Conciliação Prévia consiste na busca da transação, ou seja, que as partes, mediante concessões recíprocas, coloquem fim à relação jurídica duvidosa pertinente a direitos patrimoniais disponíveis *(res dubia)*.

Dispõe o art. 840 do CC: É lícito aos interessados prevenirem ou terminarem o litígio mediante concessões mútuas.

Conforme referido dispositivo legal, a transação exige concessões recíprocas e relação jurídica duvidosa. Sem a presença desses dois elementos fundamentais não há transação, mas sim renúncia ou submissão de uma parte à outra.

De outro lado, conforme dispõe o art. 841 do CC, somente quanto a direitos patrimoniais de caráter privado se admite a transação.

Embora haja grande celeuma na doutrina e na jurisprudência, acreditamos que a transação firmada perante a Comissão de Conciliação Prévia não tem eficácia liberatória geral, tampouco impede que as partes (trabalhadores e empregadores) venham ao judiciário discutir a transação, tanto no aspecto formal (capacidade, forma prevista em lei e manifestação espontânea da vontade) como no aspecto de fundo (mérito da transação), ou seja, se efetivamente a transação observou seus princípios fundamentais.

O Supremo Tribunal Federal, nas ADIs 2.139, 2.160 e 2.237, o STF, em controle concentrado de constitucionalidade, firmou a seguinte tese:

> "(...) por maioria, conferiu interpretação sistemática ao art. 625-E, parágrafo único, da CLT, no sentido de que a 'eficácia liberatória geral' do termo neles contido está relacionada ao que foi objeto da conciliação. Diz respeito aos valores discutidos e não se transmuta em quitação geral e indiscriminada de verbas trabalhistas" (Informativo do STF 909/18 de 30.7 a 3.8.2018).

Portanto, ficou pacificada a questão no sentido de que a quitação dada no termo de conciliação somente abrange os valores pagos, não tendo eficácia liberatória geral, o que está em compasso com o ordenamento jurídico trabalhista de proteção ao trabalho humano.

A homologação da transação na Comissão de Conciliação Prévia não tem o efeito de coisa julgada, tampouco impede a garantia constitucional do acesso à Justiça (art. 5º, XXXV, da CF).

BIBLIOGRAFIA

ALEXY, Robert. *Teoria dos direitos fundamentais*. Trad. Virgílio Afonso da Silva. 2. ed. São Paulo: Malheiros, 2011.

ALMEIDA, Amador Paes. *CLT comentada*. 2. ed. São Paulo: Saraiva, 2004.

ALMEIDA, Renato Rua de. Visão histórica da liberdade sindical. *In: Revista Legislação do Trabalho*. São Paulo: LTr, ano 70, v. 3, 2006.

ALVIM, Agostinho. *Da inexecução das obrigações*. 3. ed. São Paulo: Jurídica e Universitária, 1965.

AMARAL, Júlio Ricardo de Paula. *Eficácia dos direitos fundamentais nas relações de trabalho*. São Paulo: LTr, 2007.

ARENDT, Hannah. *A condição humana*. 10. ed. Rio de Janeiro: Forense Universitária, 2005.

ÁVILA, Humberto. *Teoria dos princípios*: da definição à aplicação dos princípios jurídicos. 11. ed. São Paulo: Malheiros, 2010.

BANDEIRA DE MELLO, Celso Antônio. *Curso de direito administrativo*. 8. ed. São Paulo: Malheiros, 1997.

BARBAGELATA, Hector-Hugo. *A evolução do pensamento do Direito do Trabalho*. São Paulo: LTr, 2012.

BARROS, Alice Monteiro de. *Curso de direito do trabalho*. São Paulo: LTr, 2005.

_____. *Proteção à intimidade do empregado*. São Paulo: LTr, 1997.

_____. *Curso de Direito do Trabalho*. 10. ed. São Paulo: LTr, 2016.

BARROS, Cassio Mesquita. A reforma judiciária da Emenda Constitucional n. 45. *In: Revista Legislação do Trabalho*. São Paulo: LTr, ano 69, v. 3, 2005.

BARROSO, Luís Roberto. *Interpretação e aplicação da Constituição*. 6. ed. São Paulo: Saraiva, 2004.

BASTOS, Guilherme Augusto Caputo. *O dano moral no direito do trabalho*. São Paulo: LTr, 2003.

BELMONTE, Alexandre Agra. *Danos Extrapatrimoniais nas relações de trabalho*. 2. ed. São Paulo: Juspodivm, 2021.

BERNARDES. Felipe. *O Direito do Trabalho no Supremo Tribunal Federal*. São Paulo: Juspodivm, 2021

_____. *Manual de Processo do Trabalho*. 4. ed. São Paulo: Juspodivm, 2022.

BEZERRA LEITE, Carlos Henrique. *Curso de direito processual do trabalho*. 2. ed. São Paulo: LTr, 2004.

_____. *Curso de direito do trabalho*. 4. ed. Curitiba: Juruá, 2013.

_____. *Curso de Direito do Trabalho*. 13. ed. São Paulo: Saraiva, 2021.

_____. *Curso de Direito do Trabalho*. 15. ed. São Paulo: Saraiva, 2023.

______. *Liquidação na ação civil pública*: o processo e a efetividade dos direitos humanos. São Paulo: LTr, 2014.

______. *Ministério Público do Trabalho*: doutrina, jurisprudência e prática. 2. ed. São Paulo: LTr, 2002.

______. *Curso de Direito do Trabalho*. 5. ed. São Paulo: Saraiva, 2014.

______. *Curso de Direito do Trabalho*. 12. ed. São Paulo: Saraiva, 2020.

______. *Curso de Direito Processual do Trabalho*. 18. ed. São Paulo: Saraiva, 2020.

BOMFIM, Vólia. *Direito do Trabalho*. 14. ed. São Paulo: Método, 2017.

______. *Direito do Trabalho*. 17. ed. São Paulo: Método, 2020.

______. *Direito do Trabalho*. 19. ed. São Paulo: Método, 2022.

______; BOUCINHAS FILHO, Jorge Cavalcanti; PEREIRA, José Luciano Castilho; FAVA, Marcos Neves (Orgs.). *O direito material e processual do trabalho dos novos tempos*: estudos em homenagem ao professor Estêvão Mallet. São Paulo: LTr, 2009.

BRAGA, Mauro Augusto Ponce de Leão. *Os limites ao acordo em Juízo e as garantias do processo justo*. São Paulo: LTr, 2013.

BRAMANTE, Ivani Contini; CALVO, Adriana (Coords.). *Aspectos polêmicos e atuais do direito do trabalho*: homenagem ao professor Renato Rua de Almeida. São Paulo: LTr, 2007.

BRANCO, Ana Paula Tauceda. *A colisão de princípios constitucionais no direito do trabalho*. São Paulo: LTr, 2007.

BRITO FILHO, José Claudio Monteiro de. *Direito Sindical*. 7. ed. São Paulo: LTR, 2018.

CAHALI, Yussef. *Dano moral*. 3. ed. São Paulo: RT, 2005.

CAIRO Jr., José. *Curso de Direito do Trabalho*: Direito Individual e Coletivo. São Paulo: Juspodivm, 2021.

CALVET, Otávio Amaral. Nova competência da Justiça do Trabalho: relação de trabalho x relação de consumo. *In: Revista Legislação do Trabalho*. São Paulo: LTr, ano 69, v. 1, 2005.

____. *O direito ao lazer nas relações de trabalho*. São Paulo: LTr, 2006.

CAMPOS BATALHA, Wilson de Souza. *Tratado de direito judiciário do trabalho*. 2. ed. São Paulo: LTr, 1985.

______. *Tratado de direito judiciário do trabalho*. 3. ed. São Paulo: LTr, 1995. v. 1.

______. *Tratado de direito judiciário do trabalho*. 3. ed. São Paulo: LTr, 1995. v. 2.

______. Instrumentos coletivos de atuação sindical. *In: Revista Legislação do Trabalho*. São Paulo: LTr, ano 60, v. 2, 1996.

______. A greve sem a Justiça do Trabalho. *In: Revista Legislação do Trabalho*. São Paulo: LTr, ano 61, v. 2, 1997.

CANARIS, Claus-Wilhelm. *Pensamento sistemático e conceito de sistema na ciência do direito*. Trad. A. Menezes Cordeiro. 4. ed. Lisboa: Fundação Calouste Gulbenkian, 2008.

CANOTILHO, J. J. Gomes. *Direito constitucional e teoria da Constituição*. 7. ed. Coimbra: Almedina, 2003.

CANOTILHO, J. J. Gomes; MENDES, Gilmar Ferreira Mendes; SARLET, Ingo Wolfgang; STRECK, Lenio Luiz. *Comentários à Constituição do Brasil*. São Paulo: Saraiva, 2013.

CARMONA, Carlos Alberto. *Arbitragem e processo*. 2. ed. São Paulo: Atlas, 2006.

CARVALHO, Régis Franco e Silva. *Relação de trabalho à luz do novo art. 114 da Constituição Federal*. São Paulo: LTr, 2008.

CARVALHO JÚNIOR, Lino. *Liquidação e execução na ação coletiva trabalhista.* São Paulo: LTr, 2012.

CÓDIGO DO TRABALHO. Instituto de Direito do Trabalho da Faculdade de Direito de Lisboa. *In: Revista Legislação do Trabalho.* 2. ed. Lisboa: Principia, 2004.

COELHO, Fábio Ulhoa. *Curso de direito comercial.* v. 2. São Paulo: Saraiva, 1999.

COLNAGO, Lorena de Rezende; ROCHA, Fábio Ribeiro; FERREIRA, Farley Roberto Rodrigues. *CLT 2022*: comparada e comentada pelos magistrados do TRT da 2ª Região. São Paulo: LTr, 2022.

COMPARATO, Fábio Konder, *O poder de controle na sociedade anônima.* Rio de Janeiro: Forense, 2008.

CORREA DA SILVA, Floriano Vaz. O poder normativo da Justiça do Trabalho. *In:* SILVA, Georgenor de Souza Franco (Coord.). *Curso de direito coletivo do trabalho:* estudos em homenagem ao Ministro Orlando Teixeira da Costa. São Paulo: LTr, 1998.

CORREIA, Henrique. *Curso de Direito do Trabalho.* 7. ed. São Paulo: Juspodivm, 2023.

CORREIA, Henrique; MIESSA, Élisson. *Súmulas e OJs do TST Comentadas e organizadas por assunto.* 7. ed. Salvador: Juspodivm, 2016.

COSTA, Marcelo Freire Sampaio. *Reflexos da reforma do CPC no processo do trabalho:* leitura constitucional do princípio da subsidiariedade. São Paulo: Método, 2007.

______. *Dano moral (extrapatrimonial) coletivo.* São Paulo: LTr, 2009.

______. *Execução provisória satisfativa:* nas ações coletivas trabalhistas. São Paulo: LTr, 2012.

______. *Curso de Processo Coletivo do Trabalho.* São Paulo: LTr, 2019.

D'AMBROSO, Marcelo José Ferlin. Competência criminal na Justiça do Trabalho e legitimidade do Ministério Público do Trabalho em matéria penal: elementos para reflexões. *In: Revista Legislação do Trabalho.* São Paulo: LTr, ano 70, v. 2, 2006.

DALAZEN, João Oreste. *Competência material trabalhista.* São Paulo: LTr, 1994.

______. A reforma do judiciário e os novos marcos da competência material da Justiça do Trabalho no Brasil. *In: Revista do Tribunal Superior do Trabalho.* Porto Alegre: Síntese, v. 71, 2005.

______. Reflexões sobre o poder normativo da Justiça do Trabalho e a Emenda Constitucional n. 45. *In: Revista da Academia Nacional de Direito do Trabalho.* São Paulo: LTr, ano XIII, n. 13, 2005.

______. Aspectos do dano moral trabalhista. *In: Revista Legislação do Trabalho.* São Paulo: LTr, ano 64, v. 1, 2000.

DALLEGRAVE NETO, José Affonso. *Responsabilidade civil no direito do trabalho.* São Paulo: LTr, 2005.

______. *Responsabilidade civil no direito do trabalho.* 3. ed. São Paulo: LTr, 2008.

______. *Responsabilidade civil no direito do trabalho.* 4. ed. São Paulo: LTr, 2010.

______. *Responsabilidade civil no direito do trabalho.* 6. ed. São Paulo: LTr, 2017.

DELGADO, Gabriela Neves. *O direito fundamental ao trabalho digno.* São Paulo: LTr, 2006.

DELGADO, Mauricio Godinho. *Curso de Direito do Trabalho.* 4. ed. São Paulo: LTr, 2005.

______. *Curso de Direito do Trabalho.* 11. ed. São Paulo: LTr, 2012.

______. *Direito Coletivo do Trabalho.* 2. ed. São Paulo: LTr, 2003.

______. *Curso de Direito do Trabalho.* 15. ed. São Paulo: LTr, 2016.

______. *Curso de Direito do Trabalho.* 16. ed. São Paulo: LTr, 2017.

______. *Curso de Direito do Trabalho*. 18. ed. São Paulo: LTr, 2019.

______. *Curso de Direito do Trabalho*. 19. ed. São Paulo: LTr, 2020.

______. *Curso de Direito do Trabalho*. 20. ed. São Paulo: Juspodivm, 2023.

______.*Direito do Trabalho no Brasil*. São Paulo: Jupodivm, 2023.

______; DELGADO, Gabriela Neves. *A reforma trabalhista no Brasil*. São Paulo: LTr, 2017.

______; ______. *A reforma trabalhista no Brasil*. 2. ed. São Paulo: LTr, 2018.

DI PIETRO, Maria Sylvia Zanela. *Direito Administrativo*. 17. ed. São Paulo: Atlas, 2004.

DIAS, Carlos Eduardo Oliveira; FELICIANO, Guilherme Guimarães; SILVA, José Antônio Ribeiro de Oliveira; TOLEDO FILHO, Manoel Carlos. *Comentários à lei da reforma trabalhista*. São Paulo: LTr, 2018.

DINIZ, Maria Helena. *Código Civil comentado*. 11. ed. São Paulo: Saraiva, 2005.

______. *Compêndio de introdução ao estudo do direito*. 18. ed. São Paulo: Saraiva, 2007.

______. *As lacunas do direito*. 5. ed. São Paulo: Saraiva, 1999.

______. *Conflito de normas*. 8. ed. São Paulo: Saraiva, 2008.

DONATO, Messias Pereira. *Curso de direito individual do trabalho*. 6. ed. São Paulo: LTr, 2008.

DWORKIN, Ronald. *Levando os direitos a sério*. Trad. Nélson Boeira. São Paulo: Martins Fontes, 2010.

______. *Levando os direitos a sério*. Trad. Nélson Boeira. 2. ed. São Paulo: Martins Fontes, 2007.

EÇA, Vitor Salino de Moura. Jurisdição e competência trabalhistas no direito estrangeiro. *In: Suplemento Trabalhista*. São Paulo: LTr, n. 07/06, 2006.

______. *Prescrição intercorrente no processo do trabalho*. São Paulo: LTr, 2008.

ENGISCH, Karl. *Introdução ao pensamento jurídico*. Trad. J. Baptista Machado. 10. ed. Lisboa: Fundação Calouste Gulbenkian, 2008.

FARIAS, Cristiano Chaves de; NETTO, Felipe Braga; ROSENVALD, Nelson. *Manual de Direito Civil*. 4. ed. São Paulo: Juspodivm, 2019.

FERRAZ JÚNIOR, Tercio Sampaio. *Introdução ao estudo do direito*. 5. ed. São Paulo: Atlas, 2007.

FLORINDO, Valdir. *Dano moral e o direito do trabalho*. 4. ed. São Paulo: LTr, 2002.

FREITAS, Cláudio. *Direito Coletivo do Trabalho*. 2. ed. São Paulo: Juspodivm, 2021.

GARCIA, Gustavo Filipe Barbosa. *Curso de direito do trabalho*. São Paulo: Método, 2007.

______. *Manual de Direito do Trabalho*. 13. ed. São Paulo: Juspodivm, 2020.

______. *Curso de Direito do Trabalho*. 14. ed. São Paulo: Saraiva, 2019.

______. *Curso de Direito do Trabalho*. 16. ed. São Paulo: Saraiva, 2021.

______. *CLT Comentada*. 4. ed. São Paulo: Método, 2018.

______. *CLT Comentada*: Artigo por artigo. 7. ed. São Paulo: Juspodivm, 2020.

GARCIA, Pedro Carlos Sampaio. Publicado no livro Justiça do Trabalho. O fim do poder normativo. *In:* COUTINHO, Grijalbo Fernandes; FAVA, Marcos Neves (Coords.). *Competência ampliada*. São Paulo: LTr, 2005.

GIGLIO, Wagner D. Nova competência da Justiça do Trabalho: aplicação do processo civil ou trabalhista? *In: Revista Legislação do Trabalho*. São Paulo: LTr, ano 69, v. 3, 1995.

______. *Processo do trabalho na América Latina. Estudos em homenagem a Alcione Niederauer Corrêa*. São Paulo: LTr, 1992.

______. *Direito processual do trabalho*. 15. ed. São Paulo: Saraiva, 2005.

GOMES, Orlando. *Contratos*. 17. ed. Rio de Janeiro: Forense, 1997.

______; GOTTSCHALK, Elson. *Curso de direito do trabalho*. 16. ed. Rio de Janeiro: Forense, 2000.

______; ______. *Curso de direito do trabalho*. 19. ed. Rio de Janeiro: Forense, 2012.

GONÇALVES, Carlos Roberto. *Direito civil*. Parte geral. 10. ed. São Paulo: Saraiva, 2003. v. 1.

GRINOVER, Ada Pellegrini; DINAMARCO, Cândido Rangel. *Teoria geral do processo*. São Paulo: Malheiros, 2005.

GUERRA FILHO, Willis Santiago. *Processo constitucional e direitos fundamentais*. 4. ed. São Paulo: RCS, 2005.

GUIMARÃES, Mário. *O juiz e a função jurisdicional*. Rio de Janeiro: Forense, 1958.

GUIMARÂES, Ricardo Pereira de Freitas. *CLT Comentada*. São Paulo: RT, 2017.

______. *Manual de Direito Individual do Trabalho*. São Paulo: RT, 2013.

______. *CLT Comentada*. São Paulo: RT, 2017.

HINZ, Henrique Macedo. *O poder normativo da Justiça do Trabalho*. São Paulo: LTr, 2000.

HOUAISS, Antonio. *Dicionário Houaiss da língua portuguesa*. Rio de Janeiro: Objetiva, 2000.

HUSEK, Carlos Roberto. *Curso de Direito Internacional Público*. 12. ed. São Paulo: LTr, 2012.

______. *Curso Básico de Direito Internacional Público e Privado do Trabalho*. 2. ed. São Paulo: LTr, 2011.

JORGE NETO, Francisco Ferreira; CAVALCANTE, Jouberto de Quadros Pessoa. *Direito do Trabalho*. 9. ed. São Paulo: Atlas, 2018.

LARENZ, Karl. *Metodologia da ciência do direito*. 5. ed. Lisboa: Fundação Calouste Gulbenkian, 2009.

MACHADO JR., César P. S. *Ônus da prova no processo do trabalho*. 3. ed. São Paulo: LTr, 2001. MACHADO, Costa; ZAINAGHI, Sávio Domingos (Coords.). *CLT interpretada:* artigo por artigo, parágrafo por parágrafo. São Paulo: Manole, 2007.

MAGANO, Octavio Bueno. *Manual de direito do trabalho*. Direito individual do trabalho. 2. ed. São Paulo: LTr, 1988. v. II.

______. *Manual de direito do trabalho*. Direito coletivo. 4. ed. São Paulo: LTr, 1994. v. IV.

______. *Manual de direito do trabalho:* parte geral. São Paulo: LTr, 1980.

______. *Os grupos de empresas no direito do trabalho*. São Paulo: RT, 1979.

MAIOR, Jorge Luiz Souto. *Relação de emprego & direito do trabalho*. São Paulo: LTr, 2007.

______. Em defesa da ampliação da competência da Justiça do Trabalho. *In: Revista do Direito Trabalhista*. Brasília: RDT, ano 11, v. 8, 2005.

______. *O direito do trabalho como instrumento de justiça social*. São Paulo: LTr, 2000.

______. Justiça do Trabalho: a justiça do trabalhador? *In:* COUTINHO, Grijalbo Fernandes; FAVA, Marcos Neves (Coords.). *Nova competência da Justiça do Trabalho*. São Paulo: LTr, 2005.

______. *Curso de direito do trabalho*. v. II: A relação de trabalho. São Paulo: LTr, 2008.

______. *O mundo do trabalho*. v. 1: Leituras críticas da Jurisprudência do TST em defesa do direito do trabalho. São Paulo: LTr, 2009.

______. *Curso de Direito do Trabalho. Volume I – Parte I: Teoria Geral do Direito do Trabalho*. São Paulo: LTr, 2011.

_____. *Curso de Direito do Trabalho. Volume I – Parte II: História do Direito do Trabalho no Brasil*. São Paulo: LTr, 2017.

MALHADAS, Júlio Assumpção. *Justiça do Trabalho:* sua história, sua composição, seu funcionamento. São Paulo: LTr, 1997.

MALLET, Estêvão. Apontamentos sobre a competência da Justiça do Trabalho após e Emenda Constitucional n. 45. *In: Direito, trabalho e processo em transformação*. São Paulo: LTr, 2005.

_____. *Prática de Direito do Trabalho*. São Paulo: LTr, 2008.

_____. *Prática de Direito do Trabalho*. São Paulo: LTr, 2012. v. 2.

_____. *Igualdade e discriminação em Direito do Trabalho*. São Paulo: LTr, 2013.

_____. *Dogmática Elementar do Direito de Greve*. São Paulo: LTr, 2014.

MANUS, Pedro Paulo Teixeira. *Direito do trabalho*. 10. ed. São Paulo: Atlas, 2006.

_____. *Negociação coletiva e contrato individual de trabalho*. São Paulo: Atlas, 2001.

MARANHÃO, Délio *et al*. *Instituições de direito do trabalho*. 22. ed. São Paulo: LTr, 2005.

MARTINEZ, Luciano. *Curso de Direito do Trabalho*. 10. ed. São Paulo: Saraiva, 2019.

_____. *Curso de Direito do Trabalho*. 11. ed. São Paulo: Saraiva, 2020.

_____. *Curso de Direito do Trabalho*. 13. ed. São Paulo: Saraiva, 2022.

_____. *Curso de Direito do Trabalho*. 14. ed. São Paulo: Saraiva, 2023.

MARTINEZ, Pedro Romano. *Direito do Trabalho*. 5. ed. Lisboa: Almedina, 2010.

MARTINS FILHO, Ives Gandra. *Processo coletivo do trabalho*. 3. ed. São Paulo: LTr, 2003.

_____. *Processo coletivo do trabalho*. 4. ed. São Paulo: LTr, 2009.

MARTINS, Adalberto. *Manual Didático de Direito do Trabalho*. 3. ed. São Paulo: Malheiros, 2009.

_____. *Manual Didático de Direito do Trabalho*. 7. ed. São Paulo: Editora Mizuno, 2022.

MARTINS, Sergio Pinto. *Comentários à CLT*. 6. ed. São Paulo: Atlas, 2003.

_____. *Comentários à CLT*. 15. ed. São Paulo: Atlas, 2008.

_____. *Direito do Trabalho*. 36. ed. São Paulo: Saraiva, 2020.

MASCHIETTO, Leonel. *A litigância de má-fé na Justiça do Trabalho*: princípios, evolução histórica, preceitos legais e análise da responsabilização do advogado. São Paulo: LTr, 2007.

_____. *Direito ao Descanso nas Relações de Trabalho*. São Paulo: LTr, 2015.

MASSON, Cléber. *Código Penal Comentado*. 10. ed. São Paulo: Método, 2022.

MATIELLO, Fabrício Zamprogna. *Código Civil comentado*. 2. ed. São Paulo: LTr, 2005.

MAUAD, Marcelo. *Os direitos dos trabalhadores na Lei de Recuperação e de Falência de Empresas*. São Paulo: LTr, 2007.

MAXIMILIANO, Carlos. *Hermenêutica e aplicação do direito*. 19. ed. Rio de Janeiro: Forense, 2003.

MELHADO, Reginaldo. *Metamorfoses do capital e do trabalho*. São Paulo: LTr, 2006.

MELO, Raimundo Simão de. *A greve no direito brasileiro*. Ações judiciais cabíveis – EC n. 45/04. Atuação do Ministério Público do Trabalho. São Paulo: LTr, 2006.

_____. *Dissídio coletivo de trabalho*. São Paulo: LTr, 2002.

_____. *Direito ambiental do trabalho e a saúde do trabalhador*. 2. ed. São Paulo: LTr, 2006.

_____. *Processo Coletivo do Trabalho*. 3. ed. São Paulo: LTr, 2013.

MENDANHA, Marcos. *Limbo Previdenciário Trabalhista*. São Paulo: JHMIZUNO, 2019.

MONTOYA MELGAR, Alfredo. *Derecho del trabajo*. 22. ed. Madri: Tecnos, 2001.

MORAES, Alexandre de. *Direito constitucional*. 15. ed. São Paulo: Atlas, 2004.

_____. *Direito Constitucional*. 38. ed. São Paulo: Atlas, 2022.

MORAES, Evaristo de. *Apontamentos de Direito Operário*. 4. ed. São Paulo: LTr, 1998.

MOURA, Marcelo. *Consolidação das Leis do Trabalho para concursos*. 7. ed. Salvador: Juspodivm, 2017.

_____. *Curso de Direito do Trabalho*. 2. ed. São Paulo: Saraiva, 2016,

MUNHOZ, José Lúcio; LISBOA, Daniel (Orgs.). *Reforma trabalhista comentada por juízes do trabalho:* artigo por artigo. São Paulo: LTr, 2018.

NASCIMENTO, Amauri Mascaro. *Curso de direito do trabalho*. 19. ed. São Paulo: Saraiva, 2004.

_____. *Curso de Direito do Trabalho*. 29. ed. São Paulo: Saraiva, 2014.

_____. *Curso de direito processual do trabalho*. 24. ed. São Paulo: Saraiva, 2008.

_____. Alterações do Código Civil e seus reflexos nas relações de trabalho. *In: Revista do Tribunal Regional do Trabalho da 15ª Região*. São Paulo: LTr, n. 21, 2003.

_____. *Compêndio de direito sindical*. São Paulo: LTr, 2000.

_____. *Compêndio de Direito Sindical*. 7. ed. São Paulo: LTr, 2012.

_____. *Salário*: Conceito e Proteção. São Paulo: LTr, 2008.

_____. *Iniciação ao Direito do Trabalho*. 39. ed. São Paulo: LTr, 2014.

_____. *Teoria Geral do Direito do Trabalho*. São Paulo: LTr, 2008.

_____. Dos princípios do direito processual do trabalho. *In:* ROMAR, Carla Teresa Martins; SOUSA, Otávio Augusto Reis de (Coords.). *Estudos relevantes de direito material e processual do trabalho:* estudos em homenagem ao prof. Pedro Paulo Teixeira Manus. São Paulo: LTr, 2000.

_____. A questão do dissídio coletivo de comum acordo. *In: Revista Legislação do Trabalho.* São Paulo: LTr, ano 70, v. 6, 2006.

_____. *Teoria geral do direito do trabalho.* São Paulo: LTr, 1998.

NETO, Francisco Ferreira Jorge; CAVALCANTE, Jouberto de Quadros Pessoa. *Direito do Trabalho*. 9. ed. São Paulo: Atlas, 2018.

OLIVEIRA, Sebastião Geraldo de. Prescrição nas ações indenizatórias decorrentes de acidente de trabalho ou doença ocupacional. *In: Revista LTr* 70-05/523.

_____. *Proteção jurídica à saúde do trabalhador*. São Paulo: LTr, 2002.

_____. *Indenizações por acidente de trabalho e doença profissional*. São Paulo: LTr, 2006.

_____. *Indenizações por Acidente do Trabalho ou Doença Ocupacional*. 11. ed. São Paulo: LTr, 2019.

PAMPLONA FILHO, Rodolfo. A nova competência da Justiça do Trabalho (uma contribuição para a compreensão dos limites do novo art. 114 da Constituição Federal). *In: Revista Legislação do Trabalho*. São Paulo: LTr, ano 70, v. 1, 2006.

_____. *O dano moral na relação de emprego*. 2. ed. São Paulo: LTr, 1999.

________; GABLIANO, Pablo Stolze. *Manual de Direito Civil*. São Paulo: Saraiva, 2017.

PASTORE, José. Onde estão os trabalhadores informais? *In: O Estado de S. Paulo:* Economia. 3 jun. 2003.

PEREIRA, Caio Mário da Silva. *Instituições de direito civil*. 10. ed. Rio de Janeiro: Forense, 1999. v. III.

PIMENTA, José Roberto Freire. A nova competência da Justiça do Trabalho para as lides não decorrentes da relação de emprego: aspectos processuais e procedimentais. *In: Revista do Tribunal Superior do Trabalho*, ano 71, n. 1, jan./abr. 2005. Porto Alegre: Síntese, 2005.

PINHEIRO, Augusto Campana (Coord.). *Competência da Justiça do Trabalho*: aspectos materiais e processuais. De acordo com a EC n. 45/04. Amatra XXIII. São Paulo: LTr, 2005.

PINHO PEDREIRA, Luiz. A greve sem a Justiça do Trabalho. *In: Revista Legislação do Trabalho*. São Paulo: LTr, ano 61, v. 23, 1997.

_____. *A reparação do dano moral no direito do trabalho.* São Paulo: LTr, 2004.

PINTO, José Augusto Rodrigues. *Processo trabalhista de conhecimento*. 7. ed. São Paulo: LTr, 2005.

_____. *Tratado de direito material do trabalho*. São Paulo: LTr, 2007.

_____. Reconhecimento *ex officio* da prescrição e processo do trabalho. *In: Revista LTr* 70-04/391.

PINTO, Raymundo Antonio Carneiro. *Súmulas do TST comentadas*. 8. ed. São Paulo: LTr, 2005.

PLÁ RODRIGUEZ, Américo. *Princípios de direito do trabalho*. 3. ed. São Paulo: LTr, 2015.

PUGLIESE, Márcio. *Por uma teoria geral do direito. Aspectos microssistêmicos*. São Paulo: RCS, 2005.

RÁO, Vicente. *O direito e a vida dos direitos*. 5. ed. São Paulo: RT, 1999.

RAVENA, Paula Bueno; FACCIOLI, Pedro Henrique. *Direito do Trabalho na Jurisprudência do TST*: Análise de temas atuais e polêmicos. São Paulo: Juspodivm, 2019.

REALE, Miguel. *Lições Preliminares de Direito*. 24. ed. São Paulo: Saraiva, 1999.

RIBEIRO DE VILHENA, Paulo Emílio. *Relação de emprego, estrutura legal e supostos.* 2. ed. São Paulo: LTr, 1999.

_____. *Contrato de trabalho com o Estado*. São Paulo: LTr, 2002.

RIBEIRO, Rafael Edson. Comissão de conciliação prévia: faculdade ou obrigatoriedade. *In: Revista Trabalho & Doutrina*. São Paulo: Saraiva, n. 26, 2002.

_____. *Reforma trabalhista comentada*. Curitiba: Juruá, 2018.

RIPPER, Walter Wiliam. *Poder normativo da Justiça do Trabalho após a EC 45/2004*. São Paulo: LTr, 2007.

_____. Poder normativo da Justiça do Trabalho: análise do antes, do agora e do possível depois. *In: Revista Legislação do Trabalho*. São Paulo: LTr, ano 69, v. 7, 2005.

RIZZATTO NUNES, Luis Antonio. *Curso de direito do consumidor*. São Paulo: Saraiva, 2004.

_____. *Manual da monografia jurídica*. 5. ed. São Paulo: Saraiva, 2007.

_____. *Comentários ao Código de Defesa do Consumidor.* São Paulo: Saraiva, 2000.

ROBORTELLA, Luiz Carlos Amorim. Sucessão trabalhista e denunciação da lide. *In:* ROMAR, Carla Teresa Martin; SOUZA, Otávio Augusto Reis de (Coords.). *Temas relevantes de direito material e processual do trabalho:* estudos em homenagem ao professor Pedro Paulo Teixeira Manus. São Paulo: LTr, 2000.

ROCHA, Andréa Presas. *Manual de competências da justiça do trabalho*. São Paulo: Campus, 2008.

ROCHA, Fábio Ribeiro da; COLNAGO, Lorena de Mello Rezende; FERREIRA, Farley Roberto Rodrigues de Carvalho. *CLT 2020*: Comparada e Comentada pelos Magistrados do TRT da 2ª Região. São Paulo: LTr, 2020.

ROCHA, Júlio César de Sá da. *Direito Ambiental do Trabalho*. São Paulo: LTr, 2022.

RODRIGUEZ, Américo Plá. *Princípios de direito do Trabalho*. 3. ed. São Paulo: LTr, 2015.

ROMAR, Carla Teresa Martins. *Direito do Trabalho Esquematizado*. 5. ed. São Paulo: Saraiva, 2018.

ROMITA, Arion Sayão. O poder normativo da Justiça do Trabalho: antinomias constitucionais. *In: Revista Legislação do Trabalho*. São Paulo: LTr, ano 65, v. 3, 2001.

_____. *Direitos fundamentais nas relações de trabalho*. São Paulo: LTr, 2005.

RUPRECHT, Alfredo J. *Os princípios do direito do trabalho*. São Paulo: LTr, 1995.

RUSSOMANO, Mozart Victor. *Comentários à Consolidação das Leis do Trabalho*. 6. ed. Rio de Janeiro: José Konfino, 1963. v. IV e VI.

_____. *Princípios gerais de direito sindical*. 2. ed. Rio de Janeiro: Forense, 2002.

SAAD, Eduardo Gabriel. *Direito processual do trabalho*. 3. ed. São Paulo: LTr, 2002.

_____. *CLT comentada*. 38. ed. São Paulo: LTr, 2005.

SANTOS, Hermelino de Oliveira. *Desconsideração da personalidade jurídica no processo do trabalho*. São Paulo: LTr, 2003.

SANTOS, Ronaldo Lima dos. *Teoria das Normas Coletivas*. São Paulo: LTr, 2007.

_____. *Sindicatos e Ações Coletivas:* acesso à justiça, jurisdição coletiva e tutela dos interesses difusos, coletivos e individuais homogêneos. 2. ed. São Paulo: LTr, 2008.

_____. *Sindicatos e ações coletivas*. 3. ed. São Paulo: LTr, 2012.

SARLET, Ingo Wolfgang. *Dignidade da pessoa humana e direitos fundamentais*. 4. ed. Porto Alegre: Livraria do Advogado, 2006.

_____. *A eficácia dos direitos fundamentais*: uma teoria geral dos direitos fundamentais na perspectiva constitucional. 10. ed. Porto Alegre: Livraria do Advogado, 2009.

_____; MARINONI, Luiz Guilherme; MITIDIERO, Daniel. *Curso de Direito Constitucional*. 7. ed. São Paulo: Saraiva, 2018.

SARMENTO, Daniel. *Direitos fundamentais e relações privadas*. Rio de Janeiro: Lumen Juris, 2004.

SCHIAVI, Mauro. *Competência material da Justiça do Trabalho brasileira*. São Paulo: LTr, 2007.

_____. *Curso de Direito Processual do Trabalho*. 19. ed. São Paulo: Juspodivm, 2023.

_____. ***Curso de Direito Processual do Trabalho***. 20. ed. São Paulo: Juspodivm, 2024.

_____. *Manual Didático de Direito do Trabalho*. 3. ed. São Paulo: Juspodivm, 2022.

_____ (coord.). *CLT Organizada*. 5. ed. São Paulo: Juspodivm, 2023.

_____. *Consolidação das Leis do Trabalho Comentada*. 3. ed. São Paulo: Juspodivm, 2023.

_____. ***Consolidação das Leis do Trabalho Comentada***. 4. ed. São Paulo: Juspodivm, 2024.

_____. *Ações de Reparação por danos morais decorrentes da relação de trabalho*. 4. ed. São Paulo: LTr, 2011.

_____. *Provas no Processo do Trabalho*. 9. ed. São Paulo: Juspodivm, 2023.

SCHWARZ, Rodrigo Garcia (Coord.). *Dicionário:* Direito do Trabalho, direito processual do trabalho e direito previdenciário aplicado ao Direito do Trabalho. São Paulo: LTr, 2012.

SILVA, Antônio Álvares da. *Pequeno tratado da nova competência trabalhista.* São Paulo: LTr, 2005.

_____. *Competência penal da Justiça do Trabalho.* São Paulo: LTr, 2006.

_____. *Execução provisória trabalhista depois da reforma do CPC.* São Paulo: LTr, 2007.

SILVA, Homero Batista Mateus da. *Estudo crítico da prescrição trabalhista.* São Paulo: LTr, 2004.

_____. *Responsabilidade patrimonial no processo do trabalho.* São Paulo: Campus, 2008.

_____. *CLT Comentada.* São Paulo: RT, 2016.

_____. *CLT Comentada.* 2. ed. São Paulo: RT, 2018.

_____. *CLT Comentada.* 4. ed. São Paulo: RT, 2022.

_____. *Comentários à reforma trabalhista.* São Paulo: RT, 2017.

_____. *Curso de Direito do Trabalho Aplicado.* Volume 7: Direito Coletivo do Trabalho. 3. ed. São Paulo: RT, 2015.

_____. *Direito do Trabalho Aplicado.* Volumes 1, 2, 3, 4. São Paulo: RT, 2021.

SILVA, Otávio Pinto e. *Subordinação, autonomia e parassubordinação nas relações de trabalho.* São Paulo: LTr, 2004.

SOUZA, Marcelo Papaléo de. *A nova lei de recuperação e falência e as suas consequências no direito e no processo do trabalho.* São Paulo: LTr, 2006.

_____. *A nova lei de recuperação e falência e as suas consequências no direito e processo do trabalho.* 3. ed. São Paulo: LTr, 2009.

SÜSSEKIND, Arnaldo. *Curso de direito do trabalho.* Rio de Janeiro: Renovar, 2002.

_____. *Direito constitucional do trabalho.* Rio de Janeiro: Renovar, 1999.

_____. Instituições de Direito do Trabalho. 22. ed. Volume II. São Paulo: LTr, 2005.

_____; MARANHÃO, Délio; VIANNA, Segadas; TEIXEIRA, Lima. *Instituições de Direito do Trabalho.* 22. ed. São Paulo: LTr, v. I, 2005.

TARTUCE, Flávio. *Manual de direito civil.* São Paulo: Método, 2011.

TAVARES, André Ramos. *Curso de direito constitucional.* 3. ed. São Paulo: Saraiva, 2006.

VIANA, Márcio Túlio. *Direito de Resistência.* São Paulo: LTr, 1996.

YOSHIDA, Márcio. *Arbitragem trabalhista.* São Paulo: LTr, 2006.

ZAINAGHI, Domingos Sávio. *Consolidação das Leis do Trabalho.* 2. ed. São Paulo: LTr, 2002.

_____ (coord.). *CLT Interpretada.* 9. ed. São Paulo: Manole, 2018.

ZANGRANDO, Carlos Henrique da Silva. *Curso de Direito do Trabalho.* Volumes I, II e III. São Paulo: LTr, 2008.

EDITORA *Jus*PODIVM
www.editorajuspodivm.com.br

Impressão e acabamento: BMF Gráfica e Editora

JUS3407